中国刑事审判指导案例

3

破坏社会主义市场经济秩序罪

增订本

《刑事审判参考》
总第96—124集汇总集成

《中国刑事审判指导案例》编写组 编

法律出版社 LAW PRESS · CHINA
北京

图书在版编目(CIP)数据

中国刑事审判指导案例. 3, 破坏社会主义市场经济秩序罪 /《中国刑事审判指导案例》编写组编. -- 增订本. -- 北京 : 法律出版社, 2021(2025.4 重印)

ISBN 978 - 7 - 5197 - 5447 - 1

Ⅰ. ①中… Ⅱ. ①中… Ⅲ. ①刑事诉讼 - 审判 - 案例 - 汇编 - 中国②破坏社会经济秩序罪 - 审判 - 案例 - 汇编 - 中国 Ⅳ. ①D925.218.5②D924.335

中国版本图书馆 CIP 数据核字(2021)第 047607 号

中国刑事审判指导案例 3
破坏社会主义市场经济秩序罪(增订本)
ZHONGGUO XINGSHI SHENPAN ZHIDAO ANLI 3
POHUAI SHEHUIZHUYI SHICHANG JINGJI
ZHIXUZUI(ZENGDING BEN)

《中国刑事审判指导案例》编写组 编

策划编辑 许 睿
责任编辑 许 睿 林 蕊
装帧设计 汪奇峰

出版发行 法律出版社
编辑统筹 司法实务出版分社
责任校对 朱轶佳
责任印制 胡晓雅
经 销 新华书店

开本 787 毫米 × 1092 毫米 1/16
印张 34.25 **字数** 890 千
版本 2021 年 9 月第 1 版
印次 2025 年 4 月第 3 次印刷
印刷 北京虎彩文化传播有限公司

地址:北京市丰台区莲花池西里 7 号(100073)
网址:www.lawpress.com.cn
投稿邮箱:info@lawpress.com.cn
举报盗版邮箱:jbwq@lawpress.com.cn

销售电话:010 - 83938349
客服电话:010 - 83938350
咨询电话:010 - 63939796

书号:ISBN 978 - 7 - 5197 - 5447 - 1
定价:138.00 元

凡购买本社图书,如有印装错误,我社负责退换。电话:010 - 83938349

编 辑 说 明

《中国刑事审判指导案例》是最高人民法院刑事审判庭主办的业务指导和研究性系列丛书——《刑事审判参考》的合订分解集成本。《刑事审判参考》自 1999 年 4 月首次出版以来，秉承立足实践、突出实用、重在指导、体现权威的编辑宗旨，在编辑委员会成员、作者和广大读者的共同努力下，密切联系刑事司法实践，为专业人士提供了有针对性和权威性的业务指导和参考，受到刑事司法工作人员和刑事法律教学、研究人员的广泛欢迎。

为了满足广大读者的实际工作需要，我们在已出版各集《刑事审判参考》的基础上，精心汇编出版《中国刑事审判指导案例》。本书自 2009 年 10 月出版以来，受到读者的广泛好评与认可。

《中国刑事审判指导案例》（增订本）收录《刑事审判参考》第 96 集至第 124 集的相关内容，整体沿用《中国刑事审判指导案例》（增订第 3 版）的体例结构，共七册，分别为：

中国刑事审判指导案例 1（刑法总则）

中国刑事审判指导案例 2（危害国家安全罪 · 危害公共安全罪 · 侵犯公民人身权利、民主权利罪）

中国刑事审判指导案例 3（破坏社会主义市场经济秩序罪）

中国刑事审判指导案例 4（侵犯财产罪）

中国刑事审判指导案例 5（妨害社会管理秩序罪）

中国刑事审判指导案例 6（危害国防利益罪 · 贪污贿赂罪 · 渎职罪 · 军人违反职责罪）

中国刑事审判指导案例 7（刑事诉讼法）

根据各卷册实际情况，主要设有以下栏目：

【指导案例】分类汇总了已出版的《刑事审判参考》在法律适用、刑罚裁量、事实认定、证据采信等方面具有研究价值的典型案例，详细阐明裁判理由，为刑事司法工作人员处理类似案件提供具体的指导和参考。

【刑事立法、司法规范】分类汇总了刑事法律、立法解释、司法解释和其他规范性刑事司法文件，并配发起草同志撰写的理解与适用文章，为司法实践中准确适用提供指南。

【刑事政策】分类汇总了审判中需要参考的刑事司法政策，包括最高人民法院领导在审判工作会议上的讲话、刑事审判工作会议讨论的问题等。

【审判释疑】分类汇总了最高人民法院刑事审判庭解答在刑事审判工作中具有普遍指导价值的法律适用问题，包括最高人民法院审判长会议纪要、《刑事审判参考》编辑部对读者在刑事司法工作中遇到疑难问题的解答。

【经验交流】分类汇总了地方司法机关制定的刑事司法规范性文件及其背景说明；地方各级人民法院在刑事审判工作中对于某些问题的处理政策和意见等。

【专题论坛】分类汇总了由司法实务部门的权威专家就刑事法律适用过程中的一些常见疑难问题进行的探讨。

【实务探讨】分类汇总了有关学者和司法人员针对刑事司法工作中必须解决的疑难、复杂问题所撰写的研究文章，为刑事司法工作人员解决相关问题提供工作思路。

【疑案争鸣】分类汇总了实践中发生的疑难案例，对其中争议问题进行分析，摆出各方观点，推动相关问题的深入研究。

另外，个别卷册中因涵盖专辑内容，有【理论前沿】等栏目设置。

为了最大限度地挖掘和梳理《刑事审判参考》指导案例在裁判理由阐述中反映的裁判观点，同时也为了便于读者使用本书，本套书对所有指导案例逐一编加了具有归类意义的关键词。

本套书作为《刑事审判参考》的合订分解集成本，为了保持指导案例和实务文章的"原汁原味"，本次修订再版未针对有关法律、司法解释的修改对原文进行删改，只对原文错漏之处进行了补正。读者在参考适用时，需要根据现行有效的规范进行理解。此外，随着理论研究的发展和司法政策的调整，指导案例中对相同或相似问题所提出的裁判观点也可能发生变化，对此，可以依照"从新"的原则参考适用。

本套书此次出版得到了方方面面的大力支持，在此一并表示感谢。当然，由于内容体量庞大，内容的选编工作难免存在错漏之处，恳请广大读者批评指正。

编　者

2021年7月

目 录

指导案例

三、妨害对公司、企业的管理秩序罪

四、破坏金融管理秩序罪

» 刑事立法、司法规范

一、生产、销售伪劣商品罪

二、走私罪

三、妨害对公司、企业的管理秩序罪;破坏金融管理秩序罪;金融诈骗罪

实务探讨

理论前沿

指导案例

一、生产、销售伪劣商品罪

[第 1004 号] 张联新、郑荷芹生产、销售有毒、有害食品，李阿明、何金友生产有毒、有害食品，王一超等销售有毒、有害食品案

——“新型地沟油”的司法认定与法律适用

【关键词】 生产、销售有毒、有害食品罪　肉制品加工废弃物　明知　“地沟油”　共同犯罪　“从旧兼从新”原则

一、基本案情

被告人张联新，男，1957 年 12 月 16 日出生，农民。2012 年 5 月 5 日因涉嫌犯生产、销售有毒、有害食品罪被逮捕。

被告人郑荷芹（系被告人张联新之妻），女，1959 年 10 月 22 日出生，农民。2012 年 5 月 5 日因涉嫌犯生产、销售有毒、有害食品罪被逮捕。

被告人李阿明，男，1958 年 6 月 19 日出生，原系浙江诚远食品有限公司副产品销售经理。2012 年 9 月 19 日因涉嫌犯生产有毒、有害食品罪被逮捕。

被告人何金友，男，1965 年 12 月 13 日出生，农民。2012 年 5 月 5 日因涉嫌犯生产有毒、有害食品罪被逮捕。

被告人王一超，男，1985 年 11 月 15 日出生，个体工商户。2012 年 5 月 5 日因涉嫌犯销售有毒、有害食品罪被逮捕。

（吴建弟、蒋达明、林金友、应成兵等被告人的基本情况略）

浙江省台州市黄岩区人民检察院以被告人张联新、郑荷芹犯生产、销售有毒、有害食品罪，被告人李阿明、何金友犯生产有毒、有害食品罪，被告人王一超、吴建弟、蒋达明、林金友、应成兵犯销售有毒、有害食品罪，向台州市黄岩区人民法院提起公诉。

被告人张联新、李阿明的辩护人均提出经检验检疫合格的花油、膘肉碎、“肚下塌”（猪肚下垂部位赘肉）不属于肉制品加工废弃物，张联新使用该原料炼制的猪油不应认定为“地沟油”；张联新的辩护人另提出检测报告显示张联新炼制的猪油合格，并非有毒、有害食品，张联新的行为不构成犯罪；李阿明的辩护人另提出李阿明系对外合法销售检验检疫合格的花油、膘肉碎、“肚下塌”，其作为原料提供者没有任何过错。

台州市黄岩区人民法院经公开审理查明：

1999 年 6 月，被告人张联新、郑荷芹开始生产食用猪油。2006 年 11 月 28 日，中华人民共和国国家质量监督检验检疫总局、中国国家标准化管理委员会联合发布的《食用猪油》国家标准

(GB/T 8937—2006)明确规定炼制食用猪油的脂肪组织不包含淋巴结。《食用猪油》国家标准于2007年3月1日正式实施。

张联新、郑荷芹明知食用猪油不能含有淋巴,仍先后从浙江黄岩食品有限公司、浙江诚远食品有限公司购入含有淋巴的花油、含有伤肉的膘肉碎及"肚下塌"等猪肉加工废弃物并用于炼制食用猪油。2007年3月至2010年7月间,浙江黄岩食品有限公司城区分公司经理王俊洪(另案处理)明知张联新、郑荷芹从事炼制"食用油",仍向其销售含有淋巴的花油等猪肉加工废弃物。张联新、郑荷芹利用上述原料在台州市黄岩区澄江街道仙浦汪村的家中炼制"食用油"360余桶,计18余吨,销售金额共计人民币(以下币种同)10万余元。2010年7月至2012年3月间,浙江诚远食品有限公司副产品销售负责人李阿明明知张联新、郑荷芹从事炼制"食用油",仍向其销售含有淋巴的花油、膘肉碎、"肚下塌"等猪肉加工废弃物,张联新、郑荷芹利用上述原料在台州市黄岩区澄江街道仙浦汪村的家中、西城街道霓桥村出租房、东城街道上前村工业区租房等地炼制"食用油"1 026余桶,计51.3余吨,销售金额47万余元。其中,2011年11月至12月和2012年3月,被告人何金友受张联新雇用以含有淋巴的花油等猪肉加工废弃物炼制"食用油"135余桶,计6.75余吨,销售金额6.75万余元。

被告人张联新、郑荷芹利用含有淋巴的花油、膘肉碎、"肚下塌"等猪肉加工废弃物共生产"食用油"69.3余吨,销售金额57万余元,张联新将生产的"食用油"销售给顺青面馆等餐馆,部分销售情况如下:

1. 2009年四五月至2012年3月,张联新先后以每桶300元至500元不等的价格向被告人王一超销售其生产的"食用油"70余桶,计3.5余吨。王一超明知购入的是利用花油、膘肉碎、"肚下塌"等猪肉加工废弃物生产的"食用油",仍在台州市黄岩区西城街道岙岸村顺青面馆使用该"食用油"烹制食物,销售给顾客食用。

2. 2009年八九月至2012年2月,张联新先后以每桶300余元至500余元不等的价格向被告人吴建弟销售其生产的"食用油"20余桶,计1余吨。吴建弟明知购入的是利用花油、膘肉碎、"肚下塌"等猪肉加工废弃物生产的"食用油",仍在台州市黄岩区新前街道后洋黄村小吃店使用该"食用油"烹制食物,销售给顾客食用。

3. 2009年八九月至2012年2月,张联新先后以每桶400元至500余元不等的价格向被告人蒋达明销售其生产的"食用油"15余桶,计0.75余吨。蒋达明明知购入的是利用花油、膘肉碎、"肚下塌"等猪肉加工废弃物生产的"食用油",仍先后在台州市黄岩区澄江街道葛村村、新前街道前洋村早餐店使用该"食用油"烹制食物,销售给顾客食用。

4. 2011年6月至2012年2月,张联新以每桶520元的价格向被告人林金友销售其生产的"食用油"15余桶,计0.75余吨。林金友明知购入的是利用花油、膘肉碎、"肚下塌"等猪肉加工废弃物生产的"食用油",仍在台州市黄岩区西城街道横河村早餐店使用该"食用油"烹制食物,销售给顾客食用。

5. 2011年4月至2012年3月,张联新先后以每桶400余元至500余元不等的价格向被告人应成兵销售其生产的"食用油"12桶,计0.6吨。应成兵明知购入的是利用花油、膘肉碎、"肚下塌"等猪肉加工废弃物生产的"食用油",仍在台州市黄岩区北城街道大桥路397号包子铺使用该"食用油"烹制食物,销售给顾客食用。

6. 2011年四五月至2012年3月,张联新先后以每桶450余元至490元不等的价格向台州市黄岩区西城街道大桥路黎明快餐店店主犯罪嫌疑人符金飞(另案处理)销售其生产的"食用油"10余桶,计0.5余吨。

另查明,2012年3月29日,张联新、郑荷芹在台州市黄岩区澄江街道仙浦汪村二区37号其家中被公安机关抓获。同日,何金友在台州市黄岩区北城街道妙儿桥村大桥路397号其家门口被公安机关抓获。同年4月17日,李阿明、王一超先后经公安机关通知到案。同年6月7日,应成兵主动到公安机关投案,并如实供述自己的犯罪事实。同年6月19日,蒋达明、吴建弟先后主动到公安机关投案,并如实供述自己的犯罪事实。同年6月21日,林金友主动到公安机关投案,并如实供述自己的犯罪事实。

2012年5月21日,李阿明协助公安机关抓获涉嫌故意伤害的犯罪嫌疑人一名。

台州市黄岩区人民法院认为,被告人张联新、郑荷芹使用猪肉加工废弃物等非食品原料生产"食用油",销售金额57万余元,情节特别严重,其行为均构成生产、销售有毒、有害食品罪。被告人李阿明明知他人生产"食用油",仍为其提供猪肉加工废弃物等非食品原料,其间供他人生产"食用油"销售金额47万余元,情节严重;被告人何金友明知他人使用猪肉加工废弃物等非食品原料生产"食用油",仍为其提供劳务,帮助炼制油脂,其间供他人生产"食用油"销售金额6.75万余元;被告人李阿明、何金友的行为均构成生产有毒、有害食品罪;被告人王一超、吴建弟、蒋达明、林金友、应成兵明知是利用猪肉加工废弃物等非食品原料生产的"食用油"仍予以销售供人食用,其行为均构成销售有毒、有害食品罪。公诉机关指控的罪名成立。张联新的辩护人的相关辩护意见,不予采纳。吴建弟、蒋达明、林金友、应成兵均有自首情节,李阿明、郑荷芹、何金友均系从犯,李阿明又有立功表现,对郑荷芹、李阿明均可以减轻处罚,对何金友、吴建弟、蒋达明、林金友、应成兵均可以从轻处罚。据此,依照《中华人民共和国刑法》第一百四十四条;第二十五条第一款,第二十七条,第六十七条第一款、第三款,第六十八条,第五十二条,第六十四条以及《最高人民法院、最高人民检察院关于办理危害食品安全刑事案件适用法律若干问题的解释》第六条第一项、第七条、第十七条之规定,台州市黄岩区人民法院判决如下:

1. 被告人张联新犯生产、销售有毒、有害食品罪,判处有期徒刑十年,并处罚金人民币一百二十万元。

2. 被告人郑荷芹犯生产、销售有毒、有害食品罪,判处有期徒刑四年,并处罚金人民币八十万元。

3. 被告人李阿明犯生产有毒、有害食品罪,判处有期徒刑二年三个月,并处罚金人民币六十万元。

4. 被告人何金友犯生产有毒、有害食品罪,判处有期徒刑一年六个月,并处罚金人民币十万元。

5. 被告人王一超犯销售有毒、有害食品罪,判处有期徒刑一年六个月,并处罚金人民币七万元。

6. 被告人吴建弟犯销售有毒、有害食品罪,判处有期徒刑十个月零二十日,并处罚金人民币二万元。

7. 被告人蒋达明犯销售有毒、有害食品罪,判处有期徒刑十个月零二十日,并处罚金人民币二万元。

8. 被告人林金友犯销售有毒、有害食品罪,判处有期徒刑十个月零二十日,并处罚金人民币二万元。

9. 被告人应成兵犯销售有毒、有害食品罪,判处有期徒刑十个月零二十日,并处罚金人民币二万元。

10. 扣押在案的被告人张联新、郑荷芹、李阿明的违法所得,赃物食用猪油,作案工具轻型货车、铁锅等,均予以没收,由原侦查机关台州市公安局黄岩分局上缴国库。

11. 被告人张联新、郑荷芹、李阿明、何金友、王一超、吴建弟、蒋达明、林金友、应成兵尚未退缴的违法所得,由原侦查机关台州市公安局黄岩分局继续追缴,上缴国库。

一审宣判后,被告人张联新、郑荷芹、李阿明不服,分别提出上诉,后张联新、郑荷芹撤回上诉。

被告人李阿明上诉称其销售的花油、膘肉碎、"肚下塌"均系检验检疫合格的生猪产品、食品原料,不是应当进行无害化处理的猪肉加工废弃物等非食品原料;其系对外合法销售检验检疫合格的花油、膘肉碎、"肚下塌",其作为原料提供者没有任何过错。

台州市中级人民法院经审理认为,李阿明作为浙江诚远食品有限公司副产品销售负责人明知张联新生产猪油供人食用,仍向张联新提供猪肉加工废弃物作为原料,构成了生产有毒、有害食品犯罪的共犯,李阿明及其辩护人的上诉理由不能成立,不予采纳。原判定罪及适用法律正确,量刑适当,审判程序合法。据此,台州市中级人民法院裁定准许张联新、郑荷芹撤回上诉;驳回李阿明上诉,维持原判。

二、主要问题

1. 利用含有淋巴的花油、含有伤肉的膘肉碎、"肚下塌"等肉制品加工废弃物生产、加工的"食用油"是否应当认定为"新型地沟油"?

2. 关于"地沟油"的检测报告是否是司法机关认定"有毒、有害食品"的前提?

3. 明知他人生产、加工"猪油"供人食用仍向其提供肉制品加工废弃物的行为如何定性?

4. 对跨越刑法修正案(八)施行日期的连续"地沟油"犯罪,是否应当适用刑法修正案(八)?

三、裁判理由

根据最高人民法院、最高人民检察院、公安部联合下发的《关于依法严惩"地沟油"犯罪活动的通知》(公通字〔2012〕1号,以下简称《地沟油通知》)的精神,"地沟油"犯罪,是指用餐厨垃圾、废弃油脂、各类肉及肉制品加工废弃物等非食品原料,生产、加工"食用油",以及明知是利用"地沟油"生产、加工的油脂而作为食用油销售的行为。其中,"地沟油"来自社会公众的通俗称谓。

"地沟油"犯罪严重危害人民群众身体健康和生命安全,严重影响国家形象,损害党和政府的公信力。本案的特殊之处在于,首先,张联新生产、加工"食用油"的原料系含有淋巴的花油、含有伤肉的膘肉碎、"肚下塌"等,并非普通民众认知的传统"地沟油"原料,如餐厨垃圾、废弃油脂,且检测报告也显示张联新生产、加工的"食用油"有关理化指标合格,并未检出有毒、有害成分,对张联新的行为能否认定为"地沟油"犯罪?其次,浙江诚远食品有限公司将检验检疫合格的生猪屠宰后,李阿明作为副产品销售负责人,明知张联新生产、加工"食用油",仍将含有淋巴的花油、含有伤肉的膘肉碎、"肚下塌"等销售给张联新作为原料,对李阿明的行为能否与张联新一并定罪处罚?另外,被告人张联新的行为跨越刑法修正案(八)施行日期,刑法修正案(八)对其施行前的行为是否有溯及力,也是本案值得深入分析的问题。

(一)利用含有淋巴的花油、含有伤肉的膘肉碎、"肚下塌"等肉制品加工废弃物生产、加工的"食用油",应当视为"新型地沟油"

有观点认为,现有法律规范,无论是刑事法、行政法还是行业文件,均没有对"肉制品加工废弃物"进行定义,也没有对其范畴进行明确界定,将含有淋巴的花油、含有伤肉的膘肉碎、"肚下塌"等认定为猪肉加工废弃物,从而作为"地沟油"犯罪处理无法律依据,有违罪刑法定原则。

何为"废弃物"?顾名思义,即失去原有使用价值而抛弃不用的东西,"废弃物"不是法律概念,其范畴亦不需要法律明确界定,凭日常生活常识分辨即可。同时,"废弃物"是一个相对的概念。如废纸相对于居民家庭来说属于废弃物，而相对于废品收购站而言则可变废为宝。从逆向思维考虑，含有大量淋巴的花油、含有伤肉的膘肉碎及"肚下塌"等相对于食品公司来说，在市场上销售无人购买，即已不具备应有的食用价值，属肉制品加工废弃物无疑，不能因被告人张联新可用其来炼制劣质猪油而否认其肉制品加工废弃物的性质。张联新利用含有淋巴的花油、含有伤肉的膘肉碎、"肚下塌"等猪肉加工废弃物生产、加工"食用油"，根据《地沟油通知》的规定，应当作为"地沟油"犯罪追究其刑事责任。

（二）对"地沟油"的检测报告不应是司法机关认定"有毒、有害食品"的唯一依据

有观点认为，被告人张联新炼制"食用油"的原料虽然有问题，但检测报告显示"食用油"的各项理化指标均合格，没有检出有毒、有害成分，达到了食用标准，不宜认定为有毒、有害食品。

我们认为，刑法第一百四十四条规定的"掺入"的行为不仅限于指向产品本身，还可能针对产品的原料、半成品等，甚至还可以指向食品添加剂本身，即在食品添加剂内掺入有毒、有害物质。而所谓"有毒、有害的非食品原料"，是指对人体具有生理毒性，食用后会引起不良反应，损害机体健康的不能食用的原料。①

淋巴结是猪屠宰后检疫的一个重要指标，相关资料表明，它是机体外周的免疫器官和防御结构，具有吞噬异物和各种微生物的功能，并产生免疫应答。当机体某组织或者器官受到病原微生物侵害时，很快被局部淋巴结阻截，并发生相应的变化，使淋巴结体积增大或缩小，色泽呈现出红、黑、青等。故淋巴结含有大量的病原微生物，如一些细菌、病毒等，甚至会有3,4－苯并芘等致癌物质，且本身没有什么营养。因此，完全摘除淋巴结的花油虽可食用，但其中含有的淋巴应当属于有毒、有害的非食品原料。张联新利用含有淋巴的花油、含有伤肉的膘肉碎、"肚下塌"等猪肉加工废弃物生产、加工食用油，应当认定为掺入有毒、有害非食品原料。

《食用动物油脂卫生标准》明确要求："本标准适用于以经兽医卫生检验认可的生猪、牛、羊的板油、肉膘、网膜或附着于内脏器官的纯脂肪组织，单一或多种混合炼制成的食用猪油、羊油、牛油。"《食用猪油》国家标准明确要求："健康猪经屠宰后，取其新鲜、洁净和完好的脂肪组织炼制而成的油脂。所用的脂肪组织不包含骨、碎皮、头皮、耳朵、尾巴、脏器、甲状腺、肾上腺、淋巴结、气管、粗血管、沉渣、压榨料及其他类似物，应尽可能不含肌肉组织和血管"。张联新利用含有明令禁止使用的有毒、有害非食品原料的猪肉加工废弃物生产、加工食用油，对涉案食用油无须由鉴定机构出具鉴定意见，即便检测报告有关理化指标合格，也可以生产、销售有毒、有害食品罪追究其刑事责任。

针对"地沟油"案件，直到当前也没有形成一种公认的、行之有效的鉴定方法，因此，惩治危害食品安全的犯罪，尚不能完全依赖于鉴定机构的鉴定，对"地沟油"的鉴定意见不应是司法机关认定"有毒、有害食品"的唯一依据。实践中，应当结合技术标准和法学标准对"有毒、有害食品"进行判定。对此，浙江省高级人民法院、浙江省人民检察院、浙江省公安厅联合发布的《关于办理危害食品、药品安全犯罪案件适用法律若干问题的会议纪要》明确了专门的认定原则，即"对于有确实、充分的证据证实行为人在食品中掺入国家行业主管机关明令禁止使用的非食用物质的，对涉案食品不需由鉴定机构出具鉴定意见"。

（三）李阿明明知张联新生产、加工"猪油"供人食用仍向其提供肉制品加工废弃物作为原料，生猪屠宰行为的合法性不影响李阿明共犯地位的认定

本案没有将浙江诚远食品有限公司列为被告单位并进行处罚，原因是被告人李阿明的行为

① 参见高铭暄、马克昌主编：《刑法学》，北京大学出版社、高等教育出版社2005年版，第419页。

不成立单位犯罪。单位本身的意志是由具体的自然人组成的单位决策机构按照单位决策程序共同决定而产生的,或者由单位的主要负责人以单位的名义作出决定。浙江诚远食品有限公司的副产品销售业务由被告人李阿明负责,但副产品的销售对象是随机的,并非由单位决策机构按照单位决策程序共同决定,也不是由单位的主要负责人以单位的名义作出决定。尤其需要指出的是,单位决策机构对张联新购买副产品的最终用途更是无从知晓。因此,李阿明虽负有不可推卸的责任,但对浙江诚远食品有限公司不应作为犯罪单位处理。

有观点认为,李阿明虽然明知被告人张联新生产猪油供人食用,但其提供的花油、膘肉碎、“肚下塌”均属于检验检疫合格的生猪产品,已完全尽到生猪屠宰者的义务,摘除花油中的正常淋巴属于猪油生产者的义务,不能因猪油生产者未尽到注意义务而将罪责施加于生猪屠宰者身上。

摘除花油中的正常淋巴的确不是生猪屠宰企业的义务,李阿明作为浙江诚远食品有限公司副产品销售负责人如将含有淋巴的花油、膘肉碎、“肚下塌”进行销毁、掩埋等无害化处理,即使不摘除花油中的正常淋巴,无人会否认生猪屠宰行为的合法性,其行为亦不构成犯罪。然而,其明知张联新生产猪油供人食用仍向张联新提供这些原料,其行为就发生了质的变化,即使正常淋巴结不属于生猪屠宰企业的摘除范围,也不影响李阿明共犯地位的认定。对此,最高人民法院、最高人民检察院于2013年联合出台的《关于办理危害食品安全刑事案件适用法律若干问题的解释》(以下简称《食品安全解释》)明确规定:明知他人生产、销售有毒、有害食品,提供生产技术或者食品原料、食品添加剂、食品相关产品的,以生产、销售有毒、有害食品罪的共犯论处。

(四)张联新生产、加工“食用油”的行为虽然跨越刑法修正案(八)施行日期,但也应当适用刑法修正案(八)的规定

刑法修正案(八)将1997年刑法第一百四十四条原条文中“造成严重食物中毒事故或者其他严重食源性疾患,对人体健康造成严重危害”修改为“对人体健康造成严重危害或者有其他严重情节”,将“对人体健康造成特别严重危害”修改为“有其他特别严重情节”,将“销售金额百分之五十以上二倍以下罚金”修改为无限额罚金,并取消了基本犯“单处罚金”的规定。其中,刑法修正案(八)关于生产、销售有毒、有害食品罪情节加重犯的规定对本案的量刑具有直接影响。而《食品安全解释》则对该情节加重犯的认定明确了标准。根据《食品安全解释》第七条的规定,生产、销售有毒、有害食品,生产、销售金额50万元以上,应当认定为刑法第一百四十四条规定的“致人死亡或者有其他特别严重情节”。

刑法修正案(八)于2011年5月1日施行,被告人张联新的行为跨越刑法修正案(八)施行日期。虽然张联新销售总金额50万元以上,但刑法修正案(八)施行后的销售金额仅20余万元,刑法修正案(八)对其施行前的行为有无溯及力直接关系到能否认定张联新“有其他特别严重情节”的认定,并最终决定是否应当对其适用“十年以上有期徒刑、无期徒刑或者死刑”这一法定刑幅度。

有观点认为,依照“从旧兼从轻原则”,刑法修正案(八)对其施行前的行为无溯及力,而《食品安全解释》系在张联新犯罪行为实施完毕以后才发布,更无溯及力,故不能认定张联新“有其他特别严重情节”。

我们认为,张联新的行为虽然跨越刑法修正案(八)施行日期,但其行为是一个不间断的行为过程,并一直持续至2012年3月,应当视为一个整体行为看待,不能割裂开来分析定性。最高人民检察院1998年12月2日下发的《关于对跨越修订刑法施行日期的继续犯罪、连续犯罪以及其他同种数罪应如何具体适用刑法问题的批复》明确规定:“对于开始于1997年9月30日以前,连续到1997年10月1日以后的连续犯罪,或者在1997年10月1日前后分别实施的同种类数罪,

其中罪名、构成要件、情节以及法定刑均没有变化的，应当适用修订刑法，一并进行追诉；罪名、构成要件、情节以及法定刑已经变化的，也应当适用修订刑法，一并进行追诉，但是修订刑法比原刑法所规定的构成要件和情节较为严格，或者法定刑较重的，在提起公诉时应当提出酌情从轻处理意见。”参照这一规定精神，刑法修正案（八）对其施行前张联新的行为具有溯及力。而《食品安全解释》虽然发布时间较晚，但其作为对刑法的细化解释，其具体内容系刑法原文应有之义，参照最高人民法院、最高人民检察院2001年12月16日联合下发的《关于适用刑事司法解释时间效力问题的规定》，其效力适用于法律的施行期间，对于其实施前发生的行为尚未处理或者正在处理的案件，依照其规定办理。因此，对张联新的行为应当依照生产、销售有毒、有害食品罪“情节特别严重”的法定刑幅度追究刑事责任，同时，可以酌情从轻处罚。

综上，将被告人张联新、李阿明的行为认定为“地沟油”犯罪有其内在的必然性和正当性，一、二审法院将张联新、李阿明的行为分别定性为生产、销售有毒、有害食品罪和生产有毒、有害食品罪，并对刑法修正案（八）施行前被告人张联新的行为适用刑法修正案（八）进行处罚是正确的。

（撰稿：浙江省台州市黄岩区人民法院　王丽萍　刘世界
审编：最高人民法院刑二庭）

[第1074号] 杨智勇销售假药案

——联系制作假药销售网站的行为是否构成生产、销售假药罪的共犯

【关键词】　生产、销售假药罪　主犯　从犯　共同犯罪　主观明知　行为表现

一、基本案情

被告人杨占强，男，1955年11月12日出生。2012年6月15日因涉嫌犯生产、销售假药罪被逮捕。

被告人杨智勇，男，1982年9月1日出生。2012年9月20日因涉嫌犯生产、销售假药罪被逮捕。系被告人杨占强之子。

被告人杨喜平，女，1980年9月4日出生。2012年6月15日因涉嫌犯生产、销售假药罪被逮捕。系被告人杨占强之女。

被告人马耐烦，女，1957年9月15日出生。2012年6月15日因涉嫌犯生产、销售假药罪被逮捕。系被告人杨占强之妻。

河南省渑池县人民检察院以被告人杨占强、杨智勇、杨喜平、马耐烦犯生产、销售假药罪，向渑池县人民法院提起公诉。

被告人杨智勇辩称，其于2008年根据杨占强提供的公司资质和产品包装图而联系他人制作了销售网站，网站建成后其没有参与对网站宣传内容的修改，也没有参与公司生产经营活动，对杨占强在产品中添加西药成分并不知情。

（其他被告人的辩护理由略）

渑池县人民法院经公开审理查明：2008年6月，被告人杨占强在河南省渑池县城关镇一里河村注册成立渑池县立康生物技术有限公司（以下简称立康公司）。2010年至2012年，立康公司使

用豫卫食新字(2008)第0247号的食品批准文号,采用私自在生产的中药中添加治疗糖尿病的格列苯脲、苯乙双瓜等西药的方法,大量生产胰复康、消糖康、百草清糖等黄精苦瓜胶囊系列产品,并利用网络虚假宣传药品疗效,在全国范围内招聘代理商,将生产的假药通过物流快递等方式销往20多个省的代理商及糖尿病患者,通过银行转账、汇款等方式结算货款,销售金额达人民币1 834 753元。公司经营期间,杨占强指挥生产、销售假药,负责提供生产假药的配方;被告人杨喜平按照杨占强提供的假药配方配置原料进行生产;被告人马耐烦帮助照看门市,协助销售假药;被告人杨智勇联系制作销售宣传网站。

另查明,河南省卫生厅协查情况复函证实,该厅从未批准过豫卫食新字(2008)第0247号批文,该批文系虚假批准文号。

渑池县人民法院认为,被告人杨占强、杨智勇、杨喜平、马耐烦违反国家药品管理法律规定,生产、销售假药,销售范围广,销售金额达183万余元,其中杨占强的行为已构成生产、销售假药罪;杨智勇的行为已构成销售假药罪;杨喜平的行为已构成生产假药罪;马耐烦的行为已构成生产假药罪。在共同犯罪中,杨占强指挥生产、销售假药,系主犯;杨智勇明知杨占强生产、销售假药仍负责联系制作销售宣传网站,帮助销售假药,杨喜平明知杨占强生产假药仍帮助配制生产,马耐烦明知杨占强生产、销售假药仍协助销售,均系从犯,依法应对杨智勇从轻处罚,对杨喜平、马耐烦减轻处罚。各被告人均有坦白情节,均依法可以从轻处罚。据此,依照《中华人民共和国刑法》第一百四十一条,第二十五条第一款,第二十六条第一款、第四款,第二十七条,第五十二条,第五十三条,第六十四条,第六十七条第三款之规定,判决如下:被告人杨占强犯生产、销售假药罪,判处有期徒刑八年,并处罚金人民币十万元;被告人杨智勇犯销售假药罪,判处有期徒刑三年六个月,并处罚金人民币五万元;被告人杨喜平犯生产假药罪,判处有期徒刑二年六个月,并处罚金人民币二万元;被告人马耐烦犯销售假药罪,判处有期徒刑二年六个月,并处罚金人民币二万元。

一审宣判后,被告人杨智勇提出上诉。理由如下:其帮助立康公司建立宣传网站并无过错,不存在违法犯罪事实;其没有参与过立康公司的生产、经营活动;原判对其量刑不当。

三门峡市中级人民法院经审理认为,被告人杨智勇明知杨占强在药品中非法添加西药成分仍负责联系制作销售宣传网站,帮助销售假药,其行为已构成销售假药罪,原判根据犯罪事实及其在共同犯罪中的地位、作用,已予从轻处罚、量刑并无不当,故其上诉理由不能成立,不予采纳。原判认定的事实清楚,证据确实、充分,定罪准确,量刑适当,审判程序合法。据此,三门峡市中级人民法院裁定驳回杨智勇的上诉,维持原判。

二、主要问题

联系制作假药销售网站的行为是否构成生产、销售假药罪的共犯?

三、裁判理由

本案犯罪行为发生于2010年至2012年期间,依据行为时的司法解释,即《最高人民法院、最高人民检察院关于办理生产、销售假药、劣药刑事案件具体应用法律若干问题的解释》(2009年5月13日发布,现已废止)第五条第四项的规定,知道或者应当知道他人生产、销售假药、劣药,仍提供广告等宣传的,以生产、销售假药罪或者生产、销售劣药罪等犯罪的共犯论处。2014年出台的《最高人民法院、最高人民检察院关于办理危害药品安全刑事案件若干问题的解释》(2014年11月3日发布)第八条第四项亦规定,明知他人生产、销售假药、劣药,仍提供广告宣传等帮助行为的,以共同犯罪论处。

依据上述司法解释的规定,从“主观明知”和“行为表现”两个方面判断,被告人杨智勇联系制作假药销售网站的行为，应当认定为销售假药罪的共同犯罪。具体分析如下：

（一）“主观明知”的认定

生产、销售假药罪中的“主观明知”，既包括有证据证明行为人知道生产、销售的是假药，也包括有证据证明行为人应当知道生产、销售的是假药。司法实践中，生产、销售假药的行为人往往以不明知生产、销售的药品系假药为由，意图逃避法律惩处。因此，准确判断行为人是否具有主观明知，是审理该类案件的常见难题。特别是对于销售者主观认识的判断更加困难，因为单纯的销售者没有亲自参与商品生产的过程，确有可能不辨真伪或者被蒙骗。

在司法实践中，如果行为人辩称主观上不明知生产、销售的系假药，就需要结合行为人具体实施的行为以及涉案各环节其他行为人的供述、相关证人证言和鉴定意见等证据进行全面分析，综合认定。具体可从以下方面入手进行分析：(1)对药品生产、经营资格准入制度的认知；(2)自身对药品真假的鉴别能力和资质的认知；(3)行为人在制售假药过程中违法追逐暴利的思想和行为表现；(4)销售环节行为人对药品真实性的怀疑或者应当引起的怀疑；(5)行为人涉足药品行业的时间和对药品常识及假药危害的知晓；(6)违法制售假药过程中各行为人供述及相关证人证言对犯罪事实的相互印证；(7)行为人的年龄、文化程度、职业、阅历等方面综合情况。

本案中，法院重点调查核实了以下证据：(1)同案被告人关于被告人杨智勇参与销售假药行为的供述。同案被告人杨占强、杨喜平、马耐烦的供述证实，杨智勇负责假药的宣传联系工作，对非法添加西药成分的事情是知道的，并曾提出反对添加西药成分的主张。(2)销售网站的制作情况。宣传网页及相关证人证言证实，为实现宣传企业和产品展销的目的，杨智勇联系他人制作了宣传网站，网站所需图片和药品批文是由杨智勇提供给制作人，网站宣传联系人署名为杨智勇。(3)杨智勇的知识背景和从业经历。杨智勇系高中学历，在北京注册有北京御华康生科技有限责任公司。其父亲杨占强曾是渑池县城关医院医生，长期从事糖尿病的药品研究。杨智勇对于药品常识、管制制度及假药危害是有一定认知的。(4)本案属于家庭成员共同犯罪的案件。杨智勇的父亲杨占强指挥生产、销售假药，负责提供生产假药的配方；杨智勇的姐姐杨喜平按照杨占强提供的假药配方配置原料进行生产；杨智勇的母亲马耐烦帮助照看门市，协助销售假药；杨智勇负责联系制作销售宣传网站。据此，法院依法认定杨智勇对销售假药行为在主观上是明知的。

（二）“行为表现”的认定

一切有偿提供假药的行为，都是销售假药的行为。销售的方式既可能是公开的，也可能是秘密的，可以直接交付，也可以间接交付。《最高人民法院、最高人民检察院关于办理危害药品安全刑事案件若干问题的解释》第八条规定，明知他人生产、销售假药、劣药，而有下列情形之一的，以共同犯罪论处：(1)提供资金、贷款、账号、发票、证明、许可证件的；(2)提供生产、经营场所、设备或者运输、储存、保管、邮寄、网络销售渠道等便利条件的；提供生产技术或者提供原料、辅料、包装材料、标签、说明书的；提供广告宣传等帮助行为的。

本案中，在杨占强等人的授意下，被告人杨智勇明知杨占强等人制作假药，仍然联系制作企业宣传网站，应当认定为借助互联网为销售假药提供广告宣传的行为。主要理由如下：一是杨智勇联系制作宣传网站的目的是宣传和展销立康公司所生产的假药；二是从网站的内容方面来看，该网站除提供了大量关于立康公司“药品”功效的文字说明和实物图片等宣传内容外，还提供了联系人、联系电话、QQ 号等多种联系方式；三是从营销结果方面来看，一些消费者正是通过该网站了解立康公司的“药品”，并最终购买了该“药品”。

综上，被告人杨智勇主观上明知立康公司生产的黄精苦瓜胶囊等产品系假药，仍负责联系制作销售宣传网站，帮助销售假药，与杨占强等人构成销售假药罪的共同犯罪。一、二审法院对杨智勇行为的定性是准确的。

（撰稿：最高人民法院刑三庭　司明灯　芦　山
河南省三门峡市中级人民法院　王建锋
审编：最高人民法院刑三庭　罗国良）

[第1205号]田井伟、谭亚琼生产、销售不符合安全标准的食品案
——在生产、销售的食品中超限量加入食品添加剂并造成严重后果的行为如何定性

【关键词】　生产、销售不符合安全标准的食品罪　有毒、有害物质　严重后果　超限量　共同犯罪　自首

一、基本案情

被告人田井伟，男，1985年5月1日出生，2014年10月21日被逮捕。

被告人谭亚琼，女，1970年6月2日出生，2015年7月9日被逮捕。

贵州省遵义市红花岗区人民检察院以被告人田井伟、谭亚琼犯生产、销售有毒、有害食品罪，向红花岗区人民法院提起公诉。

被告人田井伟对公诉机关指控的犯罪事实和罪名均无异议。其辩护人认为公诉机关指控罪名有误，应当以生产、销售不符合安全标准的食品罪对田井伟定罪处罚，理由是，亚硝酸钠系国际上通用的食品添加剂，我国也没有明令禁止添加，田井伟是超过标准添加，故其行为符合生产、销售不符合安全标准的食品罪的构成要件。

被告人谭亚琼对公诉机关指控的罪名和事实均无异议，并表示自愿认罪，请求法庭对其从轻处罚。

红花岗区人民法院经公开审理查明：被告人田井伟系摆设流动烧烤摊的小贩，经常在被告人谭亚琼开设的调味品店内购买调味品。2014年9月，田井伟在谭亚琼店内购买调味品时，谭亚琼向其推荐亚硝酸钠，称此调料可以增色，并建议田井伟在烧烤中使用此调料，田井伟遂向谭亚琼购买了一包亚硝酸钠。2014年10月4日，田井伟在腌制烧烤备用的鸡腿时将购得的亚硝酸钠取出部分用水稀释后加入腌制的鸡腿中，并于次日将腌制过的鸡腿进行烧烤后出售。被害人马宇涵等8人食用后，先后出现中毒症状并被送往医院救治。马宇涵经遵义医学院附属医院抢救无效于2014年10月31日死亡，经法医学鉴定，马宇涵系亚硝酸盐中毒致多器官损害死亡。经贵州省疾病预防控制中心检验，田井伟自行腌制并烤制的鸡腿中，亚硝酸盐含量达85.2mg/kg；经相关医院确诊，马宇涵等8名食用者均为亚硝酸盐中毒。案发后，田井伟、谭亚琼的亲属均赔偿了马宇涵亲属的经济损失，马宇涵的亲属对谭亚琼表示谅解并请求法院对其从轻处罚。

红花岗区人民法院认为，被告人田井伟违反国家食品安全管理法规，违反食品安全标准，超限量滥用食品添加剂亚硝酸钠，造成一人死亡、多人中毒的严重后果，其行为构成生产、销售不符合安全标准的食品罪；被告人谭亚琼明知田井伟生产、销售不符合安全标准的食品而向其推荐和提供食品添加剂亚硝酸钠，与田井伟构成生产、销售不符合安全标准的食品罪的共犯，其行为亦

构成生产、销售不符合安全标准的食品罪。公诉机关指控罪名有误,予以变更。在共同犯罪中,田井伟购买亚硝酸钠后不按使用说明、不计后果,超限量添加到腌制的鸡腿中,经烧烤后向市民出售,造成被害人马宇涵食用后经医治无效死亡及多人食用后中毒的特别严重后果,系本案主犯;谭亚琼向田井伟推荐并销售明令禁止在餐饮行业使用的食品添加剂亚硝酸钠,在共同犯罪中起辅助作用,系本案从犯。鉴于田井伟到案后如实供述犯罪事实,并自愿认罪,案发后其亲属已向被害人亲属支付了赔偿款的事实,量刑时依法对其从轻处罚。鉴于谭亚琼案发后能主动到案,并如实供述犯罪事实,系自首,结合其系本案从犯,其亲属已对被害人亲属进行了赔偿,被害人亲属已对其表示谅解的事实,对其适用缓刑没有再犯罪的危险,对其所居住的社区也没有重大不良影响,量刑时依法对其减轻处罚并适用缓刑。依照《中华人民共和国刑法》第一百四十三条、第七十二条等规定,判决如下:

1. 被告人田井伟犯生产、销售不符合安全标准的食品罪,判处有期徒刑八年,并处罚金人民币一万元。

2. 被告人谭亚琼犯生产、销售不符合安全标准的食品罪,判处有期徒刑三年,缓刑三年,并处罚金人民币五千元。

3. 禁止被告人谭亚琼在缓刑考验期间从事食品添加剂的经营活动。

宣判后,被告人田井伟、谭亚琼未提出上诉,检察机关亦未提起抗诉,该判决已发生法律效力。

二、主要问题

在生产、销售的食品中超限量加入食品添加剂并造成严重后果的行为如何定性?

三、裁判理由

在本案审理过程中,对被告人田井伟的行为如何定性,存在两种意见:第一种意见认为,卫生部、国家食品药品监督管理局在2012年5月28日下发了2012年第10号公告,明令禁止餐饮服务单位采购、贮存、使用食品添加剂亚硝酸盐(亚硝酸钠、亚硝酸钾),被告人田井伟在生产、销售的食品中添加亚硝酸钠的行为应构成生产、销售有毒、有害食品罪;第二种意见认为,田井伟违反国家食品安全管理法律法规,违反食品安全标准,超限量滥用食品添加剂亚硝酸钠的行为构成生产、销售不符合安全标准的食品罪。

我们赞同第二种意见,理由如下:

(一)两罪区分的关键在于行为人在食品中加入的添加剂是否属于禁止作为食品添加剂使用的有毒、有害物质

生产、销售有毒、有害食品罪,是指在生产、销售的食品中掺入有毒、有害的非食品原料,或者销售明知掺有有毒、有害的非食品原料的食品的行为。生产、销售不符合安全标准的食品罪,是指生产、销售不符合食品安全标准的食品,足以造成严重食物中毒事故或者其他严重食源性疾病的行为。两罪均系危害食品安全的犯罪,在司法实践中容易混淆。

我们认为,两罪在犯罪客体、主体方面有相同或者相似之处,但存在本质区别:(1)犯罪客观方面不同。生产、销售有毒、有害食品罪往食品中掺入的必须是有毒、有害的非食品原料;而生产、销售不符合安全标准的食品罪在食品中掺入的原料也可能有毒有害,但其本身是食品原料。两罪在客观方面属于包含关系,即后罪包含前罪,凡是有毒、有害的食品,必然属于不符合安全标准的食品,但是不符合安全标准的食品,不一定是有毒、有害的食品。(2)构成犯罪的条件不同。前罪是行为犯,行为人只要实施刑法第一百四十四条所规定的行为就构成犯罪;而后罪是危险犯,只有"足以造成严重食物中毒事故或者其他严重食源性疾病"的,才构成本罪。根据《最高人

民法院、最高人民检察院关于办理危害食品安全刑事案件适用法律若干问题的解释》(以下简称《解释》)第一条的规定,下列5种情形属于"足以造成严重食物中毒事故或者其他严重食源性疾病":(1)含有严重超出标准限量的致病性微生物、农药残留、兽药残留、重金属、污染物质以及其他危害人体健康的物质的;(2)属于病死、死因不明或者检验检疫不合格的畜、禽、兽、水产动物及其肉类、肉类制品的;(3)属于国家为防控疾病等特殊需要明令禁止生产、销售的;(4)婴幼儿食品中生长发育所需营养成分严重不符合食品安全标准的;(5)其他足以造成严重食物中毒事故或者严重食源性疾病的情形。

因此,两罪区分的关键在于,行为人往食品中掺入的是否属于"有毒、有害的非食品原料",只有行为人往食品中掺入的是有毒、有害的非食品原料,才可以构成生产、销售有毒、有害食品罪;否则,不能构成生产、销售有毒、有害食品罪,如果"足以造成严重食物中毒事故或者其他严重食源性疾病",可以构成生产、销售不符合安全标准的食品罪。

(二)被告人田井伟的行为不构成生产、销售有毒、有害食品罪

本案中,被告人田井伟在其售卖的鸡腿中加入了亚硝酸钠,从而造成食用者一人死亡、多人中毒的严重后果,田井伟的行为构成何罪,关键在于判断亚硝酸钠是否属于"有毒、有害的非食品原料"。根据《解释》第二十条的规定,下列物质应当认定为"有毒、有害的非食品原料":(1)法律、法规禁止在食品生产经营活动中添加、使用的物质;(2)国务院有关部门公布的《食品中可能违法添加的非食用物质名单》《保健食品中可能非法添加的物质名单》上的物质;(3)国务院有关部门公告禁止使用的农药、兽药以及其他有毒、有害物质;(4)其他危害人体健康的物质。

亚硝酸钠不属于前述法律、法规禁止在食品生产经营活动中添加、使用的物质,也不是《食品中可能违法添加的非食用物质名单》上的物质,故亚硝酸钠不属于刑法第一百四十四条所规定的"有毒、有害的非食品原料"。虽然卫生部、国家食品药品监督管理局于2012年5月28日下发的2012年第10号公告明令禁止餐饮服务单位采购、贮存、使用食品添加剂亚硝酸盐(亚硝酸钠、亚硝酸钾),但亚硝酸钠本身的属性仍属于食品添加剂,这在国家有关食品添加剂的标准中是明确的。

根据《食品安全国家标准　食品添加剂使用标准》(GB 2760－2014)的规定,亚硝酸钠属于国家允许使用的食品添加剂。根据食品安全法和《食品安全国家标准　食品添加剂使用标准》(GB 2760－2014)的规定,食品添加剂是为改善食品品质和色、香、味,以及为防腐、保鲜和加工工艺的需要而加入食品中的人工合成或者天然物质。食品安全法明确规定,食品安全标准是强制执行的标准,食品、食品添加剂、食品相关产品中的致病性微生物,农药残留、兽药残留、生物毒素、重金属等污染物质以及其他危害人体健康物质的限量规定均属于食品安全标准的内容。《食品安全国家标准　食品添加剂使用标准》(GB 2760－2014)规定了食品添加剂的使用原则、允许使用的食品添加剂品种、使用范围以及最大使用量或残留量。在生产、销售的食品中加入的食品添加剂超出该标准允许使用的品种,或者在生产、销售的食品中加入的食品添加剂超过了使用范围或使用限量,就应认定为不符合食品安全标准的食品。不在该标准所列食品添加剂品种范围之内的,属于禁止作为食品添加剂使用的物质,若在食品中添加的物质不在标准所列品种范围之内,又含有有毒、有害物质,则应认定为生产、销售有毒、有害食品。

本案中,根据相关规定,田井伟在食品中添加的亚硝酸钠不属于"有毒、有害的非食品原料",故田井伟的行为不能构成生产、销售有毒、有害食品罪。

(三)被告人田井伟的行为构成生产、销售不符合安全标准的食品罪

如前所述,在生产、销售的食品中加入国家允许使用的食品添加剂,但超出允许使用的范围或超过允许的最大使用量或残留量,有危害食品安全的现实风险或造成严重后果的,构成生产、

销售不符合安全标准的食品罪。根据《食品安全国家标准 食品添加剂使用标准》(GB 2760－2014),亚硝酸钠的确属于国家允许使用的食品添加剂,在用于熏、烧、烤肉类时,其最大使用量为0.15g/kg,残留量要求≤30mg/kg。本案中,被告人田井伟所销售的鸡腿中的亚硝酸钠含量达到了85.2mg/kg,属于显著超过限量使用食品添加剂,且造成一人死亡、多人中毒住院治疗的特别严重后果,其行为符合刑法第一百四十三条关于生产、销售不符合安全标准的食品罪的构成要件。

根据《解释》第四条第一项的规定,田井伟的行为导致人员死亡,应认定为刑法第一百四十三条规定的"后果特别严重",处七年以上有期徒刑或者无期徒刑,并处罚金或者没收财产。被告人谭亚琼长期经营食品调味品,对于亚硝酸钠的使用方法与限量较为清楚,其在明知田井伟生产、销售不符合安全标准的食品的情况下,向田井伟推荐和提供食品添加剂亚硝酸钠,根据《解释》第十四条第三项、第十八条之规定,谭亚琼构成生产、销售不符合安全标准的食品罪的共犯。因谭亚琼系自首,其亲属已对被害人亲属进行了赔偿,且被害人亲属也对其表示谅解,具有法定、酌定从轻处罚情节,依法可适用缓刑,但应同时判令禁止其在缓刑考验期内从事与食品相关的经营活动。

综上,一审法院对被告人田井伟、谭亚琼依法以生产、销售不符合安全标准的食品罪分别定罪处罚,是适当的。

(撰稿:贵州省遵义市中级人民法院 万 亿
审编:最高人民法院刑四庭 陆建红)

福喜公司生产、销售伪劣产品案

【关键词】 生产、销售伪劣产品罪 共同犯罪 不合格产品 回收食品 过期食品

一、基本案情

被告单位上海福喜食品有限公司(以下简称上海福喜公司),法定代表人大卫·杰拉德·迈克唐纳(David Gerard Mc Donald)。

被告单位福喜食品有限公司(以下简称河北福喜公司),法定代表人大卫·杰拉德·迈克唐纳。

被告人杨立群(Yang Li Qun),女,澳大利亚联邦国籍,1964年12月12日出生。2014年11月6日被取保候审。

被告人贺业政,男,1973年11月27日出生。2014年8月29日被逮捕。

被告人陆秋艳,女,1981年10月31日出生。2014年8月29日被逮捕。

被告人杜平,女,1971年1月7日出生。2014年8月29日被逮捕。

被告人胡骏,男,1978年2月17日出生。2014年8月29日被逮捕。

被告人刘立杰,女,1977年9月4日出生。2014年8月29日被逮捕。

被告人张晖,男,1976年12月22日出生。2014年8月29日被逮捕。

被告人李亚军,男,1963年4月23日出生。2014年9月29日被逮捕。

被告人张广喜,男,1967年2月28日出生。2014年9月29日被逮捕。

被告人薛洪萍,女,1974年10月6日出生。2014年8月28日被取保候审。

上海市嘉定区人民检察院指控被告单位上海福喜公司、河北福喜公司、被告人杨立群、贺业政、陆秋艳、杜平、胡骏、刘立杰、张晖、李亚军、张广喜、薛洪萍犯生产、销售伪劣产品罪,向上海市嘉定区人民法院提起公诉。

两被告单位、十名被告人对指控的主要事实无异议。辩护人提出，涉案产品不属于以不合格产品冒充合格产品，两被告单位及十名被告人的行为不构成生产、销售伪劣产品罪。此外，被告人及其辩护人在具体事实、证据、法律适用等方面，分别提出了相关辩解和辩护意见。

上海市嘉定区人民法院经公开审理查明：被告单位上海福喜公司、河北福喜公司均系食品生产经营企业。2013 年 5 月至 6 月间，两被告单位生产、销售的部分食品因不符合百胜公司的工艺和原料要求，被退货或终止订单，造成相关产品大量积压。同年下半年，欧喜投资（中国）有限公司（系上海福喜公司、河北福喜公司的母公司，以下简称欧喜公司）深加工事业部为挽回经济损失，经被告人贺业政等相关管理人员商议，决定将上述产品继续销售或作为原料进行生产。同年 12 月，被告人杨立群担任欧喜公司深加工事业部总经理，召集被告人贺业政等人商议，决定继续执行原处理方案。嗣后，被告人杨立群通过会议、电子邮件等方式，指令两被告单位继续执行用回收食品或超过保质期的食品作为原料生产的方案；被告人贺业政传达指令并安排被告人陆秋艳等人协调相关产品的再加工等生产活动；被告人杜平根据授意，为两被告单位寻找客户，销售用回收食品、超过保质期的食品作为原料再生产的食品。被告人胡骏、刘立杰、张晖分别作为上海福喜公司的厂长、计划主管、质量经理，被告人李亚军、张广喜、薛洪萍分别作为河北福喜公司的厂长、仓储物流经理、质量经理，采用会议等方式，根据杨立群等人的指令，并按各自的职责参与相关产品的再加工等生产活动。具体事实如下：

1. 2014 年 1 月，根据杨立群、贺业政等人的指令以及陆秋艳制订、下达的生产计划，由胡骏组织、指挥，由刘立杰参与安排生产，由张晖安排质量部门制作产品内外包装、标签并检测放行，上海福喜公司将百胜公司退回的 3 200 余箱烟熏风味肉饼，连同库存的 1 300 余箱烟熏风味肉饼，采用拆除原包装、喷盐水等方式，再加工成风味肉饼 4 400 余箱，重新标注生产日期和 12 个月保质期。其中 3 000 余箱销售给北京鸿瀚天源商贸有限公司等客户，销售金额 21.4 万余元，库存 1 300 余箱，库存货值 7.8 万余元。

2. 2014 年 2 月至 3 月间，根据杨立群、贺业政等人的指令，由李亚军组织、指挥，由张广喜安排生产，由薛洪萍对生产流程予以指导，河北福喜公司将百胜公司退回的 900 余箱冷冻香煎鸡排，连同库存的 2 000 余箱冷冻香煎鸡排（均已超过保质期），采用更换包装等方式，再加工成香煎鸡排 3 000 余箱，重新标注生产日期和 12 个月保质期。其中 1 600 余箱销售给北京百胜益昌食品有限公司等客户，销售金额 16.7 万余元，库存 1 300 余箱，库存货值 13.8 万余元。

3. 2013 年 3 月至 5 月间，河北福喜公司按照百胜公司的订购，用小牛排原料生产冷冻腌制小牛排，并已完成解冻、注射、滚揉等主要生产加工程序，后因百胜公司突然终止订单，上述冷冻腌制小牛排经包装后放入冷库储存，并在管理系统中设定了 180 天的保质期。2014 年 2 月至 3 月间，根据杨立群、贺业政等人的指令，由李亚军组织、指挥，由张广喜安排生产，河北福喜公司将上述超过保质期的冷冻腌制小牛排，再加工成黑胡椒牛排 3 100 余箱，并重新标注生产日期和 12 个月保质期。其中 2 300 余箱销售给北京鸿瀚天源商贸有限公司，销售金额 55.5 万余元，库存 800 余箱，库存货值 19.4 万余元。

4. 2014 年 4 月，根据杨立群、贺业政等人的指令，由杜平联系客户，由李亚军组织、指挥，由张广喜安排生产，河北福喜公司将百胜公司退回且超过保质期的 1 000 余箱灯影牛肉丝，再加工成香辣牛肉丝 1 000 余箱，重新标注生产日期和 365 天保质期。其中 200 箱销售给北京公明莅昌商贸有限公司，销售金额 3.8 万余元，库存 800 余箱，库存货值 15.9 万余元。

5. 2013 年 5 月，上海福喜公司按照百胜公司的订购，用小牛排原料生产冷冻腌制小牛排，并已完成解冻、注射、滚揉等主要生产加工程序，后因百胜公司突然终止订单，上述冷冻腌制小牛排经装箱后放入冷库储存，并在管理系统中设定了180天的保质期。2014年6月，根据杨立群、贺业政等人的指令，由杜平联系客户，由陆秋艳制订、下达生产计划，由胡骏组织、指挥，由刘立杰安排生产，由张晖安排质量部门更改保质期并检测放行，上海福喜公司将上述超过保质期的冷冻腌制小牛排，再加工成迷你小牛排900余箱，并重新标注生产日期和365天保质期。上述迷你小牛排销售给北京公明莅昌商贸有限公司，销售金额12.7万余元。

此外，2014年5月下旬，上海福喜公司向福建欧圣农牧发展有限公司（以下简称欧圣公司）采购冰鲜鸡皮、鸡胸肉，同年6月2日因生产计划变化，经胡骏默许，遂沿用冰鲜转冰冻的方式，将欧圣公司于2014年5月30日、31日生产、标注贮存条件0～4℃、保质期为6天的冰鲜鸡皮、鸡胸肉放入公司冷冻库保存，并将冰鲜原料代码改为冻品代码，更改保质期为1至3个月不等。同年6月中旬至7月中旬，由刘立杰安排制订生产计划，上海福喜公司将上述超过冰鲜保质期的鸡皮、鸡胸肉，加工成麦乐鸡、麦香鸡排、烟熏风味肉饼、美式鸡排等4种食品共计5 200余箱，销售金额38.3万余元，库存货值83.1万余元。

2014年7月至11月间，杨立群、贺业政、陆秋艳、杜平、胡骏、刘立杰、张晖、李亚军、薛洪萍均主动接受公安机关调查，如实供述主要犯罪事实；张广喜在公安机关向其了解相关情况时，主动供述了主要犯罪事实。公安机关还根据贺业政的供述，查获了河北福喜公司的犯罪事实。

2016年2月1日，上海市嘉定区人民法院以（2015）嘉刑初字第1698号刑事判决书，认定被告单位上海福喜食品有限公司犯生产、销售伪劣产品罪，判处罚金人民币一百二十万元；被告单位福喜食品有限公司犯生产、销售伪劣产品罪，判处罚金人民币一百二十万元；被告人杨立群犯生产、销售伪劣产品罪，判处有期徒刑三年，并处罚金人民币十万元，驱逐出境；被告人贺业政犯生产、销售伪劣产品罪，判处有期徒刑二年八个月，并处罚金人民币八万元；被告人陆秋艳犯生产、销售伪劣产品罪，判处有期徒刑一年七个月，缓刑一年七个月，并处罚金人民币三万元；被告人杜平犯生产、销售伪劣产品罪，判处有期徒刑一年七个月，缓刑一年七个月，并处罚金人民币三万元；被告人胡骏犯生产、销售伪劣产品罪，判处有期徒刑二年六个月，并处罚金人民币七万元；被告人刘立杰犯生产、销售伪劣产品罪，判处有期徒刑二年三个月，并处罚金人民币六万元；被告人张晖犯生产、销售伪劣产品罪，判处有期徒刑一年九个月，缓刑一年九个月，并处罚金人民币四万元；被告人李亚军犯生产、销售伪劣产品罪，判处有期徒刑二年六个月，并处罚金人民币七万元；被告人张广喜犯生产、销售伪劣产品罪，判处有期徒刑二年三个月，并处罚金人民币六万元；被告人薛洪萍犯生产、销售伪劣产品罪，判处有期徒刑一年七个月，缓刑一年七个月，并处罚金人民币三万元；违法所得予以追缴，在案伪劣产品予以没收。

一审宣判后，被告单位上海福喜公司、河北福喜公司、被告人杨立群、贺业政、杜平、胡骏、刘立杰、张晖、李亚军、张广喜、薛洪萍提出上诉。审理期间，上海福喜公司、河北福喜公司、杜平、胡骏、刘立杰、张晖、李亚军申请撤回上诉。

上海市第三中级人民法院经依法开庭审理，于2016年7月1日以（2016）沪03刑终6号刑事裁定，准许上诉人上海福喜公司、河北福喜公司、杜平、胡骏、刘立杰、张晖、李亚军撤回上诉；驳回上诉人杨立群、贺业政、张广喜、薛洪萍的上诉，维持原判。

二、裁判理由

（一）涉案食品的原料是否为回收食品或过期食品

福喜公司涉案的食品原料有两类：第一类是烟熏风味肉饼、冷冻香煎鸡排、灯影牛肉丝；第二类是冷冻腌制小牛排、冷冻香煎鸡排、灯影牛肉丝、冰鲜转冰冻的鸡皮、鸡胸肉。第一类产品牵涉的问题是是否属于回收食品，第二类产品涉及的问题是是否属于过期食品。

1. 涉案食品烟熏风味肉饼、冷冻香煎鸡排、灯影牛肉丝是否属于回收食品？

2009年颁布的《中华人民共和国食品安全法》、2006年国家质量监督检验检疫总局发布的《关于严禁在食品生产加工中使用回收食品作为生产原料等有关问题的通知》、2007年国家质量监督检验检疫总局发布的《食品召回管理规定》，对回收和召回食品从名称、界定、处置上作出了不同规定，并“禁止生产经营用回收食品作为原料生产的食品”。回收食品包括“因各种原因停止销售，由批发商、零售商退回食品生产加工企业的各类食品及半成品”。但是，召回食品是“不符合食品安全标准的食品”，根据不同情形，处置时“采取补救、无害化处理、销毁等措施”。《食品召回管理规定》并不涉及回收食品的重新界定及处置。因此，回收食品不等同于召回食品。涉案产品售出后因不符合工艺和原料要求被退货，依法应认定为回收食品。

2. 涉案产品冷冻腌制小牛排、冷冻香煎鸡排、灯影牛肉丝、冰鲜转冰冻的鸡皮、鸡胸肉是否属于超过保质期的食品？

根据百胜公司设定的工艺流程，两被告单位完成了上述冷冻腌制小牛排主要生产加工程序，因百胜公司终止订单，遂包装后放入冷库储存。嗣后，销售人员积极寻找客户，在超过系统设定的180天期限后，又进行了再加工并销售。《食品安全法》对保质期作了相关规定，包括“保质期是指预包装食品在标签指明的贮存条件下保持品质的期限，预包装食品的包装上应当有标签、标签应当标明保质期”等内容。保质期的具体规定已由《食品安全法》予以明确，并为食品行业所明知，两被告单位应严格遵照执行。上述冷冻腌制小牛排经过解冻、注射、滚揉等生产加工程序后，添加了全蛋液、调味料等辅料，与小牛排原料已有明显区别，不能继续沿用原料供应商确定的保质期，应另行设定保质期，并在包装上标注。两被告单位对冷冻腌制小牛排设置了180天期限，并在管理系统内标注为保质期，该期限应视为新设定的保质期。两被告单位在上述小牛排超过180天保质期后，也在电子邮件、统计报表中确认已过期。

上述冷冻香煎鸡排、灯影牛肉丝，系百胜公司退回的回收食品或河北福喜公司的库存品，均已在包装上确定了生产日期、保质期。《食品安全法》第二十八条规定，禁止生产经营超过保质期的食品，该规定是对食品生产经营者的禁止性要求。确定保质期，也应是食品生产经营者对食品质量安全作出的承诺，保质期一经确定，不得随意更改。

上述冰鲜鸡皮、鸡胸肉，系上海福喜公司因生产计划发生变化，自行转为冻品并延长保质期。此行为既违反了《食品安全法》关于保质期的相关规定，又违反了我国食品安全国家标准《鲜、冻禽产品》（GB 16869－2005）关于“分割禽体时应先预冷后分割；从放血到包装、入冷库的时间不得超过2小时”“需冻结的产品，其中心温度应在12小时内达到零下18度，或零下18度以下”的规定，属于改变了原料供应商标签指明的贮存条件，并在超过原料保质期的情况下进行生产。

综上所述，涉案产品冷冻腌制小牛排、冷冻香煎鸡排、灯影牛肉丝、冰鲜转冰冻的鸡皮、鸡胸肉均属于超过保质期的食品。

（二）用回收食品或超过保质期的食品作为原料生产的食品是否具有食品安全风险，能否据此认定为不合格产品

该案辩护人认为，涉案产品未检出有毒、有害的非食品原料，也未检出超出标准限量的致病性微生物等危害人体健康的物质，公诉机关也未指控被告单位、被告人构成生产、销售有毒、有害食品罪或生产、销售不符合安全标准的食品罪，故涉案产品没有食品安全问题，且未经鉴定不能认定为不合格产品。

本案系一起涉及食品安全的刑事案件。首先，判断涉案产品是否具有食品安全风险，需从两被告单位在生产经营过程中是否遵守了《食品安全法》的相关规定进行分析。《食品安全法》是

为保证食品安全，保障公众身体健康和生命安全而制定，该法阐明食品是指“各种供人食用或者饮用的成品和原料以及按照传统既是食品又是药品的物品，但是不包括以治疗为目的的物品”，该法将用回收食品作为原料生产的食品和超过保质期的食品，均规定为不符合食品安全标准或者要求的食品范畴，并明令禁止生产经营。涉案产品系两被告单位出于销售给消费者食用的目的而生产，但原料使用了回收食品、超过保质期的食品。两被告单位的生产经营行为，违反了《食品安全法》的禁止性规定，涉案产品属于“不符合食品安全标准或者要求的食品”，具有食品安全风险。《食品安全法》作出上述禁止性规定，是由于回收食品经过储存、运输、销售等多个环节，极易受到外来不明物质的污染，而超过保质期的食品容易腐败、变质，故使用回收食品、超过保质期的食品作为原料生产的食品具有较高的健康风险。其次，食品是否检出危害身体健康的物质，仅是食品是否安全的一个方面。《食品安全法》第二十八条规定，禁止生产经营下列食品：“用非食品原料生产的食品或者添加食品添加剂以外的化学物质和其他可能危害人体健康物质的食品，或者用回收食品作为原料生产的食品”“致病性微生物、农药残留、兽药残留、重金属、污染物质以及其他危害人体健康的物质含量超过食品安全标准限量的食品”“营养成分不符合食品安全标准的专供婴幼儿和其他特定人群的主辅食品”“腐败变质、油脂酸败、霉变生虫、污秽不洁、混有异物、掺假掺杂或者感官性状异常的食品”“病死、毒死或者死因不明的禽、畜、兽、水产动物肉类及其制品”“未经动物卫生监督机构检疫或者检疫不合格的肉类，或者未经检验或者检验不合格的肉类制品”“被包装材料、容器、运输工具等污染的食品”“超过保质期的食品”“无标签的预包装食品”“国家为防病等特殊需要明令禁止生产经营的食品”“其他不符合食品安全标准或者要求的食品”。可见，食品有无安全风险不仅涉及食品是否存在危害人体健康的物质，还包括食品原料的来源及检疫、食品添加剂、食品包装材料、运输、保质期等多方面。对照《刑法》及相关司法解释，《食品安全法》禁止生产经营的食品涵盖但不限于《刑法》第一百四十三条中的“不符合安全标准的食品”、第一百四十四条中的“有毒、有害食品”。同时，《最高人民法院、最高人民检察院关于办理危害食品安全刑事案件适用法律若干问题的解释》第十三条规定，生产、销售不符合食品安全标准的食品，无证据证明足以造成严重食物中毒事故或者其他严重食源性疾病，不构成生产、销售不符合安全标准的食品罪，但是构成生产、销售伪劣产品罪等其他犯罪的，依照该其他犯罪定罪处罚。故辩护人以涉案产品不符合《刑法》第一百四十三条、第一百四十四条的规定，认为涉案产品不具有食品安全问题，不能认定为不合格产品的结论，与法律及司法解释不符。最后，涉案产品所具有食品安全风险系由其使用原料所决定，根据《食品安全法》和国家质量监督检验检疫总局发布的《关于严禁在食品生产加工中使用回收食品作为生产原料等有关问题的通知》，涉案产品不属于能够采取补救措施的范围。

涉案产品属于“不符合食品安全标准或者要求的食品”，但能否认定为不合格产品，还需从《产品质量法》的角度分析。《产品质量法》是为了加强对产品质量的监督管理，提高产品质量水平，明确产品质量责任，保护消费者的合法权益，维护社会经济秩序而制定，该法的产品是指“经过加工、制作，用于销售的产品”，产品质量应当符合“不存在危及人身、财产安全的不合理的危险”等要求。涉案产品系两被告单位生产并用于销售给客户供消费者食用，且部分已实际流入市场，故属于《产品质量法》中的“产品”，两被告单位对涉案产品的生产经营行为应遵守上述两法的规定。涉案产品具有食品安全风险，且属于食品原料违法，故不符合《产品质量法》“不存在危及人身、财产安全的不合理的危险”的要求，依照《最高人民法院、最高人民检察院关于办理生产、销售伪劣商品刑事案件具体应用法律若干问题的解释》（以下简称《解释》）的规定，应认定为“不合格产品”。

对于本案的涉案产品是否具有鉴定问题。根据《解释》第一条的规定，对不合格产品难以确定的,应当委托法律、行政法规规定的产品质量检验机构进行鉴定。因涉案产品所具有的食品安全风险,系由其使用了回收食品、超过保质期的食品作为原料,该部分事实的证据确实、充分,不属于难以确定应当委托鉴定的情形。

【编后语】

本案是近年来食品安全领域内重大、疑难、复杂刑事案件,社会关注度高、影响重大。作为一个具有标杆意义的食品安全案件,该案重点对被告单位、被告人使用回收食品、超过保质期的食品作为原料进行食品生产经营的行为作出司法认定,明确上述行为具有食品安全风险,不符合《产品质量法》关于产品质量应当"不存在危及人身、财产安全的不合理危险"的要求,同时违反了《刑法》第一百四十条之规定,已构成生产、销售伪劣产品罪。该案认定事实清楚,适用法律准确,对审判实践具有重要的参考价值,并对打击危害食品药品安全犯罪,保障公共食品药品安全发挥积极作用。值得一提的是,该案也推动了行政立法与执法。2017 年 1 月 20 日,上海市人民代表大会通过了《上海市食品安全条例》,该条例被称为"史上最严"的食品安全地方法规,充分展示了民众对食品安全的关注与期盼。

(撰稿:上海市嘉定区人民法院 吴颂华 徐洋洋
审编:最高人民法院刑二庭 韩维中)

[第 1315 号]方永胜销售伪劣产品案

——利用疫情销售"三无"口罩的罪名适用和"伪劣产品"标准的认定

【关键词】 销售伪劣产品罪 "三无"劣质产品 诈骗罪 想象竞合 新冠肺炎疫情 国家标准

一、基本案情

被告人方永胜,男,汉族,1995 年 2 月 19 日出生。2020 年 2 月 10 日被逮捕。

浙江省仙居县人民检察院指控被告人方永胜犯销售伪劣产品罪,向浙江省仙居县人民法院提起公诉。

被告人方永胜对指控事实、罪名及量刑建议没有异议。辩护人对公诉机关就本案的定性不持异议,对量刑方面提出:(1)被告人具有如实供述,认罪认罚的法定从轻处罚情节;(2)被告人在销售口罩时即已告知系非医用口罩,犯罪时间持续较短,社会危害性不大;(3)被告人系初犯、偶犯。建议对其从轻处罚。

仙居县人民法院经公开审理查明:在新型冠状病毒肺炎疫情防控期间,市场急需大量口罩用于防控疫情,为谋取利益,被告人方永胜于 2020 年 1 月底至 2 月初,从江苏省苏州市相城区如元路 128 号批量采购白色二层、三层口罩,在明知该类口罩属于"三无"劣质产品的情况下,仍以非医用口罩的名义向下线柯旭锋、蒋松君(均另案处理)等人及其他不特定人员进行销售。其间,方永胜共销售该类口罩 25 万余只,销售金额达 24 万元左右,非法获利 7 万余元。经鉴定,方永胜销售的白色二层、三层口罩的过滤效率均不符合标准要求,系不合格产品。案发后,方永胜采用返回货款共计1.63万元的方式向部分买家召回了部分口罩,该部分口罩已由仙居县市场监督管理局扣押。到案后其还退缴了部分违法所得。

仙居县人民法院认为,被告人方永胜在新型冠状病毒肺炎疫情期间,明知是“三无”劣质口罩仍然予以销售,且销售数量达到25万余只,销售金额达24万余元,社会危害性大。依照《中华人民共和国刑法》第一百四十条、第六十七条第三款、第六十一条、第六十二条、第六十四条,《中华人民共和国刑事诉讼法》第十五条之规定,判决如下:

1. 被告人方永胜犯销售伪劣产品罪,判处有期徒刑二年八个月,并处罚金人民币三十五万元。

2. 依法追缴被告人方永胜违法所得人民币五万三千七百元,上缴国库,其中已退缴的五千元由扣押机关仙居县公安局上缴国库。

3. 扣押在案的口罩,依法予以没收,由扣押机关仙居县市场监督管理局依法处理。

一审宣判后,被告人方永胜未提出上诉,检察机关未提出抗诉。判决已发生法律效力。

二、主要问题

(一)疫情防控期间,以出售非医用口罩的名义销售“三无”口罩的行为应当如何认定?

(二)如何判断“三无”口罩是否属于销售伪劣产品罪中的“伪劣产品”?

三、裁判理由

(一)疫情防控期间,以出售非医用口罩的名义销售“三无”劣质口罩的,应认定为销售伪劣产品罪

本案被告人方永胜在新型冠状病毒肺炎疫情防控期间,明知是“三无”劣质口罩仍然予以销售,关于其行为应当如何定性,有以下两种意见:

第一种意见认为,被告人方永胜的行为构成销售伪劣产品罪。理由是:方永胜销售的“三无”口罩,系以不合格产品冒充合格产品,其行为符合刑法第一百四十条生产、销售伪劣产品罪的构成要件,故应认定为销售伪劣产品罪。

第二种意见认为,被告人方永胜的行为构成诈骗罪。理由是:方永胜以非法占有为目的,明知其销售的口罩属于“三无”劣质产品,采用虚构事实、隐瞒真相的方式致使被害人陷入错误认识而交付财物,实质上是以销售之名行诈骗之实,其行为符合诈骗罪的构成要件。

我们同意第一种意见,被告人方永胜的行为构成销售伪劣产品罪。根据刑法第一百四十条之规定,销售伪劣产品罪的客观表现形式为掺杂掺假、以假充真、以次充好、以不合格冒充合格,其行为存在一定的假冒、欺骗成分,与诈骗罪的虚构事实、隐瞒真相、欺骗他人等手段存在一定交叉,因而实践中较容易混淆。要对二者进行准确区分,应当注意从以下几点入手:

1. 考察交易是否实际完成

在销售伪劣产品罪中,销售伪劣产品的行为人隐瞒或者虚构产品的真实质量,只是为了引诱对方与其订立合同并进行交易,但客观上确实发生了交易行为,本质上仍属于货物买卖关系,只是交付的货物质量不符合标准;而在诈骗犯罪中,行为人隐瞒真相或者虚构事实的目的在于直接占有对方财物,并没有真实的交易意图,因此通常不会交付货物甚至没有标的物存在,也不排除进行部分交易的可能,本质上没有完成全部交易,只是以“交易”或部分“交易”为名虚构骗局、诱人上当,进而骗取他人财物。本案中,尽管被告人方永胜销售的口罩起不到应有防护作用,但其仍然交付了口罩,存在真实的交易,区别于以销售为名,但实际并不发货或部分发货进而骗取他人财物的情形。

2. 判断实际交付的财物与对方所支付财物价值差距是否较大

在诈骗罪中,也有行为人实际或部分交付财物的情形,但可能是以交付少量财物骗取对方信

任后进而诈骗更多财物或者交付的财物与真实产品质量或规格相去甚远甚至毫无关联，在成本上可以忽略不计或价值不大，如以玻璃冒充钻石、以普通石头冒充玉石进行销售。而在销售伪劣产品罪中，行为人主观上具有履行合同的意图，尽管其所交付的产品价值通常低于真实、合格的产品，但也并非毫无价值，而是含有一定成本，即行为人谋取的是伪劣产品与真实产品的差价，追求的是非法利润，而不是为了骗取对方钱款。本案中，被告人方永胜所销售的口罩虽系不合格产品，但亦有成本，且售卖平均价格不到一元，与合格非医用口罩的市场价格差距不大，区别于以销售为名，但商品与真实产品相去甚远或毫无价值、骗取他人财物的情形。

3. 从二者的侵犯客体进行区分、把握

诈骗罪所侵犯的客体是公私财物所有权，而销售伪劣产品罪所侵犯的客体是国家产品质量管理制度和市场秩序。当前，全国人民正齐心协力、众志成城地打一场新型冠状病毒肺炎疫情的防控阻击战，而个别无良商家却见利忘义，违法违规销售疫情防控用品，虽然消费者的财物在一定程度上也是有损失的，但更严重的危害后果是损害了广大消费者的合法利益，对使用者的身心健康造成不良影响，严重扰乱了市场秩序，妨碍了疫情防控工作的开展。因此，从犯罪客体的角度进行区分，本案中被告人方永胜的行为也更符合销售伪劣产品罪。

（二）销售伪劣产品罪之"伪劣产品"的认定标准

本案中，公诉机关指控被告人方永胜销售的口罩属于"三无"产品。所谓"三无"产品，指的是不符合《产品质量法》第二十七条规定，无产品质量检验合格证明、无产品名称、生产厂厂名和厂址以及无产品规格、等级、所含主要成分的名称和含量等标识的产品。而根据《产品质量法》的规定，合格产品应当满足以下质量要求：(1)不存在危及人身、财产安全的不合理的危险，有保障人体健康和人身、财产安全的国家标准、行业标准的，应当符合该标准；(2)具备产品应当具备的使用性能，但对产品存在使用性能的瑕疵作出说明的除外；(3)符合在产品或者其包装上注明采用的产品标准，符合以产品说明、实物样品等方式表明的质量状况，即具有生产者、销售者所许诺的性能。可见，"三无"产品并不必然等同于销售伪劣产品罪中的"伪劣产品"。在判断被告人销售的货物是否属于"伪劣产品"时，应当严格按照罪刑法定原则的要求，结合相关法律和司法解释的规定进行认定。

刑法第一百四十条对于销售伪劣产品罪的表现形式规定了四种情形，即"掺杂、掺假，以假充真、以次充好，以不合格产品冒充合格产品"。根据《最高人民法院、最高人民检察院关于办理生产、销售伪劣商品刑事案件具体应用法律若干问题的解释》（以下简称《解释》）第一条规定，在产品中"掺杂、掺假"，是指在产品中掺入杂质或者异物，致使产品质量不符合国家法律、法规或者产品明示质量标准规定的质量要求，降低、失去应有使用性能的行为；"以假充真"，是指以不具有某种使用性能的产品冒充具有该种使用性能的产品的行为；"以次充好"，是指以低等级、低档次产品冒充高等级、高档次产品，或者以残次、废旧零配件组合、拼装后冒充正品或者新产品的行为；而"不合格产品"，是指不符合《产品质量法》第二十六条第二款规定的质量要求的产品。产品是否合格，有时可以通过外观、生活常识或直接验证使用效果等方式进行判断，《解释》第一条第五款同时规定，对是否为"不合格产品"等难以确定的，应当委托法律、行政法规规定的产品质量检验机构进行鉴定。

本案中，被告人方永胜销售的是非医用的一次性口罩，鉴于一次性口罩的使用功能主要在于隔离、过滤等，而其效果难以通过肉眼或者生活经验辨别，故需要委托专门的产品质量检验机构，参照相应的产品检验、检测标准进行判断。

目前，关于口罩的鉴定标准分为医用口罩和非医用口罩两类。其中医用口罩按照产品标准、防护程度的不同，可分为医用防护口罩、医用外科口罩、一次性医用口罩三种，对此应当分别适用

GB 19083—2010《医用防护口罩技术要求》、YY 0469—2004《医用外科口罩技术要求》、YY/T 0969—2013《一次性使用医用口罩》。而非医用口罩的执行标准有两种：一是国家标准化管理委员会公布的 GB/T 32610—2016《日常防护型口罩技术规范》，二是原国家质量监督检验和检疫局与国家标准化管理委员会公布的 GB 2626—2006《呼吸防护用品自吸过滤式防颗粒物呼吸器》。其中，GB/T 32610—2016 适合于普通人群在日常生活中空气污染环境下过滤颗粒物所佩戴的防护型口罩，不适用于缺氧环境、水下作业、逃生、消防、医用及工业防尘等特殊行业用呼吸防护用品，也不适用于婴幼儿、儿童呼吸防护用品。GB 2626—2006 适用于防护各类颗粒物的自吸过滤式呼吸防护用品，不适用于防护有害气体和蒸气的呼吸防护用品以及水下作业、逃生、消防用呼吸防护用品。两个标准的不同点是 GB 2626—2006 可以用于工业防尘，而 GB/T 32610—2016 不可以用于工业防尘。

本案中，被告人方永胜批量采购、销售的口罩，经浙江省轻工业品质量检验研究院检验、鉴定，涉案的一次性白色两层耳戴式口罩的过滤效率不符合 GB 2626—2006、GB/T 32610—2016 国家标准的要求，达不到一般非医用口罩的正常使用标准，属于《产品质量法》第二十六条第二款规定的“不合格产品”，应当依法认定为“伪劣产品”。方永胜的行为属于刑法第一百四十条销售伪劣产品罪中规定的“以不合格产品冒充合格产品”。

综上，人民法院根据被告人方永胜的行为性质、犯罪事实、情节和对社会的危害程度，依法认定其构成销售伪劣产品罪是准确的。

（撰稿：天津市第一中级人民法院　张文波
审编：最高人民法院刑二庭　王晓东）

[第 1316 号] 王丽莉、陈鹏销售伪劣产品案

——疫情防控期间以“三无”产品冒充“KN95”口罩进行销售行为的认定

【关键词】 销售伪劣产品罪　销售不符合标准的医用器材罪　法条竞合　新冠肺炎疫情　“三无”产品　结果犯

一、基本案情

被告人王丽莉，女，汉族，1978 年 6 月 20 日出生。2020 年 2 月 4 日被取保候审。

被告人陈鹏，男，汉族，1978 年 2 月 4 日出生。2020 年 2 月 4 日被取保候审。

哈尔滨市南岗区人民检察院指控被告人王丽莉、陈鹏犯销售伪劣产品罪，向哈尔滨市南岗区人民法院提起公诉。

被告人王丽莉、陈鹏对公诉机关指控的事实、罪名及量刑建议均无异议。

哈尔滨市南岗区人民法院经审理查明：被告人王丽莉、陈鹏原系夫妻关系。2020 年 1 月 28 日至 1 月 31 日，二人明知在郝某某（另案处理）处以每只 5 元的价格购买的口罩无产品合格证、无产品说明书、无标识的情况下，仍通过微信以“KN95”口罩对外销售。其间，吴某某、张某某（均另案处理）通过微信联系到王丽莉购买口罩，王丽莉以每只 10 元的价格向二人销售共计 9 800 只，通过对方微信转账和汇款的方式收取货款 98 000 元。被告人陈鹏按照王丽莉提供的销售信息，于 2020 年 1 月 29 日、1 月 31 日在哈尔滨市南岗区复旦路 275 号的顺丰速递分三次向黑龙江

省黑河市北安市、嫩江县邮寄口罩共计8 300只,在哈尔滨市南岗区复旦路和哈尔滨大街交口将1 500只口罩交给张某某、吴某某指定的接货人。经浙江省轻工业品质量检验研究院鉴定,该口罩过滤效率不符合标准要求,为不合格产品。案发后,公安机关将涉案的9 800只口罩查获扣押。2020年2月3日,侦查人员在王丽莉、陈鹏家中将二人抓获。

南岗区人民法院认为,被告人王丽莉、陈鹏销售不合格产品,销售金额98 000元,其行为已构成销售伪劣产品罪,应依法惩处。二被告人系共同犯罪,且均系主犯。王丽莉、陈鹏为谋取非法利益,无视国家法律,在全国性预防、控制突发传染病疫情期间,利用群众对口罩迫切需求的心理,向医药公司销售过滤效率不符合标准的不合格口罩,主观恶性及社会危害性较大,且影响恶劣,应从重处罚。王丽莉、陈鹏能够如实供述自己的罪行,愿意接受处罚,可酌情对其从轻处罚。综上,根据王丽莉、陈鹏的犯罪事实、性质、情节和对社会的危害程度,依照《中华人民共和国刑法》第一百四十条、第五十二条、第五十三条、第六十四条、第二十五条第一款、第二十六条第一款、第六十七条第三款、第六十一条,《中华人民共和国刑事诉讼法》第二百零一条之规定,以销售伪劣产品罪,分别判处被告人王丽莉、陈鹏有期徒刑一年二个月,并处罚金人民币十万元。

二、主要问题

疫情防控期间,对明知是“三无”产品仍冒充“KN95”口罩对外销售的行为,应认定为销售不符合标准的医用器材罪还是销售伪劣产品罪?

三、裁判理由

本案中被告人王丽莉、陈鹏在新型冠状病毒肺炎疫情防控期间,明知是“三无”劣质口罩仍然以“KN95”口罩对外销售,关于其行为应当如何定性,有以下两种意见:

第一种意见认为,被告人王丽莉、陈鹏的行为构成销售不符合标准的医用器材罪。理由是:“KN95”口罩系国家卫生健康委员会(以下简称国家卫健委)在疫情防控期间推荐使用口罩,王丽莉、陈鹏故意销售不符合保障人体健康的国家标准、行业标准的“三无”劣质口罩,由于上述口罩不具备应有的过滤效果,可能会产生危及消费者人体健康的严重后果,故二被告人的行为应认定为销售不符合标准的医用器材罪。

第二种意见认为,被告人王丽莉、陈鹏的行为构成销售伪劣产品罪。理由是:王丽莉、陈鹏销售的“三无”口罩,系以不合格产品冒充合格产品,其行为符合刑法第一百四十条生产、销售伪劣产品罪的构成要件,故应认定为销售伪劣产品罪。

我们同意第二种意见,被告人王丽莉、陈鹏的行为构成销售伪劣产品罪。

根据刑法有关规定,销售者“在产品中掺杂、掺假,以假充真,以次充好或者以不合格产品冒充合格产品”的行为,构成销售伪劣产品罪;而“生产不符合保障人体健康的国家标准、行业标准的医疗器械、医用卫生材料,或者销售明知是不符合保障人体健康的国家标准、行业标准的医疗器械、医用卫生材料,足以严重危害人体健康的”,构成销售不符合标准的医用器材罪。具体而言,二者的主要区别包括:

一是侵犯客体不同。销售伪劣产品罪主要侵犯了国家对产品质量的管理制度和消费者的合法权益。其中,国家对产品质量的管理制度是指国家通过法律、行政法规等规范产品生产的标准,产品出厂或销售过程中的质量监督检查内容,生产者、销售者的产品质量责任和义务、损害赔偿、法律责任等制度;而医用器材安全关乎人民生命健康,销售不符合标准的医用器材罪不仅侵犯了国家医疗用品管理制度,而且对公民的生命权、健康权构成严重威胁。因此,销售伪劣产品罪和销售不符合标准的医用器材罪是一般与特殊的关系,即后者除了威胁最普通、最基础的国家产品质量保障制度之外，还会直接威胁国家医用器材的安全保障制度。而从立法层面来看，危害一般产品的质量就可以引起刑法的制裁，而危害医疗器械、医用口罩等医疗物资的质量安全则会引起刑法更为强烈的制裁。

二是犯罪对象不同。所谓伪劣产品，主要包括两类产品：一类是以假充真，即冒用商标、模仿外观，引发消费者误解；另一类是伪造劣质，即在安全标准、性能指标、成分含量、实用价值等质量方面以及生产经营主体资质上未能达到应有要求。因此，销售伪劣产品罪所囊括的范围较为广泛，主要包括除刑法另有规定的药品、食品、医用器材、涉及人身和财产安全的电器等产品以及农药、兽药、化肥、种子、化妆品等以外的产品。而所谓医用器材，则主要是指直接或者间接用于人体的仪器、设备、器具、体外诊断试剂及校准物、材料以及其他类似或者相关的物品。因此，销售不符合标准的医用器材罪的犯罪对象仅限于不符合国家标准、行业标准的医疗器械、医用卫生材料。

三是构成犯罪的标准不同。1997 年刑法在 1993 年《全国人民代表大会常务委员会关于惩治生产、销售伪劣商品犯罪的决定》的基础上，专门规定了生产、销售不符合标准的医用器材罪。随后，2001 年最高人民法院、最高人民检察院（以下简称“两高”）联合发布了《关于办理生产、销售伪劣商品刑事案件具体应用法律若干问题的解释》，其中第六条对刑法第一百四十五条规定的“对人体健康造成严重危害”“后果特别严重”“情节特别恶劣”作了具体详细的规定。2002 年，《刑法修正案（四）》对刑法第一百四十五条作了修改，将本罪由结果犯改为危险犯，即只要“足以严重危害人体健康”，就构成本罪。其中，刑法规范意义中的“足以严重危害人体健康”，是指行为人实施的生产、销售不合标准的医用器材行为，客观上具有对这些医用器材的使用者、消费者的人体健康造成严重危害的危险，这种危险的性质是现实的、直接的，但这种危险尚未转化为实际的危害后果。而对于销售伪劣产品罪而言，该罪是较为典型的结果犯，即要求销售金额达到 5 万元以上才构成本罪。依据刑法第一四十九条的规定，销售不符合健康标准的医疗器械、医用卫生材料，但不具有严重危及人体健康危害的，不构成销售不符合标准的医用器材罪，若其销售金额在 5 万元以上的，既构成销售伪劣产品罪，同时又构成销售不符合标准的医用器材罪时，依照处罚较重的规定定罪处罚。

四是犯罪的客观方面不同。销售伪劣产品罪的表现形式，主要有“掺杂、掺假，以假充真、以次充好，以不合格产品冒充合格产品”等四种情形。对于是否为“不合格产品”难以确定的，应当委托法律、行政法规规定的产品质量检验机构进行鉴定。因此，《最高人民法院、最高人民检察院、公安部、司法部关于依法惩治妨害新型冠状病毒感染肺炎疫情防控违法犯罪的意见》（以下简称《疫情意见》）明确规定，在疫情防控期间，生产、销售伪劣的防治、防护产品、物资，符合刑法第一百四十条规定的，以生产、销售伪劣产品罪定罪处罚；而销售不符合标准的医用器材罪要求行为人明知是不符合保障人体健康的国家标准、行业标准的医疗器械、医用卫生材料，但仍以医用器械、医用材料的名义对外销售的。在判断其主观明知方面，可结合其供述、购买产品时的价格、名称、种类以及向购买者展示的产品及其证明文件等证据予以认定。因此，《疫情意见》明确规定，在疫情防控期间，生产不符合保障人体健康的国家标准、行业标准的医用口罩、护目镜、防护服等医用器材，或者销售明知是不符合标准的医用器材，足以严重危害人体健康的，依照刑法第一百四十五条的规定，以生产、销售不符合标准的医用器材罪定罪处罚。

最后，2020 年 1 月 31 日国家卫健委发布《新型冠状病毒感染不同风险人群防护指南》和《预防新型冠状病毒感染的肺炎口罩使用指南》，推荐使用一次性使用医用口罩、医用外科口罩、KN95/N95 及以上颗粒物防护口罩、医用防护口罩四种口罩。其中，一次性使用医用口罩、医用外科口罩、医用防护口罩均已列入国家药监局发布的《医疗器械分类目录公告》(2017 年第 104 号),故销售不符合标准的一次性使用医用口罩、医用外科口罩、医用防护口罩的,根据案件具体情况可构成销售不符合标准的医用器材罪。但销售不符合标准的 KN95/N95 及以上颗粒物防护口罩,能否构成此罪尚存在一定争议。

"N95"是美国疾病控制与预防中心下属的职业安全与健康研究所(NIOSH)制定的标准,并非特定的产品名称。只要符合 N95 标准,并且通过 NIOSH 审查的产品就可以称为 N95 型口罩。KN95 口罩则是我国对于颗粒物具有过滤效率的口罩的统称,其颗粒物过滤效率与 N95 口罩基本一致。目前,医务人员特别是直接参与救治新型冠状病毒肺炎的医护人员所使用的医用防护口罩,就属于 N95 口罩中的一种,但并不是所有的 N95 口罩都是医用防护口罩。市场中有部分 N95、KN95 口罩执行的是原国家质量监督检验和检疫局、国家标准化管理委员会公布的呼吸防护用品标准 GB 2626—2006,该标准不属于医用标准的范畴。因此,只有医用防护口罩、外科口罩、医用口罩(一次性使用医用口罩),才属于销售不符合标准的医用器材犯罪中的医用器材。对于 N95 或者 KN95 的口罩,应针对案件证据情况具体分析。如假冒的 N95 或者 KN95 的口罩从执行标准等方面确属于医用产品的,可根据案件具体情况认定构成生产、销售不符合标准的医用器材罪。反之,如无明确标示或标注为防尘口罩的,则可能构成生产、销售伪劣产品罪。

综上,本案中二被告人在出售口罩前虽声称系 KN95 口罩,但给被害人发送该批口罩的证明文书上所标示的口罩类型,系特种劳动保护用品而非医用防护口罩,且涉案口罩从外观、包装上均看不出医用等字样,亦无执行标准等情况,经鉴定过滤效率亦不符合标准要求,为不合格产品。

因此,人民法院根据被告人王丽莉、陈鹏的行为性质、犯罪事实、情节和对社会的危害程度,依法认定二被告人构成销售伪劣产品罪是准确的。

(撰稿:黑龙江省高级人民法院　王　卓
黑龙江省哈尔滨市南岗区人民法院　胡天鹰
天津市第一中级人民法院　张文波
审编:最高人民法院刑二庭　韩维中)

[第 1335 号]邓文均、符纯宣生产、销售有毒、有害食品案

——在食品加工中使用"口水油"并销售的,应认定为生产、销售有毒、有害食品罪

【关键词】 生产、销售有毒、有害食品罪　有毒、有害的非食品原料　行为犯　新型危害食品安全的犯罪

一、基本案情

被告人邓文均,男,1968 年 1 月 8 日出生,原浙江省温州市瓯海郭溪符纯宣火锅店经营者。2016 年 12 月 18 日被逮捕。

被告人符纯宣,女,1968 年 7 月 18 日出生,原浙江省温州市瓯海郭溪符纯宣火锅店经营者。

2017年6月23日被逮捕。

浙江省温州市瓯海区人民检察院指控被告人邓文均、符纯宣犯生产、销售有毒、有害食品罪，向温州市瓯海区人民法院提起公诉。

被告人邓文均、符纯宣对起诉书指控的基本事实及适用的法律均无异议，二辩护人均提出本案查获的“口水油”与“地沟油”、“泔水”等有别，系“四川老油”的做法，不具有实质危害性，二被告人对制作和添加“口水油”的违法性认识不足，其夫妇二人经营时间不长，规模小，归案后均有坦白表现，建议从轻处罚并适用缓刑。

温州市瓯海区人民法院经审理查明：2015年5月1日始，被告人邓文均、符纯宣在温州市瓯海区郭溪街道梅屿村温瞿东路1256号共同经营一家“老四川火锅店”，并于同年6月24日依法登记为温州市瓯海郭溪符纯宣火锅店，符纯宣为该店的负责人。邓文均、符纯宣在经营该火锅店的过程中，为节约成本，将顾客吃剩的火锅汤料回收后过滤到水桶内，再放在锅里进行熬制，将回收的废弃油再供顾客食用，进行循环销售从中牟利。2016年11月30日20时许，该火锅店被执法人员查获，现场缴获已回收尚未熬制的火锅汤料油水9.865公斤。

温州市瓯海区人民法院认为，被告人邓文均、符纯宣违反食品安全管理法规，在加工食品中掺入非食品原料并进行出售，其行为均已构成生产、销售有毒、有害食品罪，公诉机关指控的罪名成立。邓文均、符纯宣在归案后均能如实供述自己的罪行，结合具体案情，予以不同程度的从轻处罚。依照《中华人民共和国刑法》第一百四十四条、第二十五条第一款、第六十七条第三款、第六十四条之规定，判决如下：

一、被告人邓文均犯生产、销售有毒、有害食品罪，判处有期徒刑九个月，并处罚金人民币一万元。

二、被告人符纯宣犯生产、销售有毒、有害食品罪，判处有期徒刑七个月，并处罚金人民币一万元。

一审判决后，二被告人均未提出上诉，检察机关亦未抗诉。判决已发生法律效力。

二、主要问题

将火锅店顾客吃剩的火锅底料通过加工分离出剩油，再制作锅底油的行为应如何定性？

三、裁判理由

近年来，四川、重庆等地的一些火锅店被媒体曝出使用“老油”制售火锅底料，所谓“老油”就是回收火锅店顾客吃剩的火锅底料，过滤再加工之后分离出来的剩油，被人们形象地称为“口水油”。这一行业潜规则被曝光后，在四川、重庆火锅行业内引发餐桌食品安全风暴，为此重庆火锅协会、四川省饭店与餐饮娱乐行业协会均组织会员单位作出承诺“推行一次性锅底油”。本案在审理过程中，对于被告人邓文均、符纯宣将火锅店顾客吃剩的火锅底料通过加工分离出剩油，再制作锅底油的行为应如何处理，存在两种不同观点：

第一种观点认为，涉案的“口水油”与“地沟油”有别，经过高温烧煮后没有实质危害性，不属于废弃油脂，本案没有证据证实涉案的火锅汤料含有有毒、有害物质，故二被告人的行为不构成生产、销售有毒、有害食品罪。如果二被告人的行为足以造成严重食物中毒或者其他严重食源性疾病，可以构成生产、销售不符合安全标准的食品罪。

第二种观点认为，“口水油”中积聚大量的有毒有害物质，属于废弃食用油脂，能够认定为有毒、有害的非食品原料，使用“口水油”加工食品并用于出售，构成生产、销售有毒、有害食品罪。

我们同意第二种观点，具体理由如下：

（一）使用"口水油"会对人体健康造成严重危害

本案在审理中，二被告人辩解他们的做法是"四川老油"的传统做法。在此，有必要厘清传统"四川老油""地沟油"与上述被查出的"口油水"之间的区别与联系。传统"四川老油"不同于"口水油"，"老油"与"老汤（卤）"的做法类似，取自第一锅油，当第二次熬油时倒入保存的第一锅油，同时重新添加新油和新的调料进行熬制，熬好后再取出一定量予以保存，如此重复使用，使得"老油"内积聚的芳香物质越来越多，通过"老油"熬煮食物主料能够更加美味。这里"老油"的回收保存和重复使用仅限于厨房的加工制作阶段，没有掺入食物主料，更没有进入食用环节，与本案被查处的"口水油"明显不同。另外，关于"地沟油"与"口水油"的区分，大众理解的"地沟油"是指下水道污水中的油脂漂浮物、混杂着各种餐厨垃圾的泔水（潲水）中的油脂漂浮物以及劣质肉（含肉制品、下脚料）中的油脂等，而本案中被查处的"口水油"主要是指对剩余食物底料中的油脂进行回收和重复使用的油脂，没有与污水、垃圾、洗涤剂等物混杂，与狭义上的"地沟油"有别。但使用"口水油"同样具有严重危害，具体如下：(1)一些常见的诸如甲肝病毒、乙肝病毒、结核杆菌等传染性病菌均可以通过唾液传播，携带上述病菌的人食用后的食物底料中同样有可能残存上述病菌，再经提炼加工后反复使用这样的食物底料，存在交叉污染、感染他人的可能；(2)火锅店收集的剩余食物底料中的油水通常需要放置一段时间后才能重新熬煮，由于油水中除油脂外，还混合有水、各种食物主料（调料）残余、唾液酶等其他物质，很容易发生水解和氧化并导致油脂酸败、细菌（病菌）滋生，如空气中普遍存在的含毒性的黄曲霉菌等的滋生；(3)油脂经过多次加热使用后，在高温条件下会发生反式异构化、过氧化、热裂解等多种反应，油脂中的营养成分被破坏，有害的反式脂肪酸会增加，同时还会产生多种慢性致癌物质。另外，像黄曲霉菌等耐热性细菌即便经过高温处理，也难以有效去除。上述三种原因使得油脂中有毒、有害物质不断积聚，最终危害人体健康。以"口水油"制售火锅底料的商家对外打着传统"四川老油"的旗号，以增加食物美味度为噱头，实质上是出于减少经营成本、谋取高额利润的考量而枉顾国家法纪和消费者的身体健康，商家在高额利润的驱使下无限制地重复回收和使用经他人食用后的剩余火锅底料中的油脂，油脂中积聚的有毒、有害物质的数量巨大，"口水油"的危害性也就不言自明了。

（二）"口水油"属于有毒、有害的非食品原料

"口水油"属于废弃食用油脂。前述第一种观点认为，"口水油"没有混杂污水和垃圾，来自经他人食用后的剩余食物底料，不属于废弃食用油脂，这种观点与事实不符。

首先，"口水油"不符合人们的正常卫生生活习惯。经营食品的商家应当向消费者提供符合卫生要求的、未经污染未经食用的食物（含原料、辅料），这符合社会大众正常的、一般的消费心理要求，在观念上群众无法接受食用沾染过他人"口水"的食物。他人食用后的剩余食物底料应当废弃，不能重复回收和使用，这符合社会大众的普遍性认知。

其次，"口水油"不符合有关食品安全的法律法规标准。《食品安全法》第三十四条规定，禁止生产经营用非食品原料生产的食品……或者用回收食品作为原料生产的食品。《餐饮业和集体用餐配送单位卫生规范》第十四条规定，不得将回收后的食品（包括辅料）经烹调加工后再次供应。根据上述规定，即便没有混杂污水和垃圾，他人食用后的剩余食物底料也应禁止用于加工食品或再次供应。何况火锅店从餐桌上收集的剩余食物底料未经严格检查和分拣，还带有食物残渣（壳、骨、刺等）和其他非食品残留物（如烟头、纸巾、牙签等），故对他人食用后的剩余食物底料应认定为餐厨废弃物，上述底料中的油脂属于废弃食用油脂。根据原国家卫生计生委发布的《食品中可能违法添加的非食用物质名单》（第三批）的规定，废弃食用油脂属于非食用物质名单。

最后，有关司法解释对废弃油脂的性质也有专门解释。根据《最高人民法院、最高人民检察

院关于办理危害食品安全刑事案件适用法律若干问题的解释》第九条、第二十条的规定，国务院有关部门公布的《食品中可能违法添加的非食用物质名单》上的物质应当认定为“有毒、有害的非食品原料”，使用有毒、有害的非食品原料加工食品的，依照《刑法》第一百四十四条的规定以生产、销售有毒、有害食品罪定罪处罚。最高人民法院、最高人民检察院、公安部发布的《关于依法严惩“地沟油”犯罪的通知》中亦规定，废弃油脂属于非食品原料，用废弃油脂生产加工的食用油属于“地沟油”等。

由此可见，“口水油”作为废弃食用油脂，属于国家卫生主管机关明令禁止使用的非食用物质，属于刑法概念中的有毒、有害的非食品原料，使用“口水油”这一非食品原料加工食品并用于出售，构成生产、销售有毒、有害食品罪。

需要说明的是，“口水油”犯罪是继“地沟油”犯罪之后出现的新型危害食品安全的犯罪类型，是“地沟油”犯罪的变种。鉴于食品检验的有限性及依法从严打击食品安全犯罪的需要，目前在司法实践中不宜以证据材料中缺少对“口水油”是否含有有毒、有害物质的鉴定意见便认为证据不足，不将“口水油”认定为有毒、有害的非食品原料。鉴定意见虽然直观且客观，具有较高的信服度，但不能仅以此为标准，而应本着主客观相统一的原则，结合“口水油”具有实质危害性、回收和使用“口水油”的行政违法性以及法律和司法解释的相关规定，依法对“口水油”犯罪判处刑罚。

本案中，被告人邓文均和符纯宣夫妇在经营“老四川火锅店”期间，被公安机关查获回收的火锅汤料一桶，虽然卷中没有对涉案火锅汤料是否含有有毒、有害物质进行鉴定，但结合二被告人关于回收提取剩余火锅汤料中的“口水油”以及使用“口水油”烧煮食物用于出售的供述、“口水油”系有害人体健康的物质等情况，可以依照《刑法》及司法解释的规定，直接认定二被告人为追求非法利益，违反食品安全管理法规和餐饮业卫生规范，使用有毒、有害的非食品原料（“口水油”）加工（烧煮）食品并出售的事实，鉴于生产、销售有毒、有害食品罪属于行为犯，只要实施该行为，无论有无造成危害后果，均已构罪，故对二被告人均应追究刑事责任。

综上所述，原审法院考虑二被告人仅在自己火锅店内自制自用“口水油”的行为与专门回收、加工、对外销售废弃食用油脂的行为有别、店内经营的规模较小以及被告人邓文均在制售“口水油”中所起作用较大等情况，以生产、销售有毒、有害食品罪判处被告人邓文均有期徒刑九个月并处罚金人民币一万元，判处被告人符纯宣有期徒刑七个月并处罚金人民币一万元，是适当的。

（撰稿：浙江省温州市瓯海区人民法院　张　川
审编：最高人民法院刑四庭　陆建红）

二、走私罪

[第940号]戴永光走私弹药、非法持有枪支案

——走私气枪铅弹构成犯罪,量刑标准是否应当有别于一般的走私非军用子弹

【关键词】 走私弹药罪 非法持有枪支罪 非军用子弹 代购 数罪并罚

一、基本案情

被告人戴永光,男,1980年9月9日出生,无业。2013年2月6日因涉嫌犯走私武器、弹药罪被逮捕。

重庆市人民检察院第一分院以被告人戴永光犯走私弹药罪,非法持有枪支、弹药罪,向重庆市第一中级人民法院提起公诉。

重庆市第一中级人民法院经公开审理查明:

2007年,被告人戴永光对气枪产生较大兴趣,后非法取得CP88高压气手枪1支及相关气枪配件,藏匿于家中。2010年,戴永光认为气手枪威力小,欲获取高压气步枪,遂非法取得国产"秃鹰"气步枪的配件1套和气枪弹,并将气枪弹和用气步枪配件组装成的气步枪1支均藏匿于家中。2012年5月,戴永光在淘宝网上找到海外代购商程某,指使程某通过提供虚假的收货人身份信息并伪报商品信息,逃避海关监管,以710元的价格从国外非法购入气枪铅弹10盒1 625发。2010年至2012年期间,戴永光还多次在网上购买了各类气枪配件。

2013年1月5日,侦查人员在邮局抓获前来收取包裹的戴永光,并在包裹内查获枪管2根。侦查人员从戴永光的家中查获高压气枪2支,气枪铅弹1 190发,枪管6根,高压气瓶11个。经鉴定,戴永光非法持有的2支高压气枪为枪支,1 190发气枪铅弹均为弹药,19件枪支零件为枪支零部件。

重庆市第一中级人民法院认为,被告人戴永光通过海外代购的方式,使用虚假的收货人身份证明,告知代买人在报关时使用虚假的商品信息以逃避海关监管等行为,从境外网站购买气枪子弹1 625发,其行为构成走私弹药罪,但情节较轻;戴永光非法持有以压缩气体为动力的非军用枪支2支,其行为又构成非法持有枪支罪。所犯数罪,依法应予并罚。公诉机关指控戴永光非法持有国产气枪铅弹365发的事实,仅有戴永光的供述,没有其他证据印证,认定戴永光犯非法持有弹药罪的证据不足,不予认定。据此,依照《中华人民共和国刑法》第一百五十一条第一款、第一百二十八条第一款、第六十九条、第六十四条之规定,重庆市第一中级人民法院以被告人戴永光犯走私弹药罪,判处有期徒刑四年,并处罚金人民币二万元;以犯非法持有枪支罪,判处有期徒刑二年;决定执行有期徒刑五年,并处罚金人民币二万元。

一审宣判后,被告人戴永光上诉提出:原判认定其从境外代购气枪铅弹的事实不清;涉案气枪铅弹并非走私弹药罪中规定的弹药;其购买铅弹系出于个人爱好,社会危害性小,没有造成危害后果;原判量刑过重。

重庆市高级人民法院经审理认为,原判认定的事实清楚,适用法律准确。对上诉人戴永光购

买气枪铅弹系出于个人爱好，行为社会危害性小，没有造成危害后果等情节，原判已予考虑，量刑并无不当。故裁定驳回上诉，维持原判。

二、主要问题

1. 气枪铅弹是否属于走私弹药罪中的"弹药"？

2. 走私气枪铅弹的量刑标准是否应当有别于一般的走私非军用子弹？

三、裁判理由

（一）气枪铅弹属于走私弹药罪中的"弹药"

最高人民法院于2000年出台的《关于审理走私刑事案件具体应用法律若干问题的解释》（以下简称《走私解释（一）》），将弹药分为军用子弹和非军用子弹两类。走私军用子弹100发以上、非军用子弹1 000发以上即可认定"情节特别严重"。但是《走私解释（一）》既没有对军用子弹和非军用子弹做出明确界定，也没有对常见的军用子弹和非军用子弹予以列举，仅在第一条第七款作了提示性规定。即："刑法第一百五十一条第一款规定的'武器、弹药'的种类，参照《中华人民共和国海关进口税则》及《中华人民共和国禁止进出境物品表》的有关规定确定。"《中华人民共和国海关进口税则》列举的弹药种类中没有气枪铅弹，《中华人民共和国禁止进出境物品表》仅在第一条"禁止进出境物品"中将"各种武器、仿真武器、弹药及爆炸物品"列为第一项，也没有明确弹药的种类。因此，难以根据现有法律规定直接判断气枪铅弹是否属于"弹药"。

按照《辞海》的定义："弹药是指含有火药、炸药或其他装填物，爆炸后能对目标起毁伤作用或完成其他战术任务的军械用品，是武器系统中的核心部分，是借助武器（或其他运载工具）发射至目标区域，完成既定战斗任务的最终手段。它包括枪弹、炮弹、手榴弹、枪榴弹、航空炸弹、火箭弹、导弹、鱼雷、水雷、地雷、爆破筒、爆破药包等，以及用于非军事目的的礼炮弹、警用弹和狩猎、涉及运动的用弹"。虽然词典的定义不同于刑法学对于刑法概念的解释，但是对刑法概念进行解释，文义解释是最基础的方法。文义解释的基本原则有三个：一是在刑法用语的核心含义以内；二是不超过国民预测的可能性；三是具有处罚必要性。从前述《辞海》定义来看，弹药的核心含义有三个：第一，在功能上具有杀伤力；第二，在结构上包括弹头、弹壳、火药、炸药或者其他装填物；第三，可以借助武器或其他运载工具发射至目标区域。气枪铅弹无疑具有杀伤力，在结构上有弹头，尾部有部分弹壳，可以借助气枪等武器发射至目标区域，但是没有火药、炸药或者其他装填物，它与很多非军用子弹特别是一些运动用弹具有一定的类似性，将其认定为非军用子弹并不会超出国民预测的可能性；且我国海关对于各类枪支弹药的走私行为都是严厉禁止的，走私气枪铅弹的行为对我国的进出口贸易制度和弹药的监管秩序造成了侵害，从法益保护的角度，对此类行为予以刑事处罚具有必要性。

此外，将气枪铅弹认定为走私弹药罪的犯罪对象，与最高人民法院出台的相关司法解释规定的含义相符。如最高人民法院于2009年出台的《关于审理非法制造、买卖、运输枪支、弹药、爆炸物等刑事案件具体应用法律若干问题的解释》（以下简称《枪弹解释》）明确将气枪铅弹作为非军用子弹的一种做出了列举式规定。《走私解释（一）》尽管对走私弹药罪中的"弹药"没有做出类似的列举式规定，但从体系解释用语一致性的角度考虑，《枪弹解释》的规定无疑具有参考价值。

最高人民法院、最高人民检察院于2014年8月出台的《关于办理走私刑事案件适用法律若干问题的解释》（以下简称《走私解释》）第一条取消了军用枪支和非军用枪支的区分，因此《走私解释》对弹药也未区分军用弹药和非军用弹药。从该规定看，气枪铅弹属于走私弹药罪中的"弹药"。

（二）对走私气枪铅弹犯罪的量刑标准应当有别于一般的走私非军用子弹犯罪

本案中，被告人戴永光走私1 625发气枪铅弹，是否属于“情节特别严重”，审理时存在两种不同观点：

一种观点认为，《走私解释（一）》规定走私非军用子弹1 000发以上即属于走私弹药情节特别严重，戴永光的行为已属于此种情形。

另一种观点认为，气枪铅弹不同于一般的非军用子弹，如果机械适用《走私解释（一）》对非军用子弹规定的量刑标准，则应当判处戴永光无期徒刑或者死刑，这显然与一般正常人的认知相悖，也有违罪责刑相适应原则。综合来看，戴永光出于个人兴趣爱好走私气枪铅弹，走私物品案值低，未造成严重后果，对戴永光应当按照刑法第一百五十一条关于“情节较轻”的规定，在三年以上七年以下的法定刑幅度内量刑。

我们同意后一种观点。具体理由如下：

首先，刑罚轻重必须与犯罪危害程度相适应，这是罪责刑相适应原则的基本内在要求。如前所述，气枪铅弹虽然借助气枪等武器可发射至目标区域，具有一定杀伤力，但没有火药、炸药等装填物，因此杀伤力有限。从立法精神分析，走私武器、弹药罪虽然侵犯的直接客体是国家的进出口贸易制度和国家对武器、弹药的监管秩序，但本质上是国家出于对公共安全的考虑以及履行国际公约的需要而禁止武器、弹药的流通。无论走私“气枪铅弹”还是“其他非军用子弹”都侵犯了法益，但是气枪铅弹危害程度显著小于一般的非军用子弹，那么，走私“气枪铅弹”对法益的侵害程度，自然也小于走私同样数量的一般非军用子弹。因此，将两者在量刑标准上区别对待，符合罪责刑相适应原则。

其次，将走私气枪铅弹的量刑标准有别于一般的走私非军用子弹，是保持刑法解释协调性的需要。我们以走私弹药罪与其他以弹药为犯罪对象的犯罪进行对比。根据刑法第一百二十五条的规定，犯非法制造、买卖、运输、邮寄、储存弹药罪，情节严重的，法定刑为十年以上有期徒刑、无期徒刑或者死刑；依照《枪弹解释》的规定，非法制造、买卖、运输、邮寄、储存军用子弹50发、一般非军用子弹500发、气枪铅弹2 500发，方能达到情节严重的标准。《枪弹解释》明确将气枪铅弹作为非军用子弹的一种予以列举，但是定罪量刑的数量要求是军用子弹的50倍、一般非军用子弹的5倍。盗窃、抢夺弹药罪量刑标准也体现了类似精神，均按照气枪铅弹是一般非军用子弹数量的5倍标准予以把握。走私弹药罪与非法制造、买卖、运输、邮寄、存储弹药罪以及盗窃、抢夺弹药罪等罪的犯罪对象性质相同，即均属“弹药”，虽整体危害程度有别，但就各罪名本身来说，都存在因“弹药”种类不同而量刑时应有所区别的问题。《走私解释（一）》出台于2000年，《枪弹解释》出台于2009年，《枪弹解释》对“气枪铅弹”与其他非军用子弹进行差异化评价，相对于《走私解释（一）》更能体现罪责刑相适应原则。根据实质解释的立场，遵循体系解释的方法，我们认为，《枪弹解释》确立的气枪铅弹在量刑的数量要求上5倍于一般非军用子弹的量刑标准，可以作为走私气枪铅弹类犯罪案件量刑的参考。

根据2014年8月出台的《走私解释》第一条第（二）项的规定，“走私气枪铅弹五百发以上不满二千五百发，或者其他子弹十发以上不满五十发的”可以认定为刑法第一百五十一条第一款规定的“情节较轻”。本案被告人戴永光走私1 625发气枪铅弹，符合《走私解释》规定的“情节较轻”的量刑标准。

此外，就走私弹药罪而言，“弹药”的种类和数量固然能够直接反映出走私行为的社会危害性程度，但它不是唯一的判断标准。司法实践中，除了“弹药”的种类和数量，还要综合考虑行为人作案动机、主观恶性、作案手段、走私物品案值大小、用途、是否流向社会及造成实际危害结果等诸多因素，量刑上做到区别对待。本案中，戴永光出于个人兴趣动机而走私气枪铅弹，并非为了实施其他犯罪，其主观恶性和人身危险性相对较小；从走私物品案值来看，戴永光走私的气枪铅弹案值不足千元，案值较小；虽然其中一部分气枪铅弹已经被消耗掉，但仅仅是练枪玩耍时所用，未造成任何其他严重后果。综合来看，法院依法认定戴永光所犯走私弹药罪属“情节较轻”，对其判处有期徒刑四年，并处罚金人民币二万元，量刑是适当的。

（撰稿：重庆市第一中级人民法院　孙红涛　郜志龙
审编：最高人民法院刑一庭　冉　容）

[第954号]巴拉姆·马利克·阿吉达利、木尔塔扎·拉克走私毒品案

——走私毒品案件中被告人主观明知的认定

【关键词】　走私毒品罪　夹藏毒品　刑事推定　明知

一、基本案情

被告人巴拉姆·马利克·阿吉达利（以下简称巴拉姆），男，1971年10月26日出生，伊朗伊斯兰共和国国籍。2008年2月22日因涉嫌犯走私毒品罪被逮捕。

被告人木尔塔扎·拉克（以下简称木尔塔扎），男，1974年5月20日出生，伊朗伊斯兰共和国国籍。2008年2月22日因涉嫌犯走私毒品罪被逮捕。

北京市人民检察院第二分院以巴拉姆、木尔塔扎犯走私毒品罪，向北京市第二中级人民法院提起公诉。

二被告人均否认明知自己携带的公文箱夹层内藏有毒品。二被告人的辩护人均提出，指控二被告人明知所携带的公文箱内藏有毒品的证据不足，应当判决无罪。

北京市第二中级人民法院经公开审理查明：2008年1月18日22时许，被告人巴拉姆、木尔塔扎未向海关申报任何物品，采取在公文箱夹层内隐藏毒品的方式，分别携带甲基苯丙胺740克（含量65%）、746克（含量61%），拟乘坐EK307航班由中华人民共和国北京首都国际机场飞往阿拉伯联合酋长国迪拜。巴拉姆在出境时被海关关员查获，后海关关员又将等候登机的木尔塔扎查获。上述毒品全部被起获并收缴。

北京市第二中级人民法院认为，被告人巴拉姆、木尔塔扎违反我国对毒品的管理制度和海关法规，非法携带毒品甲基苯丙胺出境，其行为均构成走私毒品罪，依法应当惩处。北京市人民检察院第二分院指控二被告人犯走私毒品罪的事实清楚，证据确实、充分，指控的罪名成立。关于二被告人所提不知携带的公文箱内藏有毒品的辩解，以及辩护人所提认定二被告人明知所携带的物品系毒品的证据不足，应当判决无罪的辩护意见，经查，执法人员在机场口岸对巴拉姆、木尔塔扎进行检查时，已告知二人须申报本人或者为他人携带的违禁品，二人均未如实申报。在二人所携带的公文箱夹层内查获的毒品，系采用高度隐蔽的方式携带，且二被告人对其所携带的毒品均不能作出合理解释，故二被告人的辩解及其辩护人的前述辩护意见不能成立，不予采纳。据此，依照《中华人民共和国刑法》第六条第一款、第三百四十七条第二款第（一）项、第三十五条、第二十五条第一款、第二十六条第一款、第五十九条、第六十一条之规定，

判决如下：

1. 被告人巴拉姆犯走私毒品罪，判处有期徒刑十五年，并处没收个人全部财产，附加驱逐出境；

2. 被告人木尔塔扎犯走私毒品罪，判处有期徒刑十五年，并处没收个人全部财产，附加驱逐出境。

一审宣判后，二被告人均未提出上诉。

二、主要问题

走私毒品犯罪中，被告人拒不供认其主观明知是毒品的，如何根据在案证据定罪？

三、裁判理由

办理毒品犯罪案件中，对被告人主观明知的认定常有一定难度。主要原因有以下两点：一是毒品犯罪比较隐蔽，毒枭和指使者往往自己并不出面，而是通过指使、雇佣马仔从事走私、运输等具体行为，取证工作难度较大，证据数量通常也较少。二是毒品犯罪的涉案人员往往有逃避制裁的思想准备，特别是用箱包运输毒品的被告人，即使当场在其身边查获毒品，亦往往以"为他人运输和携带，并不知道有毒品"进行辩解。有的在被查获时虽然承认明知是毒品，但到了审查起诉和审判阶段又翻供。如果仅以涉案行为人本人是否承认明知为标准，办案工作就会非常被动，相当一部分案件难以认定被告人的主观明知，影响对毒品犯罪的打击力度。

针对这种状况，为解决司法实践中毒品犯罪被告人主观明知的认定问题，最高人民法院、最高人民检察院、公安部2007年联合制定的《办理毒品犯罪案件适用法律若干问题的意见》（以下简称《意见》）对明知的认定作了专门的规定。根据《意见》的规定，走私、贩卖、运输、非法持有毒品犯罪主观故意中的"明知"，是指行为人知道或者应当知道所实施的行为是走私、贩卖、运输、非法持有毒品行为。具有下列情形之一，并且犯罪嫌疑人、被告人不能做出合理解释的，可以认定其"应当知道"，但有证据证明确属被蒙骗的除外：（1）执法人员在口岸、机场、车站、港口和其他检查站检查时，要求行为人申报为他人携带的物品和其他疑似毒品物，并告知其法律责任，而行为人未如实申报，在其所携带的物品内查获毒品的；（2）以伪报、藏匿、伪装等蒙蔽手段逃避海关、边防等检查，在其携带、运输、邮寄的物品中查获毒品的；（3）执法人员检查时，有逃跑、丢弃携带物品或逃避、抗拒检查等行为，在其携带或者丢弃的物品中查获毒品的；（4）体内藏匿毒品的；（5）为获取不同寻常的高额或者不等值的报酬而携带、运输毒品的；（6）采用高度隐蔽的方式携带、运输毒品的；（7）采用高度隐蔽的方式交接毒品，明显违背合法物品惯常交接方式的；（8）其他有证据足以证明行为人应当知道的。《意见》的上述规定，明确的一个认定原则就是在犯罪嫌疑人、被告人否认明知的情况下，可以通过刑事推定来认定主观明知。所谓刑事推定，是指在认定刑事案件事实的过程中，根据法律规定或者经验法则，在没有相反证据推翻的情况下，从已知的基础事实推导出另一未知事实的证明方法。近年来，刑事推定在司法实践中越来越受关注，在毒品案件审理过程中时有运用。

本案中，机场海关人员在被告人巴拉姆和木尔塔扎携带的手提公文箱夹层中起获了大量冰毒，但二被告人从侦查阶段到庭审中，都坚称不知所携带的手提公文箱中有夹层，更不知内中藏有毒品。除二被告人的供述外，其他证据只能证实毒品的查获过程，不能证实二被告人对其走私毒品犯罪的主观明知。以往实践中，类似案件能否定罪有较大争议，2007年《意见》公布后这种争议逐渐减少。我们认为，本案情形符合《意见》上述第六项的规定，即根据现有证据，可以认定二被告人采用高度隐蔽的方式携带、运输毒品，且未能做出合理解释，故可以认定二被告人明知所携带的手提公文箱中藏有毒品，依法构成走私毒品罪。

首先,在手提公文箱的夹层中藏匿毒品属于高度隐蔽的方式。证人刘川的证言证实,经对被告人巴拉姆所携行李物品进行X光机检查后,发现有夹藏嫌疑,遂立即通知现场值班副科长,经进一步查验确认在巴拉姆携带的手提密码箱中有夹层,找到木尔塔扎后,对两个手提密码箱开拆查验,在箱体衬板后查获白色晶体状固体各一包。这说明,二被告人所提公文箱的夹层很隐蔽,必须经过专业检测扫描仪器,在有经验的查验人员的检查下才能查出,一般开箱检查或者清晰度不高的黑白扫描检测仪器难以发现。而根据现场照片,对涉案手提箱中的夹层必须使用工具、采取破坏性手段才能打开。二被告人能顺利地将藏有毒品的公文箱从深圳运至北京首都机场,也印证了携带毒品采取的是高度隐蔽的方式。

其次,二被告人虽然否认明知手提箱中藏有毒品,但均未对其行为作出“合理解释”,且存在多处矛盾。具体体现在:(1)关于手提公文箱的来源。被告人巴拉姆辩称公文箱是他的朋友哈桑在广州去往深圳的火车上交给他并委托他带回伊朗的,公文箱从未拿进过住宿的酒店;被告人木尔塔扎辩称公文箱是巴拉姆在广州的市场购买后送给他的,购买后一直放在旅馆,从未有人动过。(2)关于涉案关键人物黑衣男子的情况。巴拉姆供称除17日晚他的朋友哈桑和一友人之外,再没有人到过他们住宿的房间;木尔塔扎则称从广州下飞机到离开,从没有和第三人接触过,在酒店期间也没有任何人到过其房间。而汉风酒店监控录像显示:1月16日巴拉姆和木尔塔扎在黑衣男子陪同下入住酒店;1月18日凌晨,黑衣男子和白衣男子将涉案的两个公文箱拿到住宿房间,木尔塔扎为二人开门;18日中午,巴拉姆和木尔塔扎在黑衣男子陪同下携涉案公文箱离开酒店。可见,对该案的核心物证手提公文箱和涉案关键人物黑衣男子,二被告人均在编造谎言,未作如实供述。(3)关于来中国的目的。巴拉姆供称来中国前并不认识木尔塔扎,自己到中国来是为了办理假护照,与木尔塔扎同行只是巧合;木尔塔扎则称与巴拉姆认识四五年之久,本次是跟随巴拉姆到中国考察市场和旅游。从二人的连程机票、火车票等书证来看,二人同时订票、行程完全相同,可以确定为结伴而行;从住宿期间活动情况(大部分时间都待在旅馆)、连程机票内容(没有为北京预留时间)和其随身携带货币(100美元和少量人民币)等证据看,木尔塔扎供述的二人此行目的也不能成立。(4)关于来中国的费用。巴拉姆供述是其朋友全额支付,木尔塔扎则称是巴拉姆无偿支付,即二人来中国的费用均非自己支付。以该二人分别系伊朗国内地毯市场帮工、卖瓜子小商贩的职业身份和他们随身携带的极少量货币来看,他们也无力支付此次行程的高额费用,更不可能来中国做建材贸易和旅游。(5)二人供述和辩解中的其他矛盾之处也很明显。如,巴拉姆称在首都机场候机时曾有两人跟其攀谈,其去洗手间时曾委托二人帮其照看行李,进而推测是该二人将手提箱调包。但木尔塔扎则供述在首都机场他和巴拉姆从没分开过,巴拉姆去洗手间时,是由他照看行李。再如,巴拉姆对与木尔塔扎关系的交代、木尔塔扎对电话卡等细节问题的交代均是反复不定、自相矛盾。综上可见,二被告人对在其携带的手提公文箱夹层中查获大量毒品的事实,不但没有做出合理解释,反而是避重就轻、编造谎言。故可以认定二被告人具备犯罪的主观故意。而二被告人当庭除坚持侦查阶段的辩解外,不能提供任何证据反驳控方的指控,以证实其非明知。故本案最终认定指控罪名成立。本案宣判后,二被告人均未提出上诉,从另一个角度表明二被告人认罪伏法,认同一审法院认定的故意实施走私毒品的犯罪事实。

值得注意的是,刑事推定是一种不得已的证明方法,有“末位的证明方式”之称。只有在相关事实确实难以用直接证据来证明时才允许采取这种方式进行认定。由于推定被告人明知不是以确凿证据来证明,而是根据基础事实与待证事实的常态联系,运用情理判断和逻辑推理得出的,不排除有例外情况,所以推定若运用不当,则很有可能导致错误定罪。依据《意见》的有关规定来认定毒品犯罪被告人的主观明知时，特别要注意两点：(1)判断是否明知应当以客观真实的在案证据为基础。尽管"明知"是被告人知道或者应当知道行为对象是毒品的心理状态，但判断被告人主观是否明知，不能仅凭被告人的供述，而应当综合案件中的其他证据，依据实施毒品犯罪行为的过程、行为方式、毒品被查获时的环境等证据，结合被告人的年龄、阅历、智力及掌握相关知识情况，进行综合分析判断。本案中，二被告人在广州汉风酒店的住宿行踪、二人的机票、火车票、出境申报单及现场照片、鉴定结论等证据，都是作出判断的重要基础，若缺乏这些证据，则很难定罪。(2)应当准许被告人提出反证，以对其行为作出合理解释或者证实其确系被蒙骗。并且，如果被告人在审判阶段只能提出相关的证据线索，无法提出具体证据，法院可以进行调查取证。如经调查核实，发现被告人提出的证据线索确实存在，被告人的辩解有事实根据或者合乎情理，足以推翻推定事实的，则不能认定其明知。本案中，二被告人未能就此提供任何证据或者证据线索，故起诉书指控二人犯走私毒品罪均成立。

（撰稿：北京市第二中级人民法院　黄小明
审编：最高人民法院刑五庭　马　岩）

[第1075号]王挺等走私武器、弹药，非法买卖枪支、弹药，非法持有枪支、弹药案

——因个人爱好，以收藏为目的购买枪支、弹药的行为如何定性

【关键词】 走私武器、弹药罪　非法买卖枪支、弹药罪　非法持有枪支、弹药罪　买卖　危害公共安全　从宽

一、基本案情

被告人王挺，男，1979年9月25日出生，无业。因涉嫌犯走私武器、弹药罪，非法买卖弹药罪，非法持有枪支、弹药罪于2011年9月29日被逮捕。

被告人薛风，男，1981年9月4日出生，原系山西省某煤业公司财务总监。因涉嫌犯非法买卖枪支罪，非法持有枪支、弹药罪于2011年10月21日被逮捕。

被告人陈俊建，男，1989年6月1日出生，无业。因涉嫌犯非法买卖枪支罪于2011年10月14日被逮捕。

被告人刘正东，男，1970年7月5日出生，原系辽宁省大连市某海产品养殖公司法定代表人。因涉嫌犯非法买卖枪支、弹药罪，非法持有枪支罪于2011年10月28日被逮捕。

被告人周伟，男，1988年12月11日出生，无业。因涉嫌犯非法买卖枪支罪、非法持有枪支罪于2011年10月14日被逮捕。

被告人张鹏飞，男，1979年8月3日出生，原系江苏省宜兴市华太竹木业有限公司法定代表人。因涉嫌犯非法买卖枪支、弹药罪于2011年10月14日被逮捕。

（其余11名被告人韩伟、张贞、林梅、徐立闯、刘欢、张凌华、朱伟宁、韩强、林寿周、林剑候、肖美连基本情况略）

上海市人民检察院第一分院以被告人王挺等17人犯走私武器、弹药罪，非法买卖枪支、弹药罪和非法持有枪支、弹药罪，向上海市第一中级人民法院提起公诉。

被告人王挺的辩护人提出，王挺协助林志富进行走私，系从犯，参与本案系出于对枪支的爱好，主观恶性较小。被告人薛风的辩护人提出，薛风具有自首情节和立功表现。被告人刘正东及其辩护人提出，刘正东只是非法买进枪支、弹药，并没有卖出，其行为应认定为非法持有枪支、弹药罪，不构成非法买卖枪支、弹药罪。

上海市第一中级人民法院经公开审理查明：2010 年至 2011 年间，被告人周伟、陈俊建通过网络结识了身在美国的华人林志富（在逃）以及被告人王挺、薛风、韩伟、朱伟宁等人。后林志富通过王挺、周伟、陈俊建在境内出售枪弹，并将枪弹快递给王挺，再由王挺转寄给买家薛风、韩伟、朱伟宁等人，周伟、陈俊建从中获利。王挺伙同林志富采用上述方式走私进口枪支 48 支、子弹4 500余发。其中，薛风通过周伟、陈俊建从林志富处购买各类步枪共 8 支，另持有各类枪支 6 支、弹药 3 万余发；被告人韩伟、刘欢、张鹏飞、刘正东、张凌华、朱伟宁等亦从林志富等人处购买各类枪支共 14 支，弹药万余发。被告人林梅根据林志富的要求，从王挺等人处收取货款并汇给林志富。此外，薛风等人还通过其他渠道买卖、获取大量各类枪支、弹药。

上海市第一中级人民法院认为，被告人王挺、薛风、陈俊建、刘正东、周伟、张鹏飞、韩伟、张贞、林梅、徐立闯、刘欢、张凌华、朱伟宁、韩强、林寿周、林剑候、肖美连等 17 人走私武器、弹药，或者非法买卖、持有枪支、弹药，应分别以走私武器、弹药罪，非法买卖枪支、弹药罪以及非法持有枪支、弹药罪追究刑事责任。其中被告人王挺走私枪支 48 支、弹药 4 500 余发，情节特别严重；非法买卖弹药 360 余发；非法持有枪支 5 支、弹药 270 余发，情节严重；其行为已构成走私武器、弹药罪，非法买卖弹药罪，非法持有枪支、弹药罪。被告人林梅参与走私，其行为已构成走私武器、弹药罪，且情节特别严重。被告人陈俊建非法买卖枪支 10 支；其行为已构成非法买卖枪支罪，且情节严重。被告人薛风非法买卖枪支 8 支；非法持有枪支 6 支、弹药 3 万余发；其行为已构成非法买卖枪支罪，非法持有枪支、弹药罪，且均属情节严重。被告人韩伟非法买卖枪支 2 支、弹药 4 000 发；非法持有枪支 6 支、弹药 6 000 余发；其行为已构成非法买卖枪支、弹药罪，非法持有枪支、弹药罪，且均属情节严重。被告人徐立闯非法买卖枪支 5 支、弹药 340 余发；非法持有枪支 3 支、弹药 1 900 余发；其行为已构成非法买卖枪支、弹药罪，非法持有枪支、弹药罪，且均属情节严重。被告人刘欢非法买卖枪支 2 支、弹药 3 600 余发；非法持有枪支 1 支、弹药 1 800 余发；其行为已构成非法买卖枪支、弹药罪，非法持有枪支、弹药罪，且均属情节严重。被告人张贞非法买卖枪支 1 支、弹药 3 900 余发；非法持有枪支 6 支；其行为已构成非法买卖枪支、弹药罪，非法持有枪支罪，且均属情节严重。被告人张鹏飞非法买卖枪支 2 支、弹药 500 发；其行为已构成非法买卖枪支、弹药罪，且情节严重。被告人刘正东非法买卖枪支 4 支、弹药 340 余发；非法持有枪支 5 支；其行为已构成非法买卖枪支、弹药罪，非法持有枪支罪，且非法持有枪支情节严重。被告人周伟非法买卖枪支 3 支；非法持有枪支 2 支；其行为已构成非法买卖枪支罪、非法持有枪支罪。被告人张凌华非法买卖枪支 3 支；非法持有枪支 1 支；其行为已构成非法买卖枪支罪、非法持有枪支罪。被告人朱伟宁非法买卖枪支 1 支、弹药 260 余发，其行为已构成非法买卖枪支、弹药罪。被告人韩强非法持有枪支 3 支、弹药 1 700 发，其行为已构成非法持有枪支、弹药罪，且情节严重。被告人林寿周非法持有枪支 1 支、弹药 1 000 余发，其行为已构成非法持有枪支、弹药罪，且情节严重。被告人林剑候非法持有枪支 2 支，被告人肖美连非法持有枪支 1 支，其行为均已构成非法持有枪支罪。王挺、薛风、韩伟、徐立闯、刘欢、张贞、刘正东、周伟、张凌华犯有数罪，应当数罪并罚。林梅系从犯，应当从轻、减轻或者免除处罚。韩伟、韩强、徐立闯、薛风、张凌华具有自首情节，依法可以从轻或者减轻处罚。被告人韩伟、薛风有立功表现，可以从轻或者减轻处罚。各被告人到案后均能如实供述主要犯罪事实，可以从轻处罚。被告人王挺涉及枪支、弹药数量众多，应当依法予以严惩,论罪应当判处死刑。鉴于没有证据证明所涉枪弹造成了人员伤亡、财产损失等实际危害后果,且综合考虑王挺到案后能如实供述主要犯罪事实等情节,对王挺可不判处死刑立即执行。综合考虑被告人韩强犯罪事实、具有自首情节以及韩强本人的身体状况,决定对其适用缓刑。据此,依照《中华人民共和国刑法》第一百五十一条第一款、第一百二十五条第一款、第一百二十八条第一款、第一百五十六条、第六十九条、第二十五条第一款、第二十六条第一款及第四款、第二十七条、第六十七条、第六十八条、第七十二条第一款、第七十三条第二款及第三款、第五十五条第一款、第五十六条第一款、第五十七条第一款、第五十三条,《最高人民法院关于审理走私刑事案件具体应用法律若干问题的解释》(已废止)第一条,《最高人民法院关于审理非法制造、买卖、运输枪支、弹药、爆炸物等刑事案件具体应用法律若干问题的解释》第一条之规定,判决如下:

1. 被告人王挺犯走私武器、弹药罪,判处死刑,缓期二年执行,剥夺政治权利终身,并处没收个人全部财产;犯非法买卖弹药罪,判处有期徒刑三年六个月;犯非法持有枪支、弹药罪,判处有期徒刑四年,决定执行死刑,缓期二年执行,剥夺政治权利终身,并处没收个人全部财产。

2. 被告人薛风犯非法买卖枪支罪,判处有期徒刑八年,剥夺政治权利一年;犯非法持有枪支、弹药罪,判处有期徒刑三年六个月,决定执行有期徒刑十年,剥夺政治权利一年。

3. 被告人陈俊建犯非法买卖枪支罪,判处有期徒刑十五年,剥夺政治权利四年。

4. 被告人刘正东犯非法买卖枪支、弹药罪,判处有期徒刑九年,剥夺政治权利二年;犯非法持有枪支罪,判处有期徒刑四年,决定执行有期徒刑十二年,剥夺政治权利二年。

5. 被告人周伟犯非法买卖枪支罪,判处有期徒刑六年;犯非法持有枪支罪,判处有期徒刑一年九个月,决定执行有期徒刑六年六个月。

6. 被告人张鹏飞犯非法买卖枪支、弹药罪,判处有期徒刑十年,剥夺政治权利二年。

(其余11名被告人韩伟、张贞、林梅、徐立闯、刘欢、张凌华、朱伟宁、韩强、林寿周、林剑候、肖美连分别被判处有期徒刑一年七个月至有期徒刑十四年不等的刑罚)

一审宣判后,被告人王挺、薛风、刘正东、张鹏飞、韩伟、张贞等6人提出上诉。

被告人薛风、刘正东、张鹏飞、刘欢提出,因爱好、收藏而单纯买枪的行为,应认定为非法持有枪支罪,原判适用法律错误。被告人王挺、张鹏飞、刘正东提出,其三人有立功表现;被告人薛风、韩伟提出,除一审认定的立功表现外,其二人另有立功表现。刘正东提出,其有自首情节。

上海市高级人民法院经二审审理认为,行为人明知是枪支、子弹而违反规定私自购买或者出售,触犯刑法第一百二十五条第一款规定的,即构成非法买卖枪支、弹药罪,购买枪支、子弹是否具有出售牟利的目的以及最终出售与否均不影响该罪的成立。对因个人爱好、收藏而购买枪支、弹药的行为依法应当以非法买卖枪支、弹药罪论处。被告人薛风等4人所提因爱好、收藏而单纯买枪的行为构成非法持有枪支罪的上诉理由不成立。张鹏飞最先发现某外籍在押人员自勒的情况,并进行解救,要求值班人员报警,其行为避免了该自杀行为可能导致的死亡结果的发生,依法应认定为立功。但发现自杀情况和协助解救的不止张鹏飞一人,故不宜认定为重大立功。薛风揭发"阿军"系贩毒人员,但未揭发具体犯罪事实,且被检举人被查实的犯罪事实发生于薛风到案一年半之后,与薛风的揭发不具有实质关联性,依法不能认定为立功。韩伟提供其他案件犯罪嫌疑人的藏匿区域线索并非具体藏匿地址,对于公安机关最终抓获犯罪嫌疑人并未起到实际作用,依法也不能认定为立功。王挺、刘正东到案后检举揭发的对象均系各自实施买卖、持有枪支、弹药等违法犯罪行为的对应关系人,公安机关依据正常的讯问、搜查等工作程序必然会发现相关涉枪事实,因此二人均不构成立功。刘正东系被抓获到案,到案后供述的主要犯罪事实侦查机关事先已掌握，且其供述的非法买卖枪支、弹药事实与非法持有枪支、弹药事实在法律上、事实上有密切关联，不应认定为自首。依照《中华人民共和国刑事诉讼法》第二百二十五条第一款第二项、《中华人民共和国刑法》第六十八条之规定，判决如下：

1. 驳回被告人王挺、薛风、韩伟、张贞、刘正东的上诉。

2. 维持一审对被告人王挺、林梅、陈俊建、薛风、韩伟、徐立闯、刘欢、张贞、刘正东、周伟、张凌华、朱伟宁、韩强、林寿周、林剑候、肖美连等16人的定罪量刑。

3. 撤销一审判决"被告人张鹏飞犯非法买卖枪支、弹药罪，判处有期徒刑十年，剥夺政治权利二年"的部分。

4. 被告人张鹏飞犯非法买卖枪支、弹药罪，判处有期徒刑八年六个月，剥夺政治权利一年。

二、主要问题

因个人爱好，出于收藏目的购买枪支、弹药的行为构成非法买卖枪支、弹药罪，还是非法持有枪支、弹药罪？

三、裁判理由

本案系境内外不法分子相互勾结，走私大量枪支、弹药入境，进而在境内销售给多人的涉枪案件。被告人王挺与境外不法分子共谋，接收非法邮寄入境的枪支、弹药，并转寄给枪支、弹药的实际购买人，其行为构成走私枪支、弹药罪，并无争议。但对被告人薛风、刘正东、张鹏飞、刘欢等4人因个人爱好，出于收藏目的购买枪支、弹药的行为如何定性，存在不同意见，也是本案处理过程中争议比较突出的问题。一种意见认为，认定购买枪支、弹药行为性质时需考察行为人的主观目的。行为人以倒卖、实施其他犯罪为目的，或者因生产、生活所需购买枪支、弹药，具有牟利目的，应认定为非法买卖枪支、弹药罪。如行为人仅因个人爱好，出于收藏目的购买枪支、弹药，应认定为非法持有枪支、弹药罪。另一种意见认为，刑法分则规定的"买卖"，应统一理解为买进或卖出的行为。行为人只要实施了买进或者卖出枪支、弹药的行为，即构成非法买卖枪支、弹药罪。购买的目的不影响对购买行为性质的评价，而仅对量刑产生影响。我们原则同意第二种意见，具体分析如下：

（一）按照文义解释规则，对刑法第一百二十五条第一款规定的"买卖"，应理解为买进或者卖出

刑法分则在规定涉枪犯罪时使用"买卖"一词，而没有使用"贩卖""倒卖"等用语，显然是刻意与后者作了区分，将"买卖"理解为买进或者卖出的行为，既是对立法本意的尊重，也符合从严打击涉枪犯罪的立法精神。近年来发布的相关司法解释和指导案例也是这样把握"买卖"的含义的。2009年修订的《最高人民法院关于审理非法制造、买卖、运输枪支、弹药、爆炸物等刑事案件具体应用法律若干问题的解释》第九条规定："因……等正常生产、生活需要，以及因从事合法的生产经营活动而非法制造、买卖、运输、邮寄、储存爆炸物，数量达到本解释第一条规定标准，没有造成严重社会危害，并确有悔改表现的，可依法从轻处罚；情节轻微的，可以免除处罚。"根据该规定，因生产、生活需要非法买卖爆炸物的，仍应定非法买卖爆炸物罪，并不要求具有转卖牟利的目的。2009年最高人民法院、最高人民检察院、公安部制定的《关于办理制毒物品犯罪案件适用法律若干问题的意见》第一条规定："违反国家规定，实施下列行为之一的，认定为刑法第三百五十条规定的非法买卖制毒物品行为：1. 未经许可或者备案，擅自购买、销售易制毒化学品的……"根据该指导文件的规定，只要实施购买或销售易制毒化学品行为之一的，即可认定为非法买卖制毒物品行为，不要求兼具买进、卖出行为，是否具有牟利目的，亦不影响非法买卖制毒物品行为的认定。最高人民法院2013年颁布的13号指导案例"王召成等非法买卖、储存危险物质案"中指出：

"'非法买卖'毒害性物质,是指违反法律和国家主管部门规定,未经有关主管部门批准许可,擅自购买或者出售毒害性物质的行为,并不需要兼有买进和卖出的行为。"综上,对刑法分则规定非法买卖违禁品犯罪时使用的"买卖"一词的含义,应作相对统一的理解和把握,实施非法购买或者出售枪支、弹药行为之一的,均属于非法买卖枪支、弹药行为。

(二)从实质解释的角度来看,行为人是否具有牟利目的,不影响对非法买卖枪支、弹药行为的定性

刑法及相关司法解释均未规定非法买卖枪支、弹药罪需具有牟利目的,上述有关枪支、弹药、爆炸物的司法解释只规定因生产、生活需要实施相应涉爆炸物行为的,对该主观因素在量刑时可予以考虑。认为牟利目的影响非法买卖枪支、弹药罪成立的观点,虽然也有一定道理,但法律依据不充分。涉枪犯罪属于严重危害公共安全的犯罪,不是经济犯罪,要求构成此类犯罪具有牟利目的也不具有犯罪构成上的正当性。实践中,对因个人爱好,出于收藏目的购买枪支、弹药行为的危害,存在一定的认识误区。有观点认为,行为人买枪后未用于非法活动,亦未转卖牟利,对公共安全未造成严重危害的,认定为非法持有型犯罪足以罚当其罪。我们认为,我国历来严格控制枪支、弹药的流转,禁止个人买卖、持有。非法买卖的行为人对获取枪支、弹药具有较强的主动性,往往根据其需要通过非法渠道购买,这种非法交易既刺激了枪支、弹药的非法流转,也使其持有规模随意扩大,一旦枪支、弹药因被盗等原因流入社会,后果不堪设想,对公共安全具有极大的潜在风险,必须依法以非法买卖枪支、弹药罪予以惩处。本案中,被告人薛风非法购买各类枪支8支,另非法持有各类枪支6支、弹药3万余发。如果不是非法购买,其不可能持有数量巨大、种类多样的枪支、弹药。刑法规定非法买卖枪支、弹药罪,是基于此类行为对公共安全造成的抽象危险,并不要求造成实际损害,因此不能因为未发生实际损害,不具有牟利目的,就转而认定为较轻罪名,对此类犯罪蕴藏的巨大潜在危害,必须给予充分的刑法评价。

同时也应注意,被告人薛风、刘正东、张鹏飞、刘欢等4人对枪支、弹药的喜好,不属于生产、生活需要,但考虑到薛风等人买枪的目的不是实施违法犯罪活动或转卖牟利,客观上枪弹也没有流入社会用于其他违法犯罪活动,其行为的危害性相对较小,量刑时可以比照司法解释的有关规定适当从宽。一、二审法院在法定量刑幅度内对薛风等人从宽处罚,也体现了这一点。

(撰稿:最高人民法院刑五庭　张春喜
上海市高级人民法院　吴志梅
审编:最高人民法院刑五庭　马　岩)

[第1119号]舟山市某远洋渔业有限公司、李某某走私普通货物案

——冒用远洋渔业项目确认的船舶名义,将自捕水产品作为不征税货物报关入境的行为如何定性

【关键词】 走私普通货物罪　冒用　行政违法　海关监管

一、基本案情

被告单位舟山市某远洋渔业有限公司(以下简称舟山某公司)。

被告人李某某,男,1963 年 7 月 4 日出生,系被告单位舟山某公司法定代表人兼总经理。2002 年 1 月 28 日因犯走私普通货物罪被判处有期徒刑三年,缓刑三年,并处罚金人民币三十万元。2012 年 7 月 11 日因本案被取保候审。

浙江省舟山市人民检察院以被告单位舟山某公司、被告人李某某犯走私普通货物罪,向舟山市中级人民法院提起公诉。

被告人李某某及其辩护人主要提出:(1)对本案定性为走私有异议,被告单位取得农业部远洋渔业捕捞资格,合法从事远洋捕捞,属于合法的免税主体,公司下属的"烟渔 608"船在 2009 年 4 月 1 日以后因证件失效而未及时补办,属于行政违规行为,该船捕捞的水产品属于可享受免税的自捕水产品,故被告单位的行为不构成走私罪。(2)价格认证中心的价格鉴定结论不能作为本案涉税计价依据,应按向海关免税申报时的价格作为涉税计价依据。

舟山市中级人民法院经审理查明:2008 年 5 月,被告单位从中国水产烟台海洋渔业公司购买报废鱿钓船"烟渔 608",当时该船获得农业部远洋渔业项目确认的免税指标,有效期至 2009 年 3 月 31 日。2009 年 4 月至 2010 年 2 月,时任舟山某公司法定代表人兼总经理的被告人李某某在"烟渔 608"船未能继续取得农业部远洋渔业项目确认的情况下,仍决定让"烟渔 608"船在秘鲁外的公海进行远洋鱿钓作业,并冒用舟山某公司所属的已获得农业部远洋渔业项目确认的"舟东远 822"船、"新世纪五十三号"船的名义,将"烟渔 608"船在秘鲁外的公海先后 10 次钓得的鱿鱼共计 509.617 吨向舟山海关申报并免税进口。经鉴定,509.617 吨鱿鱼计税价格为 3 231 659.87 元,海关核定偷逃税款合计 858 328.8 元。

舟山市中级人民法院认为,经依法批准的国内远洋渔业企业运回在公海捕捞的水产品,属于海关监管的进口货物。被告单位舟山某公司违反海关法规,冒用远洋自捕水产品免税资格,逃避海关监管,走私进口货物,偷逃税款计人民币 85 万余元,被告人李某某作为单位直接负责的主管人员,被告单位及被告人的行为均构成走私普通货物罪。公诉机关指控的罪名成立。根据本案走私犯罪的具体事实、社会危害程度以及李某某到案后能如实供述等情节,可予从轻处罚。依照《中华人民共和国刑法》第一百五十三条、第三十条、第三十一条、第七十二条、第七十三条及《最高人民法院、最高人民检察院关于办理走私刑事案件适用法律若干问题的解释》第二十四条第二款之规定,判决如下:

1. 被告单位舟山某公司犯走私普通货物罪,判处罚金人民币九十万元。

2. 被告人李某某犯走私普通货物罪,判处有期徒刑一年,缓刑一年。

一审宣判后,被告单位和被告人均未提出上诉,检察院亦未提出抗诉,该判决已经发生法律效力。

二、主要问题

远洋渔业企业在农业部审批的远洋渔业项目期满后,继续捕捞并将自捕水产品运回,冒用已获得农业部远洋渔业项目确认的船舶名义申报免税入境,是否构成走私普通货物罪?

三、裁判理由

本案在审理过程中,对被告单位和被告人的行为如何定性形成两种意见:一种意见认为,被告单位明知"烟渔 608"船的远洋渔业项目确认已过期,仍违反海关法规,冒用其他船舶的远洋自捕水产品免税资格,逃避海关监管,走私进口货物,被告单位和被告人均构成走私普通货物罪。另一种意见则认为,本案系无证捕捞的自捕水产品违规进境,对于该行为属行政违法还是走私犯罪,以及对偷逃税额的计算都有一定的争议。根据其行为的违法性和实际危害,作为行政违法行为予以处罚足以起到惩戒作用,且本案在业界尚无先例,备受行业内外关注,作为犯罪处理可能影响企业正常运行和行业稳定,也不利于我国远洋渔业的发展。

我们赞同前一种意见,本案被告单位构成走私普通货物罪,被告人作为被告单位直接负责的主管人员,其行为亦构成走私普通货物罪。具体理由如下:

(一)无证捕捞的行政违法属性不对后续走私普通货物犯罪行为的定性产生影响

对这一问题可以从两个层面来分析:一是关于不具有农业部远洋渔业项目审批确认的船舶在公海捕捞作业行为的性质。2003年农业部制定的《远洋渔业管理规定》第四条规定:"农业部对远洋渔业实行项目审批管理和企业资格认定制度,并依法对远洋渔业船舶和船员进行监督管理。"第十六条第一款规定:"农业部对远洋渔业企业资格实行年审换证制度,对远洋渔业项目实行年审确认制度。"此外,该文件还对远洋渔业项目执行过程中的作业国家(地区)或海域、作业类型、入渔方式或渔船数量(包括更换渔船)作了规定,如需要变更的,应当按照规定的程序事先报农业部批准。对未经农业部批准擅自从事远洋渔业生产,或未取得《公海渔业捕捞许可证》从事公海捕捞生产的,则由省级以上人民政府渔业行政主管部门或其所属的渔政渔港监督管理机构根据《中华人民共和国渔业法》和有关法律、法规予以处罚。其中,《中华人民共和国渔业法》第四十二条规定:"违反捕捞许可证关于作业类型、场所、时限和渔具数量的规定进行捕捞的,没收渔获物和违法所得,可以并处五万元以下的罚款;情节严重的,并可以没收渔具,吊销捕捞许可证。"

根据《农业部关于确认2008年度第三批远洋渔业项目的通知》,中国水产烟台海洋渔业公司的"烟渔601~608"船在该次确认的项目之内,截止日期为2009年3月31日。2009年4月至2010年2月,时任被告单位法定代表人兼总经理的被告人李某某在"烟渔608"船未能继续取得农业部远洋渔业确认的情况下,仍决定让"烟渔608"船在秘鲁外的公海进行远洋鱿钓作业,违反了《中华人民共和国渔业法》和《远洋渔业管理规定》的规定,行政部门可依法对其作出相应处罚。可见,不具有农业部远洋渔业项目审批确认的船舶在公海作业系非法的捕捞行为,属于行政法规规制的范畴,尚不被刑事法律所调整。

二是冒名报关入境的非法自捕水产品亦应被课税。远洋渔业企业将违法捕捞的水产品报关入境是否具有缴纳关税的义务?根据《中华人民共和国渔业法》的规定,被告单位舟山某公司的船舶在公海内非法捕捞,应由行政部门对其处以没收渔获物和违法所得,可以并处罚款的行政处罚,即被告单位运回的自捕水产品应被没收,在此情形下,该自捕水产品入关不存在纳税的问题。2000年海关总署、农业部联合制定的《远洋渔业企业运回自捕水产品不征税的暂行管理办法》(以下简称《暂行管理办法》)第四条规定:"农业部将获得'农业部远洋渔业企业资格证书'的企业名单、远洋渔业企业生产区域、船名船号和主要捕捞品种等情况送海关总署备案,并由海关总署通知有关直属海关。"本案中,舟山某公司明知"烟渔608"船已不再具有农业部远洋渔业项目确认的免税指标,冒用其所有的已获得农业部远洋渔业项目确认的"舟东远822"船、"新世纪五十三号"船的免税指标,将"烟渔608"船的自捕水产品向海关申报并免税进口。虽然该自捕水产品应被行政部门罚没,但就海关征管环节而言,被告单位用伪报的行为使这批"非法自捕水产品"取得了形式上的入境资格,且享受了不征税的优惠政策。由于该自捕水产品实际来源于已不再具有农业部远洋渔业项目确认资格的"烟渔608"船后,则不再享有免税优惠,根据原产地规则,应对其按照普通货物征收进口关税和进口环节增值税。

至于该自捕水产品实质上的应然归属,则不对海关的征税行为产生认定及合法性上的障碍。从司法实践来看,基于两个相互牵连的违法行为,有的按前行为处理,有的按后行为处理,有的对前后两个行为都作出处理,如何处理应通过立法或司法解释加以指引。但对本案如何适用法律确没有明确的指引规定,这是造成本案在法律适用上困惑的直接原因。例如,远洋渔业企业利用其自捕水产品免税资格将从公海上收购的水产品报关免税入境的,以及将自捕水产品免税资格出卖给他人获取利益的行为,应明确作为走私犯罪行为打击,但本案的情形却并非如此。需要指出的是,被告单位的行政违法行为在未被行政机关发现并加以处罚的情况下,又冒名将非法捕捞的水产品用形式合法的手段报关入境,达到偷逃税款目的的行为,使后者独立构成走私普通货物罪,该非法自捕水产品仅是被告单位实施犯罪的物质载体,后者的构罪不受前者行政违法行为的影响。行政机关可对被告单位在公海上的违法捕捞行为另行处理。

(二)被告单位违反海关法规,冒用远洋自捕水产品免税资格,逃避海关监管,侵害了海关监管秩序

《暂行管理办法》明确规定:"我国远洋渔业企业在公海或按照有关协议规定,在国外海域捕获并运回国内销售的自捕水产品(及其加工制品),视同国内产品不征收进口关税和进口环节增值税";"远洋渔业企业必须经农业部批准,获得'农业部远洋渔业企业资格证书'方能享受国家上述政策"。同时,《远洋渔业管理规定》中也规定了农业部对远洋渔业实行项目审批管理和企业资格认定制度。可见,远洋渔业企业享受运回自捕水产品不征税政策的必要条件之一是捕捞水产品的渔船须经农业部远洋项目批准。对此,要求企业必须向企业所在地直属海关备案,且在办理自捕水产品不征税手续时,必须向海关提供农业部批准从事远洋捕捞生产的有效批件。不是批件审批确认的船舶,不能享受不征税政策。2006 年海关总署关税征管司作出的《关于远洋渔业自捕水产品运回有关问题的批复》重申了上述条件,并要求海关重点审查审核申报材料记载的有关内容与农业部批准的有关远洋渔船船号、生产海域和生产品种等内容是否一致。2013 年农业部渔业局作出的《对远洋渔业企业自捕水产品政策解释的复函》亦是对《暂行管理办法》的重申,而非扩大解释。该文件明确规定,远洋渔业企业享受远洋渔业自捕水产品不征收关税和进口环节增值税政策须符合一定的条件和程序:一是享受政策的企业应具有农业部远洋渔业企业资格,运回的水产品必须是经农业部批准项目的远洋渔船自捕的水产品;二是符合上述条件的企业运回自捕水产品前,须按《暂行管理办法》第五条规定的程序申报并取得海关签发的《进口货物免税证明》,并经海关对项目企业申报的不征税产品进行原产地查验、确认无误后方可办理不征税验放手续。不符合上述条件和程序的入境水产品不得享受远洋渔业自捕水产品不征收关税和进口环节增值税政策。对于违反上述条件和程序或利用国家政策非法运回水产品的企业和个人,2007 年农业部、外交部、公安部、海关总署联合制定的《关于加强对赴境外作业渔船监督管理的通知》要求根据有关法律法规,严格追究其责任。

本案中,被告单位舟山某公司使用的"烟渔 608"船经农业部 2008 年度第三批远洋渔业项目确认,有效期至 2009 年 3 月 31 日,案发时段已经过期,故其自捕水产品属于普通货物,入境不再享受不征税政策,应适用原产地规则照章征收进口关税和进口环节增值税。该公司办理报关手续时,没有按照相关规定如实填报生产渔船是"烟渔 608"船,而是故意填报该公司已获得农业部 2009 年度第二批远洋渔业项目确认的"舟东远 822"船、"新世纪五十三号"船,属于逃避海关监管的伪报行为,具有走私普通货物的主观目的。《中华人民共和国海关法》规定:"进口货物自进境起到办结海关手续止,出口货物自向海关申报起到出境止,过境、转运和通运货物自进境起到出境止,应当接受海关监管";"进口货物的收货人、出口货物的发货人应当向海关如实申报,交验进出口许可证件和有关单证"。所以,舟山某公司的伪报行为客观上侵害了海关监管秩序。

(三)被告单位偷逃应缴税额已达走私普通货物罪的定罪标准

目前,国家对远洋渔业企业自捕水产品实行免税政策,已取消了定额管理的制度,对自捕水

产品如何缴纳关税没有明确规定。关于被告单位伪报偷逃的应缴税款数额的核定问题，根据《中华人民共和国海关计核涉嫌走私的货物、物品偷逃税款暂行办法》第十七条第四项的规定，以国内有资质的价格鉴证机构评估的涉嫌走私货物的国内市场批发价格减去进口关税和其他进口环节税以及进口后的利润和费用后的价格，其中进口后的各项费用和利润综合计算为计税价格的20%，来确定涉嫌走私的货物的计税价格。舟山海关缉私分局委托舟山市价格认定中心对秘鲁及附近海域冻鱿鱼的国内市场批发价格进行鉴定，舟山市价格认定中心依委托方提供的相关资料，进行市场调查核实，根据国家有关鉴定的规章和标准，按照涉案物品价格鉴定的程序和原则，确定本案涉案物品的价格，舟山海关据此核定被告单位偷逃进口关税及进口环节增值税共计858 328.8元。在没有相同或相似参考值的情况下，运用此方法核定关税损失，就本案来说也是可行和适当的，且程序合法，对鉴定结果应予采信。

根据2014年最高人民法院、最高人民检察院联合制定的《关于办理走私刑事案件适用法律若干问题的解释》第二十四条第二款"单位犯走私普通货物、物品罪，偷逃应缴税额在二十万元以上不满一百万元的，应当依照刑法第一百五十三条第二款的规定，对单位判处罚金，并对其直接负责的主管人员和其他直接责任人员，处三年以下有期徒刑或者拘役"的规定，本案达到了单位犯走私普通货物罪的入罪标准，被告人李某某作为单位直接负责的主管人员，其行为亦构成走私普通货物罪。

最后，需要指出的是，海洋渔业资源是人类社会的宝贵财富，沿海地区捕捞业是传统产业，国家对发展远洋渔业捕捞，给予造船补贴、燃油补贴等优惠政策，既涉及渔民的基本生计，对促进经济社会发展、增加渔民就业和收入具有重要意义，又涉及远洋渔业产业的长远发展，有利于改善渔业产业结构、拓展渔业发展空间、提高产业综合实力和国际竞争力。因此，规范远洋渔业捕捞行为十分必要。国家为鼓励远洋渔业发展，出台远洋渔业企业运回自捕水产品不征税政策，与加强监管不存在矛盾。相关职能部门通过审批渔业企业、船舶、作业海域、捕捞水产品种类，控制不征税范围，保护和合理利用海洋渔业资源，促进远洋渔业的持续、健康发展，并对不符合规定条件的入境自捕水产品照章征税，进行总量控制，以实现满足国内需求与促进远洋渔业科学发展的平衡。本案被告单位和被告人的行为侵犯了海关监管秩序，亦对远洋渔业的长远发展不利，应依法惩处。浙江省舟山市中级人民法院的判决兼顾了司法公正和裁判的社会效果，在对违法犯罪者依法定罪的同时，也在量刑上考虑到了对远洋渔业企业发展的支持。

（撰稿：浙江省舟山市中级人民法院　董凯友　高光辉
审编：最高人民法院刑五庭　马　岩）

[第1199号]吕丽玲走私普通物品案

——携带贵金属纪念币入境的行为如何定性

【关键词】走私普通货物、物品罪　纪念币　贵金属　选择性罪名的定罪规则　关税为零

一、基本案情

被告人吕丽玲，女，1961年5月15日出生，我国香港特别行政区居民。因涉嫌犯走私普通货

物罪先后被罗湖海关缉私分局、深圳市人民检察院取保候审。

广东省深圳市人民检察院以被告人吕丽玲犯走私普通货物罪向深圳市中级人民法院提起公诉。

被告人吕丽玲对公诉机关指控的犯罪事实没有异议。其辩护人提出:(1)涉案物品系面额300元的纪念银币,为国家法定货币,海关将之计税的依据不足;(2)吕丽玲是初犯、从犯,有自首情节和悔罪表现,请求法院对其适用缓刑。

深圳市中级人民法院经审理查明:2012年2月18日,被告人吕丽玲从香港特区经罗湖口岸入境,被海关抽查。海关工作人员经检查,在吕丽玲随身携带的行李内发现有10枚未向海关申报入境的纪念银币。经中国检验认证集团深圳有限公司鉴定,该10枚银币均为2012版中国壬辰(龙)纪念币,每枚重1千克,面额300元。经深圳市价格认证中心鉴定,涉案银币单价人民币38 000元。经深圳海关审单处计核,10枚银币共计偷逃税款人民币64 600元。

案件审理过程中,深圳市人民检察院以法律规定发生变化为由,决定撤回对被告人吕丽玲的起诉。深圳市中级人民法院认为,深圳市人民检察院要求撤回对被告人吕丽玲起诉的理由符合法律规定,裁定准许广东省深圳市人民检察院撤回对吕丽玲的起诉。

二、主要问题

1. 携带贵金属纪念币入境的行为应如何定性?

2. 走私关税为零的普通货物、物品的行为是否构成走私罪?

3. 如何计算被告人的偷逃税款额?

三、裁判理由

(一)携带贵金属纪念币入境的行为应如何定性

司法实践中,对于走私纪念币的行为应如何定性争议较大。争议的焦点在于如何认定纪念币的属性,根据每种属性认定,会出现罪与非罪的不同定性结果。

第一种观点认为,纪念币属于法定货币,但不属于限制进出口货物、物品。《中华人民共和国人民币管理条例》明确规定,中华人民共和国的法定货币是人民币;纪念币是具有特定主题的限量发行的人民币,包括普通纪念币和贵金属纪念币。根据海关总署令第43号发布的《中华人民共和国禁止、限制进出境物品表》,国家货币属于限制进出境的物品,但相关法规规定的"人民币限额"系指流通人民币限额,贵金属纪念币不属于限制进出口的货物、物品,故携带法定货币中的贵金属纪念币入境的行为不构成犯罪。

第二种观点认为,纪念币属于贵重金属。贵重金属是指金银以及与金银同等重要的其他金属。《中华人民共和国金银管理条例》规定,金银包括金银铸币。经鉴定,涉案纪念币含银99.9%,物理性质是贵重金属。但被告人系携带银币入境,而非出境,其行为不构成走私贵重金属罪。

第三种观点认为,纪念币属于商品,可以成为走私普通货物、物品罪的对象。

我们同意第三种观点。在我国,贵金属纪念币是指具有特定主题的限量发行的国家法定货币,它由金、银、铂、钯等贵金属或其合成金制作而成。《中华人民共和国人民币管理条例》第十八条规定:"中国人民银行可以根据需要发行纪念币。纪念币是具有特定主题的限量发行的人民币,包括普通纪念币和贵金属纪念币。"因此,贵金属纪念币作为国家货币具有法定性。但是,贵金属纪念币又不同于流通人民币,可以买卖,1997年9月5日《中国人民银行、国家工商行政管理局关于贯彻落实〈国务院办公厅关于禁止非法买卖人民币的通知〉的通知》第三条规定,"贵金属纪念币自发行之日起即可上市经营"。因此,贵金属纪念币具有双重属性:既有货币属性,也有商品属性，具有价值和使用价值；其价值是设计、雕刻、铸造、发行等无差别的人类劳动，使用价值是满足人们收藏、纪念、投资等需求。作为人民币的一个特殊种类，贵金属纪念币还演变成了一种艺术品、收藏品和投资品，其面额只是象征法定货币的符号，不反映其真实价值，其实际价值远高于币面价值。故可以将贵金属纪念币区别于普通的人民币，作为走私普通货物、物品罪的对象。

走私普通货物、物品罪是选择性罪名。根据《中华人民共和国海关法》的规定，进出口“货物”与进出境“物品”的区别包括两个方面：一是实质要件，即货物在进出境环节或进出境目的上属于贸易性质，物品在进出境环节或进出境目的上属于非贸性质；二是形式要件，即货物应当签有合同或协议，物品则不存在合同或协议。根据上述区别，本案所涉贵金属纪念币应属于物品。行为人如果逃避海关监管，携带纪念币入境，偷逃应缴税额较大的，其行为构成走私普通物品罪。

（二）走私关税为零的普通货物、物品的行为能否构成走私罪

将涉案纪念币作为普通物品对待，有两种属性：一是作为收藏品；二是作为贵金属制品，根据海关《进出口税则商品及品目注释》的规定，分别可归入“硬币”“贵金属或包贵金属的其他制品”“收藏品”这三种品目的税则来计算偷逃税款。但不论归入上述三种税则中的哪一种，根据相关的海关规定，进口贵金属纪念币需缴纳的关税均为零。

根据我国一般的刑法理论，走私罪侵犯的客体是对外贸易管制，即通过对进出口货物的监督、管理与控制，防止偷逃关税及阻止或限制不该进出口的物资进出口，故走私罪是与关税的征收及许可证制度紧密联系在一起的，在关税为零的情况下，能否将在进出口时偷逃其他税款的行为认定为走私罪呢？对此我们持肯定态度。理由如下：

1. 依照《最高人民法院、最高人民检察院关于办理走私刑事案件适用法律若干问题的解释》（以下简称《解释》）第十八条的规定，“应缴税额”包括进出口货物、物品应当缴纳的进出口关税和进口环节海关代征税的税额。故海关征收关税以外的代征税款也属于海关的监管职责，走私对象包括有关税的货物、物品和无关税但在进口环节由海关代征税款的货物、物品。随着我国对外贸易的发展，现在有很多货物、物品的关税均已取消，如果对于走私关税为零的货物一概不作为犯罪处理，将会对海关的监管工作和我国正常的经济秩序带来严重的不利影响。

2. 世界上许多国家均把在出入境环节偷逃普通税款的行为认定为走私行为，在我国的司法实践中，也已有很多将此类行为认定为走私罪的案例。

3. 从世界对外贸易发展的趋势来看，国与国之间货物、物品进出口的关税会越来越低，很多货物的关税都有可能取消，一个国家往往会通过关税以外的方式（如在这个环节征收较高的流转税）来控制物品的进出口，在这种贸易发展的大背景下，将在进口环节偷逃税款（即使偷逃的税款中关税为零）的行为认定为走私，符合走私认定观念转变、发展的大方向。

（三）如何计算被告人的偷逃税款额

偷逃税款额的计算涉及两个变量：一是货物、物品的价格；二是货物、物品的税率，而税率又与货物、物品归入哪个税则有关，所以我们首先需要解决的是本案纪念币的税则问题。经分析后我们认为，本案纪念币应归入“硬币”税则，理由如下：

1. 虽然本案纪念币具有收藏价值，但海关《进出口税则商品及品目注释》品目97.05明确了收藏品的定义，即“具有动物学、植物学、矿物学、解剖学、历史学、考古学、古生物学、人种学或钱币学意义的收集品及珍藏品”。涉案银币作为近年发行的一种纪念币，如要归入上述收藏品品目，也只可能是“具有钱币学意义的收集品及珍藏品”这一类。而“具有钱币学意义的收集品及珍藏品”指的是“报验时为成套或零散的硬币、不再作为法定货币使用的钞票（品目49.07所列货品除外）及纪念币”；“对于零散的硬币或纪念币，每批货物通常只有少量几个某种硬币或纪念币的

样品。这些样品只有明显作为收集成套使用才能归入本品目”。本案中,被告人吕丽玲携带的纪念币为2012年中国壬辰(龙)年金银纪念币套币(共15款)中的同一款纪念币10枚,显然不是作为收集成套使用,不符合海关《进出口税则商品及品目注释》中收藏品的定义。

2. 从海关《进出口税则商品及品目注释》规定的“硬币(包括贵金属硬币)”和“贵金属或包贵金属的其他制品”两个税则的条款内容来看,纪念币似可纳入其中任何一个税则,但考虑到“硬币”税则中明确提到了贵金属硬币,按照特别优于一般的理论,将纪念币归入“硬币”税则应是更为妥当的做法。故本案侦查机关对涉案纪念币引用“硬币”的税则号列并无不妥。涉案纪念币的关税为零,但海关代征的增值税税率为17%。

关于涉案纪念币价格的确定问题。本案纪念币价格的确定存在以下几种情况:一是将其作为银制品作价,涉案纪念币每枚重1 000克,10枚共重10 000克,按案发时每克7.1元左右的银价计算,涉案纪念币的总价值在71 000元左右;二是按照纪念币的面额作价,每枚300元,10枚3 000元;三是按照纪念币的市场价格计算。我们认为,第三种确定方式较为客观、合理。这主要是考虑本案中的纪念币体现更多的是一种商品属性,那么就应该以纪念币的市场价格来作为计核偷逃税款的基础。市场价格更能反映纪念币的真实价值,行为人走私贵金属纪念币的目的在于追求纪念币的市场价值,而不在于追求其金属的价值或标注的面额价值,所以这样的认定罚当其罪,更能体现罪刑相适应原则。此外,《中华人民共和国海关计核涉嫌走私的货物、物品偷逃税款暂行办法》第十九条规定,涉嫌走私进口的黄金、白银和其他贵重金属及其制品、珠宝制品以及其他有价值的收藏品,应当按国家定价或者国家有关鉴定部门确定的价值核定其计税价格。本案中,涉案银币由深圳市价格认证中心作出认定,每枚单价人民币38 000元。深圳海关以价格认证中心出具的价值认定意见为基础确定涉案纪念币的计税价格为380 000元,按照增值税17%的税率计算出被告人偷逃税款为64 600元并无不妥。

上述偷逃税款数额虽然已经达到了原司法解释中关于走私普通货物、物品罪的追诉标准,但在案件审理过程中,《解释》于2014年9月10日起施行,该新解释将走私偷逃应缴税额的入罪数额标准由原来的5万元提高到10万元。在司法解释相关规定发生变化的情况下,根据《最高人民法院、最高人民检察院关于适用刑事司法解释时间效力问题的规定》第三条“对于新的司法解释实施前发生的行为,行为时已有相关司法解释,依照行为时的司法解释办理,但适用新的司法解释对犯罪嫌疑人、被告人有利的,适用新的司法解释”的规定,故对本案吕丽玲的走私行为应适用新的司法解释,其偷逃税额未达追诉标准,不构成犯罪。公诉机关以法律规定发生变化为由,决定撤回对被告人吕丽玲的起诉,符合法律规定,一审法院作出准许撤回起诉的刑事裁定是正确的。

(撰稿:深圳市中级人民法院　吴　南
广东省高级人民法院　廖丽红　郑思思
最高人民法院刑二庭　徐　燕
审编:最高人民法院刑二庭　逄锦温)

湛江特大走私系列案

【关键词】 走私普通货物罪 行贿罪 巨额财产来源不明罪 对合犯 立功 单独犯罪 共同犯罪 主犯 从犯

一、基本案情

李深，男，1962年6月16日出生，汉族，我国香港特别行政区居民。1998年11月27日被逮捕。

张猗，女，1963年12月16日出生，汉族，我国香港特别行政区居民。1998年11月27日被逮捕。

林春华，男，1963年3月8日出生，汉族，湛江宏威石油企业有限公司实际控制人。1998年11月27日被逮捕。

邓崇安，男，1955年11月17日出生，东信贸易公司法人代表。1998年12月7日被逮捕。

曹秀康，男，汉族，1945年3月21日出生，湛江海关原关长。1998年10月5日被逮捕。

朱向成，男，1958年1月20日出生，汉族，湛江海关调查处原处长。1998年11月5日被逮捕。

（其他被告人情况略）①

公诉机关指控被告人李深、张猗、林春华犯走私普通货物罪、行贿罪，被告人邓崇安犯走私普通货物罪；被告人曹秀康犯受贿罪；被告人朱向成犯受贿罪、巨额财产来源不明罪，向人民法院提起公诉。

由于该系列案涉案人员较多，广东省高级人民法院根据法律规定，依法分案并指定广州、湛江、茂名、深圳、佛山5个市中级人民法院分别负责案件审判。

被告人李深及其辩护人以李深并非走私货主和主犯，并有检举他人犯罪立功表现等为由，要求从轻处罚；被告人张猗及其辩护人以张猗不是货主，货物进关都经海关放行等为由，要求以从犯从轻处罚；被告人林春华及其辩护人以走私行为是单位实施等为由，要求以单位犯罪论罪处罚；被告人邓崇安及其辩护人以其在犯罪过程中起次要作用，非犯罪集团首要分子等为由，要求从轻处罚；被告人曹秀康及其辩护人以其有自首、立功情节，其对涉案集装箱放行是按海关总署批文办理等为由，要求从轻处罚；被告人朱向成及其辩护人以朱向成只系收受他人财物，缺乏为他人谋取利益的犯罪要件，不构成受贿罪等为由，要求不认定其构成受贿罪。

法院经审理查明：被告人李深、张猗结伙在广东省湛江市采用代走私货主报关、提货等手法进行走私活动，由李深与走私货主联系货物；张猗疏通海关有关工作人员，使货物得以逃避海关监管，偷逃应缴关税，从中牟取非法利益。从1996年初始，由李深联系走私汽车货主陈励生、邓崇安在香港将汽车运到湛江港，由张猗指使黄锦华、林清海及代梅芳等人用中正公司等名义，采取伪报品名、少报多进等手法走私汽车，逃缴关税，并以"通关费"的名义，从陈励生、邓崇安处收取每个集装箱4万至10万元的非法利益。1997年间，李深、张猗又纠合黄锦华及张罗江、吴德才等人，联系谢玉梅等走私货主，用中港公司的名义采取少报多进、不报关直接提货等手法走私钢

① 本案为系列案，被告人众多，案件事实复杂，鉴于篇幅原因，文中对部分被告人的自然情况、指控情况和相关犯罪事实予以省略。

材等货物，并以上述同样方法从走私货主处收取每吨230元到280元的非法利益。后由于中港公司走私钢材被公安机关追查，李深、张猗又纠合李勇等人以粤纺公司名义继续进行走私钢材的活动至1998年7月案发。在此期间，李深、张猗与被告人林春华纠合，林春华以走私每吨成品油一百至二百元不等的报酬，交给李深、张猗为其疏通海关工作人员以办理海关放行手续，林春华利用其实际控制或以虚假资料骗取工商登记或虚构的公司名义走私成品油；李深、张猗还用假退运的手法，走私原糖；张猗纠合代梅芳、马靖用假手册报关的手法，走私大豆。李深、张猗、林春华等人在走私犯罪期间，分别多次向湛江海关、湛江市公安局边防分局等国家机关的工作人员贿赂财物。其中，李深参与走私汽车（包括车身）3 800余辆（套）、钢材19万余吨、柴油4万余吨、原糖1万余吨，偷逃应缴税额4亿余元；张猗参与走私汽车（包括车身）3 200余辆（套）、钢材17万余吨、柴油3万余吨、原糖1万余吨、大豆5万余吨，偷逃应缴税额4.2亿元；林春华参与走私成品油75万余吨，偷逃应缴税额3.4亿余元；邓崇安参与走私汽车车身1 000余套，偷逃应缴税额1.7亿余元。

1998年5月，被告人曹秀康利用其担任湛江海关关长的职务之便，为湛兴实业公司的杨衢青、林柏青走私进口小麦、油菜籽提供方便，使湛兴实业公司偷逃国家税款6 000多万元。曹秀康收受杨衢青、林柏青贿赂款人民币200万元。1996年至1998年间，曹秀康利用职务，应张猗的要求违反有关规定，批准湛江经济技术开发区中正贸易有限公司享有“先放后征”的优惠待遇，以及应李深、张猗的要求多次以湛江海关关长的身份为他们说情放行被扣的走私货物。在为李深、张猗牟取非法利益过程中，曹秀康收受李深贿赂款港币18万元，美元5 000元；收受张猗贿赂款人民币5万元，港币3万元，美元5 000元，劳力士手表一块等。曹秀康收受贿赂共计人民币205万元，港币21万元，美元1万元，手表二块，照相机二部。

1997年2月至7月，被告人朱向成利用其担任湛江海关调查处处长的职务便利，收受李深贿赂人民币85万元，将查扣的走私货物放行或不予查处走私行为；1997年至1998年8月，朱向成利用职务便利，多次将没收的走私货物交给广东法建拍卖有限公司湛江公司拍卖，收受该公司负责人贿赂人民币35万元；1997年12月28日，朱向成将海关总署有关林春华走私情况的通报内容透露给林春华，并在曹秀康的授意下书写应付海关总署检查的假查验报告，致使林春华的走私行为未能得到查处，并先后收受林春华贿赂人民币20万元、港币80万元、美元8万元。朱向成收受贿赂共计人民币140万元、港币80万元、美元8万元。此外，朱向成尚有人民币173.5万元、港币153万元、美元2.1万元明显超过合法收入不能说明来源。

1999年5月12日，广州市等5个中级人民法院分别对案件进行宣判：以走私普通货物罪、行贿罪并罚判处被告人李深、张猗、林春华死刑，剥夺政治权利终身；以走私普通货物罪判处被告人邓崇安死刑，剥夺政治权利终身；以受贿罪判处被告人曹秀康死刑，剥夺政治权利终身；以受贿罪、巨额财产来源不明罪并罚判处被告人朱向成死刑，剥夺政治权利终身。其余20多名案犯分别被判处死缓、无期徒刑或有期徒刑。

一审法院宣判后被告人李深、曹秀康等12人不服，向广东省高级人民法院提出上诉。

广东省高级人民法院经审理认为，一审法院对被告人李深、张猗、林春华、邓崇安、曹秀康、朱向成等人认定事实和适用法律正确，量刑适当，审判程序合法，依法裁定驳回上诉，维持原判并将李深、曹秀康等6人的死刑报请最高人民法院复核。

最高人民法院复核认为，被告人李深、张猗、邓崇安、林春华4人在走私犯罪中，偷逃应缴税额特别巨大，犯罪情节特别严重，依法应从严惩处；被告人曹秀康、朱向成贪赃枉法收受走私分子贿赂数额特别巨大，造成国家关税巨大损失，也应依法从严惩处。

1999年6月1日，最高人民法院分别作出裁定，核准被告人李深、张猗、林春华、邓崇安、曹秀康、朱向成死刑。

二、裁判理由

（一）检举揭发与其相关的对合犯罪事实，不构成立功

审理期间，被告人李深、林春华、曹秀康等人均以检举他人犯罪事实、构成立功为由，要求从轻处罚。法院审理认为，李深、林春华、曹秀康等人提出的线索无法查实，其余为其交代本人的行贿（受贿）行为，依法不构成立功。

行贿、受贿是一种对合行为，两者互为条件，相互对应，实施贿赂行为的双方互为实现特定犯罪的必要条件，刑法理论上一般将其称为对合犯。司法实践中，由于行受贿行为的隐秘性和证据的单一性，口供仍然是行受贿犯罪的主要证据，也就决定了行贿人（受贿人）揭发受贿人（行贿人）的口供往往为办案机关突破贿赂案件起到了积极作用。在认定行贿人或受贿人具有坦白或自首情节的同时，同时存在是否构成立功的问题。

实践中出现分歧的原因主要在于对自首与立功中"如实供述"与"检举揭发"的理解与认定。《刑法》第六十七条规定，自首必须是"如实供述自己的罪行"。最高人民法院1998年颁布的《关于处理自首和立功具体应用法律若干问题的解释》第一条也明确规定，如实供述自己的罪行，是指犯罪嫌疑人自动投案后，如实交代自己的主要犯罪事实。行贿与受贿作为对合犯，行贿行为和受贿行为互为依存，行贿人行贿必然要有行贿的对象（受贿人）和接受行为（受贿）。从行贿人的角度看，受贿人的接受财物与其行贿行为是一个整体，同属于行贿犯罪构成要件的行为。行贿人供述行贿罪构成要件要求的全部行为，是如实供述的必然要求，否则其供述的行贿事实就达不到如实供述的要求，故其对他人受贿犯罪的揭发，并未超出其对行贿犯罪承担的如实供述范围，即如实供述的外延能够涵盖行贿人揭发对合受贿人的行为。而根据《刑法》第六十八条的规定，立功是"揭发他人犯罪行为"，或者是提供重要线索，"得以侦破其他案件"，也就是说，"检举揭发"对象应当是被告人犯罪事实之外的相关线索等。判断是否成立立功，除了刑法规定外，还可以把握这样一个标准和尺度，即立功是被告人"可做可不做"的自主行为，如果被告人不得不供述相关的犯罪线索，显然不能构成刑法上的立功。行贿人供述对合受贿人受贿的事实，属于与该具体犯罪事实所关联的事实，是其构成自首或坦白必须履行的如实供述义务，并不存在"可做可不做"的自主行为，故行贿人的行为仅仅是如实供述，并不构成检举揭发的立功。受贿人供述对合行贿人行贿的事实，亦是同样的道理。

需要说明的是，这一观点被最高人民法院、最高人民检察院2013年出台的《关于办理行贿刑事案件具体应用法律若干问题的解释》所吸纳，该解释第七条规定，因行贿人在被追诉前主动交代行贿行为而破获相关受贿案件的，对行贿人不适用《刑法》第六十八条关于立功的规定；第九条规定，行贿人揭发受贿人与其行贿无关的其他犯罪行为，查证属实的，依照《刑法》第六十八条关于立功的规定，可以从轻、减轻或者免除处罚。

综上，对合犯"检举揭发"与其相关的对合犯罪事实虽对案件的查处具有重要作用，但并不符合刑法关于立功的规定。法院依法认定李深、林春华、曹秀康检举揭发他人受贿（行贿）的行为不构成立功是正确的。

（二）以虚假登记的公司进行走私活动，且获利归个人所有、支配的，应认定为个人犯罪

审理期间，被告人林春华及其辩护人提出走私事实是宏威公司的单位行为，原判以个人犯罪追究其个人责任不当。法院根据相关法律规定，结合本案具体事实，认为这一辩解不能成立，理由如下：

我国1979年《刑法》中并没有规定单位犯罪,这与当时的计划经济是密切相关的。由于当时经济活动大多是国家一手包办,法人并没有完全的权利能力与行为能力,法人的独立存在缺陷,也很难成为刑法上可罚的单独主体。随着改革开放的日趋深入与市场经济的全面发展,法人不再是国家的附庸,其作为经济活动主体地位越来越显著。法人的实体活动不仅影响到一般人的生活,而且还对国家政治经济的正常运转产生重大的影响力。从某种意义上说,法人的主体地位趋于自然人化。但另一方面,法人利用自己的特殊地位进行违法犯罪的现象越来越猖獗,并且呈现出多样化、复杂性、与自然人犯罪截然不同的特点,严重危害了社会主义市场经济建设。基于这种情况,为实现刑法正义的目标,有必要与自然人犯罪一样在刑法中规定单位犯罪的有关问题。1987年公布的《海关法》首开单位犯罪的先河。1997年《刑法》正式确立了单位犯罪及其定罪原则,其中第三十条规定,公司、企业、事业单位、机关、团体实施的危害社会的行为,法律规定为单位犯罪的,应当负刑事责任。至此,法人作为刑事可罚性的主体已毋庸置疑。但是,法人作为一个法律上拟制的生命,其意思和行动都需要隐藏在它背后的自然人来具体实施。因此单位的意志在渊源上总是离不开自然人的意志。自然人和单位组织紧密结合,无自然人作用因素,法人只不过是一个抽象的符号,毫无存在的意义。我们既要看到单位组织体在单位犯罪中的原因力,也要重视自然人意志对单位犯罪意志的决定作用。基于各方面综合因素的考虑,我国在对单位犯罪处罚的设计上,对某些单位犯罪规定了比自然人犯罪较低的处罚。刑法的这种规定,为不法分子利用单位这一特殊主体从事犯罪活动并逃避法律制裁提供了便利。但是,公司只有用于合法目的,才能被法律所确认和保护,如若将之滥用于不当用途或非法目的,则是不被允许的。对于那些隐藏在公司背后具有实际支配权的股东和其他滥用法人人格的人,损害债权人的利益和公共利益,可以否认法人作为刑法上的犯罪主体资格。因此,最高人民法院1999年公布的《关于审理单位犯罪案件具体应用法律有关问题的解释》第二条规定,个人为进行违法犯罪活动而设立的公司、企业、事业单位实施犯罪的,或者公司、企业、事业单位设立后,以实施犯罪为主要活动的,不以单位犯罪论处。

本案中,被告人林春华以其本人出资并实际控制的宏威公司、以虚假资料骗取工商登记的新立新公司、新泽公司和虚构的公司名义进行走私成品油活动,犯罪所得由林春华个人占有、支配,属于以公司形式为掩护的个人走私犯罪的情况。人民法院依法认定林春华等人走私是个人共同犯罪而非单位犯罪是正确的。

(三)共同走私犯罪中主从犯的认定问题

走私是一种危害极大的经济犯罪活动,严重侵害国家经济、社会和政治。走私不但偷逃大量国家税款,而且还扰乱正常的进出口秩序,冲击国内市场,破坏市场经济公平竞争的原则,严重影响正常的市场经营活动。在走私犯罪中,存在大量的共同犯罪。在处理共同走私犯罪案件时,注意正确区分主从犯,有利于准确区分罪责,正确体现罪责刑相适应原则。走私犯罪案件中主从犯的认定,应根据各被告人在共同犯罪中的地位、作用来判断,综合考虑犯意提起、人员纠集、组织指挥、具体分工、出资及占有股份、分赃比例等情况,依法准确认定。坚持依法严厉打击走私犯罪中的主犯,对走私犯罪首要分子和积极参与人员的处理上,坚持用足法律,依法严惩,绝不姑息。本案中,人民法院依法从重判处被告人李深、张猗、林春华等走私犯罪组织者和其他骨干分子,充分展示了党和国家打击走私的坚定决心,有力维护了经济的健康有序发展。

【编后语】

1998年开始查处的湛江特大走私受贿案,是由党中央、国务院直接领导,中央纪委牵头指挥查处的中华人民共和国成立以来至案发时走私额最大、涉及执法监管部门人员最多的一起严重经济犯罪案件,号称20世纪的“世纪大案”,该案引起了社会公众的普遍关注。这起案件的特点是走私分子上下勾结,内外勾结,而且与腐败密切相关。走私加剧腐败,腐败保护走私,其犯罪活动之猖獗,涉案人员之复杂,社会影响之恶劣,实属罕见。海关涉案人员多达132人,占涉案单位总人数的19%,湛江海关职能的蜕化变质,对港务、边防等其他一些重要的执法监管部门产生了连锁影响。有关部门的工作人员被走私犯罪分子拉拢腐蚀,心甘情愿为走私分子效劳。由于执法监管部门人员与走私分子内外勾结,上下串通,导致整个湛江口岸监管失控,国门洞开,出现了一条走私分子及其走私货物可以自由进出的黑色通道。猖獗的走私犯罪活动,不仅严重损害了党和政府的形象,给国家造成巨大经济损失,也毁掉了一大批干部,严重影响了当地的社会稳定,阻滞了当地经济的发展。对湛江特大走私、受贿案依法从严惩处,充分体现了党中央坚决打击走私,受贿犯罪的决心和力度。

这起大案发人深思,教训深刻。走私危害甚烈,走私不除,国无宁日,民无宁日。在建设和发展社会主义市场经济的同时,我们绝不允许走私冲击和扰乱市场秩序,危害民族工业和经济安全;不允许海关等缉私单位的权力被滥用、腐化;也不允许国家权力的制约、监督体系出现裂缝。湛江特大走私受贿案件的审判充分体现了依法、公开、公正原则,涉案犯罪分子受到了法律的严惩,该系列案为全社会特别是潜在的犯罪分子敲响了警钟。

(撰稿:广东省高级人民法院刑二庭　廖丽红
审编:最高人民法院刑二庭　韩维中)

黄山鹰、庄铭田等走私普通货物案

【关键词】　走私普通货物罪　共同犯罪　主犯　从犯　自首

一、基本案情

被告人黄克臻,男,汉族,1966年7月14日出生,原系厦门远华集团有限公司职员。2000年7月27日被逮捕。

被告人陈文远,男,汉族,1964年7月9日出生,原系厦门远华集团有限公司职员。2000年7月27日被逮捕。

被告人黄山鹰,男,汉族,1961年8月13日出生。1999年11月17日被逮捕。

被告人赖水强,男,汉族,1948年1月22日出生。2000年9月11日被逮捕。

被告人庄铭田,男,汉族,1949年11月29日出生。1999年12月26日被逮捕。

被告人陈国俊,男,汉族,1949年7月12日出生。2000年7月11日被逮捕。

被告人陈雅歌,男,汉族,1950年7月15日出生。1999年12月2日被逮捕。

被告人陈小浩,男,汉族,1961年11月6日出生。1999年12月2日被逮捕。

被告人陈赞成,男,汉族,1945年7月12日出生,原系厦门远华集团有限公司会计。2000年7月11日被逮捕。

被告人李中华,男,汉族,1958年1月10日出生。1999年11月17日被逮捕。

被告人朱伏龙,男,汉族,1964年7月2日出生。1983年10月因犯流氓罪被判处有期徒刑七年,1990年7月刑满释放。2000年4月8日因本案被逮捕。

被告人苏荣富,男,汉族,1956年6月12日出生。2000年7月11日被逮捕。

被告人苏奋强,男,汉族,1962年4月16日出生。2000年7月10日被逮捕。

被告人蔡庆川,男,汉族,1953年9月12日出生。2000年7月11日被逮捕。

被告人陈天德,男,汉族,1971年12月27日出生。2000年7月11日被逮捕。

被告人蔡淦,男,汉族,1928年2月12日出生,原系厦门远华集团有限公司出纳。2001年7月31日被逮捕。

被告人冯悦,男,汉族,1959年11月25日出生,原系厦门远华集团有限公司职员。2000年7月31日被逮捕。

被告人方金还,男,汉族,1964年10月1日出生。2000年7月11日被逮捕。

被告人赵双喜,男,汉族,1958年7月7日出生。2000年4月8日被逮捕。

福建省厦门市人民检察院指控被告人黄克臻、陈文远、陈赞成、陈国俊、蔡淦、冯悦、陈天德、方金还、黄山鹰、李中华、陈小浩、陈雅歌、赖水强、庄铭田、朱伏龙、苏荣富、苏奋强、蔡庆川、赵双喜犯走私普通货物罪,向厦门市中级人民法院提起公诉。

厦门市中级人民法院经公开审理查明:

(一)赖昌星走私犯罪集团从1995年下半年开始,以转口贸易方式进口香烟到保税区,未向海关申报、交纳税款就擅自把集装箱内的进口香烟卸下、偷运出保税区在国内销售。而后,伪造出口单证,买通厦门海关等有关部门人员,使其放弃监管职责,把空集装箱冒充装有进口香烟的重箱出口,骗取海关将保税手册上进口的保税香烟核销,从而偷逃税收,大肆进行走私香烟犯罪活动。赖昌星走私犯罪集团贿赂厦门海关有关人员,使其放弃监管职责,并纠集原厦门海关关员侯小虎、任军(另案处理)加入走私集团,负责香烟的进口通关环节;同时以合作、给代理费为条件,勾结福建九州集团股份有限公司、厦门象屿嵩海进出口有限公司、中国嵩海实业总公司、厦门象屿新大地进出口有限公司、厦门象屿新中原进出口有限公司、厦门象屿金海进出口有限公司、厦门象屿为华进出口有限公司、厦门象屿远华进出口有限公司、厦门国泰保税品有限公司、厦门开元外贸集团有限公司、厦门象屿新奕辉贸易有限公司、厦门经济特区东方保税品公司、厦门特贸有限公司等13家公司,伪造进口合同、装箱单、发票等报关单证,用上述公司的保税手册,向厦门海关申报进口各种品牌香烟。从1996年1月至1998年1月,赖昌星走私犯罪集团采取上述手段,走私香烟达1 332 553箱,偷逃应缴税额人民币7 048 113 248.77元。赖昌星走私犯罪集团走私香烟入境后,由赖昌标(另案处理)指挥并具体安排被告人黄克臻、陈文远、陈赞成、蔡淦、冯悦分别负责调度运输车辆、指挥香烟装卸、通知买主提货或接货及香烟销售款项的记账、收支、统计等工作。

(二)1999年3月至5月,赖昌星走私犯罪集团为继续进行走私犯罪活动,利用海鑫堆场作为走私犯罪据点,以伪报货物品名的方式走私香烟。

赖昌星走私犯罪集团先后以香港美丰船务有限公司、香港利高船务有限公司、新加坡利高船务有限公司的名义,租用江苏省海洋运输总公司"苏达""苏昌"轮、安徽省海运责任有限公司"庐江轮"、山东省青岛海运总公司"青华轮"共四艘轮船作为海上运输工具,为其运载香烟从韩国、新加坡、马来西亚等地走私入境。

当载有香烟的上述船舶抵达厦门海域后,侯占武(另案处理)指使卓文辉(另案处理)携带伪造的合同、发票、进口报关单等报关单证,在海上与已事先被收买的船长兑换境外起运港的真实香烟单证。之后,赖昌星走私犯罪集团以泉州包装进出口公司、厦门联裕达保税进出口公司、厦门开元外贸有限公司为进口申报单位,将香烟伪报成木浆、聚丙烯、苯乙烯—丙烯腈共聚物等低税率、零税率货物，向海关等联检部门申报进口。同时，厦门海鑫集装箱储运有限公司总经理邵加喜（另案处理）指使下属人员制作集装箱进口集疏运申请表，将集装箱从码头直接疏运到海鑫堆场，并指使被告人陈天德负责办理有关交接手续及码头有关费用的结算。

1999年3月至5月，赖昌星走私犯罪集团共组织13个航次为其整船疏运走私香烟进入海鑫堆场，走私香烟298 737箱，完税价格为人民币620 472 051元，应缴税额人民币1 775 170 543.07元，扣除已缴税额人民币6 959 332.41元，实际偷逃应缴税额人民币1 768 211 210.66元。

香烟走私入境后，由曾明育（另案处理）负责指挥销售，并安排被告人黄克臻、陈文远负责香烟的发货、指挥海鑫堆场的盘柜等工作，安排被告人陈国俊负责海鑫堆场上堆场的管理工作。当集装箱进入海鑫堆场后，被告人黄克臻与侯小虎等人将事先与海关确定要查验的箱号单提供给陈文远，由陈文远打电话或者持箱号单到海鑫堆场，告知陈国俊所要查验的集装箱号，由陈国俊安排被告人方金还、陈天德等堆场员，根据箱号单将装有香烟的集装箱找出并另外堆放，然后由被告人方金还、陈天德调集吊车司机将空箱运载到指定的位置，做好盘柜准备。陈文远带领厦门远华集团有限公司工人到达海鑫堆场后，指挥工人将集装箱内的香烟卸下，装入事先准备好的空箱内、再由陈国俊指挥堆场工人将堆场仓库内存放的木浆、聚丙烯等与伪报品名相符的货物装入已盘空的箱内，应付海关查验。盘柜结束后，陈国俊把记录的柜号底单交给陈文远，陈文远在核对集装箱箱号、香烟品名、数量后，制作清单，交给黄克臻，由黄克臻将清单交给曾明育审核。

之后，被告人黄克臻根据曾明育提供的货主名单，与买主约定，安排司机运送走私香烟到事先约定的地点交给买主，或通知买主到塘边仓库、海鑫堆场提取香烟。其间，被告人蔡淦继续协助庄建群（另案处理）收取香烟销售款项及支付所伪报货物的税款等相关费用。

综上，赖昌星走私犯罪集团采取假复运出境及伪报品名的手段共计走私香烟1 631 290箱，偷逃应缴税额共计人民币8 816 324 459.43元。

（三）赖昌星走私犯罪集团将香烟走私入境后，被告人赖水强、庄铭田为主先后纠集被告人朱伏龙、苏荣富、苏奋强、蔡庆川、赵双喜等人，分别结伙，直接向赖昌星走私犯罪集团非法收购走私香烟，在国内倒卖。具体事实如下：

1. 1996年8月至9月间，被告人赖水强邀集被告人朱伏龙及林孝前（另案处理）向远华公司购买走私香烟，赖水强出资30万元、朱伏龙出资20万元、林孝前出资15万元，合资人民币65万元，由赖水强负责向远华公司交款购买走私香烟，提供运输工具及雇请司机，朱伏龙押车，向远华公司购买"希尔顿""黑猫"香烟1 309箱，其中运到南京的有短"希尔顿"560箱、"黑猫"300箱。赖水强通过他人介绍被告人赵双喜以每箱提取人民币25元的好处费为条件进行非法销售、在途中被宁德公安处查扣"希尔顿"449箱（22 446条）。经海关关税部门核定偷逃税额人民币4 303 441.68元。

2. 1996年11月至12月间，被告人赖水强、庄铭田伙同被告人朱伏龙、苏荣富、苏奋强及林孝前、蔡焕灯（另案处理）向远华公司购买走私香烟，赖水强出资60万元，庄铭田、苏荣富、苏奋强、林孝前各出资25万元，蔡焕灯出资10万元，朱伏龙出资5万元，合资人民币175万元，赖水强负责向厦门远华集团有限公司交款购买走私香烟，提供运输的交通工具及雇请司机，苏荣富负责到塘边仓库找陈文远提货，朱伏龙等人押车，向远华公司购买"希尔顿"香烟1 310箱，"黑猫"香烟351箱，"总督"965箱。而后，被告人庄铭田等人将购买的走私香烟押回晋江，再运往南京等地销售，其中被告人赵双喜非法销售1 080箱，朱伏龙将"希尔顿"400箱运到南京后即退股。经海关关税部门核定偷逃税额人民币8 437 409.70元。

3. 1997年4月至7月间，被告人赖水强、庄铭田伙同被告人苏荣富及蔡焕灯、李吉龙（另案处理)向厦门远华集团有限公司购买走私香烟,赖水强、庄铭田、李吉龙各出资60万元,苏荣富出资10万元,蔡焕灯出资40万元,合资人民币230万元,赖水强、苏荣富负责向远华公司交款购买走私香烟,赖水强提供运输的交通工具,苏荣富到远华塘边仓库提货,向厦门远华集团有限公司购买"555"4 600箱、"希尔顿"876箱、"黑猫"2 000箱、"总督"200箱、"万宝路"200箱。而后,庄铭田、蔡焕灯等人将购买的走私香烟押回晋江后,再分别运到宁波奉化、南昌、温州、南京等地非法销售。其中被告人赵双喜非法销售"555"香烟1 350箱。苏荣富做到4月便退股,参与走私"555"600箱、"希尔顿"876箱。在运输途中于1997年6月6日在南安被工商局查扣"555"560箱(27 999条);于1997年6月23日在泉州被涂岭派出所查扣"555"300箱;于1997年7月13日在温州被烟草部门查扣"555"400箱。经海关关税部门核定偷逃税额人民币47 410 026.89元。

4. 1997年11月间,被告人赖水强、庄铭田伙同蔡焕灯及李吉龙向远华公司购买走私香烟,赖水强负责向远华公司交款购买走私香烟,并提供运输的交通工具,蔡焕灯负责押车、向远华公司购买"555"香烟299箱、"总督"香烟333箱,于11月19日途经104国道灵溪路段时被浙江苍南烟草专卖局查扣。经海关关税部门核定偷逃税额人民币3 392 221.83元。

5. 1997年11月到1998年3月间,被告人庄铭田邀集被告人蔡庆川及吴文盼(另案处理)向厦门远华集团有限公司购买走私香烟,庄铭田出资30万元、蔡庆川出资20万元、吴文盼出资20万元,合资人民币70万元,庄铭田将钱交给被告人赖水强向厦门远华集团有限公司购买走私香烟、向厦门远华集团有限公司购买"555"香烟1 290箱、"希尔顿"香烟506箱,由厦门远华集团有限公司派人将走私香烟送到晋江烧厝。后庄铭田组织吴文盼等人将香烟用鞋箱进行套装,蔡庆川经营的青阳镇交通联运车队负责安排将香烟夹藏在货车中,运到上海、北京等地非法销售。经海关关税部门核定偷逃税额人民币11 910 984.40元。

6. 1998年8月至11月间,被告人赖水强、庄铭田伙同被告人朱伏龙向厦门远华集团有限公司购买走私香烟,赖水强出资80万元、庄铭田出资60万元、朱伏龙出资50万元,合资人民币190万元,赖水强负责向厦门远华集团有限公司交款购买走私香烟,向厦门远华集团有限公司购买"555"香烟5次,共计3 000箱。庄铭田组织人员将香烟用鞋箱套装后,由赖水强负责在厦门北站以火车集装箱托运的方式运至上海杨浦车站,庄铭田负责将提货单送到上海交给朱伏龙,朱伏龙负责制作假介绍信(假冒上海"华达"贸易公司)去提货,并在上海、南京非法销售。在销往南京途中被苏州烟草部门查扣"555"香烟154箱。经海关关税部门核定偷逃税额人民币23 757 400.68元。

(四)1997年8月间,被告人庄铭田在香港购买汽车四辆,其中宝马740型小轿车一辆、凌志LS400型小轿车三辆,然后通过被告人赖水强向远华公司交"水费"人民币17万元走私进口。经海关关税部门核定,偷逃税额人民币1 648 314.50元。走私入境后,庄铭田将宝马小轿车留为自用,将两辆凌志小轿车卖给被告人赖水强,将一辆凌志轿车卖给被告人蔡庆川。

1997年5月间,被告人苏奋强在香港购买汽车三辆,其中宝马525型小轿车两辆、丰田佳美22型小轿车一辆,同年8月间,又在香港购买走私进口汽车三辆,其中凌志LS400型小轿车两辆、奔驰500型小轿车一辆,通过被告人赖水强向厦门远华集团有限公司交"水费"人民币31万元的方式走私进口,并在内地非法倒卖。经海关关税部门核定,偷逃税额人民币2 310 918.40元。

案发后,被告人黄克臻、陈文远、陈赞成、苏荣富、苏奋强、蔡庆川、陈天德先后向厦门海关走私犯罪侦查分局、福建省晋江市公安局投案自首,被告人黄山鹰、赖水强、庄铭田、陈国俊、陈雅歌、陈小浩、李中华、朱伏龙、方金还、蔡淦、冯悦、赵双喜先后被公安机关抓获归案。赖水强到案后主动检举揭发本案中其他重要走私犯罪嫌疑人的犯罪事实及国家工作人员的犯罪行为,提供司法机关尚未掌握的重要线索，大部分经查证属实、被取保候审后，还为专案组提供了赖昌星走私集团走私的部分重要证据，积极协助查找、落实有关犯罪嫌疑人的资产情况，提供了部分线索，经查证属实，并劝说黄克臻、陈文远、赖昌图（另案处理）等十余名重要犯罪嫌疑人主动投案。苏荣富案发后，动员、带领苏奋强等人到侦查部门投案。赖水强、苏荣富有重大立功表现。

2000年11月5日，厦门市中级人民法院以（2000）厦刑初字第144号刑事判决，认定被告人黄克臻犯走私普通货物罪，判处死刑，缓期二年执行，剥夺政治权利终身，并处没收个人全部财产；被告人陈文远犯走私普通货物罪，判处死刑，缓期二年执行，剥夺政治权利终身，并处没收个人全部财产；被告人黄山鹰犯走私普通货物罪，判处死刑，剥夺政治权利终身，并处没收个人全部财产；被告人赖水强犯走私普通货物罪，判处有期徒刑七年，并处罚金人民币2 000万元；被告人庄铭田犯走私普通货物罪，判处死刑，剥夺政治权利终身，并处没收个人全部财产；被告人陈国俊犯走私普通货物罪，判处无期徒刑，剥夺政治权利终身，并处没收个人全部财产；被告人陈雅歌犯走私普通货物罪，判处无期徒刑，剥夺政治权利终身，并处没收个人全部财产；被告人陈小浩犯走私普通货物罪，判处无期徒刑，剥夺政治权利终身，并处没收个人全部财产；被告人陈赞成犯走私普通货物罪，判处无期徒刑，剥夺政治权利终身，并处没收个人全部财产；被告人李中华犯走私普通货物罪，判处无期徒刑，剥夺政治权利终身，并处没收个人全部财产；被告人朱伏龙犯走私普通货物罪，判处无期徒刑，剥夺政治权利终身，并处没收个人全部财产；被告人苏荣富犯走私普通货物罪，判处有期徒刑十五年，并处没收个人全部财产；被告人苏奋强犯走私普通货物罪，判处有期徒刑十五年，并处没收个人全部财产；被告人蔡庆川犯走私普通货物罪，判处有期徒刑十五年，并处没收个人全部财产；被告人陈天德犯走私普通货物罪，判处有期徒刑十四年，并处没收个人全部财产；被告人蔡淦犯走私普通货物罪，判处有期徒刑十五年，并处没收个人全部财产；被告人冯悦犯走私普通货物罪，判处有期徒刑十五年，并处没收个人全部财产；被告人方金还犯走私普通货物罪，判处有期徒刑十四年，并处没收个人全部财产；被告人赵双喜犯走私普通货物罪，判处有期徒刑十二年，并处没收个人全部财产。

一审宣判后，被告人黄山鹰等不服提出上诉。

被告人黄山鹰及其辩护人诉辩称：黄山鹰是在尚未受到讯问、未被采取强制措施时，主动向司法机关投案，并如实供述自己的罪行，有自首情节；黄山鹰是在受走私分子任军的威胁之下才同意与走私犯罪分子合作；本案中，黄山鹰只是在空箱吊装上船这一环节给予协助，黄山鹰的行为属于事后通谋，构成包庇罪而非走私罪共犯；原判认定黄山鹰收买李中华、李泽平、张福民放弃职责、为主分赃与事实不符；原判认定黄山鹰为走私共犯的主犯不当。空箱报重箱出口在整个走私犯罪过程中属次要环节，黄山鹰在此环节处次要地位，也未起组织、指挥作用；黄山鹰积极退赃，认罪态度好，请求从轻处罚。

被告人陈国俊及其辩护人诉辩称：陈国俊仅是受远华雇佣领工资，在走私活动中所处地位次要，且在海鑫堆场环节不起指挥作用，认定主犯是错误的；陈国俊在侦查人员盘问、教育下就主动交代参与走私的罪行，应认定为自首。

被告人陈雅歌及其辩护人诉辩称：原判认定陈雅歌事先被告知是空箱，从而通谋参与走私以及认定陈雅歌放弃，参与8个航次走私，负责将纸条交给陈小浩，负责收买配载员让空箱得以进入码头堆放等与事实不符；陈雅歌的协助行为在走私共同犯罪中，并非重要环节，不应认定为主犯；陈雅歌在被传讯时，就主动交代了犯罪事实，并全部退缴了赃款，认罪态度好。请求从轻、减轻处罚。

被告人陈小浩及其辩护人诉辩称：陈小浩是一名普通工人，执行的是陈雅歌的指示，将陈小浩与陈雅歌共同认定为主犯不当,量刑过重。

被告人陈赞成及其辩护人诉辩称:原判认定陈赞成协助转移香烟销售款不符合事实;陈赞成所处的环节并非走私活动中必不可少的环节,在共同犯罪中所起的作用非常小,主观恶性更小;原判认定陈赞成是从犯、有自首情节但在量刑时未具体体现,请求减轻处罚。

被告人陈天德及其辩护人诉辩称:陈天德未参与帮助香烟走私;1999 年 3 月至 5 月,陈天德在办理集装箱疏运手续时并不知道集装箱装的是走私香烟,且与码头的交接都是按照海关规定的程序来操作,并没有违规行为;认定陈天德参与偷逃应缴税额人民币 1 768 211 210. 66 元的证据明显不足。

被告人蔡淦及其辩护人诉辩称:原判认定蔡淦为财务部出纳违背事实,庄建群是出纳,蔡淦仅是助手;蔡淦不应对在职期间赖昌星走私集团走私香烟偷逃税款总额负责;蔡淦在犯罪中作用之小,是从犯中的次犯,请求给予减轻并从轻处罚。

被告人冯悦及其辩护人诉辩称:冯悦在主观上并无从事走私的故意,客观上仅是根据赖昌标提供的进货单及陈文远提供的销售清单进行整理,对整个走私犯罪不起任何不可缺少的作用;冯悦在整个走私行为中,从未因从事填表工作而得到任何报酬。未被采取强制措施前,冯悦就已全部交代了罪行,有自首情节,且态度良好,应在量刑时考虑。

被告人方金还及其辩护人诉辩称:方金还的行为纯属工作职务行为,不是个人行为,原判未定性为单位犯罪有误;方金还主观上不知道走私分子利用海鑫堆场进行走私活动,客观上方金还的行为是正常的作业行为,而不是一种违法行为,认定走私共犯证据不充分;原判关于方金还参与走私数额的认定于法无据,方金还是海鑫堆场的基层劳作人员,系轮班作业,非组织者,也非管理人员,不应对发生在该部门的所有盘柜负责,只应对自己的行为负责。

被告人庄铭田及其辩护人诉辩称,原判部分犯罪事实不清,证据不足;认定偷逃关税94 116 131.33元没有事实依据;对走私香烟数额已经行政处罚的应当扣除;没有纠集他人走私、没有开车探路及回收货款,在犯罪中起次要作用,系从犯;一审未体现检举立功情节;有一定悔罪表现,请求从轻处罚。

被告人朱伏龙及其辩护人诉辩称:第一起 1 309 箱是在不知是走私烟情况下做的,第六起3 000箱用火车贩卖走私烟没有参加,不是直接向走私人收购进口香烟。其辩护人的辩护理由是:原判认定量刑情节时适用法律不当;认罪态度好,请求从轻处罚。

被告人苏荣富及其辩护人诉辩称:原判认定的第三起出资 10 万元参与走私香烟的事实有出入,其并未参加;属从犯且能投案自首并有重大立功,原判量刑畸重。

被告人苏奋强及其辩护人诉辩称:原判认定参与走私香烟数量及偷逃数额有误;有立功情节,原判未予认定;主观恶性、社会危害性较小,请求予以较大幅度的从轻减轻处罚。

被告人蔡庆川及其辩护人诉辩称:没有直接购买走私香烟的主观故意和具体行为;参与购买香烟的数量有待进一步核实;原判量刑太重。

被告人赵双喜上诉称:没有走私犯罪故意;不是走私集团成员,原判认定为走私集团的从犯没有依据,请求改判。

福建省高级人民法院经依法开庭审理,于 2001 年 2 月 3 日以(2000)闽刑终字第 615 号刑事裁定,驳上回诉,维持原判,并依法报请最高人民法院核准死刑。

最高人民法院经复核认为,一审判决、二审裁定认定的事实清楚。证据确实、充分,定罪准确,量刑适当。一审、二审审判程序合法。裁定核准福建省高级人民法院(2000)闽刑终字第 615 号维持一审以走私普通货物罪均判处被告人黄山鹰、庄铭田死刑,剥夺政治权利终身,并处没收个人全部财产的刑事裁定。

二、裁判理由

（一）共同走私犯罪中主、从犯的认定

《刑法》第二十五条规定："共同犯罪是二人以上共同故意犯罪。"构成共同犯罪必须同时具备三个条件，在犯罪主体上，共同犯罪人必须是两人以上；在客观方面，各共同犯罪人必须有共同犯罪的行为；在主观方面，各共同犯罪人必须有共同犯罪的故意。本案是赖昌星走私犯罪集团走私香烟，被告人黄克臻、陈文远、陈国俊、陈赞成、蔡淦、冯悦、陈天德、方金还参与该犯罪集团的走私犯罪活动，被告人黄山鹰、李中华、陈雅歌、陈小浩与走私犯罪集团事先通谋，为走私提供方便。但由于本案审判时犯罪集团的首要分子和大部分主犯没有到案，这给本案共同犯罪及主、从犯的认定带来了一定困难。在主观上，本案被告人有的彼此之间并不认识，但他们都知道自己参与走私或帮助走私，并非孤立地实施走私犯罪活动，而是和其他人互相配合，共同实施走私活动。因此，各被告人在主观上具有共同犯罪的故意。在客观上，上述被告人的行为实际上都是为了达到同一犯罪目的，指向相同的犯罪目标，他们分别处在走私链中的不同部位、不同环节。由于到案的被告人和没有到案的同案人的行为紧密相连、有机配合，组成了走私犯罪的完整链条，各被告人的行为都与犯罪结果具有因果关系，因此，在客观上他们有共同犯罪的行为。可以认定被告人黄克臻、陈文远、陈国俊、陈赞成、蔡淦、冯悦、陈天德、方金还、黄山鹰、李中华、陈雅歌、陈小浩是共同犯罪。

《刑法》第二十六条第一款规定："组织、领导犯罪集团进行犯罪活动的或者在共同犯罪中起主要作用的，是主犯。"第二十七条第一款规定："在共同犯罪中起次要或者辅助作用的，是从犯。"本案是一起复杂的共同犯罪。认定各被告人在共同犯罪中的地位和作用，应根据他们在参加实施共同犯罪活动中所处的地位、实际参加的程度、具体罪行的大小、对造成危害结果的作用等，进行全面的分析判断。赖昌星走私犯罪集团走私香烟，是有组织的犯罪行为，参与走私的人员众多，有不同的部门、环节，不同的分工。在整个走私链条上分成几个环节，有的在境外组织香烟货源、组织船舶运输入境，有的在境内组织香烟装卸、运输、销售、组织烟款回收、骗取海关核销（或通关）。各个环节有不同的分工，有各自的流程、工作内容，又相互衔接，都对走私活动的完成、得逞起到了必不可少的作用。赖昌星走私犯罪集团走私香烟，在境内必须进行香烟的运输、装卸、销售，因此，黄克臻、陈文远等人所处的在境内组织香烟装卸、运输、销售环节，是完成走私犯罪活动均所必不可少的一个环节。赖昌星走私犯罪集团走私香烟，其中一个重要的手段，就是采取以假转口贸易方式进口香烟在国内销售，而后伪造单证假复运出境。而假复运出境，必须通过码头把空箱作为重箱吊装上船出境，整个走私活动才能得逞并长期实施。因此，被告人黄山鹰、陈雅歌所处的码头环节，亦是完成假转口贸易方式走私必不可少的一个环节。赖昌星走私犯罪集团走私香烟，另外一个重要的手段，就是采取伪报货物的品名走私香烟，而伪报货物的品名走私，必须进行盘柜以应付海关的抽查，走私才能得逞。因此，被告人陈国俊所处的海鑫堆场盘柜环节，也是赖昌星走私犯罪集团采取伪报货物的品名走私香烟必不可少的环节。赖昌星走私犯罪集团走私香烟，是以牟取非法经济利益为主要目的，必然要收回销售的烟款，没有对走私烟款回收，赖昌星走私犯罪集团就没有资金长期进行走私。因此，被告人陈赞成所参与的烟款回收环节，也是一个重要环节。

被告人黄克臻、黄山鹰等人分别在各自的部门、环节中从事犯罪活动，而他们所处的环节均是完成走私所不可缺少的。因此，认定他们在共同犯罪中的地位和作用，可根据他们在各自所处的部门、环节中所处的地位、实际参与的程度、具体罪行的大小、对造成危害结果的作用等予以认定主、从犯,并根据其参与的总数额进行处罚。

《刑法》第二十六条第四款规定,共同犯罪的主犯,应当按照其所参与的或者组织、指挥的全部犯罪处罚。因此,共同走私犯罪中的主犯,应对参与期间共同走私偷逃的总税额负责。对于共同走私犯罪中的从犯的处罚标准,刑法虽未明确规定,但可以参考盗窃罪的相关做法,《最高人民法院关于审理盗窃案件具体应用法律若干问题的解释》(已失效)规定:“对共同犯罪中的从犯,应当按照其所参与的共同盗窃的数额确定量刑幅度,并依照刑法第二十七条第二款的规定,从轻、减轻处罚或者免除处罚。”本案中上述被告人虽不是走私犯罪的组织者、策划者,但在主观上均明知赖昌星走私犯罪集团进行走私香烟的犯罪活动,客观上仍积极参与走私香烟的运输工具集装箱的调度、香烟的装卸指挥、盘柜、运输及香烟销售款项的收支、统计等各个环节的犯罪活动,他们参与走私活动所处的环节,是完成走私所不可缺少的环节。被告人黄克臻、陈文远、陈国俊在共同犯罪中是主犯,应对参与走私期间赖昌星走私犯罪集团走私香烟偷逃的总税额负责。被告人陈天德、蔡淦、冯悦虽是从犯,也应对参与走私期间赖昌星走私犯罪集团走私香烟偷逃的总税额负责,但应根据其地位、作用从轻或减轻处罚。

需要特别指出的是,区分被告人黄克臻、黄山鹰的行为是构成包庇罪或走私犯罪,关键在于被告人有无与走私犯罪分子事先通谋。如果被告人与走私犯罪分子在事先有通谋的,应根据《刑法》第一百五十六条之规定,以走私共犯论。如果被告人在事先没有与走私犯罪分子通谋,而是在实施犯罪以后,予以包庇的,才构成《刑法》第三百一十条所规定的包庇罪。从本案事实看,被告人黄山鹰被走私犯罪分子任军收买,并与任军通谋,进行犯罪分工,两人商定由任军负责海关核销,黄山鹰负责收买码头作业人员。之后,黄山鹰按照分工,收买码头作业人员。黄山鹰具体实施收买被告人李中华,令李中华在没有设备交接单随车的情况,让空箱得以进入码头堆放,并在没有配载图的情况下,将空箱吊装上船;收买配载员李泽平,令李泽平不要制作配载图;收买理货员张福民,令张福民在没有配载图的情况下,进行理货,明知空箱却出具重箱的理货证明。由于黄山鹰收买上述人员放弃职责,使空箱得以重箱的名义装船出境,为走私完成提供便利,其行为应以走私共犯论处。黄山鹰及其辩护人所提“黄山鹰构成包庇罪而非走私罪”的辩解不能成立。

被告人黄山鹰是为贪利而犯罪,其犯罪的主观恶性与受雇佣、领取工资的其他被告人有本质的区别。黄山鹰在每个航次后,均从任军处得到数万元不等的报酬,实际上是参与分赃。1996年6月至1998年1月,黄山鹰参与偷逃应缴税额达人民币5 783 288 153.20元,数额特别巨大,情节特别严重;从任军处共得到人民币200万元,由其决定码头环节的分赃,个人也分得人民币100万元;且没有自首、立功等法定从轻、减轻情节,所获赃款已被追缴不足以对其从轻处罚,故判处黄山鹰死刑,剥夺政治权利终身,并处没收个人全部财产。

(二)买私、贩私行为的认定

《刑法》第一百五十五条第一项规定,直接向走私人非法收购走私进口的货物、物品的,以走私罪论处。以走私罪论处必须符合以下两个要件:(1)行为人在境内必须是直接向走私人非法收购国家禁止进口或者走私进口的其他货物、物品,即所谓的“第一手交易”。(2)直接向走私人非法收购走私进口的其他货物、物品,必须达到数额较大,才构成犯罪。根据《刑法》第一百五十三条的规定,收购的个人走私货物、物品偷逃应缴税额在5万元以上,即为“数额较大”。

本案被告人赖水强、庄铭田为主先后纠集被告人朱伏龙、苏荣富、苏奋强、蔡庆川从1996年8月至1998年11月间,为牟取非法利益,违反海关法规,共同出资,分别结伙,直接向赖昌星走私犯罪集团非法收购走私香烟17 239箱,共计偷逃应缴税额人民币99 211 485.18元,在境内销售牟利;被告人赵双喜明知是走私香烟,参与销售走私香烟3 290箱。因此,被告人赖水强、庄铭田的行为构成走私普通货物罪。

需要指出的是,被告人赖水强等人买私、贩私系直接走私的后续行为,与黄克臻、黄山鹰等人没有共同走私的故意和行为,因而,人民法院认定赖水强等人与黄克臻、黄山鹰等人不是共同犯罪。

【编后语】

黄山鹰、庄铭田等十九人走私普通货物案是厦门远华特大走私系列案中最具代表性的案件之一。该案的十九个被告人,涉及了厦门远华集团有限公司的职员、码头工作人员和"收私"人员,正是由于他们的分工、配合,赖昌星走私犯罪集团的走私链条才能顺利运转。厦门市中级人民法院在这起案件的审理中,体现了三个"准确"。一是准确把握宽严政策。把对走私产有处置权的犯罪分子和受雇佣参与走私犯罪的人员进行区别,对走私犯罪集团的首要分子、骨干分子,以及走私犯罪活动的主犯,坚决重判;对具有自首情节的犯罪分子,依法从轻、减轻处罚,对检举、揭发他人犯罪经查证属实的,依法认定为立功。二是准确认定走私犯罪共犯。虽然走私链上各个环节的人员可能彼此不认识,但如果他们知道自己参与走私或者帮助走私,都知道自己不是孤立的而是与他人配合共同实施走私活动的,则认定其具有共同犯罪的故意。三是准确认定共同犯罪中的主、从犯。凡属于在重要或者关键环节中起主要作用的被告人,一般认定其为主犯;如果各个环节都是走私犯罪所不可缺少的,仅是分工不同,没有主次之分的,则根据环节的不同,对在同一环节中各个被告人的罪责进行区分,在本环节内起主要作用的,可以认定为主犯,起次要和辅助作用的,认定为从犯。本案的查处,既遵循了刑法基本原则,又体现了相应的刑事政策要求。案件的处理对于司法和执法机关正确处理走私犯罪案件中的相关法律问题,具有指导意义。

(撰稿:福建省高级人民法院刑二庭　刘　震
厦门市中级人民法院刑二庭　吴成杰
审编:最高人民法院刑二庭　韩维中)

赖昌星犯罪集团走私普通货物、行贿案

【关键词】 走私普通货物罪　行贿罪　犯罪集团　首要分子

一、基本案情

被告人赖昌星,男,汉族,1958 年 10 月 27 日出生,原香港远华国际有限公司、厦门远华电子有限公司、远华集团有限公司董事长。1999 年 9 月 20 日被批准逮捕。案发后外逃,2011 年 7 月 23 日从加拿大被遣返回国。

福建省厦门市人民检察院指控被告人赖昌星犯走私普通货物罪、行贿罪,向厦门市中级人民法院提起公诉。

被告人赖昌星辩解:首先,关于走私普通货物部分,(1)其从未纠集、网罗人员参与走私,所设立的塘边仓库、海鑫堆场并非走私据点,不应认定为走私犯罪集团。(2)其既未指使下属走私,也未与其他公司合作走私,且有他人假借其名义实施走私活动;部分证人为推卸责任而作出的证言,不能作为证据。(3)其未与他人策划走私手法,相关证人证言系猜测、想象。(4)其确有走私香烟、汽车、成品油、空调、电梯等,但起诉指控缺乏确凿、充分的证据,系以推理方式认定其走私

数额。(5)其未走私过汽油,也未为他人走私汽油通关;其没有利用东方公司保税手册走私成品油,除闯关走私柴油一航次外,认定其余闯关走私成品油的证据均不足。(6)指控的部分走私行为与其无关。(7)其未以厦门远华电子有限公司的名义进行走私,也未组织、指使他人销毁证据。其次,关于行贿部分,(1)其逢年过节时送给国家工作人员财物,但并未要求他们利用职便为自己谋利,不存在权钱交易和相互勾结,不是行贿。(2)其应朋友之托请求李某某关照油轮在广东海域被边防部门查扣之事,属正常反映情况,并非为自己谋取利益;部分指控的受贿人其不认识等。上述情形也不能认定为行贿。

被告人赖昌星的辩护人提出:(1)本案部分证人证言及书证因取证程序存在瑕疵而不具有证明力,依法应予排除,不能作为定案依据。部分证人笔录存在没有侦查人员签名或只有一名侦查人员签名,以及笔录没有记录询问的起止时间或所记录的日期与被询问人签名日期不一致等情形。部分书证存在提取人没有签名或仅有一名提取人签名,以及无与原件核对无误的说明等情形,原始书证的提取程序不符合法律规定。上述证人证言及书证的取证程序存在瑕疵,依法应予排除,不得作为证据使用。(2)起诉指控本案为集团犯罪及赖昌星系犯罪集团首要分子的事实不清,证据不足。指控赖昌星将厦门远华电子有限公司塘边住所地及海鑫堆场作为走私活动的固定据点,缺乏证据支持;指控赖昌星纠集、网罗人员参与走私犯罪活动与事实不符;起诉认定的集团成员或是赖昌星的亲属,或是主动提出与赖昌星合作,或与赖昌星没有直接关系,或是其他公司的人员,不存在赖昌星纠集、网罗的情形。指控赖昌星与厦门海关原关员谢东风、周振庭等人策划走私手法证据不足。由于谢东风与周振庭均不在案,多数证人证言因系猜测、臆断而不具有证明力。综上,本案不具备集团犯罪的基本特征,赖昌星也非犯罪集团的首要分子,应认定为一般的共同犯罪。(3)起诉指控赖昌星走私普通货物的大部分事实不清,证据不足。(4)起诉指控赖昌星行贿的部分事实不清,证据不足。

福建省厦门市中级人民法院经公开审理查明:1991 年,被告人赖昌星在香港设立香港美好企业有限公司(以下简称香港美好公司)走私电器等货物。1993 年 6 月,赖昌星在香港设立香港远华国际有限公司(以下简称香港远华公司),安排不同人员负责组织汽车、香烟等货源,联系船务公司发运货物,从厦门走私入境并通关、销售。为大规模实施走私活动,1994 年 4 月,赖昌星在厦门成立厦门远华电子有限公司(以下简称厦门远华公司),以该公司在厦门湖里区塘边的住所地作为走私活动的固定据点。1995 年 12 月,赖昌星在厦门成立厦门海鑫集装箱储运有限公司(以下简称海鑫公司),并在该公司所属的海鑫堆场申请设立了海关监管点,通过拉拢、贿赂海关监管人员,使该堆场成为走私货物的主要集散地。赖昌星通过设立上述公司和建立走私据点,不断扩大走私规模,在香港等地组织以香烟、汽车、成品油为主的大量货物从厦门走私入境。其间,赖昌星以其家族成员为基础,不断纠集、网罗人员参与走私活动,并进行明确分工和分层管理,逐步形成了以其为核心,主要成员相对固定,参与人员众多,组织结构严密的走私集团。在赖昌星组织、指挥下,赖昌标(赖昌星二哥,已死亡)全面负责厦门地区的走私活动,并具体负责走私香烟;赖昌图(赖昌星弟弟,已判刑)负责走私汽车;曾明育(赖昌星前妻之弟,已判刑)负责香港远华公司的日常管理活动,并在香港联系走私业务、组织走私货源,1998 年下半年起接替赖昌标负责厦门地区的走私活动;曾明娜(赖昌星前妻,另案处理)参与香港远华公司的部分管理活动;庄建群(赖昌星前连襟,另案处理)负责厦门地区走私活动的财务管理;吴荣辉(另案处理)在香港负责联系、安排船舶运输走私货物;侯小虎(厦门海关原关员,另案处理)、王双敏(另案处理)等人负责境内口岸通关,并通过任军(厦门海关原关员,另案处理)办理走私货物的核销事宜;邱允强(另案处理)、王泰成(厦门海关原关员,已判刑)等人负责走私成品油;邵加喜(已判刑)负责管理海鑫堆场。走私集团各主要成员在接受赖昌星直接指挥的同时，又分别指挥黄克臻（赖昌星侄女婿，已判刑）、陈文远（赖昌星外甥，已判刑）、蔡淦（已判刑）、陈赞成（已死亡）、王茜（另案处理）、侯占武（另案处理）、连惠山（已判刑）、张为群（另案处理）、高士改（另案处理）等各自下属人员参与走私活动。

在走私过程中，被告人赖昌星直接参与或指使走私集团成员与拥有进出口经营权、保税手册和转口贸易资质的公司负责人共谋，通过出资、合作、支付代理费或承包经营等方式，勾结、利用福建九州集团股份有限公司（以下简称九州公司）、厦门经济特区东方发展公司（以下简称东方公司）等公司，实施走私活动。

针对不同时期海关监管方式和监管政策的变化，被告人赖昌星经与厦门海关原关员谢东风、周振庭（均另案处理）等人商议、策划，不断变换走私手法，先后采取伪报品名、假复出口、闯关等手段进行走私。同时，赖昌星安排专人负责走私各个环节，形成模式化的走私流程。利用已形成的走私渠道，赖昌星走私集团除了自行走私之外，还以负责通关为条件招揽他人合作走私。对于合作走私香烟、汽车和其他货物，由赖昌星确定向走私货主收取代为通关的费用即“水费”；对于厦门地区的成品油走私，赖昌星控制、决定他人走私进口的数量即“指标”，并按照走私货主分三成、赖昌星分七成的比例对走私利润进行分成。

被告人赖昌星控制、支配走私资金和非法获利，安排赖昌标、曾明育、庄建群等家族成员负责回笼走私货款和收取“水费”，并将部分走私资金和获利通过“地下钱庄”转移至境外继续用于组织走私货源，部分用于行贿、赌博及投资房地产等项目。

1995年12月至1999年5月间，赖昌星走私集团走私香烟、汽车、成品油、植物油、化工原料、纺织原料及其他普通货物，案值共计人民币2 739 567.698429万元；经海关关税部门核定，偷逃应缴税额共计人民币1 399 965.425403万元。

为了打通走私各环节，实现大规模走私等非法目的，被告人赖昌星有组织、有预谋地拉拢腐蚀党政领导干部及海关、边防、海监、港务、公安、税务等部门和单位的国家工作人员，以各种名目贿送款物，使之利用监管、缉私等职务便利，为赖昌星走私集团谋取不正当利益。自1991年至1999年间，赖昌星直接经手或指使走私集团成员王双敏、侯小虎、王泰成（均另案处理）等人，先后向64名国家工作人员贿送钱款共计人民币1 821.98万元、港币958.5万元、美元59.4万元、澳大利亚元30万元，以及房产、汽车等财物（经鉴定，价值人民币433.7105万元），折合人民币共计3 912.891694万元。

厦门市中级人民法院认为，被告人赖昌星违反海关规定，逃避海关监管，先后采取伪报品名、假复出口、闯关等手段走私香烟、汽车、成品油及其他普通货物，偷逃应缴税额共计人民币1 399 965.425403万元，其行为构成走私普通货物罪，且偷逃应缴税额特别巨大，情节特别严重，依法应予严惩。赖昌星为谋取不正当利益，直接或指使他人给予国家工作人员以财物，还在经济往来中，违反国家规定，给予国家工作人员以财物，向64名国家工作人员行贿，共计折合人民币3 912.891694万元，其行为构成行贿罪，且情节特别严重，亦应依法惩处，并与所犯走私普通货物罪两罪并罚。赖昌星伙同他人为共同实施犯罪而组成固定的犯罪组织，系犯罪集团，其在犯罪集团中起组织、策划、指挥作用，系首要分子，依法应当按照集团所犯的全部罪行处罚。

2012年5月16日，厦门市中级人民法院以（2012）厦刑初字第26号刑事判决，认定被告人赖昌星犯走私普通货物罪，判处无期徒刑，剥夺政治权利终身，并处没收个人全部财产；犯行贿罪，判处有期徒刑十五年，并处没收个人财产人民币二千万元，决定执行无期徒刑，剥夺政治权利终身，并处没收个人全部财产等。

一审宣判后,被告人赖昌星未提出上诉。一审判决发生法律效力。

二、裁判理由

(一)走私犯罪集团及首要分子的认定

1. 关于走私犯罪集团的认定

被告人赖昌星及其辩护人提出赖昌星未纠集、网罗人员参与走私,厦门远华公司塘边住所地及海鑫堆场并非走私活动据点,赖昌星并未与厦门海关原关员谢东风、周振庭等人策划走私手法,指控本案是集团犯罪的证据不足。

法院审理认为,我国《刑法》第二十六条第二款规定,三人以上为共同实施犯罪而组成的较为固定的犯罪组织,是犯罪集团。(1)证人曾明娜、曾明育、赖昌图、赖水强、庄建群等人均能证实他们本人及其他人员加入赖昌星走私集团的经过,其中部分人员系赖昌星自行纠集,部分人员系主动投靠,部分人员系由他人介绍参与,但所有人员的加入均需经过赖昌星同意,或经赖昌星授权后由赖昌标等主要成员招募。上述证言与赖昌星在侦查阶段的供述相互印证,足以认定赖昌星纠集、网罗人员参与走私活动的事实。(2)曾明育、曾明娜、王双敏、王淑义、赖昌图、赖水强、侯小虎、邵加喜等证人证言共同证实,赖昌星于1994年在厦门塘边成立了厦门远华公司,既作为走私活动的固定地点,也用于掩盖走私活动;1995年建立海鑫堆场后,即向海关申请设立海关监管点,并将该堆场作为走私货物的主要集散地。赖昌星在侦查阶段对该节事实亦供认不讳,供证吻合,足以认定赖昌星设立走私据点的事实。(3)虽然谢东风与周振庭均未到案,但证人侯小虎、王双敏等人均证实,赖昌星在不同时期采取不同手法进行走私,事先都会与其和谢东风、周振庭、任军等相关人员进行商议,包括以空柜报重柜骗取核销、应对海关抽查货柜、上船替换单证等具体操作细节;证人林清辉、王淑义亦从不同角度印证证实,谢东风经常为赖昌星的走私活动出谋划策。上述证人证言,与赖昌星在侦查阶段关于其与谢东风、周振庭等人沟通、商量之后,先后决定采取假转口贸易、伪报品名、开具保证函等不同走私手法的供述能相互印证,足以认定赖昌星与他人共同策划走私手法的事实。

综上所述,在案证据证明,被告人赖昌星为首纠集众多人员共同参与走私活动,主要成员固定,内部分工明确,组织结构严密,且不断策划变换手法,在长时间内持续实施大规模走私活动,是典型的集团犯罪。

2. 关于犯罪集团首要分子的认定

被告人赖昌星及辩护人提出赖昌星不是犯罪集团首要分子,应按一般共同犯罪进行处理。

法院审理认为,我国《刑法》第九十七条规定,在犯罪集团中起组织、策划、指挥作用的犯罪分子是首要分子。在案证据证实,赖昌星自1991年起,不断纠集、发展人员参与走私,安排集团主要成员的分工,在集团内部进行分层管理,各主要成员均听从赖昌星的管理、指挥;赖昌星直接出面或安排人员勾结其他公司共同走私,并收买海关、口岸等部门的国家工作人员,构建走私关系网;在走私过程中,赖昌星与谢东风等人进行策划,不断变换走私手法,形成模式化的走私流程;赖昌星还控制走私资金的流转和运作,自行支配走私获取的巨额非法利益。赖昌星在走私集团中起组织、策划、指挥作用,依法应认定为首要分子。

(二)行贿犯罪的认定

被告人赖昌星提出,其逢年过节给国家工作人员送财物,但并未要求他们利用职便为其谋利,不存在权钱交易和相互勾结,不属行贿。

法院审理认为,首先,证人侯小虎、王双敏、林清辉、王泰成等人的证言证实,为了使走私活动顺利进行,被告人赖昌星让他们平时注意与海关、边防、公安、港监等部门的国家工作人员搞好关系，多请上述人员吃喝玩乐，过年过节送钱送物，要把工作做在前面，不要等遇到问题再找关系。上述证言与赖昌星在侦查阶段的供述相互印证，足以证明赖昌星贿送海关、边防等部门的国家工作人员以财物具有明确的目的，即意图通过收买、笼络国家工作人员，为其走私等违法犯罪活动提供便利和帮助。其次，在案大量受贿人的陈述及书证印证证实，海关、边防等部门国家工作人员被赖昌星走私集团收买后，或违反规定批准设立海关监管点；或帮助搞假货物查验、假复出口核销；或违法开具海关保证函；或违规为走私提供过驳重量鉴定；或帮助截留关封；或对发现的走私活动不予查处；或对查扣的走私货物予以放行；或违规审批赴港单程证；或案发后帮助销毁证据或通风报信等。赖昌星走私集团之所以能够长时间、大规模在厦门地区进行走私活动，与上述国家工作人员被收买后，放弃监管、查处职责，放纵走私行为具有直接关系。赖昌星给国家工作人员送财物本质是为了“权钱交易”，故人民法院依法认定被告人赖昌星构成行贿罪。

【编后语】

厦门远华公司特大走私案被称作是“中华人民共和国成立以来查处的最大的一起经济犯罪案件”，其涉案金额之大、参与人员之多，案情之复杂，经济犯罪和腐败问题之严重，触目惊心。案发后，被告人赖昌星长期外逃，于2011年7月23日从加拿大被遣返回国受审。该案的公开审理受到了国内外舆论媒体的极大关注。

厦门市中级人民法院在审理赖昌星走私普通货物、行贿案过程中，坚持依法公开公正透明，充分保障被告人的诉讼权利，严把事实证据关，让事实的声音说话，逐起逐节对裁判理由作出阐述和评析，做到以法以理服人，严格依法适用法律。庭审公开举证、质证了五百余名证人证言、数千份相关书证和被告人赖昌星到案后的供述，审理确认了在案证据的合法性、客观性、关联性，且证据间能够相互印证形成完整的证据锁链，足以认定赖昌星的犯罪事实。判决确保定罪准确、量刑适当，确保经得起历史考验。在该案宣判时，赖昌星虽被判处法定最高刑，但仍向法庭鞠躬表示感谢，并服判不上诉。

厦门远华公司特大系列走私案被依法查处并交付审判，充分彰显了党和国家严厉惩治腐败和打击违法犯罪活动的坚定决心，以公开公正透明的审判充分体现了中国特色社会主义法治的伟大力量，在我国依法审理大要案的法治实践中留下了浓墨重彩的一笔。该案的圆满审结，戳穿罪恶行径，揭露事实真相，达到了以正视听、警悟世人的目的，有力地推动中国追逃和反腐败斗争的深入开展，取得了良好的政治、经济、社会和法律效果，具有深刻的历史和现实意义。

（撰稿：福建省高级人民法院刑二庭　林　伟
厦门市中级人民法院刑二庭　张镇安　陈　姝
审编：最高人民法院刑二庭　韩维中）

张子强等非法买卖、运输爆炸物，抢劫，绑架，走私武器、弹药，非法买卖、运输枪支、弹药，私藏枪支、弹药，窝赃案

【关键词】 非法买卖、运输爆炸物罪　走私武器、弹药罪　抢劫罪　绑架罪　非法买卖、运输枪支、弹药罪　私藏枪支、弹药罪　刑事管辖权

一、基本案情

被告人张子强，男，汉族，1955年4月7日出生。1998年7月22日被逮捕。

被告人陈智浩，男，汉族，1962年10月5日出生。1998年7月22日被逮捕。

被告人马尚忠，男，汉族，1965年6月18日出生，1997年11月因犯盗窃罪被判处有期徒刑十一年，剥夺政治权利三年。1998年6月23日被押回广州受审。

被告人梁辉，男，汉族，1966年3月28日出生。1998年7月22日被逮捕。

被告人钱汉寿，男，汉族，1956年10月10日出生。1998年7月22日被逮捕。

（其他被告人自然情况略）

广东省广州市人民检察院指控被告人张子强、陈智浩、马尚忠、梁辉、钱汉寿等人犯非法买卖、运输爆炸物罪，抢劫罪，绑架罪，走私武器、弹药罪，非法买卖、运输枪支、弹药罪，私藏枪支、弹药罪，窝赃罪，向广州市中级人民法院提起公诉。①

广州市中级人民法院经公开审理查明：

1997年10月，被告人张子强向被告人钱汉寿提出购买炸药，并指派被告人刘鼎勋与钱汉寿联系具体事宜并先后支付购买炸药款港币15万元。同年11月，钱汉寿回广东省汕尾市非法购买炸药818.483公斤，雷管2 000支，导火索750米，分装在40个泡沫箱内伪装成海鲜，并于1998年1月7日指使他人运到香港交给刘鼎勋。次日，张子强、刘鼎勋同他人一起将爆炸物藏好。同月17日，该批爆炸物被查获。

1994年年底至1995年年初，被告人陈智浩找到叶继欢（另案处理），共同参与被告人蔡智杰等人的密谋，准备劫持天津市物资综合贸易中心驻深圳办事处经理李某甲，以取得其在深圳的一批钢材提货单后提取钢材。1995年1月14日晚22时许，被告人马尚忠、梁辉和黄毅受叶继欢指使，驾驶一辆吉普车到深圳与陈智浩会合，在深圳市南方国际大酒店附近将李某甲劫持去广州。途中，黄毅开车，陈智浩、马尚忠、梁辉恐吓、殴打李某甲。梁辉卡李某甲脖子并用手铐反铐其双手，马尚忠则用封箱胶纸封住李某甲口、眼，后马、梁又用棉被、衣物捂住李某甲头部，几人共同致李某甲死亡后，搜去李某甲携带的办公室钥匙。马尚忠、梁辉、黄毅开车到城郊抛尸灭迹，陈智浩则将钥匙交给被告人余汉俊等人。同年16日，蔡智杰等人用从李某甲办公室搜得的提货单提走盘圆钢227.39吨（价值人民币721 214元），予以销赃。

1991年年初，被告人陈智浩、马尚忠、朱玉成、李运、黄华生和叶继欢、林铁（另案处理）先后在广州、深圳等地密谋到香港抢劫金行。马尚忠和被告人陈立新到云南省砚山县购得AK47自动步枪和五四式手枪各2支、手榴弹3枚。陈智浩则到湖南省衡阳市购得子弹350发，手榴弹3枚及部分手枪配件。同年6月，陈智浩安排马尚忠、朱玉成和叶继欢、林铁携带AK47自动步枪2

---

① 本案中共36名被告人，分别触犯上述罪名中的一项或几项，限于篇幅，此处不展开表述。

支、手枪6支、手榴弹3枚、子弹350发及手枪配件从深圳偷渡到香港，与先期抵港的陈智浩、李运、黄华生会合。同月9日下午，陈智浩、马尚忠等7人持面具、螺丝刀、布袋、手套等作案工具，抢劫被害人余某的轻型货车，并驾车前往香港物华街，叶继欢、马尚忠持枪在街上把守接应，其他人分别冲入"周生生""周大福""东盛"等5间珠宝金行，采用持枪威胁等方法，抢得金器一批（共价值港元5 739 892元）。在香港警察围捕时，叶继欢、马尚忠开枪拒捕，7人共同乘车逃离现场。途中，几人又另劫被害人曾某的汽车换车继续逃跑。作案后，经叶继欢销赃，陈智浩分得赃款港元42万元，马尚忠分得赃款人民币10万元。

1992年年初，被告人陈智浩、朱玉成、李运、叶继欢、林铁等人先后在广州、深圳等地密谋再次到香港抢劫。同年3月10日下午，陈智浩等人在香港分别抢得被害人陈某某的出租车、钟某某的轻型货车后，朱玉成驾车，其他人携带枪支、丝袜、螺丝刀、布袋、手套等作案工具到香港大埔道，叶继欢持枪在街上把守，朱玉成在车上等候接应，其他冲入"周生生""谢瑞麟"两间珠宝金行，采用持枪威胁等方法，抢得金器一批，价值港元1 682 138元。在香港警察围捕时，陈智浩等人乘车逃离现场。作案后，经叶继欢销赃，陈智浩分得赃款港元12万元。

1995年年底至1996年年初，被告人张子强、柯贤庭、朱玉成、李运和叶继欢、郭志华（另案处理）等人多次在深圳市密谋绑架勒索被害人李某乙（香港人），为此又纠合被告人梁辉、罗志平、张焕群等人共同作案。张子强出资港元140万元用于购买枪支弹药、车辆等作案工具及租赁关押人质的房屋；陈智浩、朱玉成、柯贤庭、叶继欢负责具体准备枪支弹药、车辆等作案工具、租赁房屋和观察李某乙的行踪。在张子强、陈智浩等人的安排和接应下，1996年5月12日，叶继欢、梁辉将上述枪支弹药偷运至香港。同年5月23日，张子强接到被告人柯贤庭的电话后得知李某乙的行踪，即与陈智浩等人携带枪支、铁锤等作案工具，在香港深水湾道附近绑架了李某乙及其司机林某某。张子强、陈智浩到李家收取赎金港币10.38亿元后，释放被害人。张子强分得赃款港元3.62亿元，陈智浩分得赃款港元2.95亿元。

1997年年初，被告人张子强图谋绑架被害人郭某某（香港人），指使被告人张志烽观察郭的行踪。张志烽又将绑架图谋转告被告人胡济舒、陈树汉等人。此后，张子强等人先后在广州市、东莞市、深圳市等地密谋并作具体分工。其间，张子强、胡济舒分别出资港币200余万元、20万元为实施犯罪作准备，胡济舒还纠合被告人甘永强、邓礼显等参与绑架。同年9月29日18时许，张子强伙同甘永强、邓礼显等人在香港海滩道桥底附近绑架郭某某。张子强向郭家勒索收取赎金港元6亿元后释放被害人。作案后，张子强分得赃款港元3亿元。

1995年5月至8月间，被告人陈智浩将非法取得的一批爆炸物藏匿在被告人罗月英在深圳的出租屋内。后陈智浩指使被告人韩法、陈辉光、罗月英将爆炸物分两次交他人运至香港。陈智浩收到这些爆炸物后，藏匿于香港薄扶林山上。破案后，缴获爆炸物25.4斤。

1995年，被告人张子强将手枪子弹13发、猎枪子弹4发、雷管10支等物装入一茶叶罐内，藏匿在被告人罗月英在深圳一住处，后被查获。

1997年年初，被告人陈智浩指使被告人韩法在深圳市购得五四式手枪1支，子弹16发，韩将该枪、弹交被告人陈辉光藏匿。同年8月至9月间，陈智浩又指使被告人罗志平购得雷鸣登猎枪1支及猎枪子弹26发。罗志平将枪、弹带到深圳交被告人罗月英藏匿。后陈智浩指使陈辉光到罗月英处提走猎枪及子弹藏匿于陈辉光住处。陈智浩被公安机关抓获后，被告人刘锦荣受陈辉光指使将上述枪支弹药转移至其在深圳的住处藏匿，后被缴获。

1998年10月30日，广州市中级人民法院以（1998）穗中法刑初字第468号刑事判决，对张子强、陈智浩、马尚忠、梁辉、钱汉寿和李运、朱玉成、蔡智杰、余汉俊、刘鼎勋、黄华生、柯贤庭、胡济舒、叶心瑜、钱汉业、罗志平、甘永强、邓礼显、张焕群、陈立新、黄英德、何志昌、黄文雄、刘国华、余船、江荣长、张志烽、陈树汉、黄毅、韩法、江才古、罗月英、陈辉光、叶继聪、叶继钰、刘锦荣等36名被告人非法买卖、运输爆炸物，抢劫，绑架，走私武器、弹药，非法买卖、运输枪支、弹药，私藏枪支、弹药，窝赃一案作出一审判决如下：

1. 被告人张子强犯非法买卖爆炸物罪，判处死刑，剥夺政治权利终身；犯绑架罪，判处无期徒刑，剥夺政治权利终身，并处没收财产人民币六亿六千二百万元；犯走私武器、弹药罪，判处无期徒刑，剥夺政治权利终身，并处没收财产人民币十万元。决定执行死刑，剥夺政治权利终身，并处没收财产人民币六亿六千二百一十万元。

2. 被告人陈智浩犯抢劫罪，判处死刑，剥夺政治权利终身，并处没收财产人民币五十四万元；犯走私武器、弹药罪，判处死刑，缓期二年执行，剥夺政治权利终身，并处没收财产人民币十万元；犯绑架罪，判处无期徒刑，剥夺政治权利终身，并处没收财产人民币二亿九千五百万元；犯非法运输爆炸物罪，判处有期徒刑八年；犯非法买卖枪支、弹药罪，判处有期徒刑六年；犯私藏弹药罪，判处有期徒刑二年。决定执行死刑，剥夺政治权利终身，并处没收财产人民币二亿九千五百六十四万元。

3. 被告人马尚忠犯抢劫罪，判处死刑，剥夺政治权利终身，并处财产人民币十万元；犯走私武器、弹药罪，判处有期徒刑十五年，剥夺政治权利五年，并处没收财产人民币五万元；犯非法买卖枪支、弹药罪，判处有期徒刑十二年，剥夺政治权利四年；原判盗窃罪余刑九年五个月零五日，剥夺政治权利三年。决定执行死刑，剥夺政治权利终身，并处没收财产人民币十五万元。

4. 被告人梁辉犯抢劫罪，判处死刑，剥夺政治权利终身，并处没收财产人民币十万元；犯绑架罪，判处有期徒刑十三年，剥夺政治权利四年，并处没收财产人民币三百六十万元；犯走私武器、弹药罪，判处有期徒刑十二年，剥夺政治权利四年，并处没收财产人民币五万元。决定执行死刑，剥夺政治权利终身，并处没收财产人民币三百七十五万元。

5. 被告人钱汉寿犯非法买卖爆炸罪，判处死刑，剥夺政治权利终身。

本案另判处被告人朱玉成、李运死缓，判处其他29名被告人无期徒刑至一年有期徒刑不等的刑罚。(判决情况略)

一审宣判后，被告人张子强、陈智浩、马尚忠、梁辉、钱汉寿等29人不服，提出上诉。

被告人张子强及其辩护人辩称：本案犯罪实施地在香港，侵犯的客体是香港居民的人身权和财产权，应由香港法院管辖，一审法院管辖不当；张子强购买爆炸物只与被告人钱汉寿联系，不应对全案负责，原判非法买卖爆炸物的量刑过重；原判认定的绑架罪证据不足，申请调取被害人陈述、同案人供词及相关物证；走私武器弹药行为只是绑架罪的预备行为，不应单独定罪；张子强检举了他人偷越边境、抢劫香港金行、贩毒等多宗犯罪线索，具有立功表现，应当从轻处罚。

被告人陈智浩及其辩护人辩称：原判认定陈智浩是抢劫案中致李某甲死亡的凶手有误，量刑偏重；在公安机关尚未掌握其在香港二次抢劫事实的情况下首先交代犯罪，并供出同案人，应当认定为自首和重大立功，应当从轻处罚。

被告人马尚忠及其辩护人辩称：马尚忠在抢劫李某甲案中没有用封箱胶纸封口、眼，不是故意致被害人死亡；在所参与的两次抢劫中均不是主犯，要求二审从轻处罚。

被告人梁辉及其辩护人辩称：原判认定梁辉在抢劫李某甲中恐吓、殴打被害人，并卡被害人脖子不符合事实，认定梁辉行为致被害人死亡无直接证据；梁辉在该案中是从犯，被抓后坦白交代并供出同案人犯罪事实，应属自首和立功，请求二审从轻处罚。

被告人钱汉寿及其辩护人辩称：钱汉寿未出资、没有非法买卖爆炸物，只是受他人指使运输了爆炸物，情节较轻，是运输爆炸物罪的从犯；被抓后能坦白认罪，并揭发了同案人的多宗犯罪事实，应认定为立功；原判量刑过重，请求二审从轻处罚。

（其他被告人上诉情况略）

广东省高级人民法院经依法审理，认为原判认定事实清楚、证据确实、充分，定罪准确，适用法律正确，程序合法。除对被告人余汉俊、陈树汉的量刑及没收被告人钱汉业的渔船判决不当应予纠正外，对其余被告人的量刑均属适当。其他被告人及其辩护人所提出的认定事实、适用法律及量刑主张，经查均不能成立，应予驳回。

广东省高级人民法院于1998年12月4日作出（1998）粤高法刑终字第1139号刑事判决，维持一审对被告人张子强、陈智浩、马尚忠、梁辉、钱汉寿等的各项判决，改判对余汉俊、陈树汉的量刑并没收钱汉业用于犯罪的渔船，依照《最高人民法院关于授权高级人民法院核准部分死刑案件的通知》的规定，依法核准张子强、陈智浩、马尚忠、梁辉、钱汉寿死刑，剥夺政治权利终身的刑事判决。

二、裁判理由

（一）关于内地法院是否具有本案管辖权的问题

张子强案件是香港回归后，香港特区与内地刑事法律发生冲突的第一个刑事案件，该案的审理在粤港两地，受到全国及海外的广泛关注，其中对于刑事管辖权的问题争议最为激烈。本案中，张子强等人的犯罪集团跨越粤港两地实施了多种犯罪。既存在一种犯罪跨越两地的情况，也存在一人所犯的数罪分别存在于两地的情况。实施犯罪的被告人，既有在香港特区居住的，也有在内地居住的。

我国《刑法》第六条规定，凡在中华人民共和国领域内犯罪的，除法律有特别规定的以外，都适用本法。香港特区是中国的一部分，根据"一国两制"的方针，香港特区的制度、法律、政策以《香港特别行政区基本法》为依据，香港特区法院审理刑事案件适用香港特区刑事法律。但同时，我国刑法规定，犯罪的行为或者结果有一项发生在内地的，就可以适用我国《刑法》。而犯罪行为的外延，既包括实施行为，也包括预备行为。本案中，抢劫、绑架的犯罪虽然发生在香港，但密谋、策划等预备行为发生在内地；爆炸物及主要的作案工具均是从内地非法购买后走私到香港，可以认为是在内地犯罪，适用我国《刑法》。我国《刑事诉讼法》规定，刑事案件由犯罪地的人民法院管辖。如果由被告人居住地的人民法院审判更为适宜的，可以由被告人居住地的人民法院管辖。因而，根据《刑法》《刑事诉讼法》的规定，内地司法机关对张子强案件拥有无可争议的管辖权。对于张子强案件，内地公安机关有权依法侦查，内地检察院有权依法提起公诉，内地法院也有权依法审判。

香港特区法律也认同犯罪发生地这一基本司法管辖原则，香港特区司法机关对张子强案件理所当然也拥有刑事管辖权。因而，内地法院和香港特区法院对本案都有管辖权。在管辖冲突的情况下，应当适用刑事诉讼法关于优先管辖的规定，即对于都有管辖权的案件，应由最初受理的法院进行审判。最初受理原则也是国际社会解决管辖冲突的通行办法，可以及时有效地惩罚犯罪。

本案被告人均在内地被抓获，大量赃款、赃物及其他证据亦在内地查获。内地法院先受理，所以内地法院具有优先管辖权。本案由广东省高级人民法院指定广州市中级人民法院审理符合法律规定。法院依法驳回部分被告人及辩护人提出本案应由香港法院管辖的主张是正确的。

（二）关于本案绑架犯罪的证据是否足以认定的问题

被告人张子强及其辩护人提出，张子强在香港的两宗绑架案，被害人没有报案，也没有向司法机关作证，因此，认定张子强等人犯绑架罪证据不足。法院经审理认为，《刑事诉讼法》关于证据有明确规定，证明案件真实情况的一切事实，都是证据。案发时适用的1996年《刑事诉讼法》

对证据的种类和形式进行了列举,包括:1. 物证、书证;2. 证人证言;3. 被害人陈述;4. 犯罪嫌疑人、被告人供述和辩解;5. 鉴定结论;6. 勘验、检查笔录;7. 视听资料。被害人陈述只是其中一种证据,虽然本案绑架案的被害人没有陈述,但在案各被告人及同案人均供述绑架犯罪,指认、辨认绑架密谋地点、绑架现场、作案工具等,案卷中还有被害人家属为支付赎金向银行签发的银行本票、支票、授权书等证据,足以认定其犯罪事实。故法院依法驳回了相关辩护意见。

【编后语】

张子强等36人特大犯罪团伙案,是1997年香港回归后破获的跨越粤港两地的特大严重暴力刑事犯罪案件。此案的审理,引起了境内外社会各界的高度关注,被媒体称为"世纪大案"。人民法院对张子强特大犯罪团伙案的审判,是对跨越粤港两地犯罪活动的沉重打击,对两地的犯罪分子产生了极大的震慑作用,促进了香港特区和内地社会安定,成为在"一国两制"架构背景下处理好相关刑事案件的重要范例。该案开创了内地与香港特区之间的区际刑事司法协作,为内地与香港特区携手打击跨法域刑事犯罪积累了宝贵的经验。

(撰稿:广东省高级人民法院　陈小飞　林　婷
审编:最高人民法院刑二庭　叶邵生)

三、妨害对公司、企业的管理秩序罪

[第959号]宋涛非国家工作人员受贿案

——如何认定国有控股企业中一般中层管理干部的国家工作人员身份

【关键词】 非国家工作人员受贿罪 国有控股企业 国家工作人员 国有资产监督、管理职责 代表性 公务性

一、基本案情

被告人宋涛,男,1970年10月3日出生,系上海国际港务(集团)股份有限公司(以下简称上港集团)生产业务部生产调度室经理。2012年11月14日因涉嫌犯受贿罪被逮捕。

上海市虹口区人民检察院以被告人宋涛犯受贿罪,向虹口区人民法院提起公诉。

被告人宋涛及其辩护人对指控的犯罪事实、证据均无异议。但同时宋涛否认自己属于国家工作人员。宋涛的辩护人基于以下理由提请法庭对宋涛从宽处罚并适用缓刑:宋涛从事一般业务管理活动,不属于代表国家出资企业中负有管理、监督国有资产职责的组织从事公务的人员,不构成受贿罪的主体;宋涛系初犯,并在家属的帮助下退缴了全部赃款。

上海市虹口区人民法院经公开审理查明:

2009年年底至2012年8月,被告人宋涛在担任上港集团生产业务部生产调度室副经理、经理期间,利用负责上港集团下属港区码头货物装卸、船舶到港、浮吊作业计划、分配、调度和管理等职务便利,先后多次收受上海铨兴物流有限公司负责人丁华给予的价值人民币(以下币种同)1.5万元的联华OK消费积点卡及LV皮包1只,收受上海顶晟国际货物运输代理有限公司负责人陈立军给予的现金20余万元。上述收受的消费积点卡、贿赂款共计价值21.5万余元,均被宋用于个人消费。

2012年10月30日,宋涛在上港集团监管部门找其谈话期间,主动供述收受OK消费积点卡及LV包的事实。后在检察机关调查期间,又主动供述收受20余万元现金的事实。在法院审判阶段,宋涛在家属的帮助下退缴了全部赃款。

另查明,上港集团于2005年改制为国有控股、中外合资的股份有限公司,并于2006年10月在上海市证券交易所上市。上港集团的高层领导,列入上级领导部门管理范围;集团总部部门领导的任命,由集团人事组织部根据相关规定,向集团领导部门提出任用人选,经集团领导部门扩大会议讨论同意,然后发文任命。同时,按照上港集团的公司章程,公司员工的聘用和解聘,由公司总裁决定。宋涛在上港集团生产业务部下设的生产调度室从主管到担任副经理、经理的职务变动,均由其上级部门领导个人提出聘任意见,由人事组织部审核后,由公司总裁在总部机关职工岗位变动审批表上签署同意意见即成,无须经过人事组织部提名、领导部门扩大会议讨论决定的程序。

上海市虹口区人民法院认为,被告人宋涛身为上港集团公司工作人员,利用职务便利,非法收受他人财物,为他人谋取利益,数额巨大,其行为构成非国家工作人员受贿罪。上海市虹口区

人民检察院指控宋涛犯罪的事实清楚,但是指控的罪名不当,应予纠正。宋涛具有自首情节,且在家属帮助下退缴全部赃款,确有悔罪表现,可以减轻处罚并适用缓刑。关于宋涛提出的非国家工作人员的辩解及其辩护人提出的宋涛不构成受贿罪、请求从宽处罚并适用缓刑的辩护意见,有事实及法律依据,应予采纳。据此,依照《中华人民共和国刑法》第一百六十三条第一款,第六十七条第一款,第七十二条第一款、第三款,第六十四条之规定,上海市虹口区人民法院以被告人宋涛犯非国家工作人员受贿罪,判处有期徒刑三年,缓刑四年,并处没收财产人民币三万元;退缴的赃款予以没收。

一审宣判后,被告人宋涛未提起上诉,检察机关亦未抗诉,该判决已发生法律效力。

二、主要问题

如何认定国有控股企业中一般中层管理干部的国家工作人员身份?

三、裁判理由

本案中,上港集团前身为全国有公司,后经改制为国有控股公司。被告人宋涛利用在上港集团担任相应职务的便利,非法收受他人财物,为他人谋取利益,数额巨大,是构成受贿罪还是构成非国家工作人员受贿罪,关键在于其是否具有国家工作人员的身份。

最高人民法院、最高人民检察院2010年12月联合出台的《关于办理国家出资企业中职务犯罪案件具体应用法律若干问题的意见》(以下简称《意见》)除了对传统委派内容和形式进行了细化规定以及对双重身份人员进行解释之外,首次将“代表人员”纳入国家工作人员范畴。根据《意见》第六条第二款的规定,经国家出资企业中负有管理、监督国有资产职责的组织批准或者研究决定,代表其在国有控股、参股公司及其分支机构中从事组织、领导、监督、经营、管理工作的人员,应当认定为国家工作人员。据此,判断被告人宋涛是否具有国家工作人员身份,可以从以下两个方面展开分析:

(一)形式要件:经国家出资企业中负有管理、监督国有资产职责的组织批准或者研究决定

根据《意见》第六条的规定,除受国家机关、国有公司、企业、事业单位委派外,在国有控股、参股公司等国家出资企业中,国家工作人员的认定,需具备负有管理、监督国有资产职责的组织批准或者研究决定的形式要件。对这里的“组织”如何理解,实践中存在不同认识。有观点认为,这里的“组织”不仅包括国家出资企业中的领导部门与联席会,还包括公司股东会、董事会、监事会。这种观点值得商榷。国有控股、参股公司的股东会、董事会、监事会是整个公司的管理、决策和执行机构,代表了包括非国有资产在内的全公司的利益,而非单纯的管理、监督国有资产的组织。《意见》第六条已对刑法的规定有了突破,对其理解应当从严把握,否则将导致国家工作人员认定的宽泛化。我们认为,“负有管理、监督国有资产职责的组织”一般是指上级或者本级国家出资企业领导部门和联席会议。根据有关组织原则,改制后的国家出资企业一般仍设有领导部门,并由本级或者上级领导部门决定人事任免。由其任命并代表其从事公务的人员,应当认定为国家工作人员。而国家出资公司的股东会、董事会、监事会,包括公司的人事组织部门,均不是适格的任命主体。

上港集团中,集团总部部门领导的任命,由集团组织人事部根据相关规定,向集团领导部门提出任用人选,经集团领导部门联席会扩大会议讨论同意,然后发文任命。简言之,该集团中国家工作人员的任命具有人事组织部门提名、领导部门联席会讨论同意这一重要形式。而被告人宋涛在上港集团生产业务部下设的生产调度室从主管到担任副经理、经理的变动,均由其上级部门领导提出聘任意见,由公司人事组织部审核后,由总裁最终批准和决定,而无须经过人事组织部提名、领导部门联席会扩大会议讨论决定的程序。前述股东会、董事会、监事会等都不是负有

管理、监督国有资产职责的组织，总裁更不能认定为上述组织，其对宋涛的任命是基于其代表股份公司行使的总裁职权，而非代表负有管理、监督国有资产职责的组织行使职权。因此，就宋涛而言，其职务的任命并不具有“经国家出资企业中负有管理、监督国有资产职责的组织批准或者研究决定”的形式要件。

（二）实质要件：代表负有管理、监督国有资产职责的组织在国有控股、参股公司及其分支机构中从事组织、领导、监督、经营、管理工作

在对国有控股、参股公司中国家工作人员身份进行认定时，除了需要审查行为人的任命程序，还需要着重核实其所从事的工作性质，看其是否“代表负有管理、监督国有资产职责的组织”，从事“组织、领导、监督、经营、管理工作”。可见，从实质层面而言，将国家出资企业中的“代表人员”认定为国家工作人员，还要求其所从事的工作同时具备以下两大特征：(1)代表性。作为授权方的负有管理、监督国有资产职责的组织，与作为被授权方的国家工作人员，通过批准、研究决定等方式，产生一种委托法律关系。换言之，在国家出资企业中，国家工作人员系代表国有资产的监督、管理组织从事工作，这种代表性是认定国家工作人员身份的首要特征。(2)公务性。在实践认定中，要注意考察公务与职权的关联性。公务首先是管理性的事务，而不是一般的技术性、业务性的活动，与劳务相比其具有明显的管理属性。值得注意的是，在国家出资企业中，公务有公司性的公务和国家性的公务之分，前者是代表公司整体利益的行为，而后者仅是代表国有资产的监督、管理组织进行管理的行为。

实践中，一般做法是，行为人的身份如果符合形式要件，即经国家出资企业中负有管理、监督国有资产职责的组织批准或者研究决定，即使从事的是公司性的公务，也应以国家工作人员从事公务论。因为在国家出资企业中，国家性的公务必然包含在公司性的公务中。比较难处理的是，如果行为人的身份不符合形式要件，但从事本质上属于国家性的公务，是否以国家工作人员从事公务论。我们认为，这种情况较少，如果出现，原则上也应以国家工作人员从事公务论。刑事实体法，对犯罪概念的界定更强调实质原则。强调这一原则的主要考虑是为了防止行为人规避法律。如果行为人实质从事国有资产的监督、管理，仅因为缺少形式要件或者故意使形式要件不成就，就不以国家工作人员从事公务论，则必然助长国家出资企业中的犯罪之风，不利于国有资产的保护。本案中，被告人宋涛的任职，由公司总裁批准任命，但公司总裁行使的批准权，主要体现其代表股份公司行使职权，而非代表国有资产监督、管理部门行使管理职权。因此，宋涛不符合国家工作人员身份认定的一般形式要件特征。宋涛负责上港集团下属港区码头货物装卸、船舶到港、浮吊作业计划、分配、调度和管理，系经股份公司授权代表股份公司利益从事相关活动，具有一定管理属性的工作岗位，属于公司性的公务活动，但不属于专门从事国有资产监督、管理的活动，即不属于国家性的公务。

综上，本案被告人宋涛其职权的变动并未经负有管理、监督国有资产职责的组织批准或者研究决定，其所从事的工作也并非代表上述组织在国家出资企业中从事公务，因此不能认定其为国家工作人员。宋涛利用其负责上港集团下属港区码头货物装卸、船舶到港、浮吊作业计划、分配、调度和管理等职务之便，为他人谋取利益，收受他人贿赂的行为，应当以非国家工作人员受贿罪论处。

（撰稿：上海市虹口区人民法院　张金伟　葛立刚
审编：最高人民法院刑二庭　叶晓颖）

[第960号]高世银非国家工作人员受贿案
——村民委员会主任在村自行修建道路中收受他人贿赂的，如何定性

【关键词】 非国家工作人员受贿罪 村民委员会 其他依照法律从事公务的人员，以国家工作人员论 村民自治

一、基本案情

被告人高世银，男，1955年10月4日出生，原系綦江县永新镇长田村村民委员会主任。2010年10月30日因涉嫌犯受贿罪被逮捕。

重庆市綦江县人民检察院以被告人高世银犯受贿罪，向綦江县人民法院提起公诉。

被告人高世银对指控的事实及罪名无异议，但辩解其系在投案途中被侦查机关抓获，并如实供述了自己的罪行，具有自首情节，提请法庭对其从轻处罚。其辩护人提出，高世银检举他人犯罪，且积极退赃，提请法庭对其从轻或者减轻处罚。

綦江县人民法院经公开审理查明：

2007年12月，綦江县公路建设指挥部规定村级公路建设项目由镇政府组织实施，后又明确村级公路可由村民委员会在镇政府监督指导下自建，县财政对每公里补贴人民币（以下币种同）30万元，不足部分由镇、村自筹。2009年3月，綦江县永新镇镇政府规定，新改建村级公路由各村组织施工，镇政府每公里追加补贴4万元。镇政府为此成立领导小组，负责组织全镇公路建设项目的申报、规划、招投标和组织实施，同时要求各村成立相应领导机构，由村党支部书记任组长、村委会主任任副组长，负责本村公路建设管理协调和公路筹资投劳等工作。

2009年5月，重庆市綦江县永新镇长田村村民委员会召集村民代表会议，决定通过自筹资金、社会募捐和政府补贴，硬化该村“柑木”公路。同年6月5日，时任长田村村民委员会主任的被告人高世银以村民委员会的名义，书面承诺将该工程交给兰文仕承包，兰文仕遂向冯鹰、王斌收取项目转让费20余万元，并于次日给予高世银好处费6万元。同月12日，高世银以长田村村民委员会的名义，与冯鹰、王斌挂靠的重庆斌鑫建筑工程有限公司签订施工合同。但镇政府认为该合同违反签订程序，遂将该工程交给吴某承包。后高世银等人与吴某协商，吴某将工程转让给冯鹰、王斌等。一审期间，高世银退回赃款6万元。此外，高世银在关押期间检举他人非法持有枪支，经查证属实。

綦江县人民法院认为，被告人高世银担任綦江县永新镇长田村村民委员会主任期间，在修建本村公路的村内事务活动中，利用职务之便，非法收受他人6万元，为他人谋取利益，其行为构成非国家工作人员受贿罪。高世银系在接到通知到镇政府后被带至侦查机关，又系在法制教育后才供认罪行，故不构成自首。综合高世银犯罪情节和立功、退赃情节，可以对其从轻处罚。据此，依照《中华人民共和国刑法》第一百六十三条、第六十四条、第六十八条之规定，綦江县人民法院以被告人高世银犯非国家工作人员受贿罪，判处有期徒刑一年二个月。

宣判后，被告人高世银未提起上诉，检察机关亦未抗诉，该判决已发生法律效力。

二、主要问题

村民委员会主任在村自行修建道路中收受他人贿赂的，如何定性？

三、裁判理由

本案在审理过程中，对被告人高世银的行为如何定性形成两种意见：一种意见认为，"柑木"公路硬化工程是有关政府部门依据国家机关的行政管理职能组织实施的，是"政府工程"，不属于公路所在村村内事务。高世银作为长田村村民委员会主任，协助永新镇政府监督、管理和组织实施工程的相关活动，应当以国家工作人员论。另一种意见认为，该工程系在村农民集体土地上进行的公共建设项目，县、镇政府虽然有经费补贴，但该工程建设仍属村民自治范畴的行为，而非政府行为。高世银组织实施"柑木"公路硬化工程，是具体履行村民委员会对村集体事务的自我管理、自我服务职责，不属于"其他依照法律从事公务的人员"。

我们赞同后一种意见。具体理由如下：

（一）经村民代表会议决定，在村集体土地上自行修建道路，属于村民自治范围内的事务

"柑木"公路硬化工程所占土地的性质为农民集体所有土地，而非国有土地。根据《土地管理法》第十条的规定，"农民集体所有的土地依法属于村农民集体所有的，由村集体经济组织或者村民委员会经营、管理"。第八条第二款规定，"农村和城市郊区的土地，除由法律规定属于国家所有的以外，属于农民集体所有"。而国土资源部对在集体所有的土地上修建并管理的道路的权属则作了进一步明确。国土资源部印发的《确定土地所有权和使用权的若干规定》第二十二条规定："乡（镇）或村在集体所有的土地上修建并管理的道路、水利设施用地，分别属于乡（镇）或村农民集体所有。"据此，各级政府在农民集体土地上修建道路等公共设施，只有经法定程序，将农民集体土地转为建设用地，并按标准给予补偿后，才能把农民集体土地转为国有建设用地。本案中，綦江县建设乡村道路，并不是将农村集体土地转为国有建设用地后由有关政府部门组织建设，而是由政府补贴部分资金，在不改变土地性质的前提下，由各村自行修建并负责给予农户相应补偿。所以，綦江县、永新镇两级政府虽然给予了相应的资金补贴，并规定镇政府负责工程的组织实施，以及镇政府或者镇政府指导下的村民委员会为道路建设的责任主体，但均未改变"柑木"公路所占土地的性质为村集体土地。

"柑木"公路硬化工程属于长田村村民自治范围内的事务，建设主体为长田村及村民委员会。关于村民委员会的主体性质、工作职能，《村民委员会组织法》作了十分明确的规定。《村民委员会组织法》第二条规定："村民委员会是村民自我管理、自我教育、自我服务的基层群众性自治组织，实行民主选举、民主决策、民主管理、民主监督。村民委员会办理本村的公共事务和公益事业，调解民间纠纷，协助维护社会治安，向人民政府反映村民的意见、要求和提出建议。"第八条规定："村民委员会依照法律规定，管理本村属于村农民集体所有的土地和其他财产，引导村民合理利用自然资源，保护和改善生态环境。"本案中，"柑木"公路硬化工程，系在村农民集体土地上建设的公共项目，系村民自治范围内的事务，永新镇政府赋予镇公路建设领导小组对全镇公路建设项目的申报、规划、招投标和组织实施的权力，不及于"柑木"公路硬化工程。长田村村民代表会议依法有权决定硬化"柑木"公路，村民委员会具体执行村民代表会议的决定，是合法的修路主体。

（二）被告人高世银不属于"其他依照法律从事公务的人员，以国家工作人员论"的情形

从立法沿革和相关规范性文件的规定来看，村民委员会等村基层组织人员从事村民自治范围内的活动不属于"其他依照法律从事公务的人员"。(1)全国人大常委会法制工作委员会向全国人大常委会所作的《关于〈中华人民共和国刑法〉第九十三条第二款的解释（草案）》的说明中，建议全国人大常委会把《刑法》九十三条第二款解释为"农村村民委员会等基层组织依法……从事村公共事务的管理工作属于依法从事公务，应以国家工作人员论"。但全国人大常委会最终删除了"从事村公共事务的管理工作"，改为"协助人民政府从事下列行政管理工作"。(2)《最高人

民检察院关于贯彻执行〈全国人民代表大会常务委员会关于《中华人民共和国刑法》第九十三条第二款的解释〉的通知》明确指出:“对村民委员会等村基层组织人员从事属于村民自治范围的经营、管理活动不能适用《解释》的规定。”根据上述法律及文件规定,高世银组织、实施“柑木”公路硬化工程建设,属于从事村民自治范围内的事务,不能“以国家工作人员论”。

同时,依据綦江县、永新镇两级政府的相关规定,虽然高世银有协助政府从事指导工程建设及监管政府补贴资金等行政管理工作的责任,但是高世银未利用这种便利,而是利用其代表长田村村民委员会组织、实施“柑木”公路硬化工程建设具有的便利条件收受贿赂,被告人实施犯罪与协助政府工作无关。

综上,只有依法把村农民集体土地转为国有土地,在该土地上修建道路等公共设施才属于公务活动,系“政府工程”。反之,相关建设活动仍然属于村民自治范围内的事务,建设主体为村集体经济组织或者村民委员会。从事村民自治范围经营、管理活动的村民委员会人员,不属于其他依照法律从事公务的人员。如果该类人员利用上述便利条件,非法收受他人财物,为他人谋取利益构成犯罪的,应当以非国家工作人员受贿罪追究刑事责任。

（撰稿:重庆市第五中级人民法院　林　杰
重庆市綦江县人民法院　李春梅
最高人民法院刑一庭　耿　磊
审编:最高人民法院刑一庭　翟　超）

[第1055号]王海洋非国家工作人员受贿、挪用资金案

——如何认定国家出资企业中工作人员的主体身份

【关键词】　非国家工作人员受贿罪　挪用公款罪　非国有公司　国有控股公司　代表性　公务性

一、基本案情

被告人王海洋,男,1981年9月29日出生,原系中国建筑第八工程局有限公司第一建设有限公司(以下简称中建八局第一公司)西客站交通枢纽项目部商务经理。2013年5月9日因涉嫌犯受贿罪被逮捕。

山东省济南市历下区人民检察院以被告人王海洋犯受贿罪、挪用公款罪向历下区人民法院提起公诉。

济南市历下区人民法院经公开审理查明:

(一)受贿事实

中建八局第一公司系国有企业,被告人王海洋在任该公司西客站交通枢纽项目部商务经理期间,利用负责项目工程预、决算签发、审核的职务便利,为分包施工队谋取利益,分别于2011年9月、2012年4月、2013年2月三次收受施工队负责人李忠阳、郭峰好处费共计人民币(以下币种同)27.6万元,据为己有。

(二)挪用公款事实

2011年9月14日,中建八局第一公司会计张娜将公款22万元转入王海洋个人农业银行账

户，由王海洋保管。同年11月10日，王海洋利用保管该部分账外资金的职务便利，将其中147 850.65元用于个人购买农业银行理财产品，进行营利活动，同年12月12日归还，获利约700元。

济南市历下区人民法院认为，被告人王海洋身为国有企业工作人员，利用职务便利，为他人谋取利益，收受他人财物；利用职务便利，挪用公款进行营利活动，数额较大，其行为分别构成受贿罪和挪用公款罪。王海洋到案后如实供述了挪用公款的犯罪事实，依法可以从轻处罚。王海洋家属为其积极退缴全部受贿赃款，依法可以酌情从轻处罚。据此，依照《中华人民共和国刑法》的相关规定，历下区人民法院判决如下：

被告人王海洋犯受贿罪，判处有期徒刑十年六个月；犯挪用公款罪，判处有期徒刑二年；决定执行有期徒刑十一年。扣押在案的赃款人民币二十七万六千元予以没收，上缴国库。

一审宣判后，被告人王海洋不服，向济南市中级人民法院提起上诉。其主要上诉理由是：中建八局第一公司是中建八局公司的全资子公司，中建八局公司又是中国建筑股份有限公司（以下简称中建股份公司）的全资子公司，而中建股份公司2009年7月上市，从国有公司演变为国有资本控股公司，中建八局公司和中建八局第一公司也随之转变为非国有公司。因此，其身份不属于国家工作人员，不具备受贿罪、挪用公款罪的主体要件。

济南市中级人民法院经公开审理查明的上诉人王海洋收受郭峰、李忠阳等人27.6万元贿赂以及挪用本单位资金147 850.65元的事实和证据与一审相同。

济南市中级人民法院另查明，2007年12月，经国务院国资委同意，中国建筑工程总公司（以下简称中建总公司）联合中国石油天然气集团公司、宝钢集团有限公司、中国中化集团公司作为发起人（以上均为国有股东，其中中建总公司持股94%），发起设立中建股份公司。随后，中建总公司决定将中建八局公司100%国有法人股权作为其出资的一部分投入中建股份公司，并与中建股份公司签订了股权转让协议，中建八局公司由此成为中建股份公司独家持股的独资有限公司。2009年7月，中建股份公司在上海证券交易所上市，从2009年至2013年，该公司国有股东持股比例均保持在60%以上。2009年12月，中建股份公司为中建八局公司增资9.65亿元。2010年12月，经中建股份公司同意，中建八局公司收购上诉人王海洋所在单位中建八局第一公司49%的社会法人股及自然人股股权（另51%股权继续由中建八局公司持有）。2011年3月10日，中建八局第一公司工商登记注册变更为中建八局的独资有限公司。

济南市中级人民法院认为，上诉人王海洋身为非国有公司的工作人员，利用职务上的便利，非法收受他人财物，为他人谋取利益，数额巨大；利用职务上的便利，挪用本单位资金归个人使用，进行营利活动，数额较大，其行为构成非国家工作人员受贿罪和挪用资金罪，依法应当数罪并罚。原审认定王海洋的行为构成受贿罪和挪用公款罪有误，应当予以纠正。鉴于王海洋受贿赃款已全部追回，归案后如实供述其挪用资金的事实，对其依法可以从轻处罚。据此，依照《中华人民共和国刑事诉讼法》第二百二十五条第一款第二项、《中华人民共和国刑法》第一百六十三条第一款、第二百七十二条第一款、第六十九条第一款、第六十七条第三款、第六十四条之规定，济南市中级人民法院改判如下：

上诉人王海洋犯非国家工作人员受贿罪，判处有期徒刑六年；犯挪用资金罪，判处有期徒刑一年；决定执行有期徒刑六年六个月。

二、主要问题

如何认定国家出资企业中工作人员的主体身份？

三、裁判理由

本案被告人王海洋的身份是否属于国家工作人员,应当综合以下两个问题进行分析认定:一是王海洋所在单位是否属于刑法意义上的国有公司;二是如果其单位不属于国有公司,王海洋是否属于《最高人民法院、最高人民检察院关于办理国家出资企业中职务犯罪具体应用法律若干问题的意见》(以下简称《国家出资企业意见》)第六条第二款所规定的国家工作人员类型。二审法院在查明有关事实的基础上,遵循上述思路,认定王海洋不具有国家工作人员主体身份,并据此改判。具体理由如下:

(一)被告人所属公司出资股东的性质决定了该公司的性质是非国有公司,由此被告人不是国有公司中从事公务的人员

刑法意义上的国有公司仅指国家出资的国有独资公司,不包含国有资本控股公司、国有资本参股公司等其他类型的国家出资企业。刑法条文中含有"国有公司""非国有公司"的表述,但刑法条文没有对"国有公司""非国有公司"的内涵和外延作出明确规定,对其界定只能依据最高司法机关出台的规范性指导文件。从最高人民法院2001年发布的《关于在国有资本控股、参股的股份有限公司中从事管理工作的人员利用职务便利非法占有本公司财物如何定罪问题的批复》、2003年发布的《全国法院审理经济犯罪案件工作座谈会纪要》、2005年出台的《关于如何认定国有控股、参股股份有限公司中的国有公司、企业人员的解释》等规定来看,刑法意义上的国有公司仅限于国有独资公司,这也是长期刑事司法实践中一贯掌握的标准。"两高"2010年联合出台的《国家出资企业意见》与上述规定一脉相承,在坚持国有公司、企业既定外延的基础上,仅对国家出资企业中"以国家工作人员论"的范围有所突破和扩大。

本案一审之所以认定被告人王海洋所在的中建八局第一公司是国有公司,王海洋的身份是国家工作人员,主要是基于该公司在诉讼阶段出具了一份证明:2010年前该公司的国有法人股占51%,社会法人股占10%,职工股占39%,2010年经上级同意改为国有企业,社会股和职工股资金全部退出。然而问题的关键是,能否仅凭该证明认定中建八局第一公司属于国有公司。我们认为,对公司性质的认定,不能仅凭公司的工商注册登记或者公司自身所做的说明,而应当严格依照《国家出资企业意见》第七条的规定,遵循"谁投资,谁拥有产权"的原则,从公司的实际出资情况进行认定。具体联系本案,从相关文件来看,2011年3月,中建八局第一公司变更为中建八局公司的全资子公司,中建八局公司是中建八局第一公司的唯一股东,因此中建八局公司的国有性质决定了中建八局第一公司的国有性质。然而,从股东实际出资情况来看,中建八局公司后改制为国有控股公司,即非国有公司,从而决定了中建八局第一公司属于国家出资企业,而不属于国有公司。这一过程大致可以划分为两个阶段:(1)中建八局公司原是国有公司中建总公司的全资子公司,2007年12月,该公司的股东即出资人变更为中建股份公司,此时,中建股份公司仍是国有公司,故中建八局公司也是国有公司。(2)2009年7月,中建股份公司在上海证券交易所上市,转变为国有控股公司,由此,中建八局公司因其股东不再是国有独资公司,其在性质上也就不再属于国有公司,而是转变为国有控股公司。相应地,中建八局第一公司的性质也应变为国有控股公司。基于上述分析,可以认定王海洋的身份不属于国有公司中从事公务的人员。

(二)从被告人的任职程序和实际履行的职责来看,被告人不属于《国家出资企业意见》规定的"国家工作人员"

《出资企业意见》第六条将非国有独资的国家出资企业中的国家工作人员分为两种类型:第一种类型与刑法第九十三条第二款对应,属于"委派型"国家工作人员。本案中,被告人王海洋所在公司及上级公司均为国有控股公司,故不属于国有公司委派到非国有公司任职的情形。第二

种类型即"间接委派型"或者"代表型"国家工作人员。《国家出资企业意见》第六条第二款规定："经国家出资企业中负有管理、监督国有资产职责的组织批准或者研究决定，代表其在国有控股、参股公司及其分支机构中从事组织、领导、监督、经营、管理工作的人员，应当认定为国家工作人员。"根据该规定，对于国家出资企业中的工作人员是否属于"国家工作人员"，应当从以下两个方面进行认定：一是形式要件，即经国家出资企业中负有管理、监督国有资产职责的组织批准或者研究决定。这里的"组织"主要是指上级或者本级国家出资企业内部的党委、党政联席会。二是实质要件，即代表负有管理、监督国有资产职责的组织在国有控股、参股公司及其分支机构中从事组织、领导、监督、经营、管理工作，实质要件具有"代表性"和"公务性"两个特征。在判断层次上，对于形式要件、实质要件的判断分别属于形式判断和实质判断，首先要进行形式判断，形式判断是进行实质判断的重要前提和依据。

本案中，被告人王海洋任职本公司西客站交通枢纽项目部商务经理是经本公司总经理办公会研究决定任命，并非经国家出资企业中负有管理、监督国有资产职责的组织批准或者研究决定任命。

综上，本案被告人王海洋不是国家工作人员，其利用职务之便，为他人谋取利益，收受他人贿赂的行为以及挪用本单位资金的行为，不构成受贿罪和挪用公款罪，应当以非国家工作人员受贿罪和挪用资金罪论处。

（撰稿：山东省济南市中级人民法院　张威力　李洪川
审编：最高人民法院刑二庭　逄锦温）

［第1136号］张建军、刘祥伟对非国家工作人员行贿案

——在国有建设用地使用权挂牌出让过程中串通竞买的行为应如何定性

【关键词】 对非国家工作人员行贿罪　串通　挂牌竞买　国有建设用地使用权出让　罪刑法定　共同犯罪

一、基本案情

被告人张建军，男，1962年2月8日出生。2010年2月12日因涉嫌犯串通投标罪被逮捕。

被告人刘祥伟，男，1969年10月5日出生。2010年8月24日因涉嫌犯诈骗罪被逮捕。

安徽省濉溪县人民检察院以被告人张建军犯对非国家工作人员行贿罪、串通投标罪、诈骗罪、破坏监管秩序罪，以被告人刘祥伟犯对非国家工作人员行贿罪、串通投标罪、诈骗罪，向濉溪县人民法院提起公诉。

被告人张建军及其辩护人对公诉机关指控张建军串通投标的事实不持异议，但辩称不构成串通投标罪；张建军的辩护人另提出张建军的行为不符合对非国家工作人员行贿罪、诈骗罪和破坏监管秩序罪的构成要件，应对其宣告无罪。被告人刘祥伟对指控事实及罪名均无异议。

濉溪县人民法院经公开审理查明：

2009年11月19日至30日，经濉溪县人民政府批准，濉溪县国土资源局挂牌出让濉国土挂(2009)023号地块国有建设用地使用权。安徽通和煤炭检测有限公司法定代表人杨坤（另案处

理，已判刑）借用淮北圣火房地产开发有限责任公司（以下简称圣火公司）名义申请参加该宗土地使用权挂牌出让竞买活动，山东日照利华房地产开发有限公司（以下简称日照利华公司）、淮北春盛公司（以下简称春盛公司）、淮北国利房地产开发有限公司（以下简称国利公司）、淮北金沙纺织服装有限公司（以下简称金沙公司）均报名获得竞买资格。同年 11 月 29 日，杨坤与无业人员被告人张建军商议，以承诺给付补偿金的方式，让其他竞买人放弃竞买。当日，张建军在淮北市“爵士岛”茶楼先后与其他竞买人商谈，春盛公司副经理马大中同意接受 200 万元退出；金沙公司法人代表邵春海、国利公司皇孝利（其妻系该公司法人代表）均同意接受 250 万元退出。日照利华公司提出接受 500 万元退出，杨坤向张建军表示最多给付 450 万元让日照利华公司退出。张建军即通过被告人刘祥伟与日照利华公司商谈，日照利华公司同意接受 300 万元退出竞买。此后，张建军仍告知杨坤日照利华公司同意 450 万元退出。次日，在濉溪县国土局 023 号地块竞买现场，按照杨坤的安排，日照利华公司、春盛公司均未举牌竞价，金沙公司邵志潮以 8 100 万元的价格举牌竞价一次，杨坤以 8 200 万元举牌竞价一次，杨坤的朋友张峰持国利公司皇孝利的号牌以 8 300 万元举牌竞价一次，杨坤与皇孝利又分别加价 100 万元各举牌一次，最终杨坤以 8 600 万元（保留底价 8 500 万元）竞买成功。后张建军、刘祥伟伙同杨坤共付给参与竞买的其他公司相关人员贿赂 840 万元。其间，张建军、刘祥伟采取多报支出等方式，侵吞违法所得共计 355 万元。案发后，刘祥伟向公安机关退缴违法所得 130 万元。

另查明：被告人张建军于 2010 年 1 月 8 日因本案被羁押于濉溪县看守所期间，多次实施或指使他人殴打同监室在押人员，组织同监室人员绝食，并于开庭前指使他人自杀、袭警，然后由其实施抢救、制止，以骗取立功，严重破坏监管秩序。

濉溪县人民法院认为，被告人张建军、刘祥伟伙同他人在国有建设用地使用权挂牌出让过程中，贿买参与竞买的其他公司的负责人放弃竞买，共计行贿 840 万元，数额巨大，其行为均已构成对非国家工作人员行贿罪。张建军、刘祥伟采取行贿方式串通竞买，使杨坤以低价获得国有建设用地使用权，该行为不符合串通投标罪的犯罪构成要件；指控张建军构成诈骗罪的证据不足；张建军虽有破坏监管秩序的行为，但其不属于依法被关押的罪犯，故不构成破坏监管秩序罪。在共同行贿犯罪中，张建军参与预谋并积极实施，起主要作用，系主犯，应按照其参与的全部犯罪处罚；刘祥伟帮助联络、磋商，起次要作用，系从犯，且已退缴赃款，有悔罪表现，可从轻处罚。根据刘祥伟的犯罪情节及悔罪表现，没有再犯罪的危险，宣告缓刑对所居住社区没有重大不良影响，予以宣告缓刑。依照《中华人民共和国刑法》第一百六十四条第一款，第二十五条第一款，第二十六条第一款、第四款，第二十七条第一款、第二款，第六十四条，第七十二条第一款之规定，判决如下：

1. 被告人张建军犯对非国家工作人员行贿罪，判处有期徒刑六年，并处罚金人民币六百万元；

2. 被告人刘祥伟犯对非国家工作人员行贿罪，判处有期徒刑三年，缓刑四年，并处罚金人民币五十万元。

宣判后，被告人张建军以一审判决对其量刑过重为由，向淮北市中级人民法院提出上诉。其辩护人提出：本案属于单位犯罪，张建军在被追诉前主动交待了行贿行为，请求法院对其自由刑从轻处罚，对财产刑减轻处罚。

淮北市中级人民法院经依法审理，认为原判定罪准确，量刑适当，裁定驳回上诉，维持原判。

二、主要问题

在国有建设用地使用权挂牌出让过程中，通过贿赂指使参与竞买的其他人放弃竞买、串通报价，最终使请托人竞买成功的，应如何定性？

三、裁判理由

本案审理过程中，对被告人张建军、刘祥伟通过贿赂指使参与竞买的其他人放弃竞买、串通报价，使请托人杨坤竞买成功的行为如何定性，存在不同意见：

第一种意见认为，二被告人的共同犯罪部分，仅构成串通投标罪一罪。理由是，挂牌出让系国土资源部《招标拍卖挂牌出让国有建设用地使用权规定》（以下简称《规定》）规定的国有建设用地出让的重要形式。虽然挂牌和招标在设置目的、运作形式等方面有很多不同点，在目前尚未出台相关法律对该制度予以规制的情况下，挂牌制度的操作也是参照招标进行的。本案中，被告人张建军、刘祥伟在国有建设用地使用权挂牌出让过程中，通过贿买参与竞买的其他公司的负责人的方法，指使其他公司负责人串通报价，放弃竞拍，使杨坤以低价获得国有建设用地使用权，其行为均构成串通投标罪。二被告人受杨坤指使向其他竞买人行贿，该行为属于前行为，是串通投标整体行为中的一部分，不应单独定罪。因此，二被告人的行为不构成对非国家工作人员行贿罪。

第二种意见认为，被告人张建军、刘祥伟受杨坤之托，在国有建设用地使用权挂牌出让过程中，向参与竞买的其他公司的负责人行贿，数额特别巨大，指使其串通报价，放弃竞拍，使杨坤以低价获得国有建设用地使用权，其行为同时构成对非国家工作人员行贿罪和串通投标罪。

第三种意见认为，对二被告人的共同犯罪部分应以对非国家工作人员行贿罪一罪定罪。从刑法规定来看，尚没有对挂牌竞买人相互串通，情节严重，追究刑事责任的规定，也无相关司法解释。本案中，二被告人为达到让几家竞买企业串通报价，从而使请托人杨坤顺利竞买成功的目的，采取了行贿的手段，该手段行为显然触犯了刑法的规定，构成对非国家工作人员行贿罪。

我们同意第三种意见，即被告人张建军、刘祥伟的行为构成对非国家工作人员行贿罪。具体理由如下：

第一，挂牌竞买不能等同于招投标。招标与挂牌均系国有建设用地使用权出让的重要形式，国土资源部《规定》对此予以明确并加以区别，按照《规定》及《中华人民共和国招标投标法》的规定，招标的主要程序为：公开招标或邀请招标—投标（仅有一次竞买机会）—开标—评标—中标（发出中标通知书，招标人可否决所有投标）。招投标作为市场经济条件下一种常用的竞争方式，在我国建筑工程等领域普遍推行。《规定》第二条第四款规定，“挂牌出让国有建设用地使用权，是指出让人发布挂牌公告，按公告规定的期限将拟出让宗地的交易条件在指定的土地交易场所挂牌公布，接受竞买人的报价申请并更新挂牌价格，根据挂牌期限截止时的出价结果或者现场竞价结果确定国有建设用地使用权人的行为”，其主要程序为：出让人挂牌公告—竞买人挂牌报价—更新挂牌价（竞买人可反复更新报价，有多次竞买机会）—确定竞得人（签订成交确认书，出让人无权否决最高挂牌人）。挂牌制度脱胎于拍卖制度，但又不同于拍卖制度，该制度有一个挂牌报价、更新报价的前置程序，而且不必然进入公开竞买程序（该程序类似于拍卖程序）。目前，挂牌出让仅发生于建设用地流通领域，在适用范围、操作程序、出让人否决权等方面与招投标程序有显著的区别。因此，挂牌竞买与招投标无论是在字面上还是实质程序上均存在差别，不能等同。

第二，法律没有明文规定为犯罪的，不能类推定罪。刑法第二百二十三条的规定：“投标人相互串通投标报价，损害招标人或其他投标人利益，情节严重的，处三年以下有期徒刑或者拘役，并处或者单处罚金。投标人与招标人串通投标，损害国家、集体、公民的合法利益的，依照前款的规定处罚。”从文义解释的角度，挂牌竞买显然不能等同于招投标。

有一种观点认为，可以忽略二者文义上的差别，从实质危害性相当的角度对串通投标罪中的招投标进行合目的的扩张解释。具体言之，该观点认为挂牌出让是在总结国有建设用地使用权拍卖和招投标实践基础上的创新，具备招投标的主要特点，同时融入了拍卖制度的某些有益成分；从危害性来看，串通竞买与串通投标均是采取串通方式消除或减少公平竞争，损害出让人或招标人利益，由串通者分享，故将挂牌出让过程中的串通竞买行为解释为串通投标，符合立法本意。

对此，我们持否定意见。刑法第二百二十三条的规定显然将串通投标罪限定在招投标领域。罪刑法定原则是刑法的基本原则，刑法的扩张解释的适用在部分条款中虽不可避免，但应该遵循基本的文义解释规则。换言之，对法律概念进行扩张解释不能远远超出概念的核心含义，解释结论要在一般公民的预测可能性范围之内。否则，抛开概念的基本语义，完全从处罚必要性的角度进行扩张解释，容易滑向类推适用的境地。挂牌出让固然与招投标有相似之处，但二者无论是在概念文义，还是适用范围、操作程序、出让人否决权等方面都存在显著差异，二者的差异性远大于相似性。尽管从实质上看，挂牌出让中的串通竞买行为也具有社会危害性，但在刑法明确将串通投标罪的犯罪主体界定为投标人、招标人的情况下，客观上已不存在将挂牌出让解释为招投标从而予以定罪的空间。

第三，数个关联行为存在牵连关系，但只有其中某一行为构成犯罪的，可以该行为触犯的罪名对被告人定罪处罚。本案中，二被告人实施了一系列的关联行为，其中包括：接受杨坤的请托向其他竞买人行贿；指使其他竞买人放弃竞买或串通报价；直接占有请托人给付的部分行贿款项等。二被告人实施的上述系列行为，存在手段行为与目的行为间的牵连关系。二被告人指使其他竞买人放弃竞买或串通报价是目的行为，向其他竞买人行贿是手段行为，但鉴于目的行为不构成犯罪，而实施的行贿行为显然触犯了刑法的规定，已构成对非国家工作人员行贿罪，依法予以认定是正确的。

关于本案中诈骗罪的指控。杨坤作为串通竞买的主谋和主要受益者，系本案对非国家工作人员行贿罪的共犯，根据审理查明的事实，被告人张建军受杨坤之托与竞买人交涉，协商支付款项等事宜，在这一过程中向杨坤虚报了部分支出，但总体尚在杨坤授权的事项范围内，且杨坤对张建军可能从中非法占有部分款项持听之任之的默认态度。张建军所实施的行为确有一定背信性质，但认定其故意捏造事实、隐瞒真相以达到非法占有目的的证据并非特别充足。故一、二审法院对公诉机关的指控未予支持。

关于被告人张建军在看守所羁押期间破坏监管秩序的行为，我们认为不构成破坏监管秩序罪，主要理由是：张建军不符合该罪的主体要件。刑法第三百一十五条明确规定破坏监管秩序罪的犯罪主体为罪犯；第三百一十六条脱逃罪的犯罪主体则规定为罪犯、被告人、犯罪嫌疑人。两相对比，显然可以得出罪犯即被生效法律文书确定为构成犯罪的人，而不包括犯罪嫌疑人、被告人。张建军在被羁押的看守所实施不服管教、绝食、指使他人自杀、袭警等行为时，尚未被确定为罪犯，属于未决犯，不属于依法被关押的罪犯。因此，张建军不符合破坏监管秩序罪的主体要件。

需要指出的是，本案的审理也反映出几个值得重视的法律完善问题：一是国有建设用地使用权挂牌出让、拍卖活动中串通竞买的行为与招投标过程中串通投标行为，均是采取串通方式消除或者减少公平竞争，从而损害出让人、拍卖人、招标人利益，破坏市场公平竞争秩序的行为，两者侵害的法益及社会危害性相当，但刑法仅对串通投标行为进行规制，对出让和拍卖活动中的串通竞买行为亟待完善相关法律规定。二是刑法所规定的对单位行贿罪中的“单位”仅限于国有单位，在当前经济往来中，作为市场主体的非国有单位既可能是商业行贿的主体，也完全可能成为商业受贿的主体,但类似本案,目前只能以对非国家工作人员行贿罪定罪处罚,回避了实践中存在的非国有单位受贿行为的法律评价。三是刑法将破坏监管秩序罪的主体限定为罪犯,但是,在看守所羁押的未决犯,完全可能实施类似本案被告人张建军破坏监管秩序的行为。且实践中,一些犯罪嫌疑人、被告人,特别是拟判处并复核死刑的被告人长期羁押,实施破坏看守所监管秩序的行为,具有相当严重的社会危害性,但刑事定罪依据不足,立法上确需引起重视并予以完善。

(撰稿:安徽省高级人民法院 张 俊 黄 浩
审编:最高人民法院刑一庭 杜国强)

[第1206号]林垦、金敏隐匿会计凭证、会计账簿、财务会计报告,非法持有枪支、弹药案

——未实施对抗监管部门监督检查的"隐匿"行为是否构成隐匿会计凭证、会计账簿、财务会计报告罪

【关键词】 隐藏会计凭证、会计账簿、财务会计报告罪 非法持有枪支、弹药罪 行政犯 "隐匿"行为 逃避监管部门检查

一、基本案情

被告人林垦,男,1955年10月1日出生,中国台湾籍,兰州正林农垦食品有限公司(以下简称兰州正林公司)董事长。

被告人金敏,女,1972年2月5日出生,兰州正林公司文档专员。

甘肃省兰州市城关区人民检察院指控:2009年2月28日,受被告人林垦指派,被告人金敏将兰州正林公司的财务账册、凭证、统计报表等会计凭证计37本526份,雇用车辆转移至河南省郑州正林公司藏匿。经鉴定,被隐匿的37本526份财务账册、凭证、统计报表涉案金额共计9 942.840 981万元。案发后,上述被隐匿的财务账册、凭证及统计报表被全部追回。另外,被告人林垦还实施了非法持有猎枪、猎枪弹、步枪弹等枪支、弹药的行为。

公诉机关认为,被告人林垦故意隐匿会计凭证、会计账簿、财务会计报告,非法持有枪支、弹药,应以隐匿会计凭证、会计账簿、财务会计报告罪和非法持有枪支、弹药罪追究其刑事责任;被告人金敏隐匿会计凭证、会计账簿、财务会计报告,应以隐匿会计凭证、会计账簿、财务会计报告罪追究其刑事责任。林垦案发后主动投案,如实供述自己的罪行,有自首情节,提请法院依法判处。

被告人林垦辩解称:(1)自己的行为不构成隐匿会计凭证、会计账簿、财务会计报告罪,其作为兰州正林公司唯一出资人,有权决定公司的内部事务,公诉机关指控的事实虽然存在,但运往郑州正林公司的是出入库单,不是会计账册,转运的原因是进行公司每年度的业务对账,不存在隐匿的行为。(2)其只见过部分猎枪弹,实际持有的子弹数量没有检察机关指控的那么多。

被告人林垦的辩护人提出:(1)林垦主观上没有隐匿的故意,客观上没有实施隐匿的行为,不构成隐匿会计凭证、会计账簿、财务会计报告罪。(2)指控林垦持有枪支、弹药的数量不准确,且涉案枪支入库后没有使用过,未造成社会危害,应从轻处罚。

被告人金敏对指控的事实没有异议,但提出系受被告人林垦委托处理公司内部事务,其行为不构成犯罪。

被告人金敏的辩护人提出：被告人林垦是兰州正林公司唯一的法定出资人，有权决定该公司的一切事务，金敏受林垦委派转运出入库单是为了理清账目，主观上没有隐匿账册的故意，且转运行为均在兰州正林公司和郑州正林公司相关人员的管理和控制之下，客观上没有隐匿的行为，没有危害国家对公司、企业的财会管理制度，且没有造成任何后果，其行为不构成犯罪。

甘肃省兰州市城关区人民法院经公开审理查明：1991 年 7 月 10 日，被告人林垦成立台商独资企业兰州正林公司，并任董事长。1993 年 5 月 20 日，兰州正林公司增加郭耀鹏、陈昭荣、褚慧玉、石壁真为股东。2007 年 8 月 23 日，全体股东召开董事会，决定林垦任期届满，由郭耀鹏担任董事长，后林垦不履行董事会决议，兰州正林公司向兰州市中级人民法院提起诉讼。2008 年 5 月 8 日，兰州市中级人民法院作出民事判决，确认兰州正林公司 2007 年 8 月 23 日形成的"林垦任期已满，经全体股东表决，决定由董事郭耀鹏任董事长"的董事会决议为有效决议，林垦应履行义务，移交相关手续，并向省工商局发出协助执行通知书。2009 年 2 月 28 日，林垦指派被告人金敏召集兰州正林公司财务及相关人员，将该公司财务账册、凭证及各部门的统计报表等资料，雇用车辆转移至郑州正林公司。经鉴定，被转移的会计凭证计 37 本 526 份，涉及金额计 9 942.840 981 万元。同年 3 月 1 日，兰州正林公司向公安机关报案，3 月 11 日，林垦、金敏安排人员将上述资料拉往正林公司石家庄分公司，3 月 24 日将资料重新运回郑州正林公司，次日兰州警方到达郑州，责令将上述资料运回兰州。案发后，有关资料被全部追回。公安机关对兰州正林公司搜查时还从相关场所查获了林垦私藏的枪支、弹药。

兰州市城关区人民法院认为，隐匿会计凭证、会计账簿、财务会计报告罪属于行政犯，应当以行为人是否为了逃避有关监督检查部门依法实施的监督检查作为是否构成犯罪的判断标准。本案中，被告人林垦为了争夺兰州正林公司的控制权，要求被告人金敏将公司会计资料等运往与兰州正林公司有关联关系的郑州正林公司等处，不存在司法机关、行政机关或者有关主管部门进行监督检查或要求提供会计账册的情况。林垦作为兰州正林公司的法定出资人，有权委托金敏处理公司事务，且转运会计资料的整个过程并未脱离兰州正林公司的控制。由于林垦、金敏没有逃避有关监督检查部门的主观故意，客观上没有实施隐匿的行为，故二被告人的行为不构成隐匿会计凭证、会计账簿、财务会计报告罪。被告人林垦犯非法持有枪支、弹药罪，但公诉机关指控的涉案枪支、弹药数量有误，应予纠正。依据《中华人民共和国刑法》第一百二十八条第一款、第六十七条第一款、第七十二条、第六十四条，《中华人民共和国刑事诉讼法》第一百九十五条第二项之规定，以非法持有枪支、弹药罪，判处被告人林垦有期徒刑一年，缓刑一年；被告人金敏无罪。

一审宣判后，被告人林垦、金敏未提出上诉，检察机关未提出抗诉，判决已发生法律效力。

二、主要问题

未实施对抗监管部门监督检查的"隐匿"行为是否构成隐匿会计凭证、会计账簿、财务会计报告罪？

三、裁判理由

对于本案中被告人林垦为争夺兰州正林公司控制权，要求被告人金敏将公司会计资料等运往郑州关联公司等处的行为应如何定性，在审理过程中有两种不同意见：

第一种意见认为，二被告人的行为构成隐匿会计凭证、会计账簿、财务会计报告罪。理由是：被告人林垦不履行兰州正林公司董事会关于其任期届满由他人接任董事长的决议，在兰州正林公司向法院提起诉讼并获胜后拒不配合履行，不移交公司财务资料，并在公司其他股东和管理层不知情的情况下，私自安排被告人金敏将财务资料转运他处，后在公安机关干预下才将资料运回，有隐匿的主观故意和客观行为，二被告人的行为构成隐匿会计凭证、会计账簿、财务会计报告罪，林垦为指使者，系主犯，金敏系从犯。

第二种意见认为，二被告人的行为不构成隐匿会计凭证、会计账簿、财务会计报告罪。理由是：二被告人客观上没有实施隐匿的行为，主观上没有隐匿的故意，实质上也未造成社会危害。案发时，兰州正林公司的法定代表人虽已变更为郭耀鹏，但公司登记备案材料显示林垦仍然是公司唯一的法定出资人，应有权决定公司的内部事务，有权委托金敏等人转运账册，且涉案的会计材料从兰州正林公司整理封存装车到运往郑州正林公司，再从郑州正林公司运回兰州正林公司，转运全程并未实质脱离兰州正林公司相关人员的控制，亦不存在监管部门进行监督检查或要求提供会计账册的情况。本案中，林垦、金敏指使他人转运会计资料的行为，是因公司内部股东之间为争夺公司控制权而引发，是为郭耀鹏接手公司制造障碍，保障自己在公司利益的一种自救措施，被告人主观上并非为了掩盖违法犯罪的事实，缺乏隐匿会计材料以对抗监管的故意。

我们同意第二种意见，具体理由如下：

隐匿会计凭证、会计账簿、财务报告罪是1999年12月《中华人民共和国刑法修正案》增设的罪名，作为刑法第一百六十二条之一，规定："隐匿或者故意销毁依法应当保存的会计凭证、会计帐簿、财务会计报告，情节严重的，处五年以下有期徒刑或者拘役，并处或者单处二万元以上二十万元以下罚金。单位犯前款罪的，对单位判处罚金，并对其直接负责的主管人员和其他直接责任人员，依照前款的规定处罚。"关于本罪的追诉标准，《最高人民检察院、公安部关于公安机关管辖的刑事案件立案追诉标准的规定（二）》第八条规定："隐匿或者故意销毁依法应当保存的会计凭证、会计账簿、财务会计报告，涉嫌下列情形之一的，应予立案追诉：（一）隐匿、故意销毁的会计凭证、会计账簿、财务会计报告涉及金额在五十万元以上的；（二）依法应当向司法机关、行政机关、有关主管部门等提供而隐匿、故意销毁或者拒不交出会计凭证、会计账簿、财务会计报告的；（三）其他情节严重的情形。"本案会计凭证等涉及的金额高达9 000余万元，远远超过了隐匿会计凭证、会计账簿、财务会计报告罪50万元的立案追诉标准。认定本案的关键在于，二被告人是否具有实施"隐匿"会计凭证、会计账簿、财务会计报告的主观故意和客观行为。

对于何为"隐匿"，刑法未作具体规定，目前也无司法解释涉及。从会计法规定的角度，可以窥见刑法设立该罪名的目的。会计法第三十五条规定："各单位必须依照有关法律、行政法规的规定，接受有关监督检查部门依法实施的监督检查，如实提供会计凭证、会计帐簿、财务会计报告和其他会计资料以及有关情况，不得拒绝、隐匿、谎报。"也就是说，为了逃避有关监督检查部门依法实施的监督检查而实施的隐匿，才可能构成会计法意义上的"隐匿"。由于隐匿会计凭证、会计账簿、财务报告罪属于行政犯而非自然犯，刑法规定的该罪中的"隐匿"宜参照有关行政法来理解。会计法规定的隐匿会计凭证、会计账簿、财务报告的目的，应当成为评价某一隐匿行为是否能够进入刑事处罚领域的依据。因而，评价某一行为是否构成隐匿会计凭证、会计账簿、财务报告罪，首先需要判断行为人所实施的隐匿行为是否为了逃避有关监督检查部门依法实施的监督检查。

本案中，被告人林垦之所以要求被告人金敏安排公司人员将本公司的会计资料运往郑州关联公司，是因为公司内部股东之间正在争夺公司控制权，二被告人实施转运会计资料行为期间不存在司法机关、行政机关或有关主管部门进行监督、检查或要求提供会计账册的情况。实际上，涉案会计材料所运之地并非与兰州正林公司没有任何关系，而是与兰州正林公司有关联关系的郑州正林公司以及兰州正林公司的石家庄分公司等，恰恰也印证了其转运并非为了逃避主管部门的监督检查。换言之，本案二被告人不具有刑法意义上的隐匿会计凭证、会计账簿、财务报告所要求的主观故意。

从客观方面来看，二被告人安排实施转运会计凭证等资料的行为之时，兰州市中级人民法院民事判决[(2007)兰法民三初字第97号]已生效并确认兰州正林公司的董事长为郭耀鹏。根据兰州市中级人民法院的该民事判决，林垦在安排转运涉案材料时已非兰州正林公司董事长、法定代表人。但相关主管部门的登记备案材料显示，林垦始终是正林公司唯一的法定出资人。也就是说，至案发林垦都是兰州正林公司唯一、合法的控制人，应认为其有权决定兰州正林公司的内部事务，包括委托金敏等人转运账册等，且本案涉案的会计材料整个转运过程也未脱离兰州正林公司的实际控制，不存在隐匿的客观事实。故不能认定被告人林垦、金敏实施了隐匿会计凭证、会计账簿、财务会计报告的行为。

综上，被告人林垦、金敏主观上没有为逃避有关主管部门的监督检查而隐匿会计凭证等资料的故意，客观上也没有实施隐匿的行为，故二被告人的行为不构成隐匿会计凭证、会计账簿、财务会计报告罪，原判的认定是正确的。

(撰稿：最高人民法院刑二庭　郭　慧　初立秀
　　　甘肃省兰州市城关区人民法院刑事审判庭　宫伟宸
审编：最高人民法院刑二庭　韩维中)

[第1207号]周根强、朱江华非国家工作人员受贿案

——如何认定行政管理职权转委托情形下受托方的滥用职权及收受财物行为

【关键词】　非国家工作人员受贿罪　行政管理职权转委托　国家机关工作人员滥用职权罪　委托管理、经营国有财产的人员　法律拟制

一、基本案情

被告人周根强，男，1950年8月5日出生。因涉嫌犯滥用职权罪、受贿罪于2014年11月19日被取保候审，2016年6月13日被逮捕。

被告人朱江华，男，1956年9月18日出生。因涉嫌犯滥用职权罪、受贿罪于2015年3月25日被取保候审，2016年6月13日被逮捕。

上海市黄浦区人民检察院以被告人周根强、朱江华犯滥用职权罪、受贿罪，向上海市黄浦区人民法院提起公诉。

上海市黄浦区人民法院经审理查明：

上海南外滩集团房产前期开发有限公司(以下简称前期公司)系国有公司。2007年8月至2008年1月间，前期公司受上海市市政工程管理处委托，负责上海市西藏路道路改建工程2期一标段所涉周边房屋拆迁工作。周根强、朱江华分别受前期公司委托，担任该标段动迁项目总经理和经理。其间，周根强、朱江华二人在明知西藏南路265弄1号底层后客堂、西藏南路265弄1号底层中客堂、西藏南路277弄9号底层灶间及桃源路65号底层前客堂均处于空户状态，动迁安置补偿款应归上海南外滩房产(集团)有限公司(以下简称南房集团)所有的情况下，接受上海北门物业管理公司(以下简称北门物业)总经理陈明德、办公室负责人丁开虹(均已另案处理)的请托，共同利用审批审核动迁安置费用等职务便利，按照陈明德、丁开虹提供的涉案房屋虚假用户

材料，违规审批内容虚假的拆迁安置签报、居民动迁安置用款申请表等相关材料，使陈明德、丁开虹等人冒领涉案房屋的拆迁补偿款得以成功，导致国家财产计人民币1 384 130元(以下币种均为人民币)遭受损失。

周根强、朱江华利用上述职务便利，在违规审批之前分别收受陈明德、丁开虹给予的“好处费”各10 000元。事成之后，陈明德、丁开虹又将198 000元按周根强要求，转入朱江华个人账户，其中28 000元被朱江华花用。

上海市黄浦区人民法院认为，周根强、朱江华系受国家机关委托从事公务的人员，在履行国家机关职权的过程中，滥用职权致使公共财产遭受重大损失，其行为构成滥用职权罪；被告人周根强、朱江华在行使上述职权过程中，利用职务上的便利，非法收受他人财物，为他人谋取利益，数额巨大，其行为构成受贿罪；周根强、朱江华均在判决宣告前一人犯数罪，应当数罪并罚。鉴于周根强、朱江华能如实供述且退赔了全部赃款，可以依法分别从轻和酌情从宽处罚。据此，依照《中华人民共和国刑法》第三百九十七条、第三百八十五条第一款、第三百八十六条、第三百八十三条第一款第二项、第六十九条、第二十五条第一款、第六十七条第三款、第六十四条及《最高人民法院、最高人民检察院关于办理贪污贿赂刑事案件适用法律若干问题的解释》第二条之规定，以滥用职权罪判处被告人周根强有期徒刑一年六个月，以受贿罪判处周根强有期徒刑三年，并处罚金人民币二十万元，决定执行有期徒刑三年六个月，并处罚金人民币二十万元；以滥用职权罪判处被告人朱江华有期徒刑一年三个月，以受贿罪判处朱江华有期徒刑三年，并处罚金人民币二十二万元，决定执行有期徒刑三年三个月，并处罚金人民币二十二万元；违法所得予以追缴。

一审判决后，被告人周根强、朱江华均不服，向上海市第二中级人民法院提出上诉。

周根强上诉提出，其不具有国家工作人员身份，收受他人钱款的行为构成非国家工作人员受贿罪，且不构成滥用职权罪。周根强的辩护人进一步提出，周根强未接受国家机关委托，也未从事公务，故其不具有滥用职权罪的主体资格，周根强所在的上海更强房产服务有限公司(以下简称更强公司)与前期公司存在劳务委托关系，退一步说，周根强即使构成滥用职权罪也超过了追诉时效；周根强也不具有受贿犯罪的主体资格，未分得钱款，且具有自首情节，请求二审法院依法判决，并对其适用缓刑。

朱江华上诉提出，其按照正常程序办理，不符合滥用职权罪的主体身份，也未参与受贿。朱江华的辩护人进一步提出，朱江华为更强公司打工，原审认定的受贿19.8万元，系更强公司支付朱江华的劳务费，请求二审法院改判朱江华无罪。

上海市人民检察院第二分院认为，原审法院判决认定上诉人周根强、朱江华犯滥用职权罪、受贿罪正确。周根强不符合自首的条件。至于滥用职权罪是否已过追诉时效，应依法裁判。

上海市第二中级人民法院经审理确认了原判认定的事实，并进一步查明：2007年8月至2008年1月间，国有公司前期公司受上海市市政工程管理处委托，负责本市西藏路道路改建工程2期一标段所涉周边房屋拆迁工作。前期公司与周根强、朱江华所在的更强公司签订《委托实施拆迁劳务协议》《委托动拆迁劳务费结算协议》，委托更强公司以前期公司动迁二部的名义实施西藏路道路拆迁的具体工作，并支付劳务费用。后周根强、朱江华受前期公司负责人口头任命，分别以前期公司动迁二部总经理、经理的名义，具体负责动拆迁工作。黄浦区动迁指挥部将动迁款分成安置费和劳务费两部分下拨到前期公司，被动迁户的安置费根据周根强、朱江华提供的清册，二人在安置审批表上签字，由前期公司审核后直接支付到具体动迁户的专用存折里。其间，周根强、朱江华明知涉案房屋系空户状态，仍受他人请托，违规审批他人提供的虚假材料，使拆迁补偿款被冒领，致使公共财产遭受138万余元的损失。周根强、朱江华以此共同收受他人给予的“好处费”共计21.8万元。

上海市第二中级人民法院认为,周根强、朱江华作为公司、企业的工作人员,利用职务上的便利,非法收受他人财物,为他人谋取利益,数额较大,其行为均已构成非国家工作人员受贿罪。国有公司前期公司与非国有公司更强公司之间的委托关系仅存续于拆迁项目的运作中,周根强、朱江华属于受合同委托在特定时间段内从事特定事务,此后即无相关权限,周、朱二人仍系更强公司的工作人员,而非前期公司的工作人员,故二人不符合受贿罪的主体要件;周根强、朱江华工作职能的依据系前期公司与更强公司之间的委托协议及前期公司管理人员的口头委托,并非依法或受国家机关委托进行工作,故二人亦不符合滥用职权罪的主体要件。据此,依照《中华人民共和国刑事诉讼法》第二百二十五条第一款第二项,《中华人民共和国刑法》第一百六十三条第一款、第二十五条第一款、第六十七条第三款、第六十四条之规定,以非国家工作人员受贿罪,分别改判周根强、朱江华有期徒刑一年六个月。

二、主要问题

受国家机关委托行使行政管理职权的公司将相关职权再次委托给其他人员,相关人员的滥用职权行为和收受财物行为如何认定?

三、裁判理由

本案在审理中对于周根强、朱江华的主体身份认定及行为定性,存在以下三种观点:

第一种观点认为,周根强、朱江华二人可认定为国家机关工作人员,符合滥用职权罪和受贿罪的犯罪主体要求,应以滥用职权罪和受贿罪论处,但滥用职权罪已过追诉时效,故仅以受贿罪定罪处罚。根据2012年12月7日《最高人民法院、最高人民检察院关于办理渎职刑事案件适用法律若干问题的解释(一)》(以下简称《渎职解释(一)》)第七条的规定,依法或者受委托行使国家行政管理职权的公司、企业、事业单位的工作人员,在行使行政管理职权时滥用职权或者玩忽职守,构成犯罪的,适用渎职罪的规定追究刑事责任。周根强、朱江华接受前期公司的口头委托,对外以前期公司名义具体负责动拆迁的管理工作。本案涉及的西藏路道路改建工程2期一标段为市政工程,周根强、朱江华系受委托行使国家行政管理职权,即周根强、朱江华可视作国家机关工作人员,当然也能以国家工作人员论。周根强、朱江华在履行职务的过程中,利用职务上的便利,非法收受他人财物21.8万元,为他人谋取利益,数额巨大,其行为构成受贿罪。

第二种观点认为,周、朱二人作为国有公司、企业工作人员,应以国有公司、企业人员滥用职权罪和受贿罪定罪处罚,但国有公司、企业人员滥用职权罪已过追诉时效,故仅以受贿罪定罪处罚。此观点认为,周根强、朱江华可视作前期公司的工作人员,亦符合刑法第九十三条规定的国家工作人员的范围。周根强、朱江华接受前期公司季某某、邬某某的口头任命,对外以前期公司的名义从事拆迁工作,前期公司为周、朱办理上岗证等,劳务费的取得、发放由前期公司决定,发放流程为周根强制单上报前期公司后,从动迁指挥部下拨劳务费中直接支付,故二人可视作国有公司前期公司的工作人员,符合刑法第一百六十八条国有公司、企业人员滥用职权罪的主体要件。同时,根据刑法第九十三条第二款的规定,国有公司、企业、事业单位中从事公务的人员,以国家工作人员论,符合受贿罪的主体要件。

第三种观点认为,周、朱二人不属于国家机关工作人员,也不属于国家工作人员,不能成立滥用职权罪和受贿罪。二人作为从事劳务工作的公司、企业人员,在履行职务的过程中,收受他人贿赂,其行为构成非国家工作人员受贿罪。

我们同意第三种观点,理由如下:

（一）周根强、朱江华不属于国家机关工作人员，其行为不构成滥用职权罪

1. 滥用职权罪的主体界定

关于滥用职权罪，刑法第三百九十七条规定犯罪主体为国家机关工作人员。同时，2002年《全国人民代表大会常务委员会关于〈中华人民共和国刑法〉第九章渎职罪主体适用问题的解释》规定："在依照法律、法规规定行使国家行政管理职权的组织中从事公务的人员，或者在受国家机关委托代表国家机关行使职权的组织中从事公务的人员，或者虽未列入国家机关人员编制但在国家机关中从事公务的人员，在代表国家机关行使职权时，有渎职行为，构成犯罪的，依照刑法关于渎职罪的规定追究刑事责任。"2012年《渎职解释（一）》第七条规定："依法或者受委托行使国家行政管理职权的公司、企业、事业单位的工作人员，在行使行政管理职权时滥用职权或者玩忽职守，构成犯罪的，应当依照《全国人民代表大会常务委员会关于〈中华人民共和国刑法〉第九章渎职罪主体适用问题的解释》的规定，适用渎职罪的规定追究刑事责任。"根据上述立法解释和司法解释，可以将滥用职权罪的主体划分为以下几类：

（1）在国家机关中从事公务的人员。这类人员即传统意义的国家机关工作人员，主要包括在国家权力机关、行政机关、司法机关和军事机关中从事公务的人员。

（2）在依照法律、法规规定行使国家行政管理职权的组织中从事公务的人员。主要包括以下几种情况：一是某些法律、法规直接授权规定某些非国家机关的组织在某些领域行使国家行政管理职权、监督职权，如证监会、保监会；二是在机构改革中，有些国家机关被调整为事业单位，但仍然保留着某些行政管理的职能，如我国的知识产权局、气象局、地震局、科学院等单位；三是在一些非国家机关所设的具有国家机关性质的机构，如铁路、林业、油田等系统内设立的纪检、监察、审计以及公安司法机构等。

（3）在受国家机关委托代表国家机关行使职权的组织中从事公务的人员。国家机关按照一定程序将某些管理职权委托给非国家机关的组织代为行使，受委托组织对外以国家机关的名义行使国家管理职权，其行为的后果由委托的国家机关承担，对于在受委托行使职权的组织中从事公务的人员，应当视为国家机关工作人员。

（4）虽未列入国家机关人员编制但在国家机关中从事公务的人员。例如，对外代表各级人大或人大常委会履行职能的各级人大代表；各级人民法院的人民陪审员；在监狱行使监管、看守职责的合同制民警、武警战士等。这些人员本身并不属于国家机关工作人员，但当其代表国家机关行使管理职责时，依法可以成为渎职罪的主体。

虽然根据《渎职解释（一）》的规定，依法或者受委托行使国家行政管理职权的公司、企业、事业单位的工作人员可以构成渎职犯罪，但从司法解释文义来看，主体身份的认定要回归到2002年的立法解释，也就是说，公司、企业、事业单位的工作人员只有接受特定的委托主体（国家机关）的委托才有可能构成渎职罪。

综上，对于公司、企业工作人员而言，构成滥用职权罪的前提应是依法或受国家机关委托代表国家机关行使行政管理职权，所从事的公务需与国家机关职权内容紧密联系。

2. 本案不符合滥用职权罪的主体要件要求

在本案中，上海市市政工程管理处将房屋拆迁相关工作委托给前期公司，前期公司属于受国家机关委托代表国家机关行使职权的国有公司，市政工程管理处并未将相关职权直接委托给更强公司，更强公司系受前期公司转委托而行使管理职权。周、朱二人工作职能的依据系前期公司与更强公司之间的委托协议的规定及前期公司管理人员的口头委托，并非依法或受国家机关委托进行工作。故周、朱二人的职权资格并非直接来源于国家机关，不符合滥用职权罪主体身份的

要求,其在履职中造成公共财产重大损失的行为,不构成滥用职权罪。

(二)周根强、朱江华不属于国家工作人员,其行为不构成受贿罪

1. 国家工作人员的范围界定

根据刑法理论通说,受贿罪的保护法益是国家工作人员职务行为的不可收买性,也可以说是国家工作人员职务行为与财物行为的不可交换性。因此,受贿罪是身份犯,行为主体为国家工作人员,其范围应根据刑法第九十三条的规定确定。刑法第九十三条规定:"本法所称国家工作人员,是指国家机关中从事公务的人员。国有公司、企业、事业单位、人民团体中从事公务的人员和国家机关、国有公司、企业、事业单位委派到非国有公司、企业、事业单位、社会团体从事公务的人员,以及其他依照法律从事公务的人员,以国家工作人员论。"

《全国人民代表大会常务委员会关于〈中华人民共和国刑法〉第九十三条第二款的解释》规定:"村民委员会等村基层组织人员协助人民政府从事下列行政管理工作,属于刑法第九十三条第二款规定的'其他依照法律从事公务的人员':(一)救灾、抢险、防汛、优抚、扶贫、移民、救济款物的管理;(二)社会捐助公益事业款物的管理;(三)国有土地的经营和管理;(四)土地征用补偿费用的管理;(五)代征、代缴税款;(六)有关计划生育、户籍、征兵工作;(七)协助人民政府从事的其他行政管理工作。"

2003 年 11 月 13 日最高人民法院发布的《全国法院审理经济犯罪案件工作座谈会纪要》(以下简称《纪要》)就贪污贿赂犯罪和渎职犯罪的主体中"其他依照法律从事公务的人员"的认定作了界定,认为刑法第九十三条第二款规定的"其他依照法律从事公务的人员"应当具有两个特征:一是在特定条件下行使国家管理职能;二是依照法律规定从事公务。具体包括:(1)依法履行职责的各级人民代表大会代表;(2)依法履行审判职责的人民陪审员;(3)协助乡镇人民政府、街道办事处从事行政管理工作的村民委员会、居民委员会等农村和城市基层组织人员;(4)其他由法律授权从事公务的人员。

可以看出,尽管全国人大常委会对刑法第九十三条规定的"其他依照法律从事公务的人员"作出了立法解释,但也只是对村民委员会等村基层组织人员协助政府从事行政管理工作时,明确其属于"其他依照法律从事公务的人员"。2003 年最高人民法院《纪要》也只列出了四种情形,而且表述上仍都使用了"其他"字样,表明其范围并没有穷尽。司法实践中应注意参照《纪要》的精神准确认定"其他依照法律从事公务的人员"。

所谓从事公务,是指组织、领导、监督、管理社会公共事务和国家事务。根据我国现行刑法的规定,我国的公务活动包括以下几种:(1)各级国家权力、行政、司法机关以及军队中的事务,即单纯的国家事务;(2)国有事业单位、人民团体的事务,即国家参与管理的一部分社会性事务;(3)国有公司、企业等经营管理国有财产的事务。判断立法解释和《纪要》之外的主体是否属于国家工作人员时,最重要的是要看其是否是依照法律,在法律的授权下对包括国家事务、社会事务等在内的公共事务进行管理,如果管理的权限不是源于法律的规定而是来源于其他的行为(如委托),则行为人不能认定为国家工作人员。

2. 本案中周、朱二人不是国家工作人员

本案中,周根强、朱江华分别受前期公司委托,担任该标段动迁项目总经理和经理,没有直接接受国家机关的委托。因此,周、朱二人不是国家工作人员,不构成受贿罪。具体而言:(1)更强公司非国家机关,故二人不属于国家机关中从事公务的人员;(2)更强公司不具备国有性质,故二人不属于国有公司、企业中从事公务的人员;(3)周、朱二人也不是国有公司、企业委派到非国有公司、企业从事公务的人员。

需要指出的是，委托并不等同于委派。根据《纪要》的规定，“所谓委派，即委任、派遣，其形式多种多样，如任命、指派、提名、批准等”。“委派”要具有刑法效力，必须同时具备有效性、法定性、隶属性和内容特定性四个条件。所谓有效性，就是做出委派意思表示的主体必须是国家机关、国有公司、企业、事业单位而非私人委派，且其意思表示必须明确。同时，被委派人也必须作出明确的接受委派的意思表示。所谓法定性，就是委派单位必须在其法定的权限范围内作出委派的意思表示，不能越权委派。所谓隶属性，是指被委派人必须接受委派单位的领导、管理和监督，被委派人与委派单位之间的关系属于行政隶属关系而非平等委托关系。所谓内容特定性，即被委派人到被委派单位从事的工作限于领导、管理、监督的公务行为，而非诸如生产、服务等一般的劳务活动。

本案中，前期公司属国有公司，《委托实施拆迁劳务协议》等书证证实更强公司挂靠在前期公司拆迁管理部下，周、朱二人也只是接受了前期公司负责人的口头委托，这里的“挂靠”“口头委托”并不等于“委派”，故周、朱二人也非国有公司、企业委派到非国有公司、企业从事公务的人员；周、朱二人工作职能的依据系前期公司与更强公司之间的委托协议之规定及相关口头委托，并非依照法律从事公务。综上，周、朱二人不是刑法规定的国家工作人员。

3. 受贿罪的主体不包括受委托管理、经营国有财产的人员

根据刑法第三百八十二条第二款的规定，受国家机关、国有公司、企业、事业单位、人民团体委托管理、经营国有财产的人员，利用职务上的便利，侵吞、窃取、骗取或者以其他手段非法占有国有财物的，以贪污论。据此，肯定观点认为，受国家机关等国有单位委托管理、经营国有财产的人员，实际上属于“其他依照法律从事公务的人员”，因而应以国家工作人员论，因此这类人员受贿的也应当按照受贿罪论处。否定观点认为，刑法第三百八十二条第二款规定是国有单位委托他人管理、经营国有财产，主要形式是承包、租赁等方式，这些人本身不是国家工作人员，只是说他们受委托管理、经营国有财产，有义务保证国有资产的安全，如果利用职务之便以各种手段占有国有资产的，应构成贪污罪；而受贿罪的主体是国家工作人员，不包括上述人员。这种争议本质上是第三百八十二条第二款究竟是法律拟制还是注意规定的问题。

我们认为，刑法第三百八十二条规定属于法律拟制，只能在贪污罪中适用，将受贿罪的主体范围等同于贪污罪的主体范围是不正确的。法律拟制具有相当性，只有拟制情形与被拟制情形在社会危害程度上具有相当性且能够建立起等值关系时，才能进行法律拟制。受委托管理、经营国有财产的人员之所以能构成贪污罪，是因为此类人员的贪污行为侵犯的客体与国家工作人员的贪污行为侵犯的客体具有等值关系，二者的社会危害具有相当性。此外，从刑法条文的前后设置上看，此规定也只能属于法律拟制。如果此规定属于注意规定，受委托管理、经营国有财产的人员本来就属于刑法第九十三条第二款规定的应当以国家工作人员论的其他依照法律从事公务的人员，那么刑法第三百八十二条第一款中的“国家工作人员”自然就包含了这类主体，第二款关于这类主体利用职务上的便利非法占有国有财物以贪污论的专门规定就显得多此一举了。显然，刑法第三百八十二条第二款的规定表明，“受委托管理、经营国有财产的人员”并不包括在国家工作人员范围之内，这一款的规定自然也就不能类推适用于受贿罪的认定。

（三）周根强、朱江华不构成国有公司、企业人员滥用职权罪

我国刑法第三章第三节规定了妨害对公司、企业的管理秩序罪。根据刑法第一百六十八条第一款的规定，国有公司、企业的工作人员滥用职权，造成国有公司、企业破产或者严重损失，致使国家利益遭受重大损失的，构成国有公司、企业人员滥用职权罪。本罪的犯罪主体为特殊主体，即国有公司、企业工作人员。

在本案中,周根强、朱江华分别受前期公司委托,担任动迁项目总经理和经理,更强公司是依照平等主体间签订的委托合同的规定,以前期公司名义从事拆迁工作。双方委托关系仅存续于拆迁项目的运作中,在从事拆迁工作期间,周根强、朱江华仍然系更强公司的人员,而非前期公司的人员,因此二人不是国有公司、企业的工作人员,不构成国有公司、企业人员滥用职权罪。

(四)周根强、朱江华构成非国家工作人员受贿罪

我们认为,周、朱二人不符合滥用职权罪和受贿罪的主体要求,其行为均应以非国家工作人员受贿罪论处。刑法第一百六十三条第一款规定,公司、企业或者其他单位的工作人员利用职务上的便利,索取他人财物或者非法收受他人财物,为他人谋取利益,数额较大的,处五年以下有期徒刑或者拘役;数额巨大的,处五年以上有期徒刑,可以并处没收财产。本案中,周、朱二人作为更强公司的工作人员,利用职务上的便利,非法收受他人财物,为他人谋取利益,数额较大,符合非国家工作人员受贿罪的犯罪构成。

至于是否与行贿人构成贪污罪的共同犯罪,根据在案证据,周、朱二人虽帮助行贿人违规取得拆迁款,但认定二人系贪污共犯的证据不足。故对周、朱二人,仅能以非国家工作人员受贿罪一罪论处。

综上,滥用职权罪的主体是国家机关工作人员,受贿罪的主体是国家工作人员,二者的范围都应当严格根据法律规定来界定,恪守罪刑法定的原则。《渎职解释(一)》规定的受委托情形,应当是根据法律规定的直接委托,而不包括转委托。本案中,受国有公司的委托管理相关事务的主体因为并非直接接受国家机关的委托而不属于国家机关工作人员和国家工作人员的范畴,不属于滥用职权罪和受贿罪的适格主体,故对被告人应以非国家工作人员受贿罪定罪处罚。

(撰稿:上海市第二中级人民法院　陈姣莹　朱婷婷　宋文健
审编:最高人民法院刑二庭　刘晓虎)

[第1233号]朱思亮非国家工作人员受贿案

——如何认定“受委派从事公务”

【关键词】　非国家工作人员受贿罪　委派　从事公务　国有企业或国家出资企业国家工作人员

一、基本案情

被告人朱思亮,男,1964年3月19日出生,湖北省天门市信用合作联社原主任。2013年5月24日因涉嫌犯受贿罪被逮捕。

湖北省松滋市人民检察院以被告人朱思亮犯受贿罪、巨额财产来源不明罪,向松滋市人民法院提起公诉。

被告人朱思亮辩称其不属国家工作人员,指控其犯巨额财产来源不明罪不能成立;指控其所犯受贿罪,证据不足,即使构成犯罪也应认定为非国家工作人员受贿罪。

湖北省松滋市人民法院经公开审理查明:

2006年,湖北省人民政府根据中央要求对农村信用社管理体制进行改革,全省农村信用社的管理由省人民政府负责,具体方式为组建湖北省农村信用社联合社(以下简称省联社),履行省政

府对全省农村信用社的管理、指导、协调和服务职能。经湖北省银监局批准，2007 年 2 月，湖北省天门市农村信用合作社联合社改制为股份合作制的社区性地方金融机构，即天门市信用合作联社（以下简称天门联社），由自然人股本金 21 106 万元和法人股本金 352 万元构成注册资本，由社员代表大会选举理事组成理事会，由理事会聘任联社主任。根据中共湖北省委组织部、省联社党委相关文件，各市县联社理事长、副理事长、主任、副主任、监事长、党委书记、副书记、纪委书记、党委委员属省联社党委管理的干部，由省联社党委进行考察和任免。2009 年 12 月，省联社党委明确被告人朱思亮为天门联社党委委员，提名主任人选。2010 年 1 月，天门联社理事会聘任朱思亮为联社主任。2010 年 11 月，省银监局核准朱思亮天门联社主任的任职资格。

2010 年 7 月至 2011 年 1 月，朱思亮在担任天门联社主任、贷款审查委员会主任委员期间，利用职务上的便利，为天门双赢置业投资有限公司申请贷款提供帮助，伙同黄某（时与朱思亮同居，另案处理）先后三次收受该公司法定代表人罗某某及其妻林某某所送人民币 130 万元及价值人民币 1.14 万元路易威登品牌女包一个。

另查明：2008 年至 2013 年案发时，被告人朱思亮的个人和家庭财产及支出总额为人民币 603.677 9 万元，而朱思亮能说明来源的收入为 231.407 112 万元，朱思亮对于差额人民币 372.270 788万元的财产不能说明来源。

松滋市人民法院认为，被告人朱思亮任职的单位性质为股份合作制企业，不属于国有单位，但综合分析朱思亮的任职方式，省联社经省政府授权承担对全省农村信用社进行管理的职能，其对朱思亮的人事任免在省政府授权的职能范围之内，朱思亮符合“受委派从事公务”的特征，应以国家工作人员论。据此，于 2013 年 10 月 10 日作出判决：朱思亮犯受贿罪，判处有期徒刑十一年，并处没收个人财产人民币一百万元；犯巨额财产来源不明罪，判处有期徒刑三年；决定执行有期徒刑十二年，并处没收个人财产人民币一百万元。

一审宣判后，被告人朱思亮提出上诉，理由与一审时所提辩解相同。

湖北省荆州市中级人民法院经公开开庭审理查明的事实和证据与一审相同。关于被告人朱思亮的主体身份，法院认为湖北省联社、天门联社均不属国有企业或国家出资企业，省联社党委不构成法定的“委派”主体，朱思亮的职位不具有“从事公务”性质，因而朱思亮的主体身份不能以国家工作人员论。一审判决认定受贿罪罪名不当，认定朱思亮构成巨额财产来源不明罪有误。据此，于 2015 年 4 月 24 日判决撤销原审判决；以朱思亮犯非国家工作人员受贿罪，判处其有期徒刑九年，并处没收财产人民币一百万元。

二、主要问题

如何认定刑法规定的“国家机关、国有公司、企业、事业单位委派到非国有公司、企业、事业单位、社会团体从事公务”的人员？

三、裁判理由

（一）天门联社和省联社均不属国有企业或国家出资企业

对于天门联社不属国有企业或国家出资企业，两审法院和控辩双方意见一致，因为天门联社注册资本中确实没有国有资产，联社股本由自然人股和法人股组成，其中自然人股本金人民币 21 106万元，法人股人民币 352 万元，其决策、经营机构的产生方式是由社员代表大会选举理事，组成理事会，由理事会聘任主任。

对于天门联社的上级机构省联社是否具有国有性质，一审法院和二审法院存在分歧：一审法院认为，尽管省联社并无国有资本控股或者参股，但其代表省政府履行对全省信用社管理职责，具有明显行政管理性质，其管理权来源于省政府的授权，并代表省政府承担管理责任。省政府出于金融稳定的考虑，对于各信用社经营中产生金融风险和其他突发风险，势必会以某种形式介入并化解风险，国有资本有可能随时介入信用社的运作。就目前中国国情来说，农村信用社是以国有资本和国家信用为最终保障进行经营的，因此受省政府委托对全省农村信用社进行管理的省联社带有一定国有性质。公诉机关亦持此观点。二审法院则认为，湖北省联社注册资金全部由湖北省内的90家市县区农村信用社共同认购，共同以出资额为限对省联社承担责任，不具有任何国有性质。

我们同意二审法院的意见，理由是：(1)从省联社现有股权结构看，其不是国有企业或国家出资企业，而是自主经营、自负盈亏的独立法人，以对全省农村信用社提供有偿服务的收入和按规定收取的管理费作为省联社的费用来源，自担风险，自我约束。(2)从省联社职能看，受计划经济影响，地方政府及相关主管部门对农村信用社负有一定管理职责，如同政府对商业银行的管理职责和信用担保一样，但不能由此改变企业所有制性质，故公诉机关和一审法院以所谓“国有资金随时可能介入”否定该企业非国有性质的观点，不能成立。

（二）省联社党委不具有“委派”主体资格

公诉机关和一审法院认定本案成立“委派”，理由是：(1)从历史背景分析，农村信用社是由农民自愿入股组成的合作制金融机构，定位于服务“三农”。2005年，国务院决定对信用社进行改革，要求省级人民政府通过省级联社或其他形式的信用社省级管理机构实现对当地信用社的管理、指导、协调和服务；同时防范和处置信用社的金融风险。湖北省改革方案亦明确省联社为省委、省政府领导下的厅级金融机构，具体承担省政府对全省农村信用社的管理、指导、协调和服务职能。(2)省联社以企业的形式出现是因为其同时还具有办理系统内资金结算业务等服务功能，是特殊历史条件下的一种特殊的组织形式，虽然形式上是商业性金融机构，但实质上主要是受省政府委托履行行政管理职责的特殊组织。(3)由于省政府承担对信用社金融风险的防范和处置责任，因而有权力和责任加强对全省信用社的管理，统一组织有关部门防范和处置辖内信用社金融风险。基于省联社的特殊性质和肩负的职责，其对辖内信用社高级管理人员的管理采取了特殊的形式，将管理人员按级别和职责分属省委、省委组织部、省联社党委管理。被告人朱思亮属于省联社党委管理的高级管理人员，其任职先由省联社党委提名，再按信用社章程进行选举，最终决定权在省联社。(4)虽然省联社行使对各市县信用社高级管理人员职务的任免权，与省联社章程中的规定存在一定冲突，但这恰恰说明在实际工作中，省联社并没有严格按照国务院和省政府文件规定放权，而是严格遵循“党管干部”的原则，基于权力的延续性和省政府的授权，代表政府行使人事任免权。综上，朱思亮任职天门市信用社主任实质上是由省联社主导，可以视为省政府通过省联社行使委派权。

二审法院认为，根据刑法和有关司法解释规定，“委派”主体限于国有单位或者国家出资企业中特定组织，湖北省联社党委不符合这一要求，不具有“委派”的主体资格。

我们同意二审法院的意见，理由是：(1)《最高人民法院、最高人民检察院关于办理国家出资企业中职务犯罪案件具体应用法律若干问题的意见》（以下简称《意见》）对于如何认定“国家机关、国有公司、企业、事业单位委派到非国有公司、企业、事业单位、社会团体从事公务”（以下简称“受委派从事公务”）规定：“经国家出资企业中负有管理、监督国有资产职责的组织批准或者研究决定，代表其在国有控股、参股公司及其分支机构中从事组织、领导、监督、经营、管理工作的人员，应当认定为国家工作人员。”据此，委派的主体应限于两类组织：一是刑法明确规定的“国家机关、国有公司、企业、事业单位”；二是上述《意见》中规定的“国家出资企业中负有管理、监督国有资产职责的组织”。从形式上看，湖北省联社不属于刑法规定的上述单位中的任何一种；省联社党委也不属于国家出资企业中的组织，本案并不具备认定“委派”的前提条件。（2）根据国务院、湖北省改革方案和湖北省联社章程，省联社的主要职能是对成员社提供协调关系、资金调剂、信息支持、风险处置等方面的有偿服务。省联社管理职责限于规范经营和防范风险等宏观方面，并不对全省众多成员社的经营管理负责，这有别于总公司对分公司的管理职能，而类似于人民银行对商业银行和其他金融机构的监督、管理。因而，省联社的管理权不应包括对高级管理人员实质意义上的任免权。朱思亮任职之所以由省联社提名，一方面是基于银行业的特殊管理需要；另一方面是基于历史传统的习惯性延续。那种认为独立自主经营各市县区信用社的管理人员必须由政府主导任命的观点，也与国务院、湖北省人民政府的改革方案、省联社章程以及给企业经营自主权的改革方向相悖。因而，本案没有充分事实依据表明省联社对于朱思亮天门联社主任职务的任命具有主导权。（3）省联社是受国家机关委托对辖区内信用社进行管理的组织，由于省政府的委托授权，省联社代为行使了省政府的部分行政职权。然而，受国家机关委托代表国家行使职权的组织本身不能视为国家机关，也并不因为这种授权委托而改变其自身的法律性质。值得注意的是，省联社的工作人员如果在代为行使行政管理职权的过程中有职务犯罪行为，应当将其视为国家工作人员，但并不因此改变省联社作为企业法人的性质。正如村民委员会等基层组织人员在受政府委托协助政府从事救灾、抢险、防汛、优抚、扶贫、移民、救济款物的管理等工作时，以国家工作人员论，但并不因此改变村委会作为基层群众自治性组织的法律性质。

（三）被告人朱思亮的行为不属于“从事公务”

公诉机关和一审法院认为，天门联社尽管没有国家出资，但从各级党委下发的文件看，市州县级信用社负责人具有一定行政职权，被告人朱思亮受贿放贷的行为不仅具有经营性质，还具有一定从事公务的性质。二审法院则认为朱思亮的职务行为不具有从事公务性质。

我们同意二审法院的意见，理由是：（1）所谓“从事公务”，是指代表国家机关、国有公司、企业、事业单位、人民团体等履行组织、领导、监督、管理等职责。公务主要表现为与职权相联系的公共事务以及监督、管理国有财产的职务活动。“从事公务”是认定国家工作人员的本质特征。公务具有国家代表性、职能性和管理性，三者缺一不可。对于受国家机关委派从事公务的，主要表现为管理公共事务或者经营管理国有资产；对于受国家出资企业委派的，主要是代表国有投资主体对国有资产行使监督管理权，使其保值增值，体现国有投资主体的意志。一般来说，委派主体属于国家机关或者以国有资本出资，是受委派者从事经营管理国有资产的前提，本案并不满足这一前提条件。（2）国家代表性是公务的本质特征，被告人朱思亮的管理职位不具有国家意志性，因为朱思亮并非代表国家机关、国有企业行使职权。农村信用社是独立经营、自负盈亏的以营利为宗旨的股份制企业，服务“三农”、防止金融风险等只是附带责任。任何企业在追求利润的同时都担负一定的社会责任，但不能将这种社会责任一律视为“与职权相联系的公共事务”。依照我国目前的金融管理体制，任何商业银行金融风险的防控和应急处置，最终均由人民银行、银监会等政府部门负责，都是国家信誉担保，但显然不能基于这种国家信誉担保一概认定这些金融机构的管理人员都在从事公务。（3）从产权结构和历史背景看，省联社的资本构成是由作为发起人的90家市县区信用社共同出资认购的，不存在国有资本成分，而天门联社与湖北省其他市县区联社一样，都是由集体所有制改制而成的股份制金融企业，同样不存在国有资本成分，因此认定朱思亮代表国家担负经营、监督、管理国有资产，使其保值、增值的职责并无依据。从刑法第九十三条第二款的立法目的看，“受委派从事公务”人员作为国家工作人员认定主要是保护国有资产。受委派人员是否属于从事公务，与接受委派的公司是否包含国有资产具有直接关联。国有资产所在，即是受委派人员的公务所在。一般情况下，只有非国有公司中有国有资产，才存在委派；若无国有资产，既无委派必要，亦无委派可能。

综上，湖北省联社、天门联社均不属国有企业或国家出资企业；湖北省联社党委不构成法定的“委派”主体；被告人朱思亮的职务不具有“从事公务”性质。因而朱思亮不属国家工作人员，也不属刑法规定的“国家机关、国有公司、企业、事业单位委派到非国有公司、企业、事业单位、社会团体从事公务的人员”。二审法院以非国家工作人员受贿罪对被告人朱思亮定罪处罚并撤销一审判决认定的巨额财产来源不明罪符合法律和法理，是正确的。

（撰稿：最高人民法院刑二庭　黄明刚
湖北省荆州市中级人民法院　沈维琼
审编：最高人民法院刑二庭　尚晓阳）

[第1234号]工商银行神木支行、童某等国有公司人员滥用职权案

——国有控股、参股公司、企业工作人员私分本公司、企业资产行为的认定

【关键词】　国有公司人员滥用职权罪　国有控股、参股公司　国有公司、企业　致使国家利益遭受重大损失

一、基本案情

被告单位中国工商银行股份有限公司神木支行（以下简称神木支行）（其他情况略）。

被告人童某，男，1962年10月5日出生，神木支行原行长。2012年6月25日被取保候审。

被告人温某，男，1968年10月17日出生，神木支行原副行长。2012年6月25日被取保候审。

被告人张某，男，1974年8月28日出生，神木支行办公室原主任兼报账员。2012年6月25日被取保候审。

某县人民检察院以被告单位神木支行构成私分国有资产罪，应当追究被告人童某、温某、张某作为直接负责的主管人员和其他直接责任人员的刑事责任，向某县人民法院提起公诉。

某县人民法院经依法公开审理查明：2010年11月，被告人童某担任被告单位神木支行行长后，为解决经费不足和职工福利问题，授意该支行办公室主任、被告人张某采取虚构项目的方式，向其上级行榆林分行套取经营性费用。2010年，张某以虚构的维修费、燃料费、绿化费等名目套取资金22笔，合计65.0261万元。后经行长办公会决定，将其中22万元以春节过节费的名义发放给该支行全体职工。2011年2月，被告人温某出任神木支行副行长，分管财务和市场营销。童某、温某继续指使张某套取资金。2011年间，张某以上述方式向榆林分行套取费用73笔，合计303.9538万元。经行长办公会决定，将其中38.6万元（其中现金21.7万元，另含价值16.9万元的购物卡）以春节福利费的名义发放给全体职工；以第三、四季度奖励和专项奖励的名义发放给职工62.69万元。

某县人民法院经审理认为，依据刑法及相关司法解释的规定，私分国有资产罪中的“国有公司、企业”不包括国有控股、参股公司、企业。中国工商银行改制后属于国有控股公司，神木支行

作为中国工商银行的分支机构,不具备私分国有资产罪的主体要件,因此被告单位神木支行和被告人童某、温某、张某的行为不构成私分国有资产罪。被告人童某、温某、张某作为国有控股公司的主管人员,对该公司的资产严重不负责任,损公肥私,集体违法研究决定以所谓福利费和奖金的名义发放给全体职工,致使国家利益遭受重大损失,其行为均已构成国有公司人员滥用职权罪,依法应予处罚。公诉机关指控的事实成立,唯有指控罪名不当。鉴于三被告人的行为亦是为激励调动本单位全体职工的工作积极性,提高工作效率,并非谋取个人私利,其主观恶性较小,犯罪情节轻微,均可依法免予刑事处罚。依照《中华人民共和国刑法》第一百六十八条第一款、第二十五条第一款、第三十七条、第六十四条之规定,认定被告人童某、温某、张某犯国有公司人员滥用职权罪,均免予刑事处罚。

宣判后,没有上诉、抗诉,判决发生法律效力。

二、主要问题

1. 国有控股、参股公司、企业是否属于私分国有资产罪中的"国有公司、企业"?

2. 国有控股、参股公司、企业工作人员私分本公司、企业资产的行为如何定性?

三、裁判理由

本案审理过程中,被告人童某等人及其辩护人对公诉机关指控的被告单位神木支行违反国家规定,以单位名义将国有资产集体私分给职工个人,数额巨大的事实不持异议。控辩双方主要争议在于两点:一是国有控股、参股公司、企业是否属于私分国有资产罪中的"国有公司、企业";二是国有控股、参股公司、企业工作人员私分本公司、企业资产的行为如何定性。

(一)国有控股、参股公司、企业不属于私分国有资产罪中的"国有公司、企业"

关于国有控股、参股公司、企业是否属于私分国有资产罪中的"国有公司、企业",有两种意见:

一种意见认为,私分国有资产罪中的"国有公司、企业"应当作扩大解释,包括国有独资公司、企业和国有控股、参股公司、企业。主要理由是:(1)参照财政部于2003年作出的《关于国有企业认定问题有关意见的函》(财企函〔2003〕9号)的答复精神,国有控股权超过50%的绝对控股公司、企业应当属于国有公司、企业。本案被告神木支行国有股占70.73%,属于国有绝对控股,应当认定为国有公司。(2)根据最高人民法院、最高人民检察院于2010年11月26日联合出台的《关于办理国家出资企业中职务犯罪案件具体应用法律若干问题的意见》(以下简称《2010年意见》)的相关规定,国有公司、企业包括国有独资公司、企业和国有控股、参股公司、企业。神木支行属于国有控股公司,应当认定为国有公司。(3)从国有资产保护需要出发,对私分国有资产罪中的"国有公司、企业"应当作扩大解释。随着市场经济的飞速发展和政企分开政策的深入推进,大多数国有公司、企业都改制为国有控股、参股公司、企业,国有独资公司、企业越来越少。如果在法律上将国有控股公司、企业排除在国有公司、企业之外,那么刑法第三百九十六条关于私分国有资产罪的规定就有可能成为"睡眠条款",国有资产将会因得不到刑法层面的保护而大量流失。综合上述理由,应当认定本案被告神木支行为私分国有资产罪中的"国有公司",构成私分国有资产罪,具体犯罪数额可以按照工商银行国有资产占股比例,即按照70.73%比例认定。

另一种意见认为,私分国有资产罪中的"国有公司、企业"应当作狭义解释,仅指国有独资公司、企业。主要理由是:(1)根据最高人民法院于2001年5月23日下发的《关于在国有资本控股、参股的股份有限公司中从事管理工作的人员利用职务便利非法占有本公司财物如何定罪问题的批复》(以下简称《2001年批复》)的规定,在国有资本控股、参股的股份有限公司中从事管理工作的人员,除受国家机关、国有公司、企业、事业单位委派从事公务的以外,不属于国家工作人员。由此推论,国有控股公司的性质不属私分国有资产罪中的"国有公司"。如果认为国有控股、参股公司、企业属于国有公司、企业，那么该公司、企业中从事管理的人员当然属于国家工作人员，而无须附加受国家机关、国有公司、企业、事业单位委派从事公务的认定条件。此观点进一步认为，在国有资本控股公司中，因其占股比例及资金混杂，也不能简单以其参股比例认定被告单位私分国有资产的数额。(2)根据最高人民法院于2005年8月1日公布的《关于如何认定国有控股、参股股份有限公司中的国有公司、企业人员的解释》(以下简称《2005年解释》)的规定，只有国有公司、企业委派到国有控股、参股公司从事公务的人员，才能以国有公司、企业人员论。由此也能得出与《2001年批复》基本相同的结论。(3)根据《2010年意见》，国有公司、企业与国有控股、参股公司、企业是并列主体，这间接说明了刑法中的国有公司、企业仅限于国有独资公司、企业。(4)根据公司法第三条、第四条的规定，公司是企业法人，有独立的法人财产，享有法人财产权。工商银行改制为股份公司后，公司资产属于独立的法人财产，财产权归属于工商银行，而不是大股东财政部和中央汇金公司，国家对已经投资出去的财产不直接享有所有权和支配权。本案神木支行属于国有控股公司，被侵害的客体是工商银行的资产所有权，不是刑法意义上的纯国有资产。

我们赞同被告单位神木支行不构成私分国有资产罪的意见。对私分国有资产罪与单位受贿罪中的“国有公司、企业”均应作限制解释，即仅指国有独资公司、企业。主要理由如下：(1)从资产性质分析，将私分国有资产罪中的“国有公司、企业”限制解释为“国有独资公司、企业”更符合立法原意。私分国有资产罪的犯罪主体是国家机关、国有公司、企业、事业单位、人民团体，犯罪对象是国有资产，从同一罪名罪质分析，私分国有资产罪中单位主体的资产性质应当保持大致同一。本罪中“国家机关、国有公司、企业、事业单位、人民团体”是并列主体，国家机关的资产是纯国有资产，国有公司、企业、事业单位、人民团体的资产也应当是纯国有资产，而上述单位主体中符合该条件要求的，只有国有独资公司、企业。(2)从罪名设置分析，将私分国有资产罪中的“国有公司、企业”作限制解释更符合立法原意。刑法将私分国有资产罪设置在第八章“贪污贿赂罪”中，且仅与同章中单位受贿罪的犯罪主体、对单位行贿罪的犯罪对象一样，都是国家机关、国有公司、企业、事业单位、人民团体，故对私分国有资产罪中的“国有公司、企业”参照单位受贿罪中的犯罪主体、对单位行贿罪的犯罪对象来解释具有一定立法依据。作为单位受贿罪的犯罪主体、对单位行贿罪的犯罪对象，国有公司、企业仅指国有独资公司、企业，这一点基本无异议。因此，参照单位受贿罪犯罪主体、对单位行贿罪犯罪对象的范围，对私分国有资产罪中的“国有公司、企业”应当限制解释为“国有独资公司、企业”。(3)从法益保护角度分析，将私分国有资产罪中的“国有公司、企业”作限制解释不会影响国有资产的保护。实践中有观点提出，如果将私分国有资产罪中的“国有公司、企业”解释为“国有独资公司、企业”，那么国有控股、参股公司、企业集体私分国有资产的行为如何适用罪名便将成为问题，如此实际意味着国有控股、参股公司、企业的国有资产将失去刑法的保护。我们认为，虽然国有控股、参股公司、企业集体私分国有资产的行为不能认定构成私分国有资产罪，但是并不意味着不构成其他犯罪。如果国有控股、参股公司、企业的工作人员违反国家规定，以单位名义将国有资产集体私分给个人，造成公司严重损失，致使国家利益遭受重大损失的，依然可以构成国有公司、企业人员滥用职权罪。因此，国有独资公司、企业和国有控股、参股公司、企业中私分国有资产的行为都可以通过刑法予以规制，国有公司、企业改制前、改制过程中以及改制完成后三个阶段中，任一阶段发生私分国有资产的行为都可以通过刑法规制，不会出现国有资产刑法保护的真空地带。因此，对私分国有资产罪中的“国有公司、企业”限制解释为“国有独资公司、企业”可能导致对国有资产保护不利的顾虑没有必要，以此为由主张对该罪中“国有公司、企业”作扩大解释的理由不足。

（二）国有控股、参股公司、企业工作人员私分本公司、企业国有资产行为的定性

我们认为，国有控股、参股公司、企业工作人员私分本公司、企业国有资产的行为依法可以构成国有公司、企业人员滥用职权罪，对被告人童某、温某、张某应以国有公司人员滥用职权罪定罪处罚。主要理由是：

1. 童某、温某、张某符合国有公司、企业人员滥用职权罪的主体特征。国家出资企业包括国有独资公司、企业和国有控股、参股公司、企业。《2010年意见》第四条第一款规定："国家出资企业中的国家工作人员在公司、企业改制或者国有资产处置过程中严重不负责任或者滥用职权，致使国家利益遭受重大损失的，依照刑法第一百六十八条的规定，以国有公司、企业人员失职罪或者国有公司、企业人员滥用职权罪定罪处罚。"根据上述规定，国有控股、参股公司、企业的工作人员属于国有公司、企业人员滥用职权罪的适格主体。本案发生时，被告人童某任神木支行行长、温某任副行长，在神木支行从事组织、领导、监督、经营、管理工作；被告人张某任办公室主任，在该行从事财务管理工作，属于国有公司的工作人员，符合国有公司人员滥用职权罪的主体特征。

2. 童某、温某、张某实施了滥用职权的行为。在案证据证实，神木支行行长童某、副行长温某违反财务制度，授意办公室主任张某向上级行工商银行榆林分行套取经费，并以春节过节费、季度奖励、专项奖励以及其他名义发给职工。根据工商银行相关财务制度和考核办法，神木支行职工的基本工资、绩效工资、福利费系由支行经考核后上报榆林分行，由分行审批后直接发放给职工。本案中，童某、温某、张某以套取的经费发放福利费、奖金属于重复发放、非正常发放，属于国有公司、企业的工作人员滥用职权的行为。

3. 童某、温某、张某滥用职权的行为致使国家利益遭受重大损失。《2010年意见》第四条第一款将刑法第一百六十八条关于"造成国有公司、企业破产或者严重损失，致使国家利益遭受重大损失"的表述解释为"致使国家利益遭受重大损失"，故滥用职权造成国有控股、参股公司重大经济损失的行为符合国有公司、企业人员滥用职权罪的客观特征。本案中，被告人童某等人向上级行套取资金并发放给职工总计123.29万元的行为，对于神木支行而言，虽然没有遭受实质损失，但由于工行实行的是统收统支的财务管理制度，各分支机构系向上级报账，最终会体现为国家利益的损失。根据《最高人民检察院、公安部关于公安机关管辖的刑事案件立案追诉标准的规定（二）》第十六条的规定，造成国家直接经济损失数额在30万元以上的，即可认定为"致使国家利益遭受重大损失"，故应当认定本案被告人童某、温某、张某滥用职权的行为致使国家利益遭受重大损失。

综上，被告人童某、温某、张某的行为构成国有公司人员滥用职权罪，某县人民法院判决将公诉机关指控的私分国有资产罪变更为国有公司人员滥用职权罪是正确的。

（撰稿：最高人民法院刑二庭　刘晓虎　许建华
审编：最高人民法院刑二庭　王晓东）

[第1266号]尹乐、李文颐非国家工作人员受贿案

——被告人在缓刑考验期内与行贿人达成贿赂合意，在缓刑执行期满后收取财物的，能否认定“在缓刑考验期内犯新罪”

【关键词】 非国家工作人员受贿罪 缓刑考验期 侵害法益 数罪并罚 “侦查陷阱” “警察圈套”

一、基本案情

被告人尹乐，男，1968年4月7日出生，原重庆红鼎实业发展有限责任公司总经理。2014年4月23日因涉嫌犯非国家工作人员受贿罪被逮捕。

被告人李文颐，男，1958年7月20日出生，原重庆红鼎实业发展有限责任公司副总经理。2014年4月23日因涉嫌犯非国家工作人员受贿罪被逮捕。

重庆市北碚区人民检察院以被告人尹乐、李文颐犯非国家工作人员受贿罪向北碚区人民法院提起公诉。

被告人尹乐、李文颐对起诉书指控的事实和罪名无异议。尹乐的辩护人提出：尹乐收到贿赂款的时间在2014年1月，不在缓刑考验期内，不应认定为尹乐在缓刑考验期内犯新罪，不应当撤销缓刑，实行数罪并罚；尹乐受贿的金额应为50万元，收受另外10万元是在警方已经掌握信息并进行了布控的情况下实施的，系警方以“警察圈套”的方式诱使被告人受贿，被告人在收到财物时即被抓获，已丧失对该10万元的处分权，不应认定为受贿金额。李文颐的辩护人亦提出不应将该10万元计入受贿金额的辩护意见。

重庆市北碚区人民法院公开审理查明：

2010年5月起，被告人尹乐、李文颐分别担任重庆红鼎实业发展有限责任公司（以下简称红鼎实业）总经理、副总经理职务。尹乐全面负责公司的开发建设及日常运营管理，李文颐负责公司的工程及合同预算。

2012年年初，红鼎实业在重庆市北碚区三溪口开发的红鼎高尔夫社区样板区一期2号地块项目需要安装中央空调，斯博瑞公司总经理程龙方欲承接该空调工程，找到被告人李文颐，李文颐考察斯博瑞公司产品后与被告人尹乐商定，将该空调工程交予斯博瑞公司承接，作为回报，程龙方需支付合同标的30%即140万元好处费，具体由李文颐出面向程龙方索要。2012年2月，李文颐与程龙方见面，李文颐允诺想办法将该工程确定给斯博瑞公司，并保证付款进度、验收支持，程龙方为得到该空调工程及以后能继续承接红鼎实业的工程，表示同意支付140万元好处费，双方同时谈好程龙方在拿到红鼎实业第一笔工程进度款后予以支付。同年2月29日，尹乐、李文颐通过变相执行招投标的形式，事先确定由斯博瑞公司中标。2012年3月28日，斯博瑞公司顺利与红鼎实业签订《红鼎高尔夫社区样板区一期2号地块中央空调工程合同》，合同总金额为5 738 900元。2013年年底，李文颐与程龙方再次见面，程龙方以人工费、材料费上涨以及资金困难等为由，要求降低好处费，双方通过协商，确定好处费为90万元，李文颐将此事向尹乐汇报，尹乐予以同意。之后，程龙方答应2014年春节前支付60万元，先付50万元，延后再支付10万元，李文颐将此事向尹乐汇报，尹乐也表示同意。2014年1月26日，程龙方安排其公司财务将50万元转入李文颐提供的事先由尹乐指定的署名张丽的平安银行重庆渝北支行账户。同日，尹乐从

其招商银行重庆支行账户转账25万元到李文颐妻子的招商银行大连分行星海支行账户。

2014年3月17日下午5时左右，被告人李文颐与程龙方在重庆市渝北区天来大酒店附近的“茶莊王”茶楼见面。程龙方将装有10万元现金的纸袋交予李文颐，李文颐清点后离开茶馆，准备驱车时被公安民警当场抓获。同日，被告人尹乐被公安机关拘传到案。

另查明：2009年6月4日，山东省枣庄市中级人民法院依法作出(2009)枣刑二初字第2号刑事判决书，判决被告人尹乐犯受贿罪，判处有期徒刑三年，宣告缓刑四年。缓刑考验期为2009年6月4日至2013年6月3日。尹乐因前罪于2007年12月1日被刑事拘留，同年12月14日被逮捕，2009年6月4日被释放。

重庆市北碚区人民法院认为，被告人尹乐在缓刑考验期内索贿，与行贿人程龙方对索贿、行贿的具体内容达成共识，属于事先有约定的事后受财，应当以实施索要行为的时间作为受贿的犯罪构成认定时间点，故尹乐所犯非国家工作人员受贿罪的成立时间在其缓刑考验期内。同时，尹乐和李文颐收受10万元贿赂款是双方约定的索取财物行为的最终贯彻，并非基于警察或他人的引诱或欺骗，该行为并非“警察圈套”。尹乐、李文颐身为公司工作人员，利用职务上的便利，为他人谋取利益，共同索取他人财物共计人民币60万元，其行为均已构成非国家工作人员受贿罪。公诉机关指控的罪名成立，尹乐在缓刑考验期内犯新罪，应当撤销缓刑，对新犯的罪作出判决，把前罪和后罪所判处的刑罚数罪并罚。依据《中华人民共和国刑法》第一百六十三条第一款、第七十七条第一款、第六十七条第三款、第六十一条、第六十四条、第五十九条之规定，判决如下：

1. 撤销山东省枣庄市中级人民法院(2009)枣刑二初字第2号刑事判决中对被告人尹乐“宣告缓刑四年”的部分。

2. 被告人尹乐犯非国家工作人员受贿罪，判处有期徒刑五年，并处没收财产人民币一万元，与前罪判处的有期徒刑三年并罚，决定执行有期徒刑六年六个月，并处没收财产人民币一万元。

3. 被告人李文颐犯非国家工作人员受贿罪，判处有期徒刑五年，并处没收财产人民币一万元。

4. 对公安机关扣押在案的赃款人民币60万元依法予以追缴。

一审宣判后，尹乐、李文颐不服，均提出上诉。

尹乐、李文颐及其辩护人提出，受贿金额中有10万元系在公安机关的控制下交付，系警方以“警察圈套”的方式诱使犯罪，不应认定。尹乐的辩护人同时提出，尹乐在缓刑期间与李文颐共谋索取他人财物的行为属犯意流露，不应受处罚，收受50万元的实行行为是在缓刑考验期之后，系在缓刑期满后重新犯罪，故不应撤销缓刑。

重庆市第一中级人民法院经开庭审理查明的事实、证据与一审相同。

重庆市第一中级人民法院审理认为，上诉人尹乐、李文颐身为非国有公司的总经理和副总经理，利用职务上的便利，为他人谋取利益，共同索取他人财物共计60万元，数额较大，其行为均构成非国家工作人员受贿罪。尹乐在缓刑考验期内与李文颐共谋，由李文颐向程龙方索要工程好处费，且双方就贿赂金额和给付时间达成合意，该索要的行为属于已经着手实施的犯罪行为，并非犯意流露，该犯罪行为从李文颐索要贿赂款起，到其收受贿赂款止，已经构成一个完整的、不可分割的犯罪整体，尹乐在缓刑考验期内犯新罪，应当撤销缓刑，对新犯的罪作出判决，把前罪和后罪所判处的刑罚，实行数罪并罚。关于收受余下的10万元属“警察圈套”的意见，该索贿犯意的提出、商谈数额以及交易的实施均由其本人积极主动实施，并非在警察的引诱下完成，不属于“警察圈套”。鉴于最高司法机关对非国家机关工作人员受贿罪的犯罪数额已作出新的司法解释规定，尹乐、李文颐的犯罪数额属于较大，故对原判认定其犯罪数额属于巨大予以纠正。据此，依照《中华人民共和国刑法》第一百六十三条第一款、第七十七条第一款和第二款、第七十五条、第二十五条第一款、第六十九条第一款、第六十七条第三款、第六十一条、第六十四条、第五十九条之规定，改判：上诉人尹乐犯非国家工作人员受贿罪，判处有期徒刑二年八个月，与前罪判处的有期徒刑三年并罚，决定执行有期徒刑四年；上诉人李文颐犯非国家工作人员受贿罪，判处有期徒刑二年三个月。

二、主要问题

1. 被告人尹乐在缓刑考验期内与行贿人就贿赂的有关事项达成合意，在缓刑执行期满后收受钱款的，能否认定为其在缓刑考验期内犯新罪并据此撤销缓刑，实行数罪并罚？

2. 被告人索贿被举报后，在警察布控的场所内收受贿赂并被现场抓获，该笔贿赂款应否计入受贿犯罪数额？

三、裁判理由

（一）被告人在缓刑考验期内与行贿人达成贿赂合意，在缓刑执行期满后收取财物的，可以认定"在缓刑考验期内犯新罪"

刑法第一百六十三条规定的非国家工作人员受贿罪，是指公司、企业或者其他单位的工作人员利用职务上的便利，索取他人财物或者非法收受他人财物，为他人谋取利益，数额较大的行为。鉴于非国家工作人员受贿罪与受贿罪除主体身份和侵犯法益种类不同外，其他的构成要件包括犯罪手段等均与受贿罪相同，故对该二罪合并为类罪予以讨论。

在司法实践中，非国家工作人员受贿罪和受贿罪有以下三种表现形式：第一，事先受贿，即在为行贿人谋取利益之前先行收受贿赂款，之后再利用职务便利为行贿人谋取利益；第二，受贿人收受贿赂款的时间与为行贿人谋取利益的时间同步，即收受贿赂的时间与为请托人谋取利益的时间差较短，基本处于同步状态；第三，行贿人与受贿人先约定好请托事项和贿赂款数额，受贿人收受贿赂款的时间晚于为行贿人谋取利益的时间点，该种情况没有明确的法律规定期限，有的受贿人在案发时尚未来得及收取贿赂款，有的受贿人甚至在退休后才收取贿赂款等。由于"为他人谋取利益"与"收受他人财物"之间可能存在分离，何种情况下成立犯罪，何种情况下尚不能构成，这在个案中就有了不同的认识。有的观点把受贿人实际收到贿赂款作为犯罪成立的必备要件，有的观点则认为受贿人为行贿人谋取利益并就贿赂达成合议即可构成等。这些观点争议的实质在于对非国家工作人员受贿罪和受贿罪的犯罪构成要件齐备的理解上存在分歧。故对此问题应在分析该二罪的罪质基础上来准确界定该二罪的犯罪构成要件。

我国理论界关于受贿罪的侵害法益（客体）通说观点为国家工作人员职务行为的廉洁性，同理，非国家工作人员受贿罪侵犯的法益则为公司、企业工作人员职务的廉洁性。从受贿罪和非国家工作人员受贿罪的法益分析，该二罪既然侵犯的法益为职务廉洁性，那么对该二罪就应以职务廉洁性是否现实性地受到了侵害作为构罪标准进行分析判断。对于受贿犯罪，因利用职务便利为他人谋取利益行为和收受贿赂之间具有因果关联关系，所以不论事前受贿抑或事后受贿，凡是达成了明确的贿赂合意，并就此合意实施了行为，包括为行贿人实施了为他人谋取利益的行为和收受财物行为之一的，其职务廉洁性就受到了侵害，就应认定构成了该二罪，这也是该二罪的罪质构成要件的核心。至于是否现实地收到了贿赂款物只影响评价犯罪是否既遂，并不影响犯罪要件的齐备。即，典型的受贿犯罪是指受贿人收受了行贿人财物并为行贿人谋取了利益，但在非典型的受贿犯罪中，犯罪的构成要件齐备具体包括以下几种情况：第一，在索贿型犯罪中，凡是行为人索取到了他人财物，不论是否为他人谋取利益均构成犯罪，即使行为人和被索取贿赂的一方没有就谋取利益事项进行商谈和承诺也不影响犯罪的成立；第二，在主动行贿型犯罪中，行贿人和受贿人就行贿财物内容达成明确合意后，受贿人为行贿人谋取了利益，但尚未收取到财物，或者收到了财物但尚未为行贿人谋取利益的，均构成受贿罪或非国家工作人员受贿罪。实践中，在尚未收取到贿赂款时即案发的一般可认定为犯罪未遂，并不影响对其行为认定为犯罪的评价。

由以上分析可见，在司法实践中应注意区分受贿罪和非国家工作人员受贿罪的犯罪构成要件与犯罪事实组成要素的不同性质，不应将两者混为一谈。犯罪构成要件一般指的是认定构成犯罪的基本要件，一般包括适格的主体、犯意、实施行为以及是否有阻却事由等，犯罪要件齐备后就应认定构成犯罪，而在构成犯罪的前提下，一些犯罪行为的事实构成要素一般仅影响判断是否属于犯罪特殊形态及对行为人的刑罚裁量，如是否属于犯罪未遂、犯罪中止，是否有从轻、减轻情节等，并不影响对其犯罪成立与否的认定。例如，甲利用职务便利为他人谋取了利益并商定了受贿金额，在未收到贿赂款时即被举报并案发，甲构成受贿罪的时间应为其与行贿人达成贿赂合意并利用职务便利为行贿人谋取利益的时间，尚未收到财物仅评价为未遂，但并不影响甲在该时间点构成受贿罪。

具体到本案，被告人尹乐与行贿人商谈并就收受贿赂的金额达成合意的时间是在其缓刑考验期内，其为行贿人利用职务便利谋取利益的行为时间也是在缓刑考验期内，虽然其收受贿赂款的时间是在其缓刑考验期满后，但其犯罪的成立时间点仍应认定是在缓刑考验期内，其事后收受索贿款的行为仅为贯彻其事先与行贿人达成的收买职务行为的合意，其为行贿人谋取利益的行为已经现实性地对职务廉洁性造成了侵害，故其行为已构成非国家工作人员受贿罪。在这里，被告人收受贿赂款的行为并非衡量其行为是否构罪的要件，而是犯罪构成的事实要素之一，仅对评价其行为既遂未遂有意义。故本案一审、二审认定被告人尹乐在缓刑考验期内犯罪，并据此撤销缓刑数罪并罚的处理是正确的。

（二）关于被告人在侦查人员的监控下收受10万元是否属于“侦查陷阱”的问题

本案中，被告人尹乐、李文颐上诉提出，受贿金额中有10万元系在公安机关的控制下交付，即以“警察圈套”的方式诱使犯罪，不应认定。

关于“侦查陷阱”或“警察圈套”的含义，一般是指侦查人员设置圈套，以实施某种行为有利可图为诱饵，暗示或诱使侦查对象暴露其犯罪意图并实施犯罪行为，待犯罪行为实施时或结果发生后，拘捕被诱惑者。① 侦查陷阱的基本特点是侦查人员主动、欺骗并且诱导他人实施“犯罪行为”，而非行为人主动实施的犯罪行为，即，犯意的提起和行为的进展均是受侦查人员掌控并且诱惑、鼓动行为人实施。对于侦查陷阱，应视案件的不同情况判断是否构成犯罪和罪行轻重。2000年最高人民法院《全国法院审理毒品犯罪案件工作座谈会纪要》（以下简称《纪要》）曾规定，“犯意引诱”是指行为人本没有实施毒品犯罪的主观意图，而是在特情诱惑和促成下形成犯意，进而实施毒品犯罪。对这种情况的被告人，应当从轻处罚。但《纪要》仅明确了犯意引诱，没有对“侦查陷阱”或“警察圈套”进行进一步的区分规定，目前在司法实践中只有根据案件的具体情况结合刑法的基本理论对是否属于“侦查陷阱”进行分析判断并确定其罪责。

具体到本案，二被告人主动提出要求合同承包人需支付合同金额30%即140万元作为好处费，并要求对方在2014年春节前先支付50万元，延后再支付10万元，侦查人员是在二被告人准备接受贿赂款10万元时接到报案，布下监控并现场抓获了被告人，整个行为过程中并没有侦查人员的引诱、鼓动或欺骗，故二被告人收受10万元贿赂款的行为过程不属于“警察圈套”或“侦查陷阱”，应属于侦查中的“控制下交付”。所谓“控制下交付”，2000年通过的联合国《打击跨国有组织犯罪公约》中规定：“控制下交付系指在主管当局知情并由其进行监测的情况下允许非法或

① 龙宗智：《理论反对实践》，法律出版社2003年版，第186页。

可疑货物运出、通过或运入一国或多国的领土的一种做法，其目的在于侦查某项犯罪并辨认参与该项犯罪的人员。"①"控制下交付"的特点是"静观其变"，手段仅包括采用技术手段沿途监控、派遣线人或侦查人员贴靠进行监控，或从内部策反成员进行监控。但犯罪计划和机会都是对象自己创造的，"控制下交付"本身并没有"诱惑"的成分，而仅仅是对其本来过程进行掌握而已。可见，它与"侦查陷阱"或"侦查诱惑"的不同在于前者体现为对犯罪过程的"监控性"，不对犯罪进程有任何改变和介入，仅为防止犯罪结果的扩大和便利抓获犯罪嫌疑人与缴获赃物，对定罪量刑影响不大。后者则有"诱导性"，即包括促使行为人的犯意产生、促成犯罪行为的进行等，侦查人员对犯意的产生和犯罪行为的进行有较大促成作用，但在"侦查陷阱"情况下是否构成犯罪和量刑仍需结合个案情况具体分析。

在本案中，因为索贿犯意的提出、商谈数额以及交易的实施均由二被告人积极主动实施，并没有侦查人员的引诱、鼓动或欺骗，不属于"警察圈套"，侦查人员仅是在交付贿赂款时接到报案，进行布控并抓获被告人，抓获被告人时其行为已经完成。所以，被告人尹乐和李文颐的辩解意见不能成立，一审、二审判决、裁定的定性准确。

（撰稿：最高人民法院刑四庭　李剑弢
重庆市北碚区人民法院　邓海燕
审编：最高人民法院刑二庭　韩维中）

---

① 陈光中主编：《21世纪域外刑事诉讼立法最新发展》，中国政法大学出版社2004年版，第2页。

四、破坏金融管理秩序罪

[第941号]李旭利利用未公开信息交易案

——利用未公开信息交易罪司法认定中的证据和法律问题

【关键词】 利用未公开信息交易罪 内幕信息 证据 “老鼠仓”

一、基本案情

被告人李旭利,原系交银施罗德基金管理有限公司(以下简称基金公司)投资决策委员会主席、投资总监兼该公司蓝筹股票证券投资基金(以下简称蓝筹基金)经理。2011年8月26日因涉嫌犯利用未公开信息交易罪被逮捕。

上海市人民检察院第一分院以被告人李旭利犯利用未公开信息交易罪,向上海市第一中级人民法院提起公诉。

上海市第一中级人民法院经公开审理查明:

2005年8月至2009年5月,被告人李旭利担任基金公司投资决策委员会主席、投资总监,2007年8月开始兼任该公司蓝筹基金经理。在此期间,李旭利参与基金公司所有基金的投资决策,并对蓝筹基金进行股票投资拥有决定权。

2009年4月7日,在基金公司旗下蓝筹基金、交银施罗德成长股票证券投资基金(以下简称成长基金)进行工商银行和建设银行股票买卖的信息尚未披露前,李旭利指令五矿证券深圳华富路证券营业部(现为五矿证券深圳金田路证券营业部,以下简称五矿金田营业部)总经理李智君,在名为“岳彭建”“童国强”实为李旭利等控制的证券账户内,先于或者同期于基金公司买入工商银行、建设银行股票,累计成交额人民币(以下币种同)52 263 797.34元,并于同年6月将上述股票全部卖出,股票交易累计获利8 992 399.86元,同时分得股票红利1 723 342.50元。

上海市第一中级人民法院认为,被告人李旭利作为基金管理公司的从业人员,利用因职务便利获取的未公开信息,违反规定,从事与该信息相关的证券交易活动,情节严重,其行为构成利用未公开信息交易罪。据此,依照《中华人民共和国刑法》第一百八十条第一款、第四款,第五十三条,第六十四条之规定,上海市第一中级人民法院以利用未公开信息交易罪,判处被告人李旭利有期徒刑四年,并处罚金1 800万元;违法所得10 715 742.36元予以追缴。

一审判决后,被告人李旭利向上海市高级人民法院提起上诉,辩称其未指令李智君购买工商银行、建设银行股票。

上诉人李旭利的二审辩护人向上海市高级人民法院提出以下辩护理由:(1)李旭利的认罪供述,是在侦查阶段受到侦查人员以缓刑引诱、以“不配合工作便抓捕其妻子袁雪梅”相胁迫的情况下作出的;袁雪梅的证言,是在侦查人员要求李旭利给袁雪梅写信,李在信中描述相关情节后,袁按信中内容陈述的。故请求排除李旭利在侦查、审查起诉、一审期间的所有认罪供述以及证人袁雪梅于2011年9月5日在侦查机关指证李旭利指令李智君购买股票的证言。(2)证明李旭利指令李智君购买工商银行、建设银行股票的证据不足,不排除涉案相关股票系李智君为提高自己的业绩自行决定购买,原判认定李旭利犯利用未公开信息交易罪的事实不清,证据不足。(3)涉案账户对工商银行、建设银行股票的交易，不符合以低价先于基金公司买入，并以高价先于基金公司卖出的"先买先卖"的客观特征，李旭利的行为不构成利用未公开信息交易罪。(4)工商银行、建设银行都是超级大盘股，基金公司旗下基金对其股票的买入，不可能拉升其股价，认定李旭利利用未公开信息指令李智君购买上述股票，不符合情理。(5)根据刑法第一百八十条第四款的规定，构成利用未公开信息交易罪必须"违反规定"，李旭利没有违反规定，故不构成犯罪。

本案二审开庭审理前，上海市高级人民法院召开了庭前会议。根据辩护人在庭前会议上提出的申请，合议庭开庭审理前调取了李旭利在侦查阶段写给袁雪梅的2封信提供给辩护人，并向辩护人提供了李旭利在侦查机关第一次作出认罪供述的完整同步录音录像并让其观看。

在开庭审理过程中，法庭就证据收集的合法性进行了调查。上海市人民检察院出庭检察员当庭决定，对袁雪梅2011年9月5日在侦查机关指证李旭利指令李智君购买股票的证言予以撤回，不作指控证据使用。辩护人出示和宣读了二审期间会见李旭利所作的笔录及检察机关对李旭利所作的讯问笔录、李旭利在侦查阶段写给袁雪梅的2封信以及其写给李智君的1封信、袁雪梅亲笔书写的情况说明等线索材料。根据出庭检察员的申请，法庭通知本案两名侦查人员出庭说明情况。合议庭经休庭评议后当庭宣布，根据对李旭利供述认罪过程和相关录音录像资料的审查，结合法庭调查查明的事实和证据，李旭利及其辩护人提供的相关线索材料，不能证明侦查人员讯问李旭利时实施了刑讯逼供行为，也不能证明侦查人员胁迫、引诱李旭利供认犯罪事实。李旭利供认的作案过程及相关细节系其自行叙述形成，李旭利及其辩护人提出侦查人员胁迫、引诱李旭利供述犯罪事实查无实据。据此，合议庭决定，对李旭利及其辩护人提出排除李旭利认罪供述的申请不予支持；对袁雪梅2011年9月5日在侦查机关所做的证言，鉴于李旭利及其辩护人申请排除，检察员也已当庭决定撤回不做指控证据使用，故决定予以排除。

上海市高级人民法院经审理后认为，原判认定李旭利犯利用未公开信息交易罪的事实清楚，证据确实、充分，适用法律正确，量刑适当，审判程序合法。上诉人李旭利提出的上诉理由及其辩护人提出的辩护意见均不能成立。据此，依照《中华人民共和国刑事诉讼法》第二百二十五条第一款第(一)项之规定，上海市高级人民法院裁定驳回上诉，维持原判。

二、主要问题

1. 如何把握利用未公开信息交易犯罪的证据标准？

2. 构成利用未公开信息交易罪是否以"先买先卖"同时具备为要件？

3. 相关公司买入涉案股票行为对股票价格的影响以及行为人的获利情况是否影响利用未公开信息交易犯罪的成立？

4. 如何理解利用未公开信息交易罪中的"违反规定"？

三、裁判理由

(一)没有被告人或者操盘手的供述或证言，综合全案相关客观证据能够认定被告人实施了利用未公开信息交易犯罪行为的，可以认定有罪

利用未公开信息交易罪在客观方面主要表现为，行为人因职务便利获取了内幕信息以外的其他未公开的信息，然后利用未公开信息从事了与该信息相关的证券期货交易活动，且情节严重。根据刑法的相关规定，行为人利用了未公开信息进行交易是认定利用未公开信息交易罪的必要条件之一。由于行为人基于职务便利获取未公开信息后，往往是通过行为人以外的其他人秘密进行交易的，要证明行为人构成犯罪，一般都需要有证据证明行为人和操盘手之间存在犯意联络，而对这一犯意联络的存在往往是通过行为人本人的供述和操盘手的证言予以证实。司法实践中，如果行为人否认犯罪，操盘手又基于种种原因拒绝提供真实证言时，被告人之间犯意联

络的认定便会变得更加复杂。本案中,李旭利在一审庭审及之前的供述中均供认是其指令李智君购买涉案股票,但在二审过程中翻供,否认其指令李智君购买涉案股票。李旭利妻子袁雪梅指证李旭利指令李智君购买涉案股票的证言,又因为侦查人员的不当行为被二审法庭排除,而李智君的证言在李旭利是否指令其购买涉案股票的问题上又含混其词,称"记不清"了,"想不起详细情况"了,本案在二审中的人证就只有李旭利在侦查、审查起诉以及一审庭审中的认罪供述,在这种情况下,是否还可以认定李旭利指令李智君购买了涉案股票,是本案的一个焦点和难点。

依照刑事诉讼法第五十三条的规定,对一切案件的判处都要重证据,重调查研究,不轻信口供。只有被告人供述,没有其他证据的,不能认定被告人有罪和处以刑罚;没有被告人供述,证据确实、充分的,可以认定被告人有罪和处以刑罚。在利用未公开信息交易犯罪案件中,能够证明行为人是否利用了未公开信息交易并非仅有言词证据,还包括书证、电子数据、鉴定意见等客观证据。由于此类案件中的犯罪手段隐蔽性强,故要更加注重对客观证据的审查。如果综合全案相关证券账户的交易记录、电子计算机的 IP 地址、证券交易资金情况等客观证据材料,能够认定行为人利用了未公开信息实施相关证券期货交易,就可以认定有罪。本案中,二审法院认为,即使排除袁雪梅 2011 年 9 月 5 日的证言,综合下列事实和证据亦足以认定涉案岳彭建、童国强五矿金田营业部证券账户中的工商银行、建设银行股票系李旭利指令李智君购买的:

1. 李旭利因其职务便利而事先掌基金公司旗下基金购买工商银行、建设银行股票的未公开信息

在案证据证实,基金公司投资决策委员会是基金投资的最高决策机构;投资总监全面负责公司的投资管理业务;投资总监及基金经理在投资决策委员会制定的权限范围内负责基金投资具体工作;基金公司基金经理的职责是在公司投资管理制度和投资决策委员会授权范围内,进行本人管理基金的投资决策。李旭利在基金公司所任职务使其在投资交易系统拥有投资决策、风险控制、组合管理、信息查询、系统管理五大类权限,包括查看股票池信息,查看、查询所有基金的指令,查看所有基金的持仓分析、交易报表、成交汇总、持仓变动报表等。2009 年 3 月 3 日、4 月 2 日的投资决策委员会由李旭利主持。会议决议表明,投资决策委员会批准成长基金、精选基金、蓝筹基金、稳健基金可持仓工商银行股票超过基金净值比例的 5%;会议中李旭利还建议可以持有银行股。2009 年 4 月 1 日至 3 日及同月 7 日,李旭利均有登录基金公司交易系统的情况,其中 4 月 7 日登录时间为 9 时 32 分。

2. 涉案证券账户资金来源于李旭利夫妇及其亲属,李旭利系账户实际控制人之一

在案证据证实,涉案购买工商银行和建设银行股票的岳彭建、童国强五矿金田营业部证券账户系李旭利之妻袁雪梅借用岳彭建、童国强的身份证件于 2007 年 5 月 30 日开户,李旭利系两账户实际控制人之一。两账户内资金本金 4 580 万余元,除 180 万元来源于袁雪梅父亲袁利民招商证券深圳南油大道营业部证券账户外,其余 4 400 万余元均来源于廖举凤、童国强招商证券深圳南油大道营业部证券账户,由上述两证券账户以本金 1 152 万余元进行股票交易盈利累积而成。而廖举凤、童国强招商证券深圳南油大道营业部证券账户资金本金 1 152 万余元,分别来源于李旭利建设银行、招商银行、广发银行账户 315 万余元,袁雪梅中国经济开发信托投资公司证券营业部证券账户、招商银行、中国银行 216 万余元,童国强招商证券深圳福民路营业部证券账户 162 万余元,袁雪梅招商证券深圳福民路营业部证券账户资金、转入股票市值共计 457 万余元。上述袁雪梅招商证券深圳福民路营业部证券账户资金、转入股票市值共计 457 万余元的资金来源,除 2000 年 10 月 9 日至 2001 年 4 月 19 日存入资金 15 万余元外,其余 442 万余元系袁雪梅、岳素芳(李旭利母亲)、袁雪松(袁雪梅哥哥)、廖举凤股东账户股票转入,具体为袁雪梅烟台发展 242 615

股330万余元，岳素芳东方钽业22 600股104万余元，袁雪松秦风农业2 300股6万余元，廖举凤天方药业500股1万余元。

3. 涉案证券账户在基金公司旗下基金购买工商银行和建设银行股票期间满仓购买相同股票

在案证据证实，童国强五矿金田营业部证券账户于2009年4月7日上午买入建设银行982 900股，买入金额为446万余元。成长基金于2009年4月9日买入建设银行19 999 950股。岳彭建五矿金田营业部证券账户于2009年4月7日上午买入工商银行11 605 000股，买入金额为4 779万余元。蓝筹基金于2009年4月7日上午买入工商银行49 999 972股，成长基金于2009年4月7日、9日共计买入工商银行24 445 128股。其中，蓝筹基金2009年4月7日买入的工商银行股票系李旭利亲自下达买入指令，时间为上午9时46分；而同日岳彭建证券账户买入工商银行股票的时间为上午9时27分至9时36分，前后相间仅10分钟。岳彭建、童国强证券账户于2009年4月7日买入工商银行、建设银行股票后，账户余额分别只剩15万余元和8 300元，均系满仓购买。而童国强证券账户从2007年5月30日开户至2010年7月7日销户，岳彭建证券账户从2007年5月30日开户至2010年12月21日，除2009年4月7日外，从未有过购买工商银行和建设银行股票的记录。

4. 李智君擅自决定为李旭利购买涉案股票既缺乏证据支持也与常理不合

李旭利及其辩护人提出，涉案证券账户购买工商银行和建设银行股票不排除由李智君自行决定的可能，并提供了袁雪松、袁雪梅证言等相关证据。

我们认为，李旭利及其辩护人上述主张不能成立，理由如下：

首先，袁雪松关于李智君说因为看到涉案账户很长时间没有使用，就帮助购买了工商银行和建设银行股票的说法得不到李智君证言的印证。至于袁雪梅关于其听袁雪松和李旭利讲涉案工商银行、建设银行股票是李智君决定购买的证言，仅仅是对袁雪松和李旭利述称的转述，属传闻证据，且又得不到袁雪松证言和李旭利供述的印证。同时，又鉴于袁雪松、袁雪梅与本案有重大利害关系，二人的证言难以采信。

其次，李智君缺乏甘冒风险擅作购买决定的基本行为动机。第一，擅自交易所产生的法律责任重大。根据证券法第一百四十三条、第一百四十六条、第二百一十一条、第二百一十二条的规定，①未经客户委托，擅自为客户买卖证券，或者接受客户的全权委托而决定证券买卖、选择证券种类、决定买卖数量或者买卖价格，不仅造成客户的损失将全部由证券公司承担，并且还将对证券公司处以没收违法所得、并处罚款，直至撤销相关业务许可或者责令关闭等严厉处罚；同时相关责任人员也将受到警告、撤销任职资格或者证券从业资格，并处罚款等同样严厉的制裁，法律责任重大。第二，涉案股票交易额巨大，违规擅自交易风险亦巨大。根据业内行情，证券公司收

---

① 证券法第一百四十三条规定："证券公司办理经纪业务，不得接受客户的全权委托而决定证券买卖、选择证券种类、决定买卖数量或者买卖价格。"第一百四十六条规定："证券公司的从业人员在证券交易活动中，执行所属的证券公司的指令或者利用职务违反交易规则的，由所属的证券公司承担全部责任。"第二百一十一条规定："证券公司、证券登记结算机构挪用客户的资金或者证券，或者未经客户的委托，擅自为客户买卖证券的，责令改正，没收违法所得，并处以违法所得一倍以上五倍以下的罚款；没有违法所得或者违法所得不足十万元的，处以十万元以上六十万元以下的罚款；情节严重的，责令关闭或者撤销相关业务许可。对直接负责的主管人员和其他直接责任人员给予警告，撤销任职资格或者证券从业资格，并处以三万元以上三十万元以下的罚款。"第二百一十二条规定："证券公司办理经纪业务，接受客户的全权委托买卖证券的，或者证券公司对客户买卖证券的收益或者赔偿证券买卖的损失作出承诺的，责令改正，没收违法所得，并处以五万元以上二十万元以下的罚款，可以暂停或者撤销相关业务许可。对直接负责的主管人员和其他直接责任人员给予警告，并处以三万元以上十万元以下的罚款，可以撤销任职资格或者证券从业资格。"

取客户股票交易的佣金一般在0.2%以下,大客户甚至可以低于0.1%,本案涉案股票成交量虽然巨大,但五矿金田营业部收取的佣金却只有5万~10万元。也就是说,李智君如果为了“提高交易量”而擅自买入工商银行、建设银行股票,其所在的证券公司佣金仅为区区的5万~10万元,而面临的风险却是全部佣金的没收、并处罚款、撤销业务许可、证券公司关闭以及对李智君本人的严厉处罚等,更何况依李旭利等人账户的5 000万元交易单子计算,每下跌1%,即损失50万元,一旦亏损,这些经济损失赔偿将是巨额的。违规擅自决定为李旭利买卖可能发生的经济损失风险及单位和责任人员因此而可能遭受的严厉处罚、制裁风险,显然远远大于因证券营业成交量提高所能带给李智君个人及所在单位的收益,二者根本不成比例。第三,本案涉案交易发生时,证券市场公开信息中并无特别利好因素选择涉案股票。故李智君甘冒风险擅作购买决定缺乏基本的行为动机。

再次,李智君的证言不具有可信度。侦查机关就本案共两次找李智君取证,时间分别为2011年8月16日和2012年2月7日。在两次调查中,侦查人员问李智君为何要在2009年4月7日代为购买工商银行和建设银行股票,是否和袁雪梅或者其他人商量过,李智君分别回答:“记不清了”“想不起详细情况了”。另外,中国证监会在2010年10月15日还找李智君调查过,李智君在此次调查中回答也是非常含混、前后矛盾的,她首先表示:“2009年4月7日这次帮袁雪梅买入工商银行、建设银行股票前面我没有跟袁雪梅打电话,买入之后我没有立即通知袁雪梅,具体什么时候通知袁雪梅我记不清楚了。”当调查人员再问:“你再想想清楚,2009年4月7日你帮岳彭建、童国强证券账户下单之前,你与袁雪梅通过电话吗?”李智君回答:“2009年4月6日、7日我与袁雪梅应该通过电话,具体内容记不得了。2009年4月7号我帮袁雪梅的岳彭建、童国强证券账户下单之后应该与袁雪梅通过电话,具体内容记不得了。”本案涉案交易系涉及5 000余万元的巨额满仓交易,对如此巨额的交易行为“记不清”,显然不符合常理。同时,鉴于李智君与本案有重大利害关系,结合李旭利在原审以及侦查机关的认罪供述内容,李智君在接受调查过程中的含混其词,具有明显的不合理性,充分表明其证言不具有可信度。

此外,本案涉案交易的特殊背景以及李旭利在原审和侦查阶段供认系其本人向李智君发出了购买指令的事实,进一步排除了李智君擅作决定购买股票的可能性。

最后,控辩双方提交的其他证据材料中,亦无证明李智君甘冒风险擅作决定为李旭利购买涉案股票的证据。

5.李旭利在本案一审判决前稳定供述系其指令李智君购买工商银行和建设银行股票

李旭利本人在侦查、审查起诉及一审庭审中均供认是其本人指令李智君购买涉案工商银行、建设银行股票,且供述一直较为稳定,在二审中才以侦查人员对其实施引诱、胁迫为由翻供。对此,二审法庭依法启动证据收集合法性调查程序。合议庭在庭审前即将李旭利在侦查机关第一次作出认罪供述的完整同步录音录像交予辩护人观看。庭审中,李旭利的辩护人对录音录像未提出异议。同时,合议庭还依法通知本案侦查人员出庭说明情况,并由控辩双方对其进行了询问。经过庭审,未发现李旭利辩解所称侦查人员对其实施胁迫、引诱的证据。李旭利上述辩解查无实据,不能成立。法庭据此认定,侦查机关讯问取得的李旭利认罪供述合法有效,依法可以作为定案的证据。

综上,本案现有证据和相关事实,足以认定涉案岳彭建、童国强五矿金田营业部证券账户中的工商银行、建设银行股票系李旭利指令李智君购买,辩护人提出的不排除涉案股票系李智君为提高自己的业绩自行决定购买的辩护意见,与事实不符,不能成立。

（二）构成利用未公开信息交易罪不以“先买先卖”同时具备为要件

李旭利的辩护人提出，涉案账户对工商银行、建设银行股票的交易，不符合“先买先卖”的特征，李旭利的行为不构成利用未公开信息交易罪。

辩护人所提的“先买先卖”是典型“老鼠仓”的特征。一些基金公司、证券、期货、保险公司等资产管理机构的从业人员，主要是机构经理、操盘手，在用客户资金买入证券或者其衍生品、期货或者期权合约等金融产品前，以自己名义，或假借他人名义，或者告知其亲属、朋友、关系户，先行低价买入证券、期货等金融产品，然后用客户资金拉升到高位后自己率先卖出获利，使个人以相对较低的成本牟取暴利。由于这些人户大多隐秘，偷食股票期货上涨牟利，因而被形象地称为“老鼠仓”。“老鼠仓”只是一个约定俗称，各国对“老鼠仓”的界定并不是完全统一的。在我国，典型的“老鼠仓”是利用未公开信息交易犯罪的一种形式，但利用未公开信息罪的外延要大于典型“老鼠仓”的范围。依照刑法规定，构成利用未公开信息交易罪并不以“先买先卖”同时具备为条件。只要行为人利用因职务便利获取的未公开信息，违反规定从事与该信息相关的证券、期货交易活动，达到“情节严重”的程度，就构成该罪。如利用所任职基金公司未公开利好信息先行或者同期买入某一股票，在所任职基金公司卖出相关股票后，行为人基于个人判断或者其他原因继续持有该股票，也可构成利用未公开信息交易罪。再如，行为人在所任职基金公司买入相关股票后再买入同样股票，在获悉所任职基金公司的未公开利空信息后，先于基金卖出相同股票，也可构成利用未公开信息交易罪。

本案中，在案证据证实，根据中国证监会对基金定期报告信息披露的相关规定，2009 年 8 月 28 日报出的蓝筹基金 2009 年半年报中披露了对工商银行的股票投资，成长基金 2009 年半年报中披露了对工商银行、建设银行的股票投资。在此之前，相关信息都属于“未公开信息”。涉案证券账户中的建设银行和工商银行股票大多数均早于资金公司旗下的蓝筹基金、成长基金购买，李旭利的行为属于“先买”或者“同期购买”。关于卖出时间，童国强证券账户中的建设银行股票晚于成长基金卖出；岳彭建证券账户卖出涉案工商银行股票系在蓝筹基金账户中的部分工商银行股票已经卖出，部分尚未卖出的期间，属于同期于基金卖出，故李旭利的行为全部属于“先买”或者“同期购买”，部分属于“同期卖出”，符合利用未公开信息交易罪的构成要件。

（三）相关基金公司对涉案股票的买入行为是否影响涉案股票的价格及行为人是否实际获利，均非决定利用未公开信息交易犯罪是否构成的因素

李旭利的辩护人提出，工商银行、建设银行都是超级大盘股，基金公司旗下基金对其股票的买入，不可能拉升其股价，认定李旭利利用未公开信息指令李智君购买上述股票，不符合情理。

首先，关于基金公司买入超级大盘股是否影响股价的问题。在案证据证实，成长基金于 2009 年 4 月 9 日买入建设银行股票金额达 8 800 余万元，而蓝筹基金和成长基金于 2009 年 4 月 7 日、4 月 9 日共计买入工商银行股票金额达 3.06 亿余元。如此巨额资金投入，即使工商银行、建设银行是超级大盘股，也不可能对其股价波动没有任何作用。而从本案实际情况看，基金公司旗下基金以及涉案岳彭建、童国强证券账户买卖工商银行、建设银行股票，也都是买入时价低，卖出时价高，由此亦可见基金公司旗下基金买入行为发生后，工商银行和建设银行股价上升波动的事实。辩护人所提工商银行和建设银行股票价格不可能因为基金公司旗下基金的买入行为而被拉升的辩护意见，既缺乏逻辑支撑，也与该两股票价格实际上升波动的事实不符。

其次，李旭利作为基金公司投资决策人员，其工作就是依据自身的分析和判断，通过相应程序决策投资可能使公司基金和基金份额持有人利益增值的股票。基金公司旗下基金持仓工商银行等股票，实际上也是在李旭利主持的投资决策委员会决策下所为，其还建议公司基金持有银行

类股票。基于李旭利投资决策的工作性质及其实际决策投资涉案股票行为的事实，足以认定李旭利当时具有看好购买工商银行和建设银行股票可能使持股人利益增值的基本判断，据此亦可认定李旭利对两股票价格可能因公司基金大量投资买入而拉升持相当乐观的心态。因此，应当认定李旭利控制的涉案证券账户满仓买入工商银行和建设银行股票，系其利用基金公司旗下基金购买工商银行等股票的未公开信息指令所致。

最后，从利用未公开信息交易罪侵犯的客体来看，基金公司从业人员利用未公开信息交易相关股票的行为，不仅可能对所任职基金公司的财产利益造成直接损害，更主要的是破坏了公开、公平、公正的证券市场原则，损害了处于信息弱势的散户的利益，违背了基金从业人员对基金公司的忠实义务，损害了有关基金和基金管理人的声誉以及投资者对有关基金及基金管理人的信赖和信心，进而对有关基金的长期运作和基金份额持有人利益造成损害，并对整个证券市场造成损害。因而，刑法设置该罪，针对的就是利用未公开信息从事交易的行为，目的在于惩治该类行为对证券市场正常运行所造成的严重危害，基金公司买入行为对涉案股票价格的影响及行为人是否实际获利，均非决定犯罪是否构成的要素。

（四）利用未公开信息交易罪"违反规定"的认定

李旭利的辩护人提出，根据刑法第一百八十条第四款的规定，构成利用未公开信息交易罪必须"违反规定"，李旭利没有违反规定，故不构成该罪。

对于这一问题，首先应当明确的是，刑法第一百八十条第四款的表述是"违反规定"，而不是"违反国家规定"，两者存在很大的区别。根据刑法第九十六条的规定，"违反国家规定"，"是指违反全国人民代表大会及其常务委员制定的法律和决定，国务院制定的行政法规、规定的行政措施、发布的决定和命令"。《最高人民法院关于准确理解和适用刑法中"国家规定"的有关问题的通知》（法〔2011〕155号）尽管对"国家规定"的范围作了一定延伸，但与利用未公开信息交易罪中"规定"的范围相比，要窄得多，后者不仅包括法律、行政法规，还包括部门规章、地方性法规及行业规范，但公司的内部章程不包括在内。

本案中，李旭利的行为不仅违反了国家法律，也违反了中国证监会的相关规定。全国人大常委会于2003年10月28日通过、2004年6月1日施行的《中华人民共和国证券投资基金法》（以下简称《证券投资基金法》）第十八条规定，基金管理人的董事、监事、经理和其他从业人员，不得从事损害基金财产和基金份额持有人利益的证券交易及其他活动。全国人大常委会于2012年12月28日修订、2013年6月1日施行的《证券投资基金法》第十九条亦有类似规定。中国证监会于2009年3月17日修订、2009年4月1日施行的《基金管理公司投资管理人员管理指导意见》（以下简称《指导意见》）第六条第二款规定："投资管理人员不得利用基金财产或利用管理基金份额之便向任何机构和个人进行利益输送，不得从事或者配合他人从事损害基金份额持有人利益的活动。"《指导意见》第八条规定："投资管理人员应当恪守职业道德，信守对基金份额持有人、监管机构和公司作出的承诺，不得从事与履行职责有利益冲突的活动。"李旭利利用因职务便利获取的所任职基金公司的未公开信息进行证券交易，违背了其作为基金从业人员对基金份额持有人、监管机构以及基金公司作出的承诺，与其职务行为存在利益冲突，损害了基金份额持有人的利益，违反了上述法律和规定。

《指导意见》第二十三条第三款还规定："除法律、行政法规另有规定外，公司员工不得买卖股票，直系亲属买卖股票的，应当及时向公司报备其账户和买卖情况。公司所管理基金的交易与员工直系亲属买卖股票的交易应当避免利益冲突。"根据这一规定，基金管理公司员工买卖股票原本就属于被禁止的行为，即使是修订后的《证券投资基金法》修改了对基金管理公司员工买卖股票的禁止性规定,但仍规定基金从业人员从事股票买卖,应当事先申报,并不得从事与基金份额持有人发生利益冲突的股票交易行为,其实质是更有针对性地严格监管和防止基金管理公司工作人员擅自买卖与所任职的基金公司交易种类相同的股票。李旭利在其所任职的基金公司旗下基金投资买卖工商银行和建设银行股票的同时,未作申报,逃避监管,个人买卖相同股票,与基金份额持有人发生利益冲突,明显属于“违反规定”。

综上,被告人李旭利作为基金管理公司的从业人员,利用因职务便利获取的未公开信息,违反规定,从事与该信息相关的证券交易活动,情节严重,其行为构成利用未公开信息交易罪。

(撰稿:上海市高级人民法院　肖晚祥
审编:最高人民法院刑二庭　王晓东)

[第962号]江树昌骗取贷款案

——骗取小额贷款公司贷款的行为是否构成骗取贷款罪

【关键词】　骗取贷款罪　骗取小额贷款公司贷款　小额贷款公司　非法占有目的

一、基本案情

被告单位上海航旭投资集团有限公司,住所地上海市奉贤区奉城镇工业园区航塘路4588号D座23号,法定代表人江树昌。

被告人江树昌,男,1963年7月30日生,上海航旭投资集团有限公司法定代表人。2013年6月28日因涉嫌犯骗取贷款罪被逮捕。

上海市闵行区人民检察院以被告单位航旭公司、被告人江树昌犯骗取贷款罪,向闵行区人民检察院提出公诉。

上海市闵行区人民法院经公开审理查明:

2012年1月6日,被告人江树昌作为上海航旭投资集团有限公司(以下简称航旭公司)法定代表人,以公司名义向上海闵行九星小额贷款股份有限公司(以下简称九星小贷公司)申请贷款用于购买钢材,并提供了与上海屹荣实业有限公司(以下简称屹荣公司)虚假签订的钢材供销合同,虚报公司财务状况。同年1月13日,航旭公司取得九星小贷公司贷款人民币(以下币种同)600万元后,即用于归还航旭公司及其控股的其他公司的贷款和债务。同年2月至7月,航旭公司支付利息61.72万元,其余款息至今仍未归还,给九星小贷公司造成损失538.28万元。

2013年3月1日,江树昌经公安机关电话通知后主动到案,并如实供述了上述事实。

上海市闵行区人民法院认为,被告单位航旭公司及其直接负责的主管人员被告人江树昌以欺骗手段取得金融机构贷款,给金融机构造成损失538万余元,造成特别重大损失,其行为均构成骗取贷款罪。被告单位及被告人均具有自首情节,依法可以减轻处罚。据此,依照《中华人民共和国刑法》第一百七十五条之一、第六十七条第一款、第五十二条、第五十三条、第六十四条之规定,闵行区人民法院判决如下:

1. 被告单位航旭公司犯骗取贷款罪,判处罚金十万元;
2. 被告人江树昌犯骗取贷款罪,判处有期徒刑二年,并处罚金六万元;
3. 追缴被告单位及被告人的违法所得发还被害单位上海闵行九星小贷公司。

一审宣判后，被告人江树昌不服，以其行为不构成犯罪为由，向上海市第一中级人民法院提起上诉。其辩护人除同意该上诉理由外，还提出根据《金融机构管理规定》《金融许可证管理办法》的规定，小额贷款公司未取得金融许可证，不是金融机构，而是一般的工商企业，故江树昌的行为不构成骗取贷款罪。

上海市第一中级人民法院经审理认为，上诉人江树昌、原审被告单位航旭公司通过欺骗手段取得金融机构贷款，给金融机构造成特别重大损失达538万余元，其行为均构成骗取贷款罪。原审法院根据江树昌、航旭公司的犯罪事实、性质、情节及对社会的危害程度等所作判决并无不当，且审判程序合法，遂裁定驳回上诉，维持原判。

二、主要问题

骗取小额贷款公司贷款的行为是否构成骗取贷款罪？

三、裁判理由

本案审理过程中，对被告人江树昌骗取九星小贷公司贷款的行为如何定性，存在不同认识。这种分歧根源于两点：一是小额贷款公司是否属于金融机构；二是江树昌是否具有非法占有目的。基于小额贷款公司属于金融机构这一前提，如果江树昌具有非法占有目的，可能构成贷款诈骗罪；如果没有，则可能构成骗取贷款罪。具体分析如下：

（一）关于小额贷款公司的性质认定

1. 小额贷款公司是依法经营小额贷款金融业务的有限责任公司或者股份有限公司。第一，发放贷款的业务是金融业务。根据商业银行法第三条的规定，商业银行可以经营下列部分或者全部业务：(1)吸收公众存款；(2)发放短期、中期和长期贷款；(3)办理国内外结算；(4)办理票据承兑与贴现等。商业银行是典型的银行业金融机构，其主营业务包括吸收公众存款、发放贷款等。所以，发放贷款的业务是金融业务自然不存在争议。第二，小额贷款公司的主营业务是发放贷款。根据中国银行业监督管理委员会、中国人民银行联合下发的《关于小额贷款公司试点的指导意见》（以下简称《指导意见》）第一条第一款的规定，小额贷款公司是由自然人、企业法人与其他社会组织投资设立，不吸收公众存款，经营小额贷款业务的有限责任公司或股份有限公司。所以，发放贷款是小额贷款公司的主营业务，甚至是小额贷款公司的唯一经营业务。第三，小额贷款公司经营小额贷款等金融业务是经法定部门依法批准的。根据商业银行法第三条第二款、第三款的规定，商业银行从事吸收公众存款、发放贷款等业务的经营范围由商业银行章程规定，报国务院银行业监督管理机构批准；商业银行经营结汇、售汇业务由中国人民银行批准。所以，经营发放贷款等金融业务的批准机关是国务院银行业监督管理机构和中国人民银行。小额贷款公司经营发放贷款的金融业务是经国务院银行业监督管理机关即中国银行业监督管理委员会和中国人民银行这两个部门依法批准的。所以，小额贷款公司经营发放小额贷款的金融业务是经法定部门依法批准的。第四，小额贷款公司有限责任公司或者股份有限公司的性质不影响其金融机构性质。商业银行法第二条规定，商业银行是指依照该法和《中华人民共和国公司法》设立的吸收公众存款、发放贷款、办理结算等业务的企业法人。根据这一规定，商业银行的本质也是依据《中华人民共和国公司法》设立的企业法人。商业银行的企业法人性质并不影响其金融机构性质的认定。虽然根据《指导意见》的规定小额贷款公司是有限责任公司或者股份有限公司，但是这同样不影响其金融机构性质的认定。企业法人性质和金融机构性质是从不同侧面，根据不同标准所作的法律评价，二者不存在必然的排斥性。所以，小额贷款公司的企业法人性质不影响其金融机构性质的认定。

2. 小额贷款公司是经银行业监督管理机构授权的省级政府主管部门批准设立和主管的其他

金融机构。第一,非银行金融机构的批准设立可以由中国银行业监督管理委员会负责。银行业监督管理法第二条第三款规定:"对在中华人民共和国境内设立的金融资产管理公司、信托投资公司、财务公司、金融租赁公司以及经国务院银行业监督管理机构批准设立的其他金融机构的监督管理,适用本法对银行业金融机构监督管理的规定。"根据这一规定,非银行金融机构的设立可以由中国银行业监督管理委员会批准。第二,小额贷款公司是经银行业监督管理机关授权的省级政府主管部门批准设立的。根据《指导意见》第二条第四款的规定,申请设立小额贷款公司,应当向省级政府主管部门提出正式申请,经批准后,到当地工商行政管理部门申请办理注册登记手续并领取营业执照。此外,还应当在5个工作日内向当地公安机关、中国银行业监督管理委员会派出机构和中国人民银行分支机构报送相关资料。《指导意见》是由中国银行业监督管理委员会、中国人民银行共同制定的,所以可以认为小额贷款公司是经银行业监督管理机关授权的省级政府主管部门批准设立的其他金融机构。第三,小额贷款公司的主管部门是经银行业监督管理机关授权的省级政府部门。根据《指导意见》第五条第一款的规定,凡是省级政府能明确一个主管部门(金融办或者相关机构)负责对小额贷款公司的监督管理,并愿意承担小额贷款公司风险处置责任的,方可在本省(区、市)的县域范围内开展组建小额贷款公司试点。由此可以认为,中国银行业监督管理委员会、中国人民银行作为金融机构的相关主管部门授权省级政府主管部门(金融办或者相关机构)对小额贷款公司的经营活动进行监督管理。

3. 中国人民银行的相关规定已经明确认可小额贷款公司为金融机构。第一,小额贷款公司依法从事金融业务,依法取得中国人民银行赋予的金融机构编码。《中国人民银行关于印发〈金融机构编码规范〉的通知》规定:"本规范规定了金融机构的编码对象、编码结构和表示形式,使每个编码对象获得一个唯一的代码,以适应金融机构信息系统建设和数据交换的需求。"同时,《金融机构编码规范》中规定,"Z-其他1-小额贷款公司"。本案中,中国人民银行上海分行的金融业机构信息年度验证合格通知书和中国人民银行上海总部金融服务二部的金融机构信息变更通知书均载明被害单位九星小贷公司的金融机构代码即为Z1××××××××0016。第二,小额贷款公司同样适用金融机构的金融统计制度。中国人民银行下发的《关于2010年中资金融机构金融统计制度有关事项的通知》明确规定:"境内其他金融机构:除上述机构之外的其他金融机构。包括小额贷款公司等金融机构"。同时,《关于2010年中资金融机构金融统计制度有关事项的通知》还明确要求小额贷款公司适用金融机构的金融统计制度。

4. 是否取得金融许可证并不影响小额贷款公司金融机构性质的认定。第一,辩护人所提的《金融机构管理规定》现已废止。《金融机构管理规定》已被2010年10月26日发布的《中国人民银行、中国银行业监督管理委员会公告(2010)第15号——废止131件规范性文件、宣布失效76件规范性文件的公告》所废止。所以,该《金融机构管理规定》的相关内容不能再作为认定金融机构的依据。第二,金融许可证制度不适用于小额贷款公司。《金融许可证管理办法》系中国银行业监督管理委员会于2007年修改发布的。《指导意见》系中国银行业监督管理委员会、中国人民银行于2008年发布的。该两项规定的发布部门均包括中国银行业监督管理委员会,根据新法优于旧法的原则,小额贷款公司作为创新金融的试点,《指导意见》未规定金融许可证制度适用于小额贷款公司,所以不能以小额贷款公司未取得金融许可证而否认小额贷款公司的金融机构性质。第三,如果金融许可证制度适用于小额贷款公司,那么小额贷款公司未取得金融机构许可证就不能经营贷款等金融业务,否则应当受到中国银行业监督管理委员会的处罚,而事实上中国银行业监督管理委员在《指导意见》中已经明确允许小额贷款公司经营小额贷款业务。

综上所述,小额贷款公司系依法设立的经营小额贷款金融业务的其他非银行金融机构。本案中，根据金融业机构信息年度验证合格通知书、金融机构信息变更书、上海市金融服务办公室批复等证据，足以证实九星小额贷款公司系依法设立的从事贷款金融业务的其他金融机构，符合骗取贷款罪的对象特征。

（二）对不足以证实行为人具有非法占有目的的骗取小额贷款公司贷款的行为，构成犯罪的，应当以骗取贷款罪论处

1. 骗取贷款罪、贷款诈骗罪、合同诈骗罪的区别

实践中，骗取贷款罪和贷款诈骗罪客观上都存在骗取贷款的行为，有时贷款诈骗的行为又被认定为合同诈骗罪。在认定骗取贷款罪时，应当首先对骗取贷款罪、贷款诈骗罪和合同诈骗罪的区别予以厘清。

一方面，骗取贷款罪与贷款诈骗罪、合同诈骗罪的主要区别在于行为人是否具有非法占有目的。骗取贷款罪主观方面要求行为人不具有非法占有目的，而贷款诈骗罪和合同诈骗罪的主观方面都要求行为人具有非法占有目的。对于骗取小额贷款公司贷款的行为，只有行为人明确不具有非法占有目的或者证据不足以证实行为人具有非法占有目的时，才能依照骗取贷款罪定罪处罚。否则，应当以贷款诈骗罪或者合同诈骗罪论处。

另一方面，贷款诈骗罪与合同诈骗罪的主体不同。贷款诈骗罪的主体只能是自然人，合同诈骗罪的主体可以是自然人也可以是单位。最高人民法院印发的《全国法院审理金融犯罪案件工作座谈会纪要》规定，“单位不能构成贷款诈骗罪。根据刑法第三十条和第一百九十三条的规定，单位不构成贷款诈骗罪。对于单位实施的贷款诈骗行为，不能以贷款诈骗罪定罪处罚，也不能以贷款诈骗罪追究直接负责的主管人员和其他直接责任人员的刑事责任。但是，在司法实践中，对于单位十分明显地以非法占有为目的，利用签订、履行借款合同诈骗银行或其他金融机构贷款，符合刑法第二百二十四条规定的合同诈骗罪构成要件的，应当以合同诈骗罪定罪处罚”。

2. 本案不足以证实被告人江树昌具有非法占有目的

首先，骗取贷款罪的客观表现为以欺骗手段取得银行或者其他金融机构贷款，给银行或者其他金融机构造成重大损失或者有其他严重情节的行为。本案中，江树昌作为航旭公司法定代表人，以公司名义向九星小贷公司申请贷款时，使用与屹荣公司虚假签订的钢材供销合同、虚报公司财务状况等欺骗手段，取得贷款后用于归还航旭公司及其控股的其他公司的贷款及债务，给九星小贷公司造成特别重大损失，其行为符合骗取贷款罪的客观要件。

其次，骗取贷款罪的主观方面表现为故意，但不包括非法占有的目的。江树昌的多次供述均证实，航旭公司与屹荣公司签订的钢材供销合同系不真实的，申请贷款的财务报表与公司税务申报时的财务报表差别很大，其骗取贷款的主观故意明显。但因本案现有证据材料不足以证实江树昌及航旭公司申请贷款时航旭公司已资不抵债或者缺乏偿还贷款的能力，也不能排除江树昌及航旭公司因钢贸市场行情而改变贷款用途的可能性，故不能认定江树昌和航旭公司具有非法占有目的。

一方面，本案现有证据不足以证实江树昌与航旭公司在骗取贷款时已经资不抵债或者缺乏偿还贷款的能力。本案曾经被检察院退回补充侦查，要求补充侦查江及航旭公司申请贷款时资金状况已经较差的相关证据，公安机关经补充侦查提供了福州市人民法院的协助执行通知书等证据材料。相关的证据材料协助执行通知书只有一份日期为2012年5月14日，其他的协助执行通知书日期均为2013年以后。但是，本案的贷款时间为2012年1月6日，故现有证据不足以证明江及航旭公司骗取贷款时已经不具有履约能力。

另一方面,本案现有的证据不足以排除江树昌及航旭公司未将贷款用于约定用途系出于市场行情的原因。江树昌提出因为钢贸市场行情,为了避免亏损才将贷款用于归还之前的欠款的辩解。本案现有的证据不包括贷款合同履行时的钢贸市场行情相关材料,尚不足以排除江树昌所提的市场风险的理由。

综上,本案现有证据不足以证实江树昌和航旭公司骗取贷款时具有非法占有目的,不能认定江树昌和航旭公司构成贷款诈骗罪或者合同诈骗罪。江树昌和航旭公司客观上具有骗取金融机构贷款的行为、主观上具有骗取贷款的故意。从有利于被告的原则,应当依法认定江树昌和航旭公司的行为构成骗取贷款罪。

(撰稿:上海第一中级人民法院　任素贤　秦现锋
审编:最高人民法院刑二庭)

[第963号]陈恒国骗取贷款案

——如何认定骗取贷款案件中行为人是否具有非法占有目的

【关键词】　骗取贷款罪　非法占有目的　贷款诈骗罪　主观意图　主客观相一致

一、基本案情

被告人陈恒国(曾用名陈树泉),男,1971年2月7日出生,个体经商户。2012年8月10日因涉嫌犯贷款诈骗罪被逮捕。

河南省罗山县人民检察院以被告人陈恒国犯贷款诈骗罪,向罗山县人民法院提起公诉。

被告人陈恒国辩称公诉机关指控其犯贷款诈骗罪的事实不清,证据不足,应当宣告其无罪。

罗山县人民法院经公开审理查明:2006年10月至2010年11月,被告人陈恒国以他人名义在原河南省罗山县农村信用合作联社山店信用社经信贷员方治彬、陈勇、姚留勋、孟令鹏贷款115笔共计人民币(以下币种同)6 102 000元;其中冒用他人名义贷款18笔共计845 000元。2007年7月29日,陈恒国以他人名义,在原东城信用社,经信贷员孟令鲲贷款1笔500 000元。2007年3月至2008年9月,陈恒国以他人名义,在原涩港信用社,经信贷员周克尤贷款5笔共计380 000元。2008年6月30日,陈恒国冒用张永枝、高霞的名义担保,私刻二人印章,以虚假担保方式,从原莽张信用社贷款900 000元。

陈恒国以他人名义贷款或者担保贷款,将贷款领取后,到期未偿还贷款本金及利息。为应付信阳市清理冒名贷款的检查,山店信用社的信贷员方治彬于2011年7月28日申请将经其发放给陈恒国所贷的款本息1 000 000元转至其名下,并与罗山农村商业银行签订了借款合同。同日,陈勇申请将经其发放给陈恒国的贷款本息450 000元转至其名下。同月27日,姚留勋申请将经其发放给陈恒国的贷款本息700 000元转至其名下。次日,孟令鹏申请将经其发放给陈恒国的贷款本息转至其名下2 000 000元;其经手发放的其余2 500 000元,由陈恒国申请转至陈恒国本人名下。为担保转至信贷员方治彬、陈勇、姚留勋名下的贷款,2011年7月24日,方治彬、陈勇与陈恒国签订了罗山县山店乡水电站、自来水经营管理使用权整体转让协议,协议约定如陈恒国在2012年1月1日以前能够一次性偿还方治彬1 248 000元借款、陈勇523 000元借款,合同作废;如到期不能还清借款,合同当天生效,陈恒国将响水潭水库的自来水、发电站经营权作价

1 771 000元交由方治彬、陈勇。后因乡政府与陈恒国在2006年6月19日签订的水电站、自来水经营管理使用权整体转让协议上有限制转让的规定,方治彬、陈勇未能实现水电站、自来水的经营权。

方治彬在陈恒国既不还款,又无法取得水电站、自来水经营权的情况下,遂于2012年5月23日报案至罗山县公安局,称陈恒国在事先未征得山店乡政府同意的情况下,将其承包山店乡政府的自来水及水电站的经营权转让与其及该行另一信贷员陈勇,并将陈恒国冒名所贷的170余万元贷款转至其与陈勇名下,由其二人承担还本付息义务。次日,罗山县公安局以陈恒国贷款诈骗立案侦查。案发后(2012年12月18日),方治彬、陈勇与陈恒国又达成如下协议:以陈恒国的水电站、自来水经营权抵偿1 770 000元的本金;以陈恒国山店陈楼周山路边造林作价抵偿利息中的100 000元,余款173 100元以陈恒国的轿车作抵押及由许少军担保偿还;今后陈恒国如能用现金一次性全部结清借款本金和利息,方治彬、陈勇同意返还水电站、自来水经营权和陈楼周山路边的林地。2011年7月23日姚留勋与陈恒国达成协议:陈恒国向姚留勋借款793 521元,陈恒国以郑州的房产作抵押。陈恒国同时将其在郑州的房产证交给了姚留勋。2011年7月23日,陈恒国分别向方治彬、陈勇、姚留勋出具了借到现金1 248 000元、523 000元、793 500元的借条;2011年5月1日向孟令鹏出具了欠贷款4 790 000元的欠条。后庭审审理时,方治彬、陈勇、姚留勋当庭均证明将陈恒国以他人名义的贷款转至其三人名下并非自愿的,而是迫于信阳市检查整改压力。姚留勋另证明转至其名下的贷款并非其本人的借款,应当由陈恒国偿还。罗山农村商业银行称方治彬、陈勇、姚留勋、孟令鹏与陈恒国之间就陈恒国以他人名义的贷款转到四人名下的行为是他们的个人行为,应当属于无效行为。以方治彬、陈勇、姚留勋、孟令鹏名义办理的原陈恒国以他人名义的贷款至今未偿还贷款本金。

罗山县人民法院认为,被告人陈恒国多次冒用他人名义贷款845 000元,冒用他人名义担保贷款900 000元,共计骗取银行贷款1 745 000元,情节严重,其行为构成骗取贷款罪。从在案证据分析,陈恒国骗取贷款后,确有开发周党步行街房产、山店林场、山店乡水电站、自来水经营管理权等投资项目;案发前,陈恒国与经办的信贷员签订了转贷协议,并将其资产证件交付了信贷员,可以证明陈恒国确有还款的意愿。综上,认定陈恒国主观上非法占有贷款的证据不足,公诉机关指控陈恒国犯贷款诈骗罪的理由不能成立,应当以骗取贷款罪定罪处罚。

罗山县人民法院还认为,被告人陈恒国以沈世林等18人的名义贷款845 000元,该贷款应当计入骗取银行贷款的数额;公诉机关指控的其余各笔以他人名义的贷款均因无出名人的证言证明,现有证据不能证明属于被告人陈恒国冒用他人名义贷款,只能证明陈恒国以这些人的名义贷款,故公诉机关指控陈恒国冒用他人名义骗取银行贷款6 982 000元不准确,陈恒国冒用他人名义贷款应当认定为845 000元。陈恒国当庭辩称其没有冒用他人名义贷款,是信贷员办理的贷款手续,其借的是信贷员的钱。因与审理查明的事实不符,不予采信。陈恒国的辩护人提出公诉机关指控的冒名贷款中有息转贷的部分,应予以扣除,不应作为犯罪金额计算。因与审理查明的书证不符,对其该辩护意见不予采纳。公诉机关指控陈恒国冒用他人名义担保贷款900 000元。因出名的担保人高霞、张永枝均证明没有为该笔贷款担保,借款手续上的担保人的签章并不是其本人所为,经手办理该笔贷款的信贷员刘中良亦证明担保人高霞、张永枝并未到场办理担保手续,是陈恒国提供的担保人的身份证和私章。陈恒国当庭虽辩称其不认识担保人高霞、张永枝,担保手续是信贷员办理的,其对该笔贷款提供了周党步行街的土地证和规划证作为抵押。经查,该笔贷款为个人信用保证贷款,担保人为被冒名的高霞、张永枝,并不是担保物抵押贷款,陈恒国亦未就此提供证据证明,故该笔贷款系陈恒国冒用他人名义担保而取得的贷款,对于陈恒国的该项辩

解意见不予采纳。据此,依照《中华人民共和国刑法》第一百七十五条之一第一款、第六十四条之规定,罗山县人民法院判决如下:

1. 被告人陈恒国犯骗取贷款罪,判处有期徒刑三年,并处罚金人民币五万元;

2. 陈恒国于判决生效之日起三十日内退赔河南罗山农村商业银行股份有限公司人民币一百七十四万五千元。

一审宣判后,被告人陈恒国未提出上诉,检察机关亦未抗诉,该判决已发生法律效力。

二、主要问题

如何认定骗取贷款案件中行为人是否具有非法占有目的?

三、裁判理由

骗取贷款罪与贷款诈骗罪同属于破坏社会主义经济秩序罪中的个罪,均以贷款为对象,司法实践中对两罪的认定容易混淆。根据刑法第一百七十五条之一的规定,骗取贷款罪是指以欺骗手段取得银行或者其他金融机构贷款,给银行或者其他金融机构造成重大损失或者有其他严重情节的行为。而根据刑法第一百九十三条的规定,贷款诈骗罪,是指以非法占有为目的,诈骗银行或者其他金融机构的贷款,数额较大的行为。从刑法规定的罪状分析,骗取贷款罪与贷款诈骗罪最主要的区别在于主观要件,即行为人主观上是否以非法占有为目的。贷款诈骗罪的目的不仅是骗取贷款,而且是非法占有贷款。而骗取贷款罪采用欺骗手段的目的是在不符合贷款条件的情况下取得贷款,不以非法占有为目的。

非法占有目的,是指行为人实施犯罪行为的目的,在于使财物脱离其合法所有人或者持有人的控制而将其据为己有。质言之,是指行为人改变公私财产所有权的目的。非法占有目的,是行为人的一种主观心理状态,但主观最终必定见诸客观,不可能完全脱离客观外在活动而存在。对行为人非法占有目的的认定,可以通过行为人具体实施的客观行为加以判断。实践中,有的行为体现非法占有的目的非常直接明显,如使用虚假证明骗取贷款后携款逃跑;但也有的行为难以单独体现行为人主观上的非法占有目的。如刑法第一百九十三条规定的五项情形:(1)编造引进资金、项目等虚假理由的;(2)使用虚假的经济合同的;(3)使用虚假的证明文件的;(4)使用虚假的产权证明作担保或者超出抵押物价值重复担保的;(5)以其他方法诈骗贷款的。上述五项情形,只能证明行为人主观上具有非法占有目的的可能性,是否实际具有非法占有的目的,还必须借助相关的客观事实加以分析认定。

最高人民法院2001年1月21日印发的《全国法院审理金融犯罪案件工作座谈会纪要》(以下简称《纪要》)强调,在司法实践中,认定是否具有非法占有为目的,应当坚持主客观相一致的原则,既要避免单纯根据损失结果客观归罪,也不能仅凭被告人自己的供述,而应当根据案件具体情况具体分析。结合司法实际,一般而言,对于行为人通过欺骗的方法非法获取资金,造成数额较大资金不能归还,并具有下列情形之一的,可以认定为具有非法占有的目的:(1)明知没有归还能力而大量骗取资金;(2)非法获取资金后逃跑的;(3)肆意挥霍骗取资金的;(4)使用骗取的资金进行犯罪活动的;(5)抽逃、转移资金、隐匿财产,以逃避返还资金的;(6)隐匿、销毁账目,或者搞假破产、假倒闭,以逃避返还资金的;(7)其他非法占有资金、拒不返还的行为。

将上述一般性经验法则具体运用到骗取贷款案件中,我们认为,认定行为人主观上具有占有贷款为目的,必须具备以下条件:(1)行为人是通过欺诈手段获取贷款,即行为人实施了刑法一百九十三条规定的五项情形之一;(2)行为人到期没有归还贷款;(3)行为人贷款时即明知不具有归还能力或者贷款后实施了某种特定行为,如实施了《纪要》规定的七种情形之一。如果行为人同时具备上述三个条件,就可以认定行为人主观上具有非法占有贷款的目的;如果行为人骗取贷款的行为欠缺上述三个条件之一，则一般不应认定其主观上具有非法占有贷款的目的，从而不能认定构成贷款诈骗罪。

值得注意的是，骗取贷款罪与贷款诈骗罪可能相互转化，甚至导致案件性质从刑事转化为民事，民事转化为刑事。如行为人最初的动机是非法占有贷款，但在取得贷款以后将贷款用于正常的生产经营活动或者受到其他良好因素的影响，其当初的意图发生了变化，贷款期满即归还贷款。这种情形达到追究刑事责任数额标准或者情节标准的，构成骗取贷款罪，未达到刑事责任数额标准的，属于民事欺诈性质。反之，行为人取得贷款之前没有非法占有的意图，但在取得贷款后，客观行为表现出其主观上不愿归还贷款的情形，贷款期满后不予归还，达到数额较大的，则构成贷款诈骗罪。

基于上述分析，具体到本案中，被告人陈恒国多次冒用他人名义贷款，冒用他人名义担保贷款，从查明的证据来看，陈恒国骗取贷款后，确有开发周党步行街房产、山店林场、山店乡水电站、自来水经营管理权等投资项目；案发前，陈恒国与经办的信贷员签订了转贷协议，并将其资产证件交付了信贷员，可以证明陈恒国确有还款的意愿。其对取得的贷款并没有非法占有的意图，但其以欺骗手段取得银行或者其他金融机构贷款，给银行或者其他金融机构造成重大损失的行为应认定为骗取贷款罪。

（撰稿：河南省罗山县人民法院　孔晶晶
审编：最高人民法院刑二庭　王晓东）

［第1019号］杨治山内幕交易案

——如何理解内幕交易犯罪案件中的“自动投案”和“如实供述主要罪行”

【关键词】　内幕交易案　自动投案　如实供述主要罪行　辩解　自首

一、基本案情

被告人杨治山，男，1965 年 8 月 24 日出生，原系中信证券股份有限公司（以下简称中信证券）研究部执行总经理、山西漳泽电力股份有限公司（以下简称漳泽电力）独立董事。2012 年 5 月 22 日因涉嫌犯内幕交易罪被逮捕。

上海市人民检察院第一分院以被告人杨治山犯内幕交易罪，向上海市第一中级人民法院提起公诉。

被告人杨治山及其辩护人对起诉书指控的事实及罪名无异议，但认为杨治山具有自首情节，依法可以从轻或者减轻处罚，并提请法庭对杨治山适用缓刑。

上海市第一中级人民法院经公开审理查明：

2010 年 5 月起，被告人杨治山担任漳泽电力独立董事。2011 年 3 月至 4 月间，杨治山从漳泽电力相关负责人处获悉该公司重大资产重组的内幕信息后，于同年 4 月 15 日抛售其妻尚燕萍证券账户内的股票，共筹集资金人民币（以下币种同）1 600 余万元，并以第三人李桦的名义在中国建银投资证券有限责任公司上海物华路证券营业部开设证券账户。4 月 18 日，杨治山指使尚燕萍将 1 500 万元转入李桦账户。同月 19 日、28 日，杨治山在李桦账户内共买入漳泽电力股票 268

万余股,成交金额合计1 499万余元。2011年6月7日,漳泽电力股票停牌。同年10月28日,漳泽电力公告重大资产重组信息并复牌。杨治山与尚燕萍商议后,由尚操作,于复牌当日以集合竞价方式低价抛售上述全部漳泽电力股票,亏损82万余元。

杨治山在证券监管机构调查期间主动向证券监管机构如实供述主要犯罪事实,在被侦查人员传唤到案后如实供述了上述犯罪事实。

上海市第一中级人民法院经审理认为,被告人杨治山作为证券交易内幕信息的知情人员,在相关信息尚未公开前,买入该股票1 499万余元,其行为构成内幕交易罪,且情节特别严重。公诉机关指控的罪名成立。杨治山在证券监管机构调查期间,主动向证券监管机构交代其获悉漳泽电力可能重组的信息后,在信息敏感期内买入漳泽电力股票的事实,并表示愿意接受调查。在侦查机关到杨治山事先交代的住址传唤其到案接受调查时,杨治山亦供述了其主要犯罪事实,其行为可视为自动投案后如实供述主要犯罪事实,依法应当认定其具有自首情节。结合杨治山当庭自愿认罪、在漳泽电力股票复牌当日低价抛售股票等情节,可以对杨治山减轻处罚。但综合考虑本案事实、情节,对杨治山不宜适用缓刑,辩护人所提相关量刑建议不予采纳。据此,为维护证券市场的公开、公平、公正秩序,保护广大证券投资者合法利益,依照《中华人民共和国刑法》第一百八十条第一款、第三款,第六十七条第一款,第五十三条之规定,上海市第一中级人民法院以被告人杨治山犯内幕交易罪,判处有期徒刑三年,并处罚金人民币五万元。

一审判决后,被告人杨治山不服,以量刑过重为由向上海市高级人民法院提出上诉,要求改判宣告缓刑。

上海市高级人民法院经公开审理认为,一审判决认定的事实清楚,证据确实、充分,定罪准确,量刑适当,审判程序合法,遂裁定驳回上诉,维持原判。

二、主要问题

如何理解内幕交易犯罪案件中的"自动投案"和"如实供述主要罪行"?

三、裁判理由

司法实践中的自首分为三类:"主动投案型"、"形迹可疑型"及"被采取强制措施后如实供述尚未掌握犯罪型"。刑法第六十七条对主动投案型自首的认定作了如下规定:"犯罪以后自动投案,如实供述自己罪行的,是自首。"根据《最高人民法院关于处理自首和立功具体应用法律若干问题的解释》(以下简称《解释》)第一条第二项的规定,如实供述自己的罪行是指犯罪嫌疑人自动投案后,如实交代自己的主要犯罪事实。《最高人民法院关于处理自首和立功若干具体问题的意见》(以下简称《意见》)规定:"犯罪嫌疑人自动投案后隐瞒自己的真实身份等情况,影响对其定罪量刑的,不能认定为如实供述自己的罪行。"

本案的定性没有争议,争议的焦点在于,依照刑法及上述司法解释的规定,能否认定被告人杨治山的行为构成自首。对这一问题的论述,又可以从以下两个方面着手:杨治山被侦查人员上门传唤到案是否属于"自动投案";杨治山关于其购买涉案股票主要是基于专业判断的辩解是否影响对其"如实供述自己罪行"的认定。

(一)内幕交易犯罪案件中的"自动投案"

凡是证券监管部门移送的内幕交易犯罪案件,在将案件移送之前,证券稽查部门往往已启动了立案稽查程序。本案中,被告人杨治山获悉证券监管部门调查相关股票异动情况后,主动向证券监管部门反映自己购买股票的情况,并向证券监管部门提供了自己的联系方式及家庭住址,以便有关部门作进一步调查取证。证券监管部门经过数月的调查后,向公安机关移送案件材料,随后侦查人员到杨治山家中传唤其到案接受调查。杨治山主动找证券监管部门反映情况,且其在家中被公安机关传唤到案如实供述主要犯罪事实的行为是否属于自首，直接影响到对杨治山的量刑。鉴于庭审过程中，法庭对此存在争议，故有必要探讨。我们认为，杨治山主动找所在单位领导或者有关部门反映自身情况后，能够随传随到，并在自己的住址等候司法机关处理，依法应当认定为自动投案。

1. 只要行为人主动向基层组织或者证券监管部门如实反映自身涉案情况，并自愿等候有关部门处理的，均可以认定为自动投案。根据《解释》第一条的规定，自动投案，是指犯罪事实或者犯罪嫌疑人未被司法机关发觉，或者虽被发觉，但犯罪嫌疑人尚未受到讯问、未被采取强制措施时，主动、直接向公安机关、人民检察院或者人民法院投案。犯罪嫌疑人向其所在单位、城乡基层组织或者其他有关负责人员投案的，应当视为自动投案。根据《意见》第一条第一项的规定，“犯罪嫌疑人具有以下情形之一的，也应当视为自动投案：1. 犯罪后主动报案，虽未表明自己是作案人，但没有逃离现场，在司法机关询问时交代自己罪行的；2. 明知他人报案而在现场等待，抓捕时无拒捕行为，供认犯罪事实的……5. 其他符合立法本意，应当视为自动投案的情形”。由此可见，在现场等候抓捕，即使非本人主动报案，亦可视为主动投案。在内幕交易案件中，由于系先由证券监管部门调查，故行为人一般均是先向证券监管部门投案，如果行为人预留联系方式，并在预留地址自愿等候有关部门处理的，比照“明知他人报案而在现场等待”的规定，应当认定行为人系主动投案。行为人在自愿等候有关部门处理过程中，被公安抓获到案不影响自动投案的认定。质言之，如果因行为人在等候处理过程中，因未能及时向公安机关投案而否认行为人自动投案，则可能导致内幕交易案件中的行为人自动投案不能。原因在于内幕交易犯罪往往由证券监管部门先行调查，监管部门依照调查结论作出行政处罚或者移送司法机关处理。行为人在等候处理过程中一般也无法确知调查进展情况，更无从知晓案件是否移送到公安机关。在行为人无法准确了解何时需要向公安机关投案的情况下，不能因部门之间的协调程序影响对行为人自动投案的认定。当然，如果行为人向证券监管部门主动投案并预留联系方式和家庭住址后逃跑的，则因其不具有等候处理的自愿性，依法不能认定为自动投案。

2. 行为人向证券监管部门主动投案已实现自首制度中主动投案的立法价值。从自首的立法价值分析，立法者设置自首制度的目的在于减少司法机关的追诉负担和司法成本、有效实现刑罚预防犯罪的功能。如果行为人能向司法机关自动投案如实供述，将大大提高司法机关侦破案件的效率。行为人在公安机关介入之前即主动向有关部门主动投案，并在家中等候处理，证券监管部门依照行为人供述的内容进行调查、取证，必然减轻司法机关调查、取证的负担，也必定节约司法成本。因此，从这一角度分析，行为人向证券监管部门主动投案已实现自首制度中主动投案的立法价值。

从另一角度分析，内幕交易案件被移送公安机关后，由于行为人在预留的住址等候处理，公安机关即使上门采取拘留等强制措施，对司法资源的浪费也不明显，以此进行刑法负面评价的意义并不大。基于上述分析，我们认为，本案被告人杨治山的行为符合自动投案的特征。

(二)内幕交易犯罪案件中的“主要罪行”

主要罪行系指主要犯罪事实，包括罪质事实和重大罪量事实。罪质事实，是指对犯罪嫌疑人行为性质认定具有重大影响的事实、情节；重大罪量事实，是指对量刑具有重大影响的事实、情节。其中，罪质事实主要是针对罪名的构成要件。对于故意犯罪，因系有意为之，行为人是否供述了主要犯罪事实，通常不难判断。值得注意的是，在具体案件中，因不同罪名的构成要件不同，如实供述罪行中的罪质事实也相应有所不同。如在盗窃案件中，行为人如实供述罪行时，供述的内容应当包括窃取的财物种类、数量等；而在故意杀人案中，行为人如实供述的内容应当主要包括作案工具、杀人手段等事实。

我们认为,在内幕交易犯罪案件中,根据刑法第一百八十条的规定,行为人的如实供述内容,应当包括:行为人的主体身份;所购买的相关股票名称、数量;行为人获悉内幕信息等相关情况。

1. 从犯罪行为性质分析。内幕交易犯罪是一种典型的行政犯,由于证券期货违法犯罪所涉专业性较强,人民法院通常是在参考证券监管部门出具的相关认定意见的基础上认定犯罪事实。然而,证券监管部门的认定意见本身不属于内幕交易犯罪本身的事实和情节,行为人对该认定意见进行辩解或者持不同看法,不影响对其如实供述罪行的认定。在其他行政犯罪案件中也存在类似的问题。如在重大责任事故犯罪案件中,在危害后果无须证实的情况下,对行为人罪责的认定关键在于对行为人是否违反特定规章制度所要求的注意义务的认定,而行为人是否严格遵守业务规章制度和认真履行特定监督管理职责,需要经过长时间、多渠道的调查才能确定。① 因此,在重大责任事故案件中,行为人应当对其依照行政规章的作为和不作为进行供述,但对其行为是否存在重大责任可以不作供述,即便做无责任辩解也不影响对其如实供述罪行的认定。在重大责任事故犯罪的场合,事故原因正在调查之中,刑事责任的范围及其具体责任人尚未确定,有关人员按时接受调查并如实陈述所知道的情况的,宜视为自动投案,依法应当认定为自首。②

经由上述分析,在内幕交易犯罪案件中,行为人只要如实供述了其获悉内幕信息、从事了相关股票交易的事实,就基本可以认定其如实供述了主要罪行。至于行为人对犯罪性质的辩解,具体而言,对相关信息是否为内幕信息、其从事相关证券交易时是否处于价格敏感期等内容的辩解,不影响对其如实供述主要罪行的认定。

2. 从辩解性质分析。在内幕交易案件中,行为人通常作出其主要是基于专业判断而买卖相关股票的辩解。对于该类辩解是否影响对行为人如实供述主要罪行的认定,实践中存在争议。我们认为,该类辩解本质上属于性质辩解,不属于事实辩解。根据《最高人民法院关于被告人对行为性质的辩解是否影响自首的成立问题的批复》的规定,犯罪分子对行为性质的辩解不影响自首的成立,因此,在行为人如实供述犯罪事实的前提下,作出其是主要基于专业判断而买卖相关股票的辩解不影响对其如实供述罪行的认定。内幕交易犯罪相关司法解释明确规定了对获悉内幕信息和购买股票行为之间因果联系的认定规则,行为人对这种因果联系的辩解,在本质上属于一种性质辩解,而并非事实辩解。故即使行为人作出其购买股票主要是基于专业判断的辩解,只要其如实供述犯罪事实,也不影响对其如实供述罪行的认定。

值得注意的是,如果行为人编造事实,否认自己购买股票,否认自己获悉相关信息的,则不应认定为自首。自动投案后,又编造事实为自己开脱罪责,不能认定为如实供述主要罪行。如行为人向证券稽查部门供述时称,购买股票全系自己妻子的行为,自己完全不知情也从未参与的,该辩解是一种事实辩解,不能认定为如实供述主要罪行。

综上,本案中,被告人杨治山主动找到证券监管部门反映自己涉案情况,预留了自己的联系方式和住所地址,并在上述地址等候有关部门处理,后经公安机关上门传唤到案,依法可以视为主动投案。杨治山在证券稽查阶段,说明自己系相关上市公司独立董事等身份,也交代了其知晓涉案上市公司资产重组的信息,并主动交代了其通过第三人账户购买涉案股票1 499万余元的事实。后在公安机关侦查阶段,到案后亦如实供述了主要犯罪事实,故依法可以认定杨治山具有自

---

① 参见周峰、赵俊甫:《重大责任事故罪自首认定刍议》,载《人民司法》2012年第3期。

② 参见黄祥青:《自首与立功司法认定若干问题探讨》,载《法律适用》2007年第2期。

首情节。杨治山关于其购买股票主要是基于自身专业知识判断的辩解，属于对其行为性质的辩解，不影响对自首情节的认定。

（撰稿：上海市第一中级人民法院　万志尧　邬小骋
审编：最高人民法院刑二庭）

［第1103号］姜某掩饰、隐瞒犯罪所得案

——如何区分掩饰、隐瞒犯罪所得罪与洗钱罪

【关键词】　掩饰、隐瞒犯罪所得罪　洗钱罪　上游犯罪　坦白　掩饰、隐瞒来源及性质

一、基本案情

被告人姜某，女，2012年3月20日被逮捕。

山东省利津县人民检察院以被告人姜某犯掩饰、隐瞒犯罪所得罪，向利津县人民法院提起公诉。

被告人姜某对起诉书指控的犯罪事实无异议，如实供述了侦查机关已掌握的为其丈夫黄某乙掩饰、隐瞒犯罪所得的犯罪事实。

利津县人民法院经审理查明：2012年2月，被告人姜某明知是其丈夫黄某乙（已判刑）受贿所得的现金人民币40万元、银行卡等物品，而将其藏匿在青岛市城阳区某社区别墅家中。同年3月8日，黄某乙案发后，姜某将上述人民币40万元、银行卡51张及黄某乙收受孙某贿赂的港币10万元等物品从家中取走，后交给黄某甲（另案处理）。经查，其中30张银行卡系黄某乙收受他人贿赂的赃款，共计人民币32.2万元。

利津县人民法院认为，被告人姜某明知是他人的受贿犯罪所得而予以窝藏、转移，其行为已构成掩饰、隐瞒犯罪所得罪，且掩饰、隐瞒的犯罪所得价值人民币72.2万元、港币10万元，属情节严重，应依法惩处。被告人姜某归案后如实供述自己的犯罪事实，系坦白，依法可对其从轻处罚。姜某积极退赃，认罪、悔罪态度好，可对其酌情从轻处罚并适用缓刑。依照《中华人民共和国刑法》第三百一十二条第一款，第六十七条第三款等规定，以掩饰、隐瞒犯罪所得罪判处被告人姜某有期徒刑三年，缓刑三年，并处罚金人民币二十万元。

一审宣判后，被告人姜某未提出上诉，公诉机关亦未抗诉，判决已发生法律效力。

二、主要问题

明知系他人受贿犯罪所得的现金而提供场所藏匿，应认定为掩饰、隐瞒犯罪所得罪还是洗钱罪，两罪究竟如何区分？

三、裁判理由

在本案审理过程中，有一种意见认为，被告人姜某的行为应构成洗钱罪，因为其掩饰、隐瞒的对象是他人贪污贿赂犯罪所获得的现金，而洗钱罪与掩饰、隐瞒犯罪所得罪的区分标准就是看其上游犯罪是否属于刑法第一百九十一条洗钱罪所规定的七种犯罪之一。对此，我们认为本案应该认定为掩饰、隐瞒犯罪所得罪。洗钱罪与掩饰、隐瞒犯罪所得、犯罪所得收益罪的区分并不仅仅以上游犯罪的范围为准，还应当兼顾犯罪客体及行为方式、主观明知内容等因素综合判断。

《最高人民法院关于审理洗钱等刑事案件具体应用法律若干问题的解释》第三条规定:“明知是犯罪所得及其产生的收益而予以掩饰、隐瞒,构成刑法第三百一十二条规定的犯罪,同时又构成刑法第一百九十一条或者第三百四十九条规定的犯罪的,依照处罚较重的规定定罪处罚。”该规定明确了洗钱罪与掩饰、隐瞒犯罪所得、犯罪所得收益罪之间是特别法与一般法的竞合关系。两罪同属于传统意义上的赃物犯罪范畴,性质上同为事后帮助犯,法条在行为方式的列举上也都使用了“掩饰、隐瞒”这样的字眼。1979 年刑法只有“销赃罪”一罪,1997 年修订后的刑法第一百九十一条中首次专门设立了洗钱罪,此后,洗钱罪成为普通赃物犯罪(即掩饰、隐瞒犯罪所得、犯罪所得收益罪)的特别规定。近 20 年间,立法者越来越充分地认识到赃物犯罪助长、刺激财产犯罪、经济犯罪等上游犯罪多发、高发,非常重视严密赃物犯罪的刑事法网,使洗钱罪及掩饰、隐瞒犯罪所得、犯罪所得收益罪两个罪名在立法上的变动相对较为频繁。刑法修正案(三)和刑法修正案(六)两次扩大了洗钱罪的打击范围,刑法修正案(六)和刑法修正案(七)又加大了对掩饰、隐瞒犯罪所得、犯罪所得收益罪的打击力度(犯罪对象、行为方式的扩张和法定刑幅度的提高)。也正是随着洗钱罪的上游犯罪的范围扩大,有观点认为作为,特别法的洗钱罪逐渐挤压作为一般法的掩饰、隐瞒犯罪所得、犯罪所得收益罪的适用空间,这种观点有一定道理。事实上,国际刑法中的洗钱罪的概念就是包含了我国刑法的洗钱罪和掩饰、隐瞒犯罪所得、犯罪所得收益罪的集合。但是在我国已经形成了洗钱罪与掩饰、隐瞒犯罪所得、犯罪所得收益罪两罪并立的格局下,无论洗钱罪的上游犯罪范围再怎么扩大,也不能改变在治理赃物犯罪的罪名体系中,掩饰、隐瞒犯罪所得、犯罪所得收益罪所占有主体地位;而且虽然两罪的主要区分点是犯罪对象,在行为方式和行为性质上的差异已经十分淡化,但这种差异性还是存在的。

第一,两罪的主要区分点是犯罪对象,也即上游犯罪的性质不同。洗钱罪的上游犯罪只限于刑法第一百九十一条规定的毒品犯罪、黑社会性质的组织犯罪、恐怖活动犯罪、走私犯罪、贪污贿赂犯罪、破坏金融管理秩序犯罪、金融诈骗犯罪这七类犯罪,掩饰、隐瞒犯罪所得、犯罪所得收益罪的上游犯罪则是除此之外的有“犯罪所得”及其收益的所有犯罪。

第二,两罪的犯罪客体有所不同。洗钱罪位列刑法分则第三章第四节破坏金融管理秩序罪中,该罪侵犯的客体是国家的金融管理秩序,同时也侵害了司法机关的职能活动,兼具妨害司法的性质。掩饰、隐瞒犯罪所得、犯罪所得收益罪位列刑法分则第六章第二节妨害司法罪中,该罪侵犯的客体主要是司法机关追诉犯罪的职能活动,也包含上游犯罪中的被害人对财物的合法权益。从立法旨趣来看,之所以把洗钱罪独立出来单列在破坏金融管理秩序罪中,设置了相较于掩饰、隐瞒犯罪所得、犯罪所得收益罪更高的法定刑,是从保障金融安全的实际需要出发,对某些特定的通常可能有巨大犯罪所得的严重犯罪而为其洗钱的行为,作出的特别规定,而在诸如恐怖活动犯罪、毒品犯罪、走私犯罪中,洗钱行为对于上游犯罪规模的扩大和犯罪的持续发生有着比普通犯罪更大的促进作用,社会危害性更大。

第三,两罪的行为方式有所差异。洗钱罪和掩饰、隐瞒犯罪所得罪的行为方式均是“掩饰、隐瞒”,但洗钱罪的表述是“掩饰、隐瞒犯罪所得及其收益的来源和性质的”,掩饰、隐瞒犯罪所得、犯罪所得收益罪的表述是“掩饰、隐瞒的”。从字面意义上看,两者有所区别。洗钱罪由于其涉及妨害金融管理秩序和破坏国家经济安全的性质,所以侧重点在于掩饰、隐瞒犯罪所得及其收益的来源和性质,也就是俗话说的把“赃钱洗白”,披上合法的外衣;而掩饰、隐瞒犯罪所得、犯罪所得收益罪的行为方式包括掩饰、隐瞒犯罪所得及其收益的来源和性质,但又不局限于此,还包括掩饰、隐瞒犯罪所得及其收益的处所等其他情况。因此,两罪之间就发生了交叉,即使上游犯罪属于洗钱罪规定的七类上游犯罪之一,但是不涉及掩饰、隐瞒犯罪所得及其收益的来源和性质的,按照罪刑法定的要求和立法本意,仍应该定掩饰、隐瞒犯罪所得、犯罪所得收益罪而非洗钱罪。

那么,如何理解“掩饰、隐瞒来源及性质”呢?我们认为,刑法第一百九十一条规定了洗钱罪的五种行为方式,即提供资金账户;协助将财产转换为现金、金融票据、有价证券;通过转账或者其他结算方式协助资金转移;协助将资金汇往境外;以其他方式掩饰、隐瞒犯罪所得及其收益的来源和性质。第五种行为方式作为兜底条款,是对列举式规定的补充归纳,应该与前四项所列举的方式具有相当性。《最高人民法院关于审理洗钱等刑事案件具体应用法律若干问题的解释》第二条的列举式规定,在刑法第一百九十一条的基础上,又进一步明确洗钱行为可以通过商业银行等银行类的金融性机构,证券公司、保险公司等非银行类金融机构,商品交易、企业收购、投资等非金融机构以及地下钱庄、赌博等非法途径实施,意图在于淡化洗钱罪在行为方式上的特殊要求。据此,“掩饰、隐瞒来源及性质”不需要局限在金融领域或通过金融机构来实现,应当将其落脚点放在资金形式的“转换”上而非“金融机构”上。洗钱罪要求行为人借助一定的金融手段或非金融手段来实现对犯罪所得及其收益的转换,它一定有一个类似交易、兑换等的转换过程。例如,行为人明知系他人受贿犯罪所得的一个名贵花瓶而为其保管,因为不涉及资金形式的“转换”,只能构成掩饰、隐瞒犯罪所得罪;同理,行为人明知系他人受贿犯罪所得的现金港币而提供场所藏匿,只是物理意义上的转移、窝藏行为,行为的落脚点在于掩饰、隐瞒实物本身,而非犯罪所得的性质和来源,不涉及资金形式的“转换”,仍应定掩饰、隐瞒犯罪所得罪。

本案中,被告人姜某明知系他人受贿犯罪所得的现金而藏匿在别墅房中,后又交给他人转移,但姜某只是对其丈夫受贿所得的现金、银行卡等实施了物理意义上的窝藏、转移行为,行为的实质在于掩饰、隐瞒犯罪所得的实物本身,而非掩饰、隐瞒犯罪所得的性质和来源,不涉及资金形式的转换或转移,如将现金转换为他人名下的银行卡等,故姜某的行为仍应限定在掩饰、隐瞒犯罪所得罪这一普通赃物犯罪的范畴里。

综上,利津县人民法院认定被告人姜某犯掩饰、隐瞒犯罪所得罪,判处有期徒刑三年,缓刑三年,并处罚金人民币二十万元是适当的。

(撰稿:最高人民法院刑四庭　曹东方
审编:最高人民法院刑四庭　陆建红)

[第1188号]毛肖东等非法吸收公众存款案

——非法吸收公众存款罪从轻处罚的适用

【关键词】 非法吸收公众存款罪　犯罪情节较轻　数额犯　从轻处罚　罪刑相适应原则　退赃

一、基本案情

被告人毛肖东,男,1981年9月10日出生,原系浙江省江山市安泰房地产有限公司法定代表人。2012年6月21日因涉嫌犯非法吸收公众存款罪被逮捕。

被告人毛利清,男,1961年5月17日出生,原系江山市安泰房地产有限公司经营者。2012年5月16日因涉嫌犯非法吸收公众存款罪被取保候审。

被告人汪香珠,女,1960年10月18日出生,原系江山市安泰房地产有限公司股东。2012年

6月12日因涉嫌犯非法吸收公众存款罪被取保候审。

浙江省江山市人民检察院以被告人毛肖东、毛利清、汪香珠犯非法吸收公众存款罪,向江山市人民法院提起公诉。

被告人毛肖东、毛利清、汪香珠对公诉机关指控的罪名和基本事实没有异议。毛肖东的辩护人认为,公诉机关指控三被告人犯非法吸收公众存款罪的定性不当,其性质属于民间借贷;如果法庭最后认定三被告人构成犯罪的话,则建议法庭能够对三被告人从轻、减轻处罚,并适用缓刑。

江山市人民法院经审理查明:

江山市安泰房地产有限公司(以下简称安泰公司)成立于2001年,法定代表人为被告人毛利清,2009年变更为被告人毛肖东,毛肖东占95.1%股份,被告人汪香珠占4.9%股份。安泰公司经营范围主要为房地产开发销售。

2010年7月,安泰公司以人民币1.6亿元拍得原江山啤酒厂地块项目开发权,其中1.3亿元为银行贷款以及向社会不特定对象借款。为运作项目筹集资金以及支付前期借款本息,毛肖东、毛利清、汪香珠以安泰公司发展需要资金为由,以个人名义、安泰公司担保或三人互相担保等方式出具借条,许以月利率2~5分的利息,向社会不特定对象借款,所借款项均先存入三人各自银行账户。运作项目需要资金时,从毛肖东的银行账户转至安泰公司银行账户,若其账户资金不足,则由毛利清、汪香珠账户转账给毛肖东。

毛肖东、毛利清、汪香珠共向吴某某、王某某等148名社会不特定对象非法吸收存款达人民币27 856.3万元,支付利息人民币3984.27万元,归还本金人民币4130.9万元,至案发,尚有本金人民币23 725.4万元无法归还(经公司破产清算后,1178.936万元无法归还)。

毛肖东等人将借得的资金部分用于购买土地、工程建设、公司运营以及日常开支,部分用于归还前期借款本息,还有部分借贷给余某、邵某、周某等人。

江山市人民法院认为,被告人毛肖东、毛利清、汪香珠的行为均已构成非法吸收公众存款罪,且数额巨大。鉴于案发后各被告人能积极配合有关部门处置财产,清偿债务,最大限度减少被害人损失,可对各被告人从轻处罚。据此,依照《中华人民共和国刑法》第一百六十七条第一款,第二十五条第一款,第七十二条第一款、第三款,第五十二条,第六十四条之规定,以非法吸收公众存款罪,分别判处被告人毛肖东有期徒刑三年,缓刑五年,并处罚金人民币五万元;判处被告人毛利清有期徒刑三年,缓刑五年,并处罚金人民币五万元;判处被告人汪香珠有期徒刑三年,缓刑四年,并处罚金人民币三万元。

一审宣判后,江山市人民检察院以本案涉案金额大、受害人数多,造成严重经济损失,社会危害性大,不属"情节较轻",不能对三被告人适用缓刑为由,向浙江省衢州市中级人民法院提起抗诉。

衢州市中级人民法院经审理认为,原审三被告人的行为均构成非法吸收公众存款罪,且属数额巨大。基于本案所借款项基本用于生产经营,案发后各被告人悔罪态度好,能够主动配合有关部门处置财产,积极清退所吸资金。原判对各被告人予以从轻处罚并适用缓刑,并无不当。据此依照《中华人民共和国刑法》第一百七十六条第一款,第二十五条第一款,第七十二条第一款、第三款,第五十二条,第五十三条,第六十四条;《中华人民共和国刑事诉讼法》第二百二十五条第一款第一项之规定,裁定驳回抗诉,维持原判。

二、主要问题

1. 缓刑适用要件中的"犯罪情节较轻"之"情节",与刑法分则具体罪状中决定刑罚档次的"情节轻重"之"情节"如何区分评价?

2. 在非法吸收公众存款罪中如何理解和适用"从轻处罚"?

三、裁判理由

本案在审理中对三被告人能否适用缓刑存在两种不同意见:第一种意见即公诉机关的意见为,三被告人犯罪数额巨大,情节严重,不属于刑法第七十二条关于缓刑适用条件中"犯罪情节较轻",故不应对其宣告缓刑。第二种意见即一、二审法院的意见为,本案三被告人非法吸收公众存款的行为虽然属于"数额巨大",但主要是用于生产经营所需,案发后被告人积极清退了大部分资金,符合刑法第七十二条关于适用缓刑的四个要件,审度权衡全案情节,可以对三被告人从轻处罚并适用缓刑。

我们认为,两种意见分歧的关键,在于对非法吸收公众存款罪具有"数额巨大"等严重情节时,从轻处罚及缓刑适用条件的不同理解和把握。

(一)缓刑适用条件中的"犯罪情节较轻"与具体罪状中的"情节轻重"含义之厘清

刑法修正案(八)对缓刑适用条件作了修正,将原来的实质要件"根据犯罪情节和悔罪表现,确实不致再危害社会"细化为"犯罪情节较轻""有悔罪表现""没有再犯罪的危险"以及"不会对所居住社区产生重大不良影响"。可见,"犯罪情节较轻"成了缓刑适用的首要要件,在司法实务中需要重点考虑。

"犯罪情节较轻"之"犯罪情节",侧重于反映犯罪的整体社会危害性,是对犯罪主体、犯罪主观方面、犯罪客体和犯罪对象以及犯罪客观方面的全面考察和综合评价,其中不乏体现法官自由裁量权的酌定性。而刑法分则具体罪状中的犯罪情节,一般表述为情节一般、情节严重、情节特别严重三个层次,它们是决定刑罚档次的犯罪因素,刑法理论上又叫基本构成和加重构成。从刑法文本及司法解释规定来看,刑法分则具体罪状中的各类情节,主要体现为对犯罪客观方面的评价,一般不关涉犯罪主体、犯罪客体等其他犯罪构成要素,尤其是在数额犯中。为最大限度地限缩刑罚弹性,防范司法擅断,刑法分则中的犯罪情节一般都经由司法解释作出较为明确的规定,具有法定性和确定性,法官自由裁量的空间相对较小。

由上可见,缓刑适用要件中的"犯罪情节"与具体罪状中的"犯罪情节"两者旨趣不同,含义有别,在逻辑上不具有同一性和当然的对应性。司法实务中应避免望文生义,将两者混为一谈。易言之,不能认为凡具有刑法分则规定的"情节严重"者,即不属于刑法第七十二条规定"犯罪情节较轻",而当然地将其排除在缓刑适用范围之外。若此,则可能得出凡具有严重情节依法定刑得处三年有期徒刑者,一律不能适用缓刑的不当结论。

(二)非法吸收公众存款罪中的"数额巨大"与"其他严重情节"之区分评价

我国刑法第一百七十六条规定,非法吸收公众存款数额巨大或者有其他严重情节的,处三年以上十年以下有期徒刑,并处5万元以上50万元以下罚金。而所谓"数额巨大或者有其他严重情节",依照《最高人民法院关于审理非法集资刑事案件具体应用法律若干问题的解释》(以下简称《解释》)第三条第二款的规定,是指非法吸收或变相吸收公众存款具有下列情形之一的:(1)个人犯罪数额100万元(单位500万元)以上;(2)个人所涉存款对象100人以上(单位500人以上);(3)个人给存款人造成直接经济损失数额50万元(单位250万元)以上;(4)造成特别恶劣的社会影响或者其他特别严重后果。显然,前三种情形对应"数额巨大"的认定侧重于犯罪数额和犯罪对象的数量;第四种情形对应"其他严重情节",侧重于犯罪危害后果。所谓"特别恶劣的社会影响"或"其他特别严重后果",从司法实务来看,主要是指犯罪导致被害人自杀、造成群体性上访,严重影响社会稳定、民愤极大,强烈要求从严处置等情形。

刑法第一百七十六条虽将"数额巨大"与"其他严重情节"两者并列,共同作为非法吸收公众存款罪提档处罚的情节,但该两者却具有一定区别:一是在社会危害性方面存在区别。"数额巨大”与基本犯之间，仅有量的区别而无质的差异；而“其他严重情节”与基本犯之间，其社会危害性完全不能相提并论，具有质的差别。二是在法益侵害方面具有单一与多元的区别。纯粹的“数额巨大”与基本犯之间，侵犯的法益仍仅为单一的国家金融秩序；而具有“其他严重情节”者，其实际侵犯的法益已扩展至公民的生命权、社会管理秩序等。三是在犯罪后果的可救济方面也存有明显区别。“数额巨大”的，仍可通过退赃等经济手段，在相当程度上修复其犯罪危害；而具有“其他严重情节”，因人身伤亡等不具有可恢复性，纵然行为人悔罪心切，一般也难以起到实际弥补效果。

区分非法吸收公众存款罪中的“数额巨大”与“其他严重情节”，意在说明两者在缓刑适用的可能性方面应予区别对待：对于纯粹因“数额巨大”而提档处罚的，可在符合条件时考虑缓刑适用；对于具有“其他严重情节”的，则基于对司法裁判的社会可接受性等社会效果的考虑，纵然在三年有期徒刑的起点刑量刑，一般也不宜对其适用缓刑。

（三）非法吸收公众存款罪“数额巨大”从轻处罚的适用

本案中，三被告人非法吸收的资金达2亿余元，是“数额巨大”起点（100万元）的数百倍，非法吸收公众存款罪没有规定“数额特别巨大”情形，但本案相对一般案件而言应属“数额特别巨大”。一、二审法院却仅在加重处罚的起点刑（三年有期徒刑）量刑，是否有悖罪刑相适应原则？

我们认为，就一般数额犯而言，犯罪数额本身是决定其犯罪情节轻重的主要因素，在犯罪总额远远大于法定起点刑数额且无法定从轻处罚情节的情况下，仍在起点刑量刑，确实难以体现罚当其罪，有违量刑规范化的基本要求。但就非法吸收公众存款罪而言，《解释》第三条第四款明确规定，“非法吸收或者变相吸收公众存款，主要用于生产经营活动，能够及时清退所吸收资金，可以免予刑事处罚；情节显著轻微的，不作为犯罪处理”。在《〈关于审理非法集资刑事案件具体应用法律若干问题的解释〉的理解与适用》一文中，也有这样的表述：“起草过程中有意见认为，应对免予刑事处罚的情形加以数额限制，对于数额巨大的，不得免予刑事处罚。经研究，非法吸收公众存款刑事案件有其特殊性：一是犯罪数额往往很大，如设定数额限制，本款规定在实践中将可能毫无意义；二是非法吸存犯罪的危害性主要体现在不能归还所吸收资金及由此引发的社会稳定问题，故未采纳。”①因此，可以明确，《解释》规定的免予刑事处罚和出罪规定，是包括犯罪数额巨大的情形的。

从司法实践来看，非法吸收公众存款罪的行为人与“受害人”之间，由于其发生关系的基础多是民间借贷等民事行为，如果案发后能解决经济问题，一般足以平息矛盾。因此，《解释》所规定的从轻处罚和出罪原则，符合我国金融体系的现状，有利于激励民间融资的正常进行，合理地平衡刑事处罚与经济发展的关系。

《解释》的前述规定，为司法实务中审理该类案件提供了更为明晰的方向和更加宽阔的思路，即在刑罚裁量上，不能为刑法分则规定的形式要件所囿，而应侧重考量集资目的及清退资金两个关键要素，在量刑幅度上适当灵活把握。根据“举重以明轻”的原理，既然具备上述条件，司法解释规定可以免予刑事处罚或者作无罪处理，那么更可以对被告人予以从轻处罚。对照分析，本案并没有完全清退所吸收资金，故难以适用免予刑事处罚或作无罪处理，但本案实际上已基本具备“主要用于生产经营所需”和“积极清退所吸资金”两个关键条件，可以适用《解释》规定的从轻处罚原则：

① 刘为波：《〈关于审理非法集资刑事案件具体应用法律若干问题的解释〉的理解与适用》，载《刑事审判参考》（总第79集），法律出版社2011年版，第141页。

1. 从借款动因及款项用途视角考察，主要是用于生产经营所需。本案被告人之所以在开发房地产中要向民间集资，其原因有三：一是受国家政策调控的影响。安泰公司在支付土地出让金1.6亿元及契税2000万元后，原本已在江山农行用该地块抵押贷款1.1亿元，但由于国家政策的调控，对县以下房地产开发公司一律不发放土地抵押贷款，导致银行贷款落空，为了完成工程开发不得不进行民间借款，且仅此一项就增加了五六千万元的利息成本。二是地质结构拖延工期。在实施工程施工后，安泰公司发现原江山啤酒厂地块地下存在许多岩洞，致基础工程进度十分缓慢，又因为该地块在市中心晚上不能施工，地下工程比原预计多花了近一年的时间，由此又增加了六七千万元的利息负担。三是国家限购政策的出台。安泰公司经过近一年半的时间，于2012年3月左右完成基础工程建设，开始建房，此时可以预售房屋，但由于限购政策的出台以及房地产市场的疲软，购房率低，公司房屋销售不足，资金难以回笼。从所借款项使用情况来看，大部分资金均直接用于生产经营所需。虽有部分资金外借，主要是由于地质岩洞拖延工期近一年，所筹资金闲置，但又要支付利息，为了减少损失而出借，根本上仍出于生产经营之考虑。

2. 从退赃角度考察，非法吸收的资金基本退清。案发后，本案三被告人积极退赃，主动将自己的全部财产5000万元用于退赔。一审法院认为，三被告案发后尚有本金人民币23 725.4万元无法归还。实际上，该数字为安泰公司破产清算前的数字，后经破产清算清偿率为61%，按此比例计算，应当只有本金9252.9万元未还。在该基础上，尚应扣除清算前已支付的3984.27万元及清算过程中支付的利息4089.7万元。因此，可以认定的被告人无法归还金额实际只有1178.936万元，以其非法吸收的金额27 856.3万元计算，归还本金的比例已经达到了95.77%。另外，由于被告人所借款项的借据每年一换，其中有部分是上一年的利息计入了本金，1178.936万元当中还包含一部分利息。因此，大部分前期参与的债权人几乎都已经收回了自己的本金，尚有损失的仅是后期进入的极小部分债权人，但归还本金的比例也至少在80%以上。

3. 从社会效果角度考察，本案的裁判结果可为社会接受。本案并未出现人员伤亡等恶性事件，参与集资人在公司破产分配后情绪稳定，没有出现大规模的缠访闹访事件。本案不存在不宜适用缓刑的“其他严重情节”。

综上，一、二审法院认定三被告人均构成非法吸收公众存款罪并从轻处罚，分别判处缓刑，能够罚当其罪，也符合刑法谦抑精神，是适当的。

（撰稿：浙江省衢州市中级人民法院　杨日洪　方金泉
审编：最高人民法院刑四庭　陆建红）

[第1189号]李毅挪用资金案

——挪用资金超过三个月未还的时间节点如何确定

【关键词】 挪用资金罪　挪用资金超过三个月未还　维护单位资金安全　主客观相一致　诉讼时效　持续行为

一、基本案情

被告人李毅，男，1979年8月2日出生，汉族，高中文化，原江苏省无锡市孚润达特种润滑油有限公司业务员。因本案于2012年9月19日被抓获，2014年2月13日被取保候审。

无锡市惠山区人民检察院以被告人李毅犯挪用资金罪，向惠山区人民法院提起公诉。

惠山区人民法院经审理查明：

被告人李毅于2008年进入孚润达公司工作，2010年5月开始担任该公司业务员，从事销售工作。2011年5月至2012年1月间，李毅利用职务之便，从业务单位西格玛集团有限公司（以下简称西格玛公司）、莱阳市桥安机械配件有限公司（以下简称桥安机械公司）、浙江名震机械制造有限公司（以下简称名震机械公司）收取货款合计人民币（以下币种同）289 110元，未经孚润达公司同意，挪用上述货款归个人使用，超过三个月未还。具体事实分述如下：

1. 2011年5月，被告人李毅从桥安机械公司收取货款8万元承兑汇票后，挪用其中的3万元归个人使用；2011年9月，李毅从该公司收取货款8万元承兑汇票后，挪用其中的2万元归个人使用；2012年1月，李毅从该公司收取货款6万元承兑汇票后，归个人使用。

2. 2011年9月，被告人李毅从名震机械公司收取货款29 110元后，归个人使用。

3. 2012年1月，被告人李毅从西格玛公司收取货款3张共计25万元承兑汇票后，挪用其中15万元归个人使用。

另查明：2012年7月5日被害单位孚润达公司因李毅挪用公司资金向公安机关报案。归案后，被告人李毅如实供述了全部犯罪事实。在一审宣判前，其已退出全部赃款，并取得被害单位谅解。

惠山区人民法院认为，被告人李毅身为公司工作人员，利用职务之便，挪用本单位资金归个人使用，数额较大、超过三个月未还，其行为已构成挪用资金罪。公诉机关指控的罪名成立，但犯罪数额不当，应予以纠正。故最终依法认定李毅挪用资金的犯罪数额为289 110元。鉴于其到案后能如实供述自己的罪行，一审宣判前已退还全部赃款，取得被害单位的谅解，可予从轻处罚。根据其犯罪情节及悔罪表现，符合适用缓刑的条件，可宣告缓刑。依照《中华人民共和国刑法》第二百七十二条第一款、第六十七条第三款、第七十二条第一款之规定，以挪用资金罪，判处被告人李毅有期徒刑二年，缓刑三年。

一审宣判后，惠山区人民检察院提出抗诉，认为原审判决事实认定错误，导致适用法律不当，量刑畸轻，主要理由如下：

1. 原审法院以被害单位报案时间作为阻断挪用资金犯罪的事由，缺乏法律依据。原审被告人李毅于2012年4月13日挪用孚润达公司8万元资金的行为，至同年7月5日孚润达公司报案时未超过三个月，原审法院据此将该笔8万元从挪用资金的总额中扣除，仅认定其犯罪数额289 110元，属事实认定错误。

2. 本案应以公安机关立案之日，即2012年8月22日作为原审被告人李毅挪用资金超过三个月未还的截止日期。挪用资金"超过三个月未还"目前无明确的法律规定，鉴于挪用资金与挪用公款同属挪用型犯罪，应参照挪用公款的相关规定处理。

3. 原审被告人李毅挪用资金数额应为369 110元，达到数额巨大的标准，依法应在三年以上十年以下有期徒刑之间量刑，原审法院的量刑畸轻。

无锡市人民检察院支持原公诉机关的抗诉意见。

原审被告人李毅在二审庭审中对抗诉意见不持异议。

无锡市中级人民法院经审理查明：2011年5月至2012年4月间，原审被告人李毅利用担任孚润达公司业务员的职务之便，从业务单位西格玛公司、桥安机械公司、名震机械公司收取货款合计369 110元后，未经孚润达公司同意，归个人使用，超过三个月未还。具体事实分述如下：

1. 2012年4月13日，原审被告人李毅从桥安机械公司收取货款8万元后，归个人使用。

2. 其余挪用289 110元的事实与一审相同。

无锡市中级人民法院认为:原审被告人李毅身为公司工作人员,利用职务之便,挪用本单位资金归个人使用,数额达到36.911万元,且超过三个月未还,其行为已构成挪用资金罪,依法应当在三年以上十年以下有期徒刑的量刑幅度内进行处罚。鉴于原审被告人李毅有坦白、已退出全部赃款并取得被害单位谅解的情节,可以对其从轻处罚;根据其犯罪情节和悔罪表现,符合适用缓刑的条件,可以宣告缓刑。

关于抗诉机关提出的"原审被告人李毅于2012年4月挪用公司资金8万元的时间已超过三个月,其行为已经构成挪用资金罪,该笔挪用资金的数额不应扣除,故其挪用资金总额达到本罪数额巨大的标准,依法应当在三年以上十年以下有期徒刑之间量刑"的抗诉意见,经查:从2012年4月13日原审被告人李毅挪用该笔资金至同年7月5日被害单位向公安机关报案,时间虽未满三个月,但其在被害单位报案后直至超过三个月仍未归还上述资金,其行为已符合挪用资金罪的犯罪构成要件,该笔8万元应当计入其犯罪总额,故李毅挪用资金的数额达到本罪数额巨大的标准,依法应在三年以上十年以下有期徒刑的量刑幅度内判处刑罚,原审法院以挪用资金罪判处其有期徒刑二年,缓刑三年,属量刑不当,应予纠正。故对该点抗诉意见予以采纳。

关于抗诉机关提出的"原审法院以被害单位报案时间作为阻断挪用资金犯罪的事由,缺乏法律依据,而应参照《江苏省高级人民法院、江苏省人民检察院关于办理挪用公款案件有关问题的通知》第九条的规定,以公安机关立案时间作为挪用资金罪超过三个月未还的时间节点"的抗诉意见,经查:(1)挪用资金罪保护的客体是公司、企业的财产权,挪用行为持续的时间越长,社会危害性越大。因此,只要行为人客观上实施了挪用资金归个人使用,数额较大且持续时间超过三个月未还的行为,即构成挪用资金罪。(2)只要资金在挪用行为实施完毕后的三个月内被不法侵占的状态没有发生改变,公司财产权利依然受到侵害,该行为即应受到刑罚处罚。而报案、立案时间易受到外界人为因素的干扰,存在一定的不确定性,将其作为确认挪用资金罪是否构成的时间节点缺乏法律依据。只有根据行为人实际挪用较大数额资金有无超过三个月未归还来认定其是否已构成挪用资金罪,才符合该罪的法律构成要件。故对该点抗诉意见不予采纳。

综上,原审判决认定原审被告人李毅犯挪用资金罪的部分事实认定和适用法律错误,导致量刑不当,依法应予以改判。抗诉机关的抗诉结论成立,但抗诉理由不应采纳。据此,依照《中华人民共和国刑事诉讼法》第二百二十五条第一款第三项,《中华人民共和国刑法》第二百七十二条第一款、第六十七条第三款、第七十二条第一款的规定,判决如下:

1. 维持无锡市惠山区人民法院对原审被告人李毅犯挪用资金罪的定罪部分。

2. 撤销无锡市惠山区人民法院对原审被告人李毅犯挪用资金罪的量刑部分。

3. 原审被告人李毅犯挪用资金罪,判处有期徒刑三年,缓刑四年。

二、主要问题

挪用资金罪中被告人挪用资金超过三个月未还的时间节点应如何认定,是以被害人报案时开始起算,还是以公安机关立案之日起算,抑或是其他方式进行计算?

三、裁判理由

本案在审理过程中,对于被告人李毅于2012年4月15日挪用本单位8万元资金归个人使用的行为是否构成挪用资金罪,存在不同观点:

第一种观点认为,被告人李毅挪用该笔8万元不构成挪用资金罪。因为李毅挪用行为实施完毕到被害单位报案时未满三个月,本案应以2012年7月5日被害单位报案时作为超过三个月未还的时间节点,此时李毅挪用8万元尚未满三个月,故不宜认定为犯罪。

第二种观点认为,被告人李毅挪用该笔8万元构成挪用资金罪。本案应以公安机关立案之日,即2012年8月22日作为挪用资金超过三个月未还的时间节点。

第三种观点认为,被告人李毅挪用该笔8万元构成挪用资金罪,但是认定理由不同于第二种。即应以司法机关对犯罪嫌疑人采取强制措施之日起计算,本案中李毅于2012年9月22日被抓获,距同年4月15日挪用8万元的时间已经超过三个月,应当构成挪用资金罪。

第四种观点认为,被告人李毅挪用该笔8万元构成挪用资金罪,但认定理由不同于第二种和第三种观点。刑法规定的"挪用资金超过三个月未还"属于一种持续行为,不因"报案""立案""采取强制措施"等介入因素而中断。即只要行为人挪用资金归个人使用,数额较大,该行为持续的时间超过三个月即构成本罪。

我们同意第四种观点,理由如下:

(一)挪用型犯罪时间节点的确定,应立足于最大限度地保护单位资金安全

我国刑法将挪用本单位资金归个人使用或者借贷给他人,数额较大,超过三个月未还的行为入罪①是为了保护公私财产的使用收益权,此类犯罪是否达到必须追究刑事责任的程度,要结合挪用的具体数额、目的、用途、时间、是否归还、造成损失等方面综合分析认定。在上述要素中,刑法对挪用的时间仅表述为"超过三个月未还"。综观刑法分则400多个罪名,立法者只在挪用资金罪和挪用公款罪中设定因在规定时间内未履行归还义务而定罪处罚的情形。将时间引入犯罪构成之中,使此两罪与其他犯罪具有一个重要区别,即时间对于违法行为犯罪化具有决定性意义。但是,刑法和司法解释并未对三个月时间的节点作出进一步规定。我们认为,挪用型犯罪时间节点的确定,应立足于最大限度地维护单位资金安全。

前述第一、二、三种观点,虽然各有各的理由,但共同之处在于人为地确定了一个时间截止日。实际上,挪用型犯罪的成立,不存在截止日的问题。无论是被害单位报案时,还是公安机关立案时,抑或是对被告人采取强制措施时,甚至是提起公诉抑或法院宣判之日,都不是界定是否满三个月的时间节点。行为人自挪用之日起在三个月内归还的,无论中间发生什么,其行为均不构成犯罪。超过三个月才归还甚至还处于未归还状态的,挪用犯罪即已成立。人为确立一个截止日,至截止日时尚不够三个月,此时挪用犯罪自然尚未成立。但如果以此截止日为界限,而不管截止日后行为人是否归还及归还的实际时间,一则不利于保护单位的资金安全,二则可能导致行为人因司法对行为性质的结论而怠于履行归还义务,三则与刑法关于挪用资金犯罪的要件规定相悖,四则可能导致司法腐败。如公安机关于未满三个月时立案或对行为人采取强制措施,然后以未满三个月为由,得出行为人的挪用行为不构成挪用资金罪的结论,从而让挪用行为处于持续状态,行为人则可以司法机关的结论为据而拒绝归还。甚至到挪用犯罪成立时,行为人仍然以此结论为依据而拒绝归还。

综上,二审判决所称"报案、立案时间易受到外界人为因素的干扰,存在一定的不确定性,将其作为确认挪用资金罪是否构成的时间节点缺乏法律依据"的观点是正确的。实际上,刑法及司法解释均没有对三个月的截止日作出规定。司法解释仅规定了数额计算的截止日。1998年《最高人民法院关于审理挪用公款案件具体应用法律若干问题的解释》(以下简称《挪用公款解释》)第四条规定:"……多次挪用公款,并以后次挪用的公款归还前次挪用的公款,挪用公款数额以案发时未还的实际数额认定。"这一解释虽然是针对挪用公款罪,但其精神应适用于挪用资金罪。

---

① 本文所论述的挪用资金罪仅指此情形。挪用资金构成犯罪的情形还包括挪用资金虽未超过三个月,但数额较大、进行营利活动,或者进行非法活动的。

（二）“超过三个月未还”的认定，应以挪用行为持续的时间为依据

我们认为，任何确定挪用时间的截止日都是不科学的，认定“超过三个月未还”，应以挪用行为持续的时间为依据，只要挪用较大数额资金持续超过三个月，就可以追究刑事责任。理由如下：

1.有助于最大限度地维护单位资金安全。刑法规定的“挪用资金超过三个月未还”属于一种持续行为，三个月时限一般不因“报案”“立案”“采取强制措施”等介入因素而中断。因为挪用行为持续时间长短，在很大程度上体现了其行为的社会危害性，侵害时间越长，危害性越大。刑法保护的是资金安全，只要行为人挪用单位资金数额较大且超过三个月未还，即构成犯罪，这在期限认定上容易把握，也不会带给行为人规避法律的可乘之机。另外，最高人民法院2003年9月18日通过的《关于挪用公款犯罪如何计算追诉期限问题的批复》明确规定：“挪用公款数额较大，超过三个月未还的，犯罪的追诉期限从挪用公款罪成立之日起计算。挪用公款行为有连续状态的，犯罪的追诉期限应当从最后一次挪用行为实施完毕之日或者犯罪成立之日起计算。”不难看出，挪用公款犯罪的追诉时效应当以犯罪成立之日起计算，即挪用的行为持续时间为三个月，就构成犯罪。挪用资金罪除侵害对象即单位的性质与挪用公款罪不同外，其他要素基本一样，故可以参照此解释执行。

2.符合我国刑法犯罪构成理论中主客观相一致的要求。只要行为人主观上没有积极归还资金的意图，客观上挪用资金数额较大、持续时间超过三个月没有归还，单位财产权遭到行为人的不法侵害，就应当接受刑罚处罚。至于超过三个月以后，挪用人归还与否、自愿抑或被迫归还，均不是罪与非罪的法定界限，而只是量刑情节问题。另外，本罪设立的基本导向是希望挪用人尽快及时归还所挪用的资金，三个月的期限设置在某种程度上也是防止司法机关过早介入，可先通过民事或者行政手段进行调节，这也在一定程度上体现了刑法的谦抑性。

3.案发与否对挪用资金罪的成立不具有直接影响。《挪用公款解释》第四条规定：“……多次挪用公款，并以后次挪用的公款归还前次挪用的公款，挪用公款数额以案发时未还的实际数额认定。”而“案发时”又可以理解为报案时、被主管机关发现时、立案时、被采取强制措施时。传统意义上将“案发时”界定为“司法机关、主管部门或有关单位发现时”。我们认为，无论如何理解“案发时”，案发只是发现案件事实，并不具有终止犯罪危害和恢复被侵害秩序的当然功能。

就本案而言，被告人李毅于2012年4月15日挪用资金8万元归个人使用，判断该行为是否构成挪用资金罪的标准只有一个，即该挪用行为是否实际上超过了3个月。2012年7月5日，因李毅的其他挪用行为而被所在单位向公安机关告发，此时，其挪用8万元的行为确实还不到三个月，但被害单位的告发并未中断李毅的挪用行为，其挪用8万元的行为仍然处于持续状态中。直到同年9月22日李毅被抓获，该挪用行为仍然处于持续状态中。据此，判断李毅的该挪用行为是否构成犯罪的时间节点应是自2012年4月15日起的三个月期限，即2012年7月14日。如果李毅在7月14日归还了该8万元，则该挪用行为不构成犯罪。如果到7月15日，李毅仍然未归还该8万元，则该挪用行为已经成立挪用资金罪。

（三）“超过三个月未还”的期限在特定情况下是否适用诉讼时效中止或终止

司法实践中一些犯罪嫌疑人在挪用资金未超过三个月时主动投案，待司法机关立案调查作出无罪处理后，三个月时限终止计算，犯罪嫌疑人仍可不归还挪用的资金，借此逃避法律制裁。为避免上述情形发生，我们认为，在超过三个月未还型挪用资金案中可引入时效中止理论，在特定因素消灭后继续计算三个月期限，以免使犯罪嫌疑人逃避法律制裁。通常当出现下列两种情形时，三个月的期限可以中止，待相关事由消失后继续计算三个月的期限：

1. 司法机关的介入。一般来说,司法机关介入挪用资金未超过三个月未还的案件,挪用人被采取强制措施后,三个月的时限可以暂时中止,待司法机关经审查后发现挪用人未构成挪用资金罪而作出撤案决定的,因强制措施被取消,挪用人仍不归还的,此时应当将挪用之日后司法机关介入前的时间与司法机关撤案后挪用人未还的时间合并计算,而不是司法机关一经介入,挪用时限就完全终止计算,以避免挪用人借机逃避法律制裁。例外的是,在多次挪用型犯罪中,如果此前的挪用行为已达到追诉的标准,后次挪用行为无论是否达到立案标准,也无论行为人是否被限制了人身自由,后次挪用的三个月时限不能中止,只要挪用时间满三个月且未能归还,均要作为犯罪数额认定。因为犯罪嫌疑人被采取强制措施是针对已经达到刑法追诉标准的挪用资金数额,其之后的挪用行为的不法状态仍在持续,其完全可以要求亲属或者资金实际控制人对被挪用单位的资金进行返还;同时多次挪用行为人的主观恶性及社会危害性较单次挪用行为人更大,故被采取强制措施的时间应当计算到三个月期限内。

2. 单位的承诺。两种情况下,被害单位的承诺可影响三个月的法定期限:一种情况是,被害单位的承诺导致三个月期限的彻底终止。挪用资金罪是侵犯财产犯罪,因此被害单位的意见和态度十分重要。例如,在挪用一个月未还时,被害单位发现后告知挪用人不用再归还单位资金了,此时因单位的承诺或者双方之间协议解决,挪用人便没有了归还的义务和责任,导致三个月期限彻底终止,司法机关不能以三个月未还为由再对挪用人定罪处罚。另一种情况是,被害单位的承诺导致三个月期限的暂时中止。如被害单位为追回损失三个月内与挪用人约定,只要在一年内归还被挪用资金便不向司法机关报案。挪用人基于对单位承诺的信任,选择从挪用之日起超过三个月但在约定期限内归还挪用资金的,三个月期限应当从单位承诺或与单位达成协议之日起停止计算。这是因为根据被害人承诺理论,被害人对于遭受侵害的承诺或同意,对于某些犯罪可以不作犯罪处理。当然,上述两种情况仅限于挪用资金犯罪中适用,不能适用于挪用公款犯罪。因为国有单位对于国有资产并不具有所有权,无权对擅自挪用人作出免除或者延迟还款义务的承诺。

综上,二审法院认定被告人李毅挪用的 8 万元应当计入其挪用资金总额,属于犯罪数额巨大,由此以挪用资金罪改判其有期徒刑三年,缓刑四年是适当的。

(撰稿:江苏省无锡市中级人民法院　范　凯
审编:最高人民法院刑四庭　陆建红)

[第 1208 号]钢浓公司、武建钢骗取贷款、诈骗案

——使用虚假资料获取银行贷款的,如何认定行为人的非法占有目的

【关键词】 骗取贷款罪　诈骗罪　非法占有目的　含欺诈行为的民间借贷纠纷　使用虚假资料获取银行贷款

一、基本案情

被告单位武汉钢浓粉末冶金有限公司。

被告人武建钢,男,1958 年 8 月 14 日出生,原系武汉钢浓粉末冶金有限公司法定代表人。

2011年1月6日被刑事拘留,同年2月13日被逮捕。

湖北省武汉市人民检察院以被告单位武汉钢浓粉末冶金有限公司(以下简称钢浓公司)犯合同诈骗罪,被告人武建钢犯合同诈骗罪、诈骗罪向武汉市中级人民法院提起公诉。

被告单位的诉讼代表人及其辩护人对公诉机关指控的事实不持异议,希望根据案件实际情况对武建钢免除刑事处罚。

被告人武建钢及其辩护人提出,武建钢没有私刻合同专用章和提供虚假证明文件,钢浓公司将银行贷款用于生产和偿还借款,没有非法占有,不构成合同诈骗罪。钢浓公司股权转让后,应由后任法人承担归还银行贷款的责任。武建钢与程春胜有多年业务往来,二人的债务是民间借款,没有诈骗的故意。

武汉市中级人民法院经公开审理查明:

(一)骗取贷款的事实

被告单位钢浓公司于2005年5月19日在武汉市工商行政管理局蔡甸分局注册成立,注册资本人民币(以下币种同)500万元,被告人武建钢任公司法定代表人。钢浓公司在武汉市蔡甸区奓山街三家店村租赁38.6亩土地投资建厂,从事还原铁生产加工,产品销售给武汉钢铁集团金属资源有限责任公司(以下简称金资公司)。2007年投产后,钢浓公司持续亏损,资金周转困难。2008年6月,武建钢经他人介绍结识光大银行武汉分行青山支行副行长林汉宁,武建钢表示希望从该行获取贷款,林汉宁向其推荐了银行保理融资业务。为获得贷款,武建钢隐瞒钢浓公司持续亏损的事实,向光大银行武汉分行提供虚假的财务报告、应收款明细表。同年9月16日,钢浓公司与光大银行武汉分行签订《综合授信协议》,授信额度为2 000万元,授信有效期1年,应收账款付款期限最长不得超过90天。同月18日,武建钢使用私刻的武汉钢铁股份有限公司(物资采购)合同专用章,假冒金资公司合同员周长工的签名,与光大银行武汉分行签订《关于武汉钢浓粉末冶金有限公司(卖方)有关应收账款转让问题的三方协议》。协议签订后,武建钢又伪造废钢买卖合同、产品合格证明、应收账款债权转让通知书等,于2008年9月23日、10月9日两次从光大银行武汉分行骗取保理资金共计2 000万元。

2009年年初,武汉钢铁(集团)股份有限公司内部管理机制调整,签订合同、结算账款由金资公司负责。同年3月2日,钢浓公司采取前述欺骗方法与光大银行武汉分行重新签订《综合授信协议》,授信额度仍为2 000万元,授信有效使用期限至2010年3月1日。同年5月,因钢浓公司不能按约正常还款,林汉宁对钢浓公司的财务章、合同章、公章进行监管。

2009年11月9日,武建钢与武汉盈科物资有限公司有关人员签订钢浓公司股权转让协议,并于同年11月19日在武汉市工商行政管理局蔡甸分局办理公司法人变更登记,武建钢不再持有钢浓公司股份,不再担任钢浓公司法定代表人。经鉴定,自2008年9月至2009年11月18日法定代表人变更止,钢浓公司累计收到光大银行青山支行授信保理贷款资金11 094万元,偿还9 094万元,尚欠2 000万元。至2010年8月案发,钢浓公司尚欠保理融资本金1 503.5万元。

(二)诈骗事实

2009年11月28日,被告人武建钢隐瞒钢浓公司法定代表人已变更的事实,对原材料供货商程春胜谎称需要资金回购钢浓公司股权,向程春胜借款278.24万元,期限6个月。同年12月15日,武建钢以股权回购资金不足为由,再次向程春胜借款309万元,承诺2010年1月20日归还。逾期后,程春胜多次向武建钢催还借款,武建钢于2010年9月至10月间归还借款35万元,并承诺同年10月1日起每月归还借款30万元。逾期后,武建钢假借各种理由不履行偿还义务。至案发,仍有本金552.24万元不能归还。

武汉市中级人民法院认为，被告单位钢浓公司及被告人武建钢在申请贷款过程中，提供虚假证明文件，夸大偿付能力，以欺骗手段取得光大银行青山支行保理融资款2 000万元，并导致1 503.5万元不能归还，给银行造成特别重大损失。钢浓公司及武建钢的行为，均已构成骗取贷款罪。武建钢以非法占有为目的，虚构事实，骗取他人财物552.24万元，数额特别巨大，其行为构成诈骗罪。武建钢犯数罪，应当数罪并罚。根据《中华人民共和国刑法》第一百七十五条之一、第二百六十六条、第三十条、第三十一条、第五十六条第一款、第五十五条第一款、第六十九条、第五十三条、第六十四条之规定，判决如下：

1. 被告单位武汉钢浓粉末冶金有限公司犯骗取贷款罪，判处罚金人民币十万元。

2. 被告人武建钢犯骗取贷款罪，判处有期徒刑四年，并处罚金人民币五万元；犯诈骗罪，判处有期徒刑十一年，剥夺政治权利一年，并处罚金人民币五万元；决定执行有期徒刑十三年，剥夺政治权利一年，并处罚金人民币十万元。

一审宣判后，武汉市人民检察院以钢浓公司、武建钢对保理资金有非法占有目的，原审对该起事实定性错误，依法应以合同诈骗罪追究武建钢及钢浓公司刑事责任等为由提起抗诉。

被告人武建钢及其辩护人以借条、还款协议等证明武建钢找程春胜借款系民间借贷，武建钢不构成诈骗罪等为由提出上诉。

湖北省高级人民法院经审理认定的事实证据与一审相同。湖北省高级人民法院认为，原审被告单位钢浓公司骗取银行贷款2 000万元，致1 500万余元不能归还，给银行造成了特别重大损失，其行为已构成骗取贷款罪。上诉人武建钢作为该公司直接负责的主管人员，其行为亦构成骗取贷款罪。武建钢以非法占有为目的，隐瞒真相，虚构事实，骗取他人财物552.24万元，数额特别巨大，其行为还构成诈骗罪，依法应数罪并罚。原审判决认定事实清楚，证据确实、充分，定罪准确，量刑适当。审判程序合法。依照《中华人民共和国刑事诉讼法》第二百二十五条第一项之规定，裁定驳回抗诉、上诉，维持原判。

二、主要问题

1. 使用虚假资料获取银行贷款的案件中，如何认定行为人具有非法占有的目的？

2. 含欺诈行为的民事借贷纠纷与诈骗罪如何区分？

三、裁判理由

（一）使用虚假资料获取银行贷款的案件中行为人非法占有目的的认定

本案在审理过程中，对于被告人武建钢使用虚假资料获取银行贷款的行为应如何定罪，存在两种观点：第一种观点认为，武建钢以非法占有目的，使用虚假的证明文件骗取贷款，应构成贷款诈骗罪；第二种观点则认为，武建钢虽然使用虚假的证明文件骗取贷款，但其没有非法占有的目的，应构成骗取贷款罪。

我们同意第二种观点。一般而言，使用虚假资料获取银行贷款，可能涉及两个罪名：骗取贷款罪和贷款诈骗罪。两罪同属破坏社会主义市场经济秩序犯罪，前罪侵犯的客体是金融秩序和安全，后罪侵犯的客体是国家对银行贷款的管理制度和公私财产的所有权。前罪在客观上要求以欺骗手段获取贷款后，给银行或者其他金融机构造成重大损失或者有其他严重情节，后罪仅要求骗取的贷款达到数额较大的标准即可（公安部的立案追诉标准规定为2万元以上）。前罪最高法定刑为七年有期徒刑，并处罚金；后罪最高法定刑为无期徒刑，并处没收财产。两罪在客观要件和量刑上的区别，归根结底在于，前罪并无非法占有之目的或者没有确实、充分的证据证实借款人有非法占有之目的，后罪则以明确的非法占有为主观故意，意欲侵占银行经营管理的财产。

司法实践中，囿于借款人主观故意的隐蔽性和客观行为的相似性，对借款人的行为定性往往存在较大分歧。刑法第一百九十三条规定，使用虚假的经济合同、证明文件，或者使用虚假的产权证明作担保，或者超出抵押物价值重复担保等方法骗取贷款，且有非法占有目的，数额较大的，构成贷款诈骗罪。也就是说，刑法本身并不孤立看待申请贷款时的造假行为，只有行为人主观上具备非法占有之目的，才可能因客观上的造假行为以诈骗犯罪论处。换言之，审理此类案件的关键在于界定行为人是否有非法占有目的。

本案中，被告人武建钢确有使用虚假财务报告、应收款明细表等资料的行为，亦有私刻武汉钢铁股份有限公司（物资采购）合同专用章，假冒金资公司合同员周长工的签名，与光大银行武汉分行签订《关于武汉钢浓粉末冶金有限公司（卖方）有关应收账款转让问题的三方协议》的行为，但上述行为并不能单独构成诈骗犯罪，除了被告人对其主观目的的供述外，还应结合被告人及被告单位申请贷款之前的经济状况、获取贷款之后的款项用途、款项到期后的还款意愿及还款效果等综合评价，不能仅凭行为人有使用虚假资料骗取贷款的客观行为和实际未能还款的客观结果，片面认定行为人的主观故意。具体来说，应当主要根据以下三方面情况来判断行为人的主观故意：

1. 贷款之前的经济状况

通常情况下，借款人贷款之前的经济状况并不能直接反映借款人是否存有非法占有目的。但其经济状况和借款缘由可以在一定程度上反映借款人的后期还款能力和借款用途的真实性。如果借款人有正常经营的业务，经济能力较强，虽然使用了虚假资料获取贷款，但借款用途真实，后因正常经营风险无力还款，认定借款人有非法占有目的要慎重；如果借款人并无真实经营业务，资不抵债甚至长期负债，可以推定其主观上可能具有非法占有之目的，同时结合其申请贷款时的具体行为和实际造成的后果进一步界定其主观故意。

本案中，被告单位钢浓公司于2005年5月19日注册成立，2007年产出还原铁，产品全部销给金资公司，全年共销售还原铁1 431.65吨。公安机关委托的会计鉴定检验报告书证实，至2008年8月底，钢浓公司账面亏损18.89万元，资产总额为2 375万元，其中应收账款886.7万元，负债总额1 894万元，净资产481万元。从上述情况判断，钢浓公司是有明确主业的实体公司，虽有负债，但只是略有亏损，缺乏流动资金，尚未达到资不抵债的情况，通过引资可能改善经济状况，确有引资必要。

2. 获取贷款后的款项用途

一般而言，非法占有具有很强的主观性，很难通过客观事实直接证明，但行为人获取贷款后的用款方式、有无擅自改变贷款用途的行为可以在一定程度上反映行为人的主观状态。对于严格遵照贷款协议约定的贷款用途，真实诚信地使用所借款项，确因正常经营风险无力偿还贷款的，即使在申请贷款时使用了虚假资料或有其他民事欺诈行为，亦应首先考虑为贷款纠纷，确实给银行等金融机构造成重大损失或者有其他严重情节的，可以结合案件事实以骗取贷款罪论处，不能简单采取客观归罪的方式直接以诈骗犯罪处理。对于擅自改变贷款用途，导致贷款资金脱离银行等金融机构所能预期的经营状况，后因正常经营风险无力偿还的，既要考虑实际用款项目的正常盈利可能，也要结合行为人贷款前的实际经济状况，申请贷款时有无欺诈行为等具体情节，结合证人证言、被告人供述等言词证据准确界定行为人是否具有非法占有之故意。对于获取贷款后，将资金用于偿还个人债务、赌博、挥霍，后又实际未能偿还贷款的，除有证据证明行为人确有可靠资金来源保证偿贷能力，后因不可抗力或者意外事件等难以预料的因素导致偿贷资金灭失的，一般可以推定其主观上具有非法占有目的。

本案中，钢浓公司将700多万元用于生产和支付银行利息等，挪用其他保理资金用于偿还前期债务或者套现使用。金资公司业务详单、会计鉴定报告书等证实，钢浓公司 2008 年销售还原铁 4 927.95 吨，比 2007 年增长 244%，其中融资后的 4 个月供货约 2 588 吨；2009 年销售 8 745 吨，比 2008 年增长约 77%；从 2008 年 9 月至 2009 年年底，钢浓公司累计完成不含税销售收入 2.49亿元。可以认定钢浓公司在获得银行资金后，生产规模明显扩大。钢浓公司会计黎想平、武建钢之妻刘翠华的证言证明，当时因金融危机，还原铁行情不好，价格波动很大，从 3 000 元到 1 000元，不能排除银行资金损失与钢浓公司经营性亏损间的关联性，亦无证据证实武建钢有将贷出的保理资金挪作个人使用或有挥霍保理资金的行为，故不宜仅因武建钢及钢浓公司改变款项用途，进而认定其具有非法占有目的。

3. 款项到期后的还款意愿和实际还款效果

按照主观见之于客观的原则，借款人在款项到期后的还款意愿和实际还款效果，一方面反映借款人的客观行为所造成的实际后果，另一方面也能直接反映行为人对所借款项是否具有非法占有的主观故意。在民商事法律关系中，按期还款是借款人应当履行的义务，逾期还款承担相应的违约责任。但违约责任的成立并不必然导致刑事责任的承担。一般而言，款项到期后，行为人虽一时不具备还款能力，但能够积极筹措资金，实际归还了全部或者大部分贷款的；或者虽无还款资金，但能够提供相应的无权属争议的担保物保证还款的，后又实际归还了全部或者大部分贷款的；或者有其他类似的积极还款行为以及保证还款措施的，均不宜认定行为人有非法占有的主观恶意。对于抽逃、转移资金，隐匿财产，或者隐匿、销毁账目，或者以假破产、假倒闭等方式逃避还贷的，以及获取贷款后逃跑的，实际造成数额较大的资金不能偿还的，可以认定行为人有非法占有的目的。

本案中，武建钢在订立授信协议的同时，即作为钢浓公司法定代表人与光大银行订立《最高额保证合同》，为 2 000 万元保理资金提供连带责任保证。2009 年 11 月，武建钢手写承诺书一份，承诺对银行债务承担法律责任，银行有权追索其名下的房产。后因光大银行未就武建钢承诺书中所列房产办理抵押登记，武建钢夫妇名下 4 套房屋出卖后未能实际用于偿还光大银行贷款。至案发，钢浓公司累计贷出保理资金 11 094 万元，偿还 9 094 万元，尚欠本金 1 503.5 万元。上述情况表明，武建钢确有保证还款的具体行为，在保理合同成立的期间，多次按约还款，后虽造成 1 503.5万元的本金不能归还，但认定武建钢有故意逃避还款行为的证据不足。

综上，被告人武建钢及被告单位钢浓公司是有明确主业的实体公司，虽有负债，但只是略有亏损，缺乏流动资金，确有引资必要，贷款借出时武建钢即与银行签订《最高额保证合同》，对保理资金承担连带保证责任，后亦无证据证实武建钢有将贷出的保理资金挪作个人使用或有挥霍保理资金等的行为，贷款逾期后武建钢书面承诺银行有权追索其名下房产，无充分证据证实武建钢有恶意逃债行为，不能排除银行资金损失与钢浓公司经营性亏损的关联性。换言之，虽然被告人武建钢及被告单位有使用虚假资料骗取贷款的欺诈行为，但无充分证据证实被告人武建钢及被告单位钢浓公司对骗取的资金具有非法占有目的。法院依法以骗取贷款罪追究被告人武建钢及被告单位钢浓公司的刑事责任，定性是准确的。

（二）含欺诈行为的民事借贷纠纷与诈骗罪的区别

本案第二起事实，在法院审理时并无争议。但司法实践中，含欺诈行为的民事借贷纠纷与诈骗罪之间的定性争议常在。争议核心仍在于如何认定行为人主观上的非法占有故意。结合本案事实，我们认为非法占有目的的认定必须坚持在客观基础上的主观判断，不能仅凭被告人供述简单定案。

具体可从以下三个方面来把握：一是行为人借款前的资产负债情况，有无还款能力；二是行为人实际借款用途有无保值增值可能;三是行为人有无隐匿财产、恶意转移财产、逃跑等逃避还款义务的行为。上述情节可以从客观方面反映行为人有无还款意愿和还款可能。对确因不可抗力、意外事件、正常的投资经营风险等债务人不能控制的因素导致债权人权益损失的,应当尊重民事法律规范的调整领域,不轻易激化矛盾上升到刑事追责的高度。对以欺骗方式获取借款,但借款时确有还款能力,借款后实际用于保值增值业务或者借款合同约定的借款用途,借款逾期后积极采取有效措施筹措还款的借款人,不宜认定行为人有非法占有的主观恶意。对明知自己无还款能力,以欺骗方式获取借款,事后无力归还,造成被害人损失的,依法追究相应的刑事责任。对以欺骗方式获取借款,实际用于赌博、挥霍或者违法活动的,造成被害人损失的,依法追究相应的刑事责任。对以欺骗方式获取借款,借款逾期后逃跑,或者有隐匿财产、恶意转移财产等恶意逃避还款的行为,造成被害人损失的,依法追究相应的刑事责任。

本案中,被告人武建钢明知自己无还款能力,负有大量外债,借款时已转让钢浓公司全部股权,隐瞒真相,虚构借款用途,使程春胜产生错误认识借给其巨额款项,逾期后拒不归还,原审法院认定其主观上具有非法占有目的,以诈骗罪追究刑事责任,定性准确。

综上,一、二审法院分别以骗取贷款罪、诈骗罪对被告人武建钢定罪量刑是适当的。

(撰稿:湖北省高级人民法院　郑　娟　邓海兵
审编:最高人民法院刑四庭　陆建红)

汪建中操纵证券市场案

【关键词】　操纵证券市场罪　抢先交易　“兜底条款”

一、基本案情

被告人汪建中,男,汉族,1968年11月3日,北京首放投资顾问有限公司法定代表人。2008年12月16日被逮捕,2009年5月16日被监视居住,同年9月28日再次被逮捕。

北京市人民检察院第二分院指控被告人汪建中犯操纵证券市场罪,于2010年8月11日向北京市第二中级人民法院提起公诉。

被告人汪建中辩称:指控事实是公司业务的一部分,公司推荐股票是集体讨论决定,属于公司行为,其没有实施利用公司推荐股票的行为,其实施的55次交易的行为也是公司行为,不是个人行为,该行为符合市场规律,符合投资者心理,符合公司利益。

被告人汪建中的辩护人提出:汪建中个人通过短线交易模式买卖证券的行为,不属于刑法规定的操纵证券市场行为,且其行为未达到法定的追诉标准,不符合操纵证券市场罪的客观要件和主观要件。汪建中不具有操纵证券市场的主观故意,其行为被证监会认定为违法,但未达到刑法所规定的情节严重程度,不应作为犯罪处罚,且证监会已对汪建中作出行政处罚,不应再对其适用刑罚。即使汪建中的行为构成操纵证券市场罪,其向证监会、朝阳公安分局主动投案的行为亦构成自首,依法应予从轻、减轻处罚。

北京市第二中级人民法院经审理查明:被告人汪建中在担任北京首放投资顾问有限公司(以下简称首放公司)负责人期间,在2006年7月至2008年3月间,先后利用其本人及他人的身份证开立了其实际控制的沪、深证券账户,并使用上述账户,在中信证券北京北三环中路营业部、国信证券北京三里河营业部等证券营业部开立了10余个资金账户用于证券交易。同时,汪建中在中国工商银行开立了10个银行账户，用于证券交易资金的存取和划转。2007年1月9日至2008年5月21日间，汪建中采取先买入“工商银行”“中国联通”等38只股票，后利用首放公司名义通过“新浪网”“搜狐网”《上海证券报》《证券时报》等媒介对外推荐其先期买入的股票，并在股票交易时抢先卖出相关股票，人为影响上述股票的交易价格，获取个人非法利益。根据中国证券监督管理委员会统计，在首放公司推荐股票的内容发布后，相关38只股票交易量在整体上出现了较为明显的上涨：个股开盘价、当日均价明显提高；集合竞价成交量、开盘后1小时成交量成倍放大；全天成交量大幅增长；当日换手率明显上升；参与买入账户明显增多；新增买入账户成倍增加。汪建中采取上述方式操纵证券市场55次，累计买入成交额人民币52.6亿余元，累计卖出成交额人民币53.8亿余元，非法获利共计人民币1.25亿余元归个人所有。

北京市第二中级人民法院认为，被告人汪建中无视国家法律，为获取不正当利益，操纵证券市场，侵害了国家对证券交易的管理制度和投资者的合法权益，情节特别严重，其行为已构成操纵证券市场罪，依法应予惩处。

2011年8月3日，北京市第二中级人民法院作出（2010）二中刑初字第1952号刑事判决，认定被告人汪建中犯操纵证券市场罪，判处有期徒刑七年，罚金人民币一亿二千五百七十五万七千五百九十九元五角。

一审宣判后，被告人汪建中不服，提出上诉。

北京市高级人民法院认为，一审法院判决认定汪建中犯操纵证券市场罪的事实清楚，证据确实、充分，定罪及适用法律正确，量刑适当，审判程序合法，应予维持。

2012年3月13日，北京市高级人民法院作出后（2011）高刑终字第512号刑事裁定，驳回上诉，维持原判。

二、裁判理由

我国《刑法》第一百八十二条规定了操纵证券、期货市场罪，对于情节严重的，处五年以下有期徒刑或者拘役，并处或者单处罚金；情节特别严重的，处五年以上十年以下有期徒刑，并处罚金。法条规定了操纵证券、期货市场的四种情形：(1)单独或者合谋，集中资金优势、持股或者持仓优势或者利用信息优势联合或者连续买卖，操纵证券、期货交易价格或者证券、期货交易量的；(2)与他人串通，以事先约定的时间、价格和方式相互进行证券、期货交易，影响证券、期货交易价格或者证券、期货交易量的；(3)在自己实际控制的账户之间进行证券交易，或者以自己为交易对象，自买自卖期货合约，影响证券、期货交易价格或者证券、期货交易量的；(4)以其他方法操纵证券、期货市场的。《证券法》第七十七条也规定了禁止任何人以上述手段操纵证券市场。本案的争议焦点在于对被告人汪建中抢先交易的行为在刑法上如何评价。在法律没有明确规定的情况下，能否依据操纵证券市场罪第四项的“兜底条款”来定罪处罚？

抢先交易也称“抢帽子”交易，是指证券公司、证券咨询机构、专业中介机构及其工作人员，买卖或者持有相关证券，并对该证券或其发行人、上市公司公开作出评价、预测或者投资建议，以便通过期待的市场波动取得经济利益的行为。本案中，被告人汪建中作为证券咨询机构的法定代表人，先期购买证券，再向社会公众公布建议买入对应证券的咨询意见，然后提前卖出相关证券的行为，就是典型的抢先交易行为。在本案的审理过程中，在认定汪建中的抢先交易行为能否构成操纵证券市场罪时，争议很大。一种观点认为，汪建中抢先交易的行为虽然破坏了市场正常的交易秩序，但无论是依据《证券法》第七十七条还是《刑法》第一百八十二条都不能得出该行为属于法律所规定的操纵证券市场行为方式之一的结论。在法律没有明文规定的情况下，汪建中的行为的违法性就难以界定。另一种观点认为，《刑法》第一百八十二条对操纵证券、期货市场罪明确规定了连续联合买卖、相互交易、自买自卖三种操纵资本市场犯罪行为模式，并以“兜底条款”将“以其他方法操纵证券、期货市场”的行为类型归入操纵市场犯罪的刑事规制领域。严重的抢先交易与操纵证券市场罪明示规定的犯罪类型具有相同性质，根据操纵证券市场罪“以其他方法操纵证券、期货市场”这一“兜底条款”将汪建中抢先交易行为认定为犯罪，符合罪刑法定原则。

笔者赞同第二种观点，汪建中抢先交易行为已经构成操纵证券市场罪，理由如下：

1. 主体上的包含关系。抢先交易行为的主体是证券公司、证券咨询机构、专业中介机构及其工作人员，是特殊主体；操纵证券市场罪的主体要件是普通主体，任何人、任何机构均可构成此罪，当然也包括证券公司、证券咨询机构、专业中介机构及其工作人员。

2. 客体上的同一性。抢先交易行为与操纵证券市场罪明示的三种行为指向同一客体，即证券、期货市场的管理秩序和投资者对交易机会的把握及合法权益。

3. 主观故意的契合。抢先交易与操纵证券市场罪的主观方面都是出于操纵证券市场故意，即行为人主观上有通过对其先期买卖或持有的证券进行推荐，使其他市场参与者做出其期待的交易行为，对股票价格产生影响，操纵证券市场的故意。其明知自己的操纵市场的行为是违背公平、公正、公开的原则，妨害社会主义市场经济秩序，仍然追求、放任或决意为之。需要说明的是，在2006年《刑法修正案（六）》出台后，“获取不正当利益或者转嫁风险”不再是操纵证券市场罪的必备要件。

4. 行为模式异曲同工。行为方式的符合性，是判断是否构成操纵证券市场罪的最为关键因素。严重的抢先交易行为符合操纵证券市场罪范畴内的客观行为要件。具体而言，其具备以下两个特征：(1)必须同时具备符合先后顺序的“推荐”与“交易”行为。“推荐”是指证券从业机构或其工作人员利用自身的专业性、影响力获得投资者的信赖，通过各种公开媒介推荐股票。“交易”是指行为人在推荐股票前已经买入或者持有所推荐的股票，在推荐后，投资者跟进，出现预期市场波动的情况下，行为人又进行交易，以获取差价。(2)行为人的行为必须具有引起市场明显波动的较大可能性。只有行为引起或者足以引起市场明显波动，行为人才可能会获得不法收益，投资者才可能会收到较大损害，达到本罪所要求的“情节严重”的入刑标准。

本案中，被告人汪建中大多是在买入股票的当天，在公司例行召开的讨论会上，要求分析师在股评分析报告中加入推荐该股票的信息，其让分析师加入掘金报告中的个股，是和其自己购买的股票是一样的。后其利用公司对外发布股评分析报告之机，通过多家知名媒体和网站的转载，向公众推荐其买入的股票，吸引公众购买推荐的股票。此后，在其期待的价格上扬期间（经查绝大部分是在买入后的第二个交易日）抢先卖出该股票。由于汪建中买入股票的金额非常巨大，基本是上千万元，所以第二天假如每股只涨几分钱，汪建中卖出也能赚钱，从中获利。因此，汪建中的行为同时具备符合时间先后顺序的推荐股票与交易股票两种行为，并且其行为是相关证券交易价格或者交易量变动的重要原因，因此，可认定汪建中行为的本质是以抢先交易的方式操纵证券市场的犯罪行为。汪建中利用其实际控制的账户先后进行55次违规交易，涉及38只股票，获取利益1.25亿余元，已经严重地侵犯了国家对证券交易的管理制度，严重地破坏了证券交易市场的公平、公正、公开的原则，严重地损害了投资者的合法权益，具有严重的社会危害性，故人民法院认定汪建中构成操纵证券市场罪，并根据其犯罪的事实、犯罪的性质、情节及对于社会的危害程度，对其判处刑罚。

【编后语】

为了保护证券、期货市场中敏感的价格免受操纵和控制，使其准确地根据投资市场供求关系和价值规律的法则运动,同时为投资者提供一个公平、诚实信用的投资场所,我国建立了证券、期货交易操作制度。但随着我国证券、期货市场的突飞猛进,逐渐产生了部分新类型的破坏证券、期货市场秩序的违规、违法甚至犯罪行为。操纵证券交易价格的行为,会在市场上造成虚假的供求关系,破坏金融秩序,并且将从根本上破坏投资者对证券市场的信任感。由于法律的相对滞后性,这些新问题在法律中并没有及时一一体现,在法律没有明确规定的情况下,法官在审理这类案件时,有必要通过契合罪刑法定原则的法律解释机制,审慎适用"兜底条款",即通过明确界定新手段犯罪的构成要件,深度研判"兜底条款"的适用范围。

人民法院在审理汪建中操纵证券市场案中,结合操纵证券市场罪的实质来审视、判断、论证刑法条文中"以其他方法操纵证券、期货市场"中"其他方法"的范围,对"兜底条款"进行了审慎、合理的解释,在避免让刑法过度介入经济生活,影响市场经济自由的同时,有效打击了新类型的操纵证券、期货市场的犯罪行为,达到刑法惩治犯罪,维护社会主义市场经济秩序的立法目的。

(撰稿:北京市第二中级人民法院刑二庭　白　波　刘　月
审编:最高人民法院刑二庭　王晓东)

罗高峰、陈玉兴、王向东泄露内幕信息、内幕交易案

【关键词】 泄露内幕信息罪　内幕交易罪　内幕信息　秘密性　关联性　共同犯罪

一、基本案情

被告人罗高峰,男,汉族,1981年9月26日出生,原浙江杭萧钢构股份有限公司(以下简称杭萧钢构公司)证券办副主任、证券事务代表。2007年6月12日被逮捕。

被告人陈玉兴,男,汉族,1972年2月9日出生,原系杭萧钢构公司证券办主任,2006年12月底辞职。2007年6月12日被逮捕。

被告人王向东,男,汉族,1970年4月21日出生。2007年6月12日被逮捕。

浙江省丽水市人民检察院指控被告人罗高峰犯泄露内幕信息罪、被告人陈玉兴、王向东犯内幕交易罪,向丽水市中级人民法院提起公诉。

被告人罗高峰、王向东对指控事实及罪名未表异议;被告人陈玉兴辩解,其于2007年2月11日从罗某甲处听得的杭萧钢构公司正在洽谈安哥拉项目的信息不属于内幕信息,故2月12日的交易行为不属于内幕交易。

被告人罗高峰的辩护人提出,罗高峰主观上无谋利的犯罪动机,主观恶性相对较小,认罪、悔罪态度较好。

被告人陈玉兴的辩护人提出:(1)杭萧钢构公司的内幕信息是"订立重大合同",陈玉兴分别从罗某甲、罗高峰处获得的杭萧钢构公司"正在洽谈300亿合同"的信息,不属于内幕信息,故2007年2月12日、13日的交易不能认定为内幕交易;(2)陈玉兴并非通过非法手段或途径获得信息,不具备内幕交易犯罪的主体资格;(3)陈玉兴2月14日买入杭萧钢构股票的行为虽构成内幕交易犯罪,但情节较轻,且有立功表现。

被告人王向东的辩护人提出:(1)陈玉兴从罗某甲等人的议论中被动地听到了有关信息,不属"非法获取",且其此时获取的信息存在不确定性,不属"内幕信息",故王向东按其指令于2月12日买入杭萧钢构股票的行为不属于内幕交易;(2)王向东虽然客观上有和陈玉兴合作炒股,利

润分成的行为,但主观上缺乏采用非法的方法获取内幕信息的共同故意,与陈玉兴不存在共犯关系;(3)王向东买售杭萧钢构股票的行为并没有造成股票市场价格的震荡,也没有侵害其他股民的利益,更没有引起股民的恐慌和不满,社会危害性不大,不具备犯罪本质特征。

丽水市中级人民法院经公开审理查明:

2006年11月,杭萧钢构公司与中国国际基金有限公司(以下简称中基公司)开始接触洽谈安哥拉公房由混凝土结构改成钢结构项目。经多轮谈判,至2007年2月8日,双方就该项目的价格、数量、工期和付款方式等基本内容达成一致意见,并于同月13日草签了"安哥拉项目"框架协议。同年2月15日,杭萧钢构公司发布了公告,称"公司正与有关业主洽谈一境外建设项目,该意向项目整体涉及总金额人民币约300亿元,该意向分阶段实行,建设周期大致两年左右。若公司参与该意向项目,将对公司2007年业绩产生较大幅度增长"。同月17日,双方正式签订《安哥拉共和国—安哥拉安居家园建设工程—产品销售合同》《安哥拉共和国—安哥拉安居家园建设工程—施工合同》,至今合同正在履行中。中国证监会确认:2007年2月8日为"安哥拉项目"内幕信息形成日,2月8日至2月14日为"安哥拉项目"内幕信息的价格敏感期。

被告人陈玉兴与被告人王向东于2003年12月底合作炒股,约定由王向东出资,按陈的指令买卖股票,获利部分按三七分成,陈玉兴得30%,亏损均由王向东承担。2007年1月,陈玉兴从杭萧钢构公司安徽子公司总经理王更新处获悉杭萧钢构正在洽谈一个18亿元左右的合同。同月31日,时任杭萧钢构证券办副主任、证券事务代表的被告人罗高峰陪同公司董事长单某某宴请公司独立董事竺某某等人,从单等人的谈话中获悉公司正在洽谈安哥拉项目,金额达300亿元。同年2月11日,陈玉兴与杭萧钢构公司事业部经理罗某甲等人在杭州龙井喝茶时,罗某甲谈起公司正与中基公司洽谈安哥拉项目,金额达300亿元。陈玉兴当即电话告知王向东,要其买入杭萧钢构股票。通完电话后,陈玉兴向罗某甲求证该300亿元合同的情况,而后再次将求证的信息告诉了王向东。次日,王向东按陈玉兴的指令买入2 776 996股"杭萧钢构"股票。同日,罗高峰从公司其他部门进一步获悉公司与中基公司正在谈判安哥拉项目合同,即在与陈玉兴为确证此项目主动和其联系的电话通话中,将安哥拉项目的信息全部泄露给陈玉兴。陈玉兴于当晚将该信息及信息来源告知王向东,指令王再次买入"杭萧钢构"股票。2月13日,王向东按照陈玉兴的指令买入2 398 600股"杭萧钢构"股票。陈玉兴则将罗高峰委托其管理的晁某某股票账户买入42 800股"杭萧钢构"股票。当天,因安哥拉项目已草签合同,杭萧钢构公司总经理周某某通知罗高峰次日参加该项目协调会。罗高峰随即将合同已草签的情况电话泄露给陈玉兴,陈玉兴要求其获取合同文本,并将此信息告诉王向东,指令其将账户上所有的资金以涨停价买入"杭萧钢构"股票。2月14日,王向东以涨停价买入1 787 300股"杭萧钢构"股票。当日,罗高峰到公司法务部索要合同文本未果,后又将公司开协调会和次日将出公告的情况详细泄露给陈玉兴。陈玉兴指令王向东继续持有"杭萧钢构"股票。同年3月15日,陈玉兴从罗高峰处得知证券监管机构要调查杭萧钢构公司,遂将有关信息告知王向东并指令其将"杭萧钢构"股票全部卖出。次日,王向东按照指令将"杭萧钢构"股票共计6 961 896股全部卖出,获利人民币4 037万元。同年4月10日,陈玉兴将晁某某账户上的42 800股"杭萧钢构"股票全部卖出,获利36万余元。

金华市中级人民法院于2008年2月2日作出(2007)丽中刑初字第44号刑事判决,认定被告人罗高峰犯泄露内幕信息罪,判处有期徒刑一年六个月;认定被告人陈玉兴犯内幕交易罪,判处有期徒刑二年六个月,并处罚金人民币4 037万元;认定被告人王向东犯内幕交易罪,判处有期徒刑一年六个月,缓刑二年,并处罚金人民币4 037万元;判令追缴被告人陈玉兴、王向东的违法所得人民币4 037万元,上缴国库。

一审宣判后，被告人陈玉兴提出上诉。其提出：原判认定2007年2月12日、13日买入杭萧钢构股票的行为构成犯罪事实不清，证据不足：(1)在此之前，其获取的信息仅是项目“正在谈判”，不属于内幕信息，指令王向东买入杭萧钢构股票，是对“谈判信息”进行博弈交易的投机行为，不是内幕交易犯罪；(2)从罗某甲处获取信息，不是从内幕人员处直接获取，也没有采用非法手段，故指令王向东于2007年2月12日买入杭萧钢构股票的行为不构成犯罪；(3)从罗高峰处获取证券监管机构要调查杭萧钢构公司的信息，并指令王向东于次日卖出全部杭萧钢构股票，该行为不是内幕交易性质，更不能溯及此前买入股票的行为。

浙江省高级人民法院认为，被告人罗高峰身为内幕信息知情人员，将其掌握的上市公司尚未公开且对证券价格有重大影响的内幕信息泄露给他人，情节严重，其行为已构成泄露内幕信息罪；被告人陈玉兴伙同被告人王向东通过非法途径获取内幕信息进行股票交易，情节严重，其行为均已构成内幕交易罪。罗高峰因其与陈玉兴的特殊关系而泄露内幕信息犯罪，并非出于为己谋利之目的，主观恶性不大，且归案后认罪态度好，原判予以从轻处罚适当。陈玉兴与王向东基于共同的犯罪故意，共同实施内幕交易犯罪，陈玉兴利用非法获取的内幕信息指令王向东买卖股票，在内幕交易犯罪中起主要作用，系主犯，应按其为主实施的全部犯罪进行处罚；王向东明知陈玉兴下达买卖股票指令是利用了内幕信息，并知悉该内幕信息来源，仍按陈的指令操作进行股票交易，在内幕交易犯罪中起次要作用，系从犯，依法应从轻处罚。原判鉴于王向东在犯罪中所起作用等具体情况，且具有认罪态度好，全部退赃的悔罪表现，对其从轻处罚并适用缓刑适当。原判鉴于陈玉兴有检举立功表现，归案后交代认罪态度好，已依法或酌情予以从轻处罚亦属适当。陈玉兴上诉再要求从轻量刑并适用缓刑的理由不足，不予采纳。原判定罪及适用法律正确，量刑适当，审判程序合法。

2008年3月17日，浙江省高级人民法院以(2008)浙刑二终字第40号刑事裁定，驳回陈玉兴的上诉，维持原判。

二、裁判理由

(一)内幕信息的认定

我国《刑法》第一百八十条第一款规定，证券、期货交易内幕信息的知情人员或者非法获取证券、期货交易内幕信息的人员，在涉及证券的发行，证券、期货交易或者其他对证券、期货交易价格有重大影响的信息尚未公开前，买入或者卖出该证券，或者从事与该内幕信息有关的期货交易，或者泄露该信息，或者明示、暗示他人从事上述交易活动①，情节严重的，处五年以下有期徒刑或者拘役，并处或者单处违法所得一倍以上五倍以下罚金；情节特别严重的，处五年以上十年以下有期徒刑，并处违法所得一倍以上五倍以下罚金。根据上述规定，内幕信息应具备秘密性、关联性特征，秘密性是指该信息尚未公开，尚不为社会公众所知悉；关联性是指该信息对证券或期货交易价格有重大影响。

我国《证券法》第七十五条第一款规定，证券交易活动中，涉及公司的经营、财务或者对该公司证券的市场价格有重大影响的尚未公开的信息，为内幕信息；第二款列明了内幕信息的具体内容，其中第八项规定，国务院证券监督管理机构认定的对证券交易价格有显著影响的其他重要信息，属于兜底性条款。中国证券监督管理委员会(以下简称证监会)是证券法授权的证券监督管理机构，其于2007年公布的《上市公司信息披露管理办法》第四条规定，在内幕信息依法披露前，

---

① 注：“明示、暗示他人从事上述交易活动”系2009年2月28日全国人大常委会通过的《刑法修正案(七)》所增加。

任何知情人不得公开或者泄露该信息,不得利用该信息进行内幕交易。该法第三十条第一款规定,发生可能对上市公司证券及其衍生品种交易价格产生较大影响的重大事件,投资者尚未得知时,上市公司应当立即披露,说明事件的起因、目前的状态和可能产生的影响;第二款列明了二十一项“重大事件”,其中第三项就是“公司订立重要合同,可能对公司的资产、负债、权益和经营成果产生重要影响”的情形。

本案中,杭萧钢构公司与中基公司就安哥拉项目进行洽谈,金额达300多亿元,2007年2月8日,双方就该项目的价格、数量、工期和付款方式等合同主要内容达成一致,并于同月13日草签了框架协议。该合同对杭萧钢构公司的资产、经营会产生重要影响,且该信息必然会对公司证券的市场价格产生重大影响,因此,在杭萧钢构公司2007年2月15日发布公告之前,该信息属于内幕信息。根据证监会出具的函,2007年2月8日为上述内幕信息的形成日,2月8日至2月14日为内幕信息的价格敏感期,在此期间利用上述信息进行证券交易属于内幕交易。需要注意的是,订立合同的整个过程,包括洽谈、意向、协议、草签、正本签署生效等各阶段所产生的涉及公司经营、财务或者对该公司证券的市场价格有重大影响的信息,均属于内幕信息。陈玉兴分别从罗某甲、罗高峰处获取杭萧钢构公司正在洽谈安哥拉项目的信息,以及从罗高峰处获取安哥拉项目合同已草签、证券监管机构要调查杭萧钢构公司的信息,均属于内幕信息,其等人利用上述信息买入或者卖出杭萧钢构公司股票的行为均属于内幕交易。

(二)内幕交易罪、泄露内幕信息罪主体资格的认定

内幕信息在通过法定程序公布前,具有秘密性,除相关知情人员外,其他人员通过非法手段获取内幕信息为法律所禁止。根据我国《刑法》第一百八十条第一款的规定,内幕交易罪、泄露内幕信息罪的主体包含两类:一类是证券、期货交易内幕信息的知情人员,另一类是非法获取证券、期货交易内幕信息的人员。该条第四款规定,内幕信息知情人员的范围,依照法律、行政法规的规定确定。根据《证券法》第七十四条的规定,“证券交易内幕信息的知情人包括:(一)发行人的董事、监事、高级管理人员……(四)由于所任公司职务可以获取公司有关内幕信息的人员……”

本案中,在案证据证实,被告人罗高峰于2006年5月任杭萧钢构公司证券事务代表,同年10月任证券办副主任,负有了解公司在日常活动中产生的重大信息,协助董事会秘书处理信息披露事务等职责,属于内幕信息的知情人员,其将掌握的杭萧钢构公司安哥拉项目的内幕信息泄露给陈玉兴,构成泄露内幕信息罪。被告人陈玉兴作为杭萧钢构公司的前任证券事务代表,具有一定的证券专业知识和经验,其明知安哥拉项目信息是尚未公开的内幕信息,仍积极主动地从罗某甲、罗高峰等人处打听、刺探相关信息,属于“非法获取证券交易内幕信息的人员”,具备构成内幕交易罪的主体资格。

需要指出的是,2012年最高人民法院、最高人民检察院出台的《关于办理内幕交易、泄露内幕信息刑事案件具体应用法律若干问题的解释》①(以下简称《解释》)第二条明确规定,利用窃取、骗取、套取、窃听、利诱、刺探或者私下交易等手段获取内幕信息的,应当认定为《刑法》第一百八十条第一款规定的“非法获取证券、期货交易内幕信息的人员”。由此可见,本案中法院对内幕信息知情人员的认定与司法解释的内在精神是一致的。

(三)内幕交易共同犯罪的认定

共同犯罪是指二人以上共同故意犯罪。构成共同犯罪需要行为人之间主观上具有共同犯罪故意,客观上具有共同犯罪行为。在案证据证实,被告人王向东明知被告人陈玉兴告知其的是内

① 本案审判时《解释》尚未出台。

幕信息,也明知该信息系陈玉兴非法获取,仍按陈玉兴的指令利用该信息买卖杭萧钢构股票,二人在利用内幕信息进行股票交易上存在犯意联络,主观上具有共同实施内幕交易犯罪的故意,且二人分工合作,陈玉兴负责非法获取内幕信息并下达买卖股票指令,王向东负责提供资金并实施具体操作,客观上具有共同实施内幕交易犯罪的行为,因此二人构成内幕交易共同犯罪。

需要说明的是,本案审理时,《解释》尚未出台,内幕交易、泄露内幕信息“情节严重”“情节特别严重”尚无具体认定标准。法院鉴于涉案金额较大,将罗高峰泄露内幕信息,陈玉兴、王向东内幕交易的行为认定为“情节严重”,同时考虑到三被告人均具有法定或酌定从轻处罚情节,均予以从轻处罚,故作出上述判决。①

【编后语】

证券市场必须遵循公开、公平、公正的原则,所有投资者都应基于平等的地位和均等的机会参与证券交易活动。内幕交易、泄露内幕信息的行为之所以为法律所禁止,就在于这种行为使得掌握内幕信息的人员与普通投资者的信息不对称,所进行的交易并非建立在平等基础上,违背了证券市场公开、公平、公正的原则,破坏了证券交易市场秩序。

本案中,被告人陈玉兴、王向东利用杭萧钢构公司内幕信息进行证券交易,因获利数额巨大而引起媒体和广大股民的关注,被称为我国“股市内幕交易第一案”。如何正确界定“内幕信息”以及如何理解“非法获取证券交易内幕信息”是本案的关键。法院依法认定罗高峰的行为构成泄露内幕信息罪,陈玉兴、王向东的行为构成内幕交易罪,有力地维护了证券交易市场秩序,保护了广大股民的合法权益。该案的审理对同类案件的处理以及相关司法解释的出台具有一定参考意义。

(撰稿:浙江省高级人民法院刑二庭 郑晓红 董晓超
审编:最高人民法院刑二庭 王晓东)

马乐利用非公开信息交易案

【关键词】 利用非公开信息交易罪 情节特别严重 自首 援引法定刑

一、基本案情

马乐,男,1982 年 8 月出生,博时基金管理有限公司博时精选股票证券投资基金原经理。2013 年 8 月 21 日被逮捕,2014 年 3 月 28 日被取保候审。

广东省深圳市人民检察院指控被告人马乐犯利用未公开信息交易罪,向深圳市中级人民法院提起公诉。

深圳市中级人民法院一审认定:2011 年 3 月 9 日至 2013 年 5 月 30 日期间,被告人马乐担任博时基金管理有限公司旗下的博时精选股票证券投资经理,全权负责投资基金投资股票市场,掌握了博时精选股票证券投资基金交易的标的股票、交易时间和交易数量等未公开信息。马乐在任职期间利用其掌控的上述未公开信息,从事与该信息相关的证券交易活动,操作自己控制的“金某”“严某甲”“严某乙”三个股票账户,通过临时购买的不记名神州行电话卡下单,先于(1~5

① 如果适用《解释》第七条的规定,三被告人属于“情节特别严重”的情形。

个交易日)、同期或稍晚于(1~2个交易日)其管理的“博时精选”基金账户买卖相同股票76只,累计成交金额10.5亿余元,非法获利18 833 374.74元。2013年7月17日,马乐主动到深圳市公安局投案,且到案之后能如实供述其所犯罪行,属自首;马乐认罪态度好,违法所得能从扣押、冻结的财产中全额返还,判处的罚金亦能全额缴纳。

深圳市中级人民法院认为,被告人马乐的行为已构成利用未公开信息交易罪。但刑法中并未对利用未公开信息交易罪规定“情节特别严重”的情形,因此只能认定马乐的行为属于“情节严重”。马乐自首,依法可以从轻处罚;马乐认罪态度良好,违法所得能全额返还,罚金亦能全额缴纳,确有悔罪表现;另经深圳市福田区司法局社区矫正和安置帮教科调查评估,对马乐宣告缓刑对其所居住的社区没有重大不良影响,符合适用缓刑的条件。

2014年3月24日,深圳市中级人民法院以(2014)深中法刑二初字第27号刑事判决,认定被告人马乐犯利用未公开信息交易罪,判处有期徒刑三年,缓刑五年,并处罚金人民币1 884万元,违法所得人民币18 833 374.74元依法予以追缴,上缴国库。

宣判后,深圳市人民检察院提出抗诉,认为被告人马乐的行为应认定为犯罪情节特别严重,依照“情节特别严重”的量刑档次处罚。一审判决适用法律错误,量刑明显不当,应当依法改判。

广东省高级人民法院认为,《刑法》第一百八十条第四款规定,利用未公开信息交易,情节严重的,依照第一款的规定处罚,该条款并未对利用未公开信息交易罪规定有“情节特别严重”情形;而根据第一百八十条第一款的规定,情节严重的,处五年以下有期徒刑或者拘役,并处或者单处违法所得一倍以上五倍以下罚金,故马乐利用未公开信息交易,属于犯罪情节严重,应在该量刑幅度内判处刑罚。原审判决量刑适当,抗诉机关的抗诉理由不成立,不予采纳。

2014年10月20日,广东省高级人民法院以(2014)粤高法刑二终字第137号刑事裁定,驳回抗诉,维持原判。

二审裁定生效后,广东省人民检察院提请最高人民检察院按照审判监督程序向最高人民法院提出抗诉。最高人民检察院抗诉提出,《刑法》第一百八十条第四款属于援引法定刑的情形,应当引用第一款处罚的全部规定;利用未公开信息交易罪与内幕交易、泄露内幕信息罪的违法与责任程度相当,法定刑亦应相当;马乐的行为应当认定为犯罪情节特别严重,对其适用缓刑明显不当。本案终审裁定以《刑法》第一百八十条第四款未对利用未公开信息交易罪规定有“情节特别严重”为由,降格评价马乐的犯罪行为,属于适用法律确有错误,导致量刑不当,应当依法纠正。

最高人民法院依法组成合议庭对该案进行再审,并公开开庭审理了本案。再审查明的事实与原审基本相同,原审认定被告人马乐非法获利数额为18 833 374.74元存在计算错误,实际为19 120 246.98元,依法应当予以更正。最高人民法院认为,原审被告人马乐的行为已构成利用未公开信息交易罪。马乐利用未公开信息交易股票76只,累计成交额10.5亿余元,非法获利1 912万余元,属于情节特别严重。鉴于马乐具有主动从境外回国投案自首法定从轻、减刑处罚情节;在未受控制的情况下,将股票兑成现金存在涉案三个账户中并主动向中国证券监督管理委员会说明情况,退还了全部违法所得,认罪悔罪态度好,赃款未挥霍,原判罚金刑得已全部履行等酌定从轻处罚情节,对马乐可予减轻处罚。第一审判决、第二审裁定认定事实清楚,证据确实、充分,定罪准确,但因对法律条文理解错误,导致量刑不当,应予纠正。

2015年11月23日,最高人民法院作出(2015)刑抗字第1号刑事判决:(1)维持广东省高级人民法院(2014)粤高法刑二终字第137号刑事裁定和深圳市中级人民法院(2014)深中法刑二初字第27号刑事判决中对原审被告人马乐的定罪部分;(2)撤销广东省高级人民法院(2014)粤高法刑二终字第137号刑事裁定和深圳市中级人民法院(2014)深中法刑二初字第27号刑事判决中对原审被告人马乐的量刑及追缴违法所得部分;(3)原审被告人马乐犯利用未公开信息交易罪,判处有期徒刑三年,并处罚金人民币1 913万元;(4)违法所得人民币19 120 246.98元依法予以追缴,上缴国库。

二、裁判理由

(一)《刑法》第一百八十条第四款对第一款法定刑的援引应当是全部援引

《刑法》第一百八十条第一款规定了内幕交易、泄露内幕信息罪,即证券、期货交易内幕信息的知情人员或者非法获取证券、期货交易内幕信息的人员,在涉及证券的发行,证券、期货交易或者其他对证券、期货交易价格有重大影响的信息尚未公开前,买入或者卖出该证券,或者从事与该内幕信息有关的期货交易,或者泄露该信息,或者明示、暗示他人从事上述交易活动,情节严重的,处五年以下有期徒刑或者拘役,并处或者单处违法所得一倍以上五倍以下罚金;情节特别严重的,处五年以上十年以下有期徒刑,并处违法所得一倍以上五倍以下罚金。第四款规定了利用未公开信息交易罪,即证券交易所、期货交易所、证券公司、期货经纪公司、基金管理公司、商业银行、保险公司等金融机构的从业人员以及有关监管部门或者行业协会的工作人员,利用因职务便利获取的内幕信息以外的其他未公开的信息,违反规定,从事与该信息相关的证券、期货交易活动,或者明示、暗示他人从事相关交易活动,情节严重的,依照第一款的规定处罚。

对于第四款中"情节严重的,依照第一款的规定处罚"应如何理解,在司法实践中存在不同的认识。一种观点认为,第四款中只规定了"情节严重"的情形,而未规定"情节特别严重"的情形,因此,这里的"情节严重的,依照第一款的规定处罚"只能是依照第一款中"情节严重"的量刑档次予以处罚;另一种观点认为,第四款中的"情节严重"只是入罪条款,即达到了情节严重以上的情形,依据第一款的规定处罚。至于具体处罚,应看符合第一款中的"情节严重"还是"情节特别严重"的情形,分别情况依法判处。情节严重的,"处五年以下有期徒刑",情节特别严重的,"处五年以上十年以下有期徒刑"。

最高人民法院认为,《刑法》第一百八十条第四款援引法定刑的情形,应当是对第一款全部法定刑的引用,即利用未公开信息交易罪应有"情节严重""情节特别严重"两种情形和两个量刑档次,具体理由如下:

第一,符合刑法的立法目的。由于我国基金、证券、期货等领域中,利用未公开信息交易行为比较多发,行为人利用公众投入的巨额资金作后盾,以提前买入或者提前卖出的手段获得巨额非法利益,将风险与损失转嫁给其他投资者,不仅对其任职单位的财产利益造成损害,而且严重破坏了公开、公正、公平的证券市场原则,严重损害客户投资者或处于信息弱势的散户利益,严重损害金融行业信誉,影响投资者对金融机构的信任,进而对资产管理和基金、证券、期货市场的健康发展产生严重影响。为此,《刑法修正案(七)》增加了利用未公开信息交易罪,并将该罪与内幕交易、泄露内幕信息罪规定在同一法条中,说明两罪的违法与责任程度相当。利用未公开信息交易罪也应当适用"情节特别严重"。

第二,符合法条的文本含义。首先,《刑法》第一百八十条第四款中的"情节严重"是入罪条款。《最高人民检察院、公安部关于公安机关管辖的刑事案件立案追诉标准的规定(二)》对利用未公开信息交易罪规定了追诉的情节标准,说明该罪需达到"情节严重"才能被追诉。利用未公开信息交易罪属情节犯,立法要明确其情节犯属性,就必须借助"情节严重"的表述,以避免"情节不严重"的行为入罪。其次,该款中"情节严重"并不兼具量刑条款的性质。刑法条文中大量存在"情节严重"兼具定罪条款及量刑条款性质的情形,但无一例外地均在其后列明了具体的法定刑。

《刑法》第一百八十条第四款中"情节严重"之后,并未列明具体的法定刑,而是参照内幕交易、泄露内幕信息罪的法定刑。因此,本款中的"情节严重"仅具有定罪条款的性质,而不具有量刑条款的性质。

第三,符合援引法定刑的立法技术。援引法定刑是指对某一犯罪并不规定独立的法定刑,而是援引其他犯罪的法定刑作为该犯罪的法定刑。《刑法》第一百八十条第四款援引法定刑的目的是避免法条文字表述重复,并不属于法律规定不明确的情形。

综上所述,《刑法》第一百八十条第四款虽然没有明确表述"情节特别严重",但是根据本条款设立的立法目的、法条文意及立法技术,应当包含"情节特别严重"的情形和量刑档次。

(二)利用未公开信息交易罪"情节特别严重"的认定标准

目前虽然没有关于利用未公开信息交易罪"情节特别严重"认定标准的专门规定,但鉴于刑法规定利用未公开信息交易罪是参照内幕交易、泄露内幕信息罪的规定处罚,最高人民法院、最高人民检察院发布的《关于办理内幕交易、泄露内幕信息刑事案件具体应用法律若干问题的解释》(以下简称《解释》)将成交额250万元以上、获利75万元以上等情形认定为内幕交易、泄露内幕信息罪"情节特别严重"的标准,利用未公开信息交易罪也应当遵循相同的标准。马乐利用未公开信息进行交易活动,累计成交额达10.5亿余元,非法获利达1 912万余元,已远远超过上述标准,且在该案案发时是全国查获的该类犯罪数额最大的,参照《解释》,马乐的犯罪情节应当属于"情节特别严重"。

【编后语】

基金"老鼠仓",虽然不像"打砸抢偷"那样直接损害他人利益,涉及"老鼠仓"的基金甚至还可能业绩不错,但这并不能成为"老鼠仓"逃脱刑罚的理由。最大的"老鼠仓"马乐案,一审、二审都判处马乐缓刑,社会各界普遍认为量刑太轻,犯罪成本太低。再审改判明确了《刑法》第一百八十条第四款援引法定刑的情形,应当是对第一款全部法定刑的引用,即利用未公开信息交易罪应有"情节严重""情节特别严重"两种情形和两个量刑档次;同时明确了利用未公开信息交易罪"情节特别严重"可以参照内幕交易罪"情节特别严重"的认定标准。这就统一了法律适用标准,纠正了司法实践中的错误理解,也为依法严厉打击"老鼠仓"行为,进一步规范我国证券市场管理秩序提供了司法保障。

再审过程中,最高人民法院充分运用了科学的刑法解释方法,以文义解释为起点,综合运用体系解释、目的解释等多种解释方法,按照罪刑法定原则和罪责刑相适应原则的要求,从整个刑法体系中把握立法目的,平衡了法益保护,对类似案件的处理具有重要指导价值。2016年6月30日,最高人民法院将该案纳入第13批指导性案例发布,供各级人民法院在审判类似案件中参照。

(撰稿:最高人民法院审监庭　董朝阳
最高人民法院办公厅　罗　灿
审编:最高人民法院刑二庭　韩维中)

五、金融诈骗罪

[第1095号]袁某某信用卡诈骗，张某某掩饰、隐瞒犯罪所得案
——"亲亲相隐"情形如何量刑及掩饰、隐瞒犯罪所得、犯罪所得收益罪罪名的适用

【关键词】 信用卡诈骗罪　掩饰、隐瞒犯罪所得罪　"亲亲相隐"　免予刑事处罚　单一式选择性罪名

一、基本案情

被告人袁某某，男，1974年3月17日出生。

被告人张某某，女，1978年2月28日出生。

湖南省怀化市鹤城区人民检察院以被告人袁某某犯信用卡诈骗罪，被告人张某某犯掩饰、隐瞒犯罪所得罪向鹤城区人民法院提起公诉。

被告人袁某某、张某某对指控的罪名和犯罪事实均无异议。

鹤城区人民法院经审理查明：2012年5月23日11时许，被告人袁某某在怀化市鹤城区城东市场门口处拾得被害人章某某遗失的中国建设银行的银行卡及留有银行卡密码的纸条，随后在怀化学院西院附近的中国工商银行、中国农业银行的自动取款机上分多次共取走银行卡内现金人民币20 000元，回家后交由其妻被告人张某某保管。张某某明知是犯罪所得的赃款，仍将部分用于出借他人及家庭开支，部分存入其个人银行账户内。案发后，张某某主动向公安机关投案，赃款已全部退还被害人。

鹤城区人民法院认为，被告人袁某某冒用他人信用卡骗取财物数额较大，其行为已构成信用卡诈骗罪。被告人张某某明知是犯罪所得的财物予以窝藏、掩饰，其行为已构成掩饰、隐瞒犯罪所得罪。公诉机关指控二被告人犯罪的事实清楚，证据确实、充分，罪名成立。张某某犯罪以后主动前往公安机关并如实供述自己的罪行，系自首。案发后，二被告人退回全部赃款并已归还被害人。袁某某认罪态度较好，确有悔罪表现，对其适用缓刑确实不致再危害社会。张某某犯罪情节轻微不需要判处刑罚，依法可以免予刑事处罚。据此，依照《中华人民共和国刑法》第一百九十六条第一款第三项，第三百一十二条第一款，第六十七条第一款、第三款，第三十七条，第七十二条，第七十三条，第五十二条，第五十三条之规定，判决如下：

1. 被告人袁某某犯信用卡诈骗罪，判处拘役六个月，缓刑一年，并处罚金人民币二万元；
2. 被告人张某某犯掩饰、隐瞒犯罪所得罪，免予刑事处罚。

一审宣判后，二被告人均未提出上诉，检察机关亦未抗诉，判决已发生法律效力。

二、主要问题

1. "亲亲相隐"情形如何量刑？
2. 掩饰、隐瞒犯罪所得、犯罪所得收益罪罪名应如何适用？

三、裁判理由

（一）"亲亲相隐"，且系初犯、偶犯，又认罪、悔罪并退赃、退赔的，可免予刑事处罚

行为人为近亲属掩饰、隐瞒犯罪所得，量刑时能否考虑其系基于亲情、人伦所为而予以从轻处罚，在司法实践中尚有争议。本案中，被告人张某某是为丈夫袁某某掩饰、隐瞒信用卡诈骗犯罪所得，即"亲亲相隐"，量刑时能否从轻考虑，对此存在两种不同意见：

第一种意见认为，被告人张某某为丈夫掩饰、隐瞒犯罪所得，虽然基于亲情所为，但"亲情、人伦"并非法定或酌定从轻处罚情节。刑法规定的窝藏、包庇罪，司法实践中有不少发生在亲属之间，因此，法律鼓励的是"大义灭亲"而非"亲亲相隐"，故不能成为从轻处罚的理由。

第二种意见认为，被告人张某某为丈夫掩饰、隐瞒犯罪所得，系基于亲情关系所为，法律作为维护基本道德的准则，不应强人所难。例如，2012年修订的刑事诉讼法第一百八十八条第一款规定："经人民法院通知，证人没有正当理由不出庭作证的，人民法院可以强制其到庭，但是被告人的配偶、父母、子女除外。"该规定一定程度上肯定了亲情在法律天平上的作用，因此在对张某某量刑时也可酌情从轻处罚。

我们同意第二种意见，对被告人张某某可酌情从轻处罚。"亲亲相隐"是我国春秋战国时期儒家提出的主张，后逐渐发展为古代刑律的一项原则，主要包含以下三点内容：第一，亲属有罪相隐，不论罪或减刑；第二，控告应相隐的亲属要处刑；第三，国事重罪例外。"亲亲相隐"原则在我国刑法史上具有重要地位，及至近代法制变革仍被保留。中华人民共和国成立后，该原则在我国刑法中被清除。从域外立法情况来看，古罗马法律就曾规定亲属之间不得互相告发，也不得令亲属作证等。1994年《法国刑法典》、1976年《德国刑法典》中均有"亲亲得相首匿"的踪影。日本现行刑法第257条也规定，配偶之间或者直系血亲、同居的亲属或者这些人的配偶之间犯收受赃物罪的，免除刑罚。

我国现行刑法虽然没有关于"亲亲相隐"的规定，但相关司法解释也有与其精神相似的规定。2013年4月4日起施行的《最高人民法院关于办理盗窃刑事案适用法律若干问题的解释》第八条规定："偷拿家庭成员或者近亲属的财物，获得谅解的，一般可以不认为是犯罪；追究刑事责任的，应当酌情从宽。"2011年4月8日起施行的《最高人民法院、最高人民检察院关于办理诈骗刑事案件具体应用法律若干问题的解释》第四条规定："诈骗近亲属的财物，近亲属谅解的，一般可不按犯罪处理。诈骗近亲属的财物，确有追究刑事责任必要的，具体处理也应酌情从宽。"这两条规定体现了针对近亲属的犯罪可以从宽处罚的精神，但尚不是严格意义上的"亲亲相隐"。2012年修订的刑事诉讼法第一百八十八条的规定被誉为新中国成立后第一次对"亲亲相隐"从法律上作出的规定，有利于对亲情的保护，也有利于社会的和谐与稳定。

掩饰、隐瞒犯罪所得、犯罪所得收益罪以上游犯罪的成立为前提，且要求行为人明知掩饰、隐瞒的是犯罪所得及其产生的收益。从行为对象、主观故意来看，该罪很容易发生在亲属之间。犯罪人只有在面对自己的亲人时，才不担心被告发，而能相告处理的财物系犯罪所得；行为人在得知亲属犯罪后，为使自己的亲人免受牢狱之灾一般会密而不告，甚至帮助亲人隐匿罪证。以往法律没有对亲属之间的"相隐"行为作出特殊规定，法官在量刑时又会考虑亲情因素，因此裁判时往往左右为难。2015年6月1日起施行的《最高人民法院关于审理掩饰、隐瞒犯罪所得、犯罪所得收益刑事案件适用法律若干问题的解释》（以下简称《解释》）吸收了"亲亲相隐"的合理内核，在第二条第一款规定："掩饰、隐瞒犯罪所得及其产生的收益行为符合本解释第一条的规定，认罪、悔罪并退赃、退赔，且具有下列情形之一的，可以认定为犯罪情节轻微，免予刑事处罚：……（二）为近亲属掩饰、隐瞒犯罪所得及其产生的收益，且系初犯、偶犯的……"该规定进一步明确了

司法实践中对亲缘关系的特殊处理，使司法更人性化，有利于维护社会的基本伦理关系。需要说明的是，对亲属“相隐”行为适用免予刑事处罚，必须同时具备两个条件：一是行为人认罪、悔罪，并退赃、退赔；二是行为人与本犯行为人为近亲属关系，且系初犯、偶犯。这既体现了对近亲属犯掩饰、隐瞒犯罪所得、犯罪所得收益罪的宽大原则，又设置了初犯、偶犯的条件，防止被滥用。

本案中，被告人张某某是信用卡诈骗犯罪被告人袁某某的妻子，系近亲属，又系初犯、偶犯，且在案发后，主动向公安机关投案，将赃款全部退还给了被害人。符合《解释》中关于近亲属犯本罪，可免予刑事处罚的相关规定。怀化市鹤城区人民法院对张某某免予刑事处罚的处理是适当的。

（二）掩饰、隐瞒犯罪所得、犯罪所得收益罪属于单一式选择性罪名

1997 年刑法实施后，最高人民法院发布了《关于执行〈中华人民共和国刑法〉确定罪名的规定》，将刑法第三百一十二条的罪名确定为窝藏、转移、收购、销售赃物罪。2006 年刑法修正案（六）实施后，最高人民法院、最高人民检察院发布了《关于执行〈中华人民共和国刑法〉确定罪名的补充规定（三）》，确定将刑法第三百一十二条的罪名由窝藏、转移、收购、销售赃物罪更改为掩饰、隐瞒犯罪所得、犯罪所得收益罪。在审判实践中，这一罪名的适用产生了较大分歧，各地做法也不统一。第一种观点认为，本罪名属于简单罪名，应该用全称，一律定掩饰、隐瞒犯罪所得、犯罪所得收益罪。第二种观点认为，本罪名属于复合式选择性罪名，即犯罪手段和犯罪对象之间都存在选择关系，根据手段、对象不同，可分别认定为掩饰犯罪所得、犯罪所得收益罪，掩饰犯罪所得罪，掩饰犯罪所得收益罪；隐瞒犯罪所得、犯罪所得收益罪，隐瞒犯罪所得罪，隐瞒犯罪所得收益罪；掩饰、隐瞒犯罪所得、犯罪所得收益罪，掩饰、隐瞒犯罪所得罪，掩饰、隐瞒犯罪所得收益罪。第三种观点认为，本罪名属于单一式选择性罪名，即只有犯罪对象之间存在选择关系，而掩饰与隐瞒之间不存在选择关系，可根据案件事实认定为掩饰、隐瞒犯罪所得、犯罪所得收益罪，掩饰、隐瞒犯罪所得罪，掩饰、隐瞒犯罪所得收益罪。我们同意第三种观点。“掩饰”与“隐瞒”都是使真相不让他人知晓，系近义词，其含义往往难以准确区分，司法实践中的掩饰、隐瞒行为五花八门，非常复杂，难以一一界定，若在审判中对所有的掩饰、隐瞒行为都加以区分，更容易造成分歧，也不好操作，而从犯罪对象上看，犯罪所得和犯罪所得收益是完全可以区分的。

《解释》对掩饰、隐瞒犯罪所得、犯罪所得罪罪名的选择性适用问题予以明确，在第十一条中规定：“掩饰、隐瞒犯罪所得、犯罪所得收益罪是选择性罪名，审理此类案件，应当根据具体犯罪行为及其指向的对象，确定适用的罪名。”即根据案件情况，选择适用掩饰、隐瞒犯罪所得罪，掩饰、隐瞒犯罪所得收益罪，或掩饰、隐瞒犯罪所得、犯罪所得收益罪罪名。必须明确，当犯罪对象既有犯罪所得，又有犯罪所得收益时，只定掩饰、隐瞒犯罪所得、犯罪所得收益罪一罪，而不能认定为掩饰、隐瞒犯罪所得罪和掩饰、隐瞒犯罪所得收益罪两罪予以并罚。

本案中，被告人张某某掩饰、隐瞒的对象是被告人袁某某信用卡诈骗所得的赃款，属于犯罪所得。故怀化市鹤城区人民法院对被告人张某某以掩饰、隐瞒犯罪所得罪定罪是准确的。

（撰稿：最高人民法院刑四庭　张　勤
审编：最高人民法院刑四庭　党建军）

[第1120号]梁保权、梁博艺信用卡诈骗案
——透支信用卡用于经营活动导致无法归还的是否构成信用卡诈骗罪

【关键词】 信用卡诈骗罪　以非法占有为目的　将涉案资金用于合法经营　恶意透支　催收

一、基本案情

被告人梁保权,男,1969年10月28日出生。因涉嫌犯信用卡诈骗罪于2015年4月3日被取保候审。

被告人梁博艺,男,1967年7月15日出生。因涉嫌犯信用卡诈骗罪于2015年7月12日被取保候审。

广州市越秀区人民检察院以被告人梁保权、梁博艺犯信用卡诈骗罪,向广州市越秀区人民法院提起公诉。

广州市越秀区人民法院经审理查明:被告人梁保权、梁博艺系兄弟关系,二人共同投资经营广州市番禺区佰鸿电子厂(法定代表人梁保权)和广州市群辉电子有限公司(法定代表人梁博艺)。2013年4月,梁保权、梁博艺经事先商量后,由梁博艺以其本人名义在中国光大银行广州分行越秀支行办理了一张卡号为6226870030917828的“光大乐惠金”信用卡。同年5月17日起,二人共同使用该信用卡进行透支消费且主要用于上述二企业的经营。2014年8月18日,二人最后一次持该卡透支消费13 000元人民币。同月21日该信用卡出现逾期,银行将该卡停卡并开始电话催收还款。同年10月31日,二人向该卡转账还款人民币40 000元(银行按照信用卡合约规则优先视为归还利息、滞纳金等发卡行所收取的费用)后未能继续归还欠款,二人欠款逾期未还后,经中国光大银行广州分行越秀支行多次电话催收、催收函催收、上门催收仍未归还,截至2015年3月20日,按照银行信用卡合约规则的计算方法,涉案信用卡仍有透支款本金合计人民币167 411.60元及利息9 542.38元未归还。

2015年3月23日,被告人梁保权冒用梁博艺名义到广州市天河区天河北路685号光大银行大厦协商还款事宜时,银行员工报警,民警到场将梁保权口头传唤至派出所归案。

2015年6月5日,被告人梁博艺到公安机关投案自首。

广州市越秀区人民法院认为,本案二被告人将涉案信用卡透支款项用于生产经营,因经营不善、市场风险等客观原因造成透支款项无法偿还,主观上不具有“非法占有目的”,其行为不构成信用卡诈骗犯罪,本案只是一般的民事纠纷。

广州市越秀区人民检察院随即书面申请撤回起诉,广州市越秀区人民法院裁定准许广州市越秀区人民检察院对被告人梁保权、梁博艺信用卡诈骗一案撤诉。

二、主要问题

1. 持卡人使用信用卡透支用于生产经营,但因经营不善等客观原因导致信用卡逾期无法偿还的,能否认定为恶意透支型信用卡诈骗犯罪中的“以非法占有为目的”?

2. 持卡人逾期未还款被停卡后至“经催收超过3个月未归还”的期限届满之前清偿部分款项,该部分还款在刑事案件中是否全部视为偿还本金并从犯罪数额中予以扣减?

三、裁判理由

（一）行为人将透支款项用于合法经营，因客观原因导致无法归还透支款项的不能认定"以非法占有为目的"

本案在审理中对于被告人梁保权、梁博艺的行为是否构成信用卡诈骗罪，存在两种不同观点：第一种观点认为，二被告人在经营出现困难时明知透支信用卡很可能导致透支款项无法偿还，仍透支用于经营，最终导致无法及时偿还信用卡欠款，属于"明知没有还款能力而大量透支，无法归还"的情形，构成信用卡诈骗罪。第二种观点认为，二被告人将涉案资金用于合法经营，后因客观原因导致无法归还透支款，主观上没有非法占有透支款的目的，不属于恶意透支信用卡的行为，不构成信用卡诈骗罪。

我们同意第二种观点，具体理由如下：

根据刑法第一百九十六条第一款、第二款的规定，持卡人以非法占有为目的，超过规定限额或者规定期限透支，并且经发卡银行催收后仍不归还的行为属于"恶意透支"，构成信用卡诈骗罪。2009 年最高人民法院、最高人民检察院发布的《关于办理妨害信用卡管理刑事案件具体应用法律若干问题的解释》（以下简称《解释》）第六条第一款规定，持卡人以非法占有为目的，超过规定限额或者规定期限透支，并且经发卡银行两次催收后超过 3 个月仍不归还的，应当认定为刑法第一百九十六条规定的"恶意透支"。上述规定明确了恶意透支型信用卡诈骗罪必须同时具备两个条件：第一，主观上行为人"以非法占有为目的"；第二，客观上行为人实施了"超额或者超限透支"且"经两次以上催收不还"的行为。以上两个条件缺一不可，如果持卡人仅仅是经催收不还，但没有非法占有的目的，则不是恶意透支而是善意透支；如果持卡人具有非法占有的目的，但银行没有对持卡人进行催收，或者开始透支时具有非法占有的目的，但在两次催收后 3 个月内已经归还，则因为不符合法定构成要件而不能认定为恶意透支。本案中二被告人客观上实施了超限透支且"经催收不还"的行为，根据《解释》第六条第二款的规定，二被告人被催收的次数超过两次，且超过 3 个月仍未全部归还，符合恶意透支型信用卡诈骗罪的客观要件。因此，本案关键在于判断二被告人主观上是否具有非法占有的目的，这也是本案的争议之处。

关于恶意透支型信用卡诈骗罪中"以非法占有为目的"的具体认定，《解释》第六条第二款列举了六种情况：（1）明知没有还款能力而大量透支，无法归还的；（2）肆意挥霍透支的资金，无法归还的；（3）透支后逃匿、改变联系方式，逃避银行催收的；（4）抽逃、转移资金，隐匿财产，逃避还款的；（5）使用透支的资金进行违法犯罪活动的；（6）其他非法占有资金，拒不归还的行为。虽然这六种情形规定得较为具体，但是实践中持卡人使用信用卡的情形较为复杂，个别情况下认定是否"以非法占有为目的"仍有争议。其中最为常见的就是本案这种将透支的信用卡款项用于合法的经营，后因资金困难导致客观上无法偿还的情形。我们认为，信用卡最主要的功能就是透支从而使持卡人得以购买超出自己现有支付能力的商品或服务，银行也以各种各样的促销活动鼓励持卡人进行透支消费，因此若仅凭客观上无法偿还欠款就认定为"以非法占有为目的"的恶意透支型信用卡诈骗，就无法将恶意透支型信用卡诈骗罪和透支不还的民事违约行为进行区分。对"以非法占有为目的"的理解仍应坚持主客观相统一的原则，综合考察行为人申领行为、透支行为、还款行为等各种因素，重点考察以下三方面的因素：

第一，行为人申领信用卡时有无虚构事实、隐瞒真相的行为。这是指行为人在申领信用卡时，因不符合申领条件或不能得到较大的透支额，而伪造部分证明材料，如收入证明、房屋产权证明等虚构其资信能力的材料，但其基本身份属实，如姓名、身份、住址和户籍资料等信息真实。这种情形与刑法第一百九十六条第一款第一项规定的"使用以虚假的身份证明骗领的信用卡"的情形不同,虚假的身份证明是指行为人完全以虚构的身份和虚假的申请资料申领信用卡,使银行无法找到真正的持卡人。而本案情况是,银行仍然能够找到持卡人,但却客观存在催收困难。

第二,行为人透支款项的用途。根据资金用途判断行为人是否具有非法占有目的时,应结合全案分析行为人资金用途的主要方面,对于行为人取得资金后,部分用于非法活动,部分用于合法经营的,如果大部分资金用于合法经营,到期不能归还资金主要是由于经营不善、市场风险等原因造成的,不宜认定"以非法占有为目的"。如果行为人利用信用卡到中介公司大额、频繁套现,或者透支用于不符合其承受能力的奢侈品消费或密集多次无节制的生活消费,则可断定具有非法占有的目的。

第三,透支款项时行为人的还款态度及是否逃避催收。透支额的归还行为反映行为人的信用状况,为了维护自己的信用,行为人在透支后一般会及时还款。如果行为人在透支后对还款期限和还款额根本不关心,连续透支消费,甚至通过变更电话、住址等方式逃避银行催款,这种只透支不还款的态度表明其不打算遵守信用卡合法使用的规定,对透支款项具有较明显的非法占有目的。但如果行为人在银行催收后有积极表示,或者积极还款,或者说明合理的不还款理由,并与银行约定推迟还款的计划等,都可以排除"非法占有目的"。

在本案中,涉案信用卡透支款项大部分用于二被告人的企业经营,其他小部分款项用于正常生活开支,而非奢侈品消费或者无节制消费。二被告人后因经营困难导致信用卡欠款逾期未能归还,但从涉案信用卡还款情况及二被告人应对催收的态度来看,二被告人持卡最后一笔透支消费后不久即被停卡,在银行的催收下,二被告人在两个多月后还向已经被停卡的涉案信用卡账户偿还了一笔4万元的还款,若二被告人是"以非法占有为目的"的恶意透支,就不会在两个多月后还向银行偿还这一笔数额并不小的透支款项。二被告人逾期未能继续归还欠款后,银行数十次电话催收,梁博艺或梁保权接听电话时均表示愿意归还欠款,只是申明企业经营困难希望暂缓还款,且梁保权被抓获归案时正在银行协商还款事宜。可见二被告人一直积极与银行协商还款事宜,未有变更联系电话、变更地址等逃避催收的行为。二被告人的行为不能认定为"以非法占有为目的",不构成恶意透支型的信用卡诈骗罪。

(二)恶意透支被停卡后至催收后未满3个月期间所偿还款项应视为偿还本金且应从犯罪数额中予以扣除

根据《解释》第六条第四款的规定,恶意透支的数额,是指在第一款规定的条件下持卡人拒不归还的数额或者尚未归还的数额。不包括复利、滞纳金、手续费等发卡银行收取的费用。如果本案构成信用卡诈骗罪,二被告人在停卡后至银行催收未满3个月期间所偿还的4万元能否从犯罪数额中扣除?对此也有两种不同观点:第一种观点认为,二被告人所偿还的款项,按照信用卡合约是优先清偿利息、滞纳金等发卡行收取的费用,因此,不应在犯罪数额中扣除。第二种观点认为,信用卡逾期后二被告人所归还款项应视为偿还本金,而不再是归还利息等发卡行收取的费用,故应在犯罪数额中予以扣除。

我们同意第二种观点,主要理由是:刑事法律关系与民事法律关系不同,刑事法律保护犯罪直接侵犯的财产权益本身,并不直接保护被害人基于被犯罪侵害而损失的孳息。根据银行格式条款的信用卡合约规则,当信用卡出现逾期后,持卡人所需支付的利息、滞纳金及其他发卡行所收取的费用很可能超出24%的民间借贷利率保护上限,虽然信用卡欠款纠纷与一般的民间借贷有所不同,但已有相关民事判决对银行收取超过24%年利率部分的诉求不予支持,在刑事诉讼中更不应该无条件保护这种超高额利息诉求的信用卡还款规则。在涉案信用卡被停卡之后,行为人若部分清偿欠款的,虽然银行按照信用卡合约规则视为优先偿还利息、滞纳金、手续费等发卡行收取的费用,但此时银行与持卡人之间的正常民事合约关系已经终结,在"经两次催收后超过3个月未归还"这一犯罪成立要件达成之前,行为人处于一种从正常民事合约关系到成立犯罪的过渡状态,其在此期间的还款在刑事诉讼中应视为优先偿还本金,而不是优先偿还发卡行所收取的费用,并应将该期间的还款数额从犯罪数额中予以扣除。在"经两次催收后超过3个月未归还"这一要件成立后,行为人所偿还的款项亦视为优先偿还本金,但该部分还款计入犯罪数额,只是在量刑时予以酌情从轻处罚。

综上,原审法院认为本案二被告人将涉案信用卡透支款项用于生产经营,因经营不善、市场风险等客观原因造成透支款项无法偿还,主观上不具有"非法占有目的",其行为不构成信用卡诈骗犯罪是适当的。

(撰稿:广州市越秀区人民法院　黄　莹　邓　凯
审编:最高人民法院刑四庭　陆建红)

[第1246号]王艳峰抢劫案

——犯信用卡诈骗罪,为抗拒抓捕而当场使用暴力的,可否转化为抢劫罪

【关键词】　信用卡诈骗罪　抢劫罪　为抗拒抓捕而当场使用暴力　转化犯　转化型抢劫

一、基本案情

被告人王艳峰,男,1981年9月1日出生。因涉嫌犯抢劫罪于2017年4月18日被逮捕。

北京市朝阳区人民检察院以被告人王艳峰犯抢劫罪,向朝阳区人民法院提起公诉。

被告人王艳峰当庭表示认罪,辩称事先不知道ATM机内有银行卡,且被害人先动手。

北京市朝阳区人民法院经公开审理查明:2015年12月11日晚,李某(男,被害人)在朝阳区平房乡一自助银行内使用银行卡从ATM机取款,离开时将卡遗留在ATM机内。李某离开后,被告人王艳峰操作该ATM机时发现机内有他人遗留的银行卡,遂连续取款6次,共计取款1.2万元。李某收到取款短信提示后意识到银行卡遗留在ATM机内,立即返回自助银行,要求仍在操作ATM机的王艳峰交还钱款。王艳峰纠集在附近的工友郭少飞(另案处理)一起殴打李某,致李某受轻微伤。王艳峰与郭少飞一起逃离现场,后王艳峰将赃款挥霍。

北京市朝阳区人民法院认为,刑法第二百六十九条规定的"犯盗窃、诈骗、抢夺罪",既包括刑法第二百六十四条、第二百六十六条、第二百六十七条规定的一般类型盗窃、诈骗、抢夺罪,也包括刑法其他章节规定的侵害他人财产权利的特殊类型盗窃、诈骗、抢夺罪。被告人王艳峰拾得他人遗留在ATM机内的银行卡并使用,被当场发现后为抗拒抓捕而使用暴力,应当依照刑法第二百六十九条的规定,以抢劫罪定罪处罚。鉴于王艳峰到案后如实交代主要犯罪行为,酌情对其从轻处罚。据此,依照《中华人民共和国刑法》第一百九十六条第三项、第二百六十三条、第二百六十九条、第五十二条、第五十三条、第六十一条、第六十四条及《最高人民法院、最高人民检察院关于办理妨害信用卡管理刑事案件具体应用法律若干问题的解释》第五条第二款之规定,以抢劫罪判处被告人王艳峰有期徒刑四年,并处罚金人民币八千元;责令其退赔被害人一万二千元。

一审宣判后,被告人王艳峰上诉提出,其以为ATM机无须插卡即可操作,不构成信用卡诈骗罪;只有其工友郭少飞动手,其亦不构成抢劫罪。

北京市第三中级人民法院经审理后认为,原判认定被告人王艳峰犯抢劫罪的事实清楚,证据确实、充分,适用法律正确,量刑适当,审判程序合法。王艳峰所提上诉理由与审理查明的事实不符,予以驳回。据此,依照《中华人民共和国刑事诉讼法》第二百二十五条第一款第一项之规定,于2017年10月20日裁定驳回上诉,维持原判。

二、主要问题

如何界定刑法第二百六十九条规定的"犯盗窃、诈骗、抢夺罪"的范围?犯信用卡诈骗罪后,为抗拒抓捕而当场使用暴力的,可否转化为抢劫罪?

三、裁判理由

本案中,被告人王艳峰的行为可分为两部分:一是王艳峰发现ATM机中有他人遗留的银行卡遂操作取款;二是被害人返回自助银行要求王艳峰交还取出的钱款,王艳峰纠集他人共同殴打被害人并逃离现场。王艳峰实施的前部分行为,根据《最高人民法院、最高人民检察院关于办理妨害信用卡管理刑事案件具体应用法律若干问题的解释》第五条第二款的规定,属于"冒用他人信用卡",该行为构成信用卡诈骗罪,对此并无争议。但对于王艳峰实施的后部分行为应如何评价,对其实施的全部行为能否适用刑法第二百六十九条的规定认定为转化型抢劫,在审理过程中存在不同意见。第一种意见认为,从严格遵循罪刑法定原则出发,刑法第二百六十九条规定的"犯盗窃、诈骗、抢夺罪"仅限于该章规定的盗窃、诈骗、抢夺罪,其他特殊盗窃、诈骗、抢夺罪,刑法分则均另行规定了罪名和法定刑。在没有规范性文件予以明确规定的情况下,不能将信用卡诈骗罪纳入转化型抢劫的前提罪名范围,故王艳峰不构成抢劫罪。第二种意见认为,刑法第二百六十九条规定的"犯盗窃、诈骗、抢夺罪"应理解为具体犯罪行为,并不限于第五章规定的三种罪名,可转化为抢劫罪的前提犯罪可以包括特殊的盗窃、诈骗、抢夺犯罪,故王艳峰所犯信用卡诈骗罪可以转化为抢劫。第三种意见认为,只有侵犯财产的特殊盗窃、诈骗、抢夺罪才与普通盗窃、诈骗、抢夺罪存在法条竞合关系,可以作为转化型抢劫的前提犯罪。信用卡诈骗具有明显的侵财性,故王艳峰的行为可以转化为抢劫。我们同意第三种意见,具体分析如下:

(一)将刑法第二百六十九条规定的"犯盗窃、诈骗、抢夺罪"理解为具体犯罪行为,更有利于打击侵犯财产犯罪,也符合该条的立法本意

刑法第二百六十九条规定的"犯盗窃、诈骗、抢夺罪"是指具体犯罪行为,还是仅指刑法分则第五章规定的盗窃罪、诈骗罪和抢夺罪,直接关系到转化型抢劫的适用范围。如将上述"犯盗窃、诈骗、抢夺罪"解释为第五章规定的盗窃、诈骗、抢夺罪,形式上符合罪刑法定原则,但存在一定的局限性。刑法分则在规定罪名和法定刑时,并不是严格按照对一种行为只认定为一种犯罪的模式,而是根据打击犯罪的需要,将同一性质的行为分置于不同的罪名中予以规定,从而形成法条竞合犯、想象竞合犯、结果加重犯等多种复杂的罪数形态。就盗窃、诈骗、抢夺罪而言,除刑法分则第五章规定的三个普通罪名外,还有诸多散见于各章节的相关特殊罪名,如盗伐林木罪、盗掘古墓葬罪、合同诈骗罪、金融诈骗犯罪、战时掠夺居民财物罪等。这些犯罪与普通盗窃、诈骗、抢夺罪存在法条竞合关系,前者是特殊法,后者是一般法。上述特殊类型财产犯罪完全符合普通盗窃、诈骗、抢夺罪的构成要件,因此把这些犯罪归入刑法第二百六十九规定的转化型抢劫的前提犯罪,并不违反罪刑法定原则。例如,盗窃正在使用中的电缆,属于盗窃罪与破坏电力设备罪的想象竞合犯,虽然一般根据从一重罪处断的原则认定为破坏电力设备罪,但不能否认该行为也同时符合盗窃罪的构成要件,该行为同样可以作为转化型抢劫的前提犯罪。全国人大常委会法制

工作委员会在答复最高人民检察院关于相对刑事责任年龄人承担刑事责任范围问题时指出:“刑法第十七条第二款规定的八种犯罪,是指具体犯罪行为而不是具体罪名。”这便突破了将该条规定的八种犯罪仅理解为具体罪名的思维模式,对理解第二百六十九条的前提犯罪范围具有重要的参考意义。此外,从刑法分则条文的排列顺序来看,第二百六十九条排在第二百六十八条聚众哄抢罪之后,似有将聚众哄抢罪纳入第二百六十九条规定的抢夺罪之意,在一定程度上也说明能够转化为抢劫罪的抢夺罪应是指抢夺行为,不限于第二百六十七条规定的抢夺罪。本案中,被告人王艳峰的前部分行为构成信用卡诈骗罪,而信用卡诈骗罪与诈骗罪具有法条竞合关系,王艳峰的行为符合诈骗罪的构成要件,可以充当转化型抢劫的前提犯罪,因此其实施的全部行为可以认定为抢劫罪。

刑事裁判应当契合主流价值观,赢得公众认同。只有公众对裁判结果理解、信赖、服从,刑事审判才能获得良好的社会效果。通常来说,存在暴力因素的犯罪和不存在暴力因素的犯罪对公众的心理影响是截然不同的。本案中,被害人报案时对事件的总体描述是“被抢了”,说明其对存款被取走、自己遭到殴打等情节的认知明显不同于被偷被骗等非暴力性财产犯罪,这也符合公众对此种情形的一般判断。认定被告人王艳峰的行为构成抢劫罪,更符合公众认知,更能全面评价犯罪行为的社会危害性,更易于为被害人和社会公众接受,社会效果更好。

(二)刑法第二百六十九条规定的“犯盗窃、诈骗、抢夺罪”应具有侵犯财产犯罪的属性,对于主要侵犯公共安全、社会管理秩序等其他客体的盗窃、诈骗、抢夺行为,一般不宜适用该规定以抢劫罪论处

盗窃、诈骗、抢夺行为在特定情形下能被法律拟制为抢劫罪,原因就在于这些行为与抢劫行为侵犯了相同的法益——财产权利。但从刑法条文来看,并非所有特殊盗窃、诈骗、抢夺行为所侵害的客体均为财产权利,还包括公共安全、社会管理秩序等客体。当特殊的盗窃、诈骗、抢夺行为不是以财产权利为主要的犯罪客体时,即使行为人实施了为窝藏赃物、抗拒抓捕、毁灭罪证而当场使用暴力或者以暴力相威胁的行为,也不宜认定构成抢劫罪。例如,刑法第二百八十条规定的盗窃、抢夺国家机关公文、证件、印章罪,其保护的客体是国家机关的正常管理活动和信誉,如果行为人在盗窃国家机关公文、证件、印章时为抗拒抓捕而当场采取暴力,因其实施的前部分行为不是侵犯财产类犯罪,故不能适用刑法第二百六十九条的规定转化为抢劫罪。此外,如果盗窃、诈骗、抢夺行为侵犯的客体性质比较模糊,财产属性不十分明确,一般也不宜纳入转化型抢劫的前提犯罪范围,如盗窃尸体行为,尽管行为人可能出于牟取非法利益的目的盗窃尸体,但其侵害的主要是死者及其亲属的名誉、尊严,故该行为不宜作为转化型抢劫的前提犯罪。概言之,对于刑法分则第五章以外的其他章节规定的盗窃、诈骗、抢夺类犯罪,在判断其能否作为转化型抢劫的前提犯罪时,应以犯罪客体为基本判断标准,严格、审慎地认定转化型抢劫。

综上,被告人王艳峰拾到被害人信用卡并使用,而后在被害人要求交还钱款时纠集他人共同殴打被害人,属于实施诈骗行为后为抗拒抓捕当场使用暴力,一、二审法院认定其构成抢劫罪是正确的。

(撰稿:北京市第三中级人民法院 王海虹 程 昊 余琳燕
审编:最高人民法院刑五庭 方文军)

安徽钰诚控股集团、钰诚国际控股集团有限公司和丁宁、丁甸等集资诈骗、非法吸收公众存款、走私贵重金属、非法持有枪支、偷越国境案

——“e租宝”非法集资案

【关键词】 集资诈骗罪 非法吸收公众存款罪 走私贵重金属罪 非法持有枪支罪 偷越国(边)境罪 非法占有目的 罪责的分层认定

一、基本案情

被告单位安徽钰诚控股集团,住所地安徽省蚌埠市解放二路335号。

被告单位钰诚国际控股集团有限公司(YUCHENG INTERNATIONAL HOLDING GROUP LIMITED),住所地英属维尔京群岛拖拖拉岛罗德镇威克姆斯礁1号海外管理公司工作室。

被告人丁宁,男,1982年7月11日出生。2016年1月14日被逮捕。

被告人丁甸,男,1987年6月24日出生。2016年1月14日被逮捕。

被告人张敏,女,1979年7月28日出生。2016年1月14日被逮捕。

被告人彭力,男,1968年8月20日出生。2016年1月15日被逮捕。

被告人雍磊,男,1987年9月29日出生。2016年1月14日被逮捕。

被告人侯松,男,1987年10月19日出生。2016年3月15日被逮捕。

被告人许辉,男,1985年11月6日出生。2016年1月14日被逮捕。

被告人刘曼曼,女,1986年6月1日出生。2015年12月10日被羁押。

被告人朱志敏,女,1987年2月1日出生。2016年1月15日被逮捕。

被告人刘静静,女,1991年5月3日出生。2016年1月14日被逮捕。

被告人王之焕,女,1988年8月18日出生。2016年1月14日被逮捕。

被告人李倩倩,女,1987年6月8日出生。2016年1月14日被逮捕。

被告人张传彪,男,1989年2月10日出生。2016年1月14日被逮捕。

被告人宗静,女,1984年4月10日出生。2016年1月14日被逮捕。

被告人谢洁,女,1987年1月21日出生。2016年1月14日被逮捕。

被告人齐松岩,女,1981年8月22日出生。2016年1月14日被逮捕。

被告人杨翠致,女,1982年6月16日出生。2016年1月14日被逮捕。

被告人杨翰辉,男,1975年12月23日出生。2016年1月14日被逮捕。

被告人姚宝燕,女,1982年11月13日出生。2016年1月14日被逮捕。

被告人刘田田,女,1986年7月1日出生。2016年1月14日被逮捕。

被告人杨晨(澳大利亚国籍),男,1973年2月1日出生。2016年1月14日被逮捕。

被告人王磊,男,1978年2月14日出生。2016年1月14日被逮捕。

被告人路涛,男,1973年4月16日出生。2016年4月8日被逮捕。

被告人张平,男,1980年12月30日出生。2016年4月8日被逮捕。

被告人丁如强,男,1978年3月2日出生。2017年8月8日被逮捕。

被告人高俊俊,女,1988年10月26日出生。2017年8月8日被逮捕。

北京市人民检察院第一分院指控被告单位安徽钰诚控股集团、钰诚国际控股集团有限公司，被告人丁宁、丁甸、张敏、彭力、雍磊、侯松、许辉、刘曼曼、朱志敏、刘静静犯集资诈骗罪；被告人王之焕、李倩倩、张传彪、宗静、王磊、谢洁、齐松岩、杨翠致、杨翰辉、姚宝燕、刘田田、杨晨、路涛、张平、丁如强、高俊俊犯非法吸收公众存款罪；被告单位钰诚国际控股集团有限公司，被告人丁宁、谢洁犯走私贵重金属罪；被告人丁宁犯非法持有枪支罪；被告人丁宁、谢洁犯偷越国境罪，向北京市第一中级人民法院提起公诉。

被告单位安徽钰诚控股集团、钰诚国际控股集团有限公司以及被告人丁宁、丁甸等10人对起诉书指控的集资诈骗罪提出异议，主要辩称“e租宝”网络金融平台经营模式没有违反刑法规定，案发前运转正常，且将大量集资款用于投资，不具有非法占有目的，行为不构成集资诈骗罪。被告人王之焕、谢洁等16人对起诉书指控的非法吸收公众存款罪均未提出异议，主要辩解是根据丁宁指示完成平台搭建、运行维护、产品销售、人事管理等具体工作，在共同犯罪中所处地位较低、作用较轻，应认定为从犯。

北京市第一中级人民法院经公开审理查明：被告单位安徽钰诚控股集团成立于2013年5月，被告单位钰诚国际控股集团成立于2015年5月，实际控制人均为被告人丁宁。2014年6月，丁宁收购金易融公司，对该公司的互联网平台进行升级改造后，更名为“e租宝”平台上线运营；2015年2月丁宁收购英途财富公司，将该公司的芝麻金融平台上线运营。此后，丁宁决定由其控制的钰诚融资租赁公司为两平台提供融资租赁债权及个人债权项目；金易融公司、安信惠鑫公司及下属数百家销售公司分别负责“e租宝”平台的线上、线下运营；英途财富公司、英途世纪公司分别负责芝麻金融平台的线上、线下运营，另使用国通融资担保有限公司、增益（天津）商业保理有限公司等多家公司名义，在平台上宣传为投资提供担保、保理。上述公司均没有独立的人事、财政权，由二被告单位实际控制、管理，对外以钰诚集团名义宣传。

被告单位安徽钰诚控股集团于2014年6月至2015年4月间，被告单位钰诚国际控股集团于2015年5月至12月间，在没有银行业金融机构资质的前提下，利用“e租宝”平台、“芝麻金融”平台发布虚假的融资租赁债权项目及个人债权项目，包装成“e租年享”“年安丰裕”等年化收益9%至14.6%的理财产品进行销售，以承诺还本付息等为诱饵，通过电视台、网络、散发传单等途径向社会公开宣传，先后吸收115万余人资金共计762亿余元，其中重复投资金额为164亿余元。二被告单位集资后，除部分集资款用于返还集资本息，以及支付员工工资、房租、广告宣传费用、收购线下销售公司和担保公司等运营成本外，其余大部分集资款在丁宁的授意下肆意挥霍、随意赠予他人，以及用于走私等违法犯罪活动，造成集资款损失共计380亿余元。

被告人丁宁作为二被告单位的实际控制人，在进行决策的同时，与高层管理人员被告人丁甸、张敏、彭力等人负责指挥、管理集资活动，被告人雍磊、侯松、许辉负责制作虚假的债权项目，被告人刘曼曼、朱志敏、刘静静按照丁宁、丁甸等人指示，负责收取、支付、调动集资款。被告人王之焕、谢洁、路涛、张平等人分别负责在“e租宝”“芝麻金融”平台发布虚假的债权项目，被告人谢洁、杨翰辉、姚宝燕、杨晨、丁如强等人负责通过媒体、推介会等途径向社会公开进行利诱性宣传，并通过被告人齐松岩、杨翠致、路涛、丁如强等人分别管理的线下销售公司同步开展线上、线下集资活动，被告人李倩倩、张传彪、宗静、刘田田、王磊、高俊俊等人分别负责项目审核、人员招聘、业务督导、人事管理、平台维护、提供个人名义债权等事项。

经司法审计，二被告单位集资后可查实的集资款用途主要有：384亿余元用于返还集资本息，12.3亿余元用于向提供虚假债权项目的中间人支付好处费，20亿余元用于发放员工工资、提成，12亿余元用于支付办公场所房租、购买办公设备，4.8亿余元用于支付广告宣传费用，29.76亿余元用于与云南景成集团有限公司(以下简称景成集团)合作支出,23.33亿余元调往国外"投资",31.68亿余元用于收购负债公司、不良债权等支出,12亿余元由被告人丁宁"赠予"被告人张敏、王之焕、谢洁、姚宝燕、彭力、雍磊、高俊俊等人,4.91亿余元用于购买珠宝、玉器、字画、奢侈品等财物,9.2亿余元用于购买境内外房产、飞机、车辆,2 998万余元用于走私贵重金属支出。

(其他事实略)

2016年9月12日,北京市第一中级人民法院以(2016)京01刑初140号刑事判决,认定被告单位安徽钰诚控股集团、钰诚国际控股集团有限公司犯集资诈骗罪,分别判处罚金人民币十八亿元、一亿元;被告人丁宁、丁甸、张敏、彭力、雍磊、侯松、许辉、刘曼曼、朱志敏、刘静静等10人犯集资诈骗罪,被告人王之焕、谢洁、齐松岩、杨翠致、杨翰辉、姚宝燕、杨晨、丁如强、李倩倩、张传彪、宗静、刘田田、王磊、路涛、张平、高俊俊犯非法吸收公众存款罪,其中对被告人丁宁、丁甸判处无期徒刑,剥夺政治权利终身,并分别判处罚金人民币一亿元、七千万元;对被告人张敏、王之焕等24人分别以集资诈骗罪、非法吸收公众存款罪判处有期徒刑十五年至三年不等刑罚,并处剥夺政治权利及罚金。

(有关走私贵重金属罪、非法持有枪支罪、偷越国境罪的定罪、量刑部分略)

一审宣判后,被告人丁宁、丁甸、张敏、雍磊、侯松、许辉、刘曼曼、朱志敏、刘静静、王之焕、李倩倩、张传彪、宗静、谢洁、齐松岩、杨翰辉、姚宝燕、刘田田、杨晨、路涛、张平、丁如强、高俊俊均提出上诉,其中,被告人丁宁、丁甸、张敏、侯松的主要上诉理由是,其行为不具有非法占有目的,不应认定为集资诈骗罪;被告人雍磊、许辉、刘曼曼、朱志敏、刘静静、王之焕、李倩倩、张传彪、宗静、谢洁、齐松岩、杨翰辉、姚宝燕、刘田田、杨晨、路涛、张平、丁如强、高俊俊的主要上诉理由是一审判决对其量刑过重,请求二审法院予以从宽处罚。

北京市高级人民法院经依法开庭审理,于2017年11月29日以(2017)京刑终字第216号刑事裁定,驳回上诉,维持原判。

二、裁判理由

(一)集资行为非法性的认定

根据《刑法》第一百七十六条、第一百九十二条的规定,非法吸收公众存款或者变相吸收公众存款,扰乱金融秩序的,构成非法吸收公众存款罪;以非法占用为目的,使用诈骗方法非法集资。数额较大的,构成集资诈骗罪。具体到本案,虽然最终认定了上述两个罪名,但两个罪名的主要区别在于被告人是否具有非法占有目的。而在客观要件方面,本案中所有被告单位和被告人是基本相同的。即,认定本案是否符合非法吸收公众存款罪的客观要件,是认定两个罪名共同的前提。

根据《最高人民法院关于审理非法集资刑事案件具体应用法律若干问题的解释》中的规定,认定非法吸收公众存款罪的客观行为应当同时具备四个条件:一是非法性,二是公开性,三是利诱性,四是社会性。本案中,被告单位通过网络、电视、报纸等多种媒体向社会公众宣传"e租宝"产品,并利用线下销售公司推销、销售产品,其行为具有公开性;在与投资人签订的债权转让合同中保证"随时赎回""按日、按月计息",并作出债权转让合同有担保公司、保理公司、融资租赁公司承担连带保证责任的三重保障,变相承诺保本付息,其行为具有利诱性;宣传"e租宝"产品"一元起投",且无论线上还是线下的宣传销售,对于投资人或投资数额均没有任何限制,行为具有社会性。其行为符合上述公开性、利诱性和社会性三个要件较易认定,也不是控辩争议的焦点,本案的难点在于非法性的认定。

二被告单位及被告人丁宁、丁甸等人当庭辩称,销售"e租宝"理财产品的安信惠鑫公司具有金融服务牌照,可以从事类银行业务,且"e租宝"的A2P模式是对网络金融借贷P2P模式的新发展，得到中央层面的扶持，故该行为不应当认定为具有非法性。但经过审查，最终我们认定该行为具有非法性，其分析过程如下：

1. 对A2P模式的解读。A2P模式是P2P网络借贷模式的衍生发展。根据金融业内已形成的一致性意见，P2P网络借贷是指个体和个体之间通过互联网平台实现直接借贷的模式，其中的个体既包括企业也包括个人。A2P模式是指将融资租赁项目与网络借贷结合，通过互联网金融平台把融资租赁业务中形成的债权转让给普通投资者，其商业本质与P2P是相同的，因为无论是通过平台直接实现借贷，还是通过受让债权实现借贷，都是通过平台最终形成融资方和投资方的借贷法律关系，因此，A2P模式属于广义的P2P模式范畴，应当根据同样的标准认定、评价。

2. 对行为非法性的分析。网络借贷平台实际就是中介机构，我国相关行政法规对网络借贷平台的地位、作用有明确的要求。根据银监会等部委联合发布的《关于促进互联网金融健康发展的指导意见》及《网络借贷信息中介机构业务活动管理暂行办法》的规定，P2P网络借贷本身是合法的经营模式，网络借贷信息中介机构是提供借贷撮合服务的中介机构，网络平台不得利用平台为自身或具有关联关系的借款人融资、不得直接或间接接受或归集出借人的资金、不得向出借人提供担保或者承诺保本保息、不得将融资项目的期限进行拆分、不得在物理场所开展风险管理及监管规定明确的必要经营环节外的其他业务等。上述不可为行为可归纳为网络借贷平台禁止自融、禁止形成资金池、禁止提供增信服务、禁止期限错配、禁止线下推广，而"e租宝"平台运营中所实施的行为涵盖了全部上述不可为的行为，显然不是合法的网络借贷行为。

3. 对形式违法性的分析。我国《商业银行法》第十一条第二款规定，未经国务院银行业监督管理机构批准，任何单位和个人不得从事吸收公众存款等商业银行业务。被告单位未获得国家有关部门依法批准，却通过转让虚假债权、个人债权的名义在互联网平台以及线下大肆吸收公众资金，这种融资行为脱离了国家有关单位管控和法律规范的规制，增加了融资行为的风险性，直接违反了相关法律规定，因此具有形式违法性。至于被告人丁宁辩解金融服务牌照经过审查，仅是营业执照上金融信息服务的经营范围，并非取得了金融业务许可牌照。因此，被告单位利用网络借贷的幌子从事非法吸收公众存款的行为没有任何合法依据。

（二）非法占有目的的认定

通观全案的客观事实，被告单位的非法集资行为本身已经反映出诈骗特征，具体表现在以下两个方面：一是利用虚假债权项目进行集资。"e租宝"平台共发布债权项目3 280个，通过审核债权项目合同、资金流转凭证，并向相关借贷公司知情人员取证核实，最终认定被告单位利用所控制的公司名义、注册的空壳公司名义、冒用其他公司名义制作虚假债权项目，制假比例达到95.6%，这些项目被用于欺骗投资人投资，帮助被告单位实际取得巨额集资款。二是以低风险、高回报的反投资规律进行集资。"e租宝"平台的产品收益率为9%到14.6%，而融资租赁债权项目的回报率集中在6%到8%之间，这也意味着这些债权项目如果是真实的，则平台息差收入为负。在交易规模较小时，还可以将其行为理解为贴息做营销推广，但当成交规模上百亿，且同时投入高昂的宣传、公关、并购、人力等成本时，如此巨大的资金漏洞必然难以填补。

但是，我们能否根据上述客观行为所具有的欺骗性而直接得出被告单位具有非法占有目的的结论呢？答案是否定的。根据刑法谦抑性原则，对于企业出于经营需要，采取一定的夸大式甚至是欺诈式手段进行融资，如果确实用于生产经营活动，就不应判定行为人具有非法占有目的。即使最终因经营不善无法归还资金，也不能仅凭这一客观结果推定其具有非法占有目的。要坚持主客观相一致的原则，结合集资款的实际用途具体考察行为人的主观故意，既避免单纯根据损失结果客观归罪，也不能听信被告人一面之词。

《最高人民法院关于审理非法集资刑事案件具体应用法律若干问题的解释》第四条以列举的方式释明，使用诈骗方法非法集资，具有所列几种情形之一的，可以认定为以非法占有目的，其中有五种情形均属于对资金去向的性质认定。因此，我们在判断非法占有目的时，必须在诈骗手段的基础上重点分析集资款用途。

案发后，鉴定机构对762亿余元集资款进行司法审计，根据鉴定意见，并结合相关被告人的供述、证人证言等证据，我们对资金用途作出以下性质认定：

1.资金使用具有典型的借新还旧特征。依靠“拆东墙、补西墙”的“庞氏骗局”手段，用后投资人的钱款支付前期投资人的本息，这种经营方式不仅使后投资人的利益处于高度的风险之中，也体现了被告单位不具备通过正常生产经营盈利归还全部投资人本息的能力。

2.资金使用具有典型的挥霍特征。本案中仅丁宁向张敏、谢洁、姚宝燕等个人赠予款项就将近12亿元，此外，丁宁还将十几亿的款项用于购买别墅、豪车、珠宝、玉石等，虽然从比例上来看，能够直接认定属挥霍性质的款项在集资总额中所占比并不高，但是其挥霍款项的绝对数额极大，凭借被告单位实际生产经营行为所产生的利润是无法覆盖的。

3.所谓投资资金使用肆意、无序。丁宁辩解公司投资内容主要包括收购不良债权、在缅甸北部投资自由贸易区等。但是证据显示，投资行为不仅只凭丁宁个人决断，而且大部分所谓投资没有后续的跟进经营行为，甚至多次出现出价远高于要价的荒谬现象。还反映出被告单位利用所谓投资行为刻意营造财大气粗的舆论导向，吸引投资人持续集资的隐含目的，也正因为这种投资方式，使被告单位投入的数十亿资金没有产生任何盈利。

4.部分资金被用于违法犯罪活动。被告单位使用数千万元的集资款用于走私贵重金属、购置枪支等违法犯罪活动，足以反映出其罔顾资金安全，肆意使用集资款的主观心态。

综合上述内容判定，被告单位在集资后用于生产经营活动与募集资金规模明显不成比例、肆意挥霍集资款、将集资款用于违法犯罪活动，造成集资款不能返还的客观结果，符合司法解释关于非法占有目的的若干界定。

（三）被告人罪责的分层认定

在完成单位犯罪的认定后，对于26名被告人如何适用罪名，如何区分认定责任大小是重点问题。本案是在被告人丁宁等的主导下，以钰诚集团控制的钰诚系公司集群的组织形式在互联网平台上实施的非法集资犯罪，其组织体系、人员任用、财务管理、行为方式等均体现出单位行为特征，但集团内部的实际决策过程、权力划分、资金走向等亦能反映出核心领导人员对整体犯罪行为的绝对控制。因此，在事实认定方面，我们既应注意以钰诚集团整体作为评价视角，自上而下地梳理、确认犯罪主体的组织行为结构，又应注意根据各犯罪主体的具体行为进行实质性评判，综合确定各被告人的所处地位及发挥的作用。

从客观行为来看，本案的26名被告人均直接参与了被告单位非法集资的决策、组织、管理等事项，部分被告人还对“e租宝”平台运营起到直接作用。具体而言，其主观明知的具体内容存在以下认识差别：

一是明知“e租宝”运行模式、“e租宝”有虚假项目、资金走向且明知资金最终用途的被告人。其中，被告人丁宁作为全局掌控者，显然属于此列，被告人丁甸、张敏、彭力作为钰诚集团的核心管理层，在对资金最终用途的方面虽弱于丁宁，但对于丁宁决议的所谓投资方式、挥霍方式均有明确认识，并接受了丁宁的大额赠予。

二是明知“e租宝”运行模式、“e租宝”有虚假项目、资金走向，但对资金最终用途有概括性明知的被告人。主要有两类人员：一类是直接负责寻找、制作虚假融资租赁债权项目的项目主管人员，另一类是接受丁宁、丁甸指示划拨资金并支付虚假项目好处费的财务主管人员。

三是明知“e 租宝”运行模式，对于“e 租宝”有虚假项目、资金走向有概括性认识的被告人。这些人员虽是钰诚集团的高管人员，但根据职务分工均分别负责各自部门，认定上述人员明知虚假债权项目和集资款去向的证据不充分，卷中证据只能认定上述人员对虚假债权项目和集资款去向这两项重要指标有概括性的认识和判断。

从整体案件事实来看，被告单位的行为符合集资诈骗罪的构成要件，被告人丁宁等核心人员在单位犯罪行为中起到主导性、决定性作用，能真正代表单位意志，应当与单位犯罪罪名保持一致，而单位内其他主管人员和直接责任人员，均在不同侧面起到了帮助作用，主要以帮助实施犯罪的程度为标准进行区分，具体衡量标准包括参与程度、帮助行为、主观上明知程度、是否对资金有掌控和支配等。这些行为人在明知平台运营模式的基础上，均认识到项目有虚假、资金无序使用，即使并无将涉案资产非法占为己有的目的，也可以认定为集资诈骗的帮助犯。

因此，除将体现、代表单位意志的被告人丁宁、丁甸等人认定为集资诈骗罪外，对于明知虚假债权项目和资金无序使用的项目主管人员和财务主管人员，我们也作出集资诈骗的认定。同时，对于在钰诚集团中属高级管理人员，且明知“e 租宝”平台运营模式，明知单位实施了向社会不特定多数人变相吸收公众存款的行为，仍根据各自职务职责，在债权项目、备用金支付、品牌宣传、产品销售、业务督导、人员招聘、人事薪酬、法务公关、技术保障等方面工作分别起到组织、管理、实施、帮助作用的，根据主客观相一致原则，以非法吸收公众存款罪认定。这种认定方式也符合《最高人民法院关于审理非法集资刑事案件具体应用法律若干问题的解释》第四条第三款关于“非法集资共同犯罪中部分行为人具有非法占有目的，其他行为人没有非法占有集资款的共同故意和行为的，对具有非法占有目的的行为人以集资诈骗罪定罪处罚”的规定，根据行为人主观心理态度分别评价各自罪行，有利于准确评价非法集资犯罪中不同层级人员的心态与行为。

【编后语】

“e 租宝”非法集资案是被告单位安徽钰诚控股集团、钰诚国际控股集团有限公司以金融创新的名义，假借网络借贷模式进行非法集资活动，因为其打着互联网金融的旗号，行为手段与传统非法集资案件不同，这就造成适用刑法具体罪名，以及依据司法解释有关非法集资行为的四个特征对行为性质进行判定时，出现了有别于以往的新情况、新问题。此外，规模庞大的投资人群体在犯罪中的地位和所发挥作用，在法律框架内的诉讼地位也较一般刑事案件的被害人不同。对于这些问题，人民法院根据新时期集资行为演化情况，在行政、刑事立法导向的基础上，形成了上述既符合法律原意又尊重案件事实的判决意见。

综合治理涉众型经济犯罪已成为当前打击经济犯罪工作的重中之重。有效治理涉众型经济犯罪是一项融合经济运行、社会管理、行政执法、刑事司法等相关内容举措的系统工程。通过办理“e 租宝”非法集资案，我们必须承认，涉众型经济犯罪案件在当前不仅是一个司法问题，而且已然成为突出的社会问题之一。实践证明，预防和打击涉众型经济犯罪工作，靠司法机关单打独斗不能解决根本问题，必须实现从打击导向的治理向服务导向的治理转变，坚持案件办理和维护稳定同步推进，坚持追赃最大化和损失最小化同步考量，坚持综合发挥行政执法与刑事司法职能优势，逐步实现先期控制、早打击打苗头的工作思路，才能切实保障人民财产安全与经济平稳运行。

（撰稿：北京市第一中级人民法院刑二庭　孙　燕
审编：最高人民法院刑二庭　韩维中）

[第1365号]江彬、余志灵、陈浩保险诈骗、诈骗案

——带领侦查人员抓捕同案犯,但并未当场捕获的,能否认定有立功表现

【关键词】 保险诈骗罪 诈骗罪 同案犯 立功 如实供述自己罪行

一、基本案情

被告人江彬,男,1992年4月7日出生。2016年10月21日被逮捕。

被告人余志灵,男,1993年3月20日出生。2015年9月28日被取保候审。

被告人陈浩,男,1993年4月5日出生。2015年8月19日被刑事拘留,同年9月16日被取保候审。

浙江省衢州市柯城区人民检察院指控被告人江彬、余志灵犯诈骗罪,被告人江彬、陈浩犯保险诈骗罪,向柯城区人民法院提起公诉。

被告人江彬、余志灵、陈浩对起诉书指控的事实均无异议。江彬的辩护人提出,江彬在未被采取强制措施前,自动到公安机关接受传唤,属自首;主动提供线索帮助抓捕同案犯陈浩,虽未当场抓获,但符合带领侦查人员抓捕同案犯情形,属立功。

柯城区人民法院经审理查明:

(一)被告人江彬、余志灵诈骗部分

2013年3月至7月,被告人江彬分别驾驶浙H59895号东南菱帅轿车(被保险人系邵某某)、浙HZ6502号桑塔纳轿车(被保险人系陈浩),在浙江省衢州市柯城区巨化中央大道昌苑菜场附近等地,以驾车故意碰撞路边电线杆、指示牌石墩、护栏,制造轿车撞击电线杆、指示牌石墩、护栏的虚假事故等方式,由其本人或者指使被告人余志灵冒充车辆驾驶员并提供相关材料,分别向中国太平洋财产保险股份有限公司衢州中心支公司(以下简称太平洋财产保险公司)、中国人民财产保险股份有限公司衢州市分公司(以下简称人民财产保险公司)报案并定损理赔,骗得理赔金共计人民币22 130元(以下币种同)。

2014年12月1日12时许,被告人江彬驾驶浙H9330S号东南菱帅轿车(被保险人系陈浩)搭载张文良、徐震南驾驶浙H0D343号丰田凯美瑞轿车至衢州市柯城区阳关水岸小区南侧道路,故意制造了两车刮擦的虚假事故,后江彬指使张文良冒充浙H9330S号东南菱帅轿车驾驶员并提供相关材料向太平洋财产保险公司报案并定损理赔,骗得理赔金4 830元。

(二)被告人江彬、陈浩保险诈骗部分

1. 2013年10月30日12时许,被告人江彬驾驶浙H1126R号名爵轿车(车辆实际所有人系江彬)至浙江省开化县长虹乡附近路段,故意制造了车辆碰撞路边山体的虚假事故,后提供相关材料向人民财产保险公司报案并定损理赔,骗得理赔金9 075元。

2. 2014年7月8日9时许,被告人江彬驾驶浙HAD237号马自达轿车(被保险人系陈浩、车辆实际所有人系江彬),行驶至320国道衢州市火车站至梅家村路段,故意制造车辆碰撞路边护栏的虚假事故,后江彬指使陈浩赶往现场,冒充该车驾驶员并提供相关材料向太平洋财产保险公司报案并定损理赔,骗得理赔金4 240元。

3. 2014年8月1日19时许,被告人江彬与陈浩为谋取非法利益,预谋故意制造保险事故实

施诈骗。江彬驾驶浙HAD237号马自达轿车行驶至衢州市柯城区双港街道孙姜村老鹰潭路口，故意制造了车辆碰撞路边树墩的虚假事故，后陈浩冒充该车驾驶员并提供相关材料向太平洋财产保险公司报案并定损理赔，骗得理赔金6 200元。

4. 2015年4月25日12时许，被告人江彬与钟理锦为谋取非法利益，预谋故意制造保险事故实施诈骗。后钟理锦驾驶浙K30483号大众帕萨特轿车（车辆实际所有人系钟理锦），搭载江彬至浙江省开化县长虹乡附近路段，故意制造了车辆碰撞路边山体的虚假事故，后钟理锦提供相关材料向太平洋财产保险公司报案并定损理赔，骗得理赔金6 940元。

2015年8月18日，公安机关对被告人江彬抓捕未果后，以通知其领取他案退赔款为由将其传唤到案。江彬归案后主动提供了公安机关尚未掌握的同案犯陈浩的租住地，并带领公安机关前往该地址进行抓捕，虽未当场抓获，但公安机关根据其提供的线索于次日将陈浩抓获。

综上，被告人江彬单独或伙同被告人余志灵、陈浩等人以非法占有为目的，故意制造保险事故，骗取保险金。其中，被告人江彬参与诈骗金额为26 960元，参与保险诈骗金额为26 455元，被告人陈浩参与保险诈骗金额为10 440元，被告人余志灵参与诈骗金额为8 040元。江彬获得赃款50 375元，陈浩、余志灵未参与分赃。2015年9月16日，江彬退赔保险公司共计50 375元保险金。

柯城区人民法院认为：被告人江彬、余志灵以非法占有为目的，多次利用他人车辆制造保险事故，骗取保险金，数额较大，其行为均已构成诈骗罪；被告人江彬、陈浩以非法占有为目的，虚构事实、隐瞒真相，故意制造保险事故，骗取保险金，数额较大，其中江彬以故意造成保险事故方式骗取保险金三次以上，并具有其他严重情节，其行为均已构成保险诈骗罪。江彬一人犯数罪，应实行数罪并罚。江彬系在公安机关对其抓捕未果后，以通知其领取他案退赔款到案的，可见江彬不具有投案的自动性和主动性，不能认定为自首。本案部分属共同犯罪，江彬在共同犯罪中起主要作用，是主犯，应按其参与的全部犯罪处罚；余志灵、陈浩起次要、辅助作用，是从犯，应从轻处罚。江彬主动向公安机关提供同案犯的租住处，协助公安机关抓获同案犯，具有立功表现，可减轻处罚；江彬、余志灵、陈浩归案后如实供述自己的罪行，可从轻处罚；江彬已退赔全部赃款，可酌情从轻处罚。根据陈浩的犯罪情节、悔罪表现及社会危害程度等情况，陈浩符合缓刑的适用条件，可对其宣告缓刑。依照《中华人民共和国刑法》第二百六十六条，第一百九十八条第一款第（四）项，第二十五条第一款，第二十六条第一款、第四款，第二十七条，第六十七条第三款，第六十八条，第六十九条第一款、第三款，第七十二条第一款、第三款之规定，判决如下：

1. 被告人江彬犯保险诈骗罪，判处有期徒刑三年二个月，并处罚金人民币二万元；犯诈骗罪，判处有期徒刑十个月，并处罚金人民币五千元，决定执行有期徒刑三年四个月，并处罚金人民币二万五千元；

2. 被告人陈浩犯保险诈骗罪，判处有期徒刑一年，缓刑一年六个月，并处罚金人民币一万元；

3. 被告人余志灵犯诈骗罪，判处罚金人民币五千元。

一审宣判后，三被告人均未上诉。柯城区人民检察院提出抗诉称，江彬归案后供述同案犯陈浩的居住地等身份信息，并带领民警进行现场辨认，应属如实供述自己罪行的范畴，况在辨认当日并未抓获陈，次日才在陈住处将陈抓获，因此江的行为不能认定为立功。故一审判决认定江彬系立功，属适用法律错误，并导致量刑畸轻，应当依法改判。

衢州市中级人民法院经审理认为，被告人江彬带领公安机关指认同案犯的租住处，协助公安机关抓获同案犯，具有立功表现，可减轻处罚。原判认定事实和适用法律正确，量刑适当，审判程序合法。抗诉意见不予采纳。据此，依照《中华人民共和国刑事诉讼法》第二百二十五条第一款

第(一)项之规定,裁定如下:

驳回抗诉,维持原判。

二、主要问题

(一)如何区分诈骗罪和保险诈骗罪?

(二)带领侦查人员抓捕同案犯,但当时并未捕获的能否认定有立功表现?

三、裁判理由

(一)诈骗罪和保险诈骗罪的区别问题

本案中,被告人江彬同样向保险公司骗取理赔金,但有的认定为诈骗罪,有的认定为保险诈骗罪。这涉及诈骗罪与保险诈骗罪的区别问题。保险诈骗罪是诈骗罪的一种,两者属于法条竞合的关系,一般应遵循特殊法优于一般法的原则。

诈骗罪与保险诈骗罪在犯罪主观方面均表现为有诈骗的故意,但两罪的客观表现不同。诈骗罪是指以非法占有为目的,采用虚构事实或隐瞒真相的方法,骗取数额较大的公私财物的行为。而保险诈骗罪则是指以非法获取保险金为目的,违反保险法规,采用虚构保险标的、保险事故或者制造保险事故等方法,向保险公司骗取保险金,数额较大的行为。即保险诈骗罪是定向的诈骗,没有诈骗罪侵害的范围广。

两罪的犯罪主体不同。诈骗罪的犯罪主体为一般主体,即任何达到刑事责任年龄,具有刑事责任能力的人即可;而保险诈骗罪的主体系特殊主体,只能是投保人、被保险人或受益人;保险事故的鉴定人、证明人、财产评估人若故意提供虚假的证明文件,为他人诈骗提供条件的,以保险诈骗的共犯论处。

本案中,根据查明的事实及在案证据,被告人江彬于2013年10月30日、2014年7月8日、2014年8月1日、2015年4月25日实施的诈骗行为,或者江彬系车辆的所有人即受益人,或者与江彬共同实施诈骗行为的钟理锦系车辆所有人即受益人,其主体符合保险诈骗罪的构成要件的主体特征,因而认定为保险诈骗罪。而除该4起以外的其他诈骗事实,因江彬等人均不是车辆的投保人、被保险人或受益人,故只能认定为诈骗罪。

(二)带领侦查人员抓捕同案犯,当场未抓获并不当然阻却立功的构成,应根据案情具体分析

本案在审理过程中,对于各被告人行为的定性争议不大。但对于被告人江彬归案后供述同案犯相关信息,又带领侦查人员抓捕同案犯,当时并未抓获的情形能否认定为有立功表现,存在两种不同观点:

第一种观点认为,被告人江彬归案后,供述同案犯的居住地等信息,并带领公安人员进行辨认,属如实供述自己罪行的范畴,而当时并未因此捕获同案犯,故江彬的行为不构成立功。

第二种观点认为,根据本案的具体情况,被告人江彬供述同案犯居住地信息不属如实供述自己罪行的范畴,况且江彬有带领侦查人员捕获同案犯的行为,是否当场捕获并不当然阻却立功的认定,江彬的行为应认定有立功表现。

我们同意第二种观点。已归案的犯罪分子协助司法机关抓捕其他犯罪嫌疑人(包括同案犯)的,能否认定有立功表现,关键在于如何理解行为人是否有协助抓捕行为以及协助行为对抓捕其他犯罪嫌疑人(包括同案犯)是否起决定性作用。本案中被告人江彬的行为构成立功,主要理由如下:

1. 应结合案件具体情况综合分析被告人的相关供述是否属于如实供述自己罪行的范畴

《最高人民法院关于处理自首和立功若干具体问题的意见》第五项关于"协助抓捕其他犯罪嫌疑人"的具体认定中规定:"犯罪分子提供同案犯姓名、住址、体貌特征等基本情况,或者提供犯

罪前、犯罪中掌握、使用的同案犯联络方式、藏匿地址，司法机关据此抓捕同案犯的，不能认定为协助司法机关抓捕同案犯。”该项规定明确上述内容属于被告人如实供述的范畴，如果既认定被告人有如实供述这一法定的从轻处罚情节，再认定被告人具有立功情节，有重复评价之嫌。

本案中，三被告人实施的犯罪行为均在 2015 年 5 月之前，江彬于犯罪行为完成后在正常社会交往过程中知晓陈浩于同年 6 月搬到新的租住地点，可见陈浩的租住地与本案的犯罪行为之间没有关联性，那么江彬即便不向公安机关陈述陈浩新的租住地，亦能够把其伙同他人共同实施犯罪的行为说清楚，不影响司法机关对其如实供述情节的认定。江彬对同案犯陈浩租住地的陈述已超出了其应当如实供述的范畴。后公安机关借助江彬提供的信息及时抓获同案犯，江彬供述同案犯的住址信息，可以看作为公安机关捕获同案犯提供了重要线索。

2. 带领公安机关抓捕同案犯的行为与如实供述不能混同

最高人民法院在《全国部分法院审理毒品犯罪案件工作座谈会纪要》规定：“共同犯罪中同案犯的基本情况，包括同案犯姓名、住址、体貌特征、联络方式等信息，属于被告人应当供述的范围。公安机关根据被告人供述抓获同案犯的，不应认定其有立功表现。被告人在公安机关抓获同案犯过程中确实起到协助作用的，例如，经被告人现场指认、辨认抓获了同案犯；被告人带领公安人员抓获了同案犯等，属于协助司法机关抓获同案犯，应认定为立功。”

参照上述规定，本案中，被告人江彬带领侦查人员去同案犯的租住地进行现场指认，公安机关依据江彬的指认，最终在该租住处将同案犯陈浩抓获。江彬的带领行为客观上为公安机关顺利捕获同案犯起到很大的协助作用，因此，不能与如实供述相混同。

3. 未当场抓获不影响立功的认定

前述第一种观点认为，该案中被告人江彬带领侦查人员并没有将陈浩当场抓获，所以不构成立功。我们认为，相关司法解释中均只强调构成立功需有其他犯罪嫌疑人（包括同案犯）被抓获的实际结果，并没有规定带领侦查人员抓获其他犯罪嫌疑人（包括同案犯）的，需要当场抓获才构成立功。因此，是否当场抓获并不当然阻却立功的认定。具体到本案，江彬提供了公安机关未掌握的同案犯租住地这一重要线索，并带领侦查人员指认具体地点，其协助抓捕行为已经完成。侦查人员在掌握了以上信息后于次日直接到该地点将陈浩抓获，并未再付出时间和精力去排查，江彬在整个过程中所起的作用与带领侦查人员将陈浩当场抓获基本无异，江彬提供信息的行为与抓获同案犯陈浩的结果之间有因果关系，正是借助于江彬提供的信息，公安机关才得以及时抓获同案犯。如果一定要以是否当场抓获来确定立功与否，则侦查人员若在第二日将江彬从看守所提出，让江彬重复指认一遍，再将同案犯抓获，则江彬构成立功；若侦查人员自行前往抓获，江彬即不构成立功，这显然是不合理的。

4. 被告人的带领抓捕行为客观上节约了司法资源，符合立功制度的本质

本案中，被告人江彬对同案犯的租住地并不能说出具体门牌号，只能提供一个大概的方位，若公安机关通过具体排查、技术侦查或者其他途径抓获同案犯，就说明江彬仅是为抓捕提供方向，并未对抓捕同案犯起到真正的协助作用，不能认定为立功。但本案中，江彬除如实供述同案犯陈浩的租住地外，还有带领侦查人员到现场指认的行为。根据公安机关对抓捕过程出具的说明，侦查人员在当晚根据江彬现场指认确定陈浩的租住处后，因出租房内未亮灯，判断房内无人，未实施抓捕，并将江彬送回看守所。次日民警根据江彬前一天晚上的指认，以检查暂住证的名义敲开房门，核实陈浩身份后将其抓获。如果没有江彬的带领、指认行为，公安机关只能进行排查抓捕，势必消耗大量的人力物力。因而，江彬的协助抓捕行为客观上为公安机关顺利抓捕同案犯起到了关键作用，节约了司法资源，提高了办案效率，符合立功的本质特征，认定其构成立功符合

立法本意。

综上,被告人江彬供述同案犯居住地信息不属应当如实供述自己罪行的范畴,一审、二审法院认定其带领侦查人员现场指认同案犯住处的行为构成立功是准确的。

（撰稿:浙江省衢州市中级人民法院　金朝文
浙江省衢州市龙游县人民法院　李萌欣
审编:最高人民法院刑四庭　陆建红）

六、危害税收征管罪

[第1209号]王小禹、鞠井田虚开增值税专用发票案

——介绍他人开具、让他人为自己开具无真实货物购销的增值税专用发票的行为如何定罪量刑

【关键词】 虚开增值税专用发票罪 真实货物购销 想象竞合犯 牵连犯 非法出售增值税专用发票罪 非法购买增值税专用发票罪

一、基本案情

被告人王小禹,男,1980年7月25日出生,农民。2016年5月20日因涉嫌犯非法出售增值税专用发票罪被逮捕。

被告人鞠井田,男,1966年4月4日出生,北京今创兴隆金属材料有限公司负责人。2016年5月20日因涉嫌犯非法购买增值税专用发票罪被逮捕。

北京市朝阳区人民检察院以被告人王小禹犯非法出售增值税专用发票罪、被告人鞠井田犯非法购买增值税专用发票罪,向北京市朝阳区人民法院提起公诉。

朝阳区人民检察院指控,2015年8月,被告人王小禹在朝阳区小武基路甲1号朝龙不锈钢市场F8-9的北京今创兴隆金属材料有限公司内,向被告人鞠井田出售17份共计人民币(以下币种同)1 987 466.6元票面额的北京增值税专用发票,经鉴定均为真票。王小禹、鞠井田于2016年4月15日被公安机关查获归案。

被告人王小禹对公诉机关指控的事实及罪名未提出异议。其辩护人提出,王小禹有自首情节且系从犯,建议对其从轻处罚并适用缓刑。

被告人鞠井田对公诉机关指控的事实及罪名未提出异议。其辩护人提出,鞠井田有自首情节,建议对其从轻处罚并适用缓刑。

北京市朝阳区人民法院经审理查明:2015年7月至8月间,被告人鞠井田因经营的北京今创兴隆金属材料有限公司缺少进项票,找到被告人王小禹,让王小禹为其虚开所需增值税专用发票。王小禹从他人处虚开17张机打增值税专用发票,购买方为北京今创兴隆金属材料有限公司,销售方为北京中鑫万特商贸有限公司,双方无发票记载的真实货物交易。17张增值税专用发票均为真票,其中8张已认证。每张增值税专用发票票面记载的货物(钢材)金额均为99 922.91元,税率17%,税额16 986.89元,共计288 777.13元。王小禹后在朝阳区朝龙不锈钢市场内以3 700元的价格将上述发票出售给鞠井田。2016年4月15日,鞠井田因所购增值税专用发票中部分票无法认证,与王小禹发生纠纷。王小禹报案,二人于当日被民警传唤到案。案发后,王小禹退缴违法所得3 700元。

朝阳区人民法院认为,被告人王小禹明知没有真实货物购销,为谋取利益,介绍他人开具增值税专用发票,被告人鞠井田没有真实货物购销,让他人为自己开具增值税专用发票,二被告人的行为均已构成虚开增值税专用发票罪,依法应予惩处。公诉机关指控的犯罪事实清楚,证据确实、充分,但指控罪名不当,依法应予更正。王小禹明知没有真实货物购销,介绍他人虚开增值税

专用发票,鞠井田明知没有真实货物购销,让他人为自己虚开增值税专用发票,二被告人的行为属于虚开增值税专用发票罪和非法出售增值税专用发票罪、非法购买增值税专用发票罪的牵连犯,应依照《中华人民共和国刑法》第二百零五条第三款的规定,以虚开增值税专用发票罪追究二被告人的刑事责任。鉴于二被告人归案后如实供述所犯罪行,王小禹退缴违法所得,故对二被告人均可依法予以从轻处罚。二被告人因相互间经济纠纷而报案,并无就各自实施的犯罪行为置于司法机关制裁的主观意愿,缺乏投案自首的主动性,不构成自首,故对辩护人所提二被告人均有自首情节的辩护意见不予采纳。增值税专用发票虽非王小禹直接开具,但王小禹积极实施了介绍他人虚开增值税专用发票的行为,不属于从犯,故对王小禹的辩护人所提王小禹系从犯的辩护意见不予采纳。二被告人虚开增值税专用发票税款数额达人民币 28 万余元,不宜适用缓刑,故对辩护人所提对二被告人适用缓刑的辩护意见不予采纳。综上,依照《中华人民共和国刑法》第二百零五条第一款、第三款,第二十五条第一款,第六十七条第三款,第六十一条,第四十五条,第四十七条,第五十二条,第六十四条之规定,以虚开增值税专用发票罪,分别判处被告人王小禹有期徒刑一年六个月,并处罚金人民币十万元;判处被告人鞠井田有期徒刑一年六个月,并处罚金人民币十万元。

一审宣判后,被告人鞠井田以量刑过重为由提出上诉。北京市第三中级人民法院审理后裁定驳回上诉,维持原判。

二、主要问题

介绍他人开具、让他人为自己开具无真实货物购销的增值税专用发票的行为如何定罪量刑?

三、裁判理由

(一)介绍他人开具、让他人为自己开具无真实货物购销的增值税专用发票的行为构成虚开增值税专用发票罪

本案审理中,对二被告人的行为如何定性存在三种意见:第一种意见认为,被告人王小禹非法出售增值税专用发票,构成非法出售增值税专用发票罪,被告人鞠井田非法购买增值税专用发票,构成非法购买增值税专用发票罪。第二种意见认为,二被告人的行为属于非法出售增值税专用发票罪、非法购买增值税专用发票罪和虚开增值税专用发票罪的想象竞合,应当从一重罪处罚。第三种意见认为,二被告人的行为均构成虚开增值税专用发票罪。

我们同意第三种意见,具体理由如下:

1. 二被告人的行为不存在虚开增值税专用发票罪与非法出售增值税专用发票罪、非法购买增值税专用发票罪的想象竞合关系

想象竞合犯,是指行为人基于一个罪过,实施一个危害行为,触犯数个罪名的犯罪形态。其基本特征是:(1)基于一个罪过,实施一个行为;(2)一行为触犯了数个罪名。在本案中,被告人王小禹实施了介绍他人开具增值税专用发票和非法出售增值税专用发票两个行为,被告人鞠井田实施了让他人为自己开具增值税专用发票和非法购买增值税专用发票两个行为。显见,二被告人的行为不符合想象竞合犯的构成要件和特征,本案不存在虚开增值税专用发票罪和非法出售增值税专用发票罪、非法购买增值税专用发票罪的想象竞合关系。

2. 二被告人的行为属于虚开增值税专用发票罪与非法出售增值税专用发票罪、非法购买增值税专用发票罪的牵连犯,依法应以虚开增值税专用发票罪论处

牵连犯,是指犯罪的手段行为或者结果行为,与目的行为或者原因行为分别触犯不同罪名的犯罪形态。其基本特征是:(1)手段行为或结果行为分别触犯不同罪名;(2)手段行为与目的行为、原因行为与结果行为存在牵连关系。增值税专用发票犯罪的牵连犯,是指行为人实施的数个

行为分别触犯不同的增值税专用发票犯罪，且各罪名之间存在牵连关系。

刑法总则没有明确规定牵连犯的处罚原则，通说认为，对牵连犯一般应当从一重处罚，但在刑法分则对牵连犯的处罚作出明确规定的情况下，应当直接依据刑法分则条文的规定处理。刑法第二百零八条第二款规定，非法购买增值税专用发票或者购买伪造的增值税专用发票又虚开或者出售的，分别依照虚开增值税专用发票罪、出售伪造的增值税专用发票罪、非法出售增值税专用发票罪定罪。该款属于提示性规定，非法购买增值税专用发票是手段，虚开增值税专用发票是目的，最终是为实现抵扣税款，行为人非法购买增值税专用发票后又虚开的，应直接依照刑法第二百零八条第二款的规定，以虚开增值税专用发票罪定罪处罚。

3. 二被告人的行为符合虚开增值税专用发票罪的犯罪构成

刑法第二百零五条第三款规定，虚开增值税专用发票罪是指有为他人虚开、为自己虚开、让他人为自己虚开、介绍他人虚开增值税专用发票行为之一的行为。最高人民法院1996年发布的《关于适用〈全国人民代表大会常务委员会关于惩治虚开、伪造和非法出售增值税专用发票犯罪的决定〉的若干问题的解释》（以下简称《解释》）中，对虚开增值税专用发票的行为如何认定作了明确规定：(1)没有货物购销或者没有提供或接受应税劳务而为他人、为自己、让他人为自己、介绍他人开具增值税专用发票；(2)有货物购销或者提供或接受了应税劳务但为他人、为自己、让他人为自己、介绍他人开具数量或者金额不实的增值税专用发票；(3)进行了实际经营活动，但让他人为自己代开增值税专用发票。

需要指出的是，虽然刑法并未明确规定成立虚开增值税专用发票罪必须具有特定的目的，但从本罪设立的立法原意和司法实践中的掌握来看，行为人虚开增值税专用发票的目的应是抵扣税款或者挣取“交易费”“介绍费”。1995年10月30日发布的《全国人民代表大会常务委员会关于惩治虚开、伪造和非法出售增值税专用发票犯罪的决定》（以下简称《决定》）开篇即明确了设立虚开增值税专用发票罪的立法意图即“为了惩治虚开、伪造和非法出售增值税专用发票和其他发票进行偷税、骗税等犯罪活动，保障国家税收”。2004年全国部分法院经济犯罪案件审判工作座谈会对虚开增值税专用发票罪的认定进行研讨，认为对以下三种行为不应以该罪论处：(1)为虚增营业税、扩大销售收入或者制造虚假繁荣，相互对开或环开增值税专用发票的行为。(2)在货物销售过程中，一般纳税人为夸大销售业绩，虚增货物的销售环节，虚开进项增值税专用发票和销项增值税专用发票，但依法缴纳增值税并未造成国家税款损失的行为。(3)为夸大企业经济实力，通过虚开进项增值税专用发票虚增企业的固定资产，但并未利用增值税专用发票抵扣税款，国家税款亦未受到损失的行为。[①]这也从另一方面肯定了行为人构成虚开增值税专用发票罪应当具有抵扣税款或者挣取“交易费”“介绍费”的特定目的。2015年最高人民法院研究室在给公安部经济犯罪侦查局的《〈关于如何认定以“挂靠”有关公司名义实施经营活动并让有关公司为自己虚开增值税专用发票行为的性质〉征求意见的复函》中更是明确地指出：“虚开增值税发票罪的危害实质在于通过虚开行为骗取抵扣税款，对于有实际交易存在的代开行为，如行为人主观上并无骗取抵扣税款的故意，客观上未造成国家增值税款损失的，不宜以虚开增值税专用发票罪论处。”

本案中，被告人鞠井田为了抵扣税款，在没有真实货物交易的情况下，让他人为自己虚开增值税专用发票。被告人王小禹为了获取“交易费”，明知他人没有真实货物交易，而为他人虚开（或者说介绍他人虚开）增值税专用发票。二被告人均具有虚开增值税专用发票罪的主观故意，

---

① 参见《全国法院经济犯罪案件审判工作座谈会综述(2004年)》。

也实施了虚开增值税专用发票罪所要求的特定行为，完全符合该罪的犯罪构成要件，依法应当认定为虚开增值税专用发票罪。事实上，如果以非法出售增值税专用发票罪评价王小禹的行为，则无法涵盖其介绍他人虚开增值税专用发票的行为；以非法购买增值税专用发票罪评价鞠井田的行为，则无法涵盖其让他人为自己虚开增值税专用发票的行为。

4. 虚开增值税专用发票罪与相关罪名的界限

关于虚开增值税专用发票罪与非法出售增值税专用发票罪、非法购买增值税专用发票罪、出售伪造的增值税专用发票罪、购买伪造的增值税专用发票罪等相关增值税专用发票犯罪之间如何区分的问题，我们认为，各罪名之间各有其适用的空间。具体而言：(1)非法出售真实的空白增值税专用发票的，认定为非法出售增值税专用发票罪。出售伪造的空白增值税专用发票的，认定为出售伪造的增值税专用发票罪。(2)非法购买真实的空白增值税专用发票的，认定为非法购买增值税专用发票罪。购买伪造的空白增值税专用发票的，认定为购买伪造的增值税专用发票罪。(3)非法购买真实的定额增值税专用发票的，认定为非法购买增值税专用发票罪。出售真实的定额增值税专用发票的，认定为非法出售增值税专用发票罪。(4)非法购买伪造的定额增值税专用发票的，认定为购买伪造的增值税专用发票罪。出售伪造的定额增值税专用发票的，认定为出售伪造的增值税专用发票罪。(5)为他人开、为自己开、让他人为自己开、介绍他人开增值税专用发票，符合司法解释规定的虚开行为的，认定为虚开增值税专用发票罪。需要注意的是，在犯罪过程中，一般会存在买卖的行为，但依照刑法第二百零八条第二款规定，应直接以虚开增值税专用发票罪处罚。(6)伪造增值税专用发票的，认定为伪造增值税专用发票罪。(7)购买增值税专用发票，但无证据证明是为了虚开而购买的，认定为非法购买增值税专用发票罪；有证据证明为了虚开而购买的，则认定为虚开增值税专用发票罪。

综上，本案二被告人的行为应构成虚开增值税专用发票罪，而不是非法出售增值税专用发票罪、非法购买增值税专用发票罪。从刑法第二百零五条至第二百零八条的规定来看，第二百零八条第一款规定非法购买增值税专用发票、购买伪造的增值税专用发票罪的法定刑最轻，结合刑法第二百零八条第二款的规定，非法购买增值税专用发票罪仅限于危害发票管理的行为，一旦危害税收征管，就应当认定为处罚较重的虚开增值税专用发票罪，这也符合牵连犯从一重罪论处的处断原则。

（二）关于虚开增值税专用发票罪量刑标准的把握

虚开的“税款数额”是虚开增值税专用发票罪定罪量刑的主要依据。关于税款数额如何理解，实践中有认识分歧。增值税专用发票数额分为三部分：货物或应税劳务、服务金额，税额，价税合计额。我们认为，这里的“税款数额”应指税额，而不是金额或者价税合计额。从本质上来说，增值税是对货物或应税劳务、服务的最终销售按照不含税价征收的比例税款，认定虚开税额，应当以该部分虚开实际或者可能让国家税款流失的数额为限。增值税专用发票不同于普通发票，其可以用于抵扣税款。抵扣税款会直接造成国家税收损失，这也正是对增值税专用发票犯罪行为从重打击的原因。所以，“虚开的税款数额”应是指增值税专用发票造成的国家税收的损失，也就是抵扣的税款额，即票面载明的税额。

根据1996年《解释》，虚开税款数额1万元以上的，应当依法定罪处罚，判处3年以下有期徒刑或者拘役，并处2万元以上20万元以下罚金；虚开税款数额10万元以上的，属于“虚开的税款数额较大”，判处3年以上10年以下有期徒刑，并处5万元以上50万元以下罚金；虚开税款数额50万元以上的，属于“虚开的税款数额巨大”，判处10年以上有期徒刑或者无期徒刑，并处5万元以上50万元以下罚金。考虑到此解释出台距今已有20余年，我国经济社会状况已发生重大变化，继续按照上述定罪量刑标准处理案件已不能很好地体现罪刑相当原则。故此，最高人民法院研究室2014年11月27日在给西藏自治区高级人民法院作出的《关于如何适用法发〔1996〕30号司法解释数额标准问题的电话答复》（法研〔2014〕179号）中指出，为了贯彻罪刑相当原则，对虚开增值税专用发票案件的量刑数额标准，可以不再参照适用1996年《解释》。在新的司法解释制定前，对于虚开增值税专用发票案件的定罪量刑标准，可以参照《最高人民法院关于审理骗取出口退税刑事案件具体应用法律若干问题的解释》（以下简称《出口退税解释》）的有关规定执行。

依照《出口退税解释》的规定，虚开增值税专用发票罪的量刑数额标准提高了5倍，由上述的1万元、10万元、50万元提升到5万元、50万元、250万元。最高人民法院研究室在对上述答复的解读中指出："《解释》虽未明令废止，但对其中确实已明显滞后、失当的规定不再参照适用，并不违法。1997年《通知》①只是规定，1997年修改刑法后，'可参照执行'此前制定的司法解释。也就是说，如此前解释的有关规定，特别是定罪量刑标准已明显滞后、失当，不再参照执行有关规定，并不违反通知要求。"

在本案中，二被告人虚开增值税专用发票的税款数额为288 777.13元。参照《出口退税解释》的规定，涉案的税款数额未达到"数额较大"的50万元标准，二被告人均应在三年以下判处刑罚。考虑到涉案大部分虚开的增值税发票未认证、只有少量的发票被实际使用等情况，法院作出了上述判决。

（撰稿：北京市朝阳区人民法院　付想兵　肖圣雷
最高人民法院刑二庭　郭　慧
审编：最高人民法院刑二庭　韩维中）

[第1284号]苏州市安派精密电子有限公司、庞美兴、罗正华虚开增值税专用发票案

——如何认定单位犯罪中直接负责的主管人员，以及开票单位未到案时能否认定受票单位构成犯罪

【关键词】　虚开增值税专用发票罪　单位犯罪　直接负责的主管人员未到案

一、基本案情

被告单位苏州市安派精密电子有限公司（以下简称安派公司），2011年6月14日注册成立。

被告人庞美兴，男，1974年6月12日出生，安派公司采购部主管。2015年6月19日因本案被取保候审。

被告人罗正华，男，1979年3月17日出生，安派公司总经理。2015年6月12日因本案被取保候审。

江苏省苏州市吴中区人民检察院以被告单位安派公司，被告人庞美兴、罗正华犯虚开增值税专用发票罪，向苏州市吴中区人民法院提起公诉。

---

① 指《最高人民法院关于认真学习宣传贯彻修订的〈中华人民共和国刑法〉的通知》。

被告人庞美兴的辩护人提出：公诉机关指控的被告单位安派公司、被告人庞美兴接受深圳市浩瑜环贸易有限公司（以下简称浩瑜环公司）、深圳市顺畅通贸易有限公司（以下简称顺畅通公司）虚开增值税专用发票一节，因浩瑜环公司和顺畅通公司均处于非正常经营状态，相关负责人未到案，庞美兴所作的"与深圳两公司没有真实货物交易""相关发票都是出开票费买来的"等有罪供述缺乏开票单位印证，属于孤证，应不予采信。公诉机关指控的犯罪事实不清，证据不足。

被告人罗正华的辩护人提出：公诉机关指控的被告单位安派公司，被告人庞美兴、罗正华接受三门峡天一实业有限公司（以下简称天一公司）虚开增值税专用发票一节，被告人罗正华虽名为安派公司总经理，但实际并无总经理的地位和职权，其只分管市场开拓和销售，平时经常在外公关客户，公司内部的生产、采购、财务等事务均由被告人庞美兴负责；在原材料采购付款方面，只要有庞美兴签字审核即可，罗正华签字只是履行公司财务惯例，并无实际意义，如没有庞美兴签批，只有罗正华签批，公司财务不会同意付款。因此，罗正华在公司内的实际职务只相当于部门经理，其并不具有总经理职务所应有的全面管理职权，在庞美兴向其表明犯罪意图、实施犯罪时，其无法对庞美兴施加有效制约，不属于单位犯罪中直接负责的主管人员，不构成犯罪。

苏州市吴中区人民法院经审理查明：

1. 被告单位安派公司及其采购部主管被告人庞美兴、总经理被告人罗正华于2012年3月至2012年5月间，在无真实货物交易的情况下，以支付开票费为对价，接受销货单位为天一公司的河南增值税专用发票合计5份，价税合计人民币3 699 803.1元。其中税款人民币537 578.22元已于同期向税务部门申报抵扣。

2. 被告单位安派公司及其采购部主管被告人庞美兴于2013年8月间，在无真实货物交易的情况下，以支付开票费为对价，接受销货单位为浩瑜环公司的深圳增值税专用发票合计11份，价税合计人民币1 285 515元。其中税款人民币186 784.18元已于同期向税务部门申报抵扣。

3. 被告单位安派公司及其采购部主管被告人庞美兴于2013年11月间，在无真实货物交易的情况下，以支付开票费为对价，接受销货单位为顺畅通公司的深圳增值税专用发票合计36份，价税合计人民币4 207 788元。其中税款人民币611 388元已于同期向税务部门申报抵扣。

（其他事实略）

苏州市吴中区人民法院认为：关于被告人庞美兴的辩护人提出的辩护意见，经查，庞美兴的供述和证人杜俊、陈建枚的证言均证实安派公司与深圳两公司之间没有真实业务往来以及安派公司与深圳两公司之间存在资金回流的事实，该事实有记账凭证、送货单、入库单、银行业务回单及交易记录、手写账目明细等书证佐证。因此，上述辩护意见与事实不符，不予采纳。关于被告人罗正华的辩护人提出的辩护意见，经查，庞美兴、罗正华的供述和证人谢彪等人的证言均证实了罗正华在公司的职责和权限，该事实有安派公司章程、组织架构图、会议记录、电子邮件往来记录、付款申请单等书证佐证，罗正华作为公司总经理，具有全面管理公司的权限，其代表单位纵容被告人庞美兴实施犯罪，应认定为单位犯罪中直接负责的主管人员。因此，上述辩护意见与事实不符，不予采纳。综上，被告单位安派公司在没有真实货物交易的情况下，让他人为自己虚开增值税专用发票，数额巨大，其行为已构成虚开增值税专用发票罪；被告人庞美兴、罗正华作为被告单位中直接负责的主管人员，对其应以虚开增值税专用发票罪追究其刑事责任。依照《中华人民共和国刑法》第二百零五条第一款、第二款、第三款，第六十四条，第六十七条第一款，第七十二条第一款，第七十三条第二款、第三款之规定，判决如下：

1. 被告单位安派公司犯虚开增值税专用发票罪，判处罚金人民币三十万元；

2. 被告人庞美兴犯虚开增值税专用发票罪，判处有期徒刑三年，缓刑四年；

3. 被告人罗正华犯虚开增值税专用发票罪，判处有期徒刑二年六个月，缓刑三年。

宣判后，被告单位安派公司，被告人庞美兴、罗正华均未提出上诉，公诉机关也未提出抗诉。判决已经发生法律效力。

二、主要问题

1. 单位犯罪中“直接负责的主管人员”如何认定?

2. 如开票单位未到案，能否认定受票单位构成虚开增值税专用发票罪?

三、裁判理由

（一）如何认定单位犯罪中直接负责的主管人员

刑法第二百零五条规定，虚开增值税专用发票罪的犯罪主体包括单位。该条同时规定，构成本罪，在对单位判处罚金的同时，还应追究直接负责的主管人员和其他直接责任人员的刑事责任。实践中，在认定直接负责的主管人员时，往往因其地位的特殊性、职权的宏观性以及参与犯罪的隐蔽性等特点而存在争议。我们认为，可以从以下两个方面把握：

1. 直接负责的主管人员应为单位的管理人员，不包括一般工作人员

单位犯罪是由单位决策机构按照单位决策程序决定，产生单位犯意，再由直接责任人员实施的。而单位犯意一经产生，即表现为单位的整体意志。单位决策机构的成员范围并不及于单位的全体成员，在一般情况下，能够跻身单位决策层的，往往是单位的管理人员。这部分人涵盖多个层级，既可以是单位的高层管理人员，如董事会成员、党组成员、法定代表人等；也可以是单位的中下层管理人员，如分公司负责人、部门负责人等。进入决策机构意味着上述人员可以按照单位内部既有的决策程序，参与决定单位运行过程中的重大事项，包括实施单位犯罪。

相对于管理人员，单位中的一般工作人员往往不担负管理职责，其参与单位事务的主要方式不是决策，而是执行。作为单位意志的执行者，尽管一般工作人员也可以在有限的范围内影响单位决策，但其无法决定单位意志的产生、形成和变更。因此，一般工作人员不属于直接负责的主管人员，只可能作为其他直接责任人员而存在。

2. 单位的管理人员应对单位犯罪直接负责

2001年1月21日最高人民法院发布的《全国法院审理金融犯罪案件工作座谈会纪要》（以下简称《纪要》）在“关于单位犯罪问题”的第二条规定，直接负责的主管人员，是在单位实施的犯罪中起决定、批准、授意、纵容、指挥等作用的人员，一般是单位的主管负责人，包括法定代表人。

应当注意的是，直接负责包括“直接”和“负责”两个方面，在强调“负责”的同时，不能忽视“直接”。如前所述，单位犯意产生于单位的决策机构按照预设的决策程序所作的决定，而单位的决策机构中包含众多管理人员，并非每个管理人员都会参与决策的制定和完善。实践中，不同管理人员在决策程序的不同阶段的参与程度千差万别。例如，虚开增值税专用发票常伴有资金的走账和回流，一般而言，单位在对外支付大额资金前需要履行内部审批程序，如先由采购部门填写付款申请单，然后报采购部门主管审批同意，再报分管业务经理审批同意，最后交由董事长审批同意后付款。如果董事长召集各环节管理人员开会，研究决定购买发票抵扣税款，并敦促各环节管理人员在合同签订、资金走账和回流以及货物入库、单据制作等方面提供审批便利，则可以认为各环节的管理人员存在犯意沟通，均为单位犯罪的顺利实施提供了相应的保障，各环节的管理人员均应对单位犯罪直接负责，承担相应的刑事责任。但在司法实践中，并非每个案件都属于上述这种典型的审批流程各环节的管理人员沟通犯意、各司其职，全部参与决策单位犯罪的情形。单位的管理人员在预谋犯罪时，出于封锁消息、逃避处罚的目的，往往会限定参与犯罪的人员范围，可能表现为上级管理人员选择审批流程中重要环节的负责人参与，而对次要环节的负责

人则隐瞒实情,仅以行政命令的方式要求其贯彻上级决定;也可能表现为下级管理人员欺瞒上级,以伪造的合同、送货单、入库单等手续骗得上级的同意和审批,以单位名义决策、实施犯罪。在上述情形中,审批流程各环节的管理人员对单位犯罪所承担责任的性质是有区别的。其中,明确知晓单位犯意、积极参与单位犯罪的决策和组织,并为上下环节实施犯罪提供职务便利的管理人员应对单位犯罪直接负责;而因受蒙蔽不当履行工作职责,或者虽然知晓他人意图实施犯罪,但本人并未实际参与决定、批准、授意、纵容、指挥等重要工作,只是出于下级对上级的服从,受上级指派或者奉命完成本职工作的管理人员,因缺乏犯罪的故意或主动性,且其权限通常仅涉及程序性事项,难以对单位犯罪的最终决策产生实质影响,一般不宜认定为直接责任人员,以避免不当扩大打击范围。

需要指出的是,相比单位中下层管理人员而言,高层管理人员在单位中的地位更高,决策权限更大,影响单位犯罪的能力也更强。因此,在单位犯罪中,高层管理人员的决策权比中下层管理人员更具有实质意义,但这并不意味着高层管理人员就当然地构成犯罪,中下层管理人员就与犯罪无缘。是否构成犯罪与职务级别、地位高低、权力大小并无必然联系,关键在于该管理人员在单位犯罪中的参与程度是否起到了《纪要》中所论及的"决定、批准、授意、纵容、指挥等"五种重要作用。如果没起到上述重要作用,即便该管理人员是单位的"一把手"、主要负责人,也不应对单位犯罪直接负责。

具体到本案,首先,从安派公司的章程规定和组织架构分析,被告人罗正华作为总经理,其职权范围由公司管理层集体讨论确定,涉及公司生产经营等诸多方面,具有总经理的全部职权,与董事长谢彪处于同一职务层次,而庞美兴只是采购部主管。卷内证据显示,安派公司于2012年5月20日召开了管理工作会议,会议明确了高层管理人员的分工,即由罗正华"制定管理架构和流程,统筹江苏工厂之管理",由庞美兴负责"采购、仓库等管理工作"。《各部门签字审批流程》也显示,"各事业部采购物料时,需要总经理(罗正华)确认,总经理(罗正华)直接管理各下属部门,同时监督采购、人事行政、财务","下属部门所发生的单据要由主管部门审核,再由总经理(罗正华)签字"。其次,从安派公司的日常管理分析,罗正华对公司进行了全面管理,参与决策了公司的重要事务,实际担负了总经理的全部职权。谢彪、罗正华等人的往来电子邮件显示,公司涉及高层管理人员的薪资调整、年度工作汇报、主持召开会议等事项的上传下达都是通过罗正华来完成的,例如,罗正华向下属部门发送的邮件中有"按照谢董(谢彪)的意见,现就公司各位总经理、副总的薪资、福利做重新调整:罗正华25 000元,庞美兴20 000元""需要特别调整的,请提交给我和谢董审批""每月定期召开KPI月度总结会议,我和谢董参加会议,并听取工作报告""庞总(庞美兴),2011年度总结报告还剩张祥林所属部门没有更新,请跟进"等内容。可见,罗正华不仅要向庞美兴等人传达董事长谢彪的最高指示,还要做好审批人力资源调整、薪酬待遇调整、召开会议、听取工作汇报等各类日常管理事务,其对公司的经营管理职权是全方位的。

针对被告人罗正华的辩护人所提"没有罗正华本人签字,只有庞美兴签字,财务照样可以付款"的意见,公诉机关向法庭出示了2012年5月前后财务部邓艳梅发给被告人庞美兴的电子邮件,上述邮件显示,财务人员在将付款申请表附件发给庞美兴的同时,还将该邮件抄送了罗正华等人。也就是说,尽管有些书面单据上没有罗正华的亲笔签名,但罗正华对于上述单据的内容是知晓的。财务人员在实际操作过程中变通履行了公司的审批制度,罗正华虽未签字,但其知晓相关付款事项,实际履行了相应的监督管理职责。

因此,我们认为,被告人罗正华作为安派公司总经理,具有全面管理公司的职权,被告人庞美兴作为罗正华下属,接受罗正华领导,罗正华对庞美兴能够实施有效制约。在安派公司接受天一公司虚开增值税专用发票一节，当庞美兴向罗正华表明犯意后，罗正华未有效阻止庞美兴实施犯罪，反而予以赞同，在单位犯罪中起到了纵容下属人员实施犯罪的作用，属于单位犯罪中直接负责的主管人员，应当构成虚开增值税专用发票罪。

而在安派公司接受深圳两公司虚开增值税专用发票一节，购买发票是由庞美兴一人组织、策划并主导实施的，诸如联系中间人、约定开票费和资金走账回流等犯罪的具体细节，庞美兴均未向罗正华汇报，罗正华对此不知情，也未利用领导职权为单位犯罪的实施提供便利，在单位犯罪中未起到实质作用，不应承担刑事责任。

（二）开票单位未到案的，可依证据认定受票单位构成虚开增值税专用发票罪

在司法实践中，虚开增值税专用发票罪常表现为“无货虚开”，即开票单位与受票单位之间没有真实的业务往来，无真实货物交易，受票单位出于抵扣进项税额，减轻企业税负的目的，通过支付一定数额的开票费，向开票单位购买增值税专用发票。证明“无货”是办理该类案件的关键所在。

由于货物交易存在于上下家单位之间，要证实“无货”，一般需要开票单位和受票单位的相关负责人都到案，双方供证一致，再以银行账户交易记录等证据证实资金走账和回流等情况佐证，确定“无货”属实，方可认定。在真实的货物交易中，买卖双方一般不会有资金回流的情况，货款单向流入卖方。在交接货物时，通常需要填写送货单、入库单、货物清点记录等文书，并由买卖双方签字确认；而在“无货”的情况下，开票单位和受票单位为了掩盖罪行，往往会签订虚假的买卖合同，伪造送货单、入库单、清点记录等文书材料，这需要我们进行认真审查、甄别。比如，有些文书材料没有交接人员的签名，只有上下家的单位公章，显然与正常的商品交易习惯不符，则可以从侧面印证“无货”的事实。

需要说明的是，有时开票单位与受票单位为了规避税务稽查，会以支付现金的方式交易开票费，“全程无痕”，致使资金的走账和回流无迹可查，给准确认定“无货”带来困难。此时，若仅有受票单位一方供认“无货”，无其他证据印证，在审查时应倍加慎重。

本案中，浩瑜环公司和顺畅通公司均处于非正常经营状态，上述两公司的相关负责人未到案接受询问，因此，无法通过开票单位核实其与安派公司之间是否存在真实的货物交易。但是，庞美兴对安派公司和深圳两公司之间没有真实货物交易的情况供认不讳，还详细描述了资金走账和回流的具体步骤：庞美兴先将货款全额汇入深圳两公司账户，深圳两公司收到后，扣留开票费部分，并通知庞美兴来深圳见面，当面将剩余资金以现金的形式回流给庞美兴，庞美兴再将回流资金 500 万元交给公司财务人员陈建枚。对此，公诉机关向法庭出示了安派公司与深圳两公司之间的银行账户交易凭证，证实确有与发票价税合计金额一致的资金转入深圳两公司账户；又出示了陈建枚提供的记账本，证实事后庞美兴确有 500 万元现金回流；此外，公诉机关还向法庭出示了安派公司与深圳两公司之间的送货单，这些送货单均为空白单据，无发货方、收货方、入库方和保管方等人员的签字，其真实性无从核实，这恰恰印证了庞美兴关于“送货单是后来伪造的”供述。因而，虽然深圳两公司未到案，但相关证据足以认定安派公司与深圳两公司之间存在虚开增值税专用发票的犯罪事实。

综上，苏州市吴中区人民法院依法认定安派公司构成虚开增值税专用发票罪，并追究被告人庞美兴、罗正华的刑事责任是正确的。

（撰稿：苏州市吴中区人民检察院　郑　毅
审编：最高人民法院刑二庭　韩维中）

七、侵犯知识产权罪

[第942号]余刚等侵犯著作权案

——复制部分实质性相同的计算机程序文件并加入自行编写的脚本文件形成新的外挂程序后运用的行为是否属于刑法意义上的“复制发行”以及仅销售“复制”侵权软件衍生的游戏金币的,如何认定犯罪数额

【关键词】 侵犯著作权罪 复制 发行 游戏虚拟币 “外挂” 犯罪数额 共同犯罪

一、基本案情

被告人余刚,男,1973年10月7日出生,原重庆大猫网络科技有限公司(以下简称大猫公司)法定代表人,2011年3月4日因涉嫌犯侵犯著作权罪被逮捕。(其他被告人基本情况略)

上海市徐汇区人民检察院以被告人余刚、曹志华、冯典、古靖渲、赖怿、陈依、张荣鑫、马潇、刘京松、陈娅、刘川犯侵犯著作权罪,向上海市徐汇区人民法院提起公诉。

上海市徐汇区人民法院经公开审理查明:

2008年8月,被告人余刚、曹志华、冯典与胡辉、纪宏注册成立大猫公司,余刚为法定代表人(2009年5月、2010年4月胡辉、纪宏分别将所持股份转让给余刚)。大猫公司成立后主要经营搜索网站开发设计等业务。后由于缺乏稳定收入来源,余刚等人开始着手从事开发设计脱机型外挂软件业务,通过操作外挂软件获取相关网络游戏虚拟货币后销售牟利。

2010年7月,余刚、曹志华、冯典等利用其电脑专业技术,通过反编译手段破译了上海数龙计算机科技有限公司(以下简称数龙公司)运营的《龙之谷》游戏的客户端程序及相应的通讯协议,并利用从上述客户端程序中复制的部分地图、物品、怪物、触发事件等代码的游戏核心数据库文件、登录文件以及完全模拟的通讯协议,加入其制作的各类能实现游戏自动操作功能的脚本文件,开发了能实现自动后台多开登陆、自动操作诸多游戏功能的脱机外挂软件。

2010年7月底至2011年1月,余刚、赖怿先后以大猫公司名义招募被告人张荣鑫、陈依、马潇、刘京松、陈娅、刘川等人作为加盟商成立“工作室”,由赖怿负责日常管理。加盟商必须每台电脑交纳人民币(以下币种同)1 000元的加盟费和一定数额的保证金,使用大猫公司开发的脱机外挂软件登录账号,合作“生产”《龙之谷》游戏虚拟货币,并交由被告人古靖渲负责的市场部在相关网站上统一销售后分成。经审计:大猫公司《龙之谷》游戏金币总销售额为4 637 448.30元;其中公司本部销售额为529 888.80元;张荣鑫等人的工作室销售额为1 257 751.64元;陈依的工作室销售额为898 555.90元;马潇、刘京松的工作室销售额为989 124.58元;陈娅的工作室销售额为706 049.19元;刘川的工作室销售额为256 078.18元。

2010年9月,冯典、曹志华离开大猫公司,并带走了《龙之谷》游戏外挂源代码和68万元销售款,大猫公司的股东变更为余刚和古靖渲。

2011年1月,余刚、古靖渲、陈依到案。同年3月,曹志华、冯典、赖怿、张荣鑫、马潇、刘京松、

陈娅、刘川到案,其中陈依、陈娅、刘川系向公安机关主动投案并交代犯罪事实。

另查明,2007 年 11 月 30 日,上海盛大网络发展有限公司(以下简称盛大公司)与韩国艾登特提游戏有限公司(EYEDENTITY GAMES Inc.)签订著作权合作授权书,引进该公司拥有著作权的互联网游戏出版物《Dragon Nest》(即《龙之谷》),并于 2009 年 6 月 23 日获国家版权局认证通过。2010 年 2 月 4 日,国家新闻出版总署批复同意盛大公司引进上述游戏出版物。2010 年 7 月,盛大公司授权其旗下的数龙公司正式在互联网运营《龙之谷》游戏。

2011 年 9 月,经上海辰星电子数据司法鉴定中心鉴定,将涉案外挂程序和样本《龙之谷》游戏客户端程序进行比对后,两者的文件目录结构相似度为 84.92%,文件相似度为 84.5%,两者存在实质性相似。

上海市徐汇区人民法院认为,被告人余刚伙同被告人曹志华、冯典、古靖渲、赖怿、陈依、张荣鑫、马潇、刘京松、陈娅、刘川以营利为目的,未经著作权人许可,复制其计算机软件,并利用侵权软件获取游戏虚拟货币并销售后牟利,其中余刚、曹志华、冯典、古靖渲、赖怿非法经营额共计 400 余万元,陈依非法经营额共计 89 万余元,张荣鑫非法经营额共计 125 万余元,马潇、刘京松非法经营额共计 98 万余元,陈娅非法经营额共计 70 万余元,刘川非法经营额共计 25 万余元,其行为均构成侵犯著作权罪,且均属于情节特别严重。各被告人系共同犯罪,其中余刚、曹志华、冯典、古靖渲、赖怿在共同犯罪中起主要作用,是主犯;陈依、张荣鑫、马潇、刘京松、陈娅、刘川在共同犯罪中起次要、辅助作用,系从犯,依法应当减轻处罚。陈依、陈娅、刘川系自首,依法可以从轻处罚。余刚、曹志华、冯典、古靖渲、赖怿、张荣鑫、马潇、刘京松到案后能如实供述各自的犯罪事实,依法可以从轻处罚。各被告人在庭审中均自愿认罪、悔罪,可以酌情从轻处罚。各被告人的行为发生在《中华人民共和国刑法修正案(八)》施行之前,据此,依照 2011 年 5 月 1 日之前《中华人民共和国刑法》第二百一十七条第(一)项,第二十五条第一款,第二十六条第一款、第四款,第二十七条,第五十三条,第六十四条,第六十七条第一款,第七十二条,第七十三条第二款、第三款和《中华人民共和国刑法》第十二条第一款、第六十七条第二款及《最高人民法院、最高人民检察院关于办理侵犯知识产权刑事案件具体应用法律若干问题的解释》第五条第二款之规定,判决如下:

1. 被告人余刚犯侵犯著作权罪,判处有期徒刑四年,并处罚金人民币四十万元;

2. 被告人曹志华犯侵犯著作权罪,判处有期徒刑三年,并处罚金人民币三十万元;

……(其他被告人判罚情况略)

一审宣判后,被告人均未上诉,公诉机关亦未提出抗诉,该判决已发生法律效力。

二、主要问题

1. 复制部分实质性相同的计算机程序文件并加入自行编写的脚本文件形成新的外挂程序后运用的行为是否属于刑法意义上的"复制发行"?

2. 未直接销售"复制"侵权软件,仅销售"复制"侵权软件衍生的游戏金币的,如何认定犯罪数额?

三、裁判理由

(一)复制部分实质性相同的计算机程序文件并加入自行编写的脚本文件形成新的外挂程序后运用的行为属于侵犯著作权罪中的"复制发行"

1. 复制"实质性相同"和复制"完全相同"的程序文件都属于侵犯著作权罪中的"复制"

(1)"复制"的概念呈扩张式发展。在现代汉语词典中,"复"的意思是指重复,即依照原件制作成同样的东西,多指通过临摹、拓印、印刷、复印、录音、录像、翻拍等方式。对于传统的纸质等有形传播媒介而言,"复制"一般是指通过"印刷、复印、拓印、录音、录像、翻拍等方式将作品制作一份或者多份”。在现代网络环境下，信息载体已经发生巨大变化，“复制”的概念也相应发生变化。《中华人民共和国著作权法》（以下简称《著作权法》）将“复制”定义为“印刷、复印、拓印、录音、录像、翻拍等方式”。该定义之所以用“等”字，一定程度上表明对《著作权法》未列明但已经出现或者即将出现的新的复制方式的一种兜底性或者堵截性认可。我国1992年10月15日加入的《保护文学艺术作品伯尔尼公约》第九条第一款也规定：“受本公约保护的文学艺术作品的作者，享有批准以任何方式和采取任何形式复制这些作品的专有权。”可见，在有关国际公约和相关法律规定中对“复制”的方式或者形式没有任何限制。

（2）“复制”不限于复制“完全相同”的软件。对于“复制”的理解，不应当局限于当前一般观念的认识范围，可以将“复制”的行为方式全部抽象为对原件的“再现”。这种“再现”不局限于“完全相同”，而只需要具备“实质性相同”即可。实践中，行为人为迎合市场需求，在保证与原作品“实质性相同”的前提下，恶意对他人的原作品进行篡改，增加一些内容，并署原作者的姓名。这种行为，毫无疑问应当认定为“复制”。

（3）相关法规及规范性文件规定部分复制著作权人软件的行为属于侵犯著作权罪中的“复制”。《计算机软件保护条例》第二十四条规定：“……触犯刑律的，依照刑法关于侵犯著作权罪、销售侵权复制品罪的规定，依法追究刑事责任：（一）复制或者部分复制著作权人的软件的……”尽管相关行政性规定中是否具有“构成犯罪的”等提示性对照规定，对认定相关行为是否构成犯罪没有影响，但《计算机软件保护条例》关于“复制”一词的规定体现出“部分复制”行为性质等同于“完全复制”行为性质的立法原意。① 基于《计算机软件保护条例》的这一规定，我们认为，在刑法没有明确界定第二百一十七条第（一）项中“复制发行”含义的情况下，将“部分复制”纳入侵犯著作权罪中的“复制”范围（同时强调前文分析的实质性相同），并非类推解释，而是具有一定的法律根据。

（4）本案中的外挂程序和官方客户端程序存在实质性相同。本案中，被告人余刚、曹志华、冯典即是利用了其掌握的计算机专业技术，破译了《龙之谷》游戏客户端和服务器间通讯协议，大量复制官方客户端程序中的游戏对话文件、基础数据文件、地图文件、登录文件等关键及核心文件，并加入自行编写的脚本文件后制作完成了脱机外挂程序。经鉴定，该外挂软件对官方游戏客户端程序的1 000余个文件进行了复制，可以使《龙之谷》游戏系统在不运行游戏客户端的情况下直接运行该游戏，并具备《龙之谷》游戏本身不具有的自动操作功能。该外挂程序与《龙之谷》游戏客户端程序的文件相似度为398/471＝84.5%，文件目录结构相似度为400/471＝84.92%。上述文件均系《龙之谷》游戏中与登录、防外挂及地图、物品代码等相关的逻辑关系数据库文件，均系该游戏具有自主知识产权的核心数据库文件。因而，该外挂程序与《龙之谷》游戏客户端程序尽管并非完全一致，但两者存在实质性相同。

2. 复制后广泛运用的行为应当认定为刑法意义上的“复制发行”

（1）“发行”的概念亦呈扩张式发展。在现代汉语词典中，“发行”是指“发出新印制的货币、债券或新出版的书刊、新制作的电影等”。“发行”最初的含义强调的是“新”，一般是指发行新的东西。《著作权法》第十条第一款第（六）项规定：“发行权，即以出售或者赠与方式向公众提供作品的原件或者复制件的权利。”可见，提供复制件也属于“发行”。2004年最高人民法院、最高人民检察院联合制发的《关于办理侵犯知识产权刑事案件具体应用法律若干问题的解释》（以下简

① 应当认为，此处的“部分复制”显然是指所复制的部分与原件具有“实质性相同”的部分，否则“合理使用”所部分复制的行为将不再具有正当性。本文的“部分复制”是在同一语境下使用。

称《知产解释一》)第十一条第三款规定:"通过信息网络向公众传播他人文字作品、音乐、电影、电视、录像作品、计算机软件及其他作品的行为,应当视为刑法第二百一十七条规定的'复制发行'。"2007年最高人民法院、最高人民检察院联合制发的《关于办理侵犯知识产权刑事案件具体应用法律若干问题的解释(二)》(以下简称《知产解释二》)第二条第二款规定:"侵权产品的持有人通过广告、征订等方式推销侵权产品的,属于刑法第二百一十七条规定的'发行'"。2011年最高人民法院、最高人民检察院、公安部《关于办理侵犯知识产权刑事案件适用法律若干问题的意见》(以下简称《知产意见》)第十二条更是将发行解释为"包括总发行、批发、零售、通过信息网络传播以及出租、展销等活动"。从上述法律及相关司法解释的规定可知,"发行"的含义整体呈不断扩展之势,由最初强调新的含义、出售或者赠与方式不断扩展到"通过网络传播"、"通过广告、征订"以及批发、零售、出租、展销等活动方式。

经由上述分析,对"复制发行"的理解,应当结合国民的普通用语和刑法的规范用语语境,在罪刑法定原则的指导下,正视社会生活事实的变化,从不断变化的社会文化中挖掘和把握其准确内涵和外延。

(2)脱机外挂程序属于刑法意义上的"复制发行"。"外挂"本身系计算机程序的一种,通常是指针对一个或者多个网络游戏,通过改变游戏软件的部分程序制作而成的作弊程序,其原理是截取、修改游戏客户端和服务器之间通过通讯数据包传输的数据,模拟服务器发给客户端,或者模拟客户端发给服务器,从而达到修改游戏、实现各种游戏功能增强的目的。外挂程序制作及运行的过程决定其必须对官方客户端程序的大量数据进行收集、复制和修改。以网络游戏"外挂代练"为例。[①] 根据新闻出版总署、信息产业部、国家工商行政管理总局、国家版权局、全国"扫黄打非"工作小组办公室于2003年12月18日发布的《关于开展对"私服"、"外挂"专项治理的通知》的规定,"私服""外挂"违法行为是指未经许可或授权,破坏合法出版、他人享有著作权的互联网游戏作品的技术保护措施、修改作品数据、私自架设服务器、制作游戏充值卡(点卡),运营或者挂接运营合法出版、他人享有著作权的互联网游戏作品,从而谋取利益、侵害他人利益。"私服""外挂"违法行为属于非法互联网出版活动,应依法予以严厉打击。实践中,这些"外挂"的制作者均是部分复制被侵权者研发的软件,轻则被侵权起诉,重则被处以刑罚。

本案涉及的脱机型外挂,是一种需要了解、掌握游戏客户端和服务器之间的通讯数据包完整内容后才能制作完成的程序,与其他外挂需挂接到客户端程序不同,它可以脱离游戏的客户端程序,模拟官方的客户端进行登录、游戏,并能实现官方客户端所没有的一些功能,如自动打怪、交易等。因此,脱机型外挂系脱胎于官方客户端程序,除非掌握该游戏的内部技术秘密,一般技术层面很难完成。这种复制部分实质性相同的程序文件并加入自行编写的脚本文件形成新的外挂程序后运用的行为,应当认定为刑法意义上的"复制发行"。

虽然本案被告人销售的是"复制发行"侵权软件衍生的游戏金币,但这只是牟利行为在形式上的延伸,实质上与"复制发行"侵权软件本身的使用价值无异。因此,认定本案被告人复制部分实质性相同的计算机程序文件并加入自行编写的脚本文件形成新的外挂程序后运用的行为属于刑法意义上的"复制发行",于法有据。

---

① 本文所称的"外挂"是在一般意义上所使用的,即被认为是"恶性游戏外挂",其突破游戏自身的规则,对游戏正常运行刻意的施加人为影响。其本质是帮助游戏玩家作弊。而不包括那些不会突破游戏自身的规则,不影响游戏正常运行,只是起到辅助游戏玩家进行游戏的软件程序,即所谓的"良性外挂"。有些"良性外挂"就是由游戏开发商、运营商或者代理商提供或者授权进行制作,并投入到游戏用户中应用的。其目的是对网络游戏中出现的错误和漏洞等问题作出弥补或其他的帮助作用。

(二)销售使用“复制”侵权软件衍生的游戏金币的数额应当认定为非法经营额

刑法第二百一十七条规定的侵犯著作权罪确定了两个处刑标准:一是“违法所得数额”,二是“情节”。本案中的被告人并未直接销售“复制”的侵权软件,而是销售使用“复制”的侵权软件而产生的衍生物——游戏金币,因而只能以“情节”来认定被告人的刑事责任。

根据《知产解释一》第五条、《知产解释二》第一条和《知产意见》第十三条的规定,“非法经营额”和“复制品数量”都可以作为侵犯著作权罪的“情节”认定标准。本案中,复制品数量未达到上述司法解释规定的标准,因此,本案审理过程中,主要围绕“非法经营额”来认定被告人的刑事责任。

根据《知产解释一》第十二条的规定,“非法经营数额”是指行为人在实施侵犯知识产权行为过程中,制造、储存、运输、销售侵权产品的价值。对于计算机软件而言,其价值以著作权价值为完全或者主要价值,软件的著作权价值包括软件产品本身通过发行、出租、许可、转让等实现的利益,也包括利用软件实现其功能而形成的附属物品进入流通后产生的价值。本案涉及的《龙之谷》游戏的盈利是采用“免费游戏+虚拟物品买卖”的模式,即玩家免费游戏,付费获得该游戏的道具、装备等增值服务,软件的著作权价值主要体现为游戏衍生品市场形成的利益。质言之,本案被告人制造了侵权外挂软件,然后使用该软件获取相关游戏虚拟货币并销售牟利,应当以侵权软件衍生物品的销售价格作为本案非法经营额的认定依据。

综上,本案中的被告人以营利为目的,未经著作权人许可,复制其计算机软件,并利用侵权软件获取游戏虚拟货币并销售后牟利,构成侵犯著作权罪,且各被告人的非法经营额均属于情节特别严重。

(撰稿:上海市徐汇区人民法院　王利民　赵拥军
审编:最高人民法院刑二庭　张　杰)

[第1005号]伊特克斯公司、郭书周等侵犯商业秘密案

——如何理解和把握侵犯商业秘密刑事案件中“重大损失”的计算依据、方法及对象

【关键词】　侵犯商业秘密罪　重大损失　计算依据　计算方法　计算对象

一、基本案情

被害单位上海米开罗那机电技术有限公司(以下简称米开罗那公司)成立于2004年3月,主要生产销售手套箱、汽车氙气灯生产线等设备。

被告单位伊特克斯惰性气体系统(北京)有限公司(以下简称伊特克斯公司)成立于2006年4月,经营范围包括科技开发、销售惰性气体保护系统设备,实际经营者为被告人郭书周。

被告人郭书周,男,1976年7月10日生,系伊特克斯公司实际经营负责人(经理)。2009年12月29日因涉嫌犯侵犯商业秘密罪被逮捕。

杜开宁,男,1953年11月9日生,系伊特克斯公司职工。2011年7月5日因涉嫌犯侵犯商业秘密罪被逮捕,2012年6月8日被取保候审。

上海市浦东新区人民检察院以沪浦检刑诉〔2009〕30067、〔2010〕30145号起诉书指控被告单

位伊特克斯公司，被告人郭书周、杜开宁犯侵犯商业秘密罪，于2010年8月27日向浦东新区人民法院提起公诉。

被告单位伊特克斯公司对公诉机关指控的事实及罪名持有异议。该公司及其辩护人提出：(1)公安机关搜集证据过程违法。(2)公诉机关指控的商业秘密不成立，技术鉴定的程序违法。(3)伊特克斯公司不知道被告人杜开宁窃取米开罗那公司的商业秘密，也没有使用米开罗那公司的商业秘密。(4)会计师事务所的审计依据的是米开罗那公司提供的记账凭证，不予认可。

被告人郭书周对公诉机关指控的事实及罪名持有异议，其与辩护人提出：(1)郭书周毕业于北京航空航天大学机械专业，熟悉机械知识。(2)杜开宁于2008年5月至伊特克斯公司工作，没有主管技术，只是协助生产。(3)杜开宁没有向其提供盗窃的米开罗那公司图纸，是杜开宁自己将图纸录入伊特克斯公司的电脑中，具体录入了哪些图纸也不清楚。(4)公安机关搜集证据的过程违法。(5)公安机关委托鉴定机构所作的技术鉴定程序违法，鉴定机构及鉴定人不具备鉴定资质。(6)公诉机关指控的商业秘密不成立，涉案技术属于公知技术。(7)会计师事务所的鉴定依据是米开罗那公司2006年的数据，应该采用2008年的数据。鉴定结论称每套设备利润人民币(以下币种同)165万元，但伊特克斯公司一套生产线的销售价格才100万元，故对审计结果不认可。(8)在杜开宁来伊特克斯公司之前，伊特克斯公司已经生产了4套设备。

被告人杜开宁及其辩护人对公诉机关指控的事实及罪名没有异议。

上海市浦东新区人民法院经不公开审理查明：

北京米开罗那机电技术有限责任公司于1996年成立，2003年7月被告人郭书周向该公司应聘网络工程师一职，其后在该公司任网管。2004年1月，郭书周离职，并签订《离职协议》，约定郭书周离开公司后，有义务永远保守公司商业秘密和技术秘密，不得自行利用公司技术或商业信息从事生产经营活动。

2006年4月，被害单位米开罗那公司聘请被告人杜开宁任其制造部下属设备厂经理，负责设备厂的生产、调度及管理工作，并约定杜开宁不得泄露公司机密，也不得将此用于自己开办公司使用，直至退休后3年之内。

2006年11月3日，米开罗那公司制定的《图纸管理规定》对图纸的提供、发放、回收流程作了详细的规定，明确由信息室归档、复印，并交由制造部或设备厂，待字迹无法辨认时由设备厂厂长统一到信息室以旧换新，并由专人回收处理。

2007年3月27日，米开罗那公司制定的《保密制度》规定：保密信息包括但不限于产品研发的图纸、设计思路、方案和模型、试验结果；公司设备的图片或相关技术信息；专有技术、专利技术、技术授权等，以及其他和知识产权相关的数据和保密事项，以及其他没有公开且公开后可能会对公司产生不利影响的一切信息。保密人员包括公司的高级管理人员、高级技术人员，以及所有涉及保密信息的人员。

米开罗那公司2006年、2007年的《资料交接登记表》显示，杜开宁均在登记发出的图纸“接收人”一栏签名。

2007年7月，杜开宁从米开罗那公司离职，并于同年底与被告人郭书周联系，表示想去伊特克斯公司工作，并称有米开罗那公司的图纸。不久，双方进行了面谈。2008年3至4月间，杜开宁向郭书周提供了从米开罗那公司带走的等离子火头及六通阀的图纸。2008年5月，杜开宁至伊特克斯公司工作，协助安排设备的生产。

2008年3月至2008年8月期间，伊特克斯公司向海宁市映宇电子照明有限公司(以下简称海宁映宇公司)、海宁市新晨光源科技有限公司(以下简称海宁新晨公司)等7家单位销售特种灯生产线,包括手套箱、高温炉、等离子排气封接台等,价值为105万至140万元之间,共计合同金额为792万余元。

2008年6月,米开罗那公司向公安机关报案,反映该公司原设备厂经理杜开宁利用职务之便窃取公司保密图纸后,提供给伊特克斯公司使用,使该公司遭受重大损失。2008年7月3日,侦查人员将杜开宁抓获,并当场缴获大量有关汽车氙气灯流水线设备的图纸和U盘一个。7月4日,侦查人员至伊特克斯公司调查取证,根据杜开宁的指认,侦查人员扣押了伊特克斯公司技术人员使用的电脑主机。

2008年7月16日,科技部知识产权事务中心(以下简称知产中心)接受公安机关的委托,对扣押的杜开宁的有关图纸及伊特克斯公司电脑内的有关图纸中是否包含有米开罗那公司的图纸,以及该图纸是否具有非公知性进行鉴定。经检查,在被扣押的3个硬盘和1个U盘中均包含有脱羟炉、等离子火头及抽充台、手套箱等设备的图纸。鉴定结论为:(1)送鉴的杜开宁的有关图纸中包含有和米开罗那公司相同的设备图纸;(2)送鉴的光盘资料相应文件夹中包含有和米开罗那公司相同或者基本相同的设备图纸;(3)上述光盘图纸和纸件图纸中所包含的米开罗那公司的脱羟炉、等离子火头、手套箱等设备的零部件的设计尺寸、公差配合、表面粗糙度、装配关系、材质以及具体技术要求的确切组合,属于非公知技术信息。根据目前企业的惯常做法,企业一般不会将其设计的设备生产图纸公之于众,社会公众也难以通过公开渠道直接获得他人的生产图纸。而且,设备图纸中记载的零部件的设计尺寸、公差配合、表面粗糙度、装配关系、材质以及具体技术要求等技术信息需要企业经过反复计算和试验才能确定,不同技术人员独立设计的设备图纸所记载的上述技术信息不可能完全相同,即便通过公开销售的相关设备,也不能直观、容易地获得上述设备图纸所记载的整体确切组合的技术信息。

2008年12月25日,知产中心接受公安机关委托,对伊特克斯公司生产销售的有关汽车金卤灯生产设备和米开罗那公司的相关设备图纸进行比对鉴定。经现场勘测,鉴定结论为:伊特克斯公司的真空脱羟炉的外部特征、主要结构及主要尺寸和米开罗那公司的真空脱羟炉设备图纸所记载的对应技术信息相同或实质相同;伊特克斯公司的等离子火头的结构和米开罗那公司图纸记载的等离子火头的结构略有差异,但两者等离子火头的前腔、后腔等零件的主要结构和尺寸相同或者实质相同;伊特克斯公司的集成阀块(多路通道分路器)的主要结构及主要尺寸和米开罗那公司图纸记载的集成阀块(多路通道分路器)的主要结构和主要尺寸相同或者实质相同。

2009年5月,公安机关决定对郭书周实施网上通缉,并于2009年11月19日将郭书周抓获。

2010年4月28日,公安机关委托上海公信中南会计师事务所有限公司(以下简称公信事务所)对米开罗那公司因商业秘密被侵犯而受到的损失进行鉴定。司法鉴定意见认为:权利人因被侵犯商业秘密所造成的损失可以包括:(1)过去的研制开发成本。(2)目前的现实利益损失。(3)将来竞争优势的丧失。对于损失(1)无法量化和提供资料,故不予计算。对于损失(3)由于公安机关对侵权行为及时进行打击,目前没有发现因侵权行为导致商业秘密彻底丧失的具体情形,故不对将来竞争优势的丧失进行预测而作为实际损失的组成部分。故鉴定主要是针对第二部分损失的认定。由于手套箱设备的价格有差异,故采用权利人提供的被侵权前所生产销售的与侵权产品基本相同配置的4套设备的生产销售资料,取这些设备生产销售的平均利润,最终测算得到权利人被侵权产品的净利润平均为51.99%,单套设备净利润平均为165万元;再基于权利人有足以应对市场上所出现的7套侵权产品的同期生产能力这样一个前提,侵权产品的出现导致本应属于权利人的生产销售数量及利益流失,故被害单位损失以查实的被侵权产品在市场上销售的总数乘以每件产品的合理利润所得之积计算,估算7套设备的利润约为1 155万元。

浦东新区人民法院认为,真空脱羟炉、等离子火头等是制造汽车金卤灯的重要生产设备,被害单位米开罗那公司的真空脱羟炉、等离子火头的主要尺寸是非公知的技术信息,能够为米开罗那公司带来经济利益。米开罗那公司通过与员工约定保密义务,建立图纸管理制度等,对技术信息采取了一定的保密措施。故涉案真空脱羟炉、等离子火头的相关技术属于被害单位米开罗那公司的商业秘密。被告单位伊特克斯公司及被告人郭书周对于涉案技术信息的合法来源未能提供相应的证据证明,据此可以确定伊特克斯公司使用了米开罗那公司的技术秘密。伊特克斯公司以低价销售侵权产品,抢占了米开罗那公司的市场份额。故以伊特克斯公司的侵权产品的销售数量乘以米开罗那公司被侵权前的产品利润计算权利人的经济损失并无不当。据此,浦东新区人民法院以被告单位伊特克斯公司侵犯商业秘密罪,判处罚金人民币四百万元;以被告人郭书周侵犯商业秘密罪,判处有期徒刑四年六个月,罚金人民币十万元;以被告人杜开宁侵犯商业秘密罪,判处有期徒刑三年六个月,罚金人民币四万元;违法所得予以追缴。

一审宣判后,伊特克斯公司、郭书周、杜开宁均不服,向上海市第一中级人民法院提起上诉。主要上诉理由为:(1)米开罗那公司产品对外销售后,就能直接观察、接触和使用,相关数据为外界所知悉,相应技术要求是实用手册、专业书籍中的要求,故认定商业秘密的理由不能成立。且伊特克斯公司等离子火头和脱羟炉与米开罗那公司在结构和尺寸上有诸多不同,不能以部分相同就认定两者整体相同。(2)市场上销售氙气灯生产线的厂家有 14 家之多,伊特克斯公司销售数量并不等于米开罗那公司必然销售的数量,以伊特克斯公司销售数量作为米开罗那公司损失依据不足。(3)损失部分应当就单独部件单独计算,不能以整体生产线为依据计算,对被害单位损失的审计结果不认可。(4)原判量刑过重。

二审检察机关出庭意见认为,一审法院认定被害单位损失以距案发前两三年被害单位相关产品的利润作为计算依据,有失妥当,建议二审法院重新选择计算方法,对本案涉案金额和被告人量刑依法裁判。对涉案技术信息构成商业秘密及被告方侵权行为成立的意见同一审法院。

在二审审理过程中,伊特克斯公司提交其公司特种灯生产线价值项目评估报告书、安徽省天长市天丽光源石英仪器有限公司与布劳恩惰性气体系统(上海)有限公司(以下简称布劳恩公司)签订的采购合同等证据材料。经查,评估报告系由伊特克斯公司委托北京中金浩资产评估有限责任公司(以下简称中金浩公司)评估,中金浩公司具有从事资产评估的资质,评估采用成本法,主要目的在于确定等离子火头、真空脱羟炉、高空排气台等部件占伊特克斯公司特种灯整条生产线的价值比例。鉴于价值比例相对固定,受市场影响较小,且伊特克斯公司申报的价值比例与评估后确定的价值比例差别不大,故予以采纳;采购合同加盖有两家公司合同专用章,真实性可以确认,予以采纳。

上海市第一中级人民法院另查明:海宁新晨公司法定代表人徐建章证言证实,其公司生产的氙气灯流水线设备是从多家单位采购的。其中从伊特克斯公司采购了手套箱设备;海宁映宇公司副总经理陆佰明的证言证实,其公司与伊特克斯公司特种灯生产线合同于 2008 年 3 月订立,后因另行采购脱羟炉大炉、冷水机、一端电极定位手套箱等设备,遂于 2008 年 8 月补充订立购销合同;米开罗那公司与海宁新光阳光电技术有限公司于 2008 年 4 月签订的购销合同、米开罗那公司与杭州拜克光电技术有限公司于 2008 年 6 月签订的购销合同显示氙气灯生产线中的手套箱、真空脱羟炉、抽充台及等离子封接等主要设备可以单独计价。

知产中心就《技术鉴定报告书》相关问题作了进一步说明:米开罗那公司设备图纸所记载脱羟炉、等离子火头、手套箱等设备零部件的设计尺寸、公差配合、表面粗糙度、装配关系、材质等技术信息,不可能在国家标准、公开出版物上全部被公开,不能因为个别或者部分基本尺寸、公差、材质等技术信息的公开而否定图纸上其他未公开技术信息的非公知性。现有国家标准、公开出版物上没有公开的那些技术信息,我们并不否认其中有一部分技术信息,如设计尺寸、材质等,可以通过对设备进行直接观测和反向工程分析获悉。但是,图纸上记载的部分未公开的技术信息,如公差配合、表面粗糙度等,通过直接观测,甚至是反向工程都是无法精确获悉的。

上海市第一中级人民法院认为,本案主要存在以下争议焦点:(1)被害单位米开罗那公司的相关技术信息是否构成商业秘密;(2)上诉单位伊特克斯公司有无使用被害单位米开罗那公司的商业秘密;(3)被害单位的损失计算是否合理;(4)一审定罪量刑是否适当。对于争议焦点(1)、(2),上海市第一中级人民法院的观点与一审法院一致,不予赘述。同时,结合查明的事实,对于争议焦点(3)、(4)发表如下评判意见:

关于被害单位的损失计算,上海市第一中级人民法院认为一审法院认定得不够准确,应当予以纠正。具体理由如下:(1)侦查机关提供的公信事务所司法鉴定意见书表明,被害单位损失以被害单位目前的现实利益损失为依据,且该现实利益建立在涉案氙气灯生产线只能由被害单位或者被告单位生产的推论之上,即涉案的7条生产线不是由被害单位生产销售,就必然由被告单位生产销售,排除了其他同类厂家生产销售的可能。但根据布劳恩公司出具的说明,其公司生产的氙气灯生产线是根据客户要求定制的。这表明,如果客户要求定制与涉案7条生产线配置相同的氙气灯生产线,则布劳恩公司也是能够生产的。而海宁新晨公司法定代表人徐建章的证言证实,其公司生产的氙气灯流水线设备是从多家单位采购的。这就意味着,涉案氙气灯生产线存在购买厂家自行组装配置的可能性。鉴于上述证据表明两家公司涉案氙气灯生产线的生产销售并不具有非彼即此的不可替代性,且司法鉴定所依据的生产销售资料为被害单位提供的2005年8月、2005年12月、2006年10月与案外公司签订的销售合同及相关财务凭证,而非目前的现实利益,故辩方提出的伊特克斯公司销售的产品数量并不等于米开罗那公司必然销售数量的意见和检察机关提出的原判有关被害单位损失的计算依据有失妥当的意见具有合理性,应予支持,对公信事务所出具的米开罗那公司损失的司法鉴定意见不予采纳。(2)根据《技术鉴定报告书》,本案中能够予以保护的米开罗那公司的商业秘密为脱羟炉、等离子火头及抽充台、手套箱等设备的相关技术信息,而非整条氙气灯生产线的相关技术信息。商业秘密的价值应当与其秘点相对应。在氙气灯生产线的脱羟炉、等离子火头及抽充台、手套箱等主要设备能够单独销售并各自定价的情况下,原判依据的公信事务所以被害单位整条生产线设备的利润作为损失计算依据的鉴定意见,缺乏事实基础和法律依据,应当予以纠正。(3)现有证据无法反映被害单位的损失,故依据检察机关的建议,参照《最高人民法院关于审理专利纠纷案件适用法律问题的若干规定》第二十条的规定,确定以被告单位非法获利为计算依据。鉴于米开罗那公司与案外公司签订的销售合同及相关财务凭证反映,米开罗那公司涉案氙气灯生产线设备的净利润为51.99%。而通常情况下,随着同类产品市场竞争者的增多,相关产品的利润会有所下降,故被告人郭书周到案后供述的伊特克斯公司氙气灯生产线的产品利润为20%具有合理性,予以采信。据此确认,伊特克斯公司共对外销售7条氙气灯生产线,销售金额共计792.46万元,获利158.492万元,其中因非法获取并使用米开罗那公司等离子火头、真空脱羟炉技术秘密而非法获利58.8万元。

关于一审量刑是否适当的问题。二审法院经审理认定,被害单位损失为58.8万元,且鉴于本案予以保护的商业秘密为技术要求的确切组合,其中含有公知技术成分和非公知技术成分,两者亦无法具体区分,故原判量刑过重,应予纠正。据此,二审法院改判上诉单位及两名上诉人定罪免刑。

二、主要问题

如何理解和把握侵犯商业秘密刑事案件中"重大损失"的计算依据、方法及对象？

三、裁判理由

本案系侵犯商业秘密刑事案件，涉及商业秘密的构成要件、涉案物品的查扣方式、技术鉴定意见的司法审查、商业秘密权利人损失的认定以及事中共犯等诸多法律问题。其中，商业秘密权利人损失的认定问题不仅是控辩双方交锋的焦点，而且一、二审法院对此的计算依据和方法亦不相同。事实上，侵犯商业秘密犯罪案件权利人"重大损失"的认定问题关系到被告人行为的罪与非罪问题，且由于缺乏相应的刑事法律规范，历来是此类案件法律适用的难点。已有学者采用实证研究的手段归纳了目前审判实践中认定"重大损失"的11种方法，并认为"无论采用什么样的重大损失认定模式，都不可能完美地解决实践中的所有问题"。① 现将合议庭裁判时重点考虑的问题作进一步的说明，以供参考。

（一）商业秘密权利人"重大损失"认定依据的解读

根据刑法第二百一十九条的规定，实施商业秘密侵权行为，给权利人造成重大损失的，构成侵犯商业秘密罪。但是，如何计算权利人的重大损失，相关刑事司法解释及规范性指导文件并无规定。实践中，重大损失的计算依据主要是民事侵权的相关法律规范。其理论依据在于：就民事、行政和刑事三类案件的内在联系而言，知识产权刑事犯罪是知识产权民事侵权行为发展的高级形态，构成知识产权刑事犯罪只是因为民事侵权行为性质十分严重，具有一定的社会危害性，符合刑事法律规定的侵害程度，才纳入刑法规范调整的领域。② 由于两者行为性质相同，只是程度不同，故而对于程度判断的依据应当一体适用。对此，实务部门亦持认同态度。如公安部在《关于在办理侵犯商业秘密犯罪案件中如何确定"给商业秘密权利人造成重大损失"计算方法的答复》中明确以下原则："对难以计算侵犯商业秘密给权利人所造成的损失的，司法实践一般可参照《中华人民共和国反不正当竞争法》规定的民事赔偿额的计算方法。"反不正当竞争法第二十条规定："经营者违反本法规定，给被侵害的经营者造成损害的，应当承担损害赔偿责任，被侵害的经营者的损失难以计算的，赔偿额为侵权人在侵权期间因侵权所获得的利润；并应当承担被侵害的经营者因调查该经营者侵害其合法权益的不正当竞争行为所支付的合理费用。"由于该条规定针对的是包括虚假广告、损害商誉、侵犯商业秘密、串通投标等在内的所有不正当竞争行为，原则性较强，最高人民法院在《关于审理不正当竞争民事案件应用法律若干问题的解释》中专门就商业秘密侵权行为的损失认定作了有针对性的规定。该解释第十七条规定："确定反不正当竞争法第十条规定的侵犯商业秘密行为的损害赔偿额，可以参照确定侵犯专利权的损害赔偿额的方法进行；……因侵权行为导致商业秘密已为公众所知悉的，应当根据该项商业秘密的商业价值确定损害赔偿额。商业秘密的商业价值，根据其研究开发成本、实施该项商业秘密的收益、可得利益、可保持竞争优势的时间等因素确定。"而专利法第六十五条规定："侵犯专利权的赔偿数额按照权利人因被侵权所受到的实际损失确定；实际损失难以确定的，可以按照侵权人因侵权所获得的利益确定。权利人的损失或者侵权人获得的利益难以确定的，参照该专利许可使用费的倍数合理确定。赔偿数额还应当包括权利人为制止侵权行为所支付的合理开支。权利人的损失、侵权人获得的利益和专利许可使用费均难以确定的，人民法院可以根据专利权的类型、侵权行为的性质

---

① 刘秀：《侵犯商业秘密罪中"重大损失"的认定》，载《中国刑事法杂志》2010年第2期。

② 参见沈志先主编：《知识产权审判精要》，法律出版社2010年版，第10页。

和情节等因素,确定给予一万元以上一百万元以下的赔偿。”该规定确立了专利侵权赔偿的四种方式,即权利人实际损失、侵权人获利、专利许可使用费的合理倍数以及法院酌定赔偿。关于权利人损失和侵权人获利如何计算的问题,最高人民法院在《关于审理专利纠纷案件适用法律问题的若干规定》中又作了进一步明确。该司法解释第二十条规定:“人民法院依照专利法第五十七条第一款的规定追究侵权人的赔偿责任时,可以根据权利人的请求,按照权利人因被侵权所受到的损失或者侵权人因侵权所获得的利益确定赔偿数额。权利人因被侵权所受到的损失可以根据专利权人的专利产品因侵权所造成销售量减少的总数乘以每件专利产品的合理利润所得之积计算。权利人销售量减少的总数难以确定的,侵权产品在市场上销售的总数乘以每件专利产品的合理利润所得之积可以视为权利人因被侵权所受到的损失。侵权人因侵权所获得的利益可以根据该侵权产品在市场上销售的总数乘以每件侵权产品的合理利润所得之积计算。侵权人因侵权所获得的利益一般按照侵权人的营业利润计算,对于完全以侵权为业的侵权人,可以按照销售利润计算。”根据上述法律规范,可见,在侵犯商业秘密犯罪案件中,重大损失的计算主要存在四种方式,即权利人的实际损失、侵权人的获利、商业秘密许可费的倍数以及商业秘密的商业价值。之所以不能将人民法院酌定赔偿方式作为商业秘密刑事案件重大损失的计算方法,主要是因为刑事诉讼与民事诉讼证据标准不同。刑事诉讼实行确实、充分的证据标准,而民事诉讼实行高度盖然性的证据标准,在商业秘密刑事案件中,“重大损失”是决定被告人行为罪与非罪的重要依据,重大损失的数额必须有确实、充分的证据予以证明,而不允许法官具有自由裁量的空间。

(二)商业秘密权利人“重大损失”计算方法的选择

根据相关法律及司法解释等规范性文件,可以发现在侵犯商业秘密犯罪案件中对“重大损失”的认定大致具有四种计算方法。同时,鉴于文义解释优先的法律适用规则,在计算损失方面,应当优先计算权利人的实际损失。本案中,一审判决依据的公信事务所价格鉴定意见采用的就是权利人实际损失的计算方法,其法律依据在于“权利人因被侵权所受到的损失可以根据专利权人的专利产品因侵权所造成销售量减少的总数乘以每件专利产品的合理利润所得之积计算。权利人销售量减少的总数难以确定的,侵权产品在市场上销售的总数乘以每件专利产品的合理利润所得之积可以视为权利人因被侵权所受到的损失”。一审认定本案没有证据反映权利人销售数量减少的总数,而被告单位对外销售7条氙气灯生产线的事实确实无误,同时,根据权利人提供的销售资料,可以测算得出权利人每条生产线的合理利润为165万元,故依据前述规定计算得出权利人的损失为1 155万元。

而二审法院则对该价格鉴定意见不予采纳,另行采用了侵权人获利的计算方法。主要理由在于:(1)商业秘密与专利技术在保护方式上并不完全相同。专利是以“公开换垄断”,即权利人向社会公示技术方案而取得垄断的实施权。除法定情形外,任何人不经权利人授权均不得使用。因此,侵权人销售产品的数量作为权利人销售的数量并无不妥。而作为商业秘密保护的技术秘密并不占有垄断的地位,权利人拥有技术秘密并不代表着其他竞争者不能拥有同样的技术秘密。以侵权人销售产品的数量作为权利人销售的数量需要以权利人拥有的技术秘密独一无二为前提。在相同产品的市场中,这就意味着具备该技术秘密的产品不是由权利人生产的就是由侵权人生产的,两者存在非彼即此的替代关系。进而言之,侵权人生产侵权产品所获得的利益原本就应当归属于权利人。对此,美国《反不正当竞争法重述》亦有相关规定。该法第45节评论e指出,商业秘密侵权经常引起的损失,是因被告使用商业秘密而使原告失去的利润……如果证据支持这样的结论,即如果不发生侵权,被告的销售额本来应该是原告的,就可以被告的销售额为基础，再参照原告的边际利润，认定原告的损失。① 本案中，并未有证据表明权利人的技术秘密具有唯一性，也未有证据反映该技术领域只有权利人和被告单位两家公司，相反有证据表明存在多家同业竞争者。由于其他的同业竞争者会满足购买者的需求，因此，侵权人销售产品的数量也不必然意味着权利人会少销售同样的数量。(2)根据司法解释的规定，计算权利人的损失还要求以权利人产品的合理利润作为计算依据。但公信事务所价格鉴定意见依据的是权利人在2005年8月、2005年12月和2006年10月的合同利润，而本案案发时间为2008年3月，两者时间节点差距近一年半至两年半之久；且在案证据反映，在2008年4月和6月期间，权利人向两家案外公司销售了同类产品。审计机构未将此期间的合同利润作为计算依据，而以案发前约一年半至两年半的合同利润作为计算依据，有失公正。更何况，根据价格鉴定意见，权利人每套设备的利润达到165万元，而被告单位对外销售一套生产线的销售价格才100万元左右，以权利人产品的利润来计算其损失显然不尽合理。对此，二审检察机关亦予以重点强调，并提请二审法院选择合适的计算方法来认定“重大损失”。由于以权利人的损失来计算“重大损失”存在上述两个法律和事实的障碍，故而二审法院参照相关法律规范的规定，综合本案证据状况以及无商业秘密许可使用、商业秘密未对外泄露的事实，最终确定以侵权人获利作为计算方法。

（三）商业秘密权利人“重大损失”计算对象的确定

在确定以侵权人获利作为计算方法之后，本案还涉及计算对象的确定问题。“很多情况下，原告出于尽量扩大保护范围的需要，或者对法律规定、涉案技术背景不熟悉等原因，往往在起诉时会圈定一个很宽泛的秘密范围，并将一些公知信息纳入商业秘密范围内请求保护。”②本案中，权利人主张作为商业秘密保护的技术信息包括脱羟炉、等离子火头和手套箱三个部件的技术要求，包括设计尺寸、公差配合、表面粗糙度、装配关系、材质以及上述要求的确切组合；但经检察院审查起诉和法院审理，最终作为商业秘密保护的技术信息仅涉及脱羟炉、等离子火头两个部件的相关技术要求。那么，由于被告单位和被告人侵犯了这两个部件的技术秘密，是否可以以整条生产线的利润来计算被告方的侵权获利呢？我们认为，不能一概而论。通常情况下，商业秘密的价值应当与其秘点相对应；然而，在有的产品中，秘点与整体不可分割，则要考虑受到侵害部分或者产品部件在整个产品中所起的作用或者比重及诸如在先公知技术、市场因素等其他非侵权因素来计算权利人的损失。③ 对此，美国《反不正当竞争法重述》第45节评论f亦指出，如果被告利润中，仅一部分有关商业秘密，如在被告可独立上市产品中，仅有一种部件有关原告商业秘密，责令被告将所有销售利润赔付给原告，是不公正的。④ 一审判决依据的公信事务所是按照整条生产线的利润来计算权利人的损失。二审法院重点审查了作为商业秘密保护的上述两件部件是否存在独立价值的问题。本案中，海宁新晨公司法定代表人徐建章的证言、海宁映宇公司副总经理陆佰明的证言以及权利人与两家案外公司于2008年4月、6月签订的购销合同均反映氙气灯生产线中的手套箱、真空脱羟炉、抽充台及等离子封接等主要设备可以单独计价。由于上述两个部件能够单独定价，二审法院最终决定将上述两个部件作为计算对象，以其利润乘以7条生产线的数量来计算侵权人的获利。正是由于最终认定的权利人“重大损失”刚过侵犯商业秘密罪50万元的

① 参见张玉瑞：《商业秘密法学》，中国法制出版社1999年版，第669页。
② 最高人民法院民事审判第三庭编：《知识产权审判指导》，人民法院出版社2011年版，第62页。
③ 参见孔祥俊主编：《商业秘密司法保护实务》，中国法制出版社2012年版，第195页。
④ 参见张玉瑞：《商业秘密法学》，中国法制出版社1999年版，第670页。

入罪标准，且所保护的技术秘密属于公知技术和非公知技术要求的组合，故二审法院作出定罪免刑的刑事判决。

（撰稿：上海市第一中级人民法院　刘军华　唐　震　巩一鸣
审编：最高人民法院刑二庭　王晓东）

[第1317号]白升余销售假冒注册商标的商品案
——防疫期间销售冒牌口罩的行为认定问题

【关键词】　销售假冒注册商标的商品罪　明知　新冠肺炎疫情　想象竞合罪

一、基本案情

被告人白升余，男，汉族，1985年10月28日出生。2020年2月10日被逮捕。

广东省广州市荔湾区人民检察院指控被告人白升余犯销售假冒注册商标的商品罪，向广州市荔湾区人民法院提起公诉。

被告人白升余当庭表示认罪，但称其仅获利4万元左右。辩护人提出被告人主动自愿认罪认罚，请求对被告人判处缓刑。辩护人提出：(1)被告人从公安侦查阶段开始认罪态度良好，主动自愿认罪认罚，恳求法院从轻、减轻处罚；(2)指控的305 625元的犯罪金额有可能存在偏差，被告人将销售“锦绣粤兴”牌口罩货款计算入犯罪金额，对被告人显失公平，因此请求法院查清相关事实并将被告人犯罪金额修正为233 825元；(3)被告人是初犯，悔罪诚恳，主观恶性及社会危害性微小，且羁押期间有救同仓嫌疑犯自残的行为，请求法院轻判；(4)被告人家中有两名小孩急需被告人的照顾。综上，请求合议庭对被告人判处缓刑。

广州市荔湾区人民法院经公开审理查明：2020年1月22日至25日，被告人白升余分别向林某嘉、王某林（另案处理）购买假冒3M注册商标的口罩共50 250个。2020年1月22日至28日，白升余将该批假冒3M注册商标的口罩通过“货拉拉”送到广州市荔湾区花湾路翠竹苑等地，以人民币305 625元的价格出售给张某明（另案处理）。2020年1月29日，公安机关在佛山市南海区大沥镇抓获白升余，在其经营的劳保店缴获假冒3M注册商标口罩118个。

广州市荔湾区人民法院认为，被告人白升余无视国家法律，销售明知是假冒注册商标的商品，销售金额巨大，其行为已构成销售假冒注册商标的商品罪，应依法予以惩处。白升余如实供述自己的罪行，表示认罪，依法可以从轻处罚。辩护人提出被告人白升余认罪悔罪态度好的辩护意见有理，予以采纳。关于辩护人提出本案涉案金额的问题，经查，有书证微信聊天记录、转账记录以及证人王某林、林某嘉、张某明的证言证实了2020年1月22日至28日，被告人白升余向林某嘉、王某林购买50 250个假冒3M注册商标的口罩后以305 625元价格出售给张某明的事实，有证人吴某埠、黄某广的证言证实其在上述期间多次帮被告人白升余将有3M标注的口罩送到本市荔湾区，被告人白升余在侦查阶段亦稳定供述了上述事实，上述证据互相印证，已形成完整的证据链条，足以证实被告人白升余销售给张某明的口罩金额为305 625元。辩护人就该方面的辩护意见，据理不足，不予采纳。根据被告人白升余的犯罪事实、性质、情节等情况综合考虑，不宜对其适用缓刑。辩护人提出请求对被告人判处缓刑的意见，不予采纳。依照《中华人民共和国刑法》第二百一十四条、第五十二条、第五十三条、第六十四条、第六十七条第三款以及《最高人民法院、最高人民检察院〈关于办理侵犯知识产权刑事案件具体应用法律若干问题的解释〉》第二条第二款,《最高人民法院、最高人民检察院〈关于办理侵犯知识产权刑事案件具体应用法律若干问题的解释(二)〉》第四条之规定,判决如下:

被告人白升余犯销售假冒注册商标的商品罪,判处有期徒刑三年,并处罚金人民币四万元。

二、主要问题

(一)销售冒牌口罩的行为同时触犯销售假冒注册商标的商品罪、销售伪劣产品罪等罪名的,应如何定性?

(二)如何认定"明知是假冒注册商标的商品"?

三、裁判理由

新型冠状病毒肺炎(以下简称新冠肺炎)疫情暴发以来,口罩等成为抗疫前线的重要物资,亦是普通老百姓争相购买的防疫用品,市场供应紧张,在"一罩难求"的情况下,一些不法分子不惜铤而走险,销售冒牌口罩获利,对人民群众的生命安全和身体健康造成严重危害。本案中被告人白升余销售的部分口罩还被捐赠到医院,导致医务人员健康存在风险。依法及时审判此类违法犯罪分子,对于规范防疫用品市场,引导群众通过正规渠道购买防疫用品,坚决打赢疫情防控阻击战具有积极意义。本案在审理过程中,有以下两个问题需要研究:

(一)销售冒牌口罩的行为同时触犯销售假冒注册商标的商品罪、销售伪劣产品罪等罪名的,应择一重罪处罚

根据刑法的规定,销售伪劣产品罪,是指销售者在产品中掺杂、掺假,以假充真,以次充好或以不合格产品冒充合格产品,销售金额在5万元以上的行为;销售假冒注册商标的商品罪,是指违反商标管理法规,销售明知是假冒注册商标的商品,销售金额较大的行为。两者在侵犯的法益、犯罪对象、行为方式上均存在差异,如销售伪劣产品罪侵犯的是国家产品质量监督管理制度及消费者的权益,犯罪对象是杂、假、次或者不合格的伪劣产品,而销售假冒注册商标的商品罪侵犯的是国家的商标管理秩序和他人合法的注册商标专用权,犯罪对象是他人已注册商标的商品。

一般情况下,两罪较好区分,销售假冒注册商标的商品不要求产品质量问题,如商品质量合格、性能达标,行为人销售"假而不劣"的商品,甚至是生产质量优于原注册商标的商品的,仍应认定为销售假冒注册商标的商品罪。但司法实践中,销售伪劣产品罪与销售假冒注册商标的商品罪并非泾渭分明,常存在一定程度的重合,行为人为了能够顺利地销售伪劣产品,常常要冒用知名产品的注册商标,以达到其兜售的目的。对于销售"既假又劣"的商品如何定性,存在以下两种观点:一种观点认为,行为人销售假冒注册商标的商品为伪劣产品时,构成想象竞合犯,一个行为触犯了数个罪名,应择一重罪处罚;另一种观点认为,销售伪劣产品罪与销售假冒注册商标的商品罪存在重合和交叉,为法条竞合关系,应按照特别法优于普通法的原则,以销售假冒注册商标的商品罪定罪处罚。

我们同意第一种观点,法条竞合关系是包容评价关系,触犯此罪必然触犯彼罪;而想象竞合关系是行为人的一行为偶然地符合多个罪名,是动态的竞合。从刑法对两罪的规定看,销售伪劣产品罪与销售假冒注册商标的商品罪并不存在必然的重合或交叉关系,伪劣产品并不一定假冒他人注册商标,而假冒注册商标的商品也不一定就是伪劣产品。因此,二者属于想象竞合而非法条竞合的关系。当行为人销售假冒注册商标的商品为伪劣产品时,应当适用想象竞合犯的处理原则,择一重罪处罚。《最高人民法院、最高人民检察院关于办理生产、销售伪劣商品刑事案件具体应用法律若干问题的解释》也明确规定:"实施生产、销售伪劣商品犯罪,同时构成侵犯知识产

权、非法经营等其他犯罪的，依照处罚较重的规定定罪处罚。”

本案中，根据鉴定意见，被告人白升余所销售的带有3M注册商标的工业口罩为侵犯3M注册商标专用权的商品，且外观印刷、产品材质、性能与正品均不符，属不合格产品。因此，被告人白升余的行为既构成销售伪劣产品罪，亦构成销售假冒注册商标的商品罪，应择一重罪处罚。被告人的销售金额为30万余元，如果认定为销售假冒注册商标的商品罪，属于“销售金额数额巨大”，应在三年以上七年以下有期徒刑的幅度内量刑；如果认定为销售伪劣产品罪，则应在二年以上七年以下有期徒刑的幅度内量刑。两相比较，销售假冒注册商标的商品罪的法定最低刑高于销售伪劣产品罪，因此处罚更重，故法院以销售假冒注册商标的商品罪对被告人白升余定罪量刑是妥当的。

（二）综合在案证据，准确判断被告人的“明知”

销售假冒注册商标的商品罪在主观方面表现为故意，即“明知”是假冒注册商标的商品而予以销售。实践中，对“明知”的判断有不同理解，有观点认为“明知”应当是一种确知，即行为人确知自己销售的商品所附商标与他人的注册商标相同而予以销售。

我们认为，上述观点对“明知”的理解过于狭隘，从认识的判断方法来说，“明知”不仅可以根据被告人明确的供述进行认定，也可以根据客观的事实进行推定；而从认识的程度来说，“明知”不仅包括对事实的确知，还应当包括对一种高度可能性的认识。《最高人民法院、最高人民检察院关于办理侵犯知识产权刑事案件具体应用法律若干问题的解释》第九条规定，具备下列情形，应当认定为“明知”：(1)知道商标被涂改、调换或者覆盖的；(2)因销售假冒商品受过行政处罚或者承担过民事责任的；(3)伪造、涂改或者知道是伪造涂改的商标授权文件的；(4)其他知道或者应当知道是假冒注册商标的商品的情形的。司法解释解决了实践中主观认知的判断难题，即在难以证明被告人肯定知道的情形下，通过各种间接证据推定出被告人在当时的情况下“知道”的主观心理状态。

实践中，假冒注册商标的商品的流通通常处于非法状态，如上手卖家无法提供授权委托书、产品合格证等合法来源或有效证件，或交易价格较正品偏低等，虽没直接挑明，但经营者在交易时对非正品“心领神会”。如存在上述情况，可推定行为人存在主观故意，从而认定其行为构成犯罪。需要注意的是，适用推定判断行为人的主观心理态度时，必须综合考虑，全面分析，以行为人实施的活动为基础，综合考虑事前、事中以及事后的各种主客观因素进行整体判断，从行为人的行为过程、行为环节着手，综合所有事实，排除其他可能。同时，应当允许行为人反证。如果有确实充分的证据证明行为人是因为被欺骗或者事后才知道其销售的是假冒注册商标的商品，则不能认定为“明知”。

本案中，被告人白升余在侦查阶段供述，其了解到受新冠肺炎疫情影响，防护口罩紧缺，为牟取暴利，向同乡多次低价购进口罩。被告人白升余案发前经营劳保产品，对个人防护设备有所了解，在明知进货渠道不正当的情况下，未尽善良商品经营者的注意义务，审查自己购进的商品是否为假冒他人注册商标的商品。在购进口罩当天其同乡还在微信中告知卖口罩时要小心、不是熟人不要卖，并嘱咐其把聊天记录删除。虽然上家未明确告知被告人白升余所售口罩为假冒他人注册商标的商品，但综合上述情况，被告人白升余应该知道其所销售的口罩并非正品，可以认定其主观上“明知”是假冒注册商标的商品而予以销售。

值得注意的是，在新冠肺炎疫情严峻的形势下，少数人利欲熏心，借疫情之机实施各种违法犯罪活动，不仅增加防控工作难度，更危及人民群众的身体健康和生命安全。为此，最高人民法院、最高人民检察院、公安部、司法部于2020年2月6日印发的《关于依法惩治妨害新型冠状病毒感染肺炎疫情防控违法犯罪的意见》明确规定，对于疫情防控期间实施有关违法犯罪的，要作为从重情节予以考量，依法体现从严的政策要求。因此，法院未采纳被告人白升余辩护人提出的缓刑请求，依法对其从严判处实刑，是适当的。

（撰稿：广东省广州市荔湾区人民法院　李国文
广东省高级人民法院　廖丽红
审编：最高人民法院刑二庭　韩维中）

八、扰乱市场秩序罪

[第961号]王立强合同诈骗案

——如何准确对一房二卖的行为进行刑民界分

【关键词】 合同诈骗罪　一房二卖　非法占有他人财物的目的　刑法的谦抑性　刑民交叉

一、基本案情

被告人王立强,男,1969年8月15日出生。2010年5月29日因涉嫌犯合同诈骗罪被逮捕。

山东省济南市天桥区人民检察院指控,济南大有升房地产开发有限公司(以下简称大有升公司)成立于1998年,2003年更名为济南普天大有房地产开发有限责任公司(以下简称普天大有公司)。被告人王立强在普天大有公司任职并实际控制该公司期间,在公司资不抵债的情况下,隐瞒真相,于2007年8月至2008年8月间,自己或者指使公司其他工作人员以公司名义与客户签订商品房买卖合同,将已经出售的天旺浅水湾项目4套房屋再次出售,骗取被害人郭某等4客户的购房款共计人民币(以下币种同)155万元,用于支付公司诉讼费、房租、职工工资、偿还债务等。济南市天桥区人民检察院以被告人王立强犯合同诈骗罪,向天桥区人民法院提起公诉。

济南市天桥区人民法院经公开审理认为,公诉机关的指控成立,以被告人王立强犯合同诈骗罪,判处有期徒刑十三年,并处罚金五十万元。

宣判后,被告人王立强不服,提出上诉。济南市中级人民法院经审理认为,原审法院认定王立强犯合同诈骗罪的事实不清,证据不足,遂裁定撤销原判,发回重审。

济南市天桥区人民法院经重新审理,宣判被告人王立强无罪。

宣判后,济南市天桥区人民检察院以被告人王立强一房二卖的行为构成合同诈骗罪,天桥区人民法院认定王立强无罪错误为由提出抗诉。

济南市人民检察院支持抗诉,被告人王立强未提出上诉。

被告人王立强及其辩护人基于以下理由提请法庭维持原判:一是唐某购买其公司开发的3套房屋,因逾期交房不到一年即被法院判令其公司承担与唐某预付房款人民币(以下币种同)2 022 628元等值的巨额违约金,其公司是在500万元银行资金被冻结的情况下,无奈与唐某达成总额仍为200万元的和解协议,并在唐某的进一步胁迫下,同时签订了以其公司开发的另外4套房屋抵顶200万元违约金的协议。所谓的和解协议显失公平,济南市中级人民法院已经将该违约金纠纷案以违约金过高为由发回重审。如果其公司未受到胁迫,显然是不会再与唐某达成上述和解协议的。其公司与唐某之间不是真正的房屋买卖关系,且给唐保留的1套房屋价值已经足够赔偿其合法应得的违约金,因此,其公司对唐某不属于诈骗。同时,其公司是在给唐某保留了1套房屋作为对其违约金赔偿的前提下,将另外3套房屋出售给本案3名购房人,完全合法合理,其公司的真实意愿就是将3套房屋出售给3名购房人,由此也显然不构成诈骗。二是其公司将济南天岳实业有限公司(以下简称天岳公司)党委书记李某购买的房屋另行出售,是在公司已经决定将天岳公司经理温某无偿占有的该公司4套房屋中的1套调整给李某的前提下进行的,对前后购房人均有房源保障,因此均不构成诈骗。三是公司进行股权、资产转让时,已经与相关公司就其公司债务承担达成协议,其没有故意隐瞒公司债务。四是公诉机关指控的是单位行为,但没有起诉单位犯罪,于法无据。

济南市中级人民法院经公开审理查明:

大有升公司于1998年2月成立,2003年5月更名为普天大有公司,被告人王立强自2003年5月至2009年4月负责该公司全面工作,系该公司实际控制人。

2000年4月至2001年1月,唐某先后购买大有升公司开发的一期天旺嘉园小区房屋3套,房价总计262.8万元,唐某预付购房款2 022 628元,约定其中1套于2001年6月30日交房,另2套于2001年10月30日交房,大有升公司承诺逾期交房每月按已付房款的20%或者每日按已付房款的1%给付违约金。后大有升公司未能如期交房,2002年3月、8月,唐某向济南市天桥区人民法院分别提起民事诉讼,请求判令被告大有升公司支付逾期交房违约赔偿金共计2 022 628元。同年7月,大有升公司的500万元资金被济南市天桥区人民法院冻结。2003年5月18日,济南市天桥区人民法院判决大有升公司支付唐某上述3套房屋逾期交房违约金共计2 022 628元。大有升公司不服提出上诉,济南市中级人民法院经审理认为一审判决支付的违约金数额过高,以事实不清、适用法律不当为由,裁定撤销原判,发回重审。在该案民事重审期间,2005年1月9日,普天大有公司与唐某同时签订了普天大有公司赔偿唐某200万元逾期交房违约金协议和唐某用天桥区人民法院过付的200万元作为购房款购买普天大有公司开发的二期天旺浅水湾4套房屋协议。同年1月12日,天桥区人民法院出具了普天大有公司赔偿唐某200万元违约金的民事调解书。唐某将法院划拨的200万元汇至普天大有公司的账户用作上述二期天旺浅水湾4套房屋的购房款。

2000年起,天岳公司将其名下的土地转让给大有升公司开发房地产,大有升公司一直拖欠天岳公司的土地转让款。2005年年初,天岳公司经理温某无偿占有了普天大有公司开发的一、二期房屋各2套。2005年11月,普天大有公司与天岳公司党委书记李某商定,由李某偿还普天大有公司在银行的一笔贷款的余款283 249.56元,普天大有公司将其开发的二期天旺浅水湾房屋1套抵偿给李某,双方为此签订了购房合同,此后,李某按月向银行偿还贷款冲抵购房款。2006年年底,普天大有公司内部商定,将李某购买的上述房屋卖掉,将温某无偿占有的二期房屋中的1套调整给李某,但此事未告知李某、温某。

普天大有公司在经营中,因与承建商发生纠纷,以致未能如约交房,导致业主、承建商、贷款银行等纷纷起诉。自2005年12月起,普天大有公司连年出现巨额亏损。2007年8月至2008年8月,王立强自己或者指使公司其他工作人员以公司名义与客户签订商品房买卖合同,将上述已经出售给唐某、李某的二期天旺浅水湾4套房屋再次出售,并将收取的郭某等4购房户的购房款共计155万元,用于支付公司债务、诉讼费、职工工资、电费等。

2008年9月,王立强代表普天大有公司与福州圣满房地产开发有限公司(以下简称圣满公司)签订协议,普天大有公司将公司股权及土地等资产转让给圣满公司,并约定了圣满公司应当承担的普天大有公司债务总额。2009年4月,普天大有公司原股东将股权转让给圣满公司的谢某、范某二人。同年5月,该公司法定代表人变更为谢某。2010年2月,普天大有公司更名为济南鑫泽房地产开发有限公司,同年4月又更名为大有升公司。

济南市中级人民法院认为,普天大有公司与唐某虽然在形式上签订了天旺浅水湾4套房屋销售合同,但实际上是以4套房屋抵顶数额过高的双方之间另3套房屋买卖的逾期交房违约金,违约金纠纷是双方签订该4套房屋销售合同的事实基础。此后,该公司在为唐某保留了其中1

套房屋的前提下,将其余3套房屋转卖,系事出有因。先期违约金纠纷的存在对于评价行为人转售房屋主观上是否具有非法占有他人财物目的具有影响。该公司将已经出售给李某的1套房屋再出售给他人,是在已经作出将天岳公司经理温某无偿占有的普天大有公司房屋中的1套调整给李某的决定之后进行的。4套房屋当时均在开发建设之中,均有房源保障。普天大有公司将收取的4购房人的购房款用于支付电费、员工工资及诉讼费等公司运营必不缺少的费用,也表明其有继续经营的意愿和行为。综合上述事实,王立强及其辩护人提出的普天大有公司具有将4套房屋交付后手4购房人的真实意思表示的辩解、辩护意见与客观事实相符,不能认定该公司具有非法占有后手购房人购房款的主观目的。就普天大有公司与前手购房人唐某、李某二人的关系而言,不能仅因该公司在没有事先告知二人的情况下将二人所购房屋转卖即认定其具有非法占有二人财物的目的,房屋转售有无事先告知与双方可能引发民事纠纷具有因果关系,而与认定该公司具有非法占有二人财物的目的并不具有必然的因果关系。普天大有公司和圣满公司在实施股权及土地转让时,双方约定的圣满公司为普天大有公司承担的债务是一个总数,没有列明究竟包括哪些债务,如果因本案一房二卖而产生了相关债务,也完全可以视为上述债务总额内的一部分,并与其他债务一并平等获得清偿,将因一房二卖所可能产生的债务视为约定承担债务之外的超出部分没有事实依据。退一步讲,即使认定该部分债务属于超出部分,也不能仅因客观上存在债务超出即认定普天大有公司故意隐瞒了该部分债务,没有证据证明其故意实施了隐瞒行为。在普天大有公司与圣满公司已经约定由圣满公司承担清偿巨额债务的义务,事实上圣满公司也已经清偿了数千万元债务的情况下,如果仅因涉及本案一房二卖的相关债务没有清偿即认定王立强的行为构成诈骗,而已经清偿的债务却不构成诈骗,显然属于客观归罪,不符合主客观相统一的认定犯罪的基本原理。本案涉及的一房二卖的行为属于民事法律规范调整的范围,原审判决王立强无罪适用法律准确,抗诉机关及二审出庭的检察员提出的抗诉理由和出庭意见不能成立,不予采纳。据此,依照《中华人民共和国刑事诉讼法》第二百二十五条第一款第一项之规定,济南市中级人民法院裁定驳回抗诉,维持原判。

二、主要问题

如何准确对一房二卖的行为进行刑民界分?

三、裁判理由

本案争议的焦点是普天大有公司、被告人王立强一房二卖的行为是否构成合同诈骗罪。司法实践中,一房二卖的行为,究竟是属于民法调整范围,认定为民事欺诈,还是应当纳入刑法规制范围,以合同诈骗罪定罪处罚,存在不同认识。我们认为,对一房二卖的行为定性,关键在于行为人主观上是否具有非法占有的目的。而在此类案件中,行为人是否具有非法占有目的,需要综合行为人一房二卖的具体原因、交房的真实意思表示内容、行为人是否具有调剂交房的能力以及清偿相关债务的能力等方面的事实进行认定。特别是在售房款没有被个人挥霍、占有而是用于继续经营的情况下,对一房二卖行为人非法占有目的的认定更要审慎把握。

(一)在对一房二卖行为人是否具有非法占有他人财物的目的进行分析、认定时,要重点考察一房二卖的具体情由

本案中,仅从起诉书指控的事实来看,被告人王立强在普天大有公司出现资不抵债的情况下,将已经签订销售合同的房屋再与他人另行签订销售合同转卖,与一般的一房二卖行为无异,非法占有的目的似不证自明。然而,从人民法院审理查明的事实分析,普天大有公司一房二卖的行为系事出有因,认定该公司在签订有关房屋销售合同时即具有非法占有他人财物的目的,理由不足。

1. 就普天大有公司与唐某有关的房屋一卖、二卖行为，依据审理查明的事实和有关刑法理论，不能认定该公司具有非法占有唐某和二手购房者财物的目的。

(1)普天大有公司不具有刑法上非法占有唐某财物的目的。普天大有公司为唐某保留其中1套房屋而将其余3套房屋转卖，系因为其认为唐某所主张的违约金赔偿数额过高、和解协议显失公平。具体情况是：审理该民事纠纷的法院一审判决普天大有公司支付给唐某与其预付款等值的巨额违约金，后二审法院以违约金过高为由将该案发回重审。在该案重新审理期间，从形式上看，双方达成了与原一审判决支付违约金数额相差仅2万余元的和解协议，并同时达成了唐某以该和解协议的已付款购买普天大有公司的4套房屋的协议。但此协议的签订仍有乘人之危的嫌疑，毕竟普天大有公司仍处于急需资金的境地，否则协议中不会商定以已付款购买4套房屋的内容。不过由此造成的结果是，唐某本来购买3套房屋，但仅因逾期交房不到一年即可以获得7套房屋。可以说，这种显失公平是诱发普天大有公司一房二卖的主要因素之一。对于这种自认为本属于自己财产，而因为不合理因素转变为他人财产，此后使用不正当手段取回的行为，要区别于一般的非法占有行为。对此类行为应进行非法占有目的的认定，不能仅从形式上侵犯了法益而一律入罪，刑法应当保留必要的克制，体现其附属性、谦抑性。这一理论和做法也已得到司法实践和相关司法解释的认同。如最高人民法院2005年印发的《关于审理抢劫、抢夺刑事案件适用法律若干问题的意见》第七条规定："抢劫赌资、犯罪所得的赃款赃物的，以抢劫罪定罪，但行为人仅以其所输赌资或所赢赌债为抢劫对象，一般不以抢劫罪定罪处罚。构成其他犯罪的，依照刑法的相关规定处罚。"根据这一规定，对于赌徒之间相互以赌资、赌债为抢劫对象的，不以抢劫罪定罪，主要考虑到这类行为"事出有因"，行为人认为其所抢的是本属于其本人的财物。而从一般公众角度来看，被抢方也不应获得涉案财物的所有权。本案中，普天大有公司并没有将唐某用该公司支付的200万元违约金购买的4套房屋全部转卖他人，而是为唐某保留了1套，正是表明其主观上具有这样的意识：唐某应该得到的经济赔偿部分我不动，不合理的、对我显失公平的、本就属于我的财产，我至少要短暂地行使使用权（在案证据不能证实普天大有公司具有拒不支付的故意）。这样的一种主观心态显然不能等同于一般侵犯财产犯罪中的非法占有他人财物的目的。

此外，普天大有公司在为唐某保留了1套房屋的前提下，将另外3套房屋转卖，还有公司当时面临经营困境，急需资金的原因。普天大有公司这样做，是为了短时间内获取资金，是形势所趋。在其理念中，公司只要维持正常经营，其完全可以通过其他形式偿付唐某的债务，如再通过民事诉讼等方式，确定合同履行的方式以及违约金损失的赔偿等。可见，本案中普天大有公司非法占有的目的并不明显。

基于上述论述，就普天大有公司将与唐某签订的房屋销售合同项下的该3套房屋转卖他人的行为，我们认为，不具有刑法意义上的非法占有他人财物的目的。

(2)普天大有公司不具有非法占有二手购房者财物的目的。普天大有公司将上述唐某用显失公平的违约金作为购房款购买的其公司4套房屋中的3套转卖他人，其主观上具有将3套房屋交付二手购房者的真实意思表示。一般的一房二卖行为人，在签订二卖合同时，不具有向二手购房人交房的真实意思。而本案普天大有公司一房二卖的行为主要针对的是唐某主张违约金过高的行为，即一手购房人。在其看来，转卖的3套房屋在二卖合同签订时均在开发建设过程中，在公司维持正常运转的情况下，其可以顺利交房，即如一手购房人主张权利，影响其将转卖房交到二手购房人手里，其也可以通过房源调剂解决此问题。因此，可以基本认定普天大有公司对二手购房者具有交房的真实意思，普天大有公司转卖3套房是为了解决资金困难，而不是出于非法占有财物的目的。

2. 就普天大有公司与李某有关房屋的一卖、二卖行为，依据审理查明的事实，不能认定该公司具有非法占有财物的目的。在对该房屋二卖时，该公司已经作出了给一买方即李某调整房源的决定，无论是一手购房者还是二手购房者，在房源上都是有保障的。因此，普天大有公司对于一手、二手购房者都没有非法占有其财物的目的。

3. 普天大有公司在签订合同时虽隐瞒了部分事实，但不能据此认定其具有刑法意义上的非法占有他人财物的目的。虚构事实、隐瞒真相，是民事欺诈和刑事诈骗的共同手段行为，因此并非只要实施了虚构事实、隐瞒真相的行为，就构成刑事诈骗。要认定构成刑事诈骗，关键要看行为人是否具有非法占有目的。本案中，在签订房屋二卖合同时，普天大有公司对一手、二手均隐瞒了与另一方签订合同的事实，但这些隐瞒行为是为了顺利签订合同，很显然其如果没有隐瞒与前手已经签订的房屋买卖合同事实，与二手的房屋买卖合同事实上根本不可能签订。然而，经深入分析，这种为了签订合同的隐瞒事实并不意味着必然具有非法占有他人财物的目的，二者在逻辑上不能等同。

（二）对于一房二卖实际交房前发生了股权、资产转让等公司变更事项的，要重点考察公司变更过程中对公司债务的处置情况

普天大有公司与后手再次签订房屋销售合同后，并没有将购房者支付的购房款挥霍，或是用于高风险经营以及其他不当、非法用途，而是用于公司经营和清偿所负债务，这恰恰表明其有继续正常经营的意愿和行为。后被告人王立强将公司股权、土地等转让他人，并与受让方签订了协议，约定了公司股权、土地转让及公司债务承担等内容，双方虽然未就上述一房二卖购房合同今后如何实际履行作出明确安排，但这属于公司变更过程中的未明确事项，不能据此推定王立强此时产生了非法占有他人财物的故意。具体理由如下：

一是王立强在公司变更时并没有实施转移、隐匿公司资产的行为，至于一房二卖可能产生的债务当时未予以明确的原因，主要在于公司股权、资产转让、受让双方对于债务承担仅作了概括的总额约定。

二是在公司变更之际，王立强作为转让方与受让方就公司债务作了充分的约定，使包括本案一房二卖所可能产生的债务有了清偿保障。一方面，双方约定了受让方应当承担的债务总额。涉案 4 套房屋当时均在开发建设之中，均有房源保障。如果按照该公司将 4 套房屋交付给二卖购房人的意思表示履行合同，也就不存在因不向二卖购房人履行交房义务而产生债务的问题。退一步讲，如果因一房二卖产生了债务，完全可以视为该债务总额的一部分，而与其他债务平等获得清偿，将因一房二卖所可能产生的债务视为约定承担债务之外的超出部分没有事实依据。另一方面，转让、受让双方除约定上述债务承担总额外，还约定了如果实际债务超出该债务总额，超出部分由王立强承担民事责任。双方关于公司债务承担的约定，属于公司变更过程中转让、受让双方的内部约定。依据公司法关于公司发生股权转让等变更的，原公司债务由变更后的公司承继的规定，尽管该约定不能对抗外部债权人，即变更后的公司应当承继以前公司所负债务，但该约定对于内部转、受让双方而言是有效的。由此表明双方对于可能超出的债务作了充分的预计和约定。事实上，圣满公司在受让普天大有公司股权、资产后，已经如约清偿了数千万元债务。如果仅因涉及本案一房二卖的相关债务没有清偿即认定王立强的行为构成诈骗，而已经清偿的债务却不构成诈骗，则有客观归罪之嫌。

三是本案没有证据证明涉案房屋的实际归属状态如何，也没有证据证明后手购房人如果没有获得房屋，有没有获得相应的赔偿，即本案侦查机关未就普天大有公司一房二卖是否已经给他人造成经济损失调取任何证据。这些关键证据的缺失，也是本案难以认定行为人主观上具有非

法占有目的的原因之一。实际上，普天大有公司在操作股权、资产转让过程中如何处置公司债务的事实未得到侦查机关、公诉机关的应有重视，这一点从本案虽然指控的是单位犯罪，却在程序上未起诉普天大有公司这一事实体现出来。忽视公司变更中的债务承担容易导致在定性上割裂公司和个人之间的关系，从而就不可能对一房二卖行为作出准确的审查定性。

（三）在刑民交叉案件中刑法应尽可能保持其谦抑性

在我国法律体系中，刑法是其他部门法的保障法，没有刑法作后盾、作保障，其他部门法往往难以得到彻底贯彻实施。这一定位同时表明，只有当一般部门法不能充分保护某种法益时，才由刑法保护。这就是刑法理论所主张的刑法的附属性、谦抑性。在经济交往中，在不损害公共利益、集体利益或者第三人利益的前提下，应当尽可能遵循当事人意思自治原则，保留由当事人自己处理、解决纠纷的最大空间，刑法应尽可能保持其谦抑性。

就本案而言，普天大有公司签订一房二卖有关合同时确实存在特殊原因，在尚未履行合同约定的交房义务时，发生了股权、资产转让等公司变更事项，公司变更相关主体对公司债务如何承担也已作了相关的约定，故认定被告人王立强具有非法占有他人财物的目的的事实难以成立，不符合合同诈骗罪的构成特征。一、二审法院认定无罪是正确的。

（撰稿：山东省济南市中级人民法院　李洪川
审编：最高人民法院刑二庭　王晓东）

[第1020号]王新明合同诈骗案

——在数额犯中，行为既遂部分与未遂部分并存且分别构成犯罪的，如何准确量刑

【关键词】　合同诈骗罪　数额犯　既遂　未遂　量刑

一、基本案情

被告人王新明，男，1961年9月6日出生，无业。1988年10月因犯盗窃罪，被判处有期徒刑二年。2013年5月3日因涉嫌犯合同诈骗罪被逮捕。

北京市石景山区人民检察院以被告人王新明犯合同诈骗罪，向石景山区人民法院提起公诉，同时石景山区人民检察院提出，王新明部分犯罪行为因意志之外的原因未得逞，系犯罪未遂，可以比照既遂犯从轻或者减轻处罚。

北京市石景山区人民法院经公开审理查明：2012年7月29日，被告人王新明通过使用伪造的户口簿、身份证，冒充房主王叶芳（被告人之父）身份的方式，在石景山区链家房地产经纪有限公司古城公园店，以出售石景山区古城路28号楼44号房屋为由，与被害人徐菁签订房屋买卖合同，约定购房款为人民币（以下币种同）100万元，并当场收取徐菁定金1万元。同年8月12日，王新明又收取徐菁支付的购房首付款29万元，并约定余款过户后给付。后双方在办理房产过户手续时，王新明虚假身份被石景山区住建委工作人员发现，余款未取得。2013年4月23日，王新明被公安机关查获。次日，王新明亲属将赃款退还徐菁，徐菁对王新明表示谅解。

石景山区人民法院认为，被告人王新明以非法占有为目的，冒用他人名义签订合同，骗取对方当事人钱款，数额巨大，其行为构成合同诈骗罪，依法应予惩处。鉴于王新明到案后如实供述

犯罪事实，且在亲属的帮助下退赔了全部赃款，取得了被害人的谅解，依法可以对其从轻处罚。公诉机关指控王新明犯合同诈骗罪的事实清楚，证据确实、充分，指控的罪名成立，但认为王新明合同诈骗数额特别巨大且系犯罪未遂的法律适用有误，予以更正。据此，依照刑法第二百二十四条第一项、第六十七条第三款、第五十二条、第五十三条、第六十一条之规定，石景山区人民法院以被告人王新明犯合同诈骗罪，判处有期徒刑六年，并处罚金人民币六千元。

一审宣判后，北京市石景山区人民检察院提出抗诉。抗诉意见为：王新明的犯罪数额应当为100万元，属于数额特别巨大。（即应当以犯罪总数额100万元确定全案适用的法定刑幅度，在十年有期徒刑、无期徒刑法定刑幅度内量刑——编者注）而原判未评价70万元未遂的事实，仅依据既遂的30万元认定王新明犯罪数额巨大，系适用法律错误。北京市人民检察院第一分院支持上述抗诉意见。

上诉人王新明以原判量刑过重为由提出上诉。北京市第一中级人民法院审理过程中，王新明申请撤回上诉。

北京市第一中级人民法院经公开审理认为，上诉人王新明以非法占有为目的，冒用他人名义签订合同，其行为构成合同诈骗罪，依法应予惩处。一审法院认定的事实清楚，证据确实、充分，定罪准确，审判程序合法，但未评价未遂70万元的犯罪事实不当，予以纠正。根据刑法及相关司法解释关于诈骗犯罪处罚原则的有关规定，考虑王新明合同诈骗既遂30万元，未遂70万元（但可以对该部分减轻处罚），且到案后如实供述犯罪事实，退赔全部赃款取得被害人谅解等因素，原判对其量刑在法定刑幅度之内，且抗诉机关亦未对量刑提出异议，故应予维持。石景山区人民检察院的抗诉意见以及北京市人民检察院第一分院的支持抗诉意见，酌情予以采纳。王新明撤回上诉的申请符合法律规定，依法准许。据此，北京市第一中级人民法院裁定准许上诉人王新明撤回上诉，维持原判。

二、主要问题

在数额犯中，行为既遂部分与未遂部分并存且分别构成犯罪的，如何准确量刑？

三、裁判理由

本案审理过程中，控辩双方对于犯罪事实没有分歧，争议的焦点在于，对于行为既遂部分与未遂部分并存且分别构成犯罪的，如何准确量刑。这一焦点问题又涉及两个具体问题：第一个问题是，法定刑幅度应当根据犯罪总数额确定，还是根据既遂数额抑或是未遂数额确定？具体到本案中，是根据诈骗总数额100万元确定法定刑幅度，还是根据既遂数额30万元抑或是未遂数额70万元确定法定刑幅度。第二个问题是，在根据既遂部分与未遂部分择一重处原则选择法定刑幅度时，对于未遂部分法定刑幅度的确定，是否先行对未遂部分进行从轻或者减轻的评价（从轻情形一般不涉及量刑分歧，故本文仅论述减轻情形）。具体到本案中，就是在确定诈骗未遂部分对应的法定刑幅度时，是先进行减轻选择有期徒刑三年以上十年以下的法定刑幅度，还是先选择有期徒刑十年以上的法定刑幅度再考虑未遂情节。

（一）刑法分则未对未遂犯单独设置相应的法定刑幅度，在既未遂并存且均单独构成犯罪的情况下，首先应当根据刑法第二十三条第二款的规定就未遂部分比照既遂犯确定对应的法定刑幅度；刑法第二十三条第二款具有量刑情节及确定未遂部分法定刑幅度的双重功能，是对以既遂形态设置的法定刑幅度的补充

我国刑法分则关于法定刑幅度的设置，是以犯罪既遂形态为前提的。对于未遂犯，根据刑法

总则的规定，应当予以处罚。① 但刑法分则并未单独就未遂犯另行设置法定刑幅度，以与既遂犯的法定刑幅度区别开来。为此，刑法第二十三条第二款规定："对于未遂犯，可以比照既遂犯从轻或者减轻处罚。"以往，在全案只有未遂或者既未遂并存但既遂部分不够入罪标准，或者既未遂并存且均单独构成犯罪的情况下，比较普遍的做法是先按照犯罪(总)数额确定法定刑幅度，然后认定全案未遂，将未遂作为量刑情节，比照既遂犯确定从宽的幅度，决定从轻或者减轻处罚。在这一过程中，刑法第二十三条第二款的规定，基本上是作为量刑情节对待，是在法定刑幅度、量刑起点以及基准刑确定之后对未遂情节的评价。但最高人民法院、最高人民检察院于2011年3月联合出台的《关于办理诈骗刑事案件具体应用法律若干问题的解释》(以下简称《诈骗案件解释》)第六条规定："诈骗既有既遂，又有未遂，分别达到不同量刑幅度的，依照处罚较重的规定处罚；达到同一量刑幅度的，以诈骗罪既遂处罚。"根据该规定，对于诈骗既遂、未遂并存且均单独构罪的，在确定全案适用的法定刑幅度之前，应当就既遂部分与未遂部分分别对应的法定刑幅度进行比较，也就是说，首先需要确定既遂部分与未遂部分分别对应的法定刑幅度。鉴于刑法分则中的法定刑幅度是针对既遂犯设置的，未遂部分并无直接对应的法定刑幅度，这就给如何确定未遂部分的法定刑幅度带来了问题。(下文拟对《诈骗案件解释》第六条规定的合理性以及理解与适用问题进行阐释。)我们认为，要准确理解与贯彻执行《诈骗案件解释》的上述规定，在既未遂并存且均单独构罪的情况下，确定未遂部分对应的法定刑幅度，应当依照刑法第二十三条第二款的规定，与未遂部分对应的既遂形态(既遂犯)进行比较，决定是否对单独构罪的未遂部分减轻处罚，进而确定未遂部分对应的法定刑幅度，与既遂部分对应的法定刑幅度进行比较。在这一过程中，刑法第二十三条第二款，发挥的并非量刑情节功能，即并非在确定法定刑幅度、量刑起点、基准刑后对全案适用，而是在量刑起点确定之前针对未遂部分法定刑幅度确定过程中适用。也就是说，对于刑法第二十三条第二款，不能仅仅理解为对全案适用的未遂量刑情节，在既未遂并存且单独构罪的情况下，还有必要理解为确定未遂部分对应的法定刑幅度的原则，进而作为我国刑法分则以犯罪既遂形态设置法定刑幅度这一原则的补充。唯其如此，才能将刑法第二十三条第二款的规定在具体案件中全面贯彻到位。据此，刑法第二十三条第二款具有双重功能：在全案认定未遂的情况下，该规定的具体适用体现为未遂情节对基准刑的调节功能；在全案认定既遂但未遂部分单独构罪的情况下，该规定的具体适用体现为在确定未遂部分法定刑幅度过程中对对应既遂犯法定刑幅度的调节功能。②

(二)既未遂并存且分别构成犯罪的应当贯彻择一重处的原则，不能以犯罪总数额或者一概以既遂数额确定法定刑幅度

在《诈骗案件解释》出台之前，对于数额犯，实践中一直以既未遂的总数额作为犯罪数额，进

---

① 目前，只有个别司法解释提高了未遂犯的入罪门槛。如《最高人民法院、最高人民检察院关于办理诈骗刑事案件具体应用法律若干问题的解释》第五条规定："诈骗未遂，以数额巨大的财物为诈骗目标的，或者具有其他严重情节的，应当定罪处罚"。2013年4月2日最高人民法院、最高人民检察院公布的《关于办理盗窃刑事案件适用法律若干问题的解释》第十二条作了类似的规定。

② 这一问题产生的根源，在于我国刑法理论中的罪数问题，对于既未遂并存的，无论在认识上、评价上还是科刑上，均是作为一罪处理。如果在科刑上作为数罪处理，对于刑法第二十三条第二款的规定，仅仅理解为未遂量刑情节即可，无须赋予其对未遂犯对应既遂犯法定刑幅度的调节功能，与以往惯例并无二致。

而确定全案的法定刑幅度，将未遂部分作为未遂情节对全案适用。① 根据犯罪形态的一般理论，在既未遂并存且既遂部分构成犯罪的情况下，由于部分行为已经既遂且构成犯罪，整个犯罪就已经既遂，就不存在未遂的问题。为了解决实践中存在的部分行为已经既遂且既遂部分已经达到定罪数额标准，仅因存在未遂部分又认定整个犯罪属于未遂的理论困境，同时避免因对全案运用部分行为未遂的未遂情节减轻处罚导致量刑畸轻的问题，《诈骗案件解释》第六条确定了不以既未遂累计的犯罪总数额确定法定刑幅度，而以既遂部分和未遂部分分别对应的法定刑幅度择一重处的处理原则。②

上述择一重处的处理原则，在最高人民法院、最高人民检察院出台的有关办理知识产权刑事案件，非法生产、销售烟草专卖品刑事案件，盗窃刑事案件等司法解释中均有规定。据此，尽管司法解释没有明确办理合同诈骗案件是否贯彻这一原则，但按照在没有特殊规定的情况下，对于同类问题应当同样处理的惯例，处理其他既未遂并存的案件时，在既遂数额、未遂数额均达到定罪标准的情况下，也应当贯彻这一处理原则。即比较既遂数额、未遂数额所对应的法定刑幅度，在较重法定刑幅度内量刑。

对于数额犯的法定刑幅度的选择，根据《诈骗案件解释》出台之前的一贯思路，以既未遂累计的总数额即全案的犯罪数额确定法定刑幅度，因此确定法定刑幅度的数额与全案犯罪（总）数额是一致的。但在《诈骗案件解释》出台之后，确定法定刑幅度的数额与犯罪（总）数额必须区别开来。在只有既遂或者只有未遂的情况下，确定法定刑幅度的数额与犯罪数额是一致的，但是在既未遂并存的情况下，确定法定刑幅度的数额不再是既未遂累计的犯罪（总）数额，而是既遂部分的犯罪数额或者未遂部分的犯罪数额。具体而言，有以下几类情形：

1. 全案只有既遂或者只有未遂的。这种情况下，不存在既未遂并存，所以确定法定刑幅度的数额与全案犯罪（总）数额是一致的。

2. 既未遂并存但只有一者符合定罪条件的。这种情况下，不单独构罪的既遂部分或者未遂部分并不存在确定法定刑幅度的问题。确定法定刑幅度的数额为单独构罪的既遂数额或者未遂数额，与既未遂累计的全案犯罪（总）数额不一致。

3. 既未遂并存二者均单独符合定罪条件的。这种情况下，既遂部分与未遂部分均对应相应的法定刑幅度。根据《诈骗案件解释》的规定，全案的法定刑幅度根据二者对应的法定刑幅度中

---

① 在有关办理生产、销售伪劣商品刑事案件等个别司法解释中，明确规定既遂数额不够定罪条件的情况下，将未遂的入罪数额标准提高到既遂的入罪数额标准的3倍以上。但该司法解释只是提高了全案未遂的入罪数额标准，对于既未遂并存且已构成犯罪的情况下，实践中同样以既未遂的总数额作为犯罪数额，进而确定全案的法定刑幅度，将未遂部分作为未遂情节对全案适用。2001年4月9日《最高人民法院、最高人民检察院关于办理生产、销售伪劣商品刑事案件具体应用法律若干问题的解释》第二条第二款规定，“伪劣商品尚未销售，货值金额达到刑法第一百四十条规定的销售金额三倍以上的，以生产、销售伪劣产品罪（未遂）定罪处罚”，2010年3月2日《最高人民法院、最高人民检察院关于办理非法生产、销售烟草专卖品等刑事案件具体应用法律若干问题的解释》也有类似规定。上述司法解释将未遂的入罪数额标准提高到既遂的入罪数额标准的3倍。

② 有观点认为，《诈骗案件解释》就既未遂并存且单独构罪情况下法定刑幅度确定思路的转变，是以重行为对轻行为的吸收关系为基础（不能理解为既遂行为对未遂行为的吸收）的。笔者认为，姑且不论刑法理论中吸收犯成立侵害的法益是否必须为同一法益（既遂未遂并存的情况下，侵害数个法益的情况很常见），但是上述解释第六条中的“达到同一量刑幅度的，以诈骗罪既遂处罚”的规定，显然不能认为达到同一量刑幅度的未遂行为一定比既遂行为轻，前述有关吸收犯的理论无法在该解释中一以贯之。笔者认为，该解释对既未遂并存且单独构罪情况下法定刑幅度确定思路的转变，出发点仅仅是为了解决实践中利用部分未遂对全案大幅度减轻的量刑畸轻问题，对量刑过程中的自由裁量权进行规范，在不违背刑法第二十三条第二款规定的前提下，对以往不当量刑方法的纠正。

较重的确定;在二者对应的法定刑幅度一致的情况下,"以既遂处罚",即根据既遂部分对应的法定刑幅度确定全案的法定刑幅度。此时,决定全案适用的法定刑幅度的数额并非全案犯罪(总)数额,分别是既遂部分数额或者未遂部分数额。

4. 既遂未遂并存,均未单独构罪但总数额符合定罪条件的。对于这种情况能否作为犯罪处理,目前只有最高人民法院、最高人民检察院于 2010 年 3 月公布的《关于办理非法生产、销售烟草专卖品等刑事案件具体应用法律若干问题的解释》予以了明确。该解释第二条规定:"伪劣卷烟、雪茄烟等烟草专卖品尚未销售,货值金额达到刑法第一百四十条规定的销售金额定罪起点数额标准的三倍以上的,或者销售金额未达到五万元,但与未销售货值金额合计达到十五万元以上的,以生产、销售伪劣产品罪(未遂)定罪处罚。"对于这种情况,根据既未遂累计的犯罪(总)数额确定全案适用的法定刑幅度,并认定全案具有未遂情节,犯罪(总)数额与确定法定刑幅度的数额是一致的。这里需要注意的是,该种处理方式仅仅适用于解决既未遂均不够定罪条件但总数额已够定罪条件的入罪问题,只涉及第一刑档。如果未遂部分已经达到第二量刑档次,则依据上文的第二种处理原则处理。①

为了表述方便,决定全案法定刑幅度的数额,也就是选择刑罚档次的数额,这里称为"刑档数额",以便与"犯罪数额"相区别。《诈骗案件解释》出台后,在既未遂并存的情况下,刑档数额与犯罪(总)数额并不完全一致,也不能等同于既遂数额或者未遂数额。在具体案件中,应当根据上述不同情形分别确定刑档数额。

本案中,被告人王新明的合同诈骗犯罪行为既遂部分为 30 万元,根据北京市高级人民法院关于合同诈骗罪的定罪量刑数额标准,②对应法定刑幅度为有期徒刑三年以上十年以下;未遂部分为 70 万元,在未考虑未遂情节的情况下,对应的法定刑幅度为十年以上有期徒刑、无期徒刑,比既遂部分对应的法定刑幅度重。一审法院仅以诈骗既遂的 30 万元作为刑档数额,将对应的法定刑幅度确定为全案适用的法定刑幅度,而未与诈骗未遂的 70 万元所对应的法定刑幅度相比较,来确定全案应当适用的法定刑幅度,有失妥当。鉴于本案既遂部分与未遂部分均单独构成犯罪,应根据上述所列第三种处理情形,检察机关提出的应当以王新明的犯罪总数额 100 万元确定法定刑幅度的抗诉意见亦属不当。

(三)对于未遂部分,先进行是否减轻处罚的评价,确定未遂部分对应的法定刑幅度,再与既遂部分比较确定全案适用的法定刑幅度,将未做评价的既遂数额或者未遂数额在量刑时予以考虑

在既未遂并存且未遂部分对应的法定刑幅度重于既遂部分对应的法定刑幅度的情况下,比较难处理的是如何确定未遂部分对应的法定刑幅度。尽管《诈骗案件解释》第六条规定了既未遂并存时,以分别对应的法定刑幅度择一重的处理原则,但并没有明确如何确定未遂部分对应的法定刑幅度,以及能否对未遂部分减轻处罚、如何减轻处罚等具体问题。对此,实践中存在不同看法。

一种意见认为,直接根据未遂部分的犯罪数额确定对应的法定刑幅度,与既遂部分比较后,按照择一重处原则确定全案适用的法定刑幅度。如果未遂部分对应的法定刑幅度重于既遂部

① 对于该解释第二条的规定能否参照适用于其他数额犯如盗窃、诈骗等犯罪案件中,有关司法解释没有明确,认识上并不统一,实践中各地做法也不尽一致。

② 在《诈骗案件解释》实施以后,北京市高级人民法院就合同诈骗罪的定罪量刑数额标准统一认识,在相应的司法解释出台之前,除入罪数额标准外,对于合同诈骗罪法定刑升格的数额标准,参照《诈骗案件解释》的有关规定执行。

分,将既遂部分与未遂部分的未遂情节在量刑过程中综合评价;如果既遂部分对应的法定刑幅度重于未遂部分或者两者一样,则将未遂部分及未遂情节在量刑过程中综合评价。另一种意见认为,未遂部分的未遂情节应当仅适用于未遂部分,不能适用于整个犯罪。应当根据未遂情节决定对未遂部分是否减轻处罚后,即先确定未遂部分对应的法定刑幅度,再与既遂部分进行比较。

前一种意见简单易行,便于操作。该意见仍然是将未遂部分的未遂情节作为包括既遂部分在内的整个犯罪的未遂情节对待,进而对整个犯罪从轻或者减轻处罚。但该意见至少存在以下两个方面的问题:

1. 在未遂的问题上自相矛盾。根据该意见,对于既遂部分对应的法定刑幅度重于未遂部分对应的法定刑幅度或者两者一致的,按照《诈骗案件解释》的规定将既遂数额作为刑档数额确定应当适用的法定刑幅度。但是对于未遂部分犯罪数额对应的法定刑幅度重于既遂部分的,则以未遂部分犯罪数额作为刑档数额确定全案适用的法定刑幅度。在全案适用的法定刑幅度确定以后,根据量刑规范化的要求,应当以未遂部分犯罪事实为依据确定量刑起点。在量刑起点确定后,再体现未遂部分的减轻处罚评价,必然导致将未遂部分的未遂情节作为全案的量刑情节来对待,无论是否考虑既遂部分对量刑的影响,均是对全案进行的减轻处罚,而不是单独对未遂部分的减轻处罚,客观上同样陷入了在认定犯罪已经既遂的前提下又认定全案存在未遂情节的理论困境。

2. 如果允许减轻处罚,导致裁量幅度过大,在既遂部分与未遂部分分别对应的法定刑幅度差别较小的情况下,容易出现量刑畸轻的现象。该意见的解决思路在未遂部分与既遂部分分别对应的法定刑幅度差别较大的情况下,出现的问题较少。以诈骗罪为例,行为人诈骗既遂部分5000元(北京法院掌握的诈骗罪入罪数额标准为5000元),未遂部分50万元,在没有其他法定减轻情节的情况下,无论是认定全案未遂减轻一档量刑,还是先就未遂部分减轻一档后再考虑既遂部分进行量刑,实践中差别并不大。但是在既遂部分与未遂部分分别对应的法定刑幅度差别较小的情况下,就容易出现量刑畸轻的现象。同样以诈骗罪为例,如行为人诈骗既遂部分49万元,未遂部分500万元,在没有其他法定减轻情节的情况下,因未遂部分对应法定刑幅度重于既遂部分,按照上述意见对全案进行减轻处罚,并不属于对《诈骗案件解释》第六条的适用错误。但考虑到既遂部分非常接近第三刑档(即十年以上有期徒刑、无期徒刑)的量刑数额标准,且未遂部分数额远远超过第三刑档的量刑数额标准,上述情形与既遂部分50万元的社会危害性相比较,无疑前者的社会危害性更大,如对前者能够减轻处罚,而后者却不能减轻处罚,量刑显然不均衡。

我们认为,后一种意见更为妥当。主要理由是:

1. 未遂部分对应的法定刑幅度重于既遂部分对应的法定刑幅度的,应当允许减轻处罚,否则在既遂部分与未遂部分分别对应的法定刑幅度差别较大的情况下,将导致量刑畸重。同样以诈骗罪为例,如果行为人诈骗50.5万元,其中5 000元既遂,50万元未遂,则需要在诈骗5 000元既遂和诈骗50万元未遂分别对应的法定刑幅度之间择一重处。如果对诈骗50万元未遂部分,确定法定刑幅度之前不进行未遂情节减轻处罚与否的评价,则确定的法定刑幅度为第三量刑档次(十年以上有期徒刑或者无期徒刑),与诈骗5 000元既遂部分所对应的第一量刑档次(三年有期徒刑以下刑罚)比较后,对被告人量刑的法定刑幅度则为第三量刑档次,即十年以上有期徒刑或者无期徒刑。由于整个犯罪已经既遂,对全案不能适用未遂情节,那么在对既遂部分及未遂部分的未遂情节综合评价后,在没有其他法定减轻情节并排除特别减轻的前提下,从轻幅度再大最低也要判处十年有期徒刑。而如果行为人诈骗500万元或者更多,且未遂,即使无其他法定减轻情节,也可以根据未遂情节减轻判处十年有期徒刑以下刑罚。然而,就二者的社会危害性比较,实践中很难作出诈骗500万元(或者犯罪数额更大)未遂的社会社会性比诈骗50万元未遂、5 000元既遂的社会危害性更轻的判断,从而导致后者的量刑畸重。① 所以在既未遂并存且单独构罪的情况下,不应认定全案未遂进而对全案进行减轻处罚,但是应当允许在确定与既遂部分比较的未遂部分对应的法定刑幅度时,先行在未遂部分范围内考虑是否需要减轻处罚。

2. 在与既遂部分对应法定刑幅度比较时先行就未遂部分考虑是否减轻处罚,有利于发挥既遂部分对未遂部分从宽幅度过大的限制功能,避免量刑畸轻的现象。在既未遂并存且未遂部分直接对应的法定刑幅度重于既遂部分对应的法定刑幅度的情况下,如上文分析,如果直接以未遂数额作为刑档数额确定全案适用的法定刑幅度后,再对全案进行是否减轻处罚的评价,可能导致部分案件的量刑畸轻。但将未遂部分的未遂情节先行作出是否减轻处罚的评价,则可以避免量刑畸轻的现象。同样以诈骗罪为例。如行为人诈骗既遂部分40万元,未遂部分100万元,且没有其他法定减轻情节。在确定未遂部分100万元应当对应(而非直接对应)的法定刑幅度过程中,如不予减轻选择法定刑幅度,自然避免了量刑畸轻情况的发生。但如综合全案其他案件事实,确需进行减轻处罚,按照第二种意见,减轻评价针对的是未遂部分的法定刑幅度,经减轻后对应的法定刑幅度为刑法第二百六十六条的第二量刑档次(即有期徒刑三年以上十年以下),与诈骗既遂部分40万元对应的法定刑幅度一致,根据《诈骗案件解释》第六条的规定,以诈骗罪既遂处罚,也就是以既遂部分犯罪数额作为刑档数额确定法定刑幅度,将未遂部分作为从重因素在量刑中予以考虑,最终判处的刑罚只能重于诈骗既遂40万元对应的刑罚。在此过程中,既遂部分体现出了对未遂部分在量刑上从宽幅度过大的限制功能,从而有利于避免量刑畸轻。

3. 避免了在未遂问题上的自相矛盾。对未遂部分在确定与既遂部分进行比较的法定刑幅度过程中进行是否减轻处罚的评价,而不是在与既遂部分对应的法定刑幅度进行轻重比较后进行是否减轻处罚的评价,将对未遂部分是否减轻处罚的评价限定于未遂部分,而非扩展到包括既遂部分在内的全案犯罪事实,从而避免了既认定全案既遂又将未遂部分的未遂情节作为全案未遂情节的情况。

最高人民法院负责起草《诈骗案件解释》的同志在其撰写的相关理解与适用文章中,针对《诈骗案件解释》第六条进行了进一步阐释:"对于此类案件(即诈骗既未遂并存且均单独构成犯罪的案件——编者注),首先要分别根据行为人的既遂数额和未遂数额判定其各自所对应的法定刑幅度,未遂部分还需同时考虑可以从轻或者减轻处罚;之后根据比较结果,如果既遂部分所对应的量刑幅度较重,或者既未遂所对应的量刑幅度相同的,以既遂部分所对应的量刑幅度为基础酌情从重处罚;反之,如未遂部分对应的量刑幅度较重的,则以该量刑幅度为基础,酌情从重处罚。"②可见,上述后一种意见与《诈骗案件解释》第六条的精神以及上述负责起草该解释的同志的理解是相符的。

---

① 根据《诈骗案件解释》第五条的规定,"诈骗未遂,以数额巨大的财物为诈骗目标的,或者具有其他严重情节的,应当定罪处罚"。2013年4月2日《最高人民法院、最高人民检察院关于办理盗窃刑事案件适用法律若干问题的解释》第十二条作了类似的规定。但是,上述规定并没有明确上述情形对应的法定刑幅度是第一量刑档次还是第二量刑档次。实践中,倾向于认定为对应的法定刑幅度为第一量刑档次,即将诈骗数额巨大未遂作为诈骗罪的入罪条件而非法定刑升格的条件。但带来的问题是,对于诈骗只有未遂或者既遂部分不够入罪条件的,是否可以理解为降档处理?对此并不明确。如果可以理解为降档处理,那么对于诈骗未遂无论数额多高,最重的刑罚也只能是十年有期徒刑。姑且不论该结论是否妥当,如作此理解,那么对于行为人诈骗50.5万元,其中5 000元既遂,50万元未遂,不能减轻处罚,量刑的不平衡问题将更加突出。

② 参见胡云腾、周加海等:《〈关于办理诈骗刑事案件具体应用法律若干问题的解释〉的理解与适用》,载《人民司法·应用》2011年第9期。

(四)未遂部分的未遂情节在量刑中的具体体现

在量刑规范化工作开展之前,按照"估堆"量刑的方法,似无就未遂部分的未遂情节在量刑中如何体现另行进行探讨的必要。但根据《最高人民法院关于常见犯罪的量刑指导意见》中关于量刑步骤的相关规定,量刑过程分为三个不同阶段:"(1)根据基本犯罪构成事实在相应的法定刑幅度内确定量刑起点;(2)根据其他影响犯罪构成的犯罪数额、犯罪次数、犯罪后果等犯罪事实,在量刑起点的基础上增加刑罚量确定基准刑;(3)根据量刑情节调节基准刑,并综合考虑全案情况,依法确定宣告刑。"据此,如果按照前述第一种意见,全案认定为未遂,则将未遂情节在量刑的第三阶段即根据量刑情节调节基准刑的过程中进行评价。这里需要探讨的是在既未遂并存且均构成犯罪的情况下如何体现未遂部分的未遂情节。根据《诈骗案件解释》第六条的规定以及前述后一种意见,在既未遂并存且均构成犯罪的情况下,不能全案认定为未遂,未遂部分的未遂情节不再作为全案量刑情节在量刑的第三阶段即根据量刑情节调节基准刑的过程中进行评价,而是在前两个阶段进行评价,并且由于决定全案适用的法定刑幅度的刑档数额可能是既遂数额也可能是未遂数额,未遂部分的未遂情节的适用在不同案件中就会出现不同的适用情况,从而需要进行具体探讨。

1. 根据既遂数额确定法定刑幅度。在确定量刑起点阶段,首先要根据基本犯罪构成事实确定全案适用的法定刑幅度。对于既未遂并存且均构成犯罪的,由于决定全案适用的法定刑幅度的刑档数额可能是既遂数额也可能是未遂数额,所以确定量刑起点的基本犯罪构成事实既可能是既遂部分犯罪事实,也可能是未遂部分犯罪事实。对于以既遂部分犯罪事实作为基本犯罪构成事实确定量刑起点的,未遂部分犯罪事实作为"其他影响犯罪构成的犯罪数额、犯罪次数、犯罪后果等犯罪事实",在根据既遂部分犯罪事实确定的量刑起点的基础上增加刑罚量进而确定基准刑,也就是说,在此过程中,未遂部分犯罪事实连同该部分的未遂情节是作为增加刑罚量的因素即量刑中的从重因素得以体现的,这与将未遂情节作为全案适用的量刑情节进行从宽处罚是截然不同的。

2. 根据未遂数额确定法定刑幅度。对于以未遂部分犯罪事实作为基本犯罪构成事实确定量刑起点的,未遂部分的未遂情节是在量刑的第一阶段即确定量刑起点阶段进行评价的,由于这里不涉及既遂部分犯罪事实,对未遂部分未遂情节的评价仅仅局限于未遂部分犯罪事实范围内,在该阶段对未遂部分未遂情节的评价类似于全案未遂中对未遂情节的评价。因此,无论是否根据未遂部分的未遂情节对确定全案适用的法定刑幅度进行减轻处理,未遂部分的未遂情节在该阶段体现的都是对未遂部分犯罪事实的从宽处罚。这与以既遂部分犯罪事实作为基本犯罪构成事实确定量刑起点后对未遂部分未遂情节的评价是不同的。

在根据未遂数额确定全案适用的法定刑幅度过程中,根据《诈骗案件解释》第六条的规定以及前述后一种意见,在与既遂部分对应的法定刑幅度进行轻重比较前,需要就未遂部分的未遂情节对未遂数额直接对应的法定刑是否减轻进行评价。这里需要区分两种情形:第一种情形是不予减轻选择法定刑幅度。在这种情形中,未遂部分的未遂情节并未在法定刑幅度确定过程中得到实际体现,仅仅作为基本犯罪构成事实的一部分在确定量刑起点过程中予以评价。第二种情形是予以减轻选择法定刑幅度。在这种情形中,未遂部分的未遂情节在法定刑幅度确定过程中得到了实际体现,但由于这种体现限于法定刑的减轻选择,未遂情节究竟从宽到何种程度并未完全体现,因此,要就未遂情节进行完全评价,在选择减轻法定刑之外,还需要在之后确定量刑起点的过程中,将其作为基本犯罪构成事实的一部分进行评价。在这一过程中,对未遂部分的未遂情节进行了两次评价,但并不属于重复评价,只有将两次评价结合起来,才能对未遂部分的未遂情节评价充分。

本案中,被告人王新明合同诈骗未遂部分70万元,对应法定刑幅度为十年有期徒刑以上刑罚,结合本案的具体情况,应当对该未遂部分减轻处罚,所以确定的未遂部分法定刑幅度应当为三年以上十年以下有期徒刑,与合同诈骗既遂部分30万元所对应的法定刑幅度一致。依照《诈骗案件解释》第五条的规定,以合同诈骗罪既遂30万元的犯罪事实作为基本犯罪构成事实,确定全案适用的法定刑幅度,并确定量刑起点。将未遂部分70万元作为"其他影响犯罪构成的犯罪数额、犯罪次数、犯罪后果等犯罪事实",确定适当的刑罚增加量,进而在量刑起点的基础上确定基准刑,未遂部分的未遂情节作为未遂部分犯罪事实的一部分,作为量刑过程中的从重因素得以体现。一审判决根据诈骗既遂的30万元确定法定刑幅度后,并未将未遂部分的70万元在量刑过程中进行评价,因此有失妥当。二审对未遂部分评价后,认为尽管一审法院未评价未遂部分确属不当,但量刑总体上适当,故裁定维持原判,准许上诉人撤回上诉。

(撰稿:北京市高级人民法院　罗鹏飞
审编:最高人民法院刑二庭　逄锦温)

[第1021号]钟小云非法经营案

——未经许可经营现货黄金延期交收业务的行为如何定性

【关键词】 非法经营罪　现货黄金延期交收业务　变相黄金期货交易　严重扰乱市场秩序

一、基本案情

被告人钟小云,男,1976年7月2日出生,江西沣琳顿投资顾问公司法定代表人。2012年4月20日因涉嫌犯非法经营罪被逮捕,2013年1月29日被取保候审,同年11月26日被逮捕。

江西省新余市望城工矿区人民检察院以被告人钟小云犯盗窃罪,向新余市渝水区人民法院提起公诉。

江西省新余市渝水区人民法院经公开审理查明:

2009年10月16日,被告人钟小云注册成立江西沣琳顿投资顾问有限公司(以下简称沣琳顿公司),法定代表人为钟小云,经营范围为:信息咨询、投资顾问(期货、证券除外)、企业策划、工艺品销售。沣琳顿公司成立后以塔尔研究欧洲资本公司华泰金恒(北京)投资顾问有限公司(以下简称华泰金恒公司)江西总代理的名义从事无实物交割的黄金延期交收业务,下设沣琳顿公司吉安分公司、分宜泰利顾问有限公司为沣琳顿公司代理商。其经营模式是采用保证金制度,"T+O"交易模式,无实物交易,黄金为虚拟。客户以1:100的杠杆比率,按照国际实时走势买涨买跌交易。一手为100盎司,根据1:100的杠杆原理放大,即买一手为100盎司,每个客户最少交1000美元的保证金(美元与人民币的换算比例固定为1:6.8)。客户只需交人民币(以下未特别注明的均为人民币)10 000元即可开户,交易最低可买0.1手,即10盎司。其工作流程是:首先,由客户与钟小云签订贵金属投资协议,并缴纳交易保证金。然后,钟小云将保证金汇入华泰金恒公司,该公司收款后提供给客户交易账号和密码。客户在沣琳顿公司或者华泰金恒公司网站上下载塔尔金汇交易软件后,通过该软件进行集中交易。客户根据黄金价格走势进行"买涨"(即先买进后卖出)"买跌"(即先卖出后买进)操作。客户可以自己操盘或者聘请沣琳顿公司员工操盘,当保证金不足时,客户必须及时追加保证金,否则就会被强制平仓。钟小云通过收取交易手续费、过夜费及华泰金恒公司返还的佣金等方式谋利。自2009年10月至2011年4月,钟小云先后招徕喻小花、陈洁、刘婉等数十名客户入金,经营黄金业务。钟小云通过经营该黄金业务,共计收取客户保证金119.58万元。

另查明,华泰金恒公司于2003年9月24日注册成立,经营范围为投资、信息咨询(不含中介服务)、企业策划等。2010年4月28日公司注销。

新余市渝水区人民法院认为,被告人钟小云设立沣琳顿公司,未经主管部门许可,违反国家规定,扰乱市场秩序,非法经营黄金业务,非法经营额为119.58万元,情节特别严重,其行为构成非法经营罪。案发后,钟小云积极进行退赔,有一定的悔罪表现,依法可以酌情从轻处罚。经查,起诉书指控钟小云收取被害人李建华63万元,但李建华的报案材料及协议书均证实,其只交纳了保证金20万元,故依法认定李建华向钟小云交纳保证金20万元。公诉机关指控钟小云所犯罪行成立,指控罪名正确。但指控钟小云非法经营数额为159.58万元有误,应予纠正。关于钟小云及其辩护人所提钟小云的行为不构成非法经营罪的辩解、辩护意见,经查,钟小云设立沣琳顿公司,未经主管部门许可,违反国家规定,非法经营黄金业务,属于其他严重扰乱市场秩序的非法经营行为,故上述意见不能成立,不予采纳。据此,依照《中华人民共和国刑法》第二百二十五条第三项、第六十四条之规定,新余市渝水区人民法院以被告人钟小云犯非法经营罪,判处有期徒刑五年六个月,并处罚金人民币二十万元。

一审宣判后,被告人钟小云没有提起上诉,公诉机关亦未抗诉,该判决已发生法律效力。

二、主要问题

未经许可经营现货黄金延期交收业务的行为如何定性?

三、裁判理由

本案审理过程中,关于被告人钟小云未经许可经营现货黄金延期交收业务的行为如何定性,主要形成以下两种意见:

一种意见认为,被告人钟小云的行为构成非法经营罪。理由是:(1)不论钟小云经营的是黄金期货业务还是现货黄金延期交收业务,均未经有关国家主管部门审批,其擅自从事相关业务,违反了国家规定;(2)钟小云的经营行为不受监管机构监管,也未与真正的国际伦敦金市场联通,具有较强的欺骗性,投资者的投资风险极大,故钟小云的行为具有明显的社会危害性,属于严重扰乱市场秩序的情形,应当予以惩处。钟小云的行为符合非法经营罪的构成要件,应当以非法经营罪定罪处罚。

另一种意见认为,被告人钟小云的行为构成诈骗罪或者合同诈骗罪。理由是:(1)钟小云所代理的黄金交易平台并未真正与伦敦金市场联通,而是以投资伦敦金市场为幌子私设的交易平台。钟小云对此知情却故意隐瞒并虚构了可以投资伦敦金的事实。(2)钟小云的诈骗手法不同于典型的诈骗,不是简单地直接非法占有被害人所投资的全部资金,而是以收取手续费、过夜费的方式慢慢占有被害人的部分或全部资金。同时,由于是私设的交易平台,投资者的投资亏损也只是反映在投资者账户里,但该部分亏损实际也被平台设立者非法占有了。虽然手法比较高明,但不能掩饰其非法占有的主观目的。(3)钟小云的行为所侵害的客体应当是被害人的财产权利而不是市场经营秩序。故钟小云的行为构成诈骗罪或者合同诈骗罪。

我们认为,被告人钟小云的行为不构成诈骗罪或者合同诈骗罪,而构成非法经营罪。

（一）未经许可经营现货黄金延期交收业务的行为不构成诈骗罪或者合同诈骗罪

具体结合本案而言，虽然客户认为其是投资伦敦金业务，但实际上其投资款通过各种途径交到华泰金恒公司后，并未被实际兑换为美元用于投资伦敦金，因为客户通过沣琳顿公司及钟小云等人转入华泰金恒公司的人民币投资款，往往只需不到一天的时间就可以美元形式反映在其投资账户内，而这在我国现行的外汇管理制度下是不可能的。因此，沣琳顿公司的投资伦敦金业务，具有欺骗性。

然而，现有证据不足以证明被告人钟小云具有非法占有的目的。客户根据国际实时黄金价格走势进行买涨买跌操作，可以自己操盘或者聘请沣琳顿公司员工操盘，投资期间有赚有赔，可以自由选择继续投资还是退出投资。如果客户要求退出投资，公司会将客户账户内剩余的金额全部返还给客户。且钟小云是通过收取交易手续费、过夜费及华泰金恒公司返还的佣金等方式谋利，并未直接非法占有客户的投资款。因此，钟小云的行为不构成诈骗罪或者合同诈骗罪。

（二）未经许可经营现货黄金延期交收业务的行为属于刑法规制的非法经营行为

1. 被告人钟小云从事的是现货黄金延期交收业务

现货黄金延期交收业务在我国尚属新生事物，国家主管部门对其交易制度及特点尚无明确规定。从国外有关现货黄金延期交收业务的实践情况看，现货黄金延期交收业务与黄金期货交易具有若干相同的特征，如交纳保证金、当日无负债结算等。但两者也有如下区别：（1）交割时间不同。现货黄金延期交收业务为现货交易，没有交割时间限制，而黄金期货交易为期货交易，有交割时间限制。（2）交易时间不同。现货黄金延期交收业务可以24小时连续交易，而黄金期货交易有固定的交易时间，我国黄金期货交易在上午9:00至11:30，以及下午1:30至3:00进行。（3）杠杆比率不同。现货黄金延期交收业务的杠杆比率为1:100，而黄金期货交易的杠杆比率约为1:10。本案中，钟小云公司的黄金交易业务没有交割时间限制，客户可以随时出金，也可以24小时连续交易，以1:100的杠杆比率，按国际实时走势买涨买跌交易。可见，从形式上看，钟小云从事的是现货黄金延期交收业务。

2. 被告人钟小云从事的现货黄金延期交收业务属于实质上的变相黄金期货交易，应当认定为刑法规制的非法经营行为

2012年修改前的《期货交易管理条例》第八十九条第一款规定："任何机构或者市场，未经国务院期货监督管理机构批准，采用集中交易方式进行标准化合约交易，同时采用以下交易机制或者具备以下交易机制特征之一的，为变相期货交易：（一）为参与集中交易的所有买方和卖方提供履约担保的；（二）实行当日无负债结算制度和保证金制度，同时保证金收取比例低于合约（或者合同）标的额20%的。"2012年修改后的《期货交易管理条例》删去了修改前《期货交易管理条例》第八十九条关于变相期货交易的规定。然而，这一修改并不意味着对变相期货交易不再进行监管和规制。相反，任何违反国家规定，非法经营变相黄金期货交易的行为，都应当受到刑法规制。除了修改前的《期货交易管理条例》第八十九条，中国人民银行、公安部、国家工商总局、银监会、证监会2011年11月20日联合下发的《关于加强黄金交易所或从事黄金交易平台管理的通知》第一条明确规定："上海黄金交易所和上海期货交易所是经国务院批准或同意的开展黄金交易的交易所，两家交易所已能满足国内投资者的黄金现货或期货投资需求。任何地方、机构或个人均不得设立黄金交易所（交易中心），也不得在其他交易场所（交易中心）内设立黄金交易平台。"可见，我国对于机构或个人在2011年11月20日前后，在合法交易场所外设立黄金交易平台从事黄金及其衍生品交易已有明确限制。现货黄金延期交收业务除具有一般的实物黄金交易属性外，还具有资本投资的属性，必须经过主管部门审批才可从事经营。中国人民银行南昌中心支

行《关于新余市沣琳顿投资顾问有限公司黄金业务行政认定的复函》认定,"新余市沣琳顿投资顾问有限公司不是上海黄金交易所或上海期货交易所会员,也没有代理开展上海黄金交易所或上海期货交易所黄金业务的资格,其设立黄金交易平台开办的黄金业务未经有权机关批准。"1999年刑法修正案在刑法第二百二十五条第二项之后增加一项,将未经国家主管部门批准非法经营证券、期货、保险业务的行为,纳入非法经营罪的调整范围。钟小云经营变相黄金期货交易,未经主管部门审批许可,违反了国家规定,属于刑法规制的非法经营行为。

3. 被告人钟小云非法经营变相黄金期货业务,严重扰乱市场秩序,且数额特别巨大、情节特别严重,依法应予追究刑事责任

通过前文关于现货黄金延期交收业务与合法黄金期货交易的比较,本案现货黄金延期交收业务没有交割时间限制,可以24小时连续交易,杠杆比率高达1:100,其扰乱市场秩序的程度更加严重,更具社会危害性。钟小云非法经营变相黄金期货交易业务,数额达到116.58万元,属于数额特别巨大,依法应当认定为情节特别严重。新余市渝水区人民法院对钟小云的行为以非法经营罪论处,定罪准确。

(撰稿:江西省高级人民法院　林勇康
审编:最高人民法院刑二庭　刘为波)

[第1042号]翁士喜非法经营案

——未经许可在城区违法搭建商铺并以招商为名收取租金的行为如何定性

【关键词】　非法经营罪　扰乱市场秩序　违法搭建商铺对外招商　情节严重

一、基本案情

被告人翁士喜,男,1975年1月24日出生,北京四喜投资管理有限公司法定代表人。2011年3月8日因涉嫌犯合同诈骗罪被逮捕。

北京市人民检察院第二分院以被告人翁士喜犯合同诈骗罪,向北京市第二中级人民法院提起公诉。

被告人翁士喜及其辩护人提出如下辩解、辩护意见:(1)翁士喜不负责办理购物广场手续,基于相信方孔岳能够办理相关手续而参与购物广场的建设和招租,无诈骗的主观故意,且未实施诈骗行为,其行为属于民事纠纷,不应认定构成犯罪;(2)翁士喜积极主动退款弥补商户损失,如果认定翁士喜构成犯罪,建议法庭对翁士喜从轻处罚。

北京市第二中级人民法院经公开审理查明:2010年1月至10月间,被告人翁士喜伙同方孔岳(另案处理),违反《中华人民共和国建筑法》《中华人民共和国土地管理法》等相关规定,以北京岳腾基业投资顾问有限公司(以下简称岳腾基业公司)、北京岳腾基业投资顾问有限公司(以下简称岳腾基业第一分公司)的名义,在北京市通州区新华大街甲256号院内违法搭建商铺,在未经审批,亦未向工程所在地县级以上人民政府建设行政主管部门申请领取施工许可证的情况下,对外招租,承诺定期开业,与王玉俐等350余名商户签订租赁合同并收取租金、履约保证金等,非法经营额共计人民币(以下币种同)1 300余万元,严重扰乱市场秩序。在受到政府相关部门查处

后，翁士喜等人陆续退还商户钱款。经统计，至案发尚有10名商户共计558 740元未退还。2011年2月17日，翁士喜被抓获归案。

北京市第二中级人民法院认为，被告人翁士喜伙同他人违反国家规定，在无规划审批手续，未向工程所在地县级以上人民政府建设行政主管部门申请领取施工许可证的情况下搭建违章建筑并对外招商，扰乱市场秩序，情节严重，其行为构成非法经营罪。北京市人民检察院第二分院指控翁士喜构成犯罪的事实清楚，证据确实、充分，但指控犯合同诈骗罪的罪名有误，应予纠正。鉴于翁士喜在非法经营行为受到政府相关部门查处后积极退赔商户损失，可以对其酌情从轻处罚。翁士喜的辩护人所提翁士喜不构成合同诈骗罪，且具有积极退赔情节，建议法庭对翁士喜从轻处罚的意见予以采纳。据此，依照《中华人民共和国刑法》第二百二十五条第四项，第二十五条第一款，第二十六条第一款、第四款，第五十二条，第六十一条以及《最高人民法院关于适用财产刑若干问题的规定》第二条第一款之规定，北京市第二中级人民法院以被告人翁士喜犯非法经营罪，判处有期徒刑三年，并处罚金人民币三十万元。

二、主要问题

未经许可在城区违法搭建商铺并以招商为名收取租金的行为如何定性？

三、裁判理由

在我国城镇化进程中，由违章建筑引发的刑事案件较为多发，在城区违法搭建商铺对外招商，承诺定期开业并收取租金，是其中一种比较典型的表现形式。对该类行为准确定性，对规范市场主体行为，维护市场经济秩序，具有重要意义。在本案审理过程中，对被告人翁士喜行为如何定性，存在两种意见：一种意见认为，翁士喜搭建的商铺系违章建筑，决定了招商行为必然受到政府查处，翁士喜未如实告知商户这些商铺无规划审批手续，还作出了定期开业的虚假承诺，骗取商户签订租赁合同，诱使商户自愿交付租金，给商户造成资金风险，其行为构成合同诈骗罪。另一种意见认为，翁士喜伙同方孔岳，违反国家规定，违章搭建商铺并对外招租，扰乱市场秩序，情节严重，其行为构成非法经营罪。

我们赞同后一种意见。理由如下：

（一）被告人没有诈骗的主观故意，不构成合同诈骗罪

犯罪构成是区分罪与非罪，此罪与彼罪的唯一标准。本案中，被告人翁士喜对商户隐瞒商铺无合法审批手续，行为具有一定的欺骗性，商户与被告人签订合同，并基于自愿将钱款交付于被告人，被告人的行为表面上疑似诈骗行为。但是，从刑法对合同诈骗罪的罪状规定分析，被告人要构成合同诈骗罪，必须“以非法占有为目的，在签订、履行合同过程中，骗取对方当事人财物”。即使行为人在签订、履行合同过程中实施了隐瞒事实真相的行为，但主观上并不以非法占有为目的，也不构成合同诈骗罪。本案中，翁士喜的行为表现为投入大量资金搭建违章建筑，组建经营班子，利用城管的监管漏洞完成商铺建设并对外招商，从经营当中的收支结余中获利。在与商户签订合同并收取租金后，翁士喜、方孔岳并无隐匿、转移财产或者逃匿行为，而是将收取的租金投入到经营当中；在受到政府相关部门查处后，翁士喜、方孔岳主动将剩余资金退还商户，并积极筹措资金退赔了商户的直接、间接损失（如装修投入），承担违约责任。综合上述案情分析，被告人虽然对商户隐瞒了商铺无合法审批手续的事实，承诺定期开业，即实施了部分欺骗行为，但其主观目的是“经营”，而不具有非法占有商户所交纳租金的目的，不符合合同诈骗罪的主观构成特征。

（二）被告人未经许可擅自开工建售收取租金的行为构成非法经营罪

1. 被告人未经许可的行为违反了国家规定。从刑法第九十六条的规定可知，违反国家规定

是指“违反全国人民代表大会及其常务委员会制定的法律和决定,国务院制定的行政法规、规定的行政措施、发布的决定和命令”。具体到非法经营罪而言,刑法第二百二十五条规定的“违反国家规定”,是指违反上述法律规定中关于从事经营性活动的许可性规定。根据建筑法第七条、第八条的规定,建筑工程开工前,建设单位应当按照国家有关规定向工程所在地县级以上人民政府建设行政主管部门申请领取施工许可证,且申请领取施工许可证应当具备一些前置条件,如已经办理该建筑工程用地批准手续,在城市规划区的建筑工程已经取得规划许可证等。建筑法无疑属于“国家规定”,因此本案被告人翁士喜未经合法审批,未申领施工许可证,违法搭建商铺的行为显然属于“违反国家规定”。

2. 被告人翁士喜的非法经营行为严重扰乱了市场秩序。区分翁士喜的非法经营行为属民事欺诈还是犯罪,还应对该行为的社会危害后果进行评价。首先,被告人翁士喜未经许可擅自开工建售收取租金的行为严重扰乱市场秩序。房地产开发、经营活动对社会影响重大,一直受到国家的严格管控,未经许可私自进行房地产开发、经营活动,不仅破坏了国家对房地产的管理秩序,也使其他从事此类业务的合法经营者直接面对低成本的违规经营活动的竞争,严重扰乱了房地产市场的正常经营秩序。其次,翁士喜还有其他违反国家规定的行为,如翁士喜伙同他人为违法招商成立的岳腾基业第一分公司不具备经营市场商铺的资格,招商过程中亦未就经营范围变更登记,违反了国务院颁布的公司登记管理条例。根据消防法第十五条的规定,公众聚集场所在投入使用、营业前,应当向场所所在地的县级以上地方人民政府公安机关消防机构申请消防安全检查,未经消防安全检查或者经检查不符合消防安全要求的,不得投入使用、营业。翁士喜伙同他人非法搭建的购物广场属于公众聚集场所,在投入使用前未依法申请消防检查,违反了该条规定。上述违反国家规定的行为,虽然不属于刑法第二百二十五条罪状中“违反国家规定”的行为,但该类行为越多,违反程度越重,就越体现出其扰乱市场秩序的严重程度。综合翁士喜在规划、工商、消防等手续均不具备的情况下,为实现“经营”目的,伙同他人先后两次非法招商,其行为属于严重扰乱市场秩序的非法经营行为。

3. 翁士喜违规开发、经营房地产的行为属于刑法第二百二十五条规定的“情节严重”。根据相关司法解释的规定,目前对非法经营行为是否属于“情节严重”主要依非法经营的数额或数量判断,如非法经营去话业务数额在100万元以上,非法经营报纸5 000份或者期刊5 000本以上,均属于“情节严重”等。本案中,被告人翁士喜在第一次非法经营受到政府查处后,并未停止其非法经营行为,相反,为实现其营利目的,再次伙同他人通过公开宣传与350余名商户签订租赁合同,收取商户缴纳的各项钱款,涉案数额达1 300余万元。在政府相关部门对翁士喜的非法经营行为进行查处期间,大量商户要求政府准许开业,发生多次大规模群体聚集、堵塞交通等事件,造成了恶劣的社会影响。虽然司法解释尚未规定非法经营市场商铺行为“情节严重”的数额或数量标准,但无论从本案的非法经营数额、涉案人数,还是所造成的社会危害性分析,翁士喜的非法经营行为的后果都已经远远超出了目前司法解释对其他类型非法经营行为规定的入罪条件,故对翁士喜的非法经营行为应认定为刑法第二百二十五条规定的“情节严重”。

综上,北京市第二中级人民法院认定被告人翁士喜的行为构成非法经营罪是正确的。

(撰稿:北京市第二中级人民法院　周　耀
审编:最高人民法院刑五庭　马　岩)

[第1043号]王丹、沈玮婷非法经营、虚报注册资本案

——不具备证券从业资格的公司与具备资格的公司合作开展证券咨询业务,是否构成非法经营罪

【关键词】 非法经营罪 虚报注册资本罪 证券从业资格 空白罪状 情节严重

一、基本案情

被告人王丹,男,1970年10月25日出生,系深圳市金海岸文化传播有限公司(以下简称金海岸公司)、深圳市金牛王信息科技有限公司(以下简称金牛王公司)、湖南智盈投资顾问有限公司(以下简称智盈公司)、湖南金诚资产管理有限公司(以下简称金诚公司)实际所有人。因涉嫌犯诈骗罪于2009年9月10日被逮捕。

被告人沈玮婷,女,1975年11月8日出生,系金海岸公司的法定代表人。因涉嫌犯诈骗罪于2009年9月10日被逮捕。

湖南省娄底市人民检察院以被告人王丹、沈玮婷犯非法经营罪、抽逃出资罪向娄底市中级人民法院提起公诉。

湖南省娄底市中级人民法院经公开审理查明:

2005年11月,被告人王丹、沈玮婷在广东省深圳市成立了金海岸公司,主要从事电视广告节目制作及电视台广告时段买卖业务。王丹在经营管理金海岸公司过程中,发现销售炒股软件并为股民提供有偿股票投资咨询可牟取暴利,便产生了开展相关业务的念头。2007年10月,王丹以金海岸公司名义开发了一套“金牛王智能决策选股软件”(以下简称金牛王选股软件),并办理了著作权登记,权属归公司。2008年4月15日,王丹、沈玮婷出资50万元在深圳注册成立了金牛王公司,王丹担任法定代表人、总经理。金牛王公司成立后,在未获得中国证监会批准,不具备经营证券业务资质的情况下,王丹、沈玮婷等人以销售金牛王炒股软件为名,非法从事证券咨询业务,非法经营额共计4 526 546.20元。

因金牛王公司管理混乱,盈利不多,被告人王丹决定逐步停止该公司营业并到湖南省另立公司继续开展相关业务。2008年10月,王丹找人垫资200万元,注册成立了智盈公司;2009年3月,王丹又找人垫资200万元以陈某某(沈玮婷同母异父之兄)、沈慧某(沈玮婷之兄)的名义注册成立了金诚公司。2008年8月至2009年6月,王丹聘请若干人员为证券分析师进行股票分析,并以销售金牛王选股软件为名,在未获得中国证监会批准,不具备经营证券业务资质的情况下,开展非法证券咨询活动,其中智盈公司非法经营额计12 898 691.55元;金诚公司非法经营额计15 594 887.47元。为顺利通过电视台的资格审查,并掩盖自己不具备证券投资咨询资格的真相,王丹等人与有证券投资咨询资格的湖南金证投资咨询顾问有限公司、北京禧达丰公司签订了所谓的“战略合作协议”,以每年支付数十万元的高额投资顾问费为条件,将公司选聘的多名股评分析师的从业资格证书挂靠到这些公司,并借用这些公司的证券咨询资格证明用于自己股评节目的资格审查。

(虚报注册资本的犯罪事实略)

娄底市中级人民法院认为,被告人王丹、沈玮婷在增加深圳金海岸公司的注册资本时,采取欺诈手段虚报注册资本700万元,数额巨大且情节严重,其行为均构成虚报注册资本罪。被告人

王丹、沈玮婷等人违反《中华人民共和国证券法》等有关法律规定，未经国家有关主管部门批准，非法经营证券业务，严重扰乱市场秩序，情节特别严重，其行为均已构成非法经营罪。据此，依照《中华人民共和国刑法》第二百二十五条第三项、第一百五十八条第一款等规定，判决如下：

1. 被告人王丹犯非法经营罪，判处有期徒刑十二年，并处罚金人民币一百二十万元；犯虚报注册资本罪，判处有期徒刑一年，并处罚金十万元，数罪并罚，决定执行有期徒刑十二年六个月，并处罚金人民币一百三十万元。

2. 被告人沈玮婷犯非法经营罪，判处有期徒刑六年，并处罚金人民币六十万元；犯虚报注册资本罪，判处有期徒刑一年，并处罚金人民币十万元，数罪并罚，决定执行有期徒刑六年六个月，并处罚金人民币七十万元。

一审宣判后，被告人王丹、沈玮婷等人提出上诉。王丹提出：成立深圳金牛王公司、湖南智盈公司、湖南金诚公司是为了销售金牛王智能决策选股软件，在销售软件过程中与有证券咨询资格的湖南金证投资咨询顾问有限公司（以下简称金证公司）等有合作协议，股评师也系合法挂靠，故不构成非法经营罪。王丹的辩护人提出：深圳金牛王公司所从事的确系软件销售业务，没有在电视等媒体做广告。王丹先后与湖南金证公司、北京禧达丰公司签订了咨询和资讯战略合作协议，将公司主要从事证券咨询的业务人员的证券咨询手续挂靠在金证公司与禧达丰公司，并支付了费用，故不构成非法经营罪。一审以非法经营罪对王丹判处有期徒刑十二年，显属因定性不当、适用法律错误，且量刑畸重。

被告人沈玮婷上诉及其辩护人提出：金海岸公司的经营范围是广告、电视节目制作等，接受智盈公司的委托制作节目符合国家政策，通过了相关卫视台审查的股评节目，属于业务范围；没有证据证实其参与了湖南智盈公司、湖南金诚公司的经营管理，故不构成非法经营罪。

湖南省高级人民法院经审理认为，被告人王丹虽然将张军等人的执业资格证挂靠在具备证券投资咨询资格的公司，但是由于张军等人并未在具备证券咨询资格的机构工作，依照相关规定仍然不得从事证券投资咨询业务，一审认定王丹属非法经营，法律适用准确，量刑并无不当。沈玮婷明知金牛王公司、智盈公司、金诚公司没有证券经营资格，却将王丹安排制作的股评节目通过卫星发送至电视台的相关栏目进行播放，帮助王丹实施了非法经营活动，构成共同犯罪，但原审对沈玮婷量刑过重。据此，判决维持一审对王丹的定罪量刑；对沈玮婷以非法经营罪改判有期徒刑四年六个月，并处罚金人民币六十万元，以虚报注册资本罪判处有期徒刑一年，并处罚金人民币十万元，数罪并罚，决定执行有期徒刑五年，并处罚金人民币七十万元。

二、主要问题

不具备证券从业资格的公司与具备资格的公司合作开展证券咨询业务，是否构成非法经营罪？

三、裁判理由

根据我国刑法第二百二十五条第三款的规定，未经国家主管部门批准非法经营证券、期货、保险业务，或者非法从事资金支付结算业务，扰乱市场秩序，情节严重的，构成非法经营罪。本案中，被告人王丹和沈玮婷利用不具备证券从业资格的公司与具备证券从业资格的公司合作开展证券咨询业务，是否构成非法经营罪，审理时存在争议，具体分述如下：

（一）刑法第二百二十五条第三款规定的证券业务的具体内容包括证券咨询业务

一种意见认为，我国刑法第二百二十五条第三款规定了未经国家有关主管部门批准非法经营证券业务属非法经营，但并未明确指出证券业务是否包括证券咨询业务，因此，根据法无明文规定不为罪的刑法基本原则，被告人王丹等的行为没有违反刑法禁止性规定，不构成非法经营罪。我们认为,应当根据刑法第二百二十五条关于罪状的表述方式并结合证券法等相关法律来理解该条文的含义。该条款的基本表述属空白罪状,所谓空白罪状,就是“没有具体说明某一犯罪的构成特征,但指明了必须参照的其他法律、法令”。因此,准确适用刑法第二百二十五条的前提便是考察与该条文关系密切的其他法律,本案即应考察证券法的相关规定。根据证券法第一百二十二条的规定,设立证券公司,必须经国务院证券监督管理机构审查批准。证券法第一百二十五条另规定,经国务院证券监督管理机构批准,证券公司可以经营证券投资咨询业务。换言之,设立证券公司和开展证券投资咨询业务,都需要经国务院证券监督管理机构批准。本案中,被告人王丹及其公司并未根据主管部门批准成立证券公司,当然更不可能依据证券监管部门的批准合法开展证券咨询业务。

(二)采取与有资格经营证券咨询业务的公司合作的方式不能规避应当接受证券业主管机构批准和监管的义务

本案的另一个争议焦点是,没有资格经营证券咨询业务的公司采取与有资格经营证券咨询业务的公司签订合作协议,以没有资格经营证券咨询业务的公司名义从事证券咨询业务,该种做法能否视为合法经营证券咨询业务。我们认为,根据证券法第一百二十五条的规定,只有经国务院证券监督管理机构批准,证券公司才能经营证券投资咨询业务;无证券咨询资格的公司与具有证券咨询资格的公司之间的合作协议不能规避其应当接受审批和监管的义务。证券法对投资咨询业务所作的限制性规定,是为了维护广大投资者的利益,维护证券市场的健康发展。本案中,被告人王丹等利用智盈公司、金诚公司与有证券咨询资格的金证公司、禧达丰公司签订合作协议,并将自己公司选聘的多名股评分析师的从业资格证书挂靠到这些公司,借这些公司的证券咨询资格证明用于自己股评节目的资格审查。王丹、沈玮婷通过该合作方式以规避法律并牟取巨额利益,违背了证券法的立法目的,扰乱了正常的证券市场秩序,而其所获利益与从事证券咨询业务之间也存在必然的因果关系。如果刑法对这种规避证券监管的证券咨询行为不予以制裁,势必架空证券法对证券市场的规制和监管,助长无资格公司与有资格的公司勾结扰乱证券市场秩序的行为。

(三)未经批准开展证券咨询业务达到情节严重程度的才构成非法经营罪

刑法第二百二十五条规定,只有情节严重的扰乱市场秩序的行为才构成非法经营罪。这就是说,未经国家有关主管部门批准非法经营证券咨询业务的行为,并非一律认定为非法经营罪。我国刑法理论认为,刑法具有补充性。“补充性的基本含义是,只有当一般部门法不足以抑制某种法益侵害行为时,才由刑法禁止。”我国证券法第二百三十一条规定,对违反证券法构成犯罪的,依法追究刑事责任。本案中,被告人王丹和沈玮婷利用与有经营证券咨询业务的公司合作的方式,非法经营证券咨询业务,非法经营额近3 000万元。根据《最高人民检察院、公安部关于公安机关管辖的刑事案件立案追诉标准的规定(二)》的规定,未经国家有关主管部门批准,非法经营证券、期货、保险业务,数额在30万元以上的,或者违法所得数额在5万元以上的,应予追诉。据此,王丹、沈玮婷等人的行为应当认定为情节严重的非法经营行为,动用刑罚具有必要性和正当性。

(撰稿:最高人民法院刑一庭　曾　宏
湖南省高级人民法院　陈　健
审编:最高人民法院刑一庭　李　勇)

[第1056号]陈景雷等合同诈骗案

——以适格农民名义低价购买农机出售而骗取国家农机购置补贴款的行为如何定性

【关键词】 合同诈骗罪 诈骗罪 非法占有目的 骗取农机购置补贴款

一、基本案情

被告人陈景雷,男,1982年6月2日出生,个体经营户。2012年8月28日因涉嫌犯诈骗罪被逮捕。

被告人胡党根,男,1974年7月4日出生,新余市农丰农机合作社法人代表。2012年8月16因涉嫌犯诈骗罪被取保候审。

被告人彭小云,男,1973年9月15日出生,个体经营户。2012年8月3日因涉嫌犯诈骗罪被取保候审。

江西省新余市渝水区人民检察院以被告人陈景雷、胡党根、彭小云犯合同诈骗罪,向新余市渝水区人民法院提起公诉。

新余市渝水区人民法院经公开审理查明:

2010年3月左右的一天,被告人陈景雷找到被告人胡党根,问胡党根是否能买到享受政府补贴的久保田牌插秧机,其加价大量收购,并告知胡党根如何规避检查等。根据规定,购买政府补贴农机的必须是本地农户并且每人限购一台,两年内不得转让。胡党根随即找到本地农户胡文生、李娟、黄且保、蒋春根帮忙,并许诺给每人人民币(以下币种同)500元好处费。同年4月1日,胡党根通过胡文生、李娟、黄且保、蒋春根签订补贴协议,以每台7 000元的价格购买了4台久保田牌插秧机(该机市场价每台为19 000元,政府每台补贴12 000元)。之后,胡党根以每台9 000元的价格卖给了被告人陈景雷,陈景雷又以每台13 500元的价格倒卖至外地。

2010年3月的一天,陈景雷找到被告人彭小云,问彭小云是否能买到享受政府补贴的久保田牌插秧机,其加价大量收购,并告知彭小云如何规避检查等。彭小云随即找到本地农户彭小铁、彭小华、张绍英帮忙。同年3月25日,彭小云通过彭小铁、彭小华、张绍英签订补贴协议,以每台7 000元的价格购买了4台久保田牌插秧机(其中1台是以彭小云自己的名义购买)。之后,彭小云以每台10 500元的价格卖给了陈景雷,陈景雷又以每台13 500元的价格倒卖至外地。

2012年7月26日和8月3日,胡党根、彭小云主动到有关部门投案,如实交代了自己伙同陈景雷骗购政府补贴农机的事实。

新余市渝水区人民法院认为,被告人陈景雷、胡党根、彭小云无视国家法律,以非法占有为目的,违反严禁倒卖、空套补贴农机的规定,骗购享有政府补贴的农机进行倒卖,其行为均构成合同诈骗罪。其中陈景雷诈骗的数额为96 000元,数额巨大;胡党根、彭小云诈骗的数额为48 000元,数额较大。公诉机关指控陈景雷、胡党根、彭小云的犯罪事实成立,指控的罪名正确,应当予以支持。案发后,胡党根、彭小去能主动到有关部门投案,如实供述犯罪事实,具有自首情节,依法可以从轻处罚。陈景雷归案后,能够如实供述自己的犯罪事实,自愿认罪,依法可以从轻处罚。根据陈景雷、胡党根、彭小云的犯罪事实、犯罪情节及对社会的危害程度,依照《中华人民共和国刑法》第二百二十四条第一项,第二十五条第一款,第六十七条第一款、第三款,第七十二条第一款、第三款，第七十三条第二款、第三款，第六十四条之规定，新余市渝水区人民法院判决如下：

1. 被告人陈景雷犯合同诈骗罪，判处有期徒刑三年，并处罚金五万元上缴国库；

2. 被告人胡党根犯合同诈骗罪，判处有期徒刑一年六个月，缓刑二年，并处罚金四万元上缴国库；

3. 被告人彭小云犯合同诈骗罪，判处有期徒刑一年六个月，缓刑二年，并处罚金四万元上缴国库。

一审宣判后，被告人陈景雷不服，向新余市中级人民法院提出上诉。

陈景雷上诉提出：原判定性错误，其行为不构成合同诈骗罪，而应构成非法经营罪；原判量刑过重。

新余市中级人民法院审理查明的事实及证据与一审相同。新余市中级人民法院认为，上诉人陈景雷及原审被告人胡党根、彭小云采取欺骗手段，以符合农机补贴条件的农民名义，与农机主管部门签订购机补贴协议，以低价购得农机具并出售，骗取国家的农机购置补贴款，其行为均构成诈骗罪。其中陈景雷的犯罪金额为96 000元，数额巨大，应当判处三年以上十年以下有期徒刑，并处罚金；胡党根、彭小云的犯罪金额为48 000元，数额较大，应当判处三年以下有期徒刑、拘役或者管制，并处或者单处罚金。胡党根、彭小云能主动投案并如实供述犯罪事实，系自首，依法可以从轻或者减轻处罚；陈景雷归案后能如实供述其犯罪事实，系坦白，依法可以从轻处罚。陈景雷所提其构成非法经营罪且原判量刑过重的上诉理由没有事实和法律依据，不予采纳。原判认定的事实清楚，审判程序合法，但定性不准，适用法律错误，应予纠正。据此，依照《中华人民共和国刑事诉讼法》第二百二十五条第一款第二项，《中华人民共和国刑法》第二百六十六条，第六十七条第一款、第三款，第七十二条第一款、第三款，第七十三条第二款、第三款，第六十四条之规定，新余市中级人民法院判决如下：

1. 撤销新余市渝水区人民法院(2013)渝刑初字第00067号刑事判决；

2. 上诉人陈景雷犯诈骗罪，判处有期徒刑三年，并处罚金五万元；

3. 原审被告人胡党根犯诈骗罪，判处有期徒刑一年六个月，缓刑二年，并处罚金四万元；

4. 原审被告人彭小云犯诈骗罪，判处有期徒刑一年六个月，缓刑二年，并处罚金四万元。

二、主要问题

以适格农民名义低价购买农机出售而骗取国家农机购置补贴款的行为如何定性？

三、裁判理由

本案审理过程中，关于被告人陈景雷、胡党根、彭小云的行为如何定性，大致存在以下四种观点：

第一种观点认为，被告人陈景雷、胡党根、彭小云的行为构成诈骗罪。主要理由有：陈景雷、胡党根、彭小云以符合条件的农户的名义购买享受政府补贴的插秧机，其行为既不是欺骗农户，也不是欺骗农机销售商，而是钻政策的空子，诈骗国家财产，使国家遭受损失。

第二种观点认为，被告人陈景雷、胡党根、彭小云的行为构成合同诈骗罪。理由有：陈景雷等人在购置农机时虚构了事实、隐瞒了真相，客观上实施了诈骗行为，且主观上是以骗取农机补贴款为目的。虽然国家补贴款并未直接被其占有，但其赚取的差价实际上就来源于国家补贴款。因陈景雷等人的诈骗行为具有利用以农户名义签订的补贴协议进行诈骗的特征，故符合合同诈骗罪的构成要件。

第三种观点认为，被告人陈景雷的行为构成非法经营罪，胡党根、彭小云的行为不构成犯罪。

理由如下：

1. 被告人陈景雷、胡党根、彭小云的行为不构成合同诈骗罪或者诈骗罪。首先，陈景雷、胡党根、彭小云主观上不具有非法占有的目的。陈景雷、胡党根、彭小云主观上是想从别人手上购买享受政府补贴的农机，然后通过倒卖赚取差价，而不是为了骗取政府补贴并直接占有。其次，陈景雷、胡党根、彭小云客观上没有占有农机补贴款。农机补贴款由省级财政部门与农机销售商结算，除非三被告人与农机销售商串通，否则无法占有农机补贴款，但在本案中，三被告人与农机销售商并没有串通行为。再次，向农机主管部门申请购买享受政府补贴的农机的主体、程序都是合法的，相关政府部门并不是受骗对象。本案中，申请购买享受政府补贴的农机的农户都具有购买资格，其依照程序申请购买农机，完全符合相关部门的规定，这些农户在申请购买农机的过程中，并没有欺骗行为。最后，农户自购买享受政府补贴的农机之日起两年内转让的，属于违规行为。对农户违规转让享受政府补贴的农机，三被告人受让的行为，行政机关可以使用行政手段进行规制。

2. 被告人陈景雷的行为构成非法经营罪，胡党根、彭小云的行为不构成犯罪。财政部、农业部联合下发的《农业机械购置补贴专项资金使用管理暂行办法》（财农〔2015〕11号）规定，农户自购买享受补贴的农机具之日起，原则上两年内不得转卖或转让。陈景雷、胡党根、彭小云明知涉案的8台久保田牌插秧机自农户购买之日起两年内不得转让，为谋取利益，违反该国家规定，购买后倒卖，其行为严重扰乱了农机市场的经营秩序，属于非法经营行为。其中，陈景雷倒卖8台，非法经营数额108 000元，违法所得30 000元；胡党根倒卖4台，非法经营数额36 000元，违法所得8 000元；彭小云倒卖4台，非法经营数额42 000元，违法所得14 000元。根据《江西省高级人民法院、江西省人民检察院、江西省公安厅关于办理破坏社会主义市场经济秩序罪案件具体适用法律若干问题的意见（一）》第三十二条的规定，刑法第二百二十五条规定的非法经营罪中的“情节严重”应以非法经营数额或非法所得数额巨大，或者非法经营数额或非法所得数额较大并具有其他严重情节为标准。其中，“数额较大”是指个人非法经营数额5万元以上或违法所得数额2万元以上；“数额巨大”是指个人非法经营数额10万元以上或违法所得数额3万元以上。“其他严重情节”包括：多次实施非法经营行为的；两年内因非法经营受过两次以上行政处罚的；利用职权从事非法经营活动，影响恶劣的；垄断货源、哄抬物价，对国民经济和社会安定造成严重后果的；进行非法经营活动造成恶劣社会影响或者其他严重后果的。根据上述规定，陈景雷的非法经营行为达到“情节严重”的标准，构成非法经营罪；胡党根、彭小云的非法经营行为没有达到“情节严重”的标准，不构成犯罪。

第四种观点认为，被告人陈景雷、胡党根、彭小云的行为不构成犯罪。理由是：符合农机补贴条件的农民与农机主管部门签订购机补贴协议，购得享受政府补贴的农机具后，陈景雷、胡党根、彭小云再从农民手上低价受让，并倒卖赚取差价。对农民违规出让享受政府补贴的农机具，被告人违规受让的行为，有关部门予以行政处理即可。

我们赞同第一种观点，即被告人陈景雷、胡党根、彭小云的行为构成诈骗罪。具体理由如下：

（一）被告人陈景雷的行为不构成非法经营罪

根据《最高人民法院关于准确理解和适用刑法中“国家规定”的有关问题的通知》的规定，刑法中的“国家规定”是指，全国人民代表大会及其常务委员会制定的法律和决定，国务院制定的行政法规、规定的行政措施、发布的决定和命令。其中，“国务院规定的行政措施”应当由国务院决定，通常以行政法规或者国务院制发文件的形式加以规定。以国务院办公厅名义制发的文件，符合以下条件的，亦应视为刑法中的“国家规定”：（1）有明确的法律依据或者同相关行政法规不相抵触；（2）经国务院常务会议讨论通过或者经国务院批准；（3）在国务院公报上公开发布。虽然财政部、农业部联合下发的《农业机械购置补贴专项资金使用管理暂行办法》规定，农户自购买享受补贴的农机具之日起，原则上两年内不得转卖或者转让，但是这一规定文件不属于刑法第二百二十五条的“国家规定”。非法经营罪以行为人违反国家规定为前提，故陈景雷、胡党根、彭小云的行为不构成非法经营罪。

（二）被告人陈景雷、胡党根、彭小云的行为不构成合同诈骗罪

根据刑法第二百二十四条的规定，合同诈骗罪的特征是“在签订、履行合同过程中，骗取对方当事人财物”。本案中，三被告人以符合农机补贴条件的农民名义，与农机销售商签订农机购买合同，农机销售商按照农机市场价收取了购机款，可见，农机销售商没有被诈骗。三被告人诈骗的对象不是购买合同一方当事人——农机销售商，也不是另一方当事人——农户，而是国家。有观点据此认为，陈景雷、胡党根、彭小云以符合农机补贴条件的农民名义，与农机主管部门签订购机补贴协议，骗取了国家的农机购置补贴款，构成合同诈骗罪。我们认为，对合同诈骗中的“合同”，应当结合合同诈骗罪侵犯的客体和立法目的予以具体理解和把握。立法者将合同诈骗罪规定在刑法分则第三章“破坏社会主义市场经济秩序罪”的第八节“扰乱市场秩序罪”中，即合同诈骗罪侵犯的法益不仅是他人的财产所有权，而且侵犯了国家合同管理制度，破坏了社会主义市场经济秩序。因此，合同诈骗罪中的“合同”必须能够体现一定的市场秩序，与市场秩序无关以及主要不受市场调整的各种“合同”“协议”，通常情况下不应视为合同诈骗罪中的“合同”。被告人陈景雷等人以农户名义与农机主管部门签订的购机补贴协议不受市场秩序制约，不属于合同诈骗罪中的“合同”。

（三）被告人陈景雷、胡党根、彭小云的行为构成诈骗罪

首先，被告人陈景雷、胡党根、彭小云主观上具有非法占有的目的。如果符合农机补贴条件的农民为了生产经营的需要自己购买了享受政府补贴的农机，后面又不想再继续使用，将该农机出售给被告人，被告人通过倒卖赚取差价，就不能认定被告人主观上具有非法占有的目的。但是，陈景雷、胡党根、彭小云以符合农机补贴条件的农民名义，与农机主管部门签订购机补贴协议，主观上就是为了低价购得农机具，从而骗取国家的农机购置补贴款。其次，被告人采取了欺骗的手段。向农机主管部门申请购买享受政府补贴的农机的主体、程序表面上看起来都是合法的，其实相关政府部门受到了欺瞒，并不知道真正购买享受政府补贴农机的主体不是符合农机补贴条件的农民，而是不符合农机补贴条件的被告人。再次，被告人骗取了财物，即国家发放的农机补贴款。被告人陈景雷、胡党根、彭小云表面上似乎没有直接取得国家的农机补贴款，但经过省级财政部门与农机销售商结算农机补贴款后，被告人已实质占有农机补贴款。最后，陈景雷等人的行为具有应受刑罚惩罚性，不宜仅予行政处理。农户自购买享受政府补贴的农机之日起两年内转让的，属于违规行为；农户违规转让享受政府补贴的农机，他人受让的，行政机关可以使用行政手段进行规制。但是，本案中，真正购买享受政府补贴农机的主体并非符合农机补贴条件的农民，而是被告人。各被告人以欺骗手段倒卖农机多台，违法所得数额巨大或者较大，具有严重的社会危害性，司法机关对其行为追究刑事责任是适当的。

综上，被告人陈景雷、胡党根、彭小云以非法占有为目的，采取欺骗手段，以符合农机补贴条件的农民名义，与农机主管部门签订购机补贴协议，以低价购得农机具并出售，骗取国家的农机购置补贴款，其行为构成诈骗罪。

（撰稿：江西省高级人民法院　林勇康
审编：最高人民法院刑二庭）

[第1057号]吴名强、黄桂荣等非法经营案

——非法生产、经营国家管制的第二类精神药品盐酸曲马多，应如何定性

【关键词】 非法经营罪 国家管制的第二类精神药品 贩卖、制造毒品罪 违反国家禁止管理制度

一、基本案情

被告人吴名强，男，1969年5月19日出生，农民。2011年10月21日因涉嫌犯贩卖、制造毒品罪被逮捕。

被告人黄桂荣，男，1968年1月1日出生，农民。2011年12月29日因涉嫌犯制造毒品罪被逮捕。

被告人吴玉源，男，1979年11月25日出生，农民。2011年10月21日因涉嫌犯制造毒品罪被逮捕。

被告人陈奕金，男，1959年3月3日出生，农民。2011年10月21日因涉嫌犯生产假药罪被逮捕。

广东省潮州市人民检察院以被告人吴名强犯贩卖、制造毒品罪，被告人黄桂荣、吴玉源犯制造毒品罪，被告人陈奕金犯生产假药罪，向潮州市中级人民法院提起公诉。

被告人吴名强、黄桂荣、吴玉源均辩称不知道所生产的是毒品，不构成贩卖、制造毒品罪。被告人陈奕金辩称不知道帮助运输的是假药，不构成生产假药罪。

潮州市中级人民法院经审理查明：被告人吴名强、黄桂荣以牟利为目的，在没有依法取得药品生产、销售许可的情况下，于2010年年底合伙生产盐酸曲马多及其他药品，二人约定共同出资，并由且吴名强负责租用生产场地、购买生产设备和原料、联系接单及销售渠道，黄桂荣负责调试生产设备、配制药品及日常生产管理。其后，吴名强租用陈让群位于潮安区庵埠镇美乡村美珠路路尾的老屋作为加工场地，并雇佣被告人吴玉源从事生产加工，雇佣被告人陈奕金帮助运输原料和生产出的药品成品。吴名强还安排吴玉源找个体印刷厂印刷了“天龙牌”盐酸曲马多包装盒及说明书。陈奕金按照吴名强的指示，多次将加工好的盐酸曲马多药片及包装盒、说明书运送至潮州市潮安区潮汕公路等处交给汪斌（另案处理）等人转卖。经查，2010年年底至2011年9月间，吴名强共卖给汪斌盐酸曲马多65件，汪斌通过物流公司将盐酸曲马多等药品转至河北省石家庄市等地销售，公安机关在涉案的医疗器械经营部提取到部分违法销售的“天龙牌”盐酸曲马多。2011年9月15日，公安机关查处了吴名强等的加工场，现场扣押盐酸曲马多药片115.3千克、生产盐酸曲马多的原料1 280.25千克及加工设备等。至查处为止，吴名强等生产和销售盐酸曲马多药片等假药，获取违法收入人民币50 750元。

潮州市中级人民法院认为，被告人吴名强、黄桂荣、吴玉源、陈奕金违反药品管理法规，未经许可，合伙非法生产经营国家管制的精神药品曲马多，情节严重，其行为均已构成非法经营罪，应依法予以惩处。公诉机关指控被告人吴名强、黄桂荣、吴玉源犯贩卖、制造毒品罪，指控被告人陈奕金犯生产假药罪的理由依据不足，不予支持。被告人吴名强、黄桂荣共同出资生产假药，其中，被告人吴名强负责购买生产设备和联系销售，被告人黄桂荣负责组织生产，在共同犯罪中均起主

要作用，是主犯，依法应当按照其参与的全部犯罪处罚。被告人吴玉源受被告人吴名强和黄桂荣的雇佣和指挥参与制售假药，在共同犯罪中起次要作用，系从犯，依法可从轻处罚。被告人陈奕金帮助运输材料和假药，在共同犯罪中起辅助作用，系从犯，视其犯罪情节轻微，依法可免予刑事处罚。依照《中华人民共和国刑法》第二百二十五条第（一）项，第三十七条，第二十五条，第二十六条第一款、第四款，第二十七条，第六十七条第三款，第六十四条之规定，判决如下：

1. 认定被告人吴名强犯非法经营罪，判处有期徒刑四年十个月，并处罚金人民币20万元。

2. 被告人黄桂荣犯非法经营罪，判处有期徒刑四年四个月，并处罚金人民币10万元。

3. 被告人吴玉源犯非法经营罪，判处有期徒刑二年八个月，并处罚金人民币5万元。

4. 被告人陈奕金犯非法经营罪，免予刑事处罚。

一审宣判后，被告人吴名强、黄桂荣、吴玉源、陈奕金均未提出上诉，公诉机关亦未抗诉，该判决已发生法律效力。

二、主要问题

非法生产、经营国家管制的第二类精神药品盐酸曲马多的行为，应如何定性？

三、裁判理由

本案的争议焦点在于非法生产、经营国家管制的第二类精神药品盐酸曲马多的行为该如何定性。对此有三种不同意见：

第一种意见认为，被告人吴名强等的行为构成贩卖、制造毒品罪。根据刑法第三百五十七条和《中华人民共和国禁毒法》（以下简称《禁毒法》）的规定，盐酸曲马多系毒品，其生产、加工需要特殊的原料、设备及专门知识，可以推定吴名强等人明知盐酸曲马多的毒品性质，而仍然违反法律规定生产、销售，其行为依法构成贩卖、制造毒品罪。

第二种意见认为，被告人吴名强等的行为构成生产假药罪。吴名强等人是以生产药品的主观故意从事犯罪活动，而其没有生产该种药品的资质，故生产出来的药品不管有没有该药品的药效都是《中华人民共和国药品管理法》（以下简称《药品管理法》）所指的假药，吴名强等人的行为构成生产假药罪。

第三种意见认为，被告人吴名强等的行为构成非法经营罪。吴名强等人没有贩卖、制造毒品的故意，仅有生产、销售假药的故意，而其生产、销售国家管制的精神药品的行为同时又构成非法经营罪，生产、销售假药罪与非法经营罪发生竞合，应择一重罪处罚。比较两罪的法定刑，在没有出现致人体健康严重危害后果或其他严重情节的情况下，生产、销售假药罪的法定刑幅度较低，而且以生产、销售假药罪来定罪不能充分评价吴名强等人生产、销售盐酸曲马多的社会危害性，定非法经营罪更合适，能恰当地体现此类行为的本质在于违反国家禁止性管理制度。

我们同意第三种意见。本案具有一定的代表性，对于无资质的行为主体违反国家法律规定，生产、销售国家管制但临床上也在使用的精神药品的行为如何处罚，刑法条文没有明确规定，司法实践中又确实出现了一批这类案件。如何处理这类案件，涉及对精神药品性质的把握、罪与非罪的界限、此罪与彼罪的区分等一系列问题。具体分析如下：

（一）被告人吴名强等的行为不构成贩卖、制造毒品罪

曲马多（tramadol）是中枢非麻醉性镇痛药，化学名称为（±）－E－2－［（二甲氨基）甲基］－1－（3－甲氧基苯基）环己醇，简称反胺苯环醇。临床使用的主要是其盐酸盐，故又称盐酸曲马多。曲马多1962年在德国问世，我国自1994年起在临床上逐步推广此药。据有关资料显示，正常人如每天服用曲马多200毫克，大约半年后会产生药物依赖，而如果每天服用300～400毫克（6～8颗药）甚至更多，可在短期内上瘾，长期大剂量服用可致中枢神经兴奋、呼吸抑制，并可产

生耐受性和成瘾性及其他不良反应。目前世界范围内,曲马多滥用成瘾的问题主要在我国比较严重。2007 年,国家食品药品监督管理局、公安部、卫生部将其收入《麻醉药品和精神药品品种目录(2007 年版)》,作为第二类精神药品进行管理,国家食品药品监督管理局、卫生部还专门下发了《关于加强曲马多等麻醉药品和精神药品监管的通知》(国食药监办〔2007〕749 号)。根据刑法第三百五十七条和《禁毒法》的规定,毒品是指鸦片、海洛因、甲基苯丙胺(冰毒)、吗啡、大麻、可卡因以及国家规定管制的其他能够使人形成瘾癖的麻醉药品和精神药品,据此,《麻醉药品和精神药品品种目录(2013 年版)》中列举的 121 种麻醉药品和 149 种精神药品依法均可认定为毒品。但我们认为,临床上也在使用的精神药品,与常见的鸦片、海洛因、甲基苯丙胺等毒品还是有所不同,特别是成瘾性、危害性相对较低的第二类精神药品,其同时具有毒品和临床药品的双重性质。盐酸曲马多药片属于第二类精神药品,目前在我国市场上仍然流通,药店里也能买到,只是对其实行严格的管理。作为毒品,盐酸曲马多药片可能被吸毒者吸食,或者在缺少海洛因、甲基苯丙胺时被犯罪分子作为替代品使用,但当以医疗等目的被生产、加工、使用时,它的本质仍然是药品。故实践中对于非法生产、销售盐酸曲马多的行为如何定罪处罚还需谨慎。

根据刑法和已有相关司法解释的精神,我们认为,对于临床上使用的国家管制的麻醉药品、精神药品,在有证据证明确实作为毒品生产、销售的才涉嫌毒品犯罪。(1)从刑法第三百五十五条第一款关于贩卖毒品罪的规定来看,只有“向走私、贩卖毒品的犯罪分子或者以牟利为目的,向吸食、注射毒品的人提供国家规定管制的能够使人形成瘾癖的麻醉药品、精神药品的”才以贩卖毒品罪定罪处罚。第三百五十五条关于非法提供麻醉药品、精神药品罪的规定,要求特殊主体即依法从事生产、运输、管理、使用国家管制的麻醉药品、精神药品的人员才能构成,而贩卖毒品罪则没有要求特殊主体,不管有无生产、经营资质的人或单位,都能构成该罪。根据该条规定,无资质的行为主体单纯以生产药品供临床使用为目的,生产、经营国家管制的麻醉药品、精神药品,事实上所生产的药品也没有流向毒品市场的,就不能认定为贩卖、制造毒品罪。(2)《最高人民法院研究室关于氯胺酮能否认定为毒品问题的答复》(已失效)规定,“鉴于氯胺酮被列在第二类精神药品管制品种目录中,且实践中临床使用较多,因此,对于明知他人是吸毒人员而多次向其出售,或者贩卖氯胺酮数量较大的行为人,才能依法追究刑事责任”当时氯胺酮还是第二类精神药品,后来调整为第一类精神药品,而且随着实践中氯胺酮逐渐成为常见类毒品,其危害性已非常明确,最高人民法院、最高人民检察院、公安部联合印发的《办理毒品犯罪案件适用法律若干问题的意见》对办理氯胺酮等毒品案件的定罪量刑标准进行了明确规定,因此,《最高人民法院研究室关于氯胺酮能否认定为毒品问题的答复》已被最高人民法院清理司法解释的决定废止,但是该答复中体现出的对涉及第二类精神药品构成毒品犯罪认定所持的谨慎态度,对本案处理有参考意义。(3)《最高人民检察院法律政策研究室关于安定注射液是否属于刑法第三百五十五条规定的精神药品问题的答复》规定,“鉴于安定注射液属于《精神药品管理办法》规定的第二类精神药品,医疗实践中使用较多,在处理此类案件时,应当慎重掌握罪与非罪的界限。对于明知他人是吸毒人员而多次向其出售安定注射液,或者贩卖安定注射液数量较大的,可以依法追究行为人的刑事责任”。(4)《公安部关于在成品药中非法添加阿普唑仑和曲马多进行销售能否认定为制造贩卖毒品有关问题的批复》(公复字〔2009〕1 号)也延续了上述司法解释的原则,要求公安机关在办案中应当注意区别为治疗、戒毒依法合理使用的行为与犯罪行为的界限,“只有违反国家规定,明知是走私、贩卖毒品的人而向其提供阿普唑仑和曲马多,或者明知是吸毒人员而向其贩卖或超出规定的次数、数量向其提供阿普唑仑和曲马多的,才可以认定为犯罪”。

综上,我们认为,对非法生产、销售国家管制的麻醉药品、精神药品的行为以制造、贩卖毒品罪定罪,必须同时符合以下条件:(1)被告人明知所制造、贩卖的是麻醉药品、精神药品,并且制造、贩卖的目的是将其作为毒品的替代品,而不是作为治疗所用的药品。(2)麻醉药品、精神药品的去向明确,即毒品市场或者吸食毒品群体。(3)获得了远远超出正常药品经营所能获得的利润。就本案而言,被告人吴名强等以生产药品的故意生产、销售盐酸曲马多,无证据表明生产出的盐酸曲马多流入毒品市场,故不构成贩卖、制造毒品罪。首先,吴名强等的主观犯意是将盐酸曲马多作为药品而非毒品进行生产、销售,吴名强、黄桂荣等人均供述其合资办厂的初衷是生产假药,不仅生产盐酸曲马多药片,还同时生产"感康片"等其他药品,事实上公安机关也查获了"感康片"等其他药品,吴名强找个体印刷厂印刷盐酸曲马多包装盒及说明书的行为也佐证了其主观上系生产假药而不是毒品的故意。其次,无证据表明生产出的盐酸曲马多流入毒品市场,反而有证据表明涉案的盐酸曲马多作为药品在市场上非法流通,公安人员在涉案的医疗器械经营部提取到违法销售的"天龙牌"盐酸曲马多,另案处理的同案人汪斌也在异地被抓获,被河北司法机关以非法经营罪追究刑事责任。最后,从吴名强等人的牟利情况来看,其并没有赚取超出正常药品价格的高额利润,也表明其并不是针对吸毒分子或贩毒分子销售。综上,本案不宜定贩卖、制造毒品罪。

(二)本案被告人吴名强等的行为构成生产、销售伪劣产品罪,生产、销售假药罪和非法经营罪的竞合,应以非法经营罪定罪处罚

1. 被告人吴名强等的行为符合生产、销售假药罪的构成要件。生产、销售假药罪,是指明知是假药而进行生产、销售活动的行为。根据吴名强和黄桂荣的供述,其合作的目的就是制造假药,而吴玉源也供述其生产的是假药,说明三被告人都具有生产假药的主观故意。根据刑法第一百四十一条的规定,"假药"是指依照药品管理法的规定,属于假药和按假药处理的药品、非药品。药品管理法第四十八条规定,"有下列情形之一的为假药:(一)药品所含成份与国家药品标准规定的成份不符的;(二)以非药品冒充药品或者以他种药品冒充此种药品的。有下列情形之一的药品,按假药论处:(一)国务院药品监督管理部门规定禁止使用的;(二)依照本法必须批准而未经批准生产、进口,或者依照本法必须检验而未经检验即销售的;(三)变质的;(四)被污染的;(五)使用依照本法必须取得批准文号而未取得批准文号的原料药生产的;(六)所标明的适应症或者功能主治超出规定范围的"。本案被告人不具有生产精神药品的资质,没有取得药品批准文号而生产精神药品,所生产的药品应认定为假药。而《最高人民法院、最高人民检察院关于办理生产、销售假药、劣药刑事案件具体应用法律若干问题的解释》(已废止)第一条规定的生产、销售假药的情形之二就包括"属于麻醉药品、精神药品的",该条规定本身就说明生产麻醉药品、精神药品的行为有可能构成生产假药罪而非制造毒品罪。

2. 被告人吴明强等违反药品管理法规,擅自生产、销售药品,以假充真,销售金额达到5万元以上,行为符合生产、销售伪劣产品罪的构成要件。

3. 被告人吴明强等的行为还构成非法经营罪。盐酸曲马多作为国家管制的精神药品,属于非法经营罪中所指的"法律、行政法规规定的专营、专卖物品或者其他限制买卖的物品"。

《最高人民法院、最高人民检察院关于办理生产、销售假药、劣药刑事案件具体应用法律若干问题的解释》第六条规定:"实施生产、销售假药、劣药犯罪,同时构成生产、销售伪劣产品、侵犯知识产权、非法经营、非法行医、非法采供血等犯罪的,依照处罚较重的规定定罪处罚。"被告人吴名强、黄桂荣、吴玉源的行为同时符合生产、销售假药罪,生产、销售伪劣产品罪和非法经营罪的构成要件,应在三罪中择一重罪处罚。刑法第一百四十一条对生产、销售假药罪的量刑规定了三个档次,其中没有"对人体健康造成严重危害或者有其他严重情节的","处三年以下有期徒刑或拘

役,并处罚金"。刑法第一百四十条对生产、销售伪劣产品罪的量刑规定了四个档次,其中"销售金额五万元以上不满二十万元的,处二年以下有期徒刑或者拘役,并处或者单处销售金额百分之五十以上二倍以下罚金"。刑法第二百二十五条对非法经营罪的量刑规定了两个档次,"情节严重的,处五年以下有期徒刑或者拘役,并处或者单处违法所得一倍以上五倍以下罚金;情节特别严重的,处五年以上有期徒刑,并处违法所得一倍以上五倍以下罚金或者没收财产"。根据《最高人民法院关于适用刑法第十二条几个问题的解释》的规定,如果刑法规定的某一犯罪有两个以上的法定刑幅度,法定最高刑或者最低刑是指具体犯罪行为应当适用的法定刑幅度的最高刑或者最低刑。

本案中三被告人的行为如若按生产、销售伪劣产品罪量刑,因销售数额在20万元以下,应处"二年以下有期徒刑或者拘役,并处或者单处销售金额百分之五十以上二倍以下罚金"。如若按生产、销售假药罪量刑,因没有证据表明生产的假药对人体健康造成了严重危害,且本案审判时,《最高人民法院、最高人民检察院关于办理危害药品安全刑事案件适用法律若干问题的解释》尚未出台,认定"其他严重情节"的标准尚不明确,所以应先考虑适用第一档法定刑"三年以下有期徒刑或拘役,并处罚金"。而按照非法经营罪量刑,第一档法定刑最高可以到5年有期徒刑。比较三个罪名的第一档量刑幅度,非法经营罪的法定刑最高。此外,以生产、销售假药罪来定罪处罚,不能充分体现盐酸曲马多作为国家管制精神药品,比普通假药具有更大的社会危害性,不能充分评价吴名强等人生产、销售盐酸曲马多行为的社会危害性,而定非法经营罪能恰当地体现此类行为的本质在于违反国家禁止性管理制度。

综上,潮州市中级人民法院对被告人吴名强、黄桂荣、吴玉源、陈奕金的行为以非法经营罪定罪处罚是适当的。

(撰稿:广东省潮州市中级人民法院　林钟彪
最高人民法院刑四庭　曹东方
审编:最高人民法院刑四庭　陆建红)

[第1076号]朱某某合同诈骗案

——如何把握合同诈骗案件的具体证明标准

【关键词】　合同诈骗罪　证明标准　非法占有目的　因果关系

一、基本案情

被告人朱某某,男,1962年5月18日出生,个体户。2012年8月6日因涉嫌犯合同诈骗罪被取保候审。

河北省宣化县人民检察院指控:2010年11月,马某某找到同乡被告人朱某某催要550万元借款,朱某某明知自己开发的楼房已售予他人,仍然提议以其公司在河北省张家口市沙岭子镇二里半村开发的价值5 430 014元的23套住宅楼和底商用于抵债。后双方签订了共计23套住宅楼的买卖合同,且朱某某向马某某出具了购房款收据。2011年11月,马某某发现朱某某用于抵债的楼房早已售予他人,并已有人入住后,就再也无法与朱某某取得联系。致马某某损失5 430 014元。公诉机关以被告人朱某某犯合同诈骗罪,向宣化县人民法院提起公诉。

被告人朱某某辩称，其没有诈骗故意，请求法院宣告其无罪。其辩护人提出：(1)朱某某没有虚构事实、隐瞒真相；(2)公诉机关认定朱某某构成合同诈骗罪存在逻辑错误，本案先存在民间借贷事实，后出现以房抵债合同，即便合同不能实际履行，债权债务关系也不会因此消灭；(3)被害人马某某在签订房屋买卖合同时并没有支付对价，没有因签订合同受到损失；(4)公诉机关指控的犯罪事实不清，证据不足，且多份证据相互矛盾，应对朱某某宣告无罪。

宣化县人民法院经审理查明：被告人朱某某因资金紧张曾向被害人马某某借款，具体数额不详。2010 年 10 月至 11 月的一天，马某某在向朱某某催要借款的过程中，朱某某与马某某签订了 23 份房屋买卖合同，并在马某某未实际交款的情况下，向马某某出具了合同价值 5 430 023 元的收款收据。买卖合同和收款收据是由朱某某售楼处的李某某、周某填写的。2012 年 3 月 12 日马某某以朱某某售与自己的房屋已售出，有人入住，造成自己损失 550 万元为由向宣化县公安局报案，宣化县公安局于 2012 年 3 月 20 日立案。

宣化县人民法院认为，被害人马某某与被告人朱某某曾有借款关系，二人后来虽然签订了房屋买卖合同，且朱某某在马某某未实际交款的情况下为马某某出具了合同价值 5 430 023 元的收款收据，但是根据上述事实不能认定朱某某主观上具有非法占有的故意，在客观方面朱某某亦未通过签订合同骗取被害人的钱财。公诉机关指控被告人朱某某犯合同诈骗罪，事实不清，证据不足，指控的罪名不能成立。据此，宣告被告人朱某某无罪。

一审宣判后，宣化县人民检察院提出抗诉，认为被告人朱某某明知其开发的楼房已出售他人，仍提议以该房抵顶借款，签订房屋买卖合同，致使受害人损失 500 余万元，其行为构成合同诈骗罪，一审判决认定事实错误，适用法律不当。

河北省张家口市中级人民法院经审理认为，原审被告人朱某某与被害人马某某之间有过借款、还款的经济往来，但具体的借款、还款数额缺乏足够的客观证据证实；双方虽对签订过 23 份房屋买卖合同等均不持异议，但各自提供的一式两份的房屋买卖合同在内容、签订时间、买卖双方签字等主要项目上均不一致，有较大差异，存在明显的瑕疵，且各方在以房抵债的提议上也各执一词。上述事实不足以认定原审被告人具有非法占有的主观故意及通过签订合同骗取被害人钱款的客观行为。一审法院根据查明的事实及现有证据，认定指控朱某某犯合同诈骗罪的证据不足，指控罪名不能成立的无罪判决符合刑事诉讼法及司法解释的相关规定，并无不当。一审法院根据查明的事实，依法判决原审被告人无罪，适用法律正确，审判程序合法。抗诉机关的抗诉理由不能成立。据此裁定驳回抗诉，维持原判。

二、主要问题

审理合同诈骗案件时如何具体把握"犯罪事实清楚，证据确实、充分"的证明标准？

三、裁判理由

本案在审理过程中形成两种截然不同的意见：一种意见认为，被告人朱某某隐瞒了 23 套房屋已经销售的事实，与马某某签订房屋买卖合同，致使马某某损失 543 万余元，其行为构成合同诈骗罪；另一种意见认为，本案证据无法证实朱某某具有非法占有的目的及马某某因朱某某的行为而遭受财产损失，因事实不清、证据不足，不能认定朱某某构成犯罪。

我们同意后一种意见。依据刑事诉讼法第五十三条第二款的规定，刑事案件的证明标准是"证据确实、充分"，具体应当符合以下条件：(1)定罪量刑的事实都有证据证明；(2)据以定案的证据均经法定程序查证属实；(3)综合全案证据，对所认定事实已排除合理怀疑。本案认定朱某某构成合同诈骗罪的证据尚未达到确实、充分的标准，应宣告被告人朱某某无罪。理由如下：

（一）没有充分证据证明被告人朱某某具有非法占有借款的主观目的

根据刑法第二百二十四条的规定，合同诈骗罪是指以非法占有为目的，在签订、履行合同过程中，骗取对方当事人财物，数额较大的行为。对于合同诈骗罪的行为人而言，签订合同的着眼点不在合同本身的履行，而在对合同标的物或定金的不法占有。判断行为人的行为是否构成合同诈骗罪，认定有无非法占有目的是关键。非法占有目的既可以存在于签订合同时，也可以存在于履行合同的过程中。如何在司法实践中判断行为人的主观目的，应当根据其是否符合刑法所规定的具体行为，并综合考虑事前、事中、事后的各种主客观因素进行整体判断。刑法第二百二十四条列举了四种判断非法占有目的的情形：(1)以虚构的单位或者冒用他人名义签订合同的；(2)以伪造、变造、作废的票据或者其他虚假的产权证明作担保的；(3)没有实际履行能力，以先履行小额合同或者部分履行合同的方法，诱骗对方当事人继续签订和履行合同的；(4)收受对方当事人给付的货物、货款、预付款或者担保财产后逃匿的。结合司法实践，除了上述四种情况外，具有以下情况的也可认为行为人具有非法占有为目的：(1)为了应付对方当事人索取债务，采用"拆东墙补西墙"的方法又与其他人签订合同筹措资金，以后次骗签合同所获得货物、货款、预付款、定金或者保证金归还前次欠款的；(2)起初确实只是为了解决一时资金困难，采取欺骗手段与对方当事人签订合同以暂时获取周转资金，但在有能力归还资金的情况下却故意久拖不还的；(3)收到对方货款、预付款、定金或者保证金后，不按合同约定内容履行合同，如组织约定货源、提供约定服务等，而是用于炒股或其他风险投资的；(4)通过签订合同获取对方当事人交付的货物、货款、预付款、定金或者保证金后，挥霍浪费，致使上述款物无法返还的；(5)根本没有履行合同的能力或者故意夸大自己履行合同的能力，骗取对方当事人的信任与自己签订合同，合同签订后又不积极努力设法创造履约条件履行合同以避免对方经济损失的。

从本案来看，被告人朱某某的行为不属于上述所列举的非法占有的几种情形，在案证据也无法证实朱某某主观上具有非法占有的目的。首先，本案现有证据不能证实朱某某与马某某的借款、还款情况，二人借款、还款的事实不清。本案证据显示，朱某某与马某某之间的借款、还款关系，只有二人口头的表述，马某某主张朱某某借其550万元，朱某某虽认可这一数额，但提出其在借款后陆续还款。朱某某到底向马某某借款多少，又偿还了多少借款等情况，朱某某与马某某均各执一词，没有确实、充分的证据予以证实。从侦查机关提供的证据来看，马某某对于如何将550万元给付朱某某的陈述相互矛盾，一说全部是现金支付，一说部分现金、部分通过银行汇款。通过核实汇款记录，朱某某与马某某之间款项来往较多，且二人对于大部分汇款款项不能说明具体哪些是借款，哪些是还款，因此无法认定案发前的具体借款数额。其次，本案现有证据无法认定朱某某在签订房屋买卖合同时具有非法占有借款的目的。关于二人签订房屋买卖合同的目的，朱某某的供述和马某某的陈述不一致，朱某某供述是马某某提出签订合同的，是应付马某某的债权人的权宜之计。而马某某陈述，签订合同是朱某某提出，是在马某某多次向朱某某催还借款后，朱某某提出以其公司出售的房屋以房抵债。如果依马某某所言，二人签订房屋买卖合同是为了以房抵债，那么作为标的额有500多万元的房产合同，无论是谁在签订时都应当谨慎，至少会去实地考察房屋是否真实存在，房屋的位置、状态等。但是朱某某和马某某均未提到在签订合同时曾现场看过房屋，证人李某某、周某的证言也证实，朱某某和马某某签订合同时只是由李某某打电话给周某填写了房屋门牌号和面积、价格，二人均没见过马某某看房。因此，马某某陈述的真实性令人怀疑。综上，本案现有证据不能证实朱某某在与马某某签订房屋买卖合同时具有非法占有借款的主观目的。

（二）在案证据无法证实被害人马某某因与被告人朱某某签订合同而遭受财产损失

合同诈骗罪与普通诈骗罪在逻辑上是特殊与一般的关系。符合诈骗罪的犯罪构成，且利用了合同的，就成立合同诈骗罪。所以，参照普通诈骗罪的构成模式，合同诈骗犯罪的构成模式应当为：欺诈行为→被害人产生错误认识而签订合同→依据合同而处分财产→行为人或第三人获得财产→被害人的财产损失。之所以有观点认为被告人朱某某构成合同诈骗罪，是因为本案中朱某某确实实施了一定的欺诈行为，即隐瞒了与马某某签订合同的23套房屋已经售卖的事实，且马某某由于朱某某隐瞒真相的行为，确实误认为该23套房屋并没有卖出，从而二人签订了房屋买卖合同。朱某某具备了"欺诈行为""被害人产生错误认识而签订合同"这两个合同诈骗罪的阶段性行为。但是，我们认为，能否构成合同诈骗罪还要看是否有后续的三个阶段的行为，缺少任何一个阶段的行为都是无法成立合同诈骗罪的。

本案现有证据不能证实被害人马某某依据合同而处分了财产，被告人朱某某也没有因签订合同而获得财产，马某某亦未受到实际的财产损失。具体来说：(1)从二人签订的合同来看，房屋买卖合同在内容、签订时间等主要项目上均不一致，有较大差异，且马某某的签名存在明显的瑕疵，因此，合同本身的真实性存在疑问。(2)即使认可朱某某和马某某所签订的房屋买卖合同，但二人均承认在签订合同时马某某并未向朱某某支付购房款，银行交易明细查询结果单也证实，在签订合同期间马某某没有向朱某某转账，朱某某在没有实际收到购房款的情况下给马某某出具了收款收据，因此，马某某并没有基于房屋买卖合同而支付543万余元的购房款，也即马某某并未处分财产。(3)朱某某并未因签订合同而获得财产。获得财产包括两种情况：一是积极财产的增加，如将被害人的财物转移为行为人或第三者占有；二是消极财产的减少，如使对方免除或者减少行为人或第三者的债务。但本案中，如前所述，朱某某没有实际收到543万余元的购房款，在案证据无法证实马某某向朱某某承诺了因签订购房合同而免除其债务，或者出具了借款已结清的书证等，因此朱某某也没有因为签订合同而免除债务。(4)马某某的财产并未受到损失。合同诈骗罪的成立要求被害人因签订、履行合同而遭受财产损失，本案表面看似乎是马某某受到了财产损失，因为朱某某向其借款而未还；但仔细分析就会发现，朱某某向马某某借款发生在二人签订合同之前，即使朱某某借钱不还使马某某遭受损失，但这与签订房屋买卖合同本身并无因果关系，因此，马某某并未因签订合同而遭受财产损失。公诉机关仅依据房屋买卖合同认定朱某某的诈骗数额为5 430 023元是错误的。

综上，本案现有证据不能证实被告人朱某某在签订合同时具有非法占有的目的，被害人马某某亦未因朱某某的行为而遭受财产损失，原审法院宣告朱某某无罪是适当的。

（撰稿：河北省宣化县人民法院　刘学东　王永峰
审编：最高人民法院刑四庭　陆建红）

[第1077号]李彦生、胡文龙非法经营案

——如何认定刑法中的“国家规定”,经营有偿讨债业务宜否认定为刑法第二百二十五条第四项规定的“其他严重扰乱市场秩序的非法经营行为”

【关键词】 非法经营罪 有偿讨债业务 兜底条款 国家规定 其他严重扰乱市场秩序的非法经营行为

一、基本案情

被告人李彦生,男,1980年6月24日出生,农民。2013年9月12日因涉嫌犯非法经营罪被逮捕。

被告人胡文龙,男,1982年5月30日出生,无业。2013年8月8日因涉嫌犯非法经营罪被刑事拘留,同年9月12日被取保候审。

北京市朝阳区人民检察院以被告人李彦生、胡文龙犯非法经营罪,向朝阳区人民法院提起公诉。

被告人李彦生、胡文龙对指控的事实均无异议,请求从轻处罚。

被告人李彦生的辩护人提出:(1)李彦生帮人讨债的行为并未造成任何不良后果,且在客观上也确实达到了帮事主讨回债务的目的,犯罪情节轻微,社会危害性不大,其行为不构成犯罪;(2)李彦生在案发后积极配合调查,主动交代公安机关尚未掌握的帮助秦某某讨债的事实,有坦白情节;(3)李彦生系初犯,在案发前一贯表现良好,无任何违法记录,案发后主动退赔被害人秦某某5 000元赃款,有悔罪表现;(4)李彦生家中有患病的父母和两个年幼的孩子需要其赡养与照顾。综上,建议对李彦生从轻处罚并适用缓刑。

北京市朝阳区人民法院经公开审理查明:

被告人李彦生于2012年8月至2013年8月间,以北京恒通万嘉市场调查中心的名义经营有偿讨债业务。2012年8月,李彦生接受辽宁省大连市人秦某某的委托向山西省太原市人陈某追讨230万元欠款,双方签订了《商账授权代理咨询劳务合同》,约定以收回欠款的20%作为报酬。随后,李彦生伙同被告人胡文龙驾车随秦某某前往太原市,抵达太原市后,秦某某将陈某约出来商量还钱事宜。秦某某在与陈某商谈时,李彦生等人在旁向陈某索要欠款,陈某后归还给秦某某50万元,秦某某按合同约定支付给李彦生10万元报酬,李彦生将其中的3 000元给了胡文龙。

2013年7月30日,李彦生接受山东省青岛市人王某某的委托向其前男友姜某某索要10万元欠款,双方签订了《商账授权代理咨询劳务合同》,约定以收回欠款的40%作为报酬。当日上午12时30分许,王某某将姜某某约至朝阳区霄云路庆安大厦内的火锅店包间见面,李彦生与胡文龙等人在场帮忙索要欠款,姜某某表示一次拿不出那么多钱。经讨价还价,最后确定先还给王某某5 000元,一个星期后再还5万元,剩下的当年国庆节前还清。李彦生让姜某某重新打了张9.5万元的欠条,并让王某某将之前那张10万元的欠条撕掉。当日17时许,姜某某将5 000元送到庆安大厦内的肯德基餐厅,李彦生收了钱,告诉王某某这笔钱他先拿走,等下一笔钱到账后再按照40%拿提成,王某某表示同意。姜某某事后认为自己被敲诈勒索,于2013年8月1日向公安机关报案。8月8日,李彦生打电话给姜某某索要约定的5万元欠款,侦查人员遂在庆安大厦

附近蹲点守候，于当日15时许将前来取钱的李彦生、胡文龙当场抓获。

一审期间，朝阳区人民检察院以法律发生变化为由，于2015年1月29日向朝阳区人民法院申请撤回起诉。朝阳区人民法院经审查，认为朝阳区人民检察院撤诉申请符合法律规定，依据《最高人民法院关于适用〈中华人民共和国刑事诉讼法〉的解释》第二百四十二条之规定，裁定准许朝阳区人民检察院撤诉。

二、主要问题

1. 如何认定刑法中的“国家规定”。

2. 经营有偿讨债业务是否属于刑法第二百二十五条第四项规定的“其他严重扰乱市场秩序的非法经营行为”。

三、裁判理由

（一）认定被告人李彦生、胡文龙经营有偿讨债业务违反“国家规定”的依据不足

对于本案中二被告人的行为是否违反“国家规定”存在两种意见：

第一种意见认为，被告人李彦生、胡文龙经营有偿讨债业务违反了“国家规定”。理由是：（1）国家经济贸易委员会、公安部、国家工商行政管理局于2000年6月15日联合发布的《关于取缔各类讨债公司严厉打击非法讨债活动的通知》（国经贸综合〔2000〕568号，以下简称《打击非法讨债的通知》）规定：“取缔各类讨债公司，禁止任何单位和个人开办任何形式的讨债公司。对继续从事非法讨债活动，侵犯公民、法人和其他组织合法权益的，要坚决依法惩处……对采取恐吓、威胁或者其他方法干扰他人正常生活的讨债行为，公安机关要依据《中华人民共和国治安管理处罚条例》予以处罚；构成犯罪的，依法追究其刑事责任。”该通知明确指出系“经报请国务院同意”后发布，因此，属于刑法第九十六条规定的国务院“发布的决定和命令”。（2）最高人民法院、最高人民检察院、公安部于2013年4月23日联合发布的《关于依法惩处侵害公民个人信息犯罪活动的通知》（公通字〔2013〕12号，以下简称《惩处信息犯罪的通知》）也指出：“近年来，随着我国经济快速发展和信息网络的广泛普及，侵害公民个人信息的违法犯罪日益突出，互联网上非法买卖公民个人信息泛滥，由此滋生的电信诈骗、网络诈骗、敲诈勒索、绑架和非法讨债等犯罪屡打不绝……非法调查公司根据这些信息从事非法讨债、诈骗和敲诈勒索等违法犯罪活动。”《惩处信息犯罪的通知》以最高司法机关联合发布规范性文件的方式将非法讨债明确规定为违法犯罪行为。综上，非法经营有偿讨债业务的行为违反“国家规定”有明确依据。

第二种意见认为，认定被告人李彦生、胡文龙经营有偿讨债业务违反“国家规定”的依据不足。理由是：（1）根据最高人民法院2011年4月8日发布的《关于准确理解和适用刑法中“国家规定”的有关问题的通知》（法发〔2011〕155号，以下简称《关于“国家规定”的通知》）的规定，认定刑法中的“国家规定”有着严格的标准，《打击非法讨债的通知》并不符合《关于“国家规定”的通知》中关于“国家规定”的认定标准。（2）《惩处信息犯罪的通知》虽系最高人民法院、最高人民检察院与公安部联合制发的规范性文件，但是并未明确非法讨债行为违反了哪个层面的法，且该通知主要是关于打击非法获取公民个人信息违法犯罪活动的规定，非法讨债只是非法获取公民个人信息后的用途之一，并非针对有偿讨债的专门性规定，因此，《惩处信息犯罪的通知》也不足以作为认定经营有偿讨债业务违反“国家规定”的依据。

我们同意第二种意见，理由是：

1. 刑法第九十六条规定：“本法所称违反国家规定，是指违反全国人民代表大会及其常务委员会制定的法律和决定，国务院制定的行政法规、规定的行政措施、发布的决定和命令。”具体来说，刑法中的“国家规定”主要包括以下三个方面：（1）全国人民代表大会及其常务委员会通过的

法律、带有单行法性质的决定,以及以修正案、立法解释等形式对现行法律作出的修改、补充的规定。全国人大常委会的内设机构如法制工作委员会等发布的文件不属于“国家规定”。(2)国务院制定的行政法规、规定的行政措施、发布的决定和命令。所谓“行政法规”,根据《中华人民共和国立法法》第五十六条、第六十一条以及《行政法规制定程序条例》第四条的规定,是指由国务院总理签署并以国务院令的形式公布的规范性文件,具体名称有“条例”“规定”“办法”等,行政法规的发文主体只能是国务院。所谓“行政措施”“决定”“命令”,目前并没有统一的法定解释,根据一般理解,应将其限定为除行政法规以外的由国务院制定、规定和发布的规范性文件,既包括以国务院名义制定或者发布的有关法规性质的文件,也包括由国务院有关部委制定,经国务院批准并以国务院名义发布的文件,如果是国务院有关部委制定并以该部委的名义发布,没有经过国务院批准并以国务院名义发布的,则不属于“国家规定”。(3)国务院办公厅制发(即“国办发”)的部分文件。国务院办公厅作为协助国务院领导同志处理国务院日常工作的机构,有权以“国办发”的名义制发文件,部分“国办发”文件会就行政措施做出规定,这部分文件虽然法律位阶低于以国务院的名义发布的规范性文件,但只要有明确的法律依据或者不与行政法规的规定相抵触,经国务院同意并公开向社会发布,其效力和适用范围通常情况下应当高于地方性法规和部门规章,可视为国务院“规定的行政措施、发布的决定和命令”。最高人民法院于2011年发布的《关于“国家规定”的通知》第一条规定:“以国务院办公厅名义制发的文件,符合以下条件的,亦应视为刑法中的‘国家规定’:(1)有明确的法律依据或者同相关行政法规不相抵触。(2)经国务院常务会议讨论通过或者经国务院批准。(3)在国务院公报上公开发布。”

2.《打击非法讨债的通知》虽然系“经报请国务院同意”,但从制发主体以及发布形式来看,均与《关于“国家规定”的通知》中关于“国家规定”范围的规定不符,不属于刑法第九十六条中的“国家规定”:首先,《打击非法讨债的通知》中虽然规定禁止开办讨债公司、从事讨债业务,但至今也没有法律、行政法规就未经许可从事讨债业务的行为性质做出明确规定。其次,《打击非法讨债的通知》系原国家经贸委、公安部、国家工商行政管理局联合发布的规范性文件,未经国务院常务会议讨论通过,也未以国务院的名义发布。最后,《打击非法讨债的通知》发布的对象是“各省、自治区、直辖市、计划单列市及新疆生产建设兵团经贸委(经委、计经委)、公安厅(局)、工商局、国务院有关部门”,并未以“国办发”文件的形式通过国务院公报面向全社会公开发布,不符合《关于“国家规定”的通知》中关于“国办发”文件的规定。因此,《打击非法讨债的通知》非国务院“规定的行政措施、发布的决定和命令”,不属于刑法第九十六条中的“国家规定”。

3.《惩处信息犯罪的通知》虽然系最高人民法院、最高人民检察院与公安部联合发布的规范性文件,其中也提到了经营有偿讨债业务是违法犯罪行为,但并未明示具体违反的是哪个层面的法律或者行政法规,且该通知主要是就打击侵害公民个人信息犯罪做出的规定,只是附带提到实践中存在利用非法获取的公民个人信息从事非法讨债、诈骗和敲诈勒索等违法犯罪活动。因此,《惩处信息犯罪的通知》亦不足以作为认定经营有偿讨债业务的行为“违反国家规定”的法律依据。

(二)被告人李彦生、胡文龙经营有偿讨债业务的行为尚未达到“严重扰乱市场秩序”的程度

对于二被告人的行为是否属于刑法第二百二十五条第四项规定的“其他严重扰乱市场秩序的非法经营行为”也存在两种意见:

第一种意见认为,被告人李彦生、胡文龙经营有偿讨债业务的行为属于刑法第二百二十五条第四项规定的“其他严重扰乱市场秩序的非法经营行为”。理由是:(1)一类行为是否属于犯罪,不能仅从个案是否造成实际损害来认定,个案没有发生损害后果并不等于该类行为没有社会危害性。(2)对于社会经济生活中形成的债务纠纷,应当鼓励当事人通过诉讼、仲裁、调解等合法途

径解决，但讨债公司的存在使很多人寄希望于非法讨债行为。这些讨债公司往往采取威胁、恐吓、非法获取公民个人信息等手段，有些甚至通过暴力手段进行讨债，不仅侵犯了公民个人隐私，容易引发人身伤害等后果，更对正常的社会经济生活秩序造成了严重损害。本案中李彦生、胡文龙经营有偿讨债业务的过程中通过言语威胁的方式对债务人形成了心理上的强制，迫使债务人还钱，严重扰乱了正常的市场经济秩序，应将其纳入刑法调整的范围。

第二种意见认为，被告人李彦生、胡文龙经营有偿讨债业务的行为虽然有一定的社会危害性，但其侵害的对象主要是财产权、人身权、自由权等法益，对市场秩序虽有一定的损害，但并未达到“严重扰乱市场秩序”的程度。理由是：刑法第二百二十五条第四项规定的“其他严重扰乱市场秩序的非法经营行为”，其所侵害的对象应与该条前三项规定的非法经营行为相当，对市场经济秩序的侵害也应达到“严重扰乱”的程度。现有证据能够证明本案中的委托人与讨债对象均存在债务关系，李彦生、胡文龙在讨债过程中虽然对债务人有一定程度的言语威胁，但并没有非法获取公民个人信息或是实施殴打、限制人身自由等行为，对其给予相应的治安处罚即可，无须动用刑罚手段处理。

我们同意第二种意见，理由是：

有偿讨债行为的社会危害性主要体现在对公民个人隐私和正常工作、生活秩序的破坏和干扰，对于正常的市场经济秩序虽有一定的危害，但并非主要方面。就非法经营罪来说，根据刑法第二百二十五条关于该罪构成要件的规定，其法益保护的侧重点在于市场经济秩序，因此，有偿讨债行为并不符合非法经营罪的危害实质。如果行为人在讨债过程中采取了非法获取公民个人信息、寻衅滋事、限制人身自由、暴力、威胁等手段且情节严重的，可按照其所触犯的具体罪名如侵犯公民个人信息罪、寻衅滋事罪、非法拘禁罪、非法侵入住宅罪、故意杀人罪、故意伤害罪等罪名予以处理。

在市场经济条件下，债权人既可以通过诉讼、仲裁、调解等途径实现债权，也可以在不违法或不损害公序良俗的前提下自行向债务人追讨，这些手段为国家、社会所鼓励和认可。但是，社会生活的复杂性决定了一些债权人或是由于债务人的躲避，或是出于节约时间，或是不方便通过诉讼等途径实现债权等原因，往往通过支付一定报酬的方式请他人帮助向债务人追讨。只要行为人在追讨时未采取违法犯罪手段，或是虽有违法行为但程度较轻，其社会危害性是有限的，被侵害的对象可以通过追究行为人的民事侵权责任来维护自身的合法权益，国家相关部门也可以对行为人适用治安管理处罚措施予以制裁。这样的处理方式符合刑法的谦抑性原则，即刑法的适用对象只能是具备严重社会危害性的违法行为，作为破坏社会主义市场经济秩序罪的非法经营罪，在适用时更应注意坚持这一原则。

本案中的委托人与讨债对象均存在真实债权债务关系，被告人李彦生、胡文龙在追讨欠债时虽然对债务人有一定程度的言语威胁，但这种言语威胁是建立在债权人和债务人均在场且债务人承认欠债属实的基础上的，其目的是促使债务人尽快还债，除此之外李彦生等人并未采取其他过激的方式方法，其行为对于他人的人身、财产危害有限，无须动用刑罚手段予以制裁。

（撰稿：最高人民法院刑二庭　郭　慧
审编：最高人民法院刑二庭　刘为波）

[第1121号]欧敏、关树锦非法从事长途大巴客运经营案

——未取得道路运输经营许可擅自从事长途大巴客运经营的行为如何定性

【关键词】 非法经营罪 道路运输经营许可 长途大巴客运经营行为 刑事处罚的必要性

一、基本案情

被告人欧敏,男,汉族,1965年9月22日出生,高中文化,原系"港粤快车"总经理、珠海市港之游运输有限公司法定代表人。2013年2月1日被逮捕。

被告人关树锦,男,汉族,1977年6月17日出生,高中文化,原系"港粤快车"股东、办公室主任。2013年2月1日被逮捕。

广东省深圳市福田区人民检察院以被告人欧敏、关树锦犯非法经营罪,向福田区人民法院提起公诉。

深圳市福田区人民法院经公开审理查明:2012年6月开始,吴振耀(另案处理)为谋取非法利益,在未取得道路运输管理机关颁发的道路运输经营许可证及工商行政管理机关颁发的工商营业执照的情况下,以"港粤快车"的名义,伙同被告人欧敏、关树锦,租赁港之游公司(公司于2012年3月16日成立,法定代表人欧敏,吴振耀占股40%,欧敏、李东升各占股30%,经营范围包括县级包车客运业务等)及其他公司所有的大客车,通过电话订票、发售会员卡或者现场售票的方式,组织经营往返于广东省珠海市、深圳市两地的长途客运业务,单程一般收取乘客人民币(以下币种同)50元/人次的车费。欧敏系"港粤快车"总经理,关树锦系小股东及办公室主任,罗某系财务人员,吴某系车辆调度员,许某系小股东,张某系发车员。经核实,2012年8月至9月,"港粤快车"非法经营长途客运业务金额达180余万元;2012年8月1日至10月15日,"港粤快车"违法所得达90万余元。

深圳市福田区人民法院认为,被告人欧敏、关树锦违反《中华人民共和国道路运输条例》《无照经营查处取缔办法》的规定,在未取得道路运输经营许可证的情况下,擅自从事道路运输经营,严重扰乱市场秩序,情节严重,其行为构成非法经营罪,且系共同犯罪。欧敏在共同犯罪中起主要作用,系主犯;关树锦起次要作用,系从犯,应当从轻处罚。关树锦归案后能够如实供述所犯罪行,认罪态度较好,有一定悔罪表现,可以从轻处罚,且宣告缓刑对其所居住社区没有重大不良影响,依法对其可以适用缓刑。据此,依照《中华人民共和国刑法》第二百二十五条、第二十五条、第二十六条、第二十七条、第六十七条第三款、第七十二条、第七十三条、第五十二条、第五十三条及第六十四条之规定,福田区人民法院判决如下:

1. 被告人欧敏犯非法经营罪,判处有期徒刑二年,并处罚金人民币三万元;

2. 被告人关树锦犯非法经营罪,判处有期徒刑一年六个月,缓刑二年,并处罚金人民币三万元。

一审宣判后,被告人欧敏不服,向深圳市中级人民法院提起上诉。

深圳市中级人民法院经公开审理认为,原判认定的事实清楚,审判程序合法,适用法律正确,遂驳回上诉,维持原判。

二、主要问题

未取得道路运输经营许可擅自从事长途大巴客运经营的行为，如何定性？

三、裁判理由

本案审理过程中，对被告人欧敏、关树锦未取得道路运输经营许可擅自从事长途大巴客运经营的行为，如何定性，存在两种意见：

一种意见认为，不构成非法经营罪。其理由是：(1)非法经营罪的范围应当严格限制，在缺乏司法解释规定的情况下，认定被告人欧敏、关树锦的行为构成非法经营罪欠缺法律依据。(2)虽然从事道路客运经营有一定准入条件，但从审批程序来看，客运经营仅为一般行政许可经营，而非与烟草、食盐等相提并论的国家特许经营，故欧敏、关树锦未经许可从事非法客运经营的行为不能适用刑法第二百二十五条第一项的规定。(3)未经许可非法从事客运经营的行为亦不属于"其他严重扰乱市场秩序的非法经营行为"。非法从事客运经营行为虽然在一定程度上破坏了道路客运市场秩序，但没有严重影响特许经营活动的市场秩序，不属于非法经营罪的调整对象。

另一种意见认为，构成非法经营罪。其理由是：欧敏、关树锦的行为违反了《中华人民共和国道路运输条例》（以下简称《道路运输条例》）和《无照经营查处取缔办法》等国家规定，属于非法经营罪中"其他严重扰乱市场秩序的非法经营行为"。未经许可擅自从事非法客运经营的危害不仅体现在结果危害，而且体现在潜在危害，其不仅对正常的客运经营秩序造成严重破坏，而且导致潜在的危险因素大量增加如引发超载以及因超载而频发的交通事故问题。因此，对于未经许可擅自从事非法客运经营的行为，情节严重的，应当按照非法经营罪追究刑事责任。

我们赞同后一种意见。具体理由如下：

（一）未取得道路运输经营许可擅自从事长途大巴客运经营活动，违反了国家规定

根据《道路运输条例》第十条的规定，申请从事客运经营的，应当向相应级别的道路运输管理机构提出申请并提交相关材料。道路运输管理机构经审查作出许可或者不予许可的决定。予以许可的，向申请人颁发道路运输经营许可证，并向申请人投入运输的车辆配发车辆营运证。客运经营者应当持道路运输经营许可证依法向工商行政管理机关办理有关登记手续。根据《道路运输条例》第六十四条的规定，未取得道路运输经营许可，擅自从事道路运输经营的，由县级以上道路运输管理机构责令停止经营；有违法所得的，没收违法所得，构成犯罪的，依法追究刑事责任。同时，根据2011年修订的《无照经营查处取缔办法》第十四条的规定，对于无照经营行为，由工商行政管理部门依法予以取缔，没收违法所得；触犯刑律的，依照刑法关于非法经营罪、重大责任事故罪、重大劳动安全事故罪、危险物品肇事罪或者其他罪的规定，依法追究刑事责任。

根据上述规定，从事客运经营应当具备一定的条件，依照相关规定程序申请获得经营许可。必须具备"有与其（申请人）经营业务相适应并经检测合格的车辆、有符合相关条件的驾驶人员、有健全的安全生产管理制度"三个条件。申请从事班线客运经营的，还应当有明确的线路和站点方案。符合上述条件的，可以向有关道路运输管理机构提出申请。申请人取得道路运输经营许可证后，向工商行政管理机关办理有关登记手续。可见，欧敏、关树锦未取得道路运输经营许可，擅自从事客运经营的行为违反了《道路运输条例》和《无照经营查处取缔办法》的相关规定。根据《最高人民法院〈关于准确理解和适用刑法中"国家规定"的有关问题的通知〉》（法〔2011〕155号）的规定，《道路运输条例》和《无照经营查处取缔办法》都属于刑法中的"国家规定"，因此，欧敏、关树锦的行为违反了国家规定。

（二）非法从事长途大巴客运经营活动属于"其他严重扰乱市场秩序的非法经营行为"

判断某类经营行为是否属于"其他严重扰乱市场秩序的非法经营行为"，是对某类非法经营

行为的属性进行判断,因此与情节是否严重的认定属于不同层面的问题,应当撇开个案特殊情节,从刑法因果关系的角度把握该类行为产生的实际危害和潜在危害,并以此进行综合认定。

非法从事长途大巴客运经营活动,不但严重扰乱道路运输市场秩序和行业秩序,危害人民群众的生命财产安全,侵害合法经营者的权益,影响行业和社会的稳定,影响道路交通安全和城市形象,而且导致交通事故频发,引发正规营运车主罢工和群众上访甚至暴力抗法的现象在全国范围内都比较普遍。(1)危害人民群众的生命财产安全。在脱离相关主管机关有效监督管理的情况下,非法营运安全隐患只会不断增多。非法营运车辆大都车况不佳、安全性能差、从业人员驾驶技术和交通安全意识良莠不齐,容易导致交通事故多发、频发。(2)引发社会不稳定因素。非法营运与团伙经营、暴力抗法等社会问题往往相伴相生,严重影响社会治安秩序。近年来,各地法院办理的多宗抢劫杀人案件,常有被告人或者被害人从事非法营运的因素。非法营运车辆多数无保险,在营运中一旦发生事故,乘客的合法权益得不到保障,容易激发上访、闹访等群体性事件,严重影响当地社会稳定。可见,非法营运已成为引发社会不稳定因素中一个不容忽视的问题。(3)破坏正常的市场秩序。非法营运公司不缴纳税费,造成国家的税收流失;争抢客源、抢夺市场份额,使正规的客运站点和合法营运者收入减少,损害合法营运车辆的正当权益,影响行业稳定;由于其没有纳入正常的管理体系,相关部门平时也无法对其进行有效管理。(4)激发潜在的犯罪心理。因非法营运利润率极高,绝大多数非法营运车主一直在观望,如果此类行为不能得到有效遏制,将会激发更多的非法营运车辆参与非法营运。

本案中,欧敏、关树锦组织非法营运的规模大,参与非法营运的车辆和人员多,虽无证据证明已发生客观危害结果,但潜在的社会危害严重。综合实际危害结果和潜在危害因素分析,应当认定欧敏、关树锦的非法营运行为属于“其他严重扰乱市场秩序的非法经营行为”。

(三)被告人欧敏、关树锦的非法经营数额、违法所得应当认定为情节严重

本案中,“港粤快车”股东有17人,员工最高峰时有上百名,案发时还有40人左右,且分工明确,车辆调度、发车、跟车、客服均有专门管理人员;深圳和珠海每天至少对发5班车,周末和节假日班次更多,一般一辆车可以载40个左右乘客,周末和节假日几乎是满座(50个左右)。如此大的规模,已远远超出个人自驾“黑车”的性质范围。本案认定的被告人欧敏、关树锦组织非法营运的时间是2012年6月至12月,统计的2012年8月至9月非法经营长途客运业务的金额(180余万元),2012年8月1日至10月15日的违法所得金额(90余万元),即仅统计了其中的一个时间段,其实际经营数额和违法所得数额应当更多。而且欧敏、关树锦在运营车辆多次受到行政处罚的情况下,仍然从事非法营运活动,故从经营数额、违法所得数额以及其他情节来看,应当达到非法经营罪的入罪标准。同时,鉴于非法从事长途大巴客运营运活动的复杂性,对此类行为不宜机械参照适用《最高人民检察院、公安部关于公安机关管辖的刑事案件立案追诉标准的规定(二)》第七十九条第八项的规定,故在暂无相关司法解释对此类行为“情节严重”和“情节特别严重”明确认定标准的情况下,深圳市福田区人民法院认定欧敏、关树锦的行为构成“情节严重”是妥当的。

(四)行政处罚效果不佳体现出对非法从事大巴客运营运活动具有刑事处罚的必要性

对于社会危害严重的非法营运行为,行政处罚体现出威慑效力不足的问题。本案被告人欧敏、关树锦从事非法营运时间长,在经历多次行政处罚后,依然不断扩大经营规模,体现出交通执法的打击手段和效果不能满足打击此类违法行为的需要。非法从事客运营运的行为屡禁不止,不仅直接侵犯合法经营者的权益,造成行业混乱,且容易引发其他犯罪,故加大打击力度,发挥刑罚的威慑功能具有一定的必要性和合理性。

同时,有必要强调的是,鉴于目前社会上出现的非法营运行为较为普遍,且原因复杂,在司法

实践中一定要把握好是否追究刑事责任和追究刑事责任的范围问题。以非法经营罪追究刑事责任,主要是针对非法营运的出资者、组织者和主要管理者,特别是要打击那些欺行霸市、采取非法手段裹挟国家行政执法人员,带有黑社会性质的从事非法营运的团伙和人员。对于个人自驾"黑车"或者少数几个人联合从事非法营运,营运时间短、经营数额不大以及受雇用参与非法营运的,一般不予追究刑事责任,可以行政处罚等方式追究其行政违法责任。

(撰稿:最高人民法院刑二庭　许建华　刘晓虎
审编:最高人民法院刑二庭　王晓东)

[第1122号]喻江、李强非法从事出租汽车经营活动案

——未取得道路运输经营许可集合社会车辆对不特定的旅客招揽生意、拉客,从事出租汽车经营的行为如何定性

【关键词】 非法经营罪　道路运输经营许可　出租汽车运输经营　共同犯罪　严重扰乱市场秩序

一、基本案情

被告人喻江,男,汉族,1979年5月10日出生,高中文化,长沙天之翼汽车租赁服务有限公司法定代表人。2012年5月8日因涉嫌犯非法经营罪被逮捕。

被告人李强,男,汉族,1979年9月20日出生,大学文化,长沙天之翼汽车租赁服务有限公司总经理。2012年2月21日因涉嫌犯非法经营罪被逮捕。

湖南省宁乡县人民检察院以被告人喻江、李强犯非法经营罪,向宁乡县人民法院提起公诉。

宁乡县人民法院经公开审理查明:

2009年4月,被告人喻江在长沙市岳麓区工商局注册成立了长沙天之翼汽车租赁服务有限公司(以下简称天之翼公司),注册资金人民币(以下币种同)50万元,法定代表人为喻江,喻江占股90%,尹某占股10%,经营范围为汽车租赁、婚庆礼仪、商业信息咨询等。2009年9月,被告人李强加入公司,与喻江各占该公司50%的股份。公司又称为"平安车队",喻江、李强以该公司作掩护,在未取得道路运输经营许可证的情况下,集合社会车辆对不特定的旅客招揽生意、拉客,在长沙市城区和宁乡县城之间往返营运,从中牟取高额利润。该公司经营模式是车辆加盟的形式,每台要加入公司的社会车辆先交2 000~3 000元的加盟费,另外公司每月向车主收取1 400~1 600元不等的管理服务费。公司为加盟车辆提供客源、派送乘客、发放名片、提供短信服务。同时,公司为每台车加入手机集团用户提供内部短号联系,在经营期间为每台车主协调与运政、城管等执法部门的关系,公司承担缴纳因非法营运被执法机关所处的罚款。喻江负责长沙市相关部门的关系协调,李强负责宁乡县相关部门的关系协调。公司还于2011年4月聘请袁某为车队长,负责收取加盟费和管理费,对车队进行日常管理;另外聘请总台调度员周某、李某负责接听电话和车辆派送。此外,公司分别在长沙、宁乡安排拉客人员各两名,员工从公司中得到相应报酬,车队长每月工资为3 000元,喊话员每月工资2 400元,调度员每月工资1 800元。

2011年1月至2012年1月,喻江、李强在未取得道路运输经营许可证的情况下,集合近40台社会车辆擅自从事道路运输经营,从公司获取服务费658 465元,短号车服务收入68 095元,加

盟费收入57 950万元，非法经营数额784 510元，除去各项开支163 005元，违法所得621 505元。

宁乡县人民法院认为，被告人喻江、李强违反《中华人民共和国道路运输条例》的规定，在未取得道路运输经营许可证的情况下，擅自从事道路运输经营，严重扰乱市场秩序，情节严重，其行为构成非法经营罪，且系共同犯罪。喻江、李强在共同犯罪中均起主要作用，系主犯；喻江、李强到案后能够如实供述罪行，依法可以从轻处罚；喻江、李强无前科劣迹，案发后积极退赃，有悔罪表现，可以酌情从轻处罚。据此，依照《中华人民共和国刑法》第二百二十五条第四项，第二十五条第一款，第二十六条第一款、第四款，第六十七条第三款，第七十二条第一款、第三款，第七十三条第二款、第三款，第六十四条之规定，宁乡县人民法院判决如下：

1. 被告人喻江犯非法经营罪，判处有期徒刑二年，宣告缓刑三年，并处罚金人民币二十万元；

2. 被告人李强犯非法经营罪，判处有期徒刑二年，宣告缓刑三年，并处罚金人民币二十万元；

3. 被告人喻江、李强违法所得均予以没收，上缴国库。

一审宣判后，被告人喻江、李强未上诉，检察机关亦未抗诉，该判决已发生法律效力。

二、主要问题

未取得道路运输经营许可，集合社会车辆对不特定的旅客招揽生意、拉客，擅自从事出租汽车运输经营的行为如何定性？

三、裁判理由

本案审理过程中，对被告人喻江、李强未取得道路运输经营许可，集合社会车辆对不特定的旅客招揽生意、拉客，擅自从事出租汽车经营的行为如何定性，存在两种意见：一种意见认为，被告人喻江、李强人违反《中华人民共和国道路运输条例》的规定，在未取得道路运输经营许可证的情况下，擅自从事道路运输经营，时间长、规模较大，非法经营数额和获利数额均达数十万元，具有较大社会危害性，严重扰乱市场秩序，且情节严重，其行为构成非法经营罪。另一种意见认为，被告人喻江、李强擅自从事道路运输经营的行为是否达到了严重扰乱市场秩序的程度，公诉机关并未提供相关证据证明，法律对该类行为亦无明确规定，故本案不宜按刑法第二百二十五条第四项处理。本案虽有违反行政许可的行为，但是否需要动用刑法值得斟酌。

我们赞同前一种意见。具体理由如下：

（一）未取得道路运输经营许可证、出租汽车经营资格证，擅自从事出租汽车经营活动，违反了国家规定

根据《中华人民共和国道路运输条例》第十条的规定，申请从事客运经营的，应当向相应级别的道路运输管理机构提出申请并提交相关材料。道路运输管理机构经审查作出许可或者不予许可的决定。予以许可的，向申请人颁发道路运输经营许可证，并向申请人投入运输的车辆配发车辆营运证。客运经营者应当持道路运输经营许可证依法向工商行政管理机关办理有关登记手续。根据《无照经营查处取缔办法》第十四条的规定，“对于无照经营行为，由工商行政管理部门依法予以取缔，没收违法所得；触犯刑律的，依照刑法关于非法经营罪、重大责任事故罪、重大劳动安全事故罪、危险物品肇事罪或者其他罪的规定，依法追究刑事责任”。

2005年10月12日国务院法制办公室对建设部《关于无证经营出租汽车行为是否适用〈无照经营查处取缔办法〉（国务院令第370号）的请示》的复函（国法函〔2005〕431号）和对交通部《关于请明确对未取得出租车客运经营许可擅自从事经营活动实施行政处罚法律依据的函》的复函（国法函〔2005〕432号）载明：（经研究并征求建设部、交通部、国家工商总局意见）《国务院对确需保留的行政审批项目设定行政许可的决定》（国务院令第412号）第一百一十二项规定，出租汽车经营资格证的核发由县级以上地方人民政府出租汽车行政主管部门实施。根据《无照经营查处

取缔办法》第十七条的规定，相关法律、法规对无证经营出租汽车行为的处罚没有规定的，县级以上地方人民政府出租汽车行政主管部门应当依照《无照经营查处取缔办法》第十四条、第十五条、第十六条的规定处罚。

2005 年 10 月 12 日《交通部转发国务院法制办关于明确对未取得出租车客运经营许可擅自从事经营活动实施行政处罚法律依据的复函的通知》（交公路发〔2005〕468 号）规定："地方性法规《道路运输管理条例》或《出租汽车管理条例》对无证经营的'黑车'已设定行政处罚的，各地应当按照其规定执行。""未制定《道路运输管理条例》或《出租汽车管理条例》的，应当依据《无照经营查处取缔办法》第十四条对未取得经营许可证件擅自从事出租汽车经营活动的行为实施行政处罚。……构成刑事犯罪的，移交公安机关依法追究刑事责任。"

根据《最高人民法院〈关于准确理解和适用刑法中"国家规定"的有关问题的通知〉》（法〔2011〕155 号）的规定，《中华人民共和国道路运输条例》和《无照经营查处取缔办法》都属于刑法中的国家规定，其他规范性文件系落实此两个文件的具体工作细则。从上述文件可知，未取得出租车客运经营许可，擅自从事出租汽车经营活动的行为，属于违反国家规定的行为。同时，《中华人民共和国道路运输条例》和《无照经营查处取缔办法》以及相关法规对此类行为构成犯罪追究刑事责任作了提示性规定，体现了在法律、行政法规制定时，对未取得出租车客运经营许可而擅自从事出租汽车经营活动行为的定性有了充分考虑，并有意对一般违法行为和刑事违法行为作了原则性区分和衔接，故对此类行为追究刑事责任并未违背立法初衷。

（二）未经许可非法从事出租汽车营运活动，属于严重扰乱市场秩序的非法经营行为

主张未经许可非法从事出租汽车营运活动不构成非法经营罪的一个主要理由是，出租汽车营运活动不属于法律、行政法规规定的专营专卖行业，也未有司法解释对其定性予以明确，故不属于刑法第二百二十五条规定的"其他严重扰乱市场秩序的非法经营行为"。我们认为，该观点难以成立。近年来，根据打击犯罪的实际需要，最高人民法院通过出台司法解释性文件不断调整了非法经营罪的适用范围。从这些解释性文件的规定来看，刑法规制的非法经营行为并不要求必须涉及法律、行政法规规定的专营专卖行业。一般性准入经营行业，甚至法律、行政法规未规定准入制度但明显具有严重社会危害的经营行业，也可以成为非法经营罪的打击对象。例如，对于违反国家在预防、控制突发传染病疫情等灾害期间有关市场经营、价格管理等规定，哄抬物价、牟取暴利，严重扰乱市场秩序，违法所得数额较大或者有其他严重情节的，最高人民法院、最高人民检察院于 2003 年 5 月 14 日联合出台的《关于办理妨害预防、控制突发传染病疫情等灾害的刑事案件具体应用法律若干问题的解释》第六条明确规定可以构成非法经营罪。另从司法实践情况来看，各地法院也有根据上述文件精神将司法解释未予明确但性质相同的非法经营行为认定构成非法经营罪的实例，如对非法从事涉外婚姻介绍业务、非法从事出入境中介业务、非法从事保安服务业务、非法从事学历教育活动的行为，以非法经营罪追究刑事责任。

基于上述分析，我们认为，非法从事出租汽车营运活动是否属于严重扰乱市场秩序的非法经营行为，核心要看其经营行为的违法性以及扰乱市场秩序的严重程度，即要从其社会危害性认定其行为性质。从当前各地案发情况来看，非法从事出租汽车营运活动主要危害体现在：（1）所从事的经营行为严重危害人民群众的生命财产安全。非法营运车辆大都车况不佳、安全性能差、从业人员驾驶技术和交通安全意识良莠不齐，从而导致交通事故多发、频发。（2）引发社会不稳定因素。非法营运车主和合法营运车主经常发生冲突，近年来，不少地方因非法营运引发正规营运车主多次停运、罢工、上访。且非法营运车辆多数无保险，在营运中一旦发生事故，乘客的合法权益得不到保障，给相关部门处理事故造成极大的难度，甚至容易激发上访、闹访等群体性事件，严

重影响当地社会稳定。(3)破坏正常的营运秩序。非法营运公司不缴纳税费,造成国家的税收流失;争抢客源、抢夺市场份额,使正规的客运站点和合法营运者收入减少,损害合法营运车辆的正当权益,影响行业稳定;由于其没有纳入正常的管理体系,相关部门平时也无法对其进行有效管理。(4)严重影响城市形象。非法营运车辆不仅车容不整,容易造成城市的视觉污染,而且在城区主要路口及繁华地段聚集候客,或者沿街随意乱停乱靠招客,严重影响道路交通安全。(5)因非法营运利润率极高,绝大多数非法营运车主一直在观望,如果此类行为不能得到有效遏制,将会激发更多的非法营运车辆加入非法营运团伙。

可见,非法从事出租汽车营运活动,严重扰乱道路运输市场秩序和出租汽车行业秩序,危害人民群众的生命财产安全,侵害出租汽车从业人员的合法权益,影响出租汽车行业和社会的稳定,属于刑法第二百二十五条规定的"其他严重扰乱市场秩序的非法经营行为"。严厉打击非法从事出租汽车经营活动,对于改善出租汽车营运环境、保障从业人员和广大群众的合法权益、促进出租汽车行业健康发展、维护市场秩序和市场公平、维护社会稳定具有重要意义。

(三)被告人喻江等人的非法经营数额、违法所得应当认定为情节严重

本案被告人喻江、李强2011年1月至2012年1月集合近40台社会车辆擅自从事道路运输经营,从公司获取服务费658 465元,短号车服务收入68 095元,加盟费收入57 950万元,非法经营数额784 510元,除去各项开支163 005元,违法所得621 505元。另外,该车队非法营运一年多期间,多次拉拢政府工作人员为其非法活动提供庇护;在其车队加盟车辆因非法营运多次被行政处罚的情况下仍从事非法营运活动。因此,无论是从非法经营数额、违法所得数额,还是从其他情节角度,均应达到入罪标准。同时,鉴于非法从事出租汽车营运活动的复杂性,对此类行为不宜机械参照适用《最高人民检察院、公安部关于公安机关管辖的刑事案件立案追诉标准的规定(二)》第七十九条第八项的规定,故在暂无相关司法解释对此类行为明确"情节严重"和"情节特别严重"认定标准的情况下,宁乡县人民法院认定被告人喻江、李强的行为构成情节严重是妥当的。

需要说明的是,鉴于"黑的士"等非法营运行为在全国较为普遍,且原因复杂,在具体案件中要注意把握追究刑事责任的范围问题。要严厉打击非法营运的牵头者和组织者,特别是要打击欺行霸市、垄断市场强迫交易,带有黑社会性质的非法营运和扰乱出租汽车市场经营秩序的团伙。对于个人自驾"黑车"或者少数几个人联合从事非法营运,营运时间短、经营数额不大以及被动参与非法营运的,一般不予追究刑事责任,可以行政处罚等方式追究其行政违法责任。

(撰稿:最高人民法院刑二庭　刘晓虎　许建华
审编:最高人民法院刑二庭)

[第1210号]朱海林、周汝胜、谢从军非法经营案

——未经许可生产摩托车以及以燃油助力车名义销售摩托车的行为如何定性

【关键词】 非法经营罪　伪劣产品　以假充真　国家规定　情节严重　严重扰乱市场秩序的非法经营行为

一、基本案情

被告人朱海林,男,1978年1月3日出生,2013年1月24日因涉嫌犯生产、销售伪劣产品罪

被逮捕,2014年1月24日被取保候审。

被告人周汝胜,男,1958年8月5日出生,2012年12月28日因涉嫌犯销售伪劣产品罪被逮捕,2014年1月24日被取保候审。

被告人谢从军,男,1964年2月16日出生,2012年12月28日因涉嫌犯销售伪劣产品罪被逮捕,2013年2月4日被取保候审。

湖北省赤壁市人民检察院以被告人朱海林犯生产、销售伪劣产品罪,被告人周汝胜、谢从军犯销售伪劣产品罪向赤壁市人民法院提起公诉。

被告人朱海林、周汝胜、谢从军均辩称其行为不构成犯罪。朱海林的辩护人提出,朱海林任法定代表人的浙江省台州市豪门经贸有限公司(以下简称豪门公司)具有摩托车生产资质,销售的不是助力车而是摩托车,产品质量没有缺陷,故朱海林不构成生产、销售伪劣产品罪。周汝胜的辩护人提出,周汝胜没有销售伪劣产品的故意,且销售的是淘汰产品而非不合格产品;谢从军的辩护人提出,谢从军没有销售伪劣产品的故意,故二被告人不构成销售伪劣产品罪。

赤壁市人民法院经公开审理查明:被告人朱海林任法定代表人的豪门公司于2006年6月成立,经营范围为摩托车、电瓶车、助力车及其零部件销售。2008年年初,豪门公司未经行政主管部门批准,与拥有摩托车生产资质的台州市凯通摩托车制造有限公司(以下简称凯通公司)签订协议,约定豪门公司为凯通公司第三生产车间,豪门公司独立核算、独立经营、自负盈亏,自行采购、销售,协议有效期为2008年1月1日至2009年1月1日,朱海林向凯通公司支付管理费15万元。协议到期后,朱海林继续以凯通公司第三生产车间的名义生产摩托车,并向凯通公司缴纳了2009年的管理费。2009年年底,豪门公司与重庆广益摩托车有限公司(以下简称广益公司)签订协议,约定合作生产"新阳光"牌摩托车,合作期限自2009年12月1日至2013年11月30日。豪门公司在销售生产的摩托车时,附随了伪造的排气量为48cc的"新阳光"牌燃油助力车小合格证,并向消费者承诺如需上牌,补交150元即可换取广益公司的大合格证(摩托车正规合格证),凭大合格证可到交管部门上牌。

一审期间,赤壁市人民检察院以被告人周汝胜、谢从军不应当被追究刑事责任为由,撤回对周汝胜和谢从军的起诉。赤壁市人民法院经审查,依法裁定准许赤壁市人民检察院的撤诉申请。

赤壁市人民法院认为,被告人朱海林违反国家规定,未经许可生产摩托车,时间跨度长、销售数量和金额大,严重扰乱市场秩序,情节严重,其行为已经构成非法经营罪。赤壁市人民检察院指控罪名不当,予以纠正。依照《中华人民共和国刑法》第二百二十五条第四项之规定,以非法经营罪判处被告人朱海林有期徒刑二年,并处罚金人民币十万元。

宣判后,被告人朱海林不服,向咸宁市中级人民法院提出上诉。朱海林及其辩护人提出:(1)朱海林通过签订合作协议取得"新阳光"摩托车的生产、销售许可,且主观上没有非法经营的故意;涉案摩托车经检测属于合格产品,不具有社会危害性,未严重扰乱市场秩序。(2)《最高人民法院关于审理建设工程施工合同纠纷案件适用法律问题的解释》(法释〔2004〕14号)未将"未取得施工资质或者超越资质等级"的行为作为非法经营犯罪处理,将朱海林的承包经营行为认定为非法经营罪有失公平。(3)朱海林生产摩托车的行为地在浙江省台州市,原审法院对本案无管辖权。(4)朱海林明知自己可能被判处刑罚,主动到法院接受审判,属于"自动到案",应从轻处罚,原判刑罚过重。

咸宁市中级人民法院经公开审理认为,上诉人未取得生产摩托车的许可证,非法从事摩托车的生产,且生产的时间长、销售数量和金额大,其行为严重扰乱市场秩序,情节严重,构成非法经营罪;《最高人民法院关于审理建设工程施工合同纠纷案件适用法律问题的解释》针对的是建设工程施工合同案件适用法律问题,未取得施工资质或者超越资质等级施工与非法生产摩托车行为侵犯的客体和社会危害性不同,不能相提并论;上诉人生产的摩托车销售地包括湖北省赤壁市,故赤壁市人民法院对本案具有管辖权;上诉人是被依法采取强制措施后,经传唤到案,不符合刑法第六十七条关于"自动投案"的规定,故上诉人的上诉理由和辩护意见不能成立。原判认定的事实清楚,证据确实、充分,定罪准确,量刑适当,审判程序合法,裁定驳回上诉,维持原判。

二、主要问题

1. 假冒燃油助力车名义销售的摩托车是否属于刑法意义上的伪劣产品?

2. 未经许可生产摩托车的行为是否构成非法经营罪?

三、裁判理由

(一)本案中的涉案车辆不属于刑法意义上的伪劣产品,被告人的行为不构成生产、销售伪劣产品罪

关于本案中的涉案车辆是否属于刑法第一百四十条规定的"伪劣产品",存在两种意见:

第一种意见认为,本案中的涉案车辆属于刑法第一百四十条规定的"伪劣产品"。理由有两个:第一个理由认为,三被告人的行为属于该条规定的"以不合格产品冒充合格产品"的情形。具体来说:(1)被告人朱海林等人将摩托车以燃油助力车的名义销售,导致本应登记上牌、驾驶者需取得驾驶执照才能上路行驶的摩托车,无须满足前述条件就上路行驶,给公共交通安全造成较大隐患,违反了产品质量法第二十六条第二款第一项"不存在危及人身、财产安全的不合理的危险,有保障人体健康和人身、财产安全的国家标准、行业标准的,应当符合该标准"的规定。(2)本案中涉案车辆的真实排量、技术参数均与车辆合格证上的标注不符,违反了产品质量法第二十六条第二款第三项"符合在产品或者其包装上注明采用的产品标准,符合以产品说明、实物样品等方式表明的质量状况"的规定。第二个理由认为,本案中涉案车辆属于该条规定的"以假充真"的情形。具体来说,销售车辆时附随的合格证上标注的产品类型是小排量燃油助力车,实际上却是大排量的摩托车,国家对助力车与摩托车分别规定了不同的技术标准,二者属于不同的产品,被告人的行为是以假助力车冒充真助力车。

第二种意见认为,本案中的涉案车辆不属于刑法第一百四十条规定的"伪劣产品"。理由是:(1)对某一产品进行鉴定,应该首先确认产品本身的属性,然后才能依据其固有属性进行合格与否的鉴定。本案中,被告人朱海林等人生产、销售的产品属于摩托车,但侦查机关却以燃油助力车的参数为依据对涉案车辆进行鉴定,由于改变了车辆的属性才导致被评定为伪劣产品。(2)根据一审期间公诉机关提供的湖北军安司法鉴定中心出具的鉴定意见,本案中的涉案车辆经鉴定在属性上为摩托车,符合国家关于摩托车技术规范和安全标准的规定。

我们同意第二种意见,主要理由如下:

1. 认定某一产品是否系伪劣产品的关键在于该产品的质量是否存在问题。根据《最高人民法院、最高人民检察院关于办理生产、销售伪劣商品刑事案件具体应用法律若干问题的解释》(以下简称《解释》)第一条第四款的规定,刑法第一百四十条规定的"不合格产品",是指不符合产品质量法第二十六条第二款规定的质量要求的产品。本案中的涉案车辆经鉴定符合国家关于摩托车技术规范和安全标准的规定,就其质量本身而言,并不属于"不合格产品"。本案中的涉案车辆之所以成为道路安全隐患,是因为被告人朱海林等人将其以燃油助力车的名义销售,导致车辆脱离了应有的监管。简言之,是朱海林等人规避管理的销售方式而非产品质量问题导致涉案车辆存在安全隐患。

2. 不能简单地以实际产品与标注不一致就认定存在质量问题。实践中,经常出现生产、销售

产品的实际规格与标注不一致的情况，对此应根据实际情况分析认定，不能简单地一概认定为质量有问题，更不能以销售方式来决定产品质量，进而认定属于“以次充好”的产品。产品质量主要是由生产过程决定的，单纯的销售方式无法影响产品质量。本案中的涉案车辆虽然是以燃油助力车的名义对外销售，附随的合格证上标注的也是助力车，但是其各项技术指标是按照摩托车的标准进行配置，经鉴定在属性上为摩托车，符合国家关于摩托车技术规范和安全标准的规定，不属于“以次充好”的情形。此外，根据《解释》第一条第二款规定，刑法第一百四十条规定的“以假充真”，是指以不具有某种使用性能的产品冒充具有该种使用性能的产品的行为。涉案车辆具有正常的道路行驶功能和使用性能，也不属于“以假充真”的情形。

3. 本案中三被告人的行为也不符合生产、销售伪劣产品罪的一般行为特征。从司法实践来看，生产、销售伪劣产品罪的犯罪分子对消费者往往具有欺骗行为，侵害了消费者的知情权，但在本案中，被告人朱海林等人在销售时不仅对涉案车辆的排量等真实情况作了说明，而且还以“大排小标”这一特征作为吸引消费者的噱头加以宣传，消费者对车辆的真实属性有明确的认识，其知情权并未受到侵犯。

综上，被告人朱海林等人的行为不构成生产、销售伪劣产品罪。

（二）被告人朱海林无证生产摩托车的行为构成非法经营罪，被告人周汝胜、谢从军以摩托车冒充燃油助力车销售的行为不构成犯罪

对于被告人朱海林无证生产摩托车的行为是否构成非法经营罪存在两种意见：

第一种意见认为，被告人朱海林的行为不构成非法经营罪。理由是：(1)朱海林等人的行为不符合非法经营罪的本质特征。朱海林无证生产摩托车的行为虽然违反了国家规定，但没有证据证明其行为造成了严重后果，不具有刑法意义上的社会危害性，单纯违反行政许可的行为不一定构成非法经营罪，其危害性必须达到一定的程度才可考虑入罪。(2)朱海林等人的行为不符合非法经营罪的形式要件。作为行政犯，非法经营罪的成立必须有相关法律、行政法规明确而具体的规定。就本案而言，不仅需要有法律、法规关于“无证生产摩托车或助力车，以非法经营罪定罪处罚”的明确表述，相关法律、行政法规还应对非法经营数额、情节等入罪的具体条件作出明确界定，目前上述两方面的规定均缺失。(3)刑法第二百二十五条第四项的适用应坚持同类解释原则。本案如果按非法经营罪处理，只能适用刑法第二百二十五条第四项的规定，根据同类解释原则，该项规定处罚的行为的危害性，应与前三项规定的非法经营专营、专卖物品，买卖许可证件以及非法从事金融业务等非法经营行为的危害性相当。从本案的情况来看，尚不能认定无证生产摩托车或燃油助力车的行为属于此种情况。(4)本案如按犯罪处理社会效果不好。当前我国设定的行政许可较多，不能不加选择，随意扩大打击面，将所有违反行政许可的行为都认定为犯罪。国家曾经允许生产燃油助力车，近年来虽然禁止生产，但执法机关应当给企业预留足够的淘汰与转型时间，不能因为国家禁止生产燃油助力车就立即对所有的企业予以处罚，更不能以此为由按犯罪处理。

第二种意见认为，被告人朱海林的行为构成非法经营罪。理由是：(1)被告人朱海林无证生产摩托车的行为违反了国家规定。朱海林在没有获得行政主管部门许可的情况下，通过挂靠合作等方式规避国家关于摩托车生产的强制性规定，从事摩托车的生产经营，其行为属于刑法第二百二十五条第四项规定的“其他严重扰乱市场秩序的非法经营行为”。(2)朱海林无证生产摩托车的行为具有严重的社会危害性。作为在道路上行驶的机动车辆，摩托车的性能、参数等是否符合国家规范，关系到驾驶者和其他道路交通参与者的人身、财产安全，因此国家才规定摩托车的生产者必须具备相应的资质并获得行政主管部门的许可。朱海林的豪门公司在不具备摩托车生产资质的情况下，未经行政主管部门的批准，擅自采取挂靠合作的方式生产摩托车，并逃避监管，

将生产的摩托车以助力车的名义销售，导致本应登记上牌、驾驶者需取得驾照才能上路行驶的摩托车，无须满足前述条件即可上路行驶，给道路交通安全造成较大隐患，具有严重的社会危害性。(3)本案按犯罪处理不会扩大打击面。立法者设立刑法第二百二十五条第四项的目的主要是适当调和立法的稳定性、滞后性与经济社会快速发展变化之间的矛盾，在坚持依法认定“国家规定”的前提下和从实质性角度认定社会危害性的情况下，并不会导致刑事打击面过大的现象。

我们同意第二种意见，主要理由如下：

1. 被告人朱海林非法生产摩托车的行为违反了国家规定

我国对摩托车生产实行生产准入制度，个人和企业必须获得国家行政主管部门的许可才能从事摩托车的生产。国务院2004年公布的《对确需保留的行政审批项目设定行政许可的决定》(国务院令第412号，以下简称《决定》)附件第4项对“道路机动车辆生产企业及产品公告”设定了行政许可，2009年、2016年，国务院对《决定》进行修正，保留了该项行政许可。原国家经贸委2002年发布的《摩托车生产准入管理办法》规定，国家对摩托车生产实行准入制度，未经国家经贸委批准，任何企业和个人不得擅自从事摩托车生产。为严格执行许可制度，工信部、国家发改委等部委又下发多个文件，①对委托生产等行为作出明确限制，强调摩托车生产企业本身必须获得行政许可，异地生产行为也应获得行政主管部门的批准。此外，根据《中华人民共和国工业产品生产许可证管理条例》等行政法规和规范性文件的规定，②生产助力车也需要获得许可。值得注意的是，有关规范性文件并未对销售摩托车和助力车的行为设定类似的行政许可。

本案中，朱海林的豪门公司本身无摩托车生产资质，其通过与其他企业签订挂靠协议的方式异地生产摩托车的行为未获得行政主管部门的批准，且其挂靠行为也不能使其获得生产摩托车的合法资格。综上，朱海林在没有生产资质的情况下生产摩托车的行为应属于无证生产，违反了国家规定。被告人周汝胜、谢从军只有销售摩托车的行为，未参与生产摩托车，我国目前对销售摩托车的行为并未如生产摩托车那样作出严格的准入规定，应认定周汝胜、谢从军的销售行为未违反国家规定，不构成犯罪，故一审法院裁定准许检察机关撤回对该二被告人的起诉。

2. 被告人朱海林违法生产摩托车的行为不同于一般的扰乱市场秩序的行为，已达到“情节严重”的程度

(1)朱海林的豪门公司违法生产的时间跨度长、销售数量和金额巨大。豪门公司从2010年上半年开始生产“新阳光”牌摩托车，至2012年案发，违法生产了1万余辆，仅2011年3月至

---

① 《摩托车生产准入管理办法》第十四条规定：“未经国家经贸委批准，获证企业不得异地生产摩托车。获证企业要求新增被控股企业或者委托加工的，被控股企业或者接受委托加工的企业应当按照本办法通过生产准入考核，并获得国家经贸委批准。”《国家发展改革委办公厅关于进一步加强摩托车行业管理等有关问题的通知》第四条规定：《道路机动车辆生产企业及产品公告》内企业之间采用委托加工方式生产摩托车，必须由双方企业共同向国家发改委提出书面申请和协议书，子公司应通过集团公司提出申请，同时向省级行业主管部门备案。《国家发展改革委办公厅关于摩托车生产企业委托加工有关事项的通知》规定，委托方和受托方企业双方(简称委托双方)必须是通过摩托车生产准入的企业(集团)或下属独立法人子公司。

② 《中华人民共和国工业产品生产许可证管理条例》第五条规定：“任何企业未取得生产许可证不得生产列入目录的产品。任何单位和个人不得销售或者在经营活动中使用未取得生产许可证的列入目录的产品。”第三条第一款规定：“国家实行生产许可证制度的工业产品目录(以下简称目录)由国务院工业产品生产许可证主管部门会同国务院有关部门制定，并征求消费者协会和相关产品行业协会的意见，报国务院批准后向社会公布。”国家质检总局《助力车产品生产许可证实施细则》(2006年)第一条规定：“任何企业未取得生产许可证不得生产助力车产品，任何单位和个人不得销售或者在经营活动中使用未取得生产许可证的助力车产品。”《国家质检总局实行生产许可证制度管理的产品目录》最迟在2010年就将助力车纳入目录，由省级质检部门发证。

2012年11月，朱海林向被告人周汝胜的胜隆经销部销售的摩托车就有1 620辆，销售金额达400余万元。(2)朱海林违法生产摩托车的行为对公共安全造成了很大隐患。朱海林在销售过程中伪造合格证，以摩托车冒充燃油助力车，规避国家对机动车与非机动车分类管理的监管措施，使本应登记上牌、驾驶者需取得驾照才能上路行驶的摩托车，无须满足前述条件即可上路行驶，不仅破坏交通秩序，降低通行效率，这些本应在机动车道路上行驶的车辆得以在非机动车道路上行驶，更增加了交通事故隐患，严重危及公共安全。

3. 被告人朱海林无证生产摩托车的行为严重扰乱了市场秩序

从实践中的情况来看，因超标燃油助力车相对于摩托车具有很高的替代性，但又未如摩托车那样按机动车管理，不少商家为牟取暴利，违法生产摩托车并以燃油助力车的名义对外销售，对摩托车产销市场造成了很大冲击。本案车辆具备摩托车的属性，但以燃油助力车的名义以相对较低的价格对外销售，又不用按机动车管理，兼具摩托车的速度优势和助力车不受严格管理的便利，对消费者而言具有很强的吸引力。大量超标燃油助力车流入市场，必将严重扰乱正常的摩托车和助力车生产和销售秩序。

综上，咸宁市两级法院以非法经营罪对被告人朱海林判处有期徒刑二年，并处罚金人民币十万元的裁判是正确的。

需要注意的是，考虑到实践中无证生产以及采用“大排小标”方式生产摩托车的行为具有一定普遍性，是否按照犯罪处理，应结合具体案情综合考量，只能对“情节严重”的非法经营行为定罪处罚。要避免将一般的行政违法行为当作刑事犯罪处理，以犯罪论处的非法经营行为应当具有相当的社会危害性和刑事处罚的必要性。并且，判断被告人的行为是否属于刑法第二百二十五条第四项规定的“严重扰乱市场秩序的非法经营行为”，需要有法律、司法解释的明确规定。有关法律、司法解释未作明确规定的，应当作为法律适用问题，按照最高人民法院2011年发布的《关于准确理解和适用刑法中“国家规定”的有关问题的通知》(法发〔2011〕155号)，逐级报最高人民法院请示。

(撰稿：最高人民法院刑二庭　郭　慧　周颖佳
审编：最高人民法院刑二庭　韩维中)

[第1211号]马智中、王现平非法经营案

——非法出版物未经装订以及无法查明定价或者销售价格的情况下，如何认定册数和经营数额

【关键词】　非法经营罪　非法出版物　非法经营数额　非法印刷行为　册数

一、基本案情

被告人马智中，男，1970年3月26日出生，原系甘肃民族出版社职工。2014年1月16日因涉嫌犯非法经营罪被逮捕，同年8月22日被取保候审。

被告人王现平，男，1964年8月29日出生，兰州圣杰印刷有限责任公司(以下简称圣杰公司)法定代表人。2014年1月16日因涉嫌犯非法经营罪被逮捕。

甘肃省临夏市人民检察院以被告人马智中、王现平犯非法经营罪，向临夏市人民法院提起

公诉。

被告人马智中辩称：(1)自己没有让被告人王现平印刷过非法出版物；(2)侦查机关在兰州市七里河区建兰新村28号仓库和民乐路159号仓库查获的非法出版物均不是自己的；(3)侦查机关在前述两个仓库中查扣的非法出版物散页都是废品，不能按册计算。

马智中的辩护人对公诉机关指控马智中犯非法经营罪无异议，但提出：(1)起诉书指控马智中让被告人王现平印刷9 600册非法出版物的证据不足，且在圣杰公司查获的实物仅有4 600册半成品，未达到《最高人民法院关于审理非法出版物刑事案件具体应用法律若干问题的解释》(以下简称《非法出版物解释》)第十二条规定的定罪量刑标准。(2)侦查机关在建兰新村28号仓库和民乐路159号仓库中查扣的出版物散页无证据证明系马智中所有。(3)对在前述两个仓库中查扣的出版物散页的鉴定价格不客观，不能作为定罪量刑的依据，请求法院对马智中从轻处罚并适用缓刑。

被告人王现平及其辩护人提出：(1)侦查机关在圣杰公司查获的4 600册宗教类非法出版物均为未装订的半成品，未达到《非法出版物解释》第十二条规定的入罪标准。(2)起诉书指控王现平为马智中印刷的另外5 000册宗教类非法出版物未查获实物，根据现有证据无法认定。(3)起诉书指控的是圣杰公司而非王现平个人承接马智中的印刷业务，由于《非法出版物解释》第十三条规定单位非法经营出版物的入罪标准为5 000册图书，故王现平的行为不构成犯罪。

临夏市人民法院经公开审理查明：

2013年8月至11月，被告人王现平接受被告人马智中的委托，分三次安排圣杰公司工人为马智中印刷宗教类出版物。前两次共计5 000册印刷完成并折页后，马智中派人到圣杰公司拉走，第三次4 600册印刷完成在折页过程中，被临夏回族自治州公安局和兰州市文化局行政执法支队当场查获。马智中在王现平处印刷的上述共计9 600册出版物均无准印证，经鉴定，该出版物的主要内容系以讲课和讲故事的方式对少年儿童进行宗教理念、宗教教义宣传，宗教色彩浓厚，对少年儿童具有很大的迷惑性，属内容非法的宗教类出版物。

2014年4月11日，公安机关对马智中在兰州市七里河区龚家湾建兰新村租用的28号仓库依法进行检查时，查获其存放的宗教类出版物散页984 690张、封面及内衬72 000张。同年4月28日，公安机关会同兰州市文化局行政执法支队，对甘肃民族出版有限公司位于兰州市龚家湾民乐路159号的库房进行查处，查获马智中在该仓库存放的宗教类出版物散页30 000张、封面及内衬600 000张。经鉴定，在上述两个仓库内查获的宗教出版物散页的内容系一般宗教典籍，均无准印证，鉴定价格共计439 657元。

临夏市人民法院认为，被告人马智中、王现平违反国家规定，印刷非法出版物，严重危害社会秩序、扰乱文化市场秩序，情节特别严重，二被告人的行为均已构成非法经营罪。公诉机关指控的罪名成立。查扣的4 600册宗教类非法出版物虽未装订，但页码连贯、内容完整，可以认定为刑法意义上的“册”；马智中在王现平处印刷好后拉走的5 000册宗教类非法出版物根据庭审查明的证据可以认定；马智中在建兰新村28号仓库和民乐路159号仓库中被查扣的出版物散页虽未装订且无法查明定价或者销售价格，但可以散页的鉴定价格为依据计算非法经营数额。王现平为了赚取印刷费私自安排工人为马智中印刷非法出版物，在本案中起辅助作用，系从犯，认罪态度较好，依法应减轻处罚。综上，根据二被告人的犯罪事实、性质、情节和社会危害程度，依据《中华人民共和国刑法》第二百二十五条、第二十五条、第二十七条、第六十四条和《最高人民法院关于审理非法出版物刑事案件具体应用法律若干问题的解释》第十二条第二款之规定，以非法经营罪，分别判处被告人马智中有期徒刑五年，并处没收个人部分财产；判处被告人王现平有期徒刑一年七个月,并处没收个人部分财产。

一审宣判后,被告人马智中不服,以其并非出版物所有人及鉴定价格明显不当,其行为未达到情节严重为由提出上诉,请求发回重审或依法改判。

临夏回族自治州中级人民法院经审理,认为原判认定事实清楚,证据确实、充分,定罪准确,适用法律正确,量刑适当,审判程序合法,依法裁定驳回上诉,维持原判。

二、主要问题

1. 非法出版物未经装订的情况下如何认定册数?

2. 非法出版物无法查明定价或者销售价格的情况下,如何认定非法经营数额?

三、裁判理由

(一)页码连贯、内容完整的出版物散页可以折算认定为刑法意义上的"册"

对于被告人马智中在被告人王现平处印刷的尚未装订的非法出版物应如何认定册数,审理中存在两种意见:

第一种意见认为,作为出版物计量单位的"册",一般应理解为"装潢好的纸本子"。本案中,被告人马智中在被告人王现平处印刷的非法出版物虽经印刷、折页环节,但尚未经锁线、刷胶、包封面、定型等程序最终裁切为成品。对于这类未装潢完成的半成品图书,不能认定为刑法意义上的"册"。

第二种意见认为,被告人马智中在被告人王现平处印刷的非法出版物虽未装订,但已完成印刷,在内容和形式上能够独立区分,可以认定为刑法意义上的"册"。

我们同意第二种意见,页码连贯、内容完整的出版物散页可以折算为刑法意义上的"册"。理由是:

1. 应从实质意义上认定非法印刷行为

根据《非法出版物解释》的规定,非法经营出版物的行为包括非法出版、印刷、复制、发行四种行为,行为人实施其中任何一种即可构成非法经营罪。本案中,二被告人虽然仅完成了非法印刷行为,但根据《印刷业管理条例》第二条第五款的规定,印刷经营活动,包括经营性的排版、制版、印刷、装订、复印、影印、打印等活动。被告人王现平出于营利目的,接受被告人马智中的委托非法印刷宗教出版物,在被侦查人员查获时,已完成了排版、制版、印刷三道工序,客观上实施了《印刷业管理条例》规定的印刷经营行为,故二被告人的行为属于《非法出版物解释》中规定的"非法印刷"。

2. 已完成印刷的出版物散页,在页码连贯、内容完整的情况下,可以已装订完成的出版物为参照折算册数

本案中,被告人马智中在被告人王现平处印刷的非法出版物已完成了印刷工序,内容完整且已标注好页码,部分出版物甚至已完成折页工序。所谓折页,就是将印张按照页码顺序折叠成书刊开本尺寸的书帖,或将大幅面印张按照要求折成一定规格幅面的工作过程。折页之后的书帖才能进行各种装订,如胶订、骑订、锁线等。折页是印刷工业的一道必要工序,印刷机印出的大幅面纸必须经过折页才能形成产品。完成折页的出版物散页虽然在外观上有别于已装订完毕的出版物,但内容完整且连贯,基本不会影响阅读这一出版物的主要功能,与通常情况下的书籍并无本质区别。此外,由于出版物的页码数是确定的,折页工序是按照散页的页码顺序进行,因此,即使在未完成折页工序的情况下,如果已完成印刷工序,内容完整且标明页码,此种情况下的散页也完全可以根据内容和页码数来折算册数。

综上,页码连贯、内容完整的散页可以认定为刑法意义上的"册"。被告人王现平为被告人马

智中印刷的非法类出版物虽未装订,但已完成印刷,内容完整且标明页码,且有部分已完成折页,在内容和形式上已能够做到独立区分,与已装订成册的出版物并无本质区别,可以按已装订完成的出版物折算认定为9 600册。

(二)非法出版物没有装订且无法查明册数、定价或者销售价格的,可以散页的鉴定价格为依据计算非法经营数额

对于没有装订且无法查明册数、定价或者销售价格的散页,是否可以鉴定价格为依据计算非法经营数额,审理中也存在两种意见:

第一种意见认为,《非法出版物解释》中所称的"经营数额",是指以非法出版物的定价乘以出版物数量所得的数额,没有定价的,应当按照行为人实际出售的价格认定。本案中,在建兰新村28号仓库和民乐路159号仓库中查获的非法出版物散页既未装订也未出售,其鉴定价格是以印张数乘以鉴定单价认定,不能作为"经营数额"的认定依据。

第二种意见认为,以装订好的出版物定价或者销售价格为依据认定非法经营数额,一般会高于散页的鉴定价格。因此,在无法查清定价或者销售价格的情况下,以散页的鉴定价格为依据认定"经营数额"有利于被告人,应作为非法经营数额的认定依据。

我们同意第二种意见,理由是:

出版物的定价或者销售价格以其成本价为基础确定,主要包括纸张、印刷、装订、发行等方面的费用,纸张和印刷费用只是成本的一部分。因此,对于未装订的散页而言,其鉴定价格通常情况下远低于出版物成品的定价或者销售价格,故以散页的鉴定价格为依据计算非法经营数额有利于被告人。本案中,在建兰新村28号仓库和民乐路159号仓库中查获的非法出版物散页由于无法以内容和页码为依据折算册数,只能以价格为基础认定非法经营数额。这些散页仅完成了印刷工序,即使不考虑后续装订等工序的成本,仅以单张散页0.35元的鉴定价格为标准计算,装订一本市场上正常流通的该出版物(604个页码)的总价也仅为13元,远低于该出版物的一般定价或者销售价格。因此,在非法出版物尚未销售或无法查明实际销售价格的情况下,以散页的鉴定价格为依据计算非法经营数额总体上有利于被告人。

从《非法出版物解释》的规定来看,非法出版物包括内容非法和程序违法两种情形,《非法出版物解释》分别规定了不同的处罚标准,其中第十五条关于非法经营程序违法出版物的处罚标准明显高于第一条至第十二条关于非法经营内容非法出版物的处罚标准,在具体适用时要注意区分情况分别处理。本案中,被告人马智中非法经营内容非法的出版物9 600册,未经许可,经营宗教出版物数额达43万余元,在案发前还多次有过非法经营宗教类出版物并被行政处罚的情形,甚至有过擅自篡改准印证超量印刷的恶劣行为,对其应依法从严惩处。综合全案事实证据和情节,根据《非法出版物解释》第十二条的规定,对马智中应适用刑法第二百二十五条规定的第二档量刑幅度。被告人王现平擅自为马智中印刷非法出版物9 600册,依法本应判处五年以上有期徒刑刑罚,考虑到其系从犯且认罪态度较好,可对其减轻处罚,适用刑法第二百二十五条规定的第一档量刑幅度。综上,临夏市人民法院一审以非法经营罪判处被告人马智中有期徒刑五年,判处被告人王现平有期徒刑一年七个月的量刑是适当的。

(撰稿:最高人民法院刑二庭　郭　慧　周颖佳
审编:最高人民法院刑二庭　韩维中)

[第1237号]王海旺非法经营案

——特殊情况下减轻处罚的理解与适用

【关键词】 非法经营罪　减轻处罚　特殊情况　想象竞合犯　特别宽宥制度

一、基本案情

被告人王海旺,男,1979年10月16日出生,农民。2015年5月18日因涉嫌犯销售伪劣产品罪被逮捕,同年6月18日被取保候审。

北京市丰台区人民检察院以被告人王海旺犯非法经营罪,向北京市丰台区人民法院提起公诉。

北京市丰台区人民法院经审理查明:2015年1月至5月间,被告人王海旺在未取得烟草专卖零售许可证的情况下,在北京市丰台区等地非法经营卷烟。2015年5月18日,丰台区烟草专卖局会同北京市公安局马家堡派出所民警联合执法,在丰台区马家堡小区门口路边王海旺的白色金杯牌汽车内将王海旺查获,从该车内起获玉溪、中华等10个品牌共计709条卷烟,随后在丰台区马家堡角门14号院门口路边,从王海旺之妻张春霞名下银灰色松花江牌汽车内起获玉溪、中华等6个品牌共计569条卷烟。经抽样检查,上述卷烟均为假冒注册商标的伪劣卷烟,鉴定价值人民币37.661 8万元。

北京市丰台区人民法院认为,被告人王海旺违反烟草专卖法律法规规定,为牟取非法利益,非法经营烟草制品,情节特别严重,其行为构成非法经营罪。非法经营卷烟"情节特别严重"的认定标准为25万元,王海旺非法经营数额37万余元,依法应在五年以上有期徒刑的法定刑幅度内量刑。综合犯罪情节,依照《中华人民共和国刑法》第二百二十五条第一项、第五十二条、第五十三条、第六十一条、第六十四条和《最高人民法院、最高人民检察院关于办理非法生产、销售烟草专卖品等刑事案件具体应用法律若干问题的解释》第三条、第五条之规定,对王海旺从轻判处有期徒刑五年,并处罚金人民币五万元。

一审宣判后,被告人王海旺以量刑过重为由提出上诉,请求法院考虑其家庭特殊情况从宽处罚。出庭支持公诉的北京市人民检察院第二分院提出,王海旺为筹集其女儿治疗费用非法经营烟草制品,主观恶性较小,王海旺还是其家庭的主要经济支柱和女儿骨髓移植手术的优选供髓者,综合考虑王海旺的犯罪情节,且为避免影响其女儿的治疗,建议对王海旺在法定刑以下减轻处罚并适用缓刑。

北京市第二中级人民法院经审理查明的事实与第一审法院一致。另查明,被告人王海旺的女儿被诊断患有骨髓增生异常综合征,需进行骨髓移植手术,王海旺为优选供髓者。

北京市第二中级人民法院经审理认为,一审法院认定被告人王海旺犯非法经营罪的事实清楚,定罪准确。鉴于本案的特殊情况,为充分保障未成年人的权益,根据宽严相济刑事政策,可以对其在法定刑以下判处刑罚并层报最高人民法院核准。依照《中华人民共和国刑法》第二百二十五条第一项、第五十二条、第五十三条、第六十一条、第六十三条第二款、第六十四条,《中华人民共和国刑事诉讼法》第二百二十五条第一款第一项、第二项及《最高人民法院、最高人民检察院关于办理非法生产、销售烟草专卖品等刑事案件具体应用法律若干问题的解释》第三条第二款第一项、第五条之规定,认定被告人王海旺犯非法经营罪,在法定刑以下判处王海旺有期徒刑三年,缓刑三年，并处罚金人民币三万元。北京市高级人民法院经复核，同意第二审判决，并依法报请最高人民法院核准。

最高人民法院经复核认为，被告人王海旺违反烟草专卖法律规定，为牟取非法利益，非法经营假冒注册商标的伪劣卷烟，情节特别严重，其行为已构成非法经营罪，依法应判处五年有期徒刑以上刑罚。鉴于王海旺非法经营的卷烟尚未售出，认罪悔罪，系女儿骨髓移植手术的优选供髓者，没有再犯罪的危险，所居住社区具备矫正管理条件，对其可在法定刑以下判处刑罚并宣告缓刑。故依照《中华人民共和国刑法》第六十三条第二款和《最高人民法院关于适用〈中华人民共和国刑事诉讼法〉的解释》第三百三十八条的规定，裁定核准北京市第二中级人民法院以非法经营罪判处被告人王海旺有期徒刑三年，缓刑三年，并处罚金人民币三万元的刑事判决。

二、主要问题

1. 无证经营假冒伪劣卷烟的行为如何定罪？

2. 如何综合案件事实认定刑法第六十三条第二款规定的法定刑以下判处刑罚的“特殊情况”？

三、裁判理由

（一）无证经营假冒伪劣卷烟的行为涉及多个罪名，属于想象竞合犯，应以处罚较重的罪名定罪

2010年公布的《最高人民法院、最高人民检察院关于办理非法生产、销售烟草专卖品等刑事案件具体应用法律若干问题的解释》（以下简称《烟草解释》）第一条规定：生产、销售伪劣卷烟、雪茄烟等烟草专卖品，销售金额在5万元以上的，依照刑法第一百四十条的规定以生产、销售伪劣产品罪定罪处罚；销售明知是假冒他人注册商标的卷烟、雪茄烟等烟草专卖品，销售金额较大的，依照刑法第二百一十四条的规定以销售假冒注册商标的商品罪定罪处罚；违反国家烟草专卖管理法律法规，未经烟草专卖行政主管部门许可，无烟草专卖生产企业许可证、烟草专卖批发企业许可证、特种烟草专卖经营企业许可证、烟草专卖零售许可证等许可证明，非法经营烟草专卖品，情节严重的，依照刑法第二百二十五条的规定以非法经营罪定罪处罚。据此，无证销售假烟行为可能触犯的罪名有三个，分别是销售伪劣产品罪、销售假冒注册商标的商品罪和非法经营罪。

上述三个罪名并不必然同时构成。例如，根据刑法第一百四十条之规定，销售伪劣产品罪中的“伪劣产品”，包括“在产品中掺杂、掺假，以假充真，以次充好或者以不合格产品冒充合格产品”四种情形。2001年发布的《最高人民法院、最高人民检察院关于办理生产、销售伪劣商品刑事案件具体应用法律若干问题的解释》（以下简称《伪劣商品解释》）第一条对此进行进一步的明确，其中“在产品中掺杂、掺假”是指在产品中掺入杂质或者异物，致使产品质量不符合国家法律、法规或者产品明示质量标准规定的质量要求；“以假充真”是指以不具有某种使用性能的产品冒充具有该种使用性能的商品的行为。因而销售假冒注册商标的商品的行为，并不必然触犯销售伪劣产品罪，构成该罪还需要对所售产品质量进行检测，以确定其为伪劣产品。无证销售假冒他人注册商标的卷烟，但经鉴定所售卷烟不是伪劣产品，则只构成销售假冒注册商标的商品罪和非法经营罪，而不构成销售伪劣产品罪。因此行为人构成几个罪名，需要根据具体案件事实进行分析。

具体到本案，首先，被告人王海旺销售假冒中华、玉溪等注册商标的卷烟，货值金额在15万元以上，依照相关司法解释的规定，其行为构成销售假冒注册商标的商品罪；其次，涉案卷烟经鉴定系伪劣产品，王海旺销售假冒卷烟的行为同时构成销售伪劣产品罪；最后，王海旺无证经营假

冒卷烟，情节特别严重，其行为还构成非法经营罪。

对于同时构成销售假冒注册商标的商品罪、销售伪劣产品罪和非法经营罪的经营假冒卷烟行为进行定罪处罚，实践中需要注意以下两点：一是此类竞合属于想象竞合而非法条竞合。有意见认为此类竞合属于法条竞合，并据此提出应按照“特别法优于一般法”的司法原则确定罪名。我们认为，无证销售假冒卷烟的行为之所以同时触犯三个罪名，非因该三个罪名的刑法规定存在重复或者交叉关系，而是此类行为的复合性导致其同时侵害数个不同客体所造成的，故应当认定为想象竞合而非法条竞合。也正是基于此，长期以来包括《烟草解释》等在内的相关司法解释无一例外地规定，对此类行为应当择一重罪定罪处罚。二是罪轻罪重不能笼统地从不同罪名的法定最高刑来判断，而是应当根据具体犯罪行为在不同罪名中所对应的法定刑幅度进行判断。

本案所涉卷烟货值金额 37 万余元，根据刑法及相关司法解释的规定，在销售伪劣产品罪中对应的法定刑幅度为二年以上七年以下有期徒刑；在销售假冒注册商标的商品罪中对应的法定刑幅度为三年以上七年以下有期徒刑；在非法经营罪中对应的法定刑幅度为五年以上有期徒刑。加之涉案卷烟尚未售出，以销售伪劣产品罪或者销售假冒注册商标的商品罪均属未遂，故一、二审法院适用处罚最重的非法经营罪定罪是正确的。

（二）综合全案事实和情节可以认定本案存在刑法第六十三条第二款规定的“特殊情况”，依法可以在法定刑以下判处刑罚

被告人王海旺非法经营卷烟，情节特别严重，没有法定减轻处罚情节，依法本应在五年以上有期徒刑的法定刑幅度内量刑，一审法院综合本案情节对其从轻判处五年有期徒刑的刑罚，原则上没有问题。二审法院在进一步查清相关事实的基础上，充分考虑本案的特殊情况，在法定刑以下判处被告人王海旺三年有期徒刑并适用缓刑，体现了法、理、情的融合与平衡，判决的效果更好。

法定刑以下判处刑罚是我国刑法规定的特别宽宥制度，即不存在法定减轻处罚情节，但是考虑到案件的特殊情况在法定刑以下判处刑罚的一项制度安排。刑法没有明确何为“特殊情况”，这为个案量刑更好地实现法、理、情的融合和平衡提供了弹性空间，而运用不当又有可能损及刑罚适用的统一性和规范性，这也是刑法规定法定刑以下判处刑罚须经最高人民法院核准的原因所在。在司法实践中，一方面，要严格掌握法定刑以下判处刑罚的适用范围，以此确保依法统一规范量刑；另一方面，对于确有特殊情况的案件又要敢于、善于适用，以此体现立法精神，实现宽严相济。

应当指出，案件是否具有法定刑以下判处刑罚的特殊情况，通常并不取决于某一个情节，而是多个情节综合认定的结果。综合本案事实和情节，对被告人王海旺在法定刑以下量刑是适当而必要的。一是行为表现。在案证据证明，王海旺的行为主要表现为明知是假冒注册商标的伪劣卷烟而予以保管、运输、帮助销售。帮助销售行为属于非法经营行为的具体表现，虽不影响其非法经营卷烟行为这一基本事实的认定，但在量刑上与指使或者单独销售卷烟的非法经营行为应有所区别。二是行为后果。王海旺非法经营的伪劣卷烟尚未售出，未造成具体危害结果，虽然由于非法经营行为的特殊性，行为人只要实施了生产、运输、销售等任何一个环节的行为，通常均应认定为既遂，但对此情节量刑时有必要酌予考虑。三是经营数额。根据《烟草解释》、2001 年公布的《伪劣商品解释》、2004 年公布的《最高人民法院、最高人民检察院关于办理侵犯知识产权刑事案件具体应用法律若干问题的解释》等规定的精神，假冒伪劣卷烟的经营数额，原则上应优先以实际销售价格作为认定标准，在实际销售价格无法查明的情况下才以真品的市场价格认定。本案由于假烟尚未出售等原因，无法查清实际销售价格，故基于真品市场价格认定非法经营数额

37万余元。有必要注意的是,假烟的实际销售价格和真品的市场价格通常是存在较大差别的,这一点在量刑时需要特别加以考虑。四是家庭情况。王海旺14周岁的女儿身患骨髓增生异常综合征,多次因失血性休克入院治疗,急需进行骨髓移植手术,手术费用高昂,王海旺既是家庭的经济支柱,同时还是女儿骨髓移植的优选供髓者。五是罪后情节。王海旺对一审判决认定的事实无异议,真诚悔罪,没有再犯罪的危险。上述事实和情节涉及基本事实、量刑情节、家庭伦理、未成年人权益保护等各个方面,这些因素的综合考量赋予了本案特殊性,据此在法定刑以下判处刑罚既符合法律,又合乎情理,有利于实现各种不同政策利益的平衡,实现个案处理法律效果和社会效果的有机统一。

需要特别指出的是,为确保本案公正、合理量刑,一、二审法院做了大量的基础调查工作。一是前往医院调取王海旺女儿诊断治疗过程中的就诊记录、诊断书、化验单、医学检验报告等病历资料,多次向主治医师详细询问相关情况,以全面准确了解其女儿病情和治疗方案。二是就对被告人王海旺适用非监禁刑委托社区矫正部门进行异地调查评估,并听取社区矫正部门的矫正管理意见。这些工作为本案恰如其分地量刑奠定了坚实的基础,值得充分肯定和借鉴。

(撰稿:最高人民法院刑二庭　刘为波　毛逸潇
审编:最高人民法院刑二庭　韩维中)

[第1238号]徐波等人非法经营案

——未经许可经营原油期货业务,并向客户提供反向提示操作的行为如何定性

【关键词】 非法经营罪　未经许可经营期货业务　情节特别严重

一、基本案情

被告人徐波,男,1976年12月5日出生。2016年4月22日因涉嫌犯诈骗罪被逮捕。

被告人易明云,男,1973年9月17日出生。2016年4月22日因涉嫌犯诈骗罪被逮捕。

被告人邹明友,男,1987年10月22日出生。2016年4月22日因涉嫌犯诈骗罪被逮捕。

被告人李雪梅,女,1989年11月29日出生。2016年4月22日因涉嫌犯诈骗罪被逮捕。

被告人蔡志祥,男,1988年10月5日出生。2016年4月22日因涉嫌犯诈骗罪被逮捕。

被告人陈聪,男,1982年1月5日出生。2016年4月22日因涉嫌犯诈骗罪被逮捕。

被告人陈涛,男,1981年10月17日出生。2016年4月22日因涉嫌犯诈骗罪被逮捕。

被告人殷小林,男,1971年2月4日出生。2016年4月22日因涉嫌犯诈骗罪被逮捕。

被告人姜德文,男,1982年2月16日出生。2016年4月15日因涉嫌犯诈骗罪被取保候审。

被告人宋生连,男,1992年11月14日出生。2016年4月15日因涉嫌犯诈骗罪被取保候审。

被告人张志达,男,1983年10月5日出生。2016年4月14日因涉嫌犯诈骗罪被取保候审。

浙江省新昌县人民检察院以被告人徐波、易明云、陈聪、邹明友、陈涛、李雪梅、蔡志祥、殷小林、姜德文、宋生连、张志达犯诈骗罪,向新昌县人民法院提起公诉。

被告人徐波等人及其辩护人的主要辩解和辩护意见是,检察机关指控被告人犯诈骗罪的事实不清、证据不足,其行为不构成诈骗罪;部分辩护人提出,被告人的行为构成非法经营罪。

新昌县人民法院经公开审理查明：

2013年4月17日，易六百（另案处理）成立南昌广江投资咨询有限公司（以下简称广江公司），被告人易明云担任法定代表人，股东为易六百、被告人姜德文、易明云。2015年8月至9月，被告人徐波经姜德文介绍认识易六百，通过对原油现货投资市场及广江公司的考察后，与易六百、被告人姜德文合伙成立了江西省沃伦投资咨询有限公司（以下简称沃伦公司），徐波担任法定代表人，股东为徐波、易六百、姜德文。沃伦公司成立后，被告人易明云、姜德文将广江公司管理人员、业务员被告人陈聪、邹明友、蔡志祥、殷小林、李雪梅、宋生连带至沃伦公司开展业务。被告人陈涛、张志达留在广江公司继续开展业务。

天津矿产资源交易所成立于2010年11月24日，经营范围包括矿产资源产品交易的市场经营及管理服务、相关产品交易的资金清算等，但不具有现货原油销售、仓储经营业务资质。2013年5月15日，天津纭沣伟业矿业资源经营有限公司（以下简称天津纭沣）成立，并于2015年5月1日取得天津矿产资源交易所会员资格，双方约定：天津矿产资源交易所向天津纭沣提供电子交易平台及相关报价、资讯培训、协调管理等服务，天津纭沣作为天津矿产资源交易所的综合会员，利用电子交易平台完成与投资者的交易，每年交付会费、培训费等，并按每笔交易额的万分之二向天津矿产资源交易所交纳交易管理费。

2015年10月，被告人陈涛注册成立南昌市纭沣矿业有限公司（以下简称南昌纭沣）。同年10月10日，易六百、被告人姜德文等人至天津纭沣，以南昌纭沣名义与天津纭沣签订居间合作协议，成为天津纭沣的A类居间代理商。双方约定南昌纭沣自行开发客户参与天津纭沣的交易品种。天津纭沣每周给南昌纭沣结算，南昌纭沣向天津纭沣交纳风险保证金，通过平台交易产生的手续费和盈利全部进入天津纭沣账户，再由天津纭沣按约定比例返还给代理商。后广江公司、沃伦公司通过南昌纭沣使用天津纭沣平台，并自称天津纭沣的居间代理商，开展原油、沥青等“现货”交易。

广江公司、沃伦公司分行政部和业务部，业务部由电话营销部和网络营销部组成。广江公司、沃伦公司在天津纭沣平台的投资交易具体由业务部负责。被告人陈涛、张志达分别担任广江公司的业务总监和业务经理；被告人易明云、陈聪、殷小林、邹明友分别担任沃伦公司的行政部总监、业务部总监、电话营销部业务经理、网络营销部总监，被告人蔡志祥、宋生连、李雪梅分别担任沃伦公司网销一部、二部、三部的业务经理。上述各业务经理下设业务主任、业务员。具体操作由沃伦公司行政部工作人员将公司购买的电话号码客户资源提供给业务部，业务员再拨打电话，以虚拟的“白富美”女性的形象冒充第三方身份添加微信好友、QQ好友，与对方聊天获得信任后，业务主任、业务员将李雪梅、宋生连、张志达等扮演的“表叔助理”推荐给客户，帮客户开户、安装操作软件，将陈聪、陈涛、邹明友、蔡志祥等扮演的“表叔”“专业分析师”推荐给客户，指导客户具体投资交易。天津纭沣平台交易产品有原油、沥青等。陈聪创还创建群名为“奋战到底”的QQ群，每天将天津纭沣发来的行情操作建议发到该QQ群，群组成员再发送给业务经理、业务员。被告人陈聪、陈涛、邹明友、蔡志祥等人在指导客户投资操作时存在将天津纭沣提供的行情反向提供给客户的行为。

2015年10月至2016年3月间，广江公司、沃伦公司业务员、业务主任等招揽25名客户到天津纭沣平台进行“现货”交易，客户损失2 769 049.71元。广江公司、沃伦公司违法所得共计人民币4 044 839.68元。

新昌县人民法院认为，被告人徐波、易明云、姜德文、陈涛、陈聪、蔡志祥、邹明友、张志达、宋生连、李雪梅、殷小林违反国家规定，未经国家有关主管部门批准从事期货交易的代理活动，扰乱市场秩序，情节特别严重，其行为均构成非法经营罪。十一名被告人在共同犯罪中系从犯，依法应当减轻处罚。公诉机关指控罪名不成立，予以纠正。据此，根据各被告人的犯罪事实、情节以及社会危害性，依照《中华人民共和国刑法》第二百二十五条、第二十五条第一款、第二十六条第一款、第二十七条、第六十四条之规定，以非法经营罪分别判处被告人徐波有期徒刑四年，并处罚金人民币二十五万元；判处被告人易明云有期徒刑四年，并处罚金人民币二十五万元；判处被告人姜德文有期徒刑三年，缓刑四年，并处罚金人民币二十五万元；判处被告人陈聪有期徒刑三年，并处罚金人民币十万元；判处被告人邹明友有期徒刑二年十个月，并处罚金人民币十五万元；判处被告人蔡志祥有期徒刑二年三个月，并处罚金人民币五万元；判处被告人李雪梅有期徒刑二年二个月，并处罚金人民币十六万元；判处被告人宋生连有期徒刑二年，缓刑三年，并处罚金人民币七万元；判处被告人陈涛有期徒刑一年十个月，并处罚金人民币五万元；判处被告人殷小林有期徒刑一年六个月，并处罚金人民币四万元；判处被告人张志达有期徒刑一年六个月，缓刑二年，并处罚金人民币二万元。

一审宣判后，新昌县人民检察院提出抗诉，认为原判认定徐波等人构成非法经营罪系法律适用错误，依法应改判徐波等人犯诈骗罪。

原审被告人易明云、邹明友、李雪梅、蔡志祥提出上诉，均称原判对其量刑过重。

绍兴市中级人民法院公开审理后认为，原判认定非法经营的事实清楚，适用法律正确，量刑适当，审判程序合法。对于检察机关关于本案构成诈骗罪的抗诉意见以及上诉人的上诉理由，不予支持；原审被告人以及辩护人提出的本案不应认定诈骗的意见，予以采纳。据此，依照《中华人民共和国刑事诉讼法》第二百二十五条第一款第一项之规定，裁定驳回抗诉，维持原判。

二、主要问题

被告人未经许可经营原油期货业务，并向客户提供反向提示操作，客户在交易过程中遭受重大损失，对被告人的行为如何认定？

三、裁判理由

本案审理过程中，对被告人徐波等人的行为定性，存在以下两种意见：

一种意见认为，被告人徐波等人的行为构成诈骗罪。理由是：(1)各被告人主观上具有非法占有被害人财物的目的。(2)各被告人客观上共同实施了虚构事实、隐瞒真相，骗取被害人财物的行为，符合诈骗罪的客观要件。首先，被告人通过业务员以虚拟的“白富美”女性形象诱骗被害人进入交易平台操作。其次，被告人徐波等人向被害人推荐由被告人李雪梅等人扮演的“表叔助理”，为被害人开户、安装操作软件；后被告人陈聪等人将天津纭沣提供的行情反向提供给被害人，共同造成被害人损失。最后，在案各被告人不断鼓动客户加金，重仓操作，蓄意扩大了交易亏损的风险。

另一种意见认为，被告人徐波等人未经批准非法从事变相期货交易，情节特别严重，符合非法经营罪的犯罪构成，故依法成立该罪。

我们同意第二种意见，具体分析如下：

(一)被告人的行为不构成诈骗罪

1. 被告人徐波等人通过业务员虚构“白富美”女性形象、夸大盈利等方式诱导客户进入平台交易以及建议客户加金，频繁操作的行为不是认定本案性质的关键行为，不宜认为诈骗罪中的“虚构事实”。理由是：(1)从本质上看，诈骗罪中的欺诈行为的内容是使被骗人产生处分财产的错误认识，进而处分财产，丧失对财产的占有。由于客户进入平台进行交易投资并不意味着客户就丧失财产，因此诱导客户进入交易平台操作以及鼓动客户加金，频繁操作不能认为系诈骗罪中致被害人处分财产造成损失的行为，故不属于诈骗罪中的欺诈。(2)从事实上看，虽引诱客户投资有夸大的成分，但被害人应当能够认识到投资风险，且客户协议书的提示明确投资可能会造成较大亏损，不能保证获利。换言之，被害人并不会因此对期货盈亏存在偶然性的交易本质产生错误认识。(3)从同类司法解释上看，1995年11月6日《最高人民法院关于对设置圈套诱骗他人参赌又向索还钱财的受骗者施以暴力或者暴力威胁的行为应如何定罪问题的批复》中规定："行为人设置圈套诱骗他人参赌获取钱财，属于赌博行为，构成犯罪的，应当以赌博罪定罪处罚。"按照此解释，行为人设置圈套，诱骗他人"参加赌博"，仍然以赌博罪定罪处罚，并不因为让人参赌使用了诱骗行为，就认定为诈骗。同理，本案中被告人以虚拟的"白富美"女性形象诱导客户进入平台交易，该诱导行为本身亦不属于诈骗罪中的欺诈。

2. 被告人陈聪等人将天津纭沣提供的行情反向提供给客户的行为不成立诈骗罪中的"虚构事实"。理由是：(1)诈骗罪中的虚构事实是虚构与客观事实相反的事实，并不包括行为人不能控制、存在或然性、对将来事实的预测。如售楼员以房子会增值为由说服客户投资房产，即使售楼员内心认为房子并不会增值，也不能认为其虚构事实，客户因此买了房子亏损，也不能认为售楼员构成诈骗罪。同理，本案被告人陈聪等人将行情会涨（或跌）信息提供给客户，即使被告人陈聪等人内心认为行情并不会涨（或跌），也不能认为是虚构事实，客户因此交易导致亏损，也不宜认定行为人构成诈骗罪。(2)本案中，在没有证据证明天津纭沣提供给被告人陈聪的行情是否符合真实行情的情况下，难以认定被告人陈聪将该行情反向提供给客户系虚假的事实。换言之，本案没有确切证据证明被告人陈聪等人虚构了与客观事实相反的事实。(3)从实际来看，因期货市场涨跌瞬息万变，无法准确确定"反向行情"与真实行情相符的概率。被害人的平台交易明细显示，盈利的交易次数占交易总次数的比例近50%，符合期货偶然性特征，也说明并不存在"反向行情"。(4)期货交易是高风险投资，涨跌瞬息万变。作为一个正常的期货投资者应当知道期货存在亏损的高风险以及所有对行情的分析只是预测、建议，而不是事实本身。本案开户协议书、风险提示书等证据也证明客户知晓该风险以及工作人员对市场的判断和操作建议仅供参考等情况。可见，客户事先应当知道自己的处分行为——进行期货交易行为的意义以及后果，本案不存在客户因被欺诈陷入错误认识而处分的情况。

3. 客户亏损与被告人"反向提示"建议之间的因果联系无法查清。平台交易明细、银行交易明细虽然显示多数客户一天之内买卖交易多次，有些甚至超过20次，但却没有确凿证据证明客户每次交易均是在被告人"反向提示"建议下进行的。因此认定客户仅遵循行为人"反向提示"建议而进行操作的证据不足。同时，根据平台交易明细，本案也存在客户赚钱的事实，即使是亏损的客户，其赚钱的交易次数在总交易次数中也占有一定比例。故认定被告人提供"反向提示"建议与客户亏损之间具有必然的因果联系，缺乏足够的事实基础。

4. 不能因大部分客户亏损就认为被告人构成诈骗罪，认定犯罪不能从结果倒推行为性质。经统计，客户的交易盈利占比并不低，盈利总次数占交易总次数为49.2%，符合期货赌博性质的偶然性，并不存在所谓的"反向行情"问题。但为何客户交易有接近50%的正确率，大部分客户还遭遇亏损呢？我们认为，可以从以下几方面解释：一是存在高额的手续费，消耗了客户的本金。二是涨跌同样百分比，实际却不同。如10万元涨50%，则赚5万元，但从15万元跌50%，却只剩下7.5万元。反过来，如果10万元跌50%，则剩5万元，要从5万元回本到10万元，却要涨100%。因此，长期下去，亏损概率必然远远大于盈利概率。三是客户亏损时往往是在资金最高点，而赚钱却在资金低点。四是资金不对等。庄家资金雄厚，但散户资金分散，在长期交易中不占优势，等等。

（二）被告人的行为构成非法经营罪

1. 被告人徐波等人的行为属于经营期货业务。根据中国证监会发布的《关于认定商品现货市场非法期货交易活动的标准和程序》的认定标准及中国证券监督管理委员会办公厅发布的《关于变相期货交易有关事宜的复函》，变相期货交易的形式特征主要包括目的要件和形式要件。其中，目的要件是指以标准化合约为交易对象，允许交易者以对冲平仓方式了结交易，而不以实物交收为目的或者不必交割实物。本案所涉交易参与者主要目的不是转移商品所有权，而是从原油、沥青等"现货"交易的价格变动中获取投机利益，符合变相期货的目的要件。形式要件包括：(1)交易对象为标准化合约。订立合约时并非全额付款，而只交纳一定比例作为保证金，即可买入或卖出；合约订立后，允许交易者不实际履行，而可通过反向操作、对冲平仓方式了结自己的权利和义务。本案交易者的交易对象为原油、沥青等合约，且除价格等条款外，其他条款相对固定，即客户只能选择平台设定好的合约类型进行买涨或买跌，合约订立后，亦允许交易者不实际履行。同时客户在交易时只需交纳1/50～1.5/100等比例的款项作为保证金即可买卖。故本案交易对象系标准化合约。(2)交易方式为集中交易。集中交易包括集合竞价、连续竞价、电子撮合、匿名交易、做市商机制等交易方式。本案所有客户均在天津纭沣平台集中交易。天津纭沣与不同客户进行交易，客户与客户之间不进行交易，实际系做市商机制。综上，被告人徐波等人行为符合期货交易活动特征，应认定为变相从事期货业务。

2. 被告人徐波等人未经批准从事期货业务，具有非法性。天津市商务委员会在《关于天津市政府信息公开申请的答复》中明确答复，天津矿产资源交易所未向天津市商务委员会申请过现货原油销售、仓储经营资质。天津市金融工作局答复：天津矿产资源交易所成立未经过天津市金融工作局审批。2011年11月《国务院关于清理整顿各类交易场所切实防范金融风险的决定》（国发〔2011〕38号）出台，将此类交易场所纳入清理整顿范围。目前，天津市交易场所清理整顿工作尚未通过部际联席会议检查验收。因此，涉案公司开发客户到天津纭沣平台从事期货业务具有非法性。

3. 根据2010年5月7日《最高人民检察院、公安部关于公安机关管辖的刑事案件立案追诉标准的规定（二）》第七十九条的规定，未经国家有关主管部门批准，非法经营证券、期货、保险业务，违法所得数额在5万元以上的，应予立案追诉。被告人徐波等人所在的广江公司、沃伦公司违法所得共计400余万元，参考有关司法解释关于其他非法经营刑事案件的定罪量刑标准规定以及《浙江省高级人民法院关于部分罪名定罪量刑情节及数额标准的意见》的规定，应属于犯非法经营罪"情节特别严重"。法院遂依法作出上述判决。

（撰稿：浙江省绍兴市中级人民法院　阮凤权
审编：最高人民法院刑二庭　韩维中）

[第1251号]黄正田、许敬杰等串通投标案

——串通拍卖与串通投标是不同的法律概念,不宜将串通拍卖行为以串通投标罪论处

【关键词】 串通投标罪 串通拍卖 罪刑法定原则 国有资产拍卖 改判无罪

一、基本案情

被告人黄正田,男,1967年5月9日出生,安徽省萧县瑞森荒山综合开发有限公司负责人。因涉嫌犯串通投标罪于2014年9月16日被取保候审。

被告人许敬杰,男,1965年1月7日出生,安徽省萧县交通局第八车队负责人。因涉嫌犯串通投标罪于2014年9月16日被取保候审。

被告人郝兰侠(黄正田之妻),女,1968年11月4日出生,无业。因涉嫌犯串通投标罪于2014年9月16日被取保候审。

被告人高文飞,男,1958年10月13日出生,无业。因涉嫌犯串通投标罪于2014年9月16日被取保候审。

被告人毛二龙,男,1975年11月2日出生,个体工商户。因涉嫌犯串通投标罪于2014年9月16日被取保候审。

安徽省萧县人民检察院指控被告人黄正田、许敬杰、郝兰侠、高文飞、毛二龙犯串通投标罪,向安徽省萧县人民法院提起公诉。

被告人黄正田、许敬杰、郝兰侠、高文飞、毛二龙及其辩护人对起诉指控的事实均无异议,但认为串通拍卖不构成串通投标罪。

安徽省萧县人民法院经公开审理查明:

2013年6月17日,安徽省萧县国土资源局经萧县人民政府批准,分别在"中国土地市场网"、《安徽经济报》发布公告,以拍卖方式出让萧县龙城镇长途客运站北侧、311国道东侧3 050平方米(约合4.6亩)土地(宗地编号2013-24),拍卖底价为326万元。符合条件的中华人民共和国境内外的法人、自然人和其他组织均可申请参加,申请人可以单独申请,也可以联合申请。竞买保证金326万元,保证金缴纳截止时间为2013年7月16日17时。李剑(安徽省防腐工程总公司副总经理,另案处理)以其子李翔名义参与竞买,被告人黄正田、郝兰侠以其子黄振名义参与竞买,被告人许敬杰委托其朋友、被告人高文飞参与竞买,李剑、黄正田分别于2013年7月15日、许敬杰于16日均向萧县财政局土地保证金代收代缴专户缴纳竞买保证金326万元。

2013年7月18日,萧县国土资源局在该县招投标中心召开国有土地使用权拍卖会。会前,李剑为了能低价拍得该宗土地,通过萧县龙城镇无业人员杨兴亮(另案处理)、被告人毛二龙联系竞买人黄正田、郝兰侠和竞买人许敬杰及其委托代理人高文飞,承诺给予好处费200万元,要求上述人员放弃该块土地正式竞买的竞价行为。在当天的拍卖过程中,被告人黄正田、郝兰侠及被告人许敬杰的委托代理人高文飞均没有举牌竞价,李翔后以起拍价326万元的价格取得该宗土地。

2013年7月22日和31日,李剑支付好处费200万元。其中,被告人黄正田、郝兰侠得款60万元,被告人许敬杰与被告人高文飞各得款30万元,被告人毛二龙得款10万元,杨兴亮得款70

万元。案发后,黄正田、许敬杰、郝兰侠、高文飞、毛二龙的非法所得130万元已被追回。

萧县人民法院经审理认为,被告人黄正田、许敬杰、高文飞、郝兰侠、毛二龙相互串通投标报价,损害国家利益,情节严重,其行为已触犯刑律,均构成串通投标罪。根据五被告人的犯罪事实、情节及对于社会的危害后果,依照《中华人民共和国刑法》第二百二十三条第一款、第二十五条第一款、第五十二条、第六十七条第一款、第六十四条、第六十一条之规定,以串通投标罪,分别判处被告人黄正田单处罚金人民币六十万元;判处被告人许敬杰单处罚金人民币六十万元;判处被告人高文飞单处罚金人民币六十万元;判处被告人郝兰侠单处罚金人民币六十万元;判处被告人毛二龙单处罚金人民币二十万元;追缴被告人黄正田、毛二龙、许敬杰、高文飞、郝兰侠违法所得一百三十万元,上缴国库。

一审判决后,黄正田、许敬杰、郝兰侠均不服,以其所参与的是土地拍卖活动,不是招投标活动,串通投标罪不应适用于拍卖活动,一审判决适用法律错误,要求二审改判无罪。

安徽省宿州市中级人民法院经审理认为,原判部分事实不清,证据不足,依照《中华人民共和国刑事诉讼法》第二百二十五条第一款第(三)项的规定,裁定撤销原审判决,发回萧县人民法院重新审判。

萧县人民检察院后以证据发生变化为由,向萧县人民法院提交撤回起诉决定书。萧县人民法院认为,判决宣告前,萧县人民检察院要求撤回起诉,符合法律规定。遂依照《最高人民法院关于适用〈中华人民共和国刑事诉讼法〉的解释》第二百四十二条的规定,准许萧县人民检察院撤回起诉。裁定已发生法律效力。

二、主要问题

在国有资产拍卖过程中,被告人串通竞买的行为能否构成串通投标罪?

三、裁判理由

被告人黄正田、许敬杰、高文飞、郝兰侠、毛二龙为获取他人给予的好处费,分别作为竞买者或在竞买者之间恶意串通拍卖的行为,违背了公平竞争原则,扰乱了市场管理秩序,致使国有资产在拍卖过程中被"贱卖",使出让人无法达到最佳的竞价结果,从而损害了国家利益,其行为具有一定的社会危害性,但是否构成串通投标罪,对此有两种不同意见。

一种意见认为,被告人的行为构成串通投标罪。理由是:串通拍卖行为与串通投标行为具有同质性,同样侵犯了市场交易自由和公平竞争的市场秩序,损害了国家、集体和他人的利益,都有着现实的社会危害性和应受惩罚性,故应当对串通投标罪作扩张解释,将串通拍卖行为纳入其中。

另一种意见则认为,被告人的行为不构成串通投标罪。理由是,拍卖与投标是两种不同的行为,刑法也没有明确将串通拍卖行为规定为犯罪,按照罪刑法定原则,不宜将此行为按照刑法第二百二十三条规定的串通投标罪定罪处罚。

我们赞同第二种意见。现分析如下:

(一)拍卖与招标投标是两个不同的概念,二者不能混同

拍卖是指以公开竞价的方式,将特定物品或财产权利转让给最高竞价者的买卖方式。而招标投标一般是指招标人就某特定事项向特定相对人或社会发出招标邀请,有多家投标人进行投标,最后由招标人通过对投标人在价格、质量、生产能力、交货期限和财务状况、信誉等诸方面进行综合考察,在平衡的基础上,选定投标条件最好的投标人,并与之进一步协调、商定最终成立合同法律关系的一种合同行为。从行为性质来讲,拍卖和招标投标都是竞争性的交易方式,是合同缔结的一种特殊方式,二者具有一定的相似性。但是,招标投标和拍卖仍有本质区别,如二者在

概念内涵、标的、目的以及适用法律等方面都存在差异。因此,招标投标和拍卖是两个不同的概念,其外延并无包容关系。从社会上一般人的观念来看,招标投标和拍卖也是两种不同的交易方式。

国土资源部2007年9月28日颁布的《招标拍卖挂牌出让国有建设用地使用权规定》第二条第一款规定:“在中华人民共和国境内以招标、拍卖或者挂牌出让方式在土地的地表、地上或者地下设立国有建设用地使用权的,适用本规定。”该规范文件对“招标”、“拍卖”或者“挂牌出让”三种方式作了具体的规定。其中,招标出让国有建设用地使用权,是指市、县人民政府国土资源行政主管部门(以下简称出让人)发布招标公告,邀请特定或者不特定的自然人、法人和其他组织参加国有建设用地使用权投标,根据投标结果确定国有建设用地使用权人的行为;拍卖出让国有建设用地使用权,是指出让人发布拍卖公告,由竞买人在指定时间、地点进行公开竞价,根据出价结果确定国有建设用地使用权人的行为;挂牌出让国有建设用地使用权,是指出让人发布挂牌公告,按公告规定的期限将拟出让宗地的交易条件在指定的土地交易场所挂牌公布,接受竞买人的报价申请并更新挂牌价格,根据挂牌期限截止时的出价结果或者现场竞价结果确定国有建设用地使用权人的行为。

从本案事实来看,本案涉及的系国有土地使用权拍卖,拍卖人萧县国土资源局在“中国土地市场网”和《安徽经济报》发布的均为涉案地块土地使用权拍卖公告,公布了拍卖底价,采用增价拍卖方式,按照价高者得原则确定竞得人,竞买人填写了《竞买申请书》,且在指定时间、地点进行公开竞价,出让人履行的是宣布起拍价、询价、接受竞买人的报价等拍卖程序,显然不同于招标投标的内容,不属于招投标的范畴。

(二)从立法方面来看,拍卖法和招标投标法对拍卖行为与招标投标行为分别进行了规制

刑法第二百二十三条将投标人相互串通投标报价,损害招标人或者其他投标人利益,情节严重的行为,规定为犯罪。与此相适应,2000年施行的招标投标法第五十三条规定,投标人相互串通投标或者与招标人串通投标的,中标无效,对情节严重的串通投标行为,追究相应的刑事责任。而2004年修改的拍卖法在刑法未明确地将串通拍卖行为入罪的情况下,仅规定了行政责任,未对此种行为追究刑事责任。该法第三十七条规定,竞买人之间、竞买人与拍卖人之间不得恶意串通,损害他人利益。第六十五条规定,竞买人之间、竞买人与拍卖人之间恶意串通,给他人造成损害的,拍卖无效,应当依法承担赔偿责任。由工商行政管理部门对参与恶意串通的竞买人处最高应价百分之十以上百分之三十以下的罚款;对参与恶意串通的拍卖人处最高应价百分之十以上百分之五十以下的罚款。

考虑到拍卖和招标投标毕竟是两种不同的法律行为,立法上对两者分别作出规定,对串通投标设定了刑事责任,对串通拍卖则没有,故不宜以串通投标罪对串通拍卖行为定罪处罚。若将串通拍卖行为作为串通投标罪客观方面的一种表现形式予以处罚,有类推之嫌。

(三)被告人黄正田等人的行为也不符合其他犯罪构成要件

被告人串通拍卖中的竞买行为,既非未经许可买卖法律、行政法规规定的专营、专卖物品或者其他限制买卖的物品而构成非法经营罪,也非拍卖人基于错误认识处分财产而构成合同诈骗罪。黄正田、许敬杰、郝兰侠、高文飞四人以个人名义报名参加竞拍,而且确实系为个人竞拍涉案地块,不存在利用职务上的便利为他人谋取不正当利益而非法收受他人财物的情形,故其行为均不构成非国家工作人员受贿罪。毛二龙并非涉案200万元好处费的提供者,其在案件中仅起到居间、介绍作用,而且个人亦从中获利10万元,故不构成非国家工作人员行贿罪。

综上,基于拍卖和投标是两种不同性质的行为,对被告人黄正田等人串通拍卖的行为,不宜

依照刑法第二百二十三条规定的串通投标罪定罪处罚。同时依照拍卖法第六十五条的规定，可追究各行为人相应的行政责任。

需要指出的是，按照罪刑法定原则，虽然对串通拍卖行为不能以串通投标罪论处，但如果被告人在拍卖过程中有贿赂、渎职等其他犯罪行为的，则可依照刑法的相关规定追究刑事责任。

（撰稿：最高人民法院刑二庭　高洪江
审编：最高人民法院刑二庭　王晓东）

[第 1252 号] 王志芳非法转让土地使用权案
——农民转让自有宅基地的行为是否构成非法转让土地使用权罪

【关键词】 非法转让土地使用权罪　转让自有宅基地　入罪标准　改判无罪　刑法的谦抑性

一、基本案情

被告人王志芳，男，1953 年 7 月 4 日出生，农民。因涉嫌犯非法转让土地使用权罪于 2014 年 4 月 18 日被逮捕，2015 年 1 月 16 日被监视居住。

安徽省灵璧县人民检察院以被告人王志芳犯非法转让土地使用权罪，向灵璧县人民法院提起公诉。

被告人王志芳认为其行为不构成犯罪。理由是：(1)对宅基地上建筑物估价的鉴定意见不准确，未包括其平整宅基地时垫的渣土和地基的价值，结论不合理。(2)农民转让自有宅基地的行为在当地很普遍，转让给外县、外省的也有很多，均未被追究刑事责任。

被告人王志芳的辩护人提出：(1)土地管理相关法律法规均未规定农民买卖自有宅基地的房屋构成犯罪，安徽省的地方性法规亦未禁止此类行为。农民转让宅基地和地上房产的行为在当地很普遍，均未被追究刑事责任。(2)鉴定意见未包括垫的渣土和地基的价值，不能作为定案依据。(3)王志芳系合法取得宅基地且未破坏土地资源，本案不适用《最高人民法院关于审理破坏土地资源刑事案件具体应用法律若干问题的解释》(以下简称《破坏土地资源刑事案件解释》)的相关规定。

灵璧县人民法院经审理查明：

被告人王志芳因拆迁取得位于灵璧县朝阳镇朝阳街的一块 425 平方米的宅基地，并于 1996 年 3 月 26 日取得该块宅基地的集体土地建设用地使用证，用途为住宅。2001 年 4 月 20 日，灵璧县人民政府为王志芳的宅基地登记注册发证。2010 年 8 月，王志芳的儿子王冬与灵璧县建设局朝阳规划建设管理所签订了规划综合技术服务协议书，内容为王冬在宅基地上必须按规划进行建设，王冬后按协议一次性缴纳了 2 000 元规划综合技术服务费，并在该块宅基地上修建了 5 间砖墙、石棉瓦顶房屋和 1 间小平房。

2011 年 3 月，经被告人王志芳同意，王冬以 68 万元的价格将前述宅基地及附属的 6 间房屋出售给灵璧县朝阳镇裴集村农民赵龙。2011 年 3 月 15 日，赵龙将 68 万元价款全部付清，随后准备在该宅基地上建设新房。2012 年 11 月，灵璧县建设局朝阳规划建设管理所以赵龙未办理建设工程规划许可证为由责令其停止施工。赵龙未停止施工,并于2013年11月拆除了该宅基地上的原有房屋,并将新房建好后实际使用。案发后经鉴定,涉案宅基地上的六间房屋在2013年2月的价值为49 266元。

2014年4月8日,灵璧县公安局以被告人王志芳涉嫌犯非法转让土地使用权罪对其立案侦查并采取刑事强制措施。灵璧县国土资源局于当月22日下发通知,认为王志芳在申请该宗土地登记时只提供土地权属来源证明,隐瞒使用土地的时间和建房时间,没有履行用地报批手续直接进行土地登记,违反了原土地管理法第三十八条的规定,于同年6月11日公告注销涉案宅基地的集体土地建设用地使用证。

灵璧县人民法院认为,被告人王志芳以牟利为目的,违反土地管理法规,非法转让土地使用权,情节严重,其行为已构成非法转让土地使用权罪。公诉机关指控的罪名成立。根据本案的事实、性质、情节及对社会的危害程度,依照《中华人民共和国刑法》第二百二十八条、第五十二条、第五十三条、第六十四条、第六十一条、第六十二条及《破坏土地资源刑事案件解释》第一条第(四)项之规定,以非法转让土地使用权罪判处被告人王志芳有期徒刑九个月,并处罚金人民币五万元,对王志芳的违法所得予以追缴。

一审宣判后,王志芳不服,以其行为不构成犯罪为由提出上诉。

宿州市中级人民法院经审理,于2014年12月14日裁定撤销原判,发回重审。灵璧县人民法院另行组成合议庭,经开庭审理,于2015年8月10日作出判决,再次以非法转让土地使用权罪判处王志芳有期徒刑九个月,并处罚金人民币五万元,对王志芳的违法所得予以追缴。

宣判后,被告人王志芳上诉提出:(1)原判认定其牟利63万余元错误。关于房屋价值的鉴定意见未包括垫土及地上物投入的价值,且房屋评估价值不等于市场成交价或最终拍卖价。(2)原判认定其违反土地管理法规错误。有关土地管理的相关法律和行政法规均未规定农民买卖宅基地上房屋的行为应予追究刑事责任。安徽省人民政府于2013年10月28日出台的《关于深化农村综合改革示范试点工作的指导意见》规定"允许集体建设用地通过出让、租赁、作价出资、转让等方式依法进行流转,用于工业、商业、旅游和农民住宅小区建设等",此意见说明了流转宅基地不仅不违反规定,还于法有据。(3)原判适用《破坏土地资源刑事案件解释》错误。其是合理合法取得宅基地使用权且对该土地进行维护,不存在破坏土地资源的情况。综上,请求二审法院依法改判其无罪。

宿州市中级人民法院经审理认为,原判认定王志芳转让宅基地及房屋的事实清楚,但认定获利63万余元的事实不清、证据不足。根据土地管理法及相关行政法规,目前我国法律没有规定农民转让自有宅基地的行为构成犯罪,被告人王志芳转让自有宅基地的行为不构成非法转让土地使用权罪。原判认定王志芳转让宅基地的行为构成非法转让土地使用权罪不当,予以纠正。对王志芳的上诉理由,予以采纳。依照《中华人民共和国刑事诉讼法》第二百二十五条第一款第(三)项、第一百九十五条第(二)项、第(三)项的规定,判决撤销原审判决,改判王志芳无罪。

二、主要问题

农民私自转让自有宅基地的行为,是否构成非法转让土地使用权罪?

三、裁判理由

对于如何认定被告人王志芳转让自有宅基地行为的性质,审理中有两种意见:

第一种意见认为,被告人王志芳转让自有宅基地的行为构成非法转让土地使用权罪。理由是:(1)本案中王志芳系以牟利为目的向本集体经济组织以外的人员转让宅基地。土地管理法第七十三条明确规定,买卖或者以其他形式非法转让土地,构成犯罪的,依法追究刑事责任。王志芳以68万元的价格向赵龙转让宅基地和附属房屋，其中附属房屋经评估价值仅4.9万余元，且赵龙购买不久即拆除原有的附属房屋，说明其目的是购买使用该宗宅基地。（2）《破坏土地资源刑事案件解释》第一条规定，以牟利为目的，违反土地管理法规，非法转让、倒卖土地使用权，非法获利50万元以上的，应依照刑法第二百二十八条的规定，以非法转让、倒卖土地使用权罪定罪处罚。王志芳非法转让自有宅基地的获利数额超过了前述《破坏土地资源刑事案件解释》规定的"情节严重"标准，依法应以非法转让土地使用权罪追究其刑事责任。

第二种意见认为，被告人王志芳转让自有宅基地的行为不宜按非法转让土地使用权罪定罪处罚。理由是：（1）王志芳将自有宅基地转让给本集体经济组织以外人员的行为虽然违反了土地管理的相关法律法规，但对方亦是其他集体经济组织成员，且购买宅基地的目的是用于建设自住房，并未改变宅基地用途，也未造成集体土地流失的损害后果，不属于《破坏土地资源刑事案件解释》规定的非法转让土地使用权罪"情节严重"的情形。（2）从目前政策发展来看，宅基地使用权及其地上房屋有在一定限度内放开流转的趋势，在相关政策试点时期，也不宜对将宅基地及其地上房屋转让给其他集体经济组织的农民的行为追究刑事责任。（3）本案涉案宅基地的地上房屋已经灭失，仅根据房屋原貌照片作出的评估价格缺少依据。王志芳非法获利是否达到《破坏土地资源刑事案件解释》规定的50万元入罪标准存疑。

我们同意第二种意见，被告人王志芳转让自有宅基地的行为不宜按非法转让土地使用权罪定罪处罚。理由是：

1. 从农村宅基地制度的政策导向来看，对转让自有宅基地的行为不宜追究刑事责任

根据物权法、土地管理法、土地管理法实施条例等法律法规的规定，宅基地是农村的农户或个人用作住宅基地而占有、利用的本集体所有的土地，只有拥有农村户口的人才能在本集体所有的土地范围内申请宅基地。与一般集体土地和国有土地有所区别，农民宅基地大体上属于农民个人财产，农民拥有对自有宅基地的占有权和使用权，但这种占有受到很大限制。一户农民只能拥有一处宅基地且只能在本集体经济组织内部流转，出卖、出租住房或赠与他人后不得再申请宅基地。我国法律对农村宅基地流转的上述限制性规定本质上是为了保证农村土地集体所有性质不变，使农民的基本生活得到保障，防止农民因流转自住的宅基地而丧失安居之所。作为我国土地制度的重要组成部分，农村宅基地制度长期以来起到了保障农民居住权和维护农村社会稳定的作用。随着我国城镇化进程的深入推进，农村人口流失严重，大量农村住房闲置。同时，随着农村经济的不断发展，农民改善居住条件的需求也在不断增强。宅基地的保障性作用已逐渐减弱，资产属性和增值收益功能逐步凸显，限制宅基地使用权流转的制度已不符合经济发展的趋势，农村大量的闲置宅基地就是这种矛盾下的产物。在经济利益和改善居住条件需求的驱动下，近年来在我国农村，农民之间的房产交易成为一种常见现象，农民通过转让、出租、抵押、入股等形式将住宅入市流转的情形大量出现。这种自发形成的隐性市场在一定程度上满足了农民渴望增加生活来源和提高生活质量的现实需求，缩小了城乡经济发展差距和贫富差距。但是，根据"房地一体"的原则，农村房产的交易必然伴随着宅基地使用权的实际转让。受限于农村宅基地使用权流转的严格限制，这些交易在法律方面缺乏保障，而且隐性市场毕竟缺乏正规化和有序化，存在交易风险和纠纷隐患。因此，改革创新宅基地管理制度，引导农民有序、合法流转宅基地使用权，成为新时期农村改革发展亟待解决的问题。

针对上述情况，一段时期以来，从地方到中央以各种方式探索农民宅基地流转的新途径，尝试宅基地使用权流转的市场化和规范化。在总结各地经验的基础上，2013年11月12日党的十八届三中全会通过的《中共中央关于全面深化改革若干重大问题的决定》明确提出，要"赋予农民

更多财产权利……保障农户宅基地用益物权,改革完善农村宅基地制度,选择若干试点,慎重稳妥推进农民住房财产权抵押、担保、转让,探索农民增加财产性收入渠道。建立农村产权流转交易市场,推动农村产权流转交易公开、公正、规范运行"。中共中央、国务院2016年12月31日发布的《关于深入推进农业供给侧结构性改革　加快培育农业农村发展新动能的若干意见》中也提出,要"深化农村集体产权制度改革……认真总结农村宅基地制度改革试点经验,在充分保障农户宅基地用益物权、防止外部资本侵占控制的前提下,落实宅基地集体所有权,维护农户依法取得的宅基地占有和使用权,探索农村集体组织以出租、合作等方式盘活利用空闲农房及宅基地,增加农民财产性收入。允许地方多渠道筹集资金,按规定用于村集体对进城落户农民自愿退出承包地、宅基地的补偿"。从上述我国宅基地制度的政策导向来看,在从中央到地方均尝试为农村宅基地流转搭建平台、积极放开政策性束缚的情况下,刑法不宜过度介入农村宅基地使用权流转这一尚未明朗的领域,且本案中的转让自有宅基地的行为在当前的农村普遍存在,从法律效果和社会效果来看,也不宜对农民有偿转让宅基地的行为定罪处罚。

2. 本案未达到非法转让土地使用权罪"情节严重"的入罪标准

刑法的谦抑性和最后手段性要求刑罚规制应当控制在维持社会秩序所必需的最小限度之内,在民事责任、行政责任可及的情况下无须动用刑罚手段处理。在我国关于农村宅基地使用权流转的政策正在逐步放宽的情况下,对于本案这类政策性强,争议问题复杂,社会各方高度关注的新类型案件,认定犯罪更要慎重,应当在穷尽了其他社会管理手段,包括行政、经济手段仍不能解决问题的情况下,才可考虑刑罚手段的介入。即使动用刑罚,也应从严把握。根据《破坏土地资源刑事案件解释》第一条的规定,非法转让土地使用权罪"情节严重"的标准是指具有非法转让、倒卖基本农田五亩以上、基本农田以外的耕地十亩以上、其他土地二十亩以上、非法获利五十万元以上,或者非法转让、倒卖土地接近上述数量标准并具有曾因非法转让、倒卖土地使用权受过行政处罚、造成严重后果等情形。从立法逻辑上讲,前述五种入罪情形规定所体现的行为危害性应当大体相当,即行为人非法转让、土地使用权应达到一定的土地数量、非法获利达到一定的数额,或者接近上述数量、数额并具有相当程度的恶劣情形。

本案中,被告人王志芳违规转让自有宅基地的数量、获利数额和危害后果均未达到前述《破坏土地资源刑事案件解释》规定的入罪标准:(1)本案中的涉案宅基地仅有425平方米,远未达到前述"情节严重"情形的最低数量标准。(2)王志芳转让宅基地和房屋的价格虽然超过了50万元的非法获利数额标准,但检察机关和原审法院在计算非法获利数额时未扣除王志芳对土地的投入,即整理宅基地所垫的渣土和地基的价值在鉴定时未被剔除,王志芳非法获利数额是否达到50万元以上存疑。(3)购买王志芳宅基地的赵龙虽非王志芳所在集体经济组织成员,但亦系同一个镇的农民,购买的目的是改善住房条件,购得后也未改作他用,而是将原有房屋拆除后重建,既未改变该项宅基地的性质和土地规划用途,也未造成土地流失的损害后果。故认定王志芳的行为属于非法转让土地使用权"情节严重",依据不足。

3. 参照最高人民法院关于涉农村宅基地刑事案件的批复精神,对于转让自有宅基地的行为不宜按犯罪处理

2010年5月,贵州省高级人民法院就有关人员与农民联合在农村宅基地、责任田上违法建房出售如何适用法律的问题请示最高人民法院。贵州省高级人民法院反映,近年来该省部分地区的城镇居民在城乡接合部、城市开发区和"城中村",采取与有地农民通过"合作建房""合伙联营"的方式,在农民所有的宅基地或者部分农用地上,未经批准或者超出批准范围、面积违法修建住宅楼后出售或者出租。对于上述行为应如何处理,研究过程中有意见提出可按非法转让土地

使用权罪定罪处罚。对此，最高人民法院经研究未采纳该意见，理由主要是：(1)此类行为非法转让、倒卖、占用的土地数量一般较小，难以达到《破坏土地资源刑事案件解释》规定的定罪处罚标准。(2)此类案件属于新类型案件，案件处理的法律、政策性强，涉及利益主体多，争议问题复杂，社会各方高度关注，暂不宜适用刑罚处理。(3)中央有关文件鼓励有条件的地方开展农村集体产权制度和农村集体建设用地流转改革试点。在未有结论的情况下，对此类行为不能贸然以犯罪处理。(4)从征求中央有关部门意见的情况来看，多数反馈意见认为，土地管理法、城乡规划法等法律法规对此类行为分别规定了相应的法律责任，在有关政策出台前，应按照现有法律法规的有关规定及精神妥善处置。

综合以上因素考量，最高人民法院于2010年11月2日作出《关于个人违法建房出售行为如何适用法律问题的答复》(法〔2010〕395号，以下简称《答复》)。《答复》指出："在农村宅基地、责任田上违法建房出售如何处理的问题，涉及面广，法律、政策性强。据了解，有关部门正在研究制定政策意见和处理办法，在相关文件出台前，不宜以犯罪追究有关人员的刑事责任……案件处理更应当十分慎重。要积极争取在党委统一领导下，有效协调有关方面，切实做好案件处理的善后工作，确保法律效果与社会效果的有机统一。"《答复》所针对的是在农村宅基地、责任田上违法建房出售如何处理的问题，其主观恶性和社会危害程度明显重于本案中农民将自有宅基地和房屋出售给本集体经济组织以外的其他农民的行为，根据举重以明轻的司法原则，对农民转让自有宅基地的行为也不宜按犯罪处理。

综上，宿州市中级人民法院以原判认定上诉人王志芳转让宅基地获利数额事实不清、证据不足，王志芳转让自有宅基地的行为构成非法转让土地使用权罪不当为由，依法改判其无罪，是适当的。

（撰稿：最高人民法院刑二庭　郭　慧　初立秀
审编：最高人民法院刑二庭　王晓东）

[第1253号]曾海涵非法经营案

——开采、加工、销售稀土矿产品的行为是否构成非法经营罪的认定和把握

【关键词】　非法经营罪　开采、加工、销售稀土矿产品　国家规定　刑法的谦抑性　自由买卖

一、基本案情

被告人曾海涵，男，1978年5月17日出生，个体经商，2013年2月1日因涉嫌犯非法经营罪被逮捕。

广东省韶关市武江区人民检察院以被告人曾海涵犯非法经营罪，向武江区人民法院提起公诉。

被告人曾海涵辩称其本人未销售稀土。其辩护人提出，本案证明被告人销售稀土的证据不足，且涉案稀土是依据法院调解书从广西运至韶关存储，属于合法持有；稀土买卖不属于国家行政许可或者行政审批的范畴，被告人行为未违反刑法第二百二十五条的规定，不构成非法经营罪。

韶关市武江区人民法院经公开审理查明：

2010年1月至2012年4月17日，被告人曾海涵租用了韶关市浈江区陵南路1号韶关市农业生产资料总公司东河6号仓库和韶关市浈江区南郊曲江综合贸易仓库用于存放稀土，并先后聘请了朱某、韩某(另案处理)看管仓库，其间曾海涵聘请工人在6号仓库使用粉碎机、洋铲、耙子、电子秤、缝包机等工具，对存放的稀土进行重新包装。之后，曾海涵联系江苏宜兴新威利成公司(以下简称新威利成公司)销售稀土。

2011年6月2日，新威利成公司通过广东和平天晟矿业有限公司将购买稀土的货款989万元转账到曾海涵妻子袁某的工商银行账户62×××08。收到货款的次日该账户转出490万元至曾海涵名下的农行账户62×××18。之后，曾海涵指派韩某从韶关先后于2011年6月19日押运35吨氧化物稀土、2011年7月17日押运28.65吨草酸稀土到江苏省宜兴市交付给新威利成公司，新威利成公司收货后当即对上述两批稀土进行抽样检测，并形成分析报告及稀土杂质检测报告。

2012年4月17日，韶关市公安局浈江分局根据群众举报，在韶关市浈江区陵南路1号的韶关市农业生产资料总公司东河6号仓库和韶关市浈江区南郊曲江综合贸易仓库内查获稀土159.59吨，当场抓获管理人员韩某。经韶关市物价局价格认证中心鉴定，被查获的稀土价值24 328 935元。

2012年4月20日，韶关市公安局浈江分局以扣押的涉案稀土数量大，不易搬运、保管为由，将该批稀土交韶关市浈江区财政局拍卖处理，该局将该批稀土交韶关市浈江区公共资产管理中心委托拍卖行进行拍卖。2012年4月28日，经韶关市浈江区公共资产管理中心委托，韶关市华逸拍卖行有限公司于5月7日拍卖成交。

2014年3月17日，经江西钨与稀土产品质量司法鉴定中心鉴定确认，曾海涵指派韩某销售到新威利成公司的35吨氧化物稀土及28.65吨草酸稀土均为离子型稀土矿产品；公安机关在韶关市浈江区前述两个仓库内查获的159.59吨稀土中，除有3.82吨不属离子型稀土矿产品外，其余的均为离子型稀土矿产品。

另查明，2006年6月，广西崇左市城市工业区管理委员会与江苏宜兴市长江稀土冶炼厂(以下简称长江稀土冶炼厂)签订合同，约定将广西崇左市矿产公司的采矿许可证转到长江稀土冶炼厂设立的项目公司名下。同年7月，长江稀土冶炼厂成立了项目公司——崇左市广苏稀土有限公司(以下简称广苏公司)，但因长江稀土冶炼厂并未履行合同义务，采矿许可证并未实际转移。且广苏公司从成立之日起一直处于筹建期间，工商部门明确，该公司筹建期内不得从事生产经营。但该公司成立后，立即开展对六汤稀土矿的勘探、开采、生产工作。同年12月，曾海涵和郭茂春与广苏公司合作开采稀土，由郭茂春与广苏公司签订协议，约定由郭茂春进行稀土开采，将产出的稀土如数交由广苏公司，广苏公司负责办理相关证照手续，并支付郭茂春生产承包费。签订协议后，郭茂春设立一车间，曾海涵设立二车间，两车间独立核算，自负盈亏，按协议开采并上交稀土。后因广苏公司未按协议回收稀土，2008年4月郭茂春自行将一车间开采出来的175.78吨碳酸盐稀土运回江西定南。同年11月，双方签订补充合同，广苏公司同意郭茂春对六汤稀土矿现有的碳酸盐稀土库存进行自售。曾海涵于2008年11月至2009年3月将二车间开采的碳酸盐稀土(折合稀土氧化物167.3665吨)自行运走。2009年5月，郭茂春将广苏公司起诉至广西壮族自治区崇左市中级人民法院(以下简称崇左中院)，要求支付一、二车间的相关货款，广苏公司亦对郭茂春提起反诉。同年10月，双方达成调解协议并经崇左中院确认，同意郭茂春自行处理2008年4月自行运走的稀土，并明确了双方之前签订的合同终止履行。

武江区人民法院认为，离子型稀土属国家战略性资源，是国家限制自由买卖的物品，其国内销售应按照相关的法律、行政法规的规定，由国务院稀土领导小组制订指令性计划，统一管理，严禁自由买卖。曾海涵违反国家规定，在未取得任何证照或得到相关部门许可的情况下，非法销售离子型稀土，且涉案金额特别巨大，情节特别严重，其行为符合非法经营罪的构成要件，应以非法经营罪定罪处罚。根据刑法第二百二十五条第（一）项规定，以非法经营罪判处曾海涵有期徒刑八年，并处罚金人民币一百万元。

一审宣判后，被告人曾海涵不服，以其行为不构成犯罪为由，向韶关市中级人民法院提出上诉。

韶关市中级人民法院经第一次审理，以原判认定事实不清、证据不足，违反法定诉讼程序，裁定撤销原判，发回武江区人民法院重新审判。

武江区人民法院重审认定的事实和原审一致，并据此作出与原审判决相同的判决意见。

被告人曾海涵再次以不构成犯罪为由提出上诉。其辩护人提出，稀土矿产品是通过法院调解书获得，且销售对象是具有国家认证的收购、加工稀土资质的公司，不能认定曾海涵的行为属于“自由买卖”。

韶关市中级人民法院经审理认为，虽然上诉人曾海涵未取得国家有关行政管理部门核发的证照擅自经营稀土，但在案现有证据尚不能证实曾海涵经营销售的稀土来源非法。根据证据裁判、疑罪从无的刑事司法原则，原判认定曾海涵犯非法经营罪的证据不足，依法应撤销原判，作出证据不足，不能认定上诉人有罪的判决。曾海涵及其辩护人所提应改判无罪的意见，予以采纳。依照《中华人民共和国刑事诉讼法》第一百九十五条第（三）项、第二百三十一条和《最高人民法院关于适用〈中华人民共和国刑事诉讼法〉的解释》第二百四十一条第一款第（四）项之规定，判决撤销原审判决，改判上诉人曾海涵无罪。

二、主要问题

开采、加工、销售稀土矿产品的行为能否构成非法经营罪？

三、裁判理由

（一）曾海涵开采、加工、销售稀土矿产品的行为不构成非法经营罪

非法经营罪的构成以违反国家规定为前提。本案审理过程中，对被告人曾海涵销售稀土矿产品的行为是否违反国家规定，存在两种意见。

一种意见认为，曾海涵销售稀土矿产品的行为违反了国家规定。理由是：国务院1991年颁布的《关于将钨、锡、锑、离子型稀土矿产列为国家实行保护性开采特定矿种的通知》（国发〔1991〕5号，以下简称《5号通知》）第五条第二款规定，“离子型稀土矿产品的国内销售，由国务院稀土领导小组制定指令性计划，统一管理。严禁自由买卖”。曾海涵在未经许可的情况下销售稀土矿产品，违反了《5号通知》的规定。根据《最高人民法院关于准确理解和适用刑法中的“国家规定”的有关问题的通知》，“国家规定”是指全国人民代表大会及其常委会制定的法律和决定，国务院制定的行政法规、规定的行政措施、发布的决定和命令。行政措施是指国家行政机关根据法律法规，对特定对象或具体事件采取的直接发生法律效力的一种行政行为。《5号通知》系国务院根据矿产资源法的规定制发，文件决定将钨、锡、锑、离子型稀土矿产品列为国家实行保护性开采的特定矿种，从开采、选冶、加工到市场销售、出口等各个环节，实行有计划的统一管理，属于一种行政措施，应当认定为刑法第二百二十五条中的“国家规定”。因此，曾海涵销售稀土矿产品的行为违反了国家规定，且情节严重，构成非法经营罪。

另一种意见认为，《5号通知》虽然属于国家规定，但是本案认定曾海涵销售的稀土来源不

明,如果能够认定曾海涵销售的稀土矿产品系其购买所得,应当认定其行为违反国家规定,且情节严重,构成非法经营罪;如果曾海涵销售的稀土矿产品系其通过抵债所得,且其销售对象系有资质收购稀土矿产品的主体,其行为不属于非法经营行为,不构成非法经营罪。

我们认为,被告人曾海涵的行为可以分解为开采、加工和销售行为。这三个行为涉及三个方面的国家规定。本案在案证据无法证明曾海涵销售的稀土矿产品来源,从有利被告人的角度出发,如果认定涉案稀土矿产品来源于广苏公司,系因抵债而得,那么曾海涵开采、加工、销售稀土矿产品的行为均不构成非法经营罪。理由如下:

1. 对曾海涵的开采行为不宜追究刑事责任

曾海涵的开采行为客观上虽然违反国家规定,但其主观上没有违法开采的故意,且其行为未达到情节严重的程度。根据矿产资源法第三条的规定,开采矿产资源必须经过批准、办理登记,并符合规定的资质条件。曾海涵和郭茂春与广苏公司订立合同,为广苏公司开采稀土矿产品提供技术和劳务支持。广苏公司没有获得采矿许可证,客观上广苏公司和曾海涵开采稀土的行为均违反了矿产资源法。然而,根据承包协议,广苏公司负责相关采矿许可证照的办理,郭茂春、曾海涵仅负责具体开采事宜。在履行劳务合同过程中,广苏公司隐瞒了采矿许可证照未成功办理的事实,向郭茂春、曾海涵提供了采矿许可证的虚假复印件。故不能认定郭茂春和曾海涵主观上具有违法开采的故意。另外,从本案发生的特殊背景分析,广苏公司虽然没有实际获得采矿许可证,但其是经过崇左政府招商引资为开采稀土矿而专门成立,其边开采边申请采矿许可的行为得到当地政府的默许,和一般的未经许可偷采行为不同。基于这一背景因素考虑,行政执法机关、司法机关均未追究广苏公司违法开采的责任。同理推之,对作为承包广苏公司劳务的曾海涵亦不应追究其违法开采的刑事责任,如对主观上不具有违法开采故意的行为追究刑事责任亦有客观归罪之嫌。

2. 将碳酸盐稀土加工成草酸盐稀土的行为不属于冶炼分离加工,未违反国家规定

本案中对涉案稀土存在氧化稀土、离子型稀土、碳酸盐稀土、草酸盐稀土等多种表述。离子型稀土矿是对矿山原始状态的称呼,经过加工之后生产出离子型稀土矿产品,草酸盐稀土和碳酸盐稀土属于离子型稀土矿产品。经向有关部门了解,稀土氧化物是稀土矿产品经过复杂的萃取、分离程序后得出的产品,其交易是不受限制的。草酸盐稀土和碳酸盐稀土都属于稀土矿产品,两者的区别在于沉淀的工艺不同。通过简单加工,碳酸盐稀土也可以转变为草酸盐稀土。根据《国务院关于促进稀土行业持续健康发展的若干意见》(国发〔2011〕12 号)第二条第(五)项的规定,对稀土冶炼分离企业实行生产许可。《5 号通知》第四条规定,国家禁止个体从事离子型稀土矿产品的冶炼。如果认定曾海涵销售的稀土矿产品均来源于广苏公司,因广苏公司生产的是碳酸盐稀土,销售的稀土中有部分是草酸盐稀土,两者属于不同产品,曾海涵必然存在加工行为。然而,相关资料显示,将碳酸盐稀土加工成草酸盐稀土的行为不属于冶炼分离,故曾海涵的加工行为未违反上述国家规定。

3. 曾海涵的销售行为不属于自由买卖,未违反国家规定

矿产资源法第三十四条规定,国务院规定由指定的单位统一收购的矿产品,“任何其他单位或者个人不得收购”“开采者不得向非指定单位销售”。《5 号通知》第五条规定,离子型稀土矿产品属于国家统一收购的矿产品,个人不得收购,严禁自由买卖。《5 号通知》属于国家行政机关在进行行政管理活动时的临时行政措施,属于国家规定。然而,如果认定曾海涵系因抵债获得稀土,那么其并未实施收购稀土的行为,且销售的对象是有加工稀土资质的企业,属于定向选择,故不属于“自由买卖”,不应认定其违反矿产资源法和《5 号通知》的规定。此外,曾海涵系出于抵债

原因而获得稀土，与出于牟利目的收购稀土本质不同，而且其合伙人郭茂春这种抵债方式已获得崇左中院调解书的确认。抵债后，曾海涵并未为了追求价位而将稀土矿产品自由销售，而是销售给有加工资质的公司，不同于一般的自由买卖行为，更与专门倒卖稀土行为有本质不同。另从期待可能性理论分析，如果认定曾海涵违反了国家规定，实际剥夺了其实现债权的权利，其当初的抵债就毫无意义。可见，曾海涵将抵债获得的稀土矿产品留而不卖不具有可期待性。相反，因抵债获得稀土矿产品后，曾海涵将稀土矿产品销售给有加工稀土资质的企业是比较合理的选择。故不应认定曾海涵违反"不得向非指定单位销售""禁止自由买卖"的规定。

此外，结合本案其他一些因素考虑，亦不宜追究曾海涵的刑事责任。其主要原因为关联案件均未作犯罪处理。根据相关材料反映，与曾海涵相似的行为均未受到刑事追究。曾海涵的合伙人郭茂春和广苏公司都存在销售稀土的行为，但均因多种因素的考虑未追究相关责任，其中郭茂春将稀土拉走抵债的行为还得到崇左中院调解书的确认。广苏公司的相关负责同志在证言中还提到曾海涵和郭茂春自售稀土的做法符合当时稀土界的行规。从这一角度分析，出于打击面和政策平衡的考虑，对曾海涵的行为也不宜追究刑事责任。

（二）对一般稀土矿产品销售行为以非法经营罪追究刑事责任应持审慎态度

仅从文件规定分析，买卖稀土矿产品的行为违反了矿产资源法、《5号通知》关于离子型稀土"个人不得收购""实行统一收购""严禁自由买卖"的规定，情节严重的，似可构成非法经营罪。然而，从上述文件实际执行情况来看，稀土矿产品销售在国内实际未实行严格管控，故对一般稀土矿产品销售行为以非法经营罪追究刑事责任，目前应持审慎态度。主要理由是：

1. 稀土矿产品销售在国内尚未实行严格管控

《5号通知》虽然仍有效，但该文件所提中国有色金属工业总公司和国务院稀土领导小组已被撤销或解散，目前国土资源部和工信部是稀土行业的主要管理部门。根据《国务院关于促进稀土行业持续健康发展的若干意见》（国发〔2011〕12号）以及工信部相关资料，目前我国对开采稀土矿、冶炼分离加工实行严格的指令性计划管理，但对稀土（准确地讲是稀土氧化物，即加工后的稀土产品）的销售并未实行指令性计划。可见，我国对稀土行业的管控主要集中于开采、加工而非销售环节。对稀土矿产品销售的主要管理手段是要求稀土企业必须通过增值税防伪税控系统（稀土企业专用版）开具增值税专用发票和增值税普通发票。

2. 我国取消稀土出口配额制度在一定程度上意味着对稀土矿产品销售管控的放松

2012年3月，美国、欧盟、日本提出磋商请求将我国稀土、钨、钼三种原材料出口限制措施诉诸世界贸易组织（WTO）争端解决机制。2014年8月，WTO公布了美国、欧盟、日本诉中国稀土、钨、钼相关产品出口管理措施案上诉机构报告，裁决认定中方涉案产品的出口关税、出口配额措施不符合有关世贸规则和中方加入世贸组织承诺。2015年年初，我国正式取消稀土出口配额制度，企业只需凭出口合同就可以申领出口许可证，无须再提供批文。可见，我国已在很大程度上放松了对稀土国际贸易的管控。目前，虽然没有正式文件对国内稀土销售行为放松管控，但综合国内和国际实际情况分析，对稀土矿产品国内销售行为实际未实行严格管控措施。

综上，韶关市中级人民法院依法撤销原判，作出证据不足，宣告曾海涵无罪是正确的。另外，基于稀土矿产品销售在国内未实行严格管控的实际情况考虑，对稀土矿产品销售行为以非法经营罪追究刑事责任应持审慎态度。

（撰稿：最高人民法院刑二庭　刘晓虎　周颖佳
审编：最高人民法院刑二庭　王晓东）

王力军非法经营案

【关键词】 非法经营罪 罪刑法定原则 刑法的谦抑性 兜底性条款 违法性

一、基本案情

被告人王力军,又名王长在,男,汉族,1970 年 9 月 13 日出生,农民。2015 年 3 月 27 日被刑事拘留,同年 3 月 31 日被取保候审。

内蒙古自治区巴彦淖尔市临河区人民检察院指控被告人王力军犯非法经营罪,向巴彦淖尔市临河区人民法院提起公诉。

被告人王力军对公诉机关指控的事实和罪名无异议。辩护人提出被告人王力军有自首情节,收购的玉米卖给了正规渠道,获利数额较小,应对被告人从轻处罚的辩护意见。

巴彦淖尔市临河区人民法院经公开审理查明:2014 年 11 月 13 日至 2015 年 1 月 20 日期间,被告人王力军未办理粮食收购许可证,未经工商行政管理机关核准登记颁发营业执照,擅自在巴彦淖尔市临河区白脑包镇附近村组无证照经营违法收购玉米,非法经营数额 218 288.6 元,将所收购的玉米卖给巴彦淖尔市粮油公司杭锦后旗蛮会分库,非法获利 6 000 元。案发后,被告人王力军主动退缴非法获利 6 000 元。2015 年 3 月 27 日,被告人王力军主动到巴彦淖尔市临河区公安局经侦大队投案自首。

巴彦淖尔市临河区人民法院认为,被告人王力军违反国家法律、行政法规规定,未经粮食主管部门许可及工商行政管理机关核准登记颁发营业执照,非法收购玉米,非法经营数额 218 288.6 元,数量较大,其行为构成非法经营罪。鉴于被告人王力军主动到公安机关投案自首,有自首情节,主动退交全部违法所得,有悔罪表现,对其适用缓刑确实不致再危害社会,且不会对所在社区产生重大不良影响,决定对被告人王力军依法从轻处罚并适用缓刑。2016 年 4 月 15 日,巴彦淖尔市临河区人民法院以(2016)内 0802 刑初 54 号刑事判决,认定被告人王力军犯非法经营罪,判处有期徒刑一年,缓刑二年,并处罚金人民币二万元;被告人王力军退缴的非法获利款人民币六千元,由侦查机关上缴国库。

宣判后,被告人王力军未上诉,检察机关未抗诉,判决发生法律效力。

最高人民法院于 2016 年 12 月 16 日作出(2016)最高法刑监 6 号再审决定,指令内蒙古自治区巴彦淖尔市中级人民法院对本案进行再审。

再审中,被告人王力军及检辩双方对原审判决认定的事实无异议,再审查明的事实与原审判决认定的事实一致。巴彦淖尔市人民检察院提出了被告人王力军的行为虽具有行政违法性,但不具有与《刑法》第二百二十五条规定的非法经营行为相当的社会危害性和刑事处罚必要性,不构成非法经营罪,建议再审依法改判。被告人王力军在庭审中对原审认定的事实及证据无异议,但认为其行为不构成非法经营罪。辩护人提出了被告人王力军无证收购玉米的行为,不具有社会危害性、刑事违法性和应受惩罚性,不符合刑法规定的非法经营罪的构成要件,根据刑法谦抑性原则,应宣告被告人王力军无罪。

巴彦淖尔市中级人民法院经公开开庭审理,认为原审判决认定的被告人王力军于 2014 年 11 月至 2015 年 1 月期间,没有办理粮食收购许可证及工商营业执照买卖玉米的事实清楚,其行为违反了当时的国家粮食流通管理有关规定,但尚未达到严重扰乱市场秩序的危害程度,不具备与《刑法》第二百二十五条规定的非法经营罪相当的社会危害性、刑事违法性和刑事处罚必要性,不构成非法经营罪。原审判决认定王力军构成非法经营罪适用法律错误,检察机关提出的王力军无证照买卖玉米的行为不构成非法经营罪的意见成立,被告人王力军及其辩护人提出的王力军的行为不构成犯罪的意见成立。遂于2017年2月14日作出(2017)内08刑再1号刑事判决,撤销内蒙古自治区巴彦淖尔市临河区人民法院(2016)内0802刑初54号刑事判决,认定被告人王力军无罪。

二、裁判理由

围绕本案裁判要点,结合案件事实及所涉及的法律、法规,有必要从犯罪构成要件符合性、违法性、有责性角度出发,遵循"罪刑法定"原则和刑事司法"谦抑性"理念,厘清行政违法行为与刑事犯罪的界限,阐释非法经营罪中兜底性条款的司法适用规则,以统一类似案件裁判尺度。

(一)适用兜底性条款裁判的规则

《刑法》第二百二十五条关于非法经营罪的规定中,第四项"其他严重扰乱市场秩序的非法经营行为"是在前三项规定明确列举的三类非法经营行为具体情形的基础上规定的一个兜底性条款。对于兜底性条款,应当深刻理解相关法律体系结构及立法背景,分析适用条款后产生的社会效果,慎重适用。因而,对本条兜底性条款的内容和范围,应遵循罪刑法定的原则进行严格解释。

最高人民法院2011年4月8日下发《关于准确理解和适用刑法中"国家规定"的有关问题的通知》(法发〔2011〕155号,以下简称《通知》)要求:"各级人民法院审理非法经营犯罪案件,要依法严格把握刑法第二百二十五条第(四)的适用范围……有关司法解释未作明确规定的,应当作为法律适用问题,逐级向最高人民法院请示。"对该条兜底性条款适用的慎重程度由此可见一斑。据此,在尚无相关司法解释的情况下,认定无证收购和销售粮食的行为是否构成非法经营罪,必须逐级请示最高人民法院,由最高人民法院作出相应判断。

原审法院未经请示最高人民法院,认定王力军违反国家法律和行政法规规定,未经粮食主管部门许可及工商行政管理机关核准登记并颁发营业执照,非法收购玉米,数额较大,其行为构成非法经营罪并判处有期徒刑缓刑,属于诉讼程序不当、适用法律错误。经最高人民法院指令再审,改判王力军无罪,纠正了错误判决。

(二)适用兜底性条款规定应当考虑的因素

首先,遵循"罪刑法定"原则严格解释兜底性条款的内容和范围。兜底性条款在发挥其堵截犯罪功能时,必须遵循法条本身应能明示或暗示"其他"的内涵和外延,不到不得已时不用的规则。因此,认定非法经营罪中"其他严重扰乱市场秩序的非法经营行为"应有必要的限定。构成非法经营罪的非法经营行为需要具备两个基本特征:其一,具有行政违法性,即违反国家法律、行政法规的禁止性或者限制性规定,行政违法是构成犯罪的必要前提。即"其他严重扰乱市场秩序的非法经营行为"必须是与未经许可经营专营、专卖或限制买卖物品等具有相同性质的行为,侵害的法益应当相同。司法实践中适用应当特别慎重,其他构成该罪的行为须是"法律规定"或司法解释规定可纳入非法经营罪的行为,不得随意扩大适用,须按规定逐级向最高人民法院请示。具体到本案,与非法经营罪明确列举的前三项行为比对分析,粮食既不属于《刑法》第二百二十五条规定的专营、专卖物品,也不属于限制买卖的物品。其二,严重扰乱市场秩序(包括市场准入秩序、市场竞争秩序和市场交易秩序)且达到犯罪程度的社会危害性。严重与否需要从情节和危害后果上加以限定。

其次,树立谦抑性刑事司法理念,充分考量所适用法律产生的社会背景及社会效果。刑法的谦抑性,又称刑法的经济性或者节俭性,是指立法者应当力求以最小的支出(少用甚至不用刑罚)获取最大的社会效益(有效的预防和抗制犯罪)。具体而言,"在追究嫌疑人刑事责任时注意克制，不能超过公正报应、有效预防和必要矫正所需要的限度配置和适用刑罚，防止定罪量刑过度。在现有法律范围内不逾越法律规定的框架，在有罪和无罪判断上不勉强定罪。考虑犯罪的社会危害性、原因、被告人情况、认罪态度等诸多情节来综合判断，不按犯罪处理效果更好，裁判结果更容易被社会公众接受，避免判后引发申诉信访问题”。① 针对具体案件，应当综合案件情况对刑事处罚的必要性进行考量，对于可通过民事、行政法律手段妥善处理的，则无须通过刑罚加以规制。市场经济的本质属性要求刑法对市场经济行为的介入应当保持审慎的态度，秉持谦抑的价值取向，适当限制和减少刑罚的适用。

（三）应当结合案件对违法性进行实质审查

违法性从形式上看，是指违反法秩序或法规范，实质是违反法规范背后的社会伦理规范。本案中，被告人王力军没有办理粮食经营许可证和工商营业执照而进行粮食收购活动，确实违反了当时《粮食流通管理条例》（以下简称《条例》）、《粮食收购资格审核管理暂行办法》（以下简称《暂行办法》）的相关规定，违法经营的数额也达到立案标准。如果不考虑《通知》所规定的限制，本案从形式上符合该罪的构成要件，但是否构成犯罪、是否应当追究被告人的刑事责任则需要进一步分析。此类行为入罪应具有与《刑法》第二百五十五条前三项规定的行为严重程度相当的社会危害性，严重与否需要从情节和危害后果上加以限定。本案王力军收购玉米，虽然没有取得许可，形式上属于违法经营，但首先，王力军收购玉米的行为是河套地区农民粮食经纪人普遍的一种行为，其购销行为发生在粮农与粮库之间，起到了粮食买卖的桥梁纽带作用，上门帮助农民脱粒，进而收购粮食，解决了农民卖粮难，起到了便民利民的作用，并没有阻碍、破坏粮食流通的正常渠道，没有影响到国家粮食购销市场秩序、粮食价格体系，未对粮食安全造成危害；其次，王力军并没有囤积居奇，哄抬价格，谋取暴利等行为，没有达到严重扰乱市场秩序的程度。客观而言，王力军的行为在一定程度上减轻了农民卖粮的负累，促进流通，有益于粮食市场。因而王力军的收购行为并没有实质的社会危害性，不具备与《刑法》第二百五十五条规定的非法经营罪相当的社会危害性和刑事处罚的必要性，应不构成非法经营罪。

【编后语】

该案件原审判决生效后曾被用作普法宣传，由此在社会上引起了广泛关注，一些网民用“幸好吃玉米不要办证”调侃并声援王力军，部分媒体记者直呼“用非法经营罪给农民定罪不适合”，折射了制定法与民众内心的自然法之间的不协调。学者专家则从案件涉及的《条例》《暂行办法》中对收购资格的管理规定，以及在国家已经放开粮食收购、消费市场的前提下，法律滞后、部门利益化的现象，质疑《条例》《暂行办法》与国家提出的“市场主导资源配置”不相符合、违背“政府鼓励社会化服务组织发展，为农民生产服务”的要求，不利于维护农民合法利益和国家粮农市场改革。法学专家更是从“非法经营罪”适用中“口袋化”的趋势，警示要对“非法经营罪”的扩张保持足够的戒心，防止一步步扩张成一个没有限制的罪名，呼吁实务部门不能将经营资格、内容、方法任何一方面的违法，都不加区分地纳入非法经营罪的范畴。

再审法院撤销原判改判王力军无罪，明确了行政违法行为与刑事犯罪的界限，规范了非法经营罪中兜底性条款的司法适用规则，对限制司法中不当适用兜底性条款、统一裁判尺度具有标杆意义，展示了人民法院用个案推动以良法善治为核心的法治进程及经济领域的改革进程，处理结果达到了法律效果和社会效果的统一。同时，该案再审改判也体现了人民法院有错必纠的信心

① 胡云腾：《谈谈谦抑原则在办案中的适用》，载《中国审判》总第142期。

与担当。

值得一提的是，该案在媒体报道之后，引起有关部门的重视。2016年2月，国务院对《条例》进行了修订。2016年9月，国家粮食局对《暂行办法》进行了修订，并下发了《粮食收购资格审核管理办法》，指出为使市场在资源配置中起决定性作用和更好发挥政府作用，深入推进“放管服”改革，切实保护粮食生产者、消费者和经营者的合法权益，规范粮食收购市场秩序，农民、粮食经纪人、农贸市场粮食交易者等从事粮食收购活动，无须办理粮食收购资格。

（撰稿：内蒙古自治区高级人民法院赔偿办　梁　宏
审编：最高人民法院刑二庭　韩维中）

董如彬、侯鹏非法经营、寻衅滋事案

【关键词】　非法经营罪　寻衅滋事罪　编造虚假信息　网络言论　网络有偿服务

一、基本案情

被告人董如彬，男，汉族，1962年12月27日出生，系云南边民文化传播有限公司法定代表人。2013年10月16日被逮捕。

被告人侯鹏，男，汉族，1970年11月29日出生，系云南边民文化传播有限公司经理。2013年10月16日被逮捕。

云南省昆明市五华区人民检察院指控被告人董如彬犯寻衅滋事罪、非法经营罪、虚报注册资本罪，被告人侯鹏犯非法经营罪，向昆明市五华区人民法院提起公诉。后检察院变更起诉，指控被告人董如彬犯寻衅滋事罪、非法经营罪，被告人侯鹏犯非法经营罪。

云南省昆明市五华区人民法院经审理查明：

（一）2011年3月至2013年5月，被告人董如彬、侯鹏违反国家规定，以营利为目的，通过编造虚假信息、帖文，提供网络有偿服务，其中董如彬参与非法经营4起，数额为人民币345 000元，侯鹏参与非法经营3起，数额为人民币255 000元。具体如下：

1. 2011年3月，被告人董如彬接受公民黎某某的委托，为黎某某与黄氏四兄弟纠纷一事进行炒作。董如彬邀约并组织人员，虚构事实，撰写黄氏兄弟系黑社会组织成员等帖文在互联网发布。其间，黎某某向董如彬支付人民币90 000元。

2. 2012年8月，被告人董如彬接受景洪市晟华房地产有限责任公司孙某、孙某某委托，伙同被告人侯鹏，虚构事实，编造晟华公司员工与省住建厅工作人员发生冲突及冲突原因的信息在互联网发布，并收取孙某某人民币150 000元。

3. 2012年11月，被告人董如彬接受云南呈贡德华企业集团有限公司董事长张某某委托，伙同被告人侯鹏以及段某某、王某某（均另案处理）等人，以炒作宣威火电厂污染致癌为手段，以达到关停火电厂、改善委托方楼盘销售现状的目的。董如彬指使王某某杜撰帖文在互联网发布。其间，董如彬、侯鹏收取张某某人民币100 000元。

4. 2013年5月，被告人董如彬接受云南旅游包机公司副总经理钱某的委托，商定以人民币80 000元的费用炒作钱某被判决一事。董如彬虚构事实撰写帖文，指使被告人侯鹏及冯某将帖文发布至互联网。其间，钱某支付给董如彬人民币5 000元。

（二）2011年10月至2013年3月，被告人董如彬为提高其网络知名度，增加网民的关注程度，在“10·5”湄公河案件的处理过程中，利用新浪微博、腾讯微博、QQ空间、天涯社区等网络平台散布了大量编造的虚假信息和煽动性言论，引发大量网民围观，严重混淆视听，造成了极其恶劣的社会影响，扰乱了公共秩序。

2013年9月10日，被告人董如彬被抓获归案；2013年9月12日，被告人侯鹏投案自首。

昆明市五华区人民法院认为，被告人董如彬、侯鹏违反国家规定，以营利为目的，明知是虚假信息，通过信息网络有偿提供发布信息服务，扰乱市场秩序的行为已触犯刑法，均构成非法经营罪，应依法予以惩处。董如彬编造损害国家利益和政府形象的虚假信息在网络上散布，起哄闹事，造成公共秩序严重混乱的行为还构成寻衅滋事罪，依法应予数罪并罚。

2014年7月15日，昆明市五华区人民法院以（2014）五法刑二初字第91号判决书认定被告人董如彬犯非法经营罪，判处有期徒刑六年，并处罚金人民币三十五万元；犯寻衅滋事罪，判处有期徒刑一年；决定执行有期徒刑六年零六个月，并处罚金人民币三十五万元。被告人侯鹏犯非法经营罪，判处有期徒刑三年，缓刑三年，并处罚金人民币五万元。

一审宣判后，被告人董如彬提出上诉，认为一审判决认定的事实及证据错误，适用法律不当，请求改判无罪。

云南省昆明市中级人民法院经依法审理，认为一审判决认定事实清楚，证据确实充分，定罪准确，量刑适当，审判程序合法。于2014年12月4日以（2014）昆刑一终字第53号刑事裁定驳回上诉，维持原判。

二、裁判理由

（一）公民在网络中的言行不能超出法律界限

宪法保障公民的言论自由，但同时规定公民的言论自由应该在法律规定的范围内行使，不得损害国家、社会、集体的利益和其他公民的合法权利。广大网民通过网络表达意见、关注社会问题、进行舆论监督，是公民行使言论自由权利、参与国家政治生活的重要方式。公民依法在信息网络上发表言论，始终受到我国法律的保护。国家通过网络上的各种信息和评论，能够了解社会情况和群众对公共事务的意见和建议。但网民在行使表达权利的同时，亦不能触及法律底线。网络空间并非法外之地，国家法律保护信息网络用户正常的、合法的言论和信息交流活动，打击利用信息网络实施的犯罪行为。

本案中，被告人董如彬、侯鹏以营利为目的，违反国家规定，有偿提供编造虚假信息、帖文并上网发布的服务，有组织地进行网络造谣、炒作活动，谋取巨额非法利益；利用社会敏感热点问题，借题发挥，炮制谣言，误导民众，恶意攻击、诋毁国家、政府和执法机关形象，造成极其恶劣的社会影响，严重扰乱了公共秩序。董如彬、侯鹏的行为损害了国家、社会、集体的利益以及其他公民的合法权利，应当依法追究刑事责任。

辩护人提出，被告人董如彬等代人发帖是为行使公民的监督权，是针对政府部门的不作为提出批评、质疑，不属于犯罪。

法院认为，公民的正当行使监督权的行为与在公共信息网络随意散布虚假信息行为之间有显著区别。

首先，二者的主观目的不同。就公民监督行为而言，行为人在主观目的上是具有善意的，其在公共信息网络上披露一些负面信息，指出客观存在的问题，目的是督促政府有关部门及时、全面地履行其职责，改进其工作。但被告人董如彬等的目的是通过炒作虚假信息引起网络舆论的争议，形成舆论热点、造成舆论混乱，从而达到收取委托人钱财、提高个人网络影响力的目的。其次，二者在客观表现上存在不同。行使监督权的行为人所披露的应当是真实的信息或经某种方式核实后自认为是真实的信息,而董如彬在网上所发布的涉案微博、帖文内容,或是无中生有,为被告人董如彬本人捏造;或是虚假信息所涉及的内容有一定来源,但经董如彬进行过实质性篡改,以原创的方式发布;或是虚假信息虽曾在信息网络上流传,但已经被澄清,董如彬仍然增添内容在信息网络上予以散布。董如彬明知是虚假的信息仍然发布在网络中,已经明显超出公民正当行使监督权的范围,应当受到法律的否定评价。

（二）关于非法经营罪的认定

《刑法》第二百二十五条规定了非法经营罪,对非法经营行为扰乱市场秩序,情节严重的,予以刑罚处罚。该条采用列举的方式规定了三项非法经营行为,并在第（四）项采用兜底条款,规定了“其他严重扰乱市场秩序的非法经营行为”。而最高人民法院2011年4月8日下发《关于准确理解和适用刑法中“国家规定”的有关问题的通知》要求,各级法院审理非法经营犯罪案件,要依法严格把握《刑法》第二百二十五条第（四）项的适用范围,有关司法解释未作明确规定的,应作为法律适用问题,逐级向最高人民法院请示。

对于本案被告人的“上网有偿发帖”行为是否属于非法经营行为,程序上是否需要逐级向最高人民法院请示,分析如下:

1.“上网有偿发帖”行为是一种非法经营行为

本案中,被告人主观上以营利为目的,客观上收取“客户”钱财,为其编造事实、杜撰文章,并发布在信息网络,对案（事）件进行炒作,具有“经营”性质;被告人主观上明知是虚假信息,仍违反国家规定实施上述行为,具有“非法”性,扰乱了正常的互联网经营秩序;被告人非法经营额达人民币345 000元,满足非法经营罪“情节严重”的入罪条件（非法经营额达人民币50 000元以上）。

2.本案属于司法解释已作明确规定的情形,无须向最高人民法院请示

2013年9月10日起施行的《最高人民法院、最高人民检察院关于办理利用信息网络实施诽谤等刑事案件适用法律若干问题的解释》（以下简称《解释》）第七条规定,违反国家规定,以营利为目的,通过信息网络有偿提供删除信息服务,或者明知是虚假信息,通过信息网络有偿提供发布信息等服务,扰乱市场秩序,情节严重的,依照《刑法》第二百二十五条第（四）项的规定,以非法经营罪定罪处罚。该《解释》同时规定,个人非法经营数额在五万元以上的,应当认定为《刑法》第二百二十五条规定的“情节严重”;个人非法经营数额在二十五万元以上的,应当认定为《刑法》第二百二十五条规定的“情节特别严重”。

本案审判时《解释》已经施行,但被告人的犯罪行为在《解释》公布之前,根据相关规定,本案可以适用《解释》对被告人判处刑罚。理由如下:2001年《最高人民法院、最高人民检察院关于适用刑事司法解释时间效力问题的规定》中已明确,对于司法解释实施前发生的行为,行为时没有相关司法解释,司法解释施行后尚未处理或者正在处理的案件,依照司法解释的规定办理。对于新的司法解释实施前发生的行为,行为时已有相关司法解释,依照行为时的司法解释办理,但适用新的司法解释对犯罪嫌疑人、被告人有利的,适用新的司法解释。对于在司法解释施行前已办结的案件,按照当时的法律和司法解释,认定事实和适用法律没有错误的,不再变动。此前法律、司法解释没有专门针对这种“上网有偿发帖”进行具体规定,在本案审判时已有《解释》,因而本案可以适用《解释》进行定罪处罚。

需要指出的是,案发时虽没有具体的司法解释,但有相关决定、规定对二被告人的行为如何进行处理,2000年全国人大常委会作出的《关于维护互联网安全的决定》（已修改,以下简称《决定》）,明确指出利用互联网实施捏造事实诽谤他人及其他违法行为,构成犯罪的,依照刑法的有

关规定追究刑事责任。这意味着，如果《解释》没有公布施行，二被告人行为根据《决定》，可以依照刑法的有关规定追究刑事责任，《解释》的施行使本案可以直接适用《解释》依照刑法进行定罪、量刑，在适用非法经营罪兜底条款时，程序上无须再向最高人民法院进行请示。

（三）关于寻衅滋事罪的认定

信息网络既是工作、生活、学习的重要途径和手段，也是公众沟通交流的主要媒介和平台，体现出较强的工具性和公共性的特征。网络社会已经与现实社会融为一体，成为现实社会重要的组成部分。网络空间属于公共空间，网络秩序也是社会秩序的重要组成部分。网络信息必然会对现实社会产生直接的、实实在在的影响。显而易见，编造虚假信息并在信息网络上散布，起哄闹事，进而造成公共秩序严重混乱，此类行为具有现实的社会危害性，应当以寻衅滋事罪追究刑事责任。

例如，本案涉及的编造"10·5"湄公河惨案虚假信息一事。"10·5"湄公河惨案一经报道，举世震惊，世界各国对行凶者的行为均发表声明，严厉谴责，凡是有良知的人都对13位无辜被害的中国公民表达深切哀悼，向其家属表示同情与慰问，并对中国政府、司法机关通过艰苦卓绝的工作一举捣毁糯康犯罪集团，恢复湄公河航运秩序给予高度评价。但董如彬为了吸引眼球，增加其网络上的知名度，罔顾事实真相，编造虚假信息，肆意诋毁我国司法机关和司法工作人员，贬损我国国家形象，起哄闹事，社会影响面广，影响极为恶劣。具体分析如下：

1. 从涉及领域来看，被告人董如彬编造并散布的有关"10·5"湄公河案件的虚假信息，涉及我国国家主权、外交事务、司法权等国家核心领域。

2. 从涉案场所的性质来看，互联网即社会交往、沟通交流、信息传播、诉求表达的重要平台和媒介，加之互联网天然具有的信息传播速度快、传播范围广等特点，决定了相关虚假信息一旦在互联网上发布，将很难被彻底消除，且其所造成的恶劣影响也会产生跨地域的影响范围。因此，被告人董如彬通过网络平台实施的寻衅滋事行为，比采用传统手段和方式实施的寻衅滋事行为，更具社会危害性。

3. 从起哄闹事的时间来看，被告人董如彬从"10·5"湄公河案件发生初期就开始在网络上散布各种起哄闹事性质的言论，其各种非法言论历时近一年半，时间跨度大，影响持续时间长。其间，董如彬在"10·5"湄公河事件处置的各重要时间节点，利用网民对案件高度关注的时机，散布大量恶意诋毁国家形象的言论，攻击中国司法机关及办案人员，误导网民，混淆视听，引发不明真相的群众对我国政府和司法机关的质疑和不满，严重损害了我国国家形象及司法公信力。

4. 从公共场所受影响的范围来看，被告人董如彬编造的虚假信息均发表、散布于我国主要的门户网站和重要论坛，同时董如彬作为具有一定影响力的网络名人，受众面极广，截至2013年10月4日，董如彬在新浪微博的粉丝达44 808人，在腾讯微博的听众数达62 337人，这些网民均是其言论的直接受众。董如彬发表的5条虚假言论被直接转发21次，评论10次，转发人和评论人的粉丝量共计91 591人；73条起哄闹事性质的主要言论，被直接转发、转播3 512次，评论、回复3 611次，点击、阅读589 737次。另外，基于网络的开放性，董如彬的言论被网民直接转发后，还会被其他网民进行再次（二级）转发、评论。其虚假言论扩散面极广，引发网民的错误认识和行为混乱，误导公众对国家权力和司法权威产生怀疑，造成了极其恶劣且难以消除的社会影响，危害后果严重，案件事实和证据足以证实董如彬的行为已经造成公共秩序的严重混乱。

综上所述，被告人董如彬的行为符合寻衅滋事罪的构成要件，且后果严重，根据《解释》第五条第二款的规定，编造虚假信息，或者明知是编造的虚假信息，在信息网络上散布，或者组织、指使人员在信息网络上散布,起哄闹事,造成公共秩序严重混乱的,依照《刑法》第二百九十三条第一款第(四)项的规定,以寻衅滋事罪定罪处罚。人民法院依法认定董如彬构成寻衅滋事罪。

【编后语】

被告人董如彬、侯鹏非法经营、寻衅滋事案(又称"边民案")与"秦火火""立二拆四"等案件,作为全国打击网络犯罪的典型案例,备受网络、媒体和社会各界的关注。

开放的中国需要文明、法治、健康的网络世界。绝对的自由并不存在,互联网的自由,也是法律之下、道德之下的自由。网络的虚拟和可匿名,并不意味着网络中的言论可以肆无忌惮、无所顾忌。网上的言行也可能触犯法律,因为网络言行一样会给个人以及社会造成切实的伤害,且信息网络具有迅速扩散、不易彻底根除等特性,往往造成的伤害更大。公民在网络中无论发表言论还是进行交易,都应当遵守法律法规、恪守社会道德,不得损害国家、社会、集体的利益和其他公民的合法权利。对利用信息网络实施的犯罪行为,依法应当判处相应的刑罚。人民法院依法审理本案及"秦火火"等利用信息网络实施的犯罪,厘清了信息网络发表言论的法律边界,通过依法、准确打击相关犯罪来最大限度地保护广大网民的表达权。

(撰稿:昆明市五华区人民法院　王伟林　惠金福
审编:最高人民法院刑二庭　叶邵生)

于学伟等非法储存危险物质、非法经营、危险物品肇事、单位行贿案
——天津港"8·12"特大火灾爆炸事故案

【关键词】　非法储存危险物质罪　非法经营罪　危险物品肇事罪　单位行贿罪　共同犯罪　重大生产责任案件

一、基本案情

被告人于学伟,男,1974年5月15日出生。2015年9月21日被逮捕。
被告人董社轩,男,1982年4月18日出生。2015年9月21日被逮捕。
被告人只峰,男,1972年8月4日出生。2015年9月21日被逮捕。
被告人尚庆森,男,1983年6月28日出生。2015年9月21日被逮捕。
被告人曹海军,男,1971年9月12日出生。2015年9月21日被逮捕。
被告人郭向滨,男,1962年12月5日出生。2015年9月21日被逮捕。
被告人刘振国,男,1983年10月22日出生。2015年9月21日被逮捕。
被告人宋齐,男,1969年2月23日出生。2015年9月21日被逮捕。
被告人李雅翔,男,1972年8月15日出生。2015年9月21日被逮捕。
被告人田旺,男,1983年11月13日出生。2015年9月21日被逮捕。
被告人杨默,男,1982年8月21日出生。2015年9月21日被逮捕。
被告人李亮,男,1981年4月19日出生。2015年9月21日被逮捕。

被告人周志刚，男，1986年6月25日出生。2015年9月21日被逮捕。

天津市人民检察院第二分院指控被告人于学伟犯非法储存危险物质罪、非法经营罪、危险物品肇事罪、单位行贿罪，被告人只峰、董社轩、尚庆森、曹海军、郭向滨犯非法储存危险物质罪、非法经营罪、危险物品肇事罪，被告人刘振国、宋齐、李亮、杨默、田旺、李雅翔犯非法储存危险物质罪、非法经营罪，被告人周志刚犯危险物品肇事罪，向天津市第二中级人民法院提起公诉。

被告人于学伟、只峰、董社轩、尚庆森、曹海军、郭向滨、刘振国、宋齐、李亮、杨默、田旺、李雅翔、周志刚对起诉书指控的犯罪事实及罪名均无异议。于学伟的辩护人提出，于学伟在非法储存危险物质罪、单位行贿罪中，不属于情节严重，其主观上属于过失，且系自首。董社轩的辩护人提出，董社轩具有自首情节，且未参与公司经营管理，没有弄虚作假行为。只峰的辩护人提出，只峰起次要作用，且系初犯。尚庆森的辩护人提出，尚庆森如实供述罪行，且系从犯。曹海军、郭向滨、刘振国、宋齐、田旺、杨默、李亮的辩护人分别提出，上述7人均系从犯，构成自首。田旺的辩护人另提出，田旺主动供述于学伟行贿的事实，构成立功。李雅翔的辩护人提出，李雅翔系从犯。周志刚的辩护人提出，周志刚具有坦白情节。

天津市第二中级人民法院经公开审理查明：

2012年11月28日，天津东疆保税港区瑞海国际物流有限公司（以下简称瑞海公司）由天津市滨海新区工商行政管理局（以下简称滨海新区工商局）准予注册登记，被告人李亮代被告人于学伟持股55%，舒铮代被告人董社轩持股45%，法定代表人为李亮。瑞海公司危险品仓库位于天津市滨海新区天津港国际物流中心吉运二道95号，占地46 226平方米。

2013年1月24日，瑞海公司办理工商营业执照变更登记，将经营范围由“仓储业务经营（危化品除外、港区内除外）”变更为“在港区内从事仓储业务经营（危化品除外）”。2015年1月29日，滨海新区工商局准予瑞海公司法定代表人变更为被告人只峰。

被告人于学伟、董社轩系瑞海公司的实际出资人、实际控制人。瑞海公司中，被告人只峰任总经理、法定代表人；被告人田旺任副总经理（后于2014年年初离职），主管安保部；被告人尚庆森任副总经理，主管安保部和运抵部；被告人曹海军任副总经理，主管操作部；被告人刘振国任副总经理，主管装箱部和危申部；被告人郭向滨任安保部部长；被告人宋齐任财务总监；被告人杨默任办公室主任（后于2014年年初离职）；被告人李雅翔任装箱部副经理；被告人李亮挂名担任董事长，曾担任法定代表人；被告人周志刚任操作部业务员。

2016年3月21日，瑞海公司被天津市滨海新区市场和质量监督管理局吊销营业执照。

2013年1月18日至2014年5月4日，被告人于学伟等人以贿赂手段非法取得多份临时港口危险化学品经营批复，此后通过伪造环境影响评价公众参与调查表、提供虚假公示证明材料、低报危险化学品实际仓储面积等方式骗取通过环境影响评价验收，采取编造防爆叉车购买合同、临时码放集装箱充当防火墙、验收当天暂停作业等违法手段，通过消防验收审核及安全验收评价，最终于2015年6月23日违法取得《港口经营许可证》和《港口危险货物作业附证》（以下简称“两证”）。2016年7月1日，“两证”被依法吊销。经查，2013年5月20日至2015年8月12日，瑞海公司非法储存氰化钠、甲基磺酰氯等剧毒化学品7种，总计49 332.97吨。此外，瑞海公司还违法违规经营和储存烧碱、电石、硝酸铵等其他危险化学品，数额达47 805 252.64元。

被告人于学伟等人在瑞海公司的日常经营过程中，存在违规存放硝酸铵，严重超负荷经营、超量存储，违规混存、超高堆码危险货物，违规开展拆箱、搬运、装卸等严重违反安全生产管理规定的问题。2015年8月12日22时许，瑞海公司危险品仓库运抵区南侧集装箱内的硝化棉由于湿润剂散失出现局部干燥，在高温（天气）等因素的作用下加速分解放热，积热自燃，引起相邻集装箱内的硝化棉和其他危险化学品长时间大面积燃烧,导致堆放于运抵区的硝酸铵等危险化学品发生爆炸。事故造成165人遇难,8人失踪,798人受伤住院治疗;304幢建筑物、12 428辆商品汽车、7 533个集装箱受损。截至2015年12月10日,已核定直接经济损失人民币68.66亿元。案发当晚,被告人周志刚作为瑞海公司值班负责人,未履行职责,对瑞海公司发生爆炸事故亦负有直接责任。

另查明,被告人于学伟归案后主动供述其为瑞海公司违规办理港口危险货物经营资质,多次向时任市交港局副局长李志刚、港口管理处处长冯刚请托,送给李志刚高尔夫球杆1套,价值35 000元,现金10 000元,贵州茅台酒1箱,价值6 600元,高尔夫测距仪1台,价值2 650元,友谊商场提货单,价值35 000元,三星牌电视机1台,价值9 000元,共计折合98 250元;送给冯刚高尔夫测距仪1台,价值2 650元,贵州茅台酒1箱,价值6 600元,海信广场购物卡,价值50 000元,共计折合59 250元。上述财物共计折合157 500元。

2015年8月13日至9月9日,于学伟等13名被告人分别被查获归案。

2016年11月9日,天津市第二中级人民法院作出(2016)津02刑初100号刑事判决,认定如下:

1. 被告人于学伟犯非法储存危险物质罪,判处死刑,缓期二年执行,剥夺政治权利终身;犯非法经营罪,判处有期徒刑十二年,并处罚金人民币五十万元;犯危险物品肇事罪,判处有期徒刑七年;犯单位行贿罪,判处有期徒刑四年,并处罚金人民币二十万元;决定执行死刑,缓期二年执行,剥夺政治权利终身,并处罚金人民币七十万元。

2. 被告人董社轩犯非法储存危险物质罪,判处无期徒刑,剥夺政治权利终身;犯非法经营罪,判处有期徒刑十一年,并处罚金人民币五十万元;犯危险物品肇事罪,判处有期徒刑七年;决定执行无期徒刑,剥夺政治权利终身,并处罚金人民币五十万元。

3. 被告人只峰犯非法储存危险物质罪,判处无期徒刑,剥夺政治权利终身;犯非法经营罪,判处有期徒刑十一年,并处罚金人民币十五万元;犯危险物品肇事罪,判处有期徒刑七年;决定执行无期徒刑,剥夺政治权利终身,并处罚金人民币十五万元。

4. 被告人尚庆森犯非法储存危险物质罪,判处有期徒刑十年,剥夺政治权利三年;犯非法经营罪,判处有期徒刑六年,并处罚金人民币八万元;犯危险物品肇事罪,判处有期徒刑五年;决定执行有期徒刑十八年,剥夺政治权利三年,并处罚金人民币八万元。

5. 被告人曹海军犯非法储存危险物质罪,判处有期徒刑十年,剥夺政治权利三年;犯非法经营罪,判处有期徒刑六年,并处罚金人民币八万元;犯危险物品肇事罪,判处有期徒刑五年;决定执行有期徒刑十八年,剥夺政治权利三年,并处罚金人民币八万元。

6. 被告人郭向滨犯非法储存危险物质罪,判处有期徒刑八年;犯非法经营罪,判处有期徒刑五年,并处罚金人民币七万元;犯危险物品肇事罪,判处有期徒刑五年;决定执行有期徒刑十五年,并处罚金人民币七万元。

7. 被告人刘振国犯非法储存危险物质罪,判处有期徒刑八年;犯非法经营罪,判处有期徒刑五年,并处罚金人民币七万元;决定执行有期徒刑十年,并处罚金人民币七万元。

8. 被告人宋齐犯非法储存危险物质罪,判处有期徒刑六年;犯非法经营罪,判处有期徒刑四年,并处罚金人民币六万元,决定执行有期徒刑八年,并处罚金人民币六万元。

9. 被告人李雅翔犯非法储存危险物质罪,判处有期徒刑四年;犯非法经营罪,判处有期徒刑二年,并处罚金人民币三万元;决定执行有期徒刑五年,并处罚金人民币三万元。

10. 被告人田旺犯非法储存危险物质罪,判处有期徒刑三年;犯非法经营罪,判处有期徒刑二年,并处罚金人民币三万元;决定执行有期徒刑四年,并处罚金人民币三万元。

11. 被告人杨默犯非法储存危险物质罪,判处有期徒刑三年;犯非法经营罪,判处有期徒刑二年,并处罚金人民币三万元;决定执行有期徒刑四年,并处罚金人民币三万元。

12. 被告人李亮犯非法储存危险物质罪,判处有期徒刑三年;犯非法经营罪,判处有期徒刑一年,并处罚金人民币一万五千元;决定执行有期徒刑三年六个月,并处罚金人民币一万五千元。

13. 被告人周志刚犯危险物品肇事罪,判处有期徒刑三年。

一审宣判后,各被告人均未提出上诉。天津市高级人民法院经复核,认为一审判决认定事实和适用法律正确、量刑适当、诉讼程序合法,于 2016 年 12 月 13 日以(2016)津刑核 11751851 号刑事裁定,核准天津市第二中级人民法院(2016)津 02 刑初 100 号对被告人于学伟判处死刑,缓期二年执行,剥夺政治权利终身,并处罚金人民币七十万元的刑事判决。

二、裁判理由

(一)爆炸事故中相关罪名的认定

瑞海公司相关人员采取违法手段获取经营资质,非法储存危险化学品发生爆炸,根据爆炸的原因以及危险化学品种类、性质的不同,触犯的刑法罪名也不同。人民法院依据相关刑法条文的规定,将相关犯罪事实确定为数个罪名。

1.《刑法》第一百二十五条第二款规定,非法制造、买卖、运输、储存毒害性、放射性、传染病病原体等物质,危害公共安全的,构成非法制造、买卖、运输、储存危险物质罪。

按照《危险化学品名录》(2015 年版),瑞海公司储存的氰化钠等七种危险化学品是剧毒化学品,易致人中毒或者死亡,对人体、环境具有极大的毒害性和危险性,属于《刑法》第一百二十五条第二款规定的"毒害性物质"。

《危险化学品安全管理条例》对危险化学品的生产、储存、运输等环节均设置了明确、具体的要求。依照《港口法》《港口危险货物安全管理规定》等法律规章,在港区内从事危险化学品经营的企业必须获得"两证"。被告人于学伟等人采取伪造环境评价公众参与调查表、提供虚假公示证明材料、低报危险化学品实际存储面积等违法手段,通过环境影响评价验收;采取编造防爆叉车购买合同、临时码放集装箱充当防火墙、验收当天暂停作业等违法手段,通过消防验收审核及安全验收评价,最终使瑞海公司获得"两证"。因此,瑞海公司虽在形式上具备"两证",但系于学伟等人通过违法手段取得,实质上不具备储存毒害性物质的资质与条件,属于"非法储存"。因而,被告人等非法储存氰化钠等毒害性物质,危害公共安全,依法应当认定为非法储存危险物质罪。

2. 瑞海公司相关人员除了非法储存氰化钠等毒害性物质外,还非法从事烧碱、电石等其他危化品的储存业务,按照我国制定的《危险化学品名录》,这些属于剧毒化学品之外的其他危险化学品,不属于毒害性、放射性、传染病病原体等危险物质,因而被告人非法储存烧碱、电石等其他危险化学品的行为不构成非法储存危险物质罪,应当另行评价。

对于其他危险化学品,相关文件同样也规定了生产、储存、运输等环节需要相应的资质与条件。正如上文所述,瑞海公司在形式上具备"两证",但"两证"系被告人非法取得,实质上并不具备港口危险货物经营资质,属于无证违法经营。因而,被告人等非法储存其他危化品的行为,依法应当认定为非法经营罪。

需要说明的是,有意见认为,储存行为不属于经营行为。我们认为,《刑法》第二百二十五条非法经营罪中的"经营行为",应包括以营利为目的的生产、运输、仓储、买卖等行为,并不仅限于购买和销售行为。

3.《刑法》第一百三十六条规定,违反爆炸性、易燃性、放射性、毒害性、腐蚀性物品的管理规定,在生产、储存、运输、使用中发生重大事故,造成严重后果的,构成危险物品肇事罪。瑞海公司相关人员违反安全生产规定,进行违规操作,致使硝酸铵等危险化学品发生爆炸,造成特别严重后果,依法应当认定为危险物品肇事罪。

需要说明的是,本次事故的直接原因是硝化棉积热自燃,最终引起硝酸铵等危险化学品发生爆炸。硝酸铵属于《危险货物分类和品名编号》(GB 6944－2012)中的5.1类危险货物,即氧化性物质,虽不属于《刑法》第一百二十五条第一款规定的“爆炸物”,也不属于《刑法》第一百二十五条第二款规定的“毒害性、放射性、传染病病原体等危险物质”,而属于《刑法》第一百三十六条规定的“危险物品”。因此,虽然发生了爆炸事故,但瑞海公司储存的硝酸铵不属于爆炸物,不符合非法储存爆炸物罪的构成要件,被告人等不构成非法储存爆炸物罪。

(二)重大生产责任案件中死刑的适用

根据《刑法》第一百二十五条第一款、第二款的规定,非法储存危险物质,危害公共安全的,处三年以上十年以下有期徒刑;情节严重的,处十年以上有期徒刑、无期徒刑或者死刑。本案中,于学伟等人非法存储氰化钠等毒害性物质共计4.9万余吨,数量特别巨大;同时,于学伟等人为谋取私利,采用贿赂、欺骗等非法手段获取经营资质,置周边人民群众的生命、财产安全于不顾,严重危害公共安全,犯罪手段卑劣,主观恶性深,社会危害性大。综合全案的事实情节,于学伟等人的行为属于《刑法》第一百二十五条规定的非法储存危险物质犯罪中“情节严重”的情形,应当在“十年以上有期徒刑、无期徒刑或者死刑”这一幅度内量刑。但是,本案引发爆炸的直接原因是硝酸铵爆炸,而不是氰化钠等危险物质,事故中的遇难者经鉴定均系遭燃烧、爆炸造成伤亡,瑞海公司非法储存氰化钠等毒害性危险物质并未直接造成严重人身伤亡后果;另外,瑞海公司作为正常的生产经营者,主观上不可能希望发生生产安全事故,对造成严重事故后果最多持间接故意心态。在此情况下,对相关被告人适用死刑要特别慎重。故法院在裁量刑罚时,对被告人于学伟犯危险物品肇事罪顶格判处七年有期徒刑,对其所犯非法储存危险物质罪,综合案件事实、情节等因素,认定其属“情节严重”,判处死刑,但认为可不立即执行。

【编后语】

天津港“8·12”特大火灾爆炸事故造成165人遇难、8人失踪,798人受伤住院治疗,直接经济损失68.66亿元的严重后果。事故伤亡人数众多,经济损失特别巨大,社会危害性极大,是中华人民共和国成立以来最大的安全生产责任事故。事故发生后,党中央、国务院及天津市委、市政府高度重视,积极组织救援和善后工作。司法机关依法履行法律职责,依法对涉案生产企业的13名责任人员追究刑事责任。

庭审过程中,各被告人当庭认罪、悔罪,且在宣判之后均服从判决,不再上诉。案件庭审和裁判结果得到人民群众的普遍认可。人民法院依法从严惩处企业无视安全生产主体责任、违法违规经营的犯罪行为,是从法治的角度警示企业要有基本的守法意识和企业良知,对法律、对生命要有敬畏之心。系列案件的审判达到了给生产经营企业立规矩、给审批监管等职能部门划底线、给人民一个满意交代的预期目标,对行业监管和安全生产起到树标杆、鸣警钟的作用,实现了政治效果、社会效果和法律效果的有机统一。

(撰稿:天津市高级人民法院　王力欣
审编:最高人民法院刑二庭　叶邵生)

[第1298号]吴小军非法经营同类营业、对非国家工作人员行贿案

——非法经营同类营业罪的主体范围及对“同类营业”的准确理解

【关键词】 非法经营同类营业罪 对非国家工作人员行贿罪 同类营业 社会危害性 国有公司、企业

一、基本案情

被告人吴小军,男,1971年8月10日出生,曾任农银国联无锡投资管理有限公司总经理。2014年10月17日被逮捕。

江苏省淮安市人民检察院以被告人吴小军犯非法经营同类营业罪、对非国家工作人员行贿罪,向淮安市中级人民法院提起公诉。

淮安市中级人民法院经公开审理查明:

(一)主体身份的事实

农银国联无锡投资管理有限公司(以下简称农银国联)设立于2011年9月30日。其股东包括:(1)无锡国联资本管理有限公司(国有独资)股本占比30%。2012年12月无锡国联资本管理有限公司将30%的股份转让给国联信托股份有限公司(国有控股)。(2)农银无锡投资咨询有限公司(以下简称农银无锡)股本占比70%。农银无锡系农银国际(中国)投资有限公司(也被称为北京总部)的子公司。农银国际(中国)投资有限公司的股东为农银国际控股有限公司(在香港特区设立,以下简称农银控股)。农银控股的股东为中国农业银行股份有限公司和捷骏公司(1份股份)。中国农业银行股份有限公司系国有控股金融企业(参见示意图)。

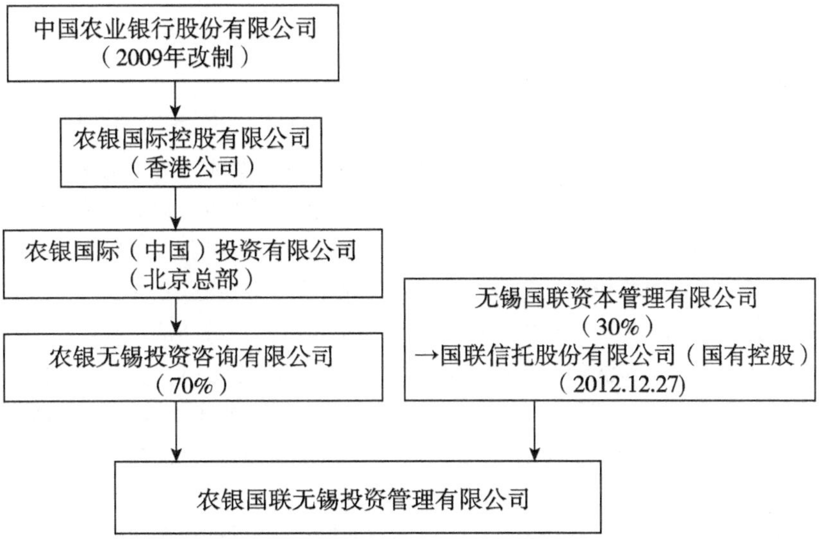

农银国联的股权结构示意图

吴小军原系中国农业银行江苏省分行(以下简称省农行)员工,2011年10月24日,省农行聘任吴小军为投资银行部总经理(正处级);省农行党委组织部经研究同意吴小军提任正处级干部;2011年12月派至农银控股,任农银国联总经理(正处级)。吴小军于2011年12月31日与省农行解除劳动合同。2011年12月22日吴小军赴农银国联任职,2012年12月5日吴小军向农银控股提交了个人辞呈,2013年1月25日吴小军签订了离职承诺书,2013年4月9日农银国联董事会决议解聘吴小军的总经理职务。

(二)非法经营同类营业事实

1. 被告人吴小军在担任农银国联总经理期间,利用本公司与苏宁电器集团有限公司(以下简称苏宁集团)接洽并提供融资服务的便利,得知苏宁集团有10亿元融资需求,遂安排工作人员以苏宁集团需融资5亿元立项上报北京总部。在北京总部作出暂缓决议后,吴小军个人决定私下运作苏宁集团融资项目。吴小军联系了中国农业银行秦皇岛分行作为资金托管行,大连银行作为出资行,安徽国元信托有限责任公司(以下简称安徽国元)作为信托通道。2012年7月19日,苏宁集团与安徽国元达成10亿元借款合同;相关各方也分别达成资金信托合同。吴小军通过其朋友控制的江苏中港担保有限责任公司与苏宁集团签订财务顾问协议,收取顾问费,非法获利7 800万元。

2. 2012年6月,被告人吴小军经原农行同事引荐,结识了南京丰盛产业控股集团有限公司(以下简称丰盛集团)老总季昌群。经商谈,初步认为可以用丰盛集团"六合文化城"项目融资。吴小军遂安排农银国联工作人员和丰盛集团对接,并完成项目尽职报告。2012年9月,经北京总部审核,认为该项目有风险,未立即批准该项目。在与丰盛集团接触过程中,吴小军得知丰盛集团年底前还需融资30亿元。吴小军在未告知本公司的情况下,决定利用自己实际控制的南京来恩投资管理有限公司(以下简称来恩公司)完成该业务。吴小军主要联系了宏源汇智投资有限公司(以下简称宏源汇智公司)落实项目的资金方、过手方。以安徽国元作为信托通道和放款单位,确定了融资各方的利率。在吴小军的斡旋下,丰盛集团30亿元融资项目得以落实。为确保自己收益,吴小军将自己的收益拆分为两部分,分别从丰盛集团及安徽国元收取财务顾问费。至案发,吴小军将本公司承揽的业务转给其个人经营的公司运作,非法获利共计23 119.779 453万元。

(三)对非国家工作人员行贿事实

2012年11月,吴小军运作丰盛集团融资项目时,其联系了宏源汇智公司的胡挺(另案处理),由胡挺负责安排出资方、名义担保方,并与各方确定收益比例。吴小军为了掩盖该项目系农银国联的业务,要求胡挺为其保密。2012年11月底吴小军与胡挺见面时,确定给予胡挺个人好处费700万元。吴小军在扣除7.5万元税款后,由其控制的来恩公司向胡挺指定的上海坤山投资管理咨询有限公司、上海市挺友投资管理有限公司汇款共计692.5万元。

被告人吴小军对公诉机关指控事实不表异议,但提出其不构成非法经营同类营业罪。主要理由是:(1)主体不适格。非法经营同类营业罪的主体是"国有公司、企业的董事、经理",《刑法》中的"国有公司、企业"仅限于国有独资公司、企业,而其所任职的农银国联是国有控股公司。(2)其没有经营"同类营业"的行为。其任职的农银国联的经营范围不包括"财务顾问业务"。

淮安市中级人民法院认为,被告人吴小军原系省农行员工,后被委派担任国有控股的农银国联的总经理,负责公司全面工作,符合认定"国有公司、企业工作人员"所要求的"经委派"和"从事公务"的构成要件,可以被视为"国有公司、企业工作人员"。同时,吴小军又是国有控股的农银国联总经理，符合《刑法》第一百六十五条“国有公司、企业的董事、经理”的规定。吴小军的非法经营同类营业行为，是将本应属于农银国联的交易机会据为己有，损害了农银国联的利益，也损害了公司管理秩序、市场秩序，依法构成非法经营同类营业罪。吴小军在非法经营同类营业过程中，为谋取不正当利益，给予其他公司工作人员以财物，数额巨大，其行为已构成对非国家工作人员行贿罪。综上，依照《刑法》有关规定，对被告人吴小军以非法经营同类营业罪判处有期徒刑四年，并处罚金人民币二百万元；以对非国家工作人员行贿罪判处有期徒刑三年，并处罚金人民币一百万元，决定执行有期徒刑六年，并处罚金人民币三百万元。扣押在案的犯罪所得赃款共计292 980 823.13元予以没收，上缴国库。不足部分，继续追缴。

一审宣判后，被告人吴小军提出上诉。江苏省高级人民法院裁定驳回上诉，维持原判。

二、主要问题

1. 吴小军作为国有控股公司的经理，是否符合非法经营同类营业罪的主体要件？

2.《国民经济行业分类》是否可作为认定“同类营业”的依据？对“同类营业”应坚持怎样的判断标准？

3. 非法经营同类营业罪的社会危害性如何判断？

三、裁判理由

（一）非法经营同类营业罪中的“国有公司、企业”不限于国有独资公司、企业

《刑法》第一百六十五条规定了非法经营同类营业罪的主体是“国有公司、企业的董事、经理”。通常而言，刑法中的国有公司、企业仅限于国有独资公司、企业。“刑法意义上的国有公司仅指国家出资的国有独资公司，不包含国有资本控股公司、国有资本参股公司等其他类型的国家出资企业。”①据此，有观点认为，非法经营同类营业罪的主体必须是国有独资公司、企业的董事、经理，而本案中，农银国联系国有控股公司，不属于《刑法》意义上的“国有公司、企业”，故被告人吴小军不具备非法经营同类营业罪的主体资格。我们认为，上述观点缺乏法律依据。“国有公司、企业的董事、经理”并非“国有公司、企业”与“董事、经理”两个词语的简单拼接组合，认为“国有公司、企业”仅限于国有独资公司、企业，进而得出“国有公司、企业的董事、经理”仅限于国有独资公司、企业的董事、经理的观点不符合立法本意。

随着我国经济体制改革的深入推进，市场经济体制的完善，国有经济更多的以国有控股、参股的形式出现，而《刑法》中存在大量以“国有公司、企业人员”为特殊主体的罪名，如按照上述观点，则相关罪名面临着被虚置的窘境，不利于对犯罪的打击。为了顺应经济发展现实，最高人民法院先后颁布了多个规范性文件，在坚持国有公司、企业既定外延（仅限于国有独资公司）的基础上，对“国有公司、企业人员”的范围进行了逐步的扩大。其中，2005年《最高人民法院关于如何认定国有控股、参股股份有限公司中的国有公司、企业人员的解释》明确“国有公司、企业委派到国有控股、参股公司从事公务的人员，以国有公司、企业人员论”之后，针对多次委派、层层委派等问题，2010年《最高人民法院、最高人民检察院关于办理国家出资企业中职务犯罪案件具体应用法律若干问题的意见》（以下简称《意见》）第六条规定，“经国家出资企业中负有管理、监督国有资产职责的组织批准或者研究决定，代表其在国有控股、参股公司及其分支机构中从事组织、领导、监督、经营、管理工作的人员，应当认定为国家工作人员。”

---

① 张威力、李洪川：《王海洋非国家工作人员受贿、挪用资金案——如何认定国家出资企业中工作人员的主体身份》，载最高人民法院刑事审判第一、二、三、四、五庭主办：《刑事审判参考》（总第102期），法律出版社2016年版，第3页。

综上,《刑法》意义上“国有公司、企业”还仅限于国有独资公司、企业,但“国有公司、企业人员”的外延已经进行了调整。换句话说,经委派到国家出资企业中从事公务的人员,虽然其所任职的企业不能被认定为《刑法》意义上的“国有公司、企业”,甚至委派他的单位也不是刑法意义上的“国有公司、企业”,但其本人在符合特定条件的情况下,仍可以被认定为“国有公司、企业人员”。所谓符合特定条件,主要从以下三个方面考察:一是委派的主体。适格的委派主体应当是国有公司、企业,或者国有控股、参股公司中负有管理、监督国有资产职责的组织。二是委派的实质内容,即委派是否体现国有单位、组织的意志。至于委派的具体形式、被委派单位是否通过特定程序对被委派人员进行任命等,均不影响委派的认定。三是是否从事公务,主要体现为“从事组织、领导、监督、经营、管理工作”。

本案中,省农行系国有控股公司,被告人吴小军是由省农行党委研究决定,以中国农业银行总行发文推荐的方式,推荐吴小军为国有控股的农银国联总经理(正处级)人选,作为“总经理”,其职务范围无疑属于《意见》所规定的“组织、领导、监督、经营、管理工作”。综上,吴小军符合国家出资企业中“国家工作人员”的认定条件,属于“国有公司、企业人员”。而无论从语义解释,还是从体系解释等角度出发,“国有公司、企业的董事、经理”都应当被认定是“国有公司、企业人员”的子概念,是“国有公司、企业人员”的特定部分。吴小军经委派,担任国有控股公司的总经理,符合《刑法》第一百六十五条“国有公司、企业的董事、经理”的规定。综上所述,被告人吴小军具备非法经营同类营业罪的主体资格。

(二)吴小军的行为属于“同类营业”行为

根据《国民经济行业分类》,吴小军所开展的业务对应的分类是“财务管理咨询”,而农银国联工商登记资料显示其经营范围为“投资管理;企业管理咨询;利用自有资金对外投资”,并不包括“财务管理咨询”,且两者所属类别亦有所区别。尽管如此,我们认为这并不影响非法经营同类营业罪的认定,具体理由如下:

首先,私法领域,法无明文禁止即可为。根据公司法的相关规定,公司的经营活动即便超出了其营业执照标示的范围,只要不违反国家禁止性规定,都不应当被认定为无效。故农银国联法务主管所称的“企业管理咨询是指我们对其他企业提出管理意见,也包括为资金方和资金提供方提供服务,收取中介费,撮合资金供方和需方达成协议”,更接近于农银国联对自身经营范围的理解。并且,农银国联也曾以“农银无锡”名义做过融资咨询业务,该融资咨询业务与吴小军所从事的苏宁集团、丰盛集团融资业务并无本质区别。综上,农银国联可以从事财务顾问业务,吴小军及其来恩公司的行为属于非法经营同类营业行为。

其次,“同类营业”并非“同样营业”。吴小军因自身资金实力限制,而将相关业务做成了财务顾问形式。但事实上,对于丰盛集团而言,其只需要在自己可接受的融资成本范围内实现融资即可,至于是通过财务顾问形式,还是债权投资形式均可接受。因此,如果仅仅将该笔业务作为财务顾问业务看待,进而审查农银国联是否进行“同样营业”,是相对片面的。我们应当将该笔业务作为一次交易机会,审查农银国联是否可以在自己的业务范围内满足相对方的融资需求,即审查农银国联是否有“同类营业”。经查,农银国联的经营范围包括债权投资,其也有实力通过优先劣后等形式完成债权投资。故即便认为农银国联不具备财务顾问的业务范围,农银国联也完全可以在自己登记的业务范围内实现与丰盛集团的交易。吴小军在北京总部未对“六合文化城”项目表态的情况下,对于其利用职务之便获知的丰盛集团30亿元融资项目未作汇报,剥夺了本公司的交易机会,属于同类营业行为。

需要说明的是,被告人吴小军利用其担任农银国联总经理期间获得的交易信息及前期所做工作，通过其他公司运作苏宁集团、丰盛集团的融资项目，将本应属于农银国联的交易机会据为己有，其行为构成非法经营同类营业罪而非受贿罪。

（三）吴小军的行为具有社会危害性

认定某一行为是否构成犯罪，不仅要看该行为是否符合犯罪构成要件，还要审查该行为是否具有社会危害性，即是否侵害刑法所保护的法益。本案中，被告人吴小军及其来恩公司在运作苏宁集团、丰盛集团融资项目过程中，融资交易基本上得到了履行，交易各方的利益没有受损，甚至可以说，各方还不同程度地从交易行为中获利。但是，竞业禁止规则是市场经济的基本规则，非法经营同类营业罪是竞业禁止规则在刑法中的体现，其所保护的法益并非交易各方的利益，而是正常的市场秩序以及国有公司、企业的利益。吴小军私下抢占农银国联的交易机会，其行为损害了农银国联的利益，危害了公司管理秩序和市场秩序，具有社会危害性，且获取非法利益数额特别巨大，应依《刑法》予以制裁。一审判决、二审裁定是正确的。

（撰稿：江苏省淮安市中级人民法院　时恒支　王广田
审编：最高人民法院刑二庭　韩维中）

[第1299号]高淑华、孙里海合同诈骗案

——签订合同并收取对方的保证金后挪作他用是否可以认定具有非法占有目的

【关键词】　合同诈骗罪　非法占有目的　将保证金挪作他用　刑法的谦抑性　改判无罪

一、基本案情

被告人高淑华，女，1961年2月12日出生，河北省唐山市鑫海房地产开发有限公司（以下简称鑫海公司）法定代表人、董事长。因涉嫌犯合同诈骗罪于2013年2月25日被逮捕。

被告人孙里海，男，1963年2月27日出生，鑫海公司总经理。因涉嫌犯合同诈骗罪于2013年2月25日被逮捕。

河北省石家庄市人民检察院以被告人高淑华、孙里海犯合同诈骗罪向石家庄市中级人民法院提起公诉。

石家庄市人民检察院指控：2012年2月20日，被告人高淑华、孙里海虚构河北省唐山市丰润区任各庄镇曹信庄村的“鑫海唐山第一城”住宅楼项目，与河北世达建设集团有限公司石家庄分公司（以下简称世达公司）签订工程施工协议，骗取该公司400万元保证金。

被告人高淑华、孙里海均辩称自己的行为不构成合同诈骗罪，理由是：（1）没有虚构事实欺骗世达公司，本案涉及的项目是真实的。（2）没有非法占有世达公司400万元保证金的目的，一直在想办法筹钱，没有逃逸行为。

被告人高淑华、孙里海的辩护人均提出：（1）本案涉及的“鑫海唐山第一城”项目是真实的，鑫海公司与曹信庄村委会签订的协议也是真实的，二被告人没有虚构事实、隐瞒真相。（2）鑫海公司与世达公司之间属于民事纠纷。（3）鑫海公司没有非法占有400万元保证金的故意，高淑华、孙里海二人一直在想办法筹钱，没有逃逸、藏匿等行为。综上，高淑华、孙里海二人的行为不

构成合同诈骗罪。

石家庄市中级人民法院经审理查明：

2011年7月，经河北省推进农村新民居建设工作领导小组审定，唐山市丰润区任各庄镇曹信庄村被列为新民居建设示范村。同年8月18日，曹信庄村委会与被告人高淑华任董事长、孙里海任总经理的鑫海公司签订意向书，准备在该村开发新民居房产项目。意向书的主要内容是：(1)鑫海公司应尽快办理新民居项目所需的各项手续，于当年8月17日向曹信庄村委会账户汇入400万元保证金，并于当年9月27日前再汇入4 600万元启动资金，曹信庄村委会提供20亩临建用地。(2)鑫海公司如不能在约定时间足额交纳启动资金，曹信庄村委会有权与他人另议新民居项目，一切临建物归曹信庄村委会所有，经确认临建物无债务后退还400万元保证金。意向书签订后，鑫海公司依约将400万元保证金汇入曹信庄村委会账户，随后在临建用地上进行了平整土地等前期准备工作，并委托时任村委会主任付洪钢承建部分临建工程，但未能按约定的时间筹集到4 600万元启动资金，也未办理好项目所需的建筑工程规划及开发用地审批等手续，对此，曹信庄村委会并未向鑫海公司提出解约要求，也未与他人另议该项目。

2011年8月，被告人高淑华、孙里海与武汉新八建设集团有限公司(以下简称新八公司)项目经理王腊元洽谈合作事宜，约定由新八公司承建曹信庄村新民居项目约46万平方米的建筑工程，并要求先向鑫海公司账户汇入300万元作为保证金。王腊元按要求汇款后，鑫海公司与新八公司签订了承建合同，约定合同签订后三个月内保证开工建设。此后，由于鑫海公司未能按合同约定让新八公司按时入场开工，王腊元开始向鑫海公司追要300万元保证金。

2012年2月20日，被告人高淑华、孙里海与世达公司市场部经理马超、项目经理唐山洽谈合作。孙里海告诉马超、唐山，项目是得到国家政策支持的新农村建设项目，并表态保证20日至30日内把所需的所有手续弄全。马超、唐山认为鑫海公司提出的条件非常优惠，如能获得施工协议将会获得超出预期的利润，在仅看了项目效果图的情况下就签订了"鑫海唐山第一城"(曹信庄村新民居项目)住宅楼工程施工协议，约定世达公司承建该项目约20万平方米共价值3.2亿元的工程(合同显示该项目总建筑面积66万平方米，道路、广场、绿地2.13万平方米)，并在合同签订后向鑫海公司交纳400万元保证金。协议签订后，孙里海开始以撕毁协议相威胁频繁催促世达公司交保证金。世达公司于当年2月27日将400万元保证金汇入鑫海公司账户，鑫海公司收到后，随即将其中的200万元用于退还2011年8月新八公司王腊元所支付的保证金(欠王腊元的剩余100万元亦在随后不久还清)，另200万元用于项目施工及公司日常开支。世达公司与鑫海公司签订施工协议后，于2012年3月组织工人进入临建场地开始建设工人活动房，同年4月竣工。在鑫海公司与世达公司签订的施工协议中，约定签订40天内让世达公司进场正式施工，但鑫海公司未能履约，后又承诺当年5月25日前开工，但也一直未能兑现。在此情况下，世达公司开始追要400万元保证金，高淑华、孙里海表示愿意退还，但由于鑫海公司账上没钱且没有筹集到资金，故一直未能归还。其间为了应付要账人员，高淑华、孙里海还指使公司财务给世达公司开过两次空头支票。世达公司多次要账未果后，于2012年11月2日向公安机关报案。2013年1月17日，高淑华、孙里海在北京朝阳区农光东里桔子酒店内被公安人员抓获。

石家庄市中级人民法院认为，被告人高淑华、孙里海以非法占有为目的，在无履约能力的情况下，隐瞒事实，以鑫海公司名义与世达公司签订"鑫海唐山第一城"住宅楼工程施工协议，并通过该协议骗取400万元非法占有，数额特别巨大，其行为均已构成合同诈骗罪。高淑华、孙里海在共同犯罪中作用相当，均系主犯，依法应予惩处。依照《中华人民共和国刑法》第二百二十四条、第六十四条之规定，以合同诈骗罪分别判处被告人高淑华有期徒刑十五年，并处罚金二百万元;判处被告人孙里海有期徒刑十五年,并处罚金二百万元。

一审宣判后,被告人高淑华、孙里海均提出上诉。高淑华、孙里海及其辩护人的主要辩解和辩护意见是:(1)曹信庄村新民居开发项目真实存在。(2)鑫海公司在该项目上确有大量投入,与曹信庄村委会的协议并未解除,与世达公司的施工协议真实有效。(3)本案属民事纠纷,二被告人不构成合同诈骗罪。

河北省人民检察院认为,原判决认定事实清楚,证据确实、充分,定性准确,量刑适当,审判程序合法,二被告人的上诉理由及其辩护人的辩护意见均不能成立,建议驳回上诉,维持原判。

河北省高级人民法院经审理认为,上诉人高淑华、孙里海在与世达公司签订合同时存在欺诈行为,但鑫海公司的新民居建设项目真实存在且有一定的前期投入,收取的保证金主要用于归还项目经营形成的债务以及公司日常支出,认定二上诉人非法占有目的的证据不足。高淑华、孙里海及其辩护人所提本案属于民事纠纷,二上诉人不构成合同诈骗罪的上诉理由和辩护意见予以采纳,依照2012年《中华人民共和国刑事诉讼法》第一百九十五条第一款第三项、第二百二十五条第一款第三项、第二百三十三条之规定,依法改判高淑华、孙里海无罪。

二、主要问题

签订合同并收取对方的保证金后挪作他用是否可以认定具有非法占有目的?

三、裁判理由

对于本案中被告人高淑华和孙里海的行为应当如何定性,存在两种意见:

第一种意见认为,被告人高淑华、孙里海的行为构成合同诈骗罪。理由是:(1)鑫海公司未按期交纳曹信庄村新民居项目4 600万元启动资金,项目开发权利尚不确定,二被告人在签订合同时未告知被害方这一情况,存在欺诈行为。(2)鑫海公司没有实际履行能力。鑫海公司规模较小,自有资金严重不足,在预付曹信庄村400万元保证金后已无资金使用。虽然房地产开发边建设边融资的情况比较普遍,但应结合二被告人的融资能力综合考量其履约能力。鑫海公司与世达公司签订的施工协议远超其履行能力,又缺乏可靠的融资渠道,客观上也没有筹到任何资金,可认定其没有履行合同能力。(3)二被告人在此情况下,将收取施工单位的保证金部分用于返还其他公司交纳的保证金和日常开支,可认定其具有非法占有目的,被告人的行为构成合同诈骗罪。

第二种意见认为,被告人高淑华、孙里海的行为不构成合同诈骗罪。理由是:(1)曹信庄村新民居项目真实存在,二被告人主观上也确实想建设该项目。鑫海公司与曹信庄村委会签订了意向协议,先期支付了400万元保证金,还租用村民的土地搭建临时建筑,且有为履行合同创造条件的行为,案发前曹信庄村委会也未与鑫海公司解除协议,被告人的相关辩解不能完全否定。(2)二被告人虽然对世达公司有躲债行为,行为有一定的欺诈性,但鑫海公司对于曹信庄村新民居项目有前期投入并建设了一些临时建筑,虽然至案发时项目主体未开工,但该公司在曹信庄村仍有大量财产权益,且曹信庄村此前还收取了鑫海公司的400万元保证金。(3)被告人孙里海在与世达公司签订合同时确实有虚假、夸大宣传的行为,但"边干边批、先上车后买票"以及挪用保证金等不规范现象在房地产开发行业较为常见,现有证据并不能排除世达公司对此心知肚明。(4)二被告人主观上是希望施工合同能够履行,成功开发该新民居项目获利,未告知世达公司项目尚无手续和因未如期支付启动资金村里有权终止开发协议的行为属于合同欺诈,不构成合同诈骗罪。(5)二被告人得到世达公司支付的保证金后虽然有挪用行为,但主要围绕着项目花费,并未挥霍,非法占有目的不是很明确。

我们同意第二种意见,被告人高淑华、孙里海收取他人支付的保证金后挪作他用的行为不能

认定为具有非法占有的目的,其行为不构成合同诈骗罪。理由是:

1. 鑫海公司的房产项目真实存在。鑫海公司在2011年8月与曹信庄村委会签订了新民居项目意向书并交纳了400万元保证金,虽然未能按约定交纳后续4 600万元启动资金,但此后鑫海公司在临建用地上进行土地平整、修建道路及工人住房等前期准备时,曹信庄村委会并未制止,也未终止与鑫海公司的合同与他人另议该项目。因此,双方的合作协议实际上一直在履行,即使鑫海公司未告知世达公司曹信庄村有权终止协议,也不能据此认定其有隐瞒真相的行为。鑫海公司在与世达公司签订合同时虽然只提供了项目效果图,但由于"边干边批、先上车后买票"的情况在房地产行业普遍存在,且在案证据显示,被告人孙里海在与世达公司签约时曾告知对方项目是新民居建设,并保证尽快把项目所需手续办理齐全,作为建筑工程领域的公司,世达公司在签约时对于鑫海公司项目手续未办或不全的情况并非一无所知。

2. 认定被告人高淑华和孙里海非法占有世达公司400万元保证金目的的证据不足。从现有证据来看,鑫海公司在曹信庄村新民居项目上确有前期投入,收取的保证金多数用于项目正常开支。鑫海公司与曹信庄村委会签订意向协议后,在临建用地上进行过土地平整、工人住房及修建道路等前期建设,并形成了相关的财产权益,所收取世达公司的400万元保证金均被用于归还欠款、工程费用及公司的日常开支,高淑华、孙里海没有将这400万元保证金占为己有或挥霍,主观上想将项目运作成功并围绕项目进行了一系列经营行为。

融资行为是判断被告人履约意愿的重要方面,但本案中关于被告人高淑华、孙里海融资行为的证据有限且真假未辨,无从认定。从整体来看,二被告人确实努力地在做曹信庄村新民居项目,尽管在与世达公司签约时有一些欺骗隐瞒行为,但从经验常识判断,房地产开发行业本身具有资金密集型的产业特点,资金投入大,经营风险高,鑫海公司虽然自身实力不足,但如果融资等经营行为得当,不能排除其最终盈利的可能性。因此,应当综合合同签订的背景、被告人为生产经营所作出的努力、钱款的去向和用途等方面来判断被告人是否具有非法占有的目的,而不能简单地从客观上被告人有欺骗行为直接得出被告人主观上具有非法占有目的的结论。

3. 本案资产负债问题并不突出,世达公司的损失能够通过民事途径进行救济,在一定程度上可得到挽回。截至案发时,鑫海公司在曹信庄村委会账户上还有400万元保证金,在临建项目上也形成了相关的财产权益,不同于常见的合同诈骗犯罪,本案中鑫海公司的资产负债问题并不突出。二被告人从王腊元、世达公司等处收取的保证金主要用于曹信庄村新民居项目的临建设施、公司正常开支或者归还此前吸收的保证金,未见挥霍情况。案发时鑫海公司的账户上虽然没有现金,无法偿还世达公司的保证金,但鑫海公司此前在曹信庄村新民居项目上已完成的临建设施上仍有一定的财产权益,加上该公司此前支付给曹信庄村委会的400万元保证金,公司的整体资产负债问题不是很突出。如处理得当,世达公司的400万元损失可在一定程度上得到挽回。对于虽有一定的欺骗行为,但不影响被害人通过民事途径进行救济的,不宜轻易认定为诈骗犯罪,这也符合刑法的谦抑性原则。

综上,河北省高级人民法院以原判认定被告人高淑华、孙里海非法占有目的的证据不足,本案属于民事纠纷为由依法改判其无罪的判决是正确的。

(撰稿:最高人民法院刑二庭　郭　慧　初立秀
审编:最高人民法院刑二庭　韩维中)

[第1318号]上海万晖特工贸有限公司、谢世全非法经营案
——疫情防控期间“哄抬物价”行为的认定及入罪标准

【关键词】 非法经营罪 疫情防控 哄抬物价 牟取暴利 社会危害性

一、基本案情

被告单位上海万晖特工贸有限公司,住所地上海市松江区佘山镇陶干路701号456室。

被告人谢世全,男,汉族,1973年11月12日出生,系上海万晖特工贸有限公司法定代表人及实际经营者。2020年3月2日被监视居住。

上海市松江区人民检察院指控被告单位上海万晖特工贸有限公司、被告人谢世全犯非法经营罪,向上海市松江区人民法院提起公诉。

被告单位及被告人对公诉机关指控的事实、罪名均无异议。辩护人提出:被告单位及被告人如实供述上述犯罪事实,系坦白,且退出了违法所得,在行政立案之后有捐赠抗疫物资的行为,依法应予从轻处罚,并请求对被告人适用缓刑。

上海市松江区人民法院经审理查明:2020年1月初,被告人谢世全在经营被告单位上海万晖特工贸有限公司过程中,以5.125元/盒的价格从艾迈柯思贸易(上海)有限公司购入一批爱马斯牌一次性使用无纺布口罩(规格:50只/盒),在名为“上海万晖特耗材”的淘宝店铺以7元/盒的价格进行销售。同年1月20日,国家卫生健康委员会发布公告将新型冠状病毒肺炎纳入《中华人民共和国传染病防治法》规定的乙类传染病,并采取甲类传染病的预防、控制措施。后被告人谢世全明知口罩系疫情防控急需的物品,仍于1月23日至1月29日抬高口罩价格,将此前正常售价7元/盒,从21元/盒陆续涨至198元/盒,累计销售1 981盒,销售金额174 805.4元,违法所得160 938.4元。

2020年2月10日,上海市松江区市场监督管理局对本案立案调查,并于同年3月1日将案件移送上海市公安局松江分局,被告人谢世全于同年3月2日被公安机关抓获。事发后,被告单位上海万晖特工贸有限公司陆续退还了57 063.2元,并在本院审理过程中向本院缴纳了剩余违法所得103 874.2元。

上海市松江区人民法院认为,被告单位上海万晖特工贸有限公司在新型冠状病毒肺炎疫情期间,违反国家有关市场经营、价格管理等规定,哄抬疫情防控急需的口罩价格,牟取15倍以上的暴利,违法所得高达16万余元,严重扰乱市场经济秩序,其行为已构成非法经营罪。被告人谢世全作为公司主管人员,也应当以非法经营罪追究刑事责任。被告单位及被告人如实供述上述犯罪事实,系坦白,且退缴违法所得,在行政立案之后有捐赠抗疫物资的行为,均可依法从轻处罚。综上,根据被告单位、被告人犯罪的事实、性质、情节、对于社会的危害程度等,依照《中华人民共和国刑法》第二百二十五条第(四)项、第二百三十一条、第六十七条第三款、第六十四条、第五十二条、第五十三条的规定,判决如下:

1. 被告单位上海万晖特工贸有限公司犯非法经营罪,判处罚金人民币二十万元。
2. 被告人谢世全犯非法经营罪,判处有期徒刑八个月,并处罚金人民币十八万元。
3. 在案的违法所得人民币十万三千八百七十四元二角,予以没收。
4. 在案的电脑主机等作案工具,予以没收。

一审宣判后，被告单位上海万晖特工贸有限公司及被告人谢世全均未提出上诉，检察机关亦未抗诉。判决已发生法律效力。

二、主要问题

疫情防控期间对“哄抬物价”的行为如何定罪处罚?

三、裁判理由

（一）利用疫情“哄抬物价”等行为依法可以构成非法经营罪

我国刑法第二百二十五条规定了非法经营罪。该条第（一）项至第（三）项明文列举了三种非法经营行为，第（四）项则属于兜底性条款，规定了“其他严重扰乱市场秩序的非法经营行为”。该款是针对现实生活中非法经营犯罪活动的复杂性和多样性所作的概括性规定，这里所说的其他非法经营行为应当具备以下条件：（1）行为发生在经营活动中，主要是生产、流通领域；（2）行为违反国家规定；（3）具有社会危害性，严重扰乱市场经济秩序。最高人民法院也多次采用司法解释的方式对此作出规定，如1998年《最高人民法院关于审理非法出版物刑事案件具体应用法律若干问题的解释》，将非法从事出版物的出版、印刷、复制、发行业务，严重扰乱市场秩序，情节特别严重的行为，规定以非法经营罪定罪处罚；2000年《最高人民法院关于审理扰乱电信市场管理秩序具体应用法律若干问题的解释》中规定，违反国家规定，采用租用国际专线、私设转接设备或者其他方法，擅自经营国际电信业务或者涉港澳台电信业务进行营利活动，扰乱电信市场管理秩序，情节严重的，以非法经营罪定罪处罚，等等。

疫情灾害期间，行为人实施利用疫情“哄抬物价”的违法犯罪行为，严重扰乱了市场秩序，引发公众恐慌情绪，必须坚决依法打击。对此，2003年《最高人民法院、最高人民检察关于办理妨害预防、控制突发传染病疫情等灾害的刑事案件具体应用法律若干问题的解释》（以下简称《解释》）第六条明确规定，“违反国家在预防、控制突发传染病疫情等灾害期间有关市场经营、价格管理等规定，哄抬物价、牟取暴利，严重扰乱市场秩序，违法所得数额较大或者有其他严重情节的，依照刑法第二百二十五条第（四）项的规定，以非法经营罪定罪，依法从重处罚”，这为惩治相关犯罪提供了明确的法律依据。

最高人民法院、最高人民检察院之所以将疫情灾害期间情节严重的相关违法经营行为入罪主要基于以下方面的考虑：一是违反国家规定。2011年最高人民法院发布的《关于准确理解和适用刑法中“国家规定”的有关问题的通知》中规定，根据刑法第九十六条的规定，刑法中的“国家规定”是指，全国人民代表大会及其常务委员会制定的法律和决定，国务院制定的行政法规、规定的行政措施、发布的决定和命令。而国务院2003年发布、2010年修订的《突发公共卫生事件应急条例》第五十二条明确规定，在突发事件发生期间，散布谣言、哄抬物价、欺骗消费者，扰乱社会秩序、市场秩序的，由公安机关或者工商行政管理部门依法给予行政处罚；构成犯罪的，依法追究刑事责任。因而对相关行为入刑符合法律规定。二是相关行为发生在生产、流通领域，提供了商品或服务，且提供商品或服务的目的是赚取利润，属于典型的经营行为。三是相关行为严重扰乱了市场秩序。疫情危害期间，行为人利用市场上部分物品紧俏以及市民的紧张心理，囤积居奇、哄抬物价，进一步破坏市场和商品交易平衡，不仅危害经济秩序，也危害了正常的社会秩序，不利于疫情危害的治理，应当纳入刑法的规制范围。

此次新型冠状病毒肺炎疫情防控期间，也不乏少数人利用疫情实施相关非法经营行为。对此，最高人民法院、最高人民检察院、公安部、司法部2020年2月6日印发的《关于依法惩治妨害新型冠状病毒感染肺炎疫情防控违法犯罪的意见》进一步重申：“依法严惩哄抬物价犯罪。在疫情防控期间，违反国家有关市场经营、价格管理等规定，囤积居奇，哄抬疫情防控急需的口罩、护目镜、防护服、消毒液等防护用品、药品或者其他涉及民生的物品价格，牟取暴利，违法所得数额较大或者有其他严重情节，严重扰乱市场秩序的，依照刑法第二百二十五条第（四）项的规定，以非法经营罪定罪处罚。”

（二）“哄抬物价”的行为特征

虽然司法解释和指导性文件都明确了“哄抬物价”行为可以入罪，但对何为“哄抬物价”以及具体认定标准没有进一步论述。实践中，各地行政部门和司法机关掌握的标准、尺度不一，导致行政执法和刑事司法之间的衔接尚不顺畅，还存在各地的查处力度和效果不均衡的问题。

对于何为“哄抬物价”，国务院2010年《价格违法行为行政处罚规定》第六条规定了三种情形：（1）捏造、散布涨价信息，扰乱市场价格秩序的；（2）除生产自用外，超出正常的存储数量或者存储周期，大量囤积市场供应紧张、价格发生异常波动的商品，经价格主管部门告诫仍继续囤积的；（3）利用其他手段哄抬价格，推动商品价格过快、过高上涨的。

本次新型冠状病毒肺炎疫情防控期间，国家市场监督管理总局也发布了《关于新型冠状病毒感染肺炎疫情防控期间查处哄抬价格违法行为的指导意见》（以下简称《指导意见》），详细解释了捏造、散布涨价信息，生产、批发、零售环节囤积居奇的具体表现形式。同时还详细列举了“其他手段哄抬物价”的四种行为：（1）在销售防疫用品过程中，强制搭售其他商品，变相提高防疫用品价格的；（2）未提高防疫用品或者民生商品价格，但大幅提高配送费用或者收取其他费用的；（3）经营者销售同品种商品，超过1月19日前（含当日，下同）最后一次实际交易的进销差价率的；（4）疫情发生前未实际销售，或者1月19日前实际交易情况无法查证的，经营者在购进成本基础上大幅提高价格对外销售，经市场监管部门告诫，仍不立即改正的。需要说明的是，《指导意见》是国家市场监督管理总局对维护相关市场价格秩序、打击相关违法行为作出的指导性意见，并非规定了相关行为入刑的前提性条件。

通过上述行政法规、部门规范性文件，可以梳理出“哄抬物价”在实践中的多种行为方式，包括直接提高价格、通过提高运费、搭售商品等变相提高价格、囤积商品、捏造和散布涨价信息，等等。本案中，被告单位及被告人以5.125元/盒的价格购入口罩，在疫情发生之前，一直以7元/盒的价格进行销售，但在疫情发生后，在国家有关部门明令禁止经营者哄抬防疫用品价格的情况下，仍采用直接提高价格的形式销售口罩，将此前正常售价7元/盒，从21元/盒陆续涨至198元/盒，符合“哄抬物价”的行为特征。

（三）综合考虑多种因素，区分罪与非罪

对于市场经营活动，既要维护市场经济秩序，坚决打击“哄抬物价”的违法犯罪行为，又要尊重市场经济规律，避免矫枉过正。正如上文所述，行政法规对“哄抬物价”的行为亦进行了规制，在实践中，多数的“哄抬物价”行为是根据行政法进行处罚，只有情节严重、社会危害性大的“哄抬物价”行为才应考虑纳入刑法的规制范围。我们认为，判断“哄抬物价”行为的罪与非罪，可以从以下几个方面进行把握：

首先，应当考虑物品价格上涨的幅度。在疫情未发生时，一种商品正常销售的进销差价率是相对稳定的。疫情发生后，因短期内供求关系发生明显变化，需求大幅上升，进货成本也会出现上扬，在排除特殊时期的运输、存储、销售等运营成本上升的价格上涨因素之后，如果购销差价在行政管理许可或者合理的幅度内，则属于正常的经营行为；对于稍微超出幅度的，可以通过行政法加以惩处；相反，如果购销差价明显超过相应幅度，明显超过市场同类商品平均价格，则可能构成非法经营罪。对于是否“牟取暴利”，既要考虑国家有关部门和地方政府关于市场经营、价格管理等规定，又要坚持一般人的认知标准，确保认定结果符合人民群众的公平正义观念。

其次，应当考虑非法经营数额和违法所得数额。此类案件表现为在经营活动中囤积居奇、哄抬物价，且要求“牟取暴利”，故非法经营数额本身的大小，特别是违法所得数额，是评判行为社会危害程度的重要因素。《最高人民检察院、公安部关于公安机关管辖的刑事案件立案追诉标准的规定（二）》第七十九条规定，违反国家规定，从事其他非法经营活动，扰乱市场秩序，具有下列情形之一的，应予立案追诉：(1)个人非法经营数额在五万元以上，或者违法所得数额在一万元以上的；(2)单位非法经营数额在五十万元以上，或者违法所得数额在十万元以上的；(3)虽未达到上述数额标准，但两年内因同种非法经营行为受过二次以上行政处罚，又进行同种非法经营行为的；(4)其他情节严重的情形。因而，对于初次犯罪且非法经营数额或者违法所得数额不大的情形，应当优先适用行政法加以惩处。对于虽然超出有关价格管理规定，但幅度不大，违法所得不多，对疫情防控没有重大影响、未造成严重后果的，不应当纳入刑事处罚范围，可以由有关部门予以行政处罚。相反，对于利用物资紧俏的“商机”，坐地起价，牟取暴利的，则应当依法追究刑事责任。

最后，应当综合考虑行为的社会危害性。口罩、抗病毒药品、消毒杀菌用品、相关医疗器械等防疫用品和粮、油、肉、蛋、菜、奶等基本民生商品，与抗击疫情和群众生活关系最为密切，在疫情期间哄抬此类商品物价，进一步加剧了社会不稳定因素，行为的社会危害性大于非法经营其他商品的行为。同时，在办案过程中也要考虑各地疫情防控的差异情况、不同物资的紧缺程度，做到精准发力，避免简单“一刀切”。由于各地面临的疫情形势和防控任务差异较大，同样的哄抬物价行为在疫情风险等级不同地区的社会危害性是不一样的，在办案中要有所体现。在疫情风险等级较高的地区，特别是对市场供应紧张的物资囤积居奇、哄抬价格，社会危害性较大，有必要予以刑事处罚。相反，在疫情风险等级较低的地区，随着相关物资市场供应紧张程度缓解，对于哄抬物价的行为要尽量给行政处罚留有足够空间，确保刑罚的审慎适用，即使要给予刑罚处罚也可以酌情从轻处罚。

本案中，被告单位及被告人谢世全在疫情防控期间，利用口罩等防疫用品市场紧张的情势和部分公众的恐慌心理，大幅提高口罩价格进行出售，最高销售价是购入价的30余倍，非法经营数额金额174 805.4元，违法所得160 938.4元，能够认定被告人主观上具有牟取暴利的目的，客观上实施了违反国家有关市场经营、价格管理等规定哄抬物价的行为，情节严重，严重扰乱市场经济秩序，构成非法经营罪。根据《解释》《指导意见》的规定，对于疫情防控期间实施相关违法犯罪的，要依法体现从严的政策要求；同时被告人坦白犯罪，认罪认罚，在行政立案之后有捐赠抗疫物资的行为，可以从轻处理。另外，本案属于单位犯罪，根据刑法第二百三十一条的规定，对单位以及直接负责的主管人员实行双罚制。

综上，人民法院根据被告单位上海万晖特工贸有限公司及被告人谢世全的犯罪事实、性质、情节和对社会的危害程度，分别以非法经营罪判处被告单位罚金人民币二十万元、被告人有期徒刑八个月，并处罚金人民币十八万元，是合适的。

（撰稿：最高人民法院刑二庭　段　凰

审编：最高人民法院刑二庭　韩维中）

[第1336号]易某某非法经营案
——非法经营烟花爆竹制品行为的定性

【关键词】 非法经营罪 烟花爆竹制品 爆炸物 专营专卖物品 限制买卖的物品

一、基本案情

被告人易某某，男，1970年7月28日出生，某某国籍。2014年6月27日因涉嫌犯非法买卖爆炸物罪被逮捕。

广东省广州市人民检察院指控被告人易某某犯非法买卖爆炸物罪，向广州市中级人民法院提起公诉。

广州市人民检察院指控：2013年8月，马某分别与被告人易某某及艾某（另案起诉）商定：由易某某采购玩具枪用8发塑料圆盘击发帽；艾某负责储存并联系货运公司、报关中介报关出境到某某国。2013年8月23日，易某某应马某要求，以人民币118 800元向江西省万载县鑫蓝商贸有限公司购买玩具枪用8发塑料圆盘击发帽500件（每件2箱，共1 000箱）。2013年8月26日，鑫蓝商贸有限公司将该批物品从江西省上栗县运输到广东省广州市，并存放在艾某联系的广州市白云区西槎路增宝街33号增宝仓库907仓内。

之后，艾某联系广州市固为货运有限公司业务员黄某某（另案处理），由黄某某联系货运公司、报关中介后，将其中的击发帽200箱伪装成鞋子、石棉瓦报关、运输出境。

2013年9月9日，艾某联系黄某某将剩余的击发帽800箱报关、运输出境。黄某某联系货运公司、报关中介后，艾某指使被害人吕萌等到增宝仓库907仓装货。2013年9月10日12时许，搬运工人搬运上述爆炸物时发生爆炸，爆炸当量约为130公斤（TNT），导致8人当场死亡及多名群众受伤。经检验，在爆炸现场提取的未爆玩具枪用8发塑料圆盘击发帽里火药中检出氯酸钾和红磷成分；在爆炸现场提取的已爆8发塑料圆盘击发帽碎片中检出氯离子、氯酸根离子、钾离子和磷元素；在爆炸现场提取的集装箱货车车厢碎片检出氯离子、氯酸根离子、钾离子和磷元素。

被告人易某某辩解，其没有和马某、艾某对购买击发帽进行商定，其只是受马某的委托帮忙订货、支付货款，而且购买的击发帽只是小孩子的玩具，不是爆炸物品，鑫蓝商贸有限公司有合法的生产许可，这宗生意是合法的。

被告人易某某的辩护人提出，涉案物品击发帽正规的名称叫急纸（订单、收据写为击纸），属于玩具类的摩擦型D级烟花，不属于刑法意义上的爆炸物，不能以现场勘查检验出有爆炸物成分就认定急纸属于爆炸物；我国法律、法规不认为烟花爆竹属于《刑法》第一百二十五条所指的爆炸物；本案不能适用《最高人民法院、最高人民检察院、公安部、国家安全监管总局关于依法加强对涉嫌犯罪的非法生产经营烟花爆竹行为刑事责任追究的通知》，该通知中有关爆炸物部分只是针对黑火药、烟火药适用法律问题的指导性意见，而黑火药、烟火药只是烟花爆竹的部分原材料，不等同于烟花爆竹产品本身；不能以爆炸后果的严重性作为指控易某某构成非法买卖爆炸物罪的理由，该罪属于行为犯，不是结果犯，而且爆炸的结果是由于搬运过程中搬运工过失行为造成的，不是买卖行为造成的；被告人没有犯罪的主观故意；本案涉案物品到底是500件急纸，还是45件急纸和455件砂炮引发爆炸存在事实不清的情况，请求法院对被告人易某某作出无罪判决。

广州市中级人民法院经审理后认为，被告人易某某在浙江省义乌市成立的贸易商行经营范围是鞋、服装、五金工具及箱包批发，该商行经营范围不包括烟花爆竹。我国对烟花爆竹的生产、经营、运输、出口等实行许可证制度，易某某在未取得《烟花爆竹经营（零售）许可证》情况下购买击发帽500箱用于出口属于非法经营行为。击发帽属于易燃易爆物品，但不属于爆炸物。依照《中华人民共和国刑法》第六条第一款、第二百二十五条第一款、第五十二条、第五十三条、第三十五条之规定，判决如下：

被告人易某某犯非法经营罪，判处有期徒刑十年，并处罚金人民币十万元，附加驱逐出境。

一审宣判后，被告人易某某提出上诉。

广东省高级人民法院经审理后，认为原判认定事实清楚，证据确实、充分，定罪准确，量刑适当。审判程序合法。裁定驳回被告人易某某的上诉，维持原判。

二、主要问题

非法经营烟花爆竹制品的行为，应当如何定性？

三、裁判理由

根据2012年9月6日最高人民法院、最高人民检察院、公安部、国家安全监管总局发布的《关于依法加强对涉嫌犯罪的非法生产经营烟花爆竹行为刑事责任追究的通知》（安监总管三〔2012〕116号，以下简称《非法生产经营烟花爆竹通知》）中规定，非法生产、经营烟花爆竹及相关行为涉及非法制造、买卖、运输、邮寄、储存黑火药、烟火药，构成非法制造、买卖、运输、邮寄、储存爆炸物罪的，应当依照《刑法》第一百二十五条的规定定罪处罚；非法生产、经营烟花爆竹及相关行为涉及生产、销售伪劣产品或不符合安全标准产品，构成生产、销售伪劣产品罪或生产、销售不符合安全标准产品罪的，应当依照《刑法》第一百四十条、第一百四十六条的规定定罪处罚；非法生产、经营烟花爆竹及相关行为构成非法经营罪的，应当依照《刑法》第二百二十五条的规定定罪处罚。

根据上述规定，对本案被告人易某某未取得烟花爆竹经营许可证而非法买卖8发塑料圆盘击发帽的行为，在审理过程中产生了两种意见：

第一种意见认为，应当构成非法买卖爆炸物罪。理由是被告人易某某买卖的8发塑料圆盘击发帽内含烟火药，因此属于爆炸物，易某某的行为属于非法买卖爆炸物。

第二种意见认为，应当构成非法经营罪。理由是被告人易某某买卖的8发塑料圆盘击发帽虽然内含烟火药，是烟花爆竹制品，但不应认定为刑法意义上的爆炸物。易某某未取得相关行政许可买卖烟花爆竹制品，严重扰乱了市场秩序，其行为应构成非法经营罪。

我们同意第二种意见。理由如下：

（一）不能将烟花爆竹制品直接认定为刑法意义上的爆炸物

《刑法》并未明确规定爆炸物的范围，2014年修订的《民用爆炸物品安全管理条例》第二条第二款规定："民用爆炸物品，是指用于非军事目的、列入民用爆炸物品品名表的各类火药、炸药及其制品和雷管、导火索等点火、起爆器材。"《最高人民法院关于审理非法制造、买卖、运输枪支、弹药、爆炸物等刑事案件具体应用法律若干问题的解释》（2009年修正）第一条第六款规定，非法制造、买卖、运输、邮寄、储存炸药、发射药、黑火药一千克以上或者烟火药三千克以上、雷管三十枚以上或者导火索、导爆索三十米以上的，以非法制造、买卖、运输、邮寄、储存爆炸物罪定罪处罚。根据上述行政法规和司法解释的规定，刑法意义上的"爆炸物"应包括炸药、发射药、黑火药、烟火药和雷管、导火索、导爆索等物品。

那么，本案中被告人易某某买卖的8发塑料圆盘击发帽能否认定系刑法意义上的爆炸物呢？

根据2013年3月1日实施的《烟花爆竹安全与质量》4.1产品类别规定,“8发塑料圆盘击发帽”属于玩具类摩擦型D级烟花。烟花爆竹产品按照药量及所能构成的危险性大小分为A、B、C、D四级,D级适于近距离燃放、危险性很小。根据现场勘验、检查笔录和技术鉴定意见,本案引发爆炸的8发塑料圆盘击发帽火药中检出氯酸钾和红磷成分,系烟火药。

因此,烟花爆竹制品中含有黑火药或者烟火药成分,并不能简单就认定为“爆炸物”,并因此将买卖烟花爆竹制品的行为认定为非法买卖爆炸物。首先,烟花爆竹制品一般或含有火药成分或含有引火线等点火引爆物品,如果只要含有这些物品就是爆炸物,那么行政法规和司法解释应当在相关规定明确将烟花爆竹制品列在其中,事实上行政法规和司法解释却并没有如此规定,可见含有火药、引火线等的物品与爆炸物不能直接画等号。其次,从黑火药、烟火药的物质属性来看,火药的危险性大小与其数量多少有直接联系,火药经过分装制成烟花爆竹成品后,威力降低、爆炸属性减弱、娱乐属性更强。因此,将烟花爆竹制品列为刑法意义上的爆炸物会扩大打击面,与普通民众的认识观念、传统习俗不符。

基于上述理由,2016年修订的《烟花爆竹安全管理条例》第二条规定:“……本条例所称烟花爆竹,是指烟花爆竹制品和用于生产烟花爆竹的民用黑火药、烟火药、引火线等物品。”可见,烟花爆竹包括成品意义上的烟花爆竹制品和用于生产烟花爆竹制品的民用黑火药、烟火药、引火线等原料。同时,原国防科工委、公安部2016年出台的《民用爆炸物品品名表》中明确规定,黑火药属于民用爆炸物,但“用于生产烟花爆竹的黑火药除外”。

根据上述规定,涉案的“8发塑料圆盘击发帽”应当认定为含烟火药的烟花爆竹制品,而非刑法意义上的爆炸物。

(二)以出口烟花爆竹为目的买卖烟花爆竹制品,不构成非法买卖爆炸物罪

将购买烟花爆竹制品的行为认定为刑法意义上的非法买卖爆炸物,必须坚持主客观相一致的原则。如果行为人非法买卖烟花爆竹制品的目的是追求产品的娱乐属性、商品属性,而不是为了获取烟火药或黑火药的爆炸属性,客观上也只是将烟花爆竹制品作为烟花爆竹制品使用或出售,就不应将烟花爆竹制品理解为爆炸物品。反之,行为人非法买卖烟花爆竹制品,是为了获取烟花爆竹制品中的黑火药、烟火药,并达到《解释》第一条第六款规定的数量标准的,则构成非法买卖爆炸物罪。

本案被告人易某某始终供述,其在某某国的朋友请求其帮忙在浙江义乌小商品市场采购一种儿童玩具塑料手枪击打后发声的物品“¤”,此物在义乌市场很常见,其因此代朋友购买并运至广州交给艾某,由艾某负责出口事务。可见,易某某买卖8发塑料圆盘击发帽并非为提取其中所含的火药,也没有实施从该物中提取火药的行为,因此,不宜认定其行为构成非法买卖爆炸物罪。

(三)正确理解《刑法》第二百二十五条第(一)项和第(四)项的规定

《烟花爆竹安全管理条例》第三条规定,我国对烟花爆竹的生产、经营、运输和举办焰火晚会以及其他大型焰火燃放活动,实行许可证制度。未经许可,任何单位或者个人不得生产、经营、运输烟花爆竹,不得举办焰火晚会以及其他大型焰火燃放活动。有一种观点据此认为,被告人易某某在未取得《烟花爆竹经营(批发)许可证》和《烟花爆竹经营(零售)许可证》的情况下从事烟花爆竹经营活动,符合《刑法》第二百二十五条第(一)项规定的“未经许可经营法律、行政法规规定的专营、专卖物品或者其他限制买卖的物品”。其实,这是一种误解。

1.烟花爆竹制品不属于“专营专卖物品”

专营专卖作为一种制度,是指国家以法律的形式明确规定某种商品的生产、买卖由国家设立或指定的机构运用统一的管理体系实行独占经营,从而形成一种特殊的行政管理手段。我国依

法存在的专营专卖制度主要包括食盐专营、烟草专卖。因此,专营专卖具有国家垄断经营的性质。例如,根据《食盐专营办法》第八条规定,国家实行食盐定点生产制度,非食盐定点生产企业不得生产食盐。该办法第十二条规定,国家实行食盐定点批发制度。非食盐定点批发企业不得经营食盐批发业务。因此,非食盐定点生产企业生产食盐,或者非食盐定点批发企业经营食盐批发业务,就是我国《刑法》第二百二十五条第(一)项所规定的"未经许可经营法律、法规规定的专营专卖物品"。这里的未经许可之许可并不是我国《行政许可法》所规定的许可,而是指未经法律授权。违反这个意义上的许可,就是违反国家法律的禁止性规定,具有违法性。除了违反专营专卖法以外的违反行政许可的经营行为不能归入《刑法》第二百二十五条第(一)项的规定,我国《行政许可法》规定的许可,无论是特许还是一般许可,都是对本来就有权实施的行为设定一定的条件,因此违反这种行政许可,还不能认定为是违反国家法律的禁止性规定。由此可见,违反行政许可与违反专营专卖的许可,两者的性质并不相同,在法律上不能等同视之。

2. 烟花爆竹制品也不属于"限制买卖的物品"

限制买卖的物品,是指国家在一定时期实行限制性经营的物品。例如,民用爆炸物,《民用爆炸物管理条例》第三条规定:"国家对民用爆炸物品的生产、销售、购买、运输和爆破作业实行许可证制度。未经许可,任何单位或者个人不得生产、销售、购买、运输民用爆炸物品,不得从事爆破作业。严禁转让、出借、转借、抵押、赠送、私藏或者非法持有民用爆炸物品。"因此,民用爆炸物属于典型的限制买卖物品。两相比较可见,烟花爆竹和烟花爆竹制品不属于限制买卖物品,因为个人如果不是以经营为目的,而是为了满足燃放、娱乐需要,完全可以自由买卖烟花爆竹或者烟花爆竹制品。

因此,不能依据《刑法》第二百二十五条第(一)项认定未经许可经营烟花爆竹制品的行为构成非法经营罪。

3. 本案应当适用《刑法》第二百二十五条第(四)项的规定

《刑法》第二百二十五条第(四)项作为非法经营罪的兜底条款,在适用时一定要慎重。之所以能适用《刑法》第二百二十五条第(四)项的规定认定本案构成非法经营罪,原因如下:

根据《非法生产经营烟花爆竹通知》的规定,非法生产、经营烟花爆竹制品行为是可以构成非法经营罪的。前文我们已经论述过,烟花爆竹制品不属于专营专卖物品和限制买卖物品,因此经营烟花爆竹制品的行为只能根据《刑法》第二百二十五条第(四)项的规定构成非法经营罪。

非法经营烟花爆竹制品的行为要认定为"其他严重扰乱市场秩序的非法经营行为"构成非法经营罪,必须和第二百二十五条前三项在社会危害性方面具有相当性,同时符合以下三个特征,即违反国家规定、扰乱市场经济秩序和情节严重。从本案案情考察,被告人易某某未经许可经营烟花爆竹制品的行为具备以上三个特征。

首先,2011年4月8日最高人民法院发布的《关于准确理解和适用刑法中"国家规定"的有关问题的通知》(以下简称《"国家规定"通知》)中指出:"根据《刑法》第九十六条的规定,刑法中的'国家规定'是指,全国人民代表大会及其常务委员会制定的法律和决定,国务院制定的行政法规、规定的行政措施、发布的决定和命令。"被告人易某某擅自经营烟花爆竹制品的行为,违反了《烟花爆竹安全管理条例》第三条的规定,"国家对烟花爆竹的生产、经营、运输和举办焰火晚会以及其他大型焰火燃放活动,实行许可证制度。未经许可,任何单位或者个人不得生产、经营、运输烟花爆竹,不得举办焰火晚会以及其他大型焰火燃放活动"。该条例于2006年1月11日国务院第121次常务会议通过,自公布之日起施行,后又于2016年2月6日经中华人民共和国国务院令第666号《国务院关于修改部分行政法规的决定》修订,属于行政法规,根据上述《"国家规定"通知》规定，违反该条例属于"违反国家规定"。

其次，本案中的未经国家许可经营烟花爆竹制品的行为，违反了烟花爆竹安全管理制度，扰乱了市场秩序，产生了刑法意义上的危险后果。虽然涉案的8发塑料圆盘击发帽是危险性小的D级烟花，但被告人易某某购买烟花爆竹制品1 000箱，如此巨大数量的含有火药的烟花爆竹制品需要运输、仓储、分装，如果未取得许可证、不按照规范流程操作，随时可能发生危险。

最后，可以比照《刑法》第二百二十五条前三项的行为"情节严重"的程度或者第二百二十五条相关司法解释对"情节严重"的规定来确定情节是否严重。根据《刑法》及相关司法解释的规定，目前认定的非法经营行为有非法经营烟草、出版物和通过信息网络有偿发布或删除信息等，一般以非法经营数额、违法所得数额、实施非法经营行为的次数、实施非法经营行为的后果和影响等作为"情节严重"的考量标准。本案被告人易某某购买烟花爆竹制品1 000箱，非法经营数额达11.88万元，且所经营的烟花爆竹制品在后续仓储搬运的过程中造成了8人死亡、多人受伤和巨大财产损失的后果，应当认定为"情节严重"。

需要说明的是，被告人易某某向有合法生产资质的厂家订购烟花爆竹制品后，直接让厂家发货给艾某，并要求保证运输安全，在一定程度上注意了防范爆炸风险；事故发生时涉案烟花爆竹制品已运至广州交接给艾某，后续储存、出口相关事宜均由艾某负责，易某某对此未与艾某商议更无法管理、控制，故未再认定易某某的行为构成危险物品肇事罪等其他罪名。

（撰稿：最高人民法院刑二庭　刘山煽　肖　波
审编：最高人民法院刑二庭　韩维中）

[第1337号]周长兵非法经营宣告无罪案

——未经许可经营保安服务业的行为是否构成非法经营罪以及如何把握"不以单位犯罪论处"的情形

【关键词】　非法经营罪　宣告无罪　单位犯罪　严重扰乱市场秩序

一、基本案情

被告人周长兵，男，汉族，1982年4月12日出生，华北中安（北京）安全技术服务有限公司法定代表人。2011年12月7日被逮捕，2012年3月21日被取保候审。

北京市丰台区人民检察院以被告人周长兵犯非法经营罪，向北京市丰台区人民法院提起公诉。

北京市丰台区人民法院经公开审理查明：

2010年10月，被告人周长兵设立华北中安（北京）安全技术服务有限公司（以下简称中安公司）。2010年11月至2011年11月，周长兵在明知中安公司未取得保安服务许可证的情况下，与北京科住物业管理有限公司（以下简称科住公司）签订三份保安服务合同，向科住公司的半导体所项目部、微电子研究所项目部、学术会堂项目部派驻保安员并提供保安服务，其间收取科住公司支付的保安服务费共计人民币（以下币种同）95万元，盈利1万元左右。中安公司设立后，主要经营保安服务业务。

截至案发，中安公司拥有保安员50余人，因规模未达到加盟市保安服务总公司要求的100

人条件，本着边经营边招募的想法，而未向公安机关申请保安服务许可证。

2012 年 12 月，北京市丰台区人民法院作出裁定，准许北京市丰台区人民检察院撤回对被告人周长兵的起诉。

二、主要问题

（一）未经许可从事保安服务业务经营的行为是否构成非法经营罪？

（二）如何把握“为进行违法犯罪活动而设立公司”或者“公司设立后以实施犯罪为主要活动”规定的适用？

三、裁判理由

本案审理过程中，主要存在以下两个问题的争议。

一是关于被告人周长兵的行为是否构成非法经营罪，主要形成以下两种意见：

一种意见认为，周长兵的行为构成非法经营罪。主要理由是：（1）周长兵未经许可，从事保安服务业务经营的行为违反了《保安服务管理条例》（国务院令第 564 号，以下简称《条例》）第九条的规定，属于违反国家规定从事非法经营的行为。（2）非法经营保安服务业务不仅扰乱了保安服务行业的正常秩序，而且极有可能侵犯人民群众的人身权利和财产权利，相对于普通非法经营行为，其侵犯的客体更为复杂，可能造成的社会危害更为严重。（3）非法经营行为认定情节严重的标准主要是数额和危害后果。①从经营数额分析，周长兵的经营数额为 95 万元，远超出 2010 年最高人民检察院、公安部联合印发的《关于公安机关管辖的刑事案件立案追诉标准的规定（二）》（以下简称《标准二》）第七十九条第（八）项规定的个人非法经营数额 5 万元的标准，与目前非法经营犯罪案件中“情节严重”的最高认定标准 100 万元非常接近，应当认定构成“情节严重”。②从行业特点分析，保安服务行业具有特殊性，保安人员需具备保安资质，未经审查、备案的保安公司在保安服务能力、保安人员素质、水平等方面欠缺一定的保障，存在潜在危险性，即对社会稳定和人民群众人身、财产安全形成的潜在危险，具有一定的社会危害性。

另一种意见认为，被告人周长兵的行为不构成非法经营罪。主要理由是：周长兵未经许可从事保安服务业务的行为，虽然违反了国家规定，属于非法经营行为，但鉴于保安服务行业的特殊性，对情节严重的认定不能参照普通非法经营 5 万元的认定标准，而应参照电信、POS 机套现业务等经营行为以 100 万元作为“情节严重”的认定标准。本案未达到“情节严重”的程度，故不构成非法经营罪。

二是本案是应认定为单位行为还是个人行为，主要形成以下两种意见：

一种意见认为，本案非法经营行为应认定为个人的行为。主要理由是：根据《最高人民法院关于审理单位犯罪案件具体应用法律有关问题的解释》（以下简称《单位犯罪解释》）第二条，个人为进行违法犯罪活动而设立的公司、企业、事业单位实施犯罪的，或者公司、企业、事业单位设立后，以实施犯罪为主要活动的，不以单位犯罪论处。本案被告人周长兵设立中安公司后主要从事非法经营犯罪行为，依照上述规定，不以单位犯罪论处，应以个人犯罪追究周长兵的刑事责任。

另一种意见认为，本案非法经营行为应认定为单位行为。主要理由如下：本案中安公司从事保安服务业务经营行为不属于《单位犯罪解释》中的“不以单位犯罪论处”情形。不应对实质上依照《条例》经营管理的保安服务业务行为，仅以未经许可这一形式要件，不但认定为非法经营犯罪，而且将本应认定为单位经营犯罪行为认定为个人经营犯罪行为，从而降低定罪处罚标准。

我们赞同上述后一种观点。鉴于上述两个问题既具有关联性又具有独立性，故分别予以阐述。

（一）本案被告人等非法从事保安服务业务经营行为不构成非法经营罪

关于本案未经许可从事保安服务业务经营行为属于非法经营行为，控辩双方形成一致意见。根据《刑法》第九十六条的规定，《刑法》中的“国家规定”是指全国人民代表大会及其常务委员会制定的法律和决定，国务院制定的行政法规、规定的行政措施、发布的决定和命令。《条例》是国务院发布的第564号令，属于《刑法》中的“国家规定”。《条例》第九条规定：“申请设立保安服务公司，应当向所在地设区的市级人民政府公安机关提交申请书以及能够证明其符合本条例第八条规定条件的材料。”中安公司未向公安机关提出申请保安服务许可证而经营保安服务业务的行为违反了国家规定，中安公司的行为属于非法经营行为。然而，在认定非法经营行为的前提下，要认定构成非法经营罪，还应认定该非法经营行为严重扰乱市场秩序，并达到“情节严重”的程度。

1. 是否属于严重扰乱市场秩序的非法经营行为应单独评价

《刑法》第二百二十五条规定，非法经营行为，扰乱市场秩序，情节严重的，构成非法经营罪。该条文同时列举了四项非法经营行为，其中第（四）项是兜底性条款，规定了“其他严重扰乱市场秩序的非法经营行为”。“情节严重”的认定是一种个案认定，多是参照规范性文件的量化标准，而行为是否属于严重扰乱市场秩序的认定是一种类案认定，两者应作为不同层面的问题进行分析。实践中，有的司法工作人员习惯于按照个案中具体数额多少认定“行为是否属于严重扰乱市场秩序的非法经营行为”，形成以“情节是否严重”的认定替代“行为是否属于严重扰乱市场秩序的非法经营行为”的认定。《刑法》第二百二十五条第（一）项至第（三）项规定的是已被实践检验的类型化行为，无须对经营行为是否严重扰乱市场秩序进行专门评价，但该条第（四）项规定的非法经营行为包罗万象，复杂多变，难以被一一类型化。因此，《最高人民法院关于准确理解和适用刑法中“国家规定”的有关问题的通知》（以下简称《通知》）要求，各级人民法院审理非法经营犯罪案件，要依法严格把握《刑法》第二百二十五条第（四）项的适用范围。《通知》所强调的“严格把握”主要是指对“经营行为是否属于严重扰乱市场秩序的非法经营行为”的严格把握（不排除对个别情节严重认定标准的审慎把握）。基于上述分析，无论是根据法理精神还是按照《通知》要求，都有必要对经营行为是否属于《刑法》第二百二十五条第（四）项规定的严重扰乱市场秩序的非法经营行为进行单独评价。

2. 本案经营行为不属于严重扰乱市场秩序的非法经营行为

非法经营罪属于《刑法》第三章“破坏社会主义市场经济秩序罪”第八节“扰乱市场秩序罪”，严重扰乱市场秩序，主要是指对市场经济秩序的严重扰乱。因此，对《刑法》第二百二十五条第（四）项严重扰乱市场秩序的非法经营行为的评价，重点应当围绕市场经济秩序这一法益。而对于主要危害不在市场经济秩序的非法经营行为，既要分析经营行为是否缺少特许的形式要件，更要分析经营行为在实体上是否造成其他严重后果或存在其他严重危险。首先，经营保安服务业务虽然属于行政特许行业，但根据《条例》第八条的规定，只要达到规定的条件就可以向公安机关提出申请，公安机关不批准的应当说明理由。因此，保安服务业务不属于严格意义上的限制经营许可业务。其次，未经行政许可经营保安服务的主要社会危害在于对人民群众人身和财产安全可能造成一定的潜在危险，对保安服务业务经营行为是否属于《刑法》第二百二十五条第（四）项规定的非法经营行为的认定，重点应当考察经营行为有无实质上违法犯罪行为及严重后果。对没有实施及产生《条例》第四十三条、《公安机关实施保安服务管理条例办法》第四十五条规定的泄露国家秘密、侵犯个人隐私、参与追索债务、采用暴力处理纠纷等后果的经营行为，不应认定为其他严重扰乱市场秩序的非法经营行为。

本案中，中安公司除了没有获取保安服务许可证这一形式要件外，并未实施其他违反《条例》《公安机关实施保安服务管理条例办法》的行为。中安公司的各项章程符合《公司法》的规定，其按照合同约定派驻保安员并提供保安服务，按时发放保安员工资，在经营保安服务业务过程中未发生其他危害后果，也未出现其他不好的反映和记录。因此，综合全案案情和基于严格把握的政策精神分析，中安公司的行为不属于严重扰乱市场秩序的非法经营行为，不构成非法经营罪。

顺便提及的是，关于从事保安服务业务经营行为应参照电信业务、POS 机套现业务确定情节严重标准的观点，缺乏法律依据。2010 年最高人民法院下发了《关于在经济犯罪审判中参照适用〈最高人民检察院、公安部关于公安机关管辖的刑事案件立案追诉标准的规定(二)〉的通知》，在没有新的司法解释或者相关指导性文件出台的前提下，应参照适用立案追诉标准的规定。保安服务行业是以人力资源为依托的一种服务行业，与电信业务、POS 机套现业务区别明显，后者涉案数额普遍巨大，以 100 万元作为立案追诉标准，有其合理性，但将保安服务行业从数额上提升到 100 万元，与行业特点以及实际情况不符。

(二)本案经营保安服务业务行为不属于司法解释规定的“不以单位犯罪论处”情形

鉴于本案非法经营行为不属于严重扰乱市场秩序的经营行为，故本没有必要对下一阶段“情节严重”的认定展开分析。但由于单位犯非法经营罪和个人犯非法经营罪“情节严重”的认定标准不同，所以有必要准确论述《单位犯罪解释》第二条规定的“不以单位犯罪论处”的情形。根据《单位犯罪解释》第二条的规定，对单位实施的行为不以单位犯罪论处，必须是“为进行违法犯罪活动而设立公司”或者“公司设立后以实施犯罪为主要活动”两种情形。对上述规定，不能仅从形式逻辑角度进行教条式理解，应当从辩证逻辑角度进行限制把握。以本案为例，保安服务业务本身是一种治安服务，是预防和打击违法犯罪活动的辅助力量，只要保安服务业务本身规范经营，其对社会治安无疑具有一种正面辅助作用。事实上，中安公司在成立后提供了保安服务等正常业务，如果仅因中安公司未获取保安服务许可证这一形式要件而将这一行为认定为犯罪，进而因公司主要从事这一行为对公司的行为不以单位犯罪论处，而以个人犯罪追究责任，降低入罪门槛，实际对被告人产生了双重不利的后果，也背离了常识、常情、常理。基于上述考虑，我们认为，本案经营保安服务业务行为不属于司法解释规定的“不以单位犯罪论处”情形。

最后，值得注意的是，虽然本案最终宣告无罪，但并不意味着所有非法从事保安服务业务的经营行为都不构成非法经营罪。具体个案是否构成犯罪，仍要结合案情具体分析。

(撰稿：二十国集团反腐败追逃追赃研究中心　刘晓虎
审编：最高人民法院刑二庭　韩维中)

刑事立法、司法规范

一、生产、销售伪劣商品罪

最高人民法院　最高人民检察院　公安部　国家烟草专卖局
关于办理假冒伪劣烟草制品等刑事案件适用法律问题座谈会纪要（节录）

（2003年12月23日　高检会〔2003〕4号）

七、关于窝藏、转移非法制售的烟草制品行为的定罪处罚问题

明知是非法制售的烟草制品而予以窝藏、转移的，依照刑法第三百一十二条的规定，以窝藏、转移赃物罪定罪处罚。

最高人民法院　最高人民检察院
关于办理药品、医疗器械注册申请材料造假刑事案件适用法律若干问题的解释

（2017年4月10日最高人民法院审判委员会第1714次会议、2017年6月8日最高人民检察院第十二届检察委员会第65次会议通过　2017年8月14日公布　自2017年9月1日起施行　法释〔2017〕15号）

为依法惩治药品、医疗器械注册申请材料造假的犯罪行为，维护人民群众生命健康权益，根据《中华人民共和国刑法》《中华人民共和国刑事诉讼法》的有关规定，现就办理此类刑事案件适用法律的若干问题解释如下：

第一条　药物非临床研究机构、药物临床试验机构、合同研究组织的工作人员，故意提供虚假的药物非临床研究报告、药物临床试验报告及相关材料的，应当认定为刑法第二百二十九条规定的“故意提供虚假证明文件”。

实施前款规定的行为，具有下列情形之一的，应当认定为刑法第二百二十九条规定的“情节严重”，以提供虚假证明文件罪处五年以下有期徒刑或者拘役，并处罚金：

（一）在药物非临床研究或者药物临床试验过程中故意使用虚假试验用药品的；

（二）瞒报与药物临床试验用药品相关的严重不良事件的；

（三）故意损毁原始药物非临床研究数据或者药物临床试验数据的；

（四）编造受试动物信息、受试者信息、主要试验过程记录、研究数据、检测数据等药物非临床研究数据或者药物临床试验数据，影响药品安全性、有效性评价结果的；

（五）曾因在申请药品、医疗器械注册过程中提供虚假证明材料受过刑事处罚或者二年内受过行政处罚，又提供虚假证明材料的；

（六）其他情节严重的情形。

第二条　实施本解释第一条规定的行为，索取或者非法收受他人财物的，应当依照刑法第二

百二十九条第二款规定，以提供虚假证明文件罪处五年以上十年以下有期徒刑，并处罚金；同时构成提供虚假证明文件罪和受贿罪、非国家工作人员受贿罪的，依照处罚较重的规定定罪处罚。

第三条 药品注册申请单位的工作人员，故意使用符合本解释第一条第二款规定的虚假药物非临床研究报告、药物临床试验报告及相关材料，骗取药品批准证明文件生产、销售药品的，应当依照刑法第一百四十一条规定，以生产、销售假药罪定罪处罚。

第四条 药品注册申请单位的工作人员指使药物非临床研究机构、药物临床试验机构、合同研究组织的工作人员提供本解释第一条第二款规定的虚假药物非临床研究报告、药物临床试验报告及相关材料的，以提供虚假证明文件罪的共同犯罪论处。

具有下列情形之一的，可以认定为前款规定的“指使”，但有相反证据的除外：

（一）明知有关机构、组织不具备相应条件或者能力，仍委托其进行药物非临床研究、药物临床试验的；

（二）支付的价款明显异于正常费用的。

药品注册申请单位的工作人员和药物非临床研究机构、药物临床试验机构、合同研究组织的工作人员共同实施第一款规定的行为，骗取药品批准证明文件生产、销售药品，同时构成提供虚假证明文件罪和生产、销售假药罪的，依照处罚较重的规定定罪处罚。

第五条 在医疗器械注册申请中，故意提供、使用虚假的医疗器械临床试验报告及相关材料的，参照适用本解释第一条至第四条规定。

第六条 单位犯本解释第一条至第五条规定之罪的，对单位判处罚金，并依照本解释规定的相应自然人犯罪的定罪量刑标准对直接负责的主管人员和其他直接责任人员定罪处罚。

第七条 对药品、医疗器械注册申请负有核查职责的国家机关工作人员，滥用职权或者玩忽职守，导致使用虚假证明材料的药品、医疗器械获得注册，致使公共财产、国家和人民利益遭受重大损失的，应当依照刑法第三百九十七条规定，以滥用职权罪或者玩忽职守罪追究刑事责任。

第八条 对是否属于虚假的药物非临床研究报告、药物或者医疗器械临床试验报告及相关材料，是否影响药品或者医疗器械安全性、有效性评价结果，以及是否属于严重不良事件等专门性问题难以确定的，可以根据国家药品监督管理部门设置或者指定的药品、医疗器械审评等机构出具的意见，结合其他证据作出认定。

第九条 本解释所称“合同研究组织”，是指受药品或者医疗器械注册申请单位、药物非临床研究机构、药物或者医疗器械临床试验机构的委托，从事试验方案设计、数据统计、分析测试、监查稽查等与非临床研究或者临床试验相关活动的单位。

第十条 本解释自2017年9月1日起施行。

《关于办理药品、医疗器械注册申请材料造假刑事案件适用法律若干问题的解释》的理解与适用

□最高人民法院研究室刑事处

日前，最高人民法院、最高人民检察院发布《关于办理药品、医疗器械注册申请材料造假刑事案件适用法律若干问题的解释》（法释〔2017〕15号，以下简称《解释》），自2017年9月1日起施行。《解释》的公布施行，对于依法惩治药品、医疗器械注册申请材料造假的犯罪行为，维护人民群众生命健康权益，必将发挥重要作用。为便于司法实践中正确理解和适用，现就《解释》的制定

背景和主要内容介绍如下。

一、《解释》的制定背景与经过

药品、医疗器械注册，是指国家食品药品监督管理部门根据药品、医疗器械注册申请人的申请，依照法定程序，对拟上市销售药品、医疗器械的安全性、有效性、质量可控性等进行审查，并决定是否同意其申请的审批过程。药品、医疗器械安全直接关系人民群众的身体健康和生命安全。为保证药品的安全、有效和质量可控，国家食品药品监督管理机构先后出台了《药品注册管理办法》等规定，规范药品注册行为。然而，受利益驱动，近年来药品、医疗器械注册造假行为屡禁不止。2015 年 7 月开始，国家食品药品监督管理总局在全国开展药物临床试验数据自查核查工作，发现药品注册过程中存在大量涉嫌试验数据造假的行为。药物临床试验数据造假严重影响药品质量安全、有效和药品监管权威，危及人民群众身体健康和生命安全，社会各界反映强烈。

党中央高度重视药品安全监管工作，要求用最严谨的标准、最严格的监管、最严厉的处罚、最严肃的问责，严把从实验室到医院的每一道防线。从国外情况来看，欧美国家历来重视药品安全的刑法保护，不断加强涉药犯罪的刑法打击力度。尤其对于药品注册过程中的造假行为，西方发达国家几乎毫无例外对其入罪处罚。但是，在我国刑法中，并没有针对药品、医疗器械注册申请材料造假行为规定专门条文、设置专门罪名，导致对此类行为的刑事定性存在争议，惩治力度明显不足。为切实加大对此类行为的刑事惩治力度，切实保障人民群众生命健康权益，根据国家食品药品监督管理总局的建议，在中央有关部门的大力支持下，最高人民法院会同最高人民检察院，经深入调查研究、广泛征求意见，起草了《解释》。2017 年 4 月 10 日最高人民法院审判委员会第 1714 次会议、2017 年 6 月 8 日最高人民检察院第十二届检察委员会第 65 次会议通过《解释》。

二、《解释》的主要内容

《解释》结合当前药品、医疗器械注册申请材料造假犯罪的特点和司法实践反映的问题，依照刑法、刑事诉讼法的规定，对此类犯罪的定罪量刑标准和相关法律适用问题作了全面、系统的规定。《解释》共十个条文，大致可以归纳为如下八个方面的问题：

（一）药品、医疗器械注册申请材料造假犯罪的定性

刑法第二百二十九条规定了提供虚假证明文件罪，即承担资产评估、验资、验证、会计、审计、法律服务等职责的中介组织的人员故意提供虚假证明文件，情节严重的，处五年以下有期徒刑或者拘役，并处罚金；索取他人财物或者非法收受他人财物，实施前述行为的，处五年以上十年以下有期徒刑，并处罚金。经研究认为，刑法第二百二十九条规定的“中介组织”并非日常意义上的中介组织，否则，会计事务所、审计事务所、律师事务所等不可能纳入其中。药物非临床研究、临床试验等不属于“资产评估、验资、验证、会计、审计、法律服务”中的任何一种，但同样属于接受委托并为委托人提供特定的服务，故药物非临床研究机构、药物临床试验机构、合同研究组织的工作人员可以认定为“承担资产评估、验资、验证、会计、审计、法律服务等职责的中介组织的人员”。因此，《解释》第一条第一款明确，药物非临床研究机构、药物临床试验机构、合同研究组织的工作人员，故意提供虚假的药物非临床研究报告、药物临床试验报告及相关材料的，应当认定为刑法第二百二十九条规定的“故意提供虚假证明文件”。

顺带提及的是，为统一法律适用，《解释》第九条对“合同研究组织”的范围作了明确界定，即受药品或者医疗器械注册申请单位、药物非临床研究机构、药物或者医疗器械临床试验机构的委托，从事试验方案设计、数据统计、分析测试、监查稽查等与非临床研究或者临床试验相关活动的单位。

（二）药品注册申请材料造假犯罪的定罪量刑标准

根据刑法第二百二十九条的规定，提供虚假证明文件罪的入罪标准为“情节严重”。对于这

一概括性的入罪情节,《解释》第一条第二款根据实践情况,从以下几个方面作了明确:

一是在药物非临床研究或者药物临床试验过程中故意使用虚假试验用药品的。这是最为恶劣的注册申请材料造假行为,必然影响药品的安全性、有效性评价结果。所谓“非临床研究”,是指为评价药物安全性,在实验室条件下,用实验系统进行的各种毒性试验(主要用动物做试验)。所谓“临床试验”,是指为确定试验药物的疗效与安全性,在人体进行药物的系统性研究。在药物非临床研究或者药物临床试验过程中,故意使用虚假试验用药品,如以参比制剂替代试验组用药、以试验组用药替代参比制剂、以市场购买药品替代自行研制试验用药品等,就无法确定试验药物的疗效与安全性。故而,本项将此种情形规定为“情节严重”。

二是瞒报与药物临床试验用药品相关的严重不良事件的。根据国家食品药品监督管理总局《药物临床试验质量管理规范》第六十八条的规定,所谓“严重不良事件”,是指临床试验过程中发生需住院治疗、延长住院时间、伤残、影响工作能力、危及生命或死亡、导致先天畸形等事件。《药物临床试验质量管理规范》第二十六条规定:“在临床试验过程中如发生严重不良事件,研究者应立即对受试者采取适当的治疗措施,同时报告药品监督管理部门、卫生行政部门、申办者和伦理委员会,并在报告上签名及注明日期。”瞒报与药物临床试验用药品相关的严重不良事件,必然影响药品的安全性评价结果,导致不安全药品上市,危害人民健康。需要注意本项的客观行为方式为“瞒报”,包含不报、谎报,但对于过失漏报的情形不能纳入其中。

三是故意损毁原始药物非临床研究数据或者药物临床试验数据的。《药物临床试验质量管理规范》第六十二条规定:“临床试验中有关所有观察结果和发现都应加以核实,在数据处理的每一阶段必须进行质量控制,以保证数据完整、准确、真实、可靠。”第五十二条规定:“临床试验中的资料均须按规定保存及管理。研究者应保存临床试验资料至临床试验终止后五年。申办者应保存临床试验资料至试验药物被批准上市后五年。”实践中,有的注册申请材料造假行为人,为了抗拒检查,逃避责任,故意损毁原始药物非临床研究数据或者药物临床试验数据,导致原始数据灭失、无法查证相关造假行为。为有效规制此类行为,本项将其规定为“情节严重”的情形之一。需要注意的是,故意损毁相关数据,可以表现为销毁、删除。但是,如果仅是涂改、隐匿、转移相关数据的,则不适用本项规定,应当根据查证情况据实认定,只有影响药品安全性的、有效性评价结果的,才予以定罪处罚。

四是编造受试动物信息、受试者信息、主要试验过程记录、研究数据、检测数据等药物非临床研究数据或者药物临床试验数据,影响药品安全性、有效性评价结果的。需要注意的是,对于编造上述数据的行为,要根据行为的情节、后果区别处理,只有影响药品安全性、有效性评价结果的,才能认定为“情节严重”。

五是曾因在申请药品、医疗器械注册过程中提供虚假证明材料受过刑事处罚或者二年内受过行政处罚,又提供虚假证明材料的。此种情形下,行为人屡罚屡犯,主观恶性大,故本项将其规定为“情节严重”。

六是其他情节严重的情形。考虑到司法实践的情况较为复杂,特别是未来可能会出现新的情形。为此,专门设置兜底项,以确保将来根据案件具体情况作出合理解释。

需要专门说明的是,在《解释》起草过程中,有意见主张将“违法所得数额在十万元以上的”和“索取或者非法接受他人财物的”作为认定“情节严重”的情形。经研究,未采纳上述意见,主要考虑如下:(1)非临床研究或者临床试验的周期长、范围广、环节多,个别数据难免遗漏、失实,但只要不影响药品的安全性、有效性评价结果,就不宜单纯根据违法所得数额或者索取、非法收受他人财物的情节入罪;(2)目前非临床研究或者临床试验的行业收费标准均远远超过10万元,若坚持适用违法所得数额在10万元以上的标准，则基本上所有造假行为均可入罪，打击面恐过宽。

此外，《解释》第二条进一步明确，故意提供虚假的药物非临床研究报告、药物临床试验报告及相关材料，索取或者非法收受他人财物的，应当依照刑法第二百二十九条第二款的规定，以提供虚假证明文件罪处五年以上十年以下有期徒刑，并处罚金；同时构成提供虚假证明文件罪和受贿罪、非国家工作人员受贿罪的，依照处罚较重的规定定罪处罚。

（三）药品注册申请人故意使用虚假注册申请材料的处理

据了解，在临床试验数据造假案件中，临床试验机构造假、合同研究组织造假和药品注册申请人自己造假，基本上各占三分之一。但是，对于药品注册申请人自己进行非临床研究、临床试验，或者根本未进行非临床研究、临床试验，自行编造虚假数据，故意提供虚假证明文件的，无法以提供虚假证明文件罪论处。如何解决这一问题，存在两种不同意见：第一种意见认为，对该行为可以生产、销售假药罪论处。主要考虑是：如果申请人通过提供虚假材料骗取药品批准证明文件的，根据《中华人民共和国药品管理法》（以下简称《药品管理法》）第八十二条的规定，应当撤销药品批准证明文件。鉴于被撤销的药品批准证明文件自始无效，则原来依此无效药品批准证明文件所生产的药品，就属于《药品管理法》第四十八条第三款第二项规定的“必须批准而未经批准生产、进口”的情形，可以假药论处。而且，其他司法解释也有类似规定。例如，《最高人民法院关于审理非法行医刑事案件具体应用法律若干问题的解释》第一条将以非法手段取得医师资格从事医疗活动的情形认定为刑法第三百三十六条第一款规定的“未取得医生执业资格的人非法行医”，《最高人民法院、最高人民检察院关于办理妨害国（边）境管理刑事案件应用法律若干问题的解释》将使用以虚假的出入境事由、隐瞒真实身份、冒用他人身份证件等方式骗取的出入境证件出入国（边）境的情形认定为刑法第六章第三节规定的“偷越国（边）境”行为。据此，对于骗取药品批准证明文件并生产、销售药品的，可以生产、销售假药罪论处；如其在申请注册过程中被发现，或者虽取得注册但尚未生产、销售药物的，可以生产、销售假药罪（预备）论处。第二种意见认为，对此类行为不能以生产、销售假药罪论处。主要考虑：其一，《药品管理法》第四十八条对于什么是假药有明确规定，将已获得批准生产的药品归入“未经批准生产”的药品，缺乏法律、司法解释的明确依据。且根据该法第四十二条的规定，已被撤销批准文号的药品，不得生产、销售和使用；已经生产的，由当地药品监督管理部门监督销毁或者处理。自行制作并提供虚假证明文件的行为是否入罪，属于立法问题。第一种意见显系对“假药”的扩大解释。其二，药品批准证明文件被撤销后，继续生产、销售该药品的，以生产、销售假药罪追究刑事责任没有问题；但对于被撤销前已经生产、销售的药品，仍认定为刑法中的“假药”，并对生产、销售行为追究刑事责任，违反了刑法的溯及力原则和谦抑原则。

经慎重研究认为，对于明知药品没有安全性、有效性，却骗取批准证明文件生产、销售的，与其他生产、销售假药的行为并无实质差别，同样危害人民群众身体健康，以生产、销售假药论处有一定理据，且体现了对药品监管实行“四个最严”的精神；对于行为人参与文件造假，后提供虚假文件骗取批准证明文件并生产、销售药品的，属于牵连犯，即使在司法解释中不明确规定，实践中也会择一重罪处罚。基于此，《解释》采纳了第一种意见，第三条明确规定：“药品注册申请单位的工作人员，故意使用符合本解释第一条第二款规定的虚假药物非临床研究报告、药物临床试验报告及相关材料，骗取药品批准证明文件生产、销售药品的，应当依照刑法第一百四十一条规定，以生产、销售假药罪定罪处罚。”

(四)药品注册申请材料造假共同犯罪的处理

实践中,还存在药品注册申请单位的工作人员参与药品注册申请材料造假的情形,甚至有的造假行为系申请人指使,亟须加以刑事规制。为此,《解释》第四条第一款规定:"药品注册申请单位的工作人员指使药物非临床研究机构、药物临床试验机构、合同研究组织的工作人员提供本解释第一条第二款规定的虚假药物非临床研究报告、药物临床试验报告及相关材料的,以提供虚假证明文件罪的共同犯罪论处。"

针对司法实践中难以认定"指使"的问题,《解释》第四条第二款进一步明确了根据客观行为推定"认定"的情形,具体包括如下两种情形:(1)明知有关机构、组织不具备相应条件或者能力,仍委托其进行药物非临床研究、药物临床试验的。根据《中华人民共和国药品管理法实施条例》《医疗器械监督管理条例》等法规规章的规定,药物或者医疗器械临床试验都必须在有相应资格或者资质的临床试验机构进行,以确保临床试验质量。明知有关机构、组织不具备相应资格或者资质,仍违反规定委托其进行临床试验,是造成相关数据失实,进而导致证明文件虚假的重要原因之一,委托人难辞其咎。但是,鉴于临床试验的资格或者资质认证制度可能修改、调整,且临床试验的资格或者资质并不完全等同于临床试验的条件或者能力,因此,《解释》着眼于实质判断,规定明知有关机构、组织不具备相应条件或者能力,仍委托其进行非临床研究或者临床试验的,可以推定为主观上明知相关数据失实、证明文件虚假,若其仍提供虚假证明文件向药品监督管理部门申请药品或者医疗器械注册的,可以提供虚假证明文件罪的共同犯罪论处。(2)支付的价款明显异于正常费用的。"异于"包括高于和低于两种情形。特别是支付的价款明显低于正常费用的,势必不足以支持相关研究、试验工作的正常开展,无法保证相关研究、试验工作的质量,受托人无法保质保量地开展非临床研究或者临床试验工作,只能编造相关数据、出具虚假报告。在此种情形下,对于受托人出具虚假报告,委托人不仅"心知肚明",而且是有意纵容甚至共谋。基于前项所述理由,也可以提供虚假证明文件罪的共同犯罪论处。此外,考虑到实践中的复杂情形,此处可以作出反证,即虽然具有前述两项情形之一,但有相反证据的,也可以不认定为"指使"。

《解释》第四条第三款进一步规定,药品注册申请单位的工作人员和药物非临床研究机构、临床试验机构、合同研究组织的工作人员共同实施药品注册申请材料造假行为,骗取药品批准证明文件生产、销售药品,同时构成提供虚假证明文件罪和生产、销售假药罪的,依照处罚较重的规定定罪处罚。

(五)医疗器械注册申请材料造假犯罪的处理

医疗器械分为三类,第一类医疗器械实行备案管理,不需要进行临床试验;第二类、第三类医疗器械注册时,除按规定免于临床试验的外,均应当进行临床试验。鉴于医疗器械与药品的监管具有相似性,尤其是第三类医疗器械的申请注册程序与药品的申请注册程序基本相同,如《医疗器械监督管理条例》第十九条规定,"第三类医疗器械进行临床试验对人体具有较高风险的,应当经国务院食品药品监督管理部门批准"。而从实践来看,医疗器械注册申请中的数据造假问题同样存在。为有效加以规制,《解释》第五条规定:"在医疗器械注册申请中,故意提供、使用虚假的医疗器械临床试验报告及相关材料的,参照适用本解释第一条至第四条规定。"对于本条的适用,需要注意如下两个问题:(1)《医疗器械监督管理条例》未对医疗器械临床前研究作出专门规定,故本条未对故意提供、使用虚假的医疗器械非临床研究报告及相关材料的行为予以刑事规制。(2)本条只适用于需要进行临床试验的第二类、第三类医疗器械。

（六）单位实施药品、医疗器械注册申请材料造假犯罪的处理

为了统一裁判尺度，《解释》第六条对单位实施药品、医疗器械注册申请材料造假行为的定罪量刑标准作了明确。基于严厉惩治药品、医疗器械注册申请材料造假犯罪、切实维护人民群众生命健康权益的考虑，《解释》规定对单位犯《解释》第一条至第五条规定之罪的，与自然人犯罪适用统一的定罪量刑标准。

（七）药品、医疗器械注册申请材料造假渎职犯罪的处理

药品、医疗器械注册申请材料造假的泛滥，特别是致使用虚假证明材料的药品、医疗器械获得注册，与负有核查职责的国家机关工作人员滥用职权或者玩忽职守密切相关。为促使对药品、医疗器械注册申请负有核查职责的国家机关工作人员切实履职，《解释》第七条规定："对药品、医疗器械注册申请负有核查职责的国家机关工作人员，滥用职权或者玩忽职守，导致使用虚假证明材料的药品、医疗器械获得注册，致使公共财产、国家和人民利益遭受重大损失的，应当依照刑法第三百九十七条规定，以滥用职权罪或者玩忽职守罪追究刑事责任。"

（八）药品、医疗器械注册申请材料造假犯罪专门性问题的认定

办理药品、医疗器械注册申请材料造假刑事案件，通常涉及专门性问题。《解释》第八条通过总结司法经验，对相关专门性问题认定规则作了明确。具体而言，对是否属于虚假的药物非临床研究报告、药物或者医疗器械临床试验报告及相关材料，是否影响药品或者医疗器械安全性、有效性评价结果，以及是否属于严重不良事件等专门性问题难以确定的，可以根据国家药品监督管理部门设置或者指定的药品、医疗器械审评等机构出具的意见，结合其他证据作出认定。

二、走私罪

最高人民法院　最高人民检察院
关于办理走私刑事案件适用法律若干问题的解释

(2014年2月24日最高人民法院审判委员会第1608次会议、2014年6月13日最高人民检察院第十二届检察委员会第23次会议通过　2014年8月12日公布　自2014年9月10日起施行　法释〔2014〕10号)

为依法惩治走私犯罪活动,根据刑法有关规定,现就办理走私刑事案件适用法律的若干问题解释如下:

第一条　走私武器、弹药,具有下列情形之一的,可以认定为刑法第一百五十一条第一款规定的"情节较轻":

(一)走私以压缩气体等非火药为动力发射枪弹的枪支二支以上不满五支的;

(二)走私气枪铅弹五百发以上不满二千五百发,或者其他子弹十发以上不满五十发的;

(三)未达到上述数量标准,但属于犯罪集团的首要分子,使用特种车辆从事走私活动,或者走私的武器、弹药被用于实施犯罪等情形的;

(四)走私各种口径在六十毫米以下常规炮弹、手榴弹或者枪榴弹等分别或者合计不满五枚的。

具有下列情形之一的,依照刑法第一百五十一条第一款的规定处七年以上有期徒刑,并处罚金或者没收财产:

(一)走私以火药为动力发射枪弹的枪支一支,或者以压缩气体等非火药为动力发射枪弹的枪支五支以上不满十支的;

(二)走私第一款第二项规定的弹药,数量在该项规定的最高数量以上不满最高数量五倍的;

(三)走私各种口径在六十毫米以下常规炮弹、手榴弹或者枪榴弹等分别或者合计达到五枚以上不满十枚,或者各种口径超过六十毫米以上常规炮弹合计不满五枚的;

(四)达到第一款第一、二、四项规定的数量标准,且属于犯罪集团的首要分子,使用特种车辆从事走私活动,或者走私的武器、弹药被用于实施犯罪等情形的。

具有下列情形之一的,应当认定为刑法第一百五十一条第一款规定的"情节特别严重":

(一)走私第二款第一项规定的枪支,数量超过该项规定的数量标准的;

(二)走私第一款第二项规定的弹药,数量在该项规定的最高数量标准五倍以上的;

(三)走私第二款第三项规定的弹药,数量超过该项规定的数量标准,或者走私具有巨大杀伤力的非常规炮弹一枚以上的;

(四)达到第二款第一项至第三项规定的数量标准,且属于犯罪集团的首要分子,使用特种车辆从事走私活动,或者走私的武器、弹药被用于实施犯罪等情形的。

走私其他武器、弹药,构成犯罪的,参照本条各款规定的标准处罚。

第二条　刑法第一百五十一条第一款规定的"武器、弹药"的种类,参照《中华人民共和国进口税则》及《中华人民共和国禁止进出境物品表》的有关规定确定。

第三条 走私枪支散件，构成犯罪的，依照刑法第一百五十一条第一款的规定，以走私武器罪定罪处罚。成套枪支散件以相应数量的枪支计，非成套枪支散件以每三十件为一套枪支散件计。

第四条 走私各种弹药的弹头、弹壳，构成犯罪的，依照刑法第一百五十一条第一款的规定，以走私弹药罪定罪处罚。具体的定罪量刑标准，按照本解释第一条规定的数量标准的五倍执行。

走私报废或者无法组装并使用的各种弹药的弹头、弹壳，构成犯罪的，依照刑法第一百五十三条的规定，以走私普通货物、物品罪定罪处罚；属于废物的，依照刑法第一百五十二条第二款的规定，以走私废物罪定罪处罚。

弹头、弹壳是否属于前款规定的"报废或者无法组装并使用"或者"废物"，由国家有关技术部门进行鉴定。

第五条 走私国家禁止或者限制进出口的仿真枪、管制刀具，构成犯罪的，依照刑法第一百五十一条第三款的规定，以走私国家禁止进出口的货物、物品罪定罪处罚。具体的定罪量刑标准，适用本解释第十一条第一款第六、七项和第二款的规定。

走私的仿真枪经鉴定为枪支，构成犯罪的，依照刑法第一百五十一条第一款的规定，以走私武器罪定罪处罚。不以牟利或者从事违法犯罪活动为目的，且无其他严重情节的，可以依法从轻处罚；情节轻微不需要判处刑罚的，可以免予刑事处罚。

第六条 走私伪造的货币，数额在二千元以上不满二万元，或者数量在二百张(枚)以上不满二千张(枚)的，可以认定为刑法第一百五十一条第一款规定的"情节较轻"。

具有下列情形之一的，依照刑法第一百五十一条第一款的规定处七年以上有期徒刑，并处罚金或者没收财产：

(一)走私数额在二万元以上不满二十万元，或者数量在二千张(枚)以上不满二万张(枚)的；

(二)走私数额或者数量达到第一款规定的标准，且具有走私的伪造货币流入市场等情节的。

具有下列情形之一的，应当认定为刑法第一百五十一条第一款规定的"情节特别严重"：

(一)走私数额在二十万元以上，或者数量在二万张(枚)以上的；

(二)走私数额或者数量达到第二款第一项规定的标准，且属于犯罪集团的首要分子，使用特种车辆从事走私活动，或者走私的伪造货币流入市场等情形的。

第七条 刑法第一百五十一条第一款规定的"货币"，包括正在流通的人民币和境外货币。伪造的境外货币数额，折合成人民币计算。

第八条 走私国家禁止出口的三级文物二件以下的，可以认定为刑法第一百五十一条第二款规定的"情节较轻"。

具有下列情形之一的，依照刑法第一百五十一条第二款的规定处五年以上十年以下有期徒刑，并处罚金：

(一)走私国家禁止出口的二级文物不满三件，或者三级文物三件以上不满九件的；

(二)走私国家禁止出口的三级文物不满三件，且具有造成文物严重毁损或者无法追回等情节的。

具有下列情形之一的，应当认定为刑法第一百五十一条第二款规定的"情节特别严重"：

(一)走私国家禁止出口的一级文物一件以上，或者二级文物三件以上，或者三级文物九件以上的；

(二)走私国家禁止出口的文物达到第二款第一项规定的数量标准，且属于犯罪集团的首要分子，使用特种车辆从事走私活动，或者造成文物严重毁损、无法追回等情形的。

第九条 走私国家一、二级保护动物未达到本解释附表中（一）规定的数量标准，或者走私珍贵动物制品数额不满二十万元的，可以认定为刑法第一百五十一条第二款规定的“情节较轻”。

具有下列情形之一的，依照刑法第一百五十一条第二款的规定处五年以上十年以下有期徒刑，并处罚金：

（一）走私国家一、二级保护动物达到本解释附表中（一）规定的数量标准的；

（二）走私珍贵动物制品数额在二十万元以上不满一百万元的；

（三）走私国家一、二级保护动物未达到本解释附表中（一）规定的数量标准，但具有造成该珍贵动物死亡或者无法追回等情节的。

具有下列情形之一的，应当认定为刑法第一百五十一条第二款规定的“情节特别严重”：

（一）走私国家一、二级保护动物达到本解释附表中（二）规定的数量标准的；

（二）走私珍贵动物制品数额在一百万元以上的；

（三）走私国家一、二级保护动物达到本解释附表中（一）规定的数量标准，且属于犯罪集团的首要分子，使用特种车辆从事走私活动，或者造成该珍贵动物死亡、无法追回等情形的。

不以牟利为目的，为留作纪念而走私珍贵动物制品进境，数额不满十万元的，可以免予刑事处罚；情节显著轻微的，不作为犯罪处理。

第十条 刑法第一百五十一条第二款规定的“珍贵动物”，包括列入《国家重点保护野生动物名录》中的国家一、二级保护野生动物，《濒危野生动植物种国际贸易公约》附录Ⅰ、附录Ⅱ中的野生动物，以及驯养繁殖的上述动物。

走私本解释附表中未规定的珍贵动物的，参照附表中规定的同属或者同科动物的数量标准执行。

走私本解释附表中未规定珍贵动物的制品的，按照《最高人民法院、最高人民检察院、国家林业局、公安部、海关总署关于破坏野生动物资源刑事案件中涉及的CITES附录Ⅰ和附录Ⅱ所列陆生野生动物制品价值核定问题的通知》（林濒发〔2012〕239号）的有关规定核定价值。

第十一条 走私国家禁止进出口的货物、物品，具有下列情形之一的，依照刑法第一百五十一条第三款的规定处五年以下有期徒刑或者拘役，并处或者单处罚金：

（一）走私国家一级保护野生植物五株以上不满二十五株，国家二级保护野生植物十株以上不满五十株，或者珍稀植物、珍稀植物制品数额在二十万元以上不满一百万元的；

（二）走私重点保护古生物化石或者未命名的古生物化石不满十件，或者一般保护古生物化石十件以上不满五十件的；

（三）走私禁止进出口的有毒物质一吨以上不满五吨，或者数额在二万元以上不满十万元的；

（四）走私来自境外疫区的动植物及其产品五吨以上不满二十五吨，或者数额在五万元以上不满二十五万元的；

（五）走私木炭、硅砂等妨害环境、资源保护的货物、物品十吨以上不满五十吨，或者数额在十万元以上不满五十万元的；

（六）走私旧机动车、切割车、旧机电产品或者其他禁止进出口的货物、物品二十吨以上不满一百吨，或者数额在二十万元以上不满一百万元的；

（七）数量或者数额未达到本款第一项至第六项规定的标准，但属于犯罪集团的首要分子，使用特种车辆从事走私活动，造成环境严重污染，或者引起甲类传染病传播、重大动植物疫情等情形的。

具有下列情形之一的，应当认定为刑法第一百五十一条第三款规定的“情节严重”：

（一）走私数量或者数额超过前款第一项至第六项规定的标准的；

（二）达到前款第一项至第六项规定的标准，且属于犯罪集团的首要分子，使用特种车辆从事走私活动，造成环境严重污染，或者引起甲类传染病传播、重大动植物疫情等情形的。

第十二条 刑法第一百五十一条第三款规定的“珍稀植物”，包括列入《国家重点保护野生植物名录》《国家重点保护野生药材物种名录》《国家珍贵树种名录》中的国家一、二级保护野生植物、国家重点保护的野生药材、珍贵树木，《濒危野生动植物种国际贸易公约》附录Ⅰ、附录Ⅱ中的野生植物，以及人工培育的上述植物。

本解释规定的“古生物化石”，按照《古生物化石保护条例》的规定予以认定。走私具有科学价值的古脊椎动物化石、古人类化石，构成犯罪的，依照刑法第一百五十一条第二款的规定，以走私文物罪定罪处罚。

第十三条 以牟利或者传播为目的，走私淫秽物品，达到下列数量之一的，可以认定为刑法第一百五十二条第一款规定的“情节较轻”：

（一）走私淫秽录像带、影碟五十盘（张）以上不满一百盘（张）的；

（二）走私淫秽录音带、音碟一百盘（张）以上不满二百盘（张）的；

（三）走私淫秽扑克、书刊、画册一百副（册）以上不满二百副（册）的；

（四）走私淫秽照片、画片五百张以上不满一千张的；

（五）走私其他淫秽物品相当于上述数量的。

走私淫秽物品在前款规定的最高数量以上不满最高数量五倍的，依照刑法第一百五十二条第一款的规定处三年以上十年以下有期徒刑，并处罚金。

走私淫秽物品在第一款规定的最高数量五倍以上，或者在第一款规定的最高数量以上不满五倍，但属于犯罪集团的首要分子，使用特种车辆从事走私活动等情形的，应当认定为刑法第一百五十二条第一款规定的“情节严重”。

第十四条 走私国家禁止进口的废物或者国家限制进口的可用作原料的废物，具有下列情形之一的，应当认定为刑法第一百五十二条第二款规定的“情节严重”：

（一）走私国家禁止进口的危险性固体废物、液态废物分别或者合计达到一吨以上不满五吨的；

（二）走私国家禁止进口的非危险性固体废物、液态废物分别或者合计达到五吨以上不满二十五吨的；

（三）走私国家限制进口的可用作原料的固体废物、液态废物分别或者合计达到二十吨以上不满一百吨的；

（四）未达到上述数量标准，但属于犯罪集团的首要分子，使用特种车辆从事走私活动，或者造成环境严重污染等情形的。

具有下列情形之一的，应当认定为刑法第一百五十二条第二款规定的“情节特别严重”：

（一）走私数量超过前款规定的标准的；

（二）达到前款规定的标准，且属于犯罪集团的首要分子，使用特种车辆从事走私活动，或者造成环境严重污染等情形的；

（三）未达到前款规定的标准，但造成环境严重污染且后果特别严重的。

走私置于容器中的气态废物，构成犯罪的，参照前两款规定的标准处罚。

第十五条 国家限制进口的可用作原料的废物的具体种类，参照国家有关部门的规定确定。

第十六条 走私普通货物、物品,偷逃应缴税额在十万元以上不满五十万元的,应当认定为刑法第一百五十三条第一款规定的"偷逃应缴税额较大";偷逃应缴税额在五十万元以上不满二百五十万元的,应当认定为"偷逃应缴税额巨大";偷逃应缴税额在二百五十万元以上的,应当认定为"偷逃应缴税额特别巨大"。

走私普通货物、物品,具有下列情形之一,偷逃应缴税额在三十万元以上不满五十万元的,应当认定为刑法第一百五十三条第一款规定的"其他严重情节";偷逃应缴税额在一百五十万元以上不满二百五十万元的,应当认定为"其他特别严重情节":

(一)犯罪集团的首要分子;

(二)使用特种车辆从事走私活动的;

(三)为实施走私犯罪,向国家机关工作人员行贿的;

(四)教唆、利用未成年人、孕妇等特殊人群走私的;

(五)聚众阻挠缉私的。

第十七条 刑法第一百五十三条第一款规定的"一年内曾因走私被给予二次行政处罚后又走私"中的"一年内",以因走私第一次受到行政处罚的生效之日与"又走私"行为实施之日的时间间隔计算确定;"被给予二次行政处罚"的走私行为,包括走私普通货物、物品以及其他货物、物品;"又走私"行为仅指走私普通货物、物品。

第十八条 刑法第一百五十三条规定的"应缴税额",包括进出口货物、物品应当缴纳的进出口关税和进口环节海关代征税的税额。应缴税额以走私行为实施时的税则、税率、汇率和完税价格计算;多次走私的,以每次走私行为实施时的税则、税率、汇率和完税价格逐票计算;走私行为实施时间不能确定的,以案发时的税则、税率、汇率和完税价格计算。

刑法第一百五十三条第三款规定的"多次走私未经处理",包括未经行政处理和刑事处理。

第十九条 刑法第一百五十四条规定的"保税货物",是指经海关批准,未办理纳税手续进境,在境内储存、加工、装配后应予复运出境的货物,包括通过加工贸易、补偿贸易等方式进口的货物,以及在保税仓库、保税工厂、保税区或者免税商店内等储存、加工、寄售的货物。

第二十条 直接向走私人非法收购走私进口的货物、物品,在内海、领海、界河、界湖运输、收购、贩卖国家禁止进出口的物品,或者没有合法证明,在内海、领海、界河、界湖运输、收购、贩卖国家限制进出口的货物、物品,构成犯罪的,应当按照走私货物、物品的种类,分别依照刑法第一百五十一条、第一百五十二条、第一百五十三条、第三百四十七条、第三百五十条的规定定罪处罚。

刑法第一百五十五条第二项规定的"内海",包括内河的入海口水域。

第二十一条 未经许可进出口国家限制进出口的货物、物品,构成犯罪的,应当依照刑法第一百五十一条、第一百五十二条的规定,以走私国家禁止进出口的货物、物品罪等罪名定罪处罚;偷逃应缴税额,同时又构成走私普通货物、物品罪的,依照处罚较重的规定定罪处罚。

取得许可,但超过许可数量进出口国家限制进出口的货物、物品,构成犯罪的,依照刑法第一百五十三条的规定,以走私普通货物、物品罪定罪处罚。

租用、借用或者使用购买的他人许可证,进出口国家限制进出口的货物、物品的,适用本条第一款的规定定罪处罚。

第二十二条 在走私的货物、物品中藏匿刑法第一百五十一条、第一百五十二条、第三百四十七条、第三百五十条规定的货物、物品,构成犯罪的,以实际走私的货物、物品定罪处罚;构成数罪的,实行数罪并罚。

第二十三条 实施走私犯罪,具有下列情形之一的,应当认定为犯罪既遂:

(一)在海关监管现场被查获的;

(二)以虚假申报方式走私,申报行为实施完毕的;

(三)以保税货物或者特定减税、免税进口的货物、物品为对象走私,在境内销售的,或者申请核销行为实施完毕的。

第二十四条 单位犯刑法第一百五十一条、第一百五十二条规定之罪,依照本解释规定的标准定罪处罚。

单位犯走私普通货物、物品罪,偷逃应缴税额在二十万元以上不满一百万元的,应当依照刑法第一百五十三条第二款的规定,对单位判处罚金,并对其直接负责的主管人员和其他直接责任人员,处三年以下有期徒刑或者拘役;偷逃应缴税额在一百万元以上不满五百万元的,应当认定为"情节严重";偷逃应缴税额在五百万元以上的,应当认定为"情节特别严重"。

第二十五条 本解释发布实施后,《最高人民法院关于审理走私刑事案件具体应用法律若干问题的解释》(法释〔2000〕30号)、《最高人民法院关于审理走私刑事案件具体应用法律若干问题的解释(二)》(法释〔2006〕9号)同时废止。之前发布的司法解释与本解释不一致的,以本解释为准。

最高人民法院、最高人民检察院《关于办理走私刑事案件适用法律若干问题的解释》附表

中文名	拉丁文名	级别	(一)	(二)
蜂猴	Nycticebus spp.	Ⅰ	3	4
熊猴	Macaca assamensis	Ⅰ	2	3
台湾猴	Macaca cyclopis	Ⅰ	1	2
豚尾猴	Macaca nemestrina	Ⅰ	2	3
叶猴(所有种)	Presbytis spp.	Ⅰ	1	2
金丝猴(所有种)	Rhinopithecus spp.	Ⅰ		1
长臂猿(所有种)	Hylobates spp.	Ⅰ	1	2
马来熊	Helarctos malayanus	Ⅰ	2	3
大熊猫	Ailuropoda melanoleuca	Ⅰ		1
紫貂	Martes zibellina	Ⅰ	3	4
貂熊	Gulo gulo	Ⅰ	2	3
熊狸	Arctictis binturong	Ⅰ	1	2
云豹	Neofelis nebulosa	Ⅰ		1
豹	Panthera pardus	Ⅰ		1
雪豹	Panthera uncia	Ⅰ		1
虎	Panthera tigris	Ⅰ		1
亚洲象	Elephas maximus	Ⅰ		1
蒙古野驴	Equus hemionus	Ⅰ	2	3
西藏野驴	Equus kiang	Ⅰ	3	5

续表

中文名	拉丁文名	级别	（一）	（二）
野马	Equus przewalskii	I		1
野骆驼	Camelus ferus（=bactrianum）	I	1	2
鼷鹿	Tragulus javanicus	I	2	3
黑麂	Muntiacus crinifrons	I	1	2
白唇鹿	Cervus albirostris	I	1	2
坡鹿	Cervus eldi	I	1	2
梅花鹿	Cervus nippon	I	2	3
豚鹿	Cervus porcinus	I	2	3
麋鹿	Elaphurus davidianus	I	1	2
野牛	Bos gaurus	I	1	2
野牦牛	Bos mutus（=grunniens）	I	2	3
普氏原羚	Procapra przewalskii	I	1	2
藏羚	Pantholops hodgsoni	I	2	3
高鼻羚羊	Saiga tatarica	I		1
扭角羚	Budorcas taxicolor	I	1	2
台湾鬣羚	Capricornis crispus	I	2	3
赤斑羚	Naemorhedus cranbrooki	I	2	4
塔尔羊	Hemitragus jemlahicus	I	2	4
北山羊	Capra ibex	I	2	4
河狸	Castor fiber	I	1	2
短尾信天翁	Diomedea albatrus	I	2	4
白腹军舰鸟	Fregata andrewsi	I	2	4
白鹳	Ciconia ciconia	I	2	4
黑鹳	Ciconia nigra	I	2	4
朱环	Nipponia nippon	I		1
中华沙秋鸭	Mergus squamatus	I	2	3
金雕	Aquila chrysaetos	I	2	4
白肩雕	Aquila heliaca	I	2	4
玉带海雕	Haliaeetus leucoryphus	I	2	4
白尾海雕	Haliaeetus albcilla	I	2	3
虎头海雕	Haliaeetus pelagicus	I	2	4
拟兀鹫	Pseudogyps bengalensis	I	2	4

续表

中文名	拉丁文名	级别	（一）	（二）
胡兀鹫	Gypaetus barbatus	I	2	4
细嘴松鸡	Tetrao parvirostris	I	3	5
斑尾榛鸡	Tetrastes sewerzowi	I	3	5
雉鹑	Tetraophasis obscurus	I	3	5
四川山鹧鸪	Arborophila rufipectus	I	3	5
海南山鹧鸪	Arborophila ardens	I	3	5
黑头角雉	Tragopan melanocephalus	I	2	3
红胸角雉	Tragopan satyra	I	2	4
灰腹角雉	Tragopan blythii	I	2	3
黄腹角雉	Tragopan caboti	I	2	3
虹雉（所有种）	Lophophorus spp.	I	2	4
褐马鸡	Crossoptilon mantchuricum	I	2	3
蓝鹇	Lophura swinhoii	I	2	3
黑颈长尾雉	Syrmaticus humiae	I	2	4
白颈长尾雉	Syrmaticus ewllioti	I	2	4
黑长尾雉	Syrmaticus mikado	I	2	4
孔雀雉	Polyplectron bicalcaratum	I	2	3
绿孔雀	Pavo muticus	I	2	3
黑颈鹤	Grus nigricollis	I	2	3
白头鹤	Grus monacha	I	2	3
丹顶鹤	Grus japonensis	I	2	3
白鹤	Grus leucogeranus	I	2	3
赤颈鹤	Grus antigone	I	1	2
鸨（所有种）	Otis spp.	I	4	6
遗鸥	Larus relictus	I	2	4
四爪陆龟	Testudo horsfieldi	I	4	8
蜥鳄	Shinisaurus crocodilurus	I	2	4
巨蜥	Varanus salvator	I	2	4
蟒	Python molurus	I	2	4
扬子鳄	Alligator sinensis	I	1	2
中华蛩蠊	Galloisiana sinensis	I	3	6
金斑喙凤蝶	Teinopalpus aureus	I	3	6

续表

中文名	拉丁文名	级别	（一）	（二）
短尾猴	Macaca arctoides	Ⅱ	6	10
猕猴	Macaca mulatta	Ⅱ	6	10
藏酋猴	Macaca thibetana	Ⅱ	6	10
穿山甲	Manis pentadactyla	Ⅱ	8	16
豺	Cuon alpinus	Ⅱ	4	6
黑熊	Selenarctos thibetanus	Ⅱ	3	5
棕熊(包括马熊)	Ursus arctos(U. a. pruinosus)	Ⅱ	3	5
小熊猫	Ailurus fulgens	Ⅱ	3	5
石貂	Martes foina	Ⅱ	4	10
黄喉貂	Martes flavigula	Ⅱ	4	10
斑林狸	Pronodon pardicolor	Ⅱ	4	8
大灵猫	Viverra zibetha	Ⅱ	3	5
小灵猫	Viverricula indica	Ⅱ	4	8
草原斑猫	Felis lybica (= silvestris)	Ⅱ	4	8
荒漠猫	Felis bieti	Ⅱ	4	10
丛林猫	Felis chaus	Ⅱ	4	8
猞猁	Felis lynx	Ⅱ	2	3
兔狲	Felis manul	Ⅱ	3	5
金猫	Felis temmincki	Ⅱ	4	8
渔猫	Felis viverrinus	Ⅱ	4	8
麝(所有种)	Moschus spp.	Ⅱ	3	5
河麂	Hydropotes inermis	Ⅱ	4	8
马鹿(含白臀鹿)	Cervus elaphus (C. e. macneilli)	Ⅱ	4	6
水鹿	Cervus unicolor	Ⅱ	3	5
驼鹿	Alces alces	Ⅱ	3	5
黄羊	Procapra gutturosa	Ⅱ	8	15
藏原羚	Procapra picticaudata	Ⅱ	4	8
鹅喉羚	Gazella subgutturosa	Ⅱ	4	8
鬣羚	Capricornis sumatraensis	Ⅱ	3	4
斑羚	Naemorhedus goral	Ⅱ	4	8
岩羊	Pseudois nayaur	Ⅱ	4	8
盘羊	Ovis ammon	Ⅱ	3	5

续表

中文名	拉丁文名	级别	(一)	(二)
海南兔	Lepus peguensis hainanus	Ⅱ	6	10
雪兔	Lepus timidus	Ⅱ	6	10
塔里木兔	Lepus yarkandensis	Ⅱ	20	40
巨松鼠	Ratufa bicolor	Ⅱ	6	10
角辟鹈	Podiceps auritus	Ⅱ	6	10
赤颈辟鹈	Podiceps grisegena	Ⅱ	6	8
鹈鹕(所有种)	Pelecanus spp.	Ⅱ	4	8
鲣鸟(所有种)	Sula spp.	Ⅱ	6	10
海鸬鹚	Phalacrocorax pelagicus	Ⅱ	4	8
黑颈鸬鹚	Phalacrocorax niger	Ⅱ	4	8
黄嘴白鹭	Egretta eulophotes	Ⅱ	6	10
岩鹭	Egretta sacra	Ⅱ	6	20
海南虎斑	Gorsachius magnificus	Ⅱ	6	10
小苇	Ixbrychus minutus	Ⅱ	6	10
彩鹳	Ibis leucocephalus	Ⅱ	3	4
白环	Threskiornis aethiopicus	Ⅱ	4	8
黑环	Pseudibis papillosa	Ⅱ	4	8
彩环	Plegadis falcinellus	Ⅱ	4	8
白琵鹭	Platalea leucorodia	Ⅱ	4	8
黑脸琵鹭	Platalea ninor	Ⅱ	4	8
红胸黑雁	Branta ruficollis	Ⅱ	4	8
白额雁	Anser albifrons	Ⅱ	6	10
天鹅(所有种)	Cygnus spp.	Ⅱ	6	10
鸳鸯	Aix galericulata	Ⅱ	6	10
其它鹰类	(Accipitridae)	Ⅱ	4	8
隼科(所有种)	Falconidae	Ⅱ	6	10
黑琴鸡	Lyrurus tetrix	Ⅱ	4	8
柳雷鸟	Lagopus lagopus	Ⅱ	4	8
岩雷鸟	Lagopus mutus	Ⅱ	6	10
镰翅鸡	Falcipennis falcipennis	Ⅱ	3	4
花尾榛鸡	Tetrastes bonasia	Ⅱ	10	20
雪鸡(所有种)	Tetraogallus spp.	Ⅱ	10	20

续表

中文名	拉丁文名	级别	(一)	(二)
血雉	Ithaginis cruentus	Ⅱ	4	6
红腹角雉	Tragopan temminckii	Ⅱ	4	6
藏马鸡	Crossoptilon crossoptilon	Ⅱ	4	6
蓝马鸡	Crossoptilon aurtum	Ⅱ	4	10
黑鹇	Lophura leucomelana	Ⅱ	6	8
白鹇	Lophura nycthemera	Ⅱ	6	10
原鸡	Gallus gallus	Ⅱ	6	8
勺鸡	Pucrasia macrolopha	Ⅱ	6	8
白冠长尾雉	Syrmaticus reevesii	Ⅱ	4	6
锦鸡(所有种)	Chrysolophus spp.	Ⅱ	4	8
灰鹤	Grus grus	Ⅱ	4	8
沙丘鹤	Grus canadensis	Ⅱ	4	8
白枕鹤	Grus vipio	Ⅱ	4	8
蓑羽鹤	Anthropoides virgo	Ⅱ	6	10
长脚秧鸡	Crex crex	Ⅱ	6	10
姬田鸡	Porzana parva	Ⅱ	6	10
棕背田鸡	Porzana bicolor	Ⅱ	6	10
花田鸡	Coturnicops noveboracensis	Ⅱ	6	10
铜翅水雉	Metopidius indicus	Ⅱ	6	10
小杓鹬	Numenius borealis	Ⅱ	8	15
小青脚鹬	Tringa guttifer	Ⅱ	6	10
灰燕行	Glareola lactea	Ⅱ	6	10
小鸥	Larus minutus	Ⅱ	6	10
黑浮鸥	Chlidonias niger	Ⅱ	6	10
黄嘴河燕鸥	Sterna aurantia	Ⅱ	6	10
黑嘴端凤头燕鸥	Thalasseus zimmermanni	Ⅱ	4	8
黑腹沙鸡	Pterocles orientalis	Ⅱ	4	8
绿鸠(所有种)	Treron spp.	Ⅱ	6	8
黑颏果鸠	Ptilinopus leclancheri	Ⅱ	6	10
皇鸠(所有种)	Ducula spp.	Ⅱ	6	10
斑尾林鸽	Columba palumbus	Ⅱ	6	10
鹃鸠(所有种)	Macropygia spp.	Ⅱ	6	10

续表

中文名	拉丁文名	级别	（一）	（二）
鹦鹉科（所有种）	Psittacidae.	Ⅱ	6	10
鸦鹃（所有种）	Centropus spp.	Ⅱ	6	10
号形目（所有种）	STRIGIFORMES	Ⅱ	6	10
灰喉针尾雨燕	Hirundapus cochinchinensis	Ⅱ	6	10
凤头雨燕	Hemiprocne longipennis	Ⅱ	6	10
橙胸咬鹃	Harpactes oreskios	Ⅱ	6	10
蓝耳翠鸟	Alcedo meninting	Ⅱ	6	10
鹳嘴翠鸟	Pelargopsis capensis	Ⅱ	6	10
黑胸蜂虎	Merops leschenaulti	Ⅱ	6	10
绿喉蜂虎	Merops orientalis	Ⅱ	6	10
犀鸟科（所有种）	Bucertidae	Ⅱ	4	8
白腹黑啄木鸟	Dryocopus javensis	Ⅱ	6	10
阔嘴鸟科（所有种）	Eurylaimidae	Ⅱ	6	10
八色鸫科（所有种）	Pittidae	Ⅱ	6	10
凹甲陆龟	Manouria impressa	Ⅱ	6	10
大壁虎	Gekko gecko	Ⅱ	10	20
虎纹蛙	Rana tigrina	Ⅱ	100	200
伟铗	Atlasjapyx atlas	Ⅱ	6	10
尖板曦箭蜓	Heliogomphus retroflexus	Ⅱ	6	10
宽纹北箭蜓	Ophiogomphus spinicorne	Ⅱ	6	10
中华缺翅虫	Zorotypus sinensis	Ⅱ	6	10
墨脱缺翅虫	Zorotypus medoensis	Ⅱ	6	10
拉步甲	Carabus（Coptolabrus）lafossei	Ⅱ	6	10
硕步甲	Carabus（Apotopterus）davidi	Ⅱ	6	10
彩臂金龟（所有种）	Cheirotonus spp.	Ⅱ	6	10
叉犀金龟	Allomyrina davidis	Ⅱ	6	10
双尾褐凤蝶	Bhutanitis mansfieldi	Ⅱ	6	10
三尾褐凤蝶	Bhutanitis thaidina dongchuanensis	Ⅱ	6	10
中华虎凤蝶	Luehdorfia chinensis huashanensis	Ⅱ	6	10
阿波罗绢蝶	Parnassius apollo	Ⅱ	6	10

《关于办理走私刑事案件适用法律若干问题的解释》的理解与适用

□裴显鼎　刘为波　郭　慧

为依法惩治走私犯罪,最高人民法院、最高人民检察院于2014年9月10日公布了《关于办理走私刑事案件适用法律若干问题的解释》(法释〔2014〕10号,以下简称《解释》)。为便于理解和适用,现对《解释》的制定背景和主要内容说明如下:

一、制定《解释》的背景

就走私犯罪的法律适用问题制定司法解释,主要有以下三个方面的考虑:

一是修订后的部分走私犯罪尚无明确的定罪量刑标准。立法机关对走私犯罪的刑法规定进行了多次修正,其中,刑法修正案(七)以走私珍稀植物、珍稀植物制品罪的刑法规定为基础,增设了走私国家禁止进出口的货物、物品罪;刑法修正案(八)对走私普通货物、物品罪的定罪量刑标准作了重要调整,删去了具体数额标准,代之以偷逃应缴税额较大、巨大等概括性表述,同时增加了对小额多次走私行为的处罚规定。这些增设和调整后的罪名的定罪量刑标准的具体掌握,亟须制定司法解释予以明确。

二是走私犯罪案件办理当中还存在一些争议较大的问题。有些是属于长期以来一直悬而未决的复杂疑难问题,例如,多数走私犯罪因现场查获而案发,而且查获的环节因走私方式的不同又有差别,对于海关现场查获的走私犯罪,是一概认定为犯罪既遂还是需要区分情形具体认定,实践中做法不一;有些则属于刑法修正后出现的新问题,例如,刑法修正案(七)设立走私国家禁止进出口的货物、物品罪之后,未经许可走私限制进出口的货物、物品,应以走私普通货物、物品罪还是走私国家禁止进出口的货物、物品罪定罪处罚,实践中存在疑虑。这些问题严重影响了司法的统一性和严肃性,需要制定司法解释加以规范。

三是此前发布的司法解释的一些规定难以适应办案实践的需要。其中,有些规定在司法操作上存在困难,例如,2000年《最高人民法院关于审理走私刑事案件具体应用法律若干问题的解释》(以下简称《走私解释(一)》)将走私武器、弹药罪中的枪支、子弹按照军用和非军用进行分类并据此确定不同的定罪量刑标准。实践中反映,司法鉴定通常不涉及该方面内容,解释规定与鉴定意见不能做到有机衔接;有些规定所依据的经济社会状况已经发生了重大变化,例如,《走私解释(一)》根据当时的经济社会状况,规定单位走私普通货物、物品罪的定罪量刑标准按照自然人犯罪数额标准的5倍掌握,随着公司准入门槛的不断降低,小微企业的大量涌现以及单位走私犯罪数量的急剧攀升,实践中反映,该比例规定明显偏高,与当前单位走私犯罪的实际情况严重不符。这些问题在一定程度上影响到了惩治走私犯罪的实际效果,需要及时加以调整。

综上,最高人民法院、最高人民检察院会同海关总署研究决定继2000年《走私解释(一)》、2006年《最高人民法院关于办理走私刑事案件具体应用法律若干问题的解释(二)》(以下简称《走私解释(二)》)之后,再次就走私犯罪的法律适用问题制定司法解释。同时,为确保司法解释的完整和内在协调一致,方便实践部门查找适用,决定将《走私解释(一)》、《走私解释(二)》重新梳理编纂,统一整合至新制定的司法解释。据此,经认真调研,广泛听取有关单位的意见,制定出台了本《解释》。

二、主要内容

《解释》共计25条,涵盖了走私犯罪法律适用方方面面的问题,择要说明如下:

（一）关于走私武器、弹药罪的定罪量刑标准

1.枪支的划分。枪支是走私武器、弹药刑事案件中最为常见的走私对象，《走私解释（一）》第一条将枪支划分为“军用”与“非军用”，并据此规定了不同的定罪量刑标准。实践中反映，该分类方法存在多方面问题：一是从法律规定看，无论是枪支管理法还是刑法，均未见“军用枪支”、“非军用枪支”的分类，使用该分类的法律依据不足。二是根据《公安机关涉案枪支弹药性能鉴定工作规定》的规定，枪支鉴定机构对涉案枪支只作是“制式”还是“非制式”的鉴定，无法作“军用”、“非军用”的鉴定，司法机关在办理走私枪支犯罪案件时，经常面临司法鉴定意见与司法解释规定不相衔接的尴尬局面。三是“军用枪支”和“非军用枪支”的分类未能准确反映枪支分类的实际情况。例如，为适应公安民警执行公务需要，有关部门专门研制装备了警用枪支；又如，部分从境外走私入境的枪支系外国军工厂所生产，我国并无相对应或类似的型号，这些枪支能否认定为军用枪支，实践中存在意见分歧。

针对上述问题，《解释》第一条以枪支发射枪弹的动力来源为标准，将枪支分类调整为“以火药为动力发射枪弹的枪支”和“以压缩气体等非火药为动力发射枪弹的枪支”。主要考虑是：（1）该分类符合枪支管理法第四十六条关于枪支分类的规定。该条规定，枪支是指以火药或者压缩气体等为动力，利用管状器具发射金属弹丸或者其他物质，足以致人伤亡或者丧失知觉的各种枪支。（2）该分类可以更为客观地反映枪支的实际杀伤力。通常情况下，无论是制式或者非制式，军用或者非军用，以火药为动力发射枪弹的枪支，其实际杀伤性能往往要大于以压缩气体为动力发射枪弹的枪支。（3）该分类符合有关涉枪支犯罪司法解释的发展沿革：1995年《最高人民法院关于办理非法制造、买卖、运输非军用枪支、弹药刑事案件适用法律问题的解释》最早使用了“非军用枪支、弹药”的概念。《走私解释（一）》沿用了该司法解释的规定，将走私犯罪涉案枪支分为“军用”与“非军用”。2001年《最高人民法院关于审理非法制造、买卖、运输枪支、弹药、爆炸物等刑事案件具体应用法律若干问题的解释》（以下简称《枪支、弹药、爆炸物解释》）根据枪支动力来源的不同，将非军用枪支进一步划分为“以火药为动力发射枪弹”和“以压缩气体为动力发射枪弹”，并就“军用枪支”与“以火药为动力发射枪弹的非军用枪支”规定了相同的定罪量刑标准。《枪支、弹药、爆炸物解释》对枪支分类作出重要调整，正是考虑到无论是军用还是非军用枪支，只要是以火药为动力发射枪弹，所造成的杀伤力基本相当，而以压缩气体为动力发射枪弹的枪支，其威力通常要远小于以火药为动力发射枪弹的枪支。

2.弹药的划分。与走私枪支相对应，《走私解释（一）》第一条将子弹分为“军用子弹”与“非军用子弹”，并分别规定了不同的定罪量刑标准。对此，实践中反映，气枪铅弹与其他弹药特别是以火药为动力发射的弹药的社会危害性存在重大差别，《走私解释（一）》的分类标准未能充分体现这一特点。为更好地实现罪刑相适应，《解释》不再以“军用”和“非军用”作为子弹划分的标准，而是按照发射动力的不同，将其分为“气枪铅弹”和“其他子弹”，并分别规定了不同的定罪量刑标准。适用本规定时需要注意，《解释》不再区分“军用子弹”与“非军用子弹”，除气枪铅弹外，走私其他子弹的，按同一个定罪量刑标准进行处理。这样规定，主要是考虑到除气枪铅弹外，其他子弹多是以火药为动力发射，杀伤力大，有必要予以严厉打击。同时，对于气枪铅弹的范围，实践中可以按照《公安机关涉案枪支弹药性能鉴定工作规定》关于“弹药”的鉴定标准予以认定。

3.武器、弹药的种类。除《解释》所明确的各种武器、弹药之外，《解释》起草过程中对于爆炸物是否属于走私弹药罪的犯罪对象存在不同看法。一种意见认为，《中华人民共和国进口税则》将爆炸物规定在“炸药；烟火制品；火柴；引火合金；易燃材料制品”章节中，而非在“武器、弹药及其零件、附件”章节中规定，从罪刑法定原则的角度，走私爆炸物的行为不宜以走私弹药罪处理，

其中数量较大的,可以走私国家禁止进出口的货物、物品罪或走私普通货物、物品罪定罪处罚。基于以下两点考虑,我们认为将走私爆炸物的行为以走私弹药罪定罪处罚是必要而妥当的:一是走私弹药罪在社会危害性、行为方式等方面,与非法制造、买卖、运输、邮寄、储存枪支、弹药、爆炸物罪类似,两罪的法定刑配置也基本相同(均为3年以上有期徒刑至死刑),如将走私爆炸物的行为以走私国家禁止进出口的货物、物品罪(法定最高刑为15年有期徒刑)或者走私普通货物、物品罪(法定最高刑为无期徒刑)处理,将会出现对在国内非法买卖、运输、邮寄、储存相同数量爆炸物行为的处罚重于走私的不合理情况。二是《中华人民共和国进口税则》将爆炸物规定在"炸药;烟火制品;火柴;引火合金;易燃材料制品"章节中,主要是出于方便海关对进出口商品进行管理及计核应缴税额的需要,爆炸物的属性不因该规定而改变。事实上,手榴弹、枪榴弹、炮弹等弹药就是装有炸药、火药或其他爆炸物的有壳物体,与相同重量的爆炸物相比,在杀伤力等方面并无本质差别,在进出口领域的实际管控措施上也基本相同。正是基于此,《解释》第二条在武器、弹药种类规定的措辞上,特别强调"参照"而非完全"按照"《中华人民共和国进口税则》及《中华人民共和国禁止进出境物品表》的有关规定确定。对于爆炸物的具体范围,实践中可以按照《中华人民共和国军品出口管理清单》、《民用爆炸物品品名表》的规定进行认定。

(二)关于走私仿真枪、管制刀具行为的定罪处罚

1.走私仿真枪、管制刀具行为的性质认定。《走私解释(一)》第一条第六款规定,走私管制刀具、仿真枪支构成犯罪的,以走私普通货物、物品罪定罪处罚。《解释》第五条第一款将之修改为,走私国家禁止或者限制进出口的仿真枪、管制刀具,构成犯罪的,以走私国家禁止进出口的货物、物品罪定罪处罚。其主要考虑是:(1)根据《中华人民共和国禁止进出境物品表》以及《海关总署关于〈中华人民共和国禁止进出境物品表〉和〈中华人民共和国限制进出境物品表〉有关问题解释的公告》、《海关总署关于将仿真武器列为禁止进出境物品的通知》等规范性文件的规定,仿真枪属于禁止进出口的货物、物品,管制刀具属于限制进出口的物品,均不属于走私普通货物、物品罪的犯罪对象。(2)仿真枪、管制刀具属于非涉税的货物、物品,而构成走私普通货物、物品罪要求行为人偷逃税额达到一定的数额标准,以至于实践当中往往只好采取参照玩具、厨具或者武器的进出口税率来核定走私仿真枪、管制刀具偷逃税额这种具有争议的做法。(3)《走私解释(一)》规定走私仿真枪、管制刀具的行为按走私普通货物、物品罪处理,主要是受到当时走私犯罪罪名体系的制约,实属不得已而为之。在刑法修正案(七)新增设了走私国家禁止进出口的货物、物品罪后,将走私禁止或者限制进出口的仿真枪、管制刀具的行为纳入该罪处理,符合其行为特征。

2.走私仿真枪、管制刀具的定罪量刑标准。《解释》第五条第一款以指引的方式就走私仿真枪、管制刀具的定罪量刑标准作了规定,即应适用《解释》第十一条第一款第六项、第七项和第二款的规定。适用该标准时应注意,《解释》第十一条第一款第六项采用的是数额与数量标准并列规定的方式,行为人走私仿真枪、管制刀具的数额或者数量达到其中任一标准,即应定罪处罚。

3.走私的仿真枪经鉴定为枪支的处理。根据有关枪支性能鉴定标准及仿真枪管理的规定,发射弹丸的枪口比动能大于或者等于1.8焦耳/平方厘米的仿真枪,认定为枪支。据此,《解释》第五条第二款规定,走私的仿真枪经鉴定为枪支,构成犯罪的,应以走私武器罪定罪处罚。同时,考虑到实践中查获的仿真枪多是刚达到或者超出前述枪支鉴定标准,行为人走私仿真枪多是出于个人爱好,并非为了从事违法犯罪活动,此种情形的处理与其他走私枪支的行为应有所区别。为此,《解释》第五条第二款同时规定,走私的仿真枪虽经鉴定为枪支并构成犯罪,但不是以牟利或者从事违法犯罪活动为目的走私,且无其他严重情节的,可以依法从宽处理。

适用本条规定时需注意,仿真枪的认定以公安部门作出的鉴定意见为准。2008年《公安部关

于印发〈仿真枪认定标准〉的通知》明确，仿真枪的认定工作由县级或者县级以上公安机关负责，对能够发射弹丸需要进行鉴定的，由县级以上公安机关刑事技术部门负责按照《枪支致伤力的法庭科学鉴定判据》，参照《公安机关涉案枪支弹药性能鉴定工作规定》，从其所发射弹丸的能量进行鉴定是否属于枪支。

（三）关于走私珍贵动物制品罪的定罪处罚

1. 走私珍贵动物制品罪的定罪量刑标准。针对走私珍贵动物制品罪的三个量刑幅度，《走私解释（一）》第四条规定了不满10万元、10万元以上不满20万元和20万元以上三个数额标准。实践中反映，珍贵动物制品的核定价值普遍较高，走私少量珍贵动物制品的价值即可能超过20万元，依照《走私解释（一）》的规定，此类案件通常均应判处10年以上有期徒刑或者无期徒刑，重刑集聚现象较为严重。为此，《解释》基于个案情况的实证分析，将走私珍贵动物制品罪的定罪量刑标准作了调整，大幅拉开了不同量刑档次的数额级差，为确保罪刑均衡、轻轻重重留下更大的刑罚裁量空间：一是将走私珍贵动物制品“情节较轻”的标准由价值10万元以下上调为数额不满20万元。二是将走私珍贵动物制品的一般量刑情节由价值10万元以上不满20万元调整为数额20万元以上不满100万元。三是将走私珍贵动物制品“情节特别严重”的标准由价值20万元以上调整为数额100万元以上。

2. 走私珍贵动物制品罪的从宽处理。随着对外交往的不断扩大，出入境人员的数量急剧增加，一些境外务工、旅游人员出于留作个人纪念的目的，将在境外购买的少量珍贵动物制品非法携带入境的现象时有发生。对于此种主观恶性不大、社会危害性较小的情形，需要按照宽严相济刑事政策的精神要求，在处理上与以牟利为目的的走私珍贵动物制品行为有所区别，以此突出刑事打击重点，适当控制刑事打击面。对此，2002年《最高人民法院、最高人民检察院、海关总署关于办理走私刑事案件适用法律若干问题的意见》（以下简称《走私意见》）就明确了具体的从宽处理意见，即同时具有珍贵动物制品购买地允许交易以及入境人员为留作纪念或者作为礼品而携带珍贵动物制品进境，不具有牟利目的两种情形，且情节较轻的，一般不以犯罪论处；同时具有前述两种情形，达到《走私解释（一）》第四条第三款或者第四款规定的量刑标准的，分别可以降一个法定刑幅度量刑。以此为基础，《解释》第九条第四款规定，不以牟利为目的，为留作纪念而走私珍贵动物制品进境，数额不满10万元的，可以免予刑事处罚，情节显著轻微，不构成犯罪的，按一般行政违法行为处理。较之于《走私意见》，《解释》主要作了两个方面的调整：一是未再强调珍贵动物制品购买地允许交易这一条件，其主要是从相关国际公约文件的角度考虑此类交易通常均不被允许，且实践中对于境外法律规定往往难以查证。二是对于符合此种情形但情节较重的未再规定降一个量刑幅度处罚，其主要考虑是《解释》已大幅拉大了不同量刑幅度的数额标准，直接依照《解释》规定的数额标准量刑即可做到罪刑均衡。

适用本款规定时需要注意，出于以下两个方面的考虑，《解释》第九条未就走私珍贵动物制品罪规定入罪门槛：一是刑法未就走私珍贵动物制品罪的成立规定情节要件；二是不同的珍贵动物制品的价值差别较大，一些珍贵动物制品的价值标准较低，如规定入罪数额标准，有可能导致部分走私较大数量珍贵动物制品的行为不能依法受到刑事追究，从而不利于对珍贵动物的保护。但是，未规定入罪门槛不意味着走私任意数额的珍贵动物制品均构成犯罪。在打击走私犯罪、保护珍贵动物的同时，也要注意贯彻落实宽严相济的刑事政策，对于那些走私少量珍贵动物制品，情节显著轻微危害不大的，可根据刑法第十三条但书的规定，不作犯罪处理。

（四）关于走私国家禁止进出口的货物、物品罪的定罪处罚

1. 国家禁止进出口的货物、物品的范围。国家禁止进出口的货物、物品的规定散见于众多法

律、行政法规以及国务院有关部门依据法律、行政法规的授权发布的禁止进出口货物、物品目录当中，此外，我国缔结或者参加的国际条约、协定中亦有关于禁止进出口的货物、物品的规定。综合这些禁止进出口的货物、物品的规定，除珍稀植物及其制品、古生物化石等禁止进出口的货物、物品以外，其他禁止进出口的货物、物品根据其性质和危害程度可大致分为以下四类：第一类是国家禁止进出口或者严格限制进出口的有毒化学品及含有这类化学品的物质，走私这类货物、物品，可能引起重大的环境污染或者安全事故，危害人体健康和环境安全。第二类是来自境外疫区的动植物及其产品，这类物品可能含有危害公共卫生安全的致病细菌和病毒，一旦走私进入我国，可能会引起传染病传播或者重大动植物疫情，严重威胁我国人民群众的生命安全和身体健康，并且还会严重冲击我国畜牧业等相关行业的健康发展，破坏正常的市场经济秩序。第三类是国家出于保护国内资源和自然环境的需要而禁止进出口的货物、物品，如硅砂、木炭、腐殖土等，走私这类货物、物品的危害性，主要在于对我国资源和环境的破坏。第四类是上述货物、物品以外的其他禁止进出口的货物、物品，主要有切割车、旧汽车、旧机电产品，以及仿真枪、管制刀具等，这类货物、物品或是没有经过安全检测，或是不符合我国产业更新或者升级换代的需要，或是出于治安管理的需要而被禁止进出口。

2. 走私国家禁止进出口的货物、物品罪定罪量刑标准的理解。《解释》第十一条根据上述国家禁止进出口的货物、物品的属性以及社会危害性的大小，分别确定了不同的定罪量刑标准。适用本规定时应注意以下问题：(1)除古生物化石外，《解释》第十一条第一款就走私其他五类禁止进出口的货物、物品规定了数额与数量并用的定罪量刑标准，达到其中任一标准即构成犯罪。这样规定主要是考虑到即使在同一种类的禁止进出口货物、物品中，不同的货物、物品之间计算价值、计量数额的方式也不尽相同，不宜只规定一种标准。例如，来自于同一境外疫区的动物产品，一吨牛肉的价值远大于一吨牛内脏，但二者的危害性基本相当，如只适用数额标准，则走私牛内脏的行为因数额不足《解释》规定的5万元标准不构成犯罪；如只适用数量标准，则走私牛肉的行为将因数量不足《解释》规定的5吨标准不构成犯罪。(2)有毒物质的范围，可参照2013年《最高人民法院、最高人民检察院关于办理环境污染刑事案件适用法律若干问题的解释》第十条的规定。具体包括以下物质：一是列入国家危险废物名录的废物，以及根据国家规定的危险废物鉴别标准和鉴别方法认定的具有危险特性的废物；二是剧毒化学品、列入重点环境管理危险化学品名录的化学品，以及含有上述化学品的物质；三是含有铅、汞、镉、铬等重金属的物质；四是《关于持久性有机污染物的斯德哥尔摩公约》附件所列物质；五是其他具有毒性，可能污染环境的物质。(3)来自境外疫区的动植物及其产品，不当然地属于国家禁止进口的货物、物品。来自境外疫区的动植物及其产品是否属于国家禁止进口的货物、物品，应以是否为我国进出境检验检疫机构所明令禁止作为认定依据。(4)“其他禁止进出口的货物、物品”的范围。《解释》第十一条第一款第六项规定的“其他禁止进出口的货物、物品”，主要是指仿真枪、管制刀具，以及除毒品、武器、弹药、假币、珍贵动物及其制品、文物、淫秽物品等禁止进出境的货物、物品以外的，根据《中华人民共和国禁止进出境物品表》的规定属于“对中国政治、经济、文化、道德有害的印刷品、胶卷、照片、唱片、影片、录音带、录像带、激光视盘、计算机存储介质及其他物品”。

（五）关于走私普通货物、物品罪的定罪处罚

1. 走私普通货物、物品罪定罪量刑的数额标准。刑法修正案（八）取消了走私普通货物、物品罪偷逃应缴税额的具体数额规定，将该罪定罪量刑的数额标准留给司法解释来解决。《解释》第十六条规定，自然人走私普通货物、物品偷逃应缴税额10万元、50万元、250万元分别为偷逃应缴税额较大、巨大、特别巨大的起点数额，较之于修正前刑法确定的5万元、15万元、50万元的数

额标准,《解释》作了较大幅度的上调,并进一步拉大了不同量刑幅度之间的数额比例。

作出上述调整,主要有以下三方面的考虑:一是经济社会发展水平的不断提高。与1997年刑法颁布时相比,2012年全国城镇居民人均可支配收入以及农村居民人均纯收入已经分别增长了4.6倍和3.7倍,此种情况下,适当提高走私普通货物、物品罪的入罪数额标准的是必要的。二是保持与其他类似罪名定罪量刑标准的平衡。走私普通货物、物品罪作为涉税犯罪,与逃税罪、骗取出口退税罪等罪名有一定的相似性。例如,与骗取出口退税罪相比较,走私普通货物、物品罪的社会危害性与之基本相当,2002年《最高人民法院关于审理骗取出口退税刑事案件具体应用法律若干问题的解释》规定,骗取出口退税5万元以上的为"数额较大",50万元以上的为"数额巨大",250万元以上的为"数额特别巨大",与之相比,走私普通货物、物品罪的第二、三档次量刑幅度的数额标准明显偏低。三是量刑分布均衡。为确保同一罪名下轻刑、重刑的合理分布,不同量刑档次的数额标准需要保持合理的级差或倍差关系,尽可能避免出现动辄达到最高量刑档次的情况。《解释》第十六条将刑法原规定的大致3倍的比例关系调整为5倍,有利于克服重者不重、轻者不轻的问题,更好地体现轻轻重重的政策要求。

2. 走私普通货物、物品罪中的"其他严重情节"、"其他特别严重情节"。《解释》第十六条第二款通过数额结合情节的方式,将达到上一个量刑幅度偷逃应缴税额数额标准的50%作为加重处罚的起刑点,同时通过对走私行为手段恶劣程度、社会危害程度、主观恶性程度等的分析,将走私犯罪集团的首要分子、使用特种车辆从事走私活动、为实施走私犯罪向国家机关工作人员行贿,以及教唆、利用未成年人、孕妇等特殊人群走私和聚众阻挠缉私等五种情形规定为走私普通货物、物品罪的加重处罚情节。适用该款规定时应注意,这里的"聚众阻挠缉私",是指为抗拒缉私,采取暴力、威胁以外的其他方法阻挠海关人员的查缉,行为人如采取暴力、威胁的方法抗拒缉私的,则应根据刑法第一百五十七条第二款的规定实行数罪并罚。

3. 应缴税额的计算依据。《走私解释(一)》第六条第二款规定,走私货物、物品所偷逃的应缴税额,应当以走私行为案发时所适用的税则、税率、汇率和海关审定的完税价格计算,并以海关出具的证明为准。对此,海关总署在《关于转发和具体适用〈最高人民法院关于审理走私刑事案件具体应用法律若干问题的解释〉的通知》进一步明确,《走私解释(一)》第六条第二款所称的"走私行为案发时",系指走私案件被揭发之时,具体执行中应以查获走私案件的立案之日(包括行政执法部门的立案之日)计算。但是,海关总署于2002年颁布的《中华人民共和国海关计核涉嫌走私的货物、物品偷逃税款暂行办法》第二十八条又作出了不同的规定,即有证据证明走私行为发生时间的,应以走私行为发生之日计算;证据无法证明走私行为发生之日或者连续走私行为终结之日的,以走私案件的受案之日计算。上述规定的差异,在一定程度上影响了行政执法和刑事司法的严肃性和有效衔接。经研究,以犯罪行为实施当时的情况来计算犯罪数额、判断其社会危害性更为客观公正,同时考虑到实践中存在一些犯罪实施时间难以确定的情形,《解释》第十八条第一款参照经济犯罪数额认定的通行做法,确定了行为实施时为主、案发时为辅的计算原则,即应缴税额以走私行为实施时的税则、税率、汇率和完税价格计算;走私行为实施时间不能确定的,以案发时的税则、税率、汇率和完税价格计算。

需要注意的是,由于国家政策变化等因素,关税税率往往会不断调整。在部分走私犯罪案件中,行为人进口货物时的关税税率较高,而在案发或者审判时的关税税率已经降低,甚至已经变为"零关税"。此种情形,实践中有意见认为,应当根据从旧兼从轻的法律适用原则,以变动后的税率来计核偷逃税额。我们持不同意见。税率调整变化属于事实性变化,不涉及性质的认定变化,只有在行为性质发生变化时才存在从旧兼从轻的法律适用问题,而单纯的事实变化当以行为实施当时为准，故此种情形仍应适用前述《解释》确定的原则计算偷逃数额，而不得适用“从旧兼从轻原则”的处理。

（六）关于小额多次走私的认定

刑法修正案（八）将小额多次走私行为纳入了刑事打击范围。对于刑法规定中的“一年内曾因走私被给予二次行政处罚后又走私”的具体理解，实践中存在意见分歧，集中体现在“一年内”的时间计算和走私对象的范围两个方面。

《解释》第十七条规定，“一年内”应以因走私第一次受到行政处罚的生效之日与“又走私”行为实施之日的时间间隔计算确定。其中，以第一次受到行政处罚的生效之日作为时间计算起点，主要是考虑到：刑法规定的“一年内”的立足点是行政处罚而非走私行为，且行政处罚有可能滞后于走私行为的实施，故不宜以第一次走私行为实施之日作为“一年内”的时间计算起点。同时，从查处到处罚决定的作出、送达往往需要一个过程，为便于实践操作，增进司法认定的确定性，《解释》进一步明确自第一次受到行政处罚的“生效之日”起计算。需要注意的是，根据行政处罚法、海关行政处罚实施条例等法律、行政法规的规定，被处罚人不服行政处罚的，可提起行政复议或诉讼，但不影响行政处罚的生效执行，故通常情况下可直接根据处罚决定是否送达来认定行政处罚是否生效。

对于小额多次走私的对象，《解释》起草过程中存在两种不同意见：一种意见认为，刑法修正案（八）将小额多次走私行为规定在走私普通货物、物品罪之中，说明小额多次走私中的三次走私对象均应是普通货物、物品。另一种意见认为，刑法修正案（八）并未规定小额多次的犯罪对象仅限于涉税的普通货物、物品，从有效打击走私犯罪的角度考虑，应将我国刑法规定的12个走私犯罪对象均包括在内。经研究，小额多次走私虽然规定在刑法第一百五十三条走私普通货物、物品罪中，但作为走私普通货物、物品罪处理的仅为第三次走私行为，前两次已受行政处罚的走私行为只是第三次走私行为应受刑事处罚的条件而非刑事处罚的对象。将小额多次走私中的第三次走私的行为对象限定为普通货物、物品即可，而前两次走私行为的对象可不受此限制。故此，《解释》第十七条规定，“被给予二次行政处罚”的走私行为，包括走私普通货物、物品以及其他货物、物品；“又走私”行为仅指走私普通货物、物品。

需要注意的是，《解释》未对小额多次走私规定入罪数额标准，这意味着，凡是符合刑法规定的小额多次走私行为均将构成犯罪，而不以偷逃税款是否达到一定数额标准为条件。其主要有两方面的考虑：一是从刑法规定和立法本意来看，小额多次走私犯罪属于情节犯，将小额多次走私行为入罪的立法初衷就是为了打击偷逃小税额的走私行为；二是从实践效果来看，如对小额多次走私犯罪规定入罪数额标准，很可能会为走私犯罪分子所利用，大肆采取化整为零的方式以逃避刑事打击。

（七）关于走私国家限制进出口的货物、物品行为的定罪处罚

1. 未经许可进出口国家限制进出口的货物、物品行为的性质认定。《解释》第二十一条第一款明确，未经许可进出口国家限制进出口的货物、物品，应当依照刑法第一百五十一条、第一百五十二条的规定，以走私国家禁止进出口的货物、物品罪等罪名定罪处罚。起草过程中有意见提出，限制进出口的货物、物品不同于禁止进出口的货物、物品，未经许可走私国家限制进出口的货物、物品，如果限制进出口的货物、物品属于涉税货物、物品的，应以走私普通货物、物品罪定罪处罚；属于非涉税货物、物品的，可不作犯罪处理。《解释》未采纳该意见，主要考虑是：禁止进出口的货物、物品包括绝对禁止和相对禁止两种，刑法规定的禁止进出口不限于绝对禁止的情形。例如，针对部分驯养繁殖的野生动植物及其制品在经国务院行政主管部门批准并取得证明书的情

况下可以合法进出口的问题，全国人大常委会法工委刑法室在回复有关单位的意见中明确指出："刑法第一百五十一条规定的走私国家禁止进出口的珍贵动物、珍稀植物及其制品的行为，是指走私未经国家有关部门批准，并取得相应进出口证明的珍贵动物、珍稀植物及其制品的行为。"

2. 既逃证又逃税行为的处理。部分限制进出口的货物、物品的进出口，除需要取得行政主管部门核发的许可文件之外，还需要向海关缴纳一定的税额。因此，走私这类货物、物品还有可能同时构成走私普通货物、物品罪。与走私国家禁止进出口的货物、物品罪或者走私废物罪等罪名相比，走私普通货物、物品罪的法定最高刑更重，为依法有效打击此类犯罪，《解释》第二十一条第一款进一步明确，未经许可进出口国家限制进出口的货物、物品，偷逃应缴税额，同时又构成走私普通货物、物品罪的，依照处罚较重的规定定罪处罚。

3. 使用他人许可证进出口国家限制进出口的货物、物品行为的处理。实践中大量存在租用、借用或者使用购买的他人许可证进出口国家限制进出口的货物、物品的情形。经研究，此情形同样属于未经许可走私国家禁止进出口货物、物品的行为，应一并纳入走私国家禁止进出口的货物、物品犯罪处理。为此，《解释》第二十一条第三款规定："租用、借用或者使用购买的他人许可证，进出口国家限制进出口的货物、物品的，适用本条第一款的规定定罪处罚。"

适用本规定时需要注意与取得许可证但超过许可数量进出口行为的区分。实践中，一些拥有限制进出口货物、物品进出口许可证的企业或个人，超出许可证规定的数量进出口限制进出口的货物、物品，对于超出部分的货物、物品按走私认定在实践中无争议，但究竟应按何罪处理则意见不一。《走私解释（二）》第八条第二款中曾就超出许可范围走私废物的行为明确了处理意见："虽经许可，但超过许可数量进口国家限制进口的可用作原料的废物，超过部分以未经许可论。"实践中对该规定的合理性以及能否适用于其他走私犯罪均不无疑问。经研究，超过许可数量的进出口与没有取得许可的进出口在主观故意和危害性方面存在明显不同：超出许可证规定范围的进出口多发生在涉证又涉税的限制进出口货物、物品中，除了解决许可证、配额不敷使用的问题之外，主要目的是逃避缴纳税款，走私犯罪人也多是从事具体经营活动的企业或者个人，具有相关行业的从业资质和条件，不同于其他走私国家禁止进出口货物、物品罪，其危害性基本可控，通常以国家税款损失为限。对于此类行为，以走私普通货物、物品罪处理即可做到罚当其罪。故此，《解释》第二十一条第二款对《走私解释（二）》规定的处理原则作出了调整，明确"取得许可，但超过许可数量进出口国家限制进出口的货物、物品，构成犯罪的，依照刑法第一百五十三条的规定，以走私普通货物、物品罪定罪处罚"。

需要指出的是，《解释》第二十一条中规定的限制进出口的货物、物品，不包括实行关税配额管理的货物、物品。根据对外贸易法、货物进出口管理条例的有关规定，国家对部分进口货物可以实行关税配额管理，属于关税配额内进口的货物，按照配额内税率缴纳关税，属于关税配额外进口的货物，按照配额外税率缴纳关税。可见，关税配额证不同于其他类型的进出口许可证，实行关税配额管理的货物在本质上与普通货物、物品是相同的，只是在适用税率上存在不同。无关税配额证的企业通过借用、租用、购买的他人配额证进口，其行为实质是将本应按配额外税率缴税进口的货物伪报为配额内进口，危害性主要体现为国家税款损失，故应以走私普通货物、物品罪定罪处罚。

（八）关于走私犯罪既未遂的认定

走私犯罪有无未遂以及既未遂的认定标准，实践中长期存在意见分歧：一种意见认为，走私犯罪属于行为犯，不存在未遂形态；另一种意见认为，走私犯罪属于结果犯，只有成功逃避海关监管的才成立既遂。经研究，行为犯同样存在未遂形态，犯罪既未遂的认定标准，需要结合某一类犯罪的实际情况予以具体确定。基于走私犯罪表现形式的多样性、行为实施的多环节性以及查获的现场性等特点,《解释》第二十三条区分情形对走私犯罪的既未遂认定标准作出了具体规定,即“实施走私犯罪,具有下列情形之一的,应当认定为犯罪既遂:(一)在海关监管现场被查获的;(二)以虚假申报方式走私,申报行为实施完毕的;(三)以保税货物或者特定减税、免税进口的货物、物品为对象走私,在境内销售的,或者申请核销行为实施完毕的。”分别说明如下:

1. 监管现场查获情形的既未遂认定。《解释》规定,在海关监管现场被查获的,应当认定为犯罪既遂。适用该规定时,需要注意以下两点:一是适用范围。该规定适用于各种形式的走私犯罪,不以通关走私为限。海关监管现场包括多种场所,既可能是通关场所,也可能是绕关场所,不同场所被查获的既未遂认定标准理当协调一致、一体适用。不管是通关走私还是绕关走私,凡是在海关监管现场被查获的,均按犯罪既遂处理。二是海关监管现场的理解。实践中有种意见认为,海关监管现场即为海关监管区,主要指的是海关查验关口和海关专设的监管货场,只有在海关监管区被查获的才可以认定为走私既遂。我们认为,该理解存在局限性,也不符合海关执法工作的实际情况。对于监管现场要注意避免作一般意义上的静态的特定场所的理解,而是应当置于监管执法权限的空间范围针对个案做动态的理解。凡是海关具体行使监管执法权力的现场,均应视为《解释》规定的海关监管现场。根据海关法第六条的规定,海关在海关监管区、海关附近沿海沿边规定地区以及海关监管区和海关附近沿海沿边规定地区以外的其他地区均可以行使相关调查权力。所以,海关有权执法的地域空间并不限于海关监管区,在有权执法的地域行使执法权力时查获走私犯罪,均应认定为在海关监管现场被查获。

2. 虚假申报通关走私的既未遂认定。《解释》规定,以虚假申报方式走私,申报行为实施完毕的,应当认定为犯罪既遂。适用该规定时,需要注意以下三点:一是行为人的申报行为独立于海关的查验行为,申报行为是否实施完毕的判断不受是否进入查验环节以及查验是否通过的影响。一种意见认为,在查验完毕前被海关依法查获的,宜认定为走私犯罪未遂。我们不同意该意见。查验行为属于不受行为人控制的海关监管活动,报关行为行为实施完毕,在法律上即可视同为行为人的走私行为已经实施完毕。二是申报行为实施完毕标准与海关监管现场被查获标准并行不悖。在通关走私当中,实施申报行为与海关监管现场被查获的时间不具有同步性和必然的先后顺序。申报行为实施完毕只是认定走私既遂的一个方面,申报行为尚未实施完毕即在海关监管现场被查获,只要根据相关证据足以认定构成走私犯罪的,同样应认定为走私既遂。三是对于采用在境内邮寄货物、物品方式进行走私的,一般可以参照适用申报行为实施完毕的认定标准,即行为人在邮政部门邮寄手续办理完毕的,以犯罪既遂处理。

3. 后续走私的既未遂认定。《解释》规定,以保税货物或者特定减税、免税进口的货物、物品为对象走私,在境内销售的,或者申请核销行为实施完毕的,应认定为犯罪既遂。这里明确的是刑法第一百五十四条规定的后续走私犯罪的既未遂认定意见。对于后续走私犯罪既未遂的认定标准,实践中存在多种意见:一种意见认为,应当以实际牟利作为既遂的认定标准;另一种意见认为,应从行为人将应补缴应缴税额的保税货物或者特定减税、免税进口的货物、物品实际交付给买方作为认定既遂的标准;还有一种意见认为,尚未销售但是已经骗取海关核销的也应认定为犯罪既遂。《解释》规定的认定标准与该三种意见均有所不同,理解和适用本规定时需要注意以下三点:一是是否实际牟利不影响既未遂的认定。刑法第一百五十四条规定的“销售牟利”的落脚点在于销售而非牟利,牟利系后续走私犯罪的主观目的要件而非客观要件,牟利目的实现与否不影响后续走私犯罪的认定,也不影响后续走私犯罪既未遂的认定。二是销售行为需要客观实施,但不要求销售行为实施完毕。销售行为是后续走私犯罪的一个重要客观行为,认定是否构成后续走私犯罪,主要的事实根据就是实施了销售行为。所以,通常情况下,后续走私犯罪行为与销售行为具有直接对应关系,销售行为不仅直接决定后续走私犯罪的认定,同时也是后续走私犯罪既未遂的重要判断标准。基于此,前述第二种意见对于销售行为的客观实施的强调是必要的,但是要求销售行为实行完毕或者完成货物、物品的交付则存在问题,也与前述其他走私犯罪的未遂标准的掌握明显不相协调。销售行为实施完毕的判断标准,与牟利目的实现的判断标准实际上大同小异,在法律上,销售行为完成即意味着牟利目的既已实现。为了与前述监管现场被查获标准保持协调,我们认为,在销售过程中被查获的,不管货物是否完成交付、货款是否实际支付,均应认定为犯罪既遂。三是尚未实施销售行为但申请核销行为已经实施完毕的,以犯罪既遂论处。较之于销售行为,申请核销行为对于后续走私犯罪的完成更具实质性意义,对于尚未着手销售但已经申请核销的,同样应以走私犯罪论处。与前述虚假申报通关走私的道理相同,此种情形的犯罪既遂以行为人申请核销行为实施完毕为标准,而不要求实际骗取核销。

(九)关于单位走私犯罪的定罪量刑标准

1. 单位走私普通货物、物品罪的定罪量刑标准。《走私解释(一)》规定单位走私普通货物、物品罪的定罪量刑标准按照自然人犯罪标准的 5 倍掌握。《解释》第二十四条将之下调为自然人犯罪标准的 2 倍,主要有以下几点考虑:(1)刑法第一百五十三条对于走私普通货物、物品罪区分单位犯罪和自然人犯罪配置了不同的法定刑,其中单位犯罪的刑罚明显要轻于自然人犯罪,这一点在确定单位犯罪的定罪量刑标准时也应有所体现。(2)随着公司设立门槛的不断降低,单位走私犯罪数量的急剧攀升,单位利益与个人利益更趋紧密,在预留出行政处罚必要空间的基础上,单位犯罪的定罪量刑标准与自然人犯罪不宜拉开过大。(3)按照 2 倍标准把握,《解释》实际上将《走私解释(一)》原确定的 25 万元、75 万元、250 万元三个量刑档次起点数额调整为 20 万元、100 万元、500 万元。两相比较,入罪门槛基本相当但不同量刑档次的数额标准明显拉大,既可以避免案件总体数量的大起大落,同时也为均衡量刑预留出了更大的裁量空间。

2. 单位走私特定对象犯罪的定罪处罚标准。《解释》第二十四条沿用了《走私解释(一)》的做法,规定对单位走私特定对象犯罪适用与自然人犯罪相同的定罪处罚标准。其主要考虑有两点:一是刑法对于单位实施的走私特定对象犯罪与走私普通货物、物品罪在处罚规定上有所不同。单位犯前者罪与自然人犯罪同罪同罚,单位犯后者罪的处罚则轻于自然人犯罪,体现出了立法机关对于单位实施走私特定对象犯罪与自然人犯罪处罚上不作区分的倾向性立场。二是走私特定对象犯罪与走私普通货物、物品罪的危害性具体表现有所不同。走私普通货物、物品罪的危害性主要表现为偷逃税款及由此给国家造成的经济损失,而走私特定对象犯罪的危害性主要表现为对国家出于经济、社会、国防、环境安全等制定的管理制度的侵害,危害性质明显更为严重,依法应予更为严厉的否定评价。

(作者单位:最高人民法院刑二庭)

最高人民法院　最高人民检察院　海关总署
打击非设关地成品油走私专题研讨会会议纪要

近一时期,我国东南沿海、西南陆路边境等非设关地成品油走私活动猖獗,严重破坏国家进出境监管秩序,给社会公共安全和环境保护带来重大隐患。2019 年 3 月 27 日,最高人民法院、最高人民检察院、海关总署在江苏省南京市召开打击非设关地成品油走私专题研讨会，最高人民法院刑五庭、最高人民检察院第四检察厅、海关总署缉私局及部分地方人民法院、人民检察院和海关缉私部门有关同志参加会议。会议分析了当前非设关地成品油走私的严峻形势，总结交流了办理非设关地成品油走私刑事案件的经验，研究探讨了办案中的疑难问题，对人民法院、人民检察院、海关缉私部门依法严厉打击非设关地成品油走私犯罪、正确适用法律办理案件达成共识。现纪要如下：

一、关于定罪处罚

走私成品油，构成犯罪的，依照刑法第一百五十三条的规定，以走私普通货物罪定罪处罚。

对不构成走私共犯的收购人，直接向走私人购买走私的成品油，数额较大的，依照刑法第一百五十五条第（一）项的规定，以走私罪论处；向非直接走私人购买走私的成品油的，根据其主观故意，分别依照刑法第一百九十一条规定的洗钱罪或者第三百一十二条规定的掩饰、隐瞒犯罪所得、犯罪所得收益罪定罪处罚。

在办理非设关地走私成品油刑事案件中，发现行为人在销售的成品油中掺杂、掺假，以假充真，以次充好或者以不合格油品冒充合格油品，构成犯罪的，依照刑法第一百四十条的规定，对该行为以生产、销售伪劣产品罪定罪处罚。

行为人与他人事先通谋或者明知他人从事走私成品油犯罪活动，而在我国专属经济区或者公海向其贩卖、过驳成品油的，应当按照走私犯罪的共犯追究刑事责任。

明知他人从事走私成品油犯罪活动而为其提供资金、贷款、账号、发票、证明、许可文件，或者提供运输、仓储等其他便利条件的，应当按照走私犯罪的共犯追究刑事责任。

对成品油走私共同犯罪或者犯罪集团中的主要出资者、组织者，应当认定为主犯；对受雇用的联络员、船长等管理人员，可以认定为从犯，如其在走私犯罪中起重要作用的，应当认定为主犯；对其他参与人员，如船员、司机、“黑引水”、盯梢望风人员等，不以其职业、身份判断是否追究刑事责任，应当按照其在走私活动中的实际地位、作用、涉案金额、参与次数等确定是否追究刑事责任。

对在非设关地走私成品油的犯罪嫌疑人、被告人，人民检察院、人民法院应当依法严格把握不起诉、缓刑适用条件。

二、关于主观故意的认定

行为人没有合法证明，逃避监管，在非设关地运输、贩卖、收购、接卸成品油，有下列情形之一的，综合其他在案证据，可以认定具有走私犯罪故意，但有证据证明确属被蒙骗或者有其他相反证据的除外：

（一）使用“三无”船舶、虚假船名船舶、非法改装的船舶，或者使用虚假号牌车辆、非法改装、伪装的车辆的；

（二）虚假记录船舶航海日志、轮机日志，进出港未申报或者进行虚假申报的；

（三）故意关闭或者删除船载AIS系统、GPS及其他导航系统存储数据，销毁手机存储数据，或者销毁成品油交易、运输单证的；

（四）在明显不合理的隐蔽时间、偏僻地点过驳成品油的；

（五）使用无实名登记或者无法定位的手机卡、卫星电话卡等通讯工具的；

（六）使用暗号、信物进行联络、接头的；

（七）交易价格明显低于同类商品国内合规市场同期价格水平且无法作出合理解释的；

（八）使用控制的他人名下银行账户收付成品油交易款项的；

（九）逃避、抗拒执法机关检查，或者事前制定逃避执法机关检查预案的；

（十）其他可以认定具有走私犯罪故意情形的。

三、关于犯罪数额的认定

非设关地成品油走私活动属于非法的贸易活动，计核非设关地成品油走私刑事案件的偷逃应缴税额，一律按照成品油的普通税率核定，不适用最惠国税率或者暂定税率。

查获部分走私成品油的，可以按照被查获的走私成品油标准核定应缴税额；全案没有查获成品油的，可以结合其他在案证据综合认定走私成品油的种类和数量，核定应缴税额。

办理非设关地成品油走私犯罪案件，除主要犯罪嫌疑人以外，对集团犯罪、共同犯罪中的其他犯罪嫌疑人，无法准确核定其参与走私的具体偷逃应缴税额的，可以结合在案相关证据，根据其参与走私的涉案金额、次数或者在走私活动中的地位、作用等情节决定是否追究刑事责任。

四、关于证据的收集

办理非设关地成品油走私犯罪案件，应当注意收集、提取以下证据：

（一）反映涉案地点的位置、环境，涉案船舶、车辆、油品的特征、数量、属性等的证据；

（二）涉案船舶的航次航图、航海日志、GPS、AIS 轨迹、卫星电话及其通话记录；

（三）涉案人员的手机号码及其通话记录、手机短信、微信聊天记录，涉案人员通过微信、支付宝、银行卡等方式收付款的资金交易记录；

（四）成品油取样、计量过程的照片、视听资料；

（五）跟踪守候、监控拍摄的照片、视听资料；

（六）其他应当收集、提取的证据。

依照法律规定采取技术侦查措施收集的物证、书证、视听资料、电子数据等证据材料对定罪量刑有重大影响的，应当随案移送，并移送批准采取技术侦查措施的法律文书和侦查办案部门对证据内容的说明材料。对视听资料中涉及的绰号、暗语、俗语、方言等，侦查机关应当结合犯罪嫌疑人的供述、证人证言等证据说明其内容。

确因客观条件的限制无法逐一收集船员、司机、收购人等人员证言的，可结合已收集的言词证据和物证、书证、视听资料、电子数据等证据，综合认定犯罪事实。

五、关于涉案货物、财产及运输工具的处置

对查封、扣押的涉案成品油及易贬值、不易保管的涉案船舶、车辆，权利人明确的，经其本人书面同意或者申请，依法履行审批程序，并固定证据和留存样本后，可以依法先行变卖、拍卖，变卖、拍卖所得价款暂予保存，待诉讼终结后一并依法处理。

有证据证明依法应当追缴、没收的涉案财产被他人善意取得或者与其他合法财产混合且不可分割的，应当追缴、没收其他等值财产。

侦查机关查封、扣押的财物经审查后应当返还的，应当通知原主认领。无人认领的，应当公告通知，公告满三个月无人认领的，依法拍卖、变卖后所得价款上缴国库；上缴国库后有人认领，经查证属实的，应当申请退库予以返还。

对用于运输走私成品油的船舶、车辆，按照以下原则处置：

（一）对“三无”船舶、无法提供有效证书的船舶、车辆，依法予以没收、收缴或者移交主管机关依法处置；

（二）对走私犯罪分子自有的船舶、车辆或者假挂靠、长期不作登记、虚假登记等实为走私分子所有的船舶、车辆，作为犯罪工具依法没收；

（三）对所有人明知他人实施走私犯罪而出租、出借的船舶、车辆，依法予以没收。

具有下列情形之一的，可以认定船舶、车辆出租人、出借人明知他人实施违法犯罪，但有证据证明确属被蒙骗或者有其他相反证据的除外：

（一）出租人、出借人未经有关部门批准，擅自将船舶、车辆改装为可装载油料用的船舶、车辆，或者进行伪装的；

（二）出租人、出借人默许实际承租人将船舶、车辆改装为可装载油料用船舶、车辆，或者进行伪装的；

（三）因出租、出借船舶、车辆用于走私受过行政处罚，又出租、出借给同一走私人或者同一走私团伙使用的；

（四）出租人、出借人拒不提供真实的实际承运人信息，或者提供虚假的实际承运人信息的；

（五）其他可以认定明知的情形。

六、关于办案协作

为有效遏制非设关地成品油走私犯罪活动，各级海关缉私部门、人民检察院和人民法院要进一步加强办案协作，依法及时开展侦查、批捕、起诉和审判工作。要强化人民检察院提前介入机制，并加大对非设关地重特大成品油走私案件联合挂牌督办力度。要强化案件信息沟通，积极发挥典型案例指引作用，保证执法司法标准的统一性和均衡性。

七、其他问题

本纪要中的成品油是指汽油、煤油、柴油以及其他具有相同用途的乙醇汽油和生物柴油等替代燃料（包括添加染色剂的“红油”“白油”“蓝油”等）。

办理非设关地走私白糖、冻品等刑事案件的相关问题，可以参照本纪要的精神依法处理。

《打击非设关地成品油走私专题研讨会会议纪要》的理解与适用

□郭 慧 王 珅 阎 丽 蔺 剑 陈鹿林*

为准确适用法律，依法惩治非设关地成品油走私违法犯罪，最高人民法院、最高人民检察院、海关总署于2019年10月24日公布了《打击非设关地成品油走私专题研讨会会议纪要》（署缉发〔2019〕210号，以下简称《纪要》）。为便于理解和适用，现对《纪要》的制定背景和主要内容说明如下：

一、《纪要》的制定背景

近一时期，我国非设关地成品油走私违法犯罪活动猖獗，特别是东南沿海的成品油走私违法犯罪活动呈大幅上升态势，同时西南陆路边境成品油走私违法犯罪活动亦趋于活跃。这里所称的成品油，是指汽油、煤油、柴油以及其他具有相同用途的乙醇汽油和生物柴油等替代燃料，主要包括添加染色剂的“红油”“白油”“蓝油”等柴油。所谓“红油”，是我国香港特别行政区政府为了照顾本港的水上居民，在0号柴油中加入红色色素剂，使淡黄色的柴油变成紫红色，俗称“红油”，专供在水面上作业的船只使用，我国香港特别行政区的水上居民购买“红油”，不收消费税，而香港本地供应普通车辆使用的柴油必须缴纳一定税款，故“红油”在香港特区严禁被用于陆路车辆。所谓“白油”和“蓝油”，是指未添加染色剂或者添加了蓝色染色剂的0号柴油，主要来自我国台湾地区和东南亚地区特别是新加坡。由于新加坡、我国香港特区、我国台湾地区等国家和地区一直以来对“红油”“白油”“蓝油”都有巨额补贴，这些柴油在新加坡、我国香港特区、我国台湾地区等

* 作者单位：郭慧，最高人民法院刑二庭；王珅，最高人民法院刑五庭；阎丽，最高人民检察院第四检察厅；蔺剑，海关总署缉私局；陈鹿林，宁波市人民检察院。

国家和地区的销售价与我国内地柴油的销售价存在较大价差,因此,备受走私犯罪分子青睐,一些走私犯罪分子利用渔船或经专门改装的走私船舶、车辆将“红油”“白油”“蓝油”走私到内地沿海、沿边地区贩卖。

非设关地成品油走私违法犯罪活动冲击了正常的成品油进出口秩序和国内成品油市场,影响我国石化工业的健康发展,严重损害国家进出口关税等经济利益。同时,成品油属于易燃易爆物品,加工、运输、存储均有特殊要求,未经正常途径走私入境的成品油往往存在诸多问题:走私成品油的改装船舶和车辆自身安全难以保障,运输过程存在很大的不安全因素;走私的成品油品质多数不达标,为了规避执法部门的打击,走私犯罪分子或者收购走私成品油的犯罪分子往往在没有生产、加工资质的“黑作坊”进行提纯加工,或者不经加工直接倒卖,使用时有很大隐患;为避免被发现,走私犯罪分子将走私成品油处理过程产生的污水、废油偷排偷放,严重污染环境,危害人民群众身体健康;走私入境的成品油多储存在安全标准不达标的仓库甚至是废弃厂房,一旦发生事故将造成不可估量的损失。

从实践来看,近年来办理非设关地成品油走私犯罪案件主要存在以下法律适用问题:

一是查缉难。非设关地成品油走私多采取分段接驳、机动作案的方式,不同走私团伙之间相互勾连、分段负责,境外“母船”游弋在公海或我国专属经济区,“中巴”船舶前往过驳,运至近海再由“小巴”船舶接驳,从非设关地码头上岸。走私团伙组织严密,幕后组织、指挥者身份隐蔽,现行查获、全链条打击的难度很大。

二是取证难。非设关地成品油走私团伙反侦查意识强、作案手法隐蔽,具体实施偷运成品油入境的走私犯罪分子与“幕后老板”多采取单线联系,随时销毁通信、交易的证据;运油船舶无进出码头海事申报、无船舶自动识别系统(AIS)、无航海日志;码头卸油后直接由油罐车拉走,无油品入库记录;走私油款往往利用多个非团伙成员账户分拆支付,资金流难以查证等,导致该类案件证据体系构建十分困难。

三是定性难。非设关地成品油走私犯罪活动环节多、链条长,涉案主体、行为方式具有多样性,且涉及在公海或我国专属经济区贩卖、过驳,海上偷运,内河及陆上运输,收购、存储、加工、销售等多个环节,涉案人员众多,参与方式、参与程度不同,实践中部分行为定性争议较大。

四是定案难。非设关地走私成品油犯罪案件证据采信、事实认定存在疑难问题较多,由于非设关地成品油走私犯罪案件证据形态的复杂性,各地司法机关对于认定走私主观故意、犯罪情节,在证据规格、证明标准的把握上存在差异,定性处理不一致,执法尺度不一致,容易形成洼地,影响整体打击治理效果。

五是处理难。一些走私犯罪分子为逃避打击,运输成品油的船舶、车辆多采取租赁或者挂靠方式,权属关系难以查证,一旦被缉私部门查获,名义船主就持船舶证书、租赁合同等到办案单位申请发还,有的运油船舶“放了走”“走了再放”,没收处理存在一定的法律适用问题。

为准确适用法律,依法严厉打击非设关地成品油走私违法犯罪,最高人民法院、最高人民检察院、海关总署组织专题研究,深入分析当前非设关地成品油走私犯罪的严峻形势,总结交流各地执法、司法机关办理非设关地成品油走私刑事案件的经验,研究探讨了办案中遇到的带有普遍性的法律适用疑难问题,就相关问题达成了共识并形成《纪要》,其主要有以下特点:

一是立足实践需要,解决突出问题。《纪要》基本涵盖了当前办案工作中存在的主要法律适用疑难问题,就收购、存储、加工、销售等环节行为定性,走私主观故意认定,未查获现行部分走私成品油的数额认定,证据收集与审查认定,涉案货物、财产及运输工具的没收处理等法律适用问题,均提出明确的指导意见,具有很强的针对性和可操作性。

二是坚持依法办案，体现从严惩处。《纪要》对非设关地走私成品油及共犯认定，向非直接走私人购买走私的成品油行为、销售不合格成品油行为的定性等，按照特定情形作了具体区分，做到正确适用法律，准确定罪处罚。

三是总结实务经验，统一执法尺度。针对各地执法、司法机关对非设关地成品油走私犯罪案件走私主观故意及走私数额认定在证据规格、证明标准的把握上存在差异，对追诉范围及主从犯认定的执法尺度不够统一，税率适用不一致，针对在我国专属经济区或者公海贩卖、过驳成品油行为的查处认识不一致等问题，《纪要》在总结实务经验的基础上提出了明确意见，以便统一执法尺度，依法有力惩处走私成品油犯罪活动。需要注意的是，虽然《纪要》是针对非设关地成品油走私犯罪的法律适用问题作出的规定，但由于涉及的问题具有普遍性，执法、司法机关在办理涉及白糖、冻品以及其他大宗普通货物的走私犯罪案件时，均可以参照适用《纪要》的规定依法处理。

《纪要》共七部分，涉及非设关地走私成品油行为的定罪处罚、主观故意认定、犯罪数额认定、证据收集、涉案财物处置等法律适用方方面面的问题，择要说明如下：

二、关于非设关地成品油走私的定罪处罚

1. 关于走私成品油行为性质的认定

《纪要》起草过程中，有意见提出，我国对成品油的经营实行许可制度，对成品油的进口采取的是国营贸易管理，个人以及未经许可的企业均不得从事成品油进口业务。据此，在内海、领海、界河、界湖运输、收购、贩卖成品油，数额较大，没有合法证明的，属于《刑法》第一百五十五条第（二）项规定的在内海、领海、界河、界湖运输、收购、贩卖国家限制进出口的货物、物品，应当依照最高人民法院、最高人民检察院2014年《关于办理走私刑事案件适用法律若干问题的解释》（法释〔2014〕10号，以下简称《走私刑事案件解释》）第二十一条第一款的规定，以走私国家禁止进出口的货物、物品罪等罪名定罪处罚，偷逃应缴税额较大，同时又构成走私普通货物、物品罪的，依照处罚较重的规定定罪处罚；如不能认定为走私犯罪的，可以非法经营罪追究其刑事责任。

经研究，我们认为，上述观点错误地理解了我国许可证制度和《走私刑事案件解释》第二十一条第一款关于走私国家限制进出口的货物、物品行为性质的规定，单纯以经营许可为由认为成品油属于国家限制进出口货物、物品的依据不充分：

首先，从我国关于成品油进出口的管理规定来看，成品油属于普通货物、物品而非限制进出口的货物、物品。许可证是一种常见的行政管理措施，并非实行许可证管理的货物、物品就一概属于国家限制经营的对象。根据原对外贸易经济合作部2002年发布的《原油、成品油、化肥国营贸易进口经营管理试行办法》的规定，国家对原油、成品油的进口实行国营贸易管理，允许非国营贸易企业从事部分数量的进口。国营贸易企业和非国营贸易企业以外的其他企业，不得从事原油、成品油的进口业务，但国家对非国营贸易企业采取的是登记备案制。商务部2004年发布的《货物自动进口许可管理办法》的附件《自动进口许可管理货物目录》也明确将成品油列为自动进口许可证管理的货物，每年更新的《自动进口许可管理货物目录》均将成品油列在其中。《货物进出口管理条例》第二十二条规定，基于监测货物进口情况的需要，国务院经贸主管部门和国务院有关经济管理部门可以按照国务院规定的职责划分，对部分属于自由进口的货物实行自动进口许可证管理。综合上述行政法规和部门规章的规定来看，成品油属于自由进口的普通货物、物品。

其次，从准确理解和把握《走私刑事案件解释》第二十一条第一款的规定以及司法实践的情况来看，对走私成品油的行为也不宜按走私国家禁止进出口的货物、物品罪等非涉税走私罪名定罪处罚。《走私刑事案件解释》第二十一条第一款主要是针对实践中常见的“逃证又逃税”行为应如何处理作出的规定,这里的"逃证"指的是违反或者逃避《中华人民共和国对外贸易法》(以下简称《对外贸易法》)第十六条中规定的限制进出口管理措施或许可证。比照《对外贸易法》第十六条所列举的11类货物、物品的性质或者限制进出口的目的来看,或是为维护国家安全、社会公共利益、公共道德而限制进出口;或是出于保护环境和人民群众生命财产健康的目的而限制进出口;或是基于产业政策的需要而限制进出口;或是因缔结或参加的国际条约所承担的国际义务而限制进出口。从我国关于成品油进口的管理规定来看,成品油显然不属于《对外贸易法》第十六条所列举的11类货物、物品的范围。正是基于成品油普通货物、物品的属性,实践中对走私成品油的行为一直以来也是以走私普通货物、物品罪定罪处罚。

最后,在内海、领海、界河、界湖查获的成品油案件以船舶运输成品油为主,单纯的运输行为仅系提供运输服务,不涉及对成品油的经营,而非法经营罪则要求经营的对象具有特殊性,不宜仅以运输没有合法证明的成品油即认定该行为构成非法经营罪。当然,实践中的情况不能一概而论,不排除在内海、领海、界河、界湖查获的没有合法证明的成品油来源于其他违法犯罪活动,可能构成其他犯罪。

《纪要》起草过程中,还有意见提出,根据国务院办公厅国办发明电〔1999〕13号《关于严格查禁非法进口"红油"的紧急通知》以及海关总署1999年9月30日发布的《关于打击非法进口"红油"的公告》的规定,禁止任何单位和个人运输、储存、买卖、使用"红油"以及"红油"与其他成品油勾兑的混合成品油,经交通主管部门批准航行于国际航线和港澳航线的船舶以及具有双重户籍的港澳流动渔船使用"红油",一律严格限制在自用合理数量范围内。从国务院办公厅和海关总署的通知和公告精神来看,"红油"应属于国家禁止进口货物。故在非设关地走私成品油犯罪案件中,如行为人走私的成品油为"红油",应按照《刑法》第一百五十一条第三款的规定以走私国家禁止进口的货物、物品罪定罪处罚。

经研究,我们认为,"红油"不属于《刑法》第一百五十一条第三款规定的"国家禁止进口的货物、物品"。理由是:

首先,从法律法规的层面看,将"红油"视为国家禁止进口的物品没有相关的法律法规依据。截至目前,海关总署、商务部以及原对外贸易经济合作部等部门依据《对外贸易法》《货物进出口条例》颁布的若干批次的《禁止进口货物目录》中,均未将"红油"列为国家禁止进口的物品。另外,国务院办公厅《关于严格查禁非法进口"红油"的紧急通知》与海关总署《关于打击非法进口"红油"的公告》中只是规定禁止在境内运输、储存、买卖、使用"红油",并没有将"红油"规定为禁止进口物品,无法依据上述两份文件推断"红油"为国家禁止进口物品。

其次,从实质危害性层面看,走私"红油"行为侵犯的主要是税收征管制度。"红油"实际上就是内地市场上销售使用的0号柴油,0号柴油是允许作为普通货物进口的,二者唯一的区别就是"红油"因享有香港政府的补贴而成本低、价格低、只用于香港工厂、船舶,不允许转卖倒卖。与《禁止进口货物目录》中规定的其他禁止进口物品不同,走私"红油"侵害的主要是税收征管制度,并没有像走私其他禁止进口物品那样损害国家的环保或是珍稀物种保护等政策。

最后,将禁止买卖的物品理解为禁止进出口的物品,在逻辑上存在问题。禁止买卖"红油"是因为"红油"在香港特区与内地销售价格的巨大差别,而不是基于"红油"的自然属性。仅因行为人逃税而将"红油"认定为禁止进口的物品,属于同义反复,依照这种观点,所有的走私逃税物品都将会被认定为禁止进口的物品。

2. 直接购买走私成品油行为的认定处理

间接走私,是指《刑法》第一百五十五条第(一)项规定的走私行为,即直接向走私人非法收购国家禁止进口物品的,或者直接向走私人非法收购走私进口的其他货物、物品的行为。从内容上看,《纪要》中"直接向走私人购买走私的成品油,数额较大的,依照刑法第一百五十五条第(一)项的规定,以走私罪论处"的规定,与《刑法》第一百五十五条第(一)项的规定并无二致,因此,准确理解《刑法》第一百五十五条第(一)项的规定,成为实践中准确适用《纪要》前述规定的关键。

我们认为,从《刑法》第一百五十五条第(一)项的字面含义看,间接走私的犯罪对象包括"国家禁止进口的货物、物品"和"其他货物、物品";从实质上理解,间接走私的犯罪对象包括国家禁止进口的货物、物品,国家限制进出口的货物、物品和偷逃应缴税额较大的普通货物、物品。众所周知,"走私罪"是个类罪名,《刑法》第一百五十五条第(一)项规定"以走私罪论处"只是笼统抽象地指明了某种间接走私行为的犯罪性质,但未确定具体罪名,间接走私行为构成何罪还是应以其走私的犯罪对象作为认定标准。从走私罪的犯罪对象来看,间接走私可能触犯的罪名包括《刑法》第一百五十一条规定的走私武器、弹药罪,走私核材料罪,走私假币罪,走私文物罪,走私贵重金属罪,走私珍贵动物、珍贵动物制品罪,走私国家禁止进出口的货物、物品罪,以及《刑法》第一百五十二条规定的走私淫秽物品罪、走私废物罪和《刑法》第一百五十三条规定的走私普通货物、物品罪,另外,《刑法》第三百四十七条规定的走私毒品罪和《刑法》第三百五十条规定的走私制毒物品罪也可能成为该项规定行为可能适用的罪名。《走私刑事案件解释》第二十条第一款规定,行为人直接向走私人非法收购走私进口的货物、物品,构成犯罪的,应当按照走私货物、物品的种类,分别依照《刑法》第一百五十一条、第一百五十二条、第一百五十三条、第三百四十七条、第三百五十条的规定定罪处罚。该款诠释了《刑法》第一百五十五条第(一)项规定的间接走私的认定及具体定罪量刑标准,即行为人无论直接收购何种货物、物品,只要达到对应的定罪量刑标准,均可直接按所构成的走私罪名处理。具体到直接购买走私成品油行为的认定处理,如前所述,成品油属于普通货物、物品,因此,明知是走私入境的成品油直接向走私犯罪分子非法收购的,应适用《刑法》第一百五十三条的规定,以走私普通货物、物品罪定罪处罚。

需要注意的是,直接购私人员如与走私犯罪分子有事前或者事中通谋行为,应当依照《刑法》第一百五十六条的规定,以走私罪的共犯论处,并依照其在共同犯罪中的地位、作用依法确定其主、从犯身份,在此情况下,下游再行收购的人员属于一手购私而非二手购私行为,应依照《刑法》第一百五十五条第(一)项的规定追究其刑事责任。

3. 向非直接走私人购买走私成品油行为的认定处理

对于向非直接走私人购买走私的成品油的行为应如何处理,《纪要》规定,应根据其主观故意,分别依照《刑法》第一百九十一条规定的洗钱罪或者第三百一十二条规定的掩饰、隐瞒犯罪所得、犯罪所得收益罪定罪处罚。实践中,为准确理解和掌握《纪要》的前述规定,应注意以下几点:

一是购买的对象应为非直接走私人出售的走私成品油。根据《刑法》第一百五十五条第(一)项的规定,明知走私的成品油而直接向走私人购买,偷逃应缴税额数额较大的,应以走私普通货物、物品罪定罪处罚;如行为人购买的对象并非"直接走私人",而是经过倒手后的"二手"甚至是"三手"走私入境的成品油,对其不能再按照《刑法》第一百五十五条第(一)项的规定以走私普通货物、物品罪处理。在此情况下,应当以洗钱罪或者掩饰、隐瞒犯罪所得、犯罪所得收益罪定罪处罚。

二是应当根据行为人的主观故意来确定具体罪名。通常情况下,行为人向非直接走私人购买时,多数情况下均明知系走私入境的成品油,由于走私罪属于《刑法》第一百九十一条规定的洗钱罪的上游犯罪,因此,对其应当以洗钱罪追究刑事责任。从行为方式上看,由于行为人向非直接走私人购买走私入境的成品油多为现金交易方式，属于《刑法》第一百九十一条规定的“协助将财产转换为现金、金融票据、有价证券的”行为。此外，根据2009年《最高人民法院关于审理洗钱等刑事案件具体应用法律若干问题的解释》（法释〔2009〕15号，以下简称《洗钱刑事案件解释》）第三条的规定，行为人明知是犯罪所得及其产生的收益而予以掩饰、隐瞒，构成《刑法》第三百一十二条规定的掩饰、隐瞒犯罪所得、犯罪所得收益罪，同时又构成《刑法》第一百九十一条规定洗钱罪的，依照处罚较重的规定定罪处罚。行为人向非直接走私人购买走私入境的成品油可能同时触犯前述两个罪名，实践中应当注意根据查明的犯罪事实，依照《洗钱刑事案件解释》的前述规定，按照处罚较重的规定定罪处罚。实践中，也不排除行为人对于购买的成品油产生不属于走私入境的成品油，而是其他犯罪的犯罪所得或者收益的错误认识，在此情况下，根据主客观相一致的原则，应当以《刑法》第三百一十二条规定的掩饰、隐瞒犯罪所得、犯罪所得收益罪追究其刑事责任。需要注意的是，根据《洗钱刑事案件解释》第一条第二款的规定，行为人如将向非直接走私人购买的走私成品油误认为《刑法》第一百九十一条规定的上游犯罪范围内的其他犯罪违法所得及其收益的，即误认为系毒品犯罪、黑社会性质的组织犯罪、恐怖活动犯罪、贪污贿赂犯罪、破坏金融管理秩序犯罪、金融诈骗犯罪的所得及其产生的收益的，不影响该条规定的“明知”的认定，仍应以洗钱罪而非掩饰、隐瞒犯罪所得、犯罪所得收益罪追究其刑事责任。

三是应当注意，根据《洗钱刑事案件解释》第四条和2015年《最高人民法院关于审理掩饰、隐瞒犯罪所得、犯罪所得收益刑事案件适用法律若干问题的解释》（法释〔2015〕11号）第八条第一款的规定，行为人向非直接走私人购买走私成品油，构成洗钱罪或者掩饰、隐瞒犯罪所得、犯罪所得收益罪的，应当以上游犯罪事实成立为认定前提。上游犯罪尚未依法裁判，但查证属实的，不影响洗钱罪或者掩饰、隐瞒犯罪所得、犯罪所得收益罪的适用。

4. 非法经营走私入境成品油行为性质的认定

对于未取得成品油经营许可证，从事走私入境的成品油销售、仓储、运输等经营行为应如何处理。《纪要》起草过程中，曾有意见提出，收购无合法证明的成品油或在未获得许可的情况下经营成品油，严重扰乱市场秩序，情节严重的，如不能认定为走私罪的，由于我国对成品油的经营实行许可证制度，成品油的经营需取得行政主管部门颁发的许可证，故成品油属于限制买卖的物品，未取得许可证的情况下从事成品油的经营活动，属于《刑法》第二百二十五条第（一）项规定的“法律、行政法规规定的专营、专卖物品或者其他限制买卖的物品”。理由是：成品油系国家严格控制的重要能源物资，是直接关系国计民生的重要生产资料。根据2004年6月29日国务院会议通过的《国务院对确需保留的行政审批项目设定行政许可的决定》和商务部2006年制定发布的《成品油市场管理办法》的规定，国家对成品油经营实行许可制度，从事成品油的批发、仓储或者零售，应取得商务部或者省级人民政府商务主管部门颁发的许可证，申请成品油零售经营资格的企业，除了应当具备设施、人员、供货渠道等客观性条件外，还必须符合当地加油站行业发展规划，说明国家对成品油的经营实施严格、特殊的市场准入制度，由此判断，成品油也应当属于限制买卖的物品。另有意见认为，即使不能认定成品油属于《刑法》第二百二十五条第（一）项规定的“其他限制买卖的物品”，也可依照该条第（四）项的规定，认定为“其他严重扰乱市场秩序的非法经营行为”。理由是：成品油经营资格审批是《国务院对确需保留的行政审批项目设定行政许可的决定》设定的行政许可，据此，未经许可从事成品油经营活动，属于违反国家规定的经营行为。《国务院对确需保留的行政审批项目设定行政许可的决定》属于《刑法》第九十六条规定的“国家规定”，故无证经营成品油的行为可以依照《刑法》第二百二十五条第（四）项的规定，认定为“其他严重扰乱市场秩序的非法经营行为”，可以非法经营罪追究其刑事责任。

经研究,我们认为,对于未取得成品油经营许可证的情况下从事成品油销售、仓储、运输等经营行为,按照非法经营罪处理应慎重。理由是:

首先,成品油不属于《刑法》第二百二十五条第(一)项规定的“法律、行政法规规定的专营、专卖物品或者其他限制买卖的物品”。从《刑法》第二百二十五条第(一)项的规定来看,该项规定的专营、专卖物品或者其他限制买卖的物品均应为“法律、行政法规”所明确规定。从关于成品油经营的规范性文件来看,《国务院对确需保留的行政审批项目设定行政许可的决定》虽然以国务院决定的形式明确了国家对成品油经营活动实行许可制度,但该决定毕竟不是法律或者行政法规。故成品油不属于《刑法》第二百二十五条第(一)项规定的“法律、行政法规规定的专营、专卖物品或者其他限制买卖的物品”,对于未取得成品油经营许可证的情况下从事成品油销售、仓储、运输等经营行为,不能适用《刑法》第二百二十五条第(一)项的规定追究刑事责任。

其次,对于无证经营成品油的行为不加区分地按非法经营罪处理,存在打击面过大的问题。从实践看,非法从事成品油经营的行为主要可以分为超范围经营和无证经营两种情形。对于有成品油经营许可证但超范围经营的行为,一般不宜认定为非法经营罪,主要考虑如下:有许可证但超范围经营成品油的行为,虽然违反了商务部《成品油市场管理办法》中不得超越经营范围进行经营活动的规定,但是这种行为一般情况下社会危害性不大。例如,有成品油零售许可证但从事批发业务的,因从事成品油零售业务亦应符合《成品油市场管理办法》中规定的相应审批标注,且涉及的成品油都是从有成品油批发资质的企业批发而来,并不会造成国家税费的损失,虽然在一定程度上可能会造成零售市场的混乱,但所造成的危害有限,给予行政处罚即可,不宜按照犯罪处理。如根据《成品油市场管理办法》第四十三条的规定,成品油经营企业超越经营范围进行经营活动的,法律、法规有具体规定的,从其规定,如法律、法规未作规定的,由所在地县级以上人民政府商务主管部门视情节依法给予警告、责令停业整顿、处违法所得3倍以下或3万元以下罚款的处罚。对于无证经营成品油的行为是否可按非法经营罪处理,也应慎重。从我国关于成品油经营的政策来看,总体上呈现逐渐放宽管制的趋势,《国务院对确需保留的行政审批项目设定行政许可的决定》对成品油的经营规定实行许可制度,从事成品油的批发、仓储或者零售,应取得商务部或者省级人民政府商务主管部门颁发的许可证。随着经济社会的发展和改革开放的不断深入,对于成品油这一对流通和消费领域具有重要意义的商品经营仍继续沿用严格的审批制度已不利于经济社会的发展。为推动流通创新发展,优化消费环境,促进商业繁荣,激发国内消费潜力,更好地满足人民群众消费需求,促进国民经济持续健康发展,经国务院同意,国务院办公厅于2019年8月16日发布的《关于加快发展流通促进商业消费的意见》(国办发〔2019〕42号)规定,扩大成品油市场准入,取消石油成品油批发仓储经营资格审批,将成品油零售经营资格审批下放至地市级人民政府。在此情况下,对于无证经营成品油的行为不加区分地按犯罪处理,不仅存在打击面过大的问题,也与国家逐渐放开成品油经营审批权,扩大成品油市场准入的政策趋势相悖。

最后,对于无证经营成品油的行为入罪,应严格遵循最高人民法院的有关规定。为规范各级法院对《刑法》中“国家规定”的适用,最高人民法院于2011年发布了《关于准确理解和适用刑法中“国家规定”的有关问题的通知》(法〔2011〕155号)。该通知规定,各级人民法院审理非法经营犯罪案件,要依法严格把握《刑法》第二百二十五条第(四)项的适用范围。对被告人的行为是否属于《刑法》第二百二十五条第(四)项规定的“其他严重扰乱市场秩序的非法经营行为”,有关司法解释未作明确规定的,应当作为法律适用问题,逐级向最高人民法院请示。考虑到实践中无证经营成品油的行为差别较大,是否按照犯罪处理,应结合具体案情综合考量,只能对“情节严重”

的非法经营行为定罪处罚。要避免将一般的行政违法行为当作刑事犯罪处理，以犯罪论处的非法经营行为应当具有相当的社会危害性和刑事处罚的必要性。并且，判断被告人的行为是否属于《刑法》第二百二十五条第(四)项规定的“严重扰乱市场秩序的非法经营行为”，需要有法律、司法解释的明确规定。有关法律、司法解释未作明确规定的，应当作为法律适用问题，按照最高人民法院前述通知的规定，逐级报最高人民法院请示。

实践中，一些非法经营成品油的行为人为获取暴利，在销售的成品油中掺杂、掺假，以假充真，以次充好或者以不合格油品冒充合格油品销售。对此，《纪要》明确，在办理非设关地走私成品油刑事案件中，发现行为人在销售的成品油中掺杂、掺假，以假充真，以次充好或者以不合格油品冒充合格油品，构成犯罪的，应当依照《刑法》第一百四十条的规定，对该行为以生产、销售伪劣产品罪定罪处罚。

5. 走私成品油共犯的认定与处理

实践中，一些行为人与他人事先通谋或者明知他人从事走私成品油犯罪活动，在我国专属经济区或者公海向其贩卖、过驳成品油，或者明知他人从事走私成品油犯罪活动而为其提供资金、贷款、账号、发票、证明、许可文件，或者提供运输、仓储等其他便利条件。

我们认为，上述行为认定处理的关键在于对行为人“通谋”和“明知”的认定。关于“通谋”的认定，根据《刑法》第一百五十六条的规定，与走私罪犯通谋，为其提供贷款资金、账号、发票、证明、海关单证，提供运输、保管、邮寄或者其他方便的，以走私罪的共犯论处。“通谋”是共同犯罪人之间的一种共同故意，通常是发生在行为前的意思联络，称为“事前通谋”，但也不排除“事中通谋”。最高人民法院、最高人民检察院、海关总署 2002 年联合发布的《办理走私刑事案件适用法律若干问题的意见》(法〔2002〕139 号，以下简称《走私意见》)第十五条对《刑法》第一百五十六条中的“通谋”作了阐明：“通谋是指犯罪行为人之间事先或者事中形成的共同的走私故意。下列情形可以认定为通谋：(一)对明知他人从事走私活动而同意为其提供贷款、资金、账号、发票、证明、海关单证，提供运输、保管、邮寄或者其他方便的；(二)多次为同一走私犯罪分子的走私行为提供前项帮助的。”关于“明知”，《走私意见》第五条第二款也作了阐明性的规定，可以作为认定“明知”他人从事走私成品油犯罪活动认定的依据：“走私主观故意中的‘明知’是指行为人知道或者应当知道所从事的行为是走私行为。具有下列情形之一的，可以认定为‘明知’，但有证据证明确属被蒙骗的除外：……；(二)用特制的设备或者运输工具走私货物、物品的；(三)未经海关同意，在非设关的码头、海(河)岸、陆路边境等地点，运输(驳载)、收购或者贩卖非法进出境货物、物品的；(四)提供虚假的合同、发票、证明等商业单证委托他人办理通关手续的；(五)以明显低于货物正常进(出)口的应缴税额委托他人代理进(出)口业务的；(六)曾因同一种走私行为受过刑事处罚或者行政处罚的；(七)其他有证据证明的情形。”

据此，《纪要》规定，行为人与他人事先通谋或者明知他人从事走私成品油犯罪活动，而在我国专属经济区或者公海向其贩卖、过驳成品油的，或者明知他人从事走私成品油犯罪活动而为其提供资金、贷款、账号、发票、证明、许可文件，或者提供运输、仓储等其他便利条件的，均应当按照走私犯罪的共犯追究其刑事责任。

6. 走私成品油共同犯罪主犯和从犯的认定

走私犯罪中主犯和从犯的认定问题较为复杂，应从犯意的发起、实行行为的分担与完成、获利分配等方面综合加以判断。共同走私犯罪中，原则上应尽量区分主从犯，这样既有利于分化、瓦解犯罪分子，同时也能充分体现宽严相济的刑事政策。实践中，在办理走私成品油犯罪案件时，对于如何追究运输人和联络人的刑事责任，往往存在争议。此类案件中的“运输人”，是指水上走私行为的船舶、其他运输工具上的负责人和其他人员;“联络人”是指“黑引水员”和盯梢望风人员等。与“运输人”“联络人”相对应的是“出资人”和“组织者”。通常情况下“出资人”和“组织者”都是在幕后组织、策划、指挥,实践中,对于将“出资人”和“组织者”确定为走私成品油犯罪的主犯并追究刑事责任,通常不存在异议,但“运输人”和“联络人”的处理情况则差异较大,多数案件中对于“运输人”按从犯认定处理,对于“黑引水员”和盯梢望风人员等“联络人”有些按从犯处理,有些则未追究刑事责任。从已经处理的案件来看,大多数案件是对起组织、指挥作用的船长,起主要作用的大副、轮机长、骨干船员等追究刑事责任,对其他船员、勤杂人员、搬运工人不再追究刑事责任,但也有少数案件,对从船长到船员的所有人员都追究了刑事责任。不同案件处理范围不同,主要原因是对“运输人”和“联络人”在共同走私犯罪中所起的作用和所处的地位把握尺度不统一。

为了统一执法标准,《纪要》规定,对成品油走私共同犯罪或者犯罪集团中的主要出资者、组织者,应当认定为主犯;对受雇用的联络员、船长等管理人员,可以认定为从犯;如其在走私犯罪中起重要作用的,应当认定为主犯;对其他参与人员,如船员、司机、“黑引水员”、盯梢望风人员等,不以其职业、身份判断是否追究刑事责任,应当按照其在走私活动中的实际地位、作用、涉案金额、参与次数等确定是否追究刑事责任。

《走私意见》第十四条规定:“对于运输人,一般追究运输工具的负责人或者主要责任人的刑事责任,但对于事先通谋的、集资走私的或者使用特殊的走私运输工具从事走私犯罪活动的,可以追究其他参与人的刑事责任。”据此,在理解和把握《纪要》的前述规定时,应注意以下三点:

一是成品油走私共同犯罪或者犯罪集团中的主要出资者和组织者,应当认定为主犯。

二是受雇用的联络员、船长等管理人员一般情况下应认定为从犯,但如系在走私犯罪中起组织、指挥作用的船长,起主要作用的大副、轮机长、骨干船员等,上述人员在走私犯罪链条中属于走私行为的组织者、犯意提起者和支配他人具体实施者,应当依法认定为主犯。如果有证据证明上述人员只是初次参与,尚未获利或者获利较少,考虑到在此情况下其对于走私犯罪的认识相对较模糊、被动,作用较小,可不认定为主犯;如果是多次、反复参与走私,因其参与走私犯罪的主观认识清楚,后续积极参与、主动介入,作用很大,一般应认定为主犯。

三是对受雇佣仅从事劳务活动的其他船员、勤杂人员、搬运工人,一般情况下不再追究刑事责任,但如具有与走私犯罪分子事先通谋、参与集资走私,或者在经改装的特殊走私运输工具上从事走私犯罪活动等情形的,应当根据其在共同犯罪中的地位和作用,依法追究其刑事责任。

7. 关于走私成品油犯罪案件不起诉和缓刑的适用

《纪要》规定,对在非设关地走私成品油的犯罪嫌疑人、被告人,人民检察院、人民法院应当依法严格把握不起诉、缓刑适用条件。对此,有意见提出,前述规定有过于强调打击犯罪的倾向,实践中可能会造成可诉可不诉的尽量起诉、可缓可不缓的不判缓刑的情况。对此,我们认为,从统计数据看,相较于其他犯罪,包括非设关地走私成品油犯罪在内的走私犯罪普遍存在不起诉和适用缓刑率偏高的情况。这种情况的出现,一方面与走私犯罪“一头在外”的特殊犯罪形态有关,很多案件的“出资人”和“组织者”在内的主犯由于在境外未归案,被抓获的往往是运输人和联络人等从犯;另一方面也与部分司法机关对于不起诉和适用缓刑的标准掌握不够严格有关。为规范对非设关地成品油走私犯罪不起诉和缓刑的适用,《纪要》提出,应当依法严格把握不起诉、缓刑的适用条件。实践中,对于非设关地成品油走私犯罪不起诉和缓刑的适用,应当注意以下几点:

一是适用不起诉和缓刑应当以是否具备《刑法》和《刑事诉讼法》规定的适用条件为前提。《刑法》第七十二条规定,对于被判处拘役、三年以下有期徒刑的犯罪分子,同时符合犯罪情节较轻、有悔罪表现、没有再犯罪的危险、宣告缓刑对所居住社区没有重大不良影响等条件的，可以宣告缓刑；对其中不满十八周岁的人、怀孕的妇女和已满七十五周岁的人，应当宣告缓刑。《刑事诉讼法》第一百七十七条第二款规定，对于犯罪情节轻微，依照《刑法》规定不需要判处刑罚或者免除刑罚的，人民检察院可以作出不起诉决定。这里的“依照刑法规定不需要判处刑罚”，主要是指虽然不具有免除处罚的情节，但犯罪嫌疑人的犯罪情节轻微，社会危害较小，综合全案具体情况，结合《刑法》和司法解释关于法定刑和量刑标准的规定，认为不需要判处刑罚；“依照刑法免除刑罚”主要是指具有《刑法》总则规定的可以或者应当免除处罚的诸类情形。综合《刑法》和《刑事诉讼法》的前述规定，非设关地成品油犯走私案件的犯罪嫌疑人和被告人如符合《刑法》和《刑事诉讼法》关于适用缓刑和作出不起诉决定的相关规定，可以依法对其宣告缓刑或者作出不起诉决定。

二是应当结合案件特点和实际情况掌握缓刑和不起诉的适用。根据《刑法》和《刑事诉讼法》的相关规定，结合非设关地成品油走私案件的特点，行为人如具有下列情形的，应当依法不予宣告缓刑和适用不起诉决定：(1)犯罪嫌疑人或者被告人系累犯或者犯罪集团的首要分子的；(2)依法应当判处三年以上有期徒刑的；(3)采用暴力、威胁等手段抗拒执法的；(4)销毁电子证据或者纸质单据等证据的；(5)认罪态度不好，具有包庇同案犯等情节的；(6)曾因走私犯罪被给予刑事追究或者行政处罚后又走私的。走私犯罪分子具有上述情形的，应当依法不予适用或者从严掌握缓刑和不起诉的适用。

三、关于非设关地成品油走私主观故意的认定

实践中，走私犯罪分子主观故意的认定是走私案件常见疑难问题，这在非设关地成品油走私案件中尤为突出。非设关地走私案件具有参与人员众多和团伙化等特点，不同人员往往只参与走私过程的某一环节，被查获后，行为人常常以对其他环节不清楚为由，对犯罪主观故意提出辩解，加大案件办理难度。有鉴于此，《走私意见》第五条第二款规定：“走私主观故意中的‘明知’是指行为人知道或者应当知道所从事的行为是走私行为。具有下列情形之一的，可以认定为‘明知’，但有证据证明确属被蒙骗的除外：(一)逃避海关监管，运输、携带、邮寄国家禁止进出境的货物、物品的；(二)用特制的设备或者运输工具走私货物、物品的；(三)未经海关同意，在非设关的码头、海(河)岸、陆路边境等地点，运输(驳载)、收购或者贩卖非法进出境货物、物品的；(四)提供虚假的合同、发票、证明等商业单证委托他人办理通关手续的；(五)以明显低于货物正常进(出)口的应缴税额委托他人代理进(出)口业务的；(六)曾因同一种走私行为受过刑事处罚或者行政处罚的；(七)其他有证据证明的情形。”

《纪要》在《走私意见》等规范性文件的基础上，总结实践经验，明确了可以认定走私犯罪主观故意的十种具体情形。《纪要》主要采用推定的方式认定走私犯罪主观故意，具体而言，对于行为人没有合法证明，逃避监管，在非设关地运输、贩卖、收购、接卸成品油，可以结合已经查实的特殊情形，综合认定是否具有走私犯罪故意，但有证据证明确属被蒙骗或者有其他相反证据的除外。择要言之如下：

1. 关于严重违反基本监管要求的情形

走私行为涉及货物的进出境，从正常货物进出境的角度来看，国家对于货物进出境有各种各样的监管，包括货物、资金、人员、交通工具等各方面监管，这些监管是国家从正面行政管理的角度提出各种要求。走私犯罪分子往往会采取各种方式规避相关部门的监管，以尽量降低被发现的可能性。因此，在走私犯罪案发之后，如果能够查实行为人故意违反相关监管要求，可以推定其具有走私犯罪的主观故意。以海上货物运输为例，根据相关规定，船舶应当有明确的船名、船籍港、船舶证书,改造船舶之前应当向公安边防等部门报告,船舶进出我国港口时,应当向主管机关报告航次计划、船员配备、客货载运信息等,相关信息应记载于航海日志中,配备自动识别系统(AIS)等通信、导助航设备的船舶应当始终保持设备处于工作状态。上述规定都是国家对海上货物运输最基本的要求,而在海上走私成品油中,走私犯罪分子往往大量使用"三无"船舶(无船名、无船籍港、无船舶证书),擅自改装船舶,航海日志不记载或虚假记载,航行中关闭船载 AIS 系统等来规避监管,防止自己的行踪被监管部门发现。司法实践中,具有上述情形的常常作为推定犯罪主观故意的重要依据。据此,《纪要》规定,行为人没有合法证明,逃避监管,在非设关地使用"三无"船舶、虚假船名船舶、虚假号牌车辆、非法改装的船舶、非法改装、伪装的车辆运输、贩卖、收购、接卸成品油的,或者虚假记录船舶航海日志、轮机日志,进出港未申报或者进行虚假申报的,或者故意关闭或者删除船载 AIS 系统、GPS 及其他导航系统存储数据,销毁手机存储数据,或者销毁成品油交易、运输单证的,综合其他在案证据,可以认定具有走私犯罪故意。此外,《走私意见》第五条第二款第(三)项规定的"未经海关同意,在非设关的码头、海(河)岸、陆路边境等地点,运输(驳载)、收购或者贩卖非法进出境货物、物品的",也属于严重违反监管要求的情形。

2. 关于明显违背商业惯例的情形

正常经济活动通常都有符合经济特征的商业惯例或者公认的行业准则,与之相反的是,可能涉嫌违法犯罪的经济活动在某个或某些环节通常会明显背离这些正常的商业惯例、行业准则。通过查清这些反常情形,有助于对走私犯罪分子主观故意的认定。走私犯罪属于典型的非正常经济行为,结合走私犯罪的一般行为方式,主要可以从货物交接、资金往来、成本收益、信息传递等方面具体分析行为人是否存在明显违背商业惯例的情形:

一是明显违背合法货物交接惯例的情形。走私犯罪分子对于可能涉嫌违法犯罪的货物,常常使用特定暗号进行交接,或者选择在明显不合理的隐蔽时间、隐蔽地点交接货物,或者采用隐蔽的方式交接货物,或者使用特制的隐蔽工具装载货物等。据此,《纪要》规定,在明显不合理的隐蔽时间、偏僻地点过驳成品油,或者使用暗号、信物进行联络、接头的,属于明显违背合法货物交接惯例的情形,可以认定为具有走私犯罪故意。此外,《走私意见》第五条第二款第(二)项规定的"用特制的设备或者运输工具走私货物、物品的",也属于明显违背合法货物交接惯例的情形。

二是明显违背正常资金往来惯例的情形。作为以谋利为目的的经济犯罪,走私犯罪必然伴随大额资金的往来,这在非设关地成品油走私犯罪中更为明显。实践中,行为人常常在一次交易中将大额货款故意分成多笔支付,或者通过实际控制的他人账户、地下钱庄来收付资金,或者采用直接大额现金支付等异常方式收付资金,这些都有利于认定是否具有走私犯罪的故意。据此,《纪要》规定,"使用控制的他人名下银行账户收付成品油交易款项的",属于明显违背正常资金往来惯例的情形,可以认定为具有走私犯罪故意。

三是明显违背合理成本收益的情形。从经济活动的一般规律来看,理性的经济活动必然要求合理的成本收益,走私犯罪特别是非设关地成品油走私犯罪由于逃避了正常的监管和纳税,其交易价格往往会低于同类产品的正常市场交易价格。因此,在有证据证明交易价格明显不符合合理成本收益这一基本经济规律的情况下,可以作为认定走私犯罪主观故意的重要依据。据此,《纪要》规定,"交易价格明显低于该类商品国内合规市场同期价格水平的",属于明显违背合理成本收益的情形,可以认定为具有走私犯罪故意。

四是明显违背正常通信惯例的情形。非设关地走私参与人员众多,通常伴随不同主体之间信息传递、沟通。通过分析行为人之间是否存在特殊通信方式,在信息传递过程中是否采取明显有别于正常通讯的情形,有利于分析其犯罪主观故意。据此,《纪要》规定,"使用无实名登记或者无法定位的手机卡、卫星电话卡等通讯工具的",属于明显违背正常通讯惯例的情形,可以认定为具有走私犯罪故意。

3. 关于刻意逃避执法检查的情形

走私犯罪分子在作案过程中为逃避打击、躲避检查或者免遭举报,往往会采取各种方式避免被执法人员发现或被他人察觉,即便走私犯罪事实被发现,也会采取各种手段销毁证据、逃避查处。案发后,通过查清走私犯罪分子是否存在刻意逃避执法检查的情形,有利于还原其作案时的主观心态,进而认定其是否具有走私犯罪故意。根据时间节点的不同,可以将逃避执法检查分为预防型和现场型两种情形:

一是预防型逃避执法检查。即在走私犯罪实施之前或者实施过程中,走私犯罪分子为避免被执法人员或他人发现、察觉,有针对性地采取各种预防性的规避措施。实践中,通常表现为派员跟踪特定执法部门活动轨迹,如派人盯梢缉私、边防、海警部门,或者派专人望风,如安排人员在卸油码头望风,或者故意绕开检查关卡或常规路线、有预谋的指使他人冒名顶替等。据此,《纪要》规定,"事前制定逃避执法机关检查预案的",属于预防型逃避执法检查,可以认定为具有走私犯罪故意。

二是现场型逃避执法检查。即行为人在实施相关违法行为过程中或者实施完毕后,被执法人员人赃俱获时,为避免本人被查处而抗拒检查、丢弃赃物、逃跑或者临时指使他人冒名顶替等。据此,《纪要》规定,"逃避、抗拒执法机关检查",属于现场型逃避执法检查,可以认定为具有走私犯罪故意。

此外,《纪要》规定的行为人删除船载 AIS 系统、GPS 导航等船载数据,或者销毁手机存储数据,或者销毁成品油交易、运输单证等情形,也属于刻意逃避执法检查的情形。这些情形既可能发生在违法犯罪行为被执法人员发现之前,比如,每一次犯罪结束后有意识地删除数据、销毁单证;也可能发生在执法人员现场查处时,比如,当场删除数据、丢弃设备等。

4. 其他可以认定具有走私犯罪故意的情形

为避免挂一漏万,《纪要》以兜底性条款的方式,规定了其他可以认定具有走私犯罪故意的情形。实践中,其他可以认定具有走私犯罪故意的情形可以从以下两方面来把握:

一是《走私意见》第五条第二款前(六)项规定的可以认定为"明知"的情形,同样适用于非设关地成品油走私犯罪故意的认定。

二是以行为人职业经历、专业背景或者具体案情中其他特别反常的情形为基础,结合经验法则、逻辑规则等判断行为人是否有犯罪主观故意。实践中,以下几类常见情形有利于认定非设关地成品油走私的主观故意:(1)是否具有同类前科走私行为。如果行为人因走私违法犯罪被打击处理后又实施同类行为的,可以认定为具有走私犯罪的主观故意。《走私意见》第二条第二款第(六)项规定的"曾因同一种走私行为受过刑事处罚或者行政处罚的",就属于此种情形。(2)行为人背景经历。个人教育背景、职业经历、社会阅历等,可以在一定程度上反映其对相关行为特别是违法犯罪的认识程度。具体到非设关地成品油走私犯罪中,如果行为人长期生活在沿海、沿边地区,自己或者周边亲友有出海经历,或者时常通过边境地区进出境,或者长期从事成品油行业相关工作等,就比较有利于分析其是否具有走私犯罪故意。(3)是否有异常记账方式或者操作模式。行为人在实施走私犯罪过程中,如果其记账方式、操作模式等明显异于常理常情常识,严重背离民众从事合法行为的经验法则、逻辑规则,在无法合理解释的情况下,也可以作为认定走私犯罪故意的重要依据。(4)是否使用特殊运输工具。行为人如使用特制设备、夹层、暗格实施走私活动的,可以认定为具有走私犯罪故意。

总之,非设关地成品油走私通常涉及环节多、链条长,相关参与人员时常会在不同环节、不同侧面留下一些异常痕迹,可以作为判断主观故意的基础事实,再结合具体案情进行综合认定。对于这些基础事实,应当重点把握以下两点基本要求:一是基础事实应当查证属实。实践中,不少案件能够反映出行为人有异常行为的线索,如果无法查证属实,仍然不能作为推定主观故意的依据。二是基础事实多多益善。相关基础事实越多,越有利于认定主观明知。事实上,司法实践中大量非设关地成品油走私案件是结合两种或两种以上基础事实来认定主观故意。

四、关于犯罪数额认定和证据收集

1. 关于非设关地成品油走私的税率适用

根据《进出口关税条例》的规定,我国对于进口货物征收关税适用最惠国税率、协定税率、特惠税率、普通税率等税率。此外,对进口货物在一定期限内也可以适用暂定税率。具体来看,上述税率的适用条件分别是:(1)关于最惠国税率。原产于共同适用最惠国待遇条款的世界贸易组织成员的进口货物,原产于我国签订含有互相给予最惠国待遇条款的双边贸易协定的国家或者地区的进口货物,以及原产于我国境内的进口货物,适用最惠国税率。由于我国已加入 WTO,故从所有 WTO 成员进口的货物都适用最惠国税率。即使少数与我国有贸易往来的国家未加入 WTO,如俄罗斯等国,由于这些国家都与我国签订了互惠协议,互相承认并给予对方最惠国待遇,可以说与我国建交国家进口货物的关税基本上都适用最惠国税率。(2)关于协定税率。原产于与我国签订含有关税优惠条款的区域性贸易协定的国家或地区的进口货物,适用协定税率。我国与马尔代夫、格鲁吉亚、澳大利亚、秘鲁、新加坡、新西兰、智利、巴基斯坦、东盟等多个国家和地区组织签订了双边或多边自贸区协定,与印度、韩国、孟加拉国、斯里兰卡、老挝签订了优惠贸易的亚太贸易协定,从前述国家进口货物关税适用协定税率。(3)关于特惠税率。原产于与我国签订含有特殊关税优惠条款的贸易协定的国家或地区的进口货物,适用特惠税率。特惠税率主要目的是鼓励不发达国家,如最不发达37国(埃塞俄比亚、刚果、卢旺达等国)增进与我国的友好贸易往来并发展经济。(4)关于暂定税率。暂定税率是在海关进出口税则规定的进口优惠税率和出口税率的基础上,对进口的某些重要的工农业生产原料和机电产品关键部件以及出口的部分资源型产品实施更为优惠的关税税率。暂定税率一般按照年度制定实施,并且可以根据需要随时中止。(5)关于普通税率。原产于上述情形以外国家或者地区的进口货物,以及原产地不明的进口货物,适用普通税率。普通税率高于最惠国税率、暂定税率、协定税率、特惠税率。

实践中,由于认识不同,各地在办理非设关地成品油走私案件中适用的税率标准并不一致,有的适用普通税率,有的适用最惠国税率,造成执法、司法标准不统一,出现了非设关地成品油走私向适用低税率核定偷逃税额的地区转移的现象,形成"走私洼地"。为规范非关地成品油走私案件的办理,统一执法尺度,《纪要》明确,非设关地成品油走私活动属于非法的贸易活动,计核非设关地成品油走私刑事案件的偷逃应缴税额,一律按照成品油的普通税率核定,不适用最惠国税率或者暂定税率。对于《纪要》的上述规定,起草过程中,有意见认为,对原产地不明且办案部门举证不能的案件,应当按照有利于当事人的原则适用优惠税率。支持前述观点的依据主要是海关总署关税司于2006年和2007年分别作出的两个批复。其中,海关总署关税司于2006年给拱北海关的批复(税管函〔2006〕140号)的内容是:"根据关税条例第十条规定,原产地不明的进口货物,适用普通税率。因此,无论是否涉及违规,只要进口货物原产地不明,海关都应按普通税率计核税款。但实践中,在判断货物原产地时,海关和当事人的举证责任视情况有所不同。在正常进口过程中,纳税义务人申报纳税时应首先向海关举证(如提交合同、发票、原产地证明等)所进口货物适用何种税率,如其不同意举证货物原产地,海关即应按普通税率计核税款。但在办理走私违规案件的处理过程中,海关应首先负责举证货物的原产地,如查案部门不能举证涉嫌走私违规货物原产地时,按照最惠国税率等计核税款。”海关总署关税司于2007年给杭州海关的批复(税管函〔2007〕149号)内容是:“在办理走私案件时,海关对证明案件事实负有举证责任,如原产地不明且办案部门举证不能,则应适用优惠税率计核偷逃税款。因此,对于走私违规货物,如原产地不明且办案部门举证不能,海关应适用最惠国税率计核税款;如果同时存在最惠国税率和暂定税率的,应优先适用暂定税率计核税款。”

我们认为,海关总署关税司税管函〔2006〕140号批复的前半部分内容表述“无论是否涉及违规,只要进口货物原产地不明,海关都应按普通税率计核税款”,后半部分内容又表述基于举证责任的不同,走私违规处理中适用“有利当事人原则”,前后内容明显矛盾。另外,海关总署关税司税管函〔2006〕140号批复对正常进口申报完全否认海关的举证责任,在走私违规案件处理中又将海关举证责任绝对化,既机械理解“有利当事人原则”,同时又违反执法合法便利的精神。与海关总署关税司税管函〔2006〕140号批复的问题相似,海关总署关税司税管函〔2007〕119号批复依然围绕举证责任提出有利当事人税率适用标准,其内容与海关总署关税司税管函〔2006〕140号虽然有所不同,但同样存在内容前后矛盾的问题:税管函〔2007〕119号批复的前半部分内容提出,对走私案件(不含违规案件),适用优惠税率计核偷逃税款,应包括最惠国税率、协定税率、特惠税率和暂定税率。后半部分内容又提出,对于走私违规货物,适用最惠国税率计核税款,如果同时存在最惠国税率和暂定税率的,应优先适用暂定税率计核税款。

综合以上分析,我们认为,在办理非设关地成品油走私案件计核偷逃税额的税率适用时,应当将协定税率或特惠税率排除在外并适用普通税率。理由主要有以下两点:

一是根据《海关进出口货物优惠原产地管理规定》(海关总署令第181号)规定,在满足直接运输、真实原产自协定国家等前提条件下,应当适用协定税率或者特惠税率,进口货物收货人或者其代理人要货物申报进口时,必须提交规定形式的原产地证明及有关商业单证,只有按照相应的操作程序获得法定形式的原产地证明的货物,才能适用特惠税率或协定税率。其他货物即使确实原产于优惠协定国家,如没有国家信用背书,也不能适用协定税率或特惠税率。非设关地成品油走私系绕关走私,不可能履行上述通关程序,自然不能适用协定税率或者特惠税率。

二是根据《进出口关税条例》的相关规定,适用最惠国税率的进口货物有暂定税率的,应当适用暂定税率。实践中,从与我国建交的所有国家进口货物,基本都适用最惠国税率,具有一定的普遍性。对走私货物按最惠国税率(有暂定税率的适用暂定税率)计核偷逃税额有一定合理性。《纪要》之所以考虑“计核非设关地成品油走私刑事案件的偷逃应缴税额,一律按照成品油的普通税率核定,不适用最惠国税率或者暂定税率”,主要是考虑《进出口关税条例》规定,原产地不明的进口货物,适用普通税率。走私犯罪作为行政犯,其行政法的前置依据即为《进出口关税条例》,认定时理应作为行政法规依据。非设关地成品油走私链条长,环节多,时间、空间跨度大,“运、购、贮、销”分属不同团伙。境外母船在公海或专属经济区游弋,境内闯关团伙走私团伙中、小船只伺机接驳,境内货主团伙的油罐车在非设关地码头卸油,再分散到地下油库或各地消费市场。海关缉私部门、海警部门等很难一个案件打掉整个走私链条,书证少、电子证据少,没有合法证明文件,涉案船舶多为“三无船舶”或无船籍船舶,真正的组织、操作、策划走私的主犯隐藏在幕后。非设关地成品油走私的特点造成很难查清成品油的原产地。

此外,在办理非设关地成品油走私等涉及计核偷逃应缴税额的案件时需要注意的是,应当根据走私犯罪案件具有的多样性和复杂性的特点,区分不同情形分别核定行为人偷逃的应缴税额。

根据《走私刑事案件解释》第十八条的规定，走私刑事案件原则上应以走私行为实施时的税则、税率、汇率和完税价格计算偷逃的应缴税额；多次走私的，以每次走私行为实施时的税则、税率、汇率和完税价格逐票计算；走私行为实施时间不能确定的，以案发时的税则、税率、汇率和完税价格计算。因为，根据《刑法》第一百五十三条的规定，偷逃应缴税额属于走私普通货物、物品罪的构成要件事实，在行为时与案发时相分离的情况下，只有依据行为时的税则、税率、汇率和完税价格，才能准确计核、反映相应走私行为给国家税款造成的实际危害程度。

2. 关于《纪要》发布之日起正在处理案件和新立案件的税率适用问题

《纪要》发布时，有些非设关地成品油走私案件尚处于侦查、审查起诉或起诉后尚未判决阶段。对于这些案件，如果是按最惠国税率计核偷逃应缴税额，是否需要按普通税率重新计核，存在不同认识。一种意见认为，根据《最高人民法院、最高人民检察院关于适用刑事司法解释时间效力问题的规定》(高检发释字〔2001〕5 号)第二条的规定，对于司法解释实施前发生的行为，行为时没有相关司法解释，司法解释施行后尚未处理或者正在处理的案件，依照司法解释的规定处理。《纪要》虽然不是司法解释，但也属于具有普遍指导作用的规范性司法文件，故在时间效力上应当参照前述司法解释的规定执行，《纪要》发布后，对于正在处理的案件，如果是按最惠国税率计核偷逃应缴税额的，应当重新计核。另一种意见认为，《纪要》不是司法解释，不应简单适用前述“两高”司法解释的规定，《纪要》发布前，毕竟存在海关总署关税司税管函〔2006〕140 号和税管函〔2007〕119 号两个批复，按最惠国税率计核也是有依据的。故对于正在处理的案件，应当按照“从旧兼从轻”的原则，不按普通税率重新计核偷逃应缴税额。

经研究，笔者同意上述第二种意见。《纪要》发布前，由于没有明确、权威的规定，实践中各地的做法不一致，有的按最惠国税率，有的按普通税率计核偷逃应缴税额。为体现“从旧兼从轻”原则，对于走私成品油行为发生在《纪要》发布前的案件，可以按照惯常做法计核偷逃应缴税额，不必适用《纪要》关于计核税率的规定。从发文层级来看，《纪要》系海关总署与最高人民法院、最高人民检察院联合发布的规范性司法文件，其效力高于海关总署关税司税管函〔2006〕140 号批复和税管函〔2007〕119 号批复。《纪要》实际上废除了海关总署关税司的前述两个批复，明确了非设关地成品油走私偷逃应缴税额计核税率统一适用的标准，故对于走私成品油行为发生在《纪要》发布后的案件，应当按照《纪要》的规定，一律按照成品油的普通税率计核偷逃的应缴税额。

应当注意的是，在办理走私犯罪案件适用“从旧兼从轻原则”时，关税税率的变动不影响偷逃应缴税额的认定。由于关税税率往往基于国家政策等因素适时作出调整，有些走私案件会出现犯罪行为时税率较高，而在案发或者审判时关税已经降低甚至免征的情况。针对关税税率变动是否影响偷逃应缴税额的认定，实践中有观点认为，关税税率调整在性质上属于政策、法律变更范畴，应当遵循刑法上的“从旧兼从轻原则”，以变动后的关税税率重新核定偷逃应缴税额。我们认为，关税税率的调整不属于刑法意义上的政策、法律变更，不具有溯及既往的效力，故并不影响走私犯罪行为时偷逃应缴税额的认定。因为从旧兼从轻原则是一项法律适用原则，实践中应当把“法律调整”与“事实变化”严格区分开来，只有在法律调整的情况下才可以适用“从旧兼从轻原则”。关税税率变更属于犯罪构成要件事实变化的情形，正如具有国家工作人员身份的人实施职务犯罪后，在案发或者审判时已不具备国家工作人员身份的事实变化，并不影响职务犯罪的认定一样，不能适用“从旧兼从轻原则”。

3. 关于走私成品油种类和数量的认定问题

非设关地成品油走私犯罪隐蔽性强、留存证据少，走私成品油上岸后迅速分销各地，走私分子定期销毁证据，走私货物种类、数量认定难。实践中，一些地区执法司法机关仅对现场查获的成品油予以认定,对未能在现场查获的成品油以及走私分子之前的走私行为多以难以取证为由不予认定。为解决非设关地成品油走私的种类和数量的认定问题,《纪要》对此作了专门规定:“查获部分走私成品油的,可以按照被查获的走私成品油标准核定应缴税额;全案没有查获成品油的,可以结合其他在案证据综合认定走私成品油的种类和数量,核定应缴税额。”

适用《纪要》的前述规定时应注意,“查获部分走私成品油”既包括查获了一次走私行为中的部分成品油,也包括查获了行为人多次走私行为中部分成品油。对于查获了一次走私行为中的部分成品油案件,因涉案成品油来源一致,可直接根据在扣成品油认定全案走私成品油的种类、品质。对于查获了行为人多次走私行为中部分成品油的案件,因成品油走私犯罪具有的隐秘性特点,不同走私团伙有相对固定的成品油来源渠道和销售渠道,如无相反证据,可根据在扣成品油认定多次走私的走私成品油种类和品质。关于“全案没有查获成品油的,可以结合其他在案证据综合认定走私成品油的种类和数量,核定应缴税额”的规定,主要是考虑走私分子走私成品油的动机是非法牟利,为防止被骗或“黑吃黑”,走私分子在“运、购、贮、销”各个环节要进行油品鉴别、测量或称重。对全案没有查获成品油的案件,可根据走私团伙中负责采购、销售、过驳人员的供述,收付款情况,记载测量或称重的书证,手机微信、短信等电子证据,予以综合认定。除上述认定方法外,还可以参照同期执法部门在同一海域查获的其他成品油来认定货物种类。从非设关地成品油走私特点来看,同期同一海域走私的成品油基本来源于同一批游弋于公海上的供油母船,不同走私团伙走私的成品油在货物种类上比较相近,在无相反证据的情况下,可以参照借鉴作为核税的依据。

4. 关于犯罪情节在追究刑事责任中的作用

非设关地成品油走私环节多、参与人员多、行为隐蔽,实践中,部分案件因证据所限,无法准确核定有些涉案人员走私的具体偷逃应缴税额,一些地方的司法机关以无法认定这些涉案人员偷逃的具体税额为由不予处理,影响了对成品油走私犯罪的打击效果。

我们认为,上述问题的由来主要是受1997年《刑法》第一百五十三条将走私普通货物、物品罪规定为数额犯的影响,1997年《刑法》第一百五十三条规定,偷逃数额5万元以上即构成犯罪,实践中遂将该罪视为单纯的数额犯。2011年2月25日,第十一届全国人民代表大会常务委员会第十九次会议通过的《刑法修正案(八)》将该走私普通货物、物品罪的构成要件修正为“数额+情节”,除将“小额多次走私”规定为走私普通货物、物品罪的入罪要件外,还规定该罪的第二档、第三档量刑幅度不能只考虑数额,行为人具有“其他严重情节”或者“其他特别严重情节”的,同样应当适用对应的量刑幅度。《走私刑事案件解释》根据《刑法修正案(八)》的上述规定和走私犯罪的特点,明确了走私普通货物、物品罪“数额+情节”的具体认定标准。因此,在办理走私普通货物案件中,不能只以偷逃税额作为定罪量刑的唯一标准,特别是对于集团犯罪、共同犯罪中主要犯罪嫌疑人、被告人以外的其他参与走私人员,在因客观原因确实无法准确核定其参与走私的具体偷逃应缴税额的情况下,可以结合在案相关证据,根据其在走私犯罪中的地位、作用等情节来准确认定其刑事责任。据此,《纪要》规定,办理非设关地成品油走私犯罪案件,除主要犯罪嫌疑人以外,对集团犯罪、共同犯罪中的其他犯罪嫌疑人,无法准确核定其参与走私的具体偷逃应缴税额的,可以结合在案相关证据,根据其参与走私的涉案金额、次数或者在走私活动中的地位、作用等情节决定是否追究刑事责任。

实践中,适用《纪要》上述规定时应当注意,可根据情节决定是否追究刑事责任的情形,限于主要犯罪嫌疑人以外的集团犯罪、共同犯罪中的其他犯罪嫌疑人,对犯罪集团的首要分子或者共同犯罪中的主犯等主要犯罪嫌疑人追究刑事责任时,应当根据其组织、指挥或者参与的走私成品油准确核定其偷逃的应缴税额。主要是考虑走私普通货物、物品罪作为经济犯罪，其社会危害性体现在走私行为造成国家税款的流失，其他情节的社会危害程度对偷逃应缴税额有一定的从属性。准确核定主要犯罪嫌疑人走私具体的偷逃应缴税额，有利于确定整个案件的是否构成犯罪及适用的量刑幅度，并为其他按情节处罚非主要犯罪嫌疑人树立了"标杆"，即参照主要犯罪嫌疑人从轻或减轻处罚。

5. 关于非设关地成品油走私案件的证据收集

非设关地成品油走私作为一种隐蔽犯罪，现场遗留的证据少，走私犯罪分子之间往往订立"攻守同盟"，有罪供述少、互相指证少，非设关地成品油走私案件取证难问题一直困扰执法和司法机关。《纪要》结合非设关地成品油走私的特点、规律及总结执法司法实践经验，强调了应当重点收集、提取的证据，以形成证据链条，满足犯罪构成要件和案件定性、定量的要求。通过收集通信工具、交易记录、违法所得分配记录等证据，重点是确定走私活动的幕后组织、指挥、策划人员及直接从事走私活动的运输工具负责人、交易人、盯梢望风人员等，从而确定各犯罪嫌疑人在案件中的地位、作用；通过收集涉案地点、环境，涉案船舶的航次航图、航海日志、GPS、船载 AIS 轨迹，跟踪守候、监控拍摄的照片、视听资料等证据，重点是证明行为人非法绕越设关地走私的客观行为和由此体现出来的逃避海关监管主观故意；通过收集涉案船舶、车辆、油品的特征、数量、属性，涉案人员通过微信、支付宝、银行卡等方式收付款的资金交易记录，成品油取样、计量过程的照片、视听资料等证据，重点是通过这些直接或间接证据确定走私成品油的种类和数量，并且进一步查清未现场查获的其他成品油走私活动。执法机关一定要重视非设关成品油走私取证条件脆弱的特点，及时、全面收集、固定上述证据，避免时过境迁，相关证据灭失。

6. 关于非设关地成品油走私案件技术侦查措施的规范

由于非设关地成品油走私的高度隐蔽性，案件的侦查取证往往需要采用技术侦查措施。实践中，部分侦查机关采取技术侦查措施收集证据不规范，影响了证据的客观性、关联性和合法性。《纪要》就非设关地成品油走私案件的技术侦查措施专门作出规范：依照法律规定采取技术侦查措施收集的物证、书证、视听资料、电子数据等证据材料对定罪量刑有重大影响的，应当随案移送，并移送批准采取技术侦查措施的法律文书和侦查办案部门对证据内容的说明材料。对视听资料中涉及的绰号、暗语、俗语、方言等，侦查机关应当结合犯罪嫌疑人的供述、证人证言等证据说明其内容。除了强调通过技术侦查措施收集的对定罪量刑有重大影响的证据要随案移送外，《纪要》还强调来源合法，即移送批准采取技术侦查措施的法律文书，以备司法机关对技术侦查措施的批准程序和是否按照批准的技术侦查措施的种类、适用对象和期限执行进行司法审查。《纪要》还强调对技术侦查措施收集的证据内容要制作说明材料，说明其要证明的内容和与案件的关联性，对视听资料中涉及的绰号、暗语、俗语、方言等，侦查机关应当结合犯罪嫌疑人的供述、证人证言等证据说明其内容，以便于司法机关准确认定涉案人员和审查涉嫌犯罪事实。

7. 关于证人证言的认定标准

《最高人民检察院、公安部关于办理经济犯罪案件的若干规定》(公通字〔2017〕25 号)第三十八条规定："公安机关办理非法集资、传销及利用通讯工具、互联网等技术手段实施的经济犯罪案件，确因客观条件的限制无法逐一收集被害人陈述、证人证言等相关证据的，可以结合已收集的言词证据和依法收集并查证属实的物证、书证、视听资料、电子数据实物证据，综合认定涉案人员人数和涉案金额等犯罪事实，做到证据确实、充分。"非设关地成品油走私系团伙犯罪或集团犯罪，走私链条长，涉及"运、购、贮、销"多个环节；时间、空间跨度大，走私行为持续几年，走私地域跨多省份，参与人员众多，有的案件有数十艘船舶和数百辆车辆参与走私。执法实践中，有的地方司法机关要求侦查机关对所有船员、司机、收购人等人员逐一调查核实，不但增加了办案难度，也影响了对案件的处理。为解决前述困扰执法、司法的取证问题，《纪要》根据《关于办理经济犯罪案件的若干规定》第三十八条的规定，就非设关地成品油走私案件证人证言的收集认定作出规范：确因客观条件的限制无法逐一收集船员、司机、收购人等人员证言的，可结合已收集的言词证据和物证、书证、视听资料、电子数据等证据，综合认定犯罪事实。

五、关于非设关地成品油走私案件涉案财物的处置

规范刑事诉讼涉案财物处置工作，对保证刑事诉讼顺利进行、保障当事人合法权益、确保司法公正具有重要意义。涉案财物处置涉及不同的诉讼领域、不同的执法司法环节，情况较为复杂，政策性、可操作性要求都很高。从执法司法实践来看，一些地方的执法司法机关在涉案财物处置工作方面仍然存在保管不规范、处置不及时、救济不到位等问题，严重损害当事人合法权益，严重影响司法公信力。为解决非设关地成品油走私案件中涉案财物的处置问题，《纪要》根据《刑法》《刑事诉讼法》和相关司法解释、规范性文件关于涉案财物处置的相关规定，结合非设关地成品油走私案件的特点，进一步明确了非设关地成品油走私案件中涉案财物和运输工具的处置原则、处置程序和处置方式：

对于权利人明确的被查封、扣押的涉案成品油及易贬值、不易保管的涉案船舶、车辆的处置方式，《纪要》明确，经权利人书面同意或者申请，依法履行审批程序，并固定证据和留存样本后，可以依法先行变卖、拍卖；针对涉案财物被他人善意取得或者与其他合法财产混合且不可分割的情况应如何处理，《纪要》明确，应当依法追缴、没收走私犯罪分子的其他等值财产；就建立健全被查封、扣押的涉案财物应审查后返还的处理机制，《纪要》规定应当通知原主认领，无人认领的，应当公告通知，公告满三个月无人认领的，依法拍卖、变卖后所得价款上缴国库，上缴国库后有人认领，经查证属实的，应当申请退库予以返还。此外，《纪要》还明确了走私运输工具的认定处理标准，规定船舶、车辆的出租人、出借人具有擅自改装或者默许他人将船舶、车辆改装为可装载油料的船舶、车辆；或者对船舶、车辆进行伪装；或者因出租、出借船舶、车辆用于走私受过行政处罚，又出租、出借给同一走私人或者同一走私团伙使用；或者拒不提供真实的实际承运人信息；或者提供虚假的实际承运人信息等情形的，可以认定其明知他人将车辆、船舶用于实施违法犯罪，对于符合上述情形之一的车辆船舶以及“三无”船舶、无法提供有效证书的船舶、车辆，或者假挂靠、长期不作登记、虚假登记等实为走私分子所有的船舶、车辆，均应当作为犯罪工具依法没收。

实践中，在理解和适用《纪要》的上述规定时，应重点把握好以下几个方面：

1. 关于涉案财物的先行处置

涉案财物的先行处置，是指执法司法机关在诉讼程序终结前对容易毁损、价值易于贬损等的刑事涉案财物，通过拍卖、变卖等方式予以提前处置的措施。对于刑事涉案财物的先行处置，《刑事诉讼法》和有关司法解释、规范性文件中均有规定。《刑事诉讼法》第二百四十五条规定，对违禁品或者不宜长期保存的物品，应当依照国家有关规定处理。《最高人民法院关于适用〈中华人民共和国刑事诉讼法〉的解释》（法释〔2012〕21 号，以下简称《刑事诉讼法解释》）第十六章“查封、扣押、冻结财物及其处理”中就刑事涉案财物的先行处置程序作出规定：权利人申请出卖被扣押、冻结的债券、股票、基金份额等财产，以及扣押、冻结的汇票、本票、支票有效期即将届满的，人民法院可以在裁判生效前依法出卖，所得价款由人民法院依法保管并及时告知当事人或者近亲属；对于易腐烂、霉变和不易保管的物品，查封、扣押机关可先行变卖处理，并随案移送原物照片、清单、变价处理的凭证（复印件）等。为贯彻落实《中共中央关于全面深化改革若干重大问题的决定》有关要求，进一步规范刑事诉讼涉案财物处置工作，根据《刑法》和《刑事诉讼法》的有关规定，中共中央办公厅、国务院办公厅于 2015 年 1 月 24 日下发《关于进一步规范刑事诉讼涉案财物处置工作的意见》（中办发〔2015〕7 号），意见第七条就完善涉案财物的先行处置程序作出规定："对易损毁、灭失、变质等不宜长期保存的物品，易贬值的汽车、船艇等物品，或者市场价格波动大的债券、股票、基金份额等财产，有效期即将届满的汇票、本票、支票等，经权利人同意或者申请，并经县级以上公安机关、国家安全机关、人民检察院或者人民法院主要负责人批准，可以依法出售、变现或者先行变卖、拍卖。所得款项统一存入各单位唯一合规账户。涉案财物先行处置应当做到公开、公平。"意见发布后，最高人民法院、最高人民检察院、公安部等部门先后出台文件，就刑事涉案财物的处置程序和方式作出了规定。

《纪要》在前述规定的基础上，结合非设关地成品油走私案件办理的特点，就非涉关地成品油走私案件涉案财物的先行处置程序作出明确："对查封、扣押的涉案成品油及易贬值、不易保管的涉案船舶、车辆，经权利人同意或者申请依法履行审批程序，并固定证据和留存样本后，可以依法先行变卖、拍卖，变卖、拍卖所得价款暂予保存，待诉讼终结后一并依法处理。"实践中，适用《纪要》的上述规定时应注意，适用先行处置应以权利人同意或者申请为前提条件。根据中办发〔2015〕7 号《关于进一步规范刑事诉讼涉案财物处置工作的意见》第七条以及最高人民法院、最高人民检察院、公安部等部门根据意见制定出台的规范性文件规定，刑事涉案财物的先行处置应当经权利人同意或者申请，目的就是纠正此前执法司法实践中对于刑事涉案财物处置不规范的问题，《纪要》秉承上述规定精神，明确非设关地成品油走私案件涉案财物的先行处置应当经权利人本人同意或者申请，并依法履行审批程序，同时应当固定证据和留存样本，可以拍照或者录像，以备在诉讼过程中出示和使用。这主要是考虑涉案成品油和船舶、车辆往往是案件的关键物证，如不做好证据的固定和样本留存工作，可能会给诉讼过程带来不必要的困扰。

2. 关于涉案财物的追缴和没收

《刑法》第六十四条规定，犯罪分子违法所得的一切财物，应当予以追缴或者责令退赔，违禁品和供犯罪所用的本人财物，应当予以没收。就非设关地成品油走私犯罪而言，应予追缴和没收的涉案财物主要是走私犯罪分子的违法所得及其产生的收益，以及用于走私犯罪的运输工具等财物。对于走私犯罪分子的违法所得，即使赃款财物形态发生转化，也应最大限度地予以追缴、没收，真正实现"不让犯罪分子从犯罪中获得利益"。

实践中，对于应当依法追缴、没收的涉案财产被他人善意取得或者与其他合法财产混合且不可分割的情况下应如何处理，一直是困扰执法、司法机关的难题。《纪要》借鉴最高人民法院、最高人民检察院、公安部、司法部 2019 年 4 月 9 日联合发布的《关于办理黑恶势力刑事案件中财产处置若干问题的意见》的相关规定，就非设关地成品油走私案件中涉案财物被他人善意取得或者与其他合法财产混同且不可分割的情况下的追缴和没收作出明确："有证据证明依法应当追缴、没收的涉案财产被他人善意取得或者与其他合法财产混合且不可分割的，应当追缴、没收其他等值财产"。适用《纪要》的上述规定时应注意以下三点：

一是不能将"追缴、没收其他等值财产"直接适用，必须有证据能证明应当追缴、没收的涉案财产已被他人善意取得或者与其他合法财产混合且不可分割，才能启动没收等值财产这种处理方式。例如，走私犯罪分子将用于运输成品油的车辆、船舶等运输工具合法转让给善意第三人，或者将走私违法所得和他人共同投资房产，或者购买的房产被家人用于居住且仅有一处住所等情形。

二是要慎重区分善意取得与恶意取得。区分相对第三人是善意取得还是恶意取得，主要从取得是否支付合理对价、获得时间、获得地点、运输工具是否经过特殊改装、主观认知等方面全面予以认定。

三是要严格遵循适当性原则，对于依法应当追缴、没收的涉案财产与其他合法财产混合且不可分割，应当按相同比例或者份额，追缴、没收走私犯罪分子的其他等值财产。没收的财产数额必须是与依法应当追缴、没收的涉案财产对应的数额，也就是“不能多也不能少”，必须是等值财产，不能损害被告人的合法权益。

此外，《纪要》还参照《刑事诉讼法解释》第三百六十六条的规定，对被查封、扣押的涉案财物返还和无人认领情况下的后续处置问题作出了规定。《刑事诉讼法解释》第三百六十六条规定，查封、扣押、冻结的财物及其孳息，应当判决返还被害人，或者没收上缴国库，但法律另有规定的除外。判决返还被害人的涉案财物，应当通知被害人认领；无人认领的，应当公告通知；公告满三个月无人认领的，应当上缴国库；上缴国库后有人认领，经查证属实的，应当申请退库予以返还；原物已经拍卖、变卖的，应当返还价款。《纪要》参照上述规定：“侦查机关查封、扣押的财物经审查后应当返还的，应当通知原主认领。无人认领的，应当公告通知，公告满三个月无人认领的，依法拍卖、变卖后所得价款上缴国库；上缴国库后有人认领，经查证属实的，应当申请退库予以返还。”既保证了诉讼的顺利进行，同时对被害人及利害关系人的合法财产权利也给予了有力保障。

3. 走私运输工具的认定和处理

针对实践中困扰执法司法机关的船舶、车辆等走私运输工具的处置问题，《纪要》根据相关法律、行政法规和司法解释的规定，结合非设关地成品油走私案件的特点，明确了走私运输工具的处置原则，规定对于无船名船号、无船籍港、无船舶证书的“三无”船舶，以及无法提供有效证书、属于犯罪分子所有的船舶、车辆，或者明知他人实施走私犯罪而出租、出借的船舶、车辆，原则上予以没收。适用该规定时应注意以下两点：

一是适用没收原则上应以法院裁判为依据。根据《刑事诉讼法》第二百四十五条，《刑事诉讼法解释》第三百六十四条、第三百六十五条、第三百六十九条等规定，对随案移送的进入刑事诉讼程序的查封、扣押、冻结的财物及其孳息，除违禁品或者不宜长期保存的物品应当依照国家有关规定处理外，须经人民法院判决才能作出处理，对人民法院未判决处理的，有关单位不得自行处理。因此，对扣押的走私犯罪运输工具，应当由人民法院依法判决处理，走私犯罪侦查机关、人民检察院、人民法院对扣押的犯罪运输工具，应当调查其权属情况，对于权属明确的，依法作出判决；对于权属不明确的，可以暂不判决没收，可移交主管机关依待查清后再作处理；对于未移送司法处理的走私犯罪运输工具，可由海关缉私部门依照《海关法》《海关行政处罚实施条例》等法律、行政法规的规定依法自行处理。

二是对走私犯罪运输工具的没收，应当体现罪刑相当原则，并区分不同情况处理。《刑法》第六十四条规定，供犯罪所有的本人财物，应当予以没收。《走私意见》第二十三条规定，属于走私犯罪分子所有的犯罪工具，走私犯罪侦查机关应当及时追缴，依法予以查扣、冻结。据此，没收走私犯罪运输工具，仅限于犯罪分子本人所有，对不属于犯罪分子本人所有的走私运输工具，依法不能没收。但是，对于行为人明知他人实施走私犯罪而提供自己所有的运输工具，或者名为他人所有，实为犯罪分子本人所有的运输工具，应当依法予以没收；对于平时主要用于正常生产、生活，只是偶尔用于走私被查获的，可以基于司法人道主义的原则，考虑适用替代没收。

针对实践中常见的出租、出借船舶、车辆给他人用于走私如何处理的问题，《纪要》根据刑事司法实践长期坚持的一贯立场，参照《海关法》《海关行政处罚实施条例》以及一些地方执法司法机关制定的规范性文件的成果，结合实践经验列举了五种推定“明知”的具体情形：(1)出租人、出借人未经有关部门批准，擅自将船舶、车辆改装为可装载油料用的船舶、车辆，或者进行伪装的。(2)出租人、出借人默许实际承租人将船舶、车辆改装为可装载油料用船舶、车辆,或者进行伪装的。(3)因出租、出借船舶、车辆用于走私受过行政处罚,又出租、出借给同一走私人或者同一走私团伙使用的。(4)出租人、出借人拒不提供真实的实际承运人信息,或者提供虚假的实际承运人信息的。(5)其他可以认定明知的情形。对于上述五种情形,除有证据证明确属被蒙骗或者有其他相反证据的之外,均可以认定船舶、车辆出租人、出借人对他人实施走私违法犯罪具有主观"明知"。

三、妨害对公司、企业的管理秩序罪;破坏金融管理秩序罪;金融诈骗罪

全国人民代表大会常务委员会
关于《中华人民共和国刑法》第一百五十八条、第一百五十九条的解释

(2014 年 4 月 24 日第十二届全国人民代表大会常务委员会第八次会议通过)

全国人民代表大会常务委员会讨论了公司法修改后刑法第一百五十八条、第一百五十九条对实行注册资本实缴登记制、认缴登记制的公司的适用范围问题,解释如下:

刑法第一百五十八条、第一百五十九条的规定,只适用于依法实行注册资本实缴登记制的公司。

现予公告。

最高人民法院　最高人民检察院　公安部
关于办理非法集资刑事案件适用法律若干问题的意见

(2019 年 1 月 30 日　公通字〔2014〕16 号)

各省、自治区、直辖市高级人民法院,人民检察院,公安厅、局,解放军军事法院、军事检察院,新疆维吾尔自治区高级人民法院生产建设兵团分院,新疆生产建设兵团人民检察院、公安局:

为解决近年来公安机关、人民检察院、人民法院在办理非法集资刑事案件中遇到的问题,依法惩治非法吸收公众存款、集资诈骗等犯罪,根据刑法、刑事诉讼法的规定,结合司法实践,现就办理非法集资刑事案件适用法律问题提出以下意见:

一、关于行政认定的问题

行政部门对于非法集资的性质认定,不是非法集资刑事案件进入刑事诉讼程序的必经程序。行政部门未对非法集资作出性质认定的,不影响非法集资刑事案件的侦查、起诉和审判。

公安机关、人民检察院、人民法院应当依法认定案件事实的性质,对于案情复杂、性质认定疑难的案件,可参考有关部门的认定意见,根据案件事实和法律规定作出性质认定。

二、关于"向社会公开宣传"的认定问题

《最高人民法院关于审理非法集资刑事案件具体应用法律若干问题的解释》第一条第一款第二项中的"向社会公开宣传",包括以各种途径向社会公众传播吸收资金的信息,以及明知吸收资金的信息向社会公众扩散而予以放任等情形。

三、关于"社会公众"的认定问题

下列情形不属于《最高人民法院关于审理非法集资刑事案件具体应用法律若干问题的解释》第一条第二款规定的"针对特定对象吸收资金"的行为,应当认定为向社会公众吸收资金:

(一)在向亲友或者单位内部人员吸收资金的过程中,明知亲友或者单位内部人员向不特定

对象吸收资金而予以放任的；

（二）以吸收资金为目的，将社会人员吸收为单位内部人员，并向其吸收资金的。

四、关于共同犯罪的处理问题

为他人向社会公众非法吸收资金提供帮助，从中收取代理费、好处费、返点费、佣金、提成等费用，构成非法集资共同犯罪的，应当依法追究刑事责任。能够及时退缴上述费用的，可依法从轻处罚；其中情节轻微的，可以免除处罚；情节显著轻微、危害不大的，不作为犯罪处理。

五、关于涉案财物的追缴和处置问题

向社会公众非法吸收的资金属于违法所得。以吸收的资金向集资参与人支付的利息、分红等回报，以及向帮助吸收资金人员支付的代理费、好处费、返点费、佣金、提成等费用，应当依法追缴。集资参与人本金尚未归还的，所支付的回报可予折抵本金。

将非法吸收的资金及其转换财物用于清偿债务或者转让给他人，有下列情形之一的，应当依法追缴：

（一）他人明知是上述资金及财物而收取的；

（二）他人无偿取得上述资金及财物的；

（三）他人以明显低于市场的价格取得上述资金及财物的；

（四）他人取得上述资金及财物系源于非法债务或者违法犯罪活动的；

（五）其他依法应当追缴的情形。

查封、扣押、冻结的易贬值及保管、养护成本较高的涉案财物，可以在诉讼终结前依照有关规定变卖、拍卖。所得价款由查封、扣押、冻结机关予以保管，待诉讼终结后一并处置。

查封、扣押、冻结的涉案财物，一般应在诉讼终结后，返还集资参与人。涉案财物不足全部返还的，按照集资参与人的集资额比例返还。

六、关于证据的收集问题

办理非法集资刑事案件中，确因客观条件的限制无法逐一收集集资参与人的言词证据的，可结合已收集的集资参与人的言词证据和依法收集并查证属实的书面合同、银行账户交易记录、会计凭证及会计账簿、资金收付凭证、审计报告、互联网电子数据等证据，综合认定非法集资对象人数和吸收资金数额等犯罪事实。

七、关于涉及民事案件的处理问题

对于公安机关、人民检察院、人民法院正在侦查、起诉、审理的非法集资刑事案件，有关单位或者个人就同一事实向人民法院提起民事诉讼或者申请执行涉案财物的，人民法院应当不予受理，并将有关材料移送公安机关或者检察机关。

人民法院在审理民事案件或者执行过程中，发现有非法集资犯罪嫌疑的，应当裁定驳回起诉或者中止执行，并及时将有关材料移送公安机关或者检察机关。

公安机关、人民检察院、人民法院在侦查、起诉、审理非法集资刑事案件中，发现与人民法院正在审理的民事案件属同一事实，或者被申请执行的财物属于涉案财物的，应当及时通报相关人民法院。人民法院经审查认为确属涉嫌犯罪的，依照前款规定处理。

八、关于跨区域案件的处理问题

跨区域非法集资刑事案件，在查清犯罪事实的基础上，可以由不同地区的公安机关、人民检察院、人民法院分别处理。

对于分别处理的跨区域非法集资刑事案件，应当按照统一制定的方案处置涉案财物。

国家机关工作人员违反规定处置涉案财物，构成渎职等犯罪的，应当依法追究刑事责任。

最高人民法院　最高人民检察院　公安部

2014 年 3 月 25 日

最高人民法院
关于审理洗钱等刑事案件具体应用法律若干问题的解释

（2009 年 9 月 21 日最高人民法院审判委员会第 1474 次会议通过　2009 年 11 月 4 日公布　自 2009 年 11 月 11 日起施行　法释〔2009〕15 号）

为依法惩治洗钱，掩饰、隐瞒犯罪所得、犯罪所得收益，资助恐怖活动等犯罪活动，根据刑法有关规定，现就审理此类刑事案件具体应用法律的若干问题解释如下：

第一条　刑法第一百九十一条、第三百一十二条规定的“明知”，应当结合被告人的认知能力，接触他人犯罪所得及其收益的情况，犯罪所得及其收益的种类、数额，犯罪所得及其收益的转换、转移方式以及被告人的供述等主、客观因素进行认定。

具有下列情形之一的，可以认定被告人明知系犯罪所得及其收益，但有证据证明确实不知道的除外：

（一）知道他人从事犯罪活动，协助转换或者转移财物的；

（二）没有正当理由，通过非法途径协助转换或者转移财物的；

（三）没有正当理由，以明显低于市场的价格收购财物的；

（四）没有正当理由，协助转换或者转移财物，收取明显高于市场的“手续费”的；

（五）没有正当理由，协助他人将巨额现金散存于多个银行账户或者在不同银行账户之间频繁划转的；

（六）协助近亲属或者其他关系密切的人转换或者转移与其职业或者财产状况明显不符的财物的；

（七）其他可以认定行为人明知的情形。

被告人将刑法第一百九十一条规定的某一上游犯罪的犯罪所得及其收益误认为刑法第一百九十一条规定的上游犯罪范围内的其他犯罪所得及其收益的，不影响刑法第一百九十一条规定的“明知”的认定。

第二条　具有下列情形之一的，可以认定为刑法第一百九十一条第一款第（五）项规定的“以其他方法掩饰、隐瞒犯罪所得及其收益的来源和性质”：

（一）通过典当、租赁、买卖、投资等方式，协助转移、转换犯罪所得及其收益的；

（二）通过与商场、饭店、娱乐场所等现金密集型场所的经营收入相混合的方式，协助转移、转换犯罪所得及其收益的；

（三）通过虚构交易、虚设债权债务、虚假担保、虚报收入等方式，协助将犯罪所得及其收益转换为“合法”财物的；

（四）通过买卖彩票、奖券等方式，协助转换犯罪所得及其收益的；

（五）通过赌博方式，协助将犯罪所得及其收益转换为赌博收益的；

（六）协助将犯罪所得及其收益携带、运输或者邮寄出入境的；

(七)通过前述规定以外的方式协助转移、转换犯罪所得及其收益的。

第三条 明知是犯罪所得及其产生的收益而予以掩饰、隐瞒,构成刑法第三百一十二条规定的犯罪,同时又构成刑法第一百九十一条或者第三百四十九条规定的犯罪的,依照处罚较重的规定定罪处罚。

第四条 刑法第一百九十一条、第三百一十二条、第三百四十九条规定的犯罪,应当以上游犯罪事实成立为认定前提。上游犯罪尚未依法裁判,但查证属实的,不影响刑法第一百九十一条、第三百一十二条、第三百四十九条规定的犯罪的审判。

上游犯罪事实可以确认,因行为人死亡等原因依法不予追究刑事责任的,不影响刑法第一百九十一条、第三百一十二条、第三百四十九条规定的犯罪的认定。

上游犯罪事实可以确认,依法以其他罪名定罪处罚的,不影响刑法第一百九十一条、第三百一十二条、第三百四十九条规定的犯罪的认定。

本条所称"上游犯罪",是指产生刑法第一百九十一条、第三百一十二条、第三百四十九条规定的犯罪所得及其收益的各种犯罪行为。

第五条 刑法第一百二十条之一规定的"资助",是指为恐怖活动组织或者实施恐怖活动的个人筹集、提供经费、物资或者提供场所以及其他物质便利的行为。

刑法第一百二十条之一规定的"实施恐怖活动的个人",包括预谋实施、准备实施和实际实施恐怖活动的个人。

《关于审理洗钱等刑事案件具体应用法律若干问题的解释》的理解与适用

□刘为波

为依法、有效惩治洗钱,掩饰、隐瞒犯罪所得、犯罪所得收益,资助恐怖活动等犯罪活动,最高人民法院于2009年11月4日发布了《关于审理洗钱等刑事案件具体应用法律若干问题的解释》(法释〔2009〕15号,以下简称《解释》)。为深入理解、正确适用本《解释》,现对《解释》的制定背景、意义、起草原则以及主要内容说明如下:

一、制定《解释》的背景和意义

自20世纪90年代以来,根据《联合国禁止非法贩运麻醉药品和精神药物公约》(《维也纳公约》)、《联合国打击跨国有组织犯罪公约》(《巴勒莫公约》)、《联合国反腐败公约》、《联合国制止向恐怖主义提供资助的国际公约》等相关国际公约文件(以下统称"公约文件")的规定和要求,我国立法机关就洗钱、恐怖融资犯罪问题开展了一系列的刑事立法修订完善工作。经较长时期的持续立法努力,以1997年刑法规定洗钱罪,2001年规定资助恐怖活动罪,2006年规定掩饰、隐瞒犯罪所得、犯罪所得收益罪等为标志,当前我国已经建立起了相对完备的打击洗钱、恐怖融资犯罪活动的刑事法律体系,基本实现了国际公约文件规定的国内立法转化。相关立法情况主要如下:(1)全国人大常委会于1990年制定了《关于禁毒的决定》,规定了以毒品犯罪为上游犯罪的首个洗钱犯罪条款。在1997年刑法修订时,该条规定经分解被分别引入刑法典第一百九十一条和第三百四十九条。其中,第三百四十九条规定了窝藏、转移、隐瞒毒品、毒赃罪;同时明确,事先通谋的,以走私、贩卖、运输、制造毒品罪的共犯论处。(2)1997年修订刑法在第一百九十一条专门规定洗钱罪。此后经两次刑法修订,洗钱罪的上游犯罪范围得以进一步扩大:一是2001年制定的刑法修正案(三)将恐怖活动犯罪增列为洗钱罪的上游犯罪;二是2006年制定的刑法修正案(六)将贪污贿赂犯罪、破坏金融管理秩序犯罪以及金融诈骗犯罪三类犯罪增列为洗钱犯罪的上游犯罪。(3)2006年制定的刑法修正案(六)对刑法第三百一十二条进行修改,将传统的赃物犯罪条款改造成洗钱犯罪的一般性条款,规定"明知是犯罪所得及其产生的收益而予以窝藏、转移、收购、代为销售或者以其他方法掩饰、隐瞒的",构成掩饰、隐瞒犯罪所得、犯罪所得收益罪。据此,不论上游犯罪和具体的行为方式如何,所有的洗钱行为均可依法追究刑事责任。制定于2009年的刑法修正案(七)进一步将本罪的犯罪主体扩大至单位。(4)2001年制定的刑法修正案(三)第二条规定,新设资助恐怖活动罪,规定资助恐怖活动组织或者实施恐怖活动的个人的行为构成犯罪。

与此同时,司法机关逐步加大了对于洗钱犯罪的打击力度,近几年来打击毒品犯罪、走私犯罪、黑社会性质有组织犯罪、腐败犯罪等领域的洗钱犯罪活动取得了显著成效,尤其是在2006年刑法修正案(六)颁布实施之后,以刑法第三百一十二条追究刑事责任的犯罪人数迅速上升,年均递增20.62%。

我国在反洗钱、反恐融资领域的刑事立法、司法中取得的重大进展,得到了国际社会的广泛认可。2007年6月28日,负责制定国际反洗钱、反恐融资标准和监督标准实施的政府间国际组织——金融行动特别工作组(FATF)经严格评估和全体会议讨论,将我国吸收为该组织正式成员国,即充分说明了这一点。同时,我们注意到,我国反洗钱、反恐融资工作整体起步较晚,与公约文件的规定和金融行动特别工作组关于反洗钱、反恐融资的"40+9项建议"的要求相比较,我国在洗钱犯罪、恐怖融资犯罪的刑事立法、司法上还存在一些差距和问题,主要如下:(1)我国洗钱犯罪的刑事立法采取了"多条文规定、多罪名规范"的做法,分别是刑法第一百九十一条的洗钱罪,第三百一十二条的掩饰、隐瞒犯罪所得、犯罪所得收益罪以及第三百四十九条的窝藏、转移、隐瞒毒品、毒赃罪。由于立法的时间跨度较长,三个条文在文字表述上存在一些交叉、重叠、不够协调的地方,加之个别用词的含义不尽一致,实践中反映三个法条之间的区分界限不够清晰,不易掌握。(2)刑法第一百九十一条第一款第一至四项的规定主要是针对通过银行类金融机构实施的洗钱行为,尽管第五项规定了"以其他方法掩饰、隐瞒犯罪的违法所得及其收益的性质和来源"的兜底条款,但考虑到解释上的类比性要求,非通过银行类金融机构特别是通过金融机构以外的其他途径实施的转换、转移、掩饰、隐瞒行为是否为本条所涵盖,实践中存在疑问。(3)相关公约文件的规定,除非本国法律基本原则明确禁止,应当将上游犯罪人自行实施的洗钱行为(自洗钱)规定为犯罪。我国刑法对此问题的处理没有明确,直接影响到了部分洗钱犯罪特别是外国人在我国境外实施上游犯罪之后在我国境内进行自己洗钱行为的处理。(4)相关公约文件规定,犯罪所得、犯罪所得的转化财产、混合于合法财产中的价值相当部分以及所有形式的犯罪所得形成的收益均应予以没收;在犯罪所得及其收益不能没收时,可没收价值相当的合法财产。相比之下,我国刑法规定较为笼统,仅规定犯罪分子违法所得的一切财物,应予追缴或者退赔,而能否没收价值相当的合法财产,则未明确。(5)刑法第一百二十条之一对资助恐怖活动罪的罪状规定过于原则,筹集但尚未提供资金的行为能否独立构成资助行为、资助恐怖活动是否需以实施具体恐怖活动为前提以及"恐怖活动"、"恐怖活动组织"等概念的具体理解和认定,均无明确规定。(6)一些司法机关对于依法打击洗钱、恐怖融资犯罪活动的重要性认识不足,"重上游犯罪、轻洗钱犯罪"以及"重刑法第三百一十二条、轻刑法第一百九十一条"的传统司法观念尚未得到根本转变,实践中对于洗钱犯罪活动的查处仍相对薄弱。

上述问题在一定程度上制约了刑事打击洗钱和恐怖融资犯罪活动的有效性。1997年至今全国法院审理的、以刑法第一百九十一条洗钱罪追究刑事责任的洗钱案件仅20余件;2001年刑法第一百二十条之一规定资助恐怖活动罪以来尚无一例以此罪名追究刑事责任的案件,这与当前我国洗钱、恐怖融资犯罪活动的实际情况明显不相适应,与前述提及的适用刑法第三百一十二条追究刑事责任的洗钱案件数量形成鲜明反差。为此,经认真细致的调研,广泛听取中国人民银行、公安部等有关单位以及专家学者的意见,最高人民法院研究起草了本司法解释。

《解释》的出台,对于依法打击洗钱、恐怖融资、腐败等犯罪活动,深入开展反洗钱、反恐融资、反腐败国际合作,维护金融、经济、社会秩序,保障国家安全和社会稳定具有重要意义:

第一,制定《解释》,确保国内立法与联合国公约文件的规定高度一致,是我国切实履行公约义务的需要。在2007年加入金融行动特别工作组时,我国政府即承诺采取有效措施解决反洗钱、反恐融资的国内刑事司法问题,并为此提交了包括制定司法解释等内容在内的《中国改进反洗钱/反恐融资体系行动计划》。同时,《解释》的出台,向国际社会表明我国政府打击洗钱和恐怖融资等犯罪活动的决心和积极寻求并广泛参与国际反洗钱、反恐融资合作的立场,有利于推动我国反洗钱、反恐融资国际合作的深入开展。

第二,《解释》为司法机关依法准确有效地打击洗钱犯罪活动提供了实体认定和程序适用依据。《解释》厘清了三个洗钱犯罪刑法条文的关系,对实践中难以把握的"明知"的认定问题予以细化,对一些易生歧义的名词概念如"其他方法掩饰、隐瞒"等作出解释,提出洗钱犯罪的审判不以上游犯罪已经刑事判决为前提,极大程度地丰富和完善了相关刑法条文的规定,强化了相关刑法条文的实践可操作性,有利于从观念和操作上实现司法机关由"重上游犯罪、轻洗钱犯罪"向"洗钱犯罪与上游犯罪并重"的转变。《解释》发布实施后,《刑法》第一百九十一条洗钱罪规定在实践中适用较少的局面有望从根本上得到改观。

第三,高度重视洗钱犯罪的司法惩治工作,对于腐败等严重上游犯罪活动具有重要的遏制和预防作用。洗钱犯罪与腐败、毒品、走私等上游犯罪密切联系,相互依存。洗钱犯罪以上游犯罪为前提,没有上游犯罪及其犯罪所得和收益,就不会有需要清洗的"黑钱",洗钱犯罪也就无从谈起;洗钱犯罪同时又属于上游犯罪的进一步延伸,正是由于洗钱犯罪的推波助澜,才使得上游犯罪的经济目的最终得以实现。不断加大对于洗钱犯罪的监测和查处力度,注重从资产流向上堵截上游犯罪,有助于上游犯罪的及时发现和侦破,同时对上游犯罪也是一种有力的震慑,从而起到刑事司法的一般预防作用。

第四,《解释》对资助恐怖活动罪相关名词的解释,为依法惩治恐怖融资提供了更为严密、确定的法律依据。当前我国面临严峻的反恐形势,"东突厥伊斯兰运动"恐怖势力长期与"基地"组织相互勾结,在我国新疆和中亚地区不断制造爆炸、暗杀等恐怖暴力活动,严重威胁着这些地区的安全和稳定。实施恐怖活动离不开背后的经济支撑,严厉打击恐怖融资犯罪,有效切断恐怖活动组织和恐怖分子的资金供应链,是国际社会打击恐怖活动犯罪的重要经验,也是我国反恐工作总体部署的关键一环。

二、《解释》的起草原则

《解释》的起草严格遵循了以下三项原则:

(一)充分借鉴国际经验,准确把握洗钱、恐怖融资犯罪的发展趋势和打击趋势,确保《解释》规定的科学性和前瞻性。

比如,非通过银行类金融机构特别是通过金融机构以外的其他途径实施的转换、转移、掩饰、隐瞒犯罪所得及其收益的行为,应当以刑法第一百九十一条还是第三百一十二条规定追究刑事责任,理论上和实践上均存在严重分歧。经研究,从公约文件规定看,基于掩饰、隐瞒财产非法来源或者帮助上游犯罪人逃避刑事追究之目的而转换或者转移犯罪所得的行为,以及掩饰、隐瞒上游犯罪所得的真实性质、来源等的行为,均属于洗钱行为,具体行为方式上的差异不影响行为性质的认定;从国外洗钱犯罪的立法例看,多数国家都存在不断修订增补和多法条并存的现象,都涉及对既有法律条文作重新解释和整合的问题,在这一问题的处理上,重行为性质轻行为方式,是一个普遍趋势。为避免刑法第一百九十一条、第三百一十二条两个条文规定出现遗漏或者重叠问题,确保两者之间关系清晰、逻辑周延、法网严密,方便实践把握和操作,《解释》根据立法本意将刑法第一百九十一条和第三百一十二条的关系定位为特别法与一般法的关系,强调两者区分的关键在于上游犯罪的不同,明确针对刑法第一百九十一条项下上游犯罪的所有洗钱行为,均应依照刑法第一百九十一条的规定定罪处罚。

(二)立足国情,重在解决国内实际问题,确保《解释》规定的针对性和有效性。

一方面,对于公约文件的规定注意结合国内情况进行甄别取舍,不盲目照搬。例如,明知系犯罪所得而获取、占有、使用行为的刑罚化问题,《维也纳公约》、《巴勒莫公约》、《反腐败公约》均要求各缔约国"在不违背其宪法原则及其法律制度基本概念的前提下",或者"在符合本国法律制度基本概念的情况下",将"在得到财产时,明知其为犯罪所得而仍获取、占有或者使用"的行为规定为犯罪。经研究,不具有掩饰、隐瞒性质和来源的目的的明知而获取、占有或者使用的行为,可以依照刑法第三百一十二条的规定定罪处罚:第一,刑法修正案(六)对刑法第三百一十二条作出修订,主要有两个方面考虑,一是第一百九十一条上游犯罪的局限性;二是原第三百一十二条行为方式的局限性。所以,修订刑法第三百一十二条的立法意图非常清楚,即将第三百一十二条改造成洗钱犯罪的一般性条款,以此确保所有的洗钱行为均可依法追究刑事责任。第二,尽管刑法将第三百一十二条规定为掩饰、隐瞒行为,但这里的掩饰、隐瞒是针对司法机关的责任追究,即是否对司法机关的调查、取证等工作构成了妨碍而言的,这也是刑法将之作为妨害司法罪来规定的基本理由所在,故不应据此认为构成本罪需以掩饰、隐瞒犯罪所得及其收益的性质和来源的目的要件。第三,公约文件规定的获取、占有、使用行为,与刑法第三百一十二条规定中的窝藏等行为具有直接对应性。其中,窝藏即为典型的占有行为,而获取、使用与占有又密不可分并且互为条件。鉴于此,我们认为,在该问题上,我国刑法和公约文件的规定只是文字表述上的差异,在具体内容上并无实质不同,如把获取、占有、使用行为单列出来,反而会破坏现有立法规定的整体协调性,并给司法实践带来不必要的混乱,故无须在立法上或者司法上将单纯的获取、占有、使用行为单独处理。另一方面,对于公约文件没有具体要求但国内司法有实际需求的问题,认真研究并加以解决。比如,公约文件仅规定,主观明知可以根据客观实际情况推定,但对于如何推定以及推定的具体依据,公约文件没有进一步的说明,而这恰恰是当前严重制约洗钱犯罪司法处理,实践中反映普遍、较为棘手的一个问题。为此,在大量分析、总结各类洗钱犯罪案例的基础上,我们在《解释》第一条对此提出了具体的认定意见。

(三)严格依法、积极理性、循序渐进,确保《解释》规定的合法性和稳妥性。

一方面,在现有的法律框架内可以通过司法解释解决的问题,尽可能解决。比如,上游犯罪未经判决确认的情况下,能否对洗钱犯罪依法进行审判,实践中存在顾虑。经研究,是否存在上游犯罪,是否属于特定上游犯罪的犯罪所得及其收益,主要是一个实体判断问题,法律对此未作出程序要件限定,故《解释》明确提出,上游犯罪事实是否存在,可以在洗钱犯罪的审判中一并予以审查,而不必依赖于上游犯罪的有罪判决。另一方面,对于需要通过修订立法解决的问题,本司法解释不予处理。比如,在自洗钱的刑罚化问题上,根据刑法条文的逻辑解读以及吸收犯的一般理论,尚不能得出洗钱犯罪可以适用于上游犯罪人本人的结论:(1)从刑法第一百九十一条关于洗钱罪的主、客观要件的设定逻辑上看,洗钱罪的主观方面为明知,客观方面为提供资金账户等协助行为。只有上游犯罪人以外的其他人才存在对财产属于上游犯罪违法所得及其产生的收益是否具有"明知"的问题,也只有上游犯罪人以外的其他人才谈得上"提供"、"协助"等问题。

（2）洗钱行为属于上游犯罪的自然延伸，洗钱罪与其上游犯罪存在着依附从属及阶段性关系，尽管存在两个犯罪行为，但根据大陆法系关于“事后行为不可罚”以及“吸收犯”的一般理论，通常都是以上游犯罪一罪处理。故此，《解释》未涉及该问题，尽管当前包括大陆法系国家在内的多数国家纷纷将自洗钱行为规定为犯罪，未规定自洗钱犯罪在一定程度上也影响到了外国人在境外实施上游犯罪之后在我国境内进行自己洗钱的行为的刑事打击。又如，在等值财产的刑事没收问题上，公约文件要求，在犯罪所得及其收益不能没收时，可没收价值相当的合法财产。鉴于我国刑法第六十四条仅笼统地规定，“犯罪分子违法所得的一切财物，应当予以追缴或者责令退赔……”而且1996年刑事诉讼法第一百一十四条明确地作出了禁止性规定，“与案件无关的物品、文件，不得扣押”，同时考虑到该问题涉及人的没收还是物的没收等理论立场上的基本分歧，以及打击犯罪和保护犯罪人财产权益两者之间的平衡，我们认为，目前尚不具备通过司法解释来解决此问题所需要的法律依据和理论支持。再如，在恐怖活动、恐怖活动组织的定义问题上，《联合国制止向恐怖主义提供资助的国际公约》、《金融行动特别工作组反恐融资九项特别建议释义》以及联合国安理会有关决议文件提出了一些意见，我们在《解释》的起草过程中也做了一些尝试。但是，鉴于国际社会和国内对该问题均存在较大争议，我国加入的系列国际公约文件在该问题的规定上也不尽一致，同时考虑到立法机关正在研究制定反恐怖主义法，为慎重起见，我们认为将该问题留给将来立法处理更为妥当。在相关立法出台之前，司法机关在处理具体案件时可以根据案件事实，参照我国加入的联合国相关公约文件、上海合作组织的相关公约文件以及联合国安理会第1566号等决议文件进行具体认定。

三、《解释》的主要内容

《解释》分五条共规定了五个方面的问题。其中，第一条明确了洗钱犯罪中“明知”要件的具体认定意见；第二条对刑法第一百九十一条规定的“其他方法”进行洗钱的行为予以了细化规定；第三条明确了刑法第一百九十一条、第三百一十二条、第三百四十九条三个洗钱犯罪条文之间的关系和处罚原则；第四条提出了上游犯罪未经刑事判决确认的洗钱犯罪案件的处理意见；第五条对刑法第一百二十条之一规定的“资助”和“实施恐怖活动的个人”两个名词概念进行了解释。

（一）关于洗钱犯罪中“明知”的司法认定

《解释》第一条规定主要解决了明知的客观推定和明知的对象内容两个问题。

第一，明知的客观推定。《解释》的基本意见是：明知不意味着确实知道，确定性认识和可能性认识均应纳入明知范畴。这是我国司法实践长期坚持的一贯立场，相关公约文件对基于客观实际情况的推定也提出了明确要求。为方便司法操作，强化本解释的司法指导作用，《解释》对明知的具体认定，采取了概括加列举的表述方式，除对认定原则作出一般性规定之外，即，“刑法第一百九十一条、第三百一十二条规定的‘明知’，应当结合行为人的认知能力，接触他人犯罪所得及其收益的情况，犯罪所得及其收益的种类、数额，犯罪所得及其收益的转换、转移方式以及行为人的供述等主、客观因素进行认定”，还结合实践中的具体个案情况列举了六种推定明知的具体情形，说明如下：

1. 本条第二款第一项在规定“协助转换或者转移财物”的同时要求行为人“知道他人从事犯罪活动”，是因为这里同样存在一个推定的问题。刑法规定的是行为人明知所处理的财物系他人犯罪所得及其收益，从“知道他人从事犯罪活动”到知道财物来源于该犯罪活动，需要一个推定判断的过程，尽管这一推定结论明显符合常理和举证责任的一般要求。《解释》在此明确，目的是消除实践中在该问题理解和认定上可能出现的种种疑虑。

2. 第二至五项规定的四种情形，即通过非法途径协助转换或者转移财物、以明显低于市场的价格收购财物、协助转换或者转移财物时收取明显高于市场的“手续费”、协助他人将巨额现金散存于多个银行账户或者在不同银行账户之间频繁划转等,均属于洗钱行为的典型表现形式。一般情况下,根据这些行为方式本身即可推定行为人的主观明知,这里作出“没有正当理由”的限定,主要是出于科学、严谨、审慎方面的考虑,以避免因绝对化表述而可能导致的冤及无辜以及“客观归罪”或者“有罪推定”的弊病:一是现实中的情况较为复杂,不能完全排除例外情形。比如,出于逃避外汇监管、套取外商优惠政策、快捷简便地获得国际汇款服务、逃税避税、为违法犯罪活动清算资金等合法或者非法原因,实践中存在大量通过地下钱庄等非法途径转移合法资金的情形。二是根据刑事诉讼法的规定,证明犯罪人有罪的责任应当由控方承担。主观明知属于控方的查证范畴,根据客观事实推定主观明知需在确保无例外的前提下方能成立,否则为举证责任的不当转移。

第三、四项没有给出一个具体的数额判断标准,而是代之以“明显低于市场”或者“明显高于市场”等相对原则的规定,主要是考虑到实践中的情况较为复杂,不宜一概而论,借此为司法实践结合个案情况进行具体裁量留下空间。实践中在理解和认定“明显低于市场”或者“明显高于市场”时,可以结合行为当时当地的市场行情,低于或者高于市场的绝对数、比例数以及转换或者转移犯罪所得及其收益的次数等综合认定。比如,在广西黄广锐洗钱案中,其帮助走私犯罪分子转移赃款的手续费为赃款换成港币后的千分之一,但多次帮助该走私犯罪分子转款境外达三年之久,共计转款 13 000 万元,个人获利 100 余万元。本案虽然比例数相对较低,但绝对数很高,且被告人长期以此为业、逃避金融监管,故可推定其存在主观明知。

第五项规定中的“巨额现金”的认定起点,根据《金融机构大额交易和可疑交易报告管理办法》的规定和我国人均国民收入水平,各地目前可考虑以 20 万元为参照标准,结合当地经济发展水平适当浮动。理由如下:(1)根据《金融机构大额交易和可疑交易报告管理办法》规定,20 万元属于大额交易的认定起点;(2)诸多司法解释文件均将 20 万元作为定罪量刑的重要界点,比如诈骗中的数额特别巨大,挪用公款中的数额巨大,渎职犯罪中的追诉起点等;(3)2007 年我国人均国民收入为 19 524 元,2008 年为 22 698 元,20 万元相当于该收入水平的 10 倍,对于社会公众而言,绝非一个小数目;(4)数额仅仅是判断的一个方面,这里更加侧重的是另外两个方面,一是现金;二是存在可疑因素(非正常的现金处理)。本起点数额看似偏低,但综合看基本符合当前的实际情况。

3. 第六项未规定“没有正当理由”的限制条件,主要是考虑到:从行为人与上游犯罪人之间存在的近亲属或者其他密切关系,已经足以判断出行为人对上游犯罪人的经济状况以及所处理财物的性质存在主观明知。而且,该款还作了“但有证据证明确实不知道的除外” 的总的规定,可以有效防止司法推定的绝对化。例如,在重庆付尚芳洗钱一案中,付尚芳将其丈夫晏大彬交给她的 943 万余元受贿款,以本人或者他人的名义先后用于购买房产、投资金融理财产品或者存入银行。尽管晏大彬让付尚芳处理这些现金时未告诉其来源,但凭借晏、付二人的夫妻关系,付足以判断这些现金属于晏受贿所得,付本人也供称肯定不是正当途径来的,应该是晏的受贿所得,故审理法院认定付尚芳构成洗钱罪。

4.《解释》起草之初曾在第一条第一款对“明知”有说明性的文字,即“明知是指知道或者应当知道”。专家论证会上有意见指出,尽管过去相关司法解释文件有类似表述,但从理论上看并不严谨,“应当知道”包括确实不知道或者说过失的情形,而本解释强调的是明知可以通过客观证据来推定,并非要将过失的情形涵括在内。考虑到国外不乏将过失洗钱规定为犯罪的立法例,为避免司法中可能出现的不必要的误解,坚持我国洗钱犯罪为故意犯罪的立法本意,《解释》删去了该文字表述。

第二，明知的对象内容。《解释》的基本意见是：行为人对七类上游犯罪的违法所得及其收益具有概括性认识即告充足，而不要求特定到某一具体的上游犯罪所得及其收益。理由是：将明知的对象内容严格限定为七类上游犯罪中的具体类别犯罪的违法所得及其收益，与我国刑法关于认识错误的一般理论不符。行为人在七类上游犯罪的范围内将此类犯罪所得及其收益误认为彼类犯罪所得及其收益，因两者在法律性质上是一致的，不属于对犯罪构成要件对象的认识错误，故不应影响案件的定性。基于此，《解释》第一条第三款规定，"被告人将刑法第一百九十一条规定的某一上游犯罪的犯罪所得及其收益误认为刑法第一百九十一条规定的上游犯罪范围内的其他犯罪所得及其收益的，不影响刑法第一百九十一条规定的'明知'的认定。"同时应当注意到，如行为人将七类上游犯罪所得及其收益误认为系其他犯罪所得及其收益的，因存在法定构成要件的认识错误，则不应以刑法第一百九十一条规定的洗钱罪处理。

（二）关于刑法第一百九十一条规定的"其他方法"进行洗钱的理解

《解释》第二条规定既是《刑法》第一百九十一条第一款第五项规定的"其他"洗钱方法的细化规定，同时又有进一步澄清洗钱行为实质的深层考虑。

从公约文件来看，洗钱行为表现为两类：一是基于掩饰、隐瞒财产的非法来源或者帮助上游犯罪人逃避刑事追究之目的而转换或者转移犯罪所得的行为；二是掩饰、隐瞒上游犯罪所得的真实性质、来源等的行为。对于这两类行为的惩罚，在我国刑法中主要通过刑法第一百九十一条、第三百一十二条规定来具体落实。当前实践中的主要问题是：刑法第一百九十一条规定得较为具体，对于针对七类特定上游犯罪的洗钱行为是否具有足够的包容性？突出表现在：刑法第一百九十一条第一款第一至四项规定主要是针对通过银行类金融机构实施的洗钱行为，同时考虑到刑法第一百九十一条是作为破坏金融管理秩序罪来规定的，实践部门对于非通过银行类金融机构特别是通过金融机构以外的其他途径进行的转换、转移、掩饰、隐瞒行为是否可以通过本条第五项关于"以其他方法掩饰、隐瞒犯罪的违法所得及其收益的性质和来源"的规定来理解，存在疑虑，类似案件实践中多数是以第三百一十二条规定来处理或者不作为犯罪处理。重庆罗静虹受贿、洗钱案即为适例。在该案中，罗静虹明知其丈夫王政拿回家的系受贿赃款而用于投资理财；得知王政被"两规"调查时，还转移赃款及相关产权凭证，计人民币400余万元。鉴于相关法律界限不是很清楚，为慎重起见，审理法院依照刑法第三百一十二条的规定追究了罗的洗钱责任。

经研究，我们认为，两个法条的区分界限应落脚在是否特定上游犯罪上，而非具体的行为方式。在实践中存在的所有洗钱行为，包括通过商业银行等银行类金融机构，证券公司、保险公司等非银行类金融机构，商品交易、企业收购、投资等非金融途径以及地下钱庄、赌博、购彩、走私等非法途径实施的洗钱犯罪，只要其对象属于刑法第一百九十一条规定的上游犯罪的犯罪所得及收益，即应以刑法第一百九十一条规定的洗钱罪定罪处罚。

为方便司法操作，经对实践中发生较多的一些洗钱方式甄别分类、概括提炼，形成了本条规定的六种情形。在规定该六种情形时，主要有两点考虑：一是与刑法条文已经列明的四种情形严格区分；二是要有一定的包容性，不宜过于琐碎。具体说明如下：

1. 通过典当、租赁、买卖、投资等方式，协助转移、转换犯罪所得及其收益。规定本情形主要解决两个问题：一是拾遗。即便从金融机构角度来看，刑法第一百九十一条第一款第二项关于"将财产转换为现金、金融票据、有价证券"的规定也不全，比如期货、保险、黄金领域未作规定；二是补缺。第一百九十一条第一款第二项仅规定"将财产转换为现金、金融票据、有价证券"行为，未对反向行为作出规定。同时，鉴于典当、租赁、投资领域也经常为洗钱犯罪所利用，故在此一并规定。实践中通过商品买卖进行洗钱主要表现为以犯罪所得购买贵重金属、古玩字画、房产等大宗贵重物品以及利用进出口贸易进行跨境洗钱活动等;通过投资进行洗钱主要表现为收购企业、购买股票等有价证券以及保险等。

2. 通过与商场、饭店、娱乐场所等现金密集型场所的经营收入相混合的方式,协助转移、转换犯罪所得及其收益。现金密集型行业主要是指零售、服务等行业,这类行业现金流量大,难以监管,不时地掺入犯罪财产,与合法收入一同申报纳税难以被发现,故易为洗钱犯罪所用。现代意义上的洗钱概念即渊源于此。

3. 通过虚构交易、虚设债权债务、虚假担保、虚报收入等方式,协助将犯罪所得及其收益转换为"合法"财物。虚构交易与前述真实交易有所不同,前者侧重掩饰隐瞒;后者侧重转移、转换。虚构交易主要体现为:通过空壳公司等在无真实交易的情况下虚买虚卖、自买自卖或者以高价购买低价物品,将赃钱"合法"转移给同伙。虚设债权、虚假担保与虚构交易道理相通。虚假担保在实践中主要表现为:以犯罪所得作抵押、质押取得银行合法贷款,贷款到期不还贷,抵押物、质押物交由银行变卖受偿。

4. 通过买卖彩票、奖券等方式,协助转换犯罪所得及其收益。在实践中通过购买彩票、奖券等方式的洗钱,主要有三种表现:一是协助购买他人已经中彩、中奖的票券;二是协助以犯罪所得去购买彩票、奖券,并事实上中奖、中彩;三是协助用犯罪所得去购买彩票、奖券,但未能中奖、中彩。该三种情形均属对犯罪所得及其收益的转移、转换行为,故均应以洗钱犯罪论处。

5. 通过赌博方式,协助将犯罪所得及其收益转换为赌博收益。征求意见和专家论证时,有意见提出,赌博也是违法犯罪行为,不存在把赃钱合法化的问题。《解释》对此予以保留,主要有三个方面的考虑:一是赌场是一个较为典型的洗钱场所,性质上非法并不意味实践中不存在;二是当前国内存在不少通过境外赌场、网上赌场洗钱的情形;三是洗钱并不意味着非得把黑钱洗白(合法化),公约文件强调对洗钱的三个不同阶段(放置、分层、混同)均需打击。

6. 协助将犯罪所得及其收益携带、运输或者邮寄出入境。为逃避金融监测、监管,通过人体、所携行李或者交通工具偷运犯罪所得出入境,或者利用国际邮件夹带现金将赃款邮寄出入境,正日益成为重要的洗钱手段。刑法第一百九十一条仅明确了"协助将资金汇往境外"的洗钱手段,存在明显不足。为满足实践中的打击需要,《解释》对此予以明确。此外,利用地下钱庄、哈瓦那等替代性兑换、汇款机制进行洗钱的行为,也应依法追究刑事责任。

(三)关于刑法第一百九十一条、第三百一十二条、第三百四十九条三个洗钱犯罪条文之间的关系和处罚原则

《解释》第三条规定主要解决三个洗钱犯罪条款的竞合处理问题,同时也与《解释》第二条规定相呼应,借助一般法与特别法的适用原则间接说明:刑法第三百一十二条是洗钱犯罪的一般条款,三个法条的主要区别在于犯罪对象,以此淡化三者在行为方式和行为性质上的差异。

《解释》起草过程中有意见主张,把刑法第一百九十一条规定限定为通过金融机构实施的洗钱行为,对此之外的其他方式实施的洗钱行为依照第三百一十二条或者第三百四十九条规定的犯罪处理。该主张在理论界具有一定的代表性,但不如本解释采取的对象区分标准简单易操作,而且,与刑法修正案(六)修订刑法第三百一十二条规定的立法本意不符。在《关于〈中华人民共和国刑法修正案(六)(草案)〉的说明》和《全国人大法律委员会关于〈中华人民共和国刑法修正案(六)(草案)〉修改情况的汇报》先后提到,"刑法第一百九十一条规定的洗钱犯罪……针对一些通常可能有巨大犯罪所得的严重犯罪而为其洗钱的行为所作的特别规定;除此之外,按照刑法第三百一十二条的规定……都可按犯罪追究刑事责任,只是具体罪名不称为洗钱罪。""除这一条(第一百九十一条)规定的对几种严重犯罪的所得进行洗钱的犯罪外,按照我国刑法第三百一十

二条的规定……都是犯罪,应当追究刑事责任,只是没有使用洗钱罪的具体罪名。为进一步明确法律界限,以利于打击对其他犯罪的违法所得予以掩饰、隐瞒的严重违法行为,法律委员会经同有关部门研究,建议对刑法第三百一十二条作必要的补充修改。"可见,区分刑法第一百九十一条和第三百一十二条规定犯罪的关键在于上游犯罪,而非具体的行为方式。

在起草过程中另有意见提出,既然明确了刑法第三百一十二条规定和第一百九十一条、第三百四十九条规定属于特别法与一般法的关系,则宜写明依照刑法第一百九十一条、第三百四十九条规定定罪处罚,而非现在所表述的"依照处罚较重的规定定罪处罚"。《解释》未采纳此意见,主要有两点考虑:一是两种不同表述在实践处理结果上基本一致;二是以往司法解释的表述习惯。

(四)关于上游犯罪未经刑事判决确认的洗钱犯罪案件的处理

《解释》第四条主要解决洗钱犯罪案件的审判和认定程序问题。

洗钱罪与上游犯罪密不可分,没有上游犯罪,就没有洗钱这一下游犯罪。那么,在程序上是否要求上游犯罪经人民法院先行判决确认,才能认定洗钱罪成立?《解释》对此持否定意见。主要考虑是:(1)上游犯罪与洗钱犯罪的侦查、审查起诉以及审判活动很难做到同步进行,此外,实践中还存在一些因上游犯罪人在境外、死亡等客观原因而难以对上游犯罪人诉诸刑事程序的情形,一律要求上游犯罪经定罪判刑后才能审判洗钱犯罪,既不符合立法精神,也不利于实践打击。(2)是否存在上游犯罪,完全可以作为洗钱犯罪的案内事实来审查,这已经成为司法实践中的一般处理原则。例如,在汪照洗钱案中,"洗钱罪"和其上游犯罪——毒品犯罪的判决由人民法院分别作出,而在洗钱罪判决前,毒品犯罪尚未审结;在潘儒民等洗钱案中,虽然上游犯罪人"阿元"未被抓获归案,但是根据被害人的陈述、被告人的供述以及有关书证材料,足以认定上游犯罪成立,故审理法院直接判处潘儒民等构成洗钱罪。类似做法也常见于立功等量刑情节以及其他一些犯罪的认定处理。比如,对于签订、履行合同失职被骗罪的认定,相关文件明确提出,"司法机关在办理案件过程中,只要认定对方当事人的行为已经涉嫌构成诈骗犯罪,就可依法认定行为人构成签订、履行合同失职被骗罪或者国家机关工作人员签订、履行合同失职罪,而不需要搁置或者中止审理,直至对方当事人被人民法院审理并判决构成诈骗犯罪。"(3)金融行动特别工作组"反洗钱40条建议"明确要求将洗钱犯罪在程序上作为一个独立自足的犯罪来处理。基于此,《解释》第四条第一款规定,"刑法第一百九十一条、第三百一十二条、第三百四十九条规定的犯罪,应当以上游犯罪事实成立为认定前提。上游犯罪尚未依法裁判,但查证属实的,不影响刑法第一百九十一条、第三百一十二条、第三百四十九条规定的犯罪的审判。"适用本款规定时应当注意到,在上游犯罪未经审判确认甚至是上游犯罪人尚未归案的情况下,上游犯罪存在与否具有诸多不确定性,审理此类洗钱案件的法院应当慎重行事,严格把握。只有根据案件事实足以认定上游犯罪事实成立的,才能认定洗钱犯罪成立。《解释》在赋予洗钱案件审理程序的相对独立性的同时,并无降低此类洗钱案件的证明标准之意,恰恰相反,《解释》增加了司法机关对于此类洗钱案件的查证要求。

《解释》第四条第二款是针对依照刑事诉讼法第十五条规定不予追究刑事责任的情形作出的规定。根据刑法第六十四条规定以及最高人民法院、最高人民检察院、公安部、国家安全部、司法部、全国人大常委会法制工作委员会《关于刑事诉讼法实施中若干问题的规定》第十九条关于"对于在侦查、审查起诉中犯罪嫌疑人死亡,对犯罪嫌疑人的存款、汇款应当依法予以没收或者返还被害人的,可以申请人民法院裁定通知冻结犯罪嫌疑人存款、汇款的金融机构上缴国库或者返还被害人"的规定,此情形下犯罪所得及其收益的性质不变,故针对此类犯罪所得及其收益实施的洗钱行为,同样构成犯罪并应依法追究刑事责任。

《解释》第四条第三款关于"上游犯罪事实可以确认,依法以其他罪名定罪处罚的,不影响刑法第一百九十一条、第三百一十二条、第三百四十九条规定的犯罪的认定"的规定,主要是考虑到实践中存在一些吸收犯、牵连犯,法院虽然认可了某一上游犯罪,但因被其他更重的犯罪所吸收,在处理上未再按数罪并罚的原则处理的情形。经研究,此种情形虽然在最后的量刑上未将上游犯罪作为一个单独的犯罪来评价,但不影响上游犯罪的性质认定以及相关洗钱犯罪的处理。

《解释》起草过程中有意见提出,能否考虑将刑法第二百七十一条、第一百六十三条规定的非国家工作人员实施的职务侵占、收受贿赂等犯罪纳入刑法第一百九十一条规定中的"贪污贿赂犯罪",与国家工作人员实施的贪污贿赂犯罪作一体解释。《解释》对此未作规定,主要考虑是:(1)从刑事立法初衷和文字表述看,刑法第一百九十一条规定中的"贪污贿赂犯罪",仅指刑法第八章规定的相关罪名;(2)尽管行为性质类似,但在立法上已经区分主体身份将之规定为不同犯罪并放置在不同的章节的情况下,司法中不宜再将非国家工作人员实施的相关犯罪纳入贪污贿赂罪的框架来解释;(3)刑法第一百九十一条将贪污贿赂罪规定为洗钱罪的上游犯罪,是因为其特殊严重性,而现在非国家工作人员实施的相关职务犯罪的严重程度,在立法者看来,明显要低于国家工作人员实施的职务犯罪,这从法定刑规定可以看出。所以,若将非国家工作人员实施的相关职务犯罪纳入刑法第一百九十一条规定中的"贪污贿赂犯罪",不符合"举轻以明重"这一法律解释原则。

(五)关于刑法第一百二十条之一规定的相关概念的理解

刑法第一百二十条之一对资助恐怖活动罪的罪状规定较为原则,实践中在一些名词概念的理解上存在分歧,例如,筹集但尚未提供资金的行为能否独立构成资助行为,资助恐怖活动是否需以实施具体恐怖活动为条件等。同时考虑到当前理论上一般均将恐怖融资视为反向洗钱行为,相关公约文件也都将资助恐怖行为置于大的洗钱概念之下在反洗钱框架内予以规范,故在本《解释》一并解决。《解释》主要明确了三个方面的问题:

第一,资助包括筹集资金和提供资金两种具体行为,单纯的筹集资金行为,同样应以资助恐怖活动罪定罪处罚。刑法第一百二十条之一未明确将为恐怖主义目的的筹集资金行为(即资金尚未转交恐怖分子或者恐怖组织的情形)单独规定为犯罪。对此,理论上或许可以将筹集行为解释进刑法规定的资助行为,但实践中更为可能的是将其解释为资助行为的准备行为或者未遂行为,而非将之直接解释为资助行为。在公约文件均明确要求将提供和筹集并列作为资助的两种具体行为方式的情形下,有必要通过司法解释来明确。应当说,《解释》所持意见完全符合立法本意:(1)立法修订系根据公约文件和联合国安理会有关决议作出的,这在《关于〈中华人民共和国刑法修正案(三)(草案)〉的说明》中有着清楚说明:"考虑到联合国安理会于今年9月29日通过了第1373号决议,规定各国应将为恐怖活动提供或者筹集资金的行为规定为犯罪"。(2)刑法中使用的是"资助"这一大概念,这也是从有关公约的标题即"联合国制止向恐怖主义提供资助的国际公约"直接套用过来的,对于公约规定的具体行为方式当可涵括。(3)"提供资助"所对应英文词的基本涵义为"融资",显然不以提供为限。

第二,"资助"的方式不以金钱为限,为恐怖活动组织或者实施恐怖活动的个人筹集、提供经费、物资或者提供场所以及其他物质便利的行为,均属于资助行为。相关公约文件对此均有明确解释,如《联合国制止向恐怖主义提供资助的国际公约》规定,"资金系指所有各种资产,无论是有形或无形资产、是动产还是不动产、无论以何种方式取得和以任何形式,包括电子或数字形式证明这种资产的产权或权益的法律文件或证书,包括但不限于银行贷记、旅行支票、银行支票、邮政汇票、股票、证券、债券、汇票和信用证。”现解释文字将之表述为经费、物资、场所以及其他物质便利，主要有三个方面的考虑：一是基于立法背景，与公约要求保持高度一致；二是符合中文表述习惯；三是遵循旧例。在《中华人民共和国国家安全法实施细则》有关“资助”的解释性文字中即有“提供经费、场所和物资”等类似表述。

《解释》起草过程中有意见提出，将“其他物质便利”修改为“任何形式的便利”。经研究，该意见明显属于扩张解释，且超出了公约文件要求的范围，故未采纳。

第三，资助恐怖活动罪的成立不以被资助的人具体实施恐怖活动为条件，预谋实施、准备实施和实际实施恐怖活动的个人，均属于刑法第一百二十条之一规定的“实施恐怖活动的个人”。根据刑法第一百二十条之一的字面表述，资助恐怖活动罪的成立应否与具体实施恐怖活动挂钩，在理解上不无分歧。《解释》对此持否定意见，主要理由是：(1)“实施恐怖活动的”这一文字表述是关于性质的界定，而非对具体行为的要求。(2)资助的对象应当是组织或者个人，而不应以恐怖行为为限。按照公约文件要求，为恐怖组织或者恐怖分子提供实施恐怖活动之外的日常生活或者奢侈消费的帮助，同样属于资助恐怖行为。(3)《解释》规定的落脚点在于资助恐怖活动的认定，而非追究实施恐怖活动行为人的责任。所以，即便准备实施恐怖活动的个人尚未实施恐怖活动，但资助行为实施完毕的，依法追究资助恐怖的刑事责任具有充分的法理和事实依据。

（作者单位：最高人民法院刑二庭）

最高人民检察院
关于办理涉互联网金融犯罪案件有关问题座谈会纪要

（2017年6月2日　高检诉〔2017〕14号）

互联网金融是金融与互联网相互融合形成的新型金融业务模式。发展互联网金融，对加快实施创新驱动发展战略、推进供给侧结构性改革、促进经济转型升级具有积极作用。但是，在互联网金融快速发展过程中，部分机构、业态偏离了正确方向，有些甚至打着“金融创新”的幌子进行非法集资、金融诈骗等违法犯罪活动，严重扰乱了金融管理秩序，侵害了人民群众合法权益。2016年4月，国务院部署开展了互联网金融风险专项整治工作，集中整治违法违规行为，防范和化解互联网金融风险。各级检察机关积极参与专项整治工作，依法办理进入检察环节的涉互联网金融犯罪案件。针对办案中遇到的新情况、新问题，高检院公诉厅先后在昆明、上海、福州召开座谈会，对办理涉互联网金融犯罪案件中遇到的有关行为性质、法律适用、证据审查、追诉范围等问题进行了深入研究。纪要如下：

一、办理涉互联网金融犯罪案件的基本要求

促进和保障互联网金融规范健康发展，是检察机关服务经济社会发展的重要内容。各地检察机关公诉部门应当充分认识防范和化解互联网金融风险的重要性、紧迫性和复杂性，立足检察职能，积极参与互联网金融风险专项整治工作，有效预防、依法惩治涉互联网金融犯罪，切实维护人民群众合法权益，维护国家金融安全。

1. 准确认识互联网金融的本质。互联网金融的本质仍然是金融，其潜在的风险与传统金融没有区别，甚至还可能因互联网的作用而被放大。要依据现有的金融管理法律规定，依法准确判断各类金融活动、金融业态的法律性质，准确界定金融创新和金融违法犯罪的界限。在办理涉互联网金融犯罪案件时,判断是否符合"违反国家规定""未经有关国家主管部门批准"等要件时,应当以现行刑事法律和金融管理法律法规为依据。对各种类型互联网金融活动,要深入剖析行为实质并据此判断其性质,从而准确区分罪与非罪、此罪与彼罪、罪轻与罪重、打击与保护的界限,不能机械地被所谓"互联网金融创新"表象所迷惑。

2. 妥善把握刑事追诉的范围和边界。涉互联网金融犯罪案件涉案人员众多,要按照区别对待的原则分类处理,综合运用刑事追诉和非刑事手段处置和化解风险,打击少数、教育挽救大多数。要坚持主客观相统一的原则,根据犯罪嫌疑人在犯罪活动中的地位作用、涉案数额、危害结果、主观过错等主客观情节,综合判断责任轻重及刑事追诉的必要性,做到罪责适应、罚当其罪。对犯罪情节严重、主观恶性大、在犯罪中起主要作用的人员,特别是核心管理层人员和骨干人员,依法从严打击;对犯罪情节相对较轻、主观恶性较小、在犯罪中起次要作用的人员依法从宽处理。

3. 注重案件统筹协调推进。涉互联网金融犯罪跨区域特征明显,各地检察机关公诉部门要按照"统一办案协调、统一案件指挥、统一资产处置、分别侦查诉讼、分别落实维稳"(下称"三统两分")的要求分别处理好辖区内案件,加强横向、纵向联系,在上级检察机关特别是省级检察院的指导下统一协调推进办案工作,确保辖区内案件处理结果相对平衡统一。跨区县案件由地市级检察院统筹协调,跨地市案件由省级检察院统一协调,跨省案件由高检院公诉厅统一协调。各级检察机关公诉部门要加强与公安机关、地方金融办等相关单位以及检察机关内部侦监、控申等部门的联系,建立健全案件信息通报机制,及时掌握重大案件的立案、侦查、批捕、信访等情况,适时开展提前介入侦查等工作,并及时上报上级检察院。省级检察院公诉部门要发挥工作主动性,主动掌握社会影响大的案件情况,研究制定工作方案,统筹协调解决办案中遇到的问题,重大、疑难、复杂问题要及时向高检院报告。

4. 坚持司法办案"三个效果"有机统一。涉互联网金融犯罪影响广泛,社会各界特别是投资人群体十分关注案件处理。各级检察机关公诉部门要从有利于全案依法妥善处置的角度出发,切实做好提前介入侦查引导取证、审查起诉、出庭公诉等各个阶段的工作,依法妥善处理重大敏感问题,不能机械司法、就案办案。同时,要把办案工作与保障投资人合法权益紧密结合起来,同步做好释法说理、风险防控、追赃挽损、维护稳定等工作,努力实现司法办案的法律效果、社会效果、政治效果有机统一。

二、准确界定涉互联网金融行为法律性质

5. 互联网金融涉及P2P网络借贷、股权众筹、第三方支付、互联网保险以及通过互联网开展资产管理及跨界从事金融业务等多个金融领域,行为方式多样,所涉法律关系复杂。违法犯罪行为隐蔽性、迷惑性强,波及面广,社会影响大,要根据犯罪行为的实质特征和社会危害,准确界定行为的法律性质和刑法适用的罪名。

(一)非法吸收公众存款行为的认定

6. 涉互联网金融活动在未经有关部门依法批准的情形下,公开宣传并向不特定公众吸收资金,承诺在一定期限内还本付息的,应当依法追究刑事责任。其中,应重点审查互联网金融活动相关主体是否存在归集资金、沉淀资金,致使投资人资金存在被挪用、侵占等重大风险等情形。

7. 互联网金融的本质是金融,判断其是否属于"未经有关部门依法批准",即行为是否具有非法性的主要法律依据是《商业银行法》、《非法金融机构和非法金融业务活动取缔办法》(国务院令第247号)等现行有效的金融管理法律规定。

8. 对以下网络借贷领域的非法吸收公众资金的行为,应当以非法吸收公众存款罪分别追究相关行为主体的刑事责任：

（1）中介机构以提供信息中介服务为名，实际从事直接或间接归集资金、甚至自融或变相自融等行为，应当依法追究中介机构的刑事责任。特别要注意识别变相自融行为，如中介机构通过拆分融资项目期限、实行债权转让等方式为自己吸收资金的，应当认定为非法吸收公众存款。

（2）中介机构与借款人存在以下情形之一的，应当依法追究刑事责任：①中介机构与借款人合谋或者明知借款人存在违规情形，仍为其非法吸收公众存款提供服务的；中介机构与借款人合谋，采取向出借人提供信用担保、通过电子渠道以外的物理场所开展借贷业务等违规方式向社会公众吸收资金的；②双方合谋通过拆分融资项目期限、实行债权转让等方式为借款人吸收资金的。在对中介机构、借款人进行追诉时，应根据各自在非法集资中的地位、作用确定其刑事责任。中介机构虽然没有直接吸收资金，但是通过大肆组织借款人开展非法集资并从中收取费用数额巨大、情节严重的，可以认定为主犯。

（3）借款人故意隐瞒事实，违反规定，以自己名义或借用他人名义利用多个网络借贷平台发布借款信息，借款总额超过规定的最高限额，或将吸收资金用于明确禁止的投资股票、场外配资、期货合约等高风险行业，造成重大损失和社会影响的，应当依法追究借款人的刑事责任。对于借款人将借款主要用于正常的生产经营活动，能够及时清退所吸收资金，不作为犯罪处理。

9. 在非法吸收公众存款罪中，原则上认定主观故意并不要求以明知法律的禁止性规定为要件。特别是具备一定涉金融活动相关从业经历、专业背景或在犯罪活动中担任一定管理职务的犯罪嫌疑人，应当知晓相关金融法律管理规定，如果有证据证明其实际从事的行为应当批准而未经批准，行为在客观上具有非法性，原则上就可以认定其具有非法吸收公众存款的主观故意。在证明犯罪嫌疑人的主观故意时，可以收集运用犯罪嫌疑人的任职情况、职业经历、专业背景、培训经历、此前任职单位或者其本人因从事同类行为受到处罚情况等证据，证明犯罪嫌疑人提出的“不知道相关行为被法律所禁止，故不具有非法吸收公众存款的主观故意”等辩解不能成立。除此之外，还可以收集运用以下证据进一步印证犯罪嫌疑人知道或应当知道其所从事行为具有非法性，比如犯罪嫌疑人故意规避法律以逃避监管的相关证据：自己或要求下属与投资人签订虚假的亲友关系确认书，频繁更换宣传用语逃避监管，实际推介内容与宣传用语、实际经营状况不一致，刻意向投资人夸大公司兑付能力，在培训课程中传授或接受规避法律的方法，等等。

10. 对于无相关职业经历、专业背景，且从业时间短暂，在单位犯罪中层级较低，纯属执行单位领导指令的犯罪嫌疑人提出辩解的，如确实无其他证据证明其具有主观故意的，可以不作为犯罪处理。另外，实践中还存在犯罪嫌疑人提出因信赖行政主管部门出具的相关意见而陷入错误认识的辩解。如果上述辩解确有证据证明，不应作为犯罪处理，但应当对行政主管部门出具的相关意见及其出具过程进行查证，如存在以下情形之一，仍应认定犯罪嫌疑人具有非法吸收公众存款的主观故意：

（1）行政主管部门出具意见所涉及的行为与犯罪嫌疑人实际从事的行为不一致的；

（2）行政主管部门出具的意见未对是否存在非法吸收公众存款问题进行合法性审查，仅对其他合法性问题进行审查的；

（3）犯罪嫌疑人在行政主管部门出具意见时故意隐瞒事实、弄虚作假的；

（4）犯罪嫌疑人与出具意见的行政主管部门的工作人员存在利益输送行为的；

（5）犯罪嫌疑人存在其他影响和干扰行政主管部门出具意见公正性的情形的。

对于犯罪嫌疑人提出因信赖专家学者、律师等专业人士、主流新闻媒体宣传或有关行政主管部门工作人员的个人意见而陷入错误认识的辩解，不能作为犯罪嫌疑人判断自身行为合法性的根据和排除主观故意的理由。

11. 负责或从事吸收资金行为的犯罪嫌疑人非法吸收公众存款金额，根据其实际参与吸收的全部金额认定。但以下金额不应计入该犯罪嫌疑人的吸收金额：

（1）犯罪嫌疑人自身及其近亲属所投资的资金金额；

（2）记录在犯罪嫌疑人名下，但其未实际参与吸收且未从中收取任何形式好处的资金。

吸收金额经过司法会计鉴定的，可以将前述不计入部分直接扣除。但是，前述两项所涉金额仍应计入相对应的上一级负责人及所在单位的吸收金额。

12. 投资人在每期投资结束后，利用投资账户中的资金（包括每期投资结束后归还的本金、利息）进行反复投资的金额应当累计计算，但对反复投资的数额应当作出说明。对负责或从事行政管理、财务会计、技术服务等辅助工作的犯罪嫌疑人，应当按照其参与的犯罪事实，结合其在犯罪中的地位和作用，依法确定刑事责任范围。

13. 确定犯罪嫌疑人的吸收金额时，应当重点审查、运用以下证据：

（1）涉案主体自身的服务器或第三方服务器上存储的交易记录等电子数据；

（2）会计账簿和会计凭证；

（3）银行账户交易记录、POS 机支付记录；

（4）资金收付凭证、书面合同等书证。仅凭投资人报案数据不能认定吸收金额。

（二）集资诈骗行为的认定

14. 以非法占有为目的，使用诈骗方法非法集资，是集资诈骗罪的本质特征。是否具有非法占有目的，是区分非法吸收公众存款罪和集资诈骗罪的关键要件，对此要重点围绕融资项目真实性、资金去向、归还能力等事实进行综合判断。犯罪嫌疑人存在以下情形之一的，原则上可以认定具有非法占有目的：

（1）大部分资金未用于生产经营活动，或名义上投入生产经营但又通过各种方式抽逃转移资金的；

（2）资金使用成本过高，生产经营活动的盈利能力不具有支付全部本息的现实可能性的；

（3）对资金使用的决策极度不负责任或肆意挥霍造成资金缺口较大的；

（4）归还本息主要通过借新还旧来实现的；

（5）其他依照有关司法解释可以认定为非法占有目的的情形。

15. 对于共同犯罪或单位犯罪案件中，不同层级的犯罪嫌疑人之间存在犯罪目的发生转化或者犯罪目的明显不同的，应当根据犯罪嫌疑人的犯罪目的分别认定。

（1）注意区分犯罪目的发生转变的时间节点。犯罪嫌疑人在初始阶段仅具有非法吸收公众存款的故意，不具有非法占有目的，但在发生经营失败、资金链断裂等问题后，明知没有归还能力仍然继续吸收公众存款的，这一时间节点之后的行为应当认定为集资诈骗罪，此前的行为应当认定为非法吸收公众存款罪。

（2）注意区分犯罪嫌疑人的犯罪目的的差异。在共同犯罪或单位犯罪中，犯罪嫌疑人由于层级、职责分工、获取收益方式、对全部犯罪事实的知情程度等不同，其犯罪目的也存在不同。在非法集资犯罪中，有的犯罪嫌疑人具有非法占有的目的，有的则不具有非法占有目的，对此，应当分别认定为集资诈骗罪和非法吸收公众存款罪。

16. 证明主观上是否具有非法占有目的，可以重点收集、运用以下客观证据：

（1）与实施集资诈骗整体行为模式相关的证据：投资合同、宣传资料、培训内容等；

(2)与资金使用相关的证据:资金往来记录、会计账簿和会计凭证、资金使用成本(包括利息和佣金等)、资金决策使用过程、资金主要用途、财产转移情况等;

(3)与归还能力相关的证据:吸收资金所投资项目内容、投资实际经营情况、盈利能力、归还本息资金的主要来源、负债情况、是否存在虚构业绩等虚假宣传行为等;

(4)其他涉及欺诈等方面的证据:虚构融资项目进行宣传、隐瞒资金实际用途、隐匿销毁账簿;等等。司法会计鉴定机构对相关数据进行鉴定时,办案部门可以根据查证犯罪事实的需要提出重点鉴定的项目,保证司法会计鉴定意见与待证的构成要件事实之间的关联性。

17. 集资诈骗的数额,应当以犯罪嫌疑人实际骗取的金额计算。犯罪嫌疑人为吸收公众资金制造还本付息的假象,在诈骗的同时对部分投资人还本付息的,集资诈骗的金额以案发时实际未兑付的金额计算。案发后,犯罪嫌疑人主动退还集资款项的,不能从集资诈骗的金额中扣除,但可以作为量刑情节考虑。

(三)非法经营资金支付结算行为的认定

18. 支付结算业务(也称支付业务)是商业银行或者支付机构在收付款人之间提供的货币资金转移服务。非银行机构从事支付结算业务,应当经中国人民银行批准取得《支付业务许可证》,成为支付机构。未取得支付业务许可从事该业务的行为,违反《非法金融机构和非法金融业务活动取缔办法》第四条第一款第(三)(四)项的规定,破坏了支付结算业务许可制度,危害支付市场秩序和安全,情节严重的,适用刑法第二百二十五条第(三)项,以非法经营罪追究刑事责任。具体情形:

(1)未取得支付业务许可经营基于客户支付账户的网络支付业务。无证网络支付机构为客户非法开立支付账户,客户先把资金支付到该支付账户,再由无证机构根据订单信息从支付账户平台将资金结算到收款人银行账户。

(2)未取得支付业务许可经营多用途预付卡业务。无证发卡机构非法发行可跨地区、跨行业、跨法人使用的多用途预付卡,聚集大量的预付卡销售资金,并根据客户订单信息向商户划转结算资金。

19. 在具体办案时,要深入剖析相关行为是否具备资金支付结算的实质特征,准确区分支付工具的正常商业流转与提供支付结算服务、区分单用途预付卡与多用途预付卡业务,充分考虑具体行为与"地下钱庄"等同类犯罪在社会危害方面的相当性以及刑事处罚的必要性,严格把握入罪和出罪标准。

三、依法认定单位犯罪及其责任人员

20. 涉互联网金融犯罪案件多以单位形式组织实施,所涉单位数量众多、层级复杂,其中还包括大量分支机构和关联单位,集团化特征明显。有的涉互联网金融犯罪案件中分支机构遍布全国,既有具备法人资格的,又有不具备法人资格的;既有受总公司直接领导的,又有受总公司的下属单位领导的。公安机关在立案时做法不一,有的对单位立案,有的不对单位立案,有的被立案的单位不具有独立法人资格,有的仅对最上层的单位立案而不对分支机构立案。对此,检察机关公诉部门在审查起诉时,应当从能够全面揭示犯罪行为基本特征、全面覆盖犯罪活动、准确界定区分各层级人员的地位作用、有利于有力指控犯罪、有利于追缴违法所得等方面依法具体把握,确定是否以单位犯罪追究。

21. 涉互联网金融犯罪所涉罪名中,刑法规定应当追究单位刑事责任的,对同时具备以下情形且具有独立法人资格的单位,可以以单位犯罪追究:

(1)犯罪活动经单位决策实施;

（2）单位的员工主要按照单位的决策实施具体犯罪活动；

（3）违法所得归单位所有，经单位决策使用，收益亦归单位所有。但是，单位设立后专门从事违法犯罪活动的，应当以自然人犯罪追究刑事责任。

22. 对参与涉互联网金融犯罪，但不具有独立法人资格的分支机构，是否追究其刑事责任，可以区分两种情形处理：

（1）全部或部分违法所得归分支机构所有并支配，分支机构作为单位犯罪主体追究刑事责任；

（2）违法所得完全归分支机构上级单位所有并支配的，不能对分支机构作为单位犯罪主体追究刑事责任，而是应当对分支机构的上级单位（符合单位犯罪主体资格）追究刑事责任。

23. 分支机构认定为单位犯罪主体的，该分支机构相关涉案人员应当作为该分支机构的“直接负责的主管人员”或者“其他直接责任人员”追究刑事责任。仅将分支机构的上级单位认定为单位犯罪主体的，该分支机构相关涉案人员可以作为该上级单位的“其他直接责任人员”追究刑事责任。

24. 对符合追诉条件的分支机构（包括具有独立法人资格的和不具有独立法人资格）及其所属单位，公安机关均没有作为犯罪嫌疑单位移送审查起诉，仅将其所属单位的上级单位作为犯罪嫌疑单位移送审查起诉的，对相关分支机构涉案人员可以区分以下情形处理：

（1）有证据证明被立案的上级单位（比如总公司）在业务、财务、人事等方面对下属单位及其分支机构进行实际控制，下属单位及其分支机构涉案人员可以作为被移送审查起诉的上级单位的“其他直接责任人员”追究刑事责任。在证明实际控制关系时，应当收集、运用公司决策、管理、考核等相关文件，OA 系统等电子数据，资金往来记录等证据。对不同地区同一单位的分支机构涉案人员起诉时，证明实际控制关系的证据体系、证明标准应基本一致。

（2）据现有证据无法证明被立案的上级单位与下属单位及其分支机构之间存在实际控制关系的，对符合单位犯罪构成要件的下属单位或分支机构应当补充起诉，下属单位及其分支机构已不具备补充起诉条件的，可以将下属单位及其分支机构的涉案犯罪嫌疑人直接起诉。

四、综合运用定罪量刑情节

25. 在办理跨区域涉互联网金融犯罪案件时，在追诉标准、追诉范围以及量刑建议等方面应当注意统一平衡。对于同一单位在多个地区分别设立分支机构的，在同一省（自治区、直辖市）范围内应当保持基本一致。分支机构所涉犯罪嫌疑人与上级单位主要犯罪嫌疑人之间应当保持适度平衡，防止出现责任轻重“倒挂”的现象。

26. 单位犯罪中，直接负责的主管人员和其他直接责任人员在涉互联网金融犯罪案件中的地位、作用存在明显差别的，可以区分主犯和从犯。对起组织领导作用的总公司的直接负责的主管人员和发挥主要作用的其他直接责任人员，可以认定为全案的主犯，其他人员可以认定为从犯。

27. 最大限度减少投资人的实际损失是办理涉互联网金融犯罪案件特别是非法集资案件的重要工作。在决定是否起诉、提出量刑建议时，要重视对是否具有认罪认罚、主动退赃退赔等情节的考察。分支机构涉案人员积极配合调查、主动退还违法所得、真诚认罪悔罪的，应当依法提出从轻、减轻处罚的量刑建议。其中，对情节轻微、可以免予刑事处罚的，或者情节显著轻微、危害不大、不认为是犯罪的，应当依法作出不起诉决定。对被不起诉人需要给予行政处罚或者没收违法所得的，应当向行政主管部门提出检察意见。

五、证据的收集、审查与运用

28. 涉互联网金融犯罪案件证据种类复杂、数量庞大，且分散于各地，收集、审查、运用证据的难度大。各地检察机关公诉部门要紧紧围绕证据的真实性、合法性、关联性，引导公安机关依法全面收集固定证据，加强证据的审查、运用，确保案件事实经得起法律的检验。

29. 对于重大、疑难、复杂涉互联网金融犯罪案件，检察机关公诉部门要依法提前介入侦查，围绕指控犯罪的需要积极引导公安机关全面收集固定证据，必要时与公安机关共同会商，提出完善侦查思路、侦查提纲的意见建议。加强对侦查取证合法性的监督，对应当依法排除的非法证据坚决予以排除，对应当补正或作出合理解释的及时提出意见。

30. 电子数据在涉互联网金融犯罪案件的证据体系中地位重要，对于指控证实相关犯罪事实具有重要作用。随着互联网技术的不断发展，电子数据的形式、载体出现了许多新的变化，对电子数据的勘验、提取、审查等提出了更高要求，处理不当会对电子数据的真实性、合法性造成不可逆转的损害。检察机关公诉部门要严格执行《最高人民法院、最高人民检察院、公安部关于办理刑事案件收集提取和审查判断电子数据问题的若干规定》（法发〔2016〕22 号），加强对电子数据收集、提取程序和技术标准的审查，确保电子数据的真实性、合法性。对云存储电子数据等新类型电子数据进行提取、审查时，要高度重视程序合法性、数据完整性等问题，必要时主动征求相关领域专家意见，在提取前会同公安机关、云存储服务提供商制定科学合法的提取方案，确保万无一失。

31. 落实"三统两分"要求，健全证据交换共享机制，协调推进跨区域案件办理。对涉及主案犯罪嫌疑人的证据，一般由主案侦办地办案机构负责收集，其他地区提供协助。其他地区办案机构需要主案侦办地提供证据材料的，应当向主案侦办地办案机构提出证据需求，由主案侦办地办案机构收集并依法移送。无法移送证据原件的，应当在移送复制件的同时，按照相关规定作出说明。各地检察机关公诉部门之间要加强协作，加强与公安机关的协调，督促本地公安机关与其他地区公安机关做好证据交换共享相关工作。案件进入审查起诉阶段后，检察机关公诉部门可以根据案件需要，直接向其他地区检察机关调取证据，其他地区检察机关公诉部门应积极协助。此外，各地检察机关在办理案件过程中发现对其他地区案件办理有重要作用的证据，应当及时采取措施并通知相应检察机关，做好依法移送工作。

六、投资人合法权益的保护

32. 涉互联网金融犯罪案件投资人诉求复杂多样，矛盾化解和维护稳定工作任务艰巨繁重，各地检察机关公诉部门在办案过程中要坚持刑事追诉和权益保护并重，根据刑事诉讼法等相关法律规定，依法保证互联网金融活动中投资人的合法权益，坚持把追赃挽损等工作贯穿到侦查、起诉、审判各个环节，配合公安、法院等部门最大限度减少投资人的实际损失，加强与本院控申部门、公安机关的联系沟通，及时掌握涉案动态信息，认真开展办案风险评估预警工作，周密制定处置预案，并落实责任到位，避免因部门之间衔接不畅、处置不当造成工作被动。发现重大风险隐患的，及时向有关部门通报情况，必要时逐级上报高检院。

随着互联网金融的发展，涉互联网金融犯罪中的新情况、新问题还将不断出现，各地检察机关公诉部门要按照会议纪要的精神，结合各地办案实际，依法办理涉互联网金融犯罪案件；在办好案件的同时，要不断总结办案经验，加强对重大疑难复杂案件的研究，努力提高办理涉互联网金融犯罪案件的能力和水平，为促进互联网金融规范发展、保障经济社会大局稳定作出积极贡献。在办案过程中遇到疑难问题的，要及时层报高检院公诉厅。

最高人民法院　最高人民检察院
关于修改《关于办理妨害信用卡管理刑事案件具体应用法律若干问题的解释》的决定

(2018年7月30日最高人民法院审判委员会第1745次会议、2018年10月19日最高人民检察院第十三届检察委员会第七次会议通过　2018年11月28日公布　自2018年12月1日起施行　法释〔2018〕19号)

根据司法实践情况,现决定对《最高人民法院、最高人民检察院关于办理妨害信用卡管理刑事案件具体应用法律若干问题的解释》(法释〔2009〕19号,以下简称《解释》)作如下修改:

一、将《解释》原第六条修改为:"持卡人以非法占有为目的,超过规定限额或者规定期限透支,经发卡银行两次有效催收后超过三个月仍不归还的,应当认定为刑法第一百九十六条规定的'恶意透支'。

"对于是否以非法占有为目的,应当综合持卡人信用记录、还款能力和意愿、申领和透支信用卡的状况、透支资金的用途、透支后的表现、未按规定还款的原因等情节作出判断。不得单纯依据持卡人未按规定还款的事实认定非法占有目的。

"具有以下情形之一的,应当认定为刑法第一百九十六条第二款规定的'以非法占有为目的',但有证据证明持卡人确实不具有非法占有目的的除外:

"(一)明知没有还款能力而大量透支,无法归还的;

"(二)使用虚假资信证明申领信用卡后透支,无法归还的;

"(三)透支后通过逃匿、改变联系方式等手段,逃避银行催收的;

"(四)抽逃、转移资金,隐匿财产,逃避还款的;

"(五)使用透支的资金进行犯罪活动的;

"(六)其他非法占有资金,拒不归还的情形。"

二、增加一条,作为《解释》第七条:"催收同时符合下列条件的,应当认定为本解释第六条规定的'有效催收':

"(一)在透支超过规定限额或者规定期限后进行;

"(二)催收应当采用能够确认持卡人收悉的方式,但持卡人故意逃避催收的除外;

"(三)两次催收至少间隔三十日;

"(四)符合催收的有关规定或者约定。

"对于是否属于有效催收,应当根据发卡银行提供的电话录音、信息送达记录、信函送达回执、电子邮件送达记录、持卡人或者其家属签字以及其他催收原始证据材料作出判断。

"发卡银行提供的相关证据材料,应当有银行工作人员签名和银行公章。"

三、增加一条,作为《解释》第八条:"恶意透支,数额在五万元以上不满五十万元的,应当认定为刑法第一百九十六条规定的'数额较大';数额在五十万元以上不满五百万元的,应当认定为刑法第一百九十六条规定的'数额巨大';数额在五百万元以上的,应当认定为刑法第一百九十六条规定的'数额特别巨大'。"

四、增加一条,作为《解释》第九条:"恶意透支的数额,是指公安机关刑事立案时尚未归还的实际透支的本金数额,不包括利息、复利、滞纳金、手续费等发卡银行收取的费用。归还或者支付的数额，应当认定为归还实际透支的本金。

“检察机关在审查起诉、提起公诉时，应当根据发卡银行提供的交易明细、分类账单（透支账单、还款账单）等证据材料，结合犯罪嫌疑人、被告人及其辩护人所提辩解、辩护意见及相关证据材料，审查认定恶意透支的数额；恶意透支的数额难以确定的，应当依据司法会计、审计报告，结合其他证据材料审查认定。人民法院在审判过程中，应当在对上述证据材料查证属实的基础上，对恶意透支的数额作出认定。

“发卡银行提供的相关证据材料，应当有银行工作人员签名和银行公章。”

五、增加一条，作为《解释》第十条：“恶意透支数额较大，在提起公诉前全部归还或者具有其他情节轻微情形的，可以不起诉；在一审判决前全部归还或者具有其他情节轻微情形的，可以免予刑事处罚。但是，曾因信用卡诈骗受过两次以上处罚的除外。”

六、增加一条，作为《解释》第十一条：“发卡银行违规以信用卡透支形式变相发放贷款，持卡人未按规定归还的，不适用刑法第一百九十六条‘恶意透支’的规定。构成其他犯罪的，以其他犯罪论处。”

七、将《解释》原第七条改为修改后《解释》第十二条。

八、将《解释》原第八条改为修改后《解释》第十三条，修改为：“单位实施本解释规定的行为，适用本解释规定的相应自然人犯罪的定罪量刑标准。”

根据本决定，对《解释》作相应修改并调整条文顺序后，重新公布。

最高人民法院　最高人民检察院
关于办理妨害信用卡管理刑事案件具体应用法律若干问题的解释

（2009年10月12日最高人民法院审判委员会第1475次会议、2009年11月12日最高人民检察院第十一届检察委员会第二十二次会议通过　根据2018年7月30日最高人民法院审判委员会第1745次会议、2018年10月19日最高人民检察院第十三届检察委员会第七次会议通过、2018年11月28日公布的《最高人民法院、最高人民检察院关于修改〈关于办理妨害信用卡管理刑事案件具体应用法律若干问题的解释〉的决定》修正　法释〔2018〕19号）

为依法惩治妨害信用卡管理犯罪活动，维护信用卡管理秩序和持卡人合法权益，根据《中华人民共和国刑法》规定，现就办理这类刑事案件具体应用法律的若干问题解释如下：

第一条　复制他人信用卡、将他人信用卡信息资料写入磁条介质、芯片或者以其他方法伪造信用卡一张以上的，应当认定为刑法第一百七十七条第一款第四项规定的“伪造信用卡”，以伪造金融票证罪定罪处罚。

伪造空白信用卡十张以上的，应当认定为刑法第一百七十七条第一款第四项规定的“伪造信用卡”，以伪造金融票证罪定罪处罚。

伪造信用卡，有下列情形之一的，应当认定为刑法第一百七十七条规定的“情节严重”：

（一）伪造信用卡五张以上不满二十五张的；

（二）伪造的信用卡内存款余额、透支额度单独或者合计数额在二十万元以上不满一百万元的；

（三）伪造空白信用卡五十张以上不满二百五十张的；

（四）其他情节严重的情形。

伪造信用卡，有下列情形之一的，应当认定为刑法第一百七十七条规定的“情节特别严重”：

（一）伪造信用卡二十五张以上的；

（二）伪造的信用卡内存款余额、透支额度单独或者合计数额在一百万元以上的；

（三）伪造空白信用卡二百五十张以上的；

（四）其他情节特别严重的情形。

本条所称“信用卡内存款余额、透支额度”，以信用卡被伪造后发卡行记录的最高存款余额、可透支额度计算。

第二条 明知是伪造的空白信用卡而持有、运输十张以上不满一百张的，应当认定为刑法第一百七十七条之一第一款第一项规定的“数量较大”；非法持有他人信用卡五张以上不满五十张的，应当认定为刑法第一百七十七条之一第一款第二项规定的“数量较大”。

有下列情形之一的，应当认定为刑法第一百七十七条之一第一款规定的“数量巨大”：

（一）明知是伪造的信用卡而持有、运输十张以上的；

（二）明知是伪造的空白信用卡而持有、运输一百张以上的；

（三）非法持有他人信用卡五十张以上的；

（四）使用虚假的身份证明骗领信用卡十张以上的；

（五）出售、购买、为他人提供伪造的信用卡或者以虚假的身份证明骗领的信用卡十张以上的。

违背他人意愿，使用其居民身份证、军官证、士兵证、港澳居民往来内地通行证、台湾居民来往大陆通行证、护照等身份证明申领信用卡的，或者使用伪造、变造的身份证明申领信用卡的，应当认定为刑法第一百七十七条之一第一款第三项规定的“使用虚假的身份证明骗领信用卡”。

第三条 窃取、收买、非法提供他人信用卡信息资料，足以伪造可进行交易的信用卡，或者足以使他人以信用卡持卡人名义进行交易，涉及信用卡一张以上不满五张的，依照刑法第一百七十七条之一第二款的规定，以窃取、收买、非法提供信用卡信息罪定罪处罚；涉及信用卡五张以上的，应当认定为刑法第一百七十七条之一第一款规定的“数量巨大”。

第四条 为信用卡申请人制作、提供虚假的财产状况、收入、职务等资信证明材料，涉及伪造、变造、买卖国家机关公文、证件、印章，或者涉及伪造公司、企业、事业单位、人民团体印章，应当追究刑事责任的，依照刑法第二百八十条的规定，分别以伪造、变造、买卖国家机关公文、证件、印章罪和伪造公司、企业、事业单位、人民团体印章罪定罪处罚。

承担资产评估、验资、验证、会计、审计、法律服务等职责的中介组织或其人员，为信用卡申请人提供虚假的财产状况、收入、职务等资信证明材料，应当追究刑事责任的，依照刑法第二百二十九条的规定，分别以提供虚假证明文件罪和出具证明文件重大失实罪定罪处罚。

第五条 使用伪造的信用卡、以虚假的身份证明骗领的信用卡、作废的信用卡或者冒用他人信用卡，进行信用卡诈骗活动，数额在五千元以上不满五万元的，应当认定为刑法第一百九十六条规定的“数额较大”；数额在五万元以上不满五十万元的，应当认定为刑法第一百九十六条规定的“数额巨大”；数额在五十万元以上的，应当认定为刑法第一百九十六条规定的“数额特别巨大”。

刑法第一百九十六条第一款第三项所称“冒用他人信用卡”，包括以下情形：

（一）拾得他人信用卡并使用的；

（二）骗取他人信用卡并使用的；

（三）窃取、收买、骗取或者以其他非法方式获取他人信用卡信息资料，并通过互联网、通讯终端等使用的；

（四）其他冒用他人信用卡的情形。

第六条 持卡人以非法占有为目的，超过规定限额或者规定期限透支，经发卡银行两次有效催收后超过三个月仍不归还的，应当认定为刑法第一百九十六条规定的"恶意透支"。

对于是否以非法占有为目的，应当综合持卡人信用记录、还款能力和意愿、申领和透支信用卡的状况、透支资金的用途、透支后的表现、未按规定还款的原因等情节作出判断。不得单纯依据持卡人未按规定还款的事实认定非法占有目的。

具有以下情形之一的，应当认定为刑法第一百九十六条第二款规定的"以非法占有为目的"，但有证据证明持卡人确实不具有非法占有目的的除外：

（一）明知没有还款能力而大量透支，无法归还的；

（二）使用虚假资信证明申领信用卡后透支，无法归还的；

（三）透支后通过逃匿、改变联系方式等手段，逃避银行催收的；

（四）抽逃、转移资金，隐匿财产，逃避还款的；

（五）使用透支的资金进行犯罪活动的；

（六）其他非法占有资金，拒不归还的情形。

第七条 催收同时符合下列条件的，应当认定为本解释第六条规定的"有效催收"：

（一）在透支超过规定限额或者规定期限后进行；

（二）催收应当采用能够确认持卡人收悉的方式，但持卡人故意逃避催收的除外；

（三）两次催收至少间隔三十日；

（四）符合催收的有关规定或者约定。

对于是否属于有效催收，应当根据发卡银行提供的电话录音、信息送达记录、信函送达回执、电子邮件送达记录、持卡人或者其家属签字以及其他催收原始证据材料作出判断。

发卡银行提供的相关证据材料，应当有银行工作人员签名和银行公章。

第八条 恶意透支，数额在五万元以上不满五十万元的，应当认定为刑法第一百九十六条规定的"数额较大"；数额在五十万元以上不满五百万元的，应当认定为刑法第一百九十六条规定的"数额巨大"；数额在五百万元以上的，应当认定为刑法第一百九十六条规定的"数额特别巨大"。

第九条 恶意透支的数额，是指公安机关刑事立案时尚未归还的实际透支的本金数额，不包括利息、复利、滞纳金、手续费等发卡银行收取的费用。归还或者支付的数额，应当认定为归还实际透支的本金。

检察机关在审查起诉、提起公诉时，应当根据发卡银行提供的交易明细、分类账单（透支账单、还款账单）等证据材料，结合犯罪嫌疑人、被告人及其辩护人所提辩解、辩护意见及相关证据材料，审查认定恶意透支的数额；恶意透支的数额难以确定的，应当依据司法会计、审计报告，结合其他证据材料审查认定。人民法院在审判过程中，应当在对上述证据材料查证属实的基础上，对恶意透支的数额作出认定。

发卡银行提供的相关证据材料，应当有银行工作人员签名和银行公章。

第十条 恶意透支数额较大，在提起公诉前全部归还或者具有其他情节轻微情形的，可以不起诉；在一审判决前全部归还或者具有其他情节轻微情形的，可以免予刑事处罚。但是，曾因信用卡诈骗受过两次以上处罚的除外。

第十一条 发卡银行违规以信用卡透支形式变相发放贷款，持卡人未按规定归还的，不适用刑法第一百九十六条"恶意透支"的规定。构成其他犯罪的，以其他犯罪论处。

第十二条 违反国家规定，使用销售点终端机具（POS机）等方法，以虚构交易、虚开价格、现金退货等方式向信用卡持卡人直接支付现金，情节严重的，应当依据刑法第二百二十五条的规定，以非法经营罪定罪处罚。

实施前款行为，数额在一百万元以上的，或者造成金融机构资金二十万元以上逾期未还的，或者造成金融机构经济损失十万元以上的，应当认定为刑法第二百二十五条规定的“情节严重”；数额在五百万元以上的，或者造成金融机构资金一百万元以上逾期未还的，或者造成金融机构经济损失五十万元以上的，应当认定为刑法第二百二十五条规定的“情节特别严重”。

持卡人以非法占有为目的，采用上述方式恶意透支，应当追究刑事责任的，依照刑法第一百九十六条的规定，以信用卡诈骗罪定罪处罚。

第十三条 单位实施本解释规定的行为，适用本解释规定的相应自然人犯罪的定罪量刑标准。

《关于修改〈关于办理妨害信用卡管理刑事案件具体应用法律若干问题的解释〉的决定》的理解与适用

□耿 磊

日前，最高人民法院、最高人民检察院发布《关于修改〈关于办理妨害信用卡管理刑事案件具体应用法律若干问题的解释〉的决定》（法释〔2018〕19 号，以下简称《修改决定》），自 2018 年 12 月 1 日起施行。根据《修改决定》，对《最高人民法院、最高人民检察院关于办理妨害信用卡管理刑事案件具体应用法律若干问题的解释》（法释〔2009〕19 号，以下简称《解释》）做相应修改并调整条文序号后，重新公布。为便于司法实践中正确理解与适用，现就《修改决定》的制定背景、起草中的主要考虑和主要内容介绍如下。

一、《修改决定》的制定背景

1997 年刑法第一百九十六条规定了信用卡诈骗罪，2005 年《刑法修正案（五）》对该罪做了进一步修改完善。根据刑法第一百九十六条的规定，有下列情形之一，进行信用卡诈骗活动，数额较大的，构成信用卡诈骗罪：（1）使用伪造的信用卡，或者使用以虚假的身份证明骗领的信用卡的；（2）使用作废的信用卡的；（3）冒用他人信用卡的；（4）恶意透支的。2009 年 12 月，最高人民法院、最高人民检察院联合发布了《解释》，明确了信用卡诈骗罪等妨害信用卡管理犯罪的定罪量刑和法律适用标准。作为重要内容之一，《解释》针对信用卡诈骗罪中恶意透支的情形，明确了行为认定标准和定罪量刑数额标准。

《解释》施行以来，各级公安、司法机关依照刑法和《解释》的规定，依法惩治恶意透支和其他信用卡诈骗犯罪，有效维护信用卡管理秩序。但是，恶意透支与使用“伪卡”“假卡”“废卡”“冒用卡”等信用卡诈骗存在重大区别，本质上系持卡人与发卡银行的民事债权债务纠纷，不宜过分依靠刑法予以解决。然而，经司法大数据分析发现，信用卡诈骗罪呈现出如下两个特点：（1）恶意透支成为信用卡诈骗罪的主要行为样态。近五年，信用卡诈骗案件一审年均结案 1 万件左右，占全部金融诈骗犯罪（包括集资诈骗罪、贷款诈骗罪、票据诈骗罪、金融凭证诈骗罪、信用证诈骗罪、信用卡诈骗罪、有价证券诈骗罪、保险诈骗罪八个罪名）的八成以上，恶意透支又占信用卡诈骗罪的八成，有的地方甚至达到 95%。也即，恶意透支大约占全部金融诈骗犯罪案件的七成至八成。（2）恶意透支刑事案件的量刑整体偏重。根据《解释》的规定，恶意透支，数额在 1 万元以上不满 10 万元的，构成信用卡诈骗罪；数额在 10 万元以上不满 100 万元的，处五年以上十年以下有期徒刑；数额在 100 万元以上的，处十年以上有期徒刑或者无期徒刑。近年来，恶意透支犯罪的重刑

(五年以上有期徒刑、无期徒刑)率呈逐年上升态势。

相对于其他金融诈骗犯罪和信用卡诈骗罪的其他类型,恶意透支的社会危害相对较小,但在实践中却成为信用卡诈骗罪甚至全部金融诈骗犯罪的绝对多数类型,且重刑率持续上升,反映出《解释》关于恶意透支的规定逐渐难以适应当前经济社会发展形势,需要作出调整。与此同时,在办理恶意透支刑事案件的司法实践过程中还反映出其他一些法律适用争议问题,需要通过司法解释作出明确。

为确保法律准确统一适用,维护信用卡管理秩序,最高人民法院会同最高人民检察院,深入调查研究,在广泛征求公安部、中国人民银行、中国银行保险监督管理委员会、中国银联等部门意见的基础上,起草了《修改决定》。2018 年 7 月 30 日最高人民法院审判委员会第 1745 次会议、2018 年 10 月 19 日最高人民检察院第十三届检察委员会第七次会议审议通过了《修改决定》。

二、《修改决定》起草中的主要考虑

为确保修改后《解释》的内容科学合理,能够适应形势发展、满足实践需要,在《修改决定》起草过程中,着重注意把握了以下几点:

第一,把握立法精神,区分恶意透支和信用卡诈骗罪的其他类型。恶意透支最重要的特点就是"真人真卡",与使用"伪卡""假卡""废卡""冒用卡"等信用卡诈骗罪的其他类型存在重大区别。而且,恶意透支的产生、规模、控制与发卡银行的经营策略有较大关系。基于此,《修改决定》根据当前恶意透支刑事案件特点,适当上调了恶意透支定罪量刑的数额标准。

第二,坚持问题导向,有效解决司法实务难题。从调研情况来看,办理恶意透支刑事案件存在一些争议问题,亟须作出进一步明确规定。例如,"以非法占有为目的"的内涵与外延,"催收"的把握。基于此,《修改决定》相关条文以办理恶意透支刑事案件存在的问题为基础,结合司法实际,做了明确规定。

第三,坚持宽严相济,发挥刑法的威慑和教育功能。根据宽严相济刑事政策的要求和修改后刑事诉讼法关于认罪认罚从宽处理的精神,《修改决定》明确规定在恶意透支后及时采取措施,归还透支金额的,可以从宽处理,以最大限度给予行为人改过自新的机会,充分发挥刑法的威慑和教育功能。

三、《修改决定》的主要内容

《修改决定》依照刑法、刑事诉讼法的规定,结合当前恶意透支犯罪的特点和司法实践反映的问题,对《解释》做了修改,调整了恶意透支的定罪量刑标准,并对有关法律适用问题做了进一步明确。《修改决定》共八个条文,大致可以归纳为如下五个方面的问题:

(一)关于"以非法占有为目的"的认定

刑法第一百九十六条规定:恶意透支,"是指持卡人以非法占有为目的,超过规定限额或者规定期限透支,并且经发卡银行催收后仍不归还的行为"。《解释》第六条第一款进一步明确了"恶意透支"的含义,规定:"持卡人以非法占有为目的,超过规定限额或者规定期限透支,并且经发卡银行两次催收后超过 3 个月仍不归还的,应当认定为刑法第一百九十六条规定的'恶意透支'。"第二款规定了应当认定为"以非法占有为目的"的六种情形:明知没有还款能力而大量透支,无法归还的;肆意挥霍透支的资金,无法归还的;透支后逃匿、改变联系方式,逃避银行催收的;抽逃、转移资金,隐匿财产,逃避还款的;使用透支的资金进行违法犯罪活动的;其他非法占有资金,拒不归还的行为。上述规定对于准确认定非法占有目的发挥了重要作用,但在具体适用中也存在一些问题。根据实践反映的问题,《修改决定》第一条对《解释》第六条做了修改完善。

1."以非法占有为目的"的独立要件地位。根据刑法第一百九十六条的规定,"以非法占有为目的”是恶意透支的主观要件,是区分恶意透支与民事纠纷、民事欺诈的最重要标准。然而,“以非法占有为目的”的规定在实践中被虚化,具体表现为依据“经发卡银行两次催收后超过 3 个月仍不归还”的客观行为直接认定“以非法占有为目的”,以及对持卡人提出的不具有非法占有目的的辩解(如正在与发卡银行协商还款事宜)置之不顾。为防止客观归罪,实现主客观相统一,《修改决定》第一条对《解释》第六条做了进一步完善,特别强调“不得单纯依据持卡人未按规定还款的事实认定非法占有目的”,凸显了“以非法占有为目的”在认定恶意透支中的独立要件地位。

2. “以非法占有为目的”的综合考量。《修改决定》第一条对《解释》第六条做了补充,增加第二款,规定:“对于是否以非法占有为目的,应当综合持卡人信用记录、还款能力和意愿、申领和透支信用卡的状况、透支资金的用途、透支后的表现、未按规定还款的原因等情节作出判断……”据此,对非法占有目的应当根据案件的具体情况综合认定,具体可以从如下几个方面考量:申领信用卡时提交材料是否真实,有无严重弄虚作假;使用信用卡时是否具有相对稳定的还款能力,如是否具有稳定合法的工作或者收入来源;透支情况与收入水平是否基本相符;涉案信用卡是否存在大量套现情况;透支款项用途是否合法,是否用于违法犯罪活动;是否存在持续且有效的还款行为;透支后是否与发卡银行保持联系、积极沟通,是否存在故意逃避催收的情况,等等。对于持卡人原有合法、稳定收入来源,长期正常使用信用卡,信用记录良好,但在正常透支消费后,因突发重大疾病或者其他客观原因,导致一时无力还款,事后与发卡银行积极沟通说明情况、尽力筹措还款资金的,不应认定为“以非法占有为目的”。

3. “以非法占有为目的”的推定情形。《修改决定》对《解释》第六条第二款关于“以非法占有为目的”的推定情形作出进一步完善,主要有以下几个方面:(1)不再将“肆意挥霍透支的资金,无法归还的”作为认定以非法占有为目的的情形之一。司法实践普遍反映,“肆意挥霍”的认定存在较大弹性,受持卡人自身情况和消费时间、地点等因素影响较大,且与信用卡“透支消费”这一最重要功能的界限难以准确把握,不利于信用卡功能的正常发挥和持卡人合法权益的有效维护。(2)将“使用虚假资信证明申领信用卡后透支,无法归还的”增设为认定以非法占有为目的的情形之一。实践中,一些持卡人通过提供虚假的财产状况、收入、职务等资信证明材料的方式,骗领信用卡或者提高信用卡的授信额度后透支,导致无法归还的情况时有出现。此种情形,反映持卡人具有相当的主观恶性,且往往是实施信用卡套现、信用卡诈骗的前提和基础,危害较大,有必要加以规制。基于此,将此种情形纳入认定以非法占有为目的的情形。(3)增加但书规定。鉴于司法实践的情况比较复杂,应当允许对具有本款规定推定为“以非法占有为目的”的情形提出反证,即“有证据证明持卡人确实不具有非法占有目的的除外”。

(二)关于催收的认定

根据刑法第一百九十六条第二款的规定,“经发卡银行催收后仍不归还”是认定恶意透支的条件之一。根据司法实践反映的问题,《修改决定》第一条明确刑法规定的“催收”应为“有效催收”,即发卡银行的催收,只有被持卡人确实收到后,方可认定为刑法规定的“催收”。做此限定,既符合司法实践的一贯做法,又可以防止催收形式化和不当扩大刑事处罚范围,实现立法通过“催收”限定刑事处罚范围的目的。在此基础上,《修改决定》第二条通过增加一条,作为修改后《解释》第七条,进一步明确了“有效催收”的认定标准和有关问题。

1. “有效催收”的认定标准。根据修改后《解释》第七条第一款的规定,对于“有效催收”,应当从催收的时间、效果、间隔、合法性等方面加以认定。具体而言:(1)在透支超过规定限额或者规定期限后进行。持卡人的透支尚未超过规定限额或者规定期限的,属于对信用卡的合法使用,此时的所谓“催收”,本质上属于中国银行业监督管理委员会发布的《商业银行信用卡业务监督管理办法》(以下简称《信用卡管理办法》)第六十七条“发卡银行应当及时就即将到期的透支金额、还款日期等信息提醒持卡人”中的“提醒”,不属于催收,故明确催收应当在透支超过规定限额或者规定期限“后”进行。(2)催收应当采用能够确认持卡人收悉的方式,但持卡人故意逃避催收的除外。这是“有效催收”的本质要求,以将持卡人由于搬迁或者出差等原因,没有收到银行催收以致未能按时还款的情况排除在外。需要注意的问题有三:一是这里的“确认持卡人收悉”,并非仅指持卡人实际知晓催收内容,也包括司法机关根据一般生活经验,判断持卡人确实收悉催收的情况。例如,发卡银行按照约定,将催收短信送达持卡人的手机,即使不能证明持卡人已实际阅读,也可以认定为有效催收。二是有的持卡人通过变更联系方式不通知发卡银行等方式故意逃避催收的,要求发卡银行的催收现实、确定被故意逃避催收的持卡人知悉,显然不符合现实情况。考虑到发卡银行催收与人民法院民事送达有一定的相似性,故参考最高人民法院印发的《关于进一步加强民事送达工作的若干意见》(法发〔2017〕19号)第六条“当事人变更送达地址,应当以书面方式告知人民法院。当事人未书面变更的,以其确认的地址为送达地址”的规定,明确对于有证据证明持卡人故意逃避催收的,不需要发卡银行的催收必须采用能够确认其收悉的方式,只要发卡银行按照与持卡人约定的方式进行了催收,如向故意逃避催收的持卡人预留的手机号码发送催收短信的,也可以认定为有效催收。三是催收方式。2010年《最高人民法院研究室关于信用卡犯罪法律适用若干问题的复函》(法研〔2010〕105号)明确要求“两次催收”一般应分别采用电话、信函、上门等两种以上催收形式。对此,司法实践反映良好。《修改决定》未吸收上述规定,主要是考虑到,随着信息技术的发展,催收的方式更加灵活多样,如近年来开始出现“短信”“微信”“电子邮件”等催收方式,司法解释难以全面列举;而且,在《修改决定》已经明确规定“催收应当采用能够确认持卡人收悉的方式”的情况下,对催收形式再做限制,亦无必要。(3)两次催收至少间隔30日。做此规定,同样是为了确保持卡人能够收悉发卡银行的催收,避免短时间内连续催收造成把两次催收实质上合并为一次催收的情况。之所以确定为“30日”,是参考了信用卡对账单的生成周期一般为30天的做法。(4)符合催收的有关规定或者约定。此处规定的“约定”,是指持卡人与发卡银行就催收达成的合意,主要表现为持卡人同意发卡银行的信用卡章程中有关催收的条款。至于“规定”,目前主要是指《信用卡管理办法》第六十八条至第七十条的相关规定,如“不得对与债务无关的第三人进行催收”“对催收过程应当进行录音,录音资料至少保存2年备查”。下一步关于催收的相关规定如有调整的,从其规定。

2.认定“有效催收”的证据标准。根据修改后《解释》第七条第二款、第三款的规定,对于是否属于有效催收,应当根据发卡银行提供的电话录音、信息送达记录、信函送达回执、电子邮件送达记录、持卡人或者其家属签字以及其他催收原始证据材料作出判断。而且,发卡银行提供的相关证据材料,应当有银行工作人员签名和银行公章,以确保相关证据材料的客观真实。

此外,有必要提及的是,对于持卡人与实际透支人不一致时的催收对象及相关问题,实践中存在不同认识。经研究认为,上述问题主要系实践操作问题,《修改决定》未予涉及。具体操作中,可以根据实际透支人获得信用卡的不同方式分别作出处理:(1)对违背持卡人真实意愿情形的处理。以拾得、骗取、窃取、收买,甚至抢劫、盗窃等方式获取他人信用卡后恶意透支,根据刑法和司法解释的有关规定,可以盗窃罪、信用卡诈骗罪(冒用他人信用卡)等规定定罪处罚,不需要催收。(2)对未违背持卡人的真实意愿情形的处理。持卡人明知甚至与实际透支人共谋,共同使用自己的信用卡恶意透支的,对持卡人进行催收即可。因为在此种情形下,持卡人与实际透支人一般存在某种关联,且双方违反了中国人民银行下发的《银行卡业务管理办法》(银发〔1999〕17号)第二十八条“银行卡及其账户只限经发卡银行批准的持卡人本人使用,不得出租和转借”的规定。需要特别强调，此处只是明确催收对象是持卡人，但是否构成恶意透支型信用卡诈骗罪，以及追究刑事责任的具体主体，还需要根据案件具体情况作出判断。

（三）关于恶意透支的定罪量刑数额标准

修改完善恶意透支的定罪量刑数额标准，以进一步明确恶意透支型信用卡诈骗罪罪与非罪、罪重罪轻的界限，是起草《修改决定》的"重中之重"。《修改决定》对《解释》相关规定做了修改完善，形成了修改后《解释》第八条、第九条，适度调整了恶意透支型信用卡诈骗罪的定罪量刑数额标准，进一步完善了恶意透支数额的计算方法。

1.恶意透支型信用卡诈骗罪定罪量刑数额标准的适度上调。根据我国经济社会发展情况和维护信用卡管理秩序的实际需要，在充分总结司法办案经验、实际做法和听取有关主管部门意见的基础上，经慎重研究，《修改决定》将恶意透支型信用卡诈骗罪定罪量刑的数额标准提升至《解释》规定标准的5倍。修改后《解释》第八条规定："恶意透支，数额在五万元以上不满五十万元的，应当认定为刑法第一百九十六条规定的'数额较大'；数额在五十万元以上不满五百万元的，应当认定为刑法第一百九十六条规定的'数额巨大'；数额在五百万元以上的，应当认定为刑法第一百九十六条规定的'数额特别巨大'。"之所以作出上述调整，主要有以下几个方面的考虑：（1）根据国家统计局、中国人民银行公布的数据，相比2009年，2017年我国国内生产总值（GDP）增长147%，信用卡授信总额度增长1 100%，信用卡逾期半年未偿信贷总额占信用卡应偿信贷余额的比例下降59%。有关方面一致认为，《解释》规定的恶意透支型信用卡诈骗罪定罪量刑的数额标准，逐渐难以完全适应经济社会形势和信用卡市场发展现状，既不利于平等保护持卡人的权利，也不利于信用卡市场的良性健康发展和发卡银行风险控制能力的提升，亟须上调。（2）一些地方的公安、司法机关在恶意透支案件中，结合案件的具体情况，实际已经按照5万元的数额标准把握恶意透支的入罪。（3）调整后的标准更加科学合理，更加符合宽严相济刑事政策的要求，能够有效改变目前对恶意透支犯罪的处罚面偏宽、量刑偏重的情况，实现此类案件的量刑更加适当，确保罪责刑相适应原则得到切实贯彻。

此外，有必要提及两个问题：（1）有意见提出，恶意透支是信用卡诈骗罪的类型之一，与信用卡诈骗罪的其他类型（使用伪造的信用卡、使用以虚假的身份证明骗领的信用卡、使用作废的信用卡、冒用他人信用卡）没有本质区别，恶意透支型信用卡诈骗罪定罪量刑的数额标准提高后，其他类型信用卡诈骗罪定罪量刑的数额标准宜做相应提高。经慎重考虑，暂未采纳这一意见。主要考虑是：恶意透支是信用卡诈骗罪的绝对多数类型，其定罪量刑的数额标准，是当前办理信用卡诈骗刑事案件面临的最为突出问题之一，有必要重点解决，而其他类型信用卡诈骗罪的定罪量刑数额标准未见突出问题，实施情况较好，可以继续适用。特别是恶意透支主要属于持卡人与发卡银行的债权债务纠纷，危害相对较小，风险相对可控，其定罪量刑的数额标准，可以而且有必要与信用卡诈骗罪的其他类型保持较大差别。（2）有意见提出，恶意透支型信用卡诈骗罪定罪量刑的数额标准，能否以及如何与其他类型信用卡诈骗罪的定罪量刑数额标准相互折抵，建议作出明确。经研究认为，恶意透支与信用卡诈骗罪的其他类型虽然适用同一罪名，但性质有所不同，不宜相互折抵，分别计算似更为适宜。当然，所涉问题较为复杂，可以做进一步深入研究，且主要是具体操作层面的问题，故《修改决定》未予涉及。

2.恶意透支数额计算方法的完善。《解释》第六条第四款规定："恶意透支的数额，是指在第一款规定的条件下持卡人拒不归还的数额或者尚未归还的数额。不包括复利、滞纳金、手续费等发卡银行收取的费用。"对此，《修改决定》第四条予以吸收，并做了修改完善。修改后《解释》第九条第一款规定："恶意透支的数额，是指公安机关刑事立案时尚未归还的实际透支的本金数额，不包括利息、复利、滞纳金、手续费等发卡银行收取的费用。归还或者支付的数额,应当认定为归还实际透支的本金。"据此,对于恶意透支数额的认定,应当着重把握以下三个方面的问题:(1)恶意透支的数额是指"实际透支的本金数额"。恶意透支的犯罪对象主要是发卡银行的本金,而"利息、复利、滞纳金、手续费等发卡银行收取的费用"属于发卡银行的市场收入,通过民事等其他法律手段加以保护更为妥当,这也是《解释》第六条第四款的本意。但实践中,个别办案机关对《解释》第六条第四款的规定产生了不同理解,如有的认为"利息"不属于"复利、滞纳金、手续费",应当计入恶意透支的数额。同时,为了避免将"利息、复利、滞纳金、手续费等发卡银行收取的费用"计入下个还款周期的"本金",《修改决定》特别强调,恶意透支的"本金",仅指持卡人"实际透支的"本金。(2)计算恶意透支数额的时间节点为"公安机关刑事立案时"。这是实践中的普遍做法,能够鼓励持卡人还款,有助于发卡银行及时挽回损失。(3)归还或者支付的数额,应当认定为归还实际透支的本金。实践中,对于持卡人逾期后归还的款项是"还本"还是"付息",认识不一,故此处明确为"还本"。如不做此规定,可能导致将发卡银行收取的费用变相计入恶意透支的数额,明显不当。需要强调的是,"归还或者支付的数额,应当认定为归还实际透支的本金"的规定,是公安、司法机关计算恶意透支犯罪数额的方法,而《信用卡管理办法》第五十七条"逾期1—90天(含)的,按照先应收利息或各项费用、后本金的顺序进行冲还;逾期91天以上的,按照先本金、后应收利息或各项费用的顺序进行冲还"的规定,则属于银行的信用卡业务规则,二者的法律依据、适用范围、制度目的等均不相同,应当并行而不能混同。

根据司法实践经验,修改后《解释》第九条第二款、第三款进一步明确了认定恶意透支数额的证据标准,规定:"检察机关在审查起诉、提起公诉时,应当根据发卡银行提供的交易明细、分类账单(透支账单、还款账单)等证据材料,结合犯罪嫌疑人、被告人及其辩护人所提辩解、辩护意见及相关证据材料,审查认定恶意透支的数额;恶意透支的数额难以确定的,应当依据司法会计、审计报告,结合其他证据材料审查认定。人民法院在审判过程中,应当在对上述证据材料查证属实的基础上,对恶意透支的数额作出认定。""发卡银行提供的相关证据材料,应当有银行工作人员签名和银行公章。"对此,需要强调两点:其一,检察机关在审查起诉、提起公诉时,即应当收集、调取发卡银行提供的交易明细、分类账单(透支账单、还款账单)等证据材料,审查认定恶意透支的数额。其二,在一些案件中,恶意透支的数额难以确定的,检察机关应当要求有关部门出具司法会计报告或者审计报告,并结合案件其他证据审查认定恶意透支的数额,以提升恶意透支数额认定的准确性和案件处理的效率。

(四)关于恶意透支的从宽处理规则

根据宽严相济刑事政策的要求和修改后刑事诉讼法关于认罪认罚从宽处理的精神,《修改决定》第五条在《解释》原有规定的基础上,对恶意透支从宽处理规则做了进一步完善。修改后《解释》第十条规定:"恶意透支数额较大,在提起公诉前全部归还或者具有其他情节轻微情形的,可以不起诉;在一审判决前全部归还或者具有其他情节轻微情形的,可以免予刑事处罚。但是,曾因信用卡诈骗受过两次以上处罚的除外。"具体而言:(1)适度限缩"全部归还"的对象,不再明确要求"全部归还"的对象为"款息",实际调整为"实际透支的本金数额",以与修改后《解释》第九条的规定保持一致。(2)适度放宽从宽处理的时间范围,不再限制为"公安机关立案前",以最大限度地发挥刑法的威慑和教育功能。只要在"提起公诉前"(含侦查、审查起诉、提起公诉阶段)归还全部恶意透支数额或者具有其他情节轻微情形的,检察机关可以不起诉;在检察机关提起公诉后、一审判决前归还全部恶意透支数额或者具有其他情节轻微情形的,人民法院可以对其免予刑事处罚。当然,如果情节显著轻微危害不大的,可以在个案中根据刑法第十三条但书的规定不作为犯罪处理。(3)适度限制从宽处理的适用情形。鉴于《修改决定》调整了恶意透支型信用卡诈骗罪的定罪量刑标准,故对于恶意透支达到"数额巨大""数额特别巨大"标准的,不适用本条规定。对于曾因信用卡诈骗受过两次以上处罚的,也不适用本条规定。

(五)关于名为透支信用卡实为贷款情形的处理规则

司法实践中,个别发卡银行不采用传统的抵押担保等具有较高安全性的贷款发放方式,而是以信用卡透支的形式发放贷款,既降低了银行发放贷款的审查要求,又可以将"持卡人"透支不还的行为认定为恶意透支,以通过刑事手段追索贷款,从而将银行的审慎义务转移给司法机关和"持卡人"。实践中,对于此种情况能否认定为刑法第一百九十六条规定的恶意透支,存在较大争议。经研究认为,该行为实质上是借用信用卡的形式发放贷款,所发放的"信用卡"的主要功能是作为贷款载体而非用于透支消费,不符合信用卡的本质特征,此种情况下"持卡人"透支不还的行为主要属于不及时归还贷款,不应适用恶意透支的规定定罪处罚。当然,如果符合刑法第一百七十五条之一规定的骗取贷款罪、第一百九十三条规定的贷款诈骗罪等其他犯罪的,可以依照其他犯罪定罪处罚。基于此,《修改决定》增加一条,作为修改后《解释》第十一条,规定:"发卡银行违规以信用卡透支形式变相发放贷款,持卡人未按规定归还的,不适用刑法第一百九十六条'恶意透支'的规定。构成其他犯罪的,以其他犯罪论处。"

(作者单位:最高人民法院研究室)

最高人民法院　最高人民检察院　公安部　司法部
印发《关于办理"套路贷"刑事案件若干问题的意见》的通知

(2019 年 2 月 28 日　法发〔2019〕11 号)

各省、自治区、直辖市高级人民法院、人民检察院、公安厅(局)、司法厅(局),解放军军事法院、军事检察院,新疆维吾尔自治区高级人民法院生产建设兵团分院、新疆生产建设兵团人民检察院、公安局、司法局:

为持续深入开展扫黑除恶专项斗争,准确甄别和依法严厉惩处"套路贷"违法犯罪分子,最高人民法院、最高人民检察院、公安部、司法部联合印发了《关于办理"套路贷"刑事案件若干问题的意见》,请认真贯彻执行。

最高人民法院
最高人民检察院
公安部
司法部
2019 年 2 月 28 日

关于办理"套路贷"刑事案件若干问题的意见

为持续深入开展扫黑除恶专项斗争,准确甄别和依法严厉惩处"套路贷"违法犯罪分子,根据刑法、刑事诉讼法、有关司法解释以及最高人民法院、最高人民检察院、公安部、司法部《关于办理黑恶势力犯罪案件若干问题的指导意见》等规范性文件的规定,现对办理"套路贷"刑事案件若干问题提出如下意见：

一、准确把握“套路贷”与民间借贷的区别

1. “套路贷”，是对以非法占有为目的，假借民间借贷之名，诱使或迫使被害人签订“借贷”或变相“借贷”“抵押”“担保”等相关协议，通过虚增借贷金额、恶意制造违约、肆意认定违约、毁匿还款证据等方式形成虚假债权债务，并借助诉讼、仲裁、公证或者采用暴力、威胁以及其他手段非法占有被害人财物的相关违法犯罪活动的概括性称谓。

2. “套路贷”与平等主体之间基于意思自治而形成的民事借贷关系存在本质区别，民间借贷的出借人是为了到期按照协议约定的内容收回本金并获取利息，不具有非法占有他人财物的目的，也不会在签订、履行借贷协议过程中实施虚增借贷金额、制造虚假给付痕迹、恶意制造违约、肆意认定违约、毁匿还款证据等行为。

司法实践中，应当注意非法讨债引发的案件与“套路贷”案件的区别，犯罪嫌疑人、被告人不具有非法占有目的，也未使用“套路”与借款人形成虚假债权债务，不应视为“套路贷”。因使用暴力、威胁以及其他手段强行索债构成犯罪的，应当根据具体案件事实定罪处罚。

3. 实践中，“套路贷”的常见犯罪手法和步骤包括但不限于以下情形：

（1）制造民间借贷假象。犯罪嫌疑人、被告人往往以“小额贷款公司”“投资公司”“咨询公司”“担保公司”“网络借贷平台”等名义对外宣传，以低息、无抵押、无担保、快速放款等为诱饵吸引被害人借款，继而以“保证金”“行规”等虚假理由诱使被害人基于错误认识签订金额虚高的“借贷”协议或相关协议。有的犯罪嫌疑人、被告人还会以被害人先前借贷违约等理由，迫使对方签订金额虚高的“借贷”协议或相关协议。

（2）制造资金走账流水等虚假给付事实。犯罪嫌疑人、被告人按照虚高的“借贷”协议金额将资金转入被害人账户，制造已将全部借款交付被害人的银行流水痕迹，随后便采取各种手段将其中全部或者部分资金收回，被害人实际上并未取得或者完全取得“借贷”协议、银行流水上显示的钱款。

（3）故意制造违约或者肆意认定违约。犯罪嫌疑人、被告人往往会以设置违约陷阱、制造还款障碍等方式，故意造成被害人违约，或者通过肆意认定违约，强行要求被害人偿还虚假债务。

（4）恶意垒高借款金额。当被害人无力偿还时，有的犯罪嫌疑人、被告人会安排其所属公司或者指定的关联公司、关联人员为被害人偿还“借款”，继而与被害人签订金额更大的虚高“借贷”协议或相关协议，通过这种“转单平账”“以贷还贷”的方式不断垒高“债务”。

（5）软硬兼施“索债”。在被害人未偿还虚高“借款”的情况下，犯罪嫌疑人、被告人借助诉讼、仲裁、公证或者采用暴力、威胁以及其他手段向被害人或者被害人的特定关系人索取“债务”。

二、依法严惩“套路贷”犯罪

4. 实施“套路贷”过程中，未采用明显的暴力或者威胁手段，其行为特征从整体上表现为以非法占有为目的，通过虚构事实、隐瞒真相骗取被害人财物的，一般以诈骗罪定罪处罚；对于在实施“套路贷”过程中多种手段并用，构成诈骗、敲诈勒索、非法拘禁、虚假诉讼、寻衅滋事、强迫交易、抢劫、绑架等多种犯罪的，应当根据具体案件事实，区分不同情况，依照刑法及有关司法解释的规定数罪并罚或者择一重处。

5. 多人共同实施“套路贷”犯罪，犯罪嫌疑人、被告人在所参与的犯罪中起主要作用的，应当认定为主犯，对其参与或组织、指挥的全部犯罪承担刑事责任；起次要或辅助作用的，应当认定为从犯。

明知他人实施“套路贷”犯罪，具有以下情形之一的，以相关犯罪的共犯论处，但刑法和司法

解释等另有规定的除外:

(1)组织发送“贷款”信息、广告,吸引、介绍被害人“借款”的;

(2)提供资金、场所、银行卡、账号、交通工具等帮助的;

(3)出售、提供、帮助获取公民个人信息的;

(4)协助制造走账记录等虚假给付事实的;

(5)协助办理公证的;

(6)协助以虚假事实提起诉讼或者仲裁的;

(7)协助套现、取现、办理动产或不动产过户等,转移犯罪所得及其产生的收益的;

(8)其他符合共同犯罪规定的情形。

上述规定中的“明知他人实施‘套路贷’犯罪”,应当结合行为人的认知能力、既往经历、行为次数和手段、与同案人、被害人的关系、获利情况、是否曾因“套路贷”受过处罚、是否故意规避查处等主客观因素综合分析认定。

6. 在认定“套路贷”犯罪数额时,应当与民间借贷相区别,从整体上予以否定性评价,“虚高债务”和以“利息”“保证金”“中介费”“服务费”“违约金”等名目被犯罪嫌疑人、被告人非法占有的财物,均应计入犯罪数额。

犯罪嫌疑人、被告人实际给付被害人的本金数额,不计入犯罪数额。

已经着手实施“套路贷”,但因意志以外原因未得逞的,可以根据相关罪名所涉及的刑法、司法解释规定,按照已着手非法占有的财物数额认定犯罪未遂。既有既遂,又有未遂,犯罪既遂部分与未遂部分分别对应不同法定刑幅度的,应当先决定对未遂部分是否减轻处罚,确定未遂部分对应的法定刑幅度,再与既遂部分对应的法定刑幅度进行比较,选择处罚较重的法定刑幅度,并酌情从重处罚;二者在同一量刑幅度的,以犯罪既遂酌情从重处罚。

7. 犯罪嫌疑人、被告人实施“套路贷”违法所得的一切财物,应当予以追缴或者责令退赔;对被害人的合法财产,应当及时返还。有证据证明是犯罪嫌疑人、被告人为实施“套路贷”而交付给被害人的本金,赔偿被害人损失后如有剩余,应依法予以没收。

犯罪嫌疑人、被告人已将违法所得的财物用于清偿债务、转让或者设置其他权利负担,具有下列情形之一的,应当依法追缴:

(1)第三人明知是违法所得财物而接受的;

(2)第三人无偿取得或者以明显低于市场的价格取得违法所得财物的;

(3)第三人通过非法债务清偿或者违法犯罪活动取得违法所得财物的;

(4)其他应当依法追缴的情形。

8. 以老年人、未成年人、在校学生、丧失劳动能力的人为对象实施“套路贷”,或者因实施“套路贷”造成被害人或其特定关系人自杀、死亡、精神失常、为偿还“债务”而实施犯罪活动的,除刑法、司法解释另有规定的外,应当酌情从重处罚。

在坚持依法从严惩处的同时,对于认罪认罚、积极退赃、真诚悔罪或者具有其他法定、酌定从轻处罚情节的被告人,可以依法从宽处罚。

9. 对于“套路贷”犯罪分子,应当根据其所触犯的具体罪名,依法加大财产刑适用力度。符合刑法第三十七条之一规定的,可以依法禁止从事相关职业。

10. 三人以上为实施“套路贷”而组成的较为固定的犯罪组织,应当认定为犯罪集团。对首要分子应按照集团所犯全部罪行处罚。

符合黑恶势力认定标准的,应当按照黑社会性质组织、恶势力或者恶势力犯罪集团侦查、起诉、审判。

三、依法确定“套路贷”刑事案件管辖

11.“套路贷”犯罪案件一般由犯罪地公安机关侦查，如果由犯罪嫌疑人居住地公安机关立案侦查更为适宜的，可以由犯罪嫌疑人居住地公安机关立案侦查。犯罪地包括犯罪行为发生地和犯罪结果发生地。

“犯罪行为发生地”包括为实施“套路贷”所设立的公司所在地、“借贷”协议或相关协议签订地、非法讨债行为实施地、为实施“套路贷”而进行诉讼、仲裁、公证的受案法院、仲裁委员会、公证机构所在地，以及“套路贷”行为的预备地、开始地、途经地、结束地等。

“犯罪结果发生地”包括违法所得财物的支付地、实际取得地、藏匿地、转移地、使用地、销售地等。

除犯罪地、犯罪嫌疑人居住地外，其他地方公安机关对于公民扭送、报案、控告、举报或者犯罪嫌疑人自首的“套路贷”犯罪案件，都应当立即受理，经审查认为有犯罪事实的，移送有管辖权的公安机关处理。

黑恶势力实施的“套路贷”犯罪案件，由侦办黑社会性质组织、恶势力或者恶势力犯罪集团案件的公安机关进行侦查。

12. 具有下列情形之一的，有关公安机关可以在其职责范围内并案侦查：

(1)一人犯数罪的；

(2)共同犯罪的；

(3)共同犯罪的犯罪嫌疑人还实施其他犯罪的；

(4)多个犯罪嫌疑人实施的犯罪存在直接关联，并案处理有利于查明案件事实的。

13. 本意见自2019年4月9日起施行。

《关于办理“套路贷”刑事案件若干问题的意见》的理解与适用

□朱和庆　周　川　李梦龙

一、《关于办理“套路贷”刑事案件若干问题的意见》的制定背景和过程

近年来，假借民间借贷之名实施的侵犯财产类违法犯罪活动开始出现并日益猖獗，政法机关在司法实践中对此类违法犯罪逐渐形成了“套路贷”这一称谓。在一些地区，“套路贷”已逐步发展成为黑恶势力较常实施的违法犯罪活动，严重侵害人民群众的人身权利、财产权利，严重破坏经济秩序、社会秩序，严重影响人民群众的安全感和社会和谐稳定，社会危害性极大，人民群众反映强烈。针对“套路贷”犯罪，最高人民法院、最高人民检察院、公安部、司法部于2018年1月出台的《关于办理黑恶势力犯罪案件若干问题的指导意见》(法发〔2018〕1号，以下简称《指导意见》)虽然没有明确使用“套路贷”这一称谓，但已在《指导意见》第二十条对“套路贷”犯罪的认定和处理作出了初步规定；多个地方也就办理“套路贷”刑事案件研究出台了地方性指导意见。但由于“套路贷”在全国各地的发案分布极不均衡，表现形式千差万别，一些地方对此类案件的理解、认识存在偏差，在办理“套路贷”刑事案件时不同程度上出现了“不会打”或“打不准”的问题。为贯彻落实2018年10月全国扫黑除恶专项斗争推进会的有关部署要求，进一步统一执法办案思想，提高专项斗争的法治化水平，最高人民法院第一时间成立了专题调研小组，经过充分调研，在深入总结实践经验和突出问题的基础上研究起草了《关于办理“套路贷”刑事案件若干问题的意见》(以下简称《意见》)稿，并以《意见》稿为基础通过召开调研座谈会、书面征求意见等多种形式广泛听取意见,几经修改和完善后形成《意见》。《意见》经最高人民法院、最高人民检察院、公安部、司法部会签,于2019年4月9日向社会公布并施行。

二、准确把握“套路贷”与民间借贷的区别

(一)关于“套路贷”的概念

《意见》第一条对于什么是“套路贷”作出了定义。“套路贷”既不是一个法律概念也不是一个政策概念,而是在办案实践中对假借民间借贷之名非法占有他人财物的类型化违法犯罪的概括性称谓。因此,“套路贷”在之前并没有统一的定义,各地出台的有关文件对其的界定也存在不同程度的差异。经认真总结各地经验,充分研究“套路贷”的不同行为方式,《意见》在《指导意见》第二十条规定的基础上明确了“套路贷”的概念,其概念主要包括以下三个方面:

一是行为目的非法性,即犯罪分子是以非法占有被害人财物为目的实施“套路贷”。明确非法占有目的,既是为了从主观方面将“套路贷”与民间借贷区分开来,也是为了在具体犯罪中区分此罪与彼罪。

二是债权债务虚假性,即犯罪分子假借民间借贷之名,通过使用“套路”,诱使或迫使被害人签订“借贷”或变相“借贷”“抵押”“担保”等相关协议,进而通过虚增借贷金额、恶意制造违约、肆意认定违约等方式形成虚假债权债务。对于犯罪分子来说,“借贷”是假,侵犯被害人的财产权利是真,“借贷”仅是一个虚假表象。

三是“讨债”手段多样性,即在被害人未按照要求交付财物时,“套路贷”犯罪分子会借助诉讼、仲裁、公证等方法或者采用暴力、威胁以及其他手段向被害人强行“讨债”,以此实现对被告人财物的非法占有。其中,“套路贷”犯罪分子借助公证,既有可能是为之后以虚假事实提起诉讼或者仲裁准备证据,也有可能是利用民事诉讼法中公证债权文书执行的相关规定,直接申请强制执行案涉“公证债权文书”,非法占有被害人财物。

(二)关于“套路贷”与民间借贷的区别

《意见》第二条重点解读了应当如何区分“套路贷”与民间借贷。通过前期调研,我们发现将“套路贷”与民间高利放贷、非法讨债相混淆,是当前一些地方对“套路贷”犯罪存在误解的主要原因。为此,《意见》第二条专门从主客观两个方面明确了“套路贷”与民间借贷的区别。在主观上,要注意把握行为人有无非法占有他人财物的目的,这是“套路贷”与民间借贷的本质区别。民间借贷的目的是获取利息收益,借贷双方都对实际借得的本金和将产生的利息有清醒认识,出借人通常希望借款人能按时还本付息。而“套路贷”是以借款为幌子,通过设计套路,引诱、逼迫借款人垒高债务,最终达到非法占有借款人财产的目的。在客观上,要注意把握行为人是否处心积虑设计各种套路,制造债权债务假象,非法强占他人财产的行为。例如,犯罪分子往往会以低息、无抵押等为诱饵吸引被害人“上钩”,以行业规矩为由诱使被害人签订虚高借款合同,谎称只要按时还款,虚高的借款金额就不用还,然后制造虚假给付痕迹,采用拒绝接受还款等方式刻意制造违约,通过一系列“套路”形成高额债务,达到非法占有他人财物的目的。而在民间借贷中,虽然常会出现出借人从借款本金中预扣利息、收“砍头费”的现象,但在这种情况下,预扣的利息、收取的费用是基于借贷双方的约定,借款人对于扣除利息、收取费用的金额也心知肚明,出借人后续亦不会实施故意制造违约、恶意垒高借款等行为。因此,区分“套路贷”和民间借贷,要根据案件事实和证据综合评判,不能只关注某个因素、某个情节。

此外,因为“套路贷”违背被害人的意志,或制造虚高的借款金额,或恶意垒高债务,被害人一般不可能自愿还债,所以犯罪嫌疑人、被告人往往软硬兼施“索债”,其外在行为表现与非法讨债引发的案件有相似之处。在司法实践中,要牢牢把握有无非法占有他人财物目的这一本质区别特征,对于犯罪嫌疑人、被告人不具有非法占有目的,也未使用“套路”与借款人形成虚假债权债务,因使用暴力、威胁以及其他手段强行索债构成犯罪的,不视为“套路贷”,应当根据具体案件事实定罪处罚。

(三)关于“套路贷”常见的犯罪手法和步骤

《意见》第三条共列举了制造民间借贷假象、制造资金走账流水等虚假给付事实、故意制造违约或者肆意认定违约、恶意垒高借款金额、软硬兼施“索债”这五类“套路贷”常见犯罪手法和步骤,在实践中应当注意把握以下几个方面:

一是列举五类常见犯罪手法和步骤的目的是回应实践需要。蔓延发展迅速和地区间发案不均衡,是当前“套路贷”犯罪呈现的两个特征。在“套路贷”犯罪出现较早的地区,当地政法机关已经接触了不少“套路贷”刑事案件,对“套路贷”犯罪已经有了一定认识,积累了一定的办案经验。而有些地方的政法机关由于尚未接触或刚刚开始接触“套路贷”刑事案件,对“套路贷”犯罪尚缺乏足够的认识,但却同样面临严防严惩“套路贷”犯罪的紧要任务。列举五类常见的犯罪手法和步骤,就是为了帮助办案一线直观认识“套路贷”犯罪,进而有效甄别、打击。

二是在具体的“套路贷”犯罪中,五类犯罪手法和步骤并不必然全部出现。实践中,“套路贷”犯罪在犯罪手法的具体选择上多种多样,可能多种犯罪手法并用,通过多个犯罪步骤实现对被害人财产的非法占有,也可能仅采用少量犯罪手法就达成了犯罪目的。因此,不能认为全部具备所列举的五类犯罪手法和步骤才是“套路贷”犯罪。

三是“套路贷”犯罪的犯罪手法和步骤不局限于所列举的范围。实践中,“套路贷”犯罪的表现形式千差万别,且为了逃避打击、继续攫取不法利益,不断转型变化、花样翻新,在认定“套路贷”犯罪时还是应当着重根据其假借民间借贷之名行非法占有之实的主要特征来甄别、判断。

三、依法严惩“套路贷”犯罪

(一)关于“套路贷”的定罪问题

《意见》第四条对于“套路贷”犯罪案件的罪名确定问题作了提示性规定。“套路贷”犯罪在主观上以非法占有为目的,在客观上行侵财之实,但由于犯罪手段、行为表现各有不同。在办理“套路贷”刑事案件时,司法机关需要根据“套路贷”行为人非法取得他人财产的具体手段、方式,依照《刑法》有关犯罪的构成要件,确定具体罪名。对于未采用明显的暴力或者威胁手段,主要靠“骗”取得被害人财物的“套路贷”,一般以诈骗罪论处。例如,在有的案件中,被告人谎称自己的公司需要“冲业绩”,帮公司签订借贷协议不仅不用还款,还可以获取“好处费”,待被害人落入圈套后,便利用对方法律知识欠缺的弱点以及害怕“惹事”的心理索取所谓“债务”。由于该案中被告人主要是靠虚构事实、隐瞒真相实现非法占有目的,故应以诈骗罪定罪处罚。但在实践中,犯罪分子实施“套路贷”的手段经常变换,还有可能构成敲诈勒索、非法拘禁、虚假诉讼、寻衅滋事、强迫交易、抢劫、绑架等多种犯罪。例如,在实施“套路贷”过程中,主要通过威胁或者要挟的方法非法占有被害人财物的,构成敲诈勒索罪。在常见的“车贷”型“套路贷”中,有的被告人在诱骗被害人签订虚高“借款”合同时,要求给被害人车辆安装 GPS 定位器,并编造各种借口拿走汽车备用钥匙。嗣后,通过损毁 GPS 定位器等方式故意造成被害人违约,再采用滋扰、恐吓等手段进行威胁,或者利用备用钥匙将车辆开走,逼迫被害人付款赎车。在该类案件中,被告人主要是利用威胁或者要挟对被害人形成心理强制,实现非法占有财物目的,因此应以敲诈勒索罪追究刑事责任。再如,对于在实施“套路贷”过程中,以暴力、胁迫或者其他方法当场劫取被害人财物的,应以抢劫罪定罪处罚。在某起“套路贷”案件中,一名被害人与被告人开设的公司签订借款 4 万元的合同,之后被告人肆意认定违约,指使手下挟持并殴打该被害人,通过被害人微信转账方式当场劫取16万元，应当认定该起犯罪构成抢劫罪。

在具体个案中，“套路贷”的表现形式不胜枚举，不同犯罪手段的组合、不同的犯罪情境等都可能导致案件定性或者罪数处断截然不同。以前述构成抢劫罪的案例作进一步分析，假如被告人不是当场劫取被害人本人的财物，而是在使用暴力手段挟持被害人后要求其亲友交钱赎人，那么就应以绑架罪定罪处罚。此外，犯罪分子多种手段并用，导致办案时往往需要对“一行为”或“数行为”以及是否存在竞合、牵连关系进行判断，所以，对于不同案件，应当根据具体案件事实，区分不同情况，依照《刑法》及有关司法解释的规定确定罪名和罪数。

（二）关于“套路贷”的共犯认定

《意见》第五条对于“套路贷”犯罪案件中的共犯问题作出了规定。实践中，“套路贷”犯罪多为共同犯罪，分工日趋细化，环节众多，其中“拉客户”、协助制造走账记录等配合、支持、帮助行为对于“套路贷”犯罪顺利实施并最终达成非法占有目的发挥了重要作用。由于“套路贷”犯罪的暴利性，围绕“套路贷”俨然已经形成了一个犯罪链条，不仅产生了所谓“贷款中介”等专门为“套路贷”犯罪分子提供“服务”的职业化群体，而且还有一些具有专业知识背景或者在相关行业从业的人员参与其中，在加剧“套路贷”犯罪社会危害的同时也增加了发现、惩治犯罪的难度。为实现对“套路贷”犯罪的全链条打击，《意见》明确了“套路贷”共同犯罪人的处理，规定明知他人实施“套路贷”犯罪，仍具有组织发送“贷款”信息、广告，吸引、介绍被害人“借款”等情形的，除《刑法》和司法解释等另有规定外，以相关犯罪的共犯论处。

根据《刑法》第二十五条的规定，共同犯罪离不开共同犯意，而共同犯意历来又是司法实践中的认定难点。在《意见》起草过程中，《意见》稿一度采用“与‘套路贷’犯罪分子事先通谋”才能以共犯论处的观点。在后续修改中将“通谋”改为“明知”，主要考虑“通谋”一般会被理解为二名以上行为人通过交流沟通形成共同犯罪故意的过程，而反映这一过程的证据往往难以获取，大多数情况下严重依赖口供，容易出现只要一方否认就难以形成闭合证据链的情况。尤其在当前“套路贷”犯罪链条化的背景下，“套路贷”共同犯罪人之间分工明确、配合默契，往往通过心照不宣的方式形成犯意联络，不再依赖明示沟通，如果以“通谋”作为入罪条件，可能会在实践中抬高认定标准，从而放纵犯罪。但是，将“通谋”改为“明知”并不意味着可以无视共同犯罪基本原理，摒弃共同犯意这一共同犯罪成立的主观要件，办案时，对于行为人之间有无意思联络应当作出准确的审查判断。对于如何审查判断行为人是否“明知他人实施‘套路贷’犯罪”，《意见》第五条第三款中规定：“应当结合行为人的认知能力、既往经历、行为次数和手段、与同案人、被害人的关系、获利情况、是否曾因‘套路贷’受过处罚、是否故意规避查处等主客观因素综合分析认定。”在实践中，对“明知”作出判断需要基于一定的事实基础，指向行为人主观“明知”的因素越多、指向性越强，司法工作人员也就越能作出准确判断。因此，对于前述认定“明知”的考量因素，应当准确理解、通盘考虑、综合评定，不能“只看一点、不及其余”，要切实防止认定范围不当扩大。

（三）关于“套路贷”犯罪数额的认定

《意见》第六条对“套路贷”犯罪数额认定进行了说明。由于“套路贷”假借民间借贷之名行非法占有之实，其非法占有被害人的财物多以“利息”“保证金”等名目混淆视听。在办理“套路贷”刑事案件时，要牢牢把握“套路贷”的本质是以非法占有为目的而实施的违法犯罪，不能适用民间借贷法律关系，也不可能产生合法收入。因此，除犯罪嫌疑人、被告人实际给付被害人的本金数额之外，“虚高债务”和以“利息”“保证金”“中介费”“服务费”“违约金”等名目被非法占有的财物，均应计入犯罪数额。《意见》基于以上分析，在吸收《指导意见》有关规定的基础上，进一步提出了“从整体上予以否定性评价”的“套路贷”犯罪数额认定原则，并分别明确了计入“套路贷”

犯罪数额的对象范围。此外,《意见》第六条第三款还根据《关于办理诈骗刑事案件具体应用法律若干问题的解释》(法释〔2011〕7号)等有关司法解释、规范性文件规定的数额犯犯罪未遂认定及处罚方法,明确了"套路贷"犯罪未遂的认定以及既遂、未遂情形并存时应如何处罚的问题。

(四)关于"套路贷"刑事案件中的涉案财产处置

根据《刑法》第六十四条以及有关司法解释、规范性文件的规定,《意见》第七条中明确了"套路贷"犯罪违法所得财物的追缴或者责令退赔、被害人合法财产的返还以及为实施"套路贷"而交付给被害人本金的处置等问题。其中,根据《刑法》的相关规定,为实施"套路贷"而交付给被害人的本金属于犯罪所用之物,应予没收。但从司法实践来看,在被害人自身损失没有得到补偿的情况下,直接让被害人退出犯罪嫌疑人、被告人先前为实施"套路贷"而交付的本金,显然有悖常理常情,相关裁判也难以得到有效执行。为便于办案一线人员操作,《意见》规定,有证据证明是犯罪嫌疑人、被告人为实施"套路贷"而交付给被害人的本金,赔偿被害人损失后如有剩余,应依法予以没收。

(五)关于"套路贷"犯罪的量刑情节

《意见》第八条秉持有关司法解释、规范性文件的一贯精神,明确对以社会弱势群体为对象实施,以及造成后果的"套路贷"犯罪酌情从重处罚。在强调依法从严惩处"套路贷"犯罪的同时,《意见》还坚持贯彻宽严相济的刑事政策,明确对于认罪认罚、积极退赃、真诚悔罪或者具有其他法定、酌定从轻处罚情节的被告人,可以依法从宽处罚,鼓励被告人认罪伏法、退赔退赃,确保案件的裁判效果。

(六)关于"套路贷"犯罪集团和涉"套路贷"黑恶势力的认定

实践中,"套路贷"是一些黑恶势力常用的犯罪手段,经常会出现"套路贷"犯罪与黑恶势力犯罪之间相互交织的情形。一方面,"套路贷"犯罪获利快、收益高,所采用的"套路"易于复制,容易被黑恶势力利用,用以聚敛财富。另一方面,一些"套路贷"犯罪分子正在逐渐采用公司化模式有组织地实施犯罪,加上常常借助暴力、威胁的方式"讨债",如果任其肆意发展,很容易蜕变为黑恶势力。正因为"套路贷"犯罪与黑恶势力犯罪之间客观上存在关联,所以《意见》才作为扫黑除恶专项斗争系列规范性文件出台,目的就是准确甄别、依法严惩"套路贷"犯罪,及时铲除黑恶势力犯罪滋生蔓延的土壤。但是,我们要认识到"套路贷"犯罪并不必然就是黑恶势力犯罪,不能因为二者存在关联就简单地在"套路贷"犯罪与黑恶势力犯罪之间画等号。首先,从犯罪主体上看,"套路贷"犯罪可以是黑恶势力实施,也可以是普通的个人、团伙或者犯罪集团实施。只有实施"套路贷"犯罪的行为人同时具备黑恶势力特征的,才能认定为黑恶势力。反之,即使有的团伙、人员实施了"套路贷"犯罪,只要黑恶势力特征不齐备,不完全符合黑恶势力认定标准,就不能认定为黑恶势力。其次,从犯罪目的上看,黑恶势力犯罪意图多元化,既包括聚敛财富,也包括形成非法秩序、非法影响力。而一般"套路贷"犯罪的目的就是侵财,虽然在实现该犯罪目的的过程中,时常会伴随发生其他违法犯罪活动,但是这些活动都是围绕侵财目的实施的,具有附属性。为准确界分"套路贷"犯罪与涉"套路贷"黑恶势力犯罪,《意见》在第十条第一款规定"套路贷"犯罪集团认定条件、处罚原则的基础上,在第二款明确要求对符合黑恶势力认定标准的"套路贷"犯罪,应当按照黑社会性质组织、恶势力或者恶势力犯罪集团侦查、起诉、审判。

四、关于"套路贷"刑事案件的管辖问题

目前,"套路贷"犯罪往往具有被害人多、涉及范围广、各犯罪环节实施地点分散等特点。为解决实践出现的新问题,《意见》第十一条、第十二条严格依照《刑事诉讼法》有关规定,本着有利于查清犯罪事实,有利于诉讼的原则,对"套路贷"刑事案件管辖和并案侦查作出针对性规定,较为全面地列举了“套路贷”犯罪的“犯罪行为发生地”和“犯罪结果发生地”,并明确在一人犯数罪、共同犯罪等四类情形下,有关公安机关可以在其职责范围内并案侦查,为公正、高效执法办案提供了保障。对于涉“套路贷”黑恶势力犯罪,考虑“套路贷”通常只是黑恶势力犯罪事实中的一个部分,为确保黑恶势力犯罪案件办理的完整性、全面性,《意见》规定此类案件由侦办黑社会性质组织、恶势力或者恶势力犯罪集团案件的公安机关进行侦查。此外,《意见》还明确公民扭送、报案、控告、举报“套路贷”犯罪的,公安机关都应当立即受理,经审查认为有犯罪事实的,依照管辖的规定处理或移送,确保人民群众能够在第一时间得到司法保障。

(作者单位:最高人民法院)

最高人民法院　最高人民检察院　公安部　司法部
印发《关于办理非法放贷刑事案件若干问题的意见》的通知

(2019 年 7 月 23 日　法发〔2019〕24 号)

为依法惩治非法放贷犯罪活动,切实维护国家金融市场秩序与社会和谐稳定,有效防范因非法放贷诱发涉黑涉恶以及其他违法犯罪活动,保护公民、法人和其他组织合法权益,根据刑法、刑事诉讼法及有关司法解释、规范性文件的规定,现对办理非法放贷刑事案件若干问题提出如下意见:

一、违反国家规定,未经监管部门批准,或者超越经营范围,以营利为目的,经常性地向社会不特定对象发放贷款,扰乱金融市场秩序,情节严重的,依照刑法第二百二十五条第(四)项的规定,以非法经营罪定罪处罚。

前款规定中的“经常性地向社会不特定对象发放贷款”,是指 2 年内向不特定多人(包括单位和个人)以借款或其他名义出借资金 10 次以上。

贷款到期后延长还款期限的,发放贷款次数按照 1 次计算。

二、以超过 36% 的实际年利率实施符合本意见第一条规定的非法放贷行为,具有下列情形之一的,属于刑法第二百二十五条规定的“情节严重”,但单次非法放贷行为实际年利率未超过 36% 的,定罪量刑时不得计入:

(一)个人非法放贷数额累计在 200 万元以上的,单位非法放贷数额累计在 1000 万元以上的;

(二)个人违法所得数额累计在 80 万元以上的,单位违法所得数额累计在 400 万元以上的;

(三)个人非法放贷对象累计在 50 人以上的,单位非法放贷对象累计在 150 人以上的;

(四)造成借款人或者其近亲属自杀、死亡或者精神失常等严重后果的。

具有下列情形之一的,属于刑法第二百二十五条规定的“情节特别严重”:

(一)个人非法放贷数额累计在 1000 万元以上的,单位非法放贷数额累计在 5000 万元以上的;

(二)个人违法所得数额累计在 400 万元以上的,单位违法所得数额累计在 2000 万元以上的;

(三)个人非法放贷对象累计在 250 人以上的,单位非法放贷对象累计在 750 人以上的;

(四)造成多名借款人或者其近亲属自杀、死亡或者精神失常等特别严重后果的。

三、非法放贷数额、违法所得数额、非法放贷对象数量接近本意见第二条规定的“情节严重”

"情节特别严重"的数额、数量起点标准,并具有下列情形之一的,可以分别认定为"情节严重""情节特别严重":

(一)2年内因实施非法放贷行为受过行政处罚2次以上的;

(二)以超过72%的实际年利率实施非法放贷行为10次以上的。

前款规定中的"接近",一般应当掌握在相应数额、数量标准的80%以上。

四、仅向亲友、单位内部人员等特定对象出借资金,不得适用本意见第一条的规定定罪处罚。但具有下列情形之一的,定罪量刑时应当与向不特定对象非法放贷的行为一并处理:

(一)通过亲友、单位内部人员等特定对象向不特定对象发放贷款的;

(二)以发放贷款为目的,将社会人员吸收为单位内部人员,并向其发放贷款的;

(三)向社会公开宣传,同时向不特定多人和亲友、单位内部人员等特定对象发放贷款的。

五、非法放贷数额应当以实际出借给借款人的本金金额认定。非法放贷行为人以介绍费、咨询费、管理费、逾期利息、违约金等名义和以从本金中预先扣除等方式收取利息的,相关数额在计算实际年利率时均应计入。

非法放贷行为人实际收取的除本金之外的全部财物,均应计入违法所得。

非法放贷行为未经处理的,非法放贷次数和数额、违法所得数额、非法放贷对象数量等应当累计计算。

六、为从事非法放贷活动,实施擅自设立金融机构、套取金融机构资金高利转贷、骗取贷款、非法吸收公众存款等行为,构成犯罪的,应当择一重罪处罚。

为强行索要因非法放贷而产生的债务,实施故意杀人、故意伤害、非法拘禁、故意毁坏财物、寻衅滋事等行为,构成犯罪的,应当数罪并罚。

纠集、指使、雇佣他人采用滋扰、纠缠、哄闹、聚众造势等手段强行索要债务,尚不单独构成犯罪,但实施非法放贷行为已构成非法经营罪的,应当按照非法经营罪的规定酌情从重处罚。

以上规定的情形,刑法、司法解释另有规定的除外。

七、有组织地非法放贷,同时又有其他违法犯罪活动,符合黑社会性质组织或者恶势力、恶势力犯罪集团认定标准的,应当分别按照黑社会性质组织或者恶势力、恶势力犯罪集团侦查、起诉、审判。

黑恶势力非法放贷的,据以认定"情节严重""情节特别严重"的非法放贷数额、违法所得数额、非法放贷对象数量起点标准,可以分别按照本意见第二条规定中相应数额、数量标准的50%确定;同时具有本意见第三条第一款规定情形的,可以分别按照相应数额、数量标准的40%确定。

八、本意见自2019年10月21日起施行。对于本意见施行前发生的非法放贷行为,依照最高人民法院《关于准确理解和适用刑法中"国家规定"的有关问题的通知》(法发〔2011〕155号)的规定办理。

《关于办理非法放贷刑事案件若干问题的意见》的理解与适用

□朱和庆　周　川　李梦龙

为依法惩治非法放贷犯罪活动,切实维护国家金融市场秩序与社会和谐稳定,有效防范因非法放贷诱发涉黑涉恶以及其他违法犯罪活动,保护公民、法人和其他组织合法权益,在全国扫黑办的统筹协调下,最高人民法院会同最高人民检察院、公安部、司法部联合制定印发了《关于办理非法放贷刑事案件若干问题的意见》(法发〔2019〕24号,以下简称《意见》),自2019年10月21日起施行。为便于司法实践中准确理解和正确适用,现对《意见》的制定背景、主要内容予以简要介绍和说明。

一、《意见》的制定背景和过程

民间借贷,是一种广泛存在的民间资金融通活动,作为平等民事主体之间的经济互助行为,在一定程度上满足了社会融资需求,对于促进经济发展起到有益补充作用。但由于其游离于正规金融体系之外,自身带有混乱、无序的弊端,故在逐利动机驱使下容易发生性质变异,并随之诱发一系列负面效应。近年来,对外出借资金行为背离民间借贷本质的问题愈加严重,一些已经脱离民间借贷个体的、偶然的、互助式的存在模式,演化为出借人的经常性谋利手段,并向着资本运作方式规模化发展,客观上已经形成一种未经有权部门批准、未取得合法资质从事发放贷款业务的非法金融业务活动。非法放贷活动不仅扰乱金融市场秩序,而且易于滋生黑恶势力,引发各类伴生和次生违法犯罪活动,是扫黑除恶专项斗争聚焦的重点领域之一。实践中,由于非法放贷的认定缺乏明确、统一标准,是否应纳入刑事司法调整范围也存在较大争议,导致部分严重扰乱金融市场秩序的非法放贷活动得不到有效打击处理,社会各界和一线政法单位对此反映强烈。

为贯彻落实全国扫黑除恶专项斗争推进会有关精神,解决办案一线惩治非法放贷活动面临的问题和障碍,进一步明确法律适用,统一定罪量刑标准,提高专项斗争法治化水平,按照全国扫黑办部署要求,最高人民法院第一时间成立了专题调研小组,经过深入调研,在认真总结实践经验和突出问题的基础上研究起草了《意见》稿,并以《意见》稿为基础通过召开调研座谈会、书面征求意见等多种形式广泛听取意见,几经修改和完善后形成《意见》。《意见》经最高人民法院、最高人民检察院、公安部、司法部会签,于 2019 年 10 月 21 日向社会公布并施行。

二、《意见》的主要内容及理解适用

《意见》共八条,主要包括以下内容:

(一)关于非法放贷行为的认定及定罪处罚依据

实践中,非法放贷行为缺乏明确、统一认定标准,是否应对非法放贷行为追究刑事责任、应对哪些非法放贷行为追究刑事责任、应以何种罪名追究刑事责任也均存在认识分歧。为解决这些问题,《意见》第一条第一款将"非法放贷行为"界定为"违反国家规定,未经监管部门批准,或者超越经营范围,以营利为目的,经常性地向社会不特定对象发放贷款,扰乱金融市场秩序",并在此基础上进一步明确,实施非法放贷行为达到"情节严重"程度,依照《刑法》第二百二十五条第(四)项的规定,以非法经营罪定罪处罚。根据《意见》规定,在认定非法放贷行为时应着重把握以下方面:

一是放贷行为的违法性。非法经营罪属于行政犯,需要"违反国家规定"才能入罪。《非法金融机构和非法金融业务活动取缔办法》第四条第一款第(三)项规定:"本办法所称非法金融业务活动,是指未经中国人民银行批准,擅自从事的下列活动……非法发放贷款、办理结算、票据贴现、资金拆借、信托投资、金融租赁、融资担保、外汇买卖。"同时,在第二十二条中规定:"设立非法金融机构或者从事非法金融业务活动,构成犯罪的,依法追究刑事责任……"《银行业监督管理法》第十九条规定:"未经国务院银行业监督管理机构批准,任何单位或者个人不得设立银行业金融机构或者从事银行业金融机构的业务活动。"第四十四条规定:"擅自设立银行业金融机构或者非法从事银行业金融机构的业务活动的,由国务院银行业监督管理机构予以取缔;构成犯罪的,依法追究刑事责任……"因此,从事发放贷款业务需要经过有关金融监管部门批准。"未经监管部门批准,或者超越经营范围",是认定非法放贷行为,并进而视情节对其以非法经营罪论处的必要条件。

二是放贷活动的职业性。有别于互助式的、偶然的民间资金融通行为,非法放贷作为一种经营行为,必然包含着出借目的营利性和出借行为反复性。为了准确区分非法放贷行为和正常的民间借贷,揭示非法放贷行为人以放贷为业的行为实质,《意见》第一条第一款规定非法放贷行为人需"以营利为目的,经常性地向社会不特定对象发放贷款",并且在第一条第二款明确"前款规定中的'经常性地向社会不特定对象发放贷款',是指2年内向不特定多人(包括单位和个人)以借款或其他名义出借资金10次以上"。此外,《意见》第一条第三款还进一步明确了贷款到期后延长还款期限这一情况下,发放贷款次数的计算问题。应当注意的是,在延长还款期限后仅改变约定利率或者利息计算方式,但出借的本金金额未实际增加的,发放贷款次数仍按照1次计算;如果在延长还款期限后追加出借资金,或者将借款人已偿还贷款重新借出的,放贷次数另行计算。

三是放贷对象的不特定性。发放贷款行为的开放性,是非法放贷这一非法金融业务活动与民间借贷的又一重要区别。为此,《意见》第一条第一款强调非法放贷行为人发放贷款的对象是"社会不特定对象",并且在《意见》第一条第二款将"社会不特定对象"解读为"不特定多人(包括单位和个人)",即非法放贷行为人需要2年内累计向多个不特定的单位或者个人,以借款或其他名义出借资金10次以上。

(二)关于"情节严重""情节特别严重"的一般认定标准

根据《刑法》第二百二十五条的规定,以非法经营罪追究刑事责任需要达到"情节严重"的程度。通过刑事司法入罪处刑,是最为严厉的法律制裁措施,故应只适用于社会危害性严重,民事、行政等其他法律手段都无法有效调整的行为。实践中,非法高利放贷是非法放贷活动中危害最突出的部分,所造成的后果和引发的问题是多方面的,不仅严重扰乱金融市场秩序,制约实体经济发展,使企业或个人陷入债务深渊,而且还诱发大量非法拘禁、寻衅滋事等违法犯罪活动,并为黑恶势力滋生蔓延提供土壤。因此,《意见》将运用刑法手段打击的目标锁定为非法高利放贷,结合民事司法解释关于民间借贷利率的规定,明确"以超过36%的实际年利率实施符合本意见第一条规定的非法放贷行为"是认定非法放贷"情节严重"和"情节特别严重"的前提条件,从而有效防止扩大打击面,并为民事司法和行政执法留出必要空间。此外,根据司法统计和调研所掌握的情况,《意见》还从非法放贷数额、违法所得数额、非法放贷对象数量以及所造成的危害后果等方面,规定了非法放贷"情节严重"和"情节特别严重"的具体认定标准。

对于《意见》第二条第一款中的"以超过36%的实际年利率实施符合本意见第一条规定的非法放贷行为,具有下列情形之一的,属于刑法第二百二十五条规定的'情节严重',但单次非法放贷行为实际年利率未超过36%的,定罪量刑时不得计入",执法办案时需要重点把握。例如,行为人2年内共向不特定多人以借款名义出借资金10次,但其中只有9次实际年利率超过36%,还有1次未超过,则其行为不符合"以超过36%的实际年利率实施符合本意见第一条规定的非法放贷行为"的标准,不能以非法经营罪定罪处罚。又如,行为人(个人)2年内共向不特定多人以借款名义出借资金15次,其中单次放贷行为实际年利率超过36%的有11次,非法放贷数额共计210万元;未超过36%的有4次,非法放贷数额共计900万元。按照《意见》规定,只能根据其中11次高利放贷行为及其相应的非法放贷数额210万元定罪量刑,该行为人非法放贷构成非法经营罪,但属于"情节严重",而非"情节特别严重",应在五年以下有期徒刑或者拘役,并处或者单处违法所得一倍以上五倍以下罚金的法定刑幅度内量刑。

(三)关于"情节严重""情节特别严重"的特别认定标准

实践中,一些犯罪嫌疑人、被告人曾因非法放贷行为受过行政处罚,但拒不悔改并再次实施。还有一些案件,犯罪嫌疑人、被告人以超高利率大量放贷,社会危害极为严重。针对这两种恶劣情形,《意见》第三条规定了“情节严重”“情节特别严重”的特别认定标准,相应降低入罪门槛,体现依法从严惩处精神。

(四)关于“向社会不特定对象发放贷款”的把握

《意见》第四条区分不同情况,对“向社会不特定对象发放贷款”的把握问题作出明确。如果行为人出借资金仅限定于亲友、单位内部人员等特定对象,其行为就不符合非法放贷这一非法金融业务活动的对象不特定性特征,不宜认定为非法放贷,更不能以非法经营罪论处。因此,《意见》第四条规定:“仅向亲友、单位内部人员等特定对象出借资金,不得适用本意见第一条的规定定罪处罚。”

针对司法实践中非法放贷行为手段不断翻新的实际情况,为避免行为人假借向亲友、单位内部人员等特定对象出借资金之名非法放贷,《意见》第四条明确,具有以下三种情形之一的,定罪量刑时应当与向不特定对象非法放贷的行为一并处理:一是通过亲友、单位内部人员等特定对象向不特定对象发放贷款的情形。二是以发放贷款为目的,将社会人员吸收为单位内部人员,并向其发放贷款的情形。三是向社会公开宣传,同时向不特定多人和亲友、单位内部人员等特定对象发放贷款的情形。

(五)关于非法放贷数额、实际年利率等的认定和计算标准

根据《意见》中的有关规定,实际年利率、非法放贷数额、违法所得数额、非法放贷对象数量等均是影响定罪量刑的重要因素。《意见》第五条针对调研中各方反映的问题,分别规定了实际年利率、非法放贷数额、违法所得数额等的计算方法,避免理解认识差异导致执法尺度不一。

首先,在非法放贷数额认定方面,从借款本金中预先扣除利息、计收复利等做法在非法放贷行为中极为常见,这就导致借据、收据、借条等凭证所载明的本金金额与非法放贷行为人实际出借的本金金额存在差异,究竟应以何种金额认定非法放贷数额需要明确。因此,《意见》第五条第一款结合民事法律和司法解释有关本金金额认定的规定,明确非法放贷数额应当以实际出借给借款人的本金金额,即按照借款人实际能够完全支配和使用的借款金额作出认定。

其次,在实际年利率计算方面,虽然逾期利息、违约金以及介绍费、咨询费、管理费等费用在民法上性质有所差异,但是在实践中非法放贷行为人为规避利率上限,经常假借以上名目,或者采用从本金中预先扣除等方式收取利息。《意见》第五条第一款结合民事法律和司法解释中对逾期利息、违约金、其他费用并存时,总计超过利率上限部分不予保护的规定精神,以从严管理角度出发,明确非法放贷行为人以介绍费、咨询费、管理费、逾期利息、违约金等名义和以从本金中预先扣除等方式收取利息的,相关数额在计算实际年利率时均应计入。例如,非法放贷行为人在单次非法放贷活动中实际出借本金1000万元,借期1年,同时与借款人约定,除按照年利率24%还本付息外,还需要支付180万元的管理费。根据《意见》规定,在计算该次非法放贷行为的实际年利率时,应当以本金1000万元为基数,将240万元约定利息和180万元管理费一并计入,计得该次非法放贷行为的实际年利率为42%。

再次,在违法所得数额认定方面,考虑借贷市场有着极强的复杂性,非法放贷行为人的资金来源千差万别,有的还极为隐蔽,为便于司法实践操作,《意见》第五条第二款规定,“非法放贷行为人实际收取的除本金之外的全部财物,均应计入违法所得”。

最后,针对未经处理的非法放贷行为,《意见》第五条第三款明确,“非法放贷行为未经处理的,非法放贷次数和数额、违法所得数额、非法放贷对象数量等应当累计计算”。

(六)关于非法放贷与伴生、次生犯罪的罪数处断问题

针对非法放贷活动易于诱发伴生、次生犯罪的特点,《意见》第六条规定了非法放贷与相关犯

罪的罪数处断原则。为从事非法放贷活动，实施擅自设立金融机构、套取金融机构资金高利转贷、骗取贷款、非法吸收公众存款等行为，非法放贷行为和前述行为同时构成犯罪的，由于存在牵连或者竞合关系，所侵犯的客体具有类似性，《意见》明确除《刑法》、司法解释另有规定外，应当择一重罪处罚。对于非法放贷的次生犯罪，即非法放贷行为本身已构成犯罪，为强行索要因非法放贷而产生的债务，又实施故意杀人、故意伤害、非法拘禁、故意毁坏财物、寻衅滋事等行为，构成犯罪的，由于所侵犯的客体存在明显差异，《意见》明确除刑法、司法解释另有规定外，依法应当数罪并罚。

（七）关于对黑恶势力非法放贷的从严惩处

实践中，非法放贷是黑恶势力易于染指的重点领域。一方面，非法放贷行为人为了扩大业务范围，确保能够收回本金及高息，往往会有组织地发放贷款并采取暴力、威胁等方式催收，从而形成非法放贷、讨债团伙，如果任其发展，很容易蜕变为黑恶势力；另一方面，由于获利快、收益高，非法放贷也成为一些黑恶势力聚敛钱财的重要手段。正是基于非法放贷与黑恶势力犯罪之间的客观联系，《意见》才作为扫黑除恶专项斗争系列规范性文件出台，目的就是要聚焦重点领域精准发力，持续将专项斗争引向深入。为准确认定、惩处涉及非法放贷活动的黑恶势力违法犯罪组织，《意见》第七条第一款要求，有组织地非法放贷，同时又有其他违法犯罪活动，符合黑恶势力认定标准的，应当分别按照黑社会性质组织或者恶势力、恶势力犯罪集团侦查、起诉、审判。

此外，为了对黑恶势力非法放贷充分体现区别对待、依法严惩的政策精神，《意见》第七条第二款对黑恶势力非法放贷的入罪标准和加重处罚标准均大幅降低，明确据以认定“情节严重”“情节特别严重”的非法放贷数额、违法所得数额、非法放贷对象数量起点标准，可以分别按照一般情况下相应数额、数量标准的50%确定；同时具有《意见》第三条第一款规定情形的，可以分别按照一般情况下相应数额、数量标准的40%确定。

（八）关于《意见》的时间效力问题

在本意见出台前，根据《最高人民法院关于准确理解和适用刑法中“国家规定”的有关问题的通知》（法发〔2011〕155号）的规定，拟适用《刑法》第二百二十五条第（四）项对非法放贷行为以非法经营罪论处的案件，均应当作为法律适用问题，逐级向最高人民法院请示。根据该规定，最高人民法院曾于2012年12月26日对广东省高级人民法院请示的被告人何伟光、张勇泉等非法经营案作出批复，明确对何伟光、张勇泉等人的高利放贷行为不宜以非法经营罪定罪处罚。该批复虽然是最高人民法院对个案的批复，但是长期以来在司法实践中已然起到了重要的指导作用，为类似案件的处理提供了规范和指引。为此，《意见》第八条明确，对于《意见》施行前发生的非法放贷行为，仍依照《最高人民法院关于准确理解和适用刑法中“国家规定”的有关问题的通知》的规定办理。对于《意见》第八条规定，在司法实践中需着重把握以下方面：一是为贯彻罪刑法定原则，办案机关应当准确理解和把握《意见》的时间效力问题，对于《意见》施行前发生的非法放贷行为，在实体处理上要注意与《最高人民法院关于被告人何伟光、张勇泉等非法经营案的批复》精神保持一致。二是行为人非法发放贷款在《意见》施行前，收回本息在《意见》施行后的，应当认定为“本意见施行前发生的非法放贷行为”。三是行为人在《意见》施行之前、之后均有非法放贷行为的，只能对施行后的行为适用《意见》相关规定定罪处罚。

（作者单位：最高人民法院）

四、侵犯知识产权罪

最高人民法院
关于北京、上海、广州知识产权法院案件管辖的规定

(2014年10月27日最高人民法院审判委员会第1628次会议通过 2014年10月31日公布 自2014年11月3日起施行 法释〔2014〕12号)

为进一步明确北京、上海、广州知识产权法院的案件管辖,根据《中华人民共和国民事诉讼法》《中华人民共和国行政诉讼法》《全国人民代表大会常务委员会关于在北京、上海、广州设立知识产权法院的决定》等规定,制定本规定。

第一条 知识产权法院管辖所在市辖区内的下列第一审案件:

(一)专利、植物新品种、集成电路布图设计、技术秘密、计算机软件民事和行政案件;

(二)对国务院部门或者县级以上地方人民政府所作的涉及著作权、商标、不正当竞争等行政行为提起诉讼的行政案件;

(三)涉及驰名商标认定的民事案件。

第二条 广州知识产权法院对广东省内本规定第一条第(一)项和第(三)项规定的案件实行跨区域管辖。

第三条 北京市、上海市各中级人民法院和广州市中级人民法院不再受理知识产权民事和行政案件。

广东省其他中级人民法院不再受理本规定第一条第(一)项和第(三)项规定的案件。

北京市、上海市、广东省各基层人民法院不再受理本规定第一条第(一)项和第(三)项规定的案件。

第四条 案件标的既包含本规定第一条第(一)项和第(三)项规定的内容,又包含其他内容的,按本规定第一条和第二条的规定确定管辖。

第五条 下列第一审行政案件由北京知识产权法院管辖:

(一)不服国务院部门作出的有关专利、商标、植物新品种、集成电路布图设计等知识产权的授权确权裁定或者决定的;

(二)不服国务院部门作出的有关专利、植物新品种、集成电路布图设计的强制许可决定以及强制许可使用费或者报酬的裁决的;

(三)不服国务院部门作出的涉及知识产权授权确权的其他行政行为的。

第六条 当事人对知识产权法院所在市的基层人民法院作出的第一审著作权、商标、技术合同、不正当竞争等知识产权民事和行政判决、裁定提起的上诉案件,由知识产权法院审理。

第七条 当事人对知识产权法院作出的第一审判决、裁定提起的上诉案件和依法申请上一级法院复议的案件,由知识产权法院所在地的高级人民法院知识产权审判庭审理。

第八条 知识产权法院所在省(直辖市)的基层人民法院在知识产权法院成立前已经受理但尚未审结的本规定第一条第(一)项和第(三)项规定的案件,由该基层人民法院继续审理。

除广州市中级人民法院以外,广东省其他中级人民法院在广州知识产权法院成立前已经

受理但尚未审结的本规定第一条第(一)项和第(三)项规定的案件,由该中级人民法院继续审理。

中共中央　国务院
关于完善产权保护制度依法保护产权的意见

(2016年11月4日　中发〔2016〕28号)

产权制度是社会主义市场经济的基石,保护产权是坚持社会主义基本经济制度的必然要求。有恒产者有恒心,经济主体财产权的有效保障和实现是经济社会持续健康发展的基础。改革开放以来,通过大力推进产权制度改革,我国基本形成了归属清晰、权责明确、保护严格、流转顺畅的现代产权制度和产权保护法律框架,全社会产权保护意识不断增强,保护力度不断加大。同时也要看到,我国产权保护仍然存在一些薄弱环节和问题:国有产权由于所有者和代理人关系不够清晰,存在内部人控制、关联交易等导致国有资产流失的问题;利用公权力侵害私有产权、违法查封扣押冻结民营企业财产等现象时有发生;知识产权保护不力,侵权易发多发。解决这些问题,必须加快完善产权保护制度,依法有效保护各种所有制经济组织和公民财产权,增强人民群众财产财富安全感,增强社会信心,形成良好预期,增强各类经济主体创业创新动力,维护社会公平正义,保持经济社会持续健康发展和国家长治久安。现就完善产权保护制度、依法保护产权提出以下意见。

一、总体要求

加强产权保护,根本之策是全面推进依法治国。要全面贯彻党的十八大和十八届三中、四中、五中、六中全会精神,深入学习贯彻习近平总书记系列重要讲话精神,按照党中央、国务院决策部署,紧紧围绕统筹推进"五位一体"总体布局和协调推进"四个全面"战略布局,牢固树立和贯彻落实新发展理念,着力推进供给侧结构性改革,进一步完善现代产权制度,推进产权保护法治化,在事关产权保护的立法、执法、司法、守法等各方面各环节体现法治理念。要坚持以下原则:

——坚持平等保护。健全以公平为核心原则的产权保护制度,毫不动摇巩固和发展公有制经济,毫不动摇鼓励、支持、引导非公有制经济发展,公有制经济财产权不可侵犯,非公有制经济财产权同样不可侵犯。

——坚持全面保护。保护产权不仅包括保护物权、债权、股权,也包括保护知识产权及其他各种无形财产权。

——坚持依法保护。不断完善社会主义市场经济法律制度,强化法律实施,确保有法可依、有法必依。

——坚持共同参与。做到政府诚信和公众参与相结合,建设法治政府、责任政府、诚信政府,增强公民产权保护观念和契约意识,强化社会监督。

——坚持标本兼治。着眼长远,着力当下,抓紧解决产权保护方面存在的突出问题,提高产权保护精准度,加快建立产权保护长效机制,激发各类经济主体的活力和创造力。

二、加强各种所有制经济产权保护

深化国有企业和国有资产监督管理体制改革,进一步明晰国有产权所有者和代理人关系,推动实现国有企业股权多元化和公司治理现代化,健全涉及财务、采购、营销、投资等方面的内部监督制度和内控机制，强化董事会规范运作和对经理层的监督，完善国有资产交易方式，严格规范国有资产登记、转让、清算、退出等程序和交易行为，以制度化保障促进国有产权保护，防止内部人任意支配国有资产，切实防止国有资产流失。建立健全归属清晰、权责明确、监管有效的自然资源资产产权制度，完善自然资源有偿使用制度，逐步实现各类市场主体按照市场规则和市场价格依法平等使用土地等自然资源。完善农村集体产权确权和保护制度，分类建立健全集体资产清产核资、登记、保管、使用、处置制度和财务管理监督制度，规范农村产权流转交易，切实防止集体经济组织内部少数人侵占、非法处置集体资产，防止外部资本侵吞、非法控制集体资产。坚持权利平等、机会平等、规则平等，废除对非公有制经济各种形式的不合理规定，消除各种隐性壁垒，保证各种所有制经济依法平等使用生产要素、公开公平公正参与市场竞争、同等受到法律保护、共同履行社会责任。

三、完善平等保护产权的法律制度

加快推进民法典编纂工作，完善物权、合同、知识产权相关法律制度，清理有违公平的法律法规条款，将平等保护作为规范财产关系的基本原则。健全以企业组织形式和出资人承担责任方式为主的市场主体法律制度，统筹研究清理、废止按照所有制不同类型制定的市场主体法律和行政法规，开展部门规章和规范性文件专项清理，平等保护各类市场主体。加大对非公有财产的刑法保护力度。

四、妥善处理历史形成的产权案件

坚持有错必纠，抓紧甄别纠正一批社会反映强烈的产权纠纷申诉案件，剖析一批侵害产权的案例。对涉及重大财产处置的产权纠纷申诉案件、民营企业和投资人违法申诉案件依法甄别，确属事实不清、证据不足、适用法律错误的错案冤案，要依法予以纠正并赔偿当事人的损失。完善办案质量终身负责制和错案责任倒查问责制，从源头上有效预防错案冤案的发生。严格遵循法不溯及既往、罪刑法定、在新旧法之间从旧兼从轻等原则，以发展眼光客观看待和依法妥善处理改革开放以来各类企业特别是民营企业经营过程中存在的不规范问题。

五、严格规范涉案财产处置的法律程序

进一步细化涉嫌违法的企业和人员财产处置规则，依法慎重决定是否采取相关强制措施。确需采取查封、扣押、冻结等措施的，要严格按照法定程序进行，除依法需责令关闭企业的情形外，在条件允许情况下可以为企业预留必要的流动资金和往来账户，最大限度降低对企业正常生产经营活动的不利影响。采取查封、扣押、冻结措施和处置涉案财物时，要依法严格区分个人财产和企业法人财产。对股东、企业经营管理者等自然人违法，在处置其个人财产时不任意牵连企业法人财产；对企业违法，在处置企业法人财产时不任意牵连股东、企业经营管理者个人合法财产。严格区分违法所得和合法财产，区分涉案人员个人财产和家庭成员财产，在处置违法所得时不牵连合法财产。完善涉案财物保管、鉴定、估价、拍卖、变卖制度，做到公开公正和规范高效，充分尊重和依法保护当事人及其近亲属、股东、债权人等相关方的合法权益。

六、审慎把握处理产权和经济纠纷的司法政策

充分考虑非公有制经济特点，严格区分经济纠纷与经济犯罪的界限、企业正当融资与非法集资的界限、民营企业参与国有企业兼并重组中涉及的经济纠纷与恶意侵占国有资产的界限，准确把握经济违法行为入刑标准，准确认定经济纠纷和经济犯罪的性质，防范刑事执法介入经济纠纷，防止选择性司法。对于法律界限不明、罪与非罪不清的，司法机关应严格遵循罪刑法定、疑罪从无、严禁有罪推定的原则，防止把经济纠纷当做犯罪处理。严禁党政干部干预司法活动、介入司法纠纷、插手具体案件处理。对民营企业在生产、经营、融资活动中的经济行为，除法律、行政法规明确禁止外，不以违法犯罪对待。对涉及犯罪的民营企业投资人，在当事人服刑期间依法保障其行使财产权利等民事权利。

七、完善政府守信践诺机制

大力推进法治政府和政务诚信建设，地方各级政府及有关部门要严格兑现向社会及行政相对人依法作出的政策承诺，认真履行在招商引资、政府与社会资本合作等活动中与投资主体依法签订的各类合同，不得以政府换届、领导人员更替等理由违约毁约，因违约毁约侵犯合法权益的，要承担法律和经济责任。因国家利益、公共利益或者其他法定事由需要改变政府承诺和合同约定的，要严格依照法定权限和程序进行，并对企业和投资人因此而受到的财产损失依法予以补偿。对因政府违约等导致企业和公民财产权受到损害等情形，进一步完善赔偿、投诉和救济机制，畅通投诉和救济渠道。将政务履约和守诺服务纳入政府绩效评价体系，建立政务失信记录，建立健全政府失信责任追究制度及责任倒查机制，加大对政务失信行为惩戒力度。

八、完善财产征收征用制度

完善土地、房屋等财产征收征用法律制度，合理界定征收征用适用的公共利益范围，不将公共利益扩大化，细化规范征收征用法定权限和程序。遵循及时合理补偿原则，完善国家补偿制度，进一步明确补偿的范围、形式和标准，给予被征收征用者公平合理补偿。

九、加大知识产权保护力度

加大知识产权侵权行为惩治力度，提高知识产权侵权法定赔偿上限，探索建立对专利权、著作权等知识产权侵权惩罚性赔偿制度，对情节严重的恶意侵权行为实施惩罚性赔偿，并由侵权人承担权利人为制止侵权行为所支付的合理开支，提高知识产权侵权成本。建立收集假冒产品来源地信息工作机制，将故意侵犯知识产权行为情况纳入企业和个人信用记录，进一步推进侵犯知识产权行政处罚案件信息公开。完善知识产权审判工作机制，积极发挥知识产权法院作用，推进知识产权民事、刑事、行政案件审判“三审合一”，加强知识产权行政执法与刑事司法的衔接，加大知识产权司法保护力度。完善涉外知识产权执法机制，加强刑事执法国际合作，加大涉外知识产权犯罪案件侦办力度。严厉打击不正当竞争行为，加强品牌商誉保护。将知识产权保护和运用相结合，加强机制和平台建设，加快知识产权转移转化。

十、健全增加城乡居民财产性收入的各项制度

研究住宅建设用地等土地使用权到期后续期的法律安排，推动形成全社会对公民财产长久受保护的良好和稳定预期。在国有企业混合所有制改革中，依照相关规定支持有条件的混合所有制企业实行员工持股，坚持同股同权、同股同利，着力避免大股东凭借优势地位侵害中小股东权益的行为，建立员工利益和企业利益、国家利益激励相容机制。深化金融改革，推动金融创新，鼓励创造更多支持实体经济发展、使民众分享增值收益的金融产品，增加民众投资渠道。深化农村土地制度改革，坚持土地公有制性质不改变、耕地红线不突破、粮食生产能力不减弱、农民利益不受损的底线，从实际出发，因地制宜，落实承包地、宅基地、集体经营性建设用地的用益物权，赋予农民更多财产权利，增加农民财产收益。

十一、营造全社会重视和支持产权保护的良好环境

大力宣传党和国家平等保护各种所有制经济产权的方针政策和法律法规，使平等保护、全面保护、依法保护观念深入人心，营造公平、公正、透明、稳定的法治环境。在坚持以经济建设为中心、提倡勤劳致富、保护产权、弘扬企业家精神等方面加强舆论引导，总结宣传一批依法有效保护产权的好做法、好经验、好案例，推动形成保护产权的良好社会氛围。完善法律援助制度，健全司法救助体系，确保人民群众在产权受到侵害时获得及时有效的法律帮助。有效发挥工商业联合会、行业协会商会在保护非公有制经济和民营企业产权、维护企业合法权益方面的作用,建立对涉及产权纠纷的中小企业维权援助机制。更好发挥调解、仲裁的积极作用,完善产权纠纷多元化解机制。

各地区各部门要充分认识完善产权保护制度、依法保护产权的重要性和紧迫性,统一思想,形成共识和合力,狠抓工作落实。各地区要建立党委牵头,人大、政府、司法机关共同参加的产权保护协调工作机制,加强对产权保护工作的组织领导和统筹协调。各有关部门和单位要按照本意见要求,抓紧制定具体实施方案,启动基础性、标志性、关键性工作,加强协调配合,确保各项举措落到实处、见到实效。

最高人民法院
关于充分发挥审判职能作用切实加强产权司法保护的意见

(2016年11月28日　法发〔2016〕27号)

产权制度是社会主义市场经济的基石,保护产权是坚持社会主义基本经济制度的必然要求。党的十八大以来,以习近平同志为核心的党中央高度重视产权保护工作。党的十八届三中、四中、五中全会明确提出,国家保护各种所有制经济产权和合法利益,强调要健全以公平为核心原则的产权保护制度,推进产权保护法治化。2016年11月4日,中共中央、国务院印发《关于完善产权保护制度依法保护产权的意见》,对完善产权保护制度、推进产权保护法治化有关工作进行了全面部署。为充分发挥审判职能作用,切实加强产权司法保护,增强人民群众财产财富安全感,促进经济社会持续健康发展,制定如下意见。

一、坚持产权司法保护的基本原则

1. 坚持平等保护。坚持各种所有制经济权利平等、机会平等、规则平等,对各类产权主体的诉讼地位和法律适用一视同仁,确保公有制经济和非公有制经济财产权不可侵犯。注重对非公有制产权的平等保护。妥善审理各类涉外案件,平等保护中外当事人的诉讼权利和实体权益。

2. 坚持全面保护。既要保护物权、债权、股权,也要保护知识产权及其他各种无形财产权。通过刑事、民事、行政等各种审判及执行活动,依法明确产权归属,制裁各类侵犯产权的违法犯罪行为,特别是利用公权力侵犯私有产权的违法犯罪行为。

3. 坚持依法保护。结合各个时期经济发展的形势和政策,准确把握立法精神,严格公正司法,妥善处理涉及产权保护的各类案件。结合案件审判和司法调研,促进社会主义市场经济法律制度不断健全,推动完善产权保护制度。

二、准确把握、严格执行产权保护的司法政策

4. 依法惩治各类侵犯产权犯罪,平等保护各种所有制经济产权。依法惩治侵吞、瓜分、贱卖国有、集体资产的犯罪,促进资产监督管理制度不断健全。加大对非公有财产的刑法保护力度,依法惩治侵犯非公有制企业产权以及侵犯非公有制经济投资者、管理者、从业人员财产权益的犯罪。对非法占有、处置、毁坏财产的,不论是公有财产还是私有财产,均依法及时追缴发还被害人,或者责令退赔。

5. 客观看待企业经营的不规范问题,对定罪依据不足的依法宣告无罪。对改革开放以来各类企业特别是民营企业因经营不规范所引发的问题,要以历史和发展的眼光客观看待,严格遵循罪刑法定、疑罪从无、从旧兼从轻等原则,依法公正处理。对虽属违法违规、但不构成犯罪,或者罪与非罪不清的，应当宣告无罪。对在生产、经营、融资等活动中的经济行为，除法律、行政法规明确禁止的，不得以犯罪论处。

6. 严格区分经济纠纷与刑事犯罪，坚决防止把经济纠纷当做犯罪处理。充分考虑非公有制经济特点，严格把握刑事犯罪的认定标准，严格区分正当融资与非法集资、合同纠纷与合同诈骗、民营企业参与国有企业兼并重组中涉及的经济纠纷与恶意侵占国有资产等的界限，坚决防止把经济纠纷认定为刑事犯罪，坚决防止利用刑事手段干预经济纠纷。对于各类经济纠纷，特别是民营企业与国有企业之间的纠纷，不论实际损失多大，都要始终坚持依法办案，排除各种干扰，确保公正审判。

7. 依法慎用强制措施和查封、扣押、冻结措施，最大限度降低对企业正常生产经营活动的不利影响。对涉案企业和人员，应当综合考虑行为性质、危害程度以及配合诉讼的态度等情况，依法慎重决定是否适用强制措施和查封、扣押、冻结措施。在刑事审判中，对已被逮捕的被告人，符合取保候审、监视居住条件的，应当变更强制措施。在刑事、民事、行政审判中，确需采取查封、扣押、冻结措施的，除依法需责令关闭的企业外，在条件允许的情况下可以为企业预留必要的流动资金和往来账户。不得查封、扣押、冻结与案件无关的财产。

8. 严格规范涉案财产的处置，依法维护涉案企业和人员的合法权益。严格区分违法所得和合法财产，对于经过审理不能确认为违法所得的，不得判决追缴或者责令退赔。严格区分个人财产和企业法人财产，处理股东、企业经营管理者等自然人犯罪不得任意牵连企业法人财产，处理企业犯罪不得任意牵连股东、企业经营管理者个人合法财产。严格区分涉案人员个人财产和家庭成员财产，处理涉案人员犯罪不得牵连其家庭成员合法财产。按照公开公正和规范高效的要求，严格执行、不断完善涉案财物保管、鉴定、估价、拍卖、变卖制度。

9. 依法公正审理行政协议案件，促进法治政府和政务诚信建设。对因招商引资、政府与社会资本合作等活动引发的纠纷，要认真审查协议不能履行的原因和违约责任，切实维护行政相对人的合法权益。对政府违反承诺，特别是仅因政府换届、领导人员更替等原因违约毁约的，要坚决依法支持行政相对人的合理诉求。对确因国家利益、公共利益或者其他法定事由改变政府承诺的，要依法判令补偿财产损失。

10. 依法公正审理财产征收征用案件，维护被征收征用者的合法权益。准确把握立法精神，合理把握征收征用适用的公共利益范围，坚决防止公共利益扩大化。遵循及时合理补偿原则，对土地征收和房屋拆迁补偿标准明显偏低的，要综合运用多种方式进行公平合理补偿，充分保护被征收征用者的合法权益。

11. 依法制裁知识产权违法犯罪，加大知识产权保护力度。按照“司法主导、严格保护、分类施策、比例协调”的知识产权司法保护基本政策，加大保护力度，推进知识产权强国建设。积极参与相关法律修订工作，推动完善知识产权侵权损害赔偿制度。适时发布司法解释和指导性案例，通过排除侵权证据妨碍、合理分配当事人的举证责任等途径，依法推进惩罚性赔偿制度的适用。依法审理商标侵权，加强品牌商誉保护。依法审理反不正当竞争纠纷案件，破除行业垄断和市场分割。依法惩治知识产权犯罪，加大对链条式、产业化知识产权犯罪惩治力度。

12. 依法处理历史形成的产权申诉案件，坚决落实有错必纠的要求。建立专门工作机制，抓紧甄别纠正一批社会反映强烈的产权纠纷申诉案件。对涉及重大财产处置的产权纠纷申诉案件、民营企业和投资人犯罪的申诉案件，经审查确属事实不清、证据不足、适用法律错误的，依法及时予以纠正并赔偿当事人损失。严格落实司法责任制，对存在违法审判情形的依法依纪严肃追究，同时完善审判管理，从源头上、制度上有效防范冤错案件的发生。

13. 提高审判执行效率，切实防止因诉讼拖延影响企业生产经营。强化审限监管，严格审限延长、扣除、中止等情形的审批，不断提高审限内结案率，切实解决“隐性”超审限问题。持续开展长期未结诉讼案件和久押不决刑事案件专项清理工作，建立定期通报和督办机制。进一步完善繁简分流审判机制，对符合条件的案件依法适用简易程序、速裁程序。加大执行力度，提升执行速度，及时有效维护胜诉当事人的合法权益。

三、加强产权司法保护的机制建设

14. 坚持党的领导，积极参与产权保护协调工作机制。要主动向党委汇报加强产权司法保护的各项工作部署，积极参与党委牵头，人大、政府、司法机关共同参加的产权保护协调工作机制，形成工作合力。认真听取人大代表、政协委员和专家学者的意见建议，加强与工商联、行业协会的沟通，确保产权司法保护各项举措落到实处、收到实效。

15. 优化资源配置，提升涉产权保护案件审判的专业性和公信力。对法律适用难度较大的涉产权民刑交叉、民行交叉案件，统筹审判资源，组成民刑、民行综合合议庭，确保理清法律关系、准确适用法律。充分发挥北京、上海、广州知识产权法院的示范、引领作用，加快知识产权派出法庭建设，探索设立知识产权上诉法院，完善知识产权审判工作体制机制。推动知识产权民事、行政和刑事案件审判“三合一”，提高知识产权司法保护的整体效能。落实京津冀知识产权技术类案件集中管辖，合理布局全国法院知识产权案件管辖，提升知识产权司法保护水平。

16. 做好司法调研，不断完善产权保护司法政策。推进信息技术与审判业务深度融合，充分利用大数据、云计算等信息技术，准确研判涉产权案件的审判形势。深入调研涉产权审判执行工作中的疑难问题，及时总结司法审判经验，切实加强产权保护司法政策研究，不断健全产权司法保护规则。通过制定司法解释、发布指导性案例等方式，统一涉产权案件的司法尺度、裁判标准。

17. 强化法治宣传，推动形成保护产权的良好社会氛围。利用裁判文书上网、庭审直播等司法公开平台，结合案件审判，大力宣传党和国家平等保护各种所有制经济产权的方针政策和法律法规，使平等保护、全面保护、依法保护观念深入人心，营造公平、公正、透明、稳定的法治环境。总结宣传一批依法有效保护产权的好做法、好经验、好案例，推动形成保护产权的良好社会氛围。

五、扰乱市场秩序罪

最高人民法院　最高人民检察院　公安部
关于办理组织领导传销活动刑事案件适用法律若干问题的意见

（2013年11月14日　公通字〔2013〕37号）

各省、自治区、直辖市高级人民法院，人民检察院，公安厅、局，解放军军事法院、军事检察院，新疆维吾尔自治区高级人民法院生产建设兵团分院，新疆生产建设兵团人民检察院、公安局：

为解决近年来公安机关、人民检察院、人民法院在办理组织、领导传销活动刑事案件中遇到的问题，依法惩治组织、领导传销活动犯罪，根据刑法、刑事诉讼法的规定，结合司法实践，现就办理组织、领导传销活动刑事案件适用法律问题提出以下意见：

一、关于传销组织层级及人数的认定问题

以推销商品、提供服务等经营活动为名，要求参加者以缴纳费用或者购买商品、服务等方式获得加入资格，并按照一定顺序组成层级，直接或者间接以发展人员的数量作为计酬或者返利依据，引诱、胁迫参加者继续发展他人参加，骗取财物，扰乱经济社会秩序的传销组织，其组织内部参与传销活动人员在三十人以上且层级在三级以上的，应当对组织者、领导者追究刑事责任。

组织、领导多个传销组织，单个或者多个组织中的层级已达三级以上的，可将在各个组织中发展的人数合并计算。

组织者、领导者形式上脱离原传销组织后，继续从原传销组织获取报酬或者返利的，原传销组织在其脱离后发展人员的层级数和人数，应当计算为其发展的层级数和人数。

办理组织、领导传销活动刑事案件中，确因客观条件的限制无法逐一收集参与传销活动人员的言词证据的，可以结合依法收集并查证属实的缴纳、支付费用及计酬、返利记录，视听资料，传销人员关系图，银行账户交易记录，互联网电子数据，鉴定意见等证据，综合认定参与传销的人数、层级数等犯罪事实。

二、关于传销活动有关人员的认定和处理问题

下列人员可以认定为传销活动的组织者、领导者：

（一）在传销活动中起发起、策划、操纵作用的人员；

（二）在传销活动中承担管理、协调等职责的人员；

（三）在传销活动中承担宣传、培训等职责的人员；

（四）曾因组织、领导传销活动受过刑事处罚，或者一年以内因组织、领导传销活动受过行政处罚，又直接或者间接发展参与传销活动人员在十五人以上且层级在三级以上的人员；

（五）其他对传销活动的实施、传销组织的建立、扩大等起关键作用的人员。

以单位名义实施组织、领导传销活动犯罪的，对于受单位指派，仅从事劳务性工作的人员，一般不予追究刑事责任。

三、关于“骗取财物”的认定问题

传销活动的组织者、领导者采取编造、歪曲国家政策，虚构、夸大经营、投资、服务项目及盈利前景，掩饰计酬、返利真实来源或者其他欺诈手段，实施刑法第二百二十四条之一规定的行为，从参与传销活动人员缴纳的费用或者购买商品、服务的费用中非法获利的，应当认定为骗取财物。参与传销活动人员是否认为被骗，不影响骗取财物的认定。

四、关于"情节严重"的认定问题

对符合本意见第一条第一款规定的传销组织的组织者、领导者，具有下列情形之一的，应当认定为刑法第二百二十四条之一规定的"情节严重"：

（一）组织、领导的参与传销活动人员累计达一百二十人以上的；

（二）直接或者间接收取参与传销活动人员缴纳的传销资金数额累计达二百五十万元以上的；

（三）曾因组织、领导传销活动受过刑事处罚，或者一年以内因组织、领导传销活动受过行政处罚，又直接或者间接发展参与传销活动人员累计达六十人以上的；

（四）造成参与传销活动人员精神失常、自杀等严重后果的；

（五）造成其他严重后果或者恶劣社会影响的。

五、关于"团队计酬"行为的处理问题

传销活动的组织者或者领导者通过发展人员，要求传销活动的被发展人员发展其他人员加入，形成上下线关系，并以下线的销售业绩为依据计算和给付上线报酬，牟取非法利益的，是"团队计酬"式传销活动。

以销售商品为目的、以销售业绩为计酬依据的单纯的"团队计酬"式传销活动，不作为犯罪处理。形式上采取"团队计酬"方式，但实质上属于"以发展人员的数量作为计酬或者返利依据"的传销活动，应当依照刑法第二百二十四条之一的规定，以组织、领导传销活动罪定罪处罚。

六、关于罪名的适用问题

以非法占有为目的，组织、领导传销活动，同时构成组织、领导传销活动罪和集资诈骗罪的，依照处罚较重的规定定罪处罚。

犯组织、领导传销活动罪，并实施故意伤害、非法拘禁、敲诈勒索、妨害公务、聚众扰乱社会秩序、聚众冲击国家机关、聚众扰乱公共场所秩序、交通秩序等行为，构成犯罪的，依照数罪并罚的规定处罚。

七、其他问题

本意见所称"以上"、"以内"，包括本数。

本意见所称"层级"和"级"，系指组织者、领导者与参与传销活动人员之间的上下线关系层次，而非组织者、领导者在传销组织中的身份等级。

对传销组织内部人数和层级数的计算，以及对组织者、领导者直接或者间接发展参与传销活动人员人数和层级数的计算，包括组织者、领导者本人及其本层级在内。

最高人民法院
最高人民检察院
公安部
2013年11月14日

最高人民法院
关于适用刑事诉讼法第二百二十五条第二款有关问题的批复

(2016年6月6日最高人民法院审判委员会第1686次会议通过 2016年6月23日公布 自2016年6月24日起施行 法释〔2016〕13号)

河南省高级人民法院:

你院关于适用《中华人民共和国刑事诉讼法》第二百二十五条第二款有关问题的请示收悉。经研究,批复如下:

一、对于最高人民法院依据《中华人民共和国刑事诉讼法》第二百三十九条和《最高人民法院关于适用〈中华人民共和国刑事诉讼法〉的解释》第三百五十三条裁定不予核准死刑,发回第二审人民法院重新审判的案件,无论此前第二审人民法院是否曾以原判决事实不清楚或者证据不足为由发回重新审判,原则上不得再发回第一审人民法院重新审判;有特殊情况确需发回第一审人民法院重新审判的,需报请最高人民法院批准。

二、对于最高人民法院裁定不予核准死刑,发回第二审人民法院重新审判的案件,第二审人民法院根据案件特殊情况,又发回第一审人民法院重新审判的,第一审人民法院作出判决后,被告人提出上诉或者人民检察院提出抗诉的,第二审人民法院应当依法作出判决或者裁定,不得再发回重新审判。

此复。

最高人民法院
关于审理走私、非法经营、非法使用兴奋剂刑事案件适用法律若干问题的解释

(2019年11月12日最高人民法院审判委员会第1781次会议通过 2019年11月18日公布 自2020年1月1日起施行 法释〔2019〕16号)

为依法惩治走私、非法经营、非法使用兴奋剂犯罪,维护体育竞赛的公平竞争,保护体育运动参加者的身心健康,根据《中华人民共和国刑法》《中华人民共和国刑事诉讼法》的规定,制定本解释。

第一条 运动员、运动员辅助人员走私兴奋剂目录所列物质,或者其他人员以在体育竞赛中非法使用为目的走私兴奋剂目录所列物质,涉案物质属于国家禁止进出口的货物、物品,具有下列情形之一的,应当依照刑法第一百五十一条第三款的规定,以走私国家禁止进出口的货物、物品罪定罪处罚:

(一)一年内曾因走私被给予二次以上行政处罚后又走私的;

(二)用于或者准备用于未成年人运动员、残疾人运动员的;

(三)用于或者准备用于国内、国际重大体育竞赛的;

(四)其他造成严重恶劣社会影响的情形。

实施前款规定的行为,涉案物质不属于国家禁止进出口的货物、物品,但偷逃应缴税额一万元以上或者一年内曾因走私被给予二次以上行政处罚后又走私的,应当依照刑法第一百五十三条的规定,以走私普通货物、物品罪定罪处罚。

对于本条第一款、第二款规定以外的走私兴奋剂目录所列物质行为,适用《最高人民法院、最

高人民检察院关于办理走私刑事案件适用法律若干问题的解释》(法释〔2014〕10号)规定的定罪量刑标准。

第二条 违反国家规定,未经许可经营兴奋剂目录所列物质,涉案物质属于法律、行政法规规定的限制买卖的物品,扰乱市场秩序,情节严重的,应当依照刑法第二百二十五条的规定,以非法经营罪定罪处罚。

第三条 对未成年人、残疾人负有监护、看护职责的人组织未成年人、残疾人在体育运动中非法使用兴奋剂,具有下列情形之一的,应当认定为刑法第二百六十条之一规定的"情节恶劣",以虐待被监护、看护人罪定罪处罚:

(一)强迫未成年人、残疾人使用的;

(二)引诱、欺骗未成年人、残疾人长期使用的;

(三)其他严重损害未成年人、残疾人身心健康的情形。

第四条 在普通高等学校招生、公务员录用等法律规定的国家考试涉及的体育、体能测试等体育运动中,组织考生非法使用兴奋剂的,应当依照刑法第二百八十四条之一的规定,以组织考试作弊罪定罪处罚。

明知他人实施前款犯罪而为其提供兴奋剂的,依照前款的规定定罪处罚。

第五条 生产、销售含有兴奋剂目录所列物质的食品,符合刑法第一百四十三条、第一百四十四条规定的,以生产、销售不符合安全标准的食品罪、生产、销售有毒、有害食品罪定罪处罚。

第六条 国家机关工作人员在行使反兴奋剂管理职权时滥用职权或者玩忽职守,造成严重兴奋剂违规事件,严重损害国家声誉或者造成恶劣社会影响,符合刑法第三百九十七条规定的,以滥用职权罪、玩忽职守罪定罪处罚。

依法或者受委托行使反兴奋剂管理职权的单位的工作人员,在行使反兴奋剂管理职权时滥用职权或者玩忽职守的,依照前款规定定罪处罚。

第七条 实施本解释规定的行为,涉案物质属于毒品、制毒物品等,构成有关犯罪的,依照相应犯罪定罪处罚。

第八条 对于是否属于本解释规定的"兴奋剂""兴奋剂目录所列物质""体育运动""国内、国际重大体育竞赛"等专门性问题,应当依据《中华人民共和国体育法》《反兴奋剂条例》等法律法规,结合国务院体育主管部门出具的认定意见等证据材料作出认定。

第九条 本解释自2020年1月1日起施行。

审判释疑

最高人民法院有关负责人就顾雏军等再审一案答记者问

2019 年 4 月 10 日，最高人民法院对原审被告人顾雏军等人虚报注册资本，违规披露、不披露重要信息，挪用资金再审一案进行公开宣判，判决撤销原判对顾雏军犯虚报注册资本罪，违规披露、不披露重要信息罪的定罪量刑部分以及挪用资金罪的量刑部分，对顾雏军犯挪用资金罪改判有期徒刑五年；撤销原判对原审被告人张宏犯违规披露、不披露重要信息罪的定罪量刑部分，维持原判以挪用资金罪对张宏判处有期徒刑二年，缓刑二年的定罪量刑部分；撤销原判对原审被告人姜宝军、刘义忠、张细汉、严友松、晏果茹、刘科的定罪量刑，均宣告无罪。

为使广大读者全面了解顾雏军等再审一案改判的重要意义及主要依据，记者就有关问题采访了最高人民法院有关负责人。

1. 依法再审改判顾雏军案有何重要意义？

答：以习近平同志为核心的党中央高度重视产权保护工作。本案系我院提审的一起涉产权代表性案件，各方高度关注，社会影响巨大。我院经依法再审后作出改判，意义重大。

（1）本案再审改判是全面推进依法治国、实现社会公平正义的具体实践和典型范例。原审认定顾雏军犯虚报注册资本罪，违规披露、不披露重要信息罪和挪用资金罪，数罪并罚判处有期徒刑十年，并处罚金人民币六百八十万元；其他同案被告人也因分别犯上述一罪或数罪，被判处四年以下有期徒刑，并处罚金的不等刑罚。我院启动再审后，对该案进行深入细致的全面审理，以事实为根据，以法律为准绳，作出了最终的公正裁判。从实体上看，原审错误裁判得到了纠正，现改判顾雏军、张宏只犯挪用资金罪一罪，对顾雏军改判有期徒刑五年，对张宏改判有期徒刑二年，缓刑二年，其他原审被告人均被改判无罪。从程序上看，本案从决定提审到再审改判，均严格依照法定程序进行，最高人民法院依法组成五人合议庭，从约谈原审被告人及辩护人，到召开庭前会议，从公开开庭审理、庭审全程图文直播，到今天的公开宣判，整个过程依法有序，公开透明，各原审被告人的诉讼权利均得到充分的保障，再审过程已成为向全社会传递依法治国正能量的一堂法治公开课。本案再审改判，充分体现了人民法院忠实履行法定职责、依法保障人权、建设社会主义法治国家的坚强决心。

（2）本案再审改判坚决贯彻落实了《中共中央、国务院关于完善产权保护制度依法保护产权的意见》及习近平总书记关于加强产权保护，促进民营经济健康发展系列重要讲话和指示精神。本案再审中，最高人民法院坚持以发展的眼光看问题，按照罪刑法定、疑罪从无、证据裁判等原则，依法妥善处理民营企业及企业家经营过程中的不规范行为。对于原审认定的顾雏军等人在公司变更登记过程中虚报注册资本的行为，充分考虑其历史背景和客观因素，不以犯罪论处；对于原审认定的顾雏军等人不按规定提供真实财会报告的行为，充分考虑在案证据不足以证实该行为已造成刑法规定的严重后果的客观实际，不予追究刑事责任；对于原审认定的顾雏军等人挪用 6 300 万元的事实，充分考虑认定顾雏军指使姜宝军挪用资金的证据不足，且无证据证实姜宝军从中谋取了个人利益等实际情况，不认定为犯罪。这样处理，既体现了党中央平等保护各类市场主体合法权益、营造公平竞争环境的要求，又向全社会释放了产权司法保护的积极信号，对于激发企业家创业创新动力，维护社会公平正义，促进经济社会持续健康发展，都具有十分重要的意义。

(3)本案再审改判切实坚持了实事求是、依法纠错的基本原则。本案再审中，坚持以事实为根据，以法律为准绳，在对原审认定的顾雏军等人犯虚报注册资本罪和违规披露、不披露重要信息罪依法宣告无罪的同时，对于顾雏军、张宏从上市公司挪用2.9亿元用于顾雏军个人注册公司的行为，充分考虑其利用职务便利，挪用上市公司资金归个人使用，并谋取个人利益，严重扰乱市场经济秩序，给金融和证券市场带来巨大风险，具有严重社会危害性的客观事实，依法认定有罪并判处刑罚。这样处理，充分体现了人民法院实事求是、坚守底线、公正司法的坚定立场和有错必纠、错到哪里纠到哪里、不搞“一风吹”的明确态度，既维护了法律权威，彰显了公平正义，又引导企业家敬畏法律，不踩红线，遵纪守法搞经营，合法合规谋发展。

2. 再审判决认为原审被告人顾雏军等人的行为不构成虚报注册资本罪的主要依据是什么？

答：根据刑法第一百五十八条的规定，申请公司登记使用虚假证明文件或者采取其他欺诈手段虚报注册资本，欺骗公司登记主管部门，取得公司登记，虚报注册资本数额巨大、后果严重或者有其他严重情节的，构成虚报注册资本罪。

我院再审认为，原审认定顾雏军、刘义忠、姜宝军、张细汉在申请顺德格林柯尔变更登记过程中，使用虚假证明文件以不实货币置换无形资产出资的事实是客观存在的，但综观全案，顾雏军等人的行为属于情节显著轻微危害不大的情形，根据刑法第十三条的规定，不认为是犯罪。主要理由是：

(1)在本案侦查期间，法律对无形资产在注册资本中所占比例的限制性规定已经发生重大改变。2005年修订的公司法将无形资产在注册资本中所占比例的上限由原来的20%提高到70%，使本案以不实货币置换的超出法定上限的无形资产所占比例由原来的55%降低至5%。可见，本案原审审理时，顾雏军等人虚报注册资本行为的违法性和社会危害性已明显降低。

(2)顾雏军等人虚报注册资本的行为，与当地政府支持顺德格林柯尔违规设立登记有关。由于当地政府的不当支持，使顺德格林柯尔在手续不完善的情况下完成了设立登记和年检。其后，顾雏军等人为完善设立登记手续，调整无形资产出资比例，在申请该公司变更登记过程中实施了虚报注册资本的行为。

(3)顾雏军等人虚报注册资本的行为，并未减少顺德格林柯尔的资本总额。在以虚报注册资本的方式完成变更登记后，顾雏军作为顺德格林柯尔的股东，将以不实货币置换的6.6亿元无形资产出资转为资本公积金继续留在公司中，没有使公司的资本总额减少。

3. 再审判决认为原审被告人顾雏军等人的行为不构成违规披露、不披露重要信息罪的依据是什么？

答：1997年修订后的刑法第一百六十一条增设了提供虚假财会报告罪，设立该罪的目的是监督公司依法经营，使证券市场得以健康、稳定发展，保护公司、股东和债权人的利益，维护社会主义市场经济秩序。2006年6月29日，全国人大常委会通过《中华人民共和国刑法修正案(六)》，对该条进行了修改，其后，相关司法解释将该条规定的“提供虚假财会报告罪”修改为“违规披露、不披露重要信息罪”。

我院再审认为，原审认定在顾雏军的安排下，姜宝军、严友松、张宏、晏果茹、刘科等人在2002年至2004年间，将虚增利润编入财会报告后向社会披露的事实存在。但是，根据刑法关于提供虚假财会报告罪的规定，必须有证据证实提供虚假财会报告的行为造成了“严重损害股东或者其他人利益”的危害后果，才能追究相关人员的刑事责任。参照最高人民检察院、公安部2001年发布的《关于经济犯罪案件追诉标准的规定》，"严重损害股东或者其他人利益"是指"造成股东或者其他人直接经济损失数额在五十万元以上的"，或者"致使股票被取消上市资格或者交易被迫停牌的"情形。但我院经再审查明，在案证据不足以证实本案已达到上述标准，主要理由是：

（1）在案证据不足以证实本案存在"造成股东或者其他人直接经济损失数额在五十万元以上"的情形。由于侦查机关收集司法（会计）鉴定意见和四名股民证言的程序违法，对此原第一审未予采信。原第二审在既未开庭审理也未说明理由的情况下，采信其中三名股民的证言，确属不当。本院再审期间，检察机关提交的民事调解书系在本案原判生效之后作出，未能体现顾雏军等人的真实意愿，且不能客观反映股民的实际损失，故认定本案"造成股东或者其他人直接经济损失数额在五十万元以上"的证据不足。

（2）本案不存在"致使股票被取消上市资格或者交易被迫停牌的"情形。科龙电器被证监会立案调查后，向深交所提出了停牌一小时的申请，经深交所同意，科龙电器股票停牌一小时后即恢复交易，不属于交易被迫停牌的情形，也没有造成股票被取消上市资格的后果。

（3）原审以股价连续三天下跌为由认定已造成"严重损害股东或者其他人利益"的后果，缺乏事实和法律依据。根据深交所2005年5月的股市交易数据，科龙电器股价自停牌当日起确实出现了连续三天下跌的情况，但跌幅与三天前相比并无明显差异，且从第四天起即开始回升，至第八天时已涨超停牌日。

综上，原审认定科龙电器提供虚假财会报告的行为严重损害股东或者其他人利益的事实不清，证据不足，不应追究顾雏军等人的刑事责任。

4. 再审判决认为原审被告人顾雏军、张宏的行为构成挪用资金罪，主要依据是什么？

答：根据刑法第二百七十二条的规定，挪用资金罪是指公司、企业或者其他单位的工作人员利用职务上的便利，挪用本单位资金归个人使用或者借贷给他人，数额较大、超过三个月未还，或者虽未超过三个月，但数额较大、进行营利活动，或者进行非法活动的行为。

我院再审认为，原审认定顾雏军、张宏挪用科龙电器和江西科龙2.9亿元的事实清楚，证据确实、充分，其行为已构成挪用资金罪。主要理由是：

（1）顾雏军作为科龙电器董事长，指使下属违规挪用科龙电器和江西科龙的2.9亿元资金；张宏作为江西科龙董事长兼总裁，接受顾雏军指使，违规将涉案2.9亿元转出使用，符合刑法规定的"利用职务上的便利，挪用本单位资金"的情形。

（2）涉案2.9亿元被违规转出后，在顾雏军、张宏专门开设的临时银行账户间连续划转，资金流向清晰，且未混入其他往来资金，最终被转入扬州格林柯尔的验资账户，作为顾雏军注册成立扬州格林柯尔的个人出资。涉案资金的实际使用人是顾雏军个人，属于刑法规定的"挪用本单位资金归个人使用"。

（3）顾雏军指使张宏挪用2.9亿元资金归个人用于公司注册，是顾雏军为收购上市公司扬州亚星客车做准备，属于挪用资金进行营利活动，符合刑法关于挪用资金"虽未超过三个月，但数额较大、进行营利活动"的规定，且挪用数额巨大。

需要强调的是，产权制度是社会主义市场经济的基石。在社会主义市场经济及社会主义资本市场不断走向成熟的背景下，顾雏军指使张宏挪用上市公司科龙电器的巨额资金归个人使用，注册成立个人完全控股的公司，以收购扬州亚星客车等其他上市公司，不仅侵害了科龙电器的企业法人产权，损害了广大股民的切身利益，而且严重扰乱了资本市场秩序，对公平有序的营商环境造成了重大不良影响，社会危害性大，应依法予以惩处。

5. 原审被告人顾雏军及其辩护人提出科龙集团尚欠格林柯尔系公司巨额资金，其使用科龙电器和江西科龙资金的行为不应认定为犯罪，这一意见为何不能成立？

答：顾雏军及其辩护人提出，根据《科龙电器关于毕马威华振会计师事务所调查结果的公告》，科龙集团尚欠格林柯尔系公司2.93亿元，顾雏军使用科龙集团归还格林柯尔系公司的2.9亿元借款注册成立扬州格林柯尔，其行为不构成挪用资金罪。我院再审认为，现有证据不仅无法得出科龙集团尚欠格林柯尔系公司巨额资金的结论，相反，科龙集团还至少遭受了5.92亿元的巨额损失。主要理由如下：

(1)现有证据不能证实科龙集团尚欠格林柯尔系公司巨额资金。我院经再审查明，2005年12月1日，科龙电器委托毕马威华振会计师事务所对科龙电器及其主要的附属公司在2001年10月1日至2005年7月31日期间发生的不正常且重大的现金流向进行调查，并于2006年1月23日发布《科龙电器关于毕马威华振会计师事务所调查结果的公告》。该公告指出："根据毕马威报告，科龙集团与格林柯尔系公司于调查期间内发生的不正常现金流向涉及现金流出金额人民币21.69亿元，现金流入金额人民币24.62亿元；与怀疑和格林柯尔系公司有关的公司发生的不正常现金流向涉及现金流出金额人民币19.02亿元，现金流入金额人民币10.17亿元。"毕马威华振会计师事务所的调查结果是："科龙集团于调查期间内与格林柯尔系公司或怀疑和格林柯尔系公司有关的公司之间进行的不正常现金净流出约为人民币5.92亿元，该现金净流出金额可能代表对科龙集团造成的最小损失。"

我院再审认为，顾雏军及其辩护人依据公告的前半段内容，认为科龙集团尚欠格林柯尔系公司2.93(24.62－21.69)亿元，但事实上，公告还明确指出，在调查期间，科龙集团与格林柯尔系公司或怀疑和格林柯尔系公司有关的公司发生的不正常现金流向，涉及现金流出金额共计40.71(21.69＋19.02)亿元，涉及现金流入金额共计34.79(24.62＋10.17)亿元，科龙集团的不正常现金净流出额为5.92(40.71－34.79)亿元，且该5.92亿元可能代表对科龙集团造成的最小损失。因此，根据公告载明的调查结果，不能得出科龙集团欠格林柯尔系公司巨额资金的结论。

(2)《科龙电器关于毕马威华振会计师事务所调查结果的公告》所涉及的内容和结论，均为科龙集团与格林柯尔系公司之间的现金流入流出情况，不涉及科龙集团与顾雏军个人之间的现金流向。本案认定的事实，是顾雏军挪用科龙电器和江西科龙的巨额资金归个人使用的事实，与科龙集团和格林柯尔系公司之间划拨资金是性质完全不同的两种行为。顾雏军及其辩护人以公司之间的资金往来否定挪用资金罪的成立，没有法律依据。无论公司、企业之间有多少资金往来，都不允许经营者将公司、企业的资金挪归个人使用。从司法实践看，正是这种公私不分的错误认识，才导致一些公司、企业经营者实施了挪用资金的犯罪行为。

需要指出的是，我院再审期间，委托广东省高级人民法院对顾雏军因本案被羁押后，科龙集团与格林柯尔系公司之间的民事案件生效裁判情况进行了梳理。经统计，格林柯尔系公司被科龙电器及其子公司起诉并被法院生效判决确定承担责任的案件有16件，应付本金7.1亿元。从民事案件生效裁判情况看，也不存在科龙集团欠格林柯尔系公司巨额资金的问题。相反，格林柯尔系公司依生效判决应向科龙集团支付本金7.1亿元。

6. 本案再审改判后，将如何处理国家赔偿等问题？

答：依照法律规定，被错误追究刑事责任的人可以申请国家赔偿。本案中，被改判无罪的姜宝军、刘义忠、张细汉、严有松、晏果茹、刘科均可以申请国家赔偿，因部分罪名被改判无罪导致服刑期限超过改判刑期的顾雏军也可申请赔偿。法庭宣判后，审判长已当庭向顾雏军等人以及刘义忠的亲属作出了释明，告知他们可以依照《中华人民共和国国家赔偿法》的规定向原作出生效裁判的人民法院申请国家赔偿。如上述人员提出申请，相关赔偿程序将依法及时启动。

原审判决对顾雏军等人还分别判处了数额不等的罚金刑。本案再审判决生效后，有关部门将依法把已经执行的罚金返还顾雏军等人以及刘义忠的亲属。

7. 本案再审在程序方面主要有哪些亮点？

答：最高人民法院高度重视实体公正和程序公正相统一，本案再审从一开始就严格依照法定程序进行，充分展示了以审判为中心的刑事诉讼制度改革的多项成果。

（1）充分保障原审被告人及其辩护人行使辩护权。本案有七名原审被告人和多名辩护人参与诉讼，无论是在约谈、庭前会议环节，还是在开庭审理过程中，法庭都给予每一名原审被告人和辩护人充分表达意见的机会，在长达9个小时的法庭辩论中，绝大部分时间都是原审被告人及其辩护人在发表辩解、辩护意见。

（2）有效发挥庭前会议的作用。通过召开庭前会议，法庭事先处理相关程序性事项，梳理原审列举的证据，听取检辩双方对新证据的意见，明确举证质证的范围及方式，归纳争议焦点，为提高庭审质量和效率打下了良好基础。

（3）根据本案实际需要依法调取新证据。本案再审过程中，法庭根据原审被告人申请并结合案件实际情况，依法向广东省科技厅、中国证监会等单位调取了相关证据，充分体现了法庭对原审被告人诉讼权利的尊重和保障，也有利于法庭全面审查证据，准确认定事实。

（4）依法通知有关证人和有专门知识的人出庭。根据检辩双方的申请并结合本案实际情况，法庭依法通知两名证人出庭作证，并允许一名有专门知识的人出庭提供意见，以实际行动落实刑事诉讼中强化证人出庭作证，实现庭审实质化的要求。

（5）首次在最高人民法院审理的刑事案件中采取“旁听＋融传媒”的方式实现司法公开。本案再审开庭审理和宣判均通过中国法院网、中国庭审公开网、最高人民法院网站及微博进行全程图文直播，客观、全面、生动地展示庭审及宣判实况，实现阳光司法，最大限度地满足了社会公众的知情权、监督权。

（6）全面体现人文关怀。本案庭审过程中，审判长对于年纪较大、身体状况欠佳的原审被告人，多次询问其身体情况，并告知如有不适，及时举手示意；法庭还安排了医生和急救车以应对突发情况。考虑到本案有一名原审被告人已去世，为保障其合法权益，法庭特别约谈其亲属，通知其亲属旁听庭审和宣判，并告知其依法享有申请国家赔偿的权利。

8. 最高人民法院下一步对加大产权司法保护力度还有哪些工作打算？

答：加强产权和企业家权益保护工作是当前和今后一段时期人民法院的一项重要工作。最高人民法院努力找准法院工作与支持民营经济发展壮大政策举措的结合点，充分发挥司法机关职能作用，将中央支持民营经济发展的政策举措落地、落实、落细，为民营企业提供优质高效的司法服务和保障。主要有以下三个方面的工作打算：

一是进一步加强产权司法保护制度体系建设。为落实中央关于加强产权司法保护的精神，最高人民法院先后制定了《关于充分发挥审判职能作用切实加强产权司法保护的意见》《关于为改善营商环境提供司法保障的若干意见》《关于充分发挥审判职能作用为企业家创新创业营造良好法治环境的通知》等司法文件。《人民法院第五个五年改革纲要（2019—2023）》（以下简称《五五改革纲要》）也明确提出了“健全产权司法保护配套机制”的任务要求。下一步，最高人民法院将一如既往地深入学习贯彻习近平总书记的重要指示和党中央有关政策文件精神，围绕《五五改革纲要》的任务要求，驰而不息抓好产权保护和企业家合法权益保护工作。目前，最高人民法院正在全面梳理现行司法解释和规范性文件中对各类产权存在不平等保护的条款，并及时进行修改、补充和完善。同时，最高人民法院还在抓紧起草有关司法解释，坚决防止利用刑事手段干预经济纠纷，坚决防止将民事案件作为刑事案件处理，全方位、立体式地构筑平等保护产权和企业家合法权益的制度体系。

二是进一步加大涉产权错案的甄别纠正工作力度。最高人民法院成立了“涉产权错案冤案甄别纠正工作小组”，下发了《关于依法甄别和纠正涉产权错案冤案的工作方案》和《关于依法妥善处理历史形成的产权案件工作实施意见》，全面展开涉产权冤错案件甄别纠正工作。最高人民法院于2017年底启动再审的三起在全国有重大影响的涉产权案件目前已宣判两起。其中，张文中案已被宣告无罪，顾雏军案也得到大幅度的改判，有六名原审被告人被宣告无罪。上述案件的再审启动和改判，及时向社会传递了党中央依法保护产权的政策导向，有助于增强企业家人身和财产安全感以及干事创业的信心。实际上，涉产权错案不仅存在于刑事领域，也可能存在于民事、行政和执行等领域。下一步，最高人民法院既要继续纠正刑事领域的涉产权错案，更要进一步加大对民事、行政以及执行领域涉产权错案的甄别纠正力度，使各类产权主体都能得到法律公平公正的对待，促进社会公平正义，保障人民安居乐业。

三是进一步加强裁判指导，统一裁判尺度，健全涉产权错案甄别纠正的常态化机制。最高人民法院近年来指导地方各级法院依法甄别纠正了一批社会反映强烈的涉产权案件。2018年10月，最高人民法院组织专门力量，对广东、山西等9个省、自治区、直辖市人民法院的相关工作进行实地督察，河北、山东、重庆等地法院都迅速行动，纠正了一批错案和冤案，受到了社会各界的广泛关注和普遍好评。为规范各级法院涉产权审判工作的裁判尺度，2018年，最高人民法院先后发布了两批共13件人民法院依法保护产权和企业家合法权益的典型案例，给人民法院裁判类似案件提供了参考，并且有效稳定了社会预期。年内，最高人民法院将继续发布典型案例，不断释放保护民营经济发展的积极信号。同时，最高人民法院还将在审判执行工作等多领域采取有效措施，切实推进产权保护法治化水平，积极营造稳定、公开、透明、可预期的法治化营商环境，为经济社会持续健康发展提供有效的司法保障。

关于合同诈骗、金融诈骗犯罪的调研报告

□楼建群　胡嘉金　林勇康

一、2009 年至 2013 年江西全省法院审理合同诈骗、金融诈骗犯罪案件的情况

2009 年至 2013 年江西全省法院审理合同诈骗、金融诈骗犯罪案件情况如下：旧存 142 件 193 人；收案 1619 件 1 972 人；结案 1 594 件 1 896 人。4 年来，集资诈骗罪案件旧存共 14 件 23 人，收案 81 件 156 人，结案 81 件 131 人；贷款诈骗罪案件旧存 12 件 13 人，收案 96 件 125 人，结案 93 件 122 人；票据诈骗罪案件旧存 1 件 6 人，收案 9 件 19 人，结案 9 件 19 人；信用证诈骗罪案件无旧存，收案 14 件 14 人，结案 13 件 13 人；信用卡诈骗罪案件旧存 44 件 47 人，收案 743 件 785 人，结案 729 件 771 人；保险诈骗罪案件无旧存共 0 件 0 人收案 16 件 35 人，结案 13 件 23 人；合同诈骗罪案件旧存 74 件 109 人，收案 659 件 837 人，结案 655 件 816 人。

2009 年至 2013 年江西全省合同诈骗、金融诈骗案件生效判决共 1 392 件 1 613 人，并处罚金的共 1 272 人，单处罚金的共 9 人，即涉及罚金的共1 281人（占总人数 1 613 的 79.42%）。

二、合同诈骗、金融诈骗犯罪发展的新特点

一是合同诈骗、金融诈骗犯罪案件数量逐年增加，涉案金额越来越大，犯罪领域涉及面广，组织化、智能化、网络化趋势日渐明显。共同犯罪占一定比例，组织结构细化严密；犯罪手段向智能型发展，科技含量不断提高；在信用卡诈骗犯罪领域，不少是利用网络实施犯罪。另外，流窜作案、多次作案增多，社会危害日益严重。

二是诈骗方式日益多样化。(1)以虚构的单位或者冒用他人财物显示自己有履约能力骗取对方的信任。在生意场上，商人为了维护自己的利益，往往都比较谨慎，一般不见货物或者钱款不会轻易发货。尽管如此，犯罪分子还是挖空心思，以借他人的财物来显示自己的实力，从而骗取对方的信任。如江西省吉安市峡江县人民法院审理的袁某合同诈骗案，被告人袁某在向信用社贷款过程中，其本人在无货物作抵押的情况下，借用他人物资来显示自己的实力，利用他人财物作抵押，在信用社骗贷 3 万元。(2)以伪造、变造、作废的票据或者其他虚假证件，诱骗对方当事人与其签订合同，从而骗取财物。犯罪分子为了取得对方当事人的信任，往往以伪造、变造、作废的票据，虚假的证件作担保，以诱骗对方当事人与其订立合同，从而达到骗取钱财的目的。如江西省吉安市吉水县人民法院审理的王某合同诈骗案，被告人王某私自拿了其他公司的税务登记证、营业执照去复印，并找人私刻了该公司的合同专用章，后以该公司业务员的身份与他人签订定作货物合同，骗得贷款 2 万元，用于其家庭消费及个人挥霍。(3)没有实际履行合同的能力，以虚构事实或者隐瞒真相，或者以先履行小额合同或者履行部分合同的方法，诱骗对方当事人继续签订和履行合同。如江西省审理的汪某合同诈骗案，被告人汪某在没有注册资金的情况下，为了在生意场上不引起别人怀疑，通过中介公司注册一空壳公司，后以该公司名义与他人签订协议，骗取货款 10 万元，款到手后便携款逃匿。(4)收受对方当事人给付的货物、货款、预付款或者担保财产后逃匿。行为人在签订合同，收受了对方当事人所给的货物、货款、预付款或者担保财产后，携款逃匿。

三是诈骗手段越来越隐蔽。犯罪分子多用投资、交易等商业行为来掩盖诈骗的犯罪事实,案发后,犯罪分子多自称与被害人之间属正常的民事纠纷,不存在非法占有目的,不属于刑事案件,为自己作无罪辩护,一审宣判后上诉率往往较高。

四是诈骗类型不多,以合同诈骗犯罪为主,金融诈骗犯罪较少,而且金融诈骗又多为集资诈骗、贷款诈骗、信用卡诈骗犯罪。

五是在合同诈骗、金融诈骗案件中往往牵涉其他罪名。犯罪分子为了顺利行骗,往往伪造居民身份证、国家机关或者企业的公文、证件、印章等,以消除被害人疑虑,取得信任。另外,有时还与虚假出资、抽逃出资,伪造金融票证,虚开增值税专用发票,生产、销售伪劣产品等犯罪行为紧密、交叉联系。

六是在审理合同诈骗罪和金融诈骗罪案件时,普遍重视财产刑的适用。在对被告人判处自由刑的同时绝大部分都并处罚金刑,少数被告人仅被单处罚金刑。

三、存在的问题

(一)非法占有目的难以认定

如何认定被告人主观上具有非法占有的目的,难度越来越大。被告人往往从事一定的经营活动,且没有携款逃匿,导致罪与非罪的认定争议较大。在合同诈骗与民事欺诈交叉的案件中,特别是行为人部分履行了合同,其行为兼具合同诈骗与民事欺诈特征的案件,往往难以认定行为人主观上具有非法占有财物的目的。

如黄新合同诈骗案。江西省赣州市章贡区人民法院经审理认为:被告人黄新向被害人陈新基、黄声达出售商品房时,客观上虽然具有故意隐瞒所售商品房已抵押给银行按揭借款的事实,但现有证据不足以证实黄新在与陈新基、黄声达签订合同时,主观上具有非法占有被害人财物的目的。具体理由是:其一,陈新基所交的购房款是直接转入鸿业房地产开发有限公司的财务账,黄声达所交的购房款则在鸿业房地产开发有限公司出具收条后被用于抵偿拖欠的建房工程款,现有证据不能证实上述购房款被黄新用于个人开支或挥霍;其二,黄新在向被害人交付该两套商品房后的一段时间内一直在向银行偿还按揭借款;其三,现有证据既不能证实黄新以鸿业房地产开发有限公司的名义开发西桥路小区工程期间该公司的经营状况如何,也不足以证实黄新具有占有、携带公司大量资金和财物隐藏或者潜逃的行为。此外,现有证据证实,黄新以鸿业房地产开发有限公司的名义向西桥路小区住户收取煤气安装费的收费项目和收费金额是根据其与赣州市煤气公司签订的煤气安装协议确定的,该款为鸿业房地产开发有限公司代收后转付赣州市煤气公司,公诉机关未提供证据证明黄新收取该费时,主观上是以非法占有为目的。现有证据不足以认定黄新存在为非法占有财物而逃匿的事实。因此,现有证据不能证实被告人主观上具有非法占有被害人财物的主观故意,故公诉机关指控黄新的行为构成合同诈骗罪的证据不足,指控的罪名不能成立。据此,宣告被告人黄新无罪。

值得注意的是,在集资诈骗罪与非法吸收公众存款罪的界定上,非法占有目的的确定至关重要,直接决定了此罪与彼罪的区别。在认定行为人是否具有非法占有目的的问题上,江西省高、中级人民法院通常的做法是查清涉案资金的去向,进而判断行为人是否将涉案资金用于个人消费或者挥霍,而基层人民法院的做法则大相径庭,涉案资金的去向往往不作为办案要点,由此导致基层人民法院与上级人民法院对案件的定性可能产生极大差异。

(二)诈骗罪与合同诈骗罪的界限问题存在争议

对于能否将书面合同作为区分两罪的界限,有不同意见:一种意见认为,将合同诈骗罪的合同界定为书面形式,既不与司法实践脱节,又考虑到了合同法的变化。如将口头合同诈骗定性为合同诈骗，不仅没有实际意义，反而因混淆普通诈骗与合同诈骗的界限而产生困扰。另一种意见认为，将口头合同等非书面的合同诈骗定性为合同诈骗罪符合立法本意。

如蔡伟合同诈骗案。2008年，被告人蔡伟从车主汪美华处承租一辆车牌号为赣G08641的出租车，每月租金2 700元。后因沉溺于赌博，为筹钱赌博，其隐瞒了转租系为了收取押金用于赌博的事实，于2008年9月1日将该车转租给被害人柳中华开上午班，租期一年，租金每天45元，同时收取柳中华租车押金18 000元。该押金被蔡伟赌博输掉。后蔡伟又将车分别转租给被害人朱巨强、程勇军、朱胜凯、喻世兵四人，签订了租车协议，收取租车押金30 000元、30 000元、15 000元、15 000元，押金被蔡伟赌博输掉。事情败露后，蔡伟逃匿。其中蔡伟和朱巨强、程勇军、朱胜凯、喻世兵四名被害人签订了租车协议，但未和被害人柳中华签订租车协议。江西省九江市浔阳区法院以合同诈骗罪判处被告人蔡伟有期徒刑六年，并处罚金100 000元。如果以是否签订书面合同作为普通诈骗罪与合同诈骗罪的界限，则本案被告人既构成诈骗罪，又构成合同诈骗罪，且两罪应当并罚。

（三）对合同诈骗罪的定罪处罚是否可以参照诈骗罪的数额标准存在争议

刑法第二百二十四条对合同诈骗罪数额较大、数额巨大、数额特别巨大给予不同的量刑幅度，但现行法律和相关司法解释都没有明确规定上述数额标准。司法实践中，对合同诈骗罪的定罪处罚是否可以参照诈骗罪的数额标准存在争议。对此，1998年11月9日江西省高级人民法院、江西省人民检察院、江西省公安厅联合出台了《关于确定我省九种侵犯财产犯罪具体数额标准的规定》，明确规定合同诈骗罪的定罪处罚参照诈骗罪定罪处罚数额标准。

（四）对部分金融诈骗罪的量刑存在争议

2011年《最高人民法院、最高人民检察院关于办理诈骗刑事案件具体应用法律若干问题的解释》（以下简称《2011年解释》）对普通诈骗罪具体数额标准作了大幅度的提高。《最高人民法院、最高人民检察院关于办理妨害信用卡管理刑事案件具体应用法律若干问题的解释》《最高人民法院关于审理非法集资刑事案件具体应用法律若干问题的解释》，对信用卡诈骗罪、集资诈骗罪数额标准作了调整。但未对贷款诈骗罪、信用证诈骗罪等金融诈骗犯罪的具体数额标准及时作出调整，与我国经济社会发展及该类犯罪的社会危害性变化严重不相适应的，按照原有标准量刑必然会导致量刑偏重。

如吴小平贷款诈骗案。2011年，被告人吴小平伪造他人身份证、户口簿等证件，利用他人的房屋所有权证和土地使用权证，将他人的房屋作抵押诈骗银行贷款25万元，在提取贷款时因被他人发现而未成功。一审法院按照1996年《最高人民法院关于审理诈骗案件具体应用法律的若干问题的解释》（已废止，以下简称《1996年解释》）中"个人进行贷款诈骗数额在20万元以上的，属于'数额特别巨大'"的规定，认定吴小平的行为构成贷款诈骗罪，且按照"数额特别巨大"确定法定刑。二审时，江西省萍乡市中级人民法院向江西省高级人民法院多次请示，最后参照诈骗罪的数额标准，认定数额巨大，以实现量刑平衡。

（五）赃款赃物追缴难

刑法第六十四条规定："犯罪分子违法所得的一切财物，应当予以追缴或者责令退赔。"审判实践中，人民法院往往根据此条规定，在对犯罪分子处以刑罚的同时，又在判决书主文另列一条"赃款赃物继续追缴"。金融诈骗、合同诈骗犯罪往往涉及大量的财物，犯罪分子骗取被害人财物后，往往将财物挥霍、转移、隐匿，去向不明，难以追缴，给退赃退赔工作带来很大的难度。而该类犯罪被害人往往人数众多，大量上访，给人民法院维稳工作带来较大压力。人民法院的刑事判决书上写着"赃款赃物继续追缴"，但怎么追缴，谁来追缴，刑法和刑事诉讼法都无明确的规定，因而难以操作，实际执行起来，部门之间又可能会相互推诿，最后可能导致被害人拿着刑事判决书找法院要钱。按照刑法的规定，法院不判不行，但判了又执行不了，成了一纸空文，严重影响法律的严肃性和法院的权威。

如兰涛合同诈骗案。2007 年 5 月至 2008 年 9 月期间，被告人兰涛对外谎称其手上有土地转让或者能办理建房手续，利用自己在江西省宁都县城建局城管大队工作的身份，以及伪造的国有土地使用权出让合同、国有土地使用证、公章、公函、文件等骗取他人信任，通过与他人签订虚假的土地使用权出让合同、协议，以书面和口头协议办理建房手续的手段，骗取胡东生等人 50.23 万元。江西省赣州市中级人民法院在认定被告人兰涛犯合同诈骗罪，判处有期徒刑十年六个月，并处罚金三万元的同时，判处继续追缴被告人兰涛的犯罪所得退赔给各被害人。然而，这种诸如继续追缴之类的判罚难以具体执行到位。

（六）部分金融犯罪的主体规定存在失范现象

关于金融诈骗罪的犯罪主体，集资诈骗罪、票据诈骗罪、金融凭证诈骗罪和信用证诈骗罪的犯罪主体包括自然人和法人，而贷款诈骗罪、信用卡诈骗罪、有价证券诈骗罪和保险诈骗罪的犯罪主体仅仅是自然人。换言之，法人进行贷款诈骗、信用卡诈骗、有价证券诈骗和保险诈骗的，任何情况下都不构成犯罪，这在客观上无疑是在放纵该类犯罪行为的发生。特别是随着一人公司的出现，单位犯罪与个人犯罪的差异减小，对贷款诈骗罪、信用卡诈骗罪、有价证券诈骗罪、保险诈骗罪的主体是否包括单位，实践中争议较大。

（七）对以两种以上行为方式实施信用卡诈骗的情形能否将数额简单相加作为犯罪数额存在争议

刑法第一百九十六条列举了信用卡诈骗罪的四种行为方式，如果行为人实施了其中两种或两种以上的信用卡诈骗行为，是否可以将这几种行为的犯罪数额进行累加作为行为人的犯罪数额，这直接决定了对行为人进行量刑的量刑幅度。

（八）将合同诈骗罪和金融诈骗罪纳入量刑规范化范围的呼声较高

为了避免因法官自由裁量权过大，造成同案不同判现象的发生，我国法院系统开展了量刑规范化工作，但合同诈骗罪和金融诈骗罪至今尚未纳入量刑规范化范围。实践中，将合同诈骗罪和金融诈骗罪纳入量刑规范化范围的呼声较高。

（九）对构成各个特殊诈骗罪的行为是否能将犯罪金额累计相加存在争议

行为人在实施诈骗类犯罪时，由于行为方式不一样，可能会同时构成数个诈骗类犯罪，如同时构成合同诈骗罪、信用卡诈骗罪、贷款诈骗罪。在司法实践中一般是对行为人数罪并罚，这就有可能加重或减轻行为人的刑罚，因为如果行为人实施的是一种诈骗罪，其数次行为的犯罪金额必然累加计算，对行为人判处的刑罚可能就会在同一法定刑幅度内，或者在更高的法定刑幅度内。

四、对策、建议

（一）非法占有目的的认定应坚持证据裁判原则和主客观相一致原则

金融诈骗与合同诈骗犯罪都是以非法占有为目的的犯罪。在司法实践中，认定是否具有非法占有目的，应当坚持主客观相一致的原则，既要避免单纯根据损失结果客观归罪，又不能仅凭被告人自己的辩解否定犯罪事实。在具体案件中，要认真核实相关证据，对事实不清、证据不足，非法占有目的难以认定的，坚决不予认定，例如，不能仅凭数额较大的财物不能返还的结果，推定行为人具有非法占有的目的。以欺骗手段取得资金，但是能够按期偿还的不能认定，或者以诈骗手段取得财物，但用于生产经营的，亦不能认定。对行为人将大部分资金用于投资或者生产经营活动,而将少量资金用于个人消费或者挥霍的,不能仅注意到消费或者挥霍的绝对数值,还应兼顾消费或者挥霍数值所占的比例。此外,高级、中级、基层人民法院应当统一司法实践操作,将查清涉案资金的去向作为办案时查清犯罪事实的重点,以判断行为人是否将涉案资金用于个人消费或者挥霍,并作为认定行为人是否具有非法占有目的的重要参考因素。

(二)合同诈骗罪中的合同不应限于经济合同和书面合同

根据刑法第二百二十四条的规定,合同诈骗罪是指以非法占有为目的,在签订、履行合同过程中,使用欺诈手段,骗取对方当事人财物,数额较大的行为。从客观表现形式来看,合同诈骗罪的特点主要体现在犯罪手段上,即行为人是利用合同这一合法形式使用欺骗手段骗取他人财物,故准确界定合同诈骗罪中合同的范围是认定合同诈骗罪的关键,对区分合同诈骗与普通诈骗两者的界限具有决定性意义。我们认为,对合同诈骗罪中的合同,应当结合合同诈骗罪侵犯的客体和立法目的予以具体理解和把握。

1. 关于合同的性质。立法者将合同诈骗罪规定在刑法分则第三章"破坏社会主义市场经济秩序罪"第八节"扰乱市场秩序罪"中,即合同诈骗罪侵犯的法益不仅是他人财产所有权,而且包括国家合同管理制度,破坏了社会主义市场经济秩序,因此合同诈骗罪中的"合同"必须能够体现一定的市场秩序,与市场秩序无关以及主要不受市场调整的各种"合同""协议",通常情况下不应视为合同诈骗罪中的"合同"。现行合同法涵盖了绝大部分民商事合同,其规定应当作为刑法中认定合同成立、生效、履行等相关概念的参考,对合同诈骗罪中的"合同"不应以"经济合同"为限。根据合同法和刑法的规定,合同诈骗罪中的"合同"应当是指在市场经济领域内,人们借以发生关系的、签订与履行活动均受市场秩序制约的合同。

2. 关于合同的形式。合同的形式是指合同当事人合意的表现形式,是合同内容的载体和外部表现形式。合同法第十条规定:"当事人订立合同,有书面形式、口头形式和其他形式。法律、行政法规规定采用书面形式的,应当采用书面形式。当事人约定采用书面形式的,应当采用书面形式。"第三十六条规定:"法律、行政法规规定或者当事人约定采用书面形式订立合同,当事人未采用书面形式但一方已经履行主要义务,对方接受的,该合同成立。"可见,在民事领域,合同的形式是多种多样的。刑法第二百二十四条对合同诈骗罪中合同的形式没有进行特别限定,因此,对合同诈骗罪中合同形式的理解与把握只能参考合同法的规定。1999 年合同法颁布前,我国几乎所有与合同有关的法律、法规、规章都规定合同必须采用书面形式,这是以前计划经济体制下否定合同自由原则的合同制度的必然产物。随着经济社会的发展,人们需要并使用各种形式的合同,为了与时俱进,1999 年合同法赋予了当事人选择合同形式的自由。在刑法未对合同诈骗罪中合同的形式作特别限定的情况下,合同诈骗罪中合同的形式也应当从仅限为书面形式扩张为书面形式、口头形式和其他形式。口头合同与书面合同均为合法有效合同,同样受到法律保护。在界定合同诈骗罪的合同范围时,不应拘泥于合同的形式,在有证据证明确实存在合同关系的情况下,即使是口头合同,只要发生在生产经营领域,破坏了市场秩序,同样应当以合同诈骗罪定罪处罚。合同的形式不影响对合同内容和性质的判断,故不会出现合同诈骗罪特殊法条架空诈骗罪普通法条的现象。虽然口头合同等非书面形式的合同缺乏对合同内容的客观记载,在司法实践中往往遭遇举证困难,难以认定当事人之间是否存在合同关系以及具体的合同内容,但不能以此为由主张非书面形式的合同不能成为合同诈骗罪中的合同。口头合同等非书面形式的合同是可以为其他证据所证实并为人所认知的,只要通过其他证据证明当事人之间存在口头合同等非书面形式的合同,在其他要件齐备的情况下,就应当构成合同诈骗罪。

（三）建议及时出台司法解释明确合同诈骗罪数额较大、数额巨大、数额特别巨大的认定标准，并将个人合同诈骗与单位合同诈骗的犯罪数额标准区别开来

《1996年解释》第一条规定："个人诈骗公私财物2 000元以上的，属于'数额较大'；个人诈骗公私财物3万元以上的，属于'数额巨大'。个人诈骗公私财物20万元以上的，属于诈骗数额特别巨大。"第二条规定："利用经济合同诈骗他人财物数额较大的，构成诈骗罪。"在司法实践中，对于合同诈骗犯罪，就是以该条为依据，参照诈骗罪数额标准进行量刑的。2010年5月7日《最高人民检察院、公安部关于公安机关管辖的刑事案件立案追诉标准的规定（二）》第七十七条规定："以非法占有为目的，在签订、履行合同过程中，骗取对方当事人财物，数额在二万元以上的，应予立案追诉。"《2011年解释》第一条规定："诈骗公私财物价值三千元至一万元以上、三万元至十万元以上、五十万元以上的，应当分别认定为刑法第二百六十六条规定的'数额较大'、'数额巨大'、'数额特别巨大'。各省、自治区、直辖市高级人民法院、人民检察院可以结合本地区经济社会发展状况，在前款规定的数额幅度内，共同研究确定本地区执行的具体数额标准，报最高人民法院、最高人民检察院备案。"该解释未明确合同诈骗数额较大、数额巨大、数额特别巨大的认定标准。《2011年解释》第十一条规定："以前发布的司法解释与本解释不一致的，以本解释为准。"按该条规定，追诉标准是否以该条规定为准，司法实践中尚存争议，亟须司法解释予以明确。

（四）建议最高人民法院及时制定司法解释对金融诈骗罪中的贷款诈骗罪等罪的数额标准作出相应调整

《1996年解释》对普通诈骗、合同诈骗、金融诈骗犯罪的数额标准一起作了规定。但后面出台的司法解释，没有一并进行调整，而是分别进行调整；《2011年解释》对普通诈骗罪具体数额标准作了大幅度的提高。《最高人民法院、最高人民检察院关于办理妨害信用卡管理刑事案件具体应用法律若干问题的解释》对信用卡诈骗罪数额标准作了调整。《最高人民法院关于审理非法集资刑事案件具体应用法律若干问题的解释》对集资诈骗罪数额标准作了调整。而其他的诸如贷款诈骗罪等金融诈骗犯罪的数额标准则未有调整。随着我国经济和社会的快速发展，旧的司法解释规定的数额标准已经难以跟上时代的步伐，无法满足当前打击犯罪的需要，新的司法解释又只调整金融诈骗罪中部分犯罪的数额标准，这会带来新的量刑不平衡问题，故建议最高人民法院尽快出台新的司法解释予以规范。

（五）在赃款赃物追缴方面，法院应与公安、检察机关加强沟通、协调，一起加大对赃款、赃物的追缴力度

可以通过法院、检察院、公安机关三家联合制定有关赃款赃物追缴的司法解释，明确追缴主体、追缴方式、追缴责任等。另外，进一步完善刑事被害人司法救助制度，扩大司法救助的对象范围，增加司法救助的资金来源，将部分社会捐助和罚金也列入司法救助资金，在追缴赃款赃物后尚远远不足以弥补被害人损失的情况下，加大对被害人的救助力度，减少被害人的不满。

此外，建议通过刑事立法增设单位为所有金融诈骗犯罪的主体，通过司法解释对使用两种以上信用卡诈骗行为方式的犯罪数额能否累计予以明确，同时将合同诈骗犯罪和金融诈骗罪纳入量刑规范化范围，尽快出台此类犯罪的量刑细则规定。

（作者单位：江西省高级人民法院）

信用卡诈骗案件审判情况的调研报告

——以厦门法院2010年至2014年6月的审理数据为样本

□福建省厦门市中级人民法院刑二庭课题组*

近年来,随着信用卡的普及和信用卡业务的发展,尤其是在银行业积极拓展信用卡分期付款业务和依附于信用卡的信用贷款业务,大幅提高持卡人授信额度的背景下,信用卡恶意透支的现象愈显突出,信用卡诈骗犯罪的多发态势成为当前金融犯罪中最突出、最严重的问题之一。本文拟结合2009年12月16日起施行的《最高人民法院、最高人民检察院关于办理妨害信用卡管理刑事案件具体应用法律若干问题的解释》(以下简称《解释》)的相关规定,对《解释》施行以来厦门法院审理的信用卡诈骗案件的基本情况进行梳理分析,总结归纳此类案件的审理难点,有针对性地提出一些思考建议,以期为新时期下信用卡诈骗案件的审判提供帮助。

一、信用卡诈骗案件的审判概况

(一)收结案统计情况

1.收案方面。信用卡诈骗犯罪是近年来厦门法院最常见的一种金融诈骗犯罪。据统计,2010年至2014年6月,厦门法院共新收信用卡诈骗案件794件,占全部金融诈骗犯罪案件的97.78%,成为金融诈骗犯罪的"重灾区",其中2012年新收案件高达413件,占上述全部新收案件总数的52.01%,创下年新收案件数的历史最高。可见,信用卡诈骗案件剧增的局面不容忽视。

(单位:件)

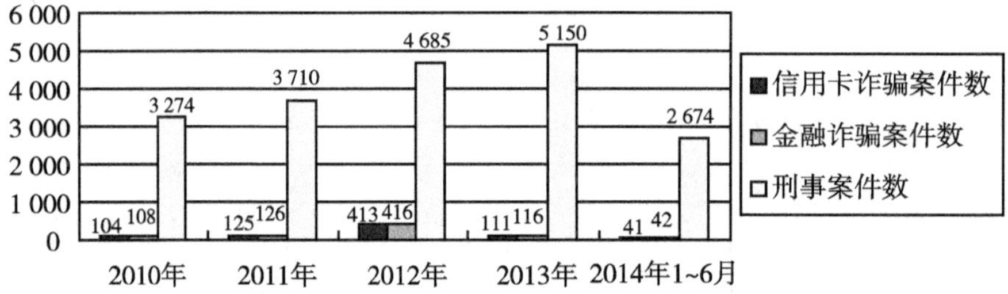

图一 厦门法院2010年至2014年6月信用卡诈骗、金融诈骗、刑事案件受理情况

2.结案方面。近年来,随着打击力度的加大和持卡人法律意识的加强,信用卡诈骗案件数量总体上呈现先增后降的发展态势。据统计,2010年至2014年6月,厦门法院共审结信用卡诈骗案件(含旧存案件2件)796件,其中2010年审结107件112人,2011年审结124件136人,2012年审结409件415人,2013年审结111件121人,2014年1月至6月审结45件50人。信用卡诈骗数额也是大幅上升,尤其是2012年涉案金额高达人民币(以下币种同)2 059万余元,案值创下历史新高。

* 课题组指导人李志远;课题组负责人黄冬阳;课题组成员:张镇安、王诚、吴成杰(执笔人)。

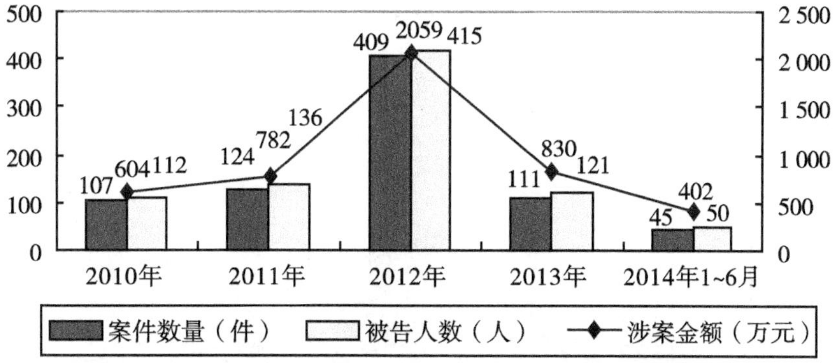

图二　厦门法院2010年至2014年6月审结信用卡诈骗案件走势图

（二）信用卡诈骗案件的特点分析

1. 恶意透支占绝大多数，持卡人利用POS机非法套现较为普遍

信用卡诈骗主要包括使用伪造的信用卡，或者使用以虚假身份证明骗领的信用卡进行诈骗；使用作废的信用卡进行诈骗；冒用他人信用卡进行诈骗；恶意透支等四种类型。近年来，受持卡人安全意识增强、银行信用卡技术不断升级完善、持卡人人数骤增等因素的影响，信用卡诈骗类型发生了较大变化，由原来的以拾得信用卡并冒名使用、使用伪造的信用卡进行诈骗为主，逐渐变成以恶意透支为主。例如，厦门法院2012年审结的409件信用卡诈骗案件中，有382件属于恶意透支型，占全部信用诈骗案件数的93.40%；2013年至2014年6月审结的156件信用卡诈骗案件中，有136件属于恶意透支型，占全部信用卡诈骗案件数的87.12%，恶意透支型信用卡诈骗明显突出。此外，从恶意透支的犯罪手段上来看，持卡人大多通过向不法POS机商户支付一定手续费、以虚假交易方式进行刷卡套现达到非法占有银行财产的目的，其动机主要是为了从事赌博违法犯罪活动、满足"以卡养卡"需求或者通过P2P网贷平台进行放贷获利等。可以说，大量不法POS机商户为持卡人提供的非法套现服务，为信用卡诈骗犯罪的滋生蔓延提供了温床。

（单位：件）

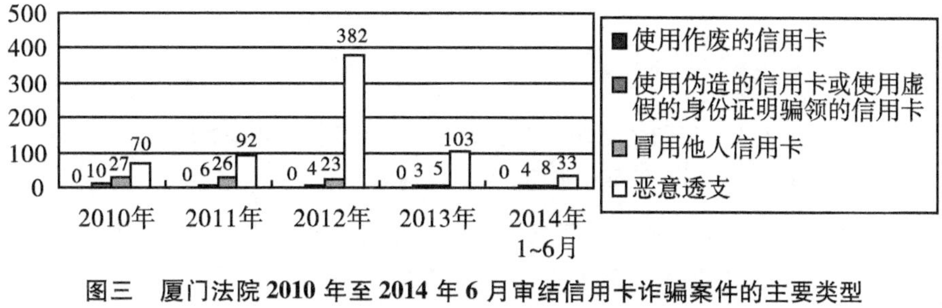

图三　厦门法院2010年至2014年6月审结信用卡诈骗案件的主要类型

2. 犯罪主体本地化特征明显，村民参与透支犯罪应引起重视

2010年至2014年6月，厦门法院审结的信用卡诈骗案件中，有431名被告人为厦门户籍的本地人，占全部被告人数的51.74%。其中，2012年审结信用卡诈骗案件中被告人为厦门本地户籍的有256人，占比61.69%，信用卡诈骗犯罪主体本地化特征较为明显。需要特别强调的是，从近年厦门岛外信用卡诈骗犯罪人员的构成来看，当地村居民参与犯罪比例不断加大的现象更应引起我们的重视，其中2012年受理岛外村居民参与犯罪案件79件79人，案件数上升尤为明显。此外，从案件类型上分析，以恶意透支、冒用他人信用卡方式进行诈骗的犯罪主体大多为

厦门户籍本地人，且基本上都是以个人作案的形式出现；而以使用伪造的信用卡或者使用以虚假身份证明骗领的信用卡进行诈骗的犯罪主体多为外来人员，且基本上都是以共同作案的形式出现。

（单位：人）

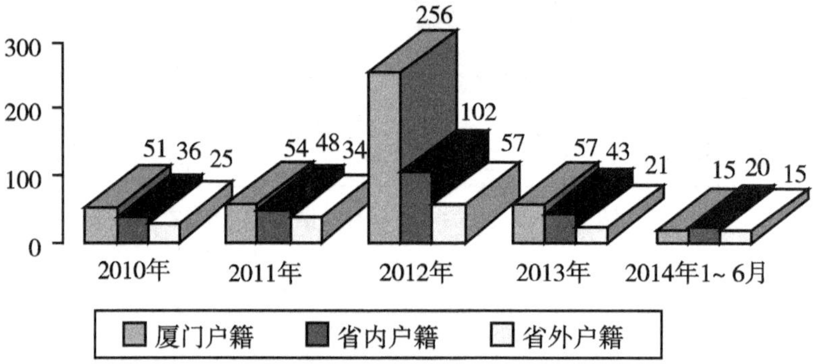

图四　厦门法院2010年1月至2014年6月审结信用卡诈骗案件罪犯的户籍分布情况

3. 涉案人员职业分布集中，受害银行涵盖绝大多数中资银行

2010年至2014年6月，厦门法院审结生效的834名被告人中，无业人员、公司职员或负责人、外来务工人员占前三位，其中无业人员430人占比51.56%，公司职员或负责人174人占比20.86%，外来务工人员121人占比14.51%。

（单位：人）

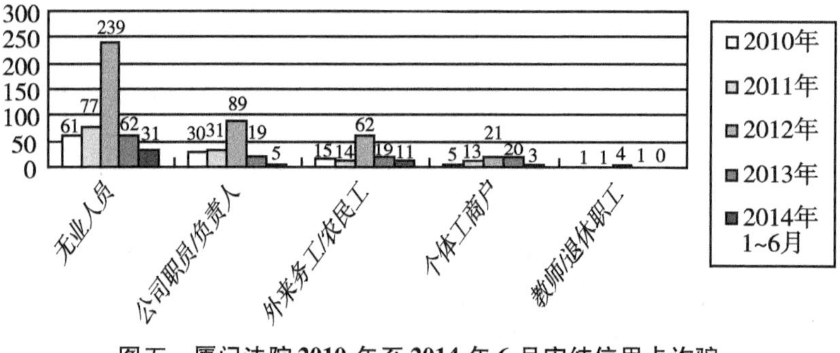

图五　厦门法院2010年至2014年6月审结信用卡诈骗案件犯罪主体的职业分布情况表

据统计，涉案的被害银行几乎涵盖了所有中资商业银行，包括民生银行、工商银行、交通银行、农业银行、中信银行、招商银行、光大银行、建设银行、兴业银行、中国银行、平安银行等，其中民生银行、工商银行、交通银行占前三位，分别占比约21%、14%和12%。

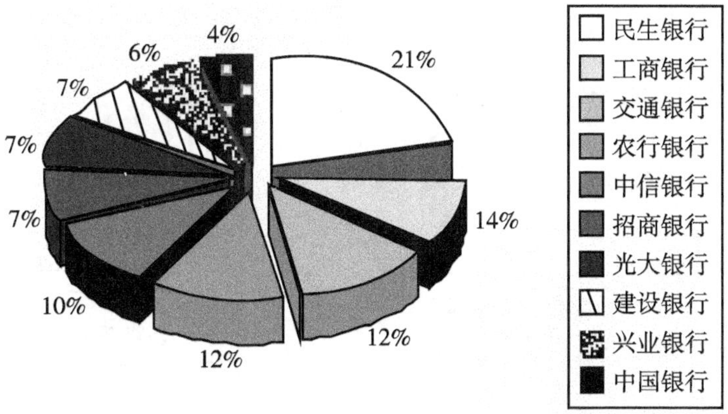

图六 厦门法院2010年至2014年6月审结信用卡诈骗案件所涉银行占比

此外,从2010年至2014年6月厦门法院审结信用卡诈骗案件所涉银行及银行卡情况来看,涉及2家银行以上的案件有285件,占比35.8%,涉及2张银行卡以上的案件有326件,占比40.95%。可见,信用卡诈骗犯罪中一人或共同犯罪被告人持不同银行不同信用卡的现象极为普遍,其中最多的同时持43张信用卡,持卡人就利用不同银行还款期的不同,拆东墙补西墙,新透支偿还旧透支,以致透支额越来越大,最终无力偿还构成恶意透支型信用卡诈骗犯罪。

4. 简易程序审理为主,一审服判息诉率高

信用卡诈骗案件一般案情较为简单,大多数被告人对所指控的基本犯罪事实没有异议,且量刑上绝大多数可能被宣告三年有期徒刑以下刑罚,故基层法院对此类案件基本上采用简易程序进行审理。2010年至2014年6月审结的796个信用卡诈骗案件中,适用简易程序审理的高达622件,占比83.16%。此外,由于此类案件事实清楚,在量刑适当的情况下,被告人大多不会提起上诉,因此一审服判息诉率较高。2010年至2014年6月厦门法院审结的796个案件中,只有38件经过二审审理,上诉率仅为4.77%,而上诉案件中大多数为被判处监禁刑的案件。

(单位:件)

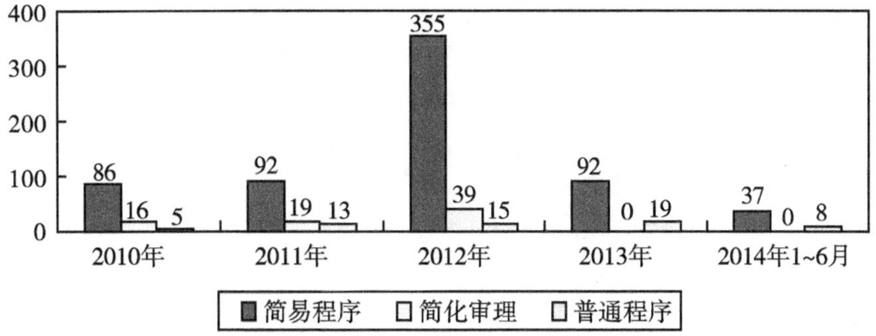

图七 厦门法院2010年至2014年6月审结信用卡诈骗案件适用审理程序情况

5. 被告人普遍认罪态度较好、退赔积极,适用刑罚较为轻缓且量刑日趋均衡规范

在厦门法院2010年至2014年6月审结的信用卡诈骗案件中,有43%左右的被告人案发后

主动向公安机关投案自首，有90%以上的被告人到案后如实供述罪行或当庭自愿认罪，有80%以上的被告人在一审宣判前全部或者大部分退赔被害人的经济损失，而在恶意透支案件中，犯罪数额在1万至10万元之间属于"数额较大"范畴的案件有710件，占比近89.19%。因此，法院对被告人作出的判罚大多较为轻缓。在2010年至2014年6月审结生效的834名被告人中，判处3年以上有期徒刑的有101人，判处3年以下有期徒刑或拘役的有191人，宣告缓刑的有376人，单处罚金的有9人，免予刑事处罚的有158人，适用非监禁刑比例高达65.12%。

（单位：人）

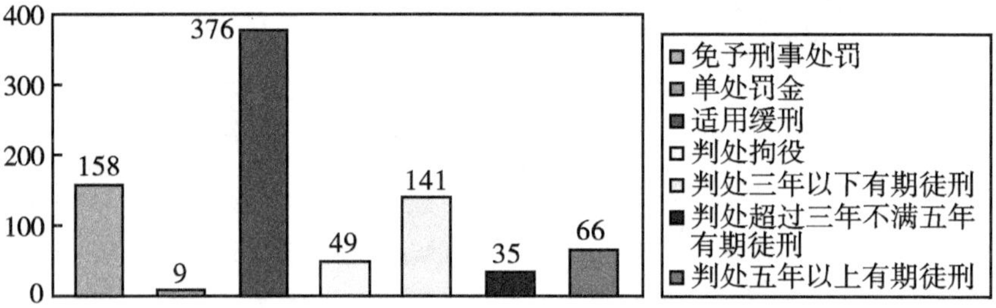

图八　厦门法院2010年至2014年6月审结信用卡诈骗案件被告人量刑情况

此外，从2010年至2014年6月厦门各区法院受理的信用卡诈骗案件情况来看，受自然条件、历史原因、政治经济中心及人文结构、人文底蕴等方面因素的影响，思明区人民法院受理的案件数量最多，高达451件，占比56.81%。而在案件判决量刑平衡上，为进一步规范信用卡诈骗刑罚裁量权，实现量刑均衡，维护司法公正，思明区人民法院结合刑事审判实践，制定出台了《关于进一步规范恶意透支型信用卡诈骗犯罪量刑的备忘录》，在量刑幅度、宣告免予刑事处罚条件、宣告缓刑条件及量刑情节之适用等方面作出细化规定，量刑上更具有可操作性。具体来讲，主要包括如下几个方面：一是对于透支数额在1万元以上不满2万元的，被告人在宣判前清偿全部透支数额且没有前科劣迹的，或者被告人因治病、生活所迫等原因不得已恶意透支数额在4万元以下，在宣判前能全额退赔本金的，一般免予刑事处罚；二是对于透支数额在10万元以下，被告人能在宣判前偿还透支本金4/5以上且没有前科劣迹并表现出良好的悔罪态度，宣告缓刑不致再危害社会且对所居住社区没有重大不良影响的，一般宣告缓刑并处罚金；三是对于透支金额在10万元以上60万元以下，且偿还透支本金4/5以上，具有自首、立功等法定减轻情节，又不存在前科劣迹，透支后逃匿、改变联系方式以逃避银行催收，抽逃、转移资金、隐匿财产以逃避还债，将透支钱款用于赌博、吸毒等违法犯罪活动，曾因恶意透支信用卡被判处刑罚后又恶意透支信用卡等情形之一的，经审查，对于符合根据犯罪分子的犯罪情节和悔罪表现，适用缓刑确实不致再危害社会的案件，可以依法减轻处罚并宣告缓刑。

二、信用卡诈骗案件多发的原因分析

（一）发卡银行对客户授信审核把关不严

信用卡在目前的金融业务中占有重要地位，国外银行70%～80%的业务来源于信用卡。而就目前我国发行的信用卡而言，绝大多数中资商业银行仍延续粗放式发行信用卡模式，片面追求发卡数量，降低发行信用卡的门槛，把一些低信用等级、高风险的客户纳入信用卡消费群体中，如对于提供虚假收入证明或伪造工作单位的无业人员申领信用卡不加严格审核，导致滥发卡并加剧恶意透支现象的发生。需要特别强调的是，近年来，有的商业银行还有意拓展依附于信用卡的分期付款贷款产品，放宽持卡人申请提高授信额度的条件，从而使得持卡人的用卡额度变相大幅提高,多则高达数十万元甚至上百万元,客观上为持卡人持不同信用卡交叉大额使用后构成恶意透支提供了便利,也为持卡人犯下更重罪行埋下隐患。

(二)涉 POS 机非法经营突出,对非法套现缺乏有效监管

实践中,部分银行为了自身利益,对商户申领 POS 机的审查重形式轻实质,放低设立 POS 机特约商户的准入门槛。在批准设立 POS 机后,金融机构的后续监管又不到位,对异常交易未及时进行欺诈风险的识别和控制,使 POS 机在帮助实现信用卡消费功能的同时,也极易成为不法分子进行非法套现的作案工具。显然,涉 POS 机非法经营犯罪突出,客观上为持卡人实施恶意透支犯罪提供了帮助。比如,2010 年至 2014 年 6 月,厦门法院共审结利用 POS 机非法套现的非法经营犯罪案件 48 件 82 人,涉案总金额高达7.59亿余元,而同期的信用卡诈骗犯罪金额总共才 4677 万余元。可以说,涉 POS 机非法经营犯罪为信用卡诈骗犯罪大开方便之门,严重扰乱了金融市场秩序。

(三)持卡人防范意识不强,法律观念淡薄

当前,一些持卡人防范意识不强,因自己过失而导致信用卡被他人骗领、冒领的现象频发,如持卡人随意丢弃自动取款机打印出来的凭证,取款后忘记取卡,不注意对自己信用卡账号、密码和身份资料保密,遗失信用卡后不及时挂失,随意借给他人身份证或将信用卡与身份证一起存放等,都给不法分子窃取信用卡信息或者冒用信用卡提供了方便。与此同时,从涉案持卡人的文化水平来看,普遍存在文化程度较低、法制观念淡薄的情形,加上银行在客户申领信用卡时均是提供格式文本供填写,而未对其中“法律陷阱”做充分有效告知,导致很多持卡人主观上存在误区,殊不知恶意透支行为可构成刑事犯罪。而对于一些捡拾他人遗忘在 ATM 机内的银行卡提取现金的被告人来讲,很多也是因为法律意识淡薄才会走上犯罪道路,殊不知此等行为会构成信用卡诈骗犯罪,甚至有的在提取款项后不久便主动到公安机关说明情况,但为时已晚,难逃法律制裁。

(四)银行对持卡人案发前后还款性质认定不一,客观上催生信用卡诈骗犯罪的多发

实践中,在持卡人逾期还款产生利息、滞纳金的情况下,对于持卡人在逾期 90 天内或案发前还入款项的处理,是按照先应收利息或各项费用、后本金的顺序进行冲还,还是按照先本金、后应收利息或各项费用的顺序进行冲还,选择哪一种处理模式,对于持卡人是否能及时还清信用卡透支款项具有重大影响。因为,鉴于信用卡预支消费的特殊性,持卡人超期还款将会产生大量利息及滞纳金,甚至还可能因为选择最低还款额、账单分期等服务而产生其他相关手续费。当前,大多银行在持卡人的账单中存在利息或各项费用时,往往将其在逾期 90 天内或案发前还入的款项默认为优先冲还利息或各项费用而非透支本金,这样就容易造成出现本金未还清,继续产生利息、滞纳金的情形。如此一来,循环往复,时间一长,利息或各项费用甚至会超过本金。这就更加剧了持卡人的还款难度,最终导致持卡人越来越无力还清透支款项甚至放弃还款,由此诱发了部分信用卡诈骗犯罪行为。

三、信用卡诈骗案件审理中的疑难问题

(一)关于恶意透支中“非法占有目的”的认定

根据《解释》第 6 条的规定,持卡人以非法占有为目的,超过规定限额或者规定期限透支,并且经发卡银行两次催收后超过 3 个月仍不归还的,应当认定为刑法第一百九十六条规定的“恶意透支”。可见,是否具有非法占有目的是认定恶意透支时需要单独评价的要件。对此,《解释》第 6 条第 2 款虽然列举了六种应当认定为“以非法占有为目的”的行为方式,但司法实践中对于恶意透支的认定常常存在误解,往往忽视非法占有目的的主观要件,而以多次催收仍不还款的客观行为来认定构成恶意透支的情形仍较为普遍,即客观上形成了“透支加欠款不还加催收 3 个月未还等于恶意透支”的司法认定逻辑链条,其实质是主观目的认定操作简单化,违背了犯罪的认定

和刑事责任的承担要求主客观相一致的刑法原则，有客观归罪之嫌。例如，从2010年至2014年6月厦门法院审结的恶意透支案件来看，部分判决书在表述事实时仅写明“一超、二催收、三个月不还”，但未写明不归还的原因；在“本院认为”部分，论证定罪的理由和依据时只字未提“以非法占有为目的”，而有的判决书虽有所提及，但从头到尾却找不到相关认定的事实依据。无疑，“非法占有目的”的论证在司法实务中已经常常被有意或者无意的淡化处理或虚置。

（二）恶意透支数额的计算方式亟待规范

对于任何财产型犯罪来说，尤其是在以一定犯罪数额为构成要件的犯罪中，即刑法认为超过一定数额才说明行为对法益的侵害达到了应受刑罚处罚的标准，犯罪数额的认定对定罪量刑均具有非常重要的意义。在恶意透支案件中，虽然现行《解释》规定恶意透支的数额不包括利息、复利、滞纳金、手续费等发卡银行收取的费用，但其并未对透支数额的具体计算方式予以明确。当持卡人因没有按期还款导致信用卡账单中存在利息或各项费用时，发卡银行往往根据《商业银行信用卡业务监督管理办法》第五十七条第二款或者银行的内部规定，将持卡人在逾期90天内或案发前还入款项，按照先应收利息或各项费用、后本金的顺序进行冲还，在逾期91天以上或案发后还入款项，按照先本金、后应收利息或各项费用的顺序进行冲还，导致持卡人实际归还的透支本金数额与银行记账的还款数额不一，也使恶意透支数额的计算方式变得异常复杂。需要特别指出的是，司法实践中在审查认定恶意透支数额时，又往往忽视刑事法律关系认定的特殊性和独立性，多以发卡银行提供的计算数额为依据，容易造成最终认定的犯罪数额可能与实际透支数额不相符，影响到案件的定罪量刑。

（三）关于依附于信用卡上面的贷款产品透支额度的性质认定

当前，在竞争激烈的银行业，为争取客户，很多银行将原本属于个人消费贷款的业务，如家庭旅游贷、装修贷、家用电器贷等业务，纷纷通过在消费者的个人信用卡账户上另行开立一个信用贷款额度的方式进行操作，且相应的贷款使用规则亦与信用卡信用额度的使用规则明显不同。笔者将此类业务界定为依附于信用卡上面的贷款产品。对于此类产品的透支额度，是否应当一并计入信用卡诈骗总数额当中，实践中存有争议。

一种意见认为，从此类产品的使用条件来看，与信用卡的信用额度使用有明显区别：一是该产品必须分期还款并支付一定的手续费，无免息期；二是限制使用商户；三是有单次最低消费限制；四是消费金额累积计算至授予的额度止，不能在额度内循环使用。由此，从本质上来讲，此类产品应当认定为个人消费贷款，是一种银行信用贷款而非信用卡透支。而且，从《商业银行信用卡业务监督管理办法》第五十五条即“发卡银行不得为信用卡转账（转出）和支取现金提供超授信额度用卡服务。信用卡透支转账（转出）和支取现金的金额两者合计不得超过信用卡的现金提取授信额度”的有关规定来看，此类产品名为信用卡透支，实际上是银行为规避相应贷款业务审批手续或者变相提高持卡人授信额度而违规办理的银行业务，因持卡人无法归还该部分款项的纠纷，应通过民事诉讼途径解决而非纳入信用卡诈骗罪来追究刑事责任，否则是将“恶意透支”的相关司法解释又作扩大理解，有违刑法的谦抑性，更不符合罪刑法定原则。综上，此类产品的透支额度应从信用卡诈骗总数额中予以扣除。

另一种意见则认为，根据银监会发布的《商业银行信用卡业务监督管理办法》第二章第七条的规定，信用卡是指记录持卡人账户相关信息，具备银行授信额度和透支功能，并为持卡人提供相关银行服务的各类介质。因上述依附于信用卡上面的贷款产品所具有的透支消费及还款功能，与信用卡授信、透支功能一致；且持卡人获得相应额度后在明知无还款能力的情况下仍进行套现透支，该行为亦与常见的利用信用卡恶意透支行为无异。由此，可以认定上述产品的授信额度也是信用卡透支额度，应当将该部分透支额度一并计入信用卡诈骗总数额当中。

（四）信用卡分期付款恶意透支数额的认定存有争议

信用卡分期付款，是指持卡人使用信用卡进行大额消费时，由银行向商户一次性支付持卡人所购商品（或服务）的消费资金，然后让持卡人分期向银行还款的过程。银行根据持卡人申请成功为其办理分期付款业务后，便通过账务处理将已透支的本金一次性扣除，之后根据分期期数逐步计入透支本金，持卡人只要按照每月入账金额进行偿还。而银行在寄给持卡人的对账单上显示的应还款项数额也作相应调整，即将分期本金从当期的应还透支总额中予以扣除。实践中，当持卡人在出现逾期还款超过规定时间的情况下，发卡银行往往根据内部规定，取消分期付款业务，将未到期的分期付款本金一并计入透支数额并进行催收。对此，在认定分期付款恶意透支数额时，究竟是仅以经银行两次催收后超过 3 个月仍不归还的到期分期消费已出账单数额来计算，还是要将尚未到期的分期消费未出账单数额一并计入，司法实践中仍存有争议。

（五）关于恶意透支案件中涉案信用卡的司法处理模式

当前，在恶意透支案件审理过程中，法院对查获信用卡卡片的处理方式并不一致。有的认为，虽然信用卡所有权属发卡银行所有，但实际上由被告人占有使用，对于随案移送的信用卡，可视为被告人恶意透支的作案工具，依法予以没收。有的认为，因信用卡所有权属发卡银行所有，为避免对信用卡作出处理会引发争议，法院在判决时可不对涉案信用卡作出处理，而是交由扣押机关依法处理。有的则认为，被告人申领信用卡后并非专门用于恶意透支，其还将信用卡用于正常透支消费，所以从节约办卡成本、方便被告人继续用卡或归还欠款角度出发，应将随案移送的信用卡发还被告人。甚或有的认为，信用卡作为证实被告人恶意透支的一种实物证据，既不能予以没收销毁，也不能发还被告人或者被害单位，而应将其作为案件证据予以立卷归档。以厦门法院 2010 年至 2014 年 6 月审结的 680 件恶意透支案件为例，其中未查获到涉案信用卡或者将其交由有关机关处置而不作出判决处理的有 648 件，判决予以没收的有 25 件，判决发还被告人的有 5 件，判决作为案件证据予以立卷归档的有 2 件。

（六）关于禁止令适用及量刑规范的问题

根据刑法第 38 条第 2 款、第 72 条第 2 款的规定，对于判处管制和宣告缓刑的罪犯，法院可以"同时禁止罪犯在执行期间从事特定活动，进入特定区域、场所，接触特定的人"。可以说，禁止令是我国刑事法律中的新生事物，它有助于加强对罪犯的监管和保障缓刑的适用效果，促进罪犯的教育矫正和维护社会稳定，而在信用卡诈骗案件中，如何正确认识并准确适用禁止令，实现法律效果和社会效果的有机统一，则是摆在我们面前的崭新课题。然而，在恶意透支的审判实践中，禁止令的适用比例却非常低。据统计，自刑法修正案（八）施行以来，厦门法院审结的信用卡诈骗案件中，仅有 20 起案件对 20 名被告人发出禁止令。而与此形成鲜明对比的是，此类案件适用并处罚金刑的比例却明显偏高且判罚较重。例如，厦门法院 2010 年至 2014 年 6 月审结的 796 件信用卡诈骗案件中，有 621 件被判并处罚金，其中有 532 件被判处 2 万元以上的罚金，而这 532 件案件中有 289 件具有自首等减轻情节，但法院在判罚时并没有对罚金刑予以减轻处罚。毋庸置疑，正如前文所述，信用卡诈骗案件中的被告人绝大多数自愿认罪，除个别经济条件不允许外，大部分被告人均能积极筹措钱款来履行退赔义务，而被告人在向被害银行还清透支本金及相关费用后，在短期内基本上已经没有能力再履行罚金刑。显然，在此情形下，再对被告人并处较重的罚金刑就形同空判，缺乏实际的惩治效果。与此相反，若对被告人适用禁止令，既能够达到一定的惩罚效果，同时也有助于督促被告人积极主动地履行罚金刑。此外，在量刑上，对于被告人存在自首、无前科劣迹、履行退赔义务、透支数额属于数额较大范畴等情节相当的案件，如何正确贯彻落实宽严相济刑事政策作出罚当其罪的判决，避免不同法院的量刑标准掌握尺度不一，导致大量个案之间出现量刑失衡现象，需要通过加强指导予以妥善解决。

四、解决信用卡诈骗案件审理难题的思考和建议

（一）强化庭审中对“非法占有”主观目的的审查认定

如前所述，虽然《解释》第6条第2款列举了应当认定行为人具有“以非法占有目的”的六种行为方式，即法院可以通过这六种客观行为来推定行为人主观上是否具有非法占有目的，但在法律明确规定恶意透支需要具备“非法占有目的”条件的前提下，司法机关应承担更高的证明责任，包括公诉机关在举证时必须额外地证明特定目的的存在，尤其是在行为人能够提供合理说明或者有反证的情况下，更不应直接认定行为人的透支行为构成犯罪。因此，法院在审理此类案件时，应当对行为人主观上是否具有罪过，是否具有“非法占有目的”进行分析判定，特别要注意防止客观归罪，不能仅凭透支数额较大且超过规定期限不能归还的结果就简单推定行为人具有非法占有的主观目的。具体来讲，法院完全可以充分利用庭审这个平台，将持卡人的个人资信情况、还款能力、信用卡的取得方式、透支数额、透支用途、透支后表现以及还款意愿等事项列入法庭审理查明范围，尤其要认真听取被告人在庭审中提出的有针对性抗辩事由，以查明持卡人拒不归还款项是主观不愿归还还是客观上不能归还，若确因客观原因无法还款的，则不宜简单地认定其具有非法占有目的，以切实保障善意透支持卡人不被追究刑责，避免刑事打击范围的扩大化。

（二）遵循刑民并行原则，根据实际损失计算恶意透支金额

如前所述，发卡银行在持卡人没有按时还款而产生利息或各项费用的情况下，根据业务规则，将持卡人还入的款项按照先应收利息或各项费用、后本金的顺序进行冲还，笔者认为，这种计算方法虽在民事法律关系中可以适用，但却不应作为认定持卡人承担刑事责任的事实依据。从理论上说，在恶意透支案件中，持卡人意图非法占有的、实际上非法占有的只是银行的本金，在发卡银行催收以后，持卡人只要实际归还了自己透支的本金数额，就不构成犯罪，至于持卡人因逾期还款导致拖欠银行的利息或各项费用，则应属于民事法律纠纷，不应上升到由刑事法律调整。而且，当前不同发卡银行对持卡人在逾期90天或案发前后归还款项的性质认定不一，导致透支数额的计算方法因行而异，即便司法工作人员花费昂贵的司法成本也很难弄清透支本金数额。由此，建议透支数额的计算方式应刑民分开，在相关司法解释中进一步明确刑事案件中恶意透支数额的计算方式，即不管持卡人拖欠银行多少款项，只需计算出持卡人实际透支的金额和持卡人的实际还款金额，两数相减得出的数额即是行为人恶意透支的犯罪数额。此外，对于前述银行业积极拓展的依附于信用卡上面的贷款产品，笔者认为，信用卡是银行针对个人的综合授信，信用卡的透支额度是根据持卡人的信用记录确定，而上述依附于信用卡上面的贷款产品的授信额度，并非经过银行内部的正常审批手续取得，故该部分透支额度不适宜纳入信用卡透支额度，其实质上是商业银行为规避相应贷款业务审批手续或者变相提高持卡人授信额度而违规办理的银行业务。据此，从罪刑法定原则和有效打击银行业违规变相放贷的角度出发，应当依法将该部分业务额度从信用卡诈骗总数额中予以扣除，不宜通过刑事追责的方式来处理。

（三）坚持刑罚的谦抑性，严格认定“分期付款”恶意透支数额

对于信用卡“分期付款”恶意透支数额的认定，笔者认为，除非持卡人与银行之间有协议明确约定，否则不应将未到期的分期付款数额计算在恶意透支数额中。首先，从法律规定恶意透支的认定条件来看，是否具有非法占有目的、超过规定期限与否均是认定恶意透支时需要单独评价的要件。而对于已办理分期付款业务的透支本金来讲，一方面，尚未到期的分期消费的还款期限未到；另一方面，无法推定持卡人在主观上对于尚未到期的分期消费未出账单数额具有非法占有目

的。其次，从权责对等的契约原则来看，在持卡人逾期还款的情况下，且不论发卡银行单方取消分期付款业务是否具有法律效力，即便其有权取消，但其既没有降低办理分期付款手续费用标准，也没有将已支付的分期付款手续费用于冲还透支本金，明显违反公平、对等原则，更何况这种单方调整民事法律关系进而影响甚至加重持卡人承担刑事责任的情形，在刑法理念上也是不允许的。最后，从刑事法律宽容谦抑的法理精神上看，我国刑法及相关司法解释对恶意透支的认定作出了严格规定，目的在于尽力避免将持卡人纳入刑事打击的范围，因此在对分期付款的恶意透支数额计算尚存争议的情况下，应从刑法的谦抑性精神出发考虑，坚持有利于被告人的原则从严掌握，即严格按照经银行两次催收后超过 3 个月仍不归还的到期分期消费已出账单数额来计算。对于银行催收所没有涉及的部分，不能推定行为人具有非法占有的故意而认定为恶意透支。可以说，通过厘清争议，正确界定分期付款恶意透支数额的认定标准，既关系到定罪又关系到量刑，应引起司法实践的足够重视。

（四）坚持裁判的统一性，规范随案移送信用卡的处理方式

我国《商业银行信用卡业务监督管理办法》第七条规定："本办法所称信用卡，是指记录持卡人账户相关信息，具备银行授信额度和透支功能，并为持卡人提供相关银行服务的各类介质。"而恶意透支案件中所涉的信用卡就是此类，其是一种具有消费信用的特制载体卡片。司法实践中，法院审理恶意透支案件时，主要是根据涉案信用卡银行交易记录等资料来认定案件事实，而非根据信用卡卡片本身。因此，即便涉案信用卡未查获或虽查获但未随案移送，法院也完全可以根据发卡银行提供的持卡人申领信用卡信息、信用卡交易记录、催收记录等资料来依法作出判决。因此，在信用卡所有权属发卡银行且现行司法解释未对信用卡处理作出明确规定的情况下，对于已被查获但未随案移送的涉案信用卡，建议在明确告知持卡人其使用的信用卡所有权属银行所有的情况下，交由扣押机关依法处理，具体到实践中，侦查机关可以与发卡银行进行协商处置。由此，既能充分保障持卡人的知情权，又能有效征求发卡银行的专业处理意见。当然，对于随案移送到法院的涉案信用卡，鉴于信用卡所有权属银行，且透支是信用卡本身具有的运作特点，并非"天生的犯罪行为"，建议法院不要将随案移送的信用卡仅仅视为作案工具予以没收，而是应严格按照我国刑法第六十四条之规定，判令返还发卡银行。如此操作，既符合法律规定，也有利于涉案信用卡得到专业有效处理，避免引发不法分子使用作废的信用卡进行诈骗的犯罪行为。

（五）坚持宽严相济刑事政策，增强刑事审判工作实效性

实际上，信用卡透支对银行来说本身就是一种高风险的业务，银行本应充分认识到该业务的风险性，而国家法律出于保护正常金融秩序的需要，将由正常透支演变而来的恶意透支行为上升到刑法层面进行规制，这已经容易产生"银行放贷、司法催债"之嫌。尤其是与通过民事诉讼救济途径索赔效果不佳相比，刑事案件中被告人的退赔比例非常之高，以厦门法院 2010 年至 2014 年 6 月审结的恶意透支案件为例，有 80% 以上被告人在一审宣判前已经主动全部或者大部分退赔。可见，刑事制裁的强大威慑力不仅使银行非常容易从持卡人手中收回透支本金，而且还能从中获得滞纳金或各项费用作为赔偿。因此，从促进犯罪分子教育矫正、有效维护社会秩序的需要出发，法院在审理存在退赔、自首等情节的恶意透支案件时，应严格贯彻落实宽严相济刑事政策，对于具备减轻处罚条件，可参照《最高人民检察院法律政策研究室关于对数罪并罚决定执行刑期为三年以下有期徒刑的犯罪分子能否适用缓刑问题的复函》的有关规定精神，根据犯罪分子的犯罪情节和悔罪表现，适用缓刑确实不致再危害社会的，应当减轻处罚并宣告缓刑，并减少并处罚金的数额，同时加大禁止令的适用比例，以避免空判。

当前，针对各地法院量刑标准掌握尺度不一的情形，建议指定受理案件较多的基层法院对此

类犯罪开展量刑规范化改革试点，通过出台操作细则规范量刑事实的调查、量刑辩论、量刑说理等各个量刑环节，从而规范量刑活动，实现量刑公正、均衡和量刑公开，提升刑事审判的司法公信力，确保裁判法律效果和社会效果的统一。与此同时，鉴于此类案件一般案件事实清楚、证据确实充分，被告人也大多自愿认罪并积极退赔，故建议结合当前有关司法改革精神，将此类案件纳入轻微刑事案件快速办理机制的范围，在保证司法公开、程序公正情况下，简化送达、开庭等诉讼程序，合并法庭调查和辩论环节，简化刑事裁判文书的制作，从而有效缩短办案期限，提高办案效率，节约诉讼资源，努力积累基层一手经验，有效推进司法改革的进程。

（六）加强和创新社会管理，共同预防与惩治信用卡诈骗犯罪

针对近年来信用卡诈骗犯罪呈现多发态势，除了要充分发挥刑罚在预防和惩治犯罪上的功能外，还有必要加强和创新社会管理，多管齐下，从源头上解决信用卡诈骗多发的“病根”。首先，银行要加强信用卡风险管理，严格对客户授信审核把关。银行要在规范信用卡申请的条件与程序的前提下，切实履行商业银行的社会责任，充分有效告知持卡人的用卡风险，建议银行制作《风险告知书》，列明持卡人申领信用卡后所要承担的主要义务及恶意透支后所应承担的法律风险，在信用卡背面载明“恶意透支将被追究刑事责任”等字样，引导持卡人理性用卡。同时，商业银行要加强银行之间信息共享联动，堵塞持卡人利用多张信用卡轮流透支的漏洞。其次，银行业监管部门要适机修改持卡人逾期偿还信用卡借款的违约责任，降低偿还循环利息、滞纳金的比例，并结合审判工作需要，对《商业银行信用卡业务监督管理办法》第五十七条第二款进行修订，明确持卡人归还的款项均按照先冲抵本金后归还利息或者各项费用的顺序进行，既有效避免人为增加持卡人还款难度，又方便司法机关准确认定恶意透支数额。与此同时，监管部门要健全对POS机商户的监督管理机制，定期开展对信用卡业务和POS机经营的专项检查，及时发现和防范不法分子利用POS机进行非法套现的违法行为。最后，在法制宣传上，司法机关、人民银行、银监局等有关部门要深入社区、商场、学校等地，采取多渠道、多方式进行法制宣传，让广大群众尤其是无业人员、工作尚不稳定的中青年人以及创业遇到经济困难的中小企业主，充分认识到信用卡并非申领越多越好，而是风险越大，从而引导持卡人理性消费、合法用卡，遏制信用卡透支消费“民转刑”的不良趋势。

结　语

近年来信用卡诈骗案件大幅攀升的局面，既给法院审判工作带来巨大压力和挑战，重重审判难题亟须加以研究解决，也给银行业金融机构及其监管部门敲响了警钟，确有必要采取切实有效的措施来规范信用卡业务的开展，从源头上遏制信用卡透支消费“民转刑”的不良趋势。可以说，对于信用卡诈骗案件的审理已不单纯是一个刑事审判问题，它更多的关乎于为维护信用卡金融管理秩序保驾护航，促进持卡人合法规范用卡的社会管理问题。作为司法机关，人民法院除了要认真总结分析案件审理过程中出现的疑难问题外，还应进一步加强与金融机构及监管部门的沟通，了解金融部门对刑事司法保障的实际需求，加大“司法助企”力度，减少刑罚手段规制信用卡诈骗行为而引发的社会矛盾，推动信用卡金融管理秩序的改革创新和有序发展。

（作者单位：福建省厦门市中级人民法院）

关于危害食品药品安全犯罪案件审理情况的调研报告

□广东省广州市中级人民法院刑二庭课题组*

近年来，我国食品、药品安全问题层出不穷，从甲醇制酒事件、福尔马林浸泡海产品问题、苏丹红事件、三聚氰胺事件到地沟油、食用明胶、药物胶囊有毒等问题，极大地刺激着国人的神经，挑战国人容忍的底线。食品、药品安全直接关系到人民群众生命健康安全，已经引起立法者、司法者的高度重视：刑法修正案（八）对危害食品、药品安全犯罪的相关规定作了较大修改；最高人民法院和最高人民检察院联合出台了《关于办理危害食品安全刑事案件适用法律若干问题的解释》。上述立法和司法活动彰显了我国现阶段打击危害食品、药品犯罪的决心和力度。正是在这样的背景下，广州市中级人民法院刑二庭成立课题组，拟通过对2009～2014年广州市两级法院危害食品、药品安全犯罪案件的审理情况进行实证分析，在总结6年来此类案件特点的基础上，从法律规定、量刑情节的认定等方面分析当前审理此类犯罪案件中存在的问题和困难，并在现行法律、司法解释规定的框架下，结合实践提出完善对此类犯罪案件定性、量刑的意见，以及综合治理此类犯罪行为的对策建议。

一、广州市危害食品、药品安全犯罪案件审理的概况及特点

2009年至2014年，全市两级法院共审结危害食品、药品案件犯罪一审案件503件864人，案件数量整体呈上升趋势，年审结案件数量由2009年的17件，迅猛增加至2012年的112件，增幅接近6倍；虽然2013年案件数回落至61件，仍比2009年增加258%；2014年审结的案件数再度猛增至286件，是过去5年案件总数的1.3倍（年结案数见图一）。其中，涉食品案件173件，涉药品案件330件。

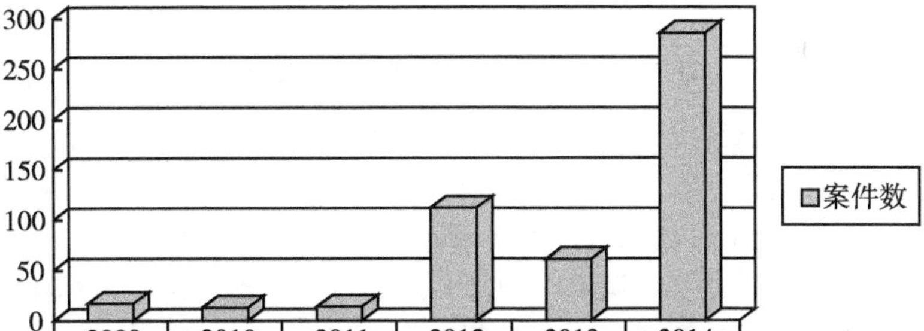

	2009	2010	2011	2012	2013	2014
案件数	17	13	14	112	61	286

图一　2009～2014年危害食品、药品安全犯罪一审案件审结数量

从案由来看，2009年至2013年审结的案件主要集中在生产、销售假药罪，生产、销售有毒、有害食品罪以及生产、销售不符合安全标准的食品罪①，但2014年则有84.62%的案件为生产、销售假药罪（具体罪名比例见图二）。从发案区域来看，案件多发于农村或者城乡接合部，行为人多租用出租屋或者小作坊进行作业，生产规模小、地点隐蔽、分散程度高。广州市增城、黄埔、白云三个区的案件和涉案人数分别为85件116人、61件108人、60件165人，分别占全市案件数的16.90%、12.13%、11.93%（各区案件数量分布比例见图三）。从判处刑罚的情况来看，864名被告

* 课题组成员：郑允展、李穗辉、梁敏、张春节、许媛媛。

① 原为生产、销售不符合卫生标准的食品罪，《最高人民法院、最高人民检察院关于执行〈中华人民共和国刑法〉确定罪名的补充规定（五）》将罪名改为生产、销售不符合安全标准的食品罪。

人中被判处3年以上有期徒刑的有54人(占6.25%),判处3年以下有期徒刑或者拘役的有522人(占60.42%),判处缓、免刑的有288人(33.33%),其中判处最重的刑罚为有期徒刑15年;除免予刑事处罚外,所有被告人均并处财产刑,其中罚金最高的是人民币(以下币种同)350万元。

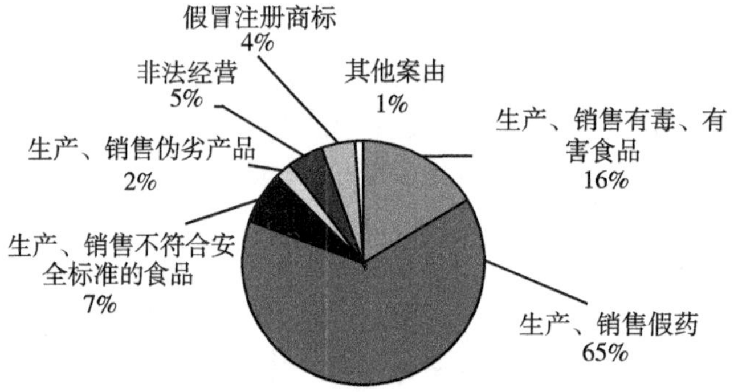

图二 2009~2014年审结案件涉及罪名比例

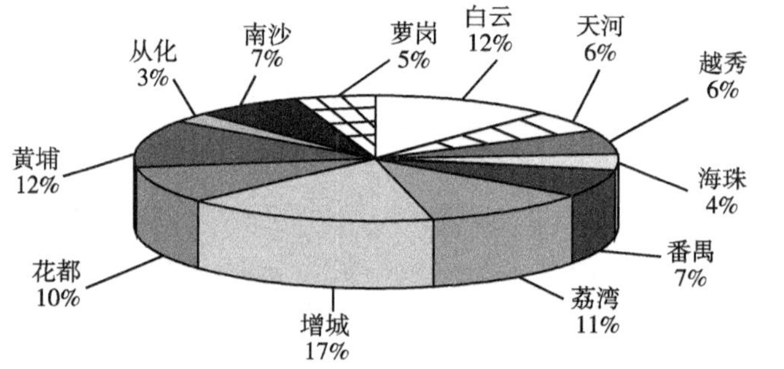

图三 2009~2014年各区案件数量分布比例

一是犯罪对象呈蔓延趋势。食品方面,以猪肉为主的肉类品是传统的"重灾区",此类案件有87件,占食品类案件数的50.29%,常见的包括在饲料中加入"瘦肉精"、私屠病死猪出售、用非食品原料或者病死猪腌制腊肉等;销售含有"孔雀石绿"的鱼类产品案件逐渐多发。同时,犯罪对象也逐渐蔓延至酱油、味精、食盐等调味品,桶装水、白酒和饮料,保健胶囊等保健产品。此外,其他涉案的食品还包括腐竹、咸鱼、牛百叶、鱼蛋等市民日常消费较多的食品,其中2014年出现了多宗毒豆芽案件(具体比例见图四)。药品方面,由于制假成本低、技术含量不高,涉及各类贴剂、膏、霜、油等外用产品的案件高发、频发。同时,一些具有特殊功效的药品(如"万艾可")、处方药以及进口药品逐渐成为犯罪分子制假售假的重要对象之一。

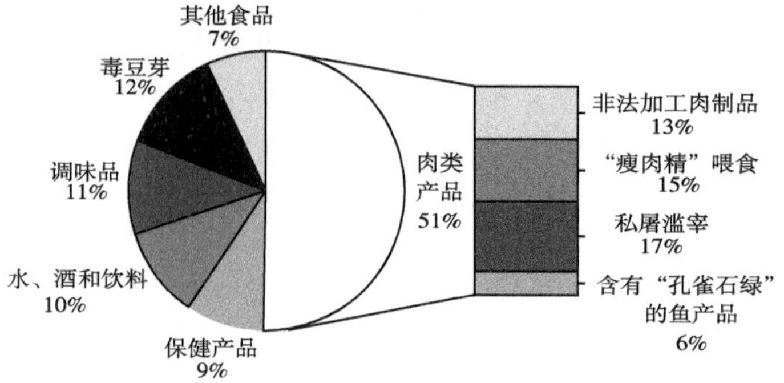

图四 危害食品安全案件涉案犯罪对象比例

二是犯罪手段日趋多样化,隐蔽性增强。(1)利用物流公司、快递等渠道进行快速销售,作案手段具有发散性、快捷性。(2)通过向医院工作人员收购已使用过的药品包装盒等非法渠道获得正规药品的包装、说明书等用于制售假药,或者回收名酒空酒瓶制作假酒,作案手段具有隐蔽性;利用工业或者化工材料、有毒有害添加物对食品进行保鲜、调味,犯罪活动具有较大的欺骗性。(3)除了上门推销以及电话联系等方式外,出现利用电视和广播购物广告、互联网平台实施销售行为,淘宝店、QQ 等网络销售渠道逐渐成为犯罪分子扩大假冒伪劣产品销售范围和途径、逃避执法部门查处的新方式。(4)出现以虚假宣传、非法诊疗的新型犯罪手段,常见的有以“健康讲座”方式推销药品,或者以免费检测身体为名,冒充专家医生推销等。如天河区人民法院审结的张某等26 人非法经营案,被告人张某等以电视购物广告、网络推广等方式虚假宣传推销伪劣保健食品,并在对客户的照片“检测”后谎称客户存在“病症”,诱使客户高价购买公司其他食品,涉案金额超过1 200万元。此种犯罪手段损害的对象具有不特定性,且更容易逃避执法部门查处。

三是犯罪组织化特征明显,三人以上的共同犯罪案件占 12.72%。不少案件中犯罪分子形成较为稳定的犯罪团伙:一方面是“横向”的分工明确,专人专门负责生产过程中的某一个环节,生产、仓储、营销、运输等各环节互相配合。如花都区人民法院审结的韦某等 15 人生产假药案,各被告人分工完成操控机器加工药品,登记验收、记录包装(出货)数量,包装假药等环节。另一方面是“纵向”的等级分明,表现为利益关系的严密有序。如天河区人民法院审结的张某等 26 人非法经营案,公司实际管理者下面设总经理,总经理分管数个部门经理,部门经理下设主管,主管下设主任,主任下设销售员,并按照这样的级别以“老师”“科长”“部长”“总监”“导师”等虚构身份逐级“抬单”销售。同时,在“有难同当、有福同享” 的家族伦理观影响下,12.52% 案件中存在家族式、同乡式组织制售,共同经营家庭作坊,一条产、供、销链条上都是沾亲带故的。

四是被告人“两低”特征明显:年龄低、文化水平低。超过六成的被告人为外来务工人员,“80后”“90 后”被告人占 29.63%,一般只有高中以下文化水平。此类被告人主要是因自我约束能力较差、法律意识淡薄而被雇用参与生产、销售的某一环节,如包装、看管、运输等,赚取微薄的劳务费,大多数系从犯,他们对于造假工场是谁的、假冒伪劣产品如何而来等情况均不知情。

五是社会危害较一般的制假售假犯罪案件大。不少案件在查获时已有部分涉案食品、药品流入市场,对消费者的身体健康造成直接影响。如番禺区人民法院审结的刘某生产、销售不符合安全标准的食品案,被害人周某某(5 岁)在食用了刘某生产的卤豆腐皮后身体严重不适送至医院 ICU 抢救。又如,部分猪肉摊主唯利是图,私自购进私宰的病死猪肉夹杂在放心猪肉中销售,卖给个体经营的快餐店、早餐店,甚至流入学校、酒楼等场所。

二、危害食品药品安全犯罪案件审理中的突出问题

(一)在既涉及侵犯知识产权,又涉及危害食品安全犯罪的案件中,执法机关往往不对查获的食品进行鉴定

按照刑法规定,行为人制售的食品是否“足以造成严重食物中毒事故或者其他严重食源性疾患的”[刑法修正案(八)生效前],或者是否“掺入有毒、有害的非食品原料”,是判断其是否构成生产、销售不符合安全标准的食品罪或者生产、销售有毒、有害食品罪的客观标准,法院需要根据鉴定机构出具的检验报告等相关材料进行认定。但在不少行为人既涉嫌侵犯知识产权犯罪、又涉嫌危害食品安全犯罪的案件中,执法机关没有对查获的假冒伪劣食品进行上述鉴定,仅有被侵权单位出具的相关鉴定材料,并以侵犯知识产权或者非法经营等罪名移交审理。例如,苏某升、彭某连非法经营一案中,二被告人将购买的工业盐假冒广东省盐业总公司专营的“粤盐”“岭海”等品牌食盐进行分装销售。执法机关对当场查获的假盐进行了两种鉴定:一是检验涉案的假盐

碘含量是否符合 GB 5461—2000《食用盐国家标准》要求;二是检验涉案的食盐、包装袋、包装箱是否标明“粤盐”牌产品,并没有检验是否“掺入有毒、有害的非食品原料”,最后法院根据相关证据认定二被告人违反国家有关盐业管理规定,在无食盐专营许可证等许可证明的情况下生产、销售假盐,分别以非法经营罪判处有期徒刑一年八个月、一年三个月。在本案中,若检验出涉案食盐中掺入了有毒、有害的非食品原料,对二被告人的量刑可能会更重,打击力度也会更大。

类似的案件还有王某某假冒注册商标一案,王某某用低档酒灌装进回收的各类高档白酒、洋酒空酒瓶中,制作假酒,执法机关同样没有对涉案产品是否“足以造成严重食物中毒事故或者其他严重食源性疾患”,或者是否“掺入有毒、有害的非食品原料”进行鉴定,而是由各酒业公司出具鉴定证明书等材料,证明涉案的假酒属于假冒该公司产品,并以假冒注册商标罪移送审理,最后法院以该罪判处王某某有期徒刑一年六个月。

(二)检测结论不规范

审理危害食品药品安全犯罪专业性强,在案件诉讼过程中往往需要专门机构进行检验、鉴定,由此形成的检验鉴定意见成为定罪量刑的关键证据。在此类案件审理过程中,被告人及辩护人经常就检测报告或者意见的形式是否规范、是否具备相应资质、检验方法是否科学等提出质疑。在此环节主要存在以下问题:

一是检测机构不一。检测机构既包括行政执法机关,如各级食品药品监督管理局、质量技术监督局、疾病预防控制中心、动物防疫监督所、动物卫生监督所、畜牧兽医局等;也包括专门的检验检测机构,如各级药品检验所、质量技术监督检测研究所、广州市农业标准与检测中心、华南绿色产品认证检测中心、广东省保化检测中心、广东省质量监督盐业产品检验站、中国食品药品检定研究院、中国广州分析测试中心、广东出入境检验检疫局检验检疫技术中心食品实验室等。在上述机构中,并非全部机构均具有司法鉴定的资质,而且只有部分案件中检测机构具备相关检验资质的证明。

二是检测结论形式各异。第一类是函件,如函、复函、鉴定函、鉴定回函、鉴定复函、告知函、认定函;第二类是报告,如案件调查终结报告、案件调查报告、检验报告(书)、检疫报告(书)、检测报告、认定报告、鉴定报告、报告书;第三类是说明或者证明,如认定说明、情况说明、证明、说明、补充说明、鉴别证明;第四类是意见,如认定意见书、鉴定意见书、意见书;还有其他形式,如批复、鉴定结论书、认定书、初步鉴定等。不仅不同检测机构出具的结论形式各不相同,同一检测机构对于结论的出具也没有统一形式,随意性较大。例如,某区食品药品监督管理局先后在不同案件中出具过以下几种形式的结论:案件调查终结报告,关于认定“VIAGRA”为假药的认定报告,关于某药房销售的黄道益活络油等产品为假药的鉴定报告,关于某地销售的“保婴丹”等产品为假药的认定意见书;且后三种是针对同一类型情况出具的检测结论。另外,“函”作为机关之间行文的公文文种之一,并非专家意见,能否作为检测结论的载体也值得商榷。

三是对什么案件情况下需要由什么检测机构出具结论没有统一标准。例如,在同为生产、销售假药的案件中,部分案件仅有区食品药品监督管理局出具的检测结论,部分案件除此以外还有专业检测机构出具的检测报告;在同为检测胶囊成分的案件中,部分案件采纳了广东省保化检测中心出具的检验报告,部分案件则使用了广州市药品检验所保健食品检验报告书和广州市食品药品监督管理局稽查分局出具的认定函。此外,不同的质量检测机构的判定依据相同,但由于检测方法不同,甚至导致检测结果出现截然相反的情况。如在涉腌制类食品案中,检测样品的判定依据为《食品中污染物限量》(GB 2762—2005)、《食品中可能违法添加的非食用物质和易滥用的食品添加剂名单》,但不同检测方法中所检测的物质元素有区别,导致检测结果出现不合格项目。

（三）药品安全犯罪具体犯罪构成的科学性有待提高

由于我国药品管理法对假药的认定过于宽泛，分假药和按假药论处两种情形，①一方面，按假药论处的“变质的”“被污染的”等药品并不是真正意义上的“假药”，而实际上也属于“劣药”的范畴；②另一方面，对未经批准进口的药品一律认定为假药，无须对药品本身的成分或者药效进行检测。刑法采用空白罪状直接援引了药品管理法对假药的认定，导致司法实践中既容易出现假药和劣药表现形式的竞合，也容易扩大打击面，对本质上不属于制售假药的行为按生产、销售假药罪惩处，显失公平。

2009 年至 2013 年，广州市两级法院共审结涉及未经批准进口的药品案件 17 件，占药品安全犯罪案件的 19.76%，案件均集中在 2012 年、2013 年；2014 年更是猛增至 101 件。其中，不少案件中行为人利用经常往返内地和港澳特区的机会，将港澳特区市面上销售的药品运回内地销售。例如，刘某某销售假药一案中，刘某某通过“水客”从香港特区购买药品后，在自己经营的食品店销售。对于该行为的定性，刘某某辩称其销售的药品是在香港特区公开销售的药品，并非刑法意义上的假药，故其行为不构成销售假药罪，对其违法销售未经批准进口的香港特区药品的行为认定为超经营范围或者非法经营更为妥当；而食品药品监督管理局出具的《关于对销售未经批准进口药品行为定性的意见书》认为，本案中查获的药品，标示为国外、中国香港生产，且未取得国家食品药品监督管理局核发的《进口药品注册证》或者《医药产品注册证》，应当按假药论处。最终法院以销售假药罪对刘某某定罪量刑。

（四）从犯入罪及量刑的把握

如前所述，由于危害食品药品安全犯罪行为往往呈现集团化、组织化的特点，且生产、销售环节众多，犯罪分子之间分工明确、密切配合，甚至形成“流水线式”作业，生产出大量食品药品，在这种情况下需要较多的人员参与。在广州市两级法院审理的危害食品药品安全犯罪案件中，超过五成被告人被认定为从犯。这些被告人往往是文化水平较低或者年纪较小的待业人员，他们参与到犯罪的方式主要有两种：一是受雇用参与；二是因帮助同乡或者亲戚朋友而参与。他们往往只负责生产、销售中某个小环节，如打码、包装、运输、装卸等，有的甚至不直接从事实际的制售活动；部分被告人参与制售的时间不长便被抓获，而且作为“打工者”酬劳很少甚至没有酬劳。虽然他们都在一定程度上参与了危害食品药品安全犯罪行为，但由于每个人直接负责的事项不同，与制售行为联系的密切程度不同，需要根据具体情况区别对待。

而执法实践中，由于种种原因，侦查机关往往忽略了对参与危害食品药品安全共同犯罪人员进行区分，将在生产、销售窝点中抓获的全部行为人均移送起诉、移交法院审理（多数情况下还对行为人一律采取强制措施），而其中部分行为人是属于情节显著轻微危害不大，可以不追究刑事责任的。例如，行为人没有直接从事生产、销售伪劣产品，而是负责买菜做饭、打扫卫生这些无关紧要的事情的；又如，在家族式制假售假犯罪中，出于人道主义的立场，无必要将家族中的所有行为人均移交法院审理。尽管法院在审理过程中可以通过认定其为从犯进行减轻或者从轻处罚，

---

① 药品管理法第四十八条规定：“有下列情形之一的，为假药：（一）药品所含成份与国家药品标准规定的成份不符的；（二）以非药品冒充药品或者以他种药品冒充此种药品的。有下列情形之一的药品，按假药论处：（一）国务院药品监督管理部门规定禁止使用的；（二）依照本法必须批准而未经批准生产、进口，或者依照本法必须检验而未经检验即销售的；（三）变质的；（四）被污染的；（五）使用依照本法必须取得批准文号而未取得批准文号的原料药生产的；（六）所标明的适应症或者功能主治超出规定范围的。”

② 参见丁锦希等：《中美假劣药品监管制度比较分析》，载《中国新药杂志》2009 年第 1 期；秦玲等：《对完善〈药品管理法〉中假劣药相关内容的探讨》，载《中国药房》2012 年第 45 期。

但由于受某一特定时期刑事案件审理环境所限，往往难以判处免予刑事处罚；或者在行为人已经被先行羁押一段时间的情况下，影响对其量刑。基于上述各种因素，这些从犯在被法院判处刑罚后往往感觉“委屈”，认为自己在犯罪过程中的作用很小且地位次要，法院的量刑因没有充分考虑自己的情节而过重，因而对判决的认同感较低。同时，由于“80后”“90后”被告人在危害食品药品安全犯罪案件从犯中占有相当的比例，这些被告人在被判处刑罚后将面临更为严峻的就业、生活压力。这些隐性的不安因素均是在执法、司法过程中应当考虑的。

三、预防和惩治危害食品药品安全犯罪的对策建议

针对广州市危害食品药品安全犯罪案件的主要特点以及审理过程中发现的问题，我们提出如下相应的对策和建议：

（一）逐步完善科学的食品药品管理制度

科学的食品药品管理制度是一个庞大且互相衔接的整体，从审结的案件暴露出来的问题来看，需要着重加强的方面包括：一是建立食品药品可追溯机制。利用条码、ID标签、互联网等IT技术搭建产品可追溯系统，对食品、药品的生产、加工、配送等环节进行记录，实现全过程、全方位的追踪溯源。建议可采取先试验示范后逐步推广的方式，促使不同种类食品药品建立适合自身特点的可追溯系统。二是建立健全食品入市备案制度。对流通领域内的生产者和食品信息进行备案，对食品生产经营者按信誉度实施分级分类管理，实现监管关口前移，最大限度地掌控食品质量安全源头。三是建立和落实登记备案制度，落实专门单位指定专人负责医疗废弃物品的处理和监督检查工作，加强医疗废弃物品回收处理贮存设施的配备和保障，设置相应的物品贮存间和处置间，对医疗废弃物品进行分类分袋收集处理，能回收的及时回收，该销毁的尽快销毁。

（二）着重加强日常监管，正确处理日常监管执法与重点集中整治的关系，从源头上压缩违法犯罪的存在空间

从已审结的案件来看，超过六成的案件是工商、质监等行政部门在日常检查或者多部门联合执法、专项行动中查处的（这个情况在2012年“三打两建”期间尤为突出）。因此，相关行政部门在食品药品质量安全问题上是有作为的，并应当多作为、主动作为，在不定期开展联合执法和综合执法的同时，更要落实监管常规化、日常化，坚持日常监督与重点管理相结合、日常执法与集中打击相结合、生产与流通领域抽查相结合，逐步形成长效体制。尤其要加强对宾馆、饭店、集体食堂等场所和个体摊店、小作坊等重点对象的抽查。

（三）规范检测主体，提高检测能力

食品药品监管部门、公安机关、检察机关等应当共同研究明确危害食品药品安全犯罪中需要移送检测的案件范围，避免应检测而没有检测的情况出现，从而影响案件的定性及责任的追究。食品药品监管部门应当鼓励优秀、专业的食品药品检验机构申请从事司法鉴定工作，积极引导支持已取得食品药品检验机构资质认定的检验机构进行司法鉴定登记，实现食品、药品检验机构与司法鉴定机构的对接，公安机关应当委托登记在册的检验机构对涉案物进行检测、鉴定；同时，鼓励具有食品药品安全专业知识的专家申请司法鉴定人登记。相关政府部门应当积极协调确定一批食品药品安全专家，条件成熟时可建立专家辅助人制度，通过专家对涉案食品药品检验意见中理化指标的分析，出具明确具体的鉴定意见，公诉机关还可以通过申请专家出庭对检验机构的检验报告进行专业解读，作出涉案食品、药品安全风险评估的判断，以保障案件的顺利审理。

建议对检验结论的载体（形式）予以统一，“函”可以作为食品药品监督管理部门等行政执法部门出具的对案件的参考意见，但不宜作为结论载体。同时，检测报告的格式和内容应当符合刑事证据的要求。例如，涉案食品鉴定意见应当明确送检食品是否“足以造成严重食物中毒事故或

者其他严重食源性疾患”，以便法院对案件性质的准确判定。

另外，目前我国食品检测中还存在国家标准、行业标准、地方标准之间交叉重叠、存在空白或者彼此矛盾的尴尬局面，尤其是在保健品领域很多情况下既无国家标准也无行业标准，仅有企业标准。建议加大食品检测工作的资金投人、加强检测人员的培训，保障食品安全中的各类样品能够得到快速准确的分析监测。

（四）充分发挥基层社区组织作用，进一步加强对重点场所的规范管理

一方面，工商、质监、出租屋管理等职能部门可与基层街道办事处、社区居民委员会、村民委员会等组织之间建立打击危害食品药品安全违法犯罪行为的工作网络体系，充分发挥社区组织贴近群众、反应快速的优势，加强对个体摊位、小作坊等重点对象的巡查，加强对无名平房、废弃加工厂等重点场所的管理；重点加强对城乡接合部社区、城中村出租屋的管理工作，及时了解动态，掌握上述重点场所的使用情况，一发现疑似制假售假的异常情况及时处理，对明知从事违法行为依旧提供场所便利或帮助的出租人给予处罚，从源头彻底铲除危害食品药品安全违法犯罪活动的土壤。

另一方面，创新小作坊服务方式，建立小作坊集中加工场，引导地下小作坊走上地面。适当调整准入门槛，放宽登记条件，简化登记手续，促使有条件的黑作坊由非法经营转化为合法经营，遏制无证照经营户数的增长。

（五）贯彻宽严相济，区别对待共同犯罪人员

宽严相济的刑事政策要求在法律规定的范围内，适时调整从宽和从严处理的对象、范围和力度，强调突出打击重点的同时，最大限度地减少社会对立面，防止打击面过宽。具体到危害食品药品安全犯罪案件中，将犯罪中的组织者、领导者、主犯或骨干分子作为打击重点，依法予以从严惩处；在巩固已有战果的基础上顺线深挖幕后首犯、主犯，力争将犯罪歼灭在源头环节。同时，对于参与犯罪的时间较短、从事工作与制售犯罪关系不大，在共同犯罪中所起的作用以及主观恶性均不大的行为人，可视其情节考虑通过行政处罚予以处理，无须移交法院起诉；在“家族式”犯罪案件中，由于夫妻两人或者家族中两人以上同时触犯法律，法院出于人道主义的立场，对共同犯罪中作用相对较小的被告人，依法酌情从轻处罚。这样最大限度地增加和谐因素，减少对抗及其他不和谐因素，切实维护社会稳定。针对在运输、装卸、搬运等中间环节被查获案件增多的情况，加大对仓储、运输等中间环节人员的法制宣传力度，着重强调该类行为的违法性，促使该类人员降低参与作案的可能性。由于此类人员并没有实际从事生产、销售，故对他们的处罚也应有别于一般从犯。

（六）提升生产经营者的道德底线，引导企业树立品牌观念

借助行业协会、地方商会等社会组织的力量，并充分发挥媒体的舆论宣传作用，加大力度对“百年老店”“老字号”“信得过产品”等进行正面宣传，引导生产经营者注重产品的品牌建设，以高质、安全的产品建立并获得消费者的信任与认可，形成自觉维护商品质量的良好生产经营环境。同时，建立食品药品领域从业人员和企业诚信档案，对于信用差的个人和企业，要列入“黑名单”并限制其生产经营。例如，工商行政管理部门可通过建立食品生产企业诚信档案或“黑名单”的方式，对曾经出现食品安全事件的企业在项目申报和名优产品等评比中一票否决，深化生产经营者对食品安全社会责任重要性的认识。

（作者单位：广东省广州市中级人民法院）

打击违法行为　维护金融秩序

——关于银行卡犯罪案件办理情况的调研报告

□广东省中山市中级人民法院课题组*

美国于1915年发行了全球第一张银行卡,我国第一张银行卡于1985年6月在中国银行珠海分行发行。据统计,截至2015年第二季度,全国银行卡发卡数量已达50.32亿张,同比增长10.85%,其中,借记卡在用发卡数量45.99亿张,同比增长11.69%,信用卡和借贷合一卡在用发卡数量4.33亿张,同比增长2.67%,银行卡消费业务高达69.42亿笔,消费金额达14.11万亿元。在银行卡经济日趋活跃的同时,随之而来的银行卡犯罪也呈现出高发、多发态势,成为当前金融犯罪中的突出问题,不仅扰乱了社会正常的金融管理秩序,还侵害了银行消费信贷资金与持卡人个人财产安全,具有相当的社会危害性。为妥善审理银行卡犯罪案件,充分发挥刑事审判职能作用,维护正常的金融管理秩序,广东省中山市中级人民法院就此类问题展开专题调研,分析其特点、审理难点,并就相关问题提出建议意见。

一、银行卡犯罪案件的主要特点

根据中国人民银行于1999年1月5日颁布的《银行卡业务管理办法》第二条的规定,银行卡是指由商业银行(含邮政金融机构)向社会发行的具有消费信用、转账结算、存取现金等全部或部分功能的信用支付工具。银行卡主要包括借记卡和信用卡、准贷记卡三类。根据2004年12月29日全国人大常委会通过的《关于〈中华人民共和国刑法〉有关信用卡规定的解释》,所谓信用卡是指由商业银行或者其他金融机构发行的具有消费支付、信用贷款、转账结算、存取现金等全部功能或者部分功能的电子支付卡。由此可见,在刑法领域,信用卡与银行卡是同义语,且刑事司法实践中,涉及银行卡的犯罪案件绝大多数都是信用卡犯罪。一般来说,信用卡诈骗犯罪,是指以使用伪造的信用卡、使用作废的信用卡、冒用他人信用卡、恶意透支等形式,进行诈骗活动触犯刑法的行为。

(一)信用卡犯罪案件基本情况

1.案件数额及类型。2013年至2015年,中山市两级法院共受理信用卡犯罪案件286件,涉及金额3.83亿元。其中,2013年受理该类案件36件,涉及金额903 755元;2014年受理58件,涉及金额6 421 208元;2015年受理192件,涉及金额375 870 183元。其中,10万元以下案件为195件,10万元至100万元的案件为74件,100万元以上的案件为17件,最大涉案金额为1 145 545元,最小涉案金额为14 833元。呈现出案件数量逐年递增,涉案金额越来越大的特点(见图一)。

---

* 课题组成员:李世寅、姜新林。

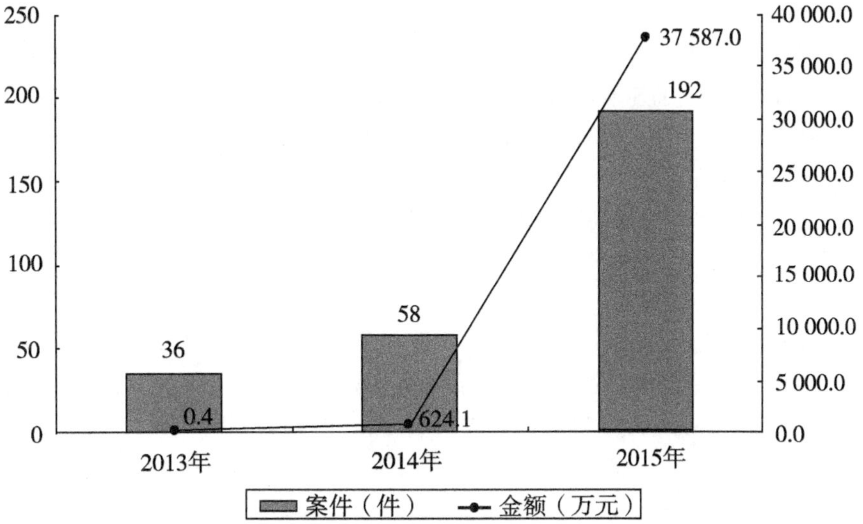

图一 信用卡犯罪案件数额

案件类型以恶意透支型信用卡诈骗罪为主,3 年受理该类案件 241 件,占 84.26%;其中 2013 年受理 35 件,2014 年受理 47 件,2015 年受理 159 件。伪造、变造金融票证(仅含信用卡)罪 2 件,占 0.7%;其中 2013 年 0 件,2014 年 1 件,2015 年 1 件。妨害信用卡管理罪 25 件,占 8.7%;其中 2013 年 1 件,2014 年 8 件,2015 年 16 件。窃取、收买、非法提供信用卡信息罪 0 件。非法经营(仅含信用卡套现)罪 18 件,占 6.3%,其中 2013 年 0 件,2014 年 2 件,2015 年 16 件。

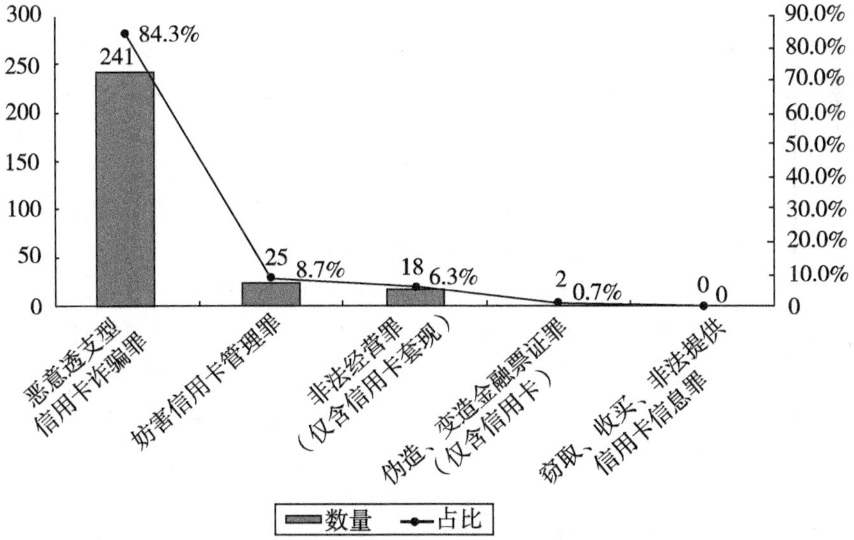

图二 案件类型及占比

2. 被告人基本情况。该类犯罪被告人呈现出外省籍被告人比例高、男性比例高、中青年比例高、低学历的特点。具体表现为:主要籍贯地在中山市的为 81 人,在外省的为 216 人。学历方面:大专以上学历的为 33 人,小学、初中学历的为 264 人。年龄方面:16 周岁到 18 周岁的为 4 人,18 周岁到 25 周岁的为 41 人,25 周岁到 60 周岁的为 250 人,60 周岁以上的为 2 人。

3. 案件审结情况。该类案件轻刑率较高。2013 年至 2015 年,中山市两级法院共审结该类案件297件（含2012年旧存案），大部分案件被告人被判处三年以下有期徒刑，其中缓刑与免予刑事处罚的比例较高，判处缓刑的100件，免予刑事处罚的31件。免予刑事处罚的理由主要有：归案后如实供述自己的罪行且犯罪情节较轻，有自首情节且犯罪情节较轻，无犯罪前科。

4. 涉及银行情况。信用卡犯罪案件涉及全市18家银行。其中，位居前三名的有国有大型商业银行2家，股份制商业银行1家，涉及案件数均在50件以上，最高的为97件。

5. 被告人自首率低、坦白率高。在2015年由检察机关提起公诉的159件信用卡诈骗案件中，认定具有坦白情节的有135件140人，分别占89.7%和88.6%。而认定具有自首情节的仅有11件11人，分别占6.9%和6.8%。

6. 案发后被告人还款率较高。以2015年中山市两级法院已审结123件信用卡案件为例分析，被告人在归案后偿还或部分偿还被害人或被害单位款项的为85宗86人，分别占69.1%和69.9%。在判处免予刑事处罚的14件案件中，被告人全部偿还了相关款项。司法实践中，是否偿还被诈骗款项是执法部门对被告人采取强制措施和从轻处罚的重要依据。被抓获归案的被告人为自身利益考虑，往往会在案发后积极偿还财物，争取宽大处理。

（二）团伙作案增多，分工明确

在伪造、冒用他人银行卡类的信用卡诈骗犯罪及妨害信用卡管理犯罪中，犯罪分子往往组成团伙，内部分工明确、配合密切，采取多层结构、单线联系、自创暗语、互称代号等手法，最大限度地屏蔽自身身份信息，阻隔被抓获风险。专业分工明确，在窃取卡号密码、提供空白卡、伪造银行卡、持卡变现、联系销赃等环节均有专人负责，一些大型诈骗链条上甚至有多达15个不同工种。一些案件中的犯罪团伙内还不乏银行、特约商户的工作人员，呈现内外勾结态势，这种制、售、用、销各环节分离的新特点导致难以将其整个团伙一网打尽，社会危害性大。

（三）犯罪手段多样化、科技化、智能化、国际化

克隆银行卡犯罪的手段主要包括：一是在商户POS机、银行自助柜员机等自助设备的键盘、插卡口安装微型盗码摄像头、设置假操作面板等盗取银行卡信息及密码的设备；二是商户在经营过程中故意向他人泄露储户的银行卡信息或与犯罪分子串通盗取银行卡信息；三是向他人高价购买银行卡卡片，通过复制或修改卡片信息伪造银行卡并持卡消费；四是使用木马病毒，在储户不慎进入流氓网站或非法网站浏览或进行操作时，窃取其登录户名、密码以及绑定手机号码，由犯罪分子直接登入储户网上银行账户进行转账或消费操作，或者误导储户与第三方支付签订免密码支付协议等自行将储户款项转出。电子商务发展及金融业务网络化，为克隆银行卡犯罪跨区，甚至跨国流窜作案提供便利。犯罪分子往往跨地域甚至跨境进行突击性、连续性、流窜性作案，给侦查机关调查取证带来极大难度。例如，一些涉外银行卡诈骗案件犯罪分子将窃录银行卡信息的环节放在欧美、中东等地区，把制作伪卡的环节放在广东省内的广州、深圳等地，把盗刷的环节又放在港澳地区，增加了侦查难度。

（四）部分不法"特约商户"为银行卡诈骗犯罪提供便利

按照相关规定，"特约商户"必须按持卡人实际的消费额结账开票，不得向持卡人支付现金，但有些不法商户为了牟取蝇头小利，为个人、单位提供信用卡套取现金的渠道，帮助持卡人通过假消费等诈骗方式套取银行资金。例如，中山市警方查获的横栏某酒行两台POS机在2013年至今有超过1 000万元的流水记录，其中银行卡划账金额超400万元。中山市小榄镇某美容院老板陈某为贪图小利，利用POS机协助他人非法套现，一次套现金额30 000元或以下的收取50元手续费，超过30 000元的收取100元，在一年多时间内，陈某利用POS机非法套现200余万元。有的POS机盗刷金额甚至高达8 900万元。

（五）网络新型银行卡犯罪呈现活跃状态

随着网上银行、互联网支付平台的发展，大众的消费习惯已逐步由现金转变为各类电子支付卡及网络平台支付。央行数据显示，2015 年第三季度，非银行机构处理网络支付业务 213.08 亿笔，金额 12.8 万亿元，同比分别增长 122.72% 和 102.21%。据互联网支付市场占有率近一半的支付宝统计显示，2015 年支付宝移动支付笔数占整体比例高达 65%，同比增长了 15.8%。[①] 犯罪分子利用这一发展趋势，主要借助网络平台、第三方支付平台进行银行卡诈骗犯罪活动越发频繁。如网络理财兴起后，出现了利用"支付宝"等网络支付手段虚假购物套取现金的新手段。中山市出现犯罪分子通过木马病毒，盗取被害人银行卡信息，通过网上银行融资平台操作，购买理财产品或贵金属，后又通过电话操控手法，骗取被害人动态密码，达到从第三方支付平台将被害人钱财转移到被告人账户的新型手法。

二、银行卡犯罪多发的主要原因

（一）信用卡业务监管机制不完善

银行信用卡申领手续过于简单，对申办人的资信状况审查不严。银行发卡时一般是依赖申办人自报信息进行审核，有的银行只要申请人提出申请，提供必要的身份证复印件并填写申请表后，通过电话核实，就核发了具有透支功能的信用卡。领卡准入门槛较低，导致大量没有良好经济来源和信誉的开卡人很轻松地获得信用卡。银行超额透支权限过度放开、缺乏持卡数量规定等原因方便了恶意透支。根据调研发现，信用卡诈骗案件中，同一被告人持有两张以上不同银行信用卡的案件为 42 件，占所办案件的 53%，甚至出现一人拥有几十张信用卡现象。

（二）目前通用的磁条式银行卡存在诸多安全隐患

目前，大多数银行仍然使用磁条式银行卡，磁条卡是将银行卡有关信息录入卡片背面专用磁条内的银行卡。其磁条实际是一种原始的、被动的物理存储介质，没有技术手段能对其进行信息加密，存储数据极易被读卡装置读取，而银行终端系统只能识别银行卡记载信息的"对"或"错"，无法识别银行卡本身的真伪性。随着信息技术的发展及犯罪手段的智能化，磁条式银行卡上述缺点导致银行卡极易被复制，为银行卡犯罪提供了便利。

（三）持卡人风险防范及法制意识淡薄

在大部分银行卡犯罪案件中，被害人防范意识淡薄是促使犯罪分子轻易得手的重要原因。例如，被害人在 ATM 机上取款后忘取回银行卡，被后续人员趁机取走钱款的情况时有发生；被害人在 ATM 机上取款时被排在其后的犯罪分子设法分散注意力后趁机更换银行卡的现象也较为常见。在恶意透支型信用卡诈骗犯罪中，一些被告人对恶意透支的法律后果认识不足，甚至认为这种透支行为只是一种民事借贷关系，不构成犯罪。

（四）公民个人信息泄露严重

根据调研，银行卡诈骗犯罪，犯罪分子容易得手的重要原因是掌握了公民大量的个人信息，有的信息种类甚至十分详细。例如，被警方破获的李荣庆案中，李庆荣先后非法购买公民个人信息 168 930 条及他人信用卡数据库内存有数量巨大的个人信息，可以按照省区市、地区、性别、职业、年龄等不同的检索条件进行查询。公民个人信息泄露严重，是导致银行卡犯罪增加的重要原因之一。

---

① 黄倩蔚：《红包鏖战升级互联网巨头竞相撒钱》，载《南方日报》2016 年 1 月 27 日，第 A19 版。

三、银行卡犯罪案件的侦查及审理困境

（一）银行卡犯罪查处难

银行卡犯罪的手段智能性、隐蔽性强，被告人往往跨地流窜作案，流动性大。一经得手，便立即由多名被告人分头取款，案件查处难度大。如果消费行为发生在境外，侦查取证难度则更大。例如，2013 年 10 月 24 日，事主林某报案称其卡内存款被网络 ATM 机取走，后经查询发现是在印度尼西亚网络 ATM 机取走款项。国内还有犯罪分子借助俄罗斯搭建的话务网络平台取走被害人款项的案例发生。

（二）部分证据收集存在困难

由于银行卡诈骗犯罪中银行卡转账次数多，涉及调取银行单据多，从中进行筛选较为困难。被害人人数多的案件，由于分布区域广，证明犯罪金额的证据查找难。一些案件中，犯罪嫌疑人内部设置多重层级，对上线人员采取信息保护、过滤，使上线人员难以查获。相关电子证据如 Scheduling Agent（木马）、Team Viewer 8（远程控制）软件、CDR（通话记录）在审查上存在难度。如对电子作案工具——涉案光盘数据使用的 IP 段，是否属同一个计算机或工作站使用，即相同的被告人使用的证据审查认定问题较为困难。另外，案件证据链条存在瑕疵，退查率、退回补充侦查率较高，如 2015 年某市检察机关已办结的 123 件信用卡诈骗案件中，退查案件为 80 件，比率约为 65% 。

（三）违法成本低，威慑力不大

目前，银行卡诈骗犯罪被全链条摧毁的案例所占比例不高。被查获的被告人多为取款人等最底层人员，虽然能定罪，但因为取证难，查证金额不大，大多数被告人均被判处三年以下有期徒刑，甚至缓刑。甚至有被告人认为，用两三年的自由换上几十万元的“收入”，完全“划得来”。

（四）法律及司法解释相对滞后

目前，我国银行卡立法工作相对滞后，相关行业规定仅有中国人民银行于 1999 年 1 月 5 日印发的《银行卡业务管理办法》，该办法起草时间早、内容较简单、效力层级低。最高人民法院、最高人民检察院联合出台的《关于办理妨害信用卡管理刑事案件具体应用法律若干问题的解释》虽然对涉及信用卡刑事犯罪方面作出了较为详细规定，但对互联网金融及第三方支付平台、公民个人信息保护等方面仍缺乏明确规范。此外，对银行卡诈骗犯罪未遂问题、减轻处罚及免予处罚的适用问题也亟须进行统一，以使裁判结果做到法律效果与社会效果相统一。

四、银行卡犯罪的预防与惩治

为预防银行卡犯罪进一步扩大蔓延，应该从完善法律、信用建设多方面入手，政府、银行、法院等共同努力，采取以下措施予以解决：

一是修改法律及司法解释。根据形势发展需要，应当适度拓展银行卡诈骗犯罪的调整范围，建立综合性的涵盖银行卡交易各个环节的法律制度。如美国对于信用卡管理方面有《公平信用报告法》《公平债务催收作业法》《平等信贷机会法》《公开信用和贷记卡公开法》等 18 项法律，涵盖信用卡交易各个环节。可考虑将出售、购买信用卡行为纳入出售、购买伪造信用卡行为，按照刑法以妨害信用卡管理罪处罚。完善对出售公民信息犯罪的规定条款，让犯罪嫌疑人无法轻易使用他人身份证办理银行卡。出台对互联网金融方面第三方支付平台的管控措施，防止随意进行网络转款，尤其是大金额转款行为。建议立法部门出台互联网金融第三方支付平台管理规定，加强监管。借鉴国外立法，完善银行卡诈骗犯罪的法律规定，例如，在防范银行卡欺诈方面，国外主要是通过规制“非授权交易”而实现的。美国《电子资金转移法》将“非授权交易”定义为“一个未经实际授权的持卡人以外的人，在持卡人账户实施电子化资金转移，而持卡人在本次资金转移中未获得利益”。美国《诚信贷款法》规定持卡人对未经授权的消费最多承担50美元的责任,《电子资金转移法》规定ATM卡（后扩展为所有的借记卡）持卡人的责任上限。我国有必要借鉴“他山之石”,出台有关伪卡欺诈的损失分担机制的法律规定或司法解释,并限定合理限额,保护持卡人的合法权益及财产安全。

二是完善银行卡内部监管体系。银行应进一步规范信用卡发放及资信审核,严把申请准入关,提高发卡门槛。例如,加强对申办人身份的真实性审查,实行实名申办,并对其工作单位、收入情况、资产状况进行核实,同时要求其提供合法的保证人。经审查同意发卡的,应通知申办人本人领卡,不准任何人为他人代领主卡。领卡时还要认真查验申办人本人身份证件,必要时,要通知申办人和保证人一同前来领卡,当面签订领卡保证协议。各发卡柜台要配备经公安部门核准的身份证鉴定仪,以查验申办人、保证人身份证的合法性、真实性,排除欺诈性申请,防范风险。在申请办理银行卡时应着重提醒储户开通短信通知功能,确保其第一时间知晓账户资金变动情况。简化电话服务语音提示内容,尤其是银行卡挂失语音提示,确保在银行卡被盗或遗失后储户能及时办理挂失手续,避免不法分子利用此时机盗取资金。建立完善“专业开卡人”黑名单制度,发现有异常办卡、用卡情况,应立即向公安部门报告。加大对特约商户的准入审核与日常管理,严格特约商户准入条件,规范POS机日常管理,杜绝恶意串通提取现金的情况。

三是对现有银行卡及时更新升级。克隆卡盗取资金能成功的主要原因是自助设备自身存在无法识别克隆卡、伪卡等瑕疵,因此银行应提高银行卡的防伪技术,以及自助设备对克隆卡的外观识别能力,有效防止克隆卡在其他银行的盗取、盗刷。鉴于目前通用的磁条式银行卡已远不能满足防范银行卡业务风险的需要,推行芯片卡已成为提升银行卡安全等级、有效预防和减少银行卡犯罪的关键所在。例如,中国人民银行已经发文,从2015年1月1日起,不再发行磁条银行卡。完善POS机刷卡系统监管,健全第三方交易支付平台机制和管控措施,降低信用卡被克隆套现的风险发生。加强设备监管及建立自助设备巡查预警机制。银行应对其在各营业网点设立的自助取款机等设备进行日常维护检查,检查自助设备上有无安装读卡器、微型摄像机、夹卡器等装置,确保储户交易安全。银行应妥善保管近期(3个月内)银行卡自助设备交易环节的音像资料,在储户发现账户资金异常变动或司法机关提出协助请求时提供。

四是联合建立社会征信体系。建立银行和银行之间,以及银行和工商、税务、司法、海关、质检、电信等多部门之间的社会征信体系网络,以提高各部门的信息开放程度。完善用卡人资信数据系统。将银行卡业务、房贷业务和其他个人消费贷款业务中收集到的个人信用信息进行分析判断,建立相关数据库,利用大数据分析系统,不断补充完善,最终实现相关金融机构间信息的共享,完善资信评估。建立银行卡身份信息共享平台,使用技术手段,对发现疑似克隆银行卡犯罪线索要及时预警,以有效减少克隆银行卡犯罪行为的发生。加快个人信用状况报告网络数据的更新速度,避免银行因为相关数据的滞后而无法及时制止恶意透支行为。建立信用考察和逐步升级制度,根据申请人的资信程度决定是否授信以及授信的额度,并根据持卡人的信用记录决定是否继续授信以及逐步提高授信的额度。

五是加强宣传教育,普及法律、银行卡相关知识。充分发挥报纸、广播、电视等传统媒体与微博、微信、网络等新媒体的法制宣传作用,加大对金融法律法规的宣传,以典型案例剖析等方式向公众宣传安全使用银行卡知识及银行卡犯罪的法律后果,教育持卡人树立正确、理性的消费观念,避免因盲目消费而导致的恶意透支行为;提醒储户在操作银行卡密码时注意防拍、偷窥,以及在商户消费时,注重观察POS机外观是否存在异常,刷卡时银行卡避免离开自己的视线范围,输入密码时注意遮挡;发现资金异常时及时挂失、报警或就近在自助设备上进行操作等,强化其自我保护意识。在法制宣传方面,加强对信息获知程度不高的人群进行重点宣传,教育公民尤其是持卡人做好自身防范工作,提高银行卡片和密码信息的保密意识,银行在拓展业务的同时应向储户普及安全用卡知识。

六是加强执法部门合作,加大对银行卡犯罪打击力度。公安部门应加强对可疑人员和地点的排查,严厉打击伪造信用卡窝点,加强对信用卡冒领犯罪案件的打击力度。在内部协作机制方面,公安经侦部门要在内部加强与网监、情报部门的协作,加强情报信息的收集、整理、存储、分析和研究工作。加强网上巡查,发现有非法买卖银行卡及公民个人信息的行为,及时进行监控,并协同固定证据,形成打击合力。成立反诈骗中心,整合打击合力。例如,中山市针对此类犯罪活动及电信诈骗活动,成立的反诈骗中心,强化警银合作机制,在被害人报案后,第一时间启动涉诈银行账号快速冻结机制,保障被害人资金不被转移,有效地减少损失发生。该中心仅运行 15 天就紧急冻结挽回个人资金 123.8 万元,效果良好。在外部协作方面,公安经侦部门要加强与人民银行、银监部门、工商、工信等部门的沟通协作,加强与外省市公安机关以及境外警方的信息交流通报和合作,提高侦破水平。

关于虚开增值税专用发票犯罪的调研报告

□山西省高级人民法院*

"营改增"的全面实施,是我国税收领域的一项重大改革。社会实践推动法治进程,税收改革也必将引发人们对税收犯罪的新思考。近年来,虚开增值税专用发票犯罪案件数量持续上升,国家税款损失严重。因此,对该罪进行实证研究具有重要的现实意义。山西省高级人民法院组成课题组,对全省 2007 年至 2016 年虚开增值税专用发票犯罪案件的审理情况进行了调研,针对司法适用中存在的主要问题,结合税收改革实践,提出了惩治和预防虚开增值税专用发票犯罪的对策与建议。②

一、基本情况

(一)案件数量呈上升趋势,且在危害税收征管罪中占比最大

1. 案件数量整体呈上升趋势

2007 年至 2016 年,山西省各级人民法院受理虚开增值税专用发票罪一审案件共 282 件(见表一)。十年间,除 2009 年收案数明显上升、2010 年有较大回落之外,收案数整体呈现上升趋势。其中 2007 年至 2011 年五年间的年平均收案数是 20.8 件,2012 年至 2016 年五年间的年平均收案数是 35.6 件,近五年收案数明显上升,比上一个五年上升 71.15%。

表一 全省法院 2007—2016 年虚开增值税专用发票犯罪一审收案情况

年份	2007	2008	2009	2010	2011	2012	2013	2014	2015	2016	合计
收案(件)	18	23	31	16	16	28	39	39	35	37	282

---

* 课题组成员:王小娟、王慧娟(山西大学商务学院讲师)、薛克昌、姚利屏。

② 本报告中使用的"虚开增值税专用发票罪"案件数据一般均包括刑法第二百零五条规定的"虚开增值税专用发票,用于骗取出口退税、抵扣税款发票罪"罪名下的所有案件。本报告仅在对虚开增值税专用发票罪进行罪名解析时,与虚开用于抵扣税款发票罪等罪名明确区分。

2. 案件数量在危害税收征管罪中占比最大

2007 年至 2016 年,山西省各级人民法院受理危害税收征管罪一审案件共 606 件。其中虚开增值税专用发票罪 282 件,占 46.53%,将近一半,居第一位;非法制造、出售非法制造的发票罪 148 件,占 24.42%,居第二位;逃税罪 67 件,占 11.06%,居第三位;其他发票犯罪①共 95 件,占 15.68%;抗税罪、逃避追缴欠税罪、骗取出口退税罪共 14 件,占 2.31%(见图一)。

在危害税收征管罪中,虚开增值税专用发票、用于骗取出口退税、抵扣税款发票罪,非法制造、出售非法制造的发票罪等发票类犯罪占 86.63%;逃税罪、抗税罪、逃避追缴欠税罪、骗取出口退税罪等非发票类犯罪占 13.37%。

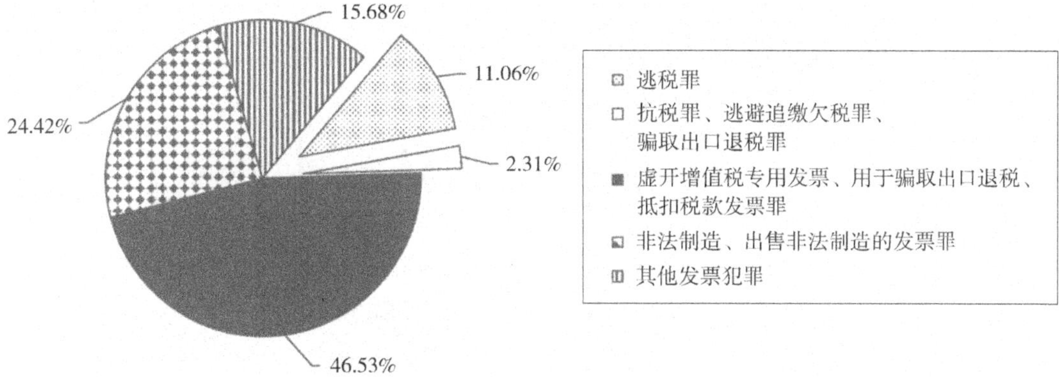

图一 危害税收征管罪各罪名一审收案数占比

3. 案件数量在危害税收征管罪中的比例呈上升趋势

2007 年虚开增值税专用发票罪一审案件数量占危害税收征管罪一审案件数量的比例是 35.29%,2016 年的占比是 71.15%,上升 35.86%。十年间,虚开增值税专用发票罪一审案件数量占危害税收征管罪一审案件数量的比例,除 2010 年、2011 年略有回落之外,整体呈上升趋势。而逃税罪,非法制造、出售非法制造的发票罪在危害税收征管罪中的比例呈整体下降的趋势。逃税罪从 2007 年的 29.41% 下降到 2016 年的 7.69%,非法制造、出售非法制造的发票罪从 2007 年的 23.53% 下降 2016 年的 9.62%(见图二)。

① 其他发票犯罪包括:伪造、出售伪造的增值税专用发票罪,非法出售增值税专用发票罪,非法购买增值税专用发票、购买伪造的增值税专用发票罪,非法制造、出售非法制造的用于骗取出口退税、抵扣税款发票罪,非法出售用于骗取出口退税、抵扣税款发票罪,非法出售发票罪,虚开发票罪,持有伪造的发票罪。

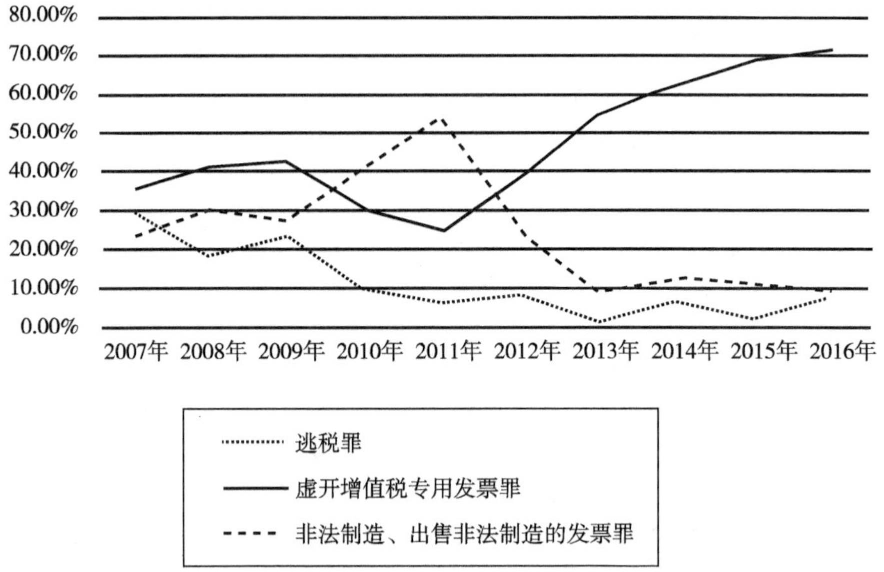

图二　虚开增值税专用发票罪等三罪名收案数占危害税收征管罪总收案数的比例趋势

（二）非监禁刑适用率较高

2007年至2016年，虚开增值税专用发票罪案件中，给予刑事处罚的被告人共293人，其中被判处五年以上有期徒刑的50人，占17.07%；被判处拘役、不满五年有期徒刑的70人，占23.89%；被判处管制、缓刑、单处附加刑的共173人，非监禁刑适用率①是59.04%（见表二）。而同期破坏社会主义市场经济秩序罪给予刑事处罚的被告人中，非监禁刑适用率是40.12%，同比高18.92%。这说明在破坏社会主义市场经济秩序罪中，虚开增值税专用发票罪的非监禁刑适用率较高。

表二　被告人量刑情况

案件类别	五年以上有期徒刑等	拘役、不满五年有期徒刑	管制、缓刑、单处附加刑	合计（人）
虚开增值税专用发票罪	50	70	173	293
占比	17.07%	23.89%	59.04%	

（三）案件上诉率和二审发回率较高

以2014年至2016年为例，虚开增值税专用发票罪案件的上诉率是34.02%，破坏社会主义市场经济秩序罪案件的上诉率是24.62%，同比高出9.40%。虚开增值税专用发票罪二审案件的发回率是40%，破坏社会主义市场经济秩序罪二审案件的发回率是23.58%，同比高出16.42%（见图三）。

① 非监禁刑适用率＝适用缓刑、判处管制或者单处附加刑的人数/给予刑事处罚被告人数。

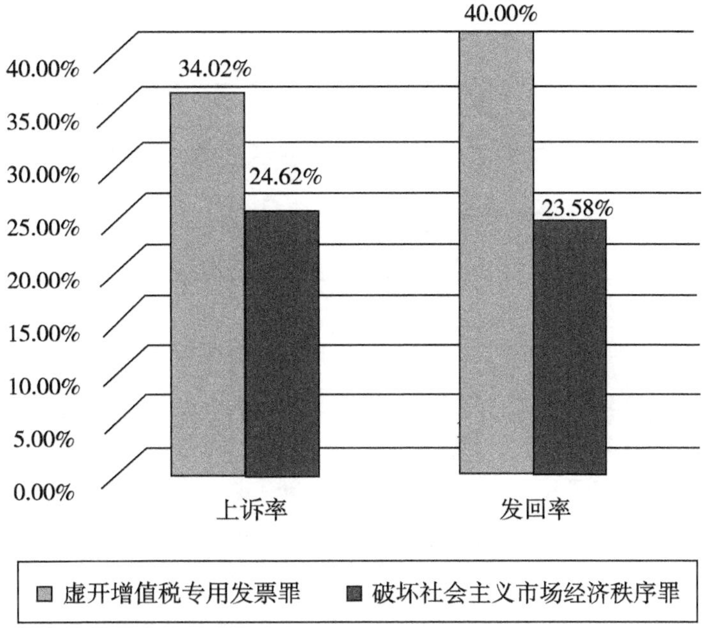

图三　上诉率和发回率对比

二、主要特点

课题组选取山西省各级人民法院2007年至2016年审结的虚开增值税专用发票犯罪案件中的85个案件作为样本，对裁判文书中的虚开行为方式、犯罪数额情况、罚金刑适用等进行分析，归纳出如下特点：

（一）虚开行为中“让他人为自己虚开”占比最高，“为自己虚开”占比最低

刑法第二百零五条第四款规定，虚开增值税专用发票或者虚开用于骗取出口退税、抵扣税款的其他发票，是指有为他人虚开、为自己虚开、让他人为自己虚开、介绍他人虚开行为之一的。85个案件中，犯罪主体涉及171个自然人和单位，其中17个单位，154个自然人。通过对犯罪主体在具体案件中从事的虚开行为方式进行统计，裁判文书呈现出的虚开行为方式复杂交错。调查数据显示，虚开行为总数为210个，其中“为他人虚开”的行为为52个，占比24.76%；“为自己虚开”的行为只有10个，占比最低，仅4.76%，且“为自己虚开”的发票主要是农产品收购发票①；“让他人为自己虚开”的行为个数为104个，占比最高，达49.53%；“介绍他人虚开”的行为个数为44个，占比20.95%（见图四）。

① 课题组通过对中国裁判文书网相关文书进行考察，也仅发现数量不多的为自己虚开伪造的海关进口增值税专用缴款书的案件。

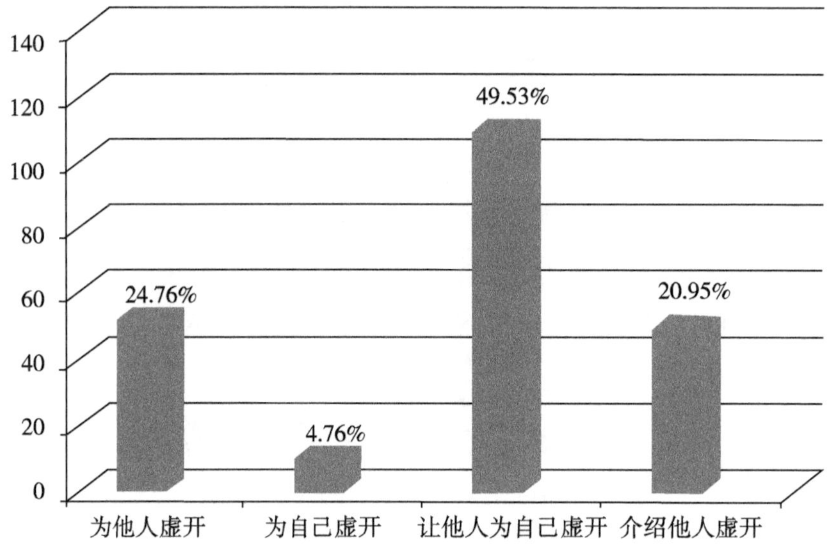

图四　四种虚开行为占比

(二)国家税款损失数额大,空壳公司危害严重

1.国家税款损失数额占实际抵扣税款数额的比例达84.83%

85个案件共虚开税款数额240 097 749.20元,实际抵扣税款数额①为194 002 680.60元,占虚开税款数额的比例为80.80%;虚开税款数额中未抵扣税款数额为46 095 068.60元,占虚开税款数额的比例为19.20%。85个案件中实际抵扣税款数额为194 002 680.60元,追缴税款数额为29 434 057.36元,占实际抵扣税款数额的比例为15.17%;国家税款损失数额为164 568 623.24元,占实际抵扣税款数额的比例为84.83%(见图五)。

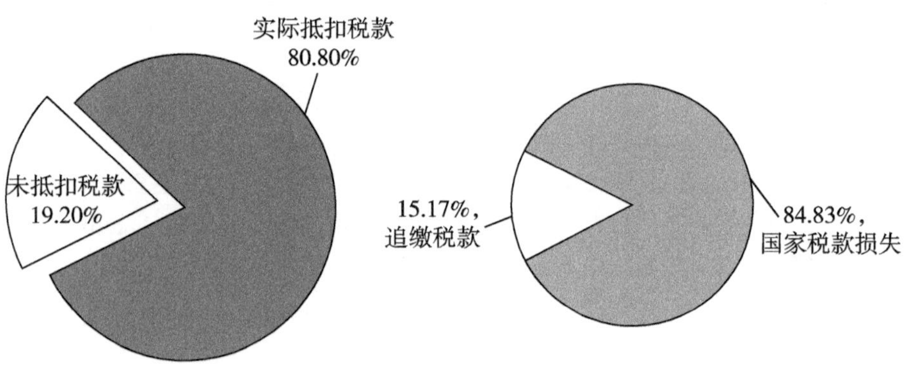

图5　犯罪数额占比

2.空壳公司造成国家税款损失的比例达57.08%

实践中存在行为人以虚开增值税专用发票为目的设立公司,从而收取开票费的情况。设立的公司并不实际经营业务,以为他人虚开增值税专用发票牟取非法利益。② 税务实践中,将这种

① 实际抵扣税款数额中包括受票方取得增值税专用发票后用于骗取出口退税的税款数额。

② 此类公司往往为了掩盖其虚开销项税额的行为,又为自己或让他人为自己虚开进项税额。

以虚开为目的设立的公司称为“空壳公司”。85 个案件共虚开税款数额为 240 097 749.20 元，其中有 19 个案件涉及空壳公司，空壳公司虚开税款数额为 153 892 146.70 元，占比为64.10%；85 个案件共实际抵扣税款数额为 194 002 680.60 元，空壳公司实际抵扣税款数额为 103 417 051.30 元，占比为 53.31%；85 个案件共造成国家税款损失数额为 164 568 623.24 元，空壳公司造成国家税款损失数额为 93 939 672.01 元，占比为 57.08%（见图六）。

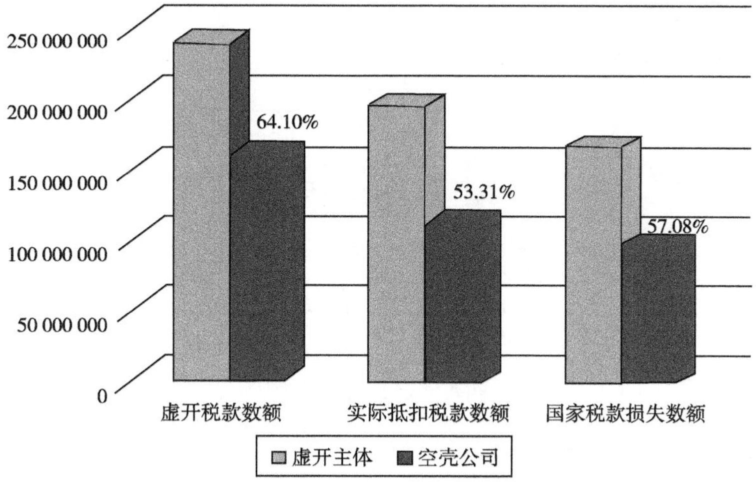

图六　空壳公司犯罪数额占比

（三）罚金数额偏低，五万元以下罚金适用率高

1. 罚金数额偏低，仅占虚开税额数额的 6.33%

85 个案件共虚开税款数额为 240 097 749.20 元，实际抵扣税款数额为 194 002 680.60 元，国家税款损失数额为 164 568 623.24 元。85 个案件中判处罚金数额为 15 192 940.27 元，仅占虚开税款数额的 6.33%，占实际抵扣税款数额的 7.83%，占国家税款损失数额的 9.23%（见图七）。

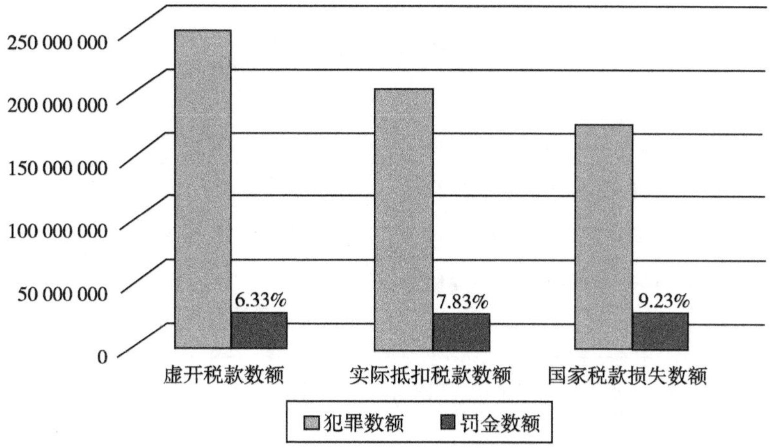

图七　罚金数额在犯罪数额中的占比

2. 五万元以下罚金适用率高，达 55.86%

85 个案件中共有 145 个自然人和单位被判处罚金。其中被判处五万元以下（含五万元）罚

金的81个,达55.86%(见图八)。

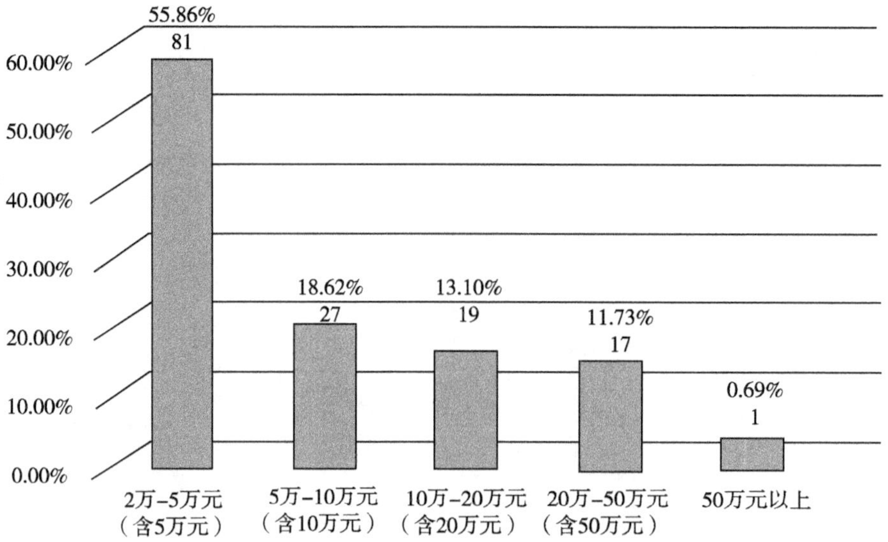

图八 罚金适用情况

三、司法适用中存在的主要问题

课题组通过设置具体指标对裁判文书进行分析,梳理出山西法院审理虚开增值税专用发票犯罪案件的现状和难点。同时考察中国裁判文书网上的相关文书,进行对比研究,以期全面发现司法适用中存在的问题。

(一)犯罪构成的理解存在差异

1. 犯罪客体是简单客体还是复杂客体认识不一

课题组对选取的85个案件的裁判文书进行梳理,其中有39个案件的裁判文书明确对犯罪客体进行了表述。裁判文书中对犯罪客体的描述,主要是两种:一是简单客体,占58.97%;二是复杂客体,占41.03%(见表三)。

表三 犯罪客体表述情况

犯罪客体		案件数量	合计	占比
简单客体	违反增值税专用发票管理规定	9	23	58.97%
	违反国家税收管理制度	6		
	违反国家发票管理规定	7		
	违反增值税专用发票开具管理规定	1		
复杂客体	违反国家税收征管和发票管理规定	13	16	41.03%
	违反国家税收管理法规和增值税专用发票管理规定	2		
	违反国家税收征管和发票开具相关制度	1		

归纳39个案件对犯罪客体的描述,认为是简单客体的,具体表述为违反国家税收管理制度、违反国家发票管理规定或违反增值税专用发票管理规定这三种之一,其中认为违反增值税专用

发票规定的较多;认为是复杂客体的,具体表述为违反国家税收征管制度和违反发票管理制度。上述数据反映出在审判实践中,对犯罪客体的认识尚不一致。从犯罪客体与发票的关联性来看,有 33 个案件认为犯罪客体与发票管理有关,这 33 个案件中又有 12 个案件认为与增值税专用发票管理有关。这说明,虽然裁判文书对犯罪客体的认识存在差异,但多数认为本罪的犯罪客体与国家的发票管理制度关联。

2. 犯罪主观方面是否要求具有特定目的存在争议

理论界和司法实务中,对于行为人构成本罪,主观方面是否要求具有谋取非法利益等特定目的分歧较大。一种观点认为,构成本罪不要求行为人具有谋取非法利益等特定目的;另一种观点认为,构成本罪要求行为人具有谋取非法利益等特定目的。在第二种观点的认识下,往往将要求具有谋取非法利益的目的,具体化为"抵扣税款"或"骗取国家税款"这一特定目的。

从调研结果来看,裁判文书对主观方面的表述存在差异。85 个案件中,有 37 个案件的裁判文书对犯罪目的有明确表述(见图九)。在对行为人主观方面的表述中,与"犯罪目的"有关的表述主要归纳为:抵扣或骗取国家税款、非法牟利、赚取开票费、赚取介绍费、结账等,其中表述与"抵扣或骗取国家税款"有关的较多。另外,也有裁判文书明确表述本罪不要求具有特定目的,如"本罪的主观要件必须是故意,一般具有牟利的目的,但该目的并不是本罪主观上的必要条件"等。

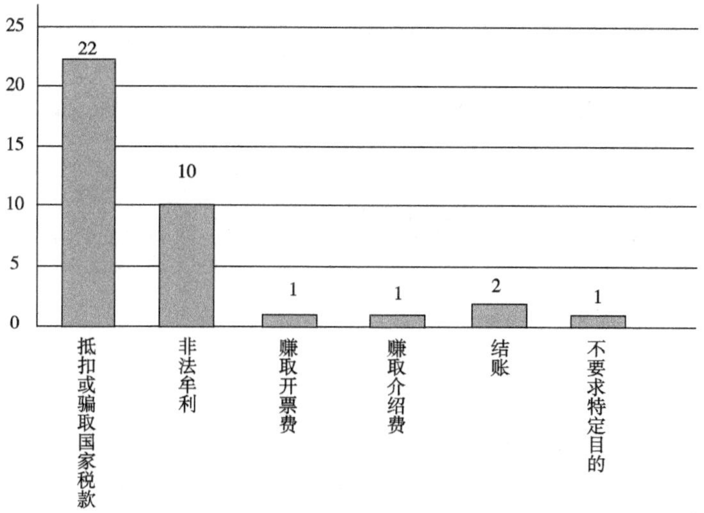

图九　犯罪目的表述情况

3. 代开行为的认定存在分歧

实践中存在行为人进行了实际经营活动,但让他人为自己代开增值税专用发票的情形。有的案件中,代开增值税专用发票的数量、金额等与实际经营活动相符,行为人主观上也没有偷逃税款的目的,客观上也没有造成国家税款的流失,此时应否认定构成虚开增值税专用发票罪,存在分歧。

(二)犯罪数额的认定方法不同

审判实践中,行为人在一个具体的案件中,从事的虚开行为不同,虚开税款数额的认定方法也不同。行为人有的仅虚开销项税额、有的仅虚开进项税额,还有的同时虚开销项税额与进项税额。在 85 个案件中,犯罪主体涉及 171 个自然人和单位。除去 40 个介绍人,131 个自然人和单位虚开税款数额的情况是:仅虚开销项税额的 23 个,仅虚开进项税额的 79 个,同时虚开销项税额与进项税额的 29 个(见表四)。

表四 行为人虚开税款数额情况

虚开税款数额方式	仅虚开销项税额	仅虚开进项税额	同时虚开销项税额与虚开进项税额	合计
行为人	23	79	29	131
占比	17.56%	60.30%	22.14%	

在同时虚开销项税额和进项税额的29个行为人中,从虚开发票的种类来看,有21个行为人是为他人虚开增值税专用发票,同时让他人为自己虚开增值税专用发票;有8个行为人是为他人虚开增值税专用发票,同时为自己虚开农产品收购发票或让他人为自己虚开运输发票。由于同时虚开增值税专用发票和虚开用于抵扣税款的其他发票涉及如何选择适用罪名的问题,此种情况下犯罪数额的认定与同时虚开增值税专用发票时犯罪数额的认定不同。因此,下文讨论同时虚开销项税额与虚开进项税额的情况,均指同时虚开增值税专用发票。

1.虚开税款数额的认定方法不同

行为人仅虚开销项税额或虚开进项税额时,虚开税款数额一般容易认定。行为人仅虚开销项税额时,以虚开的销项税额为虚开税款数额;行为人仅虚开进项税额时,以虚开的进项税额为虚开税款数额。行为人同时虚开销项税额与虚开进项税额的,如何认定虚开税款数额,实践中存在分歧。在上述21个行为人同时虚开销项税额与虚开进项税额的行为方式下,认定虚开税款税额为虚开销项税额与虚开进项税额之和的有13个,认定虚开税款数额为虚开销项税额的有8个(见表五)。同时,考察中国裁判文书网上的相关文书,有些案件是采用虚开销项税额与虚开进项税额中较大者作为虚开税款数额。

表五 行为人同时虚开销项税额与虚开进项税额时虚开税款数额的认定方法

虚开税款数额认定	虚开销项税额	虚开销项税额与虚开进项税额之和	虚开销项税额与虚开进项税额较大者	合计
行为人数	8	13	0	21
占比	38.10%	61.90%	0%	

2.骗取国家税款数额的认定方法不同

行为人仅虚开销项税额时,一般将受票方抵扣税款的数额认定为行为人骗取国家税款数额;行为人仅虚开进项税额时,一般将行为人自己抵扣税款的数额认定为骗取国家税款数额。审判实践中对既虚开销项税额又虚开进项税额时,应如何认定骗取国家税款数额存在争议,焦点主要集中在行为人虚开并抵扣的进项税额是否应该认定为骗取国家税款数额。

3.国家税款损失数额的认定方法不同

审判实践中通常以骗取国家税款数额扣除追缴税款、行为人及其亲属等补缴税款后的余额来认定国家税款损失数额。因此,骗取国家税款数额的认定方法不同,也导致国家税款损失数额的认定存在差异。有的案件中,行为人既虚开销项税额又虚开进项税额时,法院认为行为人虚开并抵扣的进项税额不应认定为骗取国家税款数额,从而也不应认定为国家税款损失数额。如某裁判文书这样表述:"被告人王某自接管某公司后,并没有从事过实际的购销活动,其接管公司的目的就是虚开增值税专用发票牟利,后为了弥补虚开的销项税额,让他人为自己虚开增值税专用发票并向税务机关申报抵扣的行为,实际上不能导致国家税款损失的后果。""被告人王某虚开增值税专用发票给国家造成的损失,应以其为他人虚开并被他人用于抵扣应缴纳税款的虚假增值税款部分为计算损失的标准”等。

审判实践中认定国家税款损失数额,存在争议的主要是空壳公司存续期间已缴纳的税款是否应该从国家税款损失中扣除。有的案件中,法院认为空壳公司存续期间已缴纳的税款可以从国家税款损失中扣除。如某裁判文书这样表述:“经查,某公司在存续期间曾向税务机关缴纳包括增值税款在内的各项税款,应从给国家造成的税款损失中扣除”等。

(三)本罪与危害税收征管罪中其他罪名较难区分

首先,行为人为他人虚开增值税专用发票,同时又为自己或让他人为自己虚开用于抵扣税款发票,此种情况下如何定罪处罚存在分歧。有的对行为人定虚开增值税专用发票、用于抵扣税款发票罪;有的对行为人择一罪名定罪处罚,定虚开增值税专用发票罪或虚开用于抵扣税款发票罪。如某裁判文书中这样表述:“法院认为,被告人刘某某在不具有真实货物交易的情况下,通过虚开增值税专用发票谋取非法利益,又采取为自己虚开用于抵扣税款的发票作为进项票的手段,掩盖其犯罪事实,因其前一行为与后一行为存在手段和目的牵连关系,因此应视为牵连犯,从一重罪处罚”等。

其次,本罪与逃税罪的行为方式不同,但存在交叉重合之处。纳税人通过虚开增值税专用发票进行纳税申报,属于逃税罪中规定的“纳税人采取欺骗、隐瞒手段进行虚假申报”的一种行为方式。审判实践中的难点是,行为人接受虚开的增值税专用发票进行抵扣构成逃税罪,还是构成虚开增值税专用发票罪,较难区分。

最后,行为人通过虚开增值税专用发票用于骗取出口退税,同时构成两罪的情况下,根据《最高人民法院关于审理骗取出口退税刑事案件具体应用法律若干问题的解释》第九条规定,“实施骗取出口退税犯罪,同时构成虚开增值税专用发票罪等其他犯罪的,依照刑法处罚较重的规定定罪处罚”。从审理情况来看,有的以骗取出口退税罪定罪处罚,有的以虚开增值税专用发票罪定罪处罚。审判实践的难点是如何具体适用“依照刑法处罚较重的规定定罪处罚”。

四、惩治和预防虚开增值税专用发票犯罪的对策与建议

(一)规范适用

由于虚开增值税专用发票犯罪的专业性和复杂性,该罪的法律适用问题一直是税收犯罪案件审理的重点和难点。为准确理解和适用法律,需要深入开展调研,归纳总结出契合税收实践活动的审判经验,以保障审判质量,提高审判效率。

1. 本罪的犯罪构成

虚开增值税专用发票犯罪侵犯的是何种法益,是否要求具有特定目的,是审理案件时需要首先明确的问题。课题组认为,本罪旨在保护国家增值税征纳秩序和国家增值税税收利益。一方面保护国家增值税征纳秩序,即增值税专用发票的管理;另一方面保护应纳增值税这一特殊税种的税收利益,即国家增值税税收利益。基于此考虑,认定本罪在主观方面应当要求行为人具有抵扣税款或骗取国家税款等特定目的。

代开行为会造成对国家增值税征纳秩序的侵害,一般应认定构成虚开增值税专用发票犯罪。但代开行为是否必然导致国家税款被骗,造成国家税款损失,需要具体分析。增值税纳税义务人分为一般纳税人与小规模纳税人。审判实践中,代开行为主要有两种:一种是一般纳税人为小规模纳税人代开;另一种是一般纳税人为一般纳税人代开。一般纳税人为小规模纳税人代开增值税专用发票后,多数都不会按照代开的增值税专用发票进行纳税申报,会造成国家税款的损失。一般纳税人之间代开增值税专用发票,若开票方与销售方适用相同税率,开票方按照代开增值税专用发票进行纳税申报并缴纳税款的情况下,通常不会造成国家增值税税款损失。审理案件时,要注意区分不同的代开行为。从实践来看，不造成税款损失的代开行为和造成税款损失的代开行为，其社会危害性有明显的差异。如果对本罪的“虚开”不设置一定的限制，即认为本罪是行为犯，只要具有虚开行为而不论行为人是否具有抵扣税款或骗取国家税款等特定目的，虚开行为是否实际造成国家税款损失等危害后果，都一视同仁、一律入罪处理，就可能导致对危害后果差异较大的行为予以同等处理的不公平现象。这是当前审理虚开增值税专用发票案件工作中需要研究解决的问题。

2. 犯罪数额的认定

关于虚开税款数额的认定。行为人仅虚开销项税额或虚开进项税额时，虚开税款数额为虚开的销项税额或进项税额。课题组认为，行为人虚开销项税额与虚开进项税额，均违反了增值税专用发票管理制度，对国家增值税征纳秩序造成了侵害。行为人同时虚开销项税额与虚开进项税额的，如果虚开销项税额或虚开进项税额分别涉及不同的货物购销和应税劳务，虚开税款数额可以二者累计之和认定；如果针对的是同一项交易，则可考虑以虚开销项税额与虚开进项税额中较大者作为虚开税款数额。

关于骗取国家税款数额的认定。行为人仅虚开销项税额或虚开进项税额时，骗取国家税款数额为销项受票方抵扣税款数额或进项受票方抵扣税款数额。课题组认为，行为人同时虚开销项税额与虚开进项税额的，骗取国家税款数额应区分行为人有无实际经营进行认定。有实际经营的行为人同时虚开销项税额与虚开进项税额，骗取国家税款数额为销项受票方与进项受票方抵扣税款数额之和。无实际经营的行为人同时虚开销项税额与虚开进项税额，由于行为人不存在真实交易，不产生纳税义务，虚开进项税额进行抵扣并不能产生骗取国家税款的后果。因此，骗取国家税款数额仅为销项受票方抵扣税款的数额。

关于国家税款损失数额的认定。国家税款损失数额应在骗取国家税款数额认定的基础上，以骗取国家税款数额扣除追缴税款和行为人及其亲属等补缴税款后的余额来认定。课题组认为，空壳公司存续期间不存在真实交易，不产生纳税义务。因此，空壳公司存续期间缴纳的税款可以从国家税款损失数额中扣除。

3. 本罪与危害税收征管罪中其他罪名的区分

本罪与非法出售增值税专用发票的区分，要注意审查虚开行为人的主观明知情况。从实际情况来看，一些公司为获取所谓的开票费，以非法出售的形式，大肆为他人虚开增值税专用发票，对这种“暴力虚开”行为应当从严整治。课题组认为，如果行为人明知受票方是为了骗取国家税款而买票，则其与受票方应构成虚开的共犯，同时开票行为人又构成非法出售增值税专用发票罪，此种情况属于法条竞合，考虑到非法出售增值税专用发票罪的法定刑与虚开增值税专用发票罪的法定刑相当，可从共犯的角度以虚开增值税专用发票罪定罪处罚。如果没有证据证明其明知受票方具有上述目的而购买发票，对开票方以非法出售增值税专用发票罪论处。

本罪与虚开用于抵扣税款发票罪在适用时，除了要注意区分虚开的发票种类不同，还应审查行为人是实际经营还是空壳公司，行为人的行为系手段行为还是目的行为等，综合上述情况进行定罪处罚。例如，在行为人为他人虚开增值税专用发票，同时又为自己虚开农产品收购发票时。如果行为人是实体经营者，行为人为自己虚开农产品收购发票是为抵扣税款时，对行为人定虚开增值税专用发票、用于抵扣税款发票罪；如果行为人是空壳公司，行为人为自己虚开农产品收购发票，是为掩盖虚开销项税额，此时构成手段行为与目的行为的牵连，应择一重罪处罚。

本罪与逃税罪进行区分时，要重点审查行为人是否参与虚开，是否系被动接受虚开的增值税专用发票等。在行为人同时触犯本罪与逃税罪时，应考虑构成法条竞合，适用重法优于轻法。

本罪与骗取出口退税罪的适用，在行为人同时构成两罪的情况下，应综合考虑法定刑、犯罪数额和犯罪情节，依照刑法处罚较重的规定定罪处罚。在量刑相同的情况下，以目的行为定罪更为妥当，因为目的行为更能体现整个犯罪行为的性质。

（二）立法建议

从税法与刑法的关系来看，税法应当是税收犯罪刑事立法的前提法。在刑法框架内研究税收犯罪，必须找到刑法与税法的连接纽带。当下，增值税法已被列入国家的立法规划，“营改增”实施的社会效果对税收法律必将产生深远的影响。刑法作为保障法，其刑事规制的范围和内涵，必将随着税收改革的发展而变化。增值税是我国税收收入的第一大税种。在我国“以票控税”的税收征管模式下，虚开增值税专用发票罪的解释、修正和设置，应在“营改增”税收实践的基础上，慎重推进。

1. 精简罪名。刑法第二百零五条的罪名为“虚开增值税专用发票、用于骗取出口退税、抵扣税款发票罪”，从罪名的确定来看，该罪名应为选择性罪名。85 个案件中，犯罪主体涉及 171 个自然人和单位，以虚开增值税专用发票罪定罪的 154 个，占比 90.06%；以虚开用于抵扣税款发票罪定罪的 8 个，占比 4.68%；以虚开增值税专用发票、用于抵扣税款发票罪定罪的 9 个，占比 5.26%；没有以虚开用于骗取出口退税发票罪定罪的。司法实践中，一方面，虚开用于骗取出口退税发票罪空置①；另一方面，存在同时构成虚开增值税专用发票罪、虚开用于抵扣税款发票罪的情况下，如何定罪处罚的问题。因此，课题组认为，可考虑对该罪名进行适当精简。

2. 重新界定虚开行为。根据刑法第二百零五条第四款的规定，虚开行为“是指有为他人虚开、为自己虚开、让他人为自己虚开、介绍他人虚开行为之一的”。85 个案件中“让他人为自己虚开”的达 49.53%，占比最高；“为他人虚开”的占比 24.76%；“介绍他人虚开”的占比 20.95%；“为自己虚开”的仅占 4.76%，占比最低，且“为自己虚开”的主要是农产品收购发票。全面“营改增”之后，用于抵扣税款的发票种类逐步减少，“为自己虚开”行为的占比会进一步降低。“让他人为自己虚开”与“为自己虚开”的本质均是虚开进项税额。因此，课题组认为，可考虑将“让他人为自己虚开”与“为自己虚开”予以整合，重新界定虚开行为。

3. 重新设置罚金刑。85 个案件中，罚金数额仅占虚开税款数额的 6.33%，占国家税款损失数额的 9.23%。罚金数额偏低，会造成对犯罪分子在经济上的威慑力不足。为体现经济犯罪的危害性，可以通过经济惩罚进行弥补的理念，使犯罪分子在犯罪数额增长的同时增加犯罪成本，有必要对罚金进行重新设置。

（三）综合治理

预防和治理以虚开增值税专用发票为主的发票犯罪活动，是一项复杂的系统工程。刑事处罚是解决社会问题的最后手段，前提是要发挥行政预防的作用。完善发票管理的信息化是治理发票犯罪的有效途径。税收犯罪行为的发生，与公民的纳税意识也有直接关系。因此，解决税收犯罪领域的问题，具体到解决虚开增值税专用发票犯罪问题，需要进行综合治理。

1. 加强行政执法与刑事司法的衔接

首先，要健全税务机关与侦查机关、检察机关、审判机关的业务沟通机制，提升整体合力。其次，要深化税务机关与人民法院的协同合作。在数据化大背景下，要实现税务机关与人民法院的信息共享。从山西法院的案件数据来看，发票犯罪在危害税收征管犯罪中的比重最大，且虚开增

---

① 截至 2017 年 12 月 31 日，在中国裁判文书网的高级检索框中输入“虚开用于骗取出口退税发票罪”，检索结果为 0。

值税专用发票犯罪案件呈增长趋势，而同期“非法制造、出售非法制造的发票罪”等假票类犯罪案件呈逐渐减少的趋势。法院可以依法向税务机关提供涉税案件信息，为税务机关研判可能涉及违法犯罪的重点领域提供依据。同时，税务机关可以为法院审理涉税案件提供专业协助，在税务稽查中注重证据材料收集，当税收违法案件涉嫌犯罪时，为刑事案件审理提供更加全面有效的证据。最后，人民法院要加强涉税案件审判队伍专业化建设，探索由相对固定的审判人员、合议庭审理涉税案件。要健全培训制度，税收犯罪具有专业性和复杂性的特点，对审判人员进行涉税业务培训，有助于提升审判能力和专业化水平，提高涉税案件的审判质量和效率。

2. 完善发票管理的信息化

“以票控税”的税收征管模式是发票犯罪的制度因素，完善发票管理的信息化是治理发票犯罪的有效途径。2016 年 10 月，金税三期工程全面上线，实现了全国税收数据大集中，成为规范税收执法、加强信息共享的大平台。2016 年 11 月 17 日，国家税务总局发布了《关于按照纳税信用等级对增值税发票使用实行分类管理有关事项的公告》，纳税人的信用等级不同，发票领用和认证均适用不同的管理模式。2016 年 12 月 23 日，国家税务总局发布了《关于启用全国增值税发票查验平台的公告》，取得增值税发票的单位和个人可登录全国增值税发票查验平台，对新系统开具的增值税专用发票、增值税普通发票等发票信息进行查验。上述一系列举措，对规范增值税专用发票管理和预防增值税专用发票犯罪将产生重要作用。随着“营改增”的全面实施，发票管理的信息化还有待在税收实践中进一步完善。

3. 提高全民纳税意识

以虚开增值税专用发票罪为主的发票类犯罪案件持续上升，除了利益刺激和制度因素，在一定程度上反映出公民的税纳意识薄弱。因此，加强公民的纳税意识，进而转变纳税理念，迫在眉睫。一方面，税务机关应开展经常性的税收宣传工作，普及税收知识。另一方面，审判机关可以通过现场巡回开庭等“以案普法”方式，进行税法宣传。中国庭审公开网的开通也将进一步扩大“以案普法”的社会效果。随着税收改革的推进，法治国家建设的深化，全民纳税意识将会不断提高。

结　语

1995 年全国人民代表大会常务委员会《关于惩治虚开、伪造和非法出售增值税专用发票犯罪的决定》首次规定了对虚开增值税专用发票行为予以定罪处罚，1997 年刑法修改增设了虚开增值税专用发票罪。二十多年来，该罪名的适用为税收改革的顺利推进发挥了重要的保障作用。今天在“营改增”的大背景下，我们更需要理性地看待这个罪名，在税收法定原则和罪刑法定原则的指引下，深刻认识该罪保护的法益内涵，准确适用法律条文，科学发挥刑法的社会保障功能。现阶段税收征管实践和税收犯罪治理，还面临许多纷繁复杂的问题，这都需要立法者、司法者、执法者和全体公民共同努力解决！

上海市高级人民法院　上海市人民检察院　上海市公安局
关于印发《关于办理涉众型非法集资犯罪案件的指导意见》的通知

第一、第二中级人民法院，第三中级人民法院（知识产权法院、铁路运输中级法院），各区人民法院，上海铁路运输法院，市高级人民法院相关部门；市检察院第一、第二、第三分院（铁路分院），各区人民检察院，上海铁路运输检察院，市人民检察院相关部门；市公安局各分局，市公安局相关部

门,各公安处(局):

为提高办理涉众型非法集资犯罪案件的质量和效率,最大限度追赃挽损,维护社会稳定,确保办案取得良好的法律效果和社会效果,根据《刑法》《刑事诉讼法》及有关司法解释规定,结合工作实际,市高级人民法院、市人民检察院、市公安局联合制定了《关于办理涉众型非法集资犯罪案件的指导意见》。现予以印发,请遵照执行。

上海市高级人民法院
上海市人民检察院
上海市公安局
2018 年 11 月 3 日

关于办理涉众型非法集资犯罪案件的指导意见

当前,非法吸收公众存款、集资诈骗等涉众型非法集资犯罪新情况、新问题不断呈现,为提高办案质量和效率,最大限度追赃挽损,维护社会稳定,确保办案取得良好的法律效果和社会效果,根据《刑法》《刑事诉讼法》及有关司法解释规定,结合工作实际,制定本指导意见。

一、关于惩治非法集资犯罪的一般原则

办理非法集资犯罪案件,要突出打击重点,注重区别对待,强化追赃挽损,着力化解社会矛盾。

对于非法集资犯罪活动中的组织、策划、指挥者和主要实施者,应当重点打击,从严惩处。

对于虽未直接参与实施非法集资犯罪行为,但明知非法集资性质而出资入股的主要获利者,应当以共犯论处,依法追究其刑事责任。

对于侦查、审查起诉阶段积极挽回集资参与人财产损失且犯罪情节相对较轻的一般参与者,可以不予移送审查起诉或不起诉。

对于非法集资犯罪活动中的组织、策划、指挥者和主要实施者以外的人,虽然犯罪数额巨大或数额特别巨大,但到案后积极(全部)退缴违法所得,尽力弥补本人行为造成的他人财产损失的,应当依法予以从轻、减轻或者免除处罚。

二、关于非法集资行为罪与非罪的界限

认定非法吸收公众存款、集资诈骗等非法集资犯罪,必须坚持主客观相统一原则。具有下列情形之一的,应当认定非法集资犯罪:

(一)虚构经营业务或者故意作夸大宣传的;

(二)明知集资参与人返利过高,或者招揽业务提成比例过高,不符合一般市场行情的;

(三)明知单位业务亏损,仍通过高息揽存等方式归还单位债务的;

(四)曾在其他公司从事非法集资活动被查处或取缔,之后又从事相同业务的;

(五)曾在银行、证券、保险等金融机构工作,具有一定的金融专业知识,参与实施非法集资活动的;

(六)其他应当认定非法集资犯罪的情形。

对于被告单位中层级较低的管理人员或者普通职员,如果确有证据或理由表明其并不知晓非法集资性质,而是当作正常经营业务参与实施了非法集资行为的,一般不宜作为犯罪处理。

三、关于非法吸收公众存款罪与集资诈骗罪的界限

办理非法集资犯罪案件,应当根据被告人主观上是否具有非法占有目的,分别定罪处罚。对于先行非法吸收公众存款从事经营活动，后因严重亏损而采用欺骗方法吸收资金用于还债或挥霍的，因行为人的主观故意内容和客观上的犯罪对象不同（所涉及的资金应当分别计算和认定），应当分别认定非法吸收公众存款罪和集资诈骗罪，实行数罪并罚。

对于多人参与、分工实施的集资诈骗犯罪，其中的组织、策划、指挥者应当以集资诈骗罪定罪处罚；对于确有证据或理由表明并不知晓上述人员的非法占有目的，可以非法吸收公众存款罪定罪处罚。

四、关于单位犯罪的认定和处理

对于以单位名义实施非法集资行为，全部或者大部分违法所得归单位所有的，应当依法认定单位犯罪。

对于个人以单位名义实施非法集资行为，没有合法经营业务，违法所得主要由个人任意支配、处分的，应当依法以个人犯罪论处。

单位涉嫌犯罪的，应当指定单位在职员工作为诉讼代表人参与诉讼，以充分维护被告单位的诉讼权利。如果单位在职员工确无参与诉讼的能力或条件，或者均涉案不能作为诉讼代表人的，可以由其委托熟悉单位情况的离职、退休人员、法律顾问等作为诉讼代表人参与诉讼。

涉嫌犯罪的单位确无合适人员担任诉讼代表人的，不得将其列为被告单位，但对该单位中直接负责的主管人员或者其他直接责任人员，可以按照单位犯罪追究刑事责任。对于相关人员附加判处财产刑的，一般应当按照个人违法所得或者犯罪行为造成他人财产损失数额的一定比例或者倍数予以确定。

对于涉嫌犯罪但没有被起诉的单位，如果其名下确有一定数额的财产或者违法所得的，在相关单位人员被定罪处罚后，可以根据所认定的犯罪事实，依法予以追缴或者责令退赔并发还集资参与人。

五、关于共同犯罪中主从犯的认定

在多人参与、分工实施的非法集资犯罪中，原则上应当区分主从犯。除非法集资犯罪活动的组织、策划、指挥者以外，积极参与犯罪的主要实施者，以及明知非法集资性质而出资入股的主要获利者，应当认定为主犯。对于接受他人指使、管理而实施非法募集资金行为的次要实行犯，或者仅仅为非法集资提供后台支持行为的帮助犯，应当依法认定为从犯。

对于多个单位共同实施的非法集资犯罪，应当根据各自在共同犯罪中的地位和作用，依法区分主从犯。主犯单位的内部人员之间地位和作用确有差别的，可以区分主从犯。对于从犯单位内部人员，应当一律认定为从犯，但应当根据各自在共同犯罪中的地位和作用分别量刑。

对于只起诉了部分单位共犯的案件，如果确有证据证明被起诉的单位只起次要或辅助作用的，应当依法认定为从犯。主从犯作用难以确定的，可以不予区分主从犯，但应当根据各自在共同犯罪中的地位和作用分别量刑。

六、关于犯罪数额的认定

通过向社会公开宣传方式非法集资，其中含有向亲友吸收的资金的，应当计入犯罪数额。对于行为人本人或者其近亲属投入的资金，可不计入犯罪数额，但应当优先用于赔偿其他集资参与人的财产损失。

对于非法集资活动的参与者，应当按照其实际参与的非法集资活动计算犯罪数额；其离开单位后，下线人员独自实施的非法集资数额，不应计入其犯罪数额。

非法集资单位内部人员相互集资的数额，不应计入各自的犯罪数额，但应计入各自的上线以及单位的犯罪数额。

对于一次性投入资金未作提取，其间虽有利用到期本息滚动投入记录的，只需将一次性投入的本金计入非法吸收公众存款或者集资诈骗的犯罪数额。如果其间确有追加投入的，应当将追加投入金额与前次投入的本金累计计入犯罪数额。

七、关于自首的认定

对于等待、配合公安机关处置的行为能否视为"自动投案"，进而认定为自首，应当区分三种情况分别掌握：1. 犯罪嫌疑人在被公安机关抓获前，明知公安机关前来处置，在特定地点等候的，可以视为"自动投案"，其后能如实供述犯罪事实的，可以认定为自首。2. 公安机关在抓获犯罪嫌疑人后通常会视情分别采取以下三种管控方式，即刑事拘留、取保候审或者责令随传随到、听候处置。既然公安机关已经明确犯罪嫌疑人并采取了不同的管控方式，则不再发生犯罪嫌疑人"自动投案"的问题。对于其后配合调查、如实供述犯罪事实的，可以依法认定为坦白。3. 犯罪嫌疑人被公安机关抓获并采取相应处置措施后逃跑的，因其违反公安机关确定的配合调查义务，应当酌情从重处罚。对于逃跑后又自动归案的行为，不能认定为"自动投案"，但可在量刑时酌情考虑。

犯罪嫌疑人涉嫌非法吸收公众存款罪被立案侦查，到案后如实供述自己的犯罪事实，被司法机关最终认定为集资诈骗罪的，因两罪的大部分事实重合，通常并不符合刑法第六十七条第二款关于"如实供述司法机关还未掌握的本人其他罪行"的规定，不能认定为自首；符合坦白条件的，可以认定为坦白。

犯罪嫌疑人接电话通知到案配合调查后被取保候审，在取保候审期间继续从事非法集资活动，之后又自动投案、如实供述自己的罪行的，从总体而言，其行为具有自动投案、如实供述自己的罪行的基本特征，可以依法认定为自首，但是对其从宽处罚的幅度需要从严把握；如果最终系被公安机关抓获归案的，则全案不能认定为自首。

八、关于累犯的认定

在非法集资犯罪案件中，因犯罪嫌疑人、被告人的犯罪行为往往会持续一段时间，认定其是否系在刑罚执行完毕或者赦免以后五年以内重新犯罪，应当以犯罪行为开始时为依据，而不能以非法集资行为达到犯罪起点数额标准时或者实行终了时为依据。

九、关于集资参与人的诉讼地位及权利保障

非法集资参与人，属于非法集资刑事案件的诉讼参与人，其知情权、赃款返还请求权等权利，应当依法予以保障。

对于集资诈骗犯罪被害人提出由其本人或者委托的诉讼代理人参加庭审等请求，一般应予准许；但被害人人数众多的，可要求其选派代表参与相关诉讼活动，以保证审判活动顺利进行。

十、关于遗漏集资参与人及请求追加起诉的处理

在非法集资犯罪案件中，因人数众多而遗漏集资参与人、需要追加起诉的，一般应当安排在一审开庭审理前依法进行。一审庭审后，被遗漏的集资参与人直接向法院主张权利的，法院应当将相关证据材料移交检察机关先行审核，在检法办案人员审核确认以后，可以参与涉案资产分配。

十一、关于追缴集资参与人的非法收益及被告人的退赔

向社会公众非法吸收的资金属于违法所得。以吸收的资金向集资参与人支付的利息、分红等回报，不论集资参与人是否已先期离场，均应当依法追缴。集资参与人本金尚未归还的，所支付的回报可予折抵本金。

参与非法集资犯罪的被告人（包括被追究刑事责任的业务员），应当对其犯罪行为造成的损失承担退赔责任，除应当依法追缴其获取的佣金、提成等违法所得外，还可以责令在其犯罪行为造成的损失范围内承担退赔责任。

十二、关于法律适用、刑罚裁量及涉案财物处置的标准统一

分别在不同法院审理的同一系列非法集资犯罪案件，不同法院之间要加强沟通协调，确保法律适用统一，量刑均衡。

非法集资犯罪案件的涉案财物以集中统一处置为原则，并按照非法集资参与人的实际损失比例发还。

上级单位（总公司、母公司）和分支机构（分公司、子公司）均涉案的非法集资犯罪案件，由本市不同法院审理的，原则上由审理涉案总公司、母公司的法院统一处置涉案财物。

对于涉案总公司、母公司不在本市，涉案分公司、子公司的非法集资犯罪案件由本市法院审理的，应加强与审理涉案总公司、母公司的法院沟通协调，可交由该法院统一处置涉案财物；未能移送审理涉案总公司、母公司的法院统一处置涉案财物，或者因为审理节奏不统一等不宜由审理涉案总公司、母公司的法院统一处置涉案财物的，本市法院应当及时处置涉案财物，但要与审理涉案总公司、母公司的法院做好信息沟通和相关工作衔接。

审理法院原则上应当在作出一审判决前制定处置涉案财物的初步方案，其中包括集资参与人名单、集资数额、财产查扣数额、返还本金数额、支付利息数额等。

对于易贬值、易损耗的涉案财物，侦查机关、检察机关以及审判机关应及时通过变卖、拍卖等方式予以先行处置。

涉众型非法集资犯罪的法律、政策规制

□黄祥青* 肖晚祥** 罗开卷*** 许 浩****

目前，非法吸收公众存款、集资诈骗等涉众型非法集资犯罪呈现高发态势，影响国家金融安全和社会的和谐稳定。依法稳妥处理好涉众型非法集资犯罪案件，防范系统性金融风险，是当前司法机关的一项重要任务。然而，实践中如何把握政策界限，如何精准适用法律，尚存分歧，有些甚至影响办案的质量和效果。针对这些分歧问题开展研究，明确指导意见，统一法律适用，对于提高涉众型非法集资犯罪案件的办案质量具有重要意义。

一、惩治非法集资犯罪的一般原则

当前，涉众型非法集资犯罪往往公司化、集团化运作，公司、集团内部人员众多，层级、分工明显，有董事长、总裁、总经理等高层决策、指挥层，有区域经理等中层管理层，也有业务员等底层实施层；有非法集资的直接决策、指挥、实施者，也有并不直接参与非法集资的如财务、技术等后台支持者。对非法集资犯罪案件，我们的办理原则是突出打击重点，注重区别对待，强化追赃挽损，着力化解社会矛盾。

（一）关于打击重点

对于将非法集资犯罪活动的组织、策划、指挥者和主要实施者作为重点打击对象基本没有争议，争议在于明知非法集资性质而出资入股的主要获利者是否应作为重点打击对象。一种观点

---

* 黄祥青，上海市高级人民法院党组成员、上海市第一中级人民法院院长，法学博士。

** 肖晚祥，上海市高级人民法院刑二庭副庭长，法学博士。

*** 罗开卷，上海市高级人民法院刑二庭副庭长，法学博士。

**** 许浩，上海市高级人民法院刑二庭审判员，法学硕士。

认为，明知非法集资性质而出资入股的主要获利者，具有非法集资的主观故意，且在非法集资单位中处于股东地位，获取了大量非法利益，是造成集资参与人损失的主要原因之一，故应当作为重点打击对象。另一种观点则认为，此类人员既不是非法集资的组织、策划、指挥者，也没有直接实施非法集资行为，其出资入股行为只是为非法集资单位提供资金支持并分享收益而已，应属于帮助犯的范畴，故不应作为重点打击对象。

我们认为，实践中实施非法集资行为的公司，其股东往往为组织、策划、指挥者。未直接参与实施非法集资，而单纯出资入股获取非法集资利益的情况较为少见，此类人员相对于组织、策划、指挥者而言，地位相对较低、作用相对较小，但如果系幕后大股东，其地位和作用未必低于、小于相关组织、策划、指挥者。这类人员主观上明知非法集资性质而出资入股，犯罪意图明显，客观上又是主要获利者，虽然没有直接实施非法集资行为，但也应作为共犯追究刑事责任。

对于非法集资犯罪活动中组织、策划、指挥者和主要实施者以外的一般参与者，虽然犯罪数额巨大或数额特别巨大，但到案后如果能积极退缴违法所得，尽力弥补本人行为造成的他人财产损失的，可充分贯彻宽严相济刑事政策，对其依法予以从轻、减轻或者免除处罚。

（二）关于打击范围

非法集资犯罪案件大多呈公司化运作，涉及人员众多，特别是一些大型的非法集资公司，员工数以千计，是否有必要将全部人员纳入刑事打击范围，存在较大争议。一种观点认为，应该严格依照法律规定，对具有非法集资故意，且数额达到入罪标准的人员，均纳入刑事打击范围。主要理由是：既然按照法律规定已经构成犯罪，就应当纳入刑事打击范围，否则有放纵犯罪之嫌。另一种观点则认为，应适当限缩刑事打击范围，对层级较低的管理人员和普通职员，可适当作出罪处理。主要理由是：基于当前非法集资犯罪案件的现状，达到追诉数额标准的人员往往众多，其中不乏一些刚出大学校门便进入其中工作的普通职员，如将只要达到追诉数额标准的都纳入刑事打击范围，造成打击面过宽，不符合“打击少数、挽救多数”的刑事政策精神，也难以取得法律效果与社会效果的统一。故可从贯彻宽严相济刑事政策层面，适当限缩打击范围，对于非法集资单位中层级较低的管理人员和普通职员，可从主观上明知程度不高、客观上情节显著轻微角度，适当作出罪处理。

我们认为，适当限缩打击范围更符合当前实际。具体而言，就是针对非法集资单位中的一般参与者即层级较低的管理人员和普通职员，即使其参与非法集资的数额达到了入罪标准，但如果犯罪情节相对较轻并在侦查、审查起诉阶段积极挽回集资参与人财产损失的，可以不予移送审查起诉或不起诉；或者虽然犯罪数额巨大或数额特别巨大，但到案后积极（全部）退缴违法所得，尽力弥补本人行为造成的他人财产损失的，应当依法予以从轻、减轻或者免除处罚。积极退赃退赔和弥补被害人的财产损失，本是从宽处罚情节，尤其是对于涉众型非法集资犯罪案件，涉案资金巨大甚至特别巨大，而案发时兑付比例往往不足20%，也因为兑付比例低，给集资参与人造成巨大的财产损失，并由此引发社会不稳定因素，故只有加大追赃挽损力度，最大限度地保护集资参与人的财产利益，才能有效化解社会矛盾，维护社会的和谐稳定。也只有这样，才能实现办案的法律效果和社会效果的有机统一。因此，考虑此类犯罪的特殊性，将积极退赃退赔和弥补被害人财产损失作为重要的从宽处罚情节，予以较大幅度的从轻、减轻处罚甚至免除处罚或者不作为犯罪处理，可起到鼓励犯罪情节较轻的一般参与者及早退赃、退赔，积极挽回损失的作用。

二、非法集资行为罪与非罪的界限

（一）坚持主客观相统一区分罪与非罪

非法集资公司中的人员客观上往往都不同程度地直接实施了非法集资行为或者实施了为非

法集资提供帮助的行为，但部分层级较低的管理人员或者普通职员有可能并不知晓公司所从事的业务具有非法集资性质，故对该部分人员是否作为犯罪处理，应当坚持主客观相统一的原则，注重全面收集证据，如确有证据证明其并不知晓公司的非法集资性质，而是当作正常经营业务参与实施了非法集资行为的，一般不宜作为犯罪处理。

（二）非法集资故意的具体认定

区分非法集资行为的罪与非罪，其重点也是难点在于认定行为人是否具有主观故意。实践中，既要避免单纯根据所在公司存在非法集资行为客观归罪，也不能仅凭被告人自己的供述，而应当根据案件的具体情况具体分析。根据司法实践，具有下列情形之一的，可以推定行为人具有非法集资的主观故意：一是在非法集资过程中虚构经营业务或者故意作夸大宣传的；二是明知集资参与人返利过高，或者招揽业务提成比例过高，不符合一般市场行情的；三是明知单位业务亏损，仍通过高息揽存等方式归还单位债务的；四是曾在其他公司从事非法集资活动被查处或取缔，之后又从事相同业务的；五是曾在银行、证券、保险等金融机构工作，具有一定的金融专业知识，参与实施非法集资活动的；六是其他应当认定具有非法集资犯罪故意的情形。但是，在处理具体案件的时候，对于有证据证明行为人不具有非法集资主观故意的，就不能作为非法集资犯罪处理。

三、非法吸收公众存款罪与集资诈骗罪的界限

非法集资犯罪主要涉及非法吸收公众存款罪和集资诈骗罪。根据刑法规定，两罪的区别主要在于行为人主观上是否具有非法占有目的。如有，构成集资诈骗罪；如否，构成非法吸收公众存款罪。

（一）犯意转化与数罪并罚

实践中，行为人先行非法吸收公众存款从事经营活动，其后因严重亏损等原因产生犯意转化，以非法占有目的继续向公众非法集资，究竟是应以集资诈骗罪一罪认定还是以非法吸收公众存款罪和集资诈骗罪实行数罪并罚，存在较大争议。一种观点认为，这种非法集资行为上具有连续性，仅是中间过程中存在犯意转化，之前的非法吸收公众存款应当被后面的集资诈骗所吸收，即以集资诈骗罪一罪处罚，之前的非法吸收公众存款行为可作为酌定量刑情节考虑。另一种观点则认为，行为人在产生犯意转化后所从事的非法集资行为，主观故意上具有非法占有目的，客观行为上不但继续从事非法集资行为而且将集资款用于偿还债务等消耗性支出，与之前的行为相比，不仅主观故意内容不同，而且客观表现存在明显差异，分别构成非法吸收公众存款罪和集资诈骗罪，应当数罪并罚。

我们倾向于第二种观点。行为人在犯意转化前后实施的非法集资行为是两种性质完全不同的行为，尽管前后行为在资金调配上有所关联，但并不影响对两种行为的刑法评价，依法分别构成非法吸收公众存款罪和集资诈骗罪，予以数罪并罚。以两罪并罚，才能充分评价整个犯罪行为。

（二）多人参与、分工实施的集资诈骗犯罪中其他参与者的罪名认定

对于多人参与、分工实施的集资诈骗犯罪，组织、策划、指挥者以外的其他参与者是否均应以集资诈骗罪的共犯认定，存在不同观点。一种观点认为，根据共同犯罪理论，对共犯应适用部分行为共同责任原则，其他参与者系共犯，虽然仅根据分工实施了部分行为，但应对整个犯罪承担共同责任，故对其他参与者应以集资诈骗罪的共犯认定。另一种观点则认为，其他参与者是否构成集资诈骗罪的共犯，需要具体情况具体分析。如果其他参与者明知组织、策划、指挥者具有非法占有目的，仍然实施相关的非法集资行为的，则应以集资诈骗罪共犯认定；但如果并不知晓组织、策划、指挥者具有非法占有目的，但具有非法集资主观故意的，则不构成集资诈骗罪，一般应

认定非法吸收公众存款罪。

我们倾向于第二种观点。第一,某种行为是否构成犯罪,构成什么罪,必须坚持主客观相统一原则。对于多人参与、分工实施的集资诈骗犯罪,如层级较低的人员并不知晓组织、策划、指挥者具有非法占有目的,说明其实施相关非法集资行为时在主观上不具有非法占有目的,此时如以集资诈骗罪共犯论处,明显违背主客观相统一原则,故不足取。第二,多人参与、分工实施的集资诈骗犯罪,隐蔽性强,其中层级较低的人员并不知晓组织、策划、指挥者具有非法占有目的符合常理,实践中亦常有发生。如罔顾该事实定罪,容易导致客观归罪。第三,对层级较低的人员不以集资诈骗罪共犯论处,但仍可认定其行为构成非法吸收公众存款罪。虽然对组织、策划、指挥者以集资诈骗罪定罪,对于不具有非法占有目的的层级较低的人员以非法吸收公众存款罪定罪,但两个罪名均属于非法集资犯罪,在非法吸收公众存款这一非法集资行为上两者系共同犯罪,只是组织、策划、指挥者有非法占有目的,属于实行过限。因此,分别以集资诈骗罪和非法吸收公众存款罪定罪,符合部分实行过限情形下的部分共同犯罪原理。

四、单位犯罪的认定和处理

(一)单位犯罪的认定

当前的非法集资犯罪案件绝大多数呈公司化运作。行为人设立公司就是为了实施非法集资犯罪活动,或者公司设立后以实施非法集资犯罪为主要活动。对此,是属于单位犯罪还是个人共同犯罪,争议较大。一种观点认为,1999 年《最高人民法院关于审理单位犯罪案件具体应用法律有关问题的解释》第二条规定:“个人为进行违法犯罪活动而设立的公司、企业、事业单位实施犯罪的,或者公司、企业、事业单位设立后,以实施犯罪为主要活动的,不以单位犯罪论处。”有鉴于此,如果确有证据证明涉案公司是为实施非法集资犯罪活动而设立,或者设立后以实施非法集资犯罪为主要活动的,按照司法解释规定应以个人犯罪论处。另一种观点则认为,司法解释之所以作上述规定,是为了有效打击以单位为幌子实施的个人犯罪行为。但对于以公司名义实施的非法集资犯罪,往往并不存在该司法解释意图规制的行为,以单位犯罪认定不仅不会轻纵行为人,而且有利于追缴违法所得,最大限度地挽回集资参与人的财产损失。因此,对于以公司名义实施的非法集资犯罪行为,全部或者大部分违法所得归公司所有的,一般应以单位犯罪认定。

我们倾向于第二种观点。行为人设立公司往往只是出于非法集资的需要,而并不是为了规避责任,且当前非法集资犯罪的数额基本上为特别巨大以上,以单位犯罪认定并不会轻纵行为人。加之很多涉案财产处于公司名下,如果不将公司作为犯罪主体追究,显然不利于追赃挽损。因此,对于以公司名义实施的非法集资犯罪,如违法所得归公司所有,符合单位犯罪基本概念的,一般宜以单位犯罪认定。如此认定,事实上与司法解释规定的精神并不相悖。实践中如“e 租宝”案等,均以单位犯罪认定,取得了较好效果。

当然,认定非法集资属于单位犯罪必须符合单位犯罪的基本概念,即以单位名义实施,违法所得归单位所有。对于以公司名义实施非法集资,没有合法经营业务,违法所得主要由个人任意支配、处分的,由于公司只是用来实施非法集资的幌子,故应当否定公司人格,以个人犯罪论处。

(二)单位诉讼代表人的确定

非法集资犯罪案发后,单位的管理层和员工等往往因为涉案而不能担任诉讼代表人,如果单位确无合适的在职员工担任诉讼代表人的,离职、退休人员以及单位法律顾问等能否担任诉讼代表人,争议较大。一种观点认为,单位的诉讼代表人在诉讼中代表单位,必须由单位在职员工担任,离职、退休人员或者单位的法律顾问不能代表单位,故不能担任诉讼代表人。另一种观点则认为,单位的诉讼代表人原则上应由单位的在职员工担任,如确无合适的在职员工可担任诉讼代表人的,亦可由熟悉单位情况的离职、退休人员或者法律顾问等作为诉讼代表人参与诉讼。

我们倾向于第二种观点。关于单位诉讼代表人资格问题,法律并没有明确规定只有单位在职员工方可担任诉讼代表人。鉴于实践中涉案非法集资单位找不到合适的在职员工担任诉讼代表人的情况时有发生,为有利于追究涉案单位的刑事责任,可适当从宽掌握单位诉讼代表人的资格,对于确无合适的在职员工担任诉讼代表人的情况,也可由熟悉单位情况的离职、退休人员或者法律顾问等作为诉讼代表人参与诉讼。如仍没有合适人员担任诉讼代表人的,在诉讼活动中则不应将涉嫌犯罪的单位列为被告单位,但对该单位中直接负责的主管人员和其他直接责任人员,可以按照单位犯罪追究刑事责任。对于相关人员附加判处财产刑的,一般应当按照个人违法所得或者犯罪行为造成他人财产损失数额的一定比例或者倍数予以确定。

(三)未被起诉的犯罪单位名下财产的追缴和责令退赔

对于涉嫌犯罪但因无合适诉讼代表人等原因没有被起诉的单位,其名下的财产能否予以追缴或责令退赔,实践中存在较大争议。一种观点认为,单位没有被起诉,当然就不能判决承担法律责任,对其名下的财产予以追缴或责令退赔缺乏法律依据。另一种观点则认为,虽然没有起诉单位,但原因是没有合适的诉讼代表人等,并不是单位不构成犯罪,而且在裁判文书中实际上已认定单位构成犯罪,故对于犯罪单位名下的财产,可以根据犯罪事实依法予以追缴或者责令退赔。

我们倾向于第二种观点。对于未被起诉的单位,其名下财产如果能被查证属于违法所得的,依法予以追缴并无争议,争议在于单位名下难以被确定为违法所得的财产。我们认为,单位虽未被起诉,但对直接负责的主管人员和其他直接责任人员的判决已经认定了单位构成犯罪,犯罪单位应当对其犯罪行为造成的他人损失承担赔偿责任,故其名下的财产,即使无法确定系违法所得的,也可责令其退赔并发还集资参与人。

五、共同犯罪中主从犯的认定

(一)主从犯区分的一般规则

非法集资犯罪往往涉及众多被告人,同一系列案件的被告人分别在不同法院审理已属常态。实践中,相关审理法院对主从犯的认定往往存在不同的标准,如有的区分主从犯,有的不区分主从犯,影响适用法律的统一。

我们认为,在多人参与、分工实施的非法集资共同犯罪中,各行为人的地位和作用往往是有所区别的,故原则上应当区分主从犯。在区分主从犯的标准上,实践中存在两种观点。一种观点认为,非法集资单位的主要负责人应当认定为主犯,其他受聘从事单位管理的人员等则应认定为从犯。另一种观点则认为,主犯不仅仅是指非法集资单位的主要负责人,还应包括非法集资犯罪活动的组织、策划、指挥者,积极参与犯罪的主要实施者,以及明知非法集资性质而出资入股的主要获利者。对于其他受人指使、管理而实施非法募集资金行为的次要实行犯,或者仅仅为非法集资提供后台支持的帮助犯,则应当认定为从犯。

我们倾向于第二种观点。在以往的司法实践中,对于单位犯罪中直接负责的主管人员和其他直接责任人员一般不区分主从犯,只有为了量刑平衡等需要,有必要区分主从犯时才予以区分。而在非法集资单位犯罪案件中,对直接负责的主管人员和其他直接责任人员如果不区分主从犯,基本上很难做到量刑平衡,故区分主从犯是常态。在主从犯的区分标准上,仅将单位的主要负责人认定为主犯,而将其他受聘从事管理工作的人员均一律认定为从犯显然不妥。主从犯的区分主要应该看其在共同犯罪中的地位和作用,有些受聘从事高层管理工作的人员实际上可能是组织、策划、指挥者,当然应认定为主犯。具体而言,主犯包括非法集资犯罪活动的组织、策划、指挥者,积极参与犯罪的主要实施者,以及明知非法集资性质而出资入股的主要获利者,这几类人员在非法集资共同犯罪中的地位和作用都难以归于从属地位和帮助作用,故不能认定为从犯,应以主犯认定。

(二)单位共同犯罪中主从犯的区分

实践中,多个单位构成非法集资共同犯罪的情况并不鲜见,对于各单位之间是否需要区分主从犯,存在不同意见。一种观点认为,单位之间的共同犯罪一般不应区分主从犯,直接按照各犯罪单位在共同犯罪中的地位和作用处理即可。另一种观点则认为,单位之间的共同犯罪应当根据各自在共同犯罪中的地位和作用区分主从犯。

我们倾向于第二种观点。刑法关于主从犯的规定并未局限于自然人共同犯罪,对于多个单位构成共同犯罪且各单位在共同犯罪的地位和作用存在差异,不区分主从犯难以确保量刑平衡的,应当区分主从犯。

既然单位共同犯罪可依法区分主从犯,那么,被认定为主犯单位中的内部人员是否都应认定为主犯,而被认定为从犯单位中的内部人员是否都应认定为从犯,亦存在争议。一种观点认为,单位犯罪中,单位内部人员对于单位具有从属性,法律规定单位犯罪的内部人员只有直接负责的主管人员和其他直接责任人员之分,既然单位被认定为主犯,那么主犯单位的直接负责的主管人员和其他直接责任人员就应当都是主犯,而从犯单位的直接负责的主管人员和其他直接责任人员就应当都是从犯。另一种观点则认为,对于主犯单位的内部人员原则上认定为主犯,但如果地位和作用确有差别的也可区分主从犯;从犯单位的内部人员,则应一律认定为从犯,但也应根据各自在共同犯罪中的地位和作用在量刑上有所区别。

我们倾向于第二种观点。对于单位犯罪,内部人员在不区分主从犯难以做到量刑均衡的情况下,是可以区分主从犯的。从实际情况看,非法集资案件中被认定为主犯的单位很有可能是规模较大的公司,其中有一些层级较低的涉案人员如果被认定为其他直接责任人员,也将其认定为主犯,似有不妥,导致量刑偏重,故对于主犯单位内部人员可原则上认定为主犯,但确有区分主从犯必要的,也可区分主从犯。而从犯单位,其整体在共同犯罪中均处于从属地位和起帮助作用,作为单位内部人员,其地位和作用不可能超过单位整体,故应当一律认定为从犯。当然,从犯单位内部人员之间地位和作用如有差异的,在量刑时可予具体把握。

对于因种种原因,只起诉了部分单位共犯的案件,如果确有证据证明被起诉的单位只起次要或辅助作用的,我们认为,还是应当依法认定为从犯。主从犯作用难以确定的,可以不予区分主从犯,但应当根据各自在共同犯罪中的地位和作用分别量刑。

六、犯罪数额的认定

实践中以案发时尚未归还的数额作为集资诈骗罪的犯罪数额,但关于非法吸收公众存款罪的犯罪数额认定,存在较多争议。

(一)向亲友吸收的资金是否应从犯罪数额中扣除

对于通过向社会公开宣传方式非法集资,其中含有向自己的亲友吸收的资金,亲友投入的资金是否应当从行为人的犯罪数额中扣除,存在不同意见。一种观点认为,亲友不属于社会公众范畴,故投入的资金应从犯罪数额中扣除。另一种观点则认为,通过向社会公开宣传方式非法集资,亲友也属于社会公众的一部分,而且,因为亲友的范围较为模糊,实践中扣除哪些亲友的投资数额,存在不统一,故以不扣除为妥。

我们认为,如果未向社会公开宣传,其亲友属于特定对象,但当通过向社会公开宣传方式非法集资,亲友已成为社会公众的一部分,此时亲友的投资金额原则上应计入犯罪数额。若在向公众非法集资的同时，自己也有资金投入的，本人投入的资金显然不能认定为向社会公众非法集资的资金，应从犯罪数额中扣除。对于和行为人具有财产混同关系的人员，如配偶投入的资金，一般不宜认定为向社会公众非法集资的资金。尽管不计入非法集资金额，但不能和其他集资参与人以同样顺位参与涉案资产分配，其投入的资金均应当优先用于赔偿其他集资参与人的财产损失。

（二）行为人离开后，其下线人员的非法集资数额是否应计入其犯罪数额

当前，许多非法集资犯罪案件都呈现类似传销的层级式结构，且人员具有一定的流动性，对于非法集资活动参与者，其发展下线人员后过了一段时间又离开了单位，不再从事非法集资活动，其离开后下线人员实施的非法集资数额是否应计入其犯罪数额，对此存在不同意见。一种观点认为，行为人发展下线人员的目的十分明确，就是从事非法集资活动，其发展下线人员的行为与下线人员的非法集资行为之间存在因果关系，下线人员实施的非法集资活动都在行为人的概括故意之下，即使行为人离开了单位，其发展下线人员的行为与下线人员的非法集资金额之间仍然存在刑法上的因果关系，故下线人员的非法集资数额均应计入其犯罪数额。另一种观点则认为，行为人发展下线人员后，如果从下线人员的非法集资金额中获取返利等，那么下线人员的非法集资金额计入其犯罪数额无可厚非。但行为人离开单位后，已经不从其发展的下线人员非法集资金额中获取返利，下线人员其后的非法集资行为具有独立性，行为人此时主观上已经不具有非法集资的故意，客观上不再从事非法集资行为，即非法集资行为已经告一段落，故其犯罪数额的计算在时间上也应当截至其离开单位为止，其离开单位后，下线人员的非法集资数额不应计入其犯罪数额。

我们倾向于第二种观点。对于非法集资活动的参与者，应当按照其实际参与的非法集资活动计算犯罪数额，其离开单位后，已经不再参与非法集资活动，下线人员此后实施的非法集资具有独立性，不应计入其犯罪数额。

（三）非法集资单位内部人员之间相互集资的数额，是否应计入各自的犯罪数额

对于非法集资单位内部人员之间相互集资的数额，是否应计入各自的犯罪数额，存在不同意见。一种观点认为，通过向社会公开宣传方式非法集资，单位内部人员也成了社会公众的一部分，故内部人员相互集资的数额应计入各自的犯罪数额。另一种观点则认为，单位内部人员之间相互集资，往往是为了增加业绩的一种操作方式，所投入的资金实际上相当于本人投入的资金，以不计入各自的犯罪数额为妥。

我们倾向于第二种观点。从实际情况来看，非法集资单位内部人员相互集资大多基于增加业绩需要，如业务员 A 将自己的 100 万元投给业务员 B，业务员 B 则将自己的 100 万元投给业务员 A，实际效果与业务员 A、B 将自己的 100 万元投给自己并无太大区别，故这种情况类似于行为人本人投入资金，不应计入各自的犯罪数额。需要注意的是，相互集资数额虽不应计入各自的犯罪数额，但还是应计入各自上线以及单位的犯罪数额。

（四）未作提取的滚动投入，如何计算非法吸收公众款的犯罪数额

对于集资参与人一次性投入资金未作提取，其间有利用到期本息滚动投入记录的，在计算非法吸收公众存款数额时，是按照滚动记录累加计算还是仅计算一次性投入的资金，对此存在不同意见。一种观点认为，非法吸收公众存款罪侵害的主要客体是金融管理秩序，每一次滚动投入都应该算是一次新的非法吸收公众存款行为，都造成了对金融管理秩序的侵害，故非法吸收公众存款的数额应当按照滚动投入记录累加计算。另一种观点则认为，非法吸收公众存款的数额计算还是应从实质来看，对于一次性投入资金未作提取，其间利用到期本息滚动投入的，实质上集资

参与人投入的资金就是一次性投入的资金，行为人实际非法吸收到的资金也是集资参与人一次性投入的资金，故只需将一次性投入的本金计入非法吸收公众存款罪的犯罪数额即可。

我们倾向于第二种观点。非法吸收公众存款罪，其危害性大小的重要标志之一就是非法吸收的资金体量。对于投入以后未提取的资金，滚动投资的，因为非法吸收的资金体量并没有变化，危害性实际上也没有变化，故应以一次性投入的资金计算非法吸收公众存款的金额，不应根据滚动投资记录累加计算犯罪数额。如果其间集资参与人有追加投入的，则应将追加投入金额与前次投入的本金累计计入犯罪数额。

七、自首的认定

非法集资犯罪案件中，犯罪嫌疑人的到案情况多种多样，有些情况下是否能够认定自首，争议较大。

（一）公安机关责令随传随到、听候处置后的配合调查能否视为“自动投案”

对于公安机关抓获犯罪嫌疑人后未采取法律规定的强制措施，只是责令其随传随到、听候处置，其后犯罪嫌疑人等待、配合公安机关处置的能否视为“自动投案”，存在不同意见。一种观点认为，公安机关虽然抓获了犯罪嫌疑人，但并未对其采取法律规定的强制措施，只是责令其随传随到、听候处置，此时犯罪嫌疑人是自由的，完全有条件逃跑，但犯罪嫌疑人选择等待、配合公安机关处置，具有到案的主动性，故可以认定为“自动投案”。另一种观点则认为，犯罪嫌疑人是被公安机关抓获到案的，其后公安机关责令其随传随到、听候处置属于公安机关对犯罪嫌疑人相对宽松的一种管控方式，既然犯罪嫌疑人已经处于公安机关管控之下，则不再有“自动投案”的问题。

我们倾向于第二种观点。公安机关抓获犯罪嫌疑人后，责令其随传随到、听候处置，系对犯罪嫌疑人的一种管控方式，犯罪嫌疑人此时负有随传随到、听候处置的义务，其后犯罪嫌疑人等待、配合公安机关处置应视为履行其随传随到、听候处置义务的行为，不具有“自动投案”的主动性，不能认定为“自动投案”，对于其后配合调查、如实供述犯罪事实的，可以依法认定为坦白。

（二）被公安机关采取措施后逃跑，后又自动归案能否认定“自动投案”

对于犯罪嫌疑人被公安机关抓获并采取相应处置措施后逃跑，其后又自动归案的，能否认定为“自动投案”。一种观点认为，犯罪嫌疑人逃跑后，已经处于一种自由的状态，公安机关如要将其抓捕归案，势必耗费较多的司法资源，但其自动投案，具有到案的主动性，也节约了司法资源，故可认定为“自动投案”。另一种观点则认为，犯罪嫌疑人逃跑后又主动归案的，不宜认定为“自动投案”，进而认定自首，否则将会使犯罪嫌疑人因其具有违法性的逃跑行为而获利。

我们倾向于第二种观点。犯罪嫌疑人被公安机关抓获并采取相应处置措施后逃跑的，违反了公安机关确定的配合调查义务，应当酌情从重处罚。如果逃跑后再自动归案也可以被认定为“自动投案”，那无疑会起到鼓励犯罪嫌疑人逃跑的效果，因为逃跑行为可能会给自己制造一个自首情节。而且，如果将此认定为“自动投案”，进而构成自首，也会造成不逃跑的没有自首情节，逃跑的反而有自首情节的情况，这显然是不合适的。对于逃跑后又自动归案的行为，不能认定为“自动投案”，但可在量刑时酌情考虑。

（三）因涉嫌非法吸收公众存款罪被立案侦查，到案后如实供述，最终被认定为集资诈骗罪的，能否认定自首

对于犯罪嫌疑人涉嫌非法吸收公众存款罪被立案侦查，到案后如实供述自己的犯罪事实，被司法机关最终认定为集资诈骗罪的，能否认定其符合刑法第六十七条第二款关于“如实供述司法机关还未掌握的本人其他罪行”的规定，认定其具有自首情节，存在不同意见。一种观点认为，侦

查机关并不掌握犯罪嫌疑人的集资诈骗犯罪事实，该情况符合刑法第六十七条第二款关于“如实供述司法机关还未掌握的本人其他罪行”的规定，故可认定为自首。另一种观点则认为，非法吸收公众存款罪与集资诈骗罪两罪的大部分事实是重合的，犯罪嫌疑人到案后如实供述的司法机关未掌握的部分仅仅只是其非法占有目的而已，不属于司法机关还未掌握的本人其他罪行，故不能认定自首。

我们倾向于第二种观点。非法吸收公众存款罪与集资诈骗罪两罪在客观事实方面大部分重合，主要的区别往往在于行为人非法占有目的的有无。司法机关在掌握行为人非法吸收公众存款事实的情况下，尽管行为人最终被认定构成集资诈骗罪，但司法机关也是已经掌握了其集资诈骗罪的绝大部分事实，行为人如实供述的，不能归属于供述其他罪行的范畴，故不能认定为“如实供述司法机关还未掌握的本人其他罪行”，不能认定自首。

（四）主动到案配合调查后被取保候审，其间又非法集资，之后又主动到案、如实供述的，能否认定为自首

对于犯罪嫌疑人接电话通知到案配合调查后被取保候审，在取保候审期间继续从事非法集资活动，之后又自动投案、如实供述自己罪行的情况，是否认定为自首，存在不同意见。一种观点认为，虽然犯罪嫌疑人最初系主动到案，但被采取取保候审强制措施后就负有随传随到的义务，其后犯罪嫌疑人不思悔改，继续从事非法集资活动，此时再主动到案只能视为其履行随传随到义务的行为，不能认定为“自动投案”，从而成立自首。另一种观点则认为，从总体上看，犯罪嫌疑人的到案具有主动性，公安机关在其到案过程中未采取过任何抓捕行动，且犯罪嫌疑人到案后能配合调查，如实供述自己的罪行，故可认定为自首。

我们倾向于第二种观点。犯罪嫌疑人两次均系主动到案，虽然第二次主动到案是在被取保候审以后，但其行为总体上具有自动投案的特征，如果其到案后如实供述自己罪行的，可认定为自首，但考虑到其在取保候审期间又从事非法集资活动的情况，对其自首情节予以从宽处罚的幅度需要从严把握。如果犯罪嫌疑人最终系被公安机关抓获归案的，则全案都不能认定为自首。

八、累犯的认定

对于在非法集资犯罪中，因犯罪嫌疑人、被告人的犯罪行为往往会持续一段时间，认定其是否系在刑罚执行完毕或者赦免以后五年以内重新犯罪，是以非法集资开始之时为时间节点还是以非法集资达到犯罪起点数额之时为时间节点，争议较大。一种观点认为，构成累犯是以后次非法集资构成犯罪为前提，而在后次非法集资数额尚未达到入罪标准前不能认定其已经构成犯罪，所以后次非法集资构成犯罪的时间节点应为非法集资数额达到犯罪起点数额之时，故应以该时间节点来判断是否系在刑罚执行完毕或者赦免以后五年以内重新犯罪。另一种观点则认为，构成累犯虽以后次非法集资构成犯罪为前提，但在时间节点的计算上不应以后次非法集资数额达到入罪标准时为准，而应以后次非法集资犯罪开始实施时为准。

我们倾向于第二种观点。非法集资犯罪属于持续犯，只要非法集资行为最终达到了构成犯罪的标准，那么从其开始实施非法集资之时起就都属于非法集资犯罪行为的有机组成部分，即非法集资犯罪是从其开始实施非法集资之时起始的，故应以非法集资开始之时为时间节点认定是否系在刑罚执行完毕或者赦免以后五年以内重新犯罪。而且，规定对累犯从重处罚，主要在于累犯的人身危险性大，而该人身危险性主要表现在五年内重新实施犯罪行为。从时间上看，在重新犯罪开始之时，行为人不知悔改的人身危险性已经表现出来，所以无须等到数额达到入罪标准之时。

九、遗漏集资参与人及请求追加起诉的处理

因集资参与人众多，实践中因各种原因不时会遗漏集资参与人，并由此导致犯罪数额等案件

事实的认定出现偏差,也直接影响其实现参与分配赃款赃物的诉求。那么,在诉讼过程中对遗漏的集资参与人是否应当追加起诉以及追加起诉是否应当有时间限制,争议较大。一种观点认为,遗漏集资参与人往往会导致犯罪数额等案件事实的认定不准确,而认定犯罪事实是定案的基础,在能够纠正或者补救的情况下当然应该追加起诉,故只要在案件一审宣判前,都应当追加起诉,以查明事实,正确定案。另一种观点则认为,遗漏集资参与人是常见现象,而且被遗漏的集资参与人报案等节奏并不一致,如果不时发现被遗漏的集资参与人并追加起诉,将会给案件审判工作带来较大的困扰并会使案件久拖不决。因此,为保证案件审判的顺利进行,对于追加起诉应当设定合理的时间限制,一般应当安排在一审开庭审理前依法进行。对于庭审后遗漏的集资参与人主张权利的,可经办案人员审核确认后,直接参与涉案资产分配。

我们倾向于第二种观点。当前案发的非法集资大案要案,非法集资参与人众多,有的数以万计,实践中因信息不对称等原因遗漏集资参与人在所难免,如要求查清所有的集资参与人才予以开庭审判,既不现实,也有碍诉讼的依法及时进行。况且,因涉案犯罪数额往往特别巨大,即使遗漏了少部分集资参与人,也基本不影响对被告人的定罪量刑。基于此,将追加起诉的时间一般限制在一审开庭审理前,更加合理。同时,为兼顾被遗漏集资参与人的权利,对于庭审后主张权利的,经办案人员审核确认相关材料后,可直接参与涉案资产分配。

十、追缴集资参与人的非法收益及被告人的退赔问题

(一)先期离场集资参与人的违法所得追缴

在非法集资犯罪案件中,因非法集资时间持续较长,往往存在先期集资参与人获取本息后离场的问题,而其中的利息部分又来源于后期的集资参与人投入的资金,那么对已经足额领取本息而先期离场的集资参与人,其所得利息、分红等是否应予追缴?对此,“两高一部”发布的《关于办理非法集资刑事案件适用法律若干问题的意见》作了相关规定,即“向社会公众非法吸收的资金属于违法所得。以吸收的资金向集资参与人支付的利息、分红等回报……应当依法追缴”。但该规定并没有区分集资参与人是否已先期离场,即不管集资参与人是否已经先期离场,只要其获取的利息、分红等源于非法吸收的资金,均应依法追缴。

司法实践中,对于已经先期立场的集资参与人,因实践操作较为困难,对其所得的利息、分红等收益往往无人追缴。我们认为,实践中很多集资参与人是明知非法集资性质而参与,就是意图先期获取好处后及时离场,而且随着非法集资犯罪的发展,这类集资参与人越来越多,这个群体已不单纯是非法集资活动的参与者,在某种意义上对后期的非法集资犯罪起到推波助澜作用。因此,依法惩治非法集资犯罪,不仅要依法打击实施非法集资的犯罪分子,也要依法处置明知非法集资性质而参与其中的获利者,通过司法行为明确“任何人不得从自己的违法行为中获得好处”这一道理,换言之,不能让集资参与人从非法集资中获利,从源头上防止非法集资的发生与蔓延。故此,对于获利后先期离场的集资参与人,应强化措施,依法追缴其利息、分红等收益。

(二)被告人的退赔责任范围

关于非法集资案件被告人的退赔责任,主要争议在于退赔责任承担范围的划定。一种观点认为,被告人应当在其违法所得范围内承担退赔责任。尽管其犯罪行为所造成的损失往往远大于其违法所得,但因为其并没有实际获取,事实上也无力退赔,故让其承担全部退赔责任意义不大。另一种观点则认为,对被告人的违法所得应予追缴,还应对其犯罪行为所造成的损失承担退赔责任。法律既规定追缴被告人的违法所得,亦规定被告人应对其犯罪行为所造成的他人损失承担赔偿责任。

我们倾向于第二种观点。退赔责任应当包括退出违法所得和赔偿因自己的犯罪行为给他人造成的损失。退赔不应受限于被告人的违法所得，其退赔范围应当根据被告人的犯罪行为所造成的损害结果来确定。尽管很多被告人可能无力赔偿，但不能因此而限缩其应该赔偿的范围。实践中，对于退出违法所得以及赔偿其犯罪行为给他人造成的财产损失的，尤其是对于积极退赔的，均作为量刑情节考虑。

江苏省高级人民法院
产权刑事司法保护问题研究

□江苏省高级人民法院刑二庭*

前　言

党的十八大以来，中央高度重视产权保护和企业家权益保护工作。党的十八届三中、四中、五中全会提出明确要求，强调保护各种所有制经济产权和合法利益，健全以公平为核心原则的产权保护制度，推进产权保护法治化。党的十九大报告指出："经济体制改革必须以完善产权制度和要素市场化配置为重点，实现产权有效激励、要素自由流动、价格反映灵活、竞争公平有序、企业优胜劣汰。"2016年11月27日，中共中央、国务院《关于完善产权保护制度依法保护产权的意见》（以下简称《保护产权意见》）公布，明确了产权保护的全面、平等、依法以及共同参与、标本兼治等原则，是我国首次以中央文件形式强调产权保护，可以看作产权保护的顶层设计，具有里程碑的意义。2017年9月25日中共中央、国务院公布的《关于营造企业家健康成长环境弘扬优秀企业家精神更好发挥企业家作用的意见》（以下简称《企业家意见》），则是中华人民共和国成立以来，中央首次以专门文件的方式明确企业家精神的地位和价值，意义重大。《企业家意见》再次明确提出要全面落实党中央、国务院关于完善产权保护制度依法保护产权的意见，也就是要依法保护企业家的财产权。最高人民法院于2016年11月28日出台了《关于充分发挥审判职能作用切实加强产权司法保护的意见》（法发〔2016〕27号，以下简称《产权司法保护意见》）、《关于依法妥善处理历史形成的产权案件工作实施意见》（法发〔2016〕28号，以下简称《处理产权案件实施意见》）加强产权司法保护和妥善处理历史产权案件的相关意见，对如何发挥司法职能加强产权司法保护提出了很多务实举措。2018年1月，最高人民法院下又发了《关于充分发挥审判职能作用为企业家创新创业营造良好法治环境的通知》（法〔2018〕1号），再次强调了切实纠正涉企业家产权冤错案件、不断完善保障企业家合法权益的司法政策等工作要求。

2018年5月31日，最高人民法院对物美超市创始人张文中诈骗、单位行贿、挪用资金一案再审作出了无罪判决，这是改革开放以来罕见的重大涉产权经济案件改判无罪，体现了我国加强产权和企业家权益保护的坚强决心，对于我国司法机关进一步推进产权的刑法保护具有非常重要的意义。对此媒体的评价是"正义可能迟到，但绝不会缺席"，这是对司法机关勇于纠错的充分肯定。这也再次提醒我们，司法机关在产权保护方面要更加重视非公有制企业涉经济犯罪案件的处理，避免公权力不当侵害企业产权的现象发生，才能进一步营造企业家健康成长的环境、发挥作用的空间，进一步增强企业家的人身和财产财富安全感，使广大企业家能够安心经营、放心投资、专心创业。

未来五年，江苏肩负全面建成小康社会的重大历史使命。娄勤俭书记在十三届全国人大一

---

* 课题组成员：周继业、毕晓红、孙晋琪、陈劲草、邹钢、徐磊、周光旭、骆大洲。

次会议江苏代表团媒体开放会上强调:“江苏的企业家是从改革开放中、在市场竞争中成长起来的,企业家群体本身对高质量发展有动力、有能力。”“强化人才支撑,激发企业、科技人员、高技能人员的积极性、创造性,特别是对企业家积极性的保护和支持。”为进一步找准刑事司法在保护产权和企业家权益方面的职能定位和路径,调研组总结了江苏近三年来经济犯罪案件审理情况,按照以问题为导向的原则,与法学专家、公安机关、检察机关、中基层法院民刑审判部门法官以及刑辩律师广泛座谈研讨,从更新理念、把握政策、厘清思路、完善机制等角度研究加强产权刑事司法保护的理论基础和实现路径,在此基础上形成调研报告。

一、当前产权刑事司法保护现状及问题分析

(一)现状与问题

近年来,江苏司法机关认真贯彻中央、省委和最高司法机关部署,严格适用法律和司法解释的规定,充分发挥司法活动对市场行为的规范、引领和保障作用,依法严厉打击各类侵犯产权犯罪,平等保护市场主体尤其是民营企业的生产、经营、融资等行为,在加大产权平等全面依法保护的同时,还依法妥善处理了一批历史形成的产权案件。但受历史条件、司法观念等因素的影响,一些地方、一些领域在一定程度上仍然存在对产权保护不够重视、不够公平、不够全面的问题。

1. 对经济违法违规行为入罪标准把握不严格

近年来,随着民间资本市场不合规融资行为和食品、药品安全等涉民生问题日益突出,社会关注度越来越高,刑事司法往往成为社会治理的“急先锋”,出现轻预防、重打击的苗头,一个突出表现就是企业尤其是民营企业涉经济犯罪增多。近三年江苏法院一审审结经济犯罪案件中(含破坏社会主义市场经济罪、侵犯财产罪和贪污贿赂罪,下同)追究刑事责任的被告单位共1 915家,除单位受贿等案件为国有单位外,绝大多数为民营企业。其中2015年、2016年分别为475家、495家,2017年激增到945家,比2015年增长98.95%。从案由来看,以2016年经济犯罪生效判决为例,犯虚开增值税专用发票罪的被告单位数量最多,为308家,占被告单位总数的64.84%,其次分别为非法吸收公众存款罪43家、拒不支付劳动报酬罪25家、走私普通货物罪20家,上述四类罪名合计占比达到83.37%(见图一)。上述数据反映出民营企业在市场经营中的税务、融资、劳资领域存在较大的刑事法律风险,企业通过“打擦边球”不规范经营灰色地带被逐步挤压,落入刑事违法的“黑色陷阱”。严格执法固然是必要的,但一些地方存在对经济违法违规行为未经研判即草率以刑事犯罪处理。比如,在前两年社会热炒的“毒豆芽”事件中,江苏法院面对集中侦查、起诉的大批相关案件,最终在最高人民法院指导下,认为认定相关添加剂为有毒、有害物质证据不足,建议检察机关撤回该类案件20余件。还有一些地方将食品安全中限制添加、控制残留的标准定得过低,在查处案件时动辄入刑,这就使得合法行为与犯罪行为之间留给行政查处的空间太小,忽略了刑法上社会危害性严重程度的入罪要求,客观上造成“两法衔接”异变为“以刑代行”。

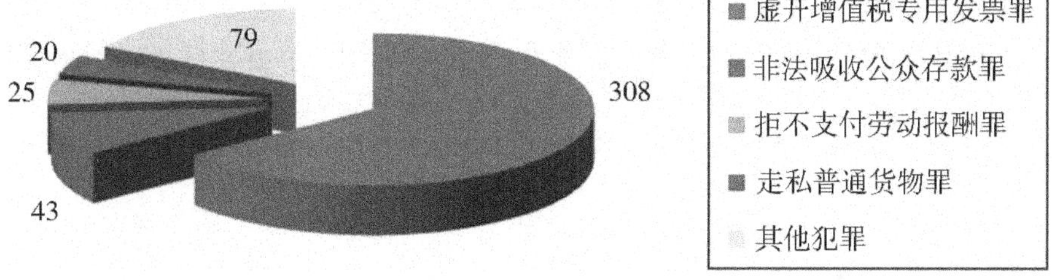

图一 2016年各类经济犯罪被告单位数量分布情况

2. 经济犯罪定罪量刑标准认识不统一

在一些涉产权经济犯罪司法个案中，对经济违法行为入刑的标准，经济纠纷和经济犯罪的性质区分，上下级司法机关之间、不同司法机关之间还存在不同认识。比如，近三年江苏法院判决宣告无罪的涉嫌经济犯罪被告人共22人，而同时期检察机关撤回起诉的此类案件达到158件。① 此外，一些经济犯罪案件中存在地区之间裁判标准不统一、量刑不平衡现象，财产刑判罚随意性则更大，如对常州、南通、扬州、淮安、连云港五个地区的2017年1月至10月审结生效的经济犯罪案件进行了抽查，以合同诈骗犯罪为例，常州地区财产刑判罚较轻，犯罪数额与财产刑倍比关系仅为10.47:1，扬州地区财产刑判罚较重，犯罪数额与财产刑倍比关系高达1.51:1，二者相差近7倍。反映在个案上则更为明显，如徐州某公司非法吸收公众存款1.8亿余元，因构成自首减轻处罚，单位仅判处罚金10万元，而涟水某公司非法吸收公众存款3 912万元，构成坦白从轻处罚，单位判处罚金100万元，量刑缺乏尺度且不够平衡。

3. 不规范采取刑事强制措施现象仍有发生

相比国有企业，民营经济实体的市场生存能力更加脆弱，企业涉经济犯罪中承担刑事责任的"直接负责的主管人员""其他直接责任人员"大多为法定代表人或实际负责人，这些被告人总体刑罚适用较为宽缓。据统计，2016年江苏法院审理涉经济犯罪的475家单位中"两责人员"共计513人，其中适用缓刑、单处罚金以及免予刑事处罚的共计366人，占比达到77.05%。而同时期经济犯罪全部被告人上述情况比例为30.42%（见图二）。与之不相匹配的是，尽管企业涉经济犯罪中绝大多数被告人所获刑罚较轻，但羁押率仍然较高，有些案件久拖不决，企业主被长期羁押。再者，侦查机关查封、扣押的财产范围往往较大，对企业正常经营所需的必要财产保护重视不够，企业资产长期被查封、冻结，事实上造成涉案企业陷于困顿甚至破产歇业。如南通中院审理的曹某甲、曹某乙虚报注册资本、骗取贷款、合同诈骗、职务侵占案，被告人被羁押后，其所经营的企业正常经营受到影响，因贷款不能及时偿还被多家银行提起民事诉讼，该案历时三年半，最终在上级法院的指导下，经与检察机关沟通以撤诉结案，但三年多的刑事诉讼程序对该企业已造成不可挽回的经济损失。

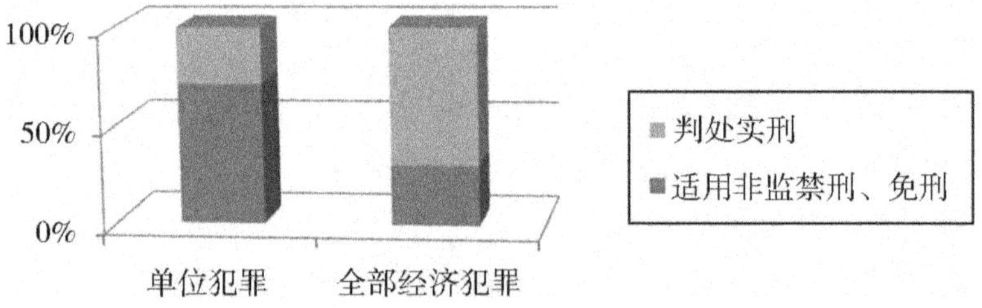

图二 2016年单位犯罪缓、免刑适用比例对比情况

4. 刑事涉案财物认定与处置机制不完善

涉案财物处置涉及公检法等多个部门和环节，实践中缺乏统一认识和操作标准，常常造成涉案财物处置上的混乱。首先，涉案财物管理制度不健全，缺少关于保管物品同一性规则的具体规定。在很多情况下，清单难以准确、细致地记载被扣押财物的各项特征；缺少对被控制的涉案财

① 江苏法院2016年一审审结的4 285件破坏社会主义市场经济秩序公诉案件，检察机关撤回起诉37件，占0.863%，而同期各类刑事公诉案件一审撤诉率为0.223%；2016年二审审结的579件该类案件中，依法改判、发回重审114件，占19.7%，远高于同期各类刑事案件11.2%的二审发改率。

物的保值、增值的关注，实践中贵重财物常常因为保管条件有限而失去其原本价值。其次，涉案财物的认定与处理缺乏必要的程序保障。刑事涉案财物的认定尚未纳入庭审调查和辩论程序，被告人、被害人以及案外第三人缺少对其合法财产处分提出主张的渠道，而在执行阶段再提出异议时，刑事判决既判力将对查清涉案财物权属造成不小的阻力。最后，涉案财物处置的行政化色彩严重。一些经济犯罪案件在人民法院审判之前，涉案财物权属尚未查明的情况下，侦查机关即予以实质性处理，这不仅有违司法最终裁决原则，而且即使审判中发现错误，对合法产权人造成的侵害也难以救济。比如，在一些跨地域涉众型经济犯罪案件中，对当地集资参与人损失先行发还导致不同被害人最终得到救济的程度严重失衡，有违按比例退赔的公平原则。

（二）原因分析

存在上述问题的原因是多方面的，总的来说有立法、理念和能力三个层面。

1. 刑事立法存在缺陷

从近二十年刑事立法不断修改完善的过程来看，我国《刑法》对经济违法犯罪行为的制裁体现了对经济社会发展保护产权需求的回应，但同时又受旧有的“重制裁、轻保护”刑事立法理念的影响以及立法技术所限，在对产权的全面、平等保护方面还存在不容忽视的“弱项”：

一是“二元化”立法模式弱化了对非公有制产权保护。我国刑事立法体现了对不同所有制产权的差别保护。比如，刑法分则第三章非法经营同类营业罪，为亲友非法牟利罪，签订履行合同失职被骗罪，徇私舞弊造成破产、亏损罪，徇私舞弊低价折股、出售国有资产罪等罪名，均将犯罪主体限定为国有公司、企业相关人员，对于针对非公有制公司、企业实施的同样性质的危害行为，却没有将其规定为犯罪。在对利用职务便利侵占、挪用企业财产等犯罪行为的定罪处罚方面，也存在重保护公有制经济主体权益，轻保护非公有制经济主体权益的问题。

二是立法滞后造成法律适用认识不统一。随着互联网等科学技术的发展以及经济体制的变革，经济违法犯罪行为从内容到形式日益复杂多样。但立法具有滞后性，并且由于立法技术的限制，不可能将罪状一一列举，大量条文在犯罪手段、情节、后果等方面使用了“其他”一词概括，如《刑法》第一百七十五条之一的骗取贷款、票据承兑、金融票证罪规定了“其他金融机构”的概念，实践中对小额贷款公司等民间融资机构是否属于“其他金融机构”产生了不同认识和判例；而部分罪名则设置了所谓“兜底条款”，其中以《刑法》第二百二十五条非法经营罪第（四）项规定最为引人关注。近年来“两高”不断出台相关司法解释，规定了二十余种“其他严重扰乱市场秩序的非法经营行为”，但实践中仍有大量解释之外的情形被认定有罪，引起广泛争议。

三是刑事、行政立法责任要素不统一。经济犯罪刑法规范中存在大量空白罪状，这种开放型犯罪构成要件要求法官在适用这些条款时要到相关的行政法律、经济法律中去寻找行为特征来确定这些要素。而不同的部门法对经济违法行为的衡量尺度并不一致，如果简单套用行政法律法规的概念去解释刑法上的行为性质，往往造成《刑法》对经济违法行为过度介入。如《刑法》第二百二十八条规定非法转让、倒卖土地使用权罪属于空白罪状，“违反土地管理规定”是前置条件，而“土地管理规定”广泛涉及多部法律、行政法规，存在诸多禁止性强制规定，是否仅违反其中某项即构成刑法意义上的“违反土地管理规定”，实践中存在分歧。①

---

① 如刘某非法转让土地使用权一案中，刘某转让土地时不符合《城市房地产管理法》规定的“按照出让合同约定进行投资开发，属于房屋建设工程的，完成开发投资总额的百分之二十五以上”，检察机关认为该行为违反土地管理规定，一审、二审法院则认为，转让的土地未达到25%以上的投资，属于合同标的物的瑕疵，并不直接影响土地使用权转让合同的效力，该条规定不是认定土地使用权转让合同效力的法律强制性规定，故对刘某行为的违法性没有确认。

2. 司法理念存在误区

近年来，随着以审判为中心刑事诉讼制度改革的不断推进和刑事司法队伍的不断加强，保护人权、无罪推定等先进司法理念在刑事司法活动中得以贯彻和落实，但旧有的观念和行事模式仍对司法理念的转变造成一定阻碍，主要表现在：

一是平等保护的意识不强。受计划经济时代国有财产神圣不可侵犯思想的影响，司法机关对市场主体刑事司法保护的态度因受害方所有制性质不同存在较大区别，这种偏向在受到地方保护主义影响的情况下更为突出。如正兴集团、袁某某合同诈骗案，该案受损失一方为著名国有企业，侦查、起诉阶段即经地方党委政府多次协调，在二审法院以证据不足发回重审的情况下，一审仍再次作出有罪判决，后经二审依法改判无罪。

二是有罪推定思想仍然存在。受“侦查中心主义”的长期影响，有罪推定、疑罪从轻等思维模式在刑事司法领域仍然存在，刑事案件一旦启动，在认定被告人有罪方面公、检、法三机关之间显得“配合有余而制约不足”，甚至大量因证据不足无法定罪的案件以检察院撤回起诉而不是宣告无罪结案；刑事强制措施的适用也主要从保障侦查活动顺利推进出发，为了便于讯问、防止串供、转移资产等，同时囿于取保候审执行机制的不完善，刑事案件批捕率仍然相对较高，对犯罪行为较轻、人身危险性较小的经济犯罪嫌疑人是否取保候审，有些甚至以是否可能判处缓刑作为评判标准，这显然不符合刑事强制措施规定的立法原意，也会给当事人造成“未审先定”的印象。

三是存在“三重三轻”工作惯性。刑事司法历来有政权“刀把子”的形象比喻，司法功利主义思想的存在强化了刑事打击作为社会治理“终极武器”的重要性，因此，司法机关长期以来形成的“重打击、轻保护，重实体、轻程序，重人身、轻财产”的工作惯性短期内难以遏止。比如，在对待行业不规范经营的普遍性问题上，抓一片、打击一串现象时有发生；在个案处理中，将家庭、单位一窝端，对涉案财产过度查封的问题较为突出。尤其是在各类“专项整治”期间，司法机关在“联合执法”“重点打击”思想的主导下，对经济违法违规行为的罪与非罪界限把握不准确、不严谨，导致少部分不应受到刑事追究的案件起诉到法院。在起诉、审理阶段，控、辩、审三方对被告人的定罪量刑关注较多，对涉案财物查扣是否适当以及被告人、案外人的合法财产利益关注较少，庭审中缺乏必要的法庭调查和辩论程序，即使发现侦查机关查扣财物不当，法院也多采用模糊表述的方式在法律文书中一笔带过。此外，办案人员的程序公正、司法效率意识不强，对隐形超审限和超期羁押现象重视程度不够，办案期限延长随意性较大，有些案件经多次退查仍久拖不决。

3. 司法能力仍有欠缺

徒法不足以自行，司法队伍的能力如果不能与社会经济发展相适应，就难以为产权保护提供高水平的司法保障。现阶段，在保护产权方面刑事司法人员仍存在以下两方面能力欠缺：

一是对法律以外的新技术、新知识掌握不足。涉产权经济犯罪案件中罪与非罪界分、犯罪数额认定、涉案财物权属认定，均涉及大量的公司治理、金融、财会等方面的专业知识；经济犯罪中的行政犯又涉及诸多行政违法行为的技术性指标认定和性质界定问题，如何为“有毒、有害的非食品原料”、何为“非法出版物”等；而侵犯知识产权犯罪案件中更是需要对专利技术和商业秘密等无形财产权作出准确认定。尽管有司法鉴定和行政认定作为判定依据，但由于刑事司法人员普遍不具有相应专业背景，也缺乏系统的学习和培训，诉讼中对相关鉴定意见、行政确认意见产生争议时，难以及时对证据效力作出准确、权威的判定。

二是综合运用民刑裁判思维和证据规则的能力不强。大量的涉产权经济犯罪牵涉刑事、民事多重法律关系，属于典型的“民刑交叉”案件，但因长期从事单一部门法领域实践，刑事司法人员秉持的裁判理念迥异于民事法官，在个人利益与公共利益发生冲突时，往往以公共利益优先，证据体系的构建主要依赖于侦查机关对证据的收集,适用的是“排除合理怀疑”的证明标准,且局限于公、检、法三机关的关系,思维判断的中立性相对民事司法人员较弱,容易造成对涉及经济犯罪的民事法律关系判断不准、民事责任区分不清等问题,给依法公正处置产权纠纷带来困难,甚至出现刑、民裁判相矛盾的现象。

二、加强产权刑事司法保护的理念和基本原则

(一)树立“谦抑、审慎、善意”的司法理念

针对当前如何发挥政法机关职能,正确处理好各类产权纠纷问题,平等、全面、依法保护产权,孟建柱同志在2017年年初召开的中央政法工作会议上提出,新形势下,衡量执法办案水平高低,不仅要看是否依法查处违法犯罪行为,而且要看是否促进经济社会发展,强调要在严格依法办事前提下,树立“谦抑、审慎、善意”的理念。这为司法机关处理产权纠纷案件提供了理念、方向和原则上的指引。

1. 谦抑是刑事司法活动的发展趋势

《刑法》是保障法,刑事责任是最严厉的法律责任。尤其是在鼓励创业、保护创新的时代背景下,如果市场主体创新经营不规范就认定为犯罪,不加甄别就予以刑事追究,势必会阻碍企业创新,窒息经济活力。因此,在产权保护过程中,应当秉持刑法的谦抑性,对通过民事、行政法律手段就能妥善处理的经济案件,不使用刑事强制手段,努力以较小成本取得较好效果。要以发展的眼光客观看待和依法妥善处理改革开放以来各类企业,特别是民营企业经营发展过程中存在的不规范问题,严格遵循罪刑法定、疑罪从无、从旧兼从轻等原则,依法公正处理。对虽属违法违规、但不构成犯罪,或者罪与非罪不清的,应当宣告无罪。对在生产、经营、融资等活动中的经济行为,除法律、行政法规明确禁止的,不应以犯罪论处。对涉案企业和人员,应当综合考虑行为性质、危害程度以及配合诉讼的态度等情况,依法慎重决定是否适用刑事强制措施,尤其是对企业的经营者和高级管理人员要慎用限制人身自由的刑事强制措施,最大限度维护企业正常经营发展。对于涉案企业和人员正在投入生产运营或者正在用于科技创新、产品研发的设备、资金和技术资料等,能够采取非强制性措施即可达到保障诉讼目的的,不使用强制性措施。

2. 审慎是司法中立性的必然要求

我国古代法治思想即强调“慎刑”,要求司法审慎,不可剑走偏锋,伤及无辜。尤其是人民法院作为审判机关,更需要秉持中立原则,坚持各种所有制经济权利平等、机会平等、规则平等,对各类产权主体的诉讼地位和法律适用一视同仁,平等保护公有制经济和非公有制经济财产权。要在事实认定和证据采信上采取谨慎的态度,做到兼听则明,准确运用证据裁判标准区分罪与非罪、罪轻罪重,对法律规定严重滞后于经济社会发展现状的行为谨慎入罪,不得不入罪的尽量作轻刑化处理,使公权力的介入对社会经济活动的影响降到最低。严格经济纠纷与经济犯罪界限,充分考虑非公有制经济特点,依法区分正当融资与非法集资、合同纠纷与合同诈骗、民营企业参与国有企业兼并重组中涉及的经济纠纷与恶意侵占国有资产等的界限,准确把握经济违法行为入刑标准,防止利用刑事手段干预经济纠纷。对于新类型知识产权等纠纷,既要惩治严重侵犯知识产权的犯罪行为,又要严格知识产权刑法保护的边界,明晰知识产权保护的司法审查标准,提高知识产权司法保护的整体效能。

3. 善意是实现司法目的的重要保证

刑事司法活动如果仅仅关注犯罪人的定罪量刑,而不关注利益受损方的救济和市场秩序衡平的恢复,则无法实现刑事司法活动惩罚犯罪和保障人权相统一的目的。这要求司法机关在刑事司法活动引入善意的恢复性司法的理念,围绕市场主体尤其是非公有制经济主体的特点开展

司法活动,在法律许可的范围内最大限度减小公权力的强制性对产权价值的影响,使刑事诉讼的经济效益实现最大化。对确实需要查封、扣押、冻结财产的,要严格依法进行,在处置时遵循比例原则,防止超标、超范围,最大限度减少对企业正常生产经营的不利影响;对已经查封、扣押、冻结的涉案财产,要严格区分违法所得与合法财产,对违法所得依法予以追缴,对合法财产依法尽快返还。对依法需责令关闭的企业外,在条件允许的情况下可以为企业预留必要的流动资金和往来账户。对非法占有、处置、毁坏经济主体财产的,应当及时追缴发还被害人或责令退赔。对犯罪分子逃匿或者已经死亡的,应当依法适用违法所得没收程序,及时为经济主体挽回损失。

(二)坚持平等、全面、依法的产权保护原则

中央《保护产权意见》指出,要推进产权保护法治化,在事关产权保护的立法、执法、司法、守法等各方面各环节体现法治理念,坚持平等保护、全面保护、依法保护的原则。平等、全面、依法保护原则的提出,重点解决的是实践中在法律制度和法律实施层面对产权保护不平等、不全面、不依法的突出问题。平等、全面、依法保护原则是否真正落实到位,直接关系到产权保护能否取得实效。

1. 平等保护应侧重加强对非公有制产权的保护

实践中的问题是对产权保护存在不平等,主要体现在对非公有制产权保护的弱化。受长期以来计划经济时代国有财产神圣不可侵犯思想的影响,往往对市场受侵害主体的保护态度因受害方所有制性质不同而有所不同,对国有企业涉及经济纠纷的案件,动辄以经济犯罪追究相对方责任;而当非公有制主体的财产遭受非法占有、挪用时,却往往不以犯罪论处,只按民事纠纷立案,甚至不了了之。因此,平等保护要求健全以公平为核心原则的产权保护制度,对各类产权主体的法律地位和法律适用一视同仁,确保公有制经济和非公有制经济财产权均不可侵犯。具体到刑事司法活动中,司法活动应当高度关注对非公有制经济主体产权的侵害犯罪、谨慎对待非公有制主体涉及经济犯罪的定罪量刑、努力挽回经济犯罪中受损的非公有制经济利益,才能逐步扭转对非公有制主体不平等保护现象,使刑法对非公有制经济的保护力度与之在国民经济中的地位相匹配。

2. 全面保护应当体现对保护对象和救济渠道的全面理解

随着移动存储、云计算、数据挖掘、搜索引擎和移动支付等数字技术的广泛运用,互联网领域产权的无形性特征日益明显,产权保护的各类法益日益广泛,在这一过程中容易引发产权保护的新情况新问题。实践中,产权归属不明确,各类侵犯产权的违法犯罪行为时有发生,有些领域还存在利用公权力侵犯私有产权的违法犯罪行为,这些问题的存在迫切需要强化对产权的全面保护。因此,全面保护要求既要保护物权、债权、股权,也要保护知识产权及其他各种无形财产权,通过制裁各类侵犯产权的违法犯罪行为,特别是利用公权力侵犯私有产权的违法犯罪行为,来提升产权司法保护的全面性。同时,产权的司法保护是一个交叉学科问题,不仅需要制裁各类侵犯产权的违法犯罪行为,更需要在处理涉产权纠纷过程中,厘清大量民事、行政法律关系以及专业技术规则与刑法上犯罪构成之间的界限,综合运用刑事、民事、行政、执行等手段依法明确产权归属,在权力救济手段以及违法制裁手段上作出正确选择。

3. 依法保护应当从实际出发追寻立法本意

依法保护要求不断完善社会主义市场经济法律制度,强化法律实施,确保有法可依、有法必依。实践中,法律规范不可能将各类经济犯罪罪状一一列举,《刑法》中部分经济犯罪罪名设置了“兜底条款”,部分《刑法》规范中存在空白罪状。当司法人员遇到法律概念不清晰、界限不明确,要结合各个时期经济发展的形势和政策,准确把握立法精神,对立法作出适当的解释、对司法解

释作出正确的理解和适用。尤其是经济违规、违法行为与经济犯罪之间的界限较为模糊，对一些刑法上的概念、用语的解释不能当然依据其他部门法作简单的文意解释，应当在运用适当的解释规则的前提下，对刑法用语作出符合刑法立法目的的实质解释，这样才能使经济犯罪构成达到追究刑事责任所需的社会危害性并与之相适应，避免因相关概念理解过于宽泛导致刑法打击泛化，造成公权力对产权的侵害。

三、加强产权刑事司法保护的实现路径

（一）准确把握经济违法与经济犯罪的界限

对违反经济法规行为运用《刑法》惩罚自古有之，进入现代社会，国家对经济的干预更为频繁，《刑法》介入经济生活的范围也日益扩大。1997年《刑法》的十个修正案不仅增加了八个破坏社会主义市场经济秩序犯罪罪名，还对若干罪名犯罪构成作了实质性修改，进一步扩大了打击经济违法行为的范围。“刑罚是一把‘双刃剑’，用之不当，则反受其害”，如果刑罚手段不当介入经济领域，不仅是对市场经济正常运行的侵扰，在一些个案中更是对产权的直接剥夺，导致产权主体合法权益严重受损。因此，正确把握产权纠纷刑事司法政策，明晰《刑法》对经济活动的介入程度，对于实现产权的有效保护尤为重要。

1. 正确看待市场经济中的不规范经营行为

2017年2月17日，内蒙古自治区巴彦淖尔市中级人民法院对最高人民法院指令再审的王力军非法经营案公开宣判，依法撤销原审判决，改判王力军无罪。至此，引发社会舆论广泛关注的“王力军收购玉米获罪案”被依法纠正。此案再次凸显了关于非法经营兜底条款适用的争议。非法经营作为经济犯罪行政犯“口袋罪”的现象，历来为理论和实务界所诟病，有人甚至将之比喻为民营企业家的“原罪”。我们认为，通过个案裁判对兜底条款的概念范围作出清晰界分，是发挥《刑法》对市场主体指引功能的重要途径，在此过程中必须坚持经济犯罪行政犯的二次违法性判断标准，[①]才能避免对《刑法》作不当的扩大化解释。具体而言，对行政法明确对不同行为规定了不同法律后果，没有规定追究刑事责任的，一般不得解释为《刑法》中“兜底条款”所涉内容。因此，最高人民法院在谈到指令“玉米案”再审的理由时明确指出，《刑法》第二百二十五条第（四）项是在前三项明确列举的基础上所规定的一个“兜底性条款”，在司法实践中适用应特别慎重。“相关行为需有法律、司法解释的明确规定”，才能作为犯罪来处理。也就是说，必须有法律、司法解释的明确规定，才能适用该“兜底条款”。[②] 实践中，对超出司法解释明示规定范围之外的情形能否入罪，必须层报最高人民法院决定；最高人民法院在对兜底条款进行解释时，也应当以相关行为的社会危害性与明示条款相当为入罪原则，避免因一时、一地的社会治理需要而将《刑法》作为随意使用的工具，削弱其作为最严厉制裁手段的权威性。

2. 坚持对经济犯罪主客观相统一的认定标准

据统计，在江苏法院近三年审结的1 032件合同诈骗一审案件中，被告人当庭认罪的案件仅300件左右。司法认定的难点在于，在侵占、诈骗类经济犯罪中，非法占有故意属于当事人的主观心态，在其否认以非法占有为目的时，只能根据相关法律和司法解释，从其外部客观行为推定其主观故意。如张文中案虽涉及多个罪名，但以诈骗罪为主体，前后司法裁判对“非法占有”主观故意的认定大相径庭，其证明难度可见一斑。我们认为，主观目的虽系心理状态，但必然会通过一

---

① 按照大陆法系观点，行政犯应当具有二次违法性，即同一行为既违反了《刑法》，又违反了行政法中关于前置的规定，并且违反《刑法》与违反行政法前置规定两者间存在梯次性。

② 刘昌松：《“玉米案”再审意义重大》，载《光明日报》2017年1月4日，第2版。

系列客观行为表现出来，区分民事欺诈和诈骗犯罪，要坚持主客观相统一的原则，结合案情具体分析，从以下几个方面把握：(1)客观是否实施欺诈行为；(2)行为人是否具备履行合同的能力以及履行合同的实际行为；(3)行为人如何处理所获得的定金、预付款和货物、货款等财物；(4)行为人事后承担违约责任的态度。这里尤其需要注意的是：其一，以非法占有为目的的欺诈，应当以永久排除对方当事人对财产的所有权为意图，而欺诈行为并非都是以非法占有为目的，比如，编造理由借以创造履行合同的条件等；其二，在非法占有目的支配下的合同诈骗犯罪行为一般具备上述多个环节的客观表象，对合同纠纷中仅具备某一环节特征，比如采取逃匿的方式逃避履行合同义务的，认定构成合同诈骗要持谨慎态度。

3. 坚持对行政犯社会危害性评价独立性原则

一种行为同时侵犯行政法和《刑法》所调节的社会关系时，对其是否运用刑事手段制裁，应当以该行为是否具备实质社会危害性作为评判标准。实践中存在一种错误倾向，即过分关注程序性违法而忽视了行为是否具有实质危害性，在生产、销售伪劣产品、非法经营等“口袋罪”认定问题中尤为明显。很多个案罪与非罪的争议问题，实质是侦查、起诉机关没有对行为的实质危害性作出鉴定和认定，而以程序的不合法推定存在实质危害性。比如，将未经检验检疫的走私牛肉简单等同为“检验检疫不合格的肉类”，以销售不符合安全标准的食品罪予以追诉。我们认为，行政法和《刑法》都以追求良性的经济秩序为目标，但行政法是管理法，注重行为的程序性，而《刑法》是犯罪法，应当更注重行为的实质危害性，这也是刑事司法谦抑性的应有之义。因此，对于法律、司法解释、行政法规没有规定的，地方司法机关不应突破法律、行政法规的内容出台涉及规格、含量等影响入罪的数额标准。对于因为法律和司法解释的滞后导致罪刑不相适应的具体个案，司法实践应当在量刑时体现对《刑法》对社会危害性的客观评价，依法对此类行为从宽处理，如仍不能做到罪刑相适应，应依法报请最高人民法院在法定刑以下判处刑罚。

(二)严格规范涉案财产认定标准和处置程序

刑事涉案财产处置看似程序问题，实质为实体问题。即使对犯罪行为能够准确定罪量刑，但如果涉案财产处置不当，可能会使被害人权利得不到及时全面救济，甚至会造成公权力对合法产权的直接侵害。因此，《产权司法保护意见》提出要“严格规范涉案财产的处置，依法维护涉案企业和人员的合法权益”。实践中，刑事涉案财物的先期查封、扣押、冻结大多处于侦查阶段，但对已查扣在案的涉案财物如何处置以及继续追缴、责令退赔范围的确定则是法院的责任。最高人民法院于2014年10月30日公布了《最高人民法院关于刑事裁判涉财产部分执行的若干规定》，进一步规范了刑事裁判涉财产部分的执行，以维护刑罚的严肃性和当事人合法权益。调研发现，当前基层法院反映在刑事涉案财产处置方面的问题，更多的是刑事裁判与涉案财物执行如何衔接的问题，也就是说，涉案财物执行需要高质量的裁判作为前提和依据。对此，我们认为应当从以下几方面审慎认定与处置刑事涉案财物。

1. 准确把握涉案财物的范围

按照刑法罪责自负原则的要求，对涉案财物的处置也应做到权属清晰、罪责相当。《产权司法保护意见》提出，对股东、企业经营管理者等自然人违法，在处置其个人财产时不任意牵连企业法人财产；对企业违法，在处置企业法人财产时不任意牵连股东、企业经营管理者个人合法财产。要严格区分违法所得和合法财产，区分涉案人员个人财产和家庭成员财产，在处置违法所得时不牵连合法财产。要做到上述几个“严格区分”，关键是要对实践中容易产生产权争议的“违法所得及其孳息、供犯罪所用的犯罪分子本人财物”作出正确理解。

首先，违法所得是指犯罪分子通过违法犯罪行为所直接或者间接取得的财物，包括直接违法所得(赃款赃物)和间接违法所得(通过犯罪所得所产生的收益,主要是孳息)。实践中争议较大的是:(1)犯罪分子通过犯罪获得交易机会,进而在合法交易中获得的经济利益是否属于违法所得;(2)犯罪分子将少量违法所得用于合法投资和经营活动获得的巨大收益,是否都属于违法所得的孳息。我们认为,其一,直接违法所得应当以犯罪行为直接指向并紧密相连的财产及财产性利益为限。比如,通过贿赂获得交易机会,那么通过正当竞争应当付出的市场成本可认定为直接获利,当市场成本难以计算或者不足以体现"任何犯罪分子不得从犯罪中获利"的正义原则时,可以考虑将犯罪行为给国家、社会或者他人造成的损失列为追缴或退赔的范围,而不宜将获取交易机会后的全部获利笼统认定为"违法所得";其二,间接违法所得应当包括犯罪所得自身产生的孳息或者用于其他违法活动获得的收益,但用于投资、置业产生的收益不能简单一律认定为违法所得,应将其限制在由赃款赃物直接产生的范围内(如投资股票、购买房产等)。如果行为人将犯罪所得投入正常的生产经营,生产经营活动不仅仅是资金的投入,还包括其他资源投入,此种情况下的收益主要也不是由犯罪所得直接产生,不能轻易归纳为犯罪所得收益。①

其次,犯罪分子供犯罪所用的本人财物,在自然犯中较容易理解,而在经济犯罪中,特别是私营企业作为犯罪主体的单位犯罪中,因为其行为涉及多个经济活动领域或流通环节,很容易被办案机关作扩大化理解。如在一起合同诈骗案件中,被告单位经营范围包括成品油的仓储、运输和销售,同时兼营汽车租赁,指控犯罪事实行为,该公司利用承包为其他公司油料仓储、中转油料业务的便利,违反合同约定自行购入低标号的燃料油掺杂在0#柴油中配送到湖南、湖北等地,非法骗取被害单位0#柴油计26 283.57吨另行销售,获利差价697.59万元,由于指控生产、销售伪劣产品罪证据不足,法院最终以合同诈骗罪定罪处罚。但公安机关不仅查封被告单位购入的价值1.3亿元的燃料油,还扣押用于汽车租赁经营的90辆汽车,最终法院在判决中载明"在案扣押的车辆90辆,由公安机关依法处理"。我们认为这是不妥当的,"供犯罪所用的本人财物"应当严格限定为犯罪分子进行犯罪活动而使用的属于其个人所有的钱款和物品,对单位也不例外。当犯罪主体的正当经济活动与犯罪行为存在交叉的情形下"供犯罪所用的本人财物"的范围,应按照罪刑相适应原则作限缩解释,实践中应当结合该物品与犯罪行为之间是否存在经常性、密切的联系,该财物与犯罪形成的关联程度以及财物的价值与犯罪情节的轻重关系确定涉案财物范围,防止超范围查扣对合法产权的不当侵害。

2. 加强涉案财物的认定与处置程序保障

根据司法最终裁决原则,所有涉及个人自由、财产、隐私甚至生命的事项,不论是属于程序性的还是实体性的,都必须由司法机关通过亲自听审或者聆讯作出裁判。② 因此,加强涉案财物认定与处置的司法程序保障尤为重要。

一是建立涉案财物司法审查机制。逐步改变现行的由侦查主体自身决定查封、冻结、扣押刑事涉案财物的制度,由第三方进行较为客观、中立的审查。在现阶段,结合我国的国情和司法体制现状,我们认为可考虑先由检察机关对财产强制措施进行审查,最终过渡由法院予以审查。

二是探索建立管理涉案财物工作平台。先行搭建涉案财物信息平台,通过信息共享,对涉案财物查封、扣押措施的合法性以及涉案财物移交是否顺畅、处置是否得当相互进行监督。有条件的地区试点建立跨部门涉案财物管理平台,在财政部门设立刑事涉案款专户,依托社会专业机构对涉案物品进行分类保管。对重大涉众型犯罪可实行跨区域专案管理模式,避免地方保护主义

---

① 参见孙国祥:《刑事诉讼涉案财物处理若干问题研究》,载《人民检察》2015年第9期。

② 参见陈瑞华:《刑事诉讼的前沿问题》,中国人民大学出版社2000年版,第225页。

造成涉案财物处置不公，引发新的社会矛盾。

三是完善刑事涉案财物处理庭审程序或听证程序。事关有争议的实体权利的处理，一般应赋予对抗双方相应的程序权利，给予双方当事人充分参与、举证、质证、辩论和陈述的机会，可考虑在庭审中增设涉案财物处理程序，或单独设立涉案财物处理听证程序，切实解决实践中存在的"重人身，轻财产"问题。在程序设计上可参照犯罪嫌疑人、被告人逃匿、死亡违法所得没收特别程序的要求，确保权利人能够全面、充分参与到诉讼程序中。通过实体审查，由人民法院在判决文书中阐明对涉案财物的处理意见和理由，对超范围查扣以及与案件无关的他人合法财物，明确予以返还，倒逼侦查机关做好涉案财物的查扣工作，促使控辩双方更加重视涉案财物的处理，共同推动刑事涉案财物处置的规范化与制度化。

3. 完善刑事涉案财物处置的救济制度

建立刑事涉案财物处理救济制度是正当程序原则的要求。针对当前涉案财物处理中存在的问题，我们认为应该从以下几方面着手加以完善。

一是要给予利害关系人充分的救济机会。司法机关制作的涉案财物处理法律文书，均应送达与涉案财物处理有关的利害关系人，同时，必须赋予当事人及利害关系人对涉案财物强制性措施和实体处分裁决的复议权和上诉权。在犯罪嫌疑人、被告人针对追缴没收的依据和程序不服的，应赋予其至少一次由不同机关审查、复议的权利。

二是要建立相应的通知制度和退还保证制度。为了确保刑事涉案财物处理不会对善意第三人的权益造成损害，可考虑建立相应的通知制度和退还保证制度。如果主管机关认为或者发现存在与被没收或返还的物品有直接利益关系或者有可能提出权利主张的人员，则应当在没收或返还前向上述人员发出通知，并且为其规定一定的异议期。这种异议既可向处置有关物品的司法机关提出，也可直接向有管辖权的人民法院提出。同时，可建立退还保证制度，即在先行返还前要求请求方提供书面保证或者提供物的担保，以保障在不当发还的情况下能够追回相关涉案款物。

三是要加强刑事涉案财物处理的监督。检察机关应将追缴没收作为法律监督的一项内容，对与案件无关或者与犯罪的社会危害性严重不相称的没收行为，通过抗诉的方式进行监督。明确不当追缴违法所得责任追究制度和国家赔偿制度，对于财产处理确有错误的，应当通过审判监督程序或执行回转程序加以纠正，同时根据具体情形，对相关人员追究刑事责任、行政责任和民事责任等。由于我国《刑法》第三百一十四条规定的非法处置查封、扣押、冻结的财产罪的犯罪主体为司法人员，建议修改现行《刑事诉讼法》第二百四十五条第五款中"司法工作人员"的规定，使得追究公安机关工作人员非法处置涉案财物的刑事责任时也可以适用该条文。

(三)充分发挥司法程序在产权保护方面的价值

刑事司法的功能不仅在于惩罚，还在于控制、预防犯罪，修复因犯罪受损的社会关系，当国家强制力不得不介入社会经济活动时，如何尽量避免公权力对产权的侵害，仅仅做到准确定罪、公正量刑是不够的。本着善意司法的理念优化各类诉讼制度，在现有法律框架内有所改革和创新，更能凸显刑事诉讼对保护产权的程序价值。

1. 依法慎用刑事强制措施

《产权司法保护意见》提出："对涉案企业和人员，应当综合考虑行为性质、危害程度以及配合诉讼的态度等情况，依法慎重决定是否适用强制措施和查封、扣押、冻结措施。"最高人民检察院《关于充分履行检察职能加强产权司法保护的意见》更是进一步详细规定了："对于涉嫌犯罪的各类产权主体主动配合调查，认罪态度好，犯罪情节较轻，且没有社会危险性的，一律不采取拘留、逮捕、指定居所监视居住等强制措施。”我们认为，在产权刑事司法保护的视野下强调慎用强制措施，必须从以下两方面着手：

一是要认真审查刑事强制措施的必要性和合理性。当前，以审判为中心的刑事诉讼制度改革正在深入推进，以审判为中心的刑事诉讼体系要求侦查活动全程贯穿无罪推定理念。有学者提出，应当借鉴西方法治国家的经验和做法设立刑事强制措施的司法审查制度，除法定紧急情况下公安机关可采取强制措施外，对涉及公民基本权利的拘留、逮捕、搜查、扣押、监听等强制性措施的批准及适用必须经由法院审查并授权，被采取强制措施的犯罪嫌疑人有权向法院提出申请，审查羁押或其他强制性侦查行为的合法性。我们认为，在我国现有法律框架内，由检察机关负责侦查阶段刑事强制措施的司法审查更为实际，而进入案件审理阶段，法院也应当依照法律规定对刑事强制措施的合法性、必要性作出实质审查，对已被逮捕的被告人，符合取保候审、监视居住条件的，应当变更强制措施。

二是要从有利于保护产权出发，慎用刑事强制措施。与国有企业不同，民营企业往往是企业家一人支撑，企业负责人被查后，可能面临银行催贷款、家庭财产纠纷、企业运转失效倒闭、大批员工下岗等问题。尤其是一些民营企业只是涉嫌经济行政犯，在尚有正常生产经营能力的情况下，刑事强制措施带来的负面效应更为明显。在加大产权尤其是非公有制经济保护力度的时代背景下，在刑事司法中贯彻落实宽严相济刑事政策，要求对各种产权主体应慎用强制措施。司法实践中，无论是侦查、起诉还是审判机关，应当综合考虑行为性质、危害程度以及配合诉讼的态度等情况，依法慎重决定对涉案企业和人员是否适用强制措施和查封、扣押、冻结措施。对于涉嫌犯罪的各类产权主体主动配合调查，认罪态度好，犯罪情节较轻，除存在被告人逃跑、串供、重新犯罪等具有人身危险性或者可能影响刑事诉讼正常进行的情形外，一般不采取拘留、逮捕、指定居所监视居住等强制措施。

2. 拓展刑事和解制度的适用范围

刑事和解是一种以协商合作形式恢复原有秩序的案件解决方式，它是指刑事诉讼中，加害人以认罪、赔偿、道歉等形式与被害人达成和解后，国家专门机关对加害人不追究刑事责任、免除处罚或者从轻处罚的一种制度。① 2012 年《刑事诉讼法》修订专章规定“当事人和解的公诉案件诉讼程序”，表明我国已正式建立了刑事和解制度，其中规定：“下列公诉案件，犯罪嫌疑人、被告人真诚悔罪，通过向被害人赔偿损失、赔礼道歉等方式获得被害人谅解，被害人自愿和解的，双方当事人可以和解：(一)因民间纠纷引起，涉嫌刑法分则第四章、第五章规定的犯罪案件，可能判处三年有期徒刑以下刑罚的；(二)除渎职犯罪以外的可能判处七年有期徒刑以下刑罚的过失犯罪案件。”我们认为，涉产权纠纷刑事案件可以成为刑事和解制度适用的新领域，其理由和价值在于：从纠纷起因来看，各类侵犯产权的刑事案件本质上具有经济纠纷的属性；从理论基础看，加害人和被害人是案件的原始当事人，对于纠纷具有直接的利害关系，理应承认其一定程度的实质参与权；从实践经验来看，国家一定程度上将此类案件初始决定权保留在被害人手中，比如，公安机关对合同诈骗犯罪的立案基本来源于被害人的报案，被害人申请撤案往往能够中断刑事侦查程序；从被害恢复的需求来看，刑事追赃、退赔的范围有限，推行刑事和解，有利于促使被告人足额赔偿被害人损失以换取谅解。因此，可以在《刑法》分则第三章的部分罪名中，有选择地拓宽刑事和解制度的适用范围，如非法吸收公众存款罪、合同诈骗罪以及侵犯知识产权犯罪等，通过案件当事人对受损产权关系的自愿修复，充分体现刑事和解制度对产权保护的恢复性司法价值。

---

① 参见陈光中、葛琳：《刑事和解初探》，载《中国法学》2006 年第 5 期。

3. 提高涉产权刑事案件的审执效率

2016年9月3日，全国人大常委会授权最高人民法院、最高人民检察院在全国18个城市开展刑事案件认罪认罚从宽制度试点工作，对犯罪嫌疑人、刑事被告人自愿如实供述自己的罪行，对指控的犯罪事实没有异议，同意人民检察院量刑建议并签署具结书的案件，可以依法从宽处理。同时，先期在上述18个城市开展的刑事案件速裁程序试点工作，按照新的试点办法继续试行。2016年11月16日，最高人民法院、最高人民检察院、公安部、国家安全部、司法部印发了《关于在部分地区开展刑事案件认罪认罚从宽制度试点工作的办法》，其中第八条规定"办理认罪认罚案件，应当听取被害人及其代理人意见，并将犯罪嫌疑人、被告人是否与被害人达成和解协议或者赔偿被害人损失，取得被害人谅解，作为量刑的重要考虑因素"。体现了恢复性司法理念在保护被害人权益和改造犯罪人之间建立起新的结合点。在程序上，属于基层法院所管辖的可能判处3年以下有期徒刑的案件，被告人认罪认罚的可以适用速裁程序进行审判，对"适用速裁程序审理案件，人民法院一般应当在十日内审结；对可能判处的有期徒刑超过一年的，可以延长至十五日"。对涉产权纠纷的刑事案件，要积极探索推行简便快速审理程序，有条件的适用速裁程序快速处理，不仅可以及时补偿受害人损失，还可以使涉案民营企业的财产状态、经营手段迅速摆脱不确定局面，积极开展生产自救，避免因案件久拖不决造成企业关闭破产。同时，对涉产权尤其是民营企业涉案的刑事案件，人民法院要强化审限监管，严格审限延长、扣除、中止等情形的审批，不断提高审限内结案率，切实防止因诉讼拖延影响企业生产经营。

4. 完善民刑交叉案件的处置流程

经济犯罪往往和经济纠纷交织，如非法集资犯罪案件往往伴随大量的民间借贷、担保合同纠纷案件，合同诈骗、贷款诈骗、信用卡诈骗等诈骗类犯罪多以合同不能履行为表象，但纠纷处理模式不同必然会造成法律后果的迥异。如基于相同或者类似的民间借贷形成债务纠纷，通过民事诉讼不仅可以得到本金的法律保护，还可以行使利息以及其他违约金的求偿权，但通过刑事诉讼处理的经济犯罪案件中，被害人仅仅能够得到本金范围内的退赔，因此，厘清民刑交叉案件中的法律关系，直接关系财产权利救济的公平性。我们认为，对法律适用难度较大的涉产权民刑交叉案件，要根据民刑法律事实关系区分适用不同的处理模式：对刑事、民事法律事实并非基于同一客观事实产生，二者各自独立但又相互牵连的"法律事实牵连型"民刑交叉案件，除非出现"一案的审理必须以另一案的审理结果为依据"的情形，原则上应实行"民刑并行"；对刑事、民事法律事实是基于同一客观事实产生的"法律事实竞合型"民刑交叉案件，相关案件事实的查明对民刑案件的处理均有关键性作用，为避免民事诉讼在事实认定上出现偏差，原则上应当"先刑后民"。当然，如果出现以刑事诉讼恶意阻止民事诉讼或者长期不能审结的现象时，就不应再机械执行"先刑后民"，而应允许被害人单独提起民事诉讼，及时获得司法救济。

（四）依法纠正涉产权纠纷刑事冤错案件

中央《保护产权意见》提出"坚持有错必纠，抓紧甄别纠正一批社会反映强烈的产权纠纷申诉案件"。这是中央加强产权保护决策部署的重要内容和重大举措，是人民法院肩负的一项重大而紧迫的政治任务。刑事司法职能不仅在于惩罚犯罪保护被害人利益，还必须体现防范和纠正冤假错案的审判监督功能。因此，最高人民法院发布的《处理产权案件实施意见》，明确提出对于改革开放以来作出的涉及重大财产处置的产权纠纷以及民营企业和投资人违法犯罪的生效裁判，当事人、案外人提出申诉的，人民法院要及时审查，认真甄别；确有错误的，坚决依法纠正。我们认为，依法纠错是体现产权司法保护全面原则的重要方面，各级人民法院要按照《处理产权案件实施意见》的要求，坚持实事求是、平等保护、依法纠错、纠防结合的原则，发挥审判监督司法救济、倒逼防错和统一法律适用功能，实现对产权错案冤案的甄别和纠正。

1. 树立纠正冤错案件的勇气和担当

2017年年底，最高人民法院决定对原审被告人张文中诈骗、单位行贿、挪用资金案，原审被告人顾雏军虚报注册资本、违规披露、不披露重要信息、挪用资金案等三起重大涉产权案件启动再审，这是贯彻中央全面依法治国方略和中央关于产权保护意见的重大举措。作为地方司法机关，要不折不扣贯彻落实中央《保护产权意见》和最高人民法院《处理产权案件实施意见》，确实纠正产权保护冤假错案，必须始终坚持敢于担当的勇气和精神。要不断改进司法作风，解决纠错过程中的“立案难”“审理难”“改正难”等体制机制问题，对确属事实不清、证据不足、适用法律错误等产权冤假错案，依法必须立即纠正，并依法赔偿当事人的损失。要通过依法纠错并倒查追责，真正从制度源头上预防和减少冤假错案的发生。

2. 准确把握甄别纠正的司法政策

在审查经济犯罪申诉案件和审理再审案件中，要准确把握罪与非罪的法律界限，准确把握经济违法行为入刑标准，坚决纠正将经济纠纷当作犯罪处理的错误裁判，对定罪证据不足的案件，应当坚持疑罪从无原则，依法宣告被告人无罪，不得降格作出“留有余地”的判决。同时，审查改革开放以来民营企业因不规范经营被刑事处理的案件，要以当时当地的客观事实为基本根据，以辩证和发展的眼光看待问题，严格遵循法不溯及既往、罪刑法定、疑罪从无、从旧兼从轻等法律适用原则，公正处理案件。①

3. 严格遵守审判监督诉讼程序

司法人员要学会换位思考，站在当事人的角度审视和看待问题，充分尊重、依法保障当事人的申请权、申诉权、知情权、陈述权、辩护辩论权和处分权。要围绕以庭审为中心的原则强化案件审理机制，遵循审判公开、直接言词证据和证据裁判原则，不能因为案件“时过境迁”而降低证据标准。要通过一批产权冤假错案的真正纠正、剖析和示范，使人民群众真正感受到法治的公平与正义，增强对自己财产财富的安全感与获得感。

（五）加强产权保护的刑事立法和司法解释工作

从立法上加强市场经济主体刑法平等保护，是市场经济的内在要求，也是落实《宪法》保护产权规定，实现《刑法》与其他部门法衔接，构建完善的产权保护法律制度的客观要求。针对刑事立法中存在的问题，我们从以下几方面提出完善立法及司法解释的建议。

1. 修正法律条文，消除二元化立法对产权保护的不平等性

加大对非公有财产的刑法保护力度是刑事立法工作的紧迫任务。从产权保护的全面性出发，应当扩大侵犯产权犯罪主体范围。如删去妨害公司、企业管理秩序罪中“国有公司、企业”的限定，改为“公司、企业”，把非法经营同类营业罪，为亲友非法牟利罪，签订履行合同失职被骗罪，国有公司、企业、事业单位人员失职罪，国有公司、企业、事业单位人员滥用职权罪，徇私舞弊低价折股、出售国有资产罪等罪名的犯罪主体扩大到所有经济组织中的工作人员，并将徇私舞弊低价折股、出售国有资产罪的罪名修改为徇私舞弊低价折股、出售公司资产罪，将背信损害上市公司利益罪的主体扩大到一般公司、企业的相关人员。从产权保护的平等性出发，可逐步统一市场经济领域职务犯罪罪名。如修改《刑法》总则关于国家工作人员范围的规定，不再设“准国家工作人

---

① 如张文中案裁判理由认为，物美集团在申报国债技改项目和使用国债技改贴息资金方面虽然存在一些不规范的行为，但原审被告人张文中等并无骗取国债贴息资金的故意和行为，不符合诈骗罪的构成要件。因此，原判认定张文中、张伟春的行为构成诈骗罪，认定事实和适用法律错误，依法应予纠正。

员”概念,解决当前司法实践中对职务、经济犯罪主体认定混乱的状况;对经济领域发生的性质相同的犯罪行为统一罪名,避免因法律适用不同造成量刑上的不均衡,但可以规定对国有经济主体中的工作人员在量刑上从重处罚。当然,在修改立法加大《刑法》对侵害产权行为打击力度的同时,仍然要遵循刑法的谦抑性原则,要审慎评价该行为的社会危害性是否达到需要动用刑事手段制裁的程度,维持刑法对经济生活的适度介入。

2. 完善责任体系,实现刑事立法和行政立法的有效衔接

针对我国经济刑法的不稳定性,有观点提出用“集中与分散”相结合的刑事立法模式来规制经济违法行为,也就是在将经济违法行为进行清理与划分的基础上,将一部分较为常见的、相对稳定的经济违法行为集中规定在《刑法》专章中,而将非典型的或变动相对较大的犯罪分散到相关经济法规范之中。① 我们认为,从长远看变更立法模式是一条良策,而在当下,如果在经济行政法律规范中针对行政违法行为同时构成犯罪问题,增加横向的、与《刑法》相联系的规定则更为实际,这样可以使行政法律责任与刑事法律责任更紧密衔接,不仅避免各类部门法在纵向上自成体系,但横向上难成系统的局面,而且也弥补了《刑法》修改滞后性存在的缺陷,对经济违法犯罪行为的规制更加周密。需要注意的是,通过上述方式加强两法衔接应当坚持立法的明确性原则,即刑法规范对行政犯罪的概念、构成要件及处罚措施应作明晰而确定的规定,同时行政法规范中的刑事责任条款也应具有指向性和明确性。比如,对于引述性条款,可将条文设置如下:“构成犯罪的,依照《中华人民共和国刑法》第×条规定追究刑事责任。”只有在《刑法》与行政法对同一规制对象法律责任要素作出明确清晰规定的基础上,才能对经济违法行为的责任名称、行为定量、侵害法益、主观方面在行政违法和刑事犯罪之间进行准确划分和衔接,确保《刑法》对经济违法行为介入的谦抑性。

3. 遵循立法本意,充分发挥司法解释的法律完善功能

任何法律都难免存在立法缺陷,司法解释通过法律条文含义的阐明和对现实法律问题的解决,揭示立法意图,弥补法律缺陷和空白,是司法实践中完善现行法律的一种特殊手段。近年来,最高司法机关高度重视经济犯罪案件处理中法律规范与现实生活脱节、定罪量刑争议较大的现象,先后就刑民交叉、涉税犯罪、非法经营犯罪、金融诈骗犯罪等相关法律适用问题进行广泛调研,起草相关司法解释并征求意见。我们期待最高司法机关尽快就相关问题形成统一的司法观点,通过对刑民交叉案件处理规则的确立,厘清产权纠纷与侵害产权犯罪中责任承担的主体、方式以及范围,确保产权受损一方得到充分、及时的救济;通过对非法经营等“口袋罪”的规制范围作出符合立法目的、与行政法律法规相衔接的解释,确保刑事司法对经济活动的适度介入,保护市场主体创新经营的积极性;通过对经济犯罪定罪量刑标准的统一设置,确保刑法的打击力度与经济社会发展水平相适应,此罪与彼罪之间相平衡,使各类市场主体能够在一个公平、安定、有序的法治环境中从事经济活动。

结　语

对合法产权的保护和对非法利益的剥夺,是刑法调节社会关系,维护市场公平竞争秩序的重要内容,营造公平竞争诚信经营的市场环境,依法维护企业家合法权益,是司法机关义不容辞的责任。各级司法机关应当通过个案正义的实现,充分发挥司法对市场经济的引领、规范和保障作用,通过打击侵犯产权犯罪行为、维护契约自由和市场诚信等手段,加大对产权的保护力度,切实增强企业家财产安全感,为推进民营企业发展营造更加公平公正的法治环境。

---

① 参见龙兴盛:《经济违法行为刑事制裁介入度研究》,法律出版社2015年版,第225页。

江西省高级人民法院
关于审理串通投标犯罪案件情况的调研报告

□江西省高级人民法院刑二庭课题组*

在当前项目招标投标尤其是工程建设项目招标投标活动中，串通投标现象较多，严重扰乱了各类项目建设领域的市场秩序，极大地破坏了公开、公平、公正的市场环境，造成了国有建设资金的巨量流失。被称为“密室中的犯罪”的串通投标行为，具有一定的隐蔽性，不易监管，再加上现有法律法规对其规制不够完善，行政监管手段又相对有限，司法实践中办案人员对串通投标行为查证难、认定难、处理难，在一定程度上导致了惩防串通投标行为力度不够。本文主要通过对江西法院2017年1月至2019年10月审结的84件串通投标犯罪案件的实证分析，研究串通投标犯罪的特点，总结审理串通投标犯罪案件取得的成效和经验，探索串通投标犯罪发生的原因，梳理汇总审理该类案件存在的问题，并进而提出预防和惩治的相应对策。

一、案件审理情况

2017年1月至2019年10月，江西法院审结串通投标犯罪案件84件。其中，2017年审结24件25人，2018年审结42件77人，2019年1月至10月审结18件71人。

二、该类犯罪呈现的特点

1.犯罪手段较为类似。串通投标的犯罪手段主要表现为：(1)串通标价。在招标投标活动中，有的投标人为了排挤其他投标人，破坏正常的竞价活动，互相串通、私下勾结，约定好投标价格，使竞争对手的正常报价失去竞争力，导致其不能中标。有的投标者之间先进行内部兑价，内定中标人，然后再参加投标。(2)共享收益。投标人之间互相约定，项目中标后大家共同投资入股，按照投资金额实行比例分成，从而实现利益的共享。有的地方，同类竞标企业往往是轮流中标，轮流派发好处费。(3)陪标补偿。投标人之间私下确定中标人，再参加投标，内定中标人以高价中标后，给予其他投标人失标补偿费，使投标者之间不存在竞争，招标人无法达到节约、择优的目的。(4)投标人和招标人私下勾结。投标人通过招标人获取技术参数、资质要求、价格等关键信息，提高中标概率。招标者在公开开标前，开启标书，并将投标情况告知其他投标者，或者协助投标者撤换标书，更改报价。有的招标者直接向投标者泄露标底。

2.群体犯罪越发明显。工程招标投标活动参与主体往往以群体出现。团体性较强，在工程招标投标活动中一旦有串通投标的行为，往往会出现团体违法犯罪现象，串通投标的企业之间存在千丝万缕的关系，各企业的负责人或是亲戚或是朋友，往往以集体形式出现，影响了一个地区同类行业的发展，对经济社会发展存在较大的危害性。标书雷同较多，从查获的标书看，内容高度重复。或项目结束后集体瓜分利润，或卖标后，各被告人根据参与程度、所起作用不同来瓜分卖标款，且一个案件中，通常涉及多起共同串通投标的违法事实，易引发窝案、串案。如安远县人民法院审理的被告人孙某伙同唐某某、李某某、谢某某等人协商挂靠32家公司进行围标的案件，中标金额为1997余万元，中标后，唐某某等人将该项目以中标价的18%共计358.4万元的价格卖给了魏某等人。谢某某、唐某某等人将358.4万元的卖标款按所挂靠公司的数量比例进行分赃，唐某某等人分得11.2万元至67.2万元不等的赃款。又如，龙南县人民法院审理的钟某等人

---

* 课题组成员：江西省高级人民法院刑二庭庭长曾华，副庭长李方平，法官助理林勇康。

串通投标案中，王某某等人得知招标信息后，便同被告人钟某某、钟某等人先后共计联系包括江西某建筑工程有限公司在内的60家公司对该项目进行围标，江西某建筑公司以2066余万元的投标报价中标，并以中标价的15%约309.9万元将该项目卖给了谭某某，卖标款由王某某、钟某某等以每家公司4.4万元分配给参与串标的人员。

3. 多发于工程建设项目领域，中标金额大，被告人非法获利大。从审理的串通投标案件来看，查处的串通投标犯罪多为工程建设领域，如房屋建设、道路修建、改造或市政亮化工程等，单个工程涉及的工程项目中标金额少则几百万元，多则上千万元甚至上亿元。由于工程项目中标价金额巨大，被告人在串通投标成功后，往往以中标金额的一定比例来卖标，能够获得高额的非法利益。如九江县人民法院审理的王某某串通投标案，被告人王某某违反国家《招标投标法》，在工程建设项目招标投标活动中串通投标报价，中标项目总金额达到9.93亿余元，其中九江市八里湖安置小区工程中标金额达到3亿余元，九江市市民中心代建楼工程中标金额达到2.5亿余元，九江市儿童医院工程中标金额达到2亿余元。

4. 易滋生"受贿"腐败。串通投标是滋生贿赂主要领域之一和职务犯罪的高发地带。招标投标项目涉及资金越多、规模越大的项目，其中的经济利益就越大，也越容易发生利益输送。面对如此诱人的"利益"，一些公职人员会铤而走险，积极参与，企图分得一杯羹。商人们拉关系、找路子，官员们千方百计地寻找"权力寻租"的空间，招标工程成了滋生腐败的土壤。如安远县人民法院审理的原赣州市城市管理局党委委员、市政工程管理处处长刘某某受贿、串通投标案以及原上犹县城市管理局主任科员彭某某受贿、行贿、串通投标案，均是此方面的典型案例。

5. 审理串通投标案件对被告人判处的刑罚较轻，上诉、抗诉案件极少。在串通投标刑事案件中，对各被告人的量刑大部分在有期徒刑一年以下，免予刑事处罚或适用缓刑的也不少。在173名被告人中，被判处一年以下有期徒刑的48人，判处拘役的26人，单处罚金的20人，免予刑事处罚的7人，适用缓刑的48人，共占86.13%；判处一年以上二年以下有期徒刑23人，判处二年以上三年以下有期徒刑的仅1人。由于对被告人判处的刑罚较轻，上诉案件共4件，抗诉案件仅1件。

6. 串通投标往往伴随其他犯罪，甚至存在黑恶势力染指的情况。拔出萝卜带出泥，很多串通投标犯罪是在侦查受贿、行贿、玩忽职守等职务犯罪时顺带侦查出来的。在有些案件中，行为人犯串通投标罪，同时会犯受贿罪，行贿罪，侵犯商业秘密罪，伪造证件、印章罪等。如鄱阳县人民法院审理的被告人李某某、黄某犯串通投标案，被告人李某某、黄某等人还犯伪造、买卖国家机关证件、印章罪和伪造公司、企业、事业单位印章罪，被告人黄某还犯伪造身份证件罪。而且，在不少串通投标案中，还发现黑恶势力的身影。

三、该类犯罪产生的原因

1. 有关行政监督管理部门对招标投标活动中相关事项流于形式审查，监管措施不到位，履职不力，挂靠、借用资质现象严重扰乱市场。如萍乡市安源区人民法院审理的王某某等人串通投标案，涉及出借建筑公司资质的公司数量多达50余家，这些公司通过出借资质、收取管理费的方式牟取非法利益，但目前为止尚未发现有公司受到行政处罚。

2. 监管合力尚未形成。对于招标投标市场的行政监督，许多职能部门都负有职责。但由于各自为政，各部门对于具体招标投标行政监督过程中碰到的问题，尤其是涉及本部门监管职能边缘的一些突出问题，尚未建立起沟通协调、共同应对、及时解决的机制，从而造成监管工作存在盲区和死角，一些违规违法行为因此得以长期规避监督。

3. 查处、惩罚力度不够，违法成本低。一方面，由于对串通投标行为缺乏有效的认定依据，导致串通投标案件被查处的不多,行为人违法违规成本远远小于风险收益。另一方面,《刑法》和《招标投标法》对串通投标犯罪分子的处罚力度不大,串通投标罪的最高刑期为有期徒刑三年,刑罚的惩戒与预防目的难以实现。

4. 不少参与投标的人员法律意识淡薄,不愿也不会主动向有关机关举报他人违法犯罪行为,有效维护自己的合法权益。社会上有部分人将串通投标视为行业潜规则,以此为业。涉案人员通过关注招标投标网上的招标信息参与各地工程项目的围标,违法所得有几十万元到上千万元不等。

5. 取证困难。现阶段,对于串通投标行为的认定仍以口供为主,串标人之间只要建立攻守同盟,现有常规的调查手段就很难取证和认定,致使工程建设领域的串通投标之风愈演愈烈,逐步发展成为一种行业潜规则。

6. 黑恶势力及其“保护伞”插手项目招标投标。黑恶势力通过暴力或软暴力手段,长期破坏建设工程领域公平竞争的市场规则,打击了其他正常经营企业的积极性,如景德镇市珠山区人民法院审理的余某某组织、领导黑社会性质组织、故意伤害、寻衅滋事、故意毁坏财物、开设赌场、非法拘禁、强迫交易、聚众斗殴、串通投标案。另外,相关部门人员为获取非法利益,甘于充当黑恶势力“保护伞”,为串通投标者提供便利和帮助。

四、审理该类犯罪案件存在的困难

1. 侦查机关办理串通投标刑事案件取证难。串通投标犯罪专业性、技术性较强,作案手段隐蔽,往往以合法形式掩盖其串通投标的实质,公安机关取证难。如今对于串通投标行为的认定在一定程度上仍停留在“口供认定”基础之上,除非发生投标文件内容雷同或出现相同错误等低级现象,投标人之间只要建立攻守同盟,现有的常规调查手段很难取证、认定,很多项目存在串通投标嫌疑,而最终由于难以查证而不了了之,致使串通投标之风在招标投标领域中渐成“潜规则”。

2. 现行关于串通投标的法律法规可操作性不强,缺乏客观、科学、统一的认定标准。串通投标罪,从法条上理解应为情节犯,当达到“情节严重”才成立犯罪。但何谓“情节严重”,目前尚无司法解释予以界定,仅有公安机关的立案追诉标准。且对于如何确定直接经济损失数额以及违法所得数额没有相应的标准,使得罪与非罪的认定往往成为案件处理的焦点问题。例如,用于串通投标的保证金、资质费、材料费、雇佣人员的工资等费用是否应在违法所得中予以剔除?对此,有的认为应当予以剔除,有的认为这也是犯罪成本不应剔除。另外,对于被告人用于串通投标的保证金是否应予以没收,司法实践中的观点也不一致。

3. 串通投标犯罪主体传统意义上的界定已无法适应当前打击犯罪的需要。随着招标投标市场的日益繁荣,参加招标投标活动的市场主体呈现多元化趋势,不仅包括传统意义的招标人、投标人,还包括投标人的代理人及有关人员、招标代理机构及有关人员、评标委员会及其成员、挂靠人或被挂靠企业等诸多主体,我国《刑法》将该罪的主体局限于招标人与投标人,针对其他主体实施的串通投标的行为无明确规定,导致刑事法网出现疏漏。

4. 各地法院量刑尺度不统一。根据我国《刑法》规定,串通投标行为情节严重的,处三年以下有期徒刑或者拘役,并处或者单处罚金。被告人串通投标的中标金额有的一千万元以下,有的几亿元,均在三年以下量刑。江西在全省开展围标串标专项整治行动以前,法院审理此类案件相对较少,对于积极退缴违法所得,有自首、坦白等情节,未造成实际损失的被告人适用缓刑比例较大。自专项整治开展以来,此类犯罪属于经济犯罪的打击重点,打击力度有所提升,但各县市区法院对此类犯罪案件的量刑尺度仍不统一。

5. 串通投标罪最高法定刑偏低,打击力度不够。现行《刑法》第二百二十三条对串通投标罪仅规定了"处三年以下有期徒刑或者拘役,并处或者单处罚金"的法定刑,行为人实施串通投标犯罪,能够在短期内以少量成本获取巨大利润,且在案发后,被告人为了争取量刑从宽,或多或少都会退缴违法所得,多数被告人又有坦白、退赃情节,而现行《刑法》规定的串通投标罪量刑幅度明显偏低,法院对被告人的判罚难以有效遏制该类犯罪。行为人实施串通投标犯罪,情节特别严重的,获得的非法利润巨大,社会危害性极大,该法定刑更是不能产生刑罚的惩戒与预防功能,根本无法有效遏制与打击情节特别严重的串通投标犯罪。如前所述九江县人民法院审理的王某某串通投标案,被告人王某某中标项目总金额达到9.9亿余元,就算按照串通投标罪现有的最高法定刑判处有期徒刑三年,也无法真正体现罪责刑相适应。

6. 串通投标罪的客观行为方式较为复杂,加之法律规定不够明确,如何准确认定犯罪存在一定困难。如行为人同时挂靠几个企业进行围标,行为人构成串通投标罪不成问题,但被挂靠企业是否构成串通投标罪,实践中较难把握。如果被挂靠企业明知挂靠者参与"围标"而积极配合的,其行为应具有"串通性",挂靠者与被挂靠者均构成串通投标罪,这在司法实务中并不存在分歧。但在被挂靠的企业不知情或者没有证据证明被挂靠企业知情的情况下,单个行为人利用掌控的多家企业进行围标,能否认定被挂靠企业构成串通投标罪,难免令司法部门困惑。

7. 有的行为人在实施串通投标犯罪行为的同时,还实施了贿赂犯罪、侵犯商业秘密犯罪等行为,该种情形下,对行为人是从一重罪处罚还是数罪并罚,目前尚无明确规定。另外,对于行为人有串通投标行为但未中标的,是认定既遂还是未遂,在司法实践中也有不同的观点。

五、预防和惩治此类犯罪的意见和建议

1. 建议有关行政主管部门强化招标投标工作组织者的责任。招标投标工作组织者必须认真审查参与投标者的资质,评标办法要合理,招标文件制定要考虑周全,如投标人资格条件设置、设备技术指标设置、废标条款设置及招标限价设置等。有关行政监督管理部门在招标投标活动中发现有串通投标嫌疑的,应及时审查、制止。

2. 建议尽快修订完善相关立法。针对现有招标投标实践中容易出现问题的关键环节,抓紧修订完善《建设工程施工招标投标管理办法》,通过降低市场准入门槛、放宽资格预审条件、放开投标人数限制、取消业主指定企业、设定最高投标价格等,从机制上加大不正当竞争的成本和难度,从而有效减少串通投标行为的发生。

3. 加强违规违法惩戒力度。加强行政监管,依法打击出借资格或资质证书的行为,对利用个人资质参与违规投标活动的直接责任人,及时限制或取缔相关资质,并视情追究个人法律责任。对参与串通投标活动的相关企业,除依法追究法律责任外,限制或停止该企业在当地的市场经营活动,甚至终身禁止责任人从事相关职业。强化监督举报措施,对举报者给予相应的奖励措施,并为举报者保密。对主动检举揭发参与串通投标的企业和个人,实行免责制。建立违规违纪行为公开曝光制度,对被查处的违规违法行为,除纳入全国联网的相关信用体系外,一律公开曝光,强化震慑警示作用。

4. 要扩大串通投标罪的犯罪主体范围,除了原有法定串通投标犯罪主体招标人、投标人之外,还要将投标人的代理人及有关人员、招标代理机构及有关人员、评标委员会及其成员、挂靠人或被挂靠企业等一并纳入。就招标代理机构而言,首先,《招标投标法》第五十条中规定,招标代理机构违反本法规定,泄露应当保密的与招标投标活动有关的情况和资料的,或者与招标人、投标人串通损害国家利益、社会公共利益或者他人合法权益,构成犯罪的,依法追究刑事责任。可见,追究招标代理机构串通投标行为的刑事责任于法有据。其次,招标代理机构能够直接实施串通投标的实行行为。招标代理机构应该是代表一方的市场交易型中介组织,即它直接代表招标人一方参与交易活动。因此，与其他中介组织不同，招标代理机构不完全具有独立性。招标人通过代理招标协议把招标人的部分权利转移给了招标代理机构，招标代理机构在行使这部分权利时，一方面受代理协议的约束，不得损害招标人的利益；另一方面，作为招标人的代理机构，又必然受《招标投标法》的约束，承受招标人的法律义务。招标人不得与投标人串通投标，自然也能得出作为代理机构也不得串通投标的逻辑结论。同理，投标人的代理人及有关人员、评标委员会及其成员等，也可以成为串通投标罪的犯罪主体，严格来说，串通投标罪的主体应该是指招标投标的参与人。

5. 建议法院、检察院、公安机关等多部门共同出台办理该类案件的相关具体意见，形成长效联合工作机制。建议最高司法机关出台关于审理串通投标犯罪案件的司法解释，针对司法实践中一些常见的疑难问题提供具有实际可操作性的意见，如行为人实施串通投标犯罪行为的同时，还实施了贿赂犯罪、侵犯商业秘密犯罪等行为，参照渎职罪的有关司法解释，对行为人进行数罪并罚。行为人有串通投标行为但未中标的，因没有造成直接经济损失或造成直接经济损失数额不满50万元的，无违法所得或违法所得不满10万元的，中标项目金额不满200万元的，认定未遂；但若行为人采取威胁、欺骗或者贿赂等非法手段，或二年内因串通投标受过行政处罚二次以上，又串通投标的，认定既遂。被挂靠企业仅是出借资质，对行为人同时挂靠几个企业进行围标，不知情或者没有证据证明被挂靠企业知情的，被挂靠企业不构成串通投标罪。对串通投标罪“情节严重”进行界定，对直接经济损失数额、违法所得数额的计算统一标准，对被告人用于串通投标的保证金视为犯罪成本予以没收，等等。同时，建议最高人民法院根据实际情况，出台此类犯罪的量刑指导意见，统一量刑尺度。

6. 充分发挥罚金刑的惩罚与预防作用。在现有串通投标罪法定刑偏低的情况下，要做到罪刑均衡，就要加大罚金刑的处罚力度，这样既可以增加行为人的犯罪成本，让其承受犯罪所带来的不良后果，又可以削弱其经济能力，降低其再犯的概率。

7. 增设一档更高的法定刑。通过立法适度提高串通投标罪的最高法定刑，对情节特别严重的串通投标犯罪依法定罪量刑，做到罪责刑相适应。这样，既可以严厉打击串通投标犯罪，又可以威慑潜在犯罪分子，有效遏制犯罪发生，降低犯罪率，从而实现刑罚的惩戒与预防功能。

8. 建立工程建设招标投标监管协调机制。根据《招标投标法》等相关规定，建立招标投标监管协调机制。由监察、建设、交通、水利、财政、审计、公安、检察、法院、司法行政、工商等部门参加，通过联席会议制度，定期研究解决工作中面临的突出问题，增进部门间信息沟通与工作协调，促进各部门监管规范、规则、工作机制的衔接统一。招标投标数据实行全国联网，以便通过大数据监测建筑公司异常投标情况。上述举措有利于有关部门及早发现串通投标行为，及时收集固定证据，结合当前扫黑除恶和反腐败斗争形势，严厉打击串通投标违法犯罪、黑恶势力犯罪、职务犯罪。

河南省高级人民法院　河南省人民检察院　河南省公安厅
关于办理合同诈骗刑事案件若干问题的座谈会纪要

为进一步加强对我省办理合同诈骗刑事案件的指导，准确适用法律，提升办案质量，依法打击犯罪，2020年4月27日，河南省高级人民法院、河南省人民检察院、河南省公安厅在河南省高级人民法院召开了座谈会。河南省高级人民法院刑二庭、河南省人民检察院第四检察部、河南省公安厅经侦总队、法制总队相关人员参加了座谈会。会议对合同诈骗犯罪中的合同、非法占有目的的认定、司法实践中的疑难情形等问题进行了深入研讨,达成共识。现纪要如下:

一、合同诈骗罪中的“合同”

1. 合同诈骗罪中的“合同”包括书面合同、口头合同和其他形式。

2. “合同”应当体现一定的市场秩序。与市场秩序无关以及主要不受市场调整的“合同”“协议”,如不具有交易性质的赠与合同、婚姻、收养、扶养、监护等有关身份关系的协议,主要受劳动法、行政法调整的劳务合同、行政合同等,通常情况下不应视为合同诈骗罪中的“合同”。

3. 合同诈骗罪与诈骗罪是特殊与一般的关系,二者均表现为以非法占有为目的,虚构事实或者隐瞒真相,以骗取财物。合同诈骗罪仅发生在合同的签订、履行过程中,行为人实施的是与合同内容有关的活动,合同是导致被害人陷入认识错误而做出财产处分的主要原因。

二、“非法占有目的”的认定

4. 合同诈骗犯罪与合同经济纠纷的本质区别,在于行为人是否具有非法占有的目的。主要区分行为人是以骗取财物为目的,还是通过履行约定的民事法律行为而获得经济利益。

5. 合同诈骗罪主观方面由直接故意构成,非法占有目的既可以产生在合同签订前,也可以产生在合同履行过程中。

6. 判断行为人是否具有非法占有目的,要结合案件客观事实综合判定,从事实、行为、手段、后果等方面,全面收集、审查对行为人有利和不利的证据。

7. 在判断是否具有非法占有目的时,应当根据行为人的行为是否符合刑法所规定的行为类型,综合考虑事前、事中、事后的各种主客观因素进行整体判断:(1)主体资格是否真实;(2)是否签订虚假合同、使用虚假担保;(3)行为人有无履约能力;(4)在签订合同后有无履行合同的实际行为;(5)违约后有无承担责任的表现;(6)取得财物后的主要处置情况;(7)未履行合同的原因。

8. 司法实践中,对于行为人通过合同诈骗方法非法获取资金,造成数额较大资金不能返还,并具有下列情形之一,且没有相反证据的,可以认定为具有非法占有目的:(1)没有履行合同的条件,而骗取他人财物不返还的;(2)无正当理由,以明显低于市场的价格变卖货物,导致不能归还货款的;(3)抽逃、转移资金、隐匿财产,以逃避返还财物的;(4)隐匿、销毁账目,或者通过假破产、假倒闭,以逃避返还财物的;(5)携款逃匿的;(6)没有履行能力,故意制造违约或者肆意认定违约,多次骗取保证金和违约金的;(7)收到对方财物后,不履行合同义务,主要用于赌博、高利贷等非法活动,导致财物不能归还的;(8)已经严重资不抵债,行为人仍将骗取的资金用于高风险的投资项目,如炒股、炒期货等活动,造成资金客观上无法归还的;(9)其他非法占有资金、拒不返还的行为。

9. 在根据资金用途判断行为人是否具有非法占有目的时,应综合全案,分析行为人资金用途的主要方面,对于行为人取得资金后,如果大部分资金用于合法经营,到期不能归还资金主要是由于经营不善、市场风险等原因造成的,一般不宜认定为具有非法占有的目的。后续资金主要用于归还前期银行贷款或者个人借款的,要根据归还目的、后续资金使用情况、是否实施欺骗行为等综合判断。

10. 要坚持主客观相一致的原则。对仅有履约态度,没有履约行为的,或者虽然采取了欺骗手段,但有部分履约行为的情形,认定非法占有目的时,应当考察签订、履行合同的全部客观行为,并结合行为人对主观故意的供述,慎重处理。

三、犯罪数额的认定

11. 合同诈骗罪是结果犯,一般以一定的犯罪结果作为犯罪既遂的判断标准,以诈骗行为人取得被害人财物为既遂。

12. 合同诈骗罪的既遂数额应为犯罪所得数额，即合同诈骗行为人通过诈骗行为实际控制的非法所得，其给被害人造成的其他直接损失应在适用加重犯或者量刑时考虑。对行为人骗取款项在立案前归还被害人的，已归还部分，不计入诈骗数额。

四、几种疑难情形的司法认定

13. “借鸡生蛋”行为。利用合同，骗取对方的预付款，供自己经营使用或者进行其他牟利活动，当对方催促履行合同时则以种种借口推脱。此种行为是否构成犯罪，要综合主客观因素认定行为人主观上是否具有非法占有的目的。

14. “连环诈骗”行为。行为人在取得相对人财物后，不履行合同，迫于对方追讨，又与他人签订合同骗取财物，用以充抵前一合同的债务。这种采用“借新还旧”方式循环骗取他人资金，导致资金不能归还，符合合同诈骗罪构成要件的，应当以合同诈骗罪定罪处罚。

15. 通过银行贷款方式骗取担保人财产的行为。行为人以非法占有为目的，采取虚构事实、隐瞒真相手段，通过银行贷款方式骗取担保人财产行为，这种情形表面上看是骗取银行贷款，但银行可通过担保实现债权，实际受损失的是担保人的财产权益，侵犯对象并非银行贷款而是担保合同一方当事人的财产，应以合同诈骗罪论处。同时要注意审查银行工作人员与行为人是否有共谋情形。

16. 以借款方式实施的诈骗行为。对于利用手续完备、充分体现市场经济活动特征的借款合同诈骗的行为，符合合同诈骗罪构成要件的，应认定为合同诈骗罪；对于当事人之间基于亲友、熟人等关系签订的普通借条、欠条等形式的借款协议后出现的诈骗行为，没有体现市场经济活动、无市场交易特点的，一般不以合同诈骗罪处理。构成其他犯罪的，按其他犯罪处理。

17. 本意见仅供办案参考，个案如需请示、汇报的，按规定程序执行。

对陆勇涉嫌妨害信用卡管理罪、销售假药罪不起诉案件及有关法律适用问题研究

□卢宇蓉

2015年2月,检察机关对媒体报道的"抗癌药代购第一人"陆勇涉嫌妨害信用卡管理罪、销售假药罪案依法作出不起诉决定,引起社会关注和一些争论。本文结合2014年11月最高人民法院、最高人民检察院发布的《关于办理危害药品安全刑事案件适用法律若干问题的解释》(以下简称《药品安全解释》)相关规定,对该案有关法律问题进行探讨。

一、据以探讨的基本案情、诉讼经过

（一）基本案情

被不起诉人陆勇,男,1968年出生,汉族,大学本科,私营企业主。

2002年,被不起诉人陆勇被查出患有慢粒性白血病,需要长期服用抗癌药品。我国国内对症治疗白血病的正规抗癌药品"格列卫"系列系从瑞士进口,每盒需人民币(以下币种同)23 500元,陆勇曾服用该药品。为能够与患有相同疾病的患者进行交流,相互传递寻医问药信息,通过增加购买同种药品的人数从而降低药品价格,陆勇从2004年4月开始建立了白血病患者病友网络QQ群。

2004年9月,陆勇通过他人从日本购买由印度生产的同类药品,价格每盒约为4 000元,服用效果与瑞士进口的"格列卫"相同。之后,陆勇使用药品说明书中提供的联系方式,直接联系到了印度抗癌药物的经销商印度赛诺公司,并开始直接从印度赛诺公司购买抗癌药物。陆勇自己服用一段时间后,觉得印度同类药物疗效好、价格便宜,遂通过网络QQ群等方式向病友推荐。此后,网络QQ群的病友也加入向印度赛诺公司购买该药品的行列。陆勇及病友首先是通过西联汇款等国际汇款方式向印度赛诺公司支付购药款。在此过程中,陆勇还利用其懂英文的特长免费为白血病等癌症患者翻译与印度赛诺公司的往来电子邮件等资料。随着病友间的传播,从印度赛诺公司购买该抗癌药品的国内白血病患者逐渐增多,药品价格逐渐降低,直至降为每盒为200余元。

由于前述支付购药款方式,既要先把人民币换成美元,又要使用英文,程序烦琐,操作难度大,求药的患者向印度赛诺公司提出了在中国开设账号便于付款的要求。2013年3月,经印度赛诺公司与最早在该公司购药的陆勇商谈,由陆勇在中国国内设立银行账户,接收患者的购药款,并定期将购药款转账到印度赛诺公司指定的户名为张金霞的中国国内银行账户,在陆勇统计好各病友具体购药数量并告知印度赛诺公司后,再由印度赛诺公司直接将药品邮寄给患者。此外,印度赛诺公司承诺对提供账号的病友将免费供应药品。陆勇在QQ病友群里发布了印度赛诺公司的想法,云南籍白血病患者罗树春即与陆勇联系,愿意提供本人及其妻子杨慧英的银行账号,以换取免费药品。陆勇通过网银U盾使用管理罗树春提供的账号,在病友向该账号支付购药款后,将购药款转至张金霞账户,通知印度赛诺公司向病友寄送药品,免除了购药的病友以往换汇、翻译等一些烦琐劳动。

在使用罗树春、杨慧英账号支付购药款一段时间后,罗树春听说银行卡的交易额太大,有可能导致被怀疑为洗钱,不愿再提供使用。2013年8月,陆勇通过淘宝网从郭梓彪(另案处理)处以

500 元每套的价格购买了 3 张用他人身份信息开设的银行借记卡，在准备使用时发现其中 2 张因密码无法激活而不能用，仅使用了 1 张户名为夏维雨的借记卡。陆勇同样通过网银 U 盾使用管理该账号，将病友购药款转账到印度赛诺公司指定的张金霞账户。

本案证据证明，共有 21 名白血病等癌症患者通过陆勇先后提供并管理的罗树春、杨慧英、夏维雨 3 个银行账户向印度赛诺公司购买了价值约 12 万元的 10 余种抗癌药品，但陆勇为病友们提供的帮助全是无偿的。经食品药品监督管理部门鉴定，上述购买的 10 余种抗癌药品，有"VEENAT100""IMATINIB400""IMATINIB100"3 种药品，均为未经我国行政主管部门批准进口的药品。

（二）诉讼经过

2013 年 8 月 25 日，被不起诉人陆勇因涉嫌妨害信用卡管理罪由湖南省沅江市公安局立案侦查，同年 11 月 23 日被刑事拘留，同年 12 月 25 日被逮捕，2014 年 3 月 30 日被取保候审。2014 年 4 月 15 日，本案侦查终结，沅江市公安局以陆勇涉嫌妨害信用卡管理罪、销售假药罪向沅江市人民检察院移送审查起诉。2014 年 5 月 12 日，沅江市人民检察院将本案退回公安机关补充侦查；2014 年 6 月 10 日，该案经补充侦查，重新移送沅江市人民检察院起诉。2014 年 7 月 22 日，沅江市人民检察院以陆勇犯妨害信用卡管理罪、销售假药罪向沅江市人民法院提起公诉。2014 年 12 月 23 日，沅江市人民法院因陆勇经传唤不到案，裁定中止审理，次日作出逮捕决定；2015 年 1 月 10 日，陆勇被执行逮捕。2015 年 1 月 27 日，沅江市人民检察院撤回起诉，1 月 29 日对陆勇取保候审，2 月 26 日对该案依法作出不起诉决定。

二、争议问题、不起诉理由

本案争议问题：一是被不起诉人陆勇购买及其代购未经我国行政主管部门批准进口的抗癌药品的行为是否构成销售假药罪。二是陆勇在网上购买以他人身份信息开设的借记卡，并使用以他人名义开设的借记卡的行为是否构成妨害信用卡管理罪。其中，争议较大的是第一个问题。

湖南省沅江市人民检察院针对本案争议的两个问题提出以下两点意见，并对陆勇一案依法作出不起诉决定。一是陆勇购买和帮助他人购买未经行政主管部门批准进口的抗癌药品的行为，虽然违反了药品管理法的相关规定，但陆勇的行为不是销售行为，不符合刑法第一百四十一条的规定，不构成销售假药罪。二是陆勇通过淘宝网从郭梓彪处购买 3 张以他人身份信息开设的借记卡，并使用其中户名为夏维雨的借记卡的行为，虽然违反了有关金融管理法规，但其动机、目的和用途是方便白血病患者支付购买抗癌药品款项，属于情节显著轻微危害不大，根据刑法第十三条的规定，不认为是犯罪。

不起诉，是指人民检察院对侦查终结的刑事案件经审查起诉，决定不将案件移送人民法院审判而终止诉讼的活动。根据我国刑事诉讼法第一百七十三条第一款、第二款，第一百七十一条第四款，第二百七十一条第一款的规定，不起诉可以分为四种类型：（1）法定不起诉，又称绝对不起诉，即人民检察院基于犯罪嫌疑人没有犯罪事实或者具有法定不追究刑事责任的情形，依法必须作出的不起诉决定；（2）酌定不起诉，又称相对不起诉，即人民检察院对于犯罪情节轻微，依照刑法规定不需要判处刑罚或者免除刑罚的，依法可以作出的不起诉决定；（3）证据不足不起诉，又称存疑不起诉，即人民检察院对于证据不足，不符合起诉条件的案件，依法必须作出的不起诉决定；（4）对未成年犯罪嫌疑人的附条件不起诉，即人民检察院基于对未成年人的特殊保护，依法可以对一些符合起诉条件的轻罪案件作出附条件的不起诉决定。湖南省沅江市人民检察院依照《中华人民共和国刑事诉讼法》第十五条第一项和第一百七十三条第一款之规定，对陆勇一案作出的不起诉决定，属于法定不起诉。

三、生产、销售假药罪司法认定中的几个问题

（一）“假药”认定问题

实践中，有观点认为，“按假药论”的药品、非药品在性质和社会危害性上与实质的假药具有明显不同。如陆勇案中在国外已批准使用但在我国“未经批准而进口”的抗癌药，从药物成分、药性、药效上讲实质就是真药，这种药不会造成身体伤害、延误诊治，可能还具有较好的治疗作用和效果。这种“在国外是真药，到国内却成了假药”的司法认定与民众对假药的认识有很大差距，既不符合社会公众普遍的公平正义观念，也不符合罪责刑相适应的原则要求，对这类药物不应当认定为刑法意义上的假药，销售这类药物也不具有社会危害性，不宜作为犯罪处理。我们认为，这种观点值得商榷。对此，需要明确和解决两个问题：一是假药的司法认定；二是如何评价以假药论的情形的社会危害性。

第一个问题，关于假药的司法认定问题。对这一问题，我们可以从犯罪与法律之间的关系及罪刑法定的要求来分析。从犯罪与法律之间的关系来看，犯罪可以分为自然犯和法定犯。其中，自然犯的特点是这种犯罪本身的反道义性和反社会性明显，不需要根据法律规定即可予以评判，如故意杀人、强奸、抢劫等犯罪。法定犯的特点是这种犯罪一般根据道德观念难以评判，必须根据法律规范才能认定，如走私、逃税等犯罪。生产、销售假药罪具有自然犯和法定犯的双重属性。通常情况下，生产、销售假药罪不仅侵犯了国家的药品管理秩序，而且侵犯了不特定多数人的身体健康、生命安全，具有严重的社会危害性。这种犯罪所具有的反道义性和反社会性的特点，显而易见。近些年，生产、销售假药犯罪危害严重，引起社会广泛关注，2014 年在《药品安全解释》新闻发布会上通报的 4 起生产、销售假药罪典型案例就是例证。虽然生产、销售假药罪主要是一种自然犯，但是同时该罪具有一定的法定犯特点，这主要表现在刑法对“假药”的界定上。换言之，关于生产、销售假药罪中的“假药”如何进行司法认定，会因为行政法规对假药的概念、范围、认定标准等的规定不同，而出现不同的司法认定结论。

我国刑法第一百四十一条第二款明确规定，本条所称“假药”，是指依照药品管理法的规定属于假药和按假药处理的药品、非药品。按照罪刑法定的要求，司法认定应严格遵循刑法规定。因此，生产、销售假药罪中的“假药”，包括具有客观危害的实质上的假药，也包括法律规定以假药论处的药品、非药品。根据 2015 年修正的药品管理法的有关规定，药品，是指用于预防、治疗、诊断人的疾病，有目的地调节人的生理机能并规定有适应证或者功能主治、用法和用量的物质，包括中药材、中药饮片、中成药、化学原料药及其制剂、抗生素、生化药品、放射性药品、血清、疫苗、血液制品和诊断药品等。“假药”分为两种情况。第一种情况是具有客观危害性的假药，具体包括：（1）药品所含成分与国家药品标准规定的成分不符的；（2）以非药品冒充药品或者以他种药品冒充此种药品的。第二种情况是按假药论处的，具体包括：（1）国务院药品监督管理部门规定禁止使用的；（2）依照药品管理法必须批准而未经批准生产、进口，或者依照本法必须检验而未经检验即销售的；（3）变质的；（4）被污染的；（5）使用依照药品管理法必须取得批准文号而未取得批准文号的原料药生产的；（6）所标明的适应证或者功能主治超出规定范围的。因此，根据刑法规定，生产、销售的无论是实质假药，还是以假药论处的法律拟制的“假药”，从其行为性质上来说，都应当依法认定为生产、销售假药。

第二个问题，关于以假药论的社会危害性和刑事责任问题。对此问题，我们可以从生产、销售假药罪侵害的犯罪客体和客观危害程度大小来进行分析。从犯罪客体来看，生产、销售假药罪侵犯的是复合客体，一般情况下主要是人民群众的生命、健康权和国家对药品安全的管理制度，特殊情况下还可能侵害公共安全。犯罪侵犯的客体和危害性程度的大小与犯罪对象有着密切关

系。就生产、销售假药罪而言,有客观危害的实质假药与以假药论处的法律拟制的“假药”,无论是从实际上的社会危害性,还是从可能侵害的犯罪客体来说,都有明显区别。这种区别可以影响到相关行为的刑事责任承担和刑事责任的大小。此外,以假药论处的“法律拟制的假药”,存在多种不同情形需要区别对待:有的所标明的适应证或者功能主治超出规定范围以假药论的,本身并无毒性,但由于没有相应的治疗效果,这必然会延误病人治疗,加重病情,甚至会间接导致死亡;有的未取得批准文号生产的以假药论处的,很多是未经人体实验,存在较大的安全风险;有的虽然可能有治疗效果,但未经我国行政主管部门批准尚不能依法准入我国医药市场;等等。因此,对于生产、销售以假药论处的“法律拟制的假药”,也需要区分不同情况对行为的社会危害性、是否涉嫌犯罪以及刑事责任大小进行考量。

陆勇不起诉一案同样涉及以上两个问题。关于第一个问题,湖南省检察机关对陆勇购买的10余种抗癌药品均认定为假药。理由是陆勇购买的10余种抗癌药品确系依照药品管理法必须批准而未经批准进口的药物,因此,检察机关采纳食品药品监督管理部门出具的相关鉴定意见,作出了相关药品系假药的司法认定。关于第二个问题即“以假药论的社会危害性和刑事责任”,虽然没有直接影响销售假药罪的成立,但实际已成为陆勇不起诉案处理时考虑的重要因素。湖南省检察机关采纳了有关证人出具的关于感谢陆勇帮助其延续了生命的证言等证据材料,客观认定了陆勇代人购买的“外国药品”服用后对身体没有伤害,有的还有治疗效果;同时,把这些情况作为对陆勇通过淘宝网从郭梓彪处购买3张以他人身份信息开设的借记卡,并使用其中户名为夏维雨的借记卡的行为能否认定为涉嫌妨害信用卡管理罪但属于“情节显著轻微危害不大”的重要参考因素。我们认为,检察机关对陆勇不起诉一案作出的上述认定结论具有法律依据和事实根据,是合理、合法和正确的。

(二)生产、销售假药罪中生产、销售行为的认定

《药品安全解释》第六条分两款,对生产、销售假药、劣药罪中的“生产”和“销售”的含义予以明确规定。根据该司法解释:一是明确以生产、销售假药、劣药为目的,实施下列行为之一的,应当认定为刑法第一百四十一条、第一百四十二条规定的“生产”:(1)合成、精制、提取、储存、加工炮制药品原料的行为;(2)将药品原料、辅料、包装材料制成成品过程中,进行配料、混合、制剂、储存、包装的行为;(3)印制包装材料、标签、说明书的行为。二是规定对于医疗机构、医疗机构工作人员明知是假药、劣药而有偿提供给他人使用,或者为出售而购买、储存的行为,应当认定为刑法第一百四十一条、第一百四十二条规定的“销售”。

上述规定已较好解决了危害药品安全犯罪中“生产”的司法认定问题。这是因为《药品安全解释》已将生产过程各环节的阶段性行为都作为生产行为。这样规定主要有以下考虑:一是目前危害药品安全犯罪已经形成分工明确、环环相扣的犯罪链条,药品监督管理部门和公安机关有时仅查获犯罪链条的某个环节,难以查清全部犯罪链条,有的行为人往往通过声称自己“不明知”来逃避打击,难以按照生产、销售假药、劣药犯罪的共同犯罪来追究刑事责任。该司法解释对“生产”的概念作细化规定,涵盖了将药品原料、辅料、包装材料变成成品过程中的每一个生产环节,符合执法办案的实际需要,具有针对性和可操作性。二是对能够查明行为人具有生产、销售假药、劣药的主观故意,或者查明印制包装材料、标签、说明书等行为是用于生产、销售假药、劣药的,即可以直接认定为“生产”行为,既有利于行政执法和司法机关查办危害药品安全犯罪案件,又能有效避免犯罪分子逃避打击。但是,《药品安全解释》没有对“销售”的概念作正面规定,实践中对“销售”行为的认定存在不同认识。如陆勇不起诉案中,公安机关认为犯罪嫌疑人陆勇购买和帮助他人购买未经批准进口的抗癌药品的行为能够认定为销售药品的行为,涉嫌销售假药

罪；而检察机关认为陆勇购买和帮助他人购买未经批准进口的抗癌药品的行为，虽然违反了药品管理法的相关规定，但陆勇的行为不是销售行为，不符合刑法第一百四十一条的规定，不构成销售假药罪。

关于销售假药罪中的“销售”如何认定，我们认为，实践中不宜简单以行为人是否牟利来认定，而应当遵循罪刑法定原则，从语义上加以解释和适用。首先，是否以牟利为目的是行为人的主观动机或者目的，属于主观方面的范畴，不是认定客观行为的关键。行为人主观是否具有牟利动机或者目的，可能影响量刑，甚至可能影响定性，但不影响对销售行为性质本身的认定。生产、销售假药罪是故意犯罪，只要行为人主观上明知生产、销售的是假药仍予以生产、销售的，就构成生产、销售假药罪。一般来说，生产、销售假药罪行为人的动机是牟利，即行为人为牟取暴利，明知生产、销售的是假药仍予以生产、销售。至于其行为给人体健康、生命可能造成的严重危害后果，不在行为人追求的直接故意范围之内，或者存在过失心理，或者属于间接故意心理。如果行为人生产、销售假药，目的就是对他人的生命健康、财产安全造成损害，危害公共安全，则应以以危险方法危害公共安全罪定罪处罚。①

其次，销售假药罪中的“销售”行为应当遵循罪刑法定原则，从语义上加以解释和适用。从语义上来说，根据《现代汉语词典》的解释，销售，是指卖出商品。而“卖”，在这里与“买”相对，是指拿东西换钱。东西既可以是买进来的，也可以是自己生产的。换的钱可能高于买入或者生产成本，即为营利；换的钱可能出于多种原因或者动机低于买入或者生产成本，即为亏本。陆勇一案能否认定销售假药罪，关键在于对“卖出商品”的理解。

关于陆勇购买和帮人购买未经批准进口的抗癌药品的行为，能否认定为“销售”的问题，湖南省检察机关作了回应。我们认为，虽然有些问题可以进一步研究，但办案检察机关有关负责人对本案的如下解答是合理、妥当的。②

首先，所谓销售即卖出（商品）。在经济学上，销售是以货币为媒介的商品交换过程中卖方的业务活动，是卖出商品的行为，卖方寻求的是商品的价值，而买方寻求的则是商品的使用价值。全面系统分析该案，陆勇的行为是买方行为，并且是白血病患者群体购买药品整体行为中的组成行为，寻求的是印度赛诺公司抗癌药品的使用价值。陆勇与白血病患者是印度赛诺公司抗癌药品的买方：一是早在向印度赛诺公司买药之前，作为白血病患者的陆勇就与这些求药的白血病患者建立了QQ群，相互交流病情，传递求医问药信息。患者潘建三的证言说，建立QQ群还能扩大病友群，组织病友与药品生产厂家协商以求降低药品价格。二是陆勇是在自己服用印度赛诺公司的药品有效后，才向病友介绍。所购抗癌药品的价格开始时每盒4000元，后来降至每盒200元。三是陆勇为病友购买药品提供的帮助是无偿的。陆勇不仅帮助病友买药、付款，还利用懂英语的特长，为病友的药品说明书和来往电子邮件进行翻译，在此过程中陆勇既没有加价行为，也没有收取代理费、中介费等任何费用。四是陆勇所帮助的买药者全部是白血病患者，没有任何为营利而从事销售或者中介等经营药品的人员。

其次，陆勇提供账号的行为不构成与印度赛诺公司销售假药的共犯。根据我国药品管理法第四十八条第三款第二项规定，依照该法必须批准而未经批准生产、进口，或者依照该法必须检验而未经检验即销售的药品，以假药论处，这也就是“法律拟制的假药”。印度赛诺公司在我国销

① 周道鸾、张军主编：《刑法罪名精释》（第4版），人民法院出版社2013年版，第185页。

② 参见汤维骏：《公正司法彰显法律的温暖——本报记者就“陆勇案”专访湖南省检察院副检察长卢乐云》，载《检察日报》2015年3月11日，第2版。

售未经批准进口的抗癌药品，属于销售假药的行为。根据《药品安全解释》第八条第一项的规定，明知他人生产、销售假药而提供账号的，以共同犯罪论处。陆勇先后提供罗树春、杨慧英、夏维雨3个账号行为的实质是买方行为，而不能认为是共同销售行为：一是从账号产生的背景来看，最初源于病友方便购药的请求。在陆勇提供账号前，病友支付印度赛诺公司购药款是以西联汇款等国际汇款方式，既要把人民币换成美元，又要使用英文，程序烦琐，操作难度大。求药的患者向印度赛诺公司提出在中国开设账号便于付款的要求，印度赛诺公司与最早向该公司购药的陆勇商谈，并提出对愿意提供账号的可免费提供药品。二是从账号的来源来看，3个账号中先使用的两个账号由病友提供。陆勇向病友群传递这一消息后，病友罗树春即愿意将本人和妻子已设立的账号提供给陆勇使用。在罗树春担心因交易资金量增加可能被怀疑洗钱的情况下，陆勇才通过淘宝网购买户名为夏维雨的借记卡。三是从所提供账号的功能来看，就是收集病友的购药款，以便转款到印度赛诺公司指定的张金霞的账号，是用于收账、转账的过渡账号，承担方便病友支付购药款的功能，减少换汇和翻译的麻烦。四是从账号的实际用途来看，病友购药向这3个账号支付购药款后告知陆勇，陆勇通过网银U盾使用管理这3个账号，将病友的付款转至印度赛诺公司指定的张金霞的账号，然后陆勇再告知印度赛诺公司，印度赛诺公司根据付款账单发药。可见，设置这3个账号就是陆勇为病友提供购药服务的，是白血病患者群体购买药品的组成行为。

最后，根据我国刑法的规定，共同犯罪是指二人以上共同故意犯罪。具体到本案，如果构成故意犯罪，应当是陆勇与印度赛诺公司共同实施销售假药犯罪，更具体地说，应当是陆勇基于帮助印度赛诺公司销售假药而为印度赛诺公司提供账号。但在本案中，购买印度赛诺公司抗癌药品的行为是白血病患者群体求药的集体行为，陆勇代表的是买方而不是卖方，印度赛诺公司就设立账号与陆勇的商谈是卖方与买方之间的洽谈，陆勇作为买方的代表自始至终在为买方提供服务。当买卖成交时，买方的行为自然在客观结果上为卖方提供了帮助，这是买卖双方成交的必然的交易形态，但绝对不能因此而认为买方就变为共同卖方了。

（三）宽严相济刑事政策在办理假药刑事案件中的运用

《药品安全解释》第一条关于生产、销售假药罪入罪门槛的态度、第十一条对危害药品安全犯罪严格适用缓刑、免刑以及不作为犯罪处理等规定，全面体现宽严相济刑事政策的精神和要求。实践中，司法人员应当全面、准确理解《药品安全解释》第十一条的规定，注重宽严相济刑事政策的理解和运用，突出打击重点，重其所重，轻其所轻，区别对待，实现办案的最佳效果。

1. 生产、销售假药罪的入罪门槛问题

刑法修正案（八）将生产、销售假药罪由危险犯修改为行为犯之后，如何把握其入罪标准、正确区分罪与非罪的界限，是有必要明确的问题。在《药品安全解释》出台之前，实践中对生产、销售假药罪是否应当设立入罪门槛存在两种不同的意见。第一种意见认为，根据刑法修正案（八）的有关规定，生产、销售假药罪是行为犯，无论数量多少，依法都构成犯罪，不存在入罪门槛问题。第二种意见认为，对生产、销售假药罪应当规定入罪门槛，这样可以区分一般违法与犯罪行为，有利于刑事司法与行政执法的衔接。

《药品安全解释》采纳的是第一种意见，即该司法解释关于生产、销售假药罪入罪问题的态度是：只要行为人实施了生产、销售假药的行为，无论数量多少，包括假药数量、销售金额、违法所得的多少，均依法构成生产、销售假药罪。不过，基于立法上已有的明确表述，《药品安全解释》第一条对此未作重复性的规定，仅规定了7种应当酌情从重处罚的情形。生产、销售假药罪不设入罪门槛的主要理由：一是从立法原意和从严打击假药犯罪的刑事政策考虑，刑法修正案（八）修改生产、销售假药罪犯罪成立要件的目的，就在于扩大刑罚适用，严惩危害药品安全的犯罪分子。二是基于药品安全形势的严峻现实，必须以“零容忍”的态度打击生产、销售假药犯罪，才能有效震慑违法犯罪分子，维护正常的社会秩序，确保人民群众的生命健康与财产安全。

2. 生产、销售假药罪的出罪问题

《药品安全解释》第十一条第二款规定：“销售少量根据民间传统配方私自加工的药品，或者销售少量未经批准进口的国外、境外药品，没有造成他人伤害后果或者延误诊治，情节显著轻微危害不大的，不认为是犯罪。”我们认为，第十一条第二款是出罪条款，既是刑法第十三条“但书”在办理危害药品安全刑事案件中的具体适用标准，也是宽严相济刑事政策“宽”一面的充分体现。根据该款规定，销售少量根据民间传统配方私自加工的药品，或者销售少量未经批准进口的国外、境外药品，没有造成他人伤害后果或者延误诊治，情节显著轻微危害不大的，不认为是犯罪。这里值得注意以下几点：一是关于该款中“少量”如何适用。该司法解释没有规定明确的数量标准，如多少克、多少粒、多少盒或者多少元等。这里实际上是司法解释给司法办案人员留出的自由裁量空间。二是关于该款中规定的“药品”的具体所指。《药品安全解释》第十一条第二款中规定的药品依法属于“以假药论处”的情形，但是该款中规定的“以假药论处”的药品应当具有相应治疗作用和效果。《药品安全解释》第十一条第二款中关于“少量”的认定及不作为犯罪处理的适用，各地司法机关及办案人员可以根据各地情况并结合具体案件，在法律和司法解释规定的限度内进行合理裁量，依法妥善办理。

关于陆勇不起诉一案，我们认为，虽然办案检察机关不起诉的重要理由之一是认为被不起诉人陆勇的购买和帮助他人购买未经批准进口的抗癌药品的行为，不是销售行为，不符合刑法第一百四十一条规定，不构成销售假药罪，但由于涉案药品系“以假药论处”的外国药品，陆勇的行为没有侵犯他人的生命权、健康权也应当是该案不作为犯罪处理的原因之一。

综上，陆勇一案虽已经诉讼终结，但该案不仅涉及法律适用，还涉及我国药品管理、立法修改和完善等深层次的问题。尽管司法机关通过本案裁判解决的问题是有限的，但在依法治国的大背景下，司法人员在办案中坚守“以事实为根据，以法律为准绳”的原则，寻求法、理、情之间的平衡，真正让人民群众感受到司法的公正与权威，是值得借鉴和参考的。

（作者单位：最高人民检察院法律政策研究室）

侵犯商业秘密刑事案件鉴定意见审查要点之解析

□唐　震*

商业秘密是指不为公众所知悉，能为权利人带来经济利益，具有实用性并经权利人采取保密措施的技术信息和经营信息。根据刑法第二百一十九条之规定，非法获取、使用或者披露权利人的商业秘密，造成权利人重大损失的，构成侵犯商业秘密罪。由于商业秘密与专利权、商标权、著作权等类型的知识产权不同，不具有法定的权利外观，因此，权利人的信息需要经过法院确认为商业秘密之后才能得到知识产权司法保护。实践中，权利人主张作为商业秘密的信息内容繁杂，形式多样，且大多具有较强的技术性、专业性，从而使法庭对商业秘密权利的确认高度依赖于专门的鉴定意见以及专家出具的检验报告、咨询意见等。由于信息是否构成商业秘密是决定被告

---

* 唐震，上海市高级人民法院审判管理办公室副主任，法学博士。

人罪与非罪的基础事实,故在侵犯商业秘密刑事案件中,鉴定意见的有效性不仅是控辩双方的争议焦点,更是法庭证据审查的重中之重,需要加以深入探讨。

一、关于鉴定机构和鉴定人的鉴定资质

根据《最高人民法院关于适用〈中华人民共和国刑事诉讼法〉的解释》(以下简称《刑事诉讼法解释》)第八十四条第一项,第八十五条第一项、第二项的规定,鉴定机构和鉴定人是否具有资质是对鉴定意见进行审查的重点内容,如果鉴定机构不具备法定资质或者鉴定人不具备法定资质,不具有相关专业技术及职称的,鉴定意见不得作为定案的根据。正是由于资质条件的重要性,鉴定机构和鉴定人的资质通常是法庭审查鉴定意见可采性的前提。

然而,在侵犯商业秘密刑事诉讼中,鉴定机构和鉴定人的资质并非一个能够一目了然予以判断的问题。困难在于:(1)2015年4月24日修订的《全国人民代表大会常务委员会关于司法鉴定管理问题的决定》(以下简称《司法鉴定管理决定》)第二条规定,国家对从事下列司法鉴定业务的鉴定人和鉴定机构实行登记管理制度:"(一)法医类鉴定;(二)物证类鉴定;(三)声像资料鉴定;(四)根据诉讼需要由国务院司法行政部门商最高人民法院、最高人民检察院确定的其他应当对鉴定人和鉴定机构实行登记管理的鉴定事项。"第三条规定:"国务院司法行政部门主管全国鉴定人和鉴定机构的登记管理工作。省级人民政府司法行政部门依照本决定的规定,负责对鉴定人和鉴定机构的登记、名册编制和公告。"第六条规定:"申请从事司法鉴定业务的个人、法人或者其他组织,由省级人民政府司法行政部门审核,对符合条件的予以登记,编入鉴定人和鉴定机构名册并公告。"据此可以确认,编入省级人民政府司法行政部门公告的鉴定人和鉴定机构名册的鉴定人和鉴定机构具备法定的鉴定资质。但是,时至今日,《司法鉴定管理决定》第二条第四项所规定的鉴定事项仍未商定,故编入鉴定人和鉴定机构名册的主要是从事法医类、物证类以及声像资料业务内容的鉴定人和鉴定机构,包括从事商业秘密鉴定在内的其他鉴定事项的鉴定人和鉴定机构尚未位列其中。因此,司法行政部门公告的鉴定人和鉴定机构名册并不能成为判断从事商业秘密鉴定的鉴定人和鉴定机构资质的有效依据。(2)从历史来看,诉讼活动中的司法鉴定工作曾经各自为政,公安机关、检察院、法院等司法部门以及司法行政部门的部分附属机构、部分科研院校均设有司法鉴定机构,导致出现鉴定机构中立性差、重复鉴定现象严重、鉴定意见权威性不够等问题。为了规范司法鉴定活动,全国人大常委会作出《司法鉴定管理决定》,对从事司法鉴定业务的鉴定人和鉴定机构实行登记管理制度,并明确法院和司法行政部门不得设立鉴定机构;公安、检察等侦查机关设立的鉴定机构,不得面向社会接受委托从事司法鉴定业务。但如前所述,《司法鉴定管理决定》第二条第四项所涉及业务范围尚未商定,包括商业秘密鉴定业务在内的其他司法鉴定事项并未纳入司法行政部门主管的登记管理制度之中,由此也导致了对从事除法医、物证以及声像资料鉴定业务外其他鉴定事项的鉴定人和鉴定机构的资质认证仍处于相关司法机关自行其是的局面。事实上,最高人民法院曾经于2001年11月16日、2002年3月27日、2004年2月9日先后发布《人民法院司法鉴定工作暂行规定》《人民法院对外委托司法鉴定管理规定》《人民法院司法鉴定人名册制度实施办法》等规定,明确人民法院经事前审查、批准、公示程序,将自愿接受法院委托鉴定的社会鉴定人(含自然人、法人)列入本级法院的鉴定人名册;经批准列入人民法院司法鉴定人名册的鉴定人,在《人民法院报》予以公告。在侵犯商业秘密刑事诉讼中,各级法院根据《人民法院报》上公告的人民法院司法鉴定人名册来确认鉴定人和鉴定机构的资质并无不当。但是,因为其后《司法鉴定管理决定》的颁布,前述规定的部分内容与《司法鉴定管理决定》确有矛盾之处,故尽管尚未失效,但据此确认鉴定人和鉴定机构的资质在权威性方面备受质疑。(3)商业秘密涉及的技术问题门类繁杂、专业性强,实践中的确存在需要委托鉴定的事项无法定的鉴定机构,既不在司法行政部门公告的名册之中,也不在人民法院公告的名册之中。但是,由于诉讼活动的需要,必须对相关专门性问题进行鉴定,由此进一步增加了对此类鉴定机构资质审查的难度。对此,《刑事诉讼法解释》第八十七条作了特别规定,即“对案件中的专门性问题需要鉴定,但没有法定司法鉴定机构,或者法律、司法解释规定可以进行检验的,可以指派、聘请有专门知识的人进行检验,检验报告可以作为定罪量刑的参考。”事实上,检验报告并不属于刑事诉讼法所规定的证据类别。在《刑事诉讼法解释》征求意见过程中,检验报告是否可以作为定罪量刑的参考是存在异议的。但是,起草小组经研究认为,有关检验报告的规定符合有关法律规定,符合实践需要,予以保留。主要考虑是,在我国刑事诉讼中存在部分需要鉴定的领域欠缺具有资质的司法鉴定机构的现象,导致刑事诉讼中的许多专门性问题无法获取有资质的鉴定人出具的鉴定意见,影响了对案件事实的查实和诉讼程序的顺利进行。因此,对于案件中某些专门性问题,没有法定司法鉴定机构或者法律、司法解释规定可以进行检验的,可以指派、聘请有专门知识的人进行检验,检验报告可以作为定罪量刑的参考,是解决这一问题的妥善方法。可以说,该条规定实质上解决了侵犯商业秘密刑事诉讼中客观上需要对商业秘密相关专门性问题进行鉴定却无法定鉴定机构的难题,同时也回避了有关鉴定机构资质审查的要求。不过,遗憾的是,尽管检验报告在实践中得到相当广泛的运用,但是,侦查机关大多将其冠以“鉴定意见”之名,导致名不符实的“鉴定意见”频频招致辩方之异议,并使法庭的证据审查陷入被动。

综上分析,笔者认为,在侵犯商业秘密刑事诉讼中,辩方常常提出的鉴定人和鉴定机构不在司法行政部门公告的鉴定人和鉴定机构名册之中,从而否定鉴定人和鉴定机构鉴定资质的抗辩事由并不能成立,原因在于相关鉴定事项尚未纳入司法行政部门的登记管理制度之中;在最高人民法院有关司法鉴定的规定现行有效的情况下,各级法院可以依据人民法院司法鉴定人名册来确认鉴定人和鉴定机构的资质;对于侦查机关提交的名为“鉴定意见”,实为“检验报告”的专家意见,应当根据《刑事诉讼法解释》第八十七条的规定还其本来面目,并据此审查其证据效力。

二、关于委托鉴定的具体内容

绝大多数侵犯商业秘密刑事诉讼均由国家发动刑事追诉程序,被害人的信息是否属于刑法所保护的商业秘密由控方提供证据(主要为鉴定意见)予以证实。毫无疑问,鉴定是专业机构受侦查机关委托进行的,因此,对鉴定意见的审查必然涉及委托鉴定的具体内容。

从实践情况来看,委托鉴定的具体内容大致分为两种:一是要求鉴定权利人的信息是否属于商业秘密;二是要求鉴定权利人的信息是否属于“非公知信息”。两者的区别在于前者是对权利人的信息作出了法律性质的认定;后者仅是对信息的“非公知性”作出了事实层面的判断。对此,目前较为一致的观点是:不属于专业技术问题的事项,如是否采取了保密措施、是否采取不正当手段的认定等,都不属于鉴定的范围。特别是,对于是否属于商业秘密的整体判断,属于法律问题和法官的职责,不属于提请鉴定的范围,倘若将该问题提请鉴定机构决定,等于放弃了法官的职责。笔者对此持赞同意见。因为专业鉴定是为了解决专门性问题,对于通过证据可以判断的事实无须鉴定;而运用法律规则去评价事实并得出结论的适法活动属于法官职责之履行,亦非专家之特长。

然而,对于侦查机关委托的前一种鉴定意见又当如何处理呢?有裁判观点认为,公安机关的委托鉴定是对信息是否构成商业秘密进行鉴定,即将秘密性、保密性、实用性都交鉴定机构进行鉴定,实际已把非技术性的、非专门问题交由鉴定人员进行判断,超出案件需要鉴定的事项范围。因此对于这种委托鉴定所得出的鉴定意见是不能予以采信的。笔者认为其不尽然。原因在于:信息是否属于商业秘密的鉴定内容涉及对商业秘密基本构成要件的把握,既有事实层面的判断,也有法律性质的认知，不能因为鉴定内容包含了法律性质的认知而断然否定事实层面判断的合理性。美国联邦第七巡回上诉法院就曾经指出，审判法院“不需要仅仅因为专家证言可能在一定程度上涵盖了普通陪审团理解范围内的事项而将其排除”。事实上，最高人民法院在上诉人广汉市三丰科技公司与被上诉人四川环保建设开发总公司等侵害技术秘密纠纷案判决书中亦指出，“原审法院在鉴定委托中将当事人所争议的技术是否为受法律保护的技术秘密也委托给专业技术人员，不尽妥当。但在本案鉴定中专业技术人员主要是对所争议的技术是否为公知公用技术作出判断，故一审法院的鉴定虽有不妥，但此点对本案的实体判决却没有影响。”由此可见，不宜采取非彼即此的态度处理鉴定机构作出的“信息是否属于商业秘密”的鉴定意见，而应当客观分析，区别对待。毕竟，鉴定意见同其他证据一样，并不具有更高的证明价值，必须通过审判人员综合全案证据审查判断，才能作为定案的根据。

三、关于鉴定检材的提交要求

检材是鉴定的基础，其来源和质量直接影响到鉴定意见的科学性和可靠性，直接影响到鉴定意见能否作为定案的根据。既然在商业秘密刑事诉讼中，鉴定是专业机构受侦查机关委托进行的，那么，专业机构鉴定所依赖的检材又应当满足什么样的要求呢？根据《刑事诉讼法解释》第八十五条第三项的规定，送检材料、样本来源不明，或者因污染不具备鉴定条件的，不得作为定案的根据。这是有关鉴定检材的原则性要求，对于侵犯商业秘密刑事诉讼司法鉴定是一体适用的。但是，由于侵犯商业秘密案件存在权利在先确认的特点，故鉴定检材的提交亦有其个性化的要求。

根据《公安机关办理刑事案件程序规定》第一百六十六条、第一百七十五条的规定，公安机关对于公民的报案，应当立即接受；经审查，认为有犯罪事实需要追究刑事责任，且属于自己管辖的，经县级以上公安机关负责人批准，予以立案。在侵犯商业秘密刑事诉讼中，权利人为侵犯商业秘密犯罪行为的受害人。对于权利人的报案，公安机关必须立即接受。然而，是否立案及启动随后的刑事侦查程序，则需要经过审查。权利人的有关信息是否构成刑法所保护的商业秘密则是其中审查的重点。因为如果权利人拥有的信息明显不构成商业秘密的话（如公知信息的简单组合），启动刑事侦查程序就毫无必要了。这就如同侵犯商业秘密民事诉讼一样，法庭首先需要确认原告的信息属于商业秘密，其后才审查被告的被控侵权行为是否成立；如果原告的信息不能作为商业秘密保护，则原告提起的侵权之诉就成了无本之木，法庭可以直接驳回诉请，而不必再审查侵权指控了。因此，商业秘密权利在先确认的特性，客观上要求侦查机关在立案审查时就必须固定权利检材（即权利人主张作为商业秘密保护的信息内容），且检材应当由权利人提交。这一要求与物证、声像资料等鉴定检材可以在立案之后提交以及检材可能从被害人、犯罪嫌疑人以及证人等相关主体中获得存在明显区别。原因在于：(1)侵犯商业秘密罪的犯罪对象为信息，信息内容容易被改变或灭失，犯罪嫌疑人又普遍具有专业技术背景，善于隐匿罪证，故绝大多数情况下，公安机关在侦查过程中需要对犯罪嫌疑人采取羁押措施。而一旦对犯罪嫌疑人采取羁押措施，权利人的信息若不能作为商业秘密保护的话，公安机关就会面临国家赔偿的现实压力。因此，在立案审查之时，就让权利人明确信息内容，并通过鉴定方式来判断其信息可否作为商业秘密保护就成为公安机关的必然选择。(2)权利人对有关信息采取保密措施亦是信息构成商业秘密的基本要件之一。这就意味着权利人自己将哪些信息作为商业秘密保护主观上是清楚的，客观上也是采取了必要措施的，完全应当有能力明确信息的具体内容。如果权利人不能明确具体内容的，反过来只能说明权利人对其主张作为商业秘密保护的信息并没有清晰认识，主观上的保护意识不强。商业秘密的司法保护本身就建立在权利人自我保护的基础之上，既然权利人本身消极对待其拥有的信息，司法就自然没有必要加以保护。据此而言，实践中出现的公安机关直接将犯罪嫌疑人处搜查所得的权利人的信息内容作为商业秘密权利鉴定的检材（当然可以作为比对同一性的检材）是不妥当的。因为即使犯罪嫌疑人处有权利人的信息资料，且该信息满足“非公知性”的要求，也可能因权利人对该信息并无保护的意识和措施，而不能作为商业秘密予以司法保护。例如，由于技术的发展，权利人的设备图纸时常升级换代。案发时权利人保护的对象为第三版图纸，对第一版、第二版图纸实际已经不采取保密措施，故即使被告人未经许可从权利人处获得第一版、第二版图纸，也不宜以侵犯商业秘密罪追究。而如果直接将犯罪嫌疑人处查获的第一版、第二版图纸作为权利检材（权利检材通常需要经过权利人确认），则由于利害关系的影响，权利人很可能扩大保护范围，将其已经放弃保护的信息内容或未曾保护的信息内容乃至公知信息均纳入其主张的商业秘密的保护范围，更何况通过制定内部的规章制度来作为保密措施对于权利人而言并非难事。

四、关于鉴定人的出庭作证

在我国刑事诉讼中，鉴定人向法庭提交书面意见，而不出庭接受询问的现象相当普遍。这既有长期以来鉴定人因其专业优势而被视为“科学的法官”的原因，也有现实环境下鉴定人人身安全保障机制不健全的原因。2012 年修正的刑事诉讼法第一百八十七条第三款明确规定：“公诉人、当事人或者辩护人、诉讼代理人对鉴定意见有异议，人民法院认为鉴定人有必要出庭的，鉴定人应当出庭作证。经人民法院通知，鉴定人拒不出庭作证的，鉴定意见不得作为定案的根据。”这一规定确立了刑事诉讼鉴定人出庭作证的基本证据规则，侵犯商业秘密刑事案件自不例外。

然而，侵犯商业秘密刑事案件技术问题通常是由 3 名以上专家组成的专家组进行鉴定的，刑事诉讼法及《刑事诉讼法解释》均未明确鉴定人出庭是指全部鉴定人出庭还是鉴定人代表出庭。实践中，较为常见的是鉴定人代表出庭，并接受控辩双方交叉询问。这一方式的优势在于技术观点相对集中，意见表达较为清晰，便于法庭把握控辩双方技术争议焦点。但是，需要指出的是，技术问题尽管属于自然科学的范畴，但对一些技术问题的认知并非呈现出唯一性和绝对性，仍然可能出现仁者见仁、智者见智的结果（当然，这是符合人类对客观事物认知规律的）。毫无疑问，鉴定意见中的结论实质上是专家组按少数服从多数原则作出的，鉴定人代表出庭作证的意见是一致观点或多数观点，这就导致了进行技术鉴定时的少数观点无从发表，也影响了法庭对技术问题的客观判断。实践中，已经出现了鉴定专家在庭审时按照鉴定结论发表意见，个别持少数意见的专家通过写信、口头反映等方式向合议庭表达对鉴定持异议的现象。鉴于侵犯商业秘密刑事案件技术问题的重要性和复杂性，笔者主张法庭在技术听证时，鉴定人原则上应当全部出庭作证接受质询；不能全部出庭作证的，鉴定机构代表应当向法庭说明部分鉴定人不能出庭的理由并接受审查；如由鉴定人代表出庭作证的，应当陈述清楚结论意见是一致意见还是多数意见；如有少数意见的，鉴定人代表也应当当庭陈述，以增强辩方抗辩的有效性和法庭对技术问题审查的全面性。

五、关于“非公知性”的鉴定方式

“非公知性”是商业秘密最根本的属性，也是侵犯商业秘密案件技术鉴定的核心内容。根据《最高人民法院关于审理不正当竞争民事案件应用法律若干问题的解释》（以下简称《不正当竞争解释》）第九条第一款的规定，所谓“不为公众所知悉”（即非公知性），是指有关信息不为其所属领域的相关人员普遍知悉和容易获得。由于“不为普遍知悉”和“不为容易获得”均属于不确定性的法律概念，为了增强实践判断的准确性，最高人民法院还在第九条第二款中采用反面排除的方法列举了属于公众知悉信息的六种情形，即只要符合其中一种情形，就会破坏商业秘密的

"非公知性"。具体包括:(1)该信息为其所属技术或者经济领域的人的一般常识或者行业惯例;(2)该信息仅涉及产品的尺寸、结构、材料、部件的简单组合等内容,进入市场后相关公众通过观察产品即可直接获得;(3)该信息已经在公开出版物或者其他媒体上公开披露;(4)该信息已通过公开的报告会、展览等方式公开;(5)该信息从其他公开渠道可以获得;(6)该信息无须付出一定的代价而容易获得。然而,在具体鉴定实务中,并无统一的鉴定标准,鉴定机构采用专利之新颖性认定标准来判断商业秘密之秘密性的现象极为常见。根据专利法第二十二条第二款的规定,所谓新颖性,是指该发明或者实用新型不属于现有技术;也没有任何单位或者个人就同样的发明或者实用新型在申请日以前向国务院专利行政部门提出过申请,并记载在申请日以后公布的专利申请文件或者公告的专利文件中。其中的"现有技术"是指申请日以前在国内外为公众所知的技术,具体包括在申请日(有优先权的,指优先权日)以前在国内外出版物上公开发表,在国内外公开使用或者以其他方式为公众所知的技术。应当指出,商业秘密的"非公知性"判断与专利的"新颖性"审查并不等同,两者判断的主体各异、标准不一,总体而言,专利的"新颖性"要求比商业秘密的"非公知性"要求更为苛严。比如,国内权利人可以通过对国外厂商产品的反向工程,获得相关技术信息,并采取保密措施,从而形成自己的商业秘密。但这种信息显然不符合专利"新颖性"标准。故一般认为,以专利的"新颖性"标准来判断商业秘密的"非公知性"不甚妥当。

笔者承认专利的"新颖性"标准要高于商业秘密的"非公知性"要求。然而,笔者进一步认为,在侵犯商业秘密刑事诉讼中,鉴定机构以专利的"新颖性"标准来判断商业秘密的"非公知性"的鉴定方式有其特殊意义,不宜简单否定。正如前述,专利的"新颖性"标准高于商业秘密的"非公知性"要求,根据"举重以明轻"的法律解释方法,如果有关信息能够满足专利的"新颖性"标准,则无疑能够满足商业秘密的"非公知性"要求。鉴定机构这种高标准的判断方式实际会产生"有利于被告人"的法律效果,符合刑事诉讼的基本原则。而如果鉴定机构认为有关信息不能达到专利的"新颖性"标准,并据此作出该信息不符合商业秘密"非公知性"要件的结论时,则可以通过权利人对于鉴定意见的质询和反驳来达到保护被害人权益的目的。比如,权利人可以主张其作为商业秘密保护的信息来源于其他领域的技术方案,而本领域相关人员并不能普遍知悉和容易获得。故即使不能达到专利的"新颖性"标准,但在本领域仍然可以满足商业秘密的"非公知性"要求。

非法经营同类营业罪中"同类营业"的认定

□高洪江*

刑法第一百六十五条规定:"国有公司、企业的董事、经理利用职务便利,自己经营或者为他人经营与其所任职公司、企业同类的营业,获取非法利益,数额巨大的,处三年以下有期徒刑或者拘役,并处或者单处罚金;数额特别巨大的,处三年以上七年以下有期徒刑,并处罚金。"人民法院在审理某一案件时,对国有造船公司的董事、经理利用职务便利,通过个人所经营的钢材销售公司向其所任职的造船公司供应钢材,是否属于刑法第一百六十五条所规定的"与其所任职公司、企业同类的营业",在认识方面存在较大分歧。

一种意见认为,国有公司的董事、经理,利用职务便利,由自己经营的公司向其所任职的造船

* 最高人民法院刑二庭审判长。

公司供应钢材,应认定为非法经营“同类的营业”。虽然非法经营同类营业罪中的“同类营业”的核心含义,是指与国有公司、企业的董事、经理所任职公司、企业具有横向竞争关系的营业,但从刑法解释论的角度看,核心含义并不完全等同于全部含义,刑法用语通常有必要作体系解释和目的解释。有鉴于此,与国有公司、企业对口进行的买卖经营活动,也可以理解为同类营业。具体理由是:(1)与为亲友非法牟利罪比较,国有公司的董事、经理利用职务便利为亲友经营的公司牟利的,可以构成为亲友非法牟利罪,而国有公司的董事、经理利用职务便利直接为自己经营的公司牟利,其行为性质更为严重,理当予以刑法规制。(2)与典型的非法经营同类营业行为相比较,此种情形下行为人往往利用自己的职务便利,帮助自己经营的公司对口承接所任职公司的具有链接关系的采购业务,直接从所任职公司赚取利润,没有任何经营风险,而经营与所任职公司有横向竞争关系的业务往往还伴随一定的经营风险。因此,行为人的行为比经营横向竞争关系业务危害性更大。(3)从规制效果看,如果将非法经营同类营业罪中的“同类营业”局限于横向竞争关系,那么对于大型国企的董事、经理私设公司,利用职务便利牟取私利的行为,则可能无法规制,因他们私设的公司通常不可能与所任职公司形成横向竞争关系,多为对口经营业务。这就意味着非法经营同类营业罪事实上只可能规制中、小型国企董事、经理的行为,显然与立法精神不符。(4)就刑法解释的角度而言,可以对“同类营业”作扩大解释。行为人任职公司的主营业务是造船业务,但采购钢材等业务也可以解释为这些公司经营的业务,而其自己设立的公司也同样经营钢材采购业务,这样相同的经营也可以解释为“同类营业”。

另一种意见则认为,国有公司董事、经理,利用职务便利,由自己经营的公司向其所任职的造船公司供应钢材,不属于非法经营“同类的营业”。具体理由是:(1)根据罪刑法定原则的要求,对刑法用语的解释,不宜超出一般人的理解。如果认为国有公司董事、经理利用自己的职务便利,向其所任职的造船公司供应钢材的行为属于“与其所任职公司、企业同类的营业”,则此解释明显有违一般人的认识,有类推解释的嫌疑,此做法不可取。(2)非法经营同类营业罪属于行政犯,对于相关术语的界定不宜明显有违相关行政法律法规的规定。公司法第一百四十八条第一款列举了董事、高级经理不得有违反对公司忠实义务的八种行为,其中明确包括“违反公司章程的规定或者未经股东会、股东大会同意,与本公司订立合同或者进行交易”“未经股东会或者股东大会同意,利用职务便利为自己或者他人谋取属于公司的商业机会,自营或者为他人经营与所任职公司同类的业务”。可见,相关法律已经明确区分了“与本公司订立合同或者交易”与“经营与所任职公司同类的业务”,适用刑法时不宜再将二者混为一谈。(3)非法经营同类营业罪源于公司的董事、经理对竞业禁止义务的违反,而与所在公司订立合同或者交易的行为并未违反这一义务,而是违反了其他对公司的忠实义务。在公司法已经将“与本公司订立合同或者交易”与“经营与所任职公司同类的业务”明确并列为违反对公司忠实义务行为的基础上,刑法只将后者规定为犯罪,应认为立法已有特殊考虑。如果认为这一规定存在漏洞,也应当通过修法而非类推解释的方式加以解决。

我们赞同第二种意见,即认为具有链接关系的营业,若与本公司的业务不存在竞争或利害冲突关系,不宜认定为“同类的营业”。具体阐述如下:

第一,从公司经营的范围来看,行为人自己开办的公司,经营的是钢材采购、销售业务,既不在行为人所任职公司的工商注册登记经营范围之内,也不在行为人所任职公司的实际经营范围之内,即行为人自己的公司所经营的业务与其所任职公司经营的业务不同。

第二,从利益受损者来看,行为人自己经营的公司作为钢材供应商,向其所任职的造船公司供应钢材,与其他供应商展开不正当竞争,损害的是其他供应商的利益。行为人自己的公司既未高价供应钢材,也未供应不合格钢材,亦未独家垄断供货渠道,故未实际损害行为人所任职公司的利益。对行为人所任职公司是否造成实际损害,虽不是非法经营同类营业罪的构成要件,但在一定程度上反映了其行为的社会危害性。

第三,从上下游产业链关系来看,假设行为人自己的公司经营了与其所任职公司同类的营业,则可得出这样一个结论,即造船企业与钢材销售或者生产企业经营的是同类的营业,钢材生产企业与铁矿石的销售或者生产企业经营的也是同类的营业,这模糊了上下游产业链之分,有违一般人的认识。

第四,从公司法的规定来看,公司法第一百四十八条第一款规定了董事、高级管理人员不得有违反对公司忠实义务的八种行为,如第四项规定不得"违反公司章程的规定或者未经股东会、股东大会同意,与本公司订立合同或者进行交易";第五项规定不得"未经股东会或者股东大会同意,利用职务便利为自己或者他人谋取属于公司的商业机会,自营或者为他人经营与所任职公司同类的业务"。从上述规定可以看出,公司法也认为"与本公司订立合同或者进行交易"和"经营与所任职公司同类的业务"是两种不同的行为。

第五,从刑法的谦抑性来看,非法经营同类营业罪源于公司法中董事、经理对竞业禁止义务的违反,公司法规定任何类型公司的董事、高级管理人员均有竞业禁止义务,而刑法只对国有公司、企业的董事、经理违反竞业禁止义务的行为给予刑事处罚。公司法规定了董事、经理的多项竞业禁止义务,刑法也未将其全部规定为犯罪。同理,对刑法第一百六十五条规定的"与其所任职公司、企业同类的营业"一般也不宜作扩大解释。

第六,从罪刑法定原则来看,在刑法、立法解释、司法解释、规范性文件未对"与其所任职公司、企业同类的营业"作出明确规定的情况下,进行扩大解释应慎重。根据罪刑法定原则的要求,对刑法用语的解释,不宜超出一般人的理解。如果认为国有公司董事、经理利用职务便利向其所任职的造船公司供应钢材的行为属于"与其所任职公司、企业同类的营业",则此解释明显有违一般人的认识,有类推解释的嫌疑,并不可取。但如果行为人所经营的公司与任职公司的交易行为严重损害了任职公司利益,造成重大损失,构成刑法第一百六十六条规定的为亲友非法牟利罪、第一百六十八条规定的国有公司、企业、事业单位人员滥用职权罪等犯罪的,可依照刑法相关规定处理。

论虚开增值税专用发票罪的"虚开"

□姚龙兵*

编者按:

从实际情况来看,虚开增值税专用发票行为表现较为复杂,除了为骗取税款而"虚开"外,还有其他非以骗取税款为目的的"虚开"情况,如有的是为平账需要,有的出于虚增营业额、扩大业绩需要等。对非以骗取税款的虚开行为能否入罪处理,涉及对"虚开"的准确认定。本文认为,虚开行为必须是以骗取国家税款为目的,行为人主观上不具有偷骗税款的目的,客观上亦未实际造成国家税收损失的虚开行为,不构成虚开增值税专用发票罪。该观点也与此前最高人民法院对一些个案的批复精神相一致。

---

* 姚龙兵,最高人民法院刑四庭法官,法学博士。

如何理解虚开增值税专用发票罪的“虚开”行为，是准确定罪的关键。当前，无论是法学理论界，还是司法实务界，对该罪“虚开”行为是否要求有特定目的，存在肯定说与否定说之争。这不仅造成了理论上的混乱，更给司法机关在处理这类案件时带来了错判的风险，实践中也已经出现类似案件处理结果迥异的现象。故结合调研情况，就这个问题略谈一些个人的浅见。笔者认为，虚开增值税专用发票罪，包括刑法第二百零五条第一款规定的虚开用于骗取出口退税、抵扣税款发票罪在内，均要求有骗取税款的主观目的，如不具备该目的，则不能认定为刑法第二百零五条之“虚开”行为，不能以该罪论处。

一、要结合本罪设立的历史渊源准确解读“虚开”

从历史沿革上探究，立法初始阶段尚未出现不以骗取国家税款为目的的虚开增值税专用发票行为。我国刑法规定的虚开增值税专用发票罪，是我国税制改革、实行增值税专用发票抵扣税款制度之后出现的新型经济犯罪。与普通发票相比，增值税专用发票不仅具有记载经营活动的功能，更具有凭票依法抵扣税款的功能。由此，在增值税专用发票制度实行初期，出现了一些不法分子利用增值税专用发票抵扣税款的功能，虚开增值税专用发票，套取国家税款。该行为不仅扰乱了正常的增值税专用发票管理秩序，更造成国家税款损失，社会危害很大。因此，1995 年 10 月 30 日全国人大常委会发布《关于惩治虚开、伪造和非法出售增值税专用发票犯罪的决定》（以下简称《决定》），首次将这种行为规定为犯罪，并设置了最高可判处死刑的严厉法定刑。在当时特定的时代环境下，虚开增值税专用发票行为均是以骗取国家税款为目的，而以虚增业绩但不以骗取国家税款为目的的对开、环开增值税专用发票行为尚未出现。因此，《决定》中没有规定“虚开”行为要以骗取国家税款为目的。相反，《决定》在第一条第二款还规定：“有前款行为骗取国家税款，数额特别巨大、情节特别严重、给国家利益造成特别重大损失的，处无期徒刑或者死刑，并处没收财产。”从该款规定分析，似乎该条第一款的规定不需要骗取国家税款，至少不需要骗取国家税款这个实害结果。笔者认为，对《决定》上述规定的理解，不应脱离当时特定的时代背景，即在增值税专用发票制度刚刚设立之时，虚开增值税专用发票无疑是为了骗取国家税款，除此别无其他目的。

二、要结合社会实践的新情况解读“虚开”

随着增值税发票制度的推行，实践中出现了不以骗取税款为目的，客观上也不可能造成国家税款实际损失，但又不具有与增值税专用发票所记载的内容相符的真实交易的“虚开”行为，如为了虚增单位业绩而虚开增值税专用发票。这种行为虽然客观上也破坏了增值税专用发票的管理制度，但与以骗取国家税款为目的虚开增值税专用发票行为相比，已具有质的区别，如果无视这种区别，仅从字面上套用《决定》以及刑法关于虚开增值税专用发票罪的相关规定，将这种行为也认为是虚开增值税专用发票罪的实行行为，不仅是对法律的机械理解，也割裂了虚开增值税专用发票罪的立法历史渊源。

三、要对比虚开发票罪准确理解本罪的“虚开”

从刑法对增值税发票的区别性保护制度分析，本罪的虚开行为必须是以骗取国家税款为目的。增值税发票包括增值税专用发票和增值税普通发票，在刑法修正案（八）之前，虚开普通发票，包括增值税普通发票的行为，不作为犯罪处理。根本原因在于这些发票本身不具有抵扣税款的功能，行为人虚开这些发票无法凭票直接骗取国家税款。虽然如此，虚开增值税普通发票行为与虚开增值税专用发票一样，也会扰乱增值税发票的管理秩序。而虚开增值税普通发票，在刑法修正案（八）入刑后，也仅设置了最高可判处七年有期徒刑的法定刑。因此，那种以本罪侵犯的客体是增值税发票管理秩序，因此需要从严打击的观点不能成立。

四、要根据刑法理论系统解读"虚开"

从法条文义分析,不能简单认为本罪当然是行为犯的结论。刑法第二百零五条关于虚开增值税专用发票罪的罪状描述,采用了简单罪状的描述方式,即"虚开增值税专用发票或者虚开用于骗取出口退税、抵扣税款的其他发票的,处三年以下有期徒刑或者拘役,并处二万元以上二十万元以下罚金"的方式。这一规定,仅简单表述了本罪的客观方面特征,对于本罪的主观方面,包括是否要求必须有骗取税款的目的,则从法条描述中并不能得出。立法上使用简单罪状,一般是因为立法者认为这些犯罪的特征易于被人理解和把握,无须在法律上作具体的描述。无论在理论界,还是在实务界,不少人分析法条的这一规定后认为,本罪是典型的行为犯,理由是法条并未要求行为人必须具备特定的目的,更未要求本罪必须造成国家税款损失的后果。笔者认为,这种观点是对法条的曲解,对行为犯的误解。行为犯是以法定的实行行为完成作为犯罪既遂标准的犯罪,在犯罪的分类上,它是与结果犯相对应的,而与目的犯不存在对应关系。实际上,行为犯与目的犯在一些犯罪中是包容的,即某罪既是行为犯,同时也是目的犯。如绑架罪,只要行为人以暴力、胁迫等手段绑架人质,即便其勒索财物的目的未得逞,也已构成犯罪既遂。

对简单罪状的解读,不能仅根据法条字面意思片面理解。如前所述,立法采用简单罪状,是因为立法者认为这种犯罪的特征易于被人理解,甚至不言自明,无须在法律上再作具体的描述。如侵犯财产犯罪大多采用简单罪状的方式,法条描述上均没有将非法占有目的作为获取他人财物为内容的财产型犯罪的成立要件,但无论在理论上还是在司法实践中都认为,成立盗窃之类的获取型财产犯罪,行为人主观上必须要有非法占有的目的。因此,不能从刑法第二百零五条的罪状表述中当然地得出本罪不要求行为人主观上具有骗取国家税款目的的结论。

五、要从罪责刑相适应原则解读本罪的"虚开"

从罪责刑相适应原则分析,本罪的实行行为应要求有严重的社会危害性。刑法第五条规定:"刑罚的轻重,应当与犯罪分子所犯罪行和承担的刑事责任相适应。"这一原则不仅是司法实践中的量刑原则,也应该是刑法立法所遵循的原则。立法在将某行为犯罪化后,对其法定刑的配置就成为评价立法是否科学、合理的关键。如果说司法实践中的冤假错案损害的是个别人的权益,是对少数人的侵害的话,那么立法上的不公正则损害了某类人的权益,侵害的是多数人的利益。我国刑法分则各罪法定刑的配置,总体上都较好地体现了罪责刑相适应原则,如故意杀人罪的法定刑比故意伤害罪的法定刑重,抢劫罪的法定刑比抢夺罪的法定刑重,等等。因此,在我国刑法中,法定刑的轻重一般与行为人所犯罪行即社会危害性大小,和其所承担的责任大小相适应,这也是罪责刑相适应原则的应有之义。据此,从刑法分则关于某罪的法定刑配置中,也可以逆向推导出该罪的社会危害性大小。虚开增值税专用发票罪属重罪,在刑法修正案(八)之前,最高可判处死刑,即便是在刑法修正案(八)对本罪法定刑修改后,其法定最高刑依然可达无期徒刑。如果不是立法者的疏忽,那就一定是本罪的社会危害性严重才导致为本罪配置如此重的法定刑。1997 年刑法修订时,立法者将《决定》关于虚开增值税专用发票罪的相关规定略作修改后,纳入刑法第二百零五条中,但对罪状的描述没有修改,继续采用简单罪状的描述方式。结合前述关于当时虚开增值税专用发票行为,都是基于骗取国家税款的目的,因此,将"虚开"界定为为骗取国家税款的实质意义上的虚开,既符合立法时立法者对本罪的认知,也符合罪责刑相适应原则。

从实质正义上分析,不加区分行为人目的将导致处理结果不公正。司法实践中,虚开增值税专用发票行为既可以是以骗取国家税款为目的,也可以是不以骗取国家税款为目的,但二者的社会危害性相差甚大,如果不加区分,都按照同样的定罪量刑标准追究行为人的刑事责任,显然有失公允。

因此，本罪的“虚开”与日常生活中的“虚开”不同，必须从实质意义上对其进行解读，必须要有通过虚开骗取国家税款的目的。

以程序正义保护合法产权

□陈光中*

2017年12月28日，最高人民法院发布消息，对张文中案、顾雏军案和李美兰案三起重大涉产权案件依法启动再审，其中前两起刑事案件由最高人民法院直接提审，另一起民事案件由江苏省高级人民法院指定南京市中级人民法院重审。

人民法院能够对这些社会反响较为强烈的涉产权案件启动再审，而且其中的两起刑事案件还是由最高人民法院直接提审，这无疑让人们强烈地感受到党和国家越来越重视依法保护产权、切实加大民营企业合法权益保护力度的坚定决心，推动构建更为公正昌明的法治环境，促进涉产权案件得到公平公正处理，极大地树立了企业家发展创业的信心，推动了经济社会健康有序地向前发展。

常言道，有恒产者有恒心，保护产权也是保障人权。产权制度是社会主义市场经济的基石，保护产权是坚持社会主义基本经济制度的必然要求。产权是否得到切实保护，直接关系到人民群众的财富安全感，关系到投资者投资信心及社会经济的平稳发展。改革开放以来，我国不断加大产权保护的力度，但由于各种原因，仍然存在公民产权受到不当侵害的现象。

党的十八大以来，以习近平同志为核心的党中央高度重视产权保护工作。党的十八届三中、四中、五中全会明确提出，国家保护各种所有制经济产权和合法利益，强调要健全以公平为核心原则的产权保护制度，推进产权保护法治化。2016年11月，中共中央、国务院发布《关于完善产权保护制度依法保护产权的意见》，对完善产权保护制度、推进产权保护法治化有关工作进行了全面部署。党的十九大报告对于产权保护进一步提出了明确具体要求。

人民法院依法决定再审三起与民营企业有关的重大涉产权案件，是全面贯彻落实中央关于依法保护产权决策部署的重要体现。当前，我国仍然处于社会主义初级阶段这一历史判断没有改变。在中国特色社会主义经济制度下，所有制形式是多元的而非单一的，非公有制经济不仅是必要的而且是不可缺少的。这就要求我们对于不同形式的所有制的经济主体及其财产权利，都要给予同等的保护。无论制定发展政策、调整产业结构还是进行相关行政、司法保护，都必须体现对各类市场主体平等保护的原则，使各种所有制经济权利平等、机会平等、规则平等，确保公有制经济和非公有制经济财产权都不受非法侵犯，让财富拥有者感到安心、安定、安全。

历史形成的涉产权案件，往往时间跨度较长、形成原因复杂。妥善处理此类案件，既有严格的法律性，又有严肃的政策性；既要取得好的法律效果，又要取得好的社会效果和政治效果，这对人民法院的审判工作来说是一项重大挑战。

对这些案件的再审，一方面应当坚持实事求是、依法纠错原则，以事实为根据，以法律为准绳，尊重历史，准确把握立法精神，用发展的眼光客观看待和依法妥善处理改革开放以来各类企业特别是民营企业经营过程中存在的不规范问题，结合各个时期经济发展的形势和政策，认真研究把握，严格公正司法。另一方面要维护程序正义，对符合再审条件的申诉案件，依法启动再审

---

* 陈光中，中国政法大学教授，博士生导师。

程序,对其中确有错误的生效裁判,坚决予以纠正,从程序上保障合法产权,强化审判监督的司法救济功能,充分体现法律和政策导向功能。为此,笔者认为:

一是要充分保障当事人的诉讼权利。充分尊重、依法保障当事人的申请权、申诉权、知情权、陈述权、辩护辩论权和处分权等权利,畅通申诉渠道,做好诉讼服务。

二是要强化程序监督。对涉产权申诉案件,要加强审级监督,上级法院可以提审和改判的,不宜指定再审和发回重审,强化对下级法院办理涉产权案件的监督和指导,防止程序空转,同时要注重发挥检察监督的作用。

三是要严守法定的诉讼程序。要充分听取申诉人的意见。突出以审判为中心,发挥庭审功能,注重裁判说理,强化司法公开。加强司法救助与法律援助,为确有困难的涉诉民营企业及投资人减轻负担。

总之,在经济社会不断发展,法治中国建设大力推进的新时代,既要高度重视对公民人身自由权利的保护,也要高度重视对社会主体财产权利的保护,坚持人身权和财产权的保护二者并重,实现既不断增强人民群众的人身安全感,又切实做到保障公民法人的财富安全感。我甚至认为,从一定意义上来看,对这三起案件决定再审,其重大意义或许不亚于最高人民法院决定再审聂树斌故意杀人、强奸妇女案等普通刑事错案,这是努力让人民群众在每一个司法案件中感受到公平正义的应有之义,必将在全面推进依法治国和促进公正司法的大道上留下精彩的一笔。

守住产权保护的最后关卡　再审程序大有可为

□樊崇义*

2017 年 12 月 28 日,最高人民法院发布消息:人民法院依法再审三起重大涉产权案件,其中,张文中一案由最高人民法院直接提审,顾雏军一案由最高人民法院第一巡回法庭提审,李美兰一案则指定江苏省南京市中级人民法院重审。虽然,再审程序的启动并不意味着审判结论的尘埃落定,但对这三起在社会上有巨大反响的涉产权案件再审的决定本身就彰显了国家保护产权、贯彻尊重和保障人权原则和平等原则、畅通权利救济渠道的决心与魄力。

产权保护制度是社会主义市场经济的基石,是坚持社会主义基本经济制度的必然要求。在过去的三十多年里,我国一直在推进产权保护,但在转型时期,由于法律法规的不完善、实践操作过程中对政策的曲解等众多原因,在产权保护方面还是出现了一些问题,由此导致一些企业家和企业如履薄冰,以至于企业投资意愿不足、投资力度不够,甚至出现了企业家转移资产的现象。有鉴于此,我国近年来在法律政策方面大刀阔斧地出台了一系列的产权保障规定:宪法重申了非公有制经济在社会主义市场经济中的地位以及对公民合法私有财产的保护;物权法则不仅明文规定了对公民私有财产的平等保护和公民合法私有财产不受侵犯,还针对历史和现实中严重侵犯公民私有财产的违法行为,创设了各种法律对策;2016 年 11 月,中共中央、国务院发布的《关于完善产权保护制度依法保护产权的意见》则进一步指出,要妥善处理历史形成的产权案件,坚持有错必纠,抓紧甄别纠正一批社会反映强烈的产权纠纷申诉案件,剖析一批侵害产权的案例。

最高人民法院此次对三起重大涉产权案件再审,正是人民法院对国家立法和政策精神的贯彻和践行。正如中央领导同志所指出的那样,一个案例的影响力可能丝毫不亚于一沓文件,甄

---

* 樊崇义,中国政法大学法学教授,博士生导师,中国政法大学国家法律援助研究院名誉院长,北京师范大学特聘京师首席专家。

别、纠正产权纠纷案件具有重要意义！具体而言，案件再审过程本身就是对法治理念、法律规则的生动阐释。如果案件确有错误，人民法院秉持依法纠错原则，对案件判决坚决依法予以纠正，可以彰显国家保护产权的决心与魄力，能够给予民众尤其是企业家以信心与安全感，给恒产者以恒心；如果此前法院判决确无错误，再审法院则在事实调查和法律解释清楚的前提下，坚决依法维护司法的既判力，既能消除当事人的不满与社会上的疑问，又能宣传法律政策规定，提升司法公信和司法权威。

此外，此次涉产权案件的再审彰显了尊重和保障人权原则和平等保护原则。宪法和刑事诉讼法均规定了尊重和保障人权原则。刑事诉讼法是一部规范公权力运行，保障私权利的法律。在刑事诉讼过程中加强对私权的保护，不仅体现在要保护犯罪嫌疑人、被告人、被害人等诉讼参与人的辩护权、诉权等诉讼权利上，还体现在保护公有制经济和非公有制经济主体的财产权方面。在当前依法治国的大环境中，非公有制经济的保护已经提到了议事日程，在此背景下，尤其要强调、突出对非公有制经济发展的保护。如果说刑法在保护市场经济方面所担负的责任是在认定罪与非罪时严格遵循罪刑法定原则，摒除"公""私"偏见，并以谦抑性的精神处理民刑交叉案件的话，那么刑事诉讼法在处理涉产权案件中，则发挥着规范涉案人员的强制措施、涉案财产处置、涉案企业的处理等方面的作用。具体而言，在决定是否对涉案人员采取强制措施以及采取何种强制措施时，要严格依法进行，进一步细化涉嫌违法的企业和人员财产处置规则，依法慎重决定是否采取相关强制措施。可采取、可不采取的强制措施坚决不采取；如果必须采取的，尽量为企业预留必要的流动资金和往来账户，让资金链尽量不断裂，最大限度地降低对企业正常生产经营活动的不利影响。企业家涉及刑事案件的，区别民营企业家的合法财产和非法财产，不能罚没个人合法财产；划清民营企业家的个人财产和企业法人财产，个人涉案时不能殃及企业财产，企业涉案时不殃及股东个人财产；要区分企业家个人财产和其家庭成员的个人财产。人民法院在办理涉产权案件时，尤其是在办理涉及非公有制企业的案件时，应当坚决防止发生不讲方式方法、随意性司法、选择性司法等问题；应当认真听取非公有制企业对法律服务的意见，依法打击诈骗、盗窃、职务侵占等破坏非公有制企业生产经营的犯罪，应当敢于纠正一些公权力机关违法插手经济纠纷的做法，坚决惩治国家工作人员利用市场监管、社会管理和公共服务等职务之便侵害非公有制企业合法权益的职务犯罪案件；在当事人申诉时，应当畅通申诉案件的立案渠道，规范适用再审审理程序，通过对一些重大涉产权案件的再审宣示国家对非公有制经济的平等保护和重视。从这个角度来说，人民法院在保障市场经济健康良好发展方面大有可为！各级法院还应当通过案件审判，包括再审，落实平等保护的要求，营造出一个公平公正的法治环境。在审判过程中，应当更加注重落实以公平为核心的产权保护制度，确保不同产权主体的诉讼地位平等、诉讼权利平等和法律适用平等，毫不动摇地巩固和发展公有制经济，同时毫不动摇地鼓励、支持、引导非公有制经济发展。

最后，此次涉产权案件再审的意义不只在于个案得到公正审判，更在于通过再审程序倒逼此类案件依法审判，统一司法适用的标准和防范冤假错案的发生。《中共中央关于全面推进依法治国若干重大问题的决定》指出：推进依法治国，必须"保证公正司法，提高司法公信力"，"落实终审和诉讼终结制度，实行诉访分离，保障当事人依法行使申诉权利"。我国长期存在再审程序启动难的问题，2013 年，全国所有的法院刑事再审案件的总数只有 2 785 件，再审率只有 0.29%。此次最高人民法院一次性决定三起案件的再审，显示了我国法律保障公民诉讼权利，畅通申诉渠道，充分尊重和依法保障当事人的申请权、申诉权、知情权、陈述权、辩护辩论权和处分权的决心。此外，这三起案件中的两起由最高人民法院提审，显示了最高人民法院在依法纠正涉产权案件过程中的敢于担当精神，这一做法也给予以后的再审案件一个重要的启示，即案件可以由上级法院提审的，上级法院应当主动作为，依法提审，不要再像过去那样，再审往往都发回下级法院重审。最高人民法院对刑事再审案件从过去的发回重审到现在越来越多地直接提审，充分体现了最高人民法院司法改革的不断深化，也充分说明最高人民法院通过个案审判监督指导下级法院公正司法的导向。这种做法对于最高人民法院强化对下级法院办理产权案件的监督和指导，依法及时审结再审案件，加强人权法治保障，减轻当事人的讼累和节约司法资源，都具有标志性意义。

顾雏军案再审开庭审理十大亮点

□司　楠*

2018年6月13日至14日，最高人民法院在第一巡回法庭大法庭公开开庭审理了顾雏军等虚报注册资本，违规披露、不披露重要信息，挪用资金再审一案，该案由最高人民法院审判委员会专职委员、第一巡回法庭庭长裴显鼎大法官担任审判长，第一巡回法庭副庭长张勇健和主审法官罗智勇、司明灯、刘艾涛为合议庭组成人员，石冰、罗灿担任法官助理，书记员张燕清担任法庭记录。笔者有幸全程参与旁听该案审理，亲身感受了一场紧张有序、充实精彩的高水平刑事庭审。回顾此案的再审庭审过程，可谓精彩频出，亮点多多，主要概括为以下十个方面：

一、充分保障辩护权行使

辩护权是法律赋予刑事案件当事人的基本诉讼权利，辩护权的充分行使不仅有利于查明事实真相，更有利于刑事人权司法保障。在本次庭审中，合议庭充分保障原审被告人及其辩护人的辩护权行使，主要表现在两个层面：一是充分保障了当事人本人的辩护权行使。在本案的庭审过程中，对于7位原审被告人，法庭并未因为原审被告人人数众多而缩减其辩护权行使的机会，而是给予每一位原审被告人充分表达表达自己意见的机会，使每一位原审被告人对案件事实的认定、是否应承担刑事责任以及本案的法律适用等问题进行充分阐述。二是充分保障辩护律师依法行使辩护权。本案的7位原审被告人中除有2位未聘请律师外，其余5位原审被告人均聘请了1名至2名律师，这些辩护律师无论在法庭调查过程中针对相关证据质证所进行的论辩，还是在法庭辩论阶段进行的全面意见阐述，法庭原则上都不予打断。

6月14日的庭审，实际上全天都是进行法庭辩论。从上午8时30分开始，一直持续到下午6时30分，整整9个小时的法庭辩论中，绝大部分时间都是由被告人及其辩护人在发表辩护意见，辩方第一轮发言历时6小时，其中一位辩护人的第一轮发言便用了近一个半小时。如此充分保障当事人及其辩护人的辩护权行使，体现了最高人民法院对当事人申诉权利的高度重视，不仅受到原审被告人及其辩护人的好评，而且受到旁听该案的全国人大代表、全国政协委员、刑事法学专家及有关方面代表的高度赞赏。

二、及时依法妥善处理当事人回避申请

在顾案再审开庭审理过程中，一开始，原审被告人顾雏军便提出要求最高人民检察院指派的2位检察人员回避。在刑事案件审理中，法律赋予当事人及其辩护人申请回避权，目的是保障参与案件审理的相关司法人员都与案件无利益牵涉，从而确保案件得到公正处理。然而，当事人行使回避权，不能随意而为，必须具有法律规定的理由。

---

* 司楠，中国人民大学诉讼制度与司法改革研究中心研究员。

本案当事人提出了回避申请,既涉及当事人的权利行使,又关系着庭审活动能否持续顺利进行,且在最高人民法院直接审理的刑事案件中尚属首次,必须依法妥善处理。虽然本案举行庭前会议时合议庭已明确强调,有关回避等程序性事项应在庭前会议时提出,否则便视为无异议,原审被告人在庭前会议时并未提出过申请,但其在庭审时提出要求2位出庭检察人员回避后,审判长裴显鼎并未简单地对此以其未在庭前会议时提出为由而置之不理,而是认真询问了其申请回避的具体理由。经询问了解到,其申请理由为:2位出庭检察员因履行职务需要将收集到的一份证据送交最高人民检察院司法鉴定中心进行审查,由有关专家出具了一份《技术性审查意见书》,顾雏军因对该证据及《技术性审查意见书》有不同看法,认为系伪证,2位检察人员参与了制造伪证,从而提出回避申请。从其申请回避的理由看,明显不符合我国2012年刑事诉讼法第二十八条、第二十九条规定的申请事由,因此,审判长裴显鼎在征询辩护人及检察员意见后,依法当庭驳回,既认真妥善地回应当事人的回避申请,又保障庭审活动的持续顺利进行。

第二天法庭辩论环节开始前,顾雏军又以同样理由提出回避申请,审判长裴显鼎当机立断,再次当庭予以驳回。

三、对原判列举的检辩双方有争议的证据进行充分质证

再审案件的审理不同于一、二审案件的审理,应以已有生效裁判为基础,审理活动要解决的主要问题就是已有生效裁判是否正确。所以,再审案件开庭审理,在审理模式上也必须根据再审程序自身的特点,不能完全套用一、二审模式。本案的再审,既充分考虑检辩双方对于原判列举证据存在重大争议的基本现实,又照顾到本案系按照再审程序进行审理的特点,对于原审判决认定事实及列举的证据的审理,极具典范意义,具体表现为:

一是按照庭审实质化及"三项规程"的要求,充分发挥庭前会议的作用。通过庭前会议不仅处理好相关程序性问题,而且对相关事实及证据的主要争议点进行具体、全面地梳理,确定关于原判证据的争议焦点,从而为庭审奠定基础。本案庭前会议报告显示,在对原判列举证据进行梳理时,辩方分别对原判第一个罪名列举的59项证据中的24项、第二个罪名列举的71项证据中的66项、第三个罪名列举的49项证据中的34项证据提出异议,检方只对上述列举证据中的2项证据有不同意见。因此合议庭决定,法庭调查时只对上述有争议的证据进行再质证,对于无争议的证据不再进行质证。

二是为提高庭审效率,按照不同罪名,对同类证据分组进行质证。对于原判列举的证据,毕竟在原审时已进行过质证,庭前会议时也已初步听取过检辩双方的意见,再一项一项进行质证,既无必要,也会耗费太多时间,因此合议庭根据不同罪名,按内容进行分组,对虚报注册资本罪的59项争议性证据分5组,对违规披露、不披露重要信息罪的66项争议性证据分6组,对挪用资金罪的34项争议性证据分为7组进行质证,既有效保证了审理的集中性,提升了庭审效率,又切实保障了当事人及辩护人的质证权,对于回应争议、查明事实起到了非常良好的作用,为再审的法庭调查树立了典范。

四、高度重视检辩双方提交的新证据

在本案的再审程序中,除了对原审裁定中的证据进行审理,原审被告人与检方均提供了新证据,针对检辩双方所提交的新证据,合议庭在庭前会议中组织双方进行了查阅,并在庭审中重点进行举证质证。

关于新证据,从法律规定来看,更侧重于原审被告人。我国刑事诉讼法不仅规定申诉人"有新的证据证明原判决、裁定认定的事实确有错误,可能影响定罪量刑的"应当启动再审,而且规定在案件审理过程中,当事人有权向人民法院提供新的证据。本案再审过程中,原审被告人顾雏军和张宏均向法庭提交了新证据材料，检察机关为核实相关证据也收集到了一些新证据材料，这些再审过程中提交的新证据材料，经庭前会议听取检辩双方意见后，对其中确属新证据的材料，确定纳入法庭调查，有针对性地进行举证、质证。这在一定程度上充实了本案的证据体系，为接下来合议庭对于事实的认定提供了更为全面的参考。

五、根据当事人申请调取相关新证据

在本案的再审过程中，原审被告人顾雏军申请最高人民法院向有关部门调取其依个人能力无法收集的证据。合议庭对此高度重视，依法向广东省科技厅、中国证监会、毕马威华振会计师事务所等单位发出调取证据通知，调取广东省科技厅 2002 年至 2004 年向顺德格林柯尔颁发《高新技术企业认定证书》情况、中国证监会 2005 年 5 月对科龙电器立案调查情况以及毕马威华振会计师事务所关于科龙电器现金流向的调查情况。庭审前，组织检辩双方对广东省科技厅〔2018〕749 号复函、《中国证监会关于提供顾雏军案相关材料的复函》及毕马威华振会计师事务所《关于科龙电器现金流向调查报告》进行查阅，并根据庭前会议中检辩双方的意见，将从广东省科技厅及中国证监会调取的材料纳入法庭调查，进行重点质证。此举不仅有利于合议庭全面掌握证据材料，有效查明案件真相，而且在一定程度上弥补当事人在取证方面存在的天然不足，有利于实现刑事诉讼中检辩双方的基本平衡。

六、依法通知证人出庭作证

证人出庭作证是刑事诉讼法中所规定的了解案件情况公民所应该履行的义务。申请证人出庭作证，是法律赋予当事人的诉讼权利。然而，在司法实践中，证人出庭的现状却并不乐观。在本案的再审程序中，原审被告人共申请 5 位证人出庭，最高人民法院经听取被申请人意见并根据案件办理需要，通知了 2 位证人到庭：一位是时任科龙电器营销人员的魏五洲，另一位是时任全国工商联副主席的谢伯阳（副部级）。二人就其了解的相关情况进行了陈述，并接受了检辩双方的询问。这在刑事案件审理中是不常见的，在最高人民法院审理的刑事案件中更是少之又少。此举的意义不仅仅限于该案的公正审理，更为未来我国刑事案件的审理树立了榜样。

此外，还有一个颇受关注的焦点，就是原审被告人顾雏军申请最高人民检察院原检察长贾春旺作为证人出庭作证。因贾春旺并非相关事实的亲历人，不属于法定证人的范围，故法庭并未通知其到庭，对此合议庭在庭前会议报告中作出了说明，检方也在庭审中给予了正面回应，从而处理得于法有据，合情合理。

七、依法通知有专门知识的人出庭提供意见

根据刑事诉讼法及相关司法解释，在涉及专业性问题时，可以申请有专门知识的人出庭提供意见。由于这是 2012 年刑事诉讼法修改所作出的新规定，实践中使用得并不太多。本案中，对于一份重要证据的真伪，检辩双方存在巨大争议，对此，检方申请最高人民检察院司法鉴定中心一名专业人员出庭提供意见，得到了法庭许可。

针对有专门知识的人出庭提供的意见，检辩双方展开了激烈的争论。合议庭对此给出了明确释明，即有专门知识的人不同于鉴定人，其参加庭审活动所发表的意见并非法定证据形式，只是在客观上对相关专业领域问题进行解释。

八、有效发挥法官助理在庭审中的作用

员额制改革是本轮司法改革中的一大亮点，随着员额制改革，审判人员分为员额法官与法官助理。按照相关规定，在庭审中，法官助理是不能直接参与案件讨论的，那么，法官助理参与庭审时，其职责和分工如何界定，目前在整个司法界尚规定不明，各级法院的做法也不尽相同。此次庭审，对于法官助理的职责安排可谓恰到好处，法官助理不仅承担了庭前诉讼参与人身份核实、法庭纪律宣告等工作,而且负责通过PPT形式提示庭审流程环节、统一集中展示检辩双方视频证据等工作。此举不仅妥善减轻了庭审中书记员的工作负担,保障了书记员全身心投入庭审记录,提高了记录质量,而且解决了此前存在的法官助理参与庭审无事可做的问题,对于法官助理参与庭审的职责和分工进行了可贵的探索。通过法官助理借助视频提供的环节流程显示、检辩双方证据展示等,无论是诉讼参与人还是旁听人员,均可明了法庭审理的进程、质证证据的内容,从而极大地提升了法庭审理的质效,对于保障庭审顺利、高效、有序进行起到了良好的促进作用。

九、借助信息技术实现融媒体全程直播

顾雏军再审案备受社会关注,最高人民法院决定庭审活动全公开、全透明,然而由于旁听席位有限,通过多样化方式来保障审判的公开、透明就成为努力的目标。此次庭审采取了“旁听+融传媒”的方式,形成了法庭内外的两大公开场域。庭审通过中国法院网、庭审直播网、最高人民法院官网及官方微博进行全程图文直播。直播不仅包含了庭审的全部内容,更将庭审中的诸多细节,如被告人哽咽、审判人员维持法庭秩序等囊括其中,使得即使不在庭审现场的公众,也有身临其境之感。十几万字的庭审实录直观、全面、生动地展示了庭审实况。截至2018年6月14日晚12时,最高人民法院新浪官方微博设置的“顾雏军案再审”话题阅读量达1 908.2万,最高人民法院头条号的浏览量突破了500万,最高人民法院官方网站的直播页面浏览量达到276万。融媒体方式最大限度地满足了社会公众的知情权,充分实现了阳光司法,取得了良好的社会效果,社会公众普遍为之点赞。

十、全面体现人文关怀

此次庭审,不仅是对相关事实和证据的调查和辩论,更包含着合议庭的人文关怀。这种人文关怀在法庭内外的诸多细节中都得到了体现,既讲究公正和效率,同时体现了对人权的尊重与保障。法庭第一天的庭审从早上8时30分一直持续到晚上11时30分,在长达15个小时的庭审中,原审被告人及其辩护人充分表达了自己的观点,审判长裴显鼎及审判员对相关诉讼参与人表现出极大的尊重和包容,最大限度地保障其畅所欲言。在决定当晚是否继续开庭时,对于年纪相对较大、身体状况不是很好的原审被告人,审判长裴显鼎多次询问其身体是否适合继续庭审,如有身体不适,一定要及时举手示意。整个庭审过程,法庭外都安排了急救车以备不时之需。庭审中,审判人员始终坚持不喝水,全程集中精神,端坐细听,不曾离席,但对于原审被告人上洗手间的要求,均予以满足。为节省时间,避免因休庭时间过长而耽误庭审,法庭还特意为所有诉讼参与人及旁听人员提供了精心制作的盒饭及水果,确保中、晚餐可在休庭不超过1小时中解决,以便接下来可以继续开庭。

总之,这次参与顾雏军再审案的庭审旁听,我深切感受到了最高人民法院依法审理刑事案件的典范作用以及案件合议庭在诸多方面作出的有益尝试,亮点纷呈。特别是该案根据刑事再审案件特殊性所开展的程序上的改革,更是为未来刑事再审案件办理、涉产权案件的审理树立了高效、有序并有温度的“典范模式”,为庭审中心主义的纵深推进,确保刑事再审案件的公平公正审理,作出了平实而成效显著的努力。

顾雏军案再审判决书十大亮点

□陈卫东 * 司 楠 **

2019年4月10日，备受关注的顾雏军等人虚报注册资本，违规披露、不披露重要信息，挪用资金再审一案在最高人民法院第一巡回法庭进行了公开宣判，至此，顾案再审"一锤定音"，圆满收官。2.2万字的再审判决书为这个最高人民法院直接提审、涉及8名原审被告人和3个罪名的涉产权刑事案件画上了最终的句号。同时，这份再审判决书对于案件事实的准确认定、实体与程序的同等重视、焦点争议的充分说理、社会行为的明确导向等，在法学理论界、实务界引发了广泛关注和深入思考，并赢得了社会各界的高度评价及充分肯定。大家普遍认为，这份再审判决书亮点频现，堪称精品，对于司法实践的典范意义不言而喻。综观判决书全文，以下十个方面让人感受尤为强烈。

一、切实落实了党中央关于加强产权司法保护的精神

2016年11月，中共中央、国务院出台了《关于完善产权保护制度依法保护产权的意见》。为了落实党中央的精神，最高人民法院先后下发了《关于充分发挥审判职能作用切实加强产权司法保护的意见》等一系列司法文件，并发布了两批保护产权和企业家合法权益的典型案例。2017年12月，最高人民法院决定对三起案件启动再审，并对包括顾雏军案在内的两起刑事案件进行提审。这份再审判决书，对原审判决作出了重大改判：对三个罪名中的两个予以撤销，并对保留罪名中的一部分事实不予认定；顾雏军的刑期从总和十二年决定执行十年降低至五年，680万元罚金被一并撤销；同案的张宏从两个罪名改为一个罪名，刑期也得到相应降低；其他6人则均被宣告无罪。这一重大改判，不仅使案件得到了最终的公正处理，而且使党中央关于加强产权司法保护的精神落到了实处，向全社会释放了产权司法保护的积极信号，对于激发企业家创业创新动力，营造良好营商环境，促进经济社会持续健康发展，都具有十分重要的意义。

二、实事求是、依法纠错、坚守底线，不搞"一风吹"

本案再审判决一方面坚持刑法谦抑原则和证据裁判等原则，对原判认定的虚报注册资本罪和违规披露、不披露重要信息罪，充分考虑虚报注册资本行为情节显著轻微危害不大，以及无充分证据证实顾雏军等人提供虚假财务会计报告的已达到刑法规定的造成严重后果条件的实际情况，认为其不构成上述二罪；另一方面对顾雏军、张宏从上市公司挪用2.9亿元用于顾雏军个人注册公司的行为，充分考虑其利用职务便利，挪用上市公司资金归个人使用并谋取个人利益，严重扰乱市场秩序，给金融和证券市场带来巨大危险，具有严重社会危害性的客观事实，依法认定其有罪并判处刑罚。这样做，充分体现了人民法院实事求是、坚守底线、公正司法的坚定立场，以及依法纠错，不搞"一风吹"的明确态度，维护了法律权威，彰显了公平正义。

三、在公正妥善处理个案的同时，有宣告、明导向、立规矩

作为最高人民法院直接提审的涉产权保护典型案件的再审判决书，其既涉及该个案的公正处理，也涉及对其他不特定主体的引导、警示。因此，该判决书丝毫未忘记自己的重要使命，从头至尾都展现出对法治经济、诚实守信、公平竞争、合法经营、市场秩序等理念的崇尚和倡导。特别是在"本院认为"部分中，以字句不多但内涵深刻的宣告性语言，集中地展示出一些极有分量的裁

---

* 陈卫东，中国人民大学法学院教授，博士生导师，中国人民大学诉讼制度与司法改革研究中心主任。

** 司楠，中国人民大学诉讼制度与司法改革研究中心研究员。

判观点,明确指出:“社会主义市场经济是法治经济”,“产权制度是社会主义市场经济的基石”,“公司、企业的经营活动必须遵纪守法,在合法合规中提高竞争力,公司、企业经营者要讲规矩、走正道,在诚信守法中创业发展”等。这些裁判观点立场坚定、导向鲜明、建规立矩、掷地有声,充分彰显了最高人民法院维护社会公平正义,促进社会主义市场经济健康有序发展的坚强决心。

四、坚持程序合法和证据裁判,彰显程序法治的理念要求

综观该再审判决,始终强调以程序合法为前提,切实坚持证据裁判原则。这不仅表现在该案再审裁判的整个过程都严格遵循法定程序来进行,充分保障各项诉讼权利,而且表现在该判决书明确将“证据裁判原则”写入裁判观点之中,对法律条文的引用,也是将《中华人民共和刑事诉讼法》的相关规定放在前面。让人印象尤为深刻的是,在对“违规披露、不披露重要信息”的事实进行分析认定时,该判决书明确指出,这一罪名之所以事实不清,证据不足,是因为有一项重要证据即会计师事务所出具的司法(会计)鉴定意见存在鉴定人不具备司法鉴定执业资格、鉴定机构选择不符合法律规定问题,另有一项重要证据即4名股民证人的证言存在侦查人员在相同时间、地点对不同证人取证、连续询问时间超过24小时等问题,这两项证据由于取证程序不合法而成为非法证据,依法必须予以排除,不能作为认定事实的依据。这充分体现了人民法院在案件审理过程中,坚定秉持程序正义和程序法治理念,切实坚持证据裁判原则,在一个个司法案件中为推进程序法治而进行的不懈努力。

五、凸显多项刑事法律原则,保障实现公平正义

该判决书不仅明确写入证据裁判、刑法谦抑、从旧兼从轻等刑事法律原则,使其在判决书的字里行间中熠熠生辉,而且在论理评判之中,处处闪烁着无罪推定、疑罪从无、罪责刑相当等刑事法律原则的光芒,使读者在阅读品味时,能充分感受到这些法律原则所代表的先进法律理念,如涓涓细流,似徐徐清风,让人耳目一新,并心悦诚服地认可、信服了这些以法律原则作为根本支撑的评判结论。

六、展现出“以审判为中心的刑事诉讼制度改革”的诸多成果

近年来,人民法院在一个个司法案件中切实践行着“以审判为中心的诉讼制度改革”的要求与目标,取得了令人瞩目的巨大成效,对于完善刑事诉讼制度,保障实现公平正义,意义重大。从该判决书可以看出,本案的再审不仅充分保障原审被告人的辩护权,依法处理回避申请,而且根据检辩双方申请调取了新的证据,并对这些新调取的证据连同检辩双方提交的新证据在庭审过程中进行充分举证、质证。不仅如此,本案的再审还切实发挥庭前会议的作用和功能,根据申请通知重要证人出庭,通知有专门知识的人到庭提供意见,保障检辩双方在法庭调查和法庭辩论中充分发表质证意见和辩论意见,排除非法证据,庭审过程真正做到了实质化,使诉讼证据出示在法庭,案件事实查明在法庭,辩论意见发表在法庭,裁判结果形成在法庭。合议庭评议案件自主独立,审判委员会对这一重大影响案件认真讨论把关。整个审判过程均体现了“以审判中为中心的刑事诉讼制度改革”的相关要求。

七、认定事实有根有据,分析评判充分说理

对于本案三个罪名所涉及的相关事实,判决书在对每一项事实进行认定分析时,都是基于相应的证据而进行的,真正做到了有一份证据说一份话,一切让证据说话。正因为如此,再审认定的与每个罪名相关的具体事实,实际上已与原审有了一定的区别,其主要的原因是,再审对相关证据的采信或使用已明显不同于原审。而且,该判决书对于每一节事实,无论是作出确认性认定还是否定性认定,都根据再审查明的事实及证据,并针对原审被告人及其辩护人提出的具体辩护意见,以及出庭检察员提出的意见进行综合性评判。在综合评判中,该判决书从法条依据到社会背景，从客观事实到情节轻重等方面，对原审判决是否正确进行详尽阐释，不遗漏焦点，不回避质疑，使原审中尚存争议的问题得到了正面解答，取得了令人信服的良好效果。

八、高度重视各方观点，全面明确予以回应

从该判决书来看，针对每一项罪名中的重大事实，检辩双方均提出了各自观点。对此，法官们结合纷繁复杂、数量庞大的证据来进行全面考量、综合判断，其中的难度可想而知。以虚报注册资本罪为例，原审被告人顾雏军及其辩护人总的观点是，原审认定顾雏军构成虚报注册资本罪错误，应当依法改判无罪，对此，又从五个方面提出了具体的辩护观点。检察机关针锋相对，提出了关于这一罪名的检察观点，认为虽然可以不以该罪追究其刑事责任，但原审被告人顾雏军等人确实在调整完善注册资本结构的过程中实施了虚报注册资本行为。针对双方观点，判决书进行详细分析评判，并最终就双方意见能否成立以及是否被采纳作出结论。判决书对检辩双方关于另外两个罪名所提的意见也均如此，而且对原审判决的一些重要观点和结论也同样进行了回应。这样做，不仅使各方的诉讼地位受到应有的尊重，而且使其观点得到了验证，争议焦点得到了解析，最终保障案件事实得到正确认定。

九、充分体现了刑事再审案件的特殊性

判决书显示，本案作为再审案件，系根据顾雏军的申诉而进行了较长时间的审查后才启动再审，因该案系最高人民法院直接提审的再审案件，在审级程序选择上适用二审程序进行；而且，在审理范围的把控上，严格按照原判所涉及的范围进行。从案件事实来看，顾雏军等人使用科龙电器的1.87亿元转账取得进账单的行为，注册扬州格林柯尔过程中动用格林柯尔其他公司资金的行为，以及在扬州格林柯尔注册成立后即将资金转走的行为，均可能涉嫌挪用资金或抽逃出资的问题。但由于本案是再审案件，审理范围严格限定在原判所涉的范围内，上述情形因并未纳入原审的审理范围之中，按照再审程序的要求和特点，本案无必要去涉及。

十、判决书体例科学合理，语言表述平实流畅

一份好的判决书，不仅要做到在法理上无懈可击，结果上公平公正，更要成为“读得懂的正义”。这就要求判决书既要在内容上繁简适度、结构合理，又要在语言上说理透彻、通俗平实、深入浅出，切忌将判决书写成调研报告、学术论文。在这方面，顾雏军案的再审判决书也非常用心地作出了榜样。首先，从体例结构来看，该判决书各部分内容繁简安排恰到好处、详略合理、轻重得当，该简的绝不多言一句，该详的绝不吝惜笔墨。其次，从语言表述来看，该判决书做到了深入浅出，避免堆砌晦涩难懂的纯学术语言和法律用语，不仅使专业人士，而且使普通公众也能看懂、看透，很好地起到了司法裁判对于社会公众的法治宣传及行为引导作用。

总之，顾雏军案的再审判决书，可圈可点之处确实很多，可以称得上是一份非常经典的刑事判决书。该判决书从实体到程序、从形式到内容均体现了高水平合议庭深厚的法学理论功底以及丰富的审判实践经验，境界高、站位高、水平高，理念新、体例新、内容新，展现了最高人民法院法官的办案能力和水平，呈现出一流审判团队的不凡风采，实现了重大影响案件的公平公正。本案的判决真正做到了法律效果、政治效果、社会效果的统一，已然在中国法治建设的史册中写下浓墨重彩的一笔，该判决书作为刑事再审判决书的典范之一，也必将在赢得广大司法同行认同借鉴的同时，为关注法治建设的社会公众所真心认可和真诚点赞。

坚持实事求是，依法复查纠正涉产权错案

□刘静坤*

2019年4月10日，最高人民法院对顾雏军等人虚报注册资本，违规披露、不披露重要信息，挪用资金再审一案进行公开宣判，依法作出改判。综观该案再审程序和判决结果，最高人民法院坚持实事求是、依法纠错，准确把握再审改判的证据标准、法律标准和政策标准，严格落实罪刑法定、证据裁判、程序公正、疑罪从无等法律原则，确保案件经得起法律和历史的检验。这起重大涉产权案件的再审改判，对于贯彻中央关于产权保护的政策，完善刑事再审程序，优化最高人民法院职能，深化司法体制改革，具有里程碑式的历史意义和重要的现实意义。

一、加强产权司法保护，健全市场主体合法合规制度

产权制度是社会主义市场经济的基石。习近平总书记指出，必须加强产权保护，健全现代产权制度，增强人民群众财产安全感。产权保护是一项系统工程，司法保护是其中的关键环节。最高人民法院对顾雏军案等重大涉产权再审案件所作的判决，作为国家司法政策的风向标，对加强产权司法保护具有重要的引领和表率作用。

案例是行动中的法律，是看得见的正义。在顾雏军等再审一案中，最高人民法院针对市场主体在登记（虚报注册资本）、经营（违规披露、不披露重要信息）和管理（挪用资金）等环节常见多发的违法犯罪，准确划定涉产权案件罪与非罪的法律界限，积极回应社会各界对产权保护制度的特殊关切，是加强产权司法保护的重大举措和生动实践。实践证明，唯有加强人权、产权司法保护，坚守严格公正司法底线，才能真正发挥司法保障权利、维护秩序、稳定民心的制度功能，让民营企业及民营企业家等市场主体切实感受到有温暖、高质量、可预期的司法保障。

司法是国家经济运行状况的晴雨表和诊断仪。顾雏军案等涉产权再审案件暴露的市场主体违法犯罪风险，显然并非个别现象，而是冰山一角，折射出弥漫经济领域的共性问题。合法合规是市场主体最佳的自我保护。毋庸讳言，一些市场主体法治观念淡漠，企业治理欠缺法治支撑，现已逐渐成为制约市场经济健康发展，乃至影响中国企业走向世界的瓶颈。顾雏军等人实施的虚报注册资本，违规披露、不披露重要信息等违法行为，虽最终未予定罪处罚，但其警示意义不容忽视。须知，司法对产权的保护及其对市场的规范，始终是相辅相成、相向而行的。公正的司法，既要保障无罪的人不受法律追究，合法产权不受随意侵犯；也要防止不法分子规避法律制裁，通过违法犯罪牟取非法利益。最高人民法院通过依法纠正顾雏军案等重大涉产权错案，坚持全部错误全部纠正，部分错误部分纠正，不仅释放出加强人权、产权司法保护的积极信号，更是为了从根本上完善市场主体合法合规制度，健全市场主体风险防控机制和内部治理结构，促使市场经济在法治框架内健康发展。

二、坚持实事求是原则，发挥刑事再审的特别救济功能

涉产权案件再审，要妥善处理政策法律变动性与司法裁判稳定性的紧张关系，是政治性、政策性和法律性很强的工作。面对国家政策和法律制度的动态变化，司法机关唯有坚持实事求是、依法纠错，才能最大限度地凝聚司法共识，体现刑事再审应有的客观、理性和审慎。顾雏军等再审一案，最高人民法院该改判的改判，该维持的维持，既不回避争议，也不“一风吹”，这对规范涉

* 刘静坤，中国政法大学教授。

产权错案的甄别纠正,引导当事人形成理性预期,发挥刑事再审的特别救济功能,具有很好的示范效应。

坚持实事求是,要努力探究案件事实真相。唯有彻查事实,再审结论才能站得稳、立得住,经得起推敲。对争议各方提出的主张和意见,司法机关不能偏听偏信,更不能照单全收,而是要直面疑问、核查到底。如果经核查发现,案件事实认定确有错误偏差,就应当坚决依法纠正。顾雏军等再审一案,最高人民法院恪守证据裁判原则,通过精细的法庭调查核实原判认定事实,严格依照证据规则审查已有证据和新证据,重视案件事实的证据链条分析,由此得出了更加客观、准确、可信的事实认定结论。例如,最高人民法院基于在案证据认定,科龙电器在2002年至2004年间实施了虚增利润并将其编入财务会计报告予以披露的行为,同时认定,原审认定该行为严重损害股东或者其他人利益的事实不清,证据不足,进而基于疑罪从无原则对该起事实作出无罪处理,这种有理有据的重审结论无疑是令人信服的。

坚持实事求是,要旗帜鲜明贯彻罪刑法定等原则。涉产权案件再审,牵涉刑事、行政、民事、商事等复杂法律关系,要准确把握犯罪的基本特征,准确把握犯罪构成要件,准确把握罪与非罪界限,准确把握从旧兼从轻等法律原则。关于顾雏军等人的虚报注册资本行为,最高人民法院认为,虚报注册资本罪的认定需要以公司法等法律法规为依据,本案侦查期间,法律对无形资产在注册资本中所占比例的限制性规定已经发生重大改变,此时应当适用从旧兼从轻原则对行为的社会危害性重新进行评价。与普通案件相比,涉产权案件直接影响营商环境与市场主体预期,应当审慎启动司法程序,审慎采取强制措施,审慎进行司法裁量,侧重体现刑法的谦抑性和宽容性,不能动辄采取刑事制裁。

坚持实事求是,要树立历史辩证的政策观。一些涉产权案件,因涉及时代背景、地方政策、监管模式等历史因素,应当立足特定历史背景考察当时的惯例做法,以历史的、发展的眼光看问题,辩证分析案件的成因和危害,不宜机械照搬法条简单处理。例如,顾雏军等人实施置换注册资本的行为,与当地政府支持顺德格林柯尔违规设立登记有关,最高人民法院正视这一特殊历史因素,据此对该行为的社会危害性作出理性评价,是值得肯定的。

三、聚焦裁判规则生成,优化最高人民法院职能

最高人民法院巡回法庭是"家门口的最高人民法院",更是"勇立改革潮头的最高审判机关"。与地方法院相比,最高人民法院巡回法庭不能满足于案结事了,更不能简单就案办案,而是应当着眼于制定裁判规则,统一全国法院的司法裁判标准。这意味着,最高人民法院应当将更多精力放到更高层次的立政策、立规则、立标准上来,通过审理重大案件总结审判方法,并推动解决特定领域的体制机制问题。

涉产权案件多为重大疑难复杂案件,极具挑战性,考验着司法机关的审判能力和办案素养。最高人民法院巡回法庭办理涉产权再审案件,提炼审判规律和裁判方法,对指导司法机关严格公正司法具有重要意义。顾雏军等再审一案,最高人民法院巡回法庭在事实认定、法律适用、程序规范等方面开拓创新,如犯罪构成要件事实的识别和解析方法,关键证据的实质性审查方法,刑事法律原则的解释方法,刑事程序改革举措的适用方法,都值得认真研究、总结和推广。

重大案件是推动制度改革的引擎。最高人民法院巡回法庭再审改判顾雏军案,不单是为了纠正个案的司法错误,更是为了引导和促使社会各界关注现代产权制度。以此为契机,我们应当更加关注改善企业创新创业的营商环境,更加关注完善产权司法保护的法律体系,更加关注防范企业法律风险的合法合规制度,更加关注涉产权错案的甄别纠正机制,从而以点带面地推动产权法律制度的系统性改革。从这个意义上讲,顾雏军案再审改判,不仅是产权司法保护的阶段性成果，也开启了产权法律制度改革的新篇章。

四、检验司法改革成效，深入推进以审判为中心的刑事诉讼制度改革

司法改革贵在知行合一。近年来，中央深入推进以审判为中心的刑事诉讼制度改革，顾雏军案再审是检验改革成效的重要标尺。该案虽系再审案件，但从庭前准备到法庭审理再到公开宣判，向当事人和社会公众展现了一场生动的庭审、讲理的庭审、实质化的庭审，真正做到了通过法庭审判的程序公正实现案件裁判的实体公正。

法庭是摆事实、讲道理的地方。最高人民法院巡回法庭更是如此。顾雏军案再审过程中，各名被告人和辩护人的辩护权得到了充分保障，无论是庭前会议还是开庭审理环节，法庭都认真听取辩解理由和辩护意见，给予每个人充分表达意见的机会。长达9个小时的法庭辩论，绝大多数时间都是辩护时间，这就是实实在在的法治进步。如果所有重大疑难复杂案件都能达到这一标准，司法公平正义必将不折不扣地实现。

诉讼以审判为中心，审判以庭审为中心，是公正审判的核心要求。顾雏军案再审，是推进以审判为中心的刑事诉讼制度改革的经典范例。根据庭审实质化“三项规程”的要求，最高人民法院巡回法庭召开庭前会议，妥善处理程序性事项，归纳争议焦点；重视庭审驾驭和指挥，依法通知有关证人和有专门知识的人出庭，依法调取核查新证据，并对争议证据充分质证；严格执行证据排除规则，坚持疑罪从无；采取“旁听 + 融传媒”方式公开审判过程，最大限度地满足公众的知情权。展望未来，当示范庭审成为司法习惯，当公正审判成为司法共识，推进以审判为中心的刑事诉讼制度改革终将落到实处。

涉产权案件再审应当坚持实事求是的原则

□司　楠*

一段时间以来，人民法院切实贯彻落实中共中央、国务院发布的《关于完善产权保护制度依法保护产权的意见》的精神，进一步加大民营企业及民营企业家产权司法保护力度，启动了包括张文中案、顾雏军案、李美兰案等在内的一大批涉产权案件的再审。其中，有刑事案件，也有民事、行政案件；有由地方人民法院再审的案件，也有由最高人民法院直接提审的案件。有的案件已经依法审结并作出改判，有的案件尚在加紧审理过程中。这些案件的依法再审，更好地保护了民营企业及民营企业家的合法权益，明显振奋了企业家精神，有效彰显了依法治国基本方略，进一步提升了民众对于建立法治国家的信心。

众所周知，产权制度是社会主义市场经济的基石，保护产权是坚持社会主义基本经济制度的必然要求，也是维护国家长治久安的重要举措。正所谓“有恒产者有恒心”，经济主体财产权的有效保障和实现，是我国经济社会持续健康发展的基础。依法有效保护各种所有制经济组织和公民的财产权，有利于增强人民群众的财产财富安全感，增强社会信心，形成社会的良好稳定预期，增强各类经济主体的创业创新动力，维护社会公平正义，保证经济社会健康持续发展。需要指出的是，加强产权司法保护，既要平等保护，也要全面保护，更要依法保护。在当前，加强产权司法保护，重点是要加强对民营企业和民营企业家的平等保护，营造良好营商环境和法治环境，增强人民群众的获得感、幸福感、安全感。

---

* 司楠，中国人民大学诉讼制度与司法改革研究中心研究员。

从已启动再审的这些具有一定典型意义的涉产权案件来看，大都是非常复杂的经济类案件，不仅法律关系复杂交织，涵盖的专业知识范围极广，涉及公司的登记运营、资本运作、改制收购、营销模式、财务会计、资金流转、信息披露、股东权益、政府监管等诸多领域，而且在法律规范之外，还不能忽略当时的时代背景、社会状况、经济政策、发展变迁等历史性因素。因此，对这些案件的处理，都不可能是一个简单的过程，需要在程序上严格循法而行，尽可能做到公开透明，充分保障当事人的各项诉讼权利，在实体上进行客观理性与专业审慎的分析判断，立足于事实和法律，在维护公共利益与保护合法权益之间寻找到最佳的平衡点。这对于相关司法部门和司法人员而言，既是一种新的重大挑战和考验，也是一次展示司法能力和司法水平的良好机会。通过对这些案件的依法公正审理，能够充分显示出司法机关为民司法、公正司法、依法纠错的坚定信心和坚强决心。

不言而喻，在相关涉产权案件启动再审之后，无论是案件当事人，还是社会公众，都对案件的处理结果充满期待。但是，有必要明确的一点是，对案件启动再审，并不意味着必然将原生效裁判都彻底推翻。这些依法启动再审的案件，当然可能在实体或者程序上存在一定的问题，有的案件甚至原判完全错误，但是，案件与案件不会完全一样，存在的问题也会有大有小。正如“保护产权并非仅仅给企业家‘摘帽’”一样，只有在人民法院依法对案件进行认真全面审理之后，根据再审查明的事实，正确适用法律，实事求是地作出最终的公正裁判，才是正确的选择。唯有如此，才能符合产权保护的初衷及法治建设之真谛，真正为社会公众所认可和信服。

笔者认为，在对历史形成的各类涉产权案件进行再审时，总的来讲，必须坚持实事求是的原则，切实做到依法纠错，既不能消极应付，有错不纠，也不能不顾事实和法律，搞“一边倒”“一风吹”。具体而言，应当着重注意以下几个方面：

第一，要充分认识到这些案件自身的特点和复杂性。与一审、二审案件相比，再审案件本来就有其自身的特点，同时，作为涉产权案件，往往发生于社会主义市场经济的发育、成长时期，大都融刑事、民事、商事、行政等诸多法律关系于一体，需要在审查分析中以高度负责的精神及认真审慎的态度，对各种法律关系条分缕析，认真梳理，仔细辨别，全面查明原判认定的事实是否清楚，依据的证据是否充分，适用的法律是否正确，裁判的结果是否公正。

第二，要充分尊重历史并同时着眼长远。在立足于案件的事实证据以及当时法律规定的基础上，综合考量当时的社会背景、政策法规、发展阶段、行业状况等因素，充分尊重历史，客观看待和依法妥善评价改革开放以来，各类企业特别是民营企业在经营过程中存在的不规范问题，着眼于我国不断改革发展、多种经济形式共存共荣的大局，认真判别各种财产权益的实际形成过程和应然归属，以发展的眼光看问题，公平对待，平等保护，切忌理念固旧，思维简单，机械办案。

第三，要精准把握经济违法行为的入刑标准。对于涉产权刑事案件，要从犯罪的基本特征，即行为的社会危害性、刑事违法性、应受刑罚惩罚性三方面进行深刻分析，围绕犯罪构成的四个要件进行认真审查，正确区分违规、违法与犯罪之间的界限，把握经济纠纷与经济犯罪的性质，分清经济违法行为的不同法律责任，严格执行罪刑法定、疑罪从无原则。对于企业家在生产、经营及融资活动中的创新创业行为并不违反刑事法律规定的，绝不能以犯罪论处；对于虽有轻微违法或违规情形，但无须动用刑事手段予以惩处的，也不应追究其刑事责任。

第四，要根据查明的情况严格依法裁判。2014 年 1 月，习近平总书记明确告诫广大政法干警：“不要说有了冤假错案，我们现在纠错会给我们带来什么伤害和冲击，而要看到我们已经给人家带来了什么样的伤害和影响，对我们整个的执法公信力带来什么样的伤害和影响。我们做纠错的工作，就是亡羊补牢的工作。”因此，对于涉产权案件，在经过再审之后，如果发现原判决确有错误的，应当旗帜鲜明地坚决予以纠正，不能打半点折扣。同时，涉产权案件再审，也必须实事求是，依法纠错，坚守底线。全案错误的，全案予以纠正；部分错误的，部分予以纠正。如果根据再审查明的事实，原判并无错误的，则应当依法予以维持。绝不能走极端，为了纠错而纠错，导致再审纠错的形式主义和片面主义。只有这样，才能实现法律效果和社会效果的统一，符合法治建设的根本要求，得到社会公众的真心认可，经得起历史的长久检验。

顾雏军再审案：一个案例胜过一沓文件

□仇晓敏*

备受瞩目的原审被告人顾雏军虚报注册资本，违规披露、不披露重要信息，挪用资金再审一案在开庭近一年后终于尘埃落定，于2019年4月10日在最高人民法院第一巡回法庭公开宣判，宣告顾雏军不构成虚报注册资本罪，违规披露、不披露重要信息罪，挪用资金部分事实不构成犯罪，多名原审同案被告人被宣告无罪。

顾雏军一案涉及重大产权处置，原审被告人曾经是知名的民营企业家，多年前就引起社会的极大关注。该案的公开宣判，是习近平总书记在民营企业座谈会讲话后的第一个标志性案例，是贯彻落实党中央依法甄别和纠正一批涉产权冤案错案重大部署的又一典型，充分体现了以习近平同志为核心的党中央对依法治国和平等保护产权的高度重视，充分表明了党中央坚持“两个毫不动摇”“两个不可侵犯”“三个没有变”的坚定态度，也充分彰显了人民法院实事求是，依法纠错，对事实负责、对法律负责、对历史负责的责任担当。“一个案例胜过一沓文件”。以顾雏军案、张文中案为代表的涉产权案件的依法甄别和纠正，对于营造公平、公正、透明、稳定的法治环境和营商环境，切实增强人民群众的财产安全感，强化社会信心和良好预期，促进经济社会持续健康发展和国家长治久安具有重要意义，必将极大增强民营企业家投资创业和投身改革的信心，增强人民群众对党和政府的信心、增强全国人民实现“两个一百年”奋斗目标和中华民族伟大复兴梦的信心。

党的十八大以来，人民法院通过审判监督程序依法纠正48件重大冤假错案，宣判96名原审被告人无罪，捍卫了法律尊严，伸张了社会正义，社会反响强烈。这些纠正的重大冤假错案，均属原审被告人因涉及“命案”被判处死刑、死缓或无期徒刑的暴力型案件，所涉罪名多为抢劫、故意杀人、强奸，错误原因多为事实证据问题。与传统的冤错案件不同，以张文中案、顾雏军案为代表的涉产权案件，往往涉及公司股权、市场准入、经营创新、融资投资、财务会计、税费征管等领域，涉及罪与非罪、此罪与彼罪、一罪与数罪等定性问题，法律适用极为复杂。此类案件往往跨越数年，甚至数十年，其间法律政策多有变迁，办理难度极大，稍有不慎，极易引起争议。顾雏军案的再审改判过程，合议庭始终坚持罪刑法定、证据裁判、审判公开等基本法律原则，始终坚持以事实为根据，以法律为准绳的法治底线，始终坚持实事求是，全面、平等保护的基本要求，严格依照刑法第十三条“但书”条款撤销虚报注册资本罪的认定，以危害后果未达到事实清楚、证据确实充分为由撤销违规披露、不披露重要信息罪的认定，以部分事实不清、证据不足为由撤销挪用资金罪的部分认定。再审判决既不固守原判有错误拒不纠正，也不放弃原则不顾事实一边倒地为“摘帽”而“摘帽”，有效坚持了保障人权和打击犯罪的有机统一，展现了良好的司法能力和高超的司

---

* 仇晓敏，最高人民法院审监庭审判员。

法智慧。

2018 年 11 月 1 日，习近平总书记在民营企业座谈会上指出：稳定预期，弘扬企业家精神，安全是基本保障。对一些民营企业历史上曾经有过的一些不规范行为，要以发展的眼光看问题，按照罪刑法定、疑罪从无的原则处理，让企业家卸下思想的包袱，轻装前进。我国宪法和法律对产权平等保护已有明确规定，但由于产权制度不够完善，落实平等保护不够到位，历史形成的侵害民营企业产权的案件还在一定范围内存在。下一步，人民法院要进一步尊重历史，实事求是，正确认识我国经济社会发展的阶段性和法律体系形成完善的渐进性，建立健全涉企业错案依法甄别纠正的常态化机制；坚持以事实为根据，以法律为准绳，坚持罪刑法定和疑罪从无，对符合再审条件的历史形成的涉产权冤案错案，依法启动再审程序，对确有错误的涉产权生效裁判，坚决予以纠正。同时，也要通过对涉产权错案冤案的甄别和纠正，强化审判监督倒逼防错、统一法律适用和司法救济功能，健全以公平为核心原则的产权保护制度，研究完善产权司法保护政策，坚决防止将经济纠纷当作犯罪处理，坚决防止将民事责任变为刑事责任，从源头上预防错案冤案的发生。

习近平总书记提出要努力让人民群众在每一起司法案件中感受到公平正义。新时代人民群众对公平正义的感受和要求越来更高，这些都要求我们在办理案件时，要正确处理好形式合法性与实质合理性的关系，不能只作非黑即白、非此即彼的简单推演，还要综合考虑案发的背景、法律政策变迁、社会发展阶段、行业惯例、人民群众的感受，围绕犯罪构成充分考虑案件的社会危害性、刑事违法性和应受刑罚惩罚性，在做事实判断的同时，一并做好价值考量和利益平衡，真正做到合法性、合理性和合目的性，情、理、法的有机统一。

理论前沿

由顾雏军案论违规披露、不披露重要信息罪的理解与适用

□高铭暄[*]　陈　冉[**]

违规披露、不披露重要信息罪，在1979年刑法典中并未规定。该罪的前身为1997年刑法典全面修订时所新增的提供虚假财会报告罪。后经《中华人民共和国刑法修正案（六）》（以下简称《刑法修正案（六）》）的进一步修改，成为目前刑法的规定。近日最高人民法院再审的顾雏军等人所涉违规披露、不披露重要信息罪的无罪宣判，引起了社会各界的广泛关注。最高人民法院在再审判决中丝丝入扣的分析，不以单纯的无罪论回避问题，更不搞“一刀切”，对于今后司法实践中认定违规披露、不披露重要信息罪明确了罪与非罪的边界，意义重大，也有利于司法实践中更加准确地把握该罪的内涵。

一、顾雏军等人所涉提供虚假财会报告行为的罪名适用问题

在顾雏军案件的再审宣判中，对于一审和二审所认定的违规披露、不披露重要信息罪，最高人民法院在再审判决中明确指出：科龙电器在2002年至2004年间实施了虚增利润并将其编入财务会计报告予以披露的行为，在对该行为定性时，一审和二审所认定的罪名为2006年《刑法修正案（六）》颁布之后，相关司法解释修改确定的“违规披露、不披露重要信息罪”，确属不当，应当以《刑法修正案（六）》修改之前的刑法第一百六十一条所规定的提供虚假财会报告罪定罪量刑。

本案在罪名适用上之所以存在问题，原因在于法条的变化。本案所涉的提供虚假财会报告行为发生在2002年至2004年间，而2006年《刑法修正案（六）》对规制此种行为的法条进行了修订，罪名也进行了相应的调整。本案的一审判决于2008年作出，二审判决在2009年作出，这里就涉及刑法的溯及力问题。根据罪刑法定的要求以及我国刑法第十二条的规定，在对犯罪行为进行评价时，如果当时的法律发生变化，那么应当本着从旧兼从轻的原则，作出有利于当事人的认定。除非修订后的刑法处刑较轻的，否则应适用修订前法律的规定。

虽然修订前后的法条对提供虚假财会报告的行为均有规定，但修订前的法条规定为：“公司向股东和社会公众提供虚假的或者隐瞒重要事实的财务会计报告，严重损害股东或者其他人利益的，对直接负责的主管人员和其他直接责任人员，处三年以下有期徒刑或者拘役，并处或者单处二万元以上二十万元以下罚金。”

2006年6月29日第十届全国人民代表大会常务委员会第二十二次会议通过的《刑法修正案（六）》对刑法第一百六十一条修改为：“依法负有信息披露义务的公司、企业向股东和社会公众提供虚假的或者隐瞒重要事实的财务会计报告，或者对依法应当披露的其他重要信息不按照规定披露，严重损害股东或者其他人利益，或者有其他严重情节的，对其直接负责的主管人员和其他直接责任人员，处三年以下有期徒刑或者拘役，并处或者单处二万元以上二十万元以下罚金。”

---

[*] 高铭暄，北京师范大学刑事法律科学研究院名誉院长、特聘教授、博士生导师、北京师范大学“京师首席专家”，中国人民大学荣誉一级教授、博士生导师，兼任中国法学会学术委员荣誉委员、中国刑法学研究会名誉会长、国际刑法学协会名誉副主席暨中国分会名誉主席。

[**] 陈冉，中国矿业大学（北京）文法学院副教授。

从前后法条的对比中我们可以看到,修订后的法条,作了以下几处修改:一是扩大了披露范围,从原来的财务会计报告扩大到所有依法应当披露的重要信息;二是增加了“其他严重情节”的表述,将本罪从结果犯修改为情节犯,扩大了打击范围。可以明显看出修订后法条加大了刑法的打击力度,因此本着从旧兼从轻的原则,对顾雏军案件涉及的提供虚假财会报告行为,因其发生在刑法修订之前,应当适用旧法的规定。

需要说明的是,这里的适用旧法不仅包括法条的适用,还包括了罪名的适用。因为罪名是对法条中犯罪行为本质特征的高度概括,如果我们在适用法条上选择旧法,而在罪名上选择新罪名,无疑是在割裂法条和罪名之间的关系。罪名本身也客观体现着对犯罪行为轻重的评价,因此本案适用旧法进行判决,自然在罪名上也应当选择修订之前的罪名,即“提供虚假财务报告罪”。

最高人民法院在审判中对一审、二审这一错误的纠正,为实践中刑法修订引发罪名变化问题的法律适用给予了明确的指引,符合罪刑法定的精神,也彰显了司法实践的科学与严谨。

二、市场行为与犯罪事实的理性区分

最高人民法院在再审判决中虽然撤销了一审、二审所认定的违规披露、不披露重要信息罪,但是也明确认定科龙电器存在提供虚假财务报告的行为,只是没有证据证明该行为达到该罪危害结果的要求,因此不构成犯罪。

关于该部分犯罪事实也是法庭辩论争议较大的一个问题,被告人认可存在压货销售的事实,却否认该行为涉嫌提供虚假财会报告。对此,事实上存在一个客观的市场行为与我们需要作出评价的法律事实的对接问题。

(一)虚假财会报告的刑法界定

本案犯罪事实的核心在于是否存在提供“虚假财会报告”行为,而何谓虚假,这并非一个容易判断的问题,在市场中往往存在真真假假的经济操作行为,甚至市场本身就波诡云谲,因此刑法的评价往往十分困难。比如,我们在电视或者网络中经常看到一些夸大的宣传,甚至是虚假的宣传,但这种虚假宣传是否就构成虚假广告罪呢?同样的,财会报告的内容是否只要存在不准确就是虚假的?这并不是一个简单的生活事实,必须接受刑法的解释。

财务会计制度产生的历史悠久,是现代公司治理的重要制度,是对企业已发生和已完成的经济业务事项中能用货币计量的数据,按照一定的会计原则、方法及模式,加工转换成借助于财务报表所表达的财务信息,以供企业内外有关方面在谋求增收节支、提高效益和进行理财决策时参考。而其典型表现形式即为公司的财务会计报告,即由公司的业务部门或者公司委托的其他会计、审计机构,按照国家的规定于每一年度终了时制作的反映公司财务状况和经营成果的文件。根据公司法的有关规定,公司财务会计报告包括:(1)资产负债表;(2)损益表;(3)财务状况变动表;(4)财务情况说明书;(5)利润分配表。从形式来看,只要是行为人对财务会计报告任何一种主要内容作不实记载,从而使股东和其他人无法了解到该公司的真实状况,进而产生错误判断的,都应当认定为虚假的财会报告。

本案中,司法机关认定科龙电器实施了提供虚假财会报告行为主要就是基于对科龙电器的压货销售行为属于虚假销售的判断。从形式逻辑来看,如果压货销售的行为可以被界定为虚假销售,那么这部分收入自然不属于真实的企业盈利收入,必然是对企业财务状况的虚假呈现,其构成提供虚假财会报告的行为定性应当没有争议。但在这个逻辑进程中,我们仍然需要解开最为关键的一环,即“压货销售”行为是否可以认定为虚假销售?

(二)“压货销售”与虚假销售的对接

据介绍,在20世纪90年代,冰箱、空调等家电行业采取的营销模式主要有两种:第一种模式是“生产商预收款”，也就是生产商要求经销商淡季打款，到旺季不但保证供货，还给经销商优惠，这样生产企业就会收到很多预付款，实际上相当于流动资金，然后拿这些资金去生产，再把生产出来的产品发给经销商，这种模式在当时比较普遍；第二种模式是“生产商压库存”，就是把生产出来的产品压到经销商那里，也就是说，生产商收了经销商的钱，作为当年收入，也作为当年利润了，但是这个产品实际上没有销售到消费者手中，而是在中间流通领域的库存之中，这些产品也不可能再大规模退还给生产商。

这两种销售方式，从当前法律规定来看，并没有严格禁止性规定。因此，在判决中也并没有对单纯的“压货销售”行为予以刑法评价。本案中，科龙公司之所以被认定为虚假销售，是由于其开单开票不出库，也就是开出销售出库单、发票，货物并没有实际发出，只是封存在公司自己的仓库里，特别是第二年大部分还作退货冲销，这不属于正常合理的营销模式。

（三）“压货销售”与虚假财会报告的对接

财会报告体现的是公司一段时期内财务状况、经营成果和现金流的需要，因此这些信息都具有时间性要求，而会计记录的业务也需要保证不同期间业务恰当归于各自受益期间。从收入确认的角度来看，“压货销售”实质上就是企业将本 年度实际上已经超出市场需求量的产品大量填塞到分销渠道，提前确认来年的收入。事实上，“压货销售”的产品虽然已经销售但并不应使本期受益，真正的受益期为下一年度，因为“压货销售”的产品实际上已经超过市场的需求，是厂家硬要将其填塞到分销渠道，产品最终能否卖到消费者手中取决于下一年的市场行情，因此“压货销售”产品产生的销售额不应属于本年度收入。根据财政部发布的《企业会计准则》和《企业会计制度》等有关规定，这些销售收入具有不确定性，不能在当期确认收入，如果当期确认收入，即使第二年冲销，对本年度来说，这种销售收入也是不真实的，提前或者推后确认收入都属于虚假确认收入的情形。

上文我们已经论述科龙电器的“压货销售”并非市场中正常的销售模式，结合此处论述，在“压货销售”模式中，销售收入本不应当体现在当期年度收入中，而科龙电器却将其所谓“压货销售”的利润列入当年的财会报告并公开披露，这确认无疑是一种虚假确认收入的情况，也进一步证明了其虚假销售而提供虚假财会报告的行为。最高人民检察院的出庭检察员意见和最高人民法院的再审判决书，均认定科龙电器向股东和社会公众提供了虚假的年度财会报告，是符合事实和法律相关规定的。

三、“违规披露、不披露重要信息”的实质理解

在理解本案中是否存在提供虚假财会报告行为时，我们除了遵从形式上法律规定的内容，更要从实质上理解此类行为规制的本质。

对于此类行为从无到有到更为严厉的规制，体现的是罪名背后法益保护的需要，明确了该罪保护的法益就更加便于判断行为的违法性。我国1979年刑法典颁布之时，正值改革开放初期，社会主义市场经济尚未建立，对破坏社会主义市场经济秩序的一些犯罪，包括本案涉及的罪名没有也不可能作出规定。该罪源于1995年2月28日全国人大常委会通过的《关于惩治违反公司法的犯罪的决定》，该决定第四条规定：“公司向股东和社会公众提供虚假的或者隐瞒重要事实的财务会计报告，严重损害股东或者其他人利益的，对直接负责的主管人员和其他直接责任人员，处三年以下有期徒刑或者拘役，可以并处二十万元以下罚金。”

立法机关在将该罪纳入刑法典时，对罪状的表述与之前保持了一致，尔后伴随2005年修订通过的新公司法和证券法，2006年通过的《刑法修正案（六）》对该罪进行了修订。从这一角度来看，该罪是伴随市场经济的建立和发展而出现的，因此在理解该罪时必须考虑市场对该罪的需求。

在1997年刑法典第一次规定提供虚假财会报告罪时，立法对犯罪主体并没有进行限制，对于法律规制对象则限制较为严格，即“虚假财会报告”。而在2006年刑法修订之后，立法对犯罪主体限定为“依法负有信息披露义务的公司、企业”，而在法律规制对象上则不再限制于财会报告，而扩大到“依法应当披露的重要信息”。从这一立法的变化我们可看到，其核心在于呼应证券市场的“信息披露制度”。

从世界各国的证券法律规定来看，信息披露都是一项重要的法律制度，如果公司、企业披露的财会报告或者其他重要信息属虚假记录或陈述，或者应当披露而不披露，将会使社会公众作出错误投资判断，利益受损，甚至影响国家经济决策、社会稳定，以及国民经济的良性发展。

虽然我国刑法在修订前规制的只是单纯的作出虚假财会报告行为，但无疑公司、企业的财会报告对于信息披露来说也是一项重要的内容。而刑法修订前的提供虚假财会报告罪成立要求具备结果要件“严重损害股东或者其他人利益”，修订后该罪从结果犯改为情节犯，正是因为实践中公司虚假披露，如做假账，有时不会对股东造成损害，反而会使其获得利润，这种行为在刑法修订前并不具有危害结果，但修订后可能符合入罪条件，从信息披露制度设立的目的来看，这种行为仍然需要受到法律的规制。

因此，该罪在实践中把握的核心在于信息披露义务的履行，实现公司治理的透明。在现代公司制度下，尤其是对于上市公司来说，公司所有权与经营权往往是分离的。在公司管理中，股东除了少数参与公司管理外，多数是社会上不特定投资人，广大投资者尤其是中小投资者与公司的高管之间存在严重的信息不对称，公司的董事、监事和高级管理人员有可能利用信息控制的优势，罔顾公司利益，而谋取私利。信息披露制度可以帮助股东了解自己投资公司的经营状况，公司有义务向自己的股东如实提供经营和财务会计报告。而作为潜在的投资人，社会公众更需要通过了解公司真实财务状况来保证投资的准确性和获取利益。

结合以上理解，我们再来分析本案中“压货销售”行为是否属于虚假销售，是否属于提供虚假财会报告的行为。本案中所谓的“压货销售”，呈现出的是来年的大量退货，对于大量退货的信息，不参与公司经营管理的股东以及社会公众是不可能预想到也不可能知情的。信息披露是为了保证投资者获取真实的信息进而作出决策，而本案销售行为体现的利润在年度财会报告的记录，必然误导投资者作出决策，从信息披露的效果而言，这种虚假的披露并不能实现信息披露制度设立的目的，应当属于法律规制的范畴。当然本案在审判中不能以违规披露、不披露重要信息罪定罪量刑，此处的分析是根据法条的变动结合案例对未来司法的一种操作指引。

在实践中，公司、企业的经营管理大多是“法不禁止即自由”的民商事行为，而刑法的介入却要严格遵守罪刑法定原则。法律并不可能是现成的放在那里让我们用生活事实生搬硬套，也不可能对每一种经济行为尤其是未来的行为进行明确规定，此时司法工作者必然面临大量纷繁复杂的经济行为的定性，对于法官而言，必须针对案件结合自己的理解进行运用，这个过程必然导致对法律的不同理解。而我们此处的分析，也是希望从该罪设立的背景、目的等角度引发司法工作者思考，从实质上把握该罪的内涵。最高人民法院对顾雏军等人的改判，也同样彰显了不枉不纵、实事求是的司法精神，进一步明确了刑法规制与市场保护的边界，传递出司法机关在企业产权保护上既不会任性作为更不会姑息养奸的信号，使民营企业家切实感受到司法的温度，也对市场潜在违法者予以警示。

四、坚持主客观相一致的定罪原则与方法

主客观相统一虽然没有被规定为刑法基本原则，但在实践中发挥着重要作用。犯罪主观心理态度深藏于行为人的内心,不可能直接表现于外。因此在本案中,科龙公司也只是承认实施了“压货销售”行为,但从性质上否认是销售数据造假,否认进行虚假销售。对此,在认定主观心理态度时,我们必须寻找能够证明其真实意图的客观行为,并结合其他犯罪事实予以证明。

我们此处所探讨的无论是刑法修订前的提供虚假财会报告罪还是修订后的违规披露、不披露重要信息罪,犯罪主观方面的要求均为故意,也即单纯的过失并不构成犯罪。因此,如何认定故意便显得十分重要。同时,该罪又为单位犯罪,而单位意志又不可能通过自然人的表述显示出来,认定起来也就更为困难。

本案在再审论及犯罪主观方面时,与原一审、二审一样,司法机关认定科龙公司所进行的“压货销售”行为是为了摘掉连续两年亏损带来的“ST”帽子,避免科龙公司被强行退市。这无疑是科龙公司进行虚假销售的动机,对于我们推定其主观故意十分重要。

对于通过客观事实推定主观方面,在集资诈骗罪和毒品犯罪中已经有相关的司法解释明确规定,帮助实务部门具体操作,但对于其他的经济犯罪以及实践中的新情况,我们往往陷于被动和无奈。对此,完全可以根据其他的间接证据所形成的证据链,通过推定的方法辅助证明,恰当适用刑事推定制度。在本案中,对于科龙公司提供虚假财会报告故意的认定,就是通过一系列客观事实的推定实现的。当然,这种推定可能会招致对是否违背罪刑法定原则的质疑,对此,我们需要明确,刑事推定仅仅是对事实的推定,是相对的推定,只要被告人可以提出相应证据进行反证,就可以推翻推定的结论。

刑事推定仍然坚持主客观相统一,是主客观相统一原则在具体适用中的方法。这对司法工作者无疑提出了更高的要求,无论实体法及其理论如何完美,“徒法不足以自行”,尤其是在犯罪隐蔽性较高的经济犯罪领域,如何查明犯罪事实,实现主客观相统一,更加考验法官和检察官的智慧和素质。

五、坚持刑法的谦抑性

该案件再审无罪的宣判,并不是对行为本身违法性的否定,而是因为修订前的刑法规定提供虚假财会报告罪要达到“严重损害股东或者其他人利益”的危害结果,这就是说,只有当虚报、隐瞒、掺假、伪造的财会报告给股东和其他人的利益造成严重损失的才构成犯罪,如果公司、企业虽然向股东和社会公众提供了虚假的或者隐瞒重要事实的财会报告,但尚未造成严重损害股东或者其他人利益的后果,则不构成犯罪。

关于这一危害后果的具体把握标准,本案应当适用最高人民检察院、公安部2001年制定的《关于经济犯罪案件追诉标准的规定》“严重损害股东或者其他人利益”是指“造成股东或者其他人直接经济损失数额在五十万元以上的”,或者“致使股票被取消上市资格或者交易被迫停牌的”情形。而顾雏军案的在案证据不足以证明其行为“造成股东或者其他人直接经济损失数额在五十万元以上”;同时,科龙公司因涉嫌违反证券法规被中国证监会立案调查的消息披露后,公司股票虽出现明显波动,但未出现被取消上市资格或者交易被迫停牌的情形。因此,证明科龙电器提供虚假财会报告的行为造成“严重损害股东或者其他人利益”后果的证据不足,也就不应该追究顾雏军等人的刑事责任。

而即便是刑法修订后的违规披露、不披露重要信息罪,也同样规定了情节的构成要件,刑法的谦抑性要求其规制的行为具有“严重的社会危害性”。此外,在资本市场发展过程中,依法治市极为重要,对于那些严重损害投资者合法权益的违法违规行为,应当依法追究其法律责任。否则,股东和社会公众的知情权和收益权等就难以得到有效保障,甚至会影响国家金融安全和社会稳定。但对于公司企业的治理,刑法的介入并非越广泛越好,也并非越严厉越好。

本案中，科龙电器提供虚假财会报告的行为，给股民以错误诱导，扰乱了正常的证券管理秩序，虽因在案证据导致确切损害后果不能认定，不追究顾雏军等人的刑事责任，但并不是说顾雏军等人不需要承担其他法律责任。中国证监会对其行为作出了行政处罚并得到国务院最终裁决维持，对此违法行为予以确认。这也在一定程度上说明，我们需要合理实现对犯罪行为的规制，各个部门法不同位阶的堵截是必需的也是必要的。对于公司、企业经济犯罪的治理，对违法犯罪行为的处罚固然必要，但也要考虑公司、企业犯罪自身犯罪黑数较高的现实，完善公司治理结构、改革会计管理制度、建立企业内部举报制度等，通过公司、企业内部的合规建设预防犯罪，同样意义重大。

结　语

近年来，司法机关认真贯彻落实党中央、国务院关于加强企业产权保护的要求和习近平总书记在民营企业座谈会上的重要讲话精神，依法监督纠正了一批有重要影响的案件，其中有的案件是全案改判无罪的（如张文中案），有的案件是部分改判无罪的（如顾雏军案）。顾雏军案再审过程中的司法公开程度可以说是空前的。我们看到，最高人民法院和最高人民检察院都高度重视该案的办理工作，各自依法履职，最终得出了高度一致的处理意见，法学界普遍对这一处理结论完全认同。在2019年的全国“两会”上，最高人民检察院检察长张军同志在谈到平等保护各类企业合法权益时明确提出，坚持实事求是，全案错了全案纠正，部分错了部分纠正，既不遮丑护短，也不“一风吹”。本案的处理具有标杆性意义，必将在我国依法治国进程中作为影响性案件载入史册。

顾雏军等虚报注册资本案的刑法适用分析

□张明楷*

顾雏军案有关虚报注册资本的事实如下：

2001年5月，被告人顾雏军为收购广东科龙电器股份有限公司（以下简称科龙电器）的法人股，欲设立注册资本总额为12亿元人民币的顺德格林柯尔企业发展有限公司（以下简称顺德格林柯尔）。经顺德市容桂镇人民政府出具担保函，同年10月22日，顺德格林柯尔在未评估、验资的情况下完成公司设立登记，取得营业执照。顺德格林柯尔的股权情况为：股东顾雏军以货币出资1.8亿元、以无形资产出资9亿元，共10.8亿元，占出资额的90%；股东顾善鸿以货币出资1.2亿元，占出资额的10%。顺德格林柯尔的注册资本总额为12亿元，其中无形资产9亿元，占注册资本总额的比例为75%，货币资金3亿元，占注册资本总额的比例为25%。

2002年4月，由于顺德格林柯尔注册资本构成不符合当时公司法第二十四条关于无形资产作价出资的金额不得超过有限责任公司注册资本20%的规定，顺德市工商部门不予年检。为降低无形资产比例，同年5月14日，顾雏军指使刘义忠、姜宝军、张细汉等人，将来自科龙电器的1.87亿元，在顺德容桂农村信用社通过在格林柯尔制冷剂（中国）有限公司（以下简称天津格林柯尔）和顺德格林柯尔账户之间四次来回转账的形式，取得了以天津格林柯尔投资顺德格林柯尔共计6.6亿元为名义的进账单，然后又于当天将1.87亿元转回科龙电器。由于对账单上没有形成余额，不符合验资要求，顾雏军签署了一份关于顺德格林柯尔向天津格林柯尔购买制冷剂预付货款6.6亿元的虚假供货协议书，被告人刘义忠将其交给会计师事务所验资。同年12月23日，顺

---

* 张明楷，清华大学法学院教授，博士生导师。

德市工商行政管理局核准顺德格林柯尔的变更登记手续。变更后的顺德格林柯尔的股权情况为:股东顾雏军以无形资产出资2.4亿元,占出资额的20%,股东天津格林柯尔以货币出资9.6亿元,占出资额的80%。

最高人民检察院出庭的检察员认为,顾雏军等人在调整完善注册资本结构过程中实施了虚报注册资本行为,但该行为的社会危害性较小,不具有刑事违法性,不构成犯罪,并提出了以下三点理由:

1. 顾雏军等人因涉嫌犯罪于2005年7月被立案侦查,在案件办理过程中,全国人大常委会于同年10月27日对公司法进行了修改,修改后的公司法将无形资产在注册资本中所占比例提高至70%。也就是说,按照公司法的新规定,顺德格林柯尔注册资本中无形资产比例只超出标准的5%,其社会危害性明显降低,已经属于可行政处罚的范畴。

2. 2003年以后,广东省先后出台了一系列促进民营经济发展的优惠政策,其中规定,成立高新技术企业,无形资产出资比例可以突破20%。顺德格林柯尔更名为广东格林柯尔后,于2004年5月获得广东省高新技术企业认定,可以享受相关优惠政策。

3. 从顺德格林柯尔注册资本中退出的无形资产余额6.6亿元被列入公司的资本公积金,没有从公司的实际资本总额中抽走。

笔者赞成检察官的上述结论与理由,下面仅对本案所涉及的三个刑法适用(解释)问题作简要分析。

其一,根据刑法第一百五十八条的规定,虚报注册资本罪的构成要件是,“申请公司登记使用虚假证明文件或者采取其他欺诈手段虚报注册资本,欺骗公司登记主管部门,取得公司登记,虚报注册资本数额巨大、后果严重或者有其他严重情节”。公司法上的公司登记包括设立登记、变更登记与注销登记。可以肯定的是,注销登记时的虚报行为不可能成立虚报注册资本罪,问题是变更登记时使用虚假证明文件或者采取其他欺诈手段虚报注册资本,欺骗公司登记主管部门,取得公司变更登记的,是否成立虚报注册资本罪?笔者对此持肯定回答。

资本是公司成立的基本条件,如果没有资本,公司既无法参与任何财产关系,也不能开展经营活动,更没有承担财产责任的基本保障。公司作为法人组织,以其全部资产对其债务独立负责,资产的范围和多少直接决定公司的债务清偿能力和对债权人的保护程度。于是,交易双方都会关注对方公司注册资本的多少,同时,交易双方不是只关注设立登记时对方公司注册资本的多少,而且还关注交易时(变更后)注册资本的多少。

显然,不管是设立登记时虚报注册资本,还是变更登记时虚报注册资本,都会损害债权人的利益和交易安全。正因为如此,公司登记管理条例规定,公司增加注册资本或者减少注册资本的,都应当申请变更登记。据此,应当认为,刑法第一百五十八条中的“取得公司登记”包括取得公司变更登记。

其二,2002年5月14日,由于对账单上没有形成余额,不符合验资要求,顾雏军签署了6.6亿元的虚假供货协议书,被告人刘义忠将其交给会计师事务所验资,而没有直接向公司登记主管部门提供,这是否符合刑法第一百五十八条有关“欺骗公司登记主管部门”的构成要件?笔者对此持肯定回答。

有观点认为,顾雏军等人只是将虚假证明文件提交给会计师事务所,而没有直接提供给公司登记主管部门,故其行为不符合刑法第一百五十八条规定的构成要件。这种观点过于形式化。申请变更登记的是顺德格林柯尔,会计师事务所只是帮助顺德格林柯尔验资,顺德格林柯尔必须向会计师事务所提供相关证明文件,再由会计师事务所向公司登记主管部门提供证明文件。公司登记主管部门收到的虚假证明文件,实际上是顺德格林柯尔提供的。换言之,顺德格林柯尔利用或者通过会计师事务所向公司登记主管部门提供虚假证明文件,与顺德格林柯尔直接向公司登记主管部门提供虚假证明文件,只是(部分)间接正犯与直接正犯的区别,这种区别不影响构成要件符合性的判断。

其三,虽然顾雏军等人在实施虚报注册资本行为的当时,公司法第二十四条规定无形资产作价出资的金额不得超过有限责任公司注册资本的20%,但全国人大常委会于2005年10月27日对公司法进行了修改,将无形资产在注册资本中所占比例提高至70%。那么,在2008年1月30日作出一审判决时,应否适用2005年公司法的规定?笔者对此持肯定回答。

刑法第十二条对溯及力采取了从旧兼从轻的原则。刑法第一百五十八条虽然在其间没有被修改,但该条实际上是一种空白刑法规范,即某种行为是否属于虚报注册资本,需要以公司法以及相关法规(补充规范)为根据。根据刑法第十二条的精神,对于空白刑法规范中的补充规范废止、修改前的行为,依照当时的法律规定处理;但是,如果补充规范废止、修改后,使得该行为不构成犯罪或者导致处罚较轻的,则应依补充规范废止、修改后的法律处理,即不当作犯罪处理或者适用处罚较轻的规定。例如,行为人在2014年12月实施了某种经营行为,根据当时的国家规定,该经营行为属于非法经营,且情节严重。但是,在2015年12月审理案件时,该国家规定被废止,该经营行为不再是非法经营。根据从旧兼从轻的原则,对该行为应当宣告无罪。

不仅如此,如果国家政策的变化导致构成要件内容发生变化时,也要遵循从旧兼从轻的原则。例如,国家机关工作人员甲于2014年违反国家关于农业机械补贴的相关规定,没有将补贴发放给本地农民,而是发放给符合条件的外地农民。但2015年6月案发时,国家政策已经发生了变化,允许对外地农民发放补贴。国家政策的变化,导致滥用职权罪的构成要件内容实际上发生了变化。对此,应适用从旧兼从轻的原则,即对甲的行为不能以滥用职权罪论处。基于同样的理由,在2008年1月30日对顾雏军等人作出一审判决时,应当适用2005年的公司法规定,即无形资产在注册资本中所占比例可以达到70%。

此外,2003年以后,广东省和科技部先后出台了一系列促进民营经济发展的优惠政策,按照广东省2003年和科技部2006年有关文件的规定,取得高新技术企业认定的公司,无形资产出资不再限于20%的比例。顺德格林柯尔在设立登记与变更登记时虽然没有取得高新技术企业认定,但在顺德格林柯尔更名为广东格林柯尔后,于2004年5月获得了广东省高新技术企业认定。这些政策、文件的出台,也使虚报注册资本罪的构成要件内容发生了变化。显然,根据刑法第十二条的精神,在一审判决以及2009年3月25日的二审裁定时,如果按照2005年公司法的规定,就只能认定顺德格林柯尔注册资本中无形资产比例仅超出标准的5%,虽然存在虚报注册资本的事实,但没有达到立案标准,不构成犯罪;如果广东省和科技部的相关规定对无形资产出资没有限额规定,则更不能对其以犯罪论处。

现代社会的法定犯(行政犯)越来越多,但规定法定犯的法条基本上都是空白刑法规范。司法工作人员在适用空白刑法规范时,一定要参照该空白刑法规范所指明的相关法律、法规,才能准确界定相关犯罪构成要件的内容;又由于作为补充规范的相关法律、法规经常变化,使得相关犯罪的构成要件内容处于经常变化的状态,因而需要及时根据补充规范重新确定有关犯罪的构成要件内容。此外,在相关法律、法规的变化导致犯罪构成要件的内容发生变化后,必须严格遵守刑法第十二条关于从旧兼从轻的规定。亦即,不仅在刑法条文修改后需要适用从旧兼从轻原则,而且在其他法律、法规的修改导致刑法中的犯罪成立条件发生变化时,也需要适用从旧兼从轻的原则。

顾雏军等人虚报注册资本一案再审改判的法理分析

□卢建平*

顾雏军案再审是在全面推进依法治国的大背景下，人民法院落实党中央、国务院加强产权和企业家合法权益保护政策，依法纠正涉产权和企业家冤错案件的又一重大事件。此案经过一审、二审和再审，可谓历尽波折，同时也引起了社会广泛关注。

2005年7月29日顾雏军等人先后被刑事拘留，同年9月2日被正式逮捕；2006年初佛山市公安局完成对顾案的侦查，移送佛山市人民检察院起诉；佛山市中级人民法院先后于2006年11月和12月两次开庭审理。2008年1月30日，佛山市中级人民法院一审判决顾雏军犯虚报注册资本罪，判处有期徒刑二年，罚金660万元；犯违规披露、不披露重要信息罪，判处有期徒刑二年，罚金20万元；犯挪用资金罪，判处有期徒刑八年；数罪并罚，判处有期徒刑十年，并处罚金680万元。顾雏军不服一审判决，上诉至广东省高级人民法院。2009年3月25日，广东省高级人民法院对顾雏军案作出终审裁定，驳回顾雏军等人的上诉，维持原判。

对顾雏军等人虚报注册资本罪，一审和二审均审理查明：2001年顾雏军决定设立以顾雏军和其父为股东的顺德格林柯尔公司，同年10月22日，顺德格林柯尔公司凭借广东省原顺德市容桂镇政府（后更名为容桂区办事处）出具的担保函，在未验资与评估的情况下完成公司设立登记并取得营业执照。因该公司注册资本总额为12亿元，其中无形资产9亿元，占注册资本总额的75%，远远高于当时公司法规定的无形资产最高出资比例为20%的规定，故原顺德市工商部门不予核准年检，后根据容桂区办事处出具的函件，工商部门核准了顺德格林柯尔公司的年检。同时，容桂区办事处要求顺德格林柯尔公司务必于2002年11月30日之前严格按照企业工商登记注册的规范要求，完善注册登记手续。为调整注册资本结构，完善登记手续，使无形资产的占比达到公司法所要求的20%的限额，在变更登记的过程中，顾雏军等人采取来回转账的方式用6.6亿元的不实货币资本置换了55%的无形资产，被置换的6.6亿元转作公司的资本公积金。一审和二审法院均判定顾雏军构成虚报注册资本罪。

2012年9月6日，顾雏军被提前释放，同月其向最高人民法院提出申诉。2017年12月28日，最高人民法院公布将由第一巡回法庭提审顾雏军一案。2018年6月13日，最高人民法院第一巡回法庭公开审理了本案，并于2019年4月10日进行了宣判。对顾雏军等人的虚报注册资本行为，再审认为情节显著轻微，危害不大，根据《中华人民共和国刑法》第十三条的规定，可以不追究刑事责任。

笔者赞同本案再审的审理结果，再审改判具有重要的社会意义和理论价值。理由如下：

一、从法律价值看，虚报注册资本行为的违法性和社会危害性评价在不断降低

首先，社会对虚报注册资本行为的容忍度显著提高。

虚报注册资本罪是建立在1993年我国公司法规定的资本法定最低限额制和资本实缴制基础之上的，随后几十年间，社会主义市场经济飞速发展，民营企业如雨后春笋般涌现并迅速壮大。虚报注册资本更多的是为了营造公司的商业形象、经济实力，这种违法行为并不会导致公司成立的无效。且公司注册资本不过是公司成立时注册登记的一个抽象的数额，而绝不是公司任何时

---

* 卢建平，北京师范大学法学院院长，博士生导师，中国刑法学研究会副会长。

候都实际拥有的资产,不过是公司资产演变的一个起点,是一段历史,是一种观念和象征,是一个静止的符号或数字。注册资本仅仅是一个账面数字,它表明了股东已经按协议履行了其对公司的出资义务,而这在大多数情况下并不能反映公司的资信状况。实践证明,资本信用的神话已经被打破,公司的资本并不能真实反映公司的偿债能力和对债权人保护的程度,尤其不能反映资本以外的其他生产要素,如人力资源、经营管理能力、科学技术等对公司经营发展的巨大贡献。随着公司资本制度的逐渐完善,资本信用向着资产信用过渡,人们会越来越关注公司的动态经营,综合衡量公司的经营实力,而不再仅仅看公司工商登记或营业执照上静态的注册资本。因此,社会对虚报注册资本行为的容忍度显著提高。相应地,对此行为的违法性和社会危害性评价显著降低,对其科处刑罚有失公正。

其次,我国公司注册资本制度不断改革,降低了虚报注册资本行为的违法性。时代在发展,价值观念在改变,法益条件也随之改变,法律规定自然也要作出相应改变。为顺应经济发展的需要,公司法几经修订,一再改革公司资本制度,降低公司注册门槛。

我国的改革开放与公司资本制度的建立几乎是同步的。1979 年中外合资经营企业法允许外资进入中国,同时也为公司资本制度奠定了基础。而在此之前,因为避"资本主义"之讳,均将公司资本称为公司资金或注册资金。随着我国改革开放的推进,以公有制为主体的多种所有制形式并存的局面在我国开始形成,特别是外商投资企业的大量出现,使我国的企业立法尤其是外资法不得不与国际惯例靠拢。1979 年颁布的中外合资经营企业法率先采用了注册资本制,突破了单一的注册资金制,但内资企业则依然坚守注册资金制,从而形成了内资企业与外资企业分别适用注册资金制和注册资本制的双轨并存的局面,其用心可谓良苦。1993 年的公司法采用了严格的法定资本制,严格贯彻资本确定、资本维持和资本不变三大原则。在这样的立法理念指导下,规定了有限责任公司、股份有限公司注册资本的最低限额、无形资本的比例以及严格的出资形式,如要求投资人一次性足额缴纳注册资本,有限责任公司最低 10 万元,股份有限公司最低1 000万元。以当时的经济发展水平和居民购买力来看,注册公司门槛之高可见一斑,并且随着经济的发展,其弊端日益显现。2005 年公司法大修时开始下调公司注册门槛,本着便利公司设立和运行的原则,对公司资本制度进行了较大幅度的改革,取消了按照公司经营内容区分最低注册资本额的规定;允许公司按照规定的比例在两年内分期缴足出资,投资公司在 5 年内缴足;将最低注册资本额降至人民币 3 万元;规定全体股东的货币出资金额不得低于有限责任公司注册资本的30%,相应提高了无形资产的出资比例,即最高可达 70%。2005 年公司法的这些改变,体现了我国公司资本制度由法定资本制向授权资本制的过渡,修改后的公司资本制度使成立公司更加灵活高效,大大便利了投资者。而 2013 年公司法的修定本着由侧重交易安全转向注重交易效率、由过度行政干预到加强公司自治的理念,不仅删除了关于公司最低注册资本的一般性规定,彻底取消了对出资方式的比例限制,而且将资本实缴制改为认缴制,由此我国公司授权资本制正式确立。

法定资本制的产生明显带有计划经济的痕迹,其过高的市场准入门槛、僵化的设立模式,已经严重阻碍了公司的设立与发展,成为社会主义市场经济发展的壁垒。为了规避这些壁垒,一定时期内"三无公司"(无资金、无场地、无机构)甚至"四无公司"(无资金、无场地、无机构、无执照)满天飞,严重影响了公司成立和创业活动,给经济发展和社会秩序带来很多问题。随着改革的深入和市场经济的发展需要,公司资本制度出现重大变革,原本以资本确定、资本维持和资本不变为特征的法定资本制逐渐退出历史舞台,授权资本制才是更有利于增强公司创业活力,更符合市场经济发展规律和要求的制度。在公司法不断修改公司资本制度、确立和发展授权资本制的过程中,对投资人在公司注册登记过程中实施的违反法定资本制的相关违规违法行为的处理就应该特别谨慎。

最后,相关立法、司法解释一再调高虚报注册资本罪的入罪门槛,缩小打击范围。1995 年全国人大常委会通过的《关于惩治违反公司法的犯罪的决定》和 1997 年修订的刑法将虚报注册资本行为入罪,主要是基于两大原因:一是市场经济发展初期公司违法犯罪现象猖獗;二是受"严打"政策的影响。而两者均受制于当时市场经济的不成熟和国家治理中威权主义的影响。公司法的一再修改,降低了公司注册的门槛,也直接影响了刑法上对虚报注册资本行为的认定。相关立法、司法解释也在追随公司法的变动,相应提高了虚报注册资本罪的入罪门槛。如 2014 年全国人大常委会通过的《关于〈中华人民共和国刑法〉第一百五十八条、第一百五十九条的解释》和最高人民检察院、公安部联合出台的《关于严格依法办理虚报注册资本和虚假出资抽逃出资刑事案件的通知》,都规定除依法实行注册资本实缴登记制的公司以外,对申请公司登记的单位和个人不再以虚报注册资本罪追究刑事责任,明显缩小了虚报注册资本罪的打击范围。

二、从本案的法律适用看,应整体考虑从旧兼从轻

第一,需适用从旧兼从轻原则,重新评价本案行为的违法性和社会危害性。

首先,虚报注册资本罪属于典型的行政犯、法定犯。行政犯兼具行政不法和刑事不法,是"违反国家规定"(主要是行政管理性法律规定)情节严重,依法应当承担刑事责任的行为。与自然犯有明显区别的是法定犯的刑事违法性和社会危害性的判断,刑事不法好比是"毛",而前置法的规定即国家行政法律规范是"皮",皮之不存,毛将焉附?因此,行政犯是否成立犯罪,首先需考察行为是否"违反国家规定",即是否违反相关前置性法律规范,这就意味着行政犯的入罪门槛会随前置法规定的改变而改变。虚报注册资本罪即是典型的行政犯,在认定是否构成刑事不法时,须首先认定是否违反公司法中有关注册资本条款的规定。

其次,适用前置性行政法律规范也应遵循从旧兼从轻原则。前置性行政法律规范的溯及力问题在我国一直未被真正重视,并且随着行政刑法条款的增加,行政法的频繁修订,这一问题愈加突出。一般而言,刑法的溯及力问题是由于刑法的修改而引起的。但是如果刑法条文并没有发生变化,而其所参照的前置性行政法律规范内容发生了变化,是否属于刑法的修改并进而引发刑法的溯及力问题呢?这其中包含两方面的问题:其一,前置性行政法律规范的修改是否属于刑事法律的修改?其二,前置性行政法律规范的修改是否应当适用从旧兼从轻原则?显然,解决前一问题是解决后一问题的前提。之所以会存在这样的问题,原因有两点:一是,行政法律规范中无可以适用从旧兼从轻原则的明确规定。二是,如果认定可以适用从旧兼从轻的原则,会对法秩序的安定性造成冲击。因为立法法和刑法都规定原则上法不溯及既往,最高人民法院 1997 年发布的《关于适用刑法时间效力规定若干问题的解释》第十条也规定,按照审判监督程序重新审判的案件,适用行为时的法律。

1. 对于前一个问题,理论上存在肯定说、否定说和折中说的争论,没有形成统一的认识。笔者认为,判断刑事法律是否修改,应包括对实质上刑法所规定的犯罪构成要件是否变化的判断,即不能只局限于刑法条文在形式上是否发生改变,而应考察刑事违法性范围是否有实质性的变化。在一定程度上,前置性行政法律规范可被看作刑法(行政刑法)的隐性条款,其改变也就可以被看作刑法的隐性修改。行政犯的二次违法性特征,决定了其刑事违法性在相当程度上依赖于行政违法性。虽然刑法条文未发生变化,但是对行政犯的认定有重要作用的前置性行政法律规范发生了变化时,也就意味着行政犯的违法性实际上已随其所依附的前置法的修改而变化了,前置性行政法律规范的修改,必然导致构成要件的变化。依据修改后的前置性行政法律规范,之前具备刑事违法性的行政不法行为因前置法的修改而失去了成立行政犯罪的前提基础，刑事违法性范围已发生变化，故当认为刑事法律已经发生修改。再者，行政刑法作为维护其他法律制度的补充手段，理应与其他法律、法规在价值评判上保持一致。如果否认了前置性行政法律规范的修改属于刑事法律修改，就意味着当其他法律、法规都不认为某行为违法时，刑法仍认为其是犯罪，就使刑法与其他法律、法规在价值判断上相背离，这与刑法的补充性地位不相符。

在肯定了前置性行政法律规范的修改也属于实质的刑法修改的基础上，就应当承认从旧兼从轻原则在发生这种修改时的适用，即当行为后刑法的前置性行政法律规范修改时，原则上适用行为时未修改前的行政法律规范作为定罪量刑的依据，但是，如果按照修改后的行政法律规范该行为不构成犯罪或者处罚较轻的，则应当适用修改后的规范对行为人定罪量刑，从而为行政犯设置特殊的出罪、出刑路径。

2. 虽然行政法律规范中并无适用从旧兼从轻原则的规定，而行政审判中往往遇到此类问题。2004年最高人民法院印发了《关于审理行政案件适用法律规范问题的座谈会纪要》，其中第三条规定了新旧法律规范的适用规则，即根据行政审判中的普遍认识和做法，行政相对人的行为发生在新法施行以前，具体行政行为作出在新法施行以后，人民法院审查具体行政行为的合法性时，实体问题适用旧法规定，程序问题适用新法规定，但下列情形除外：(1)法律、法规或规章另有规定的；(2)适用新法对保护行政相对人的合法权益更为有利的；(3)按照具体行政行为的性质应当适用新法的实体规定的。简言之，该规定确立了行政审判实务中行政法可以适用从旧兼从轻原则，可以允许有利于行政相对人的法律规范溯及既往。"举轻以明重"，对于不会产生限制人身自由判决的行政审判尚且适用该原则，那么对直接关乎人身自由权利的行政犯或法定犯的刑事审判，应更加谨慎，更应对其所涉及的前置性行政法律规范适用这一原则。

3. 虽然承认适用前置性行政法律规范遵循从旧兼从轻原则会对法秩序的安定性造成一定冲击，但是，遵循这一原则符合发展红利全民共享的原则，体现法秩序与时俱进的特征，总的来看利大于弊。恩格斯曾言："在现代国家中，法不仅必须适应于总的经济状况，不仅必须是它的表现，而且还必须是不因内在矛盾而自己推翻自己的内部和谐一致的表现。"这句话表达了两层含义：其一，法律根植于经济基础之中，随经济基础的变化而变化，是经济基础的体现，由经济基础决定；其二，法律具有自身的相对独立性，追求自身体系的协调，具有内部的和谐一致性，只有法律体系的整体结构协调，才能顺利地发挥它的功能，并在法律体系不断消除内在矛盾的协调过程中，反作用于经济基础。倘若听任法内在矛盾无限滋生和发展，它的功能就会被削弱以至于消失，于是法就不再是良法了。因此，刑法不仅应该与经济发展同向而行，及时作出修改和解释，追求刑法与市场经济发展的外部和谐一致性；同时在法律体系内部，也要注重与其他部门法特别是行政法的内在和谐一致性。法律体系是一个有机的统一整体，行政法律规范中的行政违法性条款与刑法中的行政犯定罪量刑条款存在紧密联系，在立法、解释和价值判断上，均应保持协调和统一。这也就意味着，在对行政犯进行定罪量刑时，不仅刑法应遵循从旧兼从轻原则，而且前置性行政法律规范也应遵循该原则，唯其如此，才是符合市场经济发展以及法律体系和谐一致要求的良法善治。

综上，笔者认为，无论是一审、二审还是再审的刑事审判中，前置性行政法律规范同样应遵循从旧兼从轻原则，同时应对落后的法律规定作出修改。作为典型的行政犯，虚报注册资本罪的适用需满足当前市场经济发展的要求，具体而言是需符合当前我国授权资本制的公司资本制度的要求；同时保持虚报注册资本罪的刑法条款与前置的行政法条款之间的和谐一致性，即考察公司法中的相关前置性条款来认定出资比例、出资日期、最低注册资本限额等。在顾案审理过程中，全国人大常委会于2005年10月对公司法进行了重大修订,将注册资本中包含无形资产在内的非货币财产出资比例上限提高至70%,故而,本案中超出法定上限的无形资产出资比例已由55%降至5%,违法性程度显著降低。原审法院虽然也注意到了公司法对无形资产占比的调整,却将此作为顾雏军虚报注册资本罪中的“量刑因素”加以考虑。笔者认为,公司法的这一修订发生在本案审理期间,直接影响行为的违法性和社会危害性的判断,关乎罪与非罪的重大问题,本着有利于被告的精神,应适用从旧兼从轻原则,将其与刑法第十三条“但书条款”的适用联系起来,作为“定性因素”加以考虑。据此,本案中顾雏军虚报注册资本的行为,刑法意义上的违法性和社会危害性已经显著降低,属于情节显著轻微,危害不大的行为。

第二,行为目的与虚报注册资本罪的主观故意存在明显区别。

在公司变更登记过程中,顾雏军等人实施了以6.6亿元的不实货币资本置换等值无形资产的行为,是因无形资产占比过高,为了满足法律的形式要求,降低无形资产在注册资本总额中的比例,完善公司登记的相关手续,这与虚报注册资本罪的行为和主观故意有明显区别。

第三,虚报注册资本行为的实施与当地政府的违规支持有关。

在顺德格林柯尔公司设立时,其凭借原顺德市容桂镇政府(后更名为容桂区办事处)出具的担保函,在未经验资与评估的情况下,完成了公司设立登记并取得营业执照。后因该公司的无形资产比例高达75%,工商部门不予核准年检,又由容桂区办事处出具函件,使工商部门核准了该公司的年检。因此,在其后变更登记的过程中,顾雏军等人实施的虚报注册资本行为,是原违规设立登记、核准年检的延续,其违法性和社会危害性的产生,当地政府也有不可推卸的推波助澜的作用。当地政府本应在最初发现问题的时候予以纠正,却一再纵容乃至违规支持,在公司设立、核准年检的过程中起到了不当作用,因此当地政府理应对顾雏军虚报注册资本案的发生承担一定的责任,不应由顾雏军等人负全部责任。

第四,从行为后果看,虚报注册资本行为未给公司带来损失。

顾雏军等人为解决注册资本结构不符合法律规定的问题,在变更登记的过程中以6.6亿元的不实货币资本置换了等值的无形资产,但是并未将这部分无形资产抽走,而是转作公司的资本公积金。换言之,顾雏军等人的行为仅仅是改变了公司的注册资本结构,并未造成公司注册资本总额的损失。

综上,顾雏军等人虚报注册资本行为符合刑法第十三条“但书”的规定,属于情节显著轻微,危害不大的行为,可以不追究刑事责任。

三、从刑法谦抑性来看,资本刑法不宜过度介入经济发展

刑法应当具有谦抑性。刑法谦抑性体现为刑法的补充性和最后性,即对于某种危害社会的行为,国家只有在民事、行政法律手段和措施干预无效时,才能运用刑法的方法。因此,运用刑法手段解决社会冲突,应当具备以下两个条件:危害行为必须具有相当严重程度的社会危害性;作为对危害行为的反应,刑罚应当具有不可避免性。

首先,本案中顾雏军等人虚报注册资本行为的刑事违法性和社会危害性显著轻微,并未达到足够严重的程度,尚属行政违法的范畴。其次,顾雏军出资的方式是企业内部的、非交易性的不当操作,理应由国家管理性规定即行政法进行干预,且公司法对虚报注册资本行为也规定了明确的法律责任。最后,虽然市场经济飞速发展,但是我们对于市场经济的本质和规律的认识还不够深入,很多制度仍在探索和试验之中,对于一些新生事物,作为“最后法”的刑法更应节制,应更多地保持一种观望的态度,而不宜贸然介入,更不能陷得太深。要特别注意避免使资本刑法及其罪名沦为地方司法机关插手经济纠纷、干预经济生活、阻碍经济发展的“帮凶”,更要注意防止虚报注册资本罪以及虚假出资、抽逃出资罪等成为民营企业家的“原罪”。要在严格依法办事的前提下,树立谦抑审慎理念下的司法善意,对通过民事、行政法律手段就能妥善处理的经济案件,不使用强制手段,努力以较小成本取得较好效果。要严格区分经济纠纷与犯罪的界限,准确把握经济违法行为入刑标准,严防刑事执法介入经济纠纷。对涉嫌违法的企业和人员,要依法慎重决定是否采取拘留、逮捕和查封、扣押、冻结等强制措施;确实需要查封、扣押、冻结财产的,要严格依法进行,防止超标的、超范围,最大限度地减少对企业正常生产经营的不利影响;对已经查封、扣押、冻结的涉案财产,要严格区分违法所得与合法财产,对违法所得要依法予以追缴、上交国库,对合法财产要依法尽快返还。

顾雏军案再审改判的法治理念体现

□王秀梅*

2019年4月10日,最高人民法院对顾雏军案作出了再审判决,本案历时14年,终于尘埃落定。再审审理秉持实事求是、依法纠错、不搞“一风吹”的理念,在很大程度上对一审、二审进行了纠正,同时引导企业家在创业、经营过程中严格遵守法律制度,做到遵纪守法、坚守底线。再审对顾案的改判,体现了现代法治理念的要求,笔者对其颇为赞同。本案作为涉民营企业产权问题的典型案例,毫无疑问将成为民营经济发展的转折点,必将因其在全面推进依法治国战略中的重要意义而载入史册。

一、本案再审改判坚持了用发展的观点看问题

习近平总书记在2018年11月1日召开的民营企业座谈会上指出:“对一些民营企业历史上曾经有过的一些不规范行为,要以发展的眼光看问题,按照罪刑法定、疑罪从无的原则处理,让企业家卸下思想包袱,轻装前进。”这就要求司法机关在办理有关企业产权案件时,要坚持以发展的眼光看问题。

发展的观点要求立法应顺应经济发展的需要作出适当调整。很多行为尤其是行政犯所涉及的行为,其社会危害性会随着经济基础的改变而改变,这一方面与经济发展的实际需求有关;另一方面与经济发展的过程中社会对某一行为的认知逐渐趋于理性有关,人们对某一行为的社会危害性评价不会一直保持不变。此时就需要立法及时介入,法律应当为经济的发展保驾护航。此时刑法虽然需保持谦抑性,但是并不等于缺席,而应认真考量“罪之谦抑”和“刑之谦抑”,做到或入罪或出罪,或加刑或出刑。虚报注册资本罪作为典型的行政犯,更是与经济发展息息相关。实践证明,随着改革开放的深入推进,公司法一再修改公司资本制度,降低虚报注册资本行为的违法性;相关立法、司法解释也在追随公司法的变化,相应地提高了虚报注册资本罪的入罪门槛。例如,最高人民检察院、公安部联合出台的《关于严格依法办理虚报注册资本和虚假出资抽逃出资刑事案件的通知》规定,除依法实行注册资本实缴登记制的公司以外,对申请公司登记的单位和个人不再以虚报注册资本罪追究刑事责任。

发展的观点要求司法应摒除旧的思想观念,推陈出新、勇于探索、勇于改正,在实践中取得看得见的进步。此次顾雏军案的再审判决即是着眼于企业家权益的维护,坚持了司法为民和公正司法的理念,坚持了实事求是、依法纠错和罪刑法定的原则。再审纠正了顾雏军案中存在的一些

---

* 王秀梅,北京师范大学法学院教授,博士生导师。

事实认定错误、法律适用错误，最终实现了对顾雏军等人所实施行为的准确定性。

本案具有的重要发展观价值还在于其是由个案正义到实现普遍正义的又一次重大迈进。本案再审，必将增强未来对民营企业产权保护和民营企业家司法保护的力度，深刻体现了"促进经济社会和人全面发展"的观点。

二、本案再审改判体现了公开、公平和公正的原则

首先，本案再审审理中，最高人民法院首次采用了"旁听+融传媒"的方式实现司法公开，例如，通过官方微博、中国法院网、最高人民法院网站、中国庭审公开网等多种途径对庭审的相关内容进行预告、直播，全方位地将案件审判的具体细节呈现给广大的人民群众，最大限度地满足了人民群众的知情权、监督权，以让人民群众看得见的方式实现了法律的正义价值，彰显出公正司法、阳光司法的法治精神。

其次，在本案再审的过程中，从程序到实体，从控方到辩方，各项权利都受到了法庭的尊重和保障。顾雏军案的再审体现了审判活动由"侦查中心主义"向"审判中心主义"的转变，彻底实现了庭审的实质化。公平公正不是以当事人的诉求是否得到完全满足来衡量的，也不是用此案与彼案的横向比较结果来衡量的，而是就案件本身适用的法律标准和社会标准进行合理评价，不仅让"让人民群众在每一个司法案件中感受到公平正义"，而且让人民群众看见正义实现的过程。

再次，本案的再审贯彻了刑法谦抑性的要求，体现了司法公正。刑法作为一切法律的后盾法，只有在其他法律无法规制的情况下才会介入，此时意味着行为具有严重的社会危害性，具有不可避免的刑事可罚性，这就要求刑法必须谨慎、克制。本案所涉及的行为都属于经济违法犯罪行为，尤其是虚报注册资本行为，更多的由行政法进行规制更为公正、合理。而且在目前市场经济的快速发展时期，会出现各种新事物、新行为，此时刑法不宜贸然介入，否则容易干扰市场经济的健康发展。

最后，坚持实事求是、依法纠错，不搞"一风吹"，彰显了司法公正。一是顾雏军案再审过程中坚持实事求是，依法纠错。本案再审适用从旧兼从轻原则，重新评价顾雏军等人虚报注册资本行为的违法性和社会危害性，撤销了其所涉的虚报注册资本罪的定罪；以原审适用罪名不当，危害结果证据不足，撤销了其违规披露、不披露重要信息罪的定罪；以有从轻情节，减轻了其挪用资金罪的刑罚。判决做到了"全部错全部纠、部分错部分纠"，最大限度地实现了司法公正。二是不搞"一风吹"。顾雏军案历经14年，受到了社会的广泛关注，其中不乏顾雏军完全无罪的声音，这对再审既是压力也是动力。为还原事实真相，回应社会质疑，维护法律权威，最高人民法院的再审力求实事求是，撤销了顾雏军两项罪名，同时支持了原审认定的挪用资金罪，且指出撤销的两项罪名所涉行为虽然不具有刑事可罚性，但是绝不意味着其不需承担任何法律责任，而仍然要受到相应的行政处罚。再审改判实事求是，一方面保护了民营企业的产权，维护了民营企业家的切身利益，对未来非公有制经济的平稳发展具有不可估量的作用；另一方面也起到了警示、引导、教育民营企业的作用，通过对顾雏军等人的行为进行事实认定和法律认定，警示民营企业"可为"与"不可为"的界限，教育、引导民营企业合规、合法地健康发展。

三、本案再审改判体现了对非公有制经济主体的产权平等保护的精神

不可否认，一直以来我国都存在"重国有、轻民营"的观念，但是事实证明，改革开放40多年间，民营企业为我国的经济发展作出了不逊于国有企业的贡献。而与此同时，法律带给民营企业的枷锁，使民营企业一开始就带有"原罪"，其突出表现在民营企业的产权保护问题上，这令民营企业的发展处处受到掣肘，从而不可避免地影响整个市场经济的健康发展。中西方的先哲们对此早有明言，孟子曾说："有恒产者有恒心，无恒产者无恒心"；有现代经济学之父之称的亚当·斯密主张:“经济自由应由市场决定经济,而产权则是市场交易的基础”。

市场经济发展初期,我国法律对民营企业的产权限制带有不可忽视的计划经济色彩,一方面市场准入的门槛过高;另一方面市场运作的过程中处处艰难。这在市场经济迅猛发展的过程中很快暴露出弊端,产权平等保护的呼声越来越强烈。

顾雏军案的再审,正是坚持及贯彻产权平等保护理念的具体体现。随着经济的发展,产权平等理念已经逐渐融入人们的思想认识之中,例如再审适用的2005年公司法就是顺势而为降低了公司的注册门槛,改革了公司资本制度。虽然本案所涉的虚报注册资本罪的刑法条文未进行过修改,但是刑法是行政法的补充法,并且该罪的适用需援引前置的行政法规范,因此在适用刑法的过程中理应与行政法做到价值衡量和理念上的一致,这也符合法律体系协调性的要求。故而再审中,刑法的适用坚持了和行政法一样的产权平等理念,从而作出了符合产权平等保护要求的判决。此次改判有力地贯彻与落实了党中央全面依法治国的战略,极大地增强了企业家创业、管理经营过程中的安全感,在产权保护方面具有的重要价值,也对今后此类案件的审理具有示范效应。

值得欣慰的是,近年来,一系列关于产权平等保护的法律文件相继出台:公司法分别于2013年和2018年又进行了两次修改,进一步改革了公司资本制度。2014年12月底,最高人民法院发布了《关于依法平等保护非公有制经济促进非公有制经济健康发展的意见》,明确了非公有制经济主体的合法权益将依法受到保护,其中强调“最大限度减少对涉案非公有制经济主体正常生产经营活动的影响”。2016年11月4日,中共中央、国务院发布了《关于完善产权保护制度依法保护产权的意见》,其中指出:“加强产权保护,根本之策是全面推进依法治国。”2018年1月2日,最高人民法院出台的《关于充分发挥审判职能作用为企业家创新创业营造良好法治环境的通知》强调,对企业家在生产、经营、融资活动中的创新行为,只要不违反刑事法律的规定,不得以犯罪论处;对于在合同签订、履行过程中产生的民事争议,如无确实充分的证据证明符合犯罪构成要件的,不得作为刑事案件处理。显而易见,推动我国产权平等保护是大势所趋,且正逐渐趋于制度化、法治化。

四、本案再审改判遵循了良法善治要求,实现了法律效果和社会效果双赢

法治是法律之治、良法之治。十九大报告强调,“以良法促进发展、保障善治”实现“良法善治”。简单而言,良法善治的最终要求即是达到法律效果和社会效果的双赢。良法是法治的理性追求,是善治的前提和保障;善治是法治理想的实现,是良法的具体运作。因此,最终的社会效果和社会效果的实现离不开良法善治。

首先,以良法为依据。本案再审正确适用法律,依法改判,体现了良法的作用。例如,顾雏军等人实施了虚报注册资本的行为,公司法的修改,降低了这一行为的违法性和社会危害性,这是顺应经济发展需要、符合市场经济发展规律、体现广大人民意志而作出修正的良法。

其次,善治的实施。对顾雏军案的纠错判决严格遵守了从旧兼从轻、罪刑法定、法不溯及既往等重要的法律原则,体现了办案的法律效果。该案也具有司法指导案例的作用,能够统一裁判尺度,有助于民营企业涉产权案件错案冤案甄别机制的建立。2018年11月1日,习近平总书记在民营企业座谈会上强调,“要甄别纠正一批侵害企业产权的错案冤案”。此次对顾雏军案的再审,正起到了卸下企业家的包袱、纠正冤假错案的重要作用。该再审判决不仅具有很强的个案针对性,而且具有较强的社会示范效果,一方面体现了对非公有制经济主体的平等保护;另一方面也警示企业家增强法律意识、加强企业合规文化建设,增强企业的社会责任,引导民营企业的健康发展。

关于顾雏军案中挪用资金罪的看法

□时延安*

挪用类犯罪,实际上是属于一种滥用职权类的犯罪,是具有一定职权的人利用职务上的便利,挪用资金归自己使用的行为。对于非国有公司、企业而言,挪用资金行为会严重影响到公司、企业的正常经营活动,会使这些单位的财产处于高风险的状态,因而这种行为是一种侵害财产权的行为;同时,将本单位资金归个人使用,这些具有职权的行为人严重背离了投资者、股东的信赖,因而这种行为也属于一种背信行为。对顾雏军案中挪用资金行为定性存在的争议,就应当从挪用类犯罪的本质来加以分析。

原审法院认为顾雏军构成挪用资金罪,其理由就是,顾雏军指使他人挪用科龙公司2.9亿元人民币用于注册扬州格林柯尔公司。由于涉案款项是通过江西格林柯尔、天津格林柯尔等公司转移到扬州格林柯尔的验资账户上,因而表面上从科龙到江西格林柯尔,从江西格林柯尔到天津格林柯尔,系单位之间的资金拆借行为,但从整个资金流向来看,涉案款项就是从单位转移归个人使用,具体而言,就是用于顾雏军、顾善鸿设立自然人性质的扬州格林柯尔。

在最高人民法院再审此案时,原审法院的这一事实认定并没有被推翻,最高人民检察院出庭检察员也坚持认为,顾雏军该项行为构成挪用资金罪,原审法院对该起事实认定和法律适用无误;辩方虽认为该挪用行为不构成挪用资金罪,但并不否认顾雏军将涉案的2.9亿元资金用于个人注册扬州格林柯尔。在上述事实认定无误的情况下,主要存在对法律适用的争议。从最高人民法院庭审情况来看,双方争议在两个层面上展开:一是,就现有法律及司法解释规定而言,顾雏军的行为是否属于挪用本单位资金归个人使用;二是,关于挪用资金罪的刑法规定及司法解释规定的合理性问题。

关于第一个问题,如前所述,如果原审法院就该事实认定是正确的话,顾雏军指使他人将单位资金挪用给个人用于个人注册新公司,那么其行为构成挪用资金罪。对此,2003年11月13日最高人民法院在《全国法院审理经济犯罪案件工作座谈会纪要》中规定,“申报注册资本是为进行生产经营活动作准备,属于成立公司、企业进行营利活动的组成部分。因此,挪用公款归个人用于公司、企业注册资本验资证明的,应当认定为挪用公款进行营利活动”。该解释性文件虽然没有对挪用资金罪作直接规定,但该条解释原理可以直接适用于挪用资金罪,即挪用单位资金用于个人公司注册资本的,应以挪用资金罪论处。顾雏军挪用资金的行为虽然发生在该解释性文件出台之前,但该解释性文件给出的判断规则,应当适用于该解释性文件出台前的案件。《最高人民法院、最高人民检察院关于适用刑事司法解释时间效力问题的规定》对司法解释时间效力的界定,看起来是采取“从旧兼从轻”的原则,但实际上,兼顾了司法解释相对于法律的附属性和独立性:附属性的一面表现在,司法解释对法律进行解释,如果法律没有变化,那么,司法解释应适用于解释出台前的行为(该解释第二条);独立性的一面表现在,当出现旧解释在行为时有效,而新解释在审判时有效的情况,那么,采用有利于被告人的解释,即形成“从旧兼从轻”的效果,不过,存在新旧解释冲突的,主要是司法解释对作为定罪“门槛”的数额、数量的规定。从这个特点可以看出,司法解释中对法律条文内涵、裁判规则进行界定和明晰的规定,应采取附属性的理解,即司

---

* 时延安,中国人民大学刑事法律科学研究中心主任、教授。

法解释可适用于法律生效后、该司法解释出台前的行为;而对属于定罪“门槛”的量的要素的规定,应采取独立性的理解。就本案而言,对何谓“归个人使用”,即属于对刑法规定的行为要件的解释,应当从司法解释附属性的角度加以理解,即《全国法院审理经济犯罪案件工作座谈会纪要》中对“归个人使用”的解释,应适用于本案。

关于第二个问题,可能是再次讨论顾雏军案的焦点。也就是说,类似于顾雏军这样的行为,是否应作为犯罪处理?刑法及司法解释如此规定是否合理?这个问题显然不是单纯的法律适用问题,实际上是对挪用类犯罪立法及司法解释正当性的挑战。无论是在顾雏军案发生的2002年,还是在最高人民法院再审此案的2018年,在私营单位之间进行资金拆借的情况比较常见,私人与单位之间借款的情况也常有发生,因而一旦发生利用职务上的便利将本单位资金挪用给个人使用的情形,就会有人认为,这是市场不规范行为而已,不应作为犯罪处理。如果仅仅以罪刑法定原则作为这类案件入罪的理由,通常无法说服持这种观点的人。对此,应当从公司、企业与市场关系的角度进行分析,而不能将挪用资金行为简单归为“市场不规范行为”或者因其屡见不鲜而不认为是犯罪。

挪用资金行为的危害性主要体现在三个方面:一是,给本单位财产所有权带来现实的风险。因为资金一旦流出归个人控制,就会对本单位正常的生产经营造成实质影响,同时也就带来该笔资金失控而导致损失的现实可能性。因而,不能以该笔资金事后“完璧归赵”认为挪用资金对单位没有造成影响。二是,对本单位投资人、股东乃至其他职工造成影响。公司、企业单位负责人的职权系受投资人、股东委托而形成,其职权具有派生性,其滥用职权挪用资金(尤其是大笔资金)的行为,实际上严重违背了自己的职责,会给本单位的相关权利主体造成现实的权利侵害。因而,不能因为单位负责人对本单位具有重大贡献或者拥有实际操控权,就否认其违背了职责。三是,对市场活动产生影响。挪用资金归个人使用,多数是进行经营活动或者违法活动,从现实发生的案件来看,主要是用于个人经营活动即为自己谋取私利。由于其资金来自单位,因而会对其他市场主体构成某种形式的“虚假陈述”,会影响其他主体相应的判断和市场行为,进而会影响到后者的实际利益。因而这种行为也会扰乱正常的市场经济秩序。总之,有关挪用资金罪的刑事立法和司法解释的规定具有合理性和正当性。所以,基于法律和司法解释进行的司法判断应当予以坚持,也会得到社会公众的支持。